龙里县志

LONG LI XIAN ZHI

1991—2008

龙里县地方志编纂委员会　编

方志出版社
Publishing House of Local Records

图书在版编目（CIP）数据

龙里县志．1991—2008 / 龙里县地方志编纂委员会编．-- 北京：方志出版社，2019.12

ISBN 978-7-5144-3190-2

Ⅰ．①龙…．Ⅱ．①龙…　Ⅲ．①龙里县—地方志—1991—2008　Ⅳ．①K297.34

中国版本图书馆 CIP 数据核字（2018）第 195379 号

龙里县志（1991—2008）

编　　者：龙里县地方志编纂委员会
责任编辑：黄　彦

出 版 者：方志出版社
地址　北京市朝阳区潘家园东里 9 号（国家方志馆 4 层）
邮编　100021
网址　http://www.fzph.org
发　　行：方志出版社图书经销中心
电话　（010）67110500
经　　销：各地新华书店
印　　刷：昆明鹰达印刷有限公司

开　　本：889 × 1194　　1/16
印　　张：53.25
字　　数：1690 千
版　　次：2019 年 12 月第 1 版　　2019 年 12 月第 1 次印刷
印　　数：0001 ～ 4000 册

ISBN　978-7-5144-3190-2　　　　**定价**：368.00 元

·版权所有　翻印必究·

龙里县地方志编纂委员会

总顾问 刘华龙

顾　问 王永坤　莫　涛

1993年8月—2007年7月

主　任 骆用定

副主任 刘惠芬　杜启鑫

委　员 王安富　陈筑生　焦恒民　陈楠珍　冯有祥　邓贤光　罗其全

2007年8月—2012年3月

主　任 罗　俊

副主任 王小红　陈　民　肖　红　陈光荣

委　员 谢明元　方圣贤　屠光燕　陈家健　沈连富　陈学宇　潘念堂　杨　鸣
郑绍勇　魏　明　娄方万　禹启华　罗士朝　张　彪　陆永辉

2012年4月—2014年8月

主　任 罗　俊

副主任 谭　夔　陈　俊　肖　红　陈光荣

委　员 谢明元　徐学松　杜丽娟　罗显安　杨胜利　罗士朝　陈家健　郑绍峰
杨正钦　魏　明　梁正江　霍贵平　陈　宏　龙沿成　刘　秦　李政泉
尹光祥　刘世民　甑小明　郑绍勇　龚传贵　陆永辉　张志能　张宗德
秦昌平　张　彪　伍　航　林　勇　罗时贵　王如生　宋　华　孟　杰
龙　虎　熊　炜　吴明学　熊安平　杨秀熙　龙明祥

2014年9月—2017年5月

主　任　陈　曦

副主任　吴应忠　陈　俊　肖　红　魏　明　陈光荣

委　员　罗加骐　杨胜利　雷安桥　陈明裕　罗士朝　庹朝平　陆永辉　王国祥　龚传贵　罗林富　潘　华　杨智琴　霍贵平　肖元辉　陈　宏　尹光祥　李政泉　刘　秦　刘立新　梁世坪

2017年6月—2019年5月

主　任　陈　曦

副主任　屈　芳　杨　浚　郭永昌　陈　民　张忠庆

委　员　林更喜　刘　峰　冯　俊　陈家健　庹朝平　王　砚　熊　轶　陈有富　王国祥　焦　阳　龙明祥　刘立新　龚传贵　熊　涛　孟　杰　罗士朝　罗显琴　曾　继　杨　洋　向科艺　尹光祥　龙　虎　林　勇　胡　琼　秦秋云　韩　波　谢启林　田文松　刘乃云　昌德林　蒋光燕　严晓飞　邱　毅

2019年6月—

主　任　陈　曦

副主任　汪永丽　潘　华　刘　峰　陈家健

委　员　高建平　杨再刚　胡伟谊　冯　俊　陈明裕　庹朝平　王　砚　熊　轶　陈有富　龙　虎　熊安平　刘立新　龚传贵　陈　杰　朱玉香　宋运伦　罗显琴　林　勇　熊　杰　罗天相　贺太忠　黎　黎　罗　勇　沈安春　秦秋云　韩　波　杨智琴　陆娅莉　闻　豪　刘乃云　昌德林　陈大海　旷永杰　邱　毅

《龙里县志（1991—2008）》编纂人员

资料征编阶段（2008—2012年）

主　　编　陆永辉

副 主 编　吴永辉　罗华礼

编　　辑　陆永辉　吴永辉　肖正祥　罗华礼　石绍久　罗华文

编纂评审阶段（2013—2017年）

主　　编　陆永辉

副 主 编　吴永辉　罗　彪　刘晓羽　罗华礼　韦泽秀

编　　辑　陆永辉　吴永辉　罗华礼　罗　彪　黄尚发　罗祥莲　田建平　罗华文
　　　　　石绍久　莫开荣　马朝忠

统稿、校订　吴永辉　黄尚发　石绍久

修编出版阶段（2017—）

主　　编　陈有富

副 主 编　罗华礼　刘晓羽　韦泽秀　黄　惠　陈　宏　余　婷

编　　辑　陆永辉　吴永辉　黄尚发　田建平　罗华礼　罗祥莲　石绍久　冯万彬

统稿、校订　罗华礼

《龙里县志（1991—2008）》
审查验收单位及人员

复审单位 黔南布依族苗族自治州史志编纂委员会办公室

复审人员 韦武昌　张慧玲　喻昌富　王素琴　张永淑　白映泉　舒天洪　龚正栋

终审单位 贵州省地方志编纂委员会办公室

终审人员 肖先治　唐玉芳　王任索　周声浩　钟　莉

验收单位 贵州省地方志编纂委员会办公室

龙里县县城总体规划(2009-2030)

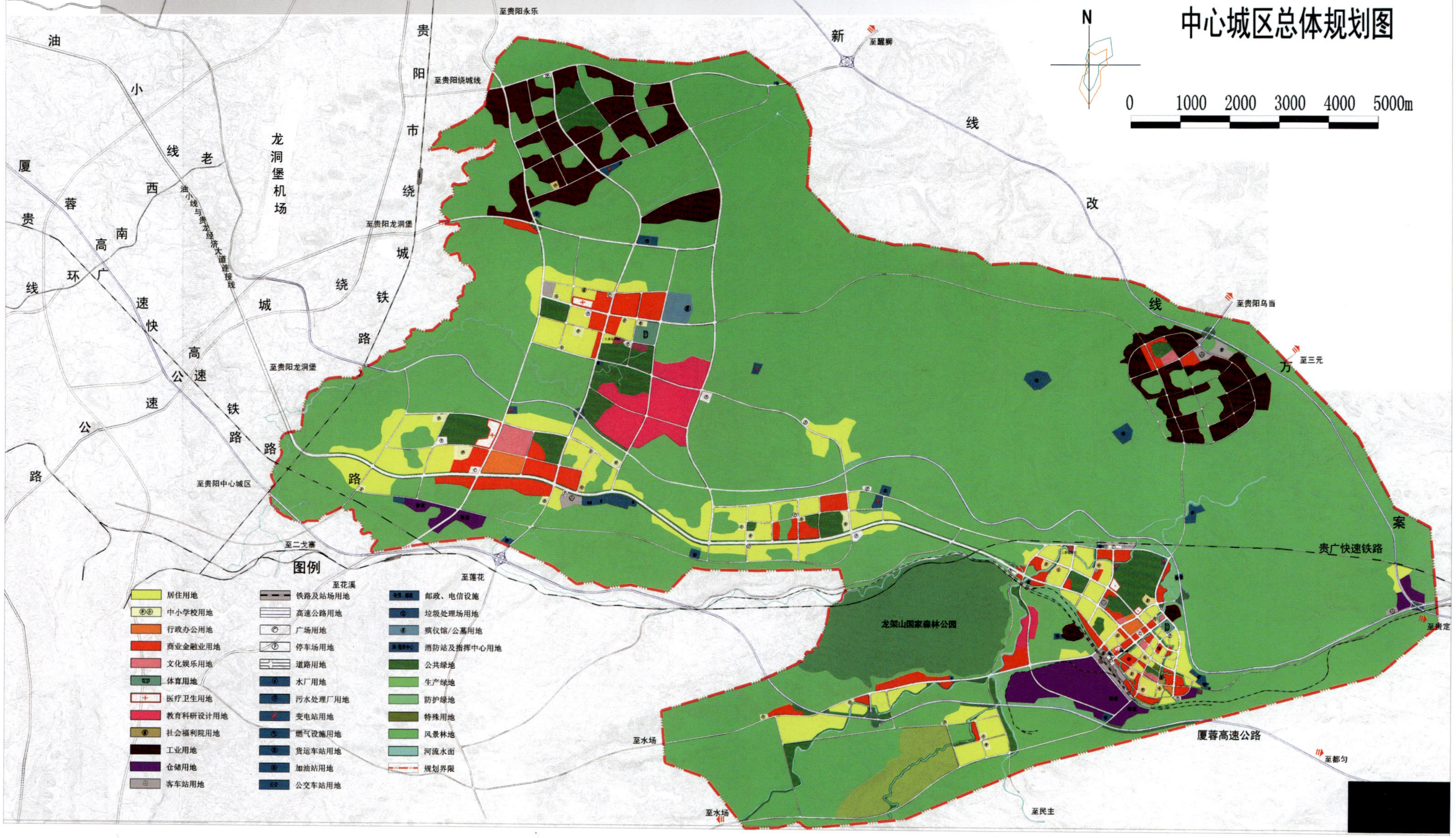

龙里县县城总体规划(2009-2030)

与贵阳市中心城市的交通联系图

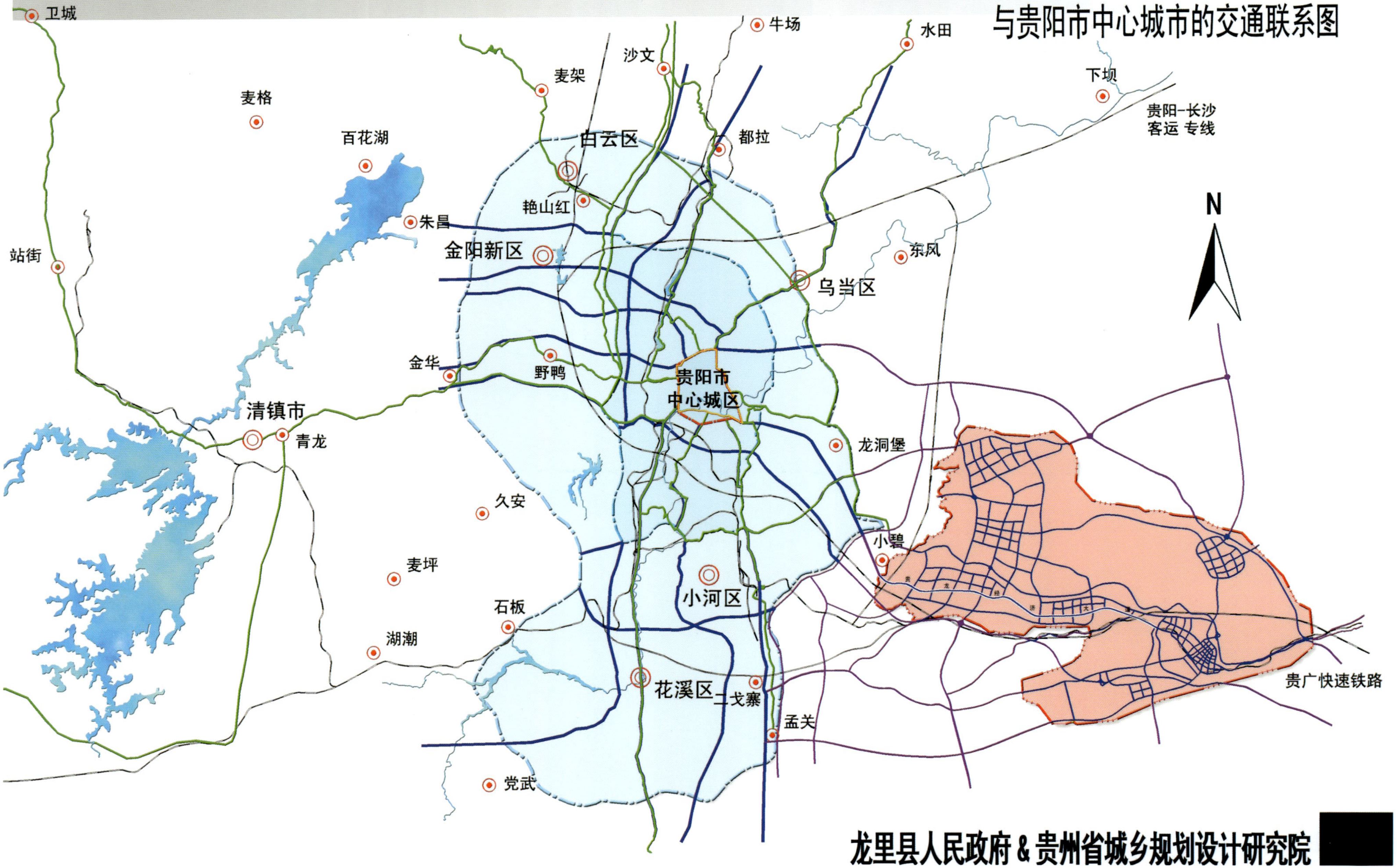

龙里县人民政府 & 贵州省城乡规划设计研究院

政治活动

1956年5月15日，中共龙里县第一次代表大会机关代表合影

1992年1月中共龙里县第七次代表大会召开

2008年8月11日，中共龙里县委十届四次全体（扩大）会议召开

龙里县署旧址（2008年摄）

20世纪80年代的龙里县政府招待所

2008年县政府大楼（罗士朝　摄）

2001年9月，猫场镇更名醒狮镇（罗士朝 摄）

2002年6月，龙里县城旧城改造全面启动（罗士朝 摄）

2003年9月19日，省委副书记、省人民政府省长石秀诗（前排中）到省级一类贫困乡——龙里县摆省乡调研

2003年11月，贵州省原省长王朝文为龙里首届苗医药文化博览会题词（罗士朝　摄）

2003年11月，中国贵州龙里首届苗医药文化博览会暨全国苗医药学术研讨会召开（罗士朝　摄）

2005年1月，中国少数民族成药产业发展研讨会暨产品展示会、第二届中国贵州龙里苗医药文化博览会召开（马成钢　摄）

2005年6月26日，省委书记石宗源（右二）到龙里谷脚工业园区调研

2007年4月16日，龙架山国家森林公园揭牌、龙里林场50周年庆典在龙里林场举行（罗士朝　摄）

2007年县城兴龙广场【首届中国贵州龙里（国际）滑翔旅游节暨2007年全国滑翔伞优秀选手赛开幕式】（赖青　摄）

2008年1月8日，省委副书记、省人民政府省长林树森（前排中）与黔南州、龙里县领导干部研究贵龙城市经济带规划建设事宜

2007年12月19日，龙里县城贯城河改造工程开工仪式

2006年醒狮镇大岩村根雕

2008年龙山镇坝上村田园（罗士朝　摄）

2008年申远志（谷脚镇庭院经济户）等3户获全国“绿色小康户”称号

历史文化

清水江红军渡口风光（罗士朝 摄）

2006年清水江渡口（陈正林　供图）

清水江可憩亭遗迹（徐德威　供图）

2008年清水江古道

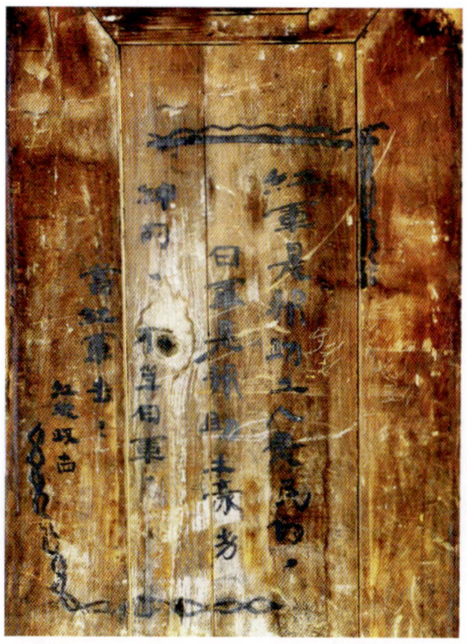

巴江乡柏杨寨门板上的红军标语“红军是帮助工人农民的，白军是帮助土豪劣绅的，不当白军，当红军去！”

黔南州爱国主义教育基地（1998年公布，2011年修建）——龙里县谷脚镇观音山红军战斗遗址

倪儿关红军战斗遗址（罗宗祥　2016年摄）

谷龙乡官庄村红军宿营地遗址（肖正祥　2010年摄）

位于谷龙官庄马朝富厢房的红军标语（马朝忠　供图）

2004年建成的龙里解放纪念碑

韩汉英题“寻奇揭秀”

薛岳题“立马峰头”

韩汉英题“擎天一柱”

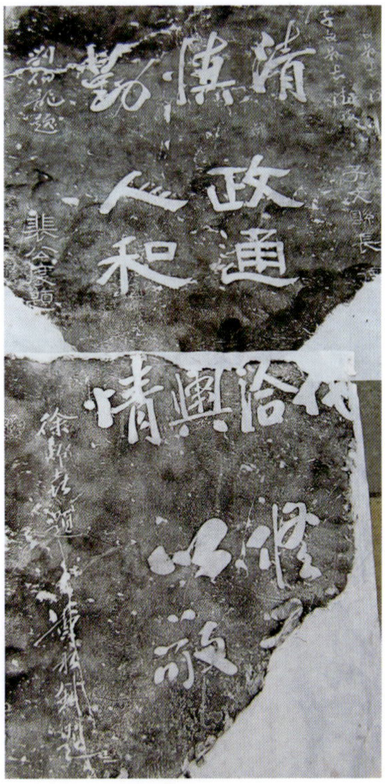

范子文德政碑

张德能题“游目骋怀”

佚名题“还我河山”

廖鸣欧题“巨灵一擘”

龙里抗战文化石刻（周明刚、马朝忠　供图）

贵州省文物保护单位——龙里冠山文昌祠古建筑（罗士朝　2008年摄）

县城历史上的标志性建筑：解放初期的县民贸公司（左）和解放前的“小白宫”（右）

谷脚镇云台寺遗址（2010年摄）

龙里巫山岩画（罗士朝　摄）

龙里巫山岩画（赖青　摄）

贵州水东历史文化遗存——宋辅墓

（2007年摄）

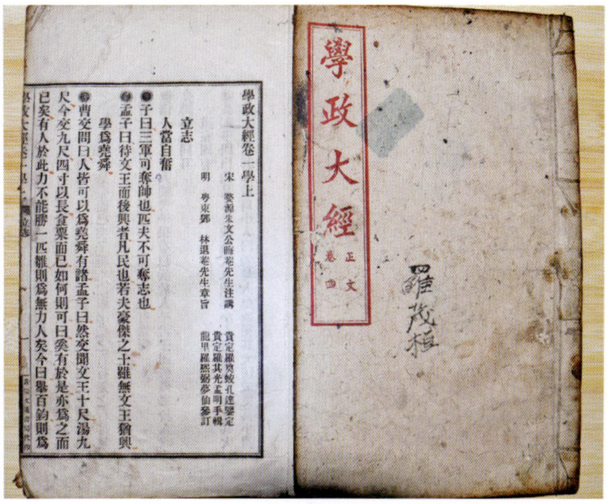

民国龙里民族儒学典籍——《学政大经》

（罗华礼　摄）

果里苗族洞棺葬（赖青　2006年摄）

骂娘桥（马朝忠　2006年摄）

民间收藏清乾隆年间龙凤牛角酒杯（2001年摄）

猴子沟古法造纸（罗士朝　2008年摄）

猴子沟蔡伦庙遗址（马朝忠　2008年摄）

2008年龙里中学（罗宗祥　摄）

2008年龙里县城关第一小学

2005年洗马镇华武龙狮团

龙里县2008年迎新春舞龙邀请赛

2006年2月17日龙里巴江平坡首届苗族农民画文化艺术节（罗士朝　摄）

巴江平坡苗画《苗岭放歌图》2006年收藏于贵州民族文化宫（罗士朝　摄）

龙里县布依族服饰（罗士朝　摄）

龙里县红毡苗服饰（罗士朝　摄）

龙里县白裙苗服饰（罗士朝　摄）

龙里县海肥苗服饰（罗士朝　摄）

2008年命名的国家濒危物种——龙里瘰螈(赖青　摄)

2008年在龙里县三元镇发现贵州最大的滇楸(左)和藤黄檀(右)(罗士朝　摄)

麻芝乡大新村梯田秋景(熊安虎　摄)

传统村落——三元镇河边寨（2011年摄）

传统村落——湾寨乡凯卡寨（2007年摄）

传统村落——巴江乡平坡（周明刚　供图）

序

黔南州政协副主席、龙里县委书记

龙里县委副书记、县人民政府县长

“修志问道，以启未来。”志书是记录历史、传承文明的重要载体，具有“存史、育人、资政”的功能。

就一个县来说，虽然可考的历史动辄上千年，而一般存世志乘很少。龙里县境内出现县级建置的历史可追溯至唐朝，至明朝洪武年间编有《龙里卫志》，清朝康熙年间撰有《龙里县志略》1卷，清朝道光年间修编《龙里县志稿》4册，民国时期编有《龙里县志初稿》3册，但均已散佚，中华人民共和国成立以后直至1995年才出版《龙里县志》1部。

改革开放以来，随着社会历史的发展，龙里发生了翻天覆地的变化，自然、政治、经济、文化、社会各方面的发展变迁情况，理当载入史册，资政参治，留传后世。根据2007年8月国务院办公厅《关于进一步加强地方志编纂工作的通知》和省、州关于编修第二轮县志的要求，龙里县于2008年5月启动了第二轮《龙里县志》编修工作。第二轮《龙里县志（1991—2008）》在省、州地方志编纂委员会的关心指导下，在县委、县政府的重视下，承蒙各承编组稿单位及社会各界人士的支持协作，集编纂同志之辛劳，终毕其功，付梓面世，这是龙里县在文化建设中取得的又一丰硕成果。在此，谨向关心、支持龙里地方志工作的各级领导、各位专家、各界人士和为本书付出辛苦劳动的各位编辑同志，致以诚挚的感谢！

第二轮编修的《龙里县志（1991—2008）》以马克思列宁主义、毛泽东思想、邓小平理论、“三个代表”重要思想、科学发展观和习近平新时代中国特色社会主义思想为指导，坚持实事求是的原则，承接前志，全面、系统地记述了龙里县1991年以来经济建设、政治建设、文化建设、社会建设、生态建设方面发展变化的轨迹。1978年党的十一届三中全会以来，全县各族人民在中共龙里县委、龙里县人民政府的领导下改革开放，艰苦奋斗，锐意进取，开拓创新，经济社会蓬勃发展，人民生活不断改善，龙里县进入日益繁荣的时期。改革开放40多年的辉煌历程，具有特殊的时代意义和历史价值。我们都是改革开放的实践者和见证者，回顾过去，豪情满怀，为所取得的巨大成就而欢欣鼓舞；展望未来，信心百倍，我们为科学发展，为全面实现龙里县小康社会的锦绣前景而奋进拼搏。改革开放40多年的辉煌历程，我们思变进取，龙里大地发生了前所未有的变化，这种变化是如此之全面和深刻，人人都能感受到活跃的经济环境，清正的政治环境，绿色的生态环境，和谐的社会环境，健康的文化环境和幸福的生活环境。40多年开拓创新，探索前进，全县牢固树立“创新、协调、绿色、开放、共享”五大发展理念，一个充满发展活力的新龙里终于走上了一条经济社会持续健康发展的科学之路。生态文明的蓬勃发展，绿色战略的强力推进，使我们有了实现跨越式发展、改变龙里历史进程的坚实基础和充足底气。绿水青山一定会化作金山银山，生态立县的理念，必将为龙里的发展插上腾飞的翅膀。

以史为鉴以治天下，以志为鉴以治郡国。《龙里县志（1991—2008）》所述资料翔实，编纂合理，紧扣时代脉搏，地方特色鲜明，彰显了地方志修志问道的价值，不仅是一部反映龙里自然地理与社会发展的地情全书，也是一部进行历史教育、国情教育和县情教育的乡土教材，更是龙里县人民的奋斗史。本书是我县文化建设取得的一项十分重要的成果，也是全体修志工作者心血和智慧的结晶。读志用志，鉴史思治，充分发挥志书的功能作用，正确地认识龙里的历史与现状，因地制宜，科学决策，对于龙里未来的发展必然会产生积极的影响。

我们在人生经历中，曾在龙里工作，对这片热土情深意重，爱如故乡，亲历亲见，记忆犹新。在迎来中国特色社会主义新时代之际，围绕贯彻习近平新时代中国特色社会主义思想，全面深化改革，以人民为中心，为龙里县继续谱写出光辉灿烂的续篇，以无愧于前辈，无愧于当代，无愧于来者。

值此《龙里县志（1991—2008）》出版之际，感慨万千，简言以表，是为序。

2019年12月

凡 例

一、本志以马克思列宁主义、毛泽东思想、邓小平理论、“三个代表”重要思想、科学发展观、习近平新时代中国特色社会主义思想为指导，坚持辩证唯物主义和历史唯物主义立场、观点和方法，实事求是地记述龙里县自然、政治、经济、文化、社会的历史与发展现状，力求思想性、科学性、资料性的统一，突出反映时代特点和地方特色。

二、本志是1995年版《龙里县志》的续志，记述时间上限为1991年，下限至2008年。为了尽量反映改革开放的发展历程，部分史料有所追溯和下延。

三、为增强改革开放的时代感，突出龙里县的特点亮点，对本县交通建设、工业园区建设、旅游业发展设专篇或专章记述。附录龙里县2009年至2016年国民经济和社会发展统计资料。

四、本志体裁述、记、志、传、图、表、录诸体并用。个别典型史料采用专记形式。

五、本志人物坚持生不立传原则，以本籍为主，长期活动在龙里并在龙里有较大影响的客籍人士酌情收入。对贡献较大的在世人物除以事系人入志外，设人物简介和人物名录。人物按出生先后时间排序。并附有“前志人物补遗”。

六、本志采用现代语体文方式记述，执行国家现行出版物的有关规定与标准。

七、本志资料、图片来源于各部门、单位、乡镇，以及受访人士和县档案馆馆藏。同时采用有关图书报刊、历史文献、调查材料及有关口碑资料等，一般不注明出处。

八、本志数据一般以县统计局公布的数据为准，县统计局无统计的，采用相关单位或个人提供的数据。

九、本志在附录中设有前志勘误。

十、本志地名，按史实发生时的称呼记载，在旧地名后括注新地名。

十一、本志中龙里县简称“龙里”“全县”“县境内”。使用“中国共产党龙里县委员会”“龙里县人民代表大会常务委员会”“龙里县人民政府”“中国人民政治协商会议龙里县委员会”记述时一般使用简称，分别为“县委”“县人大常委会”“县政府”“县政协”。其他机构名称，除第一次用全称外，再次出现时一般用简称。

目　　录

Table of Contents

概　述

一

龙里县地理坐标为北纬26°10′19″～26°49′33″、东经106°45′18″～107°15′1″。地处贵州省中部，贵阳市东南面，黔南州西北部。东与贵定县交界，南与惠水县接壤，西、西北与贵阳市毗邻，北、东北与开阳县、福泉市隔河相望。全县总面积1521平方公里，东西宽36公里，南北长73公里。县城距省会贵阳市中心33公里、龙洞堡国际机场28公里、州府都匀市区137公里。贵新高等级公路，321国道（后改为210国道），湘黔、黔桂、株六铁路复线等从县城穿过，县域依托交通、区位优势成为贵阳半小时经济圈的组成部分。

“龙里”之名始于元代，先名“云从”，明代又名“龙驾”。《贵州图经新志》：“龙驾：本山名，卫治其下，因以为名。”中华人民共和国成立初期隶属贵阳专区，1952年改属贵定专区，1956年改属安顺专区，1958年10月改属黔南布依族苗族自治州。1958年12月龙里与贵定两县合并为贵定县。1961年8月恢复龙里县建制，仍属黔南州，县人民政府驻龙山区城关镇。1990年，全县辖1镇（区级）4区，区下辖4个镇、25个乡，镇、区、乡下辖9个社区居委会、159个村委会，村（居）委会下辖1408个村民组。1991年建镇并乡撤区后，全县设6个镇、8个乡、159个村委会、10个社区居民委员会、1325个村民小组，83个社区居民小组。

县境地处苗岭山脉中段，属黔中隆起南缘，有长江和珠江水系支流分水岭两段。地势西南高，东北低，中部隆起。地貌类型主要有台地、丘陵、山地、山原、盆地。海拔一般在1080～1500米之间，海拔最高点1775米，为龙山镇岩脚寨南山峰；最低点770米，在巴江乡独木河与贵阳南明河交汇处叫两岔的地方。主要山脉13组，其中：最长为龙家坡和亮山山脉各26公里，最大为云台山山脉266平方公里，最短（6公里）、最小（8平方公里）为观音座山脉。

全县地表水年径流量8.43亿立方米，河流总长644公里，大多自西向东流入贵定县境，水能理论蕴藏量4.67万千瓦。其中长于10公里、流域面积大于20平方公里的河流共10条，主要河流水系有三元河、湾滩河和南明河支流水系、红水河支流水系。地下水年径流总量为0.99亿立方米，泉井433处。

土壤类型主要有黄壤土、石灰土、草甸土、水稻土，其中黄壤土分布最广、面积最大。适宜种植水稻、玉米、小麦、烤烟、油菜和蔬菜、水果、中药材等。天然植被大致分为针叶林、针阔叶混交林、阔叶林、灌丛、灌丛草坡、草坡6种。已查明地方树种有140多种，常见野生药用植物200余种。县境古树名木调查统计有银杏、南方红豆杉、短叶黄杉、榉木、香果树等21种。有龙架山国家AAA级旅游景区、猴子沟省级风景名胜区、喀斯特高山台地大草原等旅游景点和成为省城绿色屏障的1.33万公顷集中连片森林。2008年全县森林覆盖率48.31%。曾有国家保护珍稀动物12种。

县内已探明的主要矿产资源有煤、硫铁、赤铁、褐铁、重晶石、高岭土、石灰石、白云石、大理石、硅、钾等。

属亚热带季风湿润气候，温和舒适，日照充沛，冬无严寒、夏无酷暑，年平均气温15.1℃，最冷月均温4.6℃，最热月均温23.6℃；年降水量1100毫米左右，多集中在夏季；县城区年平均日照时数1213.6小时，无霜期294天。

1991年末，全县总人口17.67万人，总户数4.18万户，其中少数民族6.76万人占38.26%，出生率14.19‰，死亡率6.78‰，自然增长率7.41‰。其中：非农业人口1.43万人占8.09%，农业人口16.24万人占91.91%；建制镇人口10万人占56.59%，乡村人口7.67万人占43.41%；男9.13万人占51.67%，女8.54万人占48.33%。

2008年末，全县总人口21.6万人，总户数6.36万户，人口密度142人/平方公里，人口出生率9.66‰，户籍人口自然增长率3.76‰。其中：少数民族8.52万人占39.44%；非农业人口2.97万人占13.75%。

县境世居民族主要有汉族、布依族和苗族，少数民族28个（回、彝、侗、壮、水、蒙古、藏、满、白、土家、畲、仡佬、京、维吾尔、瑶、傣、黎、羌、仫佬、毛南等）。苗族主要有白裙苗、红簪苗、青苗、花苗、印苗、海葩苗六大支系，与布依族共同构成全县世居少数民族主体。

2008年信教群众约2500人，其中佛教2000余人、天主教350余人、道教100余人、基督教50余人；正式登记宗教活动场所7个，其中佛教6个、道教1个。

二

1991年全县生产总值1.63亿元，其中一、二、三产业分别为8647万元、4579万元、3055万元，分别占53.11%、28.13%、18.76%，人均生产总值925元。1991年，全县财政总收入1040万元，地方财政支出1513万元，其中教育事业费支出423万元；全县金融机构存款余额5744.5万元，城乡居民存款余额3210万元，金融机构贷款余额5154.8万元。

1991—2008年，县域经济社会发展经历了国家“八五”市场经济启动时期、“九五、十五”市场经济初步发展时期，经济社会发展取得显著成绩，“十一五”进入“城市化、工业化和农业产业化”成长快速期，县域成为黔中“区位凸显区、交通密集区、经济成长性潜在强势区、人居环境极佳宜居区和经济社会发展仍欠发达欠开发区”，发展优势凸显。

1995年，全县生产总值3.2亿元，其中一、二、三产业分别为1.26亿元、1.33亿元、6066万元，分别占GDP比重为39.48%、41.59%、18.93%，人均生产总值1722元；乡镇企业总产值3.49亿元，财政总收入2408万元，农民人均纯收入832元，社会消费品零售总额8852万元。

2000年，全县生产总值7.51亿元，其中一、二、三产业分别为1.56亿元、4.67亿元、1.27亿元，分别占GDP比重为20.82%、62.22%、16.96%，人均生产总值3785元；财政总收入6003.9万元，农民人均纯收入1375元，社会消费品零售总额1.2亿元；乡镇企业总产值13.93亿元，非公有制经济企业上缴税金占全县财政总收入的49.47%。

2005年，全县生产总值14.77亿元，其中一、二、三产业分别为2亿元、10.07亿元、2.7亿元，分别占GDP比重为13.56%、68.18%、18.26%，人均生产总值7107元；财政总收入1.72亿元，金融机构存、贷款余额分别为7.08亿元和2.98亿元，农民人均纯收入2028元，社会消费品零售总额1.9亿元；乡镇企业总产值23.89亿元，非公有制经济占经济总量的比重72%。

2008年，全县生产总值22.98亿元，其中一、二、三产业分别为3.2亿元、1.53亿元、4.45亿元，分别占GDP比重为13.92%、66.71%、19.37%，人均生产总值1.18万元；全县财政总收入2.46亿元，是1991年的23.6倍，其中一般预算收入1.02亿元，财政一般预算支出3.92亿元，其中教育支出1.07亿元；2008年全县金融机构存款余额12.73亿元、贷款余额3.81亿元，城乡居民存款余额7.32亿元。

1991年前县境已形成12处集贸市场，其中龙山（县城）、洗马、谷脚、羊场、猫场5处较为繁荣。1991年，全县社会消费品零售总额4979.54万元，其中：县级2417.77万元、县以下1766.77万元；批发零售贸易业3940.74万元；住宿和餐饮业228.08万元；其他810.72万元。

2008年，全县社会消费品零售总额3.21亿元，其中城镇1.94亿元、农村1.27亿元；批发零售贸易业2.74亿元，住宿和餐饮业4000.1万元，其他699万元。

三

20世纪90年代，在经济紧缩政策调整、经济环境宽松、深化改革条件较好的背景下，全县乡镇企业得到迅速发展，成为农村富余劳动力就业的主要渠道和农村经济增长的主要力量，形成闻名省内的“龙山模式”。1991年全县年产值百万元以上的企业增至10余家，初步形成化工、冶金、机械、建材、轻工等基础产业。

1991年，乡镇企业1440家，总产值4773万元，总收入4609万元，缴纳税金196万元，税后利润322万元；工业总产值6590万元，规模以上工业企业23家，规模以上工业总产值3894万元，规模以上工业增加值1052万元，税金总额149万元，利润总额69万元；主要工业产品产量：原煤35.71万吨、发电量69万千瓦时、化肥0.53万吨、水泥1.47万吨。

1992年引进贵州神奇制药厂，1994年引进贵州正大实业公司、中国五矿龙达铁合金厂。随着一批重大企业的发展壮大，建立龙山、谷脚两个工业园区。2000年，龙山、谷脚两个工业园区共有工业企业120多家，其中上规模企业7家，总产值占全县工业总产值的63.5%。2006年全县规模工业企业达16家，全县26家国有企业全部完成改革改制。

2008年，全县16家规模以上工业企业累计完成总产值29.12亿元，实现增加值10.22亿元，与1978年全部工业总产值669万元，其中规模以上工业总产值212万元相比较，改革开放30年间实现规模以上工业总产值增长1373倍。“十一五”期间先后关停一批产能落后、高耗能、高污染的企业，引进长通集团、红狮水泥、恒力源等一批重点企业，全县工业企业增至123家，其中规模以上21家，实现主导产业由冶金、医药、化工向医药、建材、机械、食品加工的转变，形成医药、冶金、建材三大支柱产业。2008年，全县工业总产值32.72亿元，是1991年的近50倍。

1991年，全县乡村从业人员8.35万人，其中农林牧渔业7.91万人；常用耕地面积1.2万公顷，其中田6780公顷、土5240公顷；农业机械总动力1.63万千瓦，农用化肥施用折纯2511吨，农村用电量198.53万千瓦时；粮食作物播种面积1.62万公顷，粮食产量5.63万吨；大牲畜存栏5.17万头，肉类总产量3800吨；农林牧渔业总产值1.14亿元、增加值8507.1万元。

1995年，杂交水稻和杂交玉米推广面积分别达0.55万公顷和0.27万公顷，温室两段育秧和水稻宽窄行栽培均达90%以上，基本实现种子优良化、移栽规范化。2000年以后逐渐形成粮、烟、畜、菜、果、药、工7大助民增收产业。

“九五”“十五”期间（1996—2005年）实施退耕还林、天然林资源保护、石漠化综合治理、通道绿化、城乡绿化一体化等林业生态工程，营造林4.42万公顷，“四旁”（路旁、沟旁、渠旁、宅旁）植树、义务植树350万株，森林资源得到恢复和增长。

2008年，全县农林牧渔业总产值6.3亿元、增加值3.2亿元，其中：农业增加值1.58亿元，牧业增加值1.56亿元；粮食总产量9.15万吨，其中稻谷4.36万吨；主要作物产量：油菜籽2896吨、烤烟1561吨、蔬菜及瓜类12.89万吨；拥有农业机械总动力9.65万千瓦。

特色工业主要有民族医药产业；特色农产品主要有龙里刺梨、商品蔬菜、羊场大米、谷龙晚秋黄梨和林下养禽等；特色工艺品主要有大岩根雕。

改革开放和西部大开发中，注重发展民族医药产业，自神奇、富华开始，民族医药企业相继落户县境，逐步形成以谷脚镇为主要聚集地的龙里医药工业科技园区。1997年园区被省政府命名“贵州省谷脚医药城”，2001年获农业部命名“全国乡镇企业科技示范园区”，2005年升级为“省级开发区”并规划为贵州省上100亿元产值的工业园区之一。2003年11月举办首届中国贵州龙里苗医药文化博览会暨全国苗医药学术研讨会。2004年龙里医药工业园区医药企业增至18家，其中有11家企业通过GMP资格认证，另外7家于2005年通过GMP改造。2005年，全县医药工业总产值达8亿元，占全省医药工业总产值的10%；全县苗药系列产品获国内国际奖励增至50余项，出口销往30多个国家和地区。2005年10月18—20日，承办中国少数民族成药产业发展研讨会、中国少数民族成药产品展示会暨第二届中国贵州龙里苗医药文化博览会。

县境盛产刺梨，多有移栽成片规范管理。20世纪90年代，逐步利用退耕还林、植被恢复、石漠化综合治理等林业项目实施产业化经营，全县刺梨产业迅速进入规模壮大、品牌优化、质量稳定、效益提升阶段。2000年后，采取“园区+企业+合作社+农户”的模式，创建育苗、销售等专业合作社，注册“茶香刺梨”“谷脚刺梨”等商标，先后引进龙港、黔宝、黔康、山珍宝、龙美、贵州华南理工等6家精深加工企业，形成集种植、研发、加工、销售为一体的产业发展格局。产品有鲜果、原汁、浓缩汁、口服液、颗粒、精粉、果脯、糖、糕点、酒、袋用茶、三叶茶（刺梨叶、山楂叶、桑叶）、维C片、胶囊和化妆品等，获得国家专利的产品有“低糖＋维C”啤酒、刺梨干，以及用于防治恶性肿瘤的“金刺参九正合剂”等。2008年，县境人工种植刺梨超过1万亩，谷脚镇茶香村成为贵州省集中连片最大的人工种植刺梨生产地。

县境商品蔬菜种植，早期为城郊农业的重要组成部分，逐步销往贵阳市区。商品蔬菜产业带遍布全县，交通要道及与贵阳毗邻乡镇以生产鲜销型精细蔬菜为重点，形成精细特色蔬菜产业带；交通相对落后的乡镇以生产外销型精细类和加工型蔬菜为主，形成加工型蔬菜产区。全县商品蔬菜种植2007年5.08万亩，2008年6.1万亩。商品蔬菜种植成为全县农业产业化发展的着力点，通过政府引导和激励，投入技术和资金帮扶，将1亩田地的产值提高到1万元、8000元、5000元，简称“185工程”。

羊场镇素有“龙里粮仓”之称，2008年统计有水田1.29万亩，其中盛产优质大米7000多亩，亩产600公斤左右，年产4200吨，销售市场约3000吨，市场价5000元/吨。

大岩根雕主产于醒狮镇大岩村，雕刻造型作品有苍鹰、飞龙、猛虎、雄狮、奔马、卧牛、睡羊、顽猴、雄鸡、仙鹤、奇石、怪树等上百种，其中尤以鹰雕数量最多，技法最成熟。产品曾销往云南、陕西、辽宁、广东、上海、北京、深圳等地区，还远销至新西兰、日本、美国等国家。

四

1991年，全社会固定资产投资619万元，其中按管理渠道分为基本建设257万元、更新改造60万元、其他302万元；按经济类型分为国有317万元、集体151万元、城乡个人151万元。

2008年，全社会固定资产投资12.26亿元，是1991年的198倍，其中固定资产投资6.47亿元；固定资产投资按管理渠道分为基本建设1.52亿元、更新改造2.02亿元、房地产9781万元；有资质等级的建筑施工企业3个。

1991年全县公路里程480公里，货物运输量29.51万吨，货物周转量1025.34万吨公里。2000年全县公路里程500公里，民用车辆拥有量502辆，货物运输量35万吨，货物周转量215万吨公里，旅客发送量41万人，旅客周转量625万人公里。2006年全县公路里程704公里，村通公路率90%。2008年全县公路里程765公里，货物运输量91万吨，货物周转量6035万吨公里，民用车辆拥有量596辆，旅客发送量210万人，旅客周转量7035万人公里。

1995年实施县城暗山、岔河引水工程。2006年建成花马冲水库、五子登科水库等一批水利骨干工程和瓮福灌区续建配套及节水改造工程、红岩引水工程、醒狮镇节水灌溉示范工程。至2008年，县城和各工业园区都建有大型自来水厂。

1991年全县固定电话用户676户，业务总量65万元。1995年全县开通程控电话3000门。1996年10月开通移动电话。2006年全县移动电话网络覆盖率达100%。至2008年，GSM网络基本覆盖全县，宽带接入用户1866户；固定电话用户1.13万户，小灵通用户1881户，移动电话用户3.71万户。2003年5月成立铁通龙里经营部，公众网络主要覆盖县城。2003年6月中国联通开始入驻龙里通信市场，至2008年中国联通龙里县分公司GSM网络基本覆盖全县，WCDMA网络覆盖县城及主要旅游景点。

1995年县城110千伏安变电站续建增容。2006年城乡电网改造基本完成。

根据全省“十一五”规划中建设“贵阳城市经济圈”的发展思路，龙里县顺应区域城市组团式发展、区域城市经济圈和产业集群式发展的趋势，提出“城市经济带动战略”发展思路，2006年10月提出“贵龙城市经济带”建设构想。

1995年完成县城西环线改道（321国道过境段改扩建绕行线县城—张家湾—铙钹山—老水桥）。1996年10月县城西关坡降坡与兴龙路工程动工。2000年以后，城市路网和各项市政设施建设加快发展。2005年全县城市化率24%，城镇居民人均住房16.3平方米。2006年基本建成县城市民广场、金龙路和腾龙路，完成对北门街、解放街、民主街道路的改造，对县城原酒厂、金龙路片区实施整体开发。2008年结合贵龙城市经济带规划，完成全县土地利用总体规划修编和县城总体规划修编，县城规划控制区扩增至191.58平方公里，规划形成“一城二区八片”的格局。2008年县城贯城河治理和污水处理厂工程开工。“十一五”时期实施旧城区改造，建成西关坡、草原路、环南路、大冲等安置区，新建商品房76.15万平方米，城市人均住房面积从2006年的18平方米增至29平方米。

2000年，龙山镇被评为“全国创建文明村镇工作先进单位”，被省委评为“全省两个文明建设红旗乡镇”。2003—2006年，在全县农村开展统筹城乡协调发展创建文明新村活动，以“五改三建一倡导，十星六化两提高”为载体和内容。至2006年，共实施了220个自然村寨的文明新村创建工程，受益农民占全县农村总户数和总人口的25.6%和26.4%。2008年，基本实现全县30户以上的自然村寨基本建成“文明村寨”。

五

民族传统节日主要有三月三、四月八、斗牛节、杀鱼节、六月六、“七夕”情歌节等。主要人文景观有巫山岩画、莲花洞、冠山、云台山、苗族农民画、苗族跳月、洞棺葬等。

苗族在农历四月八日前后几天举行祭祖、射背牌、吹芦笙、跳月、染花米饭、走亲访友、男女青年社交等活动。县内有20多个传统斗牛场，斗牛节活动内容有斗牛、吹唢呐、吹芦笙、跳芦笙舞、打粑粑等。杀鱼节在农历二月底到三月初，龙里清水江畔巴江乡与开阳、福泉的苗族群众上千人共同举行杀鱼、对歌、野炊等活动，祈求来年风调雨顺、五谷丰登。农历六月初六布依族举行赛歌、包粽子等活动。“七夕”情歌节源于布依族传统对歌、赛歌习俗，2007年以后固定在县境羊场镇走马村孔雀寨举办，节日内容有对歌、赛歌、民族商品交易和各种水上活动。

2007年，苗族古歌《果乐》进入省级非物质文化遗产名录，平坡苗族农民画、龙山原始草纸制作工艺进入州级名录。

2008年全国第三次文物普查登记录入县境不可移动文物250多处，其中原有省级文物保护单位1处，原有及新增县级文物保护单位52处，普查录入新发现文物点200余处。全县非物质文化遗产名录30余项，其中县级名录26项。

巫山岩画发现于2001年，载体为喀斯特岩溶丘陵槽坝，在1.2公里长的范围内，相对集中的岩画点7处，有图案500余幅，大小不等，红色，规模、数量为贵州罕见。岩画以人物、动物、天体、抽象符号等组成祭祀舞蹈图、原始生殖崇拜图、放逐图、田畴图等。作画年代不详。

莲花洞位于龙山镇何家庄莲花山上，又名“粗糠洞”“观音洞”，洞口题字“天下第一洞”，疑为清康熙年间陈鼎《黔游记》所述“五百里观音洞”。

冠山位于龙里县城，原名紫虚山，山上建有紫虚观，“紫虚仙帐”为龙里古“八景”之一。明、清以来，冠山庙宇等建筑屡经兴废，逐渐成为道、佛并存庙宇和县城文化活动场所。1999年，冠山古建筑群被列为省级文物保护单位。

云台山主峰海拔1765米，在方圆3平方公里之内海拔在1700米以上的山峰有10座，加上附近10平方公里内海拔在1600米以上的山峰有30多座，群峰汇聚，蔚为壮观。主峰上有云台寺遗址两处，寺庙始建时间为明朝天顺年间，清代几次修建。

巴江乡平坡村苗族在沿袭传统蜡染、刺绣的基础上进行的农民画创作，以生活劳作、节日庆典、婚丧嫁娶、历史文化等为题材，作品富于装饰性，具有本民族原生态文化色彩，被美术界誉为东方的“毕加索”“马谛斯”。改革开放以来，农民画多次在国家级、省级赛事获奖，引起省内外各级媒体关注。1995年平坡村被州政府命名为“黔南苗族农民画艺术之乡”，2005年成立全省首家村级美术协会。

跳月为县境草原乡城兴村及相邻村寨的苗族自古沿袭的重要节庆活动，每年正月初六至十二举行，参加者有草原乡及周边乡镇的苗族群众。

洞棺葬位于苗族聚居的摆省乡，为高20多米、宽50多米、长2公里多的巨大洞穴，洞内有序摆放着400多具棺材。每年三月三、六月六，苗族群众在洞外举行杀牛祭祖仪式，在洞内大厅举行跳洞活动。

旅游景点主要有龙架山、大草原、猴子沟、刺梨沟等。贵州龙架山国家森林公园面积6079公顷，园内有贵州高原濒危植物繁育中心、贵州中亚热带珍稀植物园，有国家一、二级和省级特有保护树种160种，野生动物22种。大草原和猴子沟为省级风景名胜区，总面积174.5平方公里，有千亩以上草坪9个；猴子沟峡谷分布在草坪之间，有猕猴、林獐等野生动物。县境谷脚镇茶香村人工种植刺梨连片长达10余里，盛开的花朵比野生刺梨花更加红艳鲜美，人称“十里刺梨沟”“刺梨花走廊”。

2005年，投资规模500万元以上的休闲度假村增至10家，“十一五”期间累计接待游客366.93万人次，旅游业综合收入12亿元，是“十五”时期的4.61倍，旅游业逐渐成为服务业龙头。

六

1991年全县普通中学6所，在校学生5415人，专任教师308人；普通小学126所，在校学生2.31万人，专任教师1254人，学龄儿童入学率91.84%。“两基”（基本普及九年义务教育、基本扫除青壮年文盲）工作经过“5年启动打基础、4年复查验收准备、6年巩固提高”，于1999年通过省政府验收。

龙里中学为省级示范高级中学，为全县唯一的普通高中，先后被评为“贵州省普实示范校”“‘全国教育科学十五规划国家重点课题——整体构建学校德育体系深化研究与推广’实验先进学校”等。龙里县农业中学2002年8月更名为贵州省龙里中等职业学校，开设汽车运用与维修、计算机平面设计、园林绿化等12个专业，有各类实验培训室30多个。

2008年，全县中学16所、小学90所，其中普通高中1所、中等职业学校1所；全县中、小学在校学生3.36万人，其中小学2.14万人；全县中、小学专任教师1910人，其中中学703人。学龄儿童入学率99.56%。

1991年全县广播人口覆盖率88.36%，电视人口覆盖率65.4%。2002年醒狮镇获省文化厅授予“根雕艺术之乡”称号。洗马镇街上张氏家族传统舞龙耍狮技艺，在地方民间文化传承中具有典型性，截至2008年已在全国性赛事中获奖20多项。2007年4月成立龙里武术龙狮协会，建立龙里华武龙狮培训基地。2008年全县拥有图书馆1个；县广播电视台1个，广播、电视人口覆盖率分别为78.29%、90.74%。

县境大草原和猴子沟风景名胜区内的马郎坡，为高山台地体育运动的良好场所，2007年9月21—23日举办首届中国贵州龙里（国际）滑翔旅游节暨2007年全国滑翔伞优秀选手赛。

1991年，全县卫生机构44个，其中医院3所；卫生机构床位247张，其中医院237张；卫生技术人员484人，其中医生203人。“十一五”期间启动国家基本公共卫生均等化服务项目和重大公共卫生项目，2007年投入64.28万元启动新型农村合作医疗，当年全县参合农民12.14万人。2008年，全县卫生机构21个，其中医院4所、乡镇卫生院14所、疾病预防控制中心1个、妇幼保健院1所；卫生技术人员411人，卫生机构床位数288张，其中医院160张。

1991年全县国有单位自然科技人员715人，专业技术人员2032人。2008年乡级科技宣教文化信息服务中心14个；全县专业技术人员2856人。

城乡社会保险中的医疗、工伤、生育、养老等险种业务分别于2002年、2004年、2007年启动实施。

1991年，全社会从业9.32万人，其中第一、二、三产业分别为7.91万人、0.54万人、0.87万人，城镇私营企业和个体从业0.09万人、乡村从业8.5万人；单位职工0.92万人，职工年平均工资1875元，其中国有经济单位1963元、集体经济单位1309元；农民年人均纯收入545元，农民年人均生活消费支出365元，其中食品消费支出212元。

2005年，最后1个一类贫困乡、10个一类贫困村越过温饱线。2008年农村居民家庭的恩格尔系数为50.8%，解决了温饱问题。2008年，全县在岗职工8100人，其中国有经济单位6000人、集体经济单位400人；在岗职工年平均工资2.05万元，农民年人均纯收入3005元。

七

1991—2008年，中共龙里县委员会历经5届，即第六届（1988.9—1992.1）至第十届（2006.10—2011.10）；县人民代表大会历经5届，即第十一届（1990.5—1992.12）至第十五届（2007.1—2010.12）；县人民政府历经5届，即第十一届（1990.5—1993.4）至第十五届（2007.1—2012.1）；政协龙里县委员会历经5届，即第三届（1990.5—1993.4）至第七届（2007.1—2012.1）。通过加强各级领导班子和农村基层组织建设，干部队伍建设得到强化，创先争优活动和学习型党组织建设得到推进，党风廉政建设和反腐败斗争显现成效。在深化改革、扩大开放、发展经济、改善民生的进程中，党的建设进一步加强。

1991—2008年，处于“八五”计划开始实施至“十一五”计划实施中期，改革开放全面推进和深化加速，县域经济社会实现持续、稳定、快速发展。中共龙里县委员会团结带领全县各族干部群众，贯彻执行党的路线、方针、政策，以党风带政风促民风，不断巩固和发展安定团结的政治局面，主动把握发展规律、创新发展理念、破解发展难题，坚持“抓住机遇、深化改革、扩大开放、促进发展、保持稳定”的总体思路，推进全县经济社会平稳快速发展，奋力跻身全省经济强县行列。

近20年间，坚持以经济建设为中心，坚持“一手抓经济建设，一手抓社会事业发展”，不断改善产业发展条件和人民群众生活环境。通过确立和实施一系列符合县情实际的发展战略和政策措施，实现从计划经济体制向社会主义市场经济体制、从封闭半封闭向全方位开放的历史跨越；从农村土地包产到户的靠天吃饭，到用工业理念推动农业农村发展，实现由一个落后的农业县到工业强县的重大转变；县域经济由农业为主转向以工业和第三产业为主，第一产业比重大幅度下降，第二产业占据经济主导地位，第三产业发展成为拉动经济增长的主要力量。

近20年间，全县经济总量不断扩大，综合实力显著增强；生产关系得到改善，农村经济得到发展；非公企业繁荣发展，工业经济快速增长；基础设施全面加强，城镇化水平显著提高；群众收入持续增长，扶贫开发成效明显；社会事业不断发展，民族团结繁荣和谐。

八

龙里县作为‘欠发达、欠开发’区”，县域经济社会发展仍处于规模壮大、品牌优化、质量稳定、效益提升阶段，正在逐步形成和构建新的格局和模式。

交通区位方面，围绕贵广高速公路、贵广快速铁路、厦蓉高速公路、贵新高速公路等外联通道，构建“二纵五横二连线”。二纵：乌当区水田乡至龙里南北联络线、乌当区东风镇—龙里—花溪区孟关乡两条纵线干道。五横：乌当区东风大道—醒狮—谷龙—洗马—巴江、国道210改造、贵新高等级公路贵阳至龙里段北移、贵龙城市经济带城市主干道、花溪区孟关—水场—龙里县城5条横线干道。二连线：龙洞堡机场至醒狮镇冷冲、大凹（谷脚镇）—小箐（醒狮镇）—贵阳大关口两条连接线。

城市化方面，坚持城乡统筹、以工哺农、以城带乡的发展思路，突出重点领域和重点产业基地规划建设。实施《龙里县县城总体规划（2009—2030年）》《龙里工业园区扩区规划》以及一批重点城镇规划，确立“双核、四心、多点”的新型城镇体系，规划形成“一城二区八片”的格局，同时抓住机遇发展贵定—惠水—龙里贵阳城市经济圈板块。双核：贵龙城市经济带和县城区；四心：谷脚、醒狮、洗马、水场等区域中心城镇；多点：羊场、湾寨等建制乡镇。一城：整合龙里县城和龙里工业园区，形成完整的城市区域整体；二区：以县城为主的东区和以工业园区为主的西区；八片：龙里县城、谷脚、谷远、哨关田、千家卡、麻芝铺、播箕堡、莲花8个片区。

工业化方面，提升优化工业经济主导地位，建设“一园三区”。一园：贵州龙里工业园区建设，即将工业园区由6.8平方公里扩大到78平方公里以上。三区：在龙里工业园区的基础上规划、布局、打造三大板块，即谷脚、龙山、水场3个产业聚集区。

农业产业化方面，突出构建“一体两翼”发展格局。一体：龙山、谷脚、麻芝、三元、草原、醒狮、水场等高速公路沿线、国道沿线及与贵阳毗邻乡镇，以生产鲜销型精细蔬菜为重点，打造精细特色蔬菜产业带。两翼：“南翼”指南部片区的羊场、湾寨、摆省，以生产外销型精细类蔬菜为主。“北翼”指北部片区的洗马、谷龙、哪嗙、巴江，以生产生姜、辣椒、大蒜等加工型蔬菜为主，形成加工型蔬菜产区。

位于黔中腹地的龙里县，立足于争先实现更好发展的新的历史起点，将积极发挥毗邻贵阳的交通区位优势，持续营造大开放、大招商、大发展的对外开放环境，改善生产关系，激发创造活力，努力建设成为“黔中新型科技工业重镇”“贵州山地现代农业基地”“黔中山地生态宜居新城”“西南现代商贸物流新区”“全国特色生态康旅名县”。

大 事 记

1991年

3月2—5日 龙里县民主乡村民与贵阳市花溪区高坡乡中院村村民因地界纠纷，引发群体性事件。龙里县与花溪区双方组成联合调查组到亮山坪现场调查解决，平息事态。

3月9日 中共龙里县委、县人大常委会、县政府、县政协召开领导联席会议，专题讨论计划生育问题，明确一名县委常委分管计划生育工作。

3月26日 晚10时许，龙里县谷脚、观音、高堡、岩后、中排、民主6个乡遭受龙卷风、冰雹袭击。龙卷风的中心点位于观音的甘冲至谷脚的大坡地段，灾害造成电源中断。据统计，油菜受灾1.2万亩，小麦受灾4000亩，房屋毁坏8000间，毁坏直径在15厘米以上大树3万棵，有2人死亡、3人受伤。

4月13日 龙里县第十一届人民政府第一次工作会议召开，会议讨论龙里县十年规划（1991—2000年）、“八五”计划（1991—1995年）、本年度财政预算及相关事宜。

5月29—30日 龙里县残疾人联合会第一次代表大会在县城召开。会议选举县残疾人联合会第一届主席团成员23人，选举主席1名、副主席3名，执行理事会理事长1名、副理事长1名。

7月1日 中共龙里县委召开有县人大常委会、县政府、县政协主要领导参加的联席会议，成立龙里县建镇并乡撤区工作领导小组。

7月7—11日 龙里县遭受持续大雨和暴雨造成洪涝灾害。据统计，农田受灾3.8万亩，成灾1.8万亩；土被水冲1.3万亩，成灾4500亩（其中烤烟成灾1500亩，玉米成灾3000亩）。受灾农户7716户，房屋倒塌45户275间。公路塌方96处53公里，龙里县城至猫场、高堡、摆省等处交通中断，水毁乡村公路桥梁7座；龙里火车站至老罗堡车站路段铁路塌方，只能单线运行。县城至羊场、洗马、谷脚的邮电通信线路中断；水利设施遭严重损坏8处，经济损失60余万元；县化工厂、电石厂、铁厂被迫停产4天。

8月9日 经省人民政府批准，龙里县建镇并乡撤区设龙山、洗马、猫场、谷脚、三元、羊场6镇，置巴江、哪嗙、谷龙、水场、麻芝、湾寨、摆省、民主8乡。全县所辖6镇8乡均为正科级，直属县领导，指导村（居）委会工作。

8月中旬至9月16日 各乡镇陆续召开中共党员代表大会和人民代表大会，选举产生乡镇党委、纪委、人大主席团和政府领导。其间，中共龙里县委就“建并撤”工作明确宣布“六不变”和“三不动”政策。“六不变”即家庭联产承包责任制不变，山林权属不变，以公有制为主体发展多种经济成分的政策不变，合同关系不变（包括县给区、区给乡已定的奖励合同），公余粮任务不变，允许一部分人先富起来逐步实现共同富裕的政策不变。“三不动”即原建制各乡镇的粮店、供销点和卫生院不动。

8月26日 龙里县洗马镇拐哈煤厂发生一起4人死亡重大安全事故。

9月26日 中共龙里县委副书记曹惟浩带队，县人大、纪委、组织部、民委、公安局、谷脚区主要领导，水场乡工作队队长和县委办、政府办副主任各1人组成10人工作组，到原比孟乡作群众“建并撤”思想工作。在召开乡、村干部会议时，有群众300人围观，少数群众强行冲进会场，致使工作无法开展。晚上9时，工作队人员被迫撤出。

10月 龙里县残疾运动员参加黔南州首届残疾人田径运动会，王家胜获男子上肢残组跳远第一名，岑大先获下肢残组跳远第二名，姚仕刚获下肢残组跳高第二名。

11月4—5日 龙里县建立猴子沟区域自然资源保护区，成立保护区管理委员会，具体工作由龙山镇派出所负责。

是年 国家教委明确龙里县农业中学为“贵州省重点职业高级中学”，并授予该校“科技兴农先进单位”称号。

是年 全县考入大中专院校学生263人，其中：大专以上学生77人，中专生186人。

1992年

1月7—9日 中共龙里县第七次代表大会在龙里县城召开，大会听取和审议通过中共龙里县第六届委员会工作报告和纪律检查委员会工作报告，选举产生中共龙里县第七届委员会委员29名、候补委员2名。9日，中共龙里县第七届委员会召开第一次全体会议选出常务委员11名，书记1名、副书记3名。

4月16日至5月17日 龙里县连续遭受四次严重暴雨和风暴袭击。累计8个乡镇84个村1.51万户6.89万人受灾，损坏房屋469间，农田受灾7万亩，其中：油菜2.96万亩、小麦3.73万亩、秧苗1118亩。冲毁铁路桥梁1座、拦河坝3道、水利沟渠6547米，吹倒大树110棵。

5月28日 贵州省水利电力厅批准龙里县岔河引水工程设计方案，并列为省1992年水利改扩建项目，该工程总投资179万元（省水利厅补助59万元），工期两年。

6月13—17日 龙里县连续降雨，雨量为136毫米，14个乡镇97个村776个村民组1291户5.49万人受灾。受灾面积水稻3.24万亩、玉米1.88万亩、烤烟2980亩、杂粮1.34万亩；成灾面积水稻2.79万亩、玉米1.46万亩、烤烟2674亩、杂粮9874亩。房屋倒塌47栋、损坏144间，冲垮拦河坝13道118米、沟渠138米、乡村公路桥3处，公路塌方12处88米，4个乡镇不通电话，5个乡镇交通中断。

6月23—24日 共青团龙里县第十三次代表大会在县城召开，出席大会代表126名，大会审议通过团县委工作报告，选举团县委第十三届委员会委员21人、常务委员会委员7人、候补委员1人。

6月24日 贵州神奇药物开发实业有限公司落户龙里县谷脚镇，投资560万元兴建贵州神奇药厂，有偿使用220亩土地转让权，每亩转让金为0.8万元，转让期限为100年，成为引进县内的首家非公有制企业。

7月9日 贵州省人民政府批准龙里县龙山镇光明村土地面积7836.34平方米，划拨为龙里中学修建运动场用地。

8月14日 民主乡全长18.2公里的输电线路全面竣工通电，是龙里县14个乡镇中最后一个通电的乡，至此全县实现乡乡通电。

11月30日 龙里县国营商品流通企业全面推行“四放开”改革，即经营放开、价格放开、分配放开和用工放开。

12月25日 龙里县劳务（输出）总公司成立，下辖上海分公司、广东分公司和福建厦门分公司。

12月29日 龙里县第二幼儿园开工建设，占地面积为1348.12平方米。

是年 龙里县考入大、中专院校学生309人。

1993年

2月7日 龙里县湾寨乡上坝村司头寨发生特大火灾，直接烧毁18户房屋，间接救火踩坏4户房屋，共计损毁房屋61间，引发森林火灾过火面积100余亩，受灾22户62人。火灾造成直接经济损失40多万元。同日，龙里林场黑山林区发生森林火灾，烧毁林木596亩（林木蓄积量1601立方米）。

2月25日 中共贵州省委副书记王思齐、梁明德一行先后考察龙山开发小区的龙山化工厂、铁厂和在建中的双氢氨厂以及谷脚开发区的贵州神奇制药厂、贵州侨谊冶炼厂等，对解决谷脚开发区用水问题、开发猴子沟旅游规划提出建议。

4月12—16日 政协龙里县第四届委员会第一次全体会议在县城召开。会议听取和审议县政协第三届常委会工作报告和第三届提案工作报告；审议通过《政协龙里县第四届委员会第一次会议决议》和《关于提案审查情况报告的决议》；选举产生政协主席1名、副主席4名、秘书长1名、常务委员18名。

4月13—17日 龙里县第十二届人民代表大会第一次会议在县城举行，出席会议代表156名。会议听取和审议县人民政府及计划、财政部门，县人大常委会、县人民法院、县人民检察院工作报告，作出相关决议。会议选举县人大常委会主任1名、副主任4名、委员10名；选举县人民政府县长1名、副县长5名；选举县人民法院院长、县人民检察院检察长各1名，补选黔南州第九届人民代表大会代表2名。

6月1日 农民企业家、1992年度全国尊师重教先进个人张正良捐资10余万元建设谷脚小学校舍，被聘为谷脚小学名誉校长，县人民政府将谷脚小学更名为“龙里县谷脚正良小学”。

6月30日 经黔南自治州教育局批准，龙里县巴江初级中学挂牌成立。

7月1日 龙里县取消城镇居民、菜农粮油定量供应制度，废止相关的票证，同时放开粮油购销价格。

7月28日至8月18日 猫场镇大岩村发生炭疽病，死牛3头，病牛3头。直接受传染威胁涉及2个村41户178人，吃过死牛肉的人中7人严重感染住院。

9月19日 龙里铁厂因煤气中毒，造成3人死4人伤的重大安全事故。

12月3日 县境内千洗公路16公里加100米处，两大客车会车，龙里县联营车队客车侧翻，造成1人死亡26人轻、重伤的交通事故。

12月5日 龙里县政府将猴子沟自然资源保护区列为县级风景名胜区。

是年 龙里县考入各类本科及大、中专院校学生288人。

1994年

1月28日 龙里县首次工程建设施工招投标会在县建设局召开，县招投标办公室受县农经委的委托，对农村技术培训中心综合楼工程公开向社会招标，县建筑工程施工公司中标承建。

4月20日 晚20点15分至35分，龙里县谷龙、洗马、巴江3个乡镇遭到冰雹强度袭击，冰雹最大直径6厘米。34个村的373个组共9384户群众受灾，农作物受灾3.72万亩，损坏房屋2043间，造成直接经济损失460万元。

7月2日 龙里县第二中学更名为龙里县民族完全中学。

8月12日 龙里县平山硫铁矿发生2人死亡1人受伤的安全事故。

9月8日 贵州省建设厅组织专家组到龙里县猴子沟风景区考察，建议申报该景区为省级风景名胜区。

10月28日 龙里县公开授予在返乡途中勇斗歹徒、舍身保护乘客的龙里铁厂职工、退役军人罗盛雄“见义勇为公民”称号，发给奖金500元，并解决其户口农转非问题。

10月 全国政协主席李瑞环到龙里对贵州神奇药业就私营经济发展情况进行考察。

11月13日 龙里县印发《关于拍卖荒山荒坡非耕地使用权暂行规定》的通知，以加快农村改革，推进开发利用非耕地资源。

12月19日 龙里县摆省乡新庄村民组3名吴姓村民到邻近的贵阳市花溪区高坡乡长冲村民组地界偷砍树木，被该组村民打死，酿成恶性事件。贵阳市花溪区与龙里县根据国家民族政策和相关法律联合调查紧急处理该事件，经双方调解事件得以平息。

是年 龙里县龙腾铁合金有限责任公司成立，成为全国最大的锰系铁合金生产基地，70%的产品销往省外及国外市场。

是年 黔南自治州文化局命名龙里县猫场镇为“根雕艺术之乡”。

是年 贵州省人民调解委员会授予龙里县猫场镇大岩村调解委员会“优秀人民调解委员会”称号。

是年 龙里县考入各类本科及大、中专院校学生273人。

1995年

1月 龙里县自1月份起，实施机关、行政单位干部“四三三”分流方案，即40%办理机关日常工作，30%到农村协助乡镇抓中心工作，30%兴办、领办经济实体或乡镇企业。对主动到厂矿企业工作的人员，给予“保留位子、保留帽子、保留票子、不失面子”及其他优惠政策。

2月1日 龙里县执行收取县城东起贵州省麻芝油库、西至五里坡脚道班，南起莲花乡一号桥、老寨，北抵石头寨和黑山范围内的居民用水附加费和用电附加费。

3月5日 贵州省人民政府批准龙里猴子沟景区为省级风景名胜区，景区规划面积190平方公里，拥有独立景点60多个。

3月23日 龙里县首次对国营龙里酒厂采取租赁经营方式，承租方为贵州麟子贸易公司，租赁期限为10年，租金191万元。同时对人员安置、工资待遇、租金、纳税、债权、债务等作出具体规定。

4月 龙里中学校长夏献禹被评为贵州省和全国先进工作者，29日出席在北京举行的全国劳动模范和先进工作者表彰大会。

6月12日 龙里县与泰国正大集团正式签订合同合资兴建贵州正大实业有限公司。签字仪式由副州长张建华主持，泰国正大集团总裁李绍庆与龙里县经济开发总公司代表、副县长黎兴发在合同书上签字，省有关领导和州、县主要领导出席仪式。该公司选址于县城西关坡，占地15.33公顷，初步计划投资1.48亿元，拟于9月破土动工，主要生产磷酸氢钙、硫酸和水泥。

8月 龙里县第一次编制《龙里县城总体规划（1995—2010年）》，规划范围：东起大冲村，西至水桥道班，南到铁路线，北抵小竹芒，面积为11.97平方公里。

9月19日 龙里县殡葬管理所成立，属事业单位性质，为县民政局内设机构。

9月19—21日 龙里县羊场镇藕寨、水场乡中坝布依文通过国家民委语文办公室和中国社会科学院民族研究所少数民族语言研究中心的论证验收。

10月19日 龙里县城西环线收费站正式投入使用，对过往车辆收费。

11月23日 龙里县城安装的3000门程控电话正式开通。

是月 龙里县高标准扫除青壮年文盲工作通过省、州验收。

是年 黔南自治州人民政府命名龙里县巴江乡平坡村为“黔南苗族农民画艺术之乡”。

是年 龙里县“三荒”（属于农村集体的荒山、荒坡、荒滩）拍卖在谷脚镇试点，拍卖成交荒山面积1245亩。

1996年

3月20日 龙里县武装部收归军队建制交接仪式在县总工会举行，县长骆用定主持仪式，省军区司令员钟理明、州委副书记肖永安、都匀军分区政委及县主要领导等人员出席交接仪式。

4月5日 龙里县首次举办国有土地使用权拍卖会，拍卖宗地位于县城人民路与小街园丁字路口处，土地面积380平方米，为商业住宅综合用地，使用年限50年，拍卖底价为450元/平方米，县人民医院以789元/平方米取得该宗土地使用权。

4月9日 龙里县人民政府授予三元镇“科技示范乡”称号。

5月20日 龙里县环城路综合市场开工建设，整体工程占地1.96万平方米，建筑总面积3.6万平方米，由贵州大地房地产开发公司投资1000余万元开发。

5月30—31日 龙里县遭受特大暴雨袭击，除羊场、湾寨外，其余12个乡镇均发生不同程度的水灾，其中猫场、巴江、龙山、谷脚四个乡镇比较严重。全县受灾总面积2.18万亩，其中田3877.5亩、土1.79万亩；冲毁公路69处18公里；冲坏水利设施42处，小型水库1座，山塘2个，人畜饮水工程3处；冲坏农户房屋67间，受灾3687户，其中重灾户567户；死亡2人，伤7人。

6月6日 龙里县经济开发有限总公司与香港滔达有限公司以股份制形式达成合资经营西关坡降坡工程协议，工程总投资2200万元，其中港方为1650万元，合作期限20年。

7月4日 龙里县高级畜牧师吴德贵获国家科委授予“科技扶贫项目杰出贡献奖”。

7月26日 龙里县兴龙大道工程开工建设，为龙里县城主要城市干道。该项目西抵火车站，东至水堤阁，全长1090米，路宽30米，路面面积3.27万平方米，人行道面积1.09万平方米，土建投资600万元。

8月24日 《龙里猴子沟风景名胜区总体规划》通过省州专家审查，景区面积为190平方公里。

9月2日 新西兰政府捐款9万元援助龙里县土地综合利用项目受灾农户。

9月23日 321国道龙里县城过境段改造工程开工，全长3900米，路宽30米，道路面积9.36万平方米，人行道面积2.34万平方米。

10月23日 龙里县获黔南州“1995年度以工代赈坡改梯一等奖”，谷脚镇获“先进乡镇”称号。

11月12—14日 中共龙里县第八次代表大会在县城召开，大会听取审查中共龙里县第七届委员会工作报告和中共龙里县纪律检查委员会工作报告；选举中共龙里县第八届委员会；选举中共龙里县纪律检查委员会。14日，中共龙里县第七届委员会召开第一次全体会议选出常务委员9名，书记1名、副书记1名。

11月15日 经黔南自治州教育局批准，龙里县猫场初级中学、谷龙初级中学、湾寨民族初级中学挂牌成立。

12月20日 龙里县联营车队一辆小型农用车因违章载人在民主幸福村榨哨五格田处翻下25米高的斜坡脚，造成当场死亡5人、伤27人（其中重伤13人）的特大交通事故。

12月30日 贵州省人民政府批准《龙里县综合改革试点总体方案》，龙里成为贵州省综合改革试点县。

是年 司法部评选并授予龙里县猫场镇大岩村调解委员会“全国优秀人民调解委员会”称号。

1997年

3月 国家科委授予龙里县科学技术局1996年度“科技扶贫先进集体”称号。

5月13日 在全省农村改革试点区、县工作会议上，龙里县被列为“贵州省农村单项改革第二轮试点县”。

5月21日 农业部水生野生动物保护处、省农业厅水产处及州水产站负责人，到龙里县莲花水生野生珍稀濒危动物大鲵、山瑞鳖保护区实地考察。

5月22日 共青团龙里县第十四次代表大会在县城召开，会议审议通过团县委工作报告，选举共青团龙里县委第十四届委员会委员21人、候补委员1人、常务委员会委员7人，选举出席共青团黔南州第七次代表大会代表17人。

7月5日 省长吴亦侠、省长助理章力健在龙里县委书记黄大熙、县长骆用定等陪同下，到龙山镇毛栗寨，就高蛋白玉米种植、养猪、沼气开发建设以及技术培训、高效兽医服务等进行考察。

7月16—24日 省科委组织全省地（州）县（市）科委主任、科技局长分两批到龙里县的毛栗寨、把关、马寨学习考察科技扶贫工作经验。考察期间，贵州电视台记者拍摄制作了反映毛栗寨科技扶贫、生态农业发展成果的专题片——《龙之故里彩凤飞》在贵州电视台播出。

7月31日 国务院扶贫办、国家科委领导、专家在贵州省科委副主任罗立、黔南州副州长吴坤凤及龙里县委书记黄大熙、县长骆用定的陪同下，考察参观龙山镇毛栗寨生态农业综合开发项目，考察组肯定生态农业在贵州山区科技扶贫中发挥的重大作用。

8月9日 龙里县城乡电话号码由原5位数前加两位数“56～59”，统一提升为7位数，区号为0854（黔南州统一区号）。

9月20日 龙里县三元镇合安村通电，全县电网覆盖实现“村村通”。

9月22—24日 全省民族教育寄宿制现场会在龙里县召开，省人大常委会副主任杨守岳、省政协常委王德安、省民委主任苏太恒及9个市（州、地）民委、教委负责人，全省28所中小学校长共110人出席会议。

9月27日 《龙里猴子沟风景名胜区总体规划》通过省人民政府批准，总规划面积为199.7平方公里，含峡谷、高山台地草原，以及其他独立景点区域，共60多个景点。

11月23日 龙里县境内321国道线五里坡段发生一起由四川泸州开往广东方向的双层大客车侧翻，造成5人死亡、11人重伤的特大交通事故。

12月11日 国务院扶贫办、国家科委、中国科协及大别山、井冈山、延安地区扶贫团领导，以及江西、云南、新疆、陕西、宁夏、甘肃、山西、内蒙古等14个省、区（市）科委相关人员，由贵州省科委、中共龙里县委、县政府领导陪同，到龙山镇毛栗寨考察学习科技扶贫与优质高蛋白玉米种植经验。

12月25日 副省长龚贤永一行，到龙里县“星火密集实验区”进行阶段性考察验收。

是年 龙里县环城路农贸市场开工修建，即县供销社原址，占地面积6097.5平方米，建筑面积2335.6平方米，摊位250个，总投资600万元（其中：大棚100万元，门面及商住楼500万元）。

是年 龙里县新建龙里火车站花园广场，面积为1.2万平方米。其中：有绿地面积2000平方米，高杆灯1根（12盏），地方民族特色浮雕1幅，以及多种公共健身设施。

是年 贵州省人民政府命名龙里医药科技园区为“贵州省谷脚医药城”。

1998年

1月20日 龙里县科技局获国家科委授予1997年“科技扶贫先进集体”称号；龙里科技工作者、高级畜牧师吴德贵获国家科委1997年度“先进个人奖”。

3月17日 中共贵州省委批复决定，以毛栗寨生态农业为载体，以“深化农村科技体制改革，推进农业可持续发展”作为省委农村单项改革实验课题在龙里县实施。

3月26—30日 政协龙里县第五届委员会第一次全体会议在县城召开。本次会议共有委员134名，出席会议的委员116名。会议听取并审议第四届政协常委会工作报告及第四届提案工作情况报告；与会人员列席了县人大第十三届第一次会议，听取并讨论了《县人民政府工作报告》以及县人大常委会、人民法院、人民检察院工作报告；会议审议通过《政协龙里县第五届委员会第一次会议决议》和《关于提案审查情况报告的决议》。会议选举产生主席1名、副主席6名、秘书长1名、常务委员18名。

3月27—31日 龙里县第十三届人民代表大会第一次会议在龙里县城召开，出席会议代表165名。会议听取和审议县人民政府及计划、财政部门，县人大常委会、县人民法院、县人民检察院工作报告，并作出相应决议。会议选举县人大常委会主任1人，副主任6人，委员10人；选举县人民政府县长1人，副县长6人；选举县人民法院院长、县人民检察院检察长各1人；增选黔南州第十届人民代表大会代表1人。会议期间共收到代表议案、建议、批评和意见70件。

4月8日 龙里县供销农贸市场投入使用，该市场建筑面积2000平方米，内设摊位300个。

7月28日 龙里县在省城贵阳举行招商引资项目签字仪式，与贵州三鑫药业公司、深圳华南发展股份有限公司等6家客商签订投资总额近2亿元的合同。

8月4日　全国优质高蛋白玉米现场观摩会在龙里县龙山镇毛栗寨举行，来自美国等7个国家的15位著名专家和国内专家给予高度评价，认为龙里县龙山镇毛栗寨生态农业模式为贫困山区脱贫致富闯出了新路子。

8月31日　经黔南州教育局批准，龙里县哪嗙乡卫华民族初级中学挂牌成立。

9月8日　龙里县神奇小学建立，服务范围包括谷脚医药工业园区及千家卡附近村寨。

10月13日　《龙里县乌江流域南明河支流谷脚片区水土保持工程可行性研究报告》通过州批复，该项目总投资100万元，建设年限截至1999年6月底。

11月20日　日本援助地氟病防治项目基本建设调查团团长放生雅章率成员北野隆雄、山根努一行到龙里县进行实质性考察。

12月28日　龙里县水泥厂改组为龙里县黔龙水泥有限责任公司。

是年　中共贵州省委、省人民政府授予龙里县民族中学“民族团结进步模范集体”称号。

是年　龙里县14个乡镇完全开通程控电话。

1999年

3月3日　《龙里县县城总体规划（1996—2010）》通过省人民政府审批，规划面积11.97平方公里，远期至2010年。

3月8日　龙里县城关第三小学建立，位于兴龙大道北端的水堤阁地段。

4月6日　贵州省人民政府批准龙里县谷脚镇集体荒坡9.36公顷征为国有并出让给谷脚园林公墓有限公司作修建公墓用地，出让期为50年。

6月22日　龙里县铙钹山爆竹厂发生爆炸，造成2人死亡1人重伤的安全事故。

7月1日　龙里县行政事业单位从7月1日起，统一缴存住房公积金，按职工工资的5%、单位匹配5%的比例交纳。

是月　贵阳金龙公司投资1800多万元新建龙里草原鹿园度假村，占地665亩。

8月4日　由中国科学院、国际玉米小麦改良中心北京办事处、贵州省科委主办的中国优质蛋白玉米现场观摩会在龙里召开。参加会议的有国际玉米小麦改良中心总主任里夫斯教授、世界著名育种专家布劳格博士等7个国家的17名国际组织负责人、专家学者及国内的中科院副院长王韧等11名专家。上午，观摩团参观谷脚镇岩后村花椒园、大坡村新街及猫场镇三堡寨3个优质蛋白玉米种植示范点，总面积2600亩；下午，参观龙山镇毛栗寨2400亩优质蛋白玉米种植示范点及“粮—猪—沼”农牧综合开发项目。

8月12日　上海度假村租赁龙里县民主乡朝阳村五里坪荒坡地2000亩，租期50年，用于旅游、种植、养殖等项目开发。

9月3日　龙里县决定把猴子沟风景区内民主乡石门、国翁村民51户搬迁至县城的张家湾等移民安置点。

11月20日　冠山被贵州省人民政府列为省级文物保护单位。

12月14—17日　龙里县“两基”（基本普及九年义务教育，基本扫除青壮年文盲）工作通过省人民政府验收。以副省长马文骏为团长的省人民政府“两基”工作验收团，对三元、谷脚、麻芝、巴江和水场5乡镇重点检查，对9乡镇巡视检查，各项教育软、硬件指标均达到贵州省“两基”验收标准。

12月22日　龙里县划拨县城北11.09公顷国有土地用于城镇开发，建设腾龙路、金龙路及两侧居民区。

是日　龙里县启动修建“龙里解放纪念碑”，地点位于县城西的夹山坡。

12月　国家林业局专家检查评审组对龙里县林业工作实绩、基础设施、档案资料和人员编制四方面工作进行综合测评，评定龙里达到基层标准站标准，被评为“全国基层标准站合格县”。

是年　龙里县安排最后一批国家计划分配的114名1998届大中专毕业生就业。

2000年

2月25日 贵州省人民政府同意龙里县与惠水县、福泉县签订联合勘定行政区域界限协议。

4月19日 贵州省省长钱运录、省财政厅厅长李隆昌到龙里县视察退耕还林工作，并安排20万元资金补助水场乡解决人畜饮水困难。

6月 龙里县14个乡镇各建成1座农村卫星电视地面接收站。

是月 贵州省人民政府授予龙里县洗马镇羊昌村村民史玉武“贵州省劳动模范”称号。

7月16日 中央民族学院与中国社会科学院民族研究所组成的贵广高速铁路沿线少数民族发展计划评估组到龙里进行调研。

7月21日 龙里县启动县城“亮丽工程”（沿街、路设置路灯，建构筑物上安装彩灯；广场设置高杆灯；小区院落设置路灯、庭院灯），创建文明卫生城市。

8月4日 黔南州州委书记何永康在都匀组织召开解决龙里县巴江乡、洗马镇、哪嗙乡缺水问题专题会议，部分县乡领导出席会议。

8月30日 贵州省人民政府批准《龙里县土地利用总体规划（1997—2010年）》，土地利用控制指标耕地保有量为3.5万公顷。

9月4日 贵州省人民政府同意龙里县与开阳市签订联合勘定行政区域界限协议。

9月28日 龙里县财政局统一发放机关事业单位职工工资，改变以往各单位自行发放的方式。

10月10日 龙里县创建省级科技工作先进县通过省人民政府验收，获得省级“科技工作先进县”称号。

10月20日 由中国外交部安排，阿尔及利亚等非洲24个国家的青年外交官拉伊德·布阿迪一行在中国外交部官员及贵州省外事办人员的陪同下，到龙里县谷脚镇观音村、龙山镇毛栗寨对“旱坡地农作区农牧业综合开发项目”进行参观、考察。

12月28日 龙里县关闭污染严重的龙里兴达再生纸厂和龙里永发再生纸厂。

是年 龙里县确认全县土地总面积1521平方公里，耕地面积1.13万公顷，其中田6522公顷，土4810公顷。

是年 龙里县龙山镇被中央精神文明建设指导委员会评为“全国创建文明村镇工作先进单位”，被贵州省委评为“全省两个文明建设红旗乡镇”。

是年 龙里县教师安居工程第一期150套住房在县城东的“教师新村”开工建设。

是年 由省水利厅出资的龙里水土保持生态示范园开工建设，属于国家级生态示范园，总面积12平方公里。

2001年

1月17日 贵州亚冶铁合金有限责任公司落户龙里县龙山镇大冲村，占地130亩，总投资2500万元，计划年产量6万吨，主要从事硅锰、高中低碳锰铁及其他铁合金的生产与销售，是中国铁合金行业第一批70家国家标准化企业之一。

2月25日 龙里县获中共贵州省委授予“贵州省1999年度发展乡镇企业先进县”“贵州省1999年度发展乡镇企业先进镇”（龙山镇）、“贵州省1999年度明星乡镇企业”（龙里龙达铁合金厂）称号。

4月19日 晚8时至12时左右，龙里县遭受狂风暴雨和冰雹袭击。其中谷脚、猫场、三元、羊场4镇受灾严重，房屋倒塌1850间，1人死亡、21人受伤；畜禽死亡400余头（只）；全县损坏森林3400亩；小麦受灾1.8万亩，绝收6400亩；油菜受灾2.6万亩，绝收1.3万亩；烟苗损坏2050厢，稻秧损坏1300亩。摆省乡、羊场镇通讯中断。此次灾害造成直接经济损失1600多万元。

5月17日 由中国外交部和中国外交学院外事办安排，埃及等中西亚地区20个国家的青年外交官包岛德·萨德一行到龙里县谷脚镇观音村、龙山镇毛栗寨对“节水农业、优质高蛋白玉米养猪、开发沼气、生态农业”项目进行考察。

5月 国家林业局授予龙里县唐荣华“基层先进林业工作者”荣誉称号。

6月18—20日 中共龙里县第九次代表大会在龙里县城召开。大会听取和审查中国共产党龙里县第八届委员会工作报告，中国共产党龙里县纪律检查委员会工作报告；选举中国共产党龙里县第九届委员会，委员29名、候补委员5名；选举中国共产党龙里县纪律检查委员会；选举龙里县出席州第八次党代会代表。20日，中共龙里县第九届委员会召开第一次全体会议选出常务委员11名，书记1名、副书记3名。

6月24日 省、州综合督查组对龙里县龙山工业区企业污染治理工作进行检查，要求县委、县政府采取有效措施，对龙腾铁合金厂生产排放的烟尘和工业粉尘形成县城“酸雾”天气的直接原因进行监督整改，同时要求龙里县对贵州正大实业有限公司排放的废气、烟尘超标及废水中的化学需氧量（COD）、悬浮物超标，龙里县化工厂和县联化厂排放的二氧化硫、三氧化硫超标，贵龙饲料公司排放的含氟尾气、龙里冠山水泥厂和黔龙水泥厂工业粉尘、烟尘的排放超标等情况进行限期整改。

6月25日 全县普降暴雨，日降雨总量为126.3毫米，洗马镇刘家庄遭受滑坡，对12户农户造成威胁。龙山镇陡坡脚遭受滑坡灾害，毁坏房屋6间，轻伤1人。龙里县城外环路长100多米水深达0.8米，4个机关因被淹不能正常办公，50多家个体工商户停业。猴子沟山洪暴发，冲毁直径500毫米县城供水主管道400多米。

7月2日 由省环保局局长李康民带队的省、州督查组到龙里县督查龙山工业区企业污染治理进度情况，督查组深入龙腾等企业督查污染治理，督查结论是：工作肯投入、抓得实、进度快，成效明显，基本达到省委、省政府要求。

7月6日 由中国外交部安排，厄瓜多尔、巴西、古巴等拉丁美洲及加勒比地区21个国家的青年外交官胡安·巴勃罗·巴尔迪维索一行到龙里县龙山镇毛栗寨对“旱坡地农作区农牧业综合开发”项目进行参观、考察。

7月18日 中央电视台《现在播报》节目报道龙里县龙山工业区龙腾铁合金有限责任公司、贵州正大实业有限公司存在超标排放大气污染物问题。对此，县委书记陈玉兴立即组织召开专题会议研究整改方案，落实整改措施，明确整改责任，限期进行彻底整改。

8月15日 国务院总理朱镕基、国家林业局领导及省、州领导到龙里县哪嗙乡高枧村调研退耕还林试点和天然林保护工程。

8月28日 位于龙里县城西关坡的贵州正大实业公司通过3个多月整改，环保设施通过由省环保局、省贸易合作厅、省环境监测中心和州环保局、州贸易合作局等单位组成的验收小组验收。

9月21日 由中联部和贵州省外事办安排老挝国会副主席、中央委员奥占·坦马冯一行31人到龙里县龙山镇毛栗寨对科技扶贫的“旱坡地农作区农牧业综合开发项目”进行考察。

10月20日 由中国外交部和贵州省外事办安排阿尔巴尼亚、俄罗斯、波兰等23个国家外交官搏尼亚茨斯·道克施茨一行到龙里县龙山镇毛栗寨对“旱坡地农作区农牧业综合开发项目”进行参观、考察。

10月22日 2000年龙里县被中共贵州省委、省政府确定为全省退耕还林（草）试点示范县后，中共龙里县委、县人民政府启动退耕还林（草）工程，重点安排落实在贵新公路、321国道沿线和水土流失较为严重的龙山、谷脚、猫场、哪嗙、三元等12个乡镇的82个行政村203个村民组5211户农户，总面积达4.28万亩。

11月11日 中共龙里县委、县人民政府根据省、州要求，督促污染企业严格实行监督整改：龙腾铁合金厂已投入550万元增添设备治理排污，贵州正大实业有限公司投入458万元进行环保改造，其余5家污染企业也投入132万元进行污染治理。经过省、州督查，各整改企业排污均达到合格标准。

11月18日　全省铁合金工业污染治理技术现场推广会在龙里召开，会议推广了龙腾铁合金厂的污染治理成功经验，肯定了龙里县龙山工业区污染治理取得的成绩。

12月29日　副省长莫时仁、林业厅厅长张锦林到龙里县谷脚镇茶香村刺梨基地和三元镇永安村退耕还林还草基地现场检查调研。

是年　龙里县残疾人杨云龙参加贵州省残疾人文艺会演，获“新人奖”。

是年　龙里县民族中学被评为全国教育科学“九五”规划国家重点课题——“整体构建学校德育体系”研究与实验先进实验学校。

是年　龙里中学学生周羿在全国中学生化学竞赛中获贵州赛区一等奖。

是年　龙里县实施旱坡地农作区农牧业综合开发模式推广项目，获省科技进步二等奖。

2002年

2月4日　《龙里报》正式创刊。

是日　中共龙里县委、县人民政府在县城影剧院召开两个文明建设表彰会，对成绩突出的乡镇和单位进行表彰。经济和社会发展工作综合考评奖有谷脚镇等6个乡镇；机关目标管理先进单位有水利局等23个；农村基层组织建设先进乡镇有猫场镇等5个；人口与计划生育目标管理考核奖有龙山镇等5个乡镇；计划生育“三结合”帮扶先进单位有民政局等10个单位；计划生育合格村创建52个。

是月　省扶贫开发领导小组确定龙里县摆省、民主、哪嗙、麻芝、湾寨和水场6个乡镇及全县71个村为扶贫开发重点乡镇、村。

3月20日　经省人民政府批准，龙里县猫场镇更名为醒狮镇。

3月21日　龙里县启动争创全国文明卫生县城活动，县委书记陈玉兴作动员讲话，数千名干部、武警官兵、学生和群众参加县城主要街道卫生扫除活动。

3月　贵州柏强制药有限公司在龙里县成立，该公司隶属于贵州百强集团，是集药研、生产和销售化学药、中成药、原料药为一体的高新技术企业。

4月8日　农业部授予龙里县谷脚工业园区“全国乡镇企业科技园区”称号。

4月22日　水利部水土保持司司长焦居仁到龙里县检查羊鸡冲库区水土保持生态示范园实施情况，并给予高度评价。该项目属全国10个国家水土保持项目之一，总占地面积1.63万亩，建设规模为综合治理水土流失面积7.41平方公里。

5月3日　由中国争取和平与裁军协会和贵州省外事办安排，蒙古国和平友好联合会会长巴特扎尔格勒一行5人到龙里县龙山镇毛栗寨对“旱坡地农作区农牧业综合开发项目”进行参观、考察。

5月27日　共青团龙里县第十五次代表大会在县城召开，出席会议代表116人。会议审议通过团县委工作报告，选举共青团龙里县委第十四届委员会委员21人、候补委员1人、常务委员会委员7人，选举出席共青团黔南州第八次代表大会代表15人。

6月18日　由国家中联部和贵州省外事办安排，柬埔寨人民党副主席宋山一行7人到龙里县龙山镇毛栗寨对“旱坡地农作区农牧业综合开发”经济模式进行参观、考察。

6月24日　龙里县北部谷龙乡、洗马镇、哪嗙乡普降暴雨夹冰雹，造成烤烟受灾2500亩，成灾1000亩，绝收600亩；水稻受灾800亩，成灾200亩；玉米受灾500亩，成灾200亩。

6月　龙里县流音洞水厂主体工程完工。该水厂投资600万元修建，日产生活用水2万吨。

7月12日　中共黔南州委决定贵州龙里谷脚医药工业园区为州、县共建园区。

7月18日　由贵州省科技厅、水利厅主持，贵州省水利科学研究院规划、勘测、设计研究，黔南州科技局、龙里县委县政府协助，龙里县科技局协作在毛栗寨实施的“贵州省旱地喷灌模式试验示范”项目通过省级专家组验收。该项目有效灌溉旱坡地21.3公顷。专家组认为，通过两年多运行，该模式有可靠的水源，不损失的输水，不漏水、旱时用的特点，在国内属首创，为贵州喀斯特岩溶地区旱坡地灌溉找到一条路子。

8月8日 经贵州省教育厅批准，龙里县农业中学更名为“贵州省龙里中等职业学校”。

8月21日 龙里县首次公开招考进城工作教师，共录用全县乡镇教师30名到县城区中小学工作，同时招考录用院校毕业生71名就业。

8月 龙里县首家非公有制企业中共支部在位于谷脚镇的贵州富华药业有限责任公司成立。

9月4—7日 以贵州省计划生育协会秘书长徐培昌为首的省计划生育“村为主”工作考核验收组对龙里县进行检查、验收，通过资料查询、深入5个乡镇的5个村的71户村民实地调查、核实后，结论为龙里县已基本实现计生“村为主”，同意通过验收。

9月27日 中共贵州省委、省人民政府分别授予龙里县供电局、电信局、国家税务局、谷脚镇谷脚村1999—2002年度“精神文明单位”称号。

10月24日 龙里县实施首次“阳光采购”工程，该次采购以竞标方式为全县各乡镇农村税费改革工作配备15台电脑和打印机，节约资金9100元。

是日 龙里县创建卫生“初级保健”合格县通过州级评审验收。

12月2日 省长石秀诗到龙里县摆省乡就农村脱贫致富问题进行调研，先后到渔洞村、谷孟村和摆省小学初中部与群众、师生交谈，召开扶贫工作座谈会，听取乡干部、群众意见和州、县汇报。

是年 龙里中学高三（1）班学生胥松在2002年全国中学生化学科竞赛（省级赛区）中获得一等奖。

是年 贵州省文化厅命名龙里县醒狮镇为“根雕艺术之乡”。

是年 贵州省“西电东送”重点工程——洪家渡水电站动工修建，将大方县鸡场乡新安村地处站区的50户村民选迁到龙里县龙山镇吴家庄落户。

2003年

1月8日 贵州省人民政府办公厅送大米0.74万公斤、棉被200床和衣服3000件到龙里县摆省乡慰问困难群众。

1月10日 州人民政府州长蒙启良率州直相关部门到摆省乡检查工作，出资51万元解决该乡烤棚、水窖、公路、教室建设问题和补助群众生活，同时解决1000亩水稻种子、10户危房改造和600平方米的乡卫生院、计生服务站用房建设资金。

2月24—27日 政协龙里县第六届委员会第一次全体会议在县城召开。会议选举主席1名、副主席6名、秘书长1名、常务委员18名。会议听取并审议《县政协第五届常委会工作报告》，审议通过《政协龙里县第六届委员会第一次会议决议》和《关于提案审查情况报告的决议》。

2月26日至3月1日 龙里县第十四届人民代表大会第一次会议在县城举行，大会听取和审议县人民政府及计划、财政部门，县人大常委会、县人民法院、县人民检察院工作报告，并作出相应决议。会议选举县人大常委会主任1名、副主任6名、委员12名，县人民政府县长1名、副县长5名，县人民法院院长、县人民检察院检察长各1名。共收到代表议案、建议、批评和意见117件。

3月6日 中共贵州省委常委、组织部部长刘也强，省政协副主席李金顺及中组部、团中央赴贵州服务团人员等100余人到贵新高速公路龙里县境五里坡路段荒山参加植树活动。

是日 新太乙希望工程——龙里县摆省初中学生宿舍楼竣工，建筑面积508平方米，容纳130多名学生住校。该工程总投资18万元，其中由贵阳新太乙房地产公司出资10万元。

3月10日 龙山镇莲花村野鸭塘山林发生火灾，驻龙里78409部队19岁战士卢洪在扑打山火时掉下深25米山洞，光荣牺牲。

4月24日 省长石秀诗一行在州长蒙启良等陪同下，到龙里县摆省乡考察春耕生产及扶贫开发项目。

5月15日 猴子沟洪水暴发，冲毁直径500毫米县城供水主管道70多米。猴子沟上游国翁遭受泥石流，毁坏耕地30多亩、竹林20多亩、乡村公路10公里。

5月28日 副省长吴嘉甫率省政府办公厅、省妇联等部门领导到龙里县摆省乡渔洞小学与师生欢度“六一”儿童节，并向该校捐赠3000元现金和价值8000多元的文教用具。

6月2—5日 贵州省人民政府复查验收组对龙里县“两基”和“普实”工作进行复查验收。龙里县被评估为普及中小学实验教学合格县；龙里中学、羊场中学、城关三小、洗马小学、神奇小学为省级普及中小学实验教学示范校；龙里民中、谷脚中学、洗马中学、城关一小、湾寨小学为州级普及中小学实验教学示范校。

7月15日 国家环保总局副局长王玉庆到龙里龙腾铁合金公司就该公司环保投入及排污治理工作进行调研。

9月22日 龙里县5000余干部群众组成20个游行方队走上大街宣传道德规范和“十二不准”（即不准随地吐痰、不准乱丢烟头、不准丢扔纸屑、不准乱倒垃圾、不准乱排污水、不准乱停车辆、不准占道经营、不准敞放畜禽、不准践踏花草、不准损坏公物、不准乱贴乱画、不准噪音扰民），拉开龙里“革陋习、树新风、迎盛会（苗博会）、创文明城市”活动序幕。

10月8—18日 中国卫生部、世界卫生组织与贵州省合作开展对8月龄至12岁儿童麻疹疫苗补充免疫在龙里县试点实施。

10月26日 由国家事业单位登记管理局、湖南省、云南省、广西壮族自治区、贵州省国家事业单位登记管理局组织的检查组到龙里县检查事业单位登记管理工作。

11月8—10日 2003首届中国贵州龙里苗医药文化博览会暨全国苗医药学术研讨会在龙里县举办。

11月9日 首届中国小姐风采大赛西南赛区选拔赛复赛在龙里县举行，来自西南各省市区的52名佳丽参加，决出23名参加11月29日在贵阳举行的西南赛区决赛。

12月18日 《龙里报》改名为《今日龙里》，以杂志形式出刊，作为内部刊物交流。

12月22日 龙里县财政收入首次突破1亿元。

是年 位于县城环城路的龙里县综合农贸市场竣工，该市场占地4500平方米，建筑面积1万平方米，摊位441个，门面30个，总投资1500万元。

是年 贵州省人民政府批准龙架山公园为省级森林公园。

2004年

1月4日 “全国妇联‘送温暖、三下乡’贵州启动仪式”在龙里县龙山镇举行，全国妇联书记处书记黄晴及省州领导出席。

是日 全国人大常委会副委员长、全国妇联主席顾秀莲一行到龙里开展全国妇联2004年“关爱农村母亲儿童西部行”活动，并到谷脚镇哨堡村白岩沟慰问贫困群众。

1月16日 中共贵州省委书记钱运录到龙里县巴江乡落锅村走访慰问困难群众，要求州、县解决该村半坡寨的人、畜饮水问题。

5月11—30日 全县遭受不同程度的大到暴雨侵袭，造成3.5万伏、1万伏高压线中断，乡村公路中断5条，损坏水利设施30处，造成直接经济损失200万元。

7月16日 中央电视台、省委宣传部、贵州民族学院“阳光爱心社”领导和专家到龙里县湾寨乡少数民族边远贫困村寨录制“助学工程”专题节目。

7月 龙里县引入贵州龙驹房地产开发公司，开发县城铁龙路，“中兴嘉园”项目占地8.7万平方米，项目总投资1980万元。

9月17日 国家环保总局监察局局长陆新元率国家环保专项整治联合督查组到龙里县对贵州正大实业

有限公司、龙腾铁合金厂等企业的环保治理进行现场督查。

10月6日 龙里县与广东省湛江市赤坎区签署缔结友好县（区）协议。

10月17日 上海科技、经济考察团专家到龙里县考察，建言龙里县打造“农副产品加工、保鲜物流中心，苗药产业制造中心、苗文化旅游中心”。

11月 贵州省扶贫办公室牵头，由省第二人民医院、贵航303医院组成“阳光扶贫”医疗队，到龙里县摆省乡义诊义医群众350多人，发放价值3万余元的药品。

是月 中共黔南州委、州人民政府授予醒狮镇大坝村“小康村”称号。

12月28日 由猴子沟到流音洞水处理厂长10.35公里直径500毫米供水管道工程正式动工，投资500万元，建成后县城供水能力增加到2万立方米/日。

是年 贵州省人民政府授予龙里县林业局干部岳维松、张玉清、彭坤荣3人贵州省“绿化奖章”。

是年 贵州省科技厅、黔南州人民政府授予龙里县醒狮镇大坝村“县级生态建设重点示范村”称号。

是年 入驻龙里县的贵州弘康药业有限责任公司研发的“热林清胶囊”被国家药监局批准为“中药保护品种”，并载入《国家基本医疗保险和工伤保险药品目录》。

2005年

1月 贵州省人民政府批准龙里县民主乡更名为草原乡。

2月16日 助学长征—国际步行团一行30人沿着当年红军长征的足迹走进龙里县倪儿关、千家卡、醒狮等地，并捐赠18万元在三元镇西联村修建1所“长征助学苗圃希望小学”。

是月 龙里县龙腾铁合金有限公司黄培豪、龙山镇冠山村村民毛兴梅获2005年度贵州省“劳动模范”称号。

5月19日 龙里县启动“中央财政投入200万元专项资金”实施地氟病预防及治理项目。

5月25日 龙里举办首届“多彩贵州”歌唱大赛龙里赛区选拔赛决赛，原生态组一等奖得主为“歌唱之家”的摆省乡果里苗族歌手吴倍初等组合；通俗组一等奖得主为贵州铁路实业集团有限公司罗波；民族组一等奖得主为谷脚镇幼儿园教师刘薇；美声组一等奖得主为龙里城关一小教师何元红。

6月7日 副省长刘鸿庥率省高考巡视组到龙里中学巡视高考现场，对龙里高考准备工作予以肯定。

6月 上旬，龙里中学高一（1）班学生李经略获首届“英语周报杯”全国中学生话题作文大赛二等奖。

是月 龙里县6镇8乡全部开通电信网络宽带。

是月 龙里县麻芝乡五里小学学生冯艳的《有趣的外婆》、王飞的《可爱的大狗》及新民小学学生唐艳的《我的妈妈》在“第五届世界华人小学生作文大赛”评比中，冯艳获二等奖，王飞、唐艳获三等奖。

是月 龙里县兴龙广场开工建设，建设总面积4.21万平方米，总投资2000万元。

7月2日 贵阳铁路供电段驾驶员谢某驾车载5人在摆省乡境内104县道擦耳岩翻坠路坎下，造成死亡3人、重伤2人，车辆严重损坏，供电线路损坏的重大道路交通事故。

7月27—28日 以国家民族事务委员会经济司民贸处处长彭泽昌为组长的国家民委调研组一行4人到龙里县考察“全国少数民族成药发展研讨会、全国少数民族成药展示会”办会环境。

7月 深圳市扶贫办帮扶龙里县草原乡3个省级二类贫困村（塘兴、城兴和金谷）100万元，用以实施通村水泥路和人畜饮水等基础设施建设。

是月 第二次修编完成《龙里县城总体规划（2005—2020年）》，城市规划区为龙山镇、谷脚镇的行政辖区范围，面积为296.5平方公里。

8月11日 经省教育厅省级示范性高中评审团专家组对龙里中学办学规模、办学条件及办学水平（质量）等指标两次考核评审认定，授予龙里中学“贵州省省级示范性高级中学”称号。

9月5日 龙里县龙（里）水（场）公路工程通过州级验收。该项目总投资200万元，公路总长25公里，宽6.5米，工程历时14个月。

9月13日 龙里县完成总投资400万元，惠及152所农村中小学校的现代远程教育工程项目（接收、播放）的设备安装。

9月28日 贵州龙里龙架山森林公园正式对外开放。9月初，龙里龙架山森林公园动工扩建，占地面积达2万亩，投入3000万元进行休闲、娱乐和度假等项目开发。

10月10日 龙里县总投资512.89万元的饮用水安全示范项目洗马片区人畜饮水工程正式开工，输水管道总长15.76公里，其中建设日供水量1700吨的供水厂1座。

10月18—20日 中国少数民族成药产业发展研讨会暨中国少数民族成药产品展示会、第二届中国贵州龙里苗医药文化博览会在龙里县城举办。

10月 最高人民法院授予龙里县法院法警队队长周汉方“全国法院法警先进个人”荣誉称号。

11月7—12日 龙里县实施防治地氟病项目通过省级验收。

11月 贵州最大的啤酒生产企业——神奇啤酒厂在龙里县建成，工程总投资3亿元，占地280亩，年产啤酒20万吨。此前，贵州神奇集团和青岛啤酒集团合资创建贵州神奇啤酒有限公司于2005年1月落户龙里县龙山镇水桥村吴家庄。

12月22—24日 上午8时30分，贵新路贵阳至龙里段18公里处，一辆载18吨液氨的四川南充凯翔化工有限公司气罐车与一辆小货车发生追尾，造成气罐车冲出护栏翻下20米护坡，引发液氨泄漏事件，危及贵新公路上的车辆人员和300米外吴家庄100多户300多人的生命财产安全。省、州、县领导紧急组织公安、消防多部门数十人赶赴现场抢险救灾，疏散村民16户，动用6辆消防车，控制灾情蔓延。24日上午10：56分，经检测人员对稀释的液氨进行检测，安全隐患全部消除。

12月28日 龙里县人民政府获贵州省社会治安综合治理委员会、贵州省人事厅授予社会治安综合治理“三五”规划（2001—2005年）先进集体荣誉称号。

12月 龙里县2002年以工代赈异地扶贫搬迁项目通过省、州联合检查验收，项目总投资516.62万元，改造茅房190户、异地安置移民109户，新建农贸市场1个，修建公路2.5公里。

是月 中央教育科学研究中心贵州省分指导中心为龙里中学“周恩来班”授牌，命名高二（1）班为“周恩来班”。

是年 龙里县在全省天然林资源保护工程考核评比中名列全省第一。

是年 国家林业局授予龙里县麻芝乡护林员冯定伟“全国优秀护林员”荣誉称号。

是年 龙里县人民政府勒令贵州正大实业化工有限公司停产，原因是该厂污染环境严重。

2006年

1月6日 海南中和集团落户龙里县草原乡、谷脚镇，实施项目占地1.31万亩，计划总投资10.5亿元，主要从事旅游、种植、养殖等项目开发。州领导余学强，县领导刁玉跃、上官昌健、范吉林等参加签约仪式。

1月11日 龙里县成功创建省级计划生育优质服务先进县，全县“十五”计划期间比预计少出生4500人左右，人口出生率从16.13‰下降到13.27‰，人口自然增长率从10.38‰下降到7.36‰。

2月22日 龙里县洗马镇发生一起货车载人翻车造成死亡2人、重伤6人、轻伤1人的交通事故。

2月25日 龙里县人民检察院反渎职侵权局正式对外挂牌办公，这是龙里县首家反渎职侵权机构。

2月 由县国有资本营运有限责任公司支付县人民法院办公楼置换资金78万元，新建办公楼，旧办公楼原址收归公司进行商业和住宅开发，是为龙里县首宗国有资本置换。

3月11—21日 中央电视台第七套节目《搜寻天下》栏目摄制组到龙里县进行为期10天的专题拍摄，主要对平坡苗画、高山台地草原、猴子沟省级风景名胜区等旅游资源进行拍摄制作。

3月16日 在中国美术家协会、省委宣传部、省文学艺术界联合会主办的全国性“第三届中国西部大地情—中国画、油画作品展”中，由县文联组织创作、选送的县美协会员兰开军创作的《山花》成为黔南州唯一的入选参展作品。

5月18日 由《人民日报》《光明日报》、新华社等新闻媒体组成的新闻采访团到龙山镇厉家庄、吴家庄，三元镇永安村和醒狮镇大坝村采访报道龙里新农村建设情况。

5月31日 龙里县参加全省第三届残疾人运动会的游泳选手刘其勇，获得男子S9级50米自由泳、100米自由泳金牌及400米自由泳银牌，实现龙里县在省级残运会上金牌零的突破。

6月5日 晚上，龙里县局部地区降暴雨（其中羊场镇、龙山镇受灾较重），羊场镇红岩引水工程小金批处主干渠塌方30米、渠道沉陷3米，羊场人畜饮水工程直径110毫米供水管道冲毁25米，造成羊场镇3200人畜饮水中断；五子登科水库主干渠0+800处塌方25米，主干渠多处受损；造成直接经济损失200万元。

6月9日 龙里县举行“整治脏乱差，建设新龙里”万人游行签名活动，由县党政领导、县直机关单位及城区各中小学师生参加。

6月16日 水场乡一农民在高沟村河中捕捉到22尾疑是大鲵幼仔的水生动物，后经省、州有关专家鉴定为“中国小鲵”。至此，贵州成为继湖北、福建、浙江、新疆、湖南等省区之后第七个发现“中国小鲵”的省份。中国小鲵又称短尾鲵，是被称为生物活化石的国家濒危物种。

6月 贵州贵志房地产开发有限公司落户龙里，开发龙山镇铙钹山地段，项目占地40公顷，协议投资5亿元。

7月26日 副省长禄智明率省农业厅、水利厅有关负责人到龙里县水场乡场坝村调研，选定场坝村为贵州省种猪场迁移新址。

7月 贵州省预备役师二炮团兵营100迫击炮和8.5加农炮连在龙里县成立，授衔15人任预备役军官。

8月16日 龙里县谷脚镇哨堡村发现45头牛患“五号病”疫情，县人民政府紧急发布疫情封锁令。

9月1—4日 龙里洗马“华武狮团”一行赴广东省佛山市南海区大沥镇参加由国家体育总局社体中心、中国龙狮运动协会、广东省体育局举办的“嘉州广场杯”2006年全国舞龙舞狮邀请赛。该团作为贵州省唯一的参赛队伍，经过三天角逐，夺得南狮组（桩阵）铜奖。

9月 在石家庄举办的全国残疾人游泳锦标赛上，龙里县残疾运动员谭旭获SB7组女子100米蛙泳第三名，同时被授予体育道德风尚奖。

10月13日 《龙里诗词》举行首发式。该刊物由县政协教科文卫、文史资料专委会，县文联和贵阳同心诗社联合主办。

10月23—25日 中共龙里县第十次代表大会在县城召开。大会应到代表225名，实到代表221名，列席83名，代表全县7472名党员。会议听取和审查中共龙里县第九届委员会工作报告；听取和审查中共龙里县纪律检查委员会工作报告；选举中共龙里县第十届委员会委员35名、候补委员7名；选举中共龙里县纪律检查委员会。25日，中共龙里县第十届委员会召开第一次全体会议选出常务委员10名，书记1名、副书记3名。

10月26日 中宣部新闻局处长陶炜一行到龙里县调研“改进和加强对农村新闻报道”工作，参观谷脚镇花卉苗木基地，了解谷脚镇塘坊移民新村，又到龙山镇吴家庄调研新农村建设。

10月 龙里县提出“贵阳城市经济圈贵龙城市经济带”建设构想，范围：东到水桥，与县城规划边界一致；西抵龙里县与贵阳市的行政区划边界，与贵阳市龙洞堡片区接壤；南以黔桂铁路、龙架山森林公园为界；北到千家卡工业园区、大土、坪寨。总用地面积95平方公里，其中建设用地50平方公里。

11月2—3日 由北京大学教授武弘麟、国家环保局任景明、国家林业局俞晖等组成的国家林业局专家组到龙里考察龙架山森林公园申报国家森林公园事宜。

12月2—3日 龙里县25名运动员参加在惠水县举行的第三届全州“永红杯”冬泳比赛，获11个奖项，其中蒋润仙获女子中年组200米和100米第一名。

12月14日 县百货公司全部资产移交县资本营运公司，龙里县国有企业改制完成。

12月27日 国家林业局批准成立“贵州龙架山森林公园”，成为2006年全国新增的33个国家森林公园之一。公园总面积6079公顷，园内森林覆盖率为88%，有国家一级保护树种35种，二级保护树种71种，省级特种保护树种54种；常见的野生动物有22种（国家一级保护动物1种，国家二级保护动物21种）；园内还有国家林业局批准设立的“贵州高原濒危植物繁育中心”及省编委批准设立的“中亚热带高原珍稀植物园”。

是年 龙里县谷脚工业园区升级为省级工业园区。

是年 龙里县第三次修编《龙里县城总体规划》，命名为《龙里县城暨工业园区总体规划（2008—2030年）》，规划面积增至485.4平方公里，覆盖醒狮、谷脚、龙山、麻芝4乡镇的全部行政区域。

2007年

1月4—8日 龙里县政协第七届委员会议暨第一次全体会议在县城召开。会议听取并审议第六届县政协常委会工作和政协六届常委会提案工作报告；审议并通过《政协第七届一次会议提案审查情况的报告》《政协七届一次会议决议》。会议选举产生主席1名、副主席5名、秘书长1名、常务委员17名。

1月6—10日 龙里县第十五届人民代表大会暨第一次会议在县城举行，出席会议代表164名。大会听取和审议县人民政府及计划、财政部门，县人大常委会、县人民法院、县人民检察院工作报告，并作出相应的决议。会议选举县人大常委会主任1人、副主任5人、委员15人，县人民政府县长1人、副县长5人，县人民法院院长、县人民检察院检察长各1人。会议选举出席黔南自治州第十二届人民代表大会代表21名。会议期间，共收到代表议案、建议、批评和意见118件。

1月10日 贵州省民政厅厅长郭猛一行到龙里县谷脚镇观音村塘坊民政安居新村调研移民新村建设及搬迁情况。该新村总建筑面积4200平方米，建住房210间，迁入35户156人，为省民政厅民政安居工程建设试点项目。

1月29日 共青团龙里县第十六次代表大会在县城召开，出席代表108人。会议审议通过团县委工作报告，选举共青团龙里县第十六届委员会委员19人、候补委员1人、常务委员会委员7人。

2月5日 中共龙里县委、县人民政府出台《关于对2006年全县经济社会建设中成绩突出的乡（镇）、单位和个人进行表彰的决定》，表彰乡镇年终综合目标管理考核奖7个；乡镇年终目标管理考核单项奖8个；县机关年终综合目标管理考核先进单位奖28个；文明新村创建工作奖20个；大花水电站移民搬迁安置工作奖10个；烤烟生产先进（乡镇）奖2个；烤烟生产鼓励（乡镇）奖5个；烤烟生产积极贡献（单位）奖2个。

3月30日 龙里县羊场镇走马村农业综合开发项目工程全面竣工，项目总投资472万元。

4月10日 《贵州省人民政府专题会议纪要》明确将龙里县小龙经济带作为贵阳城市经济圈规划建设中的一个重要项目实施。

4月16日 “贵州龙架山国家森林公园”在龙里水桥揭牌，副省长禄智明、省林业厅厅长金小麒到场祝贺，中共龙里县委书记吴俊、县人大常委会主任上官昌健及龙里林场领导参加揭牌仪式。

4月24日 中国美院国画系教授、画家胡寿荣带领中国美术学院国画系22名学生到龙里县采风。

4月28日 中国儿童基金会实施的“安康亲情图书站”落户龙里县湾寨乡中心小学，赠送价值1万余元图书。

5月10日 副省长孙国强主持在省政府召开贵阳城市经济圈小（贵阳小碧乡）龙（龙里）经济带规

划座谈会，省发改委、省经贸委、省国土厅、省建设厅、省交通厅及相关厅、局及贵阳市的领导出席会议，中共黔南州委常委、常务副州长夏庆丰，中共龙里县委书记吴俊，县委常委、常务副县长毛有智及县直有关部门负责人参加会议。

5月12—20日　龙里县13岁残疾女运动员谭旭参加在昆明市举行的全国第七届残疾人运动会，获游泳项目女子组S7级50米蝶泳第三名、SB7组100米蛙泳第四名。

5月18日　中国美术家协会会员、龙里县美术家协会名誉主席、龙里本土画家卢云将自己创作的山水国画10幅、珍藏图书22册捐赠给龙里县档案馆。

5月　龙里县摆省乡苗族古歌《果乐》被列入贵州省非物质文化遗产名录。

6月8日　美国欣欣教育基金会到龙里县羊场镇孔雀寨考察并捐资1万美元助学。

6月25日　龙里县石龙沟供水工程开工仪式举行。

7月1日　龙里县首家非公有制企业中共组织——中国共产党神奇啤酒有限公司党委成立，下设3个支部。

7月16日　中央民族学院与中国社会科学院民族研究所组成的贵广高速铁路沿线少数民族发展计划评估组，到龙里县调研。

7月19日　贵州省民间文艺家协会命名龙里县羊场镇为“中华布依族歌谣生态研究基地”，在羊场镇走马村孔雀寨授牌，省布依学会会长王思明、省民间文艺家协会会长韦兴儒出席活动。来自贵定、福泉、平塘、惠水等县市的布依族歌手献歌。

7月20日　龙里县召开贵阳经济圈小龙经济带城市主干道接点研讨会，黔南州人民政府州长李月成主持会议，贵州省建设厅副厅长王秉清、省政府发展中心副主任曹安勇、发改委副总经济师交通处处长舒友发、交通厅规划勘察设计院副院长总工程师马平均、城乡规划设计院副院长总规划师曾建江及有关专家参加会议。

是日　贵州省苗学会会长王朝文到龙里县调研苗药发展情况。

7月25—27日　龙里全县普降暴雨，降雨量最大为134.7毫米，降雨量超过100毫米的有4个乡镇，灾害造成倒塌房屋16间、损坏房屋22间。水场乡、摆省乡供水管道、主干渠、排洪沟、公路受损严重。全县乡村公路中断5条。

8月11日　经过专家深入探讨，决定将“小龙经济带”最终更名为“贵龙城市经济带”。龙里县政府与武汉大学签订合约，由县政府以30万元作为项目总研究经费，委托武汉大学对贵阳城市经济圈贵龙城市经济带区域产业布局作规划。

8月23日　龙里县党政领导率团到贵阳市与南明区党政领导及有关部门负责人座谈，共商携手规划建设贵阳城市经济圈贵龙城市经济带事宜，并初步达成有关共识。

9月21日　在龙里县举办2007年中国贵州龙里苗医药可持续发展论坛，由黔南自治州人民政府和省科技厅主办，龙里县人民政府、中国科学院天然产物化学重点实验室和贵阳中医院承办，贵州省苗学会会长王朝文及省内外知名专家等120余人参加。

9月21—23日　首届中国贵州龙里（国际）滑翔旅游节暨2007全国滑翔伞优秀选手赛在龙里县龙山镇余下村马郎坡举办，国内13个省市的40名滑翔伞飞行员参加定点着陆、留空、越野竞速等项目的角逐，20名国内著名选手现场表演，观众约两万人次。

9月26日　中共黔南州委副书记、州人民政府州长李月成携州有关部门及龙里县领导到贵阳市政府就贵龙城市经济带规划建设有关事宜进行座谈。

9月　中央电视台海外专题部《走遍中国》栏目组，到龙里县拍摄反映中国著名画家胡寿荣艺术成长道路专题片。

是月　中共龙里县委、县政府选派40名中青年党政领导干部赴北京大学集中学习培训2个月（9月中旬至11月中旬）。培训内容包括经济管理、公共管理、前沿热点形势和综合专题四个部分。主要由北京大学、清华大学、中央党校、中国人民大学、中国科学院研究生院、国防大学等名校教授、博士生导师授课。

10月9日 “加快贵阳城市经济圈建设发展协调与合作会议”在龙里县召开，中共贵州省委常委、常务副省长王晓东及省有关部门领导，贵阳市、安顺市、黔南自治州有关领导，涉及经济圈的20个县（区）政府主要领导参加会议。

10月15日 龙里县城环南安置小区道路建设工程开工建设。道路共6条，总长1300米，宽12～16米，设计车速为每小时20～30公里，工程总投资503万元。

10月22日 国家食品药品监督管理局副局长刘怡到龙里县考察调研农村药品供应网和监管网建设，到三元镇高坪村安康药柜专卖点调研。《中国医药报》对龙里县农村药品供应网和监管网建设工作进行报道。

10月24日 巴江乡落锅村半坡寨1辆农用山地车违法载人翻车，造成4人死亡、8人重伤、2人轻伤的重大道路交通事故。

12月9日 龙里县贯城河工程开工建设。计划投入4736万元，规划建设、治理河道2.55公里，治理面积6平方公里，第一期工程工期1年。

12月13日 国家防汛抗旱总指挥部调研组到龙里县察看供水情况。自9月以来，龙里因持续高温天气影响，全县大小山塘、水库、泉井干枯，日供水量由2万立方米骤降至3000立方米。这是龙里县自1950年以来遭遇的特大秋冬干旱天气。国家防总调研组一行在省、州防汛抗旱办有关领导的陪同下，亲临水源点猴子沟察看蓄水量，了解水资源情况、供水情况、水库建设情况等。

是年 龙里县城污水处理厂开工建设，项目位于龙山镇播箕村播箕桥（县城贯城河下游），占地17.12亩，规模为日处理污水0.7万吨，总投资2601.96万元。

2008年

1月8日 黔南州人民政府州长李月成携同龙里县党政主要领导，向省人民政府专题汇报贵阳城市经济圈贵龙城市经济带建设工作进展情况，省长林树森在听取汇报后肯定建设贵龙城市经济带的构想，并明确指示项目依照程序报省发改委审批后，列为2008年贵州省重点建设项目。

1月29日 中共贵州省纪委书记王正福一行到龙里县调查凝冻情况，并慰问一线抢修电力的职工和部分困难群众。县领导吴俊、罗俊等陪同王正福一行到谷脚等地察看灾情。

1月29—30日 因凝冻灾害，贵新高等级公路龙里段有432辆车、3230名乘客滞留。龙里县紧急调动全县警力进行疏导。龙山镇党政干部组队为滞留驾驶员和乘客免费发放干粮和饮用水，县医疗、工商等部门为旅客提供救助和方便。全县共出动1015人次，车辆125台次，为旅客提供5.8万元食品和药品。至1月30日上午，滞留的400多辆车全部有序驶离龙里，所有乘客有序转移到安全地带。

1月 龙里县人民政府印发《致全县林农朋友关于集体林权制度改革的公开信》，向全县林农介绍集体林权制度改革的时间、目标和任务以及改革的内容等，鼓励林农积极参与改革。

2月5日 中共中央政治局常委、国务院总理温家宝到龙里县视察雪凝灾害情况，在谷脚镇观音村冰雪覆盖的观音山顶察看输电线路抢修现场，问候抢险职工，慰问困难群众，鼓励龙里人民坚定信心，团结抗灾，努力搞好灾后重建。

2月14日 建设部调查组到龙里考察凝冻灾情，听取龙里县的灾情汇报。长达近一个月的雪凝灾害，造成全县民房损坏512间，倒塌750间，圈舍垮塌136间，农业生产受损1.06亿元，县城供水设施及太阳能设备爆裂等损失4150万元。至2月14日，共造成供电、通信、交通等基础设施和工农等总计损失约8.68亿元。

3月10日 贵州省第十一届人民代表大会一次会议审议通过贵阳城市经济圈贵龙城市主干道列入2008

年省重点建设项目。

3月13日　龙里县“抗凝冻·保民生·建家园”摄影图片展开展，展览图片400余幅，分为受灾惨状、领导关怀、抗冰抢险等六个部分。

3月17日　中共龙里县委、县人民政府举办的“抗凝冻·保民生·建家园”抗冻救灾表彰晚会在兴龙广场举行。对在抗冻救灾中12个突出贡献单位，44个先进集体，164名先进个人进行公布和表彰。

3月19日　中共贵州神奇集团党委书记罗青春、集团副总经理王卫东、集团行政总监夏宇波代表贵州神奇集团及6000多职工捐赠100吨尿素帮助龙里县人民恢复生产，并将捐赠肥料送到谷脚等乡镇，发给受灾群众。

3月21日　贵州省红十字会为龙里县捐赠大米30吨、食用油100桶和棉衣100件，总价值11万余元物资，帮助受灾群众渡过难关。

3月25日　浙江红狮水泥控股集团有限公司与龙里县签订投资合同，红狮水泥控股集团下属的红狮水泥厂正式落户龙里。项目选址于醒狮镇三宝村，总投资10亿元，项目占地26.67公顷，设计投产后年产量300万吨，可实现年销售收入10亿元。

3月28日　全国人大常委会委员、财经委副主任乌日图率全国人大财经委、民政部、交通部、国家电监会等部门有关人员到龙里县调研灾后重建情况。

3月　龙里县羊场镇孔雀寨获“全国‘平安家庭’创建活动先进示范社区（村）”称号。

5月1日　龙里县华武狮团参加2008年“黄飞鸿杯”中国南北狮王挑战赛，获南狮（高桩狮）三等奖。

5月19日　龙里县各族各界捐赠700多万元，帮助四川汶川地震灾区受灾群众灾后重建。

5月　龙里县长通集团获评为贵州省“全省工交战线抗灾救灾恢复重建先进单位”。

6月　龙里县退伍军人陈顺飚、陈林、丁国茂3名青年自筹物资并自驾车前往四川汶川参与抗震救灾10余天。

7月21日　晚上，全县普降大到暴雨，降雨量61.9毫米，龙山镇五子登科水库主干渠塌方堵塞10米；县电信局因进行房屋维修遭受强降雨后造成房屋漏水使通信设备损坏，导致全县共3000多门电话通信中断。

7月30日至8月3日　在新疆乌鲁木齐开赛的第23届全国青少年科技创新大赛上，龙里中学罗芝举老师制作的教具单摆周期探究实验器获科技辅导员创新项目全国一等奖，这也是贵州省在此次大赛中获得的唯一金牌。

7月　龙里县813人参加高考，提前录取29人，一本上线70人，二本上线139人，三本上线29人，重点上线率和二本上线率为9.47%和23.74%，高考上线人数创历届最高纪录。考生陆佳和严政分别获得龙里县文、理科桂冠，各得663分（排全省第六名）和618分。

是月　中共贵州省委党的建设工作领导小组授予龙里县醒狮镇“五好”基层党组织称号。

8月2—3日　全县普降大到暴雨，最大降雨量为92.1毫米，有4个乡受灾，受灾1110人，倒塌房屋13间，损坏房屋6间，农作物受灾面积470公顷，毁坏乡村公路路基路面6.9公里，损坏公路桥梁1座、冲毁公路桥梁1座、冲毁人行桥1座。

8月3日　根据发展实际，龙里县将《贵龙城市经济带总体规划》与《龙里县城总体规划》整合为《龙里县县城暨工业园区总体规划》，提交省专家组论证。专家组认为基本可行，通过论证。

8月15日　晚上，全县普降大到暴雨，有8个乡镇降雨量在50毫米以上，最大降雨量为110毫米。有11个乡镇不同程度受灾，受灾人数2.14万人，房屋倒塌13间、损坏38间，农作物受灾面积540公顷、成灾面积220公顷，乡村公路毁坏路基路面20公里；县城内直径200毫米供水支管道因塌方损坏，造成约1500人供水中断12小时；暗山水库入库公路700米严重损坏。

8月19日　贵州最大的节能环保建材企业贵州长泰源节能建材有限公司在龙里工业园区投产，年产新型建材30万立方米。该公司因加气混凝土制品问世，获“贵州省新型墙体材料革新示范企业”和“黔南州资源综合利用示范企业”称号。

9月5日 龙里县召开部署“两基”迎国检工作会，同时以37万元重奖县级评选的十佳校长、十佳班主任、十佳教师、十佳中小学生、十佳学生家长和十佳关心教育仁人志士。州教育局领导到会指导，县党政领导及全县教育系统各单位负责人、教师代表、学生代表、家长代表等参加会议。

9月 龙里县城西南药都物流交易中心开工建设，该项目由贵州瑞翼房地产开发公司和贵州苗都药业科技开发有限公司承建，占地23.53公顷，位于龙里县城东面，东西长500米，南北长530米，项目总投资7.2亿元。

11月24—26日 贵州省人民政府对龙里县“两基”迎接2009年6月国家检查工作进行预检。24日，由县长罗俊作“两基”工作情况书面汇报，随后，省检查团到龙山、谷脚、醒狮、洗马等8个乡镇对各学校的档案资料建设、财务账目管理，以及总体办学条件、教育普及程度、师资水平、教育经费投入情况、教育质量等六大方面各项具体指标进行检查。26日，省预检组在总结会上通报，龙里“两基”迎“国检”（国家督导检查）工作预检合格，结果待报省人民政府批准。

12月5日 龙里兴龙烟花爆竹厂因违章生产发生爆炸事故，造成1人死亡，4人重伤。

12月20日 2008“多彩贵州·激情龙里”越野场地友谊赛暨“越野E族”贵州大队年度大会在龙里县铙钹山举行，来自省内外的44辆越野车参加比赛。

12月27日 全省第二家、黔南自治州首家村镇银行——龙里国丰村镇银行有限责任公司开业。

12月30日 贵州省2008年重点项目——龙里红狮4000吨/日熟料新型干法水泥生产线项目开工建设。

是年 龙里县谷脚工业园区贵州长通集团公司董事长张钊被评为“贵州省优秀社会主义事业建设者”。

是年 龙里县选址修建县城生活垃圾卫生填埋场，位于距县城6公里的龙山镇毛栗寨野鸭塘，设计服务年限11年，总库容50.16万立方米，日处理生活垃圾容量80吨，渗滤液处理规模为40吨/日，计划投资2700万元。

是年 龙里县开工建设廉租房，占地19亩，建设规模888套，套均面积50平方米，总面积4.44万平方米；启动建经济适用房120套，总建筑面积8750平方米，总投资约1200万元。

是年 龙里县石龙沟水库动工修建，该库位于谷脚镇毛堡村和三元镇西联村交界处，最大坝高44.9米，坝顶高程1238.7米，总库容41.27万立方米，计划总投资2012.96万元。

是年 龙里县三元镇永安村最大滇楸和最大藤黄檀被确认为贵州两个“植物之最”；在水场乡发现的“中国小鲵”被确定为新物种，命名为“龙里瘰螈”。

是年 龙里县谷龙乡乐榨村木江山果树种植和畜牧养殖户高传荣、谷脚镇毛堡村大关口果树种植户杨鹏、谷脚镇大坡村倪儿关庭院经济户申远志获全国“绿色小康户”称号。

第一篇　政区　环境　资源

第一章　建置区划

第一节　建置沿革

龙里县位于贵州省中部，地理坐标为北纬26° 10′ 19″ ～26° 49′ 33″ ，东经106° 45′ 18″ ～107° 15′ 1″ 。东与贵定县交界，南与惠水县接壤，西、西北与贵阳市毗邻，北、东北与开阳县、福泉市隔河相望。龙里县隶属黔南布依族苗族自治州，全县总面积1521平方公里，东西宽36公里，南北长73公里。居住着汉、布依、苗等30个民族。到2008年底，总人口21.6万人，其中少数民族8.52万人，占39.44%。龙里为贵阳的东大门，古有“入省咽喉”之说，也是黔南州的西北重镇。

“龙里”之名始于元代，先名“云从”。明代又名“龙驾”。《贵州图经新志》：“龙驾：本山名，卫治其下，因以为名。”另据《今县释名》：“盖以龙氏所居名。”

龙里建置最早见于唐代《旧唐书》：贞观三年（629年）置庄州，领石牛、南阳、轻水、多乐、乐安、新安等7县。新安县治所在今龙里县境内的三元镇新安村，距县城东16公里。《新唐书》载：贞观三年（629年）“蛮州，县一：巴江”。巴江县治所在今龙里县境内的巴江乡老巴江村，距县城北70公里。

宋代，新安县降为羁縻县。巴江县则在嘉泰元年（1201年）由蛮州总管府都总管宋永高自改为平蛮军（后称白马军），徙治所于今小谷龙。

元代，新安县改属定远府。废巴江县，以其地属顺元路。至元二十年（1283年）置龙里州，隶大龙番顺元宣慰司，治所在今县城。领龙里县，治所在县城南50里。大德元年（1297年），龙里州废，改置平伐等处长官司。龙里县亦废，改置龙里等寨长官所，均属管番民总管府。其间，又在境内置骨（谷）龙等处，唻耸古平等处，本党三寨等蛮夷长官司。这些蛮夷长官司，隶属关系各有所属，后又有废改。

明代，新安县废。洪武初置龙里驿站，洪武五年（1372年）改龙里等寨长官所为龙里长官司，隶贵州宣慰使司。洪武二十三年（1390年）四月初四日，置龙里卫，治所在今县城，属贵州都指挥司。二十八年（1395年），以贵州卫所属的把平、平伐、小平伐、大平伐等长官司改属龙里卫。二十九年（1396年）四月十九日，升龙里卫指挥司为龙里卫军民指挥使司。同年，拨把平、小平伐二长官司属新添卫。永乐九年（1411年）置大谷龙长官司属卫。嘉靖十一年（1532年），又置小谷龙长官司属卫。隆庆二年（1568年）废平伐长官司。万历十四年（1586年），拨出大平伐司置新贵县。天启二年（1622年），拨贵州宣慰司所属的龙里、羊场二长官司和废水东长官司地来属。至是，龙里卫共领大谷龙、小谷龙、龙里、羊场4个长官司及5个千户所。

清代，顺治年间，置巴江卫。康熙二十一年（1682年）被裁撤，后改置巴香里，由贵阳府亲辖。康熙十年十二月初一日（1671年12月31日）（注：《贵阳府志》记为十月），改龙里卫为龙里县，属贵阳府。龙里县共辖城厢（县城）及东、南、西、北4个乡，上、下、东苗3个牌，龙里、大谷龙、小谷龙、羊场4个长官司。原卫属水东长官司废，拨其地入贵阳府亲辖。

民国时期，民国元年（1912年），龙里县行政区划仍沿袭旧制，但此时的长官司已名存实亡。民国2年（1913年）属黔中道。贵州废除府、厅、州，将贵阳府亲辖的巴乡（香）里分别拨入龙里、贵定、紫江（开阳）等县。龙里县废除各长官司、牌、寨，改建为区、团、保、甲制。全县共建8个区：中区、东区、西区、南一区、南二区、北上区、北中区、北下区。区下建团，团下建保，保下建甲。民国9年（1920年）废道，改由省府直辖。民国21年（1932年），区下废除团、保、甲制，改建为乡镇、闾、邻制，并将中区、东区、西区、南一区、南二区、北上区、北中区、北下区改称为第一、二、三、四、五、六、七、八区。区下共建88个乡镇，乡以下一般以25户为一闾，5户为一邻。民国24年（1935年），龙里县划属第一行政督察区。

民国26年（1937年），龙里县改由省府直辖。编整保甲，废除区以下的乡镇、闾、邻制，改建联保、保、甲制。龙里县将8个区缩编为4个区，建14个联保，75个保，1000个甲。民国27年（1938年），各区联保改称乡镇联保。第一区辖：龙山镇联保、麻若乡联保、定水乡联保、龙从乡联保。第二区辖：南阳镇联保、藕溪乡联保、永安乡联保、永定乡联保。第三区辖：龙坪镇联保、民安乡联保、醒狮乡联保。第四区辖：洗马镇联保、四维乡联保、谷龙乡联保、巴江镇联保。民国31年（1942年），废除区级和联保建制，并将定水乡并入龙从乡。同时，除城区保留龙山镇外，其余龙坪镇、南阳镇、洗马镇、巴江镇统改为乡。这年，全县共辖1个镇，13个乡，116个保，1206个甲。民国37年（1948年），将江比（原龙高乡）划属贵定县，将谷龙乡改名为云龙乡。到民国38年（1949年）解放前夕止，全县共辖1个镇，13个乡，113个保，1075个甲。

中华人民共和国成立后，1949年11月13日，龙里县城解放。11月22日，成立龙里县人民政府，属贵阳专署。龙里县辖龙山、龙西、龙南、龙北4个区。区下仍沿用乡镇保甲建制，并在各乡、镇建立支前委员会，代行乡镇行政职能。1950年，龙山、龙西、龙南、龙北4个区分别改称第一、第二、第三、第四区。撤销各支前委员会，改建乡、镇公所，同时将保、甲改为村和自然村。1951年，撤销乡、镇建制，改建为51个行政村，分别划归四个区领导。

1952年5月，贵阳专署迁治所于贵定，改称贵定专署，龙里县相应属贵定专署。同年8月，经贵定专署批准，将第三区所属的高寨、掌举、掌娃、黄土坎、克梨、纳利等寨划归贵筑县高坡区管辖。同时，县政府决定将新场村、水桥、吴家庄等村寨划归第一区。同年10月1日，经省人民政府批准，将第三区改为羊场苗族仲族联合自治区。1953年3月，龙里县实行普选。在此基础上，将原有的51个行政村改建为49个乡、镇，下辖大村118个、自然村410个。同年8月，随着族称的更名，龙里县羊场苗族仲族联合自治区更名为龙里县羊场苗族布依族联合自治区。1955年11月将第一、第二、第四区分别改名为龙山区、谷脚区、洗马区。1956年2月19日，撤销贵定专署，龙里县改属安顺专署。同年8月，将49个乡、镇调整为43个乡、镇，并根据民族人口数量和分布情况，在其中共建立13个民族乡。同年8月，安顺专署指示，将羊场苗族布依族联合自治区划属惠水县领导，所属各民族乡不再冠以“民族乡”字样。

1958年9月，人民公社化运动兴起，全县共建9个人民公社，并以原乡为基础建26个管理区。同年10月，龙里县改属黔南布依族苗族自治州。同年11月，根据建立大公社的有关指示精神，撤销区，将五星、团结、民主3社合并为龙山人民公社；将先锋、燎原、红旗3社合并为谷脚人民公社；将红色、和平、国庆3社合并为洗马人民公社。这段时间，划归惠水县领导的羊场自治区与高坡区共同成立跃进人民公社。同年12月，龙里与贵定两县合并为贵定县。1959年1月，原羊场区分出，成立东风人民公社。

1961年8月，恢复龙里县建制，仍属黔南自治州（至2008年底未变更）。同时，将惠水县属的羊场区（即东风公社）划回龙里县领导，但其中有甲找大队仍留惠水县属。恢复龙里县后，撤销管理区，恢复区，此后对社、队不断进行调整，至1967年公社建制相对稳定。龙山区辖城关镇和城郊、麻芝、三元、平西、莲花、大新、中排、民主8个公社；谷脚区辖谷脚、岩后、高堡、猫场、水场、比孟6个公社；羊场区辖羊场、湾寨、六广、岱林、渔洞、摆省6个公社；洗马区辖洗马、落掌、巴江、牛场、谷龙、平寨、和平、谷冰8个公社。

1978年中共十一届三中全会以后，1983年，全县实行党政分开和撤社建乡的体制改革，在一社一乡原则下作部分调整：大新乡分为大新、平山两乡；谷脚乡分为谷脚、观音两乡。1984年，龙里县将城关镇与冠山乡（原城郊公社）合并为龙山镇，并升格为区级镇；将三元、猫场、洗马、羊场4乡改为乡级镇；牛场乡改名为龙场乡；和平乡改名为哪嗙乡。乡、镇下的街道、大队和生产队调整为居民委员会、村民委员会和村民小组。到1991年7月，龙里县实行建镇撤区并乡以前，全县辖龙山、谷脚、羊场、洗马4个区，龙山镇、三元镇、猫场镇、羊场镇、洗马镇5个镇，25个乡，7个居委会、157个村委会，1408个村民组。

龙山区辖三元镇和民主、中排、莲花、平西、麻芝、大新、平山7个乡，39个村委会，306个村民组。三元镇辖7个村委会，50个村民组；民主乡辖6个村委会，55个村民组；中排乡辖6个村委会，43个村民组；莲花乡辖4个村委会，41个村民组；平西乡辖3个村委会，30个村民组；麻芝乡辖4个村委会，36个村民组；大新乡辖5个村委会，28个村民组；平山乡辖4个村委会，23个村民组。

龙山镇（区级镇），辖5个居委会、5个村委会，41个村民组。

谷脚区辖猫场镇和谷脚、观音、岩后、高堡、比孟、水场6个乡，31个村委会，262个村民组。猫场镇辖8个村委会，73个村民组；谷脚乡辖5个村委会，58个村民组；观音乡辖2个村委会，27个村民组；岩后乡辖5个村委会，31个村民组；高堡乡辖4个村委会，25个村民组；比孟乡辖4个村委会，27个村民组；水场乡辖3个村委会，21个村民组。

羊场区辖羊场镇和湾寨、岱林、六广、摆省、渔洞5个乡，1个居委会、32个村委会，254个村民组。羊场镇辖1个居委会、5个村委会，61个村民组；湾寨乡辖4个村委会，36个村民组；岱林乡辖4个村委会，49个村民组；六广乡辖6个村委会，35个村民组；摆省乡辖10个村委会，51个村民组；渔洞乡辖3个村委会，22个村民组。

洗马区辖洗马镇和落掌、巴江、龙场、平寨、谷龙、哪嗙、谷冰7个乡，1个居委会、50个村委会，545个村民组。洗马镇辖1个居委会、5个村委会，56个村民组；落掌乡辖6个村委会，73个村民组；巴江乡辖7个村委会，81个村民组；龙场乡辖6个村委会，73个村民组；平寨乡辖4个村委会，34个村民组；谷龙乡辖8个村委会，81个村民组；哪嗙乡辖9个村委会，89个村民组；谷冰乡辖5个村委会，58个村民组。

1990年，全县辖龙山镇（区级镇）和龙山、谷脚、羊场、洗马4个区，4个镇、25个乡，7个居委会、157个村委会，1408个村民组。龙山镇辖5个居委会、5个村委会，41个村民组。龙山区辖三元镇和民主、中排、莲花、平西、麻芝、大新、平山7个乡，39个村委会，306个村民组。谷脚区辖猫场镇和谷脚、观音、岩后、高堡、比孟、水场6个乡，31个村委会，262个村民组。羊场区辖羊场镇和湾寨、岱林、六广、摆省、渔洞5个乡，1个居委会、32个村委会，254个村民组。洗马区辖洗马镇和落掌、巴江、龙场、平寨、谷龙、哪嗙、谷冰7个乡，1个居委会、50个村委会，545个村民组。

第二节　建镇并乡撤区

1991年8月，经黔南州人民政府报请贵州省人民政府批准，龙里县设6个镇、8个乡。撤销龙山、谷脚、羊场、洗马4个区。全县设立龙山镇、三元镇、谷脚镇、猫场镇、洗马镇、羊场镇、民主乡、麻芝乡、水场乡、巴江乡、谷龙乡、哪嗙乡、湾寨乡、摆省乡，新增建谷脚居民委员会。至此，全县有14个乡镇159个村委会，10个居民委员会，1408个村民小组。

其中，龙山镇辖东段、西段、南段、铁路段、林场5个居委会，光明村、大冲村、冠山村、龙坪村、水桥村、莲花村、余下村、新场村、坝上村、桥尾村、新水村、纸厂村、摆谷六村、平地村、播箕村、大竹村，共16个行政村，133个村民组；三元镇辖3537厂居委会，高坪村、新安村、永安村、渔洞村、三合村、合安村、硝兴村、西联村，共8个行政村，59个村民组；民主乡辖城兴村、塘兴村、朝阳村、麻若村、红星村、金谷村、朵花村、高峰村、羊蓬村、大谷村、幸福村、前进村，共12个行政村，95个村民组；麻芝乡辖五里村、新民村、龙云村、富洪村、永合村、乐阳村、定水村、大新村、光坡村，共9个行政村，58个村民组；哪嗙乡辖高枧村、狗场村、田坝村、石板滩村、长芽村、二箐村、关口村、顶溪村、落宝村、谷冰村、乌坭村、大谷冰村、凤凰村、新坪村，共14个行政村，136个村民组；羊场镇辖场坝居委会，新营村、翠微村、和平村、金批村、走马村、联合村、甲晃村、岱林村、木马村、营屯村、长寨村，共11个行政村，125个村民组；湾寨乡辖毛栗村、甲摆村、场坝村、摆勺村、石头村、新华村、长萌村、盘脚村、凯卡村、上坝村，共10个行政村，71个村民组；摆省乡辖新庄村、摆省村、打夯村、新龙村、摆戎村、摆主村、摆岑村、谷孟村、果里村、新合村、团结村、金星村、渔洞村，共13个行政村，73个村民组；猫场镇辖猫场居委会，元宝村、顶水村、旧寨村、大岩村、大坝村、凉水村、进化村、永利村、小箐村、鸡场村、羊场司村、三宝寨村，共12个行政村，124个村民组；谷脚镇辖谷脚居委会，大坡村、王关村、谷远村、哨堡村、谷脚村、毛堡村、高堡村、谷定村、茶香村、岩后村、观音村，共11个行政村，100个村民组；水场乡辖水场村、高沟村、红岩村、中坝村、鸡场村、三村村、比孟村，共7个行政村，48个村民组；洗马镇辖洗马居委会，洗马村、新庄村、羊昌村、岩底村、拐哈村、上石坎村、落掌村、白泥田村、大坪村、台上村、花京村、猫寨村、牛场村、白果村、长沟村、大厂村、黄星村，共17个行政村，199个村民组；巴江乡辖巴江村、水尾村、平坡村、新寨村、烂田湾村、落锅村、大路坪村，共7个行政村，75个村民组；谷龙乡辖谷汪村、大谷龙村、小谷龙村、林安村、高更目村、小坝村、乐榨村、平寨村、官庄村、龙滩村、葫芦田村、谷新村，共12个行政村，112个村民组。

2002年3月20日，猫场镇更名为醒狮镇。2005年1月，民主乡更名为草原乡。2005年将龙山镇5个居委会整合为3个社区，即冠山社区、西门社区、水桥社区。2008年，将谷脚镇、醒狮镇、洗马镇、羊场镇、三元镇原居委会整合为社区居民委员会。2008年底，全县辖6个镇、8个乡，159个村委会，8个社区，1421个村民小组。

第二章　乡镇概况

第一节　龙山镇

1991年6月由原龙山镇、莲花乡、平山乡、观音乡的大竹村、平西乡除西联村外，合并建立新龙山镇。东与三元镇、麻芝乡相邻，南和民主乡交界，西接水场乡、谷脚镇，北连谷脚镇。龙山镇政府驻地在龙里县城，是全县的政治、经济和文化中心，交通便利。全镇总面积152.5平方公里，共有耕地面积1.11万亩，其中田9309.57亩、土1820.9亩。由于城镇建设、工业发展、国家建设等项目的实施占用土地，致使龙山镇耕地缩小而促进城镇化和第三产业的发展。

境内有莲花河、打草河（水桥河），以流音洞为源头的贯城河，猴子沟溪流、大竹芒溪流，五子登科小水库，拦河坝有莲花河坝上村水坝、水桥村红旗坝和大冲村的大土电站水坝。有以龙家坡至摆谷六、平西至大竹芒为主体的保护自然林1万多亩；有龙架山国家森林公园，省级风景名胜区猴子沟等旅游景点。境内地下矿藏丰富，蕴藏煤、硅石、硫铁矿、石灰石等。

2008年，龙山镇下辖3个社区、16个行政村、133个村民组、102个自然村寨，总户数1.59万户（其中农户4658户，非农户11242户），总人口4.25万人，流动人口3580人；少数民族人口8124人，占人口总数的19.1%；农业人口1.99万人，非农业人口2.26万人。全镇完成工业总产值17.86亿元，农业总产值4673万元，财政总收入1.17亿元，粮食总产量5869吨，农民人均纯收入达3899元。

1991年以后城郊的土地逐步发展以种植蔬菜为主。1992年莲花村、坝上村、余下村、大竹村开始建立蔬菜基地。1993年实施毛栗寨农业综合开发扶贫项目，1994年初见成效，实验户人均收入1600元，是1993年的5倍。到1996年农户种植的蔬菜和基地蔬菜完全取代原来的蔬菜专业队；边远村寨基本是以发展经济林、果木和畜牧业为主。1996年以毛栗寨为样板的农业综合开发项目向周边村寨推广，1997年贵州电视台以《龙之故里彩凤飞》为题拍摄新闻专题片报道毛栗寨农业综合开发实况。2000年实施余下村

“菜—烟—菜”工程，2003年在莲花片区农业保护区主要发展优质无公害绿色农产品。2007年，在坝上村厉家庄村民组等示范种植优质蔬菜和黔糯玉米，在新场村种植早春红玉大棚小西瓜。

2007年，政府扶持坝上村、播箕村、摆谷六村等，建成肉牛和生猪养殖基地，仅坝上村养猪专业户就有35户。2007年良种猪养殖4500头，其中摆谷六农户养殖2500头，20头以上的达60户；在大竹、播箕、摆谷六、平地18户养殖肉牛1500头，16户养殖山羊3300只，林下养鸡大户有15户；在坝上村建“粮—猪—沼—鱼”立体生态农业产业链示范基地，至2008年全镇建有沼气池650口，沼气、沼液、沼渣得到充分利用。

2008年，鼓励农技干部带技术、带资金下基层创业而创办的坝上村厉家庄种植蔬菜示范点，由镇政府出资租地，农技干部和蔬菜种植大户种植经营，示范种植西葫芦、糯玉米、西红柿、甜椒等，采用宽厢、宽带地膜栽培。2008年建成2000亩优质蔬菜生产基地、500亩特优蔬菜生产基地，营造经果林3000余亩（其中：建成优质经果林基地800亩、中药材基地100亩，摆谷六种植毛竹1000亩，平山片区补植补造竹子1000亩、漆树200亩，退耕还林400多亩）。2008年比2007年粮食产量减少123吨、减产16%，人均纯收入比2007年增加210元、增长9.5%。

1992年，全镇乡镇企业完成产值2916.4万元，比1991年2063.8万元增长41.32%。1992年，全镇乡镇企业发展到753家，其中：镇办企业33家，村办企业5家，个体企业715家，百万元以上产值的企业有8家，基本形成以化工、冶炼、建材为主的支柱产业。产品主要有生铁、电石、硫磺、普钙、沉钙、磷肥、复混肥、乙炔碳黑、双氰胺、电极糊、硅铁、橡胶制品、水泥、废渣制砖、保险丝、铸铁、硫铁矿、原煤等，产品销往全国各地。2008年全镇完成工业总产值17.86亿元，是1992年2916.4万元的61.22倍，增加17.57亿元。

2008年，城区5个村的农户大多从事餐饮、运输、加工等服务行业，剩余少量田、地租给打工农民耕种。为便于耕种，在九条龙、大水塘形成苗族聚居的移民新村；建成西关坡移民新村、安居工程教师新村和以猴子沟村民移居为主的张家湾移民新村；建成水桥村吴家庄小康文明村寨和坝上村厉家庄文明生态村。建有永兴山庄度假村、龙腾度假村、水桥度假村、坝上“农家乐”村等。全镇实现广播电视、电话、公路村村通，通村油路达72%，村民组通公路达91%，55%的自然村寨实现道路硬化，90%以上的农户用上安全卫生的自来水，电视机普及率达88%。龙山镇有镇管卫生院1所；学校14所（其中小学13所、中学1所），公立幼儿园2所、私立幼儿园6所，共有学生7895人。辖区内县直管学校有龙里高级中学、龙里县民族初级中学、龙里县中等职业学校。新型农村合作医疗参加率94%，招商引资到位资金2.81亿元，各项指标位于全县前列。有11个村被省、州授予“小康村”称号。

1997年，龙山镇获贵州省委颁发全省“两个文明建设先进单位”奖，1999年获中央文明委颁发“全国创建文明村镇工作先进单位”奖；2005年获黔南州委颁发“文明乡镇”奖，中央文明委颁发“全国创建文明乡镇工作先进村镇”奖；至2008年，龙山镇连续4年获全县乡镇目标管理综合考核第一名。

2008年龙山镇社区、村寨统计表

表1-1

社区	简介	备注
冠山社区	东与麻芝乡相交，南与冠山村相交，西至贯城河，北与大冲村相连	
水桥社区	东至西关坡，南至铙钹山，西至五里道班，北至水桥村、大竹村	
西门社区	东至贯城河，南至流音洞，西至西关坡，北至水堤阁	
村名	寨名	
光明村	大水塘、光明村（指老场坝、穿洞口一带）、地母庙等12个村民组	
水桥村	茅草冲、吴家庄、水桥、斗篷山	
龙坪村	羊角井、和平村（看守所下面东门河边至莲花井一带）等8个村民组	

续表

村 名	寨 名	
冠山村	流音洞、陡坡脚、九条龙、小团坡、蛇蚂石、猫猫冲、番坡脚、外头冲	猫猫冲、外头冲1991年后搬迁
大冲村	黑山、大冲、石头寨、大土、小冲塔脚	
莲花村	老寨、何家庄、猫猫头、廖下、董夏桥、附城堡、水东庙	
坝上村	岩底、王榜、黄泥堡、坝上、水井湾、厉家庄、白岩脚	
新场村	栗木寨、新场、新寨、椿菜院、唐王寨、上寨、窝寨	
余下村	小寨、余下堡、朵山、牛角冲、桃花山、蔡家院、夏家院、比脚坡	
大竹村	大竹芒、小竹芒、麦冲、石板、岔口、平桥、白岩、栗木山、桐木井	
桥尾村	桥尾、岩脚寨、申家寨、石板寨	
新水村	干坝、下坝、代家庄、苗寨、邱家庄（部分移居县城或县城附近居住）	
纸厂村	毛家厂、田坝厂、宝河冲、小岔河、黄泥坪、纸厂、坪子上（大部分寨子搬迁到张家湾移民新村、县城街道等居住）	
摆谷六村	摆谷六（上院、中院、小院）、坪子	
播箕村	播箕堡、播箕桥、毛栗寨、年寨、沙子坡、杨寨、干坝冲、花秧坡、下洞、响水岩、羊寨、大园子、大坡脚、茶山、耿家山、铜鼓井	
平地村	石宝坡、平地堡、小院、本党、下坝、麦冲	2000年后搬迁

2008年龙山镇乡镇企业统计表

表1-2

养殖业			
单位名称	主要产品	从业人员（人）	注册类型
九条龙云配坡养殖场	肉鸡	4	私营
坝上养猪场	商品猪	8	私营
龙里昌龙养殖服务中心	商品猪	5	个体
台龙饮料公司龙里种猪综合农场	商品猪	40	台商
工 业			
单位名称	主要产品	从业人员（人）	注册类型
冠山黄沙场	黄沙	10	集体
龙里意托煤矿有限责任公司	原煤	160	有限责任
龙里鸿泰煤矿有限责任公司	原煤	140	有限责任
龙里化工厂	硫酸、普钙	240	集体
龙山磷肥厂	普钙	60	集体
龙里县康佳糖厂	糖稀	20	集体
贵州龙里龙腾铁合金有限责任公司	硅锰合金	714	有限责任
龙里炼铁有限责任公司	生铁	198	有限责任
贵州弘康药业有限公司	中成药	170	有限责任
贵州神奇啤酒有限责任公司	啤酒	450	有限责任
龙里三龙玻璃制造有限责任公司	玻璃钢、夹沙管道	120	有限责任
贵州龙里鸿原粉体材料有限责任公司	建筑用瓷砖材料	20	有限责任

续表

工　业			
单位名称	主要产品	从业人员（人）	注册类型
贵州龙里碳化有限责任公司	乙炔汽	15	有限责任
龙山镇建筑公司预制购件厂	水泥砖	8	有限责任
碳化公司复合肥厂	复合肥	30	有限责任
九龙预制场	水泥砖、预制板	8	有限责任
贵州亚冶铁合金有限公司	铁合金	613	股份有限公司
贵州龙里粤龙铁合金有限责任公司	铁合金	110	股份有限公司
贵州龙里湘龙铁合金有限公司	铁合金	138	股份有限公司
龙里里峰水泥厂	水泥	120	私营企业
龙里天源石灰粉厂	石灰粉	30	私营企业
龙里九龙料酒厂	调味酒	6	私营企业
铙钹山爆竹厂	烟花爆竹	20	私营企业
兴龙花炮厂	烟花爆竹	16	私营企业
龙里星源木制品厂	卫生竹筷	15	私营企业
龙里冠山印刷厂	纸张印刷	10	私营企业
龙里明阳石膏球厂	石膏球	20	私营企业
龙里申代蓄电池加工厂	蓄电池	8	私营企业
龙里久源食品厂	油辣椒、豆制品系列	28	私营企业
龙里永鸿建材厂	水泥标砖	6	私营企业
龙里一品香酱油酿造厂	酱油	6	私营企业
龙里县建友建材厂	水泥砖	15	私营企业
龙里兴达造纸厂	卫生纸	30	私营企业
建筑业			
单位名称	主要产品	从业人员（人）	注册类型
龙里华兴建筑有限责任公司	房屋及市政工程	35	有限责任
龙里建筑施工有限责任公司	房屋及市政工程	180	有限责任
龙山建筑有限责任公司	房屋及市政工程	35	有限责任
其　他			
单位名称	主要产品	从业人员（人）	注册类型
龙里县顺达容货运输有限责任公司	物品运输	40	有限责任公司
龙里绿宏废渣处理有限责任公司	废渣处理	24	有限责任公司
贵州省龙里矿产有限责任公司	矿产品经销	10	有限责任
贵州龙里鑫达贸易有限责任公司	贸易	8	有限责任
贵州龙里龙升实业贸易有限责任公司	贸易	10	有限责任
龙里县盛达液化石油气有限责任公司	液化石油气批零	8	有限责任
纪龙超市	百货零售	10	私营
爱家乐购物中心	百货零售	8	私营

续表

其 他			
单位名称	主要产品	从业人员（人）	注册类型
顺发批发超市	百货批发、零售	20	私营
新世纪服装超市	服装零售	10	私营
美尔美服装超市	服装零售	11	私营
龙山宾馆	旅店、餐饮	40	集体
龙里县海龙贸易有限公司	贸易	20	有限责任
贵州龙山旅游开发有限责任公司	旅游开发	25	有限责任
贵州龙里豪瑞旅游发展有限公司	旅游开发	30	有限责任
龙里永先旅游开发有限责任公司	旅游开发	25	有限责任
龙里顺峰汽车租赁有限责任公司	汽车租赁	16	有限责任
龙里兴龙服务有限责任公司	服务业	40	有限责任
龙里鸿雁实业有限责任公司	商品销售	30	有限责任
贵州龙里纪龙旅业有限责任公司	旅游服务	60	有限责任
贵州龙里龙泉旅业有限责任公司	旅游服务	30	有限责任
祥华酒店	住宿、餐饮	40	私营
弘龙酒家	住宿、餐饮	10	私营
华源酒家	住宿、餐饮	30	私营
天力房地产开发有限责任公司	商品房	10	有限责任公司
隆基房地产开发有限责任公司	商品房	11	有限责任公司
胜隆房地产开发有限责任公司	商品房	15	有限责任公司
铭锋装饰服务有限公司	装饰装潢	8	有限责任公司
龙里腾欣网吧	网娱	6	个体
龙里地球网吧	网娱	6	个体
龙里环球网吧	网娱	5	个体
龙里县吉速网吧	网娱	4	个体
龙里县网上天地网吧	网娱	4	个体

第二节 洗马镇

1991年，撤销原洗马镇、落掌乡、龙场乡，合并重新建立洗马镇。距龙里县城58公里，距贵阳市中心56公里。全镇平均海拔高度1100米，属于典型的高原、丘陵、喀斯特地貌，山地、丘陵、坝子、河谷、山岩、溶洞相互交错。年降雨量1150毫米左右，无霜期280多天，年平均气温15.6℃。总面积170.5平方公里，耕地面积2.3万亩。洗马镇地处龙里县北部，东与巴江乡、贵定县接壤，南和哪嗙乡毗邻，西与谷龙乡相连，北与开阳县相接。千洗公路在千家卡与321国道相交，由洗马延伸至巴江通往贵定县建成油路。镇内村村通公路，总里程150公里。有客车站1个，占地2000平方米，容纳客车20辆。大厂至牛场、洗马至谷龙通村公路按乡村四级标准建设。地下矿藏丰富，有原煤、铁矿、硫矿、重晶石等，其中原煤年产量40多万吨，硫、铁矿主要销往贵阳。常年粮食产量为1.2万吨，人均750公斤。

2008年，地区生产总值达9916.5万元，乡镇企业总产值5417.9万元，财政收入591.2万元，农民人均纯收入2600元，人口自增率控制在6‰以下。全镇辖1个社区居委会、17个行政村、199个村民组、274个自然村寨，总人口2.66万人，人口密度155.91人/平方公里。其中：男1.41万人，女1.25万人，男女比例为1.12：1。镇内聚居着汉、苗、布依、彝、侗、壮等民族，少数民族4237人，占总人口数15.79%。

1991—1997年，进行品种实验、选择与推广，引进高产耐旱的优良品种和先进的种植技术。1998年以实施“公路沿线农业示范带工程”为突破口，在公路沿线纵深200米以内，玉米实行100%定向拉绳移栽，水稻宽窄行移栽，小麦拉绳种植。种植指导实施分片包干、层层把关，全镇春耕实现满栽满插。秋种工作突出旱地分带轮作和油菜育苗移栽，按照小麦上山、油菜下田，复种指数100%的要求，公路沿线纵深200米以内的稻田，一律实行杂交油菜开箱、拉绳育苗移栽，耕地一律实行高产小麦拉绳种植。

2007年4月13日，在羊昌村挂牌成立洗马镇农作物病虫害机械化专业防治服务队，有10名工作员，对全镇17个村实行有偿服务。2008年，种植玉米1.4万亩，亩产550公斤；水稻移栽5900多亩，亩产520公斤；牛场村杂交玉米示范点亩产达667公斤，比常规种植增产126公斤，每亩增收201元。

洗马镇是龙里县的烤烟生产老区，民国年间就已种植烤烟，改革开放后烤烟生产一直居龙里县首位，是黔南州的典型。1992年产烤烟125万公斤，产值达350万元；1994年，洗马镇烤烟种植麦套烟分带轮作1.1万亩，其中高产样板1500亩；1995年，签订烤烟种植合同3202户、种植面积9551亩，推广新技术提高烤烟质量增加烤烟产值，当年烤烟种植1万亩，产量125万公斤，总收入758.88万元；1999年，完成烤烟种植7000亩，营养袋推广面积达95%，麦套地膜烟示范带200亩，全年共收烤烟140万担。

2002年，洗马镇建成全州最大的小水窖连片烤烟种植基地，与2088户烟农签订产销合同，烤烟种植任务7200亩，采取定点、定人、定产量、定奖惩的方案，完成种植面积7225.4亩。全县优质烟起垄待栽现场会在洗马召开，在会上推广空土规范起垄待栽、地膜覆盖起垄待栽、标准麦套烟起垄待栽、干田烟起垄待栽、生物有机肥堆制发酵、营养袋“双龙出洞”组装假植、新建烤棚操作示范、浮盘育苗先进烤烟生产技术，当年出售烤烟140万担，缴纳烤烟特产税116万元。

2005年，洗马镇种植烤烟7015亩，烟农直接收入660万元。其中：在花京村石头田烟水配套工程示范点建成机耕道2048米、小水窖31口、智能化烤棚8间，并召开了全州烤烟移栽现场会。2008年，种植烤烟5800亩，收购干烟叶73.65万公斤，收入987万元，同比增收87万元。其中：5月洗马片区烟水配套二期工程完工，总投资1288.14万元，该工程可灌溉洗马镇烟地面积1万亩，覆盖台上、花京、拐哈、牛场等12个行政村121个村民组；在台上村创办现代烟草农业示范点，建成投入使用商品化育苗大棚600多平方米；在台上村、花京村、羊昌村修建集中烤房44座，台上村修建的10座集中烤房投入使用，烘烤250亩烟地的烤烟，每亩烟节约煤0.5吨，降低成本200元。

洗马镇除水稻、玉米、烤烟等主要农作物外，涌现出一些新型的种植业，以烟为主发展多种山地经济。1998年，台上村袁国军用责任地建茶场一个，年创收近万元。2007年，政府引进优质茶叶品牌，在台上村发展200亩茶园；在牛场村种植金银花272亩；落掌村曹显凤以5亩责任地种植花椒、杜仲、果树等，经济林初见成效；全镇建成果树林200亩，建设经济庭院800亩。采取“公司+农户”形式，引进贵州富丰科技公司投资种植业，2008年4月金盛生姜专业合作社在落掌村挂牌成立，在大坪、台上、落掌、长沟、猫寨等村发展生姜种植342亩，收获生姜510吨，收入54万元。

洗马镇的华武龙狮团有固定队员20人，有设备梅花桩2套、高档狮2档，鼓、乐器具2套，龙门青1套，队服80套。2006年6月，华武龙狮团获得全国舞龙舞狮邀请赛铜奖。2006年10月成立龙里县龙狮武术协会。2007年，洗马华武龙狮团到广东省参加“黄飞鸿杯”全国南北狮王争霸赛，获得“传统南狮组”铜奖和“南狮高桩组”铜奖。2008年，华武龙狮团经常参加县内外各类庆典活动。

2008年洗马镇村寨统计表

表1-3

村 名	寨 名	备 注
洗马村	洗马河（洗马场坝）、大田边	
羊昌村	羊昌坝、落掌坝、龙井冲、大洋寨、拐拱寨、羊昌、碾房边、上新桥、下新桥、龙井桥、大土、松山、尖山、偏坡	
花京村	小花京、大花京上寨、大花京下寨、光西路、幸福庄、沙土、石头田、大坡、窖谷坡、大围墙、光西坝、下寨、鸭子洞、大坡脚、破岩、小深冲	
拐哈村	后寨、高棍、清明田、燕子岩、落双、拐堵、拐哈、沙土、油榨房、碓窝寨	
新庄村	王家山、上坝、落夯、下沙坝、干塘、龙洞、新庄上寨、新庄下寨、荒寨、黎家湾、新庄小寨、水井湾、水塘寨、菜子田、大路城、姜家屋基、沙田、岩脚寨、青树山、山岔土、大水塘、打铁房、青树窝	
落掌村	落掌、粑粑街、小高寨、躲火冲、黄家坟、大高寨、白腊园、对门寨	
牛场村	牛场坝、牛角田、上山厂、大荒田、范家庄、大山闹、高不陇、猫洞、老屋基、干坝、团田、上寨、下寨、落双冲、下厂、张嘴岩、王大土、河边、大金湾、冲头、烂冲、歇气塘、木老麻窝、土地坳、长田坎、下山厂	山厂重名，以北上南下区分
上石坎村	上石坎、黎家山、张井湾、新寨、大坡、狗头寨、野鸡田、羊公田、上半边山、小山湾、中半边山、大山、甘支田、土地庙、大黄、大冲、黑冲、擦耳岩、下半边山、围墙头、水安凼	半边山重名，以北为上，用上中下区分
白果村	桃冲、烂塘、播荷田、告谷坡、沙冲、山脚寨、塘坎寨、白果坪、大冲、水塘寨、牛滚凼、坪子上、母鸡凼	
大厂村	田坝、二比、沙子田、下坝、上寨、大厂、杨家坟、枫香田、白岩脚、马洞山、林坡、河边、锅厂、黄家大冲、和尚房、赶场路、白泥田、小地方、马洞田、二土坝、尖坡、梧桐树、麻窝田、老房子、灯盏窝、雷打树、老虎洞、白秧沟	
猫寨村	猫寨、谷寨、新寨、中寨、大力树、上寨、塘边、上大坪、下大坪、大岩洞、大坡山、后龙坡、葫芦冲、杀人坳、猫寨冲、毛栗坪	
白泥田村	白泥田、大树坪、蒿芝山、黄马牛光、烂塘、金鸡岩、雷写字、岩脚土、秧种田	
台上村	台上、烟灯坡、犀牛塘、大马店、烂塘、青龙山、半边街、谷顶冲、漆树湾、深冲、太平寨、黄家湾、炉厂湾、马鞍山、上寨、小深冲	
岩底村	岩底、甲送、半坡田、旧寨、谢平寨、伍牙坡、堆子田、丛衣山、董朋山、荷麻冲	
长沟村	长沟、下针指、大寨、大水井、甲堕、干塘、干坝河、光贵冲、马桑冲、小寨、中寨、上寨、山王庙、水牛冲、老寨、滴水岩、夏家岩脚、上针指	指针重名，以北上南下区分
黄星村	柏秧寨、椿菜园、龙井冲、下寨、高谷陇、麻秧坟、下干长、书房、公狗坡、腰山、对门寨、烂田冲、关口寨、轿子山、大麻窝、中坝、金竹林、岩上、国田、黄星树、半坡、高芽、上寨、下寨、团坡、黄家冲、大冲、白沙坡、沙土、茅盖田、厂边、烂泥沟、大寨	
大坪村	大坪、新寨、旧司、关口、刘家庄、新铺子、大土、朵花、对门坡、司头	
洗马社区	洗马镇场坝	

第三节　谷脚镇

1991年，撤销谷脚区、谷脚乡、高堡乡、岩后乡、观音乡，由谷脚乡全境、高堡乡全境、岩后乡的部分村寨、观音乡除大竹村外，合并建立谷脚镇。谷脚镇位于龙里县西部，西南与贵阳市、水场乡毗邻，东南与龙山镇接壤，北与醒狮镇相连。镇政府驻大坡村谷脚新街富源路，距县城17公里、贵阳市中心23公里。

2008年谷脚镇辖1个社区居委会、11个行政村、100个村民组、111个自然村寨、5188户，总人口1.89万人，其中农业人口1.67万人，非农业人口2198人，常住人口1.74万人，暂住人口1549人。总人口中男性9865人占52.18%，女性9040人占47.81%。有苗、布依、彝、白、壮、藏、穿青人、侗、黎、满、仫佬、土家、傣、哈尼、仡佬、蒙古、瑶、回、畲、独龙、毛南等少数民族4496人，占总人口的23.78%。

境内属典型的喀斯特地貌，最高峰云台山位于谷脚镇毛堡村，海拔1765.4米。辖区总面积144平方公里，属于亚热带季风湿润气候，平均气温13.9℃。境内已探明的地下矿藏有煤矿、硫铁矿、高岭土、页岩。1991年有耕地面积1.64万亩，其中水田6732亩、旱地9619亩。2008年耕地面积1.42万亩，人均0.86亩；连片刺梨种植面积7000亩，是省级重要的刺梨生产基地。2008年农民人均纯收入3597元。

1991年，谷脚镇有乡镇企业108家，其中工业55家、建筑业2家、交通运输业21家、商铺21家、饮食业4家、服务业5家，总产值320.7万元（其中个体166.7万元）。1992年建立龙里县谷脚镇新兴开发区，位于谷脚千家卡，占地6.8平方公里。同时成立龙里县谷脚经济开发公司，采取外引、内联、独办、联办的形式，首次引进投资1.2亿元、年产值5亿元的民营企业——贵州神奇制药厂；1992年洽谈项目20个，签订协议18个，动工17个，投产项目11个。引进息烽县医药保健开发公司投资200万元，联合开发非耕地1000亩种植“绞股蓝”等中药材；引进投资560万元，年产值上亿元的一家制药厂；引进投资100万元的彩印厂，联办观音山卫生纸制品厂等。

1993年引进占地6000亩，拥有上千员工的贵州长通公司，是一家主要从事输配电成套设备、线路器材和节能建筑材料及交通设施等产品的研发、制造和销售的企业。1994年以后陆续引进龙里镀锌钢管有限公司、贵州良济药业有限公司、贵州瑞和制药有限公司、贵州新曙光电缆有限公司、贵州长通电气有限公司、贵州长通线路器材有限公司、贵州富华药业有限公司、贵州金桥药业有限公司、贵州基业钢结构有限公司、红狮水泥厂等上规模企业。

谷脚镇2001年工业总产值从1991年的280万元增加到4.47亿元，之后逐年上升。工业园区主要有以神奇制药厂为龙头，发展以制药为主的制药业，以及以红狮水泥厂为龙头的建材业、黔宝公司刺梨制品等其他产业。谷脚工业园是龙里县三大工业园区之一，2008年园区从1992年的6.8平方公里扩大到50平方公里，初步形成以制药、机械加工、建材等为主的工业体系，重点规划医药产业区、建材产业区、轻工业区（劳动密集型），以及科技研发、仓储物流及生活服务、绿色轻工业产业区等产业集群，2008年工业总产值达到15.63亿元，比上年增长17.13%，占GDP比重的78.76%。

2008年，规模以上工业企业9家（其中医药业有6家），职工1.78万人，实现工业增加值2.6亿元，比上年增加15.02%。其中大中型企业25家（50亿元以上的企业1家，10亿元以上的企业1家），职工0.8万人，实现工业增加值1.6亿元，比上年增加29.37%；销售收入达到亿元的企业8家。谷脚工业园区被列入省级工业园区。

龙里县盛产刺梨，农家“五旁四坎”、山野丛林自然生长藏量丰富，改革开放以后多有移栽成片规范管理。谷脚刺梨是龙里刺梨的代表，刺梨干被评为省级名牌产品，已注册“龙里谷脚刺梨”商标。谷脚镇茶香村十里刺梨沟连片种植7000亩，是刺梨加工的原材料基地，同时是旅游观光区。2000年以后龙里县以谷脚镇茶香村刺梨基地为龙头，沿千洗公路向洗马镇辐射。到2008年茶香村人工种植刺梨1万多亩，挂果7000亩。按照平均亩产鲜果500公斤计算，年产鲜果3500吨，每吨鲜果售价1200元，年收入420万元；每吨鲜果加工产品产值1万元，年产值3500万元。产品在省内享誉并销往内蒙古、海南等地。

1991年，谷脚镇有独立中学1所、辅导校3所、完小1所、不完全小学11所，小学在校学生1911人，小学教师105人；幼儿园1所。1992年个体企业家张正良出资为谷脚小学新建教学楼1栋6个教室，1993年谷脚小学更名为“正良小学”，聘任张正良为名誉副校长。由于谷脚中学从1990年开始教学质量连续3年下滑，谷脚镇经济快速发展又急需各方面人才，谷脚镇党委、政府决定进行教育改革尝试。谷脚中学1992

年探索教育改革，在初中三年级毕业学生家长同意、学生自愿的前提下，组织40个初三毕业学生，学校派1名教师带队，首次集体向深圳输送人才。1993年5月县政府副县长康兴鼎在谷脚镇组织召开教育综合改革工作会议，成立谷脚镇教育体制综合改革领导小组，7月谷脚镇党委提出谷脚中学体制改革方案，县委批准后实施。为了抓好改革工作，1993年8月从平塘县聘请曾任中小学校长的石绍久担任谷脚中学校长。从9月开始实行校长负责制、岗位责任制、教学过程与效果相结合的教学效益管理。1994年3月实行教师聘任制、教师优化组合制、师生双向选择制、动态分配工资制（即把教师工资分解为岗位工资、责任工资、效果工资和生活工资四部分，工资与工作量、工作态度、工作效率效果挂钩），优化组合中36名教师有4人未被组合，由学校调整安排工作；聘任中教职工38人有2人落聘，由县教育局安排工作。通过改革后教学质量得到很大提高，1994年被中专、中师、高中录取19名；1995年7月全县教学质量单科评比，一至三年级共21个统考科目，14所初级中学参加评比，谷脚中学获得2个科目第一名、7个科目第二名；在校学生由1993年的375人上升到721人。1998年全县校长负责制、教师聘任制、岗位责任制、目标管理的“三制一管理”体制改革全面铺开。2008年谷脚中学在校生661人，小学在校生1476人，学前教育（含幼儿园）572人，在职教师153人。

文化遗产有谷脚巫山岩画群，位于贵新高速公路大干沟桥以北1公里处，距谷脚镇政府3公里。岩画群分布在巫山山体大岩脚和大沙田的石崖上，高40～60米，岩体全长约150米，岩画内容为怪异奇特的舞蹈、牵牛、骑马图案以及圆点、竖线等多种抽象符号，大致可分为祭祀舞蹈图、原始生殖崇拜图、放逐图、田畴图，及各种形状的牛、羊、马、犬和大鸟，从物像上看有人物、动物、天体（太阳）、抽象符号四个类别，最大的有几平方米，最小的只有指甲般大小。

观音山红军战斗遗址，位于谷脚镇观音村。1935年4月，中国工农红军红一军团先头部队在观音山（今210国道关口）与敌激战并取得胜利，对实现毛泽东“调出滇军”，进而西进云南，甩开国民党军围追堵截的战略意图具有重要意义。抗日阵亡将士纪念碑，位于谷脚镇大坡村千家卡210国道旁，于1989年7月14日被列为县级保护文物。

2008年谷脚镇村寨统计表

表1-4

村　名	寨　名	备　注
哨堡村	哨堡、凉水井、牛滚塘、白岩沟、马鞍山、赖岩关、大坝场、坡脚	
高堡村	高堡、沿山、柜子岩、牛角冲、小水库、大坡上、花马冲、大猫岭	
毛堡村	内毛堡、外毛堡、塔湾、云台山、两格田、旧寨	
谷脚村	谷脚老街、吴家寨、皮家寨、新寨、蒋家寨、船头上、对门坡、冻青树	
大坡村	谷脚新街、大坡、杨大凯、千家卡、倪儿关、洋油厂	谷脚新街原名大坡新街
观音村	哨关田、灰山、芹菜塘、吾瓜、干冲、塘坊、观音老街、新寨、母鸡石、新田、香樟岩、沙坝、小营上、格榨、冯家山、小高山、观音新街、三道河、一棵松、七里冲、稗秧、大树脚、箭竹山	
谷定村	新马场、小谷定、上栗山、下栗山、画眉寨、古丁屋	
王关村	王关寨、和尚土、长冲、老幺坡、画眉寨、毛寇寨、摇里、大窝坑、黄土坎、坝池、地威、龙上坡	坝池含燕子岩、大沙坡
岩后村	岩后寨、横房子、山王庙、大凹、蜡树湾、湾坡、白泥田、上沙坡、下沙坡、坡背后、寨背后	
谷远村	谷远、新寨、水洞、王坝山、上郭关、下郭关、巫山、把总田、铜鼓井、大坝、小井关、杨家寨	杨家寨1984年后新增
茶香村	大洞口、烂塘、羊昌、歪寨、茶山坡、箐口、垫土、杨柳井、新鸡场坝	

第四节　羊场镇

1991年，撤销羊场区、羊场镇、岱林乡，合并建立羊场镇，镇政府驻地在原羊场区公所。羊场镇是龙里县南部重要集镇，距县城67公里，东与贵定县巩固乡接壤，南与贵定县云雾镇毗邻，西接惠水县岗度乡、龙里县摆省乡，北靠湾寨乡。

2008年，全镇总面积71平方公里，耕地面积2.88万亩，其中水田1.29万亩。辖1个社区居委会、11个行政村、125个村民组、72个自然村寨，总人口1.82万人，少数民族人口1.24万人占全镇总人口的68.13%；有林业用地4.69万亩，森林面积4680亩，森林覆盖率44.3%。2008年农民人均纯收入2853元。

羊场镇地貌结构特殊，高山台地片区（岱林片区）居民住地和耕地在海拔1245米以上，云雾山北山盛产云雾茶。羊场镇山间盆地片区（羊场片区）80%的居民和耕地在海拔1100米左右，盛产大米，号称“龙里粮仓”，羊场大米、藕溪大米已获注册商标，畅销省内外。

1991年开始，逐步推广优质玉米新品种以及玉米移栽技术，先后在甲晃村、长寨村、岱林村示范连片种植。农技部门从土壤改良入手，指导农户使用农家肥和化肥，推广除草剂施用免耕、农作物病虫害连片防治等技术，有效提升科技含量，促进农民增产增收。1993年组织农技人员到走马村甲摆同进一步巩固和扩大杂交水稻种植示范基地，提高产量。1995年，羊场镇出台优惠政策，按种植面积给予肥料、种子、农药等补助，加速“两杂”种子推广，到1997年全镇杂交水稻种植全面普及。全镇实施水稻温室两段育秧、地膜育秧、温润田育秧、水育秧技术，到2000年农户全部熟练掌握两段育秧技能。

全镇水田1.29万亩、盛产优质大米7000多亩、亩产600多公斤、年产4200吨，着力打造“羊场优质大米”“藕溪香米”品牌，种植有“丰优香粘”“忠糯1号”“贵农糯1号”等优质水稻品种，平均年加工销售大米900吨以上，年销售额630余万元，农民增收150余万元。2006年5月羊场镇宏旺大米加工厂正式投产，日加工大米50吨，产品色泽好、颗粒完整，价格每斤提高0.15 ~ 0.3元。加工厂按照“加工+基地+农户+科技”模式，与农户签订种植及收购订单量逐年增加，2008年比2007年增加2倍。2008年县工商局帮扶成立羊场镇新营村水稻种植销售协会，申请注册“龙鲤羊场”大米商标，促进农民增收。2001—2008年，推广建设蔬菜大棚，种植淡季蔬菜，引进西葫芦、早熟脱毒马铃薯等新蔬菜品种。

利用云雾山盛产名茶的地理优势，大力培育茶叶产业。从1994年以岱林小学建立茶叶基地开始发动群众，以单丛茶叶（俗称园槛茶）为基础向四周扩展建小型茶园，逐步向山上扩展建立小茶场。至2006年，在以甲架村为中心的云雾山东面和北面建起一定规模的茶场，亩产90公斤，比散植茶园增产30公斤，茶农人均收入1500元。带动有条件的农民建立茶场，2007年扩大茶场规模至700亩，新开垦林业产业基地（茶园）131.5亩，并优化品种以发展云雾茶为龙头产品。

水利主要有红岩灌溉工程，列入省大型灌溉——瓮福灌溉区域，1991—2000年仅进行小型渠道维护。2001年瓮福灌区节水续建的配套工程在红岩水利实施，此次施工对主干渠和部分田渠重新测量、调整布局，新增建枧槽冲拦河坝1座、引水渠2公里（设计流量1立方米/秒），完成修建主干渠12公里、田间渠道12.7公里，倒虹管改造2座长1.9公里。2007年，黔南州人民政府因此评价：龙里县“农发”工作四个亮点中“敢于创新，田间渠系建设打破浆砌块石的常规，改用竹胶板制砼模现浇一次成型新工艺”，就是红岩冲水利工程首创。探索管理新模式，在全县首先实行“管理单位加用水协会加用水户”的管理体制，受益农户参与管理，水管单位和农户达成“以水养水”的长期发展共识。

羊场镇人文遗产有苗族木鼓粑糟舞，分布在岱林村岩底寨、长寨村偏坡寨，是苗族民间舞蹈，纪念已死去的老祖先的一种祭奠形式，主要用于本民族的各种庆典、祭祖等活动。粑槽舞从打糯米粑的基本形式演变而成，舞蹈有3人舞、群体舞，表演者为本民族的青年男女。

营屯营盘，建于清咸丰七年（1857年），位于营屯村营屯田坝中孤立的石山上，海拔1302米，三面悬崖峭壁，东北角较缓，山高50米，山顶平缓，松木密布，易守难攻，东西长500米，南北宽150米。由

22个村寨组成结义团，共同投资投劳，在山的东北角较缓处，以条石依山垒砌内外两道墙垣，两墙相距40米，总长100余米，高2～4米，厚1～2米，并设墙垛、台阶步道、射击孔，内墙嵌有始建碑二方，墙垣现存完好，属县级文物保护单位。

张庆石烈士墓位于羊场集镇北1公里的土丘上。张庆石，河南人，中国人民解放军炮八团战士，1953年在羊场剿匪战斗中牺牲。羊场火神庙，位于羊场集镇，为木结构青瓦顶，共3间，长13米、进深11.3米、高8.9米，前廊卷棚，山墙和后檐墙均为土砖砌筑，大殿的天花板上有53幅三国人物故事彩绘（结义桃园、三请诸葛、赵云截江夺阿斗、取荆州、单刀赴会等），今依稀可辨48幅，现闲置未用，原有的左右房于20世纪60年代拆除。

2008年羊场镇村寨统计表

表1-5

村 名	寨 名	备 注
联合村	甲架大寨、上堡山、下堡山、破塘寨、龙井、田坝寨、猫耳洞、长边寨、黑石头、杉木冲	
甲晃村	甲晃街、中寨、小甲晃、梭弄、摆哈、杉木桥、大田	
岱林村	岱林、羊蹄庄、破石、沙子哨、摆兰、岩底、周家院、下寨	周家院、下寨1984年后搬迁
长寨村	新寨、长寨、偏坡、坪子上、角落寨	
营屯村	棉花寨、小棉花、屯脚、井边院、小寨、陆家院	棉花寨、小棉花已连成一寨叫大棉花寨；屯脚、井边院、小寨、陆家院，原总称营屯
木马村	小木马、打铁寨、平寨、大木马、干未、栗木山	栗木山1984年后搬迁
走马村	走马寨、壤纳、孔雀寨、坝陇、玩月庄、河围寨、卜顶庄、甲摆同、谢桥山、新寨、近先堡	
和平村	马场堡、谢仁堡、吴兴寨、谷腰	
新营村	营上、羊场街上、黄泥榜、关口寨、谢院、邵家山、新庄	
翠微村	甲摆勺、甲摆金、杉木寨、藕寨、范家庄、大坝、撑腰岩	大坝、撑腰岩1984年后搬迁
金批村	大方寨、大金批、老猫头、白泥沟、吹角石、长林寨、偏坡寨、小坡脚、莫家院、杨家院、小院	
羊场居委会	场坝	

第五节 醒狮镇

1991年，撤销谷脚区、猫场镇和岩后乡，由原来的猫场镇全境和岩后乡的部分村合并建立新猫场镇。2002年3月经省人民政府批准，猫场镇更名为醒狮镇。醒狮镇位于龙里县西北，东与哪嗙乡、洗马镇接壤，南和谷脚镇毗邻，西与贵阳市花溪区、乌当区相连，北和贵阳市乌当区、龙里县谷龙乡交界。距县城42公里，离贵阳市中心31公里，两地皆有柏油公路直达。醒狮镇海拔高度在1150～1300米之间，地貌以高原丘陵洼地为主，属亚热带季风湿润气候。全镇面积94平方公里，人均土地面积12亩，人均耕地3.15亩。1998年，二轮承包土地人口1.12万人，承包耕地面积1.41万亩。镇内林地资源较为丰富，占土地总面积的58.41%。

2008年，醒狮镇辖1个社区居委会、12个行政村、124个村民组、91个自然村寨，3751户、1.44万人，其中少数民族人口5470人，占总人口的37.99%。粮食总产量8610吨，平均亩产609公斤，人均粮食474公斤；农业总产值4018万元，其中：种植业2776万元、林业75万元、牧业1149万元、农林牧渔服务业18万元；财政收入38.44万元，农民人均纯收入3311元。

猫场镇借助区位优势，面向贵阳大市场开发蔬菜产业。1991年实施产业结构调整，开始大规模种植蔬菜和经果林。1992年初根据贵阳市提出的“菜篮子工程”和龙里县委、县政府提出的“餐桌计划”，结合区位优势，决定面向市场需要，发展优质果蔬产品，成立镇蔬菜生产领导小组，在小箐、羊场司、大坝村种植蔬菜。产业结构调整中注重农业生产科技含量，大力推广农业科技。1997年4月，成立镇科技工作领导小组、农民技术学校和科协，各村也相应成立农民技术学校和科普协会，积极扩大科学种植成果。1997年和1998年，连续两年获县水稻宽窄行栽培三等奖。1998年，“千洗公路科技示范带工程”、春耕生产的规范化种植和科技含量水平，获全县第一名。

2000年，蔬菜种植已成为猫场镇农民收入的主导产业之一，蔬菜生产年均种植面积达3700亩。其中，专业种植户800余户，规范化栽培面积2600多亩；小箐、羊场司、大坝3个村形成规范化种植蔬菜的专业村，面积达2000余亩，占全镇商品蔬菜种植面积的70%。大坝村建立起高标准、高质量的蔬菜种植基地250亩，全年收入超过10万元。其中：西红柿每亩最低可获利润1750元；黄瓜每亩最低可获利润1000元；辣椒亩产最低可获利1400元；豇豆亩产最低可获利1200元。2000年全镇共发展优质果林基地7个，面积1580余亩，分布在三保、顶水、猫场、进化、鸡场、元宝等村，品种有刺梨、板栗、金秋梨、杨梅、枇杷、石榴、布朗李、猕猴桃、樱桃等。

2000年，实施育苗拉绳定向移栽和地膜覆盖种植，优质玉米基地3500亩，平均亩产400多公斤；优质大米生产基地2500余亩，平均亩产达到500公斤；与贵州绿野青红有限责任公司签订800亩辣椒生产加工基地合同；农民年人均纯收入1472元。

2002年，大力发展无公害蔬菜、经果林等特色农业，种植各类蔬菜6000余亩、经果林376亩，以羊场司、小箐、大坝等村为主的无公害蔬菜与贵阳近郊型农业经济实现融合对接；凉水、旧寨、大岩等村宜林荒山开发和种草养畜已初具规模；大岩村的根雕和羊场司村的花卉盆景等新兴产业得到发展，以生态农业、民族风情为特色的旅游业开始兴起。

2008年，全镇形成了蔬菜、药材、花卉盆景、特色经果林等农业特色产业，建成“一个产业、一片基地、一个龙头、一套措施、一套班子”的特色养殖工程。全镇蔬菜种植面积达到1.5万余亩（含复种），农业种植示范基地建设达到2000余亩，发展经果林3500多亩，优质肉羊存栏数达到3000余只。

大岩根雕是贵州有名的民族特色文化之一，用材讲究、制作精美，根据材料的天然形态和纹理，赋予其丰富的艺术想象，动感逼真，品种繁多。主要有苍鹰、飞龙、猛虎、雄狮、奔马、卧牛、睡羊、顽猴、雄鸡、仙鹤、奇石、怪树等上百种动植物的造型，其中鹰雕数量最多，技法最为成熟，形态最为逼真。产品销往云南、陕西、辽宁、广东、上海、北京、深圳、贵阳等多个省市，还远销到新西兰、日本、美国等国家。1994年猫场镇被黔南州文化局命名为“根雕艺术之乡”，2002年省文化厅再次命名该镇为“根雕艺术之乡”。

境内布依民族风情浓郁，最典型的有大岩村小岩布依族民族文化村，与贵阳市乌当区东风镇、永乐乡、偏坡乡接壤，距贵阳新添寨6公里，乌当至偏坡公路穿境而过。山寨依山而建，寨中古树参天，林茂竹拥，石砌小道相互交错，石木结构的古朴民居镶嵌其间显现山村自然之美。“三月三”“四月八”“六月六”“了年粑节”等布依民族传统节日，布依人跳起“板凳舞”“刷把舞”“筛子舞”等民族传统舞蹈更显山村民族特色。挑花、刺绣、纺纱织布、木刻等传统手工艺的盛行彰显布依族的文化特色。山水、峡谷风景名胜区——金龙谷，占地约5平方公里，因紧邻贵阳市，成为贵阳市及周边群众的周末度假胜地。于2003年9月28日正式开放营业，首次接待游客1万多人。

1998年，探索开展创建“安全小区”“平安工程”工作，建立健全群防群治网络，创建“安全小区”4个，重新调整和成立调委会12个、治保会12个、义务消防队8个、义务消防小组67个、护校队17个、帮教组织12个、村治安联防队12个。2002年，在羊场司村创建治安网络示范点，发动群众组成夜间治安巡逻队轮流值班，张贴治安警示标语，配备高音喇叭和防卫器械，设立报警点，进行群防群治。发动全镇各村的群众、村干部、驻村干部和派出所干警构筑治安“四道防线”。“平安工程”创建工作经省、州、县检查验收评为优秀，被县命名为“治安模范镇”。

通过开展“安全文明村寨”“无毒社区”“无毒学校”等创建活动和普法宣传、反邪教警示教育等活动，2008年5月“平安醒狮”创建工作被黔南州平安建设经验交流会作为参观学习示范点，罗甸、惠水、长顺等县的综治委分别组织乡镇综治专干到醒狮学习经验。

1995年，猫场镇经省、州验收，取得高标准扫除青壮年文盲单位合格证，被县人民政府确定为龙里县6个率先实施九年义务教育的乡镇之一。共考上大中专学校3人、重点高中2人、普高18人、农业中学15人，小学考上龙里初中尖子班26人。

1999年，猫场镇通过省、州“两基”（基本普及九年义务教育，基本扫除青壮年文盲）验收。全镇共有各类学校17所，其中初级中学1所、辅导校2所、村完小5所，不完全小学和教学点9个；全镇共有教学班额67个，其中初中10个、小学57个，小学附设学前班3个，新开办幼儿园1所，在园（班）幼儿165人；有在校学生2331人，其中小学1830人、初中501人。共有教职工113名，其中中学30名、小学83名；专任教师104名，其中小学78名、初中26名。全镇小学适龄儿童入学率为99.5%，其中女童入学率99.5%；7～15周岁残疾儿童少年入学率80%；13～15周岁适龄少年人口初中阶段入学率96.2%；小学学年内辍学率为0.1%，初中学年内辍学率为3%；小学教师学历合格率达到95%，初中教师学历合格率为95.1%。

2008年，共有中小学9所，其中初级中学1所、中心小学1所、完小5所、教学点2所；共有九年义务教育阶段在校学生1614人，其中小学生1073人、初中生541人；有教学班58个，其中中学11个、小学47个，初中平均班额49.2人、小学平均班额23.3人；中小学教职工122名，其中小学81名、初中41名；专任教师112名，其中小学74名、初中38名。7～12周岁适龄人口入学率100%；13～15周岁适龄少年人口初中阶段毛入学率达到106.15%；7～15周岁残疾儿童入学率100%；小学学年内无辍学，初中学年内辍学率为2.11%；学年初小毕业率100%，初中毕业率97.27%；15～24周岁无文盲、半文盲产生。

2006—2008年共扫除青壮年文盲130人，青壮年扫盲巩固率达到100%。小学师生比为1∶13.25，初中师生比为1∶13.2；小学教师学历合格率达到100%，初中教师学历合格率为97.4%。全镇小学校舍建筑面积1.08万平方米，生均10.01平方米；初中校舍建筑面积3602平方米，生均6.66平方米；中小学校无D级危房。所有中小学仪器设备配置基本达到国家规定的标准，有计算机教室的小学1所、初中1所，共有计算机40台，7所学校有远程教育室，教育信息化、教学现代化格局初步形成。

全镇小学图书1.07万册，生均9.9册；初中图书8150册，生均15.1册；中小学“六室”（图书阅览室、实验室、仪器室、办公室、会议室、远程教育室）配置基本齐全；校园“五化”（文化、绿化、硬化、美化、亮化）水平全面提高。教育投入增长较快，2007年全镇教育经费支出401.9万元，比上年增加121.7万元，增长46.6%；小学生均公用经费年人均225元，初中生均公用经费年人均375元，初中住校生住宿补助每生每年750元，形成了比较完善的教育经费保障机制，普及九年义务教育顺利通过国家复检。

2008年醒狮镇村寨统计表

表1-6

村 名	寨 名	备 注
三保村	关口寨、三保寨、黑石头、坪寨、岩头上、对窝井、杨柳井、洋哈洞	
大坝村	杨柳寨、小河口、大坝、井坎上、大土、五里碑、小横坡、大横坡	
凉水村	徐家庄、大土、竹林山、小寨、凉水井、长田坡、破河沟、泡江河、岩脚寨、水流冲	水流冲原名江流
醒狮村	猫场街、刘家湾、曾家湾、清水塘、大马安山、小马安山、小寨	
大岩村	大岩、小岩、山坡大寨、山坡小寨、田坝	
羊场司村	羊场司、廖家田、苦李井	
旧寨村	高山、杉木树、卡鹅冲、旧寨、烂田、鸡屎坡、甲改坡、六角冲	
进化村	猫场街、唐博、银匠行、务永、大寨	

续表

村　名	寨　名	备　注
鸡场村	冷冲、指路碑、龙崩岩、双龙井、鸡场坝、旧司、四方土、沙浪坝、下寨、白岩坪、落花洞、牛场坡	牛场坡原名大山
小箐村	塘边、小箐、荒土、沙冲、毛栗山、上寨、下寨	
元宝村	元宝大寨、花家公馆、柿子坪、大坡、把关、杨家湾小寨、隔壁寨、新寨	新寨1984年后新增
顶水村	喜鹊寨、对门寨、田坝头、国家寨、上元宝	

第六节　三元镇

1991年撤销龙山区、三元镇、西联乡，由原三元镇和西联乡的西联村建立三元镇。三元镇位于龙里县城东17公里处，东、南、北三面均与贵定县接壤，西与龙里县龙山镇、哪嗙乡交界。打草河、贯城河汇合流经三元镇全境，在三元镇境内叫三元河。湘黔铁路通过三元镇并在三元镇的高坪铺设火车站、建货物仓库。321国道从三元镇的边缘经过，县道由321国道的龙从接口，经富洪、三元场坝、永安、新安、高坪铺至冒沙井与321国道接口。永安村建有解放军3537厂，为三元镇农副产品提供销路。

2008年三元镇下辖1个社区居委会、8个行政村、60个村民组、59个自然村寨，1662户、6891人；少数民族人口4296人，其中布依族3809人、苗族469人、其他少数民族18人。总面积63平方公里，有耕地面积4875亩，其中田3422亩、土1453亩，人均耕田0.5亩、人均耕土0.21亩；总劳动力3032人，占总人口的44%。2008年从事种植、养殖、加工的劳动力1829人，占劳动力的60%，劳动力人均耕种2.67亩；外出务工劳动力1203人，占总劳动力的40%。2008年农民人均纯收入2407元。

1991年11月成立农业技术推广站，从事新品种、畜牧养殖等试验示范。全镇栽种水稻3087亩，规范化种植120亩，平均亩产206公斤，总产达635.9吨。栽种玉米1820亩，规范化种植80亩，平均亩产186公斤，总产338.52吨。1992年开始推广杂交水稻种植，水稻育苗开始推广温室两段育秧，逐步提高农业科技含量。实施杂交玉米种植，推广良种良法，大部分群众改变点播习惯，购买高产、优质的杂交玉米种植，1995年从三合村七组、八组开始推广杂交玉米育苗移栽，辐射到其他村组。发展到2008年规范化种植水稻3287亩，规范化种植达100%，优质稻栽插3008亩，占水稻种植面积的90%，亩产达432公斤，总产达1420吨。推广杂交玉米育苗拉绳移栽，2008年种植1605亩，平均亩产439公斤，总产704.6吨。

2003年5月撤销农业技术推广站，建立农业服务中心和畜牧水产中心，转变为农业技术服务。到2008年共建科普培训室105平方米，购买光碟168张，开放图书90余种6480册，建科普宣传栏12个，科技协会中科技人员达80人。聘请省、州、县专家15人帮助开展果蔬种植技术培训80期5600人次，培养技术人才及后备人才100名；举办科普讲座20余次、培训1050人次，发放科技图书10种3000册，举办科技活动6次。

三元镇根据山多田少，坡地多平地少的劣势，充分利用交通方便、附近工厂工人多、销路广的市场优势调整产业结构，大力发展果蔬，较早推行科学管理、连片种植、分散生产、联营经销。1994年在永安村创办蔬菜科技示范基地。2001年3月成立永安蔬菜协会，以示范基地为依托提高科技含量，从单一的发展蔬菜到发展蔬菜和水果。协会立足于对龙里县城、3537工厂、贵州省羊艾农场九大队的果蔬供应，培养果树、蔬菜种植科技示范户410户，带动全镇果蔬良种覆盖率达90%，新品种、新技术推广到位90%，高坪村农户规范种植酥李1000亩。

2008年，全镇蔬菜种植2030亩，亩产1395公斤，总产2331.85吨，产值279.79万元；果树种植4285亩，其中：酥李3292亩，挂果2280多亩，总产量87.7吨，市场价格2元／斤，总产值17.54万元，三元酥李注册“农三元”商标；板栗151亩、梨子420亩、枇杷123亩、猕猴桃100亩、桔子90亩、桃子109亩；3月建立酥李合作社，当年合作社义务帮助群众销售酥李30吨，协会会员人均纯收入3168元，高于全县农民人均纯收入。

2008年三元镇村寨统计表

表1-7

村 名	寨 名	备 注
三合村	场坝、河边寨、高车、岩硝、乌榨堡、新寨、沙堡、大堡、大朝门、三元移民新村	移民新村2000年后新增
高坪村	大土、沙冲、黄土坎、五里班、新寨、高坪、果木场、小寨、高坪堡、竹子塘	
合安村	安榜寨、疱颈、横路上、拉寨、白头寨、花田、窝寨、榜上田、四川冲	
新安村	新安中街、新安上街、新安下街、石门坎、大土、马寨、凉水井、罗安寨、麻窝寨	
永安村	老堡、平寨	
渔洞村	渔洞、乌田	
硝兴村	硝厂、大石头、大窑坡、小冲、大七寨、小七寨、杨家坟、柿花坪、范家寨、熊家寨、兰家寨	
西联村	上西边、下西边、石龙沟、铜鼓寨	

第七节 草原乡

1991年，撤销民主乡、中排乡，合并建立民主乡。2005年1月，经省人民政府批准民主乡更名为草原乡，同年4月26日挂牌。草原乡位于龙里县南部的马郎坡高山台地，东与贵定县巩固乡接壤，西和贵阳市花溪区毗邻，南接湾寨乡，北连龙山镇。乡政府设在麻若场坝，距县城26公里、贵阳市郊12公里、贵阳市中心52公里。辖12个行政村、98个村民组、106个自然村寨。

2008年，全乡总人口1.6万人，其中少数民族9036人，占全乡人口总数的56.6%；全乡总面积164平方公里，土地面积25.39万亩，耕地面积1.56万亩，其中水田1.22万亩、旱地3490亩；林地8.36万亩，占总面积的30.62%；草原12.82万亩，占总面积的46.95%。植被覆盖率77.57%。农民人均纯收入2098元。

草原乡空气湿润，气温清凉，主产水稻、玉米，调整产业结构以后以畜牧、旅游、淡季蔬菜和烤烟种植为主要发展方向。1991年以后，不断推广适合当地土壤和气候的优良品种，改变耕作习惯，推广水稻两段育秧、宽窄行种植，玉米育苗移栽和地膜规范化种植。在这期间，政府首先培训乡干部，在种植期间乡干部和农业科技人员、学校教师晚上在夜校进行文化和农技教学，白天和农户一起到田间地头手把手地教，使每一个农民都学会新的生产技术。政府采取说服教育与强制相结合的办法，干部在田间地头和农民一起耕种，督促使用新技术、新方法；凡是在规划地段使用老一套种植方式、播种老品种的，全部拔掉重新种植。1994年规范化栽培1400亩，当年粮食总产量3314吨，比1993年增长45.2%；农业总产值1121.92万元，比1993年增长22.2%，农民人均收入从1993年的378元提高到457元；农民人均粮食从1993年的199公斤提高到205公斤。大面积的水稻、玉米产量收入都提高到老品种和旧耕作方式产量的2倍以上。全乡农民开始由“要我学科技”逐步向“我要用科技”转变。

在确保粮食生产的基础上，利用资源优势进行产业结构调整。根据民主乡的土壤和气候条件，2001年3月请专家考察论证，根据市场走向种植反季节的秋淡蔬菜。2001年5月种植面积为110亩，每亩纯收入1350元，是玉米收入的3倍、水稻收入的2倍。农民得到实惠，提高调整产业结构的积极性，在政府指导下自觉调整生产方向。到2008年蔬菜种植1800亩，引进蔬菜种植项目1个，协议资金200万元，实际到位资金50万元。

民主乡历来牛马喂养主要作为农业生产力，其他家禽牲畜喂养以自食为主。1987年引进新西兰畜牧科技项目对中排、民主两个乡的草地进行开发，成立龙里县草地服务中心以后，畜牧业由自食自用开始转向市场贸易，逐步出现半专业喂养。1991年开始以养黑山羊为主，其中前进村王廷忠家1994年开始喂养黑山羊20只，1995年发展到100只，1996年出栏100多只，1999年仅卖羊收入就足够修建1栋砖混结构的房子，带动一批养殖户。全乡从1993年开始每年出售黑山羊1000只左右，最多的2003年出售2512只。

2003年引进凌华牛业有限责任公司在长舍坪养殖奶牛220头，占地面积2200亩，总投资1100万元。在企业的带动下，民主乡又涌现一批养殖大户，主要以黑山羊、牛、猪、野兔、鸭等养殖为主。下麻若余庆秀建起以养野兔为主，鸡、鸭为辅的养殖场，同时配套养鱼。

草原乡地处高寒山区，群山连绵，但气候独特，风景秀丽、空气清新。春天淡绿轻抹、小花点缀，夏天清风拂面、深蓝重彩、山花烂漫，秋天叶梢泛紫、秋花呈黄，冬天冰凌雾凇。草原景色四季各异，是龙里猴子沟省级风景名胜区的重要组成部分。景区内1987年建立龙里县草地畜牧中心，同时引进商家在草地中心营盘脚建起第一家以休闲娱乐为主的“马格若吉度假村”。引进商家在摆架坪建起“上海度假村”，建筑现代楼房，修建5座蒙古包，设置跑马场。1999年马格若吉度假村转让更名为黔南度假村，2002年停业。2001年引进商家在王寨坪新建鹿园度假村，面积大、设施多、生意好。2003年上海度假村更名为“草原城”。

省级风景名胜区猴子沟，其中的高山台地万亩草原，由马郎坪、王寨坪、长射坪、摆架坪、谷咬坪、五里坪、鸭殿坪、亮山坪、谷朗坪9块高山台地构成，海拔高度都在1500～1550米之间，是理想的休闲避暑、旅游观光之地。龙里县城至湾寨乡的公路横穿草原乡中部，途经道路险峻盘旋的马郎坡有17个回头拐、31个顺坡弯，经过万亩草原的3个景区马郎坪、王寨坪、摆架坪到草原乡政府。

猴子沟景色秀丽，溶洞奇特。国翁的双龙洞，两洞相距10米左右，横排在100多米高的峭壁上，洞中各喷出一股泉水悬空而降形成两道10米左右的瀑布；猴王把关、神龟回头山形奇特；物种繁多，珍稀植物丰富，其中上国翁、黄泥坪的方竹，竹竿成长方体，枝叶与其他竹子无异；有国家二级保护动物猕猴生存在猴子沟内；古大珍稀树种，国家一级保护植物，龙里县仅有的38株古大银杏，草原乡紧挨猴子沟旁的里龙堡、弯弓寨、塘堡、苦蒿坪等村寨均有。苗族集聚的王寨苗族文化村寨等均与鹿园度假村、草原城度假村相邻，风景秀丽，是旅游、休闲、观光的好地方。草原乡猴子沟原始森林，原始生态的草原珍稀动植物，如植物中的水冬瓜、生扯拢、公饿蚂蟥等接骨草药，四块瓦、追风伞、五加皮等治跌打损伤的草药，淫羊藿、灵芝等珍稀草药，都储存科研、旅游和畜牧业开发的丰厚资源。

2004年以前，民主乡先后建有草原城、黔南度假村、鹿园度假村、王寨苗族文化观光点等休闲山庄。草原风光引来八方游客，每年前往旅游度假的客人数以万计，到猴子沟考察、观光、野炊、野宿的客人也不少。2000年以后，仅马匹载客服务一项，当地群众平均每年创收15万元左右。2005年引进旅游续建项目1个，协议资金800万元，实际到位资金100万元；2006年引进海南中和集团投资旅游综合开发，协议资金8.3亿元，实际到位资金400多万元。

1991年龙里县人民政府建立“猴子沟自然保护区”以后，对独特的高山台地万亩草原，与原始森林猴子沟连成一片进行保护，先后制定多个关于大草原和猴子沟管理的文件，组织巡逻队对草原、森林进行巡逻守护，旅游旺季派出所民警常住景区负责秩序维护和治安管理。随着旅游发展，2001年制定《龙里民主草原马匹载客服务管理规定》《骑马须知》《马匹载客服务收费标准》《马匹服务违规处罚规定》，在景区内实行持证上岗，防止骗客、坑客事件发生，做好为游客服务工作，树立草原旅游良好形象。

草原旅游发展，引起众多媒体的关注，多家媒体到草原拍摄播放专题片。2002年6月贵州电视台《开心旅程》栏目到草原拍摄播放“森林观光草原旅游”专题片；2007年2月，中央电视台派出记者来到草原采风，以《马背上的财富》为题拍摄播放当地群众以马匹载客旅游的电视片；2007年9月，首届中国贵州龙里（国际）滑翔旅游节暨2007全国滑翔伞优秀选手赛在草原乡马郎坡举办，草原旅游资源更加引起外界关注。

1992年，设置民主乡计生股、计生站，计生工作大致分为两个阶段开展。从1991—1998年这一阶段，主要以说服动员甚至强制贯彻落实计生政策为主要手段。1999—2008年改变计生工作方式，由强制和服务转变为服务和引导，通过搞好服务、正确引导，逐步促进达到群众乐意自觉计生的目标。2008年，兑现21人独生子女保健费、奖励费1460元；“三结合”完成帮扶105户，合作医疗59户232人，资金2320元，帮扶物资发放折合资金1.06万元。

草原乡苗族杀牛祭祀风俗历史悠久。通常是比较富裕的人家，在老人超过70岁以后，挑选1头雄壮水牛（俗称把朗），不用耕田犁地，只是闲养。喂养1年或2年以后，组织青壮年亲友10余人，由1位老年人带领，给这头公牛披红挂彩，牵牛到亲戚家去“放牛”，过寨子吹喇叭、放爆竹，就喊“放牛啰”。亲戚家准备酒菜招待，吃饱喝醉，把牛喂好，走的时候还要送米、肉、酒和鸡、鸭等，用十天半月把所有的亲戚走完。放过的牛养尊处优，到老人去世的时候被杀来祭祀。祭祀完后把牛肉分给所有放过牛的亲戚，另外杀1头牛款待前来吊祭的亲朋好友。一般的人家就没有能力这样讲究，老人死后用稻草扎1头假牛（也有用1张大纸画1头牛）进行祭祀，祭完后将“牛”烧掉，另外杀1头老牛或者伤残牛来款待亲朋好友。也有图方便将就1头牛既用来祭祀又用来款待亲朋好友，但亲朋好友不太高兴，认为是不尊重死者、看不起亲戚朋友，所以一般人家都不会这样做。

2008年草原乡村寨统计表

表1-8

村 名	寨 名	备 注
草原村	场坝、拐龚、上麻若、下麻若、简坝、国翁、下麻若小寨、沙拉岩、蛇蚂井、竹山寨、毛大寨、坡脚、左裸、小婆娘、大婆娘	简坝、国翁已移民
红星村	长新寨、毛基堡、冷基冲、段下、漆木冲、下坝、摆东	
金谷村	摆长、对门寨、水落洞、金下、城下、窝寨、谷朗、新场、黄泥井	
高峰村	榨哨、甲林组、蛇蚂石、板壁、长田寨、下坝、长田坝、坝洞、韭菜园、杉木冲	
羊蓬村	小寨、大狗场、毛栗坡、雀拢、韦把、广豆河、燕子山、猫冲、茶叶基地	茶叶基地新增
朵花村	窄冲、上朵花、下朵花、湾塘、岩脚	湾塘、岩脚已搬迁
塘兴村	白岩寨、新寨、上塘堡、下塘堡、坝卡、摆林、五控、虫坝山	
城兴村	火烧寨、中白番、上白番、长舍、跳月冲、等鲊	
朝阳村	谷丛、蛇蚂塘、火烧坪、老鸦山、石门、冲头、苦蒿坪、果龙、改英、小改英、烂坝、小孔沟、高山	
幸福村	大石板、陆家寨、岳家寨、上母龙坝、下母龙坝、王寨、里龙堡、营盘脚	营盘脚新增
大谷村	腰箩冲、大谷咬、小谷咬、小谷郎、大谷郎、小坉、黑泥巴	
前进村	竹笆寨、摆惹、上坎泥、下坎泥、野猪关、狗头寨、关口寨、弯弓寨	

第八节　谷龙乡

1991年，谷龙乡与平寨乡合并重新建立谷龙乡。谷龙乡地处龙里县西北部，东与洗马镇、哪嗙乡接壤，南与猫场镇相邻，西与贵阳市乌当区偏坡乡毗邻，北与贵阳市乌当区下坝乡相连。镇政府驻小谷龙，距县城59公里、贵阳市35公里，位于北纬26° 03′ 82″ ~26° 04′ 63″ 、东经106° 05′ 62″ ~107° 00′ 41″ 。辖区东西最大距离7公里，南北最大距离20公里，总面积123平方公里。其中：陆地117平方公里，占95%；水域6平方公里，占5%；耕地面积1.62万亩，人均0.45亩；可利用草地面积2.2万亩，林地面积10万亩。植被覆盖率66%。

2008年，全辖12个行政村、115个村民组、154个自然村寨，总人口1.48万人（其中城镇常住人口2120人，流动人口248人）。总人口中，女7118人，占48.07%；有布依、苗、彝3个少数民族，共5034人，占34%。苗族2220人，占少数民族人口的44.1%；布依族2550人，占少数民族人口的50.66%。2008年，全乡农业总产值达到1.2亿元，比上年增加5%，占GDP的80%；粮食作物以水稻为主，生产粮食5000吨，人均337公斤。农民人均纯收入2862元。

南部为缓坡丘陵和山间坝子，北部为山地。境内最高峰大谷龙村太子山，海拔1650米；最低点谷新村苦竹塘组，海拔750米。平均海拔1100米。雨热同季，气候温和，雨量充沛。过境河流为南明河，属一级河，流经境内平寨村、官庄村、谷新村，长5公里；乡内河有谷龙河、林安河2条，总长16公里。境内已探明地下矿藏有煤矿、高岭石等，其中煤矿储量0.56亿吨，可采量0.1亿吨，年产量15万吨；已经开发的有煤矿，位于谷新村苦竹塘组，矿区面积6平方公里。

谷龙乡根据自然条件，主要生产玉米、小麦、薯类，转型为生产优质水果，引进试种、选育推广新品种果树。1999年实施退耕还林，高传荣投资60多万元承包经营荒山200多亩。此后，每年安排当地留守劳动力、贫困户务工达2000人次，定期开展果木种植管理技术培训，带动周边农户和外乡镇水果种植户500余户，种植面积约5000多亩，使农户人均年收入增加800余元。经过10年努力，到2007年荒山上10多个新品种果树带来净收入10多万元。

为了规范经营，2007年谷龙乡成立"贵州龙里优丰新品种果树发展中心"，注册"黔龙牌"系列水果商标，以"企业+基地+品牌+合作经济组织"的经营模式，引领当地水果种植发展。2007年，高传荣种植的单个1.6公斤重的晚秋黄梨被《贵州都市报》誉为"贵州梨王"。2008年全乡水果种植面积1500亩，规模果园有850亩，产量36吨，主要品种有梨、桃，其中梨17吨、桃16吨、其他水果3吨。

谷龙乡村寨道路崎岖，居民居住分散，到2008年还有6个村未通公路，通公路的村也还有大部分寨子未通，群众到乡政府驻地办事须起早贪黑步行几十里。2006年，谷龙乡派出所决定由王天奇骑摩托车，探索开展"流动警务室"办公，没几天摩托车摔坏。于是请木匠比着马鞍的长度做两口木箱，用红油漆写上"流动警务室"字样，形成"马背上的警务室"。派出所不具备养马条件，就以30元/天的价格向当地群众租赁。

2004年，贵州省考古研究所的专家在谷龙乡谷新村发现豹子洞、岔口洞和吊洞3处新石器时期遗址。豹子洞遗址：洞口高2.2米，深约50米，洞宽约7米，洞中有大量的陶片和动物牙齿，但陶片严重破碎，无法分析器形；岔口洞遗址：洞口高约9米，宽约20米，深约40米，洞内南侧有一个小支洞，洞内极为平坦，考古人员在洞中采集到石锤、烧骨、陶片和水晶碎片，石锤长12厘米、宽7.5～8.5厘米，有明显使用痕迹，水晶片十分细碎。岔口洞遗址和吊洞遗址保存完好。

2008年10月，在谷龙乡官庄村马朝富家发现一处红军宣传标语，内容是："红军是帮助工人农民的！白军是帮助土豪劣绅的！不当白军当红军去！——红赤一连宣"。标语位于一面板壁上，面积约0.9平方米，墨书，字迹漫漶不清。全国革命遗址普查时，该标语已成为龙里县罕见的留存原物的红军标语。

2008年谷龙乡村寨统计表

表1-9

村　名	寨　名	备　注
小谷龙村	小谷龙、回头井、营口、老场坝、牛丫土、松文、马驮子、竹阴寨、关口、小冲、大冲、靠背窝、后冲、河沟	
谷新村	苗新庄、苦竹塘、平山、大土、麻窝田、上寨、中寨、四方土、长冲田、破头上、赵家山、岩脚、青枫桥、上小河、下小河	
谷汪村	谷汪、谷耳、大山闹、山岔田、银窝窝、谷口	
大谷龙村	太子山、大谷龙、画眉山、小河口、下寨、车田、坟山、沙滩沟	
林安村	新下寨、新上寨、林安、槲树、苗寨、河沟、蚌壳山、干沟坡、长土	
小坝村	小坝、上白果、下白果、荒田、摆猛、新寨脚、黄俊山、竹林寨、摆榨、芭芒冲、山岔土、小干坝、炒米田	
乐榨村	乐榨、高田、白马洞、小坝、苦李井、干堰塘、高坡、木江山、山脚	
高吏目村	高吏目、山中间、大土、谷秧寨、扁木冲、格老山、新房子、高桥、水碾边、高寨、烂秧田、毛竹林、西阳山	

续表

村 名	寨 名	备 注
平寨村	平寨、大格闹、苗寨、关大田、后坝、平土、土地关、春菜坪、杨柳冲、大河边、干处冲、卡边、干处	
官庄村	官庄、叶家寨、对门寨、石头寨、姜蒜田、猫洞、用田、老寨、牛落洞、烂田、坝上	
葫芦田村	大葫芦田、下屯脚、上屯脚、龙井冲、高坡、望寨、松山、两赶田、田岩脚、葫芦田、炉镇河、毛栗树、龙盘树	
龙滩村	柿花树、烂冲、龙滩、龙滩桥、对门寨、岩口、冲头、芭蕉冲、荷包田、干冲、大麻窝、沙冲、格屯马、大干田、小烂冲、马龙窝、白岩脚、大龙井	

第九节 哪嗙乡

1991年，由原哪嗙乡、谷冰乡合并成为哪嗙乡，乡政府设在狗场。哪嗙乡位于龙里县城东北部，东与贵定县交界，南与谷脚镇、三元镇相连，西与猫场镇接壤，北与洗马镇、谷龙乡毗连。距龙里县城45公里，离省城贵阳市中心43公里。地理坐标：北纬26.548° ~26.671° ，东经106.973° ~107.142° 。全乡总面积145平方公里，平均海拔高度为1350米，年平均气温14.6℃，年降雨量在1100毫米左右，干湿度75%。森林覆盖面积87.02平方公里，覆盖率为59.6%。耕地面积1.52万亩，其中田5749亩、土9495亩，土质为黄壤沙性，90%为碱性土。主要粮食作物有玉米、水稻和小麦等，主要经济作物有烤烟、油菜、蔬菜、红米。

境内矿产有重晶石、煤、磷、钾、高岭土、硅、硫铁矿等。水资源丰富，大谷冰、小谷冰、把比几条河流清澈见底，四季长流。石板滩水库，是全县大水库之一，库容量达350万立方米，主要供洗马镇和巴江乡人畜用水和土地灌溉（灌溉面积8000亩）。哪嗙乡空气清新，气候宜人，是夏天旅游避暑的好去处。布依山庄——河边寨、印苗荷花庄——高寨，具有民族风味。嘎哈坪台地草原具有旅游开发价值。

哪嗙乡辖14个行政村、136个村民组、141个自然村寨、3441户，总人口1.29万人，其中非农业人口304人；少数民族7384人，占总人口的57.24%。居住有汉、布依、苗等多个民族，基本以族别聚居。其中大谷冰村全部是苗族；新田、河边寨、下把比等自然村寨全部是布依族；革苏、靛山等寨全部是汉族。民族杂居的村寨极少。2008年农民人均纯收入2450元。

哪嗙乡关口村和石板滩村的田坝，锈水较多，严重影响水稻产量和米质。1996年，乡政府出资修两条大沟排放锈水，使水稻产量和米质大大提高。在确保粮食稳定的基础上，利用资源优势进行产业结构调整，扩大老红米种植面积，实施反季节蔬菜种植。新坪村适宜红米生产，到2008年红米种植面积扩大到百余亩，红米在贵阳、龙里等地供不应求，价格是普通米的2~3倍。

2003年通过考察，请专家论证，根据市场走向，决定先在千洗公路沿线石板滩村试种反季节蔬菜，结果失败。2004年请省农科院蔬菜专家任涞民指导，改换在高枧村试种120亩，结果每亩纯收入3000~4000元，是玉米收入的3~4倍、水稻收入的2~3倍。到2008年蔬菜种植面积增达1500亩。

哪嗙乡草坪、草山多，适合发展草食家畜。2000年引进西门塔尔牛及黑山羊养殖，后来西门塔尔牛被淘汰，在企业的带动下黑山羊养殖涌现出一批养殖大户。2005年开始推广种草养畜，一方面解决冬天饲草储存问题，一方面改变群众秋季不种农作物的习惯。随着交通运输条件的改善及农业机械的推广使用，饲养牛马的农户逐渐减少，喂猪的农户逐渐增多。先后出现几家养猪、养羊大户，2008年发展到13户，规模最大的谷冰村高龙井刘再发家养羊最多时达到200多只。

印苗服饰是哪嗙地方的特色服饰。所用布料当地称为老土布，是苗民自己制作的麻布或棉布，用从山上采摘（后来为人工栽种）的板蓝叶子，通过石灰水浸泡6至7天，取出杂质，滤出沉淀物而形成的染料（叫蓝靛）浸染成深蓝色。用五颜六色的绣花线在上衣的背上绣上四方印的图案，袖筒上绣上三角形图案，衣襟处缝上两条绣花飘带，即成上衣；用染好的老土布（一般为一丈五尺长）缝成百褶裙，上面染上蜡染图案和花纹，加上同样画有图案或绣有花纹的围腰和飘带，就成下装。用五寸宽、一丈五尺长的老土布作绑腿，将绑腿绑在小腿上后，再用一条绣有花纹的白带子拴上，脚穿绣花鞋，就形成一整套印苗服装。

印苗男头饰较简单，是一顶绣有花纹，镶上银饰和银玲，形状似狗头、猫头的小花帽，帽子后拖垂两条一尺长的绣花小飘带。女头饰比较复杂，用头发绳（姑娘出生后头发每长到一定长度时，便剪下来编成发绳，一直编到18岁为止）和蓝色的纱布（分别长一丈五尺）盘成，形成里圈黑外圈蓝、直径约20厘米的圆盘状头饰，再戴上小红花、银耳环、银项圈，美观大方。印苗最讲究的是姑娘的头饰。

2008年哪嗙乡村寨统计表

表1-10

村　名	寨　名	备　注
高枧村	干坝、老凹山、火石坳、把迷、高枧、洪新寨、上十字、下十字、水碾上、马路田、蜂子岩	上十字、下十字统称十字路
石板滩村	老场坝、平寨、申家湾、小米湾、盘爪、塘边、库区、小坝、谷生、高寨、芦荞坪、小冲、上坝、柏花树	库区新增
狗场村	新场坝、新寨、狗场寨、顶过、沙冲、独田、大洞口、白岩冲	
关口村	界牌、上把比、下把比、石板寨、关口寨、关口小寨、棉花坡	
长芽村	河边寨、翁布、乌亚、干坝、茶场、试验场、长芽、长芽铁炉	茶场新增
落宝村	大冲、翁竹榴、月亮田、布庄、沙井、落宝小寨、落宝大寨、后坝、旧寨、五亚坡、水草坝、下后坝、上后坝、大寨、烂坝、煤洞、小水井	沙井新增
二箐村	磺厂、二箐、万家厂、茶山、下寨、杨柳井、砍柴冲、金竹坡、狗撵山、龙叫、查山脚、查山冲、箱子坡、鸡冠岩、黑山	
田坝村	岩脚寨、大田边、毛坡、对门寨、毛栗寨、大坪、羊马牛光、廖家厂、坡背后、下坡、芳坡、王家湾、坪子上、塘边、罗洪土、田坝、孟家湾、老王洞、沙冲、大坡上、白岩脚	
顶溪村	顶溪上寨、顶溪中寨、顶溪下寨、对门河、烂山	
坞坭村	谷丈、坞坭、破岩、对门河、嘎哈、嘎哈坪、小菜坡	对门河新增
谷冰村	革里旧、高龙井、谷冰、靛山、枧边、木箐、木念、尖坡、新田、小窑、柜子冲	
新坪村	革苏、把场、对门寨、新场、小寨、谷榜窑、坪子、坟山、茶山	
大谷冰村	大谷冰、何家寨、沙坝、白岩脚、龙井	
凤凰村	三江口、磨刀石、岩背后、干田、大土、谷革、小院	

哪嗙乡农机发展阶段性对照表

表1-11

农具	1990年	2000年	2008年
农用拖拉机	7辆	18辆	23辆
犁田犁土机	0台	6台	17台
稻田脱粒机	74台	183台	305台
家庭打米机	67台	896台	1879台

1990—2008年哪嗙乡部分年份畜禽发展情况统计表

表1-12

年份	猪（头）	牛（头）	马（匹）	羊（只）	鸡（羽）	鸭（羽）	鹅（羽）
1990	3689	3767	3218	657	38674	547	186
2000	4924	3645	2637	1928	46783	1234	279
2008	5011	2142	2034	2476	59825	2491	1326

第十节 摆省乡

1991年，撤销羊场区、摆省乡、渔洞乡，摆省乡和渔洞乡合并建立摆省乡，辖摆省、新龙、打夯、摆绒、摆主、摆岑、谷孟、果里、新合、新庄、渔洞、金星、团结13个行政村、73个村民组、60个自然村寨，2471户、1.2万人，人口密度为134.9人/平方公里，最高的果里村达到228.6人/平方公里，最低的团结村达到58.8人/平方公里。居住有汉、苗、布依等民族，少数民族占77.41%，在少数民族中苗族占90.32%。

摆省乡是龙里县南部边远少数民族高寒贫困乡，乡政府所在地龙窝寨，距县城61公里、省城59公里，东与湾寨乡为邻，南与惠水县岗度乡相连，西部和贵阳市花溪区高坡乡交界，北面与民主乡接壤，总面积89平方公里，有耕地5354.98亩。农作物以水稻、玉米、油菜为主。山地和丘陵交错，土地贫瘠，多冷、烂、锈水田。气候多变，粮食产量低。林业用地面积9.6万亩，其中：林地4.63万亩，疏林地1538.7亩，灌木林地2.48万亩，森林覆盖率54.4%。

摆省乡地处边远，各方面基础设施比较差，导致经济社会总体发展迟缓。改革开放以后相当长一段时间内部分农民仍然依靠政府救济才能保证温饱，2003年被列为贵州省100个贫困乡镇之一。至2004年省、州、县连续扶贫3年，贫困落后面貌得到改变。2008年农民人均纯收入1940元。

摆省乡境内无烟煤矿藏丰富、热值高，有铅石、氟石矿等资源；有擦耳岩摆省水泥厂、摆省煤矿、白水岩煤矿和摆豆煤矿。1985年12月8日，开始建设装机容量40千瓦的摆绒水电站。1988年摆绒电站发电供应龙里县南部几个乡镇的照明和农用电，1996年3月和国家电网联网。

摆省乡是湾滩河的发源地，乡内还有一个小型水库，但是缺水的村寨仍然很多，特别是人畜饮水比较困难。2000年前地方政府发动群众，适当给予补助，解决部分群众饮水难问题。由于资金少、材料差，工程技术落后，供水时断时续。2000年以后在上级政府和部门的帮扶下才真正解决饮水问题。

摆省乡政府原来只有设在摆主村的一所木房，政府机关都在寨上农户家租房屋办公。甲羊公路建成后，20世纪80年代乡政府才由摆主村搬到龙窝寨，在公路边的山地建房。政府机关所属部门随之陆续搬到龙窝寨，开始按规划建房，逐步形成街道格局。1999年建立摆省乡民族初级中学，校址选在龙窝寨一侧的岩旮旯山地，利用山脚的一个季节性积水凼作运动场。2003年摆省小学从老寨搬到龙窝寨，校址建在中学旁边，将季节性积水凼隔出一部分作运动场。除机关学校等建设外，还有部分移民搬迁至龙窝寨。2003年建成摆省场坝街道和农贸市场，形成新的摆省小集镇。2003—2008年，摆省乡新农村建设总投资2068.55万元，其中投入建房工程资金528.6万元。

2001年前，以饲养耕牛、驮马为生产工具，只有老残牛马才作肉食处理。所养牲畜也只是为了自食，很少作为商品交易。2002年后才转向贸易发展，通过政府帮扶，摆省村、新庄村成为仔猪繁育大村，摆省村年育仔猪600余头，年出售额10万元左右；新庄村年育仔猪900余头，年出售额15万元左右。村成立有“能繁母猪养殖协会”。政府帮扶各村都有发展。

摆省乡是龙里县典型的少数民族集居乡，少数民族人口增长率始终高于汉族，实行计划生育以后更为突出。1991年少数民族人口占总人口的82.2%，1999年占87.69%，2008年占99.29%。解放初期设置摆省民族小学，1999年建立摆省乡民族中学，2004年撤销教育辅导站设置摆省乡中心校。通过普及小学六年教育，普及九年义务教育和基本扫除青壮年文盲、半文盲，摆省乡人口素质有一定提高。

1991年全乡8255人中没有大专以上文化人口，只有中专文化5人、高中文化9人、初中文化320人、小学文化2013人；有文化人口2347人，文盲、半文盲5908人。到2008年，总人口1.2万人中有大学本科文化8人、大学专科文化58人、中专文化88人、高中文化1537人、小学文化6086人；有文化人口7810人，文盲、半文盲4201人。1991年自然人口中文盲、半文盲占71.57%，2008年自然人口中文盲、半文盲占35%。

1999年，在龙窝寨甲羊公路旁边新建摆省民族初级中学，为农村寄宿制学校，少数民族学生占95%，其中苗族学生占90%。学校自2006年起开办民族“果乐”文化班，建设民族文化和体育特色学校。2008年有教师27人，学生总数581人，其中住校生536人；有仪器保管室、生物化学物理实验室、图书室、阅览室、团队活动室、体育器材保管室、远程教育教室、网络教室、民族文化活动室。

2008年，摆省乡果里小学有教师17人，在校生565人；渔洞小学教师10人，在校生295人；摆主小学教师12人，在校生389人；摆刀小学教师4人，在校生108人；渔洞教学点教师1人，学生18人；摆绒教学点教师1人，学生29人；摆岑教学点教师1人，学生37人；摆省教学点教师3人，在校生108人。

2008年摆省乡村寨统计表

表1-13

村　名	寨　名	备　注
摆省村	摆省、小院	
新龙村	龙窝寨、甲让哨、地坝	
打夯村	打夯	
摆绒村	上摆绒、下摆绒	
摆主村	对门河、大摆主、小摆主、打夯坡脚、红岩、铁厂、姨妈寨、摆豆、鼠长田、旧寨	
摆岑村	摆岑、鸡爪寨	
谷孟村	谷孟、茅草寨、打磨山、吴家寨、潘家寨	
果里村	果里、大竹山、小果里、上坝	
新合村	新马鞍、老马鞍、中地坝、猴子场、糯米寨、地坝、坪子上	
新庄村	高山庄、肖家寨、猫耳岩、老场坝	
渔洞村	渔洞、唐家寨、龙井、下寨、苦竹山、禹家院、陈家	
金星村	上岜金、下岜金、摆拱、地坝、老屋基、对门寨	
团结村	摆刀、摆让、谭家湾、大山、茅草寨、落表、肖家湾	

摆省乡水利工程建设情况统计表

表1-14

年　份	项目名称	投资单位	资金类别	到位金额（万元）	建设地点
2002年	贫困村小水窖建设	县扶贫办	财政	3	渔洞村
2002年	贫困村小水窖建设	县扶贫办	财政	3	新合村
2002年	渔洞村大寨提灌站建设	州资本营运公司	社会帮扶	10	渔洞村
2003年	人畜饮水	县扶贫办	财政	4	新合村
2003年	山塘建设	县扶贫办	财政	5	打夯村
2003年	人饮工程	县扶贫办	财政	3	摆岑村
2003年	小水窖修建	县扶贫办	财政	6	渔洞村
2003年	打夯村沟渠建设	县发改局	专项	6	打夯村

续表

年　份	项目名称	投资单位	资金类别	到位金额（万元）	建设地点
2003年	打夯、新合、摆岑、摆主、摆绒村人饮工程	省水利厅	专项	28.3	乡政府
2004年	打夯山塘建设	县水利局	专项	26	打夯村
2004年	谷孟沟渠建设	县水利局	专项	10	谷孟村
2004年	新庄、地坝、渔洞、摆绒人饮工程	县水利局	专项	33	新庄村、新龙村、渔洞村、摆绒村
2004年	果里提灌站	龙里供电局	其他	6	果里村
2004年	打夯村沟渠建设	县扶贫办	财政	3	打夯村
2004年	乡政府自来水工程			48.53	乡政府
合　计				194.83	—

2003—2004年摆省乡基础设施投资项目一览表

表1-15

年份	项目名称	投资单位	资金类别	投资额（万元）	建设地点
2003年	摆省中心校教学楼	上海嘉太实业有限公司	社会帮扶	15	政府驻地
2003年	摆省中心校教学楼	中国石油贵州分公司	社会帮扶	20	政府驻地
2003年	摆省中心校教学楼	省工商局	部门	20	政府驻地
2003年	小果里移民工程	县农办	专项	30	果里村
2003年	摆省中学教师宿舍	省教育厅	专项	19	摆省中学
2003年	摆省中学教师宿舍	贵州新太乙有限公司	社会帮扶	10	摆省中学
2003年	摆省中学教师宿舍	黔隆国际信托投资公司	专项	10	摆省中学
2003年	渔洞大寨教学点	省展览馆	社会帮扶	5	渔洞村
2003年	摆省乡卫生院、计生站	省卫生厅、省计生委	专项	30	政府驻地
2003年	果里小学教师宿舍	省工商局	部门	6	果里村
2003年	摆省中学综合楼	省教育厅	专项	30	政府驻地
2003年	茅草房改造及配套养殖	县扶贫办	财政	55.1	13个村
2003年	扶贫与计生“三结合”	县扶贫办	财政	5	全乡各村
2003年	摆省乡及摆主村闭路电视	省电视厅	专项	8	摆主村
2003年	新庄、谷孟程控电视	县电信局	专项	40	新庄、谷孟
2003年	摆省乡市场	省工商局	部门	30	乡政府
2003年	文明村寨	县有关部门	其他	10	全乡各村
2003年	沼气池	县能源办	专项	10	摆主村
2003年	沼气池	县扶贫办	财政	2	渔洞村
2003年	沼气池	县扶贫办	财政	2	摆岑村
2003年	沼气池	县扶贫办	财政	2	新合村
2004年	甲让哨、猴子场、大山移民搬迁工程	县发改局	专项	25.9	新龙、团结、新合村
2004年	摆省中学教学楼	县教育局	专项	100	摆省乡

续表

年份	项目名称	投资单位	资金类别	投资额（万元）	建设地点
2004年	村级综合服务室	县扶贫办	财政	11	摆主村、果里村、打夯村
2004年	茅草房改造工程	县发改局	专项	126	13个村
2004年	果里小学改建	省工商局	社会帮扶	7	果里村
2004年	打磨山小学	省消防总队	社会帮扶	8.6	谷盂村
2004年	渔洞村沼气池	县扶贫办	财政	0.8	渔洞村
2004年	地波广播接收站	县扶贫办	财政	8	全乡各村
2004年	远程教育接收点	省工商局	社会帮扶	14.4	9个村

第十一节 巴江乡

1991年7月全县30个乡镇合并为14个乡镇，巴江乡因属龙里县的烤烟特色区域，保持原有行政区划，为唯一保留原建制的乡，升格为科级单位，共辖7个村民委员会、81个村民小组、90个自然村寨。位于龙里县东北部，地处北纬26° 43′ ～26° 48′ ，东经107° 03′ ～107° 14′ 。东与福泉市交界，南与贵定县接壤，西与洗马镇相连，北与开阳县隔河为邻。乡政府所在地老巴江距县城64公里、贵定县城31公里、省城贵阳62公里。巴江乡大部分地区海拔在1000～1200米之间，相对高差在200米以内；境内最低点为东北角的两岔河，海拔为700米。地貌为山地，以丘陵为主。年平均气温14.8℃，年降水量1000毫米左右，无霜期256～287天。清水江河流流经水尾、平坡两村边缘约8公里，南明河流经落锅、平坡两村边缘蜿蜒迂回约20公里。

2008年末全乡总户数为2200户，总人口9450人，其中男性4920人、女性4353人，性别比接近1：1，人口密度为186人/平方公里；汉族人口为6747人，占总人口的71.4%。全乡总面积为51平方公里，耕地面积9975亩，人均占有耕地1.12亩；土壤以黄壤为主，具备发展烤烟的良好条件。1992年工农业总产值855万元；1997年人均收入900元、人均粮食302.5公斤；1998年工农业总产值706.2万元，人均纯收入1400元；2008年播种面积10.95万亩，产粮6432吨，农民人均纯收入3074元。

巴江乡是老烟区，1949年前就已经种植烤烟。1992年烤烟产量65万余公斤，1993年增加到95万公斤，2004年烤烟移栽发展到3724亩。2008年种植烤烟3478亩，产量8818.25担，担均价628.42元，产值554.42万元。2008年成立“巴江乡鑫晨生姜合作社”“巴姜发展有限公司”，种植生姜770亩，产生姜150余万公斤，产值160万元。1997年商品黑山羊1122只，2007年引进贵州天成牧业公司创建400只波尔羊纯种繁育商品基地一个。

2008年初遭雪凝灾害，全乡受灾人口达9000多人，农作物绝收面积4200亩；受损公路47公里，房屋损坏62间，死亡猪20头、山羊167只、鸡鸭123羽，造成直接经济损失143万元。全乡处于停水停电断路状态。在此期间共发放救济粮1.5万公斤、棉被150床、棉衣120件。灾后重建32户，投入13.68万元。

巴江乡平坡村是苗族农民画艺术之乡，被美术界誉为“东方的毕加索和马蒂斯”。在2005年举办的贵州省现代民间绘画展上，该村选送的14件作品获得2个银奖、2个铜奖。2006年1月该村成立贵州省首家村级农民画协会——平坡苗族农民画协会，有会员100余人，多为女性，最大的80多岁，最小的5～6岁，年创作农民画2000多幅。2006年3月，该村农民画协会会员兰开军的作品《山花》作为黔南地区唯一的代表，入选由中国美术家协会、中共贵州省委宣传部、贵州省文联主办的第三届中国西部大地情—中国画、油画作品展；苗族妇女为国庆60周年绘制的60米长卷《苗岭放歌图》被贵州省民族文化宫收藏。平坡村苗族妇女王从英，从小没有剪过头发，平时劳动就把头发缠在腰间或盘起背在背上，到80岁时头发长2.8米。

2008年巴江乡村寨统计表

表1-16

村 名	寨 名	备 注
大路坪村	大路坪、大新寨、岩脚田、龙井、上蛇蚂塘、大新田、漆冲、长冲、干洞、核桃坪、七块田、刘家湾、鼠场、新街、石笋坡、七冲、下蛇蚂塘、棒头土、哑冲、沙包地、余家井、雷打岩、万家湾子	蛇蚂塘重名，以上北下南区分
巴江村	巴江、康家寨、雷家寨、上坝、上龙山、石梯子	
烂田湾村	烂田湾、放马坪、下斗府、上斗府、上卡报、下卡报、白秧田、牛干坝、小干坝、白腊地、干麻窝、九月塘、笋子冲	
落锅村	万寨、光金陇、大水井、后头湾、马二坡、看牛坪、半坡寨、下寨、对门寨、沙田、九燕塘、石门坎、蜂糖坳、小箐、白坟大土、王家坳、大坟冲、煤洞湾、棱罗屯	
新寨村	新寨、板凳炭、伍田、朱家寨、错路坝、喳嘴岩、干塘、背后田、岩坪	
水尾村	水尾、白秧寨、清水江、青杩垴、后寨、甲湾、苗房	
平坡村	平坡、瓢厂、平山、打朗、大坪、长寨、顺岩河、大岩、小塘边、斑鸠塘、两岔河、下厂、白岩山	

第十二节　湾寨乡

湾寨乡位于龙里县南部，地处清水江上游湾滩河流域。1991年10月，撤区并乡建镇时，撤销湾寨乡与六广乡，合并建立湾寨乡。地理坐标：北纬260° 15′ ～260° 17′ ，东经106° 57′ ～107° 。东、南与羊场镇接壤，西与摆省乡毗连，北倚民主乡及贵定县巩固乡。乡政府驻湾寨场坝，距县城39公里、贵阳41公里。湾寨乡平均海拔1150米，最高点在石头寨的亮山，其主峰1713.1米。境内河流均自西向东，主要有湾滩河、凯卡河、六广河、叫水冲河。境内探明的主要矿产有煤、铁、硫铁、高岭土等。

2008年，湾寨乡辖10个行政村、71个村民组、52个自然村寨，1928户、总人口9268人。主要分布汉、布依、苗等民族，其中少数民族6693人，占总人口的72.22%，属少数民族聚居乡。面积84平方公里，耕地8741亩，森林用地面积8.14万亩，其中有林地面积5.7万亩，森林覆盖率48.7%。

湾寨乡地势西北高、东南低，地貌类型多样，属亚热带季风气候区，气候温和，雨量充沛。灌溉条件优越，农耕文化历史悠久，素有龙里“粮仓”之称。2008年，湾寨乡有农用小型拖拉机38台、农用运输车24辆、机动脱粒机750台、联合收割机1台、自走式收割机750台、农用排灌机械（油、电）200台；农用化肥施用量6.11万吨，主要施用氮、磷复合肥；农作物总播面积1.9万亩，其中粮食作物播种面积1.25万亩，总产量5747万吨；农民人均纯收入2268元。

湾寨集市开始赶场距2008年已有300多年，改革开放以后集市快速发展。1997年湾寨乡筹集建设资金110万元，吸纳社会闲散资金150余万元，完成800米街道硬化，改建房屋7300平方米，新增固定摊位40个，拓宽集贸市场为2600平方米；70多户乡内外农民由农村迁往集镇，成为离土不离乡的城镇居民。2008年全乡有个体工商户137户，从业人员达200余人，其中湾寨集市2003—2008年新增店铺31家，每逢场天摆摊设点达500多处，手机店有7家。

1996年11月15日，湾寨民族初级中学挂牌成立。2007年学校获黔南州“先进集体”。2008年，湾寨民族初级中学占地面积4.64万平方米，校舍建筑面积2757平方米，教学用房1556平方米；有教职工30人，其中专任教师29人，专任教师中大专以上学历27人；校长陈光斌获龙里县“十佳校长”称号，学校获“黔南州初级中学教学质量乡镇第十名”。1998—2008年，教师有2人被评为州级骨干教师，13人被评为县级骨干教师，45人次获县级以上表彰奖励；先后有3人次当选为县党代表，2人次当选县人大代表，3人次为县政协委员。

湾寨教育兴起于明朝，清代可考的举人有罗锡章（光绪十一年乙酉科）、何诗九，恩贡有岑美东，贡生有何致知等。享有“书画艺术之乡”美誉，其中的典型代表数安金寨。安金寨2008年有108户480人，布依族占总人口的97%，均为罗姓。2008年安金寨小学、初中入学率为100%。安金寨在外参加工作的有103人，其中女性31人；大学文化程度16人，专科37人，中专35人，高中29人；有在校大学生7人，县级干部1人，副科级以上干部9人；有33人从事教育工作，其中中学高级教师3人，小学高级教师12人，平均每百人中就有7人是教师，先后有16人次任中小学校长，9人次当选县人大代表、政协委员。这些教师教学生“三笔字”（毛笔、钢笔、圆珠笔）规范而闻名乡里，村中习书作画形成风气。

2008年湾寨乡村寨统计表

表1-17

行政村名称	村委会所在地	辖自然村寨	备　注
场坝村	场坝	场坝、赵家庄、卜生寨、白杨寨、桥冲、柏排、平王、摆弓、往岛	
摆勺村	大湾寨	大湾寨、摆勺上院、排上、摆勺中院、纸厂、花椒寨	纸厂即摆勺下院
甲摆村	甲摆赏	小金批、甲摆赏、对门河、半坡	
毛栗村	安金寨	甲正、安金寨、毛栗寨、卜郎寨	
石头村	石头寨	摆等、小石头、石头寨、苦蒿冲、捞鱼冲、谷朗包、煤厂、摆告	煤厂、摆告新增
上坝村	司头	司头、排上、锁兰山、岩脚、上坝、马家桥、锁兰山移民新村	锁兰山移民新村新增
新华村	六广	六广桥、石板河、王佑、小寨、谷鲊、大冲	大冲新增
长萌村	谷港	长萌、谷港、翁拱、贵努、三道坎、青苗寨、三叉冲、半坡、跳月场	半坡、跳月场新增
盘脚村	中院	盘脚、小院、烟厂、朵石、双冲、石板井、下院、梨树坳	梨树坳已搬迁
凯卡村	凯卡	脚兰山、凯卡、靠汝山、塘坎寨	

第十三节　麻芝乡

1991年建镇并乡撤区时撤销麻芝乡、大新乡，麻芝乡、大新乡合并组建麻芝乡。麻芝乡位于龙里县东面，东邻贵定县盘江镇，南接贵定县沿山镇，西连龙山镇，北接三元镇，乡政府所在地距县城7公里。辖区内高山台地丘陵与山间谷地相间，气候湿润温和，无霜期长，日照和水资源丰富，土地肥沃，适宜种植及养殖。黔桂及湘黔铁路、210国道、贵新高等级公路横贯境内，交通物流便利。辖区内有企业2家、小学4所、校点1个、卫生院1所。

全乡总面积76平方公里，辖9个行政村、58个村民小组、48个自然村寨，聚居汉、苗、布依等民族，有1784户，总人口8109人，其中：农业人口7599人，少数民族人口5416人占总人口数的66.79%。耕地总面积6049.95亩，其中田5450.56亩、土599.39亩，人均耕地0.83亩；林草面积6.59万亩，林草覆盖率49%。粮食作物以水稻、玉米及小麦为主，经济作物以油菜、果蔬为主。2008年，农民人均纯收入2992元。

1991年，麻芝乡大力推广农业科技，乡干部、学校教师在农闲时以办夜校等方式对农民进行文化和农技培训。1992—1994年全乡先后共建育秧小温室200个，推广杂稻良种两段育秧种植3000多亩占水稻总面积的58.5%，规范化栽培1500亩。1994年粮食总产量3150吨，畜牧业总产值300万元，比1993年增长9.1%；农民人均纯收入从1993年的410元提高到1994年的508元；农民人均粮食从1993年的200公斤提高到1994年的230公斤。2000年实施“千里农业科技示范工程”“粮食高产示范工程”，杂交玉米播种3500公斤；部分农户实行玉米营养块、袋、球育苗定向移栽和地膜种植，水稻实行宽窄行拉绳栽培。2001年农民购买杂稻良种4800公斤，杂稻推广面积5000亩，水稻宽窄行规范化栽植5800亩。2003年龙云村湾寨组农民周天久获得“种田能手”称号和“贵州省乡土人才”专业技术资格证书。

2002年，麻芝乡发挥地处县城边缘的区位优势，抓住贵新高等级公路建设、黔桂铁路改建，乡内临时人口增多的机遇，发展无公害蔬菜生产。在龙云村龙头营示范点种植豌豆尖、莴笋300亩，每亩纯收入1550元，是玉米收入的3倍、水稻收入的2倍。以五里村、龙云村作为产业结构调整和增收示范点，改变传统的耕作模式和方法，扩大秋冬蔬菜种植面积，把零星蔬菜种植改为连片种植，调整、改变白菜、土豆、大蒜等单一的种植方式，增加品种实现多元化种植。建立农民专业合作组织，重点抓好无公害精细化蔬菜种植产业，调整产业结构，群众得到实惠。到2008年，蔬菜种植2000亩，农民人均纯收入达到2817元。

1998年，富洪村王国平开始养殖绿壳蛋鸭50只，到2008年发展到500只，全部采取原生态养殖，白天在河边放养，晚上喂粮食；五里村冯明先投资30万元养殖蛋鸡，示范带动一批养殖大户。主要以牛、猪、鸡、鸭等养殖为主，2008年共有11个养殖场，其中生猪养殖场4个，肉鸡、蛋鸡养殖场4个，羊养殖场3个，养殖大户11户；全乡牛存栏962头、出栏436头，羊存栏299只、出栏174只，猪存栏2386头（其中能育母猪815头）、出栏1463头，鸡存栏2.74万只、出栏1.94万只，鸭存栏620只、出栏423只。

龙里生态园位于麻芝乡五里村，距离县城4公里，适宜生态观光旅游，园内有会议中心、康乐健身中心、餐饮服务中心、多功能厅、卡拉OK包房、酒吧等，可同时满足500人娱乐就餐，有100个车位，有杨梅园、梨园供游客观光采摘。与此相连的喀斯特典型溶洞——飞龙洞，洞内钟乳石、石笋造型奇特。

布衣兰草园建于麻芝乡新民村农场组，2008年有半自动化管理自然棚种植场地200多平方米，露天种植场地1700多平方米，总投资35万余元。有品种500余种，以本地春兰为主，色好、香味浓、易种植、发苗率高；老品种有黄金海岸、滇梅、剑阳蝶、丽江星蝶、奇花素、中意彩蝶、大雪素、小雪素、天彭牡丹、碧瑶、荷瑞、小元宝、锦绣中华、大一品、老极品、新极品、新上海梅等，新品种有新品黄梅、新品红荷、新品奇花、新品红梅等。

2008年麻芝乡村寨统计表

表1-18

行政村名	寨　名	备　注
龙云村	麻芝街、帮楼上、观音坡、龙头营、湾寨	
新民村	王家院、杜家院、余家院、李家院、栗山脚、永瑞、农场、窑上、新村、三道、牛关堡、厉家院	
五里村	格老湾、五里桥、小西堡、大西堡、洞门前、田坝塆、石板河	
富洪村	陇耸街、杨家庄、田榜、新安坡、关田冲、云顶关、桥底下、王家院、	王家院原名对门河
大新村	贾托、吴家寨、石板河、小新苗、大新苗、龙家寨	
定水村	岑家寨、黄家寨、杨家寨、沙告	
光坡村	新寨、光坡寨、烂坝寨、黄泥哨、岔河、泡木坪	
岳阳村	乐（岳）阳堡、罗标、小地方	
永合村	格老堡、燕山坡、老鹰岩	

第十四节　水场乡

1991年，水场乡、比孟乡合并建立水场乡，位于龙里县西南部，东与龙山镇毗邻，南与民主乡交界，西与贵阳市花溪区接壤，北与谷脚镇相连。乡人民政府驻水场堡，距县城23公里。2008年全乡总面积92平方公里，辖7个行政村、48个村民小组、37个自然村寨，1473户、6838人，其中少数民族占41.5%。

水场乡地势东南高、西北低，最高海拔1600米、最低海拔970米，平均海拔1100米，高低差630米；年平均气温15.2℃，无霜期263天左右。高沟村龙潭的兰梦河和水场村龙潭的小河，分别灌溉水场、中坝两坝水田，年均流量3.4立方米/秒以上，无污染，属国家二类取水点。有耕地6430亩（田4280亩、土2150亩），人均耕地0.96亩；林业面积8699.65亩，植被覆盖率为57.07%。2008年农民人均纯收入2608元。

水场乡紧靠贵阳市，从乡政府到贵阳孟关只有3公里，在建的厦蓉高速公路孟关出口紧挨水场乡地界。从乡政府到县城的水龙公路东西贯穿全乡，全长23公里，该公路2004年5月启动建设，2008年完工。乡境紧靠都市，具有发展工商业的区位优势，在水场乡、孟关乡的地界上建有1家大型化工厂和改革开放以后引进的几家中小型工厂。1994年，乡政府本着"低门槛，高回报"原则，引进新体质颜料厂、无菌水厂、风光化肥厂、精细化工厂，当年风光化肥厂上缴税金12万多元，精细化工厂上缴税金2.26万元。

1998年创办"风光厂""蛇场"（非公有制），水场、中坝各开发1片经果林基地；1999年，高沟村开办硅矿厂、白云银石厂，年产量6万吨，年纯收入50余万元。乡政府按照"让利在先，微利也干，你帮我发展，我帮你发财"的思路，2001年引进投资800万元、年产3000吨的再生造纸厂；2003年引进沙冲煤厂、添加剂厂、纯净水厂、砂厂。2006年，乡镇企业总产值619万元，其中工业总产值334万元，营业收入603万元，上缴税金18万元；2008年工业总产值700万元，比上年增长4.2%。

水场乡主产水稻、玉米、油菜、小麦和果蔬。1993年开始开发生态农业试点，到2000年红岩村大冲村民组"粮—猪—沼"一体化生态农业初见成效，实现亩产玉米500公斤，户均养猪7头，家家户户用沼气。在保证粮食自给前提下，顺应市场经济发展趋势调整农业产业结构，扩种烤烟、花生、西瓜等经济作物。1994年鸡场村蔬菜基地建成，水场村河床、稻田养鱼，场坝村哨上曾创造投入1000元产出10多万元的纪录。2003年三村村种植388亩秋淡蔬菜，水场村高沟种植1000亩西瓜，中坝村实现莲藕规模种植。2004年争取省农科院蔬菜项目资金20万元，在高沟村建设蔬菜项目示范基地，种植西瓜675亩、折耳根200亩，建沼气池100个。2007年，水场村种植西瓜能手胡考园获州妇联"'双学双比'女能手"（学文化、技术，比成绩、贡献）称号。2008年家家户户种植西瓜，示范点种植蔬菜200亩、西瓜70亩。

1992年农业总产值486.64万元，农民人均纯收入330元，粮食总产量4170.32吨；2000年农业总产值715万元，畜牧业产值186.5万元，农民人均收入1240元，粮食产量2447吨，完成粮食订购量19.5万公斤。2008年，亩增收稻谷42公斤、玉米25公斤，增收30.85元；西瓜增收66万元，亩产纯收入1400元；西瓜地复种红薯、糯玉米增收6万元；种植折耳根增收16.8万元，劳务输出增收19.3万元，其他增收68.68元。人均纯收入2096.65元，比上年人均增收201.65元。

1999年9月1日，水场小学初中部在原乡政府驻地正式开学，时有2个班学生162人；在新校舍未交付使用之前，乡政府各部门外出租房办公和住宿，让出近200平方米的办公大楼给学校做办公室和供教师住宿，200多平方米的瓦房给学校做学生食堂和宿舍。1999年，水场乡决定建立1所初中，上级安排"贵州省九年义务教育工程"1个，经过多方筹措资金10万元征拨土地7000多平方米，3月开工建设建筑面积为1175平方米的教学大楼、60多平方米的厕所，还有部分附属设施，共计造价59.4万元。于2000年2月完工，同年3月正式启用，学校占地面积由2000多平方米扩展到1万多平方米；学生人数增加到2000年的297人、2002年的326人。

2005年10月，县委、县政府决定水场小学初中部办成独立的初级中学，命名为"龙里县水场初级中学"，校舍面积3971平方米，总造价237万元。其中：有满足需要的图书室、阅览室、体育器材保管室和有可供实际操作的物理、化学、生物实验室；有计算机35台，计算机操作室和远程教育室各1间，每个办公室、教研组均有计算机供教师备课和查阅资料；2幢住宿大楼、2幢食堂可供学生300多人住宿和就餐；有700多平方米的篮球场及150米长、5米宽的环形跑道，有简易羽毛球场2个；有图书6000多册，生均约15册。2008年9月，学校有教学班6个，学生410人、教师25人。其中：中级职称10人，初级11人；本科8人、大专16人、中师1人。建校后共为高一级学校输送高中生119人、中师中专生26人，从本校出去考取大学的21人（其中1人考取上海复旦大学）、中职高200多人。学生参加全国数学竞赛有5人分别获一、二、三等奖，教师科研论文、教学设计15篇分别获省级一、二、三等奖，3篇在国家级刊物上发表。

2008年，水场乡遭受历年罕见的凝冻灾害，全乡7个村6400多人受灾，海拔1400米以上的场坝片区4个村尤为严重。全乡交通中断，通信不畅，水管爆裂，电杆、铁塔折断倒塌，电线压断，停水停电，房屋倒塌。冻、饿威胁着全乡人民，乡党政机关从1月中旬到春节期间24小时值班，除值班人员外其余干部全部深入村组农户家中，组织和帮助群众抗灾救灾。发放救济粮1.67万公斤、衣物145件套、棉被165床。运送发放物资时，小件由乡干部背，大件则用在煤窑里拖煤的煤船装载。上坡时两人在前面拉船，两人在后面推。下坡时两人在前面牵引方向，两人在后面拉扯防止下冲。脚下用稻草细绳绑住鞋子防滑，爬10多公里乡村马路，到海拔1600米的鸡场村等高寒村寨。在最严重的20多天里，用这种方式13次深入边远村寨送物资，鼓励群众抗灾救灾。

2008年水场乡村寨统计表

表1-19

村 名	寨 名	备 注
高沟村	高沟山、对门寨、下巩固、上巩固、桂寨	
红岩村	大寨、花果园、大冲、四道河、老马洞、古里井	
场坝村	场坝寨（混子场）、马吃水、坝子头、瓦窑上、杨梅树、吊马、哨上、朱家冲	
三村村	上寨、大寨、大冲、小冲、姨妈屯	
中坝村	中坝寨、老罗堡、对门寨、梅家庄、陡坡脚、上谷格、下谷格	
鸡场村	鸡场堡、坪上、中寨、上堡、中堡	
水场村	大寨、牛打场、瓦窑上	

第三章 环 境

第一节 地质 地貌

一、地 质

（一）地质构造 龙里县位于贵州省东部南北向构造带的西缘及东西向构造的黔中隆起横跨反接与重叠区。南北向主体构造，控制全县南部、中部及北部4/5以上地区。在主体构造带的各段，均可见到与褶皱轴线斜交或垂直的扭性断裂、横张断裂，属南北向的派生构造。规模较大的在龙里城南断层、城中断层、余下堡断层、湾滩河支流的三岔河断层等。北东向构造，仅在谷脚境内有零星分布，总体构造为谷脚褶曲带，在其中间地段，主要由三叠系碳酸盐岩组成的开阔平缓的复向斜，南面是以老罗堡新寨背斜为主干的复背斜。与其成生联系的主要的配套构造有永乐堡断层、鸡场坝断层、喜鹊寨断层等。洗马北部弧形地带有两种构造形式：猫寨山字形构造展布于平寨、猫寨，对门寨一带由一系列压扭性断层组成；塘边棋盘格式构造在猫寨山字形弧顶之南塘边一带，由两组扭性断层互相穿插、切割。

（二）地层结构 由于地质构造运动，县内岩石呈现由下古生界寒武系到新生界第四系，其中侏罗系、白垩系缺失。分布最广、沉积较全者为上古生界泥盆系、石灰系和二叠系。下古生界寒武系、奥陶系和志留系分布零星，出露不全。三叠系地层较完整。第四系除三元的高坪铺外，零星分布于河谷沿岸及山麓缓丘。寒武系分布于县境北部洗马镇的二比至巴江乡的光金陇一带；奥陶系分布于北部洗马镇猫寨及谷龙乡的葫芦田一带；志留系分布在洗马太子山、高堡云台山大坡及谷冰一带；泥盆系在县内分布最广，南从湾寨、云雾山向北至云台山大坡一带，构成龙里复背斜的核部；石灰系主要分布在县境中部和南部；二叠系在县境西部谷脚褶曲带两侧及北部洗马等地广为分布；三叠系在县境内发育不全，中统上部遭削蚀，是形成秋风洼地、丘陵谷地的主要地层。第四系分布广而零星，主要散布在山间盆地、河谷及山麓低洼地区。第四系冰水沉积，见于县东部高坪铺至新安的山间洼地。

二、地　貌

（一）地貌特征　龙里县地处云贵高原中部的苗岭山脉中段，黔中隆起南缘，是长江与珠江支流分水岭地带。海拔一般在1080～1500米之间，最高点龙山镇岩脚寨南山峰，海拔1775米。最低点在巴江乡独木河与南明河交汇处一个叫两岔的地方，海拔770米，相对高差1005米。境内山地、丘陵、盆地和河谷相互交错。其中，山地、丘陵和河谷占全县总面积的84.6%，高山台地占全县总面积的10.6%，山间盆地仅占全县总面积的4.8%。

龙里县境内山脉由13组组成，东西走向和西东走向各5组，南北走向3组。最长的有龙家坡山脉和亮山山脉（均为26公里）；最短的是观音座山脉（6公里）。总面积最大是云台山山脉（266平方公里），最小的是观音座山脉（8平方公里）。境内山峰有太子山（1538.7米）、水头山（1511.5米）、凤凰山（1560米）、云台山大坡（1765.4米）、暗山（1690米）、莲花山（1493米）、五里坪（1670米）、贾托坡（1711米）、岩脚寨南山峰（1775米）、云雾山（1583.6米）。地势西南高，东北低，中间隆起，丘陵、低山、中山与河谷槽地相间排列，呈波状起伏。河流顺应地势，自西向东，自南向北注入贵定县境。南明河流经县境北部，成浅切割狭谷；中部的谷冰沟、猴子沟为深切狭谷，切深在500米以上。县境内的岩石分为碳酸盐岩、夹层岩、碎屑岩和松散沉积物四类岩组。

（二）地貌类型　龙里县地貌类型可分为台地、丘陵、山地、山原和盆地五类。

台地　分布在草原乡王寨、大谷咬、小谷朗、亮山，龙山镇的摆谷六，水场乡的鸡场堡，谷脚镇的长岭岗，哪嗙乡的革苏、把场、新场等地，面积161.3平方公里，占全县总面积的10.6%。地块呈地垒式抬升，海拔1360～1700米，地势平坦开阔。

丘陵　县境属中丘陵地貌，主要分布在洗马至谷脚靠贵阳市一带和中部龙山、麻芝、三元等乡镇，面积489.7平方公里，占全县总面积的32.2%，依据岩性差异分为岩溶丘陵和碎屑岩丘陵。

山地　主要分布在水场乡等地，面积156.8平方公里，占全县总面积的10.3%。海拔高度北部为800～1200米，西部为1100～1400米，相对高度200～400米，地面起伏较大，坡度大于25度。

山原　分布于县境北部太子山至南部云雾山广大地区，面积640.5平方公里，占全县总面积的42.1%。因三元河顺断层下切，分割成中东部和南部两大片，两片均分布有岩溶山原和侵蚀、剥蚀山原。

盆地　县境为中盆地，面积72.7平方公里，占全县总面积的4.8%。其中羊场至湾寨开阔平坦的断陷盆地和莲花河谷盆地，均呈东西延伸，长约8～10公里，宽0.5～2公里，为河流冲积沉积盆地。境内有冠山、大新、哪嗙、醒狮、岱林等较大的岩溶盆地。

龙里县地貌类型划分标准及构成比例一览表

表1-20

地貌类型	海拔高度（米）	相对高度（米）	坡度（度）	占总面积（%）
台地	1360～1700	20～50	<10	10.6
丘陵	1000～1800	50～200	5～25	32.2
山地	>750	>200	>25	10.3
山原	1000～1800	>350	>25	42.1
盆地	>750	10～50	<10	4.8

第二节　气候　气象

一、气　候

龙里县位于北亚热带季风气候区，气候温和，雨量充沛，冬无严寒，夏无酷暑，多云雾罩，湿度较大，为黔中温和一年两熟区。由于地形地貌组合复杂，地势高差大，在不同的地形、地势影响之下，稳定的地域差异显著，日照差别较大，雨水分布不均，干旱、低温、绵雨等主要农业自然灾害的出现频率、范围大小和危害程度，各地不同。

（一）气温 1991—2008年，全县平均气温15.1℃，与1973—1990年年平均气温14.7℃相比，偏高0.4℃。平均气温最高出现在2003年和2007年，为15.9℃；最低气温出现在1992年和1996年，为14.4℃。18年间，平均气温大于累年平均气温值的有8年，小于平均气温值的有10年。全县最热主要在7月份，平均气温为23.4℃，比1973—1990年的年平均气温低0.1℃；全县最冷主要出现在1月份，平均气温4.6℃，比1973—1990年的平均气温低0.1℃。全县极端最高温度为34℃，出现在2005年8月13日；极端最低温度出现为-6.3℃，在2002年12月27日。年总积温在5267.8～5788.5℃之间，大于或等于10℃的活动积温4623.2～5268.6℃。

1991—2008年龙里县平均气温统计表

表1-21 单位：摄氏度

年份	全年平均气温	1月平均气温	7月平均气温	年份	全年平均气温	1月平均气温	7月平均气温
1991	14.8	3.9	22.9	2000	14.6	4.7	23.4
1992	14.4	4.3	22.4	2001	15.2	6.6	23.7
1993	14.5	3.1	23.1	2002	15.4	6.6	22.9
1994	14.9	5.2	23	2003	15.9	6	24.8
1995	14.6	3.7	23.8	2004	15.2	4.1	22.5
1996	14.4	3.4	23.6	2005	15	3.2	23.9
1997	14.9	6.6	22.8	2006	15.7	5.2	24.5
1998	15.6	4.1	24.1	2007	15.9	3.8	24.2
1999	15.2	6.3	22.6	2008	15	1.4	23.2

（二）降水 1991—2008年，年降水量变化为：全县平均降水量为1099.8毫米，比前18年平均值增加11.6毫米。18年间，全县降水量大于平均值的年份有8个，占44%；小于平均值的有10个，占56%。1999年全县降水量最多，达1383.5毫米；2006年最少，只有845.8毫米。全县降水量不足1000毫米的有5年，占28%，其余年份占72%。按季节分，4—9月降水总量为864.4毫米，10月至次年3月降水量为235.3毫米。夏季温热多雨，冬季寒冷少雨。历年一日最大降水量为161.5毫米，是2001年6月26日。降水量变率大，最大、最小值与平均值差距大，降水量时空分布不平衡，常年引起旱涝灾害发生。

县内夏季降水强度大，其次是冬季。据县城区气象观测，年最大降水量1383.5毫米，月最大降水量439毫米。据1991—2008年的雨日气象观测记录，最多的年降雨日数1997年190天，最少的年降雨日数2008年只有151天，平均165天。雨日的季节分布是春夏较多，占年雨日的56.1%；秋冬较少，只占43.9%。全年最长连续降雨日数是2007年7月19日至8月4日，连续降雨17天。

1991—2008年龙里县年降水量情况统计表

表1-22 单位：毫米

年份	降水量	年份	降水量	年份	降水量	年份	降水量
1991	1366.3	1996	1098.9	2001	1090.7	2006	845.8
1992	1161.9	1997	1193	2002	1220.5	2007	1013.8
1993	1041.5	1998	996	2003	920.1	2008	1216.6
1994	1041.6	1999	1383.5	2004	1167.9	历年平均	1099.8
1995	948.6	2000	1177.4	2005	911.7		

龙里县各月平均降水量和极值一览表

表1-23 单位：毫米

月份	1	2	3	4	5	6	7	8	9	10	11	12	全年
平均值	23.9	24.3	47.4	80	158.2	213.5	211.1	123.8	77.8	81.6	38.5	19.8	1099.8
最大值	46.2	61.6	98.1	154.1	339.6	375.5	439	322.4	155.1	181.4	109.4	35.7	1383.5
最小值	4.1	2.5	9.1	39.3	65.3	43.7	92.2	20.3	16.5	9.7	0.8	4.6	845.8

（三）日照时数 1991—2008年，县城区平均日照时数为1213.6小时，年日照百分率为27.1%。1998年日照时数最多，日照时数1472.4小时，日照百分率达33%。1995年日照最少，日照时数1095.8小时，日照百分率25%。从季节上看，10月至次年3月日照较少，日照时数为421.8小时，占全年日照总时数的34.8%，平均每天日照2.3小时。4—9月日照时数较多，共791.8小时，占全年日照总时数的65.2%，平均每天日照4.3小时。7—8月，日照时数最多，平均每天4.7小时。1992年8月，日照时数多达222.1小时，平均每天约7.2小时。

（四）无霜期 县内大部分无霜期为3月上旬至11月下旬。1991—2008年，全县无霜期平均值为294天。全县无霜期最短只有235天；1999年无霜期最长，达351天，相差116天。县内大部分年份无霜期较长，霜期有霜日较少，霜期短，有利农作物生长。

1991—2008年龙里县无霜期日数统计表

表1-24 单位：天

年份	无霜期	年份	无霜期
1991	264	2001	280
1992	270	2002	310
1993	244	2003	296
1994	235	2004	252
1995	299	2005	301
1996	285	2006	288
1997	337	2007	302
1998	340	2008	305
1999	351	历年平均	294
2000	326		

二、气　象

（一）气象装备 1980年起，配备传真收片机开展天气接收业务，使用的机器设备为79型定频接收机、ZSQ-IA型传真收片机和环形天线配备，并配备磁饱和电源稳压器。接收北京和贵州气象传真广播台播发的天气图和气象情报。1992年10月1日，黔南州气象局正式开展甚高频通信工作，开通龙里站甚高频无线电通信。甚高频设备：JZD301Ⅲ型25瓦（B）机和WD12-10型充电稳压电源，102型定向天线。每天定时向上传递8时、14时小天气图报和其他气象信息，并可进行行政通话。在防雹季节和汛期及平时遇有复杂天气过程的情况下，可进行天气会商，传达雷达回波信息。

自1997年安装远程微机终端起，计算机运用逐年增多。1999年8月建成PC-VSAT单收站、MICAPS气象信息综合分析处理系统。2000年5月采用“点对点”超级终端向州气象局传递雨情，7月接入Internet，8月对PC-VSAT工作小站及远程气象服务终端微机进行软硬件升级，添置打印机、扫描仪、调制解调器，并在电信开通一条专用程控线入网163。2001年3月，又添置HP-Link HUB两个及网卡两块，建成开通局域网，加快办公自动化的进程。2007年3月全省网络改造新增电信2M数字电路专线。2008年新增业务视频监控系统、视频会商系统。

（二）气象观测 龙里气象站建站以来人工观测项目保留至今。1980年1月1日以后以20时为界，日照一直采用地方真太阳时。2004年12月31日20时起正式启用七要素自动气象站，24小时自动观测收集压、温、湿、风向、风速、降水、地温（浅层、深层）项目，发报仍用人工观测要素。通过两年的平行观测后，2006年12月31日20时正式启用自动气象观测站，发报改用自动站采集数据。

2008年12月起增加电线积冰观测项目。从1961年4月1日起每天编发天气加密报，发报时次为8、14时。2005年8月1日起，发报时次改为每天8、14、20时。根据中国气象局《关于修订重要天气预报有关事宜的通知》，自2008年6月1日起，修改积雪、雨凇发报规定，增加雷暴、视程障碍现象（霾、浮尘、沙尘暴、雾）等发报项目。

发报之初用的是老式手摇座机给县邮电局总机报房手工拍发电报，再由邮电局一式两份分别向州气象局和省气象局传电报。1992年起改用甚高频电台向州气象局发报，1995年同时启动单边电台发报。2000年4月正式启用AHDM4.0测报软件，人工编报变为计算机自动编报。2004年启用OSSMO新地面测报软件，通过网络向州、省气象局发报。

（三）气象预报 20世纪70年代，县气象站开始制作短期补充预报和专题预报，主要靠预报员的经验和自制的各类要素图表进行天气分析。20世纪80年代初期，增加制作中期天气预报和长期天气预报，主要以传真图表、台站资料图表和经验进行预报分析。2000年以后，以省、州气象台预报指导产品作参考，利用雷达回波信息、PCVSAT接收系统的数据分析、卫星云图等数值预报进行分析，预报准确率和服务能力得到提高。

气象服务种类主要有公众气象服务、决策气象服务和专业专项气象服务。服务方式主要有电视、电话传真、电子邮件和纸质服务。2003年建成电视天气预报制作平台，用power point系统制作录像带送县电视台，每天播出24小时天气预报。2005年起改用premiere系统制作拷贝送电视台播出。

（四）气象信息系统建设 1963年起，龙里县气象局一直为铁路工程施工、物资装卸调运、护路抢险提供预报、情报和现场气象保障服务。1999年12月开通“121”电话天气预报声讯自动答询系统，2004年5月“121”天气预报自动电话答询系统由黔南州气象局管理，2005年1月“121”电话升位为“12121”。

2001年开始，文字材料、数据处理、信息加工等均用微机制作，创办《龙里气象》《龙里农经信息简报》《龙里防雷减灾简报》及《人影简报》等信息平台。县政府正式行文并挂牌成立贵州省农村综合经济信息网龙里县信息服务中心，下设办公室在县气象局，专门成立龙里县农村综合经济信息网领导小组。主要围绕“面向农村、服务农民、发展农业”的宗旨，认真开展贵州农经网信息服务工作，每天定时发布信息，每月定时制作《农经信息简报》，并把贵州农经网向乡镇延伸。2005年建成覆盖全县各乡镇的农经信息服务站，2006年开始指导各乡镇农经信息服务站开展信息服务工作，使乡镇工作人员能够更好地开展农经网工作，给农民群众带来更多的利益。

为及时、准确收集了解乡镇温度、降水要素资料，2004年3月底完成民主乡两要素自动站建设，12月底完成谷龙、三元两要素自动气象站建设。2008年对两要素自动站布点进行调整，将草原乡（原民主乡）两要素自动站改建在水场乡。以后逐步建成除县城外覆盖全县所有乡镇的两要素自动站，为科学决策提供准确及时的温度、降水数据。

大草原测风塔选址任务从2005年3月开始，龙里县气象局着手对县境内6个较高地点进行实地查看。2006年7月在草原乡建成风能资源精查点（大草原五要素自动气象站），8月1日起开展风能相关资料采集。2007年3月进行70米测风塔选址，7月通过对龙里县草原风能资源勘测点一年的风速资料进行分析和比较，并综合考虑勘测点地带面积、交通等情况，申报作为黔南州风能资源的详查点之一。2008年1月，经省气象局和省发改委审定，将龙里县草原作为贵州省的风能资源详查点进行70米梯度风观测。2009年3

月15日，草原风能资源详查测风塔建成，塔高70米，可以进行4层风速、3层风向以及气压、气温、湿度观测，运行情况良好。

2007年，建立电信应急预警发布平台，利用平台开展强降水、大雾等灾害天气的预警发布。制定应急值守制度，值班电话24小时保持通畅，办公网正常连通，随时做好应急准备。2008年，安装灾情直报2.0系统，并通过NOTES成功上传气象灾情、作物病虫害灾情等。2009年开始运用气象预警应急信息卫星广播发布系统第一时间发布预警信号。

（五）防雹及人工增雨 人工影响天气工作是为地方经济建设和农业防灾减灾服务的一项准军事化工作。1975年，夏季干旱严重，县气象局首次使用部队和工矿民兵的高炮进行人工增雨试验作业。1995年成立县防雷减灾办公室、人工影响天气办公室，开始开展防雷减灾、人工防雹增雨工作，在洗马镇、湾寨乡设立两个高炮作业点。2002年，取消湾寨高炮作业点，新建羊场高炮作业点，有人工增雨防雹高炮2门、火箭增雨作业车1部。气象局始终把人工影响天气工作放在首位，做到常抓不懈。自1995年起，龙里县两个防雹保护区得到高炮有效的保护，没有出现过大的冰雹灾害，且利用高炮进行人工增雨，使防雹区内的干旱减轻。

第三节 水 文

龙里县地表水系较为发达，地跨长江流域乌江水系和珠江流域红水河水系，面积分别为1404.8平方公里和113平方公里，各占92.6%和7.4%。分水岭有两段：西段和南段。西段是草原乡亮山至水场乡哨上一线，海拔1713.1～1439米，南北走向。分水岭以东的地表水属长江流域，以西属珠江流域。南段分水岭起于羊场镇云雾山，经摆省乡猴子场一线，海拔1583.6～1433米，东西走向。分水岭以北为长江流域，以南属珠江流域。县内共有河流、溪沟102条，其中长江流域乌江水系和珠江流域红水河水系分别为92条和10条，总长度644公里，平均河网密度为每平方公里0.42公里。流域面积在20平方公里以上的河流26条，其中乌江水系24条，红水河水系2条。县境内河流大多处于河源地区，属雨源性山区小河，洪枯季节涨落幅度大。

一、河 流

南明河 为本县与贵阳市乌当区和开阳县的界河，是乌江一级支流清水河的上游段，境内河段长39.3公里，境界以上流域面积2108平方公里，其中县内为472.6平方公里，占22.4%，多年平均径流深525毫米，平均径流量2.48亿立方米。县内一级支流有洗马河、谷龙河二条。

三元河 是清水江一级支流独木河的最大支流，也是龙里县的母亲河和境内的最大河流。发源于草原乡，自南向北流至龙山镇水桥后转向东流经麻芝乡和三元镇，于贵定县狮扑大桥附近汇入独木河，主河长61公里，平均坡降7.85‰。流域面积540.7平方公里，其中县内522.1平方公里，占全县总面积34.4%。流域内多年平均降水量和径流深为1175.6和598.7毫米，多年平均流量10.3立方米/秒，其中县内9.94立方米/秒。

湾滩河 发源于贵阳市花溪区高坡乡境内，流经湾寨乡和羊场镇进入贵定县巩固乡，是独木河的源头河段，县境以上流域面积194.4平方公里，其中本县163.8平方公里、花溪区30.6平方公里，多年平均径深640毫米，平均径流量1.56亿立方米。

此外，流入红水河水系的主要河流有两条，即水场乡高沟河和羊场镇甲晃河，县内流域面积为36.9平方公里和22.3平方公里。

二、地下水

县境内地下水以岩溶水为主，多排泄入河流，形成河川基流。全县地下水露头出水量在0.1升/秒以上的泉水433处，合计流量3.15立方米/秒。地下水径流总量为0.99亿立方米，占境内平均年地表水径流总量的12%。

龙里县各河流片区地下水分布统计表

表1-25

河流片区	面积（平方公里）	合计流量（立方米/秒）	地下水径流量（亿立方米）	产水量均值（亿立方米）	占总产水量（%）	泉井（处）
南明河支流	472.6	0.78	0.245	2.481	9.9	143
三元河支流	693.7	1.46	0.46	3.815	12	195
湾滩河支流	244	0.64	0.202	1.562	12.9	65
红水河支流	110.7	0.27	0.085	0.664	12.8	30
合　计	1521	3.15	0.992	8.522	12	433

三、客　水

客水是指从本地区以外的来水，具体指由过境河流流入的或由外地引进的水，以及由区外高地因降雨产生的滚坡水。本县客水虽然多达4.75亿立方米，但4.38亿立方米中占92%为界河南明河的，基本得不到利用。

四、蒸　发

水面蒸发　水面蒸发是指大面积水体的实际蒸发量。影响蒸发的主要因素是温度、湿度、风速，自然环境对蒸发影响很大。在水资源评价中，要求以蒸发量接近大水体燕发量的E-601蒸发器的蒸发量为准。龙里气象站只有Φ20小型蒸发器资料，多年平均值为1246.3毫米；用同场比测资料分析的折算系数0.62，换算成E-601蒸发量为772.7毫米，E-601多年平均蒸发量为662.1毫米。

陆地蒸发　降水量减径流深即为陆地蒸发量。龙里县陆地蒸发量地区变化在550～610毫米之间，南部大于北部，全县平均580毫米。

干旱指数　干旱指数是年水面蒸发量与年降水量的比值，表示地区干湿程度。指数大于1，说明蒸发能力大于降水，气候干燥；小于1说明降水大于蒸发，气候偏于湿润，指数越小越湿润。以龙里气象站降水量和E-601蒸发量为代表计算，干旱指数为0.7，属于湿地区。

五、河流泥沙

龙里县无泥沙测验资料，独木河下游清水河洞头水文站有1991—2000年悬移质输沙测验资料，年平均输沙模数为每平方公里223.2吨，最大的是1996年为585吨。1991—2000年，全县年平均输沙量为33.9万吨。20世纪90年代为丰水期，暴雨洪水多，泥沙流失量大，本县水土流失局部地区严重。但由于森林覆盖率较高，同时加强了植树造林、坡改梯、小流域治理等水土保持工作，属轻度水土流失。

第四节　土壤　植被

一、土　壤

龙里县土壤分为4个土类、11个亚类、56个土属、235个土种。

（一）黄壤土类　黄壤土是全县分布最广、面积最大的地带性土壤，广泛分布在海拔900～1500米的地带，面积为111.21万亩，占全县土壤总面积49.81%。该土壤有机质含量丰富，铁铝含量多，钙镁钾离子少，普遍缺磷；酸性较强，但土层一般较厚，保水保肥性能好。土类分为黄壤、漂白黄壤、粗骨黄壤3个亚类。黄壤面积83.5万亩，占本土类的75.08%，占土壤总面积的37.4%；漂白黄壤分布在海拔1500米的台地边缘，占本土面积的2%；粗骨黄壤分布在山原山坡和中丘陵顶部，面积22.5万亩，占本土类面积的9.86%，占土壤面积的20.23%；垦耕的各种黄壤土共8.4万亩，占耕地总面积的46.64%。

（二）石灰土类　分为黄色石灰土亚类和石旮旯土亚类，分布于黄壤地带岩溶地区，面积93.07万亩，占土壤总面积的41.68%。黄色石灰土在巴江、洗马、谷龙、水场、龙山、三元、麻芝及草原较为集中，钙镁等盐机代换量与饱和度高；石旮旯土分布在比孟、摆省、渔洞和湾寨乡的六广的峰丛、峰林及岩石裂隙中。

（三）草甸土类　分布集中在海拔1600米左右排水不良台地，地面有较厚的半腐烂的有机质层，有机质含量丰富。面积约2万亩，占土壤总面积的0.9%。

（四）水稻土类　水稻土是龙里县主要耕作土壤之一，各乡镇均有分布，但很不平均，形成南半部集中连片，北半部多零星分散的格局。面积16.96万亩，占土壤总面积的7.6%。

全县土壤耕层有机质含量为4%以上的占80%，含量3%～4%的占18.6%。全氮含量在0.2%以上的水稻土占84.6%，旱作土占20%；含量在0.15%～0.2%的，水稻土占14.2%，旱作土占74.1%；自然土表含氮量在0.15%以上的占99.4%。速效磷含量大于10毫克/公斤的，占耕地面积的19.8%；含量在5～10毫克/公斤的，占40.9%；含量低于5毫克/公斤的，占39.3%。

全县耕地缺磷面积达80.2%，自然土缺磷面积占86.5%；速效钾含量大于100毫克/公斤的占耕地面积的20.6%，含量在50～100毫克/公斤的占58.6%，含量低于50毫克/公斤的占20.8%，耕地缺钾面积占79.45%，自然土缺钾面积占81.7%。

二、植　被

龙里县属亚热带常绿阔叶林带—中亚热带常绿阔叶林植被带—贵州高原常绿阔叶林地带—黔东南丘原石灰岩常绿栎林、常绿落叶混交林、马尾松林地区—贵阳、安顺灰岩山原常绿栎林、常绿落叶混交林、石灰岩植被小区。植物分布受气候和地貌制约。一般在海拔1400米以上，以草坡和灌丛为主；海拔1400米以下石灰岩地区为阔叶林，碎屑岩地区为针叶林（主要是马尾松），局部地区为栎林，互层岩地区则是针、阔混交林。天然植被大致分为针叶林、针阔叶混交林、阔叶林、灌丛、灌丛草坡、草坡6个植被型。

全县土地总面积15.24万公顷，其中：耕地面积2.45万公顷，林地7.01万公顷，牧草地5.4万公顷，水域面积0.09万公顷。境内有龙架山国家森林公园景区、猴子沟自然保护区、草原乡喀斯特高山台地大草原等丰富的植被资源，县城周边拥有1.33万公顷集中连片的森林覆盖，成为省城贵阳的绿色屏障。2008年，全县森林覆盖率达48.34%。

第五节　自然灾害

县内年平均降雨量1155毫米，年平均水面蒸发量840毫米，平均年降水量大于蒸发量，平均年干旱指数为0.73，全年气候综合偏湿润，只有少数偏枯年或枯水年干旱指数才接近或超过1。由于境内地形地貌复杂，土层厚薄不同，地壤多样，有的喜水、有的喜旱，又因全县降水量与径流量年际内变化大，加之历年灌溉季节的降水丰枯变化不同，几乎每年都有面积大小、程度不同的水灾和旱灾。

干旱是地方一大灾害，旱情有春旱、夏旱、秋旱、冬旱，以夏旱为主，春旱、夏旱历年不同程度连续或交替发生。冰雹、凝冻、雪灾主要出现在2—5月。冰雹出现次数以4月居多，并伴随大风而至。由于县内地质地貌结构的复杂性，加之水文气象因素变化多样，易诱发地质灾害。县内地质灾害类型主要有泥石流、滑坡、岩溶洪涝、不稳定斜坡、水土流失等。

一、水　灾

县境内102条河溪多位于发源地，坡度较陡，洪水排泄快，大面积洪涝灾害不易发生，但因地势起伏大，地貌类型多样，盆地、洼地等闭流区易遭受洪涝灾害的侵袭。如洗马镇的王家山，谷脚镇的大坡，草原乡的水落洞和谷丛，摆省乡的地坝和果里等地，在p＝20%以上的丰水年和雨水较多的汛期就遭淹没，造成道路房屋垮塌、农田设施毁坏、农作物被淹，粮食、蔬菜大幅度减产或绝收。

根据气象部门的划分，一天降水量在50～99毫米为暴雨，100～199毫米为大暴雨，大于200毫米为特大暴雨，县内的暴雨每年主要出现在5～9月汛期。1991—2008年，曾多次发生洪涝灾害，其中以2001年、2004年、2008年等年份的洪涝灾害破坏性大，经济损失严重。

1991年7月7—11日，龙里县遭受持续几天大雨和暴雨造成的洪涝灾害。据统计，农田受灾面积3.8万亩，成灾1.8万亩；土被水冲面积1.3万亩，成灾4500亩（其中烤烟1500亩、玉米3000亩）。受灾农户7716户，房屋倒塌45户275间。公路塌方96处涉及53公里，龙里至猫场、高堡、摆省、谷冰、比孟、平寨和大新无法通车。邮电电信中断，县城至羊场、洗马、谷脚的通信线路中断。水利设施受破坏8处，其中洗马区下寨河80立方米拦河坝被冲走，经济损失60余万元。水毁乡村公路桥梁7座。县化工厂、电石厂、铁厂被迫停产4天。龙里火车站至老罗堡车站路段铁路塌方，成单线运行。

1992年6月13—17日，龙里县连续降雨，雨量为136毫米，14个乡镇97个村776个村民组1291户5.49万人受灾。受灾面积水稻3.24万亩、玉米1.88万亩、烤烟2980亩、杂粮1.34万亩；成灾面积水稻2.79万亩、玉米1.46万亩、烤烟2674亩、杂粮9874亩。房屋倒塌47栋，损坏144间，冲垮拦河坝13道118米、沟渠138米、乡村公路桥3处，公路塌方12处88米，4个乡镇不通电话，5个乡镇交通中断。1992年处理修复1986年5月17日因暴雨洪水毁坏的红岩工程主干渠430米，结束此前几年间湾寨乡甲摆赏频繁发生水患灾害的历史。

1996年5月30—31日，龙里县遭受特大暴雨袭击，除羊场、湾寨外，其余12个乡镇均发生不同程度的水灾，其中猫场、巴江、龙山、谷脚4个乡镇比较严重。全县受灾总面积2.18万亩，其中田3877.5亩、土1.79万亩；冲毁公路69处18公里；冲坏水利设施42处、小型水库1座、山塘2个、人畜饮水工程3处；冲坏农户房屋67间。受灾3687户，其中重灾户567户；死亡2人，重伤3人，轻伤4人。6月1日，猫场镇深冲一带降暴雨，降雨量为125毫米，导致山洪暴发，冲毁稻田50多亩和小（三）型水库1座，造成30户民房进水，交通、通信、电力中断。7月1—4日，县境内降大到暴雨，降雨量为135～200毫米，猫场镇鸡场村冷冲和哪嗙乡高枧村发生泥石流，公路、农田、民房被泥沙覆盖，民房全部被洪水淹没，造成千洗公路及沿线的通信、电力中断数日。

1997年7月1日，民主乡水落洞遭受洪灾，15户农房被淹水深达0.8米，300亩农田被淹，造成粮食严重减产。7月18日，哪嗙乡石板滩水库主干渠鬼洞处滑坡15米。2000年5月8日，民主乡水落洞遭受洪灾，15户农房被淹水深达0.8米，300亩农田被淹。6月20日，谷脚镇大坡遭受洪灾，321国道被水淹长约100米，水深达0.8米，公路中断6小时；26日，谷脚镇大坡遭受洪灾，毁坏4户农房。

2001年6月25日，全县降大暴雨，日降雨总量为126.3毫米，洗马镇刘家庄遭受滑坡，对12户农户造成威胁；龙山镇陡坡脚遭受滑坡灾害，毁坏房屋6间，轻伤1人。龙里县城外环路长100多米水深达0.8米，4个机关单位不能办公，50多户个体工商户停业。民主乡水落洞遭受洪灾，15户农房被淹水深达0.8米，300亩农田被淹。猴子沟山洪暴发，冲毁直径500毫米县城供水主管道400多米。12月6日，摆省乡果里村遭受洪灾，3户农房被淹水深达0.5米，300亩农田被淹。

2002年5月13日，哪嗙乡鬼洞遭受滑坡，石板滩干坝倒虹管进口前主干渠下沉长60多米，深达30多米，当年抢建钢筋混凝土平地渡槽解决通水问题。9月20日，洗马镇野鸡田遭受滑坡，造成地裂。2003年5月15日，猴子沟洪水暴发，冲毁直径500毫米县城供水主管道70多米；猴子沟上游国翁遭受泥石流，毁坏耕地30多亩、竹林20多亩、公路10公里。5月16日，醒狮镇大岩村遭受滑坡，毁坏1户农房。5月21日，民主乡水落洞遭受洪灾，15户农房被淹水深达1米，300亩农田被淹。

2004年4月29日，在祥华酒店召开龙里县2004年度防汛抗旱工作会议。5月11日，全县遭受不同程度的大到暴雨侵袭，造成3.5万伏、1万伏高压线中断，乡村公路中断5条，损坏水利设施30处；30日，全县遭受不同程度大到暴雨侵袭，其中：县城降雨量74.3毫米，麻芝乡降雨量110毫米，县城供水中断。7月17—21日，全县14个乡镇连续遭受不同程度的大暴雨袭击，最大日降雨量128毫米；摆省乡5个村民组被淹，共有41户农房进水深达1米，损毁房屋2间；全县农作物受灾550公顷，成灾200公顷；羊甲公路、龙湾公路和7条乡村公路中断；大小水利工程设施40多处不同程度损坏，其中岔河工程直径500毫米县城供水主管道入口被泥沙拥堵，造成县城上万人饮水困难；谷脚人饮工程水源点直径250毫米供水主管道被洪水冲断，造成4000多人饮用水困难和部分企业停产；瓮福灌区红岩工程主干渠多处发生外坎塌方；石巴引水工程主干渠、大冲倒虹管出口处和谢平寨段再次塌方，影响主干渠安全运行；花马冲水库大坝除险加固工程，引水隧洞出口发生大面积塌方；小冲水库大坝坝体严重渗漏；白秧塘水库大坝坝体严重塌方。该次强降雨过程全县各方面造成的直接经济损失达200万元。

2005年5月22日，谷龙乡谷平引水工程（断面1.2米×0.9米）滑坡15米，严重影响650亩农田灌溉；麻芝乡灌溉设施损坏1处；摆省乡1条乡村公路毁坏路面1公里。25日，石板滩主干渠8公里处及谢平寨处渠道内坎滑坡共13米。31日，全县遭受大到暴雨，14个乡镇不同程度受灾（其中7个乡镇灾情较重），麻芝乡降雨量110毫米、龙山镇降雨量96.7毫米；县城老年大学被淹，水深达0.4米；乡村公路中断3条，毁坏路面（含在建的龙水公路）共7.5公里；醒狮镇县级公路毁坏路面16米；321国道与水醒公路路面共损坏26米；灌溉设施损坏5处，机电泵站损坏2处；龙山镇损坏房屋1间，谷脚镇损坏房屋3间，三元镇损坏房屋1间，哪嗙乡损坏房屋2间。

2006年6月5日晚，龙里县局部地区降暴雨，其中羊场镇、龙山镇受灾较重。红岩引水工程小金批处主干渠塌方30米、渠道沉陷3米，羊场人饮直径110毫米供水管道冲毁25米，造成羊场镇3200人饮水中断。五子登科主干渠0+800处塌方25米，主干渠多处受损；农作物被水冲沙埋，部分农田的耕作层、田埂被洪水冲走。

2007年5月31日晚，县城降雨量达87.8毫米，11户居民房屋、30多头生猪、30吨化肥、2吨多饲料淹没，水深达0.7米；石板滩水库大坝护栏长296米遭雷击不同程度损坏，部分坝体混凝土钩缝脱块；麻芝乡秧田被淹，冲毁农田300亩。7月25—27日，全县普降暴雨，降雨量最大为134.7毫米，降雨量超过100毫米的有4个乡镇，导致多处发生地质灾害，乡村公路中断5条，倒塌房屋16间，损坏房屋22间；水场乡龙潭直径150毫米供水管道严重堵塞，5处渗漏，损毁管道8米；石板滩主干渠谷生段前坎沉陷25米，造成主干渠拉裂15米；红岩主干渠摆勺段前坎下沉26米，摆绒水电站主干渠0+100处后坎下沉10米；摆省乡通村公路垮塌5处，新龙村排洪沟垮塌23米；三元镇村级公路共垮塌331米，滑坡5米；醒狮镇元宝村路基塌陷30米。

2008年7月21日晚，全县普降大到暴雨，降雨量61.9毫米，4个乡镇有灾情。龙山镇五子登科水库主干渠塌方堵塞10米；县电信局因进行房屋维修，遭受强降雨后，造成房屋漏水使通信设备损坏，导致全县共3000多门电话通信中断。8月2—3日，全县普降大到暴雨，最大降雨量为92.1毫米，有4个乡受灾，受灾1110人，房屋倒塌13间、损坏6间，农田受灾面积470公顷，毁坏乡村公路6.9公里、桥梁1座，冲毁公路桥、人行桥各1座。8月15日晚，全县普降大到暴雨，有8个乡镇降雨量在50毫米以上，最大降雨量110毫米；有11个乡镇受灾，受灾2.14万人，房屋倒塌13间、损坏38间，农田受灾540公顷、成灾220公顷，乡村公路毁坏20公里；县城内直径200毫米供水支管道因塌方损坏，造成约1500人供水中断12小时；暗山水库入库公路长700米严重损坏。

二、旱　灾

据气象记载分析平均每10年就有近4年干旱，并且含有一次时间长、覆盖面宽的较大旱灾。1991—2008年，干旱相对严重发生在1993年、2006年，中度干旱发生在1995年、1998年、2003年、2005年，轻度干旱发生在1992年、1996年、1997年、2000年、2001年、2004年、2007年等年份。

县境因气候因素影响，一年四季均有旱灾出现，以6—8月夏旱最为严重，发生次数不多，范围不大，其次是3—5月的春旱。秋冬两季旱灾发生次数较少，影响不大。其干旱等级划分为，春夏两季平均降雨量小于2毫米，秋季日均降雨量小于0.1毫米，冬季日均降雨量不足0.5毫米，视为旱期出现。旱期持续15～20天，旱灾面积占播种面积的10%～20%，为轻度干旱；持续21～30天旱灾，旱灾面积占总播种面积的21%～39%，为中度干旱；持续31～59天旱灾，为严重干旱；持续60天以上，旱灾面积占播种面积的

60%以上为特大干旱。

1993年到4月底还未普降过一次大雨，全县仅育秧3500亩，占应育秧面积1万亩的35%，全县旱情十分严重，全县忙于解决人畜饮水和育秧田用水问题。1995年全县旱灾，受灾土地面积18.7万亩，成灾9.3万亩，全县农村17万人缺粮，严重缺粮5.9万人，是年政府共发放救济粮203万公斤，救济2800户12.6万人。

三、冰雹、凝冻、雪灾

1991年3月26日，晚10时许，谷脚、观音、高堡、岩后、中排和民主6个乡遭到龙卷风、冰雹袭击。龙卷风的中心点位于观音的甘冲至谷脚的大坡，造成电源中断等灾害。据统计，受灾油菜1.2万亩、小麦4000亩，毁坏房屋8000间，折毁直径在15厘米以上大树3万棵，有2人死亡、3人受伤。

1994年4月20日，晚20点15分至35分，谷龙、洗马、巴江3个乡镇遭到冰雹严重袭击，雹粒最大直径6厘米，34个村的373个组共9384户群众受灾，农作物受灾面积达3.72万亩，损坏房屋2043间，冰雹灾害造成的直接经济损失为460万元。

2001年4月，晚8时至12时左右，龙里县遭受狂风暴雨和冰雹袭击，谷脚、猫场、三元、羊场等乡镇受灾严重。灾害造成房屋倒塌1850间，1人死亡，21人受伤；造成生猪死亡1头，家禽死亡450只；全县损坏森林3400亩，小麦受灾面积1.8万亩、绝收6400亩，油菜受灾面积2.6万亩、绝收1.3万亩，烟苗损坏2050厢，水稻秧苗损坏1300亩；灾害还造成摆省乡、羊场镇通信中断。此次灾害造成直接经济损失1600多万元。

2002年6月24日，谷龙乡、洗马镇、哪嗙乡普降暴雨夹冰雹，造成烤烟受灾2500亩，成灾1000亩，绝收600亩；水稻受灾800亩，成灾200亩；玉米受灾500亩，成灾200亩。

2008年1月12日起，一场“百年不遇”的特大凝冻灾害发生，持续至2月下旬才结束，时间长达1个多月，龙里县21万人普遍受灾。供电、供水、通信等设施严重损毁和全面瘫痪；全县19万亩农作物全部受灾，夏粮绝收14万亩；损坏房屋4500间，倒塌房屋525户2300间；冻死大牲畜1728头、猪4848头、羊5131只、家禽5.21万羽；冻死牧草1610亩，树木折断50多万棵（其中龙里林场大片松林折断最多，为20世纪60年代人工种植，经40余年生长，树高10米以上，齐胸处直径多数在40厘米以上）。龙里县因凝冻灾害造成供电、供水、通信、交通等基础设施和农牧林业、工业损失近11亿元。

2008年1月24日，县政府紧急会议议定：想尽一切办法保障通信、电力、道路畅通，想尽一切办法保障物资供应、保证物价稳定，想尽一切办法确保社会稳定，想尽一切办法救助农村困难群众和滞留旅客。1月29日，县长罗俊到农贸市场和部门调研后指示：加大力度救助铁路、公路被困和滞留的旅客；加大力度打击各种违法犯罪行为，确保社会安定和物价稳定。2月15日县长办公扩大会，根据2007年冬旱、2008年初凝冻灾害以致“人人受灾、行行受灾、业业受灾”的情况作出一系列工作安排部署。2月26日凝冻刚刚缓解，县政府即全面部署灾后重建与发展各项工作。

四、倒春寒、秋风、阴雨低温

（一）倒春寒 主要发生在3—4月，当气温回升后由于北方有冷空气南下入侵，导致日平均气温降至8℃以下，并持续3天以上的冷天气，造成农作物烂秧。另外气温偏低，日平均气温虽高于10℃但无明显回升，持续3天以上的低温天气也会烂秧，对油菜开花、小麦孕穗也不利。这样的天气就是倒春寒或春季低温。1991—2008年，县境倒春寒或春季低温天气有零星发生，但都不严重。

（二）秋风 主要出现在9—10月，由于北方冷空气南下入侵造成降温，使日平均气温降至20℃以下，并持续3天以上，且伴随持续阴雨天气，对水稻抽穗扬花危害较大。秋风的地理分布，一般为地势越高的地区比低矮地区秋风要早，强度偏重，危害偏大。1991—2008年，全县偶有发生秋风灾害，但均未大面积成灾。

（三）阴雨低温 2002年，全县14个乡镇遭受7月、8月份的阴雨低温天气，是近30年间最严重的一次，造成水稻、玉米大面积减产，全县粮食减产在69.96%以上。

五、雷 灾

雷电天气的产生主要受气候、地理、环境等因素影响，山区地带属于多雷区。另外，随着城镇现代化建设加快，高楼兴起，雷电逐年增多增强。龙里县在2004年以前是由县气象局下设的防雷监测站负责全县雷灾监管及统计，2004年县防雷监测站改为“龙安防雷检测服务中心”，负责全县防雷检测统计工作。1991—2008年，全县发生雷灾20余次，未出现重大损失。

六、地质灾害

（一）泥石流、滑坡 泥石流易发生在碎屑岩类地区，强大的水流将山坡上散乱的石块、泥土一起冲刷到低洼地和山沟里，变成一种黏稠混杂流动体，奔泻而下造成地质灾害。1996年7月强降暴雨，泥石流冲击哪嗙乡高枧村和猫场镇鸡场村冷冲，两个自然村的民房全部被洪水淹没，无法居住。1997年7月1日，民主乡水落洞遭受洪灾，15户农房被淹水深达0.8米，300亩农田被淹；7月18日，哪嗙乡鬼洞遭受滑坡灾害，石板滩水库主干渠鬼洞处滑坡15米。

1998年三元镇发现合安村安榜寨后山山体有崩裂迹象，山石松动，随时都有山体滑坡和巨石从百米高处滚砸进村的危险，存在严重的安全隐患，后经镇政府动员安排，在几年内将该村群众逐户迁移到安全地段居住。2001年6月25日全县降暴雨，日降雨总量为126.3毫米，洗马镇刘家庄遭受滑坡，对12户农户造成威胁；龙山镇陡坡脚遭受滑坡灾害，毁坏房屋6间，轻伤1人。2002年5月13日，哪嗙乡鬼洞遭受滑坡，石板滩干坝倒虹管进口前60多米主干渠下沉深达30多米，当年抢建钢筋混凝土平地渡槽解决通水；9月20日，洗马镇野鸡田遭受滑坡，造成地裂。

（二）岩溶洪涝 洪涝成因是强降暴雨，周围山洪汇集泄洪溶洞，而溶洞却不能及时消化，逐渐使水面上升，淹没周围农田，造成庄稼损失。该灾害易发地在县境内的摆省乡金星村、团结村和果里村，草原乡的水落洞表现较为突出，每隔3～5年会发生1次。流经麻芝乡五里村、新民村的新民河要通过暗河流到富洪村的田榜河，因此每年雨季五里、新民两个村的稻田都会不同程度地受到该河泄洪不畅的水灾。

专 记：

2008年抗凝冻保民生纪略

2008年1月12日起，贵州省全境普降冻雨。2月4日，中国气象局举行新闻发布会，预测减灾司司长矫梅燕在会上称，前期中国气象局召集了很多院士和专家对这次灾害性天气进行研讨分析，得出的结论是：这次极端天气属于50年一遇，个别地方达到100年一遇，主要特点是影响范围广、持续时间长、强度大、多种灾害并发。

龙里县地处云贵高原中部的苗岭山脉中段，全县平均海拔1080米，全县土地总面积1521平方公里，境内居住着21.6万汉、苗、布依、仡佬、土家等各族群众。全县在2007年下半年连续干旱3个多月后，接着在2008年1月中旬至2月份与全省一起经历了一段“百年不遇”的凝冻极端天气。

进入2008年1月，龙里和全国许多地方一样越来越冷，从1月12日（农历2007年猪年腊月初五日）起，全县开始普降冻雨，接着是雨夹雪，进入雨雪凝冻极端天气，而且一冻就是1个多月，1月13日开始就有个别乡镇停电、停水、停运。随着凝冻不断加剧，到1月下旬，全县辖区范围供电瘫痪，停电、停水、停运、通信不畅，全县人民生产生活陷入极端困难局面。县城最低气温一度下降到零下5.5摄氏度，全县成了一个凹凸起伏的大冰场，群众出行和生活都极端困难。

到1月25日，全县3个110千伏变电站、4个35千伏变电站瘫痪，5.1万余户用户全部停电。灾害期间，县城停电长达12天之久；供水管道频频爆裂，供水管网瘫痪，供水受到严重影响；全县农作物受灾、成灾面积19万亩，绝收14万亩（事后统计）；冻死大牲畜1728头、猪4848头、羊5131只、家禽5.21万羽；冻死牧草1610亩，树木折断50万株；市政设施、广播电视、交通基础设施、教育基础设施、农用民房等均受到不同程度损失，房屋、圈舍、办公用房等因灾损坏、倒塌近2300间，企业厂房、设备等严重破坏，县内工业企业大部分处于停产状态。到2月底统计显示，持续灾害导致全县14个乡镇、159个行政村、5.1万多户、21.6万人全部受灾，因灾损失累计近11亿元。为龙里县有气象纪录以来持续时间最长、受灾范围最大、受灾程度最深的一次自然灾害，全县范围在凝冻期间都是重灾区。

面对自然灾害，中共龙里县委、县人民政府团结一致，把“抗凝冻、保民生”作为第一要务，紧急调动全县各方力量抢险抗灾。启动主题为“抗凝冻、保民生”的应急预案，于1月22日成立以县长为指挥长，县应急、交通、卫生、民政、公安、路政等部门负责人为成员的县“雪凝天气抗灾救灾工作指挥部”，24小时值班，负责领导、指挥、协调全县抗灾救灾工作。紧急号召全县各级政府及公共服务部门、党政群团组织、全县领导干部在灾害面前着力解决人民群众生产生活困难。抗灾期间，“指挥部”组织提前下拨预算资金81万元到各乡镇采购物资抗灾救灾；安排慰问金160多万元进村入户慰问困难群众、贫困党员，发放燃煤补贴；及时兑现城市低保金67.88万元（惠及1899户4550人），兑现2008年第一季度农村低保金132.57万元（惠及5707户1.47万人）；组织200多吨稻谷到贵阳打成大米运送到各乡镇发给困难群众，平抑粮价；组织农机服务应急队分赴各乡镇，用柴油打米机流动作业为群众加工稻谷，解决群众有粮无米的问题；布置公安、城管巡逻、查防，确保人民群众生命财产安全，维护社会秩序。

全县各单位、部门迅速组织抗灾救灾队伍主动出击，各级干部群众众志成城，自力更生。县供水、供电、公安、消防、交警、路政、交通、通信及驻县部队等单位、部门日夜奋战在抢险救灾第一线，省、州领导多次赴龙里视察灾情、慰问受灾群众，指导抗灾救灾工作。国务院总理温家宝在大年三十的前一天（2008年2月5日）赶赴龙里县谷脚镇观音山，亲自到坡陡路滑的供电抢修现场视察灾情，看望慰问一线电力工人、救灾干部和当地群众，极大鼓舞了龙里人民抗击雪凝灾害、重建家园的信心。全县抗灾救灾工作在县委、县政府统一领导下有条不紊地进行，各级党委政府坚持以人为本、以民生为本，各级各部门积极发挥职能作用，加强协调配合，有力保障冰冻灾害期间龙里县社会稳定、物价稳定、人心安定，没有因凝冻灾害冻死、饿死一人。

灾害期间，交警在辖区危险的冰雪路段疏导车流；养路工人在厚厚的冰雪路面上铺砂、撒盐；林场工人争分夺秒地清除断倒在公路上成排成片的大树，及时清除路障；武警官兵为高速路上滞留的货车驾驶员送去热水和食物；政府部门为山区群众送去打好的大米；路人主动帮驾驶员推（抬）抛锚车辆；滞留车站的人们相互鼓励、互相照顾；电力工人站在几十米高的铁塔顶部徒手架线、检修、除冰；移动通讯服务队设置“爱心免费电话服务点”，为焦急等待的人们联系到了远方的亲人，报个平安；公安干警昼夜不停地巡逻，守护着民众的生命与财产；部队官兵抬着电杆在陡峭泥泞的山路上匍匐前行；村民在崎岖的山间抬着小型发电机一路摔爬；乡镇干部翻山越岭为困难群众送去取暖的燃料；消防官兵为市民运送饮用水；政府安排车辆把滞留县城的千余名学生安全送到了翘首期盼、心急如焚的父母身边；干群徒手搬运、安装冰冷刺骨的供水管……灾情就是命令，民生就是职责，全县100多个单位和部门，数千名党员、干部和全县数十万群众一道，都加入到抗灾救灾的行动中来。就连敬爱的温家宝总理也站在五里坡顶的冰雪山上，冒着刺骨的寒风，大声地为抗灾救灾的龙里人民加油、鼓劲。整个凝冻灾害期间，龙城大地到处都有让人感动的身影和画面，处处都释放和传递着正能量。

2008年4月，龙里县人民政府荣获中共贵州省委、贵州省人民政府“抗凝冻、保民生”集体一等功；杨光莲、刘玉红、石军获中共贵州省委、省人民政府“抗凝冻、保民生”个人一等功。同时，龙里县武装部等12个先进单位获省级表彰，孙海荣等26位先进个人获省级表彰；中共龙里县委、县人民政府等11个单位和部门获中共黔南州委、黔南州人民政府表彰，王华等9人获中共黔南州委、州人民政府表彰；中共龙里县委、县人民政府表彰“突出贡献单位”12个、先进集体44个、先进个人164人。

附：

2008年凝冻灾害房屋及市政基础设施损失情况

2008年1月12日至2月下旬，龙里县同样遭受“百年不遇”的低温雪凝灾害，城乡房屋和市政基础设施受损严重。

一、农房因灾受损情况

全县14个乡镇的3599户、6600间农村房屋不同程度受损，损失1237.5万元。其中：倒塌525户、2100间，损失945万元；损坏3074户、4500间，损失292.5万元。

二、市政公用设施因灾受损情况

（一）道路

1.县城　北环线（长1294米，宽40米，总投资1714万元）、环南安置区道路（7条，总长1959米，宽12至25米，总投资965万元），2007年12月27日后现浇混凝土路面，因处于保养期，被冻坏5.89万平方米，损失475万元。城区道路因供水、排水、电力、通信等管线损坏恢复施工时，将损坏道路面积约6600平方米，损失250万元。

2.乡镇　谷龙乡道路损坏6000平方米；草原乡道路损坏4000平方米；洗马镇道路损坏500米。

（二）供水

1.县城　管径500毫米铁管损坏2.83公里，管径400毫米铁管损坏3.79公里，管径300毫米铁管损坏3.5公里，管径250毫米铁管损坏2公里，管径200毫米铁管损坏3.8公里，管径150毫米铁管损坏4公里，管径100毫米铁管损坏5.5公里，管径80毫米铁管损坏6公里，管径50毫米铁管损坏5公里，管径40毫米铁管损坏5公里，管径25毫米铁管损坏6公里，管径20毫米铁管损坏9.6公里，管径15毫米铁管损坏7.98公里；管径500毫米闸阀损坏5个，管径400毫米闸阀损坏8个；管径400毫米以下闸阀损坏500多个；水表损坏7340个，消防栓冻坏37个，1000立方米过滤池冻裂2个，2000立方米清水池冻裂1个。共计损失2000万元。

2.乡镇　谷脚镇供水水管损坏3020米，水表损坏250块；洗马镇供水水管损坏300米，水表损坏300块。

（三）排水

1.县城　排水管、排水沟损坏5300米，损失7.69万元。

2.乡镇　洗马镇排水沟损坏1500米。

（四）路灯

1.县城　损坏路灯167盏，损失7.24万元。

2.乡镇　洗马镇路灯损坏40盏。

（五）环卫设施

县城垃圾箱损坏137个，损失11.31万元；垃圾转运设施损坏3个，损失16.2万元；垃圾处理场道路塌方220米，损失10万元。

（六）园林绿化带

1.县城　行道树损坏136株，损失12.24万元；草坪损坏6300平方米，损失9.45万元；苗木基地大棚损坏3120平方米，苗木损坏4200株，花卉损坏1.2万盆，共损失7.15万元。

2.乡镇　洗马镇绿化树木损坏300株。

第四章 环境保护

第一节 环境保护措施

一、环境保护目标责任制

环境保护目标责任制是一种具体落实地方各级人民政府和有污染的单位对环境质量负责的行政管理制度。龙里县政府与州政府于1998年11月第一次签订环境保护目标责任书。1999年4月13日，县政府召开全县环境保护工作会议，会上与全县12个乡镇、13个污染企业分别签订三级环境目标责任状，将环境管理要求及各项指标分解到各责任单位，定期对责任书执行情况进行考评奖罚。实行县长环境目标责任制，明确县长在环境保护工作中的责任，强化环境保护部门与其他有关部门之间的联系，形成县长负责、部门实施、环保部门统一监督管理，分工合作，各负其责的环境管理体制。

二、建设项目环境影响评价制度

贯彻《环境影响评价法》，指导和规范全县建设项目环境影响评价工作，提高环境影响评价和项目环境管理水平。加大对各类开发区、工业小区区域环境影响评价和环境保护规划编制工作的指导。按照相关法律、法规规定，对符合国家产业政策进入县境的建设项目，严格执行环境影响评价制度和“三同时”制度，通过法律、技术手段严格控制新污染源的产生。

2001—2008年，共受理建设项目环境影响评价212个，其中编制环境影响报告书9个、报告表82个、登记表89个，环境影响评价执行率为100%；拒绝对环境有较大影响的建设项目近20个（铁合金、重铬酸钠、玻璃厂、石墨电极、黏土红砖等，总投资近20亿元），实现从“招商引资”到“招商选资”的转变。在对新建项目进行环保审批的同时，加强对新建项目“三同时”的跟踪管理。对具备验收条件的企业及时组织完成“三同时”验收，对已完成环保设施建设但运行情况不好的企业限定验收期限，对在规定时限内不能完成“三同时”验收的企业一律要求停产整治。

全县环境政策法制工作进一步加强，县委、县政府先后出台《关于加强生态环境保护与建设的意见》《龙里县关于禁止饮食娱乐服务业使用燃煤炉灶的通知》《关于要求县城区燃煤锅炉进行治理的通知》《龙里县饮用水源保护管理规定》《龙里县饮用水源保护区管理办法》等，环境政策体系日趋完善。

三、执法监管

1986年，全县开始向排污者征收排污费，实行排污者付费，打开环境管理的新局面，激发干部和群众的环保法制观念。群众知道环保部门能对排污责任者征收排污费、罚款，积极举报违法排污情况，使环境污染事故及污染纠纷依法得到处理，使环境保护与生产、生活紧密联系起来。通过运用排污征费手段，督促各排污企业加强环保意识，提高生产工艺，安装环保设施，保证设施正常运行，减少污染排放，从而减少环境污染，并对拒付排污费和偷排、漏排违法企业进行行政罚款处罚。

《排污费征收使用管理条例》实施以后，排污费征收工作取得有效进展。条例严格规定未缴纳排污费的企业所受的经济处罚。其中第二十一条：排污者未按照规定缴纳排污费的，由县级以上地方人民政府环境保护行政主管部门依据职权责令限期缴纳；逾期拒不缴纳的，处应缴纳排污费数额1倍以上3倍以下的罚款，并报经有批准权的人民政府批准，责令停产停业整顿；第二十二条：排污者以欺骗手段骗取批准减缴、免缴或者缓缴排污费的，由县级以上地方人民政府环境保护行政主管部门依据职权责令限期补缴应当缴纳的排污费，并处所骗取批准减缴、免缴或者缓缴排污费数额1倍以上3倍以下的罚款。

依法限期淘汰资源消耗高、环境污染重的落后产能企业；依法关闭不符合国家产业政策的小炼铁、小炼钢、土法炼锌、土法炼焦等，促进产业结构优化。对生产排污不达标或不能稳定达标的企业实行限期治理、限产治理或者停产治理。依靠技术进步，推动工业企业实施节能、降耗、减污、增效。积极推行清洁生产，发展循环经济。

对工业进行合理布局，经过多年的调整，对距县城较近的龙山工业小区，原则上不再引进、新建对环境有影响的项目；将对环境有一定影响，符合国家产业政策，通过治理能达到国家排放标准的冶金、建材等重工业项目安排在距县城7公里的北部工业小区进行建设；将医药工业安排在距县城20公里谷脚医药工业园进行建设。

2000年9月，贵州正大公司硫酸系统由于设备运行不佳，多次出现事故性超标外排二氧化硫事件，严重污染县城大气环境，被县政府勒令停业整顿、赔偿损失并按有关规定进行处罚。2006年，开展整治违法排污企业，保证群众健康环保专项行动，遏制矿山污染、工业污染、建筑污染、名胜景区污染上升势头。

第二节　环境监测

一、工业污染监测

1988年以前，环境治理职责由城乡建设环境保护部门负责。1988年6月17日成立县环境监理监测站，具体负责环境监测治理工作。1998年成立县环保局。2006年12月6日恢复环境监测站，为正股级事业单位，负责全县环境质量监测与报告。2007年全县监测企业共89家，年产废水量227.25万吨，排放193.23万吨，处理量44.06万吨，处理率为19.4%。废气排放量38.48亿标立方米，其中燃烧过程排放量为5.22亿标立方米，生产工艺过程排放量33.26亿标立方米，处理废气量2.24亿标立方米，处理率为5.8%。固体废物产量18.57万吨，综合利用量17.49万吨，综合利用率93.1%；处理量1.25万吨。

二、生活污染监测

2007年，全县生活用水总量197.58万吨，生活废水排放总量157.78万吨；生活源废水中化学需氧量排放量为860.06吨，五日生化需氧量排放量212.73吨，总磷9.69吨，动植物油69.35吨，氨氮86.21吨，总氮115.15吨，铅91.33克，汞4.53克，氰化物0.12克，石油类26.09公斤；生活用煤量2.36万吨，液化石油气用量391.2吨，锅炉废气排放总量为1.91亿立方米，二氧化硫排放量446吨，其中住宿业中锅炉排放量3.2吨、居民服务和其他服务业中锅炉18.6吨、城镇居民生活424.2吨；生活垃圾4648.7吨，其中住宿业为184.5吨、餐饮业为560.5吨、医院为20.1吨、城镇居民生活为3883.6吨，锅炉粉煤灰和炉渣集中收集量为84.3吨，炉渣产生量76吨。

三、水质监测

饮用水质监测　县城区的饮用水源主要是猴子沟，亦是龙里县划定的二类水水源保护区。从现状水质来看，除铁、锰超标外，其余指标均在标准限值内，基本达到二类水水质标准。2008年9月，在猴子沟双拥坝取水点监测的指标为铁和锰，铁的测得值为1.89毫克/升，超标倍数为5.3倍；锰的测得值为0.08毫克/升。

猴子沟饮用水源保护区拥军坝取水点铁、锰水质监测值一览表

表1-26

指标 时间	铁		锰	
	测得值（mg/g）	超标倍数	测得值（mg/g）	超标倍数
2008年9月	1.893	5.3	0.077	未超
2009年1月	0.38	0.3	0.38	2.8

河流水质监测 境内地表水系较为发达，均为长江和珠江支流的源头。三元河属长江支流源头，受到未经处理生活污水和生产废水的影响，有机物、悬浮物、重金属逐年增加。从2005年起，委托黔南州环境保护监测站对三元河进行水质监测。根据龙里县地表水环境功能区划以及城区工业企业的分布情况，在三元河上游设置对照断面（602断面）、控制断面（茅草冲断面、播箕桥断面）、消解断面（大土断面）和出境断面（3537厂断面），每年夏秋各进行1次监测，指标分别为水温、pH、氨氮、氟化物、5日生化需氧量、高锰酸盐指数、溶解氧、氰化物、悬浮物、挥发酚、砷、铅、镉、汞、六价铬、石油类、总磷。

2007—2008年，对照断面（602断面）的4次测定值均未超标；2008年，控制断面（茅草冲断面）的2次测定值，仅有溶解氧和总磷超标；2006—2007年，控制断面（播箕桥断面）的4次测定值中，氨氮、氟化物、溶解氧、砷、石油类和总磷超标；2007—2008年，消解断面（大土断面）的4次测定值中，氟化物、溶解氧、砷和总磷超标；2008年5月，出境断面（3537厂断面）所测定的指标均未超标。

龙里县2006—2007年部分月份播箕桥断面水质监测值一览表

表1-27

播箕桥断面	标准限值	单位	2006年4月		2006年11月		2007年4月		2007年10月	
			测得值	超标倍数	测得值	超标倍数	测得值	超标倍数	测得值	超标倍数
水温	—	℃	19	—	16.2	—	19	—	17.5	—
pH	6～9	—	7.57	未超	8.11	未超	7.63	未超	7.9	未超
氨氮	1	mg/L	1.303	0.3	0.079	未超	1.246	0.3	0.75	未超
氟化物	1	mg/L	6.91	5.9	2.285	1.3	2.758	1.8	2.27	1.4
五日生化需氧量	4	mg/L	2.72	未超	1	未超	5.08	0.3	2	未超
高锰酸盐指数	6	mg/L	3.37	未超	2.23	未超	3.63	未超	1.83	未超
溶解氧	≥5	mg/L	4.87	0.03	7.47	未超	2.62	5.3	7.61	未超
氰化物	0.2	mg/L	0.001	未超	0.001	未超	0.001	未超	0.001	未超
悬浮物	0.005	mg/L	4	—	2	—	26.3	—	2	—
挥发酚	—	mg/L	0.001	未超	0.001	未超	0.001	未超	0.001	未超
砷	0.05	mg/L	0.028	未超	0.004	未超	1.911	37.2	3.911	77.2
铅	0.05	mg/L	0.005	未超	0.005	未超	0.005	未超	0.005	未超
镉	0.005	mg/L	0.0005	未超	0.0005	未超	0.0005	未超	0.0005	未超
汞	0.0001	mg/L	0.00002	未超	0.00002	未超	0.00002	未超	0.00002	未超
六价铬	0.05	mg/L	0.002	未超	0.002	未超	0.002	未超	0.002	未超
石油类	0.05	mg/L	0.005	未超	0.079	未超	0.458	8.2	0.005	未超
总磷（以P计）	0.2	mg/L	—	—	—	—	2.758	8.2	2.455	11.3

龙里县2007—2008年部分月份602断面水质监测值一览表

表1-28

602断面	标准限值	单位	2007年4月		2007年10月		2008年5月		2008年9月	
			测得值	超标倍数	测得值	超标倍数	测得值	超标倍数	测得值	超标倍数
水温	—	℃	17	—	15.8	—	18.8	—	15.7	—
pH	6～9	—	8.08	未超	8.05	未超	8.23	未超	8.31	未超
氨氮	1	mg/L	0.059	未超	0.076	未超	0.036	未超	0.138	未超
氟化物	1	mg/L	0.226	未超	0.237	未超	0.114	未超	0.47	未超

续表

602断面	标准限值	单位	2007年4月		2007年10月		2008年5月		2008年9月	
			测得值	超标倍数	测得值	超标倍数	测得值	超标倍数	测得值	超标倍数
五日生化需氧量	4	mg/L	1	未超	1	未超	2	未超	2	未超
高锰酸盐指数	6	mg/L	1.13	未超	0.83	未超	1.37	未超	1.48	未超
溶解氧	≥5	mg/L	5.52	未超	9.06	未超	5.67	未超	6.36	未超
氰化物	0.2	mg/L	0.001	未超	0.001	未超	0.002	未超	0.002	未超
悬浮物	—	mg/L	30.5	—	3	—	5.8	—	6	—
挥发酚	0.005	mg/L	0.001	未超	0.001	未超	0.002	未超	0.002	未超
砷	0.05	mg/L	0.005	未超	0.004	未超	0.007	未超	0.007	未超
铅	0.05	mg/L	0.005	未超	0.005	未超	0.01	未超	0.01	未超
镉	0.005	mg/L	0.0005	未超	0.0005	未超	0.001	未超	0.001	未超
汞	0.0001	mg/L	0.0002	未超	0.0002	未超	0.00005	未超	0.00005	未超
六价铬	0.05	mg/L	0.002	未超	0.002	未超	0.004	未超	0.004	未超
石油类	0.05	mg/L	0.676	未超	0.01	未超	0.01	未超	0.01	未超
总磷（以P计）	0.2	mg/L	0.041	未超	0.008	未超	0.014	未超	0.028	未超

龙里县2007—2008年部分月份大土断面水质监测值一览表

表1-29

大土断面	标准限值	单位	2007年4月		2007年10月		2008年5月		2008年9月	
			测得值	超标倍数	测得值	超标倍数	测得值	超标倍数	测得值	超标倍数
水温	—	℃	18.1	—	18.5	—	18.3	—	17	—
pH	6～9	—	7.86	未超	7.83	未超	7.93	未超	8.29	未超
氨氮	1	mg/L	1.443	0.4	0.602	未超	0.487	未超	0.225	未超
氟化物	1	mg/L	2.662	1.7	2.954	2	0.519	未超	0.59	未超
五日生化需氧量	4	mg/L	1	未超	1	未超	3.6	未超	2	未超
高锰酸盐指数	6	mg/L	2.85	未超	1.38	未超	3.73	未超	3.38	未超
溶解氧	≥5	mg/L	4.41	2.1	6.01	未超	4.57	1.8	6.73	未超
氰化物	0.2	mg/L	0.001	未超	0.001	未超	0.002	未超	0.002	未超
悬浮物	—	mg/L	39.5	—	2	—	10.8	—	32	未超
挥发酚	0.005	mg/L	0.001	未超	0.001	未超	0.002	未超	0.002	未超
砷	0.05	mg/L	1.269	24.4	3.069	60.4	0.027	未超	0.007	未超
铅	0.05	mg/L	0.005	未超	0.005	未超	0.01	未超	0.01	未超
镉	0.005	mg/L	0.0005	未超	0.0005	未超	0.001	未超	0.001	未超
汞	0.0001	mg/L	0.00002	未超	0.00005	未超	0.00005	未超	0.00005	未超
六价铬	0.05	mg/L	0.002	未超	0.002	未超	0.004	未超	0.004	未超
石油类	0.05	mg/L	0.04	未超	0.01	未超	0.01	未超	0.01	未超
总磷（以P计）	0.2	mg/L	2.662	7.9	1.911	8.6	0.32	0.6	0.306	0.5

龙里县2008年部分月份3537厂断面水质监测值一览表

表1-30

3537厂断面	标准限值	单位	2008年5月	
			测得值	超标倍数
水温	—	℃	19	—
pH	6~9	—	8.54	未超
氨氮	1	mg/L	0.028	未超
氟化物	1	mg/L	0.38	未超
高锰酸盐指数	6	mg/L	1.7	未超
溶解氧	≥5	mg/L	—	—
氰化物	0.2	mg/L	—	—
悬浮物	—	mg/L	—	—
挥发酚	0.005	mg/L	—	—
砷	0.05	mg/L	0.018	未超
铅	0.05	mg/L	—	—
镉	0.005	mg/L	—	—
汞	0.0001	mg/L	—	—
六价铬	0.05	mg/L	—	—
石油类	0.05	mg/L	—	—
总磷	0.2	mg/L	0.084	未超
总氮	1	mg/L	—	—
BOD6	4	mg/L	2	未超
COD	20	mg/L	—	—
铜	1	mg/L	—	—
锌	1	mg/L	—	—
硒	0.01	mg/L	—	—
硫化物	0.2	mg/L	—	—

龙里县2008年部分月份茅草冲（打草河下游）断面水质监测值一览表

表1-31

茅草冲断面	标准限值	单位	2008年5月		2008年9月	
			测得值	超标倍数	测得值	超标倍数
水温	—	℃	21.5	—	16.8	—
pH	6~9	—	7.86	未超	8.28	未超
氨氮	1	mg/L	0.477	未超	0.206	未超
氟化物	1	mg/L	0.437	未超	0.63	未超
五日生化需氧量	4	mg/L	2	未超	2	未超
高锰酸盐指数	6	mg/L	3.73	未超	1.82	未超
溶解氧	≥5	mg/L	1.61	7.1	6.45	未超
氰化物	0.2	mg/L	0.002	未超	0.002	未超
悬浮物	—	mg/L	19.8	未超	21	未超

续表

茅草冲断面	标准限值	单位	2008年5月		2008年9月	
			测得值	超标倍数	测得值	超标倍数
挥发酚	0.005	mg/L	0.002	未超	0.002	未超
砷	0.05	mg/L	0.034	未超	0.007	未超
铅	0.05	mg/L	0.01	未超	0.01	未超
镉	0.005	mg/L	0.001	未超	0.001	未超
汞	0.0001	mg/L	0.00005	未超	0.00005	未超
六价铬	0.05	mg/L	0.004	未超	0.004	未超
石油类	0.05	mg/L	0.01	未超	0.01	未超
总磷（以P计）	0.2	mg/L	0.474	1.4	0.282	0.1

第三节 环境治理

一、治理情况

（一）工业污染源治理 根据《国务院关于环境保护若干问题的决定》，要求到2000年全国所有工业污染源排放的污染物要达到国家或地方规定的排放标准。1999年，龙里开展“一控双达标”工作，多家企业对工业废水设施陆续进行技术改造，其中贵州正大实业有限公司采用压滤、沉淀装置，逐级回收处理母液、悬浮物，减少磷酸盐、悬浮物、氨氮的外排量。龙里县化工厂采用竖流沉降原理及酸碱中和原理对硫酸废水进行处理，减少氨氮、硫酸盐、悬浮物的排放量。

2001—2006年，在贵州神奇制药厂、贵州富华制药厂、贵州弘康制药厂等企业，推行龙里县化工厂、龙里龙腾铁合金有限责任公司循环使用废水的治理措施。2005年，启动贵州正大污水治理工程建设。2006年，贵州龙里县兴旺屠宰有限公司被贵州省环保局列为省级挂牌督办企业，其生产废水达标排放作为重点治理项目，通过建蓄积池、安装管道引于农田，实现零排放。2008年贵州神奇啤酒有限公司安装COD在线监测仪，时时监测氨氮的排量情况。2000—2008年，龙里县先后关闭、搬迁县城周边10多家严重污染工业企业。

（二）河流污染治理 将三元河、湾滩河划定为重点河流，加强对河流周边工业生产、矿产资源开发活动的监管，关停龙里化工厂等一批外排生产废水、烟尘废气企业。2005年县政府勒令“三废”污染严重的正大集团公司停产，使空气环境及地表水环境得到改善。为规范医疗废水的管理，减轻或杜绝医药医疗废水对河流及周围环境的污染，依照有关规定监督医疗单位的病原体、废水作无害化处理后排放，并报送排放去向和无害化处理情况。

（三）饮用水源治理 经贵州省人民政府批准，2007年6月30日将龙里县猴子沟保护区划定为龙里县饮用水水源保护区，对保护区内原有污染源一律取缔和关闭。2003—2007年共炸毁和封停关闭上游影响猴子沟饮用水水源的小煤窑110多家，使县城饮用水源的水质安全得到保障。

（四）城市环境治理 于2007年启动贯城河治理工程，制订《龙里县整脏治乱工作方案》，开展全县环境综合整治，要求进入经营区域的业主对外排的污染物进行处理，有效控制建筑扬尘、粉尘、社会噪声，使县城区环境质量得到有效改善。取缔或改造县城区燃煤炉灶和锅炉，大力推广电、气、太阳能等清洁能源，确保县城区空气质量达到功能区要求。

2007年完成生活污水处理厂建设的前期工作，项目计划日处理0.7万吨，总投资2600万元。同年12月19日，污水处理厂管网收集系统工程开工；县城日处理80吨生活垃圾卫生填埋工程的环评、可研、初步设计批复等前期工作已完成，项目初步设计服务年限11年，总投资2700万元，建库区1座、日处理40吨渗沥液处理系统工程一套和垃圾转运站7座，至2008年底，已完成投资45.2万元。

2008年，城市环境监测结果：二氧化硫日均值为0.12～0.142毫克/立方米，二氧化氮日均值为0.024～0.034毫克/立方米，总悬浮物颗粒日均值范围为0.114～0.354毫克/立方米，空气污染综合指数P=2.004，均达《环境空气质量标准》（GB3095-1996）二级标准，空气质量较好。多年来环保、建设、城管、工商、文化、公安等部门协同配合，开展城区综合防治工作，加强建筑工地环境管理和控制夜间施工作业，减少扬尘、噪声污染；加强娱乐行业管理，噪声扰民得到有效遏制；继续取缔经营性餐饮业燃煤炉灶，推广使用清洁能源和油烟收集设备，进一步减少油烟污染；合理划分行业经营区域，规范行业管理，县城区环境质量得到有效改善。

（五）大气污染控制 县境大气污染主要来自工业、生活和交通三个方面。工业污染系指化工、铁合金、建材、制药等企业在生产过程中所排出的烟尘、粉尘、二氧化硫及氮氧化物等废气物，进入空中造成大气污染；生活污染指人们在烧菜做饭、取暖时，燃烧矿物燃料排放的烟气造成低空大气污染；交通污染系机动车的尾气排放一氧化碳、氮氧化物、碳氢化合物、铅，造成大气污染。

1999年前，铁合金行业主要采取严格控制还原剂用量和绿化厂区环境的措施来减少大气污染，化工行业采用氟吸收装置减少氟的排放量，水泥行业以沉降设施除尘，这些陈旧方法难以控制废气粉尘的排放。之后，强制更新废气粉尘处理设备，淘汰落后生产工艺，改进燃烧设备，确保处理设备正常运行，提高脱硫除尘效果。同时还根据环保需要关停一批主要污染企业，使大气的污染得以有效控制。

为减少生活污染源中烟尘、二氧化硫的排放量，县政府颁布《关于禁止饮食服务、娱乐行业使用燃煤炉灶的通告》《关于禁止在县城规划区内燃放烟花、爆竹的公告》，推行燃煤炉灶和锅炉使用低硫无烟煤、焦炭及其他清洁能源，并加强民用清洁燃料的倡导，禁止城乡居民燃烧垃圾，鼓励垃圾分类存放、处理或填埋。

二、生态保护

2000年10月，龙里县成立生态环境现状调查领导小组，对全县环境状况进行调查。全县总土地面积228.6万亩，其中：耕地面积36.7万亩，林地105.2万亩，牧草地81万亩（其中连片草地在300亩以上的有97片，面积达44.7万亩），水域面积1.36万亩。

通过项目实施，加大退耕还林还草、植树造林、水土保持等项目资金投入，至2007年底，全县共建有国家级水利生态风景区1个，面积12平方公里；省级风景区1个，面积260平方公里；国家森林公园1个，面积60.79平方公里；创建国家级生态示范区2个，省级生态示范区2个，麻芝乡州级生态农业示范村1个，县级生态示范村22个，林灌覆盖率为48.13%。

至2008年，先后编制实施《龙里县环境保护“十一五”规划》《龙里县生态示范村建设与推广实施方案》《贵州省龙里县喀斯特石漠化综合防治规划》《龙里县农村饮用水安全规划》《龙里县林业发展“十一五”规划》和《龙里县水土保持“十一五”规划》等各项环境建设专业规划，采取退耕还林、植树造林、生态修复等工程建设措施，大力推进龙里县长江、珠江流域保护区、自然保护区、风景名胜区、生态示范区的建设，建成龙架山国家森林公园、羊鸡冲国家级水利风景区和国家水土保持科技示范园区、猴子沟省级风景名胜区，“三区”建成面积341平方公里，达国土面积的22%，生态保护区面积不断扩大。在9个生态示范村实施农村能源环保工程，划定猴子沟饮用水源保护区面积48.27平方公里，营造林面积13.23万亩。完成贵新高等级公路龙里段生态示范带建设施工作业设计，完成宜林荒山造林3000多亩；完成贵新高等级公路生态经济示范重点风景林营造工程5个，造景面积152亩。

加大农业生产技术指导和农村能源建设，减少农业面源污染和改善农村生活环境。通过禁止使用有毒、高残留农药、塑料农膜，推广使用优质化肥和测土配方耕作方式，防止农业和农村面源污染，建设生态农业试点，加大农村新型能源建设。2001—2008年，累计投入资金3548万元实施沼气工程，带动改厕、改厨、改圈，累计建成沼气池9142口，推广“三沼”综合利用面积2.2万亩，每年节约1.6万吨薪材消耗，保护林地面积约4万亩。

加大矿山管理，整治矿山环境。开展重点流域三元河、湾滩河及猴子沟饮用水源保护综合治理，加大矿山巡查，对非法采矿点及时予以取缔和炸封，共取缔小煤窑110家、域内企业15家；对11家煤炭企业中的8家进行整合、3家扩能扩建煤矿办理环境影响评价手续，完成环评编制并经过专家审查7家煤矿，完成栎木山煤矿矿井治理1家，在建矿废井废水处理设施2家（摆省煤矿、白水岩煤矿）；收取矿山恢复治理保证金1260万元，对闭坑矿山履行生态环境恢复治理提供保障。

县城环境基础设施逐步完善，新增兴龙广场绿地1.81万平方米，建成绿化隔离带2130米、公共绿地6.43万平方米，县城区绿化率达到13.4%。

第五章　自然资源

第一节　土地资源

龙里县位于贵州省中部、黔南布依族苗族自治州西北部，南北长73公里，东西宽36公里，土地总面积1521平方公里。全县以山地为主，山地面积占土地总面积的52.40%，丘陵面积占32.20%，盆地及河谷坝子面积仅占15.40%。山高坡陡，地面崎岖。全县土壤面积14.88万公顷，分为4个土类，11个亚类，235个土种。主要地带性土壤有黄壤土类、石灰土类、草甸土类和水稻土类，其中分布面积最多的为黄壤，约占土壤总面积的49.84%。此外，还广泛分布有石灰（岩）土，约占土壤总面积的41.68%。在山地垂直带的上部，有山地灌丛草甸土的分布，局部地形洼地还发育有潮土。龙里水热条件较好，适于水稻生长，在县域内广泛分布着经水耕熟化形成的水稻土，约占土壤总面积的7.6%。

县境内土地利用类型以林地和耕地为主。全县林地面积约占土地总面积的48%，耕地面积约占土地总面积的21%，二项合计高达69%。西北部为低中山丘陵粮、烟、用材林城郊农业区，耕地以旱地为主，林牧资源丰富；南部中低山谷地稻、果区，耕地集中连片，以水田为主；中部山原台地牧、林、稻区，草山草坡资源丰富，宜林面积大，耕地主要分布在山间盆地，龙里县城即位于此区，该区城镇村及工矿、交通用地占有较大比重，土地利用率高，农业与非农业用地矛盾突出。

全县土地利用率已从1996年的90%提高到2005年的93%，宜耕后备资源十分有限。根据土地变更调查统计，全县耕地面积自1996年的3.52万公顷，下降到2005年的3.14万公顷，年均减少426.84公顷（含生态退耕），耕地减少3841.59公顷；而人口则增加了2.73万人，人均耕地由1996年的0.19公顷下降到2005年的0.15公顷，人均耕地减少0.04公顷。

全县土地利用的主要问题有：土地利用程度及综合生产能力低；土地利用立体性强而现代化开发利用条件差；土地生产潜力挖掘不足；山多丘陵少，耕地后备资源贫乏，土地开发利用难度大。全县2005年未利用地面积9580.09公顷，其中荒草地4448.87公顷、沼泽地0.27公顷、沙地0.08公顷、裸土地38.47公顷、裸岩石砾地5092.39公顷、河流水面596.43公顷、苇地0.70公顷、滩涂1.75公顷。

从经济技术条件分析，只有荒草地能作耕地开发的地类，但是荒草地多分布在交通不便、坡陡、土层较薄的边远岩溶山区，宜耕条件差。结合土地适宜性评价以及可能的投入分析，全县开发可新增耕地667公顷。根据龙里县《土地开发整理复垦规划（1997—2010年）》，全县耕地后备资源仅有809.34公顷，而远景资源潜力也仅为2242公顷，并且多呈零星分布。

第二节　水资源

县境内水量充足，河流落差大，水能资源较丰富。共有河流、溪涧102条，属长江水系的有92条，流域面积占全县总面积的93%；属珠江水系的有10条，流域面积占全县总面积的7%。河流总长644公里，河长超过10公里或流域面积大于20平方公里的河流共10条，天然落差486米。全县水能资源理论储量为4.67万千瓦，利用系数为34.5%，其中南明河及其支流占2.66万千瓦，为56.8%。可开发量1.61万千瓦，南明河及其支流占1.1万千瓦，为68.2%。已建水电站9座，总装机容量1915千瓦，占可开发量11.9%。

地表径流的分布受以降水量为主的多种因素影响。径流量的地区分布一般由北向南逐渐增加，南部山区径流深达680毫米，中部谷地为550毫米，北部丘陵山地为525毫米，南北相差155毫米。偏丰年径流总量为10.32亿立方米，平水年为8.2亿立方米，枯水年为6.73亿立方米，特枯年为4.89亿立方米。全县地表水年径流量平均为8.43亿立方米，多年平均径流深为554毫米，径流系数为0.84。地下水8.52亿立方米。2008年县内有小（2）型以上蓄水工程9个（座），总库容量640万立方米。

龙里县水资源量统计表

表1-32

流域	水系	面积（平方公里）	降水量（亿立方米）	水资源量（亿立方米）		客水量（亿立方米）
				合计	其中：地下水	
长江	乌江	1404.8	16.197	8.045	0.898	4.753
珠江	红水河	113.0	1.337	0.683	0.072	
全县		1517.8	17.534	8.728	0.97	4.753

第三节　森林和动植物资源

一、森林资源

龙里县国土总面积15.18万公顷，其中：林业用地面积10.23万公顷（龙里县8.92万公顷，省龙里林场1.31万公顷），占国土总面积的67.37%；非林地4.95万公顷（龙里县4.27万公顷，省龙里林场6883.9公顷），占32.63%。在林业用地中：林地面积5.03万公顷；疏林地3185.32公顷；灌木林地面积3.11万公顷（国家特别规定的灌木林2.31万公顷，其他灌木林8030.77公顷）；未成林造林地面积1.03万公顷；苗圃地面积42.54公顷；无立木林地面积290.33公顷；宜林地面积7953.62公顷；“四旁”（路旁、沟旁、渠旁、宅旁）树占地面积为110.72公顷。

2005年第三次森林资源调查数据显示，全县森林覆盖率为48.31%，林木绿化率为53.71%。森林资源总蓄积量为199.5万立方米，主要以天然次生林为主，针叶树种主要有马尾松、杉木等，阔叶树种主要有梓木、楸树、桦木、樟科常绿树种，经济树种（桃、李、梨、杨梅）等，灌木树种主要有栎类、茅栗、蔷薇科灌木树种等。2008年，全县森林覆盖率为50.6%，林木绿化率为54.8%，全县活立木总蓄积199.49万立方米，其中：国有2201.66立方米，占0.11%；集体172.8万立方米，占86.62%；个人26.45万立方米，占13.26%；民营177.7立方米，占0.01%。森林蓄积量为196.91万立方米，占总蓄积的98.71%。

二、动物资源

龙里县复杂的地形地貌和丰富的植被资源，为诸多野生动物提供优越的繁育场所，野生脊椎动物143种，其中列为国家重点保护的珍稀动物有12种。野生动物中鸟类有45种属9目24科，鱼类有55种属4目7科，两栖类有7种属2目3科，爬行类有13种属3目6科，哺乳类有23种属7目15科。

珍稀濒危保护动物　国家二级保护动物主要有猕猴（分布于猴子沟）、藏青猴（分布于巴江清水

江一带）、长尾雉（谷龙、哪嗙乡一带）、锦鸡（全县均有分布）、大鲵（又名娃娃鱼，全县均有分布）、穿山甲（全县均有分布）、石蛙（俗称石蚌、尕蚌，全县均有分布）、黄麂、林麝、小灵猫、沙秋鸭等。

鸟类 县境内以华中区鸟类为主，主要有鸳鸯、白腹山雕、雉鸡、锦鸡、黑水鸟、野鸡、黑水鸡、山斑鸠、中杜鹃、普通夜鹰、姬啄木鸟、普通翠鸟、山鸡、粉红山椒鸟、绿鹦鹉鹎、黑枕黄鹂、小燕尾、灰背燕尾、鹂草画鹛、画眉、红嘴相思鸟、白领凤鹛、棕头鸦雀、棕腹柳莺、寿带鸟、大山雀、黄雀、米雀、麻雀、朱雀、赤脚鸡、鹌鹑、布谷鸟、山鹰、岩鹰、猫头鹰、大眼罩、山岔、乌春、乌鸦、喜鹊、白鹤、八哥等，全县零星分布，在环境保护较好的巴江、哪嗙、醒狮、三元、草原、摆省等乡镇的数量和品种较多。

鱼类 主要鱼种有瓣结鱼、叶结鱼、棒花鱼、虹彩花唇鱼、长鳍光唇鱼、银飘鱼、马口鱼、麦穗鱼、彩石鲋、南方大口鱼、五色鱼、泉水鱿鱼、草鱼、鲫鱼、鲤鱼、七星鱼（俗称乌蚌鱼）、须鲫、鲫、条鳅、中华沙鳅、月鳢、鲶、黄鳝等，全县零星分布，在巴江、洗马、醒狮、龙山、哪嗙、三元、湾寨、羊场等水源丰富的乡镇分布相对集中。

两栖类 有大鲵、中国小鲵、虎纹蛙、石蛙、侧蛙、蛤蟆、青蛙、水獭（俗称水獭猫）、水鼠（俗称水耗子）、野水鸭子等。中国小鲵被列入国家林业局2000年8月1日发布的《国家保护的有益的或者有重要经济、科学研究价值的陆生野生动物名录》。

2006年6月16日，水场乡一农民在高沟村河中捕捉到22尾疑是大鲵幼仔的水生动物，后经省、州有关专家鉴定为“中国小鲵”。至此，贵州成为继湖北、福建、浙江、新疆、湖南等省区之后第七个发现“中国小鲵”的省份。中国小鲵又称短尾鲵，是被称为生物活化石的国家濒危物种。

龙里瘰螈（学名：Paramesotriton chinesis），即“中国小鲵”，为蝾螈科两栖动物。中国特有，分布于贵州省龙里县水场乡。雄螈全长102～131mm，雌螈全长105～140mm，雄、雌螈尾长分别为头体长的70%和80%左右。生活于海拔1100～1200米的山区，成螈多栖息于水流较平缓的山溪或泉水中。白天常隐伏在水底石块、泥沙和水草中，很少活动，夜间外出觅食。经与瘰螈属已知物种比较研究后，2008年被确定为新物种，命名为“龙里瘰螈”。

爬行类 主要有菜花蛇、乌梢蛇、青竹标、黄勾蛇、蝮蛇、水蛇、游蛇、赤链蛇、四脚蛇、壁虎、蜥蜴、龟、鳖等，全县均有分布。

三、植物资源

龙里县已探明有各种植物120科，491属，645种。

珍稀植物 国家一级保护植物有银杏、南方红豆杉；国家二级保护植物主要有榉木、香果、紫薇、短叶黄杉等10多种。龙里县古大稀树共计20种195株，各树种及数量分别为：银杏36株、南方红豆杉2株、短叶黄杉3株、榉木41株、香果树2株、马尾松1株、杉木2株、柏木20株、香樟23株、紫薇2株、石楠1株、皂荚6株、国槐4株、枫香21株、麻栎1株、朴树17株、柿子1株、女贞1株、桂花2株、梓木3株。银杏在各乡镇均有分布，最高树龄1200年的银杏生长于醒狮镇凉水村徐家庄组。南方红豆杉古树龙里县仅有两棵，分布于湾寨乡凯卡村脚兰组和石头村。短叶黄杉有3棵，分布于草原乡塘兴村坝卡组。

榉木在各乡镇均有分布，树龄最高的为800年，生长于摆省乡谷孟村吴家院组。香果树2株，生长于谷脚镇观音村老街组。香樟主要分布于巴江、哪嗙、醒狮、谷脚、三元、水场、草原、摆省、麻芝、龙山等乡镇。柏木树龄在150～600年之间，主要分布于洗马、谷龙、醒狮、龙山、水场、三元、羊场等乡镇。朴树最高树龄为500年有2株，生长于哪嗙乡谷冰村谷冰街上和醒狮镇旧寨村旧寨组。2008年，从事植物、环境生态等科学研究和教学的贵州教育学院教授、贵州省植物学会理事方嗣昭在龙里县三元镇永安村发现“贵州最大”的滇楸和藤黄檀。滇楸高40余米、胸径1.3米，当地俗称“梓木”；藤黄檀长百余米、根部直径30多厘米，当地俗称“倒钩藤”。

野生药用植物 野生药用植物种类多，主要有白芨、吴芋、何首乌、八角莲、八角枫、独脚莲、芦花根、五倍子、龙胆草、五加、夏枯草、益母草、药藤、大血藤、小血藤、青木香、木枫、天南星、麦冬、金银花、地榆、及已、马齿苋、马鞭草、臭牡丹、木姜子、土茯苓、天麻、杜仲、鱼腥草、小果蔷薇、无花果、火炭母、算盘子、八爪金龙、拐枣、透骨香、冬青子、鸡屎藤、对叶莲、通草、尼子、独活、水川芎、积雪草、小菊花、见血飞、白头翁、天葵、三颗针、木通、败酱草、白花前胡、蜂糖罐、覆盆子、五皮风、苦瓜、一口血、海棠、木芙蓉、拳参、牛藤、铁扫把、生扯拢、鸡冠、山乌龟、山慈姑、虎耳草、厚朴、辛夷花、紫荆皮、芍药、黄连、草乌、灵芝草、伸盘草、木栎草、扒岩姜、鹅不食草、苍耳、千里光、恶鸡婆、艾、桔梗、党参、半边莲、菟丝子、牵牛花（破碗花）、紫苏、荆芥、活血丹、薄荷、天门冬、小天冬、半夏、仙茅、山药、裂口苔、毛慈姑、淡竹叶、玄参等200余种。

野生饲料植物 主要有芒、狗尾草、画眉草、雀麦、三叶草、胡枝子、葛藤、车前草、蒲公英、鸡脚菜（地米菜）、母猪藤、无娘藤、亮杆菜、刺刺菜、野豌豆、鹅耳长、茇茇菜、野蒿菜、野花生、野棉花、克蟆蔸（车前草）、水冬瓜、黄花菜、藿麻草、野草莓（栽秧苞）等禾本科、豆科、菊科多种。

野生食用植物 主要有桃子、梨子、柑子、红刺果、猫饭籽、枇杷、鸡爪树、银杏、杨梅、山楂、野苦李、野柿子、毛栗、油茶、刺梨、猕猴桃、野地瓜、八月瓜、红苞、乌苞、黄苞、野果葱等。

竹类植物 主要有金竹、毛（茅）竹、刺竹、箭竹、油竹、慈竹、楠竹、紫竹、丛竹、苦竹、水竹、方竹、筧巴竹等。

四、真菌类资源

县境气候温和湿润，适宜各种野生菌类生长，全县各乡镇均有分布，其中谷脚镇观音村盛产紫花菌，该村塘坊已成为龙里到贵阳交通要道上的野生菌集散地。主要有奶浆菌、黄丝菌、冻菌、鸡冻菌、茅草菌、刷把菌、松毛菌、荞粑菌、青草菌、伞把菌、青布菌、红菌、谷桩菌、栎木菌、白菌（石灰菌）、紫花菌（香菌）、野木耳等。丰富的野生菌资源推动了饮食业发展。

第四节　矿产资源

龙里县境内的矿产主要为层控类型的同生沉积矿产，主要有广泛分布的煤、鲕状赤铁矿，硅石以及占储备中大部分的硫铁矿等；其次为残积—坡积或第四系河流冲积、洪积、冰水沉积等层控淋滤后生沉积矿产；县内广为分布的褐铁矿，部分铁硫砂类型的硫铁矿，高岭土以及重晶石等。这类矿产虽然分布广泛，但成层性差，层位不稳定，含矿层较少，分布面积较小。县内矿产资源较为丰富，主要矿种有煤、硫铁矿、赤铁矿、褐铁矿、硅石矿、高岭土、石灰石、白云石、大理石、重晶石、氟石、铝土矿、钾矿等。

龙里县矿产资源勘查程度低，找矿远景好，已发现矿产15种（含亚种），发现矿床、矿点（矿化点）77处。煤矿、铁矿、铝土矿、炼镁白云岩、水泥用灰岩、陶瓷土、水泥用黏土、冶金用石英岩、方解石、高岭土等矿产不同程度勘查有储量，其中无烟煤1985万吨、有烟煤9075万吨、硫铁矿895万吨、硅石806万吨、铝土矿34万吨。

县内煤蕴藏丰富，主要集中在洗马、草原、摆省等乡镇，主要有麻芝煤矿、摆主煤矿、石龙沟煤矿点、草原凉山煤矿、暗山煤矿点、烂田湾煤矿、凉水井煤矿、吴家坪煤矿、大谷龙煤矿点、河尾巴煤矿、元宝煤矿（床）点、下元宝（大坝）煤矿等。煤质类型齐全，含煤地层多、分布广泛、质佳，且有悠久的开发历史。有中型矿床1个，小型矿井6个，矿点13个，总矿量为1.12万～1.16万吨。含煤地层有：石炭系下统大塘组、二叠系下统栖霞组底部和上统吴家坪组与长兴组等地层，其中除二叠系下统栖霞组底部煤层经济价值不大外，其余都是比较理想的含煤地层。

县内矿产种类较多，大部分具有开发利用价值，已调查的矿种有硫铁矿、硅石（砂）、高岭土、重晶石、氟石以及特种非金属矿产水晶、冰洲石等数种。县内共有硫铁矿床（矿点、矿化点）9处，其中中型矿床1处。主要分布在羊场镇长林寨、铜鼓井，谷脚镇的凉水井、大土、母鸡石、芹菜塘、画眉寨、白泥田、黑石头等地区。硅石矿分布广泛，藏量丰富，品质优良，开采加工方便，有龙里县城东关坡、谷脚镇冯家山两处中型矿床，城郊烂桥、留云洞等地均为硅石矿点。县内的高岭土矿层普遍较薄，矿石质量较差，多数只可作普通砖瓦原料，虽然部分可作陶瓷原料但需经过选矿，三元新安、高坪等地均有分布。重晶石分布也比较普遍，谷冰小寨、哪嗙界牌附近较多。氟石矿，仅发现摆省乡果里至渔洞下寨之间地段一处。钾盐矿，分布在哪嗙上把比磨子冲一带。

县内特种非金属矿产仅见有冰洲石和水晶石两种，尚未发现具有工业价值的矿床（点）。冰洲石分布在草原乡水落洞附近。水晶石在县内分布比较广泛，区域上被称为“龙里水晶成矿带”。以县城附近为中心，北自哪嗙乡关口寨附近，往南经老罗堡、新场，直至湾寨等地均有含水晶层分布。龙里水晶含矿带虽然矿点较多，但规模小、含量少，一般不具备开发利用价值。

县境内具有工业意义的金属矿床有铁矿（沉积型赤铁矿和淋积型褐铁矿），其次发现有铅、锡矿化点，但储量都不大。沉积型赤铁矿主要有石龙沟赤铁矿床（平西），洼子冲赤铁矿床（六广石头寨）；次要的赤铁矿点有小金批（湾寨乡）、岔河（大新）、王佑寨（六广）。沉积型赤铁矿床（点）以石龙沟矿床为主，矿床地质储量按矿层分布结合山地工程揭露取得的数据确定参数：G（矿体长）=400米，N（倾向延伸）=200米，H（矿层厚度计算0.7米以上矿层，取总厚度的90%）=4.2米，D（比重）=3.7号/立方米，KP（含矿系数）=0.9。淋积型褐铁矿由于受到矿源物质、构造、地貌以及水文地质条件等多种因素制约，矿床类型繁多，矿体形态复杂，矿体规模悬殊，矿点分布范围广。县境内几乎各乡镇均有褐铁矿化现象。其中有工业意义的小型褐铁矿床7个（地质储量大于1万吨），依次是：二比（洗马镇牛场）、长林寨（羊场镇）、白坟（哪嗙乡谷冰）、破石（羊场镇岱林）、团坡（洗马镇）、混土坡（三元镇）、下麻若（民主乡）褐铁矿床；有一定地质储量（大于2000吨）的褐铁矿点有8个，一般褐铁矿化点有11个。

第二篇　人口　民族　宗教

第一章　人　口

第一节　人口调查统计

一、人口总量

1991年末，龙里县总户数为4.18万户，总人口17.67万人，户均人口4.23人。其中：男9.13万人，女8.54万人；农业人口16.24万人，非农业人口1.43万人；6个镇人口10万人，8个乡人口7.67万人。1995年末，全县总户数4.55万户，总人口18.7万人，户均人口4.55人。其中：男9.7万人，女9万人；农业人口16.97万人，非农业人口1.73万人；6个镇人口10.63万人，8个乡人口8.07万人。2000年第五次全国人口普查统计全县总户数为4.63万户，总人口20.3万人，户均人口4.38人。其中：男10.43万人，女9.87万人；农业人口18.49万人，非农业人口1.81万人；6个镇人口11.44万人，8个乡人口8.86万人。

2005年末，全县总户数为5.9万户，人口21.26万人，户均人口3.6人。其中：男10.94万人，女10.32万人；农业人口18.45万人，非农业人口2.81万人；6个镇人口12.47万人，8个乡人口8.79万人。2008年末，全县总户数6.36万户，总人口21.6万人，户均人口3.4人。其中：男11.12万人，女10.48万人；农业人口18.63万人，非农业人口2.97万人；6个镇人口12.82万人，8个乡人口8.78万人。

二、人口分布

龙里县14个乡镇中，龙山、洗马、羊场、谷脚4个镇人口分布较多。1990年，区、镇人口为4.88万人，乡人口为12.7万人。1991年撤区并乡建镇后，镇人口为10万人，乡人口为7.67万人。2000年，龙山镇总户数为1.07万户，总人口为3.12万人，人口密度为205人/平方公里；三元镇总户数为0.18万户，总人口为0.71万人，人口密度为113人/平方公里；猫场镇总户数0.33万户，总人口为1.51万人，人口密度为156人/平方公里；谷脚镇总户数0.41万户，总人口为1.72万人，人口密度为119人/平方公里；羊场镇总户数0.39万户，总人口为1.74万人，人口密度为246人/平方公里；洗马镇总户数0.63万户，总人口为2.64万人，人口密度为155人/平方公里。

2008年，龙山镇总户数1.72万户，总人口为4.25万人，人口密度为279人/平方公里；三元镇总户数0.19万户，总人口为0.73万人，人口密度为117人/平方公里；醒狮镇总户数0.46万户，总人口为1.5万人，人口密度为154人/平方公里；谷脚镇总户数0.52万户，总人口为1.82万人，人口密度为126人/平方公里；羊场镇总户数0.47万户，总人口为1.82万人，人口密度为257人/平方公里；洗马镇总户数0.79万户，总人口为2.69万人，人口密度为158人/平方公里。

三、人口变动

（一）人口自然增长　人口出生率：1991年为14.19‰，1995年为14.28‰，2000年为12.51‰，2005年为8.87‰，2008年为9.66‰；年出生人数从1991年的0.25万人降为2008年的0.21万人。人口死亡率：1991年为6.78‰，1995年为5.99‰，2000年为5.95‰，2005年为5.58‰，2008年为5.91‰。人口自然增长率：1991年为7.41‰，2000年为6.56‰，2008年为3.75‰。

（二）人口迁移　因工作调动、经商、务工、求学、代耕、婚嫁、购房入户等原因将户籍迁入或迁出本县，1999年迁入1296人，迁出1830人；2001年迁入3308人，迁出1831人；2003年迁入3439人，迁出1383人；2005年迁入770人，迁出1215人；2006年迁入2210人，迁出2446人；2008年迁入2385人，迁出2309人。

1991—2008年龙里县人口与计划生育情况统计表

表2-1

年份	年末人口（万人）	人口出生率（‰）	死亡率（‰）	人口自然增长率（‰）	总和生育率（个）	计划生育率（%）
1991	17.67	14.19	6.78	7.41	2.65	58.35
1992	17.9	15.97	6.75	9.22	2.59	55.62
1993	18.21	14.09	6.36	7.73	2.48	59.48
1994	18.44	15.35	5.51	9.84	2.46	62.51
1995	18.7	14.28	5.99	8.29	2.42	69.73
1996	18.55	15.38	7	8.38	2.35	66.15
1997	18.58	14.42	6.06	8.36	2.3	80.2
1998	18.77	15.28	6.99	8.29	2.29	76.12
1999	18.87	13.6	5.4	8.2	2.29	83.56
2000	20.3	12.51	5.95	6.56	2.31	81.09
2001	20.6	13.18	5.87	7.31	2.24	85.28
2002	20.72	10.88	5.9	4.98	2.2	87.14
2003	21.04	10.49	5.13	5.36	2.14	89.79
2004	21	6.27	5.13	1.14	2.05	93.45
2005	21.26	8.87	5.58	3.29	1.98	94.58
2006	21.46	10.36	5.29	5.07	1.84	96.61
2007	21.47	8.99	5.2	3.79	1.81	97.66
2008	21.6	9.66	5.91	3.75	1.79	90.23

四、人口构成

（一）人口性别构成　1990年第四次人口普查，男性9.35万人，女性8.58万人，男女性别比为109.05。2000年第五次人口普查，男性10.16万人，女性9.08万人，男女性别比为111.95。2008年，男性11.12万人，女性10.48万人，男女性别比为106.1。

（二）人口民族构成　龙里县境内居住着汉、布依、苗、彝、侗、土家、壮、水、瑶、毛南等20多个民族，汉族、布依族、苗族为主体民族。在少数民族人口中，布依族和苗族居多。1991年全县总人口17.67万人中有少数民族6.76万人，其中苗族3.48万人、布依族3.29万人，少数民族占总人口的38.26%。2000年全县总人口20.30万人中有少数民族人口7.7万人，其中布依族3.9万人、苗族3.77万人，少数民族占总人口的37.9%。摆省乡少数民族人口为0.9万人，居全县第一位；其次是湾寨乡0.72万人。

2008年，全县共有28个民族，总人口21.6万人中有少数民族8.52万人，其中布依族3.96万人、苗族4.39万人，少数民族占总人口的39.44%。汉族人口居第一位，分布在全县14个乡镇，主要聚居于洗马、谷脚、龙山、谷龙等乡镇；苗族人口居第二位，分布在全县14个乡镇，聚居141个村寨，与汉族杂居161个村寨，与布依族杂居17个村寨，与布依族、汉族杂居77个村寨，主要聚居于摆省、草原、羊场、龙山等乡镇；布依族人口居第三位，分布在全县14个乡镇，聚居133个村寨，与汉族杂居112个村寨，与苗族杂居17个村寨，与苗、汉族杂居77个村寨，主要聚居于湾寨、羊场、哪嗙、龙山、醒狮、三元等乡镇。

（三）人口职业构成 1991年从业人口9.32万人，其中：第一产业7.91万人，占84.87%；第二产业0.54万人，占5.79%；第三产业0.87万人，占9.33%。2000年从业人口11.26万人，其中：第一产业9.15万人，占81.26%；第二产业0.88万人，占7.82%；第三产业1.23万人，占10.92%。2008年从业人口12.73万人，其中：第一产业8.38万人，占65.83%；第二产业1.1万人，占8.64%；第三产业3.25万人，占25.53%。

（四）人口文化构成 1991年全县总人口17.67万人，其中：接受大学（指大专及以上）教育的有39人；接受高中（含中专）教育的330人；接受初中教育的1388人；接受小学教育的4060人。2000年第五次人口普查，在本县户籍人口中，接受大学（指大专及以上）教育的有2531人；接受高中（含中专）教育的9234人；接受初中教育的3.9万人；接受小学教育的9.02万人。在全县户籍人口中，2000年15岁及以上文盲人口为2.49万人，与1990年第四次人口普查数据相比，文盲率由24.4%下降为12.9%，下降了11.5个百分点。

五、人口普查工作

（一）第四次全国人口普查 以1990年7月1日零时为标准时间，以县为空间范围，以常住人口为普查对象，普查统计龙里县共有4.95万住户，总人口17.93万人，比1982年第三次人口普查时总人口16.24万人增加1.69万人；人口密度每平方公里118人；总人口中汉族人口为11.07万人，布依族人口为3.29万人，苗族人口为3.48万人，其他民族人口为855人。

（二）第五次全国人口普查 以2000年11月1日零时为标准时间，普查统计龙里县在本地登记的总人口为19.24万人，同第四次人口普查时总人口17.93万人相比，10年零4个月累计增加1.31万人，增长7.31%。其中：男性10.16万人占总人口的52.8%，女性9.08万人占总人口的47.2%，性别比为111.89；汉族人口11.64万人占总人口的60.5%；少数民族人口7.6万人占总人口的39.5%。与1990年第四次人口普查数据相比，汉族人口增加5663人，增长5.14%；少数民族人口增加7400人，增长10.79%。在少数民族人口中，布依族人口3.9万人，苗族人口3.77万人，其他民族人口762人。

第二节 人口控制

1991年，县委、县政府加强计划生育工作，严格控制人口增长，成立人口与计划生育领导小组，层层签订落实目标责任，制定考核、评估办法，严格考核奖惩。2004年3月，县委、县政府出台《关于对乡镇党政主要领导和分管领导干部实行人口与计划生育“一票否决”制的决定》《关于对全县农村独生子女户和二女结扎户实行优先优惠政策的决定》，并严格执行，控制人口增长。

人口出生率从1991年的14.19‰降到2008年的9.66‰；人口自然增长率从1991年的7.41‰降到2008年的3.75‰。育龄妇女总和生育率（每个妇女平均生育的子女数）下降，从1991年的2.65个降到2008年的1.79个。婚龄不断优化，平均初婚年龄由1991年的20.91岁上升到2008年的22.83岁；早婚率由1991年的8.8%下降到2008年的3.7%；晚婚率由1991年的13.8%上升到2008年的48%。18年间，全县因实行计划生育约少生2.35万人。

一、“三为主”和“三结合”

1995年，县政府印发《关于进一步抓紧抓好计划生育工作，努力实现“三为主”的通知》，在全县开始推行避孕节育为主、宣传教育为主和经常性工作为主的工作机制。1996年印发《关于在全县农村全面开展计划生育“三结合”工作的通知》，实施开展计划生育与经济发展相结合、计划生育与帮助农民勤劳致富奔小康相结合、计划生育与建设文明幸福家庭相结合。制定一系列针对计生户的优先优惠政策措施，明确各相关部门在“三结合”中的职责任务，推动计划生育“三结合”工作开展。县直机关、部门对所挂钩乡镇计生工作给予人力、物力、财力支持，派人、派车、拨款到挂钩乡镇支持计划生育工作。

2002年实施计划生育“三结合”帮扶，农村独生子女户、二女结扎户及一般计生户享受到计划生育政策优惠，累计帮扶计生户4156户，占计生总户数8313户的49.99%。通过帮扶有254户脱贫。全县推迟婚期人数41人，推迟二孩生育147人，放弃二孩生育70人。

2003年，累计帮扶计生户5761户，占计生总户数1.06万户的54.29%，194户脱贫，325户达到温饱。投入经费5万元，为125户新增农村独生子女户、二女结扎户办理养老保险；协调专项扶贫资金5万元，帮助摆省乡打夯村、民主乡幸福村20户计生贫困户发展黑山羊、闽中麻鸡养殖。通过帮扶，全县有184户育龄夫妇主动办理独生子女证，推迟婚期人数29人，推迟二孩生育86人，放弃二孩生育62人。

2004年，印发《龙里县关于计生帮扶与打造畜牧产业试点责任人与帮扶单位的通知》，明确由县“四家班子”率先领办1个畜牧养殖计生“三结合”帮扶示范点，县财政及县直各部门投入26万元，在麻芝乡五里村创办1个肉牛养殖示范点，在醒狮镇和谷脚镇各创办1个黑山羊养殖示范点，在谷脚镇岩后村创办奶牛养殖示范点，该举措惠及当地86户计生户家庭。

2006年，全县各部门共帮扶计生户2510户，落实帮扶资金30万元。1996—2008年，全县累计投入帮扶资金328.13万元、化肥2.31万包、大米5.11万公斤，累计帮扶计生户4216户，其中1382户计生贫困户脱贫。

二、“村为主”和“村民自治”

（一）“村为主”　2000年推行计划生育“村为主”工作，把计划生育工作重心下移到村组，开创村民“自我管理、自我服务、自我教育”工作局面。为扎实开展工作，把加强基层组织建设与推进计划生育“村为主”工作相结合、计划生育“村为主”工作与创建“小康村”“文明村”“十星文明户”“三级联创”相结合。通过加强农村基层组织建设，2002年8月全县有141个村（居）基本达到“村为主”要求，创建率达83.43%，完成州下达的80%以上村实现计划生育“村为主”的目标任务，通过省、州的达标验收。2003年，在巩固已取得成果基础上，进一步把“村为主”工作与宣传教育、村（居）民自治、优质服务、知情选择等工作结合起来开展，全县169个村（居）有161个实现“村为主”，创建率达95.3%，完成州要求创建“村为主”达95%以上的工作任务。

（二）“村民自治”　2003年6月，省人口计生委下发《关于推行计划生育村（居）民自治的指导意见》后，全县上下针对新形势下计划生育工作特点和广大育龄群众实际，围绕生育、节育和生殖保健服务，以计划生育村民自治为切入点，以强化诚信管理为手段，不断拓宽计生服务领域，改进计生服务方式，逐步建立计划生育“依法管理、村民自治、优质服务、政策推动、综合治理”的工作机制，群众由“受控对象”变成计划生育的“主人”。

先后组织各乡镇主要领导、分管领导、计生办（站）到广西河池，黔南州的独山县、瓮安县等村（居）民自治工作开展先进地区参观学习，县、乡镇、村三级及时成立组织机构，结合实际制定《龙里县推行计划生育村（居）民自治的实施方案》，全面启动村（居）民自治工作。县计生局落实人员联系各乡镇主抓村（居）民自治工作，与本人年终考核绩效挂钩，并要求各乡镇划拨专项资金用于村（居）民自治工作，真正做到“五个到位”（领导到位、人员到位、责任到位、经费到位、措施到位）。为推进工作的深入开展，分别在醒狮镇的大岩村、民主乡的红星村、三元镇的永安村组织开展村（居）民自治工作经验交流现场会，以先进促后进，带动全县村（居）民自治工作向纵深发展。

2003年共有82个村（居）实现村（居）民自治，创建率达48.5%，完成州下达的35%以上村实现村（居）民自治的工作任务。2007年，进一步扎实开展村（居）民自治工作，按照实现村（居）民自治的十条标准，坚持“民签、民管、民督、民履”程序，开好群众会，不断完善和修订章程和村（居）民公约，签订好合同，开展婚育、节育、生产、生活方面的服务，围绕提升签约率、履约率、手续及时率、妇检率、知晓率开展工作，不断提高群众对计生工作的满意度。全县共有162个村（居）推行村（居）民自治工作，占全县167个村（居）的97%；有68个村（居）实现了村（居）民自治，占40.71%。

2008年，全县167个村（居）中推行村（居）民自治村达151个，推行面达90.42%；其中67个村（居）实现村（居）民自治，实现面达44.37%。

三、“一票否决”制

1991年出台《龙里县计划生育工作奖惩意见（试行）》。2002年起，龙里县实施计划生育工作“一票否决”制，每年3—4月都召开全县计划生育工作会议，会上对计划生育工作起色不大的乡镇进行诫勉谈话，对计生工作滞后的乡镇进行“黄牌警告”和挂“黄牌”督办。之后每个季度末都要对各乡镇上季度计划生育实行排位考核，兑现奖惩。2004年3月，县委、县政府印发《关于对乡镇党政主要领导和分管领导干部实行人口与计划生育“一票否决”制的决定》，进一步完善人口计生目标管理责任制。

四、计划生育奖励

2004—2006年，龙里县把创建利益导向机制作为推动人口计生工作，促进人口与经济社会和谐发展的重要手段，县委、县政府印发《关于对全县农村独生子女户和二女结扎户实行优先优惠政策的决定》规定：符合二孩生育而放弃生育并领取独生子女父母光荣证的农村夫妇，除按规定享受有关政策奖励和优惠外，由县政府一次性奖励500元；农村独生子女户和二女结扎户中户主或配偶一方死亡的县政府给予1000元补助，双方死亡的县政府给予一次性2000元补助，子女出现意外伤残的县政府给予1000元补助，子女死亡的县政府给予2000元补助。

有关单位还根据各自实际对独生子女户和二女结扎户给予各种优先优惠政策，其中：合作医疗报销比例对独生子女及二女结扎户分别提高8个和6个百分点，并明确教育、公安、国土、文体广播、工商、税务、劳动人事、卫生、农业、林业、畜牧、水利、计生、科技、民政、民宗等部门帮扶的相应责任，各乡镇同时根据各自实际补充出台和落实兑现各种优先优惠奖励政策。全县继续把“三结合”帮扶与打造畜牧产业示范点相结合，进一步巩固县“四家班子”领办畜牧养殖项目示范点成果，共投入资金56万元帮扶独生子女户、二女结扎户289户1317人，共出栏生猪1344头、存栏1984头，户年均增收4000元；三元镇、谷脚镇养羊示范点由原购进的2354只增加到5314只，户年均增收3000多元。全县14个乡镇167个村（居）的9059户计生户享受到优先优惠政策，累计兑现奖励扶助金34.82万元，其中：政策内放弃二孩生育的一次性奖励1.2万元，年满60周岁符合国家计生奖励扶持制度确认条件的128名老人领到每人每年600元的奖励扶助金，兑现夫妇一方或双方死亡的“两户”11户一次性补助1.2万元，兑现877户独生子女户独生子女保健费6.32万元。

2007年，共计兑现独生子女保健费999户9.1万元，独生子女一次性奖励费44户7216元，放弃二孩生育一次性奖励费9户1.35万元，年满60周岁符合奖励扶助制度213人12.78万元，特殊家庭救助3人2880元，独生子女户、二女结扎户父母一方死亡9户9000元。全年帮扶龙里县计生工作的省、州、县、乡单位有437个，完成“三结合”帮扶2341户，投入帮扶物资、资金折合人民币16.52万元，落实帮扶项目22个；共办理独生子女父母光荣证44户，推迟二孩生育272户，放弃二孩生育14户，有237对男女推迟婚期。

2004—2008年，龙里县计划生育全县兑现各种奖励扶持及优先优惠政策人数1362人，累计兑现金额135.65万元，其中：享受国家计划生育奖励扶助制度政策人数744人44.64万元，特别扶助106人12.72万元，少生快富207人58万元，助学奖励164人9.84万元，优先优惠政策40人3.5万元。通过实行政策性奖励扶助，用奖励“少生”代替处罚“多生”，在一定程度上扭转“越穷越生、越生越穷”的恶性循环，减少新增贫困人口，消除贫困，切实增强全县广大计生户的自我发展能力，群众逐步形成“计划生育好，政府帮养老，养儿防老不如优惠政策好”的思想观念，进一步提高群众实行计划生育的政策意识和积极性、主动性，为实现“少生快富奔小康”奠定基础。

第三节　人口政策宣传

1991—2002年，龙里县加大计划生育政策宣传力度，开展“婚育新风进万家”活动及村（居）民自治、优质服务、避孕节育、知情选择、生殖健康保健等宣传教育工作，通过广播、电视、报刊等媒体，以及在各乡镇的场天开展教育活动、设置咨询服务点、发放资料等形式，把国家计划生育政策、法律、法规和优生优育等知识送进千家万户，引导育龄群众树立自我健康保护意识和参与享受生殖保健服务。在县电视台开设《计生国策》宣传专栏，建立“龙里人口网站”，全县共组建14支计划生育文艺宣传队。

2003年，全县投入经费60多万元在各乡镇、村显眼处制作各种图文并茂的大型彩色计划生育宣传板块5000多块，县计生局投入2万多元在贵新高速公路路口、县城交通要道制作4块大型计划生育宣传标牌。三元镇的永安村、哪嗙乡的石板滩村、羊场镇的走马村业余计划生育宣传队利用自编、自导、自演的相声、小品、哑剧、山歌、民族舞蹈、花灯等50多个文艺节目向当地群众宣传计划生育。其中三元镇永安村村民自编、自演的小品《雨过天晴》参加全州计生系统文艺调演获得三等奖。此外，利用“3·18”科技活动日、“5·29”协会活动日、“7·11”世界人口日等活动之机开展设点咨询服务，现场接受群众咨询1800多人次，为群众解决疑难问题200多条，发放宣传资料2.6万份，免费发放价值1500余元的避孕药具；乡镇和村创办人口学校，全县169个村（居）委会都有国策墙、光荣墙、监督墙；全年发放小手册3.5万册，已婚育龄妇女“百宝袋”8.5万份，宣传品入户率达95%。

2006年，针对城乡特点确定不同的宣传主题，在农村利用人口学校和计生宣传栏及赶场天，采取多种形式宣传计划生育政策和生殖保健科普知识；在县城利用赶场天开展优生优育、预防疾病、妇科病防治、生殖保健知识等宣传。当年，共计投入14万元订制8万多份计生宣传画、宣传小册子、宣传挂历、报刊等宣传品发放到各乡镇、村，确保每年至少有3种以上宣传品进村入户。

2007年，利用元旦、春节期间开展“婚育新风进万家”“三下乡”和“送温暖、献爱心”活动，投入9万余元印制5万份宣传画、挂历、历书、彩页等资料，分送到乡村和已婚育龄夫妇家中，确保宣传品入户率100%。投入3000多元举办“7·11”世界人口日电影宣传晚会，放映一系列计生科普专题片，2000多名群众观看电影。投入4万元在贵新高等级公路、省道公路上制作3块大型宣传标牌。全县各乡镇在辖区内公路沿线制作宣传标牌标语180多块（条），并开展计生文艺宣传活动。7月，县计生局组织开展计生系统科技大练兵活动，全县14个乡镇计生服务站组队参赛。

2008年，除抓好常规的宣传教育工作外，县计生妇幼保健中心和各乡镇计生服务站义务人员开展“青春期知识进校园活动”，开办讲座35期，参加学习在校学生3851人。2001—2008年，全县累计发放人口计生宣传资料50多万份，免费发放避孕药具23.2万盒，利用节假日、场天等开展集中宣传1800多次，组织开展各类计生文艺宣传表演活动900多场次，全县各个交通干道、村寨出入口等显眼处均设置永久性宣传标语，如“计划生育，功在当代，利在千秋”“生男生女都一样，女儿也是传后人”“全面加强人口计生工作，统筹解决人口问题”等。

第四节　人口管理服务

一、计划生育设施

1996年出台《关于加强计划生育基层基础工作的若干规定》。2003—2008年，县乡财政共投入500多万元新建龙山、民主等9个乡镇计生服务站站房，改建巴江、湾寨等5个乡镇计生服务站站房，全县14个乡镇计生服务站业务用房面积达6608平方米，平均每个乡镇达472平方米；县财政投入10万元用于草原乡规范服务站建设，投入4万元为乡镇购买计生服务站抢救设备，投入20余万元新建县计生妇幼保健中心优生优育实验室，投入140多万元为各乡镇配备电子数码阴道镜、B超机、红外线乳腺诊断仪、乳腺治疗仪、宫腔镜和化验设备等服务医疗设备。

2006年，县财政投入计生专项经费174万元，解决基层经费紧张的问题，稳定基层计生干部队伍和技术服务队伍，开展以避孕节育、出生缺陷干预、生殖道感染干预“三大工程”为主体的计生优质服务。2008年，以争创省级计划生育优质服务先进县为契机，加强技术队伍建设，开展业务培训，先后选派12名技术人员到省、州进修学习，请上级专家到龙里讲学，举办科技大练兵操作竞赛和知识竞赛，为开展优质服务工作提供技术保证。

二、计划生育服务

（一）避孕节育服务 按照“宣传发动，知情培训，自主选择，落实措施，跟踪服务”五个步骤，引导育龄群众自己选择落实长效避孕措施。以避孕节育知情选择为核心，提高避孕节育及时率和有效率。随着优质服务不断深入开展，2008年建立和完善县、乡镇、村、组四级计生服务网络，为育龄群众提供避孕节育、优生优育、生殖保健、查环查孕等服务，讲解避孕方法的种类、适应症、优缺点、操作规程和注意事项，让群众了解自己需要的安全有效的避孕方法。加强全县计生技术业务培训力度，在县城和乡镇开展打击“两非”专项整治活动。

2006年，全县应用药具人数2016人，药具应用率98%，有效率97%，随诊率100%，药具应用占综合避孕节育措施比例达到2.04%。2008年，全县应用药具人数1984人，药具应用率达99.8%，有效率99.8%，随访率100%，药具应用占综合避孕节育措施比例达到2.06%。

（二）出生缺陷干预 成立各级出生缺陷干预技术指导小组，加大叶酸片干预神经管畸形等相关优生优育措施落实力度，建立健全出生人口动态监测档案及监测卡。2006年，全县监测孕妇6081人、0～5岁儿童3542人、计划怀孕2539人，全年共发生缺陷3例（男2例、女1例）；叶酸片干预850人，技术干预210人，均占州下达任务数的100%。2008年，全县监测总人数为1.1万人，其中计划怀孕妇女3952人，5岁以下儿童7031人，监测率达100%。州下达的出生缺陷干预任务1320例，共完成1351例，完成任务数的102%，其中：叶酸片干预107例，技术干预280例。

（三）生殖道感染干预 2006年，完成妇科病普查2.62万人，普查率达90.5%。其中：患病的有1671人，患病率为61%；给予治疗1.07万人，治疗率达67%；治疗后进行随诊的人数9688人，随诊率达90.3%；妇检率达96%。部分外出务工的已婚育龄妇女未参加妇检。2008年，全县共有已婚育龄妇女3.16万人，完成妇科病普查1.45万人，普查率达46%。其中：查出患病6981人，患病率为48%；给予治疗4887人，治疗率达70%；治疗后进行随访4398人，随访率达90%。

2006年开展生殖健康咨询、不育不孕诊治、男性病及性传播疾病诊治、性教育及性功能障碍诊治和婴幼儿保健服务。全年生殖健康门诊人次为1.2万人，不孕不育登记建档转诊249例，男性病诊治86人，性传播疾病诊治10人，性功能障碍诊治29人，性教育2492人次，婴幼儿保健服务2981人。

三、人口优质服务

2002年，贵州省提出创建计生优质服务县五年规划。省人口计生委于2004年2月将“创优”五年规划目标任务向下层层分解，有计划、有目标地推进活动开展。龙里县从2004年起，以综合改革为动力、优质服务为载体、群众满意为目的，进一步解决服务设施、工作环境、人员素质、工作方法等突出问题，全面推进以技术服务为重点的省级计划生育优质服务合格县和先进县创建工作。

2004年9月，在龙里县召开全州计划生育“创优”工作会议，龙里县为全州“创优”活动的深入发展提供了借鉴经验。龙里县“创优”工作起点高、成效大，技术服务能力建设取得突破性进展，达到环境优美、技术优良、服务优质、管理优秀、群众满意的“四优一满意”工作目标，于2004年10月通过创建省级计划生育优质服务合格县评估验收。2007年10月，龙里县通过创建省级计划生育优质服务先进县评估验收，被授予“省级计划生育优质服务先进县”称号，实现创“省优”目标。

第二章　民　族

第一节　民族构成与分布

龙里县境内居住28个民族，其中汉族、布依族、苗族为主体民族。2008年，龙里县总人口21.6万人，少数民族人口8.52万人，其中：苗族4.39万人，布依族3.96万人，其他少数民族0.17万人，少数民族人口占全县总人口的39.44%。少数民族人口比例在50%以上的有摆省、湾寨、羊场、哪嗙、三元、麻芝、草原7个乡镇。

除了上万人口的汉族、布依族、苗族外，还有彝族、侗族、土家族、壮族、水族、瑶族、毛南族、回族、仡佬族、仫佬族、满族、白族、黎族、蒙古族、藏族、傣族、京族、朝鲜族、畲族、羌族、东乡族、维吾尔族、土族、高山族和其他民族。上百人的有彝族，主要分布在谷龙、龙山、谷脚、洗马、醒狮、哪嗙、麻芝等地区；侗族，主要分布在龙山、谷脚、洗马、麻芝、三元等地区；土家族，主要分布在龙山、谷脚、麻芝、谷龙等地区；壮族，主要分布在龙山、谷脚、洗马等地；其他民族多的有几十人，少的有几人或1人。

布依族主要分布在湾寨、羊场、哪嗙、三元、麻芝、醒狮等乡镇和摆省乡的渔洞、水场乡的比孟等。较边远地区的布依族老年人还保留布依族的语言、服饰和生活传统习俗，中心地区的大部分中青年已经汉化。

苗族主要分布在摆省、草原、羊场、巴江、龙山、哪嗙等乡镇。县境内的苗族有6个支系：白裙苗、红簪苗、海葩苗、印苗、花苗、青苗。白裙苗主要分布在草原乡的高峰、王寨、长舍、塘堡、金谷、蛇蚂石、甲林组、大谷咬、小谷咬、长田寨、羊蓬、谷朗坪，麻芝乡的洞门前；红簪苗分布在摆省乡的果里、摆省、渔洞、打夯、摆岑，水场乡的比孟、鸡场堡和湾寨乡的青苗寨、谷港；海葩苗分布在龙山镇的摆谷六，羊场镇的岱林、木马和麻芝乡的光坡、定水、大新；印苗分布在哪嗙乡的高寨和谷龙乡的谷新；花苗分布在巴江乡的平坡、水尾和哪嗙乡的布庄一带；青苗分布在洗马镇的长沟，三元镇的卧寨，哪嗙乡的谷冰，摆省乡的糯米寨、茅草寨，以及羊场镇的岩底、偏坡。苗族保留自己的语言、服饰和生活传统习俗。

2008年龙里县少数民族人口分布情况一览表

表2-2　　单位：人

乡镇名称	少数民族人口	少数民族人口中		
		苗族人口	布依族人口	其他少数民族人口
龙山镇	9849	4368	4512	969
三元镇	4377	469	3890	18
麻芝乡	4528	1905	2541	82
草原乡	7780	7664	115	1
羊场镇	12345	6280	6045	20
湾寨乡	7849	874	6974	1
摆省乡	9298	8378	916	4
谷脚镇	3976	3048	704	224

续表

乡镇名称	少数民族人口	少数民族人口中		
		苗族人口	布依族人口	其他少数民族人口
醒狮镇	6438	2543	3813	82
水场乡	2790	1202	1571	17
洗马镇	1732	649	990	93
谷龙乡	3047	1065	1793	189
哪嗙乡	8625	3102	5485	38
巴江乡	2662	2329	305	28
合　计	85296	43876	39654	1766

第二节　民族风俗

一、民族节日

龙里县境内的民族节日有：过大年（春节）、上九（正月初九）、元宵节（正月十五）、了年粑节（正月末）、清明节、端午节、七月半、吃新节、中秋节、重阳节等。少数民族节日有跳洞、跳月（园）、三月三、四月八、六月六等。

（一）苗族跳洞　“跳洞”是摆省乡果里苗族同胞正月里最为隆重的传统活动，已有千百年的历史。每年的农历正月初四至初九都会在寨外的溶洞里“跳洞”过节，届时苗族群众祭祀祖宗、追溯历史，苗族青年男女展现服饰、表演舞蹈、赛笙比美和相互表达爱情。苗族男女老幼身着节日的盛装，在果里苗寨寨老的带领下先到果里村的千年银杏树前，由4名身着盛装手捧牛角的苗族男子引着众人，共同向古树祈求来年风调雨顺。祭树后，苗族群众排成长龙，一路吟唱着叙述苗族迁徙发展的史诗（苗族古歌）前往山洞里。寨老在洞里的中央搭起祭台举行祭祀活动，唱起古老的苗歌。男人们吹着芦笙，妇女们随着芦笙的节奏牵手而舞。岩洞位于摆省乡果里村东南方，果里大寨北后坡脚下。苗族的先民曾居住在岩洞之中，岩洞在当地苗族生活中的意义十分重大，因此“跳洞”是当地苗族对本民族传统的怀念和尊重。

（二）苗族跳月　“跳月”活动是苗族群众自古沿袭最为隆重的传统节日活动，也是青年男女相会、恋爱的好时节。每年从农历正月初六开始到正月十二，龙里县草原乡附近的上万名苗族同胞都要自发聚集在本乡上排、中排、下排3个地方举行盛大的跳月活动，青年男女也在跳月中寻找自己的意中人。不同的苗族支系对活动的称谓不一，草原乡中排的白裙苗称为“跳花场”，麻芝乡大新海葩苗称为“跳场”，摆省乡红簪苗称为“跳洞”，羊场镇岱林青苗和巴江乡花苗称为“跳月（园）”。芦笙舞是祭祀性传统舞蹈，包括祭天地、祭神灵，表现苗族对先民、自然力、自然物以及神灵的崇拜、祈求。

县境有5个较大的跳场，地点、时间分别是：摆省乡果里大洞为正月初五；草原乡上排大谷为正月初六，中排王寨为正月初八，下排塘堡为正月初九；巴江乡平坡为正月初十、十一、二十和二十一。每年各地跳场的跳月活动都十分热闹，方圆数十里甚至上百里的苗族青年男女，都身着节日盛装，佩戴银饰，早早来到跳场。男青年吹奏芦笙为先导，女青年手拈花帕，踩着芦笙节拍，跟在男青年后面舞动。男女青年利用跳月的机会寻觅心上人，因而也是青年们难得的一种社交活动。每个跳场一般都要到天黑才散场。

（三）四月八　“四月八”是苗族群众一年一度的重要节日，在农历每年四月初八前后几天，摆省苗族同胞都要举行各种传统活动，并与毗邻的惠水县、贵定县、贵阳市花溪区等地的苗族群众共度佳节。传说过“四月八”与纪念领导苗族人民抵御外来侵犯在战乱中死去的祖先有关，因此也称为“祭祖节”。

从农历四月初四就开始节日活动，初四在花溪区高坡乡沙坪村，男女青年集中吹芦笙、跳月；初五集中到摆省乡果里村的一个大山洞里，男女青年吹芦笙、跳洞；初六集中到高坡乡的甲定场；初七集中到高坡街上。活动内容有：射背牌、吹芦笙、跳月、染花米饭、走亲访友、男女青年社交活动等。

（四）端午节　龙里县的各个民族都过端午节，包粽子纪念屈原，“早上购草药，中午品粽子，晚上游百病”。布依族关于端午的传说是：古时候有一位老人，经常上山采药，每年五月初五这天，背一箩草药到各处为人们治病，并把艾草和菖蒲分给各家挂在大门口“避邪”。后来，为纪念这位老人，布依族每年这天都要上山采药，主要有乌豆根、独脚莲、对叶莲、八角莲、过路黄等，并把艾草和菖蒲挂在大门两边和神龛下面。端午早上吃粽子，晚餐前供祭祖宗，喝雄黄酒，菜肴丰盛。并把雄黄酒洒在所采回的草药上，留作治病。同时把雄黄酒洒在房前屋后，可以驱蛇、蚊、蝇等。

汉族过端午非常隆重，在县城，端午这天上午，街上、农贸市场人员拥挤，一直到中午才松散一些。晚饭后人们倾巢出动，从县城西关坡往水桥路段“游百病”，犹如赶集一般非常热闹。据说“游百病”能让人一整年都不会生病。

（五）“七夕”布依族情歌节　源于布依族“七月半”传统节日。2006年，羊场镇走马村举办“七夕”香花节；2007年，举办第一届“七夕”布依情歌节。此后每年农历七月初七及前后几天，羊场镇走马村孔雀寨都要举办“孔雀布依情歌节”。届时龙里、贵定、惠水、平塘、贵阳、花溪等地的各族群众前往参加和观赏，以及来自广西、重庆、四川、云南的中国户外探险联盟俱乐部上千人汇集于此，感受湾滩河的田园风光和民族风情。布依歌手汇集竞展歌喉，各族群众观赏及参加活动。节日活动有：对歌、赛歌（民歌、布依土歌）、斗鸡、斗鸟、摩托车慢行赛、民族商品交易和各种水上活动（水上抓鱼、抓鸡，水上情侣拔河、游泳等）。

二、民族服饰

（一）布依族服饰

服饰特征　龙里县布依族妇女喜穿翠蓝色的土布上装，衣领、衣襟上的花边都挑有五彩花卉或单色的几何图案，衣襟、袖口等处镶彩色花边。胸前戴上与上衣等长镶花翠蓝色的围腰，平围腰系带以上镶一块上短下长的梯形刺绣，俗称“围腰口”。围腰带绣有各类花鸟图案，围腰的项链（即系围腰上部挂于颈部的链带）有银链、铜链和刺绣的布带等。手腕戴扭丝手镯、散圈等。裤子一般都是用毛蓝色土布缝制，在离裤脚一寸处加一道约两厘米宽的蓝色花边。老年人缠青色头巾、花格头巾或白色印花头帕。青年妇女多数戴白色头巾，长70厘米左右，两端留有5寸长短的须绦，同时在距顶端2寸处有一道3寸左右的刺绣花纹，俗称“围丫帕”。脚上还要穿绣花鞋、布袜。

服饰使用场合　布依族服饰在节日中最能够得到充分展现。节日即将到来之时，每家都制作新衣，到过节时就打扮一新。在节日集会场所，人员来自不同地区，带来不同的服饰。龙里布依族男子服饰颜色以青色或蓝色为主，无纹样图案装饰，样式简单，这与布依族男子性格豪爽、奔放、质朴有关；妇女服饰在青、蓝底色上，配以色彩斑斓的花纹装饰，主要有红、黄、白等颜色。节日成为布依族各种类型的服饰展览，成为节日内容的一个组成部分，为节日渲染气氛。

（二）苗族服饰

龙里苗族主要有白裙苗、红簪苗、青苗、花苗、印苗、海葩苗等6大支系，服饰款式繁多，各支存异，分男女童装、常装和盛装，又有古今之别。服饰的差异性，成为人们识别支系的符号。

白裙苗服饰　绾发髻于后，其上插银花响铃（银泡）4个；戴圆盘形头帕，外套绣花佩拇指大小响铃和镶缀模制蝴蝶型银饰；耳坠为银制灯笼型，系一串绿珠联两耳坠；肩牌两层（苗语意译为背牌翅膀）均有刺绣，项圈数根，大小不一，成束错落，系有两把长命锁；背戴鸡心花，上着蓝色敞领短袖超襟衣，袖缘为黑色，无纽扣；腰系黑白相间花带、方形花帕和围腰；下穿上黑下白百褶裙，内为蓝色大脚裤，长至膝下寸许，腿裹花带（花绑腿）。

花苗服饰　女孩两三岁左右，穿黑色肚兜型衣服，并绣有吉祥图案，头戴椭圆形黑色绣花鸦雀帽，帽顶上绣有石榴、蝴蝶、花朵等图案，并在帽檐周围配有银饰。未婚姑娘常装，身着齐膝黑布长衫对襟衣，腰系彩色围腰，腰带上绣有锯齿形、稻穗形等图案，头戴圆形黑色鸦雀帽，帽顶上同样绣有吉祥图案，帽檐四周没有银饰。盛装，头戴蜡染刺绣头帕，身穿开胸宽领的刺绣衣服，腰间束上花带，下着蜡染刺绣百褶裙，腿绑黑色布带。

海葩苗服饰　头盘长辫，戴多层绕叠头帕（内层为绸缎，中间层为白色麻布，外层为蜡染黑色麻布，绣人形、鸟型、树叶等图案）。耳坠为银质灯笼型。佩银质项圈7根以上，大小不一。身着海蓝色敞领超襟长袖衣，领上绣树叶、花草及镶银泡泡，边绣花草；两袖绣几何图案、花草、树叶绕袖7圈，其间镶6圈银泡泡。腰系前后围腰，后为黑色蜡染麻布；白色花腰带织黑线两条，中间绣鸟型图案；下着蜡染麻布大脚裤和白褶裙（上部为黑色，下段白色）；背牌上部绣印型图案，下边用海贝绲边。

印苗服饰　绾发髻于头前，用发绳缠绕10余圈（发绳长1.5丈），木梳插于发髻，头戴青帕（总长1.5丈）；佩鱼钩型银质耳环，银质耳坠呈菱形，乳白色项链系于两耳。青（红）色上衣，花领带交叉于胸前，两长袖刺绣八角花、三角图案，背幅刺绣印型图案。蜡染麻布黑裙，上部绣彩色满天星图案。腰系花带（结于右侧）和花围腰。青布裹腿。

红簪苗服饰　盛装色彩艳丽，用大红、大绿、大白、大黄等亮色与黑色搭配，使其颜色很显眼、靓丽；椭圆形平顶包头，头顶有花布条及金银钗等装饰；下身有围裙，有前后之分；背牌较复杂，图案较大。便装为尖顶包头，没有花布条及金银钗等装饰，下身没有围裙；有前后牌，背牌为较简单的图案。便装有中老年和中青年之分，中老年颜色较淡暗，以蓝、黑、白等色为主；中青年颜色较艳丽、明亮，以红、黄、蓝等颜色为主。

青苗服饰　青苗服饰较为简单，主要以黑色为主，头包黑帕，穿黑色上衣，下装为黑色花边裙子。

1995年2月11日，日本苗族服饰考察组一行3人，分别于12日、13日到民主乡幸福村的王寨、摆省乡果里村的果里寨进行苗族服饰考察。

三、民族歌舞习俗变迁

（一）唱歌习俗的变迁　苗族、布依族唱歌活动多在喜庆场合、休闲节日进行。青年男女作客投宿于亲戚朋友所在的村寨，总是受到热情接待。晚饭过后，村寨的青年男女就会相互邀约向有客人的人家聚集，选择唱歌对象。邀唱者先唱欢迎、邀请歌，投宿者常常谦虚说不会唱歌，邀唱者一而再再而三地邀请。如果三次结束还不唱歌，邀唱者便以清水洒淋投宿者衣服“相胁”，投宿者才作出一副极不情愿的样子勉强开口唱歌。如果投宿者真的不会唱歌，则常常被清浊水不论地淋湿全身，投宿者敢怒而不敢言，而邀唱者却是尽兴之后扫兴而去，不再谈恋爱之言。此户家人看着亲戚朋友被水淋湿也作视而不见，因为他们也希望能够对唱起歌来，谁的家里有歌声总是一种值得高兴、羡慕的事情。所以在苗族、布依族中，能歌者往往聪明能干、有“发展前途”，无歌者则难于觅爱情。

青年男女唱歌的内容分为三部分，先唱投宿原因、美食佳肴待客、赞美地方居室，人、情、物等，民主乡、水场乡苗族春节期间常唱《过年春节歌》和《跳月场歌》两首长歌。邀唱者常以主人语气极力表示谦虚自惭，自我批评待客不周。时间一般为两个小时，约到零点左右。第二部分的内容是天地万物，你问我猜，我反问你作答，时间约为零点到凌晨三点。第三部分，通过前段时间的歌唱，男女双方已彼此感知到对方的情况，开始诉情谈恋，表达爱情，通宵达旦，如果不是如此则不能算为歌手，也难以增进男女双方的爱慕之情。

随着经济社会发展变迁，现代影视文化普及，苗族、布依族传统的唱歌习俗文化生态受到冲击，濒临断层和消失，又逐渐发生变异。20世纪90年代以后，青年男女晚上的休闲娱乐活动转为看电视，不再聚集学唱歌或学吹芦笙。每逢跳月、办喜事，有异性青年投宿都不再有通宵达旦唱歌的场景，大家看罢电视便休息。这一时期，逢婚嫁场合，一些爱好唱歌结过婚的男女兴起唱歌活动，并从此流行普及，这在十年前是民风民俗不允许的事情，会被认为是违背社会伦理道德规范和影响家庭夫妻和谐关系的行为。2001年正月初五，马鞍山邀请比孟芦笙队到大关山跳月场参加跳月，并邀至马鞍山投宿，投宿者50余人，聚集统一吃住，晚饭后都是结了婚的两个寨子的人对唱，通宵达旦才散场。正月初七，比孟邀请马鞍山芦笙队到比孟跳月场跳月，同样聚集统一吃住，整夜对唱，互敬相娱。

（二）苗族芦笙舞的发展变迁 苗族芦笙舞曲调内容丰富，有关花、草、树、鸟、兽、地名、爱情等，相传有500首，至20世纪90年代初仅能找到近百首。这近百首有严格的顺序，如果不是因为忘记，都要按照顺序吹奏，越往后内容越丰富，曲调越优美动人，而舞步、舞姿变化却不多。舞步基本分为三种。一是左脚向左上前一步，右脚上前并左脚，脚跟并拢，两脚尖成80度；右脚向右后退半步，左脚退半步并右脚，两脚尖也成80度。二是左脚向左上一步，右脚向左脚并步成45度；左脚再向左上一步，右脚再向左脚并步成45度；右脚向右退半步，左脚退半步并右脚成45度；右脚再向右退半步，左脚再并右脚成45度。三是左脚向左上一步，右脚向左跨一步先于左脚，左脚再上前一步，右脚并左脚成80度；右脚向右退半步，左脚并右脚成80度；右脚再向右退半步，左脚再并右脚成80度。以上三种舞步都是结束后重复开始，在跳芦笙场上根据场地大小形成一个向左转的圆圈，根据跳芦笙人数的多少形成一个、两个甚至多个同心圆圈。只有在为亡人举行丧事时，开始跳芦笙的前三圈才是右脚向右起步，形成向右转的圆圈。芦笙摆动随脚步的移动变换改变方位。小伙子排在前吹芦笙，姑娘们手拉手跟随小伙子在后边跳。

20世纪90年代以前，苗族男女青年恋爱多成群结队，一个村寨三、五个，甚至十个、二十个小伙子与另一个村寨相应的姑娘谈恋爱，各有目标，统一时间上“爱情坡”，统一约定赶场，约伴相送，分散相语，常常歌语不断。正月来临，男女青年相约跳芦笙舞。在跳月场上，形成一段弧形小伙子跳芦笙舞，紧接一段弧形姑娘手拉手跳芦笙舞，再又是一段弧形小伙子吹芦笙，紧接又是一段弧形姑娘跳舞，远看其场景宛若花瓣。1990年后，地方民族文化部门组织多个苗族村寨组成芦笙舞队参加节庆期间“芦笙舞汇演”，从此苗族芦笙舞登上表演舞台，经常被一些大型文艺汇演邀请参加。1993年，为成功兴起比孟跳月场，比孟寨挑选12名男青年和12名女青年排演芦笙舞，融入优美难度大的舞姿，改传统芦笙舞步为现代舞表演，从此苗族把现代舞搬上跳月场，由随到随跳的旧式舞步变为有组织秩序的舞台表演，跳芦笙舞的人员由谈恋爱的男女青年发展为兄弟姐妹式关系的人员。

经过排练改旧式舞蹈为新式舞蹈以后，旧式舞步仍然盛行，有其特殊功能，特别是在办丧事场合。没有登场表演的芦笙队，就跳着旧式舞步在表演场外沿线围成一个圈，自然成为观看者不可越入的“围墙”。苗族观看鉴赏跳芦笙舞，舞步和芦笙曲却在其次，最看重的是“哪个村寨的人在吹芦笙，全场有多少人在吹跳，谁吹跳的时间最长”，人多、时间长成为众人的共同希望，所以跳月场上常常有很多个同心圆的人在吹跳芦笙舞。20世纪80年代早期至90年代早期，由于现代表演艺术的融入，已经不再有“同心圆”，逐渐出现圆圈内“开花”的场景。

由于传统与现代表演艺术的融合发展，曾激发地方苗族发展民族文化的心理。1995年，龙里县比孟、马吃水、大冲、老马洞、姨妈屯，与临近的贵阳市花溪区改貌、大兴团、牛郎关、白岩、马鞍山、茶山、翁招、大关山、干坝、笔架山15个村寨组织15支芦笙队，轮回于牛郎关、大关山和比孟跳月场跳芦笙舞，盛况空前。此后开始衰落，到2000年春节跳月时，大关山场主王未东等不再组织活动，芦笙文化走向低潮。

苗族同一个村寨的男女青年视为兄弟姐妹，不宜谈情说爱。传统的“同心圆”跳芦笙舞，是追求爱情的青年男女一起表情达意的重要方式。表演式跳芦笙舞，却是兄弟姐妹在一起，同在一个村寨便于排练，村寨之间各有特色，使舞蹈趋于完美，是表演的需要。这在“同心圆”盛行时期是绝对不允许的事情。1993年后，县内比孟、果里等地苗族仍在积极组织和宣传跳芦笙舞，但活动呈衰落态势，芦笙曲调随着传承人老化、年轻人放弃学习而濒临失传。2000年后，特别是在春节期间，由地方民族文化传承人发起和地方政府民族文化部门倡导，跳芦笙舞活动再度兴起，但参与者以中年人居多，青年男女受“汉化”影响缺乏传习积极性。

（三）苗族跳月、跳洞风俗变迁 跳月场为苗族跳芦笙舞的固定场所，也是苗族青年男女的交际场所。跳洞属于跳月范畴，区别在于跳芦笙舞环境不同。历史上跳芦笙舞场所一部分是在洞里，洞口较大，洞内较为宽敞明亮，地面平整干燥，小洞容纳一两百人，大洞可容纳上千人，洞内深处能凭借自然光看清对面跳芦笙舞。龙里县跳洞风俗，主要流传于苗族的红毡苗支系。县境周边苗族聚居地区分布有多处跳洞，县境主要有摆省乡的果里洞、水场乡的仙人洞。

苗族地区跳月、跳洞有约定俗成的时间，并轮流在各处开展活动，正月初五在果里洞，初六在靠近摆省乡的甲定跳月场（位于贵阳市花溪区高坡乡境内），初九在靠近摆省乡的摆金洞（惠水县境）。草原乡的白裙苗支系跳月时间长达十余天，每个场地跳月前后三天，第一天为“热场”或“起场”，第二天为正场，第三天为尾场。从正月初二开始，先从龙山镇桥尾村岩脚寨发起，然后到草原乡前进村野猪关跳月场、幸福村王寨跳月场，最后收官于城兴村跳月冲，最后场地要跳四天才结束。巴江乡平坡村跳月活动，正月初一、初二在打朗寨，初三、初四在长寨，二十和二十一在平坡寨。随着社会发展、人口增多、文化演变，跳洞逐渐发展为跳月场，果里洞改在果里斗牛场，仙人洞改在水场乡比孟小学为比孟跳月场。

比孟跳月场位于水场乡中部，是地方苗族社会最后一个兴起的跳月场，源沿于跳仙人洞。由于仙人洞距村寨较远，逐渐不符合青年男女的活动要求，导致跳芦笙舞的时间不长，吹芦笙的人逐渐减少。为了再度兴盛跳芦笙舞活动，1993年正月经当地苗族群众协议，决定于正月初七举行迁洞仪式，将仙人洞活动改到人口集中的比孟举行，时间为正月初七、八两天。苗族青年男女尽兴跳芦笙舞，下午五点左右才结束，还要来回相送，常常到距跳芦笙舞场所较近的村寨投宿。马吃水（地名）距仙人洞较近，而历史上却是比孟人兴起跳仙人洞，所以有苗语民谣：“比孟人兴仙人洞跳芦笙，马吃水人要杀猪待客人”。比孟跳月场兴起，致使跳仙人洞活动结束。跳洞逐渐演变为跳场，成为固定的苗族芦笙舞文化活动场所。

四、民族服饰演变

1991—1999年，龙里较边远的布依族村寨中老年妇女仍穿绣花袖口、绣花托肩、绣花裤脚并从领口斜向右下肋开合布扣的衣服，头戴两头刺绣带有5寸长短线绦的白色头巾，拴刺绣围腰。2000年以后，基本上只有老年人平时着布依族服装，中青年妇女在节日喜庆场合才着布依服装。服装不再用手工制作，中青年妇女的服装制作“土洋”结合，采用现代的机制装饰图案花纹来代替手工刺绣的装饰。制作服饰的质地由棉布制作变为使用现代的化纤织品、丝织品。服饰纹样由起初表现与生产活动有联系的图腾，变为尽量保留从布依族服饰的装饰纹样中，让人们获得崇拜形象的含义内容。在此基础上追求各种各样图案组合。图腾的比例对称，层次、结构、线条和谐，具有布依族特色的美感。

传统民族服饰由妇女、姑娘长期精心绣制，色彩艳丽，常在节日喜庆场合竞相亮出展示，攀比富有，显示心灵手巧和智慧聪明。随着改革开放和经济发展，市场经济开始在民族地区占主导地位，人们已不再纺织布料。大量时髦服装流向民族地区商品市场，人们随便可以买到流行服装。1990年以后，只有在布依族三月三、苗族跳月等节日和赶集、喜事时才身着比较完全的民族服饰，其他时候常常只戴头帕或围腰等，民族服饰逐渐缩小其功能范围，体现出自我悲观和自我放弃的民族文化心理。跳月场上逐渐地只有跳芦笙舞的青年男女身着盛装，成为“正规”的代表苗族的“演员”。观看者普遍着汉装，民族服饰从面趋于点，逐渐失去传统功能。布依族中年妇女仍普遍做有盛装。2000年后，现代物质文化生活普及的同时，民族优秀传统文化的价值逐渐又被重新认识，使具有旅游等价值的民族文化再度受到重视。随着经济社会发展，结合民族特点，民族传统服饰等文化在维持其生存状态的同时，逐渐吸收借鉴非本民族文化元素，再次融合、创新、演变。

五、民族特色饮食

（一）布依族全猪席 布依族杀猪过年，除留少量过年前后几天食用外，其余多熏制腊肉。舌、肝、肚、肺及香肠都熏制后与腊肉一起贮存。红白喜事、贵客到家，用猪全身（取耳、舌、心、肝、肚、肺、肠等）煮熟，每样切10余片装盘，层层堆摞，形成宝塔状，另还有梳子扣、三角扣、糯米扣、白菜扣及盐蛋、蛋卷、粉条等，逢正月间还有腊肉香肠、腊排、血豆腐、盐豆腐等，用以招待贵客和办酒席，人称布依族的“全猪席”。

（二）五色花米饭　每年四月八期间，布依族、苗族人家采集枫香叶、酸汤杆（虎杖），剥杨梅和李子等树皮，捣烂取汁，分别同糯米掺和，染成黑色、紫色和黄色，蒸熟后一起搅拌，即成颜色鲜艳、气味芬芳的“花米饭”。除当天吃一些外，其余晒干贮存。花米饭炒腊肉、肥肉，香脆可口，是一道下酒菜。还可以用少量花米来煮稀饭、包粽粑，色鲜味美。

（三）干辣面　布依人家用鲜嫩青辣椒煮半熟剁碎，拌上稍粗的糯米面晒干即成干辣面，又叫面辣椒。干辣面炒腊肉、肥肉，别有风味，作为待客佳肴。

（四）白壳辣　用鲜嫩青辣椒在开水里氽一下捞出晒干即可。食用时整个或掐成段在油锅里炸脆，装盘撒上盐，是一道下酒菜，人称农家“三宝”（油炸花生米、油炸土豆片、油炸白壳辣）之一。

（五）粑果　原料为糍粑。布依人家每年春节打粑粑，都要做粑果。用半干的糍粑切成条或果粒晾干贮存，食用时用油炸脆装盘，撒上食盐，是一道农家下酒菜，也是小孩喜爱的零食。

（六）生血（活血、香血）　原料为猪血、猪杂、葱花等。宰猪时，先用适量的食盐放在盆里，然后接猪鲜血于盆中，立即搅动，不使血凝固。再把葱花等佐料放入烧好的杂碎肉末汤内，待肉末汤温度降到10℃左右，掺入少量未凝固的鲜血一起倒入盆内，再搅几转，肉汤和血液凝为一体，即成“活血”。活血味美可口，是布依族特色美味菜肴之一。

（七）农家酸汤菜　酸汤酸菜是农家必备的菜，龙里有“三天不吃酸，走路打转转”的说法，经常吃酸。原料为淘米水（俗称“生分子水”，制法：冷水烧开后，大米下锅，搅动，再烧开，取水）和萝卜菜、青菜、莲花白等蔬菜。用淘米水装坛，放入洗净的蔬菜盖严，每天煮饭时加适当的淘米水，大约2天就成酸菜可以食用。随时将菜、淘米水盛入坛中，随吃随取，凉拌来下稀饭、晌午饭，炒食、煮汤都是不错的下饭菜，开胃可口送饭。

（八）苗家骨泡酸汤　苗家传统的骨泡酸汤，是苗家的特色菜，酸味醇正清香。由苗族妇女精心制作酿造。原料为猪骨头、淘米水。每年春节杀猪，用猪骨头洗净后装入坛内，每天煮饭时加入淘米水盖严，平时吃的骨头清洗干净后放入坛里，夏天用来煮菜，开胃可口送饭。可随时食用酸汤，随时加淘米水。苗族人家都有自备的一口大坛子，约盛近百斤水，每逢过年，要将坛子里面的酸汤（酸物）清理，重新配制新的，叫翻坛子。头年泡的猪骨头已被酸汤泡得如泡膜一般，老人们还用它下酒吃；有的将骨酸洗净来炖，约炖1小时左右后停火。用筲箕滤其骨，炖好的骨汤倒在盆里，冷却后，其骨髓汤便凝固成冻，如果冻、米豆腐一般，再调配一些五香、葱蒜之类的香料，便成为一道开胃、清火、解酒的菜肴。

（九）泡菜　原料为盐、凉开水、花椒、大蒜、蔬菜。用盐和凉开水拌匀装入坛中，放适量的花椒、大蒜，将洗净的莲花白、青菜、萝卜菜等泡3～5天即可。食用时切碎，配以葱、煳辣椒面等佐料，是盛夏上好的凉菜。

（十）酸蕨菜　原料为粗面粉、蕨菜。布依人家将采摘来的鲜蕨菜切成段，放在开水里氽一下捞出沥干水分，掺和粗面粉拌匀装坛，常注换坛盘水，一个星期就可食用。食用时用清水淘干净，配以盐、姜、葱、蒜、煳辣椒面等佐料，香脆、开胃、可口，是一道天然绿色美味凉菜。

（十一）酸菜　在农村几乎每家每年都要做一坛酸菜，是农家必备之菜。将青菜洗净，晒八成干，切细，揉搓，加适量盐和糯米饭，装坛，常注换坛盘水，一个月左右就可以食用。味道可口，生津止渴，促进食欲。食用简单，随手抓一把，放上葱花、辣椒等佐料便成一道凉拌菜，是午餐常备的佐菜。

第三节　民族事务

一、民族政策宣传

1991年，龙里县利用各乡镇的场天、民族传统节日等宣传《中华人民共和国民族区域自治法》《黔南州自治条例》。1994年8月底，全县举行“民族法律法规和民族政策知识竞赛”，县直机关、乡镇干部职工和学校师生共500余人参加答卷。1995—2002年，征订《贵州民族报》分发到14个乡镇、159个村委会、县直各部门和民族中小学校。

2003年6月，民族政策、民族法律法规首次列入县委党校教学内容；7月县民宗局参加县讲师团到摆省、湾寨、羊场、麻芝、民主、水场、龙山等7个乡镇巡回宣讲，对国家的民族政策、民族法律法规、少数民族风俗习惯、民族成分更改事宜等作出讲解。2006年，在民族中小学开展民族文化进校园活动。2008年共开展宣传咨询活动8次，发放宣传资料5000余份。此外，县民宗局还到民族村寨和民族中小学开展“三个离不开”（汉族离不开少数民族，少数民族离不开汉族，各少数民族之间相互离不开）宣传教育，营造各民族共同团结奋斗，共同繁荣发展的氛围。

二、少数民族干部

1983年，黔南民族行政管理学校采取从农村定向招生、降低录取分数线等办法，培养少数民族干部。1983—1998年，龙里县从14个乡镇中招生169名（其中少数民族133名），录取到黔南民族行政管理学校学习，为乡镇基层培养民族干部。各民族学生毕业后分配到乡镇工作，部分成长为县、乡镇和科局的领导干部。

1991年，龙里县共有少数民族干部780人（布依族506人、苗族231人、其他少数民族43人；少数民族女干部213人），其中：行政机关230人、事业单位521人（含中小学教师409人）、企业单位29人；本科文凭31人、大专129人、中专403人、高中46人、初中以下171人；中共党员203人。

1992年底，共有少数民族干部811人，其中：县级203人、乡镇级608人；行政机关232人、事业单位123人、中小学429人、企业单位27人；苗族232人、布依族531人、其他少数民族48人；女干部224人；大专以上175人、中专425人、高中46人、初中及以下165人；中共党员216人、共青团员113人、无党派人士482人。

1993年，有少数民族干部833人，其中：女性245人；县级212人、乡镇级621人；行政机关235人、事业单位151人、中小学422人、企业单位25人；中共党员161人、共青团员107人；专业技术人员566人。1995年底，共有少数民族干部925人（女干部305人），其中：行政机关212人、事业单位688人（含中小学510人）、企业单位25人；学历大专以上213人、中专496人、高中87人、初中以下129人；中共党员182人、共青团员149人、无党派594人。

2001年，全县招收国家公务员和机关工作者32人，其中少数民族8人；招收事业单位工作人员44人，其中少数民族9人。2004年，培养和选拔少数民族干部，县“四家班子”领导以及二级班子、乡镇领导班子中，少数民族干部均占有一定比例。县“四家班子”领导总数为41人，少数民族干部为15人；县直二级班子中领导总数182人，其中少数民族干部38人；县直63个正科级部门中有30个配备少数民族领导干部；14个乡镇的乡镇级领导班子均配备少数民族领导干部，乡镇副科级以上少数民族领导干部60人，占乡镇领导干部总数157人的38.2%。

全县少数民族干部由1991年的763名，增加到2008年的1627名。2008年，全县机关事业单位干部职工4915人，其中少数民族干部职工1627名，占33.1%。2008年，全县14个乡镇主要领导28人中，有12名是少数民族；少数民族聚居的7个乡镇的主要领导，除哪嗙乡外，均有1人是少数民族；县民宗局历届领导均由少数民族干部担任；少数民族干部职工占干部职工总数的比例为：行政机关30.67%，事业单位34.2%。

三、民族经费项目建设

2004年，将醒狮镇大岩村小岩作为“民族文化村寨”建设点。2006年，出台《关于进一步加强少数民族工作和少数民族地区经济发展的实施意见》。龙里县少数民族经费投入：1991年14.95万元，1995年29.6万元，2000年44.25万元，2006年49.25万元，2008年55.25万元；1991—2008年，共争取到中央、省、州少数民族发展资金612.8万元（其中，公路桥梁投入335.3万元，民族建房投入53万元，民族文化、卫生及村寨建设投入50.5万元），用于少数民族地区基础设施建设，发展民族地区经济和社会事业。以少数民族发展资金为引子，争取相关部门支持，有机整合农业、扶贫、财政、发改、交通、水电等项目资金，加大对民族边远地区基础设施建设和农业产业结构调整的投入，促进少数民族和民族地区经济社会事业得到协调可持续发展。

（一）少数民族发展资金 1998—2008年，少数民族发展资金共332万元，用于补助少数民族和民族地区修建乡村公路、桥梁、输电线路、民族村寨和发展种植业、养殖业，以及少数民族农业适用技术培训等，促进少数民族群众增产增收。修建公路200余公里，新建桥梁2座，村寨道路硬化1123平方米，续建1500米主水管道，架输电线路10公里，建种植养殖基地7个，出栏家禽1000只，出栏肉鸽4000对，少数民族农业实用技术培训5000余人次，民族村寨建设包装改造20户民房。解决14个乡镇民族聚居的村寨行路难和生产、生活用电等难题，少数民族群众的生产生活条件得到进一步改善，促进民族地区经济社会发展。

（二）民族教育经费 投入18万元，用于补助县民族中学、岱林民族小学、摆省民族小学、大新民族学校等民族中小学维修教学楼、补助困难学生，开展民族文化进校园，新建篮球场、厕所等。

（三）民族建房经费 投入27.2万元，补助民族地区各族群众修建住房和实施“消灭茅草房”工程，共补助87户无房户和住房困难户修建住房。

1991—2008年龙里县民族经费投入情况统计表

表2-3　　单位：万元

项目＼年份	1991	1992	1993	1994	1995	1996	1997	1998	1999	2000	2001	2002	2003	2004	2005	2006	2007	2008	合计
农林业	8	—	1.5	—	—	—	—	3	—	—	—	—	3	3	—	3	3	—	24.5
牧渔业	—	—	—	2	—	—	—	—	—	—	—	—	—	—	4	4	—	—	10
乡镇企业	—	—	—	—	10	—	—	—	—	—	—	—	—	—	—	—	—	—	10
民族贸易	—	—	—	—	—	8	8	—	—	—	—	—	—	—	—	—	—	—	16
公路桥梁	0.3	1	5	3.5	7	7	6	22	25	26.5	28	28	30	26	28	28	28	36	335.3
农用电	0.5	—	6	—	—	2	2	5	—	—	—	—	—	—	—	—	—	—	15.5
人畜饮水	0.9	—	—	—	—	2	—	—	—	5	1.5	1.2	—	—	—	—	—	3	13.6
民族教育	6	8	13	4	6.5	4	1	5	4	4	1.3	3	3	3	4	4	13	14	100.8
民族文化	1.2	0.3	—	—	—	2	—	—	—	—	—	—	—	—	—	—	—	3	6.5
民族卫生	1.3	1	1	4	5.6	2	—	—	2	—	—	—	—	—	—	—	—	—	16.9
民族文字	—	—	—	—	5	—	—	—	—	—	—	—	—	—	—	2	—	—	7
建房补助	2.75	2.75	2.75	2.75	2	2.8	3	1.8	4.6	3	3	3	—	6	—	6	2	5	53.2
计生帮扶	—	—	—	—	—	0.8	1.8	1.5	1.5	1.25	1.5	2.2	2.4	2.4	1	1.25	1.25	1.25	20.1
沼气水池	—	—	—	—	—	—	—	—	—	—	2.25	2.25	2.05	2.05	—	—	3	—	11.6
文明村寨	—	—	—	—	—	—	—	—	—	—	—	—	1.6	8.5	—	—	10	—	20.1
科技培训	—	—	—	—	—	—	—	—	—	—	—	—	—	—	—	5	5	4	14
其　他	—	—	—	4.5	—	5	4	4	6.4	6.5	1.5	3.6	—	—	—	—	—	3	38.5
合　计	20.95	13.05	29.25	20.75	36.1	35.6	25.8	42.3	43.5	46.25	39.05	43.25	42.05	50.95	37	53.25	65.25	69.25	713.6

四、民族教育

1991—1992年投入民族教育经费14万元，用于改善民族中小学办学条件；1993年专项补助龙里民族中学13万元，1995年补助民族中小学困难学生6.5万元。1997年9月22—24日，由贵州省民族事务委员会组织的全省民族教育寄宿制现场会在龙里召开。贵州省人大、省民委、省教委领导，全省九个地州市民族、教育部门及28所中小学负责人共110余人参会，县民族中学介绍了开展寄宿制教育的情况和经验。2003年9月，龙里中学困难学生获省民委赠送价值8000余元衣服144套，获上海市民宗委支助3万元。

立足丰富多彩的民族民间文化，以“弘扬民族文化，创办特色学校”为载体，让民族民间文化走进学校、走进课堂。2005年，在摆省乡挖掘原生态苗族古歌——“果乐”。2006年5月27日，“果乐文化”班开班暨民族民间文化进校园启动仪式在摆省中学举行。此后，摆省民族小学、岱林民族小学、巴江中学、平坡小学、哪嗙卫华民中等相继开展民族民间文化进校园活动，将少数民族传统的音乐、舞蹈、刺绣、绘画等引入校园、引进课堂；把国家有关民族政策法规和地方民族优秀传统文化等编入乡土教材。在不同学校、不同年级开设苗族古歌、芦笙舞蹈、布依山歌、民族语言等民间科目，开设长鼓舞、粑槽舞、金钱棍舞、水桶舞等民族特色舞蹈科目，形成浓厚的校园民族文化氛围。2007年9月，摆省中学“果乐文化”艺术特长班正式开班。

1991—2008年，共投入民族教育经费100.8万元，用于民族地区维修校舍、购置办公设备、建设基础设施、补助贫困学生、开展“双语”（汉语和布依语或苗语）教学和民族文化进校园，促进民族地区教育、文化事业不断发展。

五、民族语言

（一）布依族语言 龙里县布依族主要分布（按人口多少排列）在湾寨、羊场、哪嗙、三元、醒狮、龙山、麻芝、谷龙、洗马等乡镇，掌握本民族语言的占40%（湾寨、羊场、醒狮），半掌握本民族语言的占20%（湾寨、羊场、龙山），不掌握的占40%（三元、哪嗙、麻芝），全部通晓汉语。因布依族大部分居住在中心地区，与汉族交往密切，深受汉民族文化等方面的影响，比较重视教育，自觉学习先进文化。大部分人认为学自己的语言没有多大用处，故不提倡说本民族语言，其子女缺少母语环境，久而久之不会说布依语。一般外出读书工作的人都不说本民族语言，逐渐汉化。只有一些老年人还保存本民族的生活方式，使用本族语言，懂得本民族的风俗、习惯、历史等。

1996年，美国辛维教授在省民委民研所副所长伍文义等2人陪同下，于1月5日到龙里进行布依族语言调查。听取介绍情况后，6日在县政协、县民族局、县教育局人员的陪同下到布依语第二标准语音点——羊场镇藕寨实地调查。在藕寨听取罗泽长等熟悉布依族语言文字的老人交谈后，辛维教授对布依文600个单词和布依古歌有了进一步理解和认识。

2008年2月14日，中央民族大学博士周国炎到龙山镇坝上村王榜布依寨考察布依族语言使用状况，采用问卷、交谈、对歌等形式，对王榜寨及其周边乡镇、村布依语言使用现状进行详细了解，受到村民热情接待。地处城郊的王榜布依族仍然保持良好的布依语言生态环境，该寨老、中、青年人普遍能在日常生活中熟练使用布依语。对该寨纯朴的民风和良好的布依语生态环境，周博士表示赞许，并宣传和引导村民增强民族自信心、自尊心和自豪感，弘扬民族语言文化，积极建设自己的家园。

（二）苗族语言 苗族主要分布（按人口多少排列）在草原、摆省、羊场、龙山、谷脚、哪嗙、巴江、麻芝、洗马等乡镇，掌握本民族语言的占90%，半掌握的占5%（在城里工作生活的），不掌握的占5%（在城里生活工作的苗族第二代子女），通晓汉语的占60%，半通晓汉语的占30%，不通晓汉语的占10%（摆省、民主等）。因苗族同胞大部分居住在边远高寒山区，交通不便，信息闭塞，与外界交往少，保留了自己的语言、生活习俗。

六、民族文字

1984—1985年，在布依族较为集中，布依语盛行的藕寨、孔雀、莲花、凉水、中坝、大岩等6所小学校、民校进行“双语”教学实验。每校聘请布依文教师1人，由学校统一管理，县民族事务委员会（民宗局）支付工资。1986年苗文教学进入木马小学实验，1987年进入岱林民族小学，1990年进入果里小学。1990年由于生源、师资等因素，孔雀、莲花、凉水、大岩4所学校停办布依文班，巩固中坝、藕寨2所学校的3个班。

1991年，在羊场镇的藕寨小学、岱林民族小学，摆省乡果里小学，水场乡中坝小学开展“双语”教学，学校开办“双语”班，学生用民族文字记录古歌、民间流传的儿歌、时政歌等。1994年9月，4名民语教师到黔南民干校进修，“双语”教学停办。1995年2月，龙里县在藕寨小学、中坝民校、岱林民族小学、木马小学分别开设布依文、苗文班，并在4个点开办民族文字扫盲班。

1995年9月19—21日，国家民委、中国社会科学院到龙里对布依文进行论证验收，国家民委语文办副主任贾捷华，中国社会科学院民族研究所所长、少数民族语言研究中心主任道布、研究员薄文册及省州县领导于20日、21日分别到羊场镇藕寨小学、水场乡中坝小学，对学校的学生和村寨的部分群众进行布依文测试和语言对话等验收，2所小学通过专家的论证验收。此后，由于没有经费，“双语”班停办。

2007—2008年，在民族中小学开展民族文化进校园活动，藕寨小学、岱林民族小学重新开办“双语”教学班。

七、民族古籍整理

1999年6月，龙里县首次集中开展民族古籍搜集工作，分别到14个乡镇进行摸底普查，初步搜集到苗族古籍10条。2000年，继续对民族古籍及其分布情况进行摸底调查，为省、州民族古籍研究管理部门撰稿、组稿3万字。2007年搜集整理登录民族古籍卡片30张、摄制古籍图片5幅、撰写古籍论文2篇报送州古籍办，编辑出版《龙里布依情歌选》1部。2008年，搜集整理登录民族古籍卡片20张、摄制古籍图片5幅；龙里布依族古籍条目31则近1万字，入编《中国少数民族古籍总目提要》。

八、民族文化活动

1991年投入1.2万元，1992年投入0.3万元，1996年投入2万元，用于补助民族村寨开展布依族的“三月三”歌节、“七月七”情歌节和苗族的“四月八”、芦笙节等民族传统节日活动。1998年10月26日（哪嗙场天），省民族歌舞团一行40多人送文化下乡，在哪嗙小学演出2个多小时。

2005年5月，省老干活动中心宏声歌舞艺术团40多人送文化下乡到三元镇永安村，与群众欢度“四月八”。2005—2008年，龙里县多次开展民族民间文艺调演等大型活动。2008年投入6.5万元补助巴江、摆省、羊场等乡镇民族村寨开展文化活动，为谷龙乡修建民族文化活动室。

第三章　宗　教

第一节　宗教活动

龙里县境内主要有佛教、道教、天主教、基督教宗教组织，全县有佛教寺庙6座、道教道观1座（待批准开放）、天主教堂1座（待重建）。据2000年统计，全县登记在册有信教人员630人，其中：男230人、女400人；佛教275人、天主教297人、基督教58人。

一、佛　教

明代，龙里县境内就有佛教流传。县城内寺庙可考最早者为建于明洪武十六年（1383年）的龙山寺（已毁）。民国27年（1938年）调查，全县尚存在寺庙62座，较大的有太平寺、观音阁、新安寺、莲花寺、龙岭寺、观音寺、翠微寺、观龙寺等。解放后，个别在交通不便的地方保留或自然毁坏外，大多作为学校或机关驻地，产业参加土改分配，和尚、尼姑都还俗为民。

中共十一届三中全会后，落实宗教政策，宗教财产得到逐步归属落实。20世纪90年代末期，全县境内宗教又处于盛行发展时期，佛教居士分布于龙山、谷脚、洗马、猫场、谷龙、哪嗙、羊场等乡镇。2000年，恢复开放羊场镇翠微寺、谷脚镇龙云寺、猫场镇观音洞，始建并开放谷脚镇天龙洞，信佛教275

人。2002年，恢复开放龙山镇龙岭寺、醒狮镇佛光寺。2008年，龙里县有6个活动场所：龙山镇龙岭寺，谷脚镇天龙洞、龙云寺，醒狮镇佛光寺、观音洞，羊场镇翠微寺，佛教居士共380多人（在册登记数）。

二、道　教

龙里的道教传入，先后在两个地方。明永乐七年（1409年）在冠山顶建有紫虚观（阁）。有道徒在观内住持，清道光年间曾兴盛一时，道徒在各地兴建宫观和塔，以后逐渐衰败。解放初期，道徒中一部分束发盘髻，道袍道帽，与佛教和尚一样坐在宫观内修持养炼的有7人。另一部分也束发盘髻，但不住宫观的有8人。解放后因种种原因，这部分道人不知去向，紫虚观无人看管。1980年县政府拨款修复，已列为县级文物保护单位，后又列为省级文物保护单位。

另一道教地点在猫场镇，传入约于清光绪年间（1875—1908年）。师祖吴太亨（生于清同治二年即1863年），系猫场镇鸡场村沙郎坝人。在外入教后，回到猫场发展弟子10余人，有王明清、廖益清、周贤清、吴道清（系吴太亨之子）等。光绪八年（1882年），在距猫场街约1公里处的小河口建洞观，树立木牌供奉。后随着弟子的发展，在1927—1936年，由周培松、胡增高（均系王明清弟子）等增修扩建，1940年竣工。王明清在任洞观住持期间，发展弟子有倪荣才、胡增高、周培松、余正坤、刘光碧等8人。解放初期，小河口道观由弟子倪荣才住持，后因种种原因，洞观受到损毁，无人去开展活动。改革开放后，宗教政策得到落实，当地道徒信士修复原洞观部分设施，更名为"慈航道观"，开展活动。

2008年，全县有道教人员71人，其中正一派41人、全真派30人。

三、天主教

天主教在清光绪元年（1875年），由贵阳传入县境谷龙乡的高吏目村，并在小水湾建教堂1座。光绪九年（1883年），又传入龙里县城，在弯子街修建教堂1座。两个教堂均属贵阳教区北堂领导。民国4年（1915年），又由青岩传入水场乡，未建教堂，教徒在家做"礼拜"，属青岩教区领导。高吏目教区最后一任神甫姓谭，另有修士陈淑珍。龙里教堂第一任神甫名十多禄（译音，法国人），后有高、何二神甫（法国人，取中国姓），再后是张神甫和胡榴栋神甫，1950年胡死，由钟鸣谷继任，1963年由杨汝之继任。民国时期全县有教友322人，1963年有196人。

1949年后县城教堂被机关单位占用。落实宗教政策后，县人民政府于1987年在学坡巷（现青龙路旁）划地1亩，并由财政拨款3.5万元修建教堂。由于诸多原因，教管小组未接收，无人管理，一直未开展活动，1991年教堂已成危房。1994年9月，宗教工作职能从县政府办划归县民族局。1995年，县民族局争取州宗教处补助资金2万元对教堂进行维修，但教管小组仍未接收，也未开展活动。

改革开放后，随着宗教政策的落实，全县天主教活动在20世纪90年代中期也逐渐恢复。贵定县云雾镇教友在龙里县羊场镇岱林片区发展20余人，后因种种原因，大部分退教，余5人。2000年有天主教友297人。至2008年，龙里县天主教教徒分布于龙山、水场、谷龙、哪嗙、羊场等5个乡镇，共有教友300余人。

四、基督教

1949年2月，基督教由贵阳传入龙里县城，并创办明德小学1所，由牧师颜廷棋（又称颜东美）兼任校长。9月，颜调走，由安顺教牧区闫文林接任，闫与基督长老蒋名颜一道，发展教友14人，成立福音堂1所。1950年，贵阳教区任命闫为牧师。1952年土改时，福音堂被农会拆掉，搬到老场坝蒋家祠堂，后因经济来源有限，教友入教又少，停止活动。

20世纪70～80年代，基督教再次传入龙里县境。李跃忠（入户在湾寨乡，已故）等10多户，从赫章县搬迁到湾寨乡的深冲、摆省乡的打磨山等村寨居住，并进行传教。20世纪80年代贵阳的部分教友到猫场镇街上传教（猫场街上与贵阳相邻，有亲戚关系），无聚会点，有条件的教友到贵阳参加活动。2000年基督教友58人，至2008年全县有基督教友70多人，其中：长老1人，传道士2人。基督教主要分布在醒狮镇、湾寨乡等地，无固定活动场所。

第二节　宗教事务

20世纪80年代，宗教政策先后出台，龙里县政府设立侨务办，其职能兼宗教管理。1994年9月宗教工作移交县民族事务局。2001年12月县民族事务局更名为县民族宗教事务局。2006年1月县民族宗教事务局分设为县民族事务局和县宗教事务局，实行一套人员两块牌子办公。

2002年，龙里县成立宗教工作协调领导小组，涉及宗教的乡镇成立宗教事务管理组织，建立县、乡镇、村（居委会）三级宗教事务管理网络。宗教工作部门依法管理宗教事务，配合公安、政法等部门对教职人员进行防邪教、反渗透的警示教育，会同公安、统战等部门劝阻驱散非法宗教活动，依法打击邪教组织和以宗教为名危害社会的非法活动。

一、宗教活动场所管理

1994年宗教工作划归县民族事务局管理后，根据贵州省1992年公布的《宗教活动场所管理办法》、1994年国务院宗教事务局发布的《宗教活动场所登记办法》和国务院发布的《宗教活动场所管理条例》等，先后对观音洞、龙云寺、翠微寺、天龙洞、龙岭寺、佛光寺进行登记发证，实行规范管理。

县内没有宗教活动场所而有宗教信徒（教友、居士）的地方，都建立相应的管理组织。有寺庙的乡镇，结合寺庙管理区域，建立佛教管理小组，分别有组长、副组长和成员，一般5～7人组成。未有寺庙的乡镇也建有学佛活动小组；水场、谷龙、哪嗙、羊场等乡镇有天主教信徒，因无教堂也根据居住的区域建有宗教活动管理小组。龙山镇虽有教堂，因未接管变为危房，有活动管理小组，有正副组长和成员。有基督教的湾寨、醒狮两个乡镇，也健全活动管理小组。确保各教派在开展宗教活动时，有地点、有组织进行。

二、宗教工作人员培训

1999—2000年，全县举办宗教业务培训2次，参训人员100余人次。2001年10月，召开各教派人员参加的宗教会议，要求全县各教会组织加强管理、健全制度，依法规范开展宗教活动。2003年7月14日召开全县宗教工作会议，各寺庙住持、教管小组长、14个乡镇分管民族宗教工作的领导参加会议。同年，宗教政策首次列入县委党校教学内容，7月县民宗局领导干部分别到水场、龙山、麻芝、羊场、湾寨、摆省、民主等乡镇进行宗教政策和知识巡回宣讲。

2008年4月16日，召开宗教工作培训会，各寺庙住持、教管小组长和县委统战部、县公安局国安大队、县民宗局干部接受培训。1999—2008年，全县共举办宗教业务培训11次，参训1000余人次。

三、宗教公益

2002年，龙里县遭受自然灾害，造成粮食减产，农民减收，给群众生产生活带来诸多困难。谷脚镇龙云寺购买大米1500公斤送给当地32户特困户。2002—2005年，佛教寺庙先后捐资10万余元补助村组道路建设，购水泥10吨支助村组修建山塘水坝，支助1万余元为40多户困难农户购衣物和食品。2006年投入2万余元补助2户火灾户建房。2008年5月12日四川汶川大地震发生后，3个佛教寺庙和道教活动点捐资5000余元给灾区。

四、宗教界人士参政议政

1998—2008年，全县先后有2名宗教界人士选为县政协委员，1名是县城天主教教管小组组长，为县政协第五届委员；1名是佛教住持人员，为县政协第六届、第七届委员。

五、宗教矛盾化解

龙里县宗教涉及9个乡镇，在册信教群众800余人，宗教活动场所较分散，信徒中妇女多，文盲半文盲多，老年人多。县民宗局经常到寺观教堂了解场所管理建设情况，听取宗教界意见，帮助解决有关困难和问题；“全面贯彻中国共产党的宗教信仰自由政策，依法管理宗教事务，积极引导宗教与社会主义社会相适应，坚持独立自主自办的原则”，坚持“教育、说服、化解、疏导”原则，做好宗教领域矛盾纠纷化解工作，接待处理信教群众来信来访，消除不稳定因素，将问题尽量消灭在基层，消灭在萌芽状态。

县城天主教房产历史遗留问题一直未得到妥善解决，天主教信教群众长期没有一个固定的活动场所，2003年7月全县宗教工作会议期间，天主教教友10多人再次上访。同年10月，谷脚镇天龙洞、龙山镇龙岭寺两个寺庙因经济管理不善等发生矛盾，信教群众不团结，居士频繁上访。11月中旬，民宗局分别到两个寺庙召开座谈会，做好疏导化解工作，避免矛盾激化，未酿成严重后果。

六、宗教秩序整治

按照国家宗教政策和有关法律法规，对利用宗教进行的非法活动和邪教组织予以取缔和打击，维护宗教领域及社会稳定。1995—1997年，县民宗局会同统战、公安等相关部门，依法对流窜到民主乡羊蓬村、猫场镇大坝村、谷龙乡的"门徒会""祷告"等邪教组织进行打击。1998年，依法对洗马镇长沟、水场乡中寨两地发现的邪教"门徒会"进行打击取缔；依法对羊场新营、民主街上出现的借教敛财活动及时制止。

2002年，宗教、公安、统战等部门教育劝阻驱散非法宗教活动2处。2004年4月，依法对羊场镇营屯村出现的"门徒会"邪教活动进行取缔；5月，对在龙山镇冠山村九龙山开展非法宗教活动的组织者进行批评教育，向群众宣传宗教政策，群众受到教育离开现场；7月，谷龙乡境内发现一起非法基督教传教活动，对4名非法传教人员进行批评说服教育，收缴非法宣传品1060份。

2005年6月，对县城赶场天在街头以宗教活动名义摆摊算命行骗者依法处理；8月，对一外来龙里县城串门贩卖宗教物品、骗取钱财的人员当场抓获，收缴的宗教物品有：浙江省普陀山观音寺贵宾卡44张、开光护身符优惠卡19张、西方三圣佛牌2个、观音小佛座3个。2008年3月，对聚集在县城冠山上进行宗教活动的群众进行说服教育，引导到合法的宗教活动场所开展活动，多数群众烧完香纸后离开现场。

第三篇　中共地方组织

第一章　中共龙里县委员会

第一节　中共龙里县党员代表大会

一、党员代表选举

党员代表候选人名单的确定，严格按照代表条件，一看是否有高度的政治责任感，按党性原则办事，严守党的纪律，公道正派，顾全大局；二看参政议政能力，看其能否如实反映党员的意愿和要求，为当地发展出谋划策。由各选举单位按所分配的名额和各项结构比例要求，采取自下而上的方式提名，根据党支部或多数党员的意见，提出代表候选人初步人选，然后逐级召开支部委员会，总支委员会，党委全委会确定代表候选人预备人选，并进行考察，报经县委常委会议审查，确定正式代表候选人进行选举。

候选人经审查返回选举单位，由选举单位召开党员大会或党员代表会议，采取无记名投票方式，按候选人不少于应选人数20%的比例进行差额选举产生正式代表。各选举单位均按应到人数的五分之四以上方能开会，候选人得票超过实到会的半数以上才能当选的规定进行选举。

二、第六次党员代表大会

中共龙里县第六次党员代表大会于1988年9月20—24日在龙里县城召开，出席大会的代表209名，实到代表197名，列席26名，代表全县4754名党员。大会听取和审议通过金国泰代表中共龙里县第五届委员会所作的题为《进一步解放思想，进一步发展生产力，为振兴龙里经济而奋斗》的工作报告；听取和审议通过刘廷豪代表中共龙里县第五届纪律检查委员会所作纪委工作报告。

大会选举产生中共龙里县第六届委员会，委员27名、候补委员2名。24日，中共龙里县第六届委员会召开第一次全体会议选出常务委员9名，书记1名、副书记3名；届中调整5人次。常委会9人中，大专以上文化程度6名，占66%；平均年龄43岁；少数民族4名，占40%；妇女1名。

三、第七次党员代表大会

中共龙里县第七次党员代表大会于1992年1月7—9日在龙里县城召开。出席大会的代表203名，实到代表185名，列席30名，代表全县4729名党员。大会听取和审议通过金国泰代表中共龙里县第六届委员会所作的题为《认清形势，增强信心，坚定地走社会主义道路》的工作报告；听取和审议通过刘廷豪代表中共龙里县第六届纪律检查委员会所作的《中国共产党龙里县纪律检查委员会工作报告》。

大会选举产生中共龙里县第七届委员会，委员29名、候补委员2名。9日，中共龙里县第七届委员会召开第一次全体会议选出常务委员11名，书记1名、副书记3名；届中调整9人次。常委会11人中，大专以上文化程度6名，占54.5%；平均年龄45.6岁；少数民族4名，占36.3%；妇女1名，占9%。

四、第八次党员代表大会

中共龙里县第八次党员代表大会于1996年11月12—14日在龙里县城召开。出席大会的代表215名，实到代表207名，列席83名，代表全县5319名党员。大会听取和审议通过黄大熙代表中共龙里县第七届委员会所作的题为《解放思想，团结拼搏，为加快龙里经济社会发展而努力奋斗》的工作报告；听取和审议通过王道华代表中共龙里县第七届纪律检查委员会所作的《中国共产党龙里县纪律检查委员会在中国共产党龙里县第八次代表大会上的工作报告》。

大会选举产生中共龙里县第八届委员会，委员29名、候补委员4名。14日，中共龙里县第七届委员会召开第一次全体会议选出常务委员9名，书记1名、副书记1名；届中调整5人次。常委会9人中，最大年龄48岁，最小年龄30岁，平均年龄38.9岁；少数民族2名，占22.2%，其中布依族1名、苗族1名；妇女1名，占11.1%；大专以上文化程度8名占88.9%，初中1名占11.1%。

五、第九次党员代表大会

中共龙里县第九次党员代表大会于2001年6月18—20日在龙里县城召开。出席大会的代表215名，实到代表211名，列席83名，代表全县5952名党员。大会听取和审议通过陈玉兴代表中共龙里县第八届委员会所作题为《以“三个代表”为指针，为实现富民兴县宏伟目标而努力奋斗》的工作报告；听取和审议通过上官昌健代表中共龙里县第八届纪律检查委员会所作题为《认真落实“三个代表”重要思想，推动党风廉政建设和反腐败斗争深入开展》的工作报告。

大会选举产生中共龙里县第九届委员会，委员29名、候补委员5名。20日，中共龙里县第九届委员会召开第一次全体会议选出常务委员11名，书记1名、副书记3名；届中调整4人次。常委会11人中，平均年龄41.5岁，45岁以下的9名，占81.8%；具有大专以上文化程度11名，占100%；少数民族2名，占18.2%；妇女1名，占9.1%。

六、第十次党员代表大会

中共龙里县第十次党员代表大会于2006年10月23—25日在龙里县城召开。出席大会的代表225名，实到代表221名，列席83名，代表全县7472名党员。大会听取和审议通过刁玉跃代表中共龙里县第九届委员会所作题为《以“三个代表”为指导，贯彻落实科学发展观，为实现全县经济社会发展历史性跨越而努力奋斗》的工作报告；听取和审议通过陶忠和代表中共龙里县第九届纪律检查委员会所作题为《牢固树立和落实科学发展观，深入推进全县党风廉政建设和反腐败工作》的工作报告。

大会选举产生中共龙里县第十届委员会，委员35名、候补委员7名。25日，中共龙里县第十届委员会召开第一次全体会议选出常务委员10名，书记1名、副书记3名；届中调整5人次。常委会10人中，31～35岁1名，占10%；36～40岁3名，占30%；41～45岁3名，占30%；46～50岁以上3名，占30%。大学及以上文化程度9名，占90%；大专学历1名，占10%；少数民族6名，占60%；妇女1名，占10%。

第二节　中共龙里县委员会全委会议

中共龙里县委员会全委会议（以下简称为全委会），邀请党政部门、群团、乡镇等单位负责人列席参加的，称为全委扩大会议。中共龙里县委第六届至2008年共召开全委会（扩大）会议32次。

一、第六届全委（扩大）会议

共召开4次会议。

第一次全委会议　于1988年9月24日在龙里县城召开，选举产生龙里县第六届委员会常务委员：王朝顺（苗族）、石化全（布依族）、李大才、张广江（布依族）、罗明珠（布依族）、金国泰、夏丹（女）、唐人伟、曹惟浩共9名；常委会选举金国泰为书记，罗明珠（布依族）、张广江（布依族）、曹惟浩为副书记。

第二次全委（扩大）会议　于1989年7月10日至12日在龙里县城召开，会期三天。县委委员、候补委员、县“四家班子”领导及办公室主任（秘书长），县委各部门、政府各科局（局级公司）主要负责人，各区（镇）委书记、区（镇）长、纪检组长，各乡党委书记参加会议。会议内容：讨论通过《关于龙里县民主评议党员情况及下步工作意见》《中共龙里县委关于加强廉政工作的意见》；学习讨论邓小平、江泽民、李鹏的讲话和中共十三届四中全会精神；听取和讨论关于龙里县上半年工作总结和下半年工作任务的报告；县委书记金国泰、政府县长罗明珠分别讲话。

第三次全委（扩大）会议　于1990年1月11日至13日在龙里县城召开。县委委员、候补委员、县纪委委员，县“四家班子”党员领导（顾问），县直各部门（含局级企事业单位）、各人民团体主持工作的党员负责人，各区（镇）书记、区（镇）长，各乡镇书记参加会议。会议内容：深入学习贯彻中共十三届五中全会《中共中央关于进一步治理整顿和深化改革的决定》精神和省六届三次全委扩大会议精神，讨论通过《中共龙里县委关于进一步搞好治理整顿和深化改革的意见》，研究和部署1990年经济工作。

第四次全委（扩大）会议　于1991年3月18—21日在县城召开。县委委员、候补委员，县纪委委员，县“四家班子”党员领导（顾问），县直各工作部门、各人民团体主持工作的党员负责人，各区（镇）书记、区（镇）长，各乡镇书记、乡镇长，各区纪检组长，原在县级领导岗位上工作过的离退休干部参加会议。会议主要任务：学习、领会七中全会精神；贯彻省委、州委两个扩大会议精神；审议通过《中共龙里县委关于国民经济和社会发展十年规划和“八五”计划的安排要点》；结合本县实际，安排部署本年度工作。

县委书记金国泰提出五点要求：一是要以七中全会和省、州两次全委（扩大）会议精神来统一思想，提高认识；二是要认真修改县委的《安排要点》，讨论中既要充分发扬民主，畅所欲言，又不要漫无边际，离题跑题；三是要坚持实事求是的思想路线，把上级精神和本县实际紧密联系起来，不搞生搬硬套；四是加强组织纪律性；五是注意安全，注意保密，保证会议正常进行。

二、第七届全委（扩大）会议

共召开9次会议。

第一次全委会议　于1992年1月9日在龙里县城召开，会议选举产生龙里县第七届委员会常务委员：王道华（苗族）、刘廷豪、李大才、李正启、陈民（布依族）、罗明珠（布依族）、金国泰、夏丹（女）、唐人伟、梁兴福、曹惟浩共11名；常委会选举金国泰为书记，罗明珠（布依族）、曹惟浩、唐人伟为副书记。

第二次全委（扩大）会议　于1992年2月24—27日在龙里县城召开，中共龙里县第七届委员会委员、候补委员，纪委委员，各乡镇党委书记、乡镇长、纪委书记，县直各部门党员负责人，县“四家班子”党员领导干部及办公室主任（秘书长）参加会议。会议主要内容：一是传达省六届六次全委扩大会精神；二是学习中共中央关于进一步加强农业和农村工作的决定；三是学习中共贵州省委关于贯彻《中共中央关于进一步加强农业和农村工作的决定》的决议；四是布置1992年工作和当时烤烟生产工作；五是传达州计划生育会议精神。

县委副书记、县长罗明珠作题为《坚定不移地全面贯彻党的基本路线，全面完成今年的各项工作任务》的讲话，并结合龙里实际，讲十点意见：第一，抓农业稳县。一是大力推广农业增产先进实用技术。二是增加农业投入，改善生产条件，增强农业发展后劲。三是稳定完善农村政策，深化农村改革。第二，抓工业富县。一是抓好现有企业，二是选准发展路子，三是进一步深化改革。第三，抓流通活县。第四，平衡财政收支，盘活信贷资金。第五，必须抓好基本建设和技改项目，增强经济发展后劲。第六，抓科技兴县，加强科技教育，推动经济发展。第七，严格控制人口过快增长，努力提高人口素质。第八，深入开展社会主义思想教育，加强精神文明建设，促进经济社会全面进步。第九，继续加强社会主义民主与法制建设。第十，进一步加强党对各项工作的领导，奋力狠抓落实。一要突出抓好各级领导班子的思想建设，二要加强领导班子和干部队伍建设，三要搞好党风党纪和廉政建设。

第三次全委（扩大）会议　于1992年6月18—19日在龙里县城召开。中共龙里县第七届委员会委员、候补委员，纪委委员，各乡镇党委书记、乡镇长、纪委书记，县直各部门党员负责人，县“四家班子”党员领导干部及办公室主任（秘书长）参加会议。会议主要内容：传达中央〔1992〕4号文件、省委〔1992〕11号文件及州委书记李培书讲话。

第四次全委（扩大）会议　于1993年7月27—28日在龙里县城召开。中共龙里县第七届委员会委员、候补委员，中共龙里县纪律检查委员会委员，县人大常委会党员副主任，县人民政府党员副县长，县政协党员副主席，县委巡视员，县委各部门负责人，县级国家机关各工作部门党员主要负责人，县人民武装部负责人，各人民团体党员负责人，各乡镇党委书记、乡镇长、纪委书记参加会议。

会议主要任务：一是传达州委召开的县委书记、县长会议精神；二是总结上半年经济工作，研究当时全县经济发展中出现的新情况、新问题，统一认识，深化改革，抓好下半年工作落实，确保全年各项任务的全面完成。县委副书记骆用定作题为《加强领导，克服困难，确保今年各项计划的圆满完成》的讲话，就下半年的工作强调：一是要千方百计保持农业发展的良好势头，夺取农业的全面丰收；二是齐心协力，努力完成工业生产任务；三是大力发展乡镇企业，继续保持乡镇企业已有的高速发展势头；四是大力抓好财政税收工作；五是下大力抓好计划生育工作；六是切实做好金融工作；七是千方百计抓好后劲发展；八是搞好服务，促进各项工作任务的完成。

县委书记曹惟浩对上半年工作作简要回顾，对下半年要抓好的几项重要工作作强调：一是突出效益中心，注重发展速度，认真抓好下半年的经济工作；二是突击八、九两月，全面完成计生“四术”任务，确保人口控制计划的完成；三是抓好社会治安综合治理，维护社会稳定；四是加强党的建设，改善党的领导。

第五次全委会议 于1993年8月28日在县总工会办公楼召开。县委委员、候补委员实到26名（应到为29名）参加会议。会议内容：推选出席黔南州党代表大会代表。分配给龙里县为6个名额，代表机构上要求工业2名、农业2名、文教1名、卫生1名，其中含少数民族4名、妇女2名。

第六次全委（扩大）会议 1993年12月24—25日在龙里县城召开。中共龙里县第七届委员会委员、候补委员，县人大党员副主任、县政府党员副县长、县政协党员副主席，各乡镇书记、乡镇长，县直各工作部门、各人民团体党员负责人，县委巡视员廖定才、王跃权参加会议。会议主要内容：一是传达贯彻党的十四届三中全会精神、省委七届二次全会精神和中共黔南州委六届四次全委（扩大）会议精神；二是总结全年工作；三是安排次年初工作。

县委副书记骆用定就1993年工作进行小结，并对1994年的工作安排讲七点意见：一要加强农业和农村工作，确保全县社会经济的稳定发展；二要以市场为导向，搞好工业企业结构调整，促进技术改造，提高企业经济效益；三要加大发展乡镇企业，努力实现乡镇企业大发展、大提高；四要大力发展非国有经济，加快市场建设，开发旅游资源；五要集中精力抓好几项重大改革（财税改革、农村改革、机构改革、国有企业改革、企业股份制试点）；六要抓好基础设施和后劲项目，为大发展打好基础；七要加强和改进政府工作，促进“两个文明”建设。

县委书记曹惟浩作题为《解放思想，真抓实干，珍惜机遇，深化改革》的讲话，结合会议精神强调四个问题：一是深入学习，提高认识，统一思想，把中央决定作为行动指南；二是抓实干，打基础，切实把中央决定落到实处；三是毫不动摇地坚持“两手抓，两手都要硬”的方针，确保社会稳定；四是加强和改善党的领导，确保改革开放和经济建设的顺利进行。

第八次全委（扩大）会议 于1995年12月25—26日在龙里县城召开。中共龙里县第七届委员会委员、候补委员，县人大党员副主任、县政府党员副县长、县政协党员副主席，各乡镇党委书记、乡镇长，县直各工作部门、各人民团体党员主要负责人，县委巡视员参加会议，县纪委委员列席会议。会议主要内容：审议通过龙里县委关于制定龙里县国民经济社会发展“九五”计划和2010年远景规划及建议（草案）。

第九次全委（扩大）会议 于1996年10月29日在龙里县城召开。中共龙里县第七届委员会委员、候补委员，中共龙里县纪律检查委员会委员，县人大常委会党员副主任、县人民政府党员副县长、县政协党员副主席，县委巡视员，县委各部门负责人，县级国家机关各工作部门党员主要负责人，县人民武装部负责人，各人民团体党员负责人，各乡镇党委书记、乡镇长、纪委书记参加会议。

会议主要任务：听取关于召开中国共产党龙里县第八次代表大会的说明，审议、通过《关于召开中国共产党龙里县第八次代表大会的决定》；审议《中国共产党龙里县第七届委员会工作报告》和《中国共产党龙里县第七届纪律检查委员会工作报告》。

三、第八届全委（扩大）会议

共召开6次会议。

第一次全委会议 于1996年11月14日在龙里县城召开，会议选举产生中共龙里县第八届委员会常务委员：黄大熙、骆用定、王道华（苗族）、陈民（布依族）、张志华、林礼正、王永坤、王小红（女）、许修模共9名；常委会选举黄大熙为书记，骆用定为副书记。

第二次全委（扩大）会议 于1997年3月18日在龙里县城召开。中共龙里县第八届委员会委员、候补委员，纪委委员，人大、政府、政协党员领导，县级国家机关党员主要负责人、各人民团体党员负责人，各乡镇和各部门纪检书记或纪检组长参加会议。会议主要任务：学习中央、省、州关于加强社会主义精神文明建设的文件，讨论、审议、通过《中共龙里县委关于加强社会主义精神文明建设的决议》。

第三次全委（扩大）会议 于1997年12月2—3日在龙里县城召开。中共龙里县第八届委员会委员、候补委员，中共龙里县纪律检查委员会委员，县人大常委会党员副主任，县人民政府党员副县长，县政协党员副主席，县委巡视员，县委各部门负责人，县级国家机关各工作部门党员主要负责人或主持工作的副职党员领导、纪委书记、纪检组长，县人民武装部负责人，各人民团体党员负责人，各乡镇党委书记、乡镇长、纪委书记，各驻县单位党员负责人，原“四家班子”老领导参加会议。会议主要任务：传达学习中共十五大精神和省委七届七次全委会、州委七届二次全委会精神。

县委副书记骆用定作题为《解放思想，更新观念，加快发展》的讲话，强调九个方面的问题：一是要结合实际情况，找准问题，形成共识，在解放思想上取得新突破；二是要重视、加强农业和农村工作，在农业产业化发展上取得新突破；三是要进一步加快企业改革步伐，在国有企业改革上取得新突破；四是要用新的思路、新的政策措施推动和发展非公有制经济，力求有新的突破；五是要明确目标、加强领导，积极培植支柱财源，在财源建设上取得新突破；六是要扩大和巩固招商引资成果，在对外开放上取得新突破；七是要进一步改善投资环境，在基础设施建设上取得新突破；八是要加强领导、强化认识，在精神文明建设和部门服务工作上取得新突破；九是要立足当前、着眼长远，在抓好当前工作上取得新突破。

县委书记黄大熙在会上强调五个方面问题：一是全面准确领会中共十五大精神，把广大党员、干部和各族群众的思想认识统一到十五大精神上来；二是全面贯彻落实党的十五大精神和省、州全委会提出的各项任务，加快经济建设步伐；三是继续推进政治体制改革，切实加强社会主义精神文明建设；四是坚持、加强和改善党的领导，进一步把各级党组织建设好；五是以中共十五大精神为动力，全面完成和超额完成年度各项任务。

第四次全委（扩大）会议 于1998年7月17日在龙里县城县政协一楼会议室召开。县委委员、候补委员、县纪委委员，县人大常委会党员副主任，县人民政府党员副县长，县政协党员副主席，县委巡视员，县委各部门负责人，县级国家机关各工作部门党员负责人或主持工作的副职党员领导，县人民武装部负责人，各人民团体党员负责人，各乡镇党委书记参加会议。会议内容：选举出席黔南自治州党代表会议的代表。

第五次全委（扩大）会议 于1999年1月26日在龙里县委大礼堂召开。中共龙里县第八届委员会委员、候补委员，县纪委委员，不是县委委员的县人大常委会党员副主任，县人民政府党员副县长，县政协党员副主席，县委巡视员，县委办、县人大办、县政府办、县政协办主任（秘书长），县委各工作部门主要负责人，县级国家机关各工作部门党组书记、党员主要负责人或主持工作的副职党员领导，县人民武装部主要负责人，各人民团体党员主要负责人，各乡镇党委书记、乡镇长、纪委书记，县直部门纪检组组长（纪委书记）参加会议；同时，特邀宋世禄、胡德卿、蓝应康等人以及县“四家班子”领导成员参加会议。会议内容：学习贯彻落实州委七届四次全委（扩大）会议精神。

第六次全委（扩大）会议 于2000年7月26日在龙里县委大礼堂召开。县委委员、候补委员，县纪委委员，县委巡视员，不是县委委员的县人大常委会党员副主任，县人民政府党员副县长，县政协党员副主席，县委办、县人大办、县政府办主任，县政协秘书长，县委各部门主要负责人，县级国家机关各工作部门党组书记、党员负责人或主持工作的副职党员领导，县人民武装部主要负责人，各人民团体党员主要负责人，各乡镇党委书记、乡镇长、纪委书记，县直部门纪检组长（纪委书记）参加会议，特邀离退休老领导及县"四家班子"非党领导成员参加会议。会议内容：学习贯彻落实省委八届五次全委会精神，安排和部署龙里县计划生育工作和城镇建设工作。

四、第九届全委（扩大）会议

共召开9次会议。

第一次全委会议 于2001年6月20日在龙里县城召开，会议选举产生中共龙里县第九届委员会常务委员：陈玉兴、王振金、王平（布依族）、范吉林、王安富、王永坤、上官昌健、王小红（女）、龙怀宪（侗族）、罗必刚（布依族）、张宗毅共11名；常委会选举陈玉兴为书记，王振金、王平（布依族）、范吉林为副书记。

第二次全委（扩大）会议 于2002年2月4日在龙里县政府大楼会议室召开。中共龙里县第九届委员会委员、候补委员，中共龙里县纪律检查委员会委员，县委助理调研员，不是县委委员的县人大常委会党员副主任、调研员，县人民政府党员副县长、助理调研员，县政协党员副主席、助理调研员，县委办、县人大办、县政府办主任，县政协秘书长，县委各部门主要负责人，县级国家机关各工作部门党组（党委）书记、党员主要负责人或主持工作的党员副职领导，县人民武装部主要负责人，各人民团体党员主要负责人，各乡镇党委书记、乡镇长参加会议。特邀县"四家班子"非党领导成员以及宋世禄、胡德卿、蓝应康3人参加会议。

会议内容：讨论通过《龙里县2002年国民经济社会发展计划建议》，表决通过龙里县出席州党代表会议的生产和工作一线代表名单；县委书记陈玉兴作题为《与时俱进，乘势而上，再创龙里经济社会发展新业绩》的讲话。

第三次全委（扩大）会议 于2003年2月22日在龙里县政府大楼会议室召开。中共龙里县第九届委员会委员、候补委员，中共龙里县纪律检查委员会委员，县委助理调研员，不是县委委员的县人大常委会党员副主任、调研员，县人民政府党员副县长、助理调研员，县政协党员副主席、助理调研员，县委办、县人大办、县政府办主任，县政协秘书长，县委各部门主要负责人，县级国家机关各工作部门党组（党委）书记、党员主要负责人或主持工作的党员副职领导，县人民武装部主要负责人，各人民团体党员主要负责人，各乡镇党委书记、乡镇长、纪委书记，县直部门纪检组长（纪委书记）参加会议，特邀县"四家班子"非党领导成员以及宋世禄、胡德卿、蓝应康3人参加会议。会议内容：有关全县经济发展工作等。

第四次全委（扩大）会议 于2003年8月7日在龙里县政府大楼会议室召开，会期半天。中共龙里县第九届委员会委员、候补委员，中共龙里县纪律检查委员会委员，县委助理调研员，不是县委委员的县人大常委会党员副主任、调研员，县人民政府党员副县长、助理调研员，县政协党员副主席、助理调研员，县委办、县人大办、县政府办主任，县政协秘书长，县委各部门主要负责人，县级国家机关各工作部门党组（党委）书记、党员主要负责人或主持工作的党员副职领导，县人民武装部主要负责人，各人民团体党员主要负责人，各乡镇党委书记、乡镇长、纪委书记，县直部门纪检组长（纪委书记）参加会议，特邀县"四家班子"非党领导成员以及宋世禄、胡德卿、蓝应康3人参加会议。

第五次全委（扩大）会议 于2004年9月21—22日在龙里县城召开。中共龙里县第九届委员会委员、候补委员，县人大、政府、政协不是县委委员的党员领导，县直各部门、各乡镇不是县委委员的党员负责人，中央、省、州驻县单位的党员负责人，部分离退休老领导参加会议。会议内容：批准通过《中共龙里县委龙里县人民政府关于加大力度实施西部大开发战略的意见》。

会议认为，该《意见》符合龙里实际，符合胡锦涛总书记对贵州作出的关于“更加坚定不移地贯彻发展是硬道理，更加坚定不移地贯彻发展是执政兴国的第一要务，更加坚定不移地树立和落实科学发展观”的指示；符合国务院关于“进一步推进西部大开发的若干意见”明确的当时和以后一段时间实施西部大开发的指导思想、目标任务和政策措施；符合省委、省政府关于“加大力度实施西部大开发战略的若干意见”确定的战略重点和目标任务；符合州委、州政府关于“既要从全省、全州大局来考虑问题，又要坚持从实际出发；既明确共性的要求，又明确个性的特殊要求，把自己的潜能挖掘出来，优势发挥出来”的要求，目标明确、重点突出、措施有力、操作性强，是龙里县在新形势下，加快富民强县进程的纲领性文件。

县委、县政府《关于加大力度实施西部大开发战略的意见》明确：按照州委、州政府“431”经济发展格局，立足县情，主动融入“贵阳半小时经济圈”，围绕建设“三城一县”（新兴工业城、绿色药城、生态园林城、经济强县）目标，加快农业稳县、工业强县、生态绿县、文化亮县、旅游热县、商贸活县建设步伐。重点规划建设“一条经济带”，即贵新公路龙里区域经济带。狠抓以水利、交通为重点的基础设施建设。抓好“龙里科技工业园区”，即龙里医药工业园区、龙山工业园区和龙山北部工业园区。培育“四大支柱产业”，即医药、冶金、畜牧、旅游产业。

力争实现“六个重大突破”，即力争在基础设施建设上取得重大突破，基本形成综合交通运输体系和基本解决城乡供水安全问题；在重点产业上取得重大突破，力争药业、冶金业、畜牧业、旅游业等产业在全州居于领先或靠前位置；在创新投融资体制、加大投入上取得重大突破，向上争取项目，向外招商引资，向内激活要素、营造环境，使龙里成为企业投资的热土；在生态建设上取得重大突破，把生态效益转化为经济社会效益，造福全县人民；在新阶段扶贫开发上取得重大突破，率先解决农村贫困人口的温饱问题；在推行素质教育上取得重大突破，巩固提高“两基”（基本普及九年义务教育，基本扫除青壮年文盲）成果，提高人口素质。

同时，县委、县政府《关于加大力度实施西部大开发战略的意见》还明确龙里县2004—2010年经济社会发展的奋斗目标：力争发展速度高于全州平均水平，GDP年均递增12%左右，到2010年达到22.8亿元以上，人均1.07万元（折合1293美元）以上，部分乡镇力争达到1.15万元（折合1394美元）以上；规模工业总产值年均增长18%以上，力争达到40亿元以上；财政总收入年均增长15.8%左右，力争达到2.8亿元以上，跨入全省经济强县行列；森林覆盖率提高到50%以上；人口自然增长率控制在9‰以内；城镇居民人均可支配收入达到8560元以上；农民人均纯收入每年增加120元以上，达到2500元；实现6.23万低收入农业人口稳定脱贫；城镇登记失业率控制在3%以内；城镇化水平达到38%以上。

县委书记习玉跃在会上讲话强调：一、认真学习，领会精神，统一认识，增强实施西部大开发战略的责任感和使命感；二、围绕重点，找准着力点，为实施西部大开发提供支撑和载体；三、解放思想，真抓实干，为西部大开发的顺利实施提供思想保障；四、加强领导，改进作风，为西部大开发顺利进行提供组织保障；五、再接再厉，开拓前进，确保年度经济社会发展目标任务的完成，为实施新阶段西部大开发奠定坚实的发展基础。

第六次全委（扩大）会议　于2004年11月22日在龙里县政府四楼会议室召开。中共龙里县第九届委员会委员、候补委员，县人大、政府、政协不是县委委员的党员领导，县直各部门、各乡镇不是县委委员的党员负责人，中央、省、州驻县单位的党员负责人，部分离退休老领导参加会议。

会议主要任务：一是深入学习贯彻中共十六届四中全会、省委九届六次全会和州委八届八次全会精神，围绕抢抓机遇、加快发展主题，坚持科学发展观，加强党的执政能力建设，努力实现全县经济社会更快更好地发展；二是安排部署当时有关工作。

第七次全委（扩大）会议　于2005年8月22日在龙里县政府四楼会议室召开。中共龙里县第九届委员会委员、候补委员，中共龙里县纪律检查委员会委员，县委助理调研员，不是县委委员的县人大常委会党员副主任、调研员，县人民政府党员副县长、助理调研员，县政协党员副主席、助理调研员，县委办、县人大办、县政府办主任，县政协秘书长，县委各部门主要负责人，县级国家机关各工作部门党组（党委）书记、党员主要负责人或主持工作的党员副职领导，县人民武装部主要负责人，各人民团体党员主要负责人，各乡镇党委书记、乡镇长、纪委书记参加会议；特邀县“四家班子”非党领导成员以及宋世禄、胡德卿、蓝应康3人参加会议。会议内容：传达贯彻省委九届七次全体扩大会议和州委八届九次全体扩大会议精神，总结全县上半年工作，安排部署下步工作。

第八次全委（扩大）会议 于2005年12月15—16日在龙里县城召开。中共龙里县第九届委员会委员、候补委员，县人大、政府、政协不是县委委员的党员领导，县直各部门、各乡镇不是县委委员的党员负责人，中央、省、州驻县单位的党员负责人，部分离退休老领导参加会议。会议内容：一是传达贯彻中共十六届五中全会、省委九届八次全体扩大会议和州委八届十次全体扩大会议精神；二是审议通过《中共龙里县委关于制定龙里县国民经济和社会发展第十一个五年规划的建议（草案）》。

第九次全委（扩大）会议 于2006年7月24日在龙里县城召开。中共龙里县第九届委员会委员、候补委员，县人大、政府、政协不是县委委员的党员领导，县直各部门、各乡镇不是县委委员的党员负责人，中央、省、州驻县单位的党员负责人，部分离退休老领导参加会议。会议内容：审议通过《关于召开中共龙里县第十次代表大会的决议》。

五、第十届全委（扩大）会议

部分会议情况如下：

第一次全委会议 于2006年10月25日在龙里县城召开，会议选举产生中共龙里县第十届委员会常务委员：刁玉跃、吴俊、王小红、陶忠和、罗俊、徐彬、余品烈、罗朝光、刘峥嵘、兰顺锋共10名；常委会选举刁玉跃为书记，吴俊、王小红、陶忠和为副书记。

第三次全委会议 于2007年9月14日在龙里县城召开。中共龙里县第十届委员会委员35人参加会议。会议主要任务是：贯彻落实省第十次党代会精神。县委书记吴俊作题为《大力实施城市经济带动战略，推动龙里发展大跨越》的讲话，强调：一、围绕州委“四大”思路，通过大开放促进大开发推动大发展。一是坚持着眼长远、科学规划；二是坚持开放带动、能快则快；三是坚持以人为本、关注民生；四是坚持围绕发展、狠抓落实。二、大力实施城市经济带动战略，加快壮大经济实力。一是主动融入贵阳城市经济圈，规划建设贵龙城市经济带。二是做大做强贵州龙里工业园区品牌，着力提升工业综合经济实力。加强园区的规划和建设，提高园区产业承接能力；依托园区形成的产业基础，盘活做强传统优势产业；围绕产业导向培育做大园区规模。三是加强城市基础设施建设，着力提升城市服务功能和文化品位。打造冠山宗教文化公园、夹山坡体育运动公园、龙架山休闲娱乐公园和以登山健身为主题的龙家坡健身观景公园。四是以城镇为载体，加快第三产业的发展。发展现代物流产业、商贸流通业和总部经济商务区，大力推动生产者服务业的发展，打造贵阳城市经济圈重要生态型休闲度假、会展商务、康体娱乐旅游基地。三、统筹城乡协调发展，扎实推进社会主义新农村建设。一是加强以交通、水利为重点的基础设施建设，改善农村生产生活条件。二是创新“三农”工作机制，开展农技干部“双带”创业活动。三是全面落实各项强农惠农政策，扎实推进新阶段扶贫开发。四是加快农业产业结构调整，推进农业产业化经营。五是加强新型农民培训，加快农村劳动力转移。四、营造加快发展的良好环境，展现龙里新风貌。一是充满活力的开放环境。二是高效优质的政务环境。三是山清水秀的生态环境。四是稳定和谐的社会环境。五是健康文明的文化环境。五、坚持改革创新，全面推进党的建设。一是加强思想政治建设，增强执政能力。二是加强基层组织建设，筑牢战斗堡垒。三是加强人才队伍建设，提高干部素质。四是加强和改善党的领导，凝聚发展力量。五是加强党风廉政建设，密切联系群众。

第四次全委会议 于2008年8月11日在龙里县城召开。龙里县第十届委员会委员35人参加会议。会议主要任务：全面深入学习贯彻落实科学发展观，用系统思维和方法，分析当时形势和机遇，坚定信心，锐意进取，扎实推进实施城市经济带动战略实现新突破。

县委书记吴俊作题为《努力实践科学发展观，加快实施城市经济带动战略》的讲话，强调：一、坚定信心决心，毫不动摇地推进城市经济带动战略的全面实施。一是城市经济带动战略是国家改革发展经验教训的客观总结，是县域经济社会发展的基本趋势。二是城市经济带动战略是县委把握县情推进经济社会发展的重大举措，是实现历史性跨越目标的必然选择。二、运用系统的思维和方法，科学谋划经济社会发展。一是加快贵龙城市经济带规划建设，为城市经济带动战略提供有效载体。二是加快推进交通和水利基础设施规划建设，着力打牢经济社会发展基础。三是深化投融资体制改革，拓宽筹资渠道。三、坚持新型城市化道路，促进城乡互动发展。一是强化城市集聚力，推进人的城市化建设。二是推进公共服务均衡，促进城乡双赢。三是着力保障失地农民和拆迁安置户的权益。抓好失地农民就业和社会保障，做好拆迁安置工作。四、强化生态文明建设，实现经济社会可持续发展。大力发展生态经济，坚持新型工业化道路，加强生态建设和环境保护。五、促进形成良好发展环境，带动经济社会朝着健康有序的方向发展。创造良好的社会治安环境，党群、干群关系融洽的和谐环境，诚实守诺的信用环境，良性的社会竞争环境。六、扎实开展党的基层组织建设年活动，进一步提高基层组织的凝聚力和战斗力。拓宽渠道抓好村领导班子选配，建立农村基层干部长期受教育机制，加强农村基层干部的管理，认真研究落实调动农村基层干部积极性的长效机制。

第三节　中共龙里县委员会常务委员会议

龙里县委常务委员会会议执行“集体领导、民主集中、个别酝酿、会议决定”的基本原则，一般每个月召开2次，也可以根据具体情况、工作需要灵活召开。会议研究的内容包括：传达贯彻上级党委的方针、政策、重要会议精神和重大决策部署；对全县问题作出决定；对县级地方国家机关、人民团体、经济组织、文化组织和其他非党组织的领导机关中的党组请示问题作出决定；按照干部管理权限和规定的程序，负责推荐、提名、任免干部；决定有关干部的奖惩；研究需由常委会讨论决定的其他重要问题。

提交常委会会议的议题，按照分工先由常委签署意见，交由县委办公室统筹协调，报书记审定后，提交常务会议研究。干部议题由县委组织部按照有关规定办理。涉及编制、经费的问题，先征求相关领导和部门的意见。常委会议由书记主持，书记不能参加时，由书记委托的副书记主持。必须有半数以上常委到会方能举行。研究干部任免、奖惩等议题时，必须有2/3以上常委到会方能举行。进行表决时，以赞成票超过应到会常委人数为通过。常委会决定的事项，常委按照分工抓好落实。应由有关部门办理的事项，由县委办公室立项督办，并由有关部门将落实情况书面向常委会报告。1991—2008年，中共龙里县委员会历时五届，共召开县委常委会议297次。

一、第六届党委常委会

1991年1—12月，共召开常委会22次。

部分会议简况：1月4日会议，开展民主生活会；3月4日扩大会议，讨论民主乡亮山坪草场被花溪区高坡乡边界村民破坏事件情况；3月20日扩大会议，讨论关于国民经济和社会发展十年规划及八五计划的安排要点；6月21日会议，讨论龙里县“七一”庆祝活动、综合治理等工作情况；8月6日会议，讨论龙里县建镇并乡撤区方案；8月10日会议，讨论研究“建并撤”工作关于个别乡镇委员会书记、副书记和派到各区镇工作队长人选等事宜；10月16日会议，讨论关于提高书报费、洗理费、交通费问题，比孟、水场并乡情况；10月29日会议，研究1991年冬季征兵工作和农转非指标安排。

二、第七届党委常委会

1992年1月至1996年11月，共召开常委会63次。

部分会议简况：1992年2月10日会议，学习省委全委扩大会议精神；4月4日会议，研究龙里县“千分之二”干部工资奖励指标和干部任免；5月25日扩大会议，研究猴子沟饮水工程；6月1日会议，议定龙里县开展第二批农村社会主义教育工作，第三季度全县开展计划生育突击活动；6月5日会议，研究龙里县龙山经济开发区的优惠政策；7月7日会议，研究社教工作县级干部联系点；10月15日会议，学习中共十四大报告，研究第二年县乡两级换届工作实施方案；11月4日会议，研究比孟地区社会主义教育如何开展的问题；11月21日会议，研究第二年县、乡两级人大、政府换届选举问题。

1993年2月3日会议，讨论研究县、乡两级换届选举工作情况、换届人事安排，议定龙里县摆省乡、民主乡、哪嗙乡为高寒贫困乡。5月29日会议，研究县二级班子负责人的人事任免，公费医疗改革方案、股份制企业试行试点方案、房改方案和县直机关财政包干试行方案。6月29日会议，研究贯彻执行中央办公厅《关于切实减轻农民负担的紧急通知》的意见和措施，关于粮价放开工作暨压缩行政、事业单位费用实施方案的意见，关于老干部疗养费、住房问题以及县医院人事安排。7月10日会议，讨论通过《中共龙里县委常委议事规则》，同意县《关于切实减轻农民负担的贯彻实施意见》。

11月23日会议，学习《中共中央关于建立社会主义市场经济体制若干问题的决定》，研究龙里县“关于县直机关、事业单位工作人员考勤暂行规定”的实施办法。12月20日会议，总结县委本年度工作，议定龙里县1994年国民经济和社会发展预安排计划，对乡镇教育、卫生、公安人财等的管理意见。12月27日会议，传达学习中共中央文件，及省州关于县级机关改革的有关精神，讨论制定《龙里县县级党政机构改革方案》，研究部署该项工作。

1994年1月8日扩大会议，传达州委关于党政机关副县级以上干部廉洁自律、自查自纠的通知，讨论龙里县机构改革第二阶段第一步实施意见，议定对离退休干部每月生活费补贴25元。3月14日会议，传达贯彻全州经济工作会议精神，研究确定1994年全县经济发展总目标，部署全年经济工作，讨论县机构改革“四定”方案。4月5日会议，传达全州农村工作会议精神，研究部署县农业农村工作，学习《邓小平文选（三）》、中共中央《关于建立社会主义市场经济体制若干问题的决定》。

8月13日会议，讨论秋种工作安排和“四个一”工作意见，讨论龙里县委制定《关于领导班子思想作风建设八项制度》即《学习制度》《民主生活会制度》《调研制度》《报告制度》《廉政制度》《工作责任制度》《议事制度》及《检查制度》。10月21日会议，讨论龙里县《对引进资金、项目、技术和人才的优惠政策及奖励实施办法（试行）》《关于加快发展非公有制经济的决定》《拍卖荒山荒坡等非耕地使用权暂行规定》。

11月15日会议，讨论研究全县社会治安综合治理达标问题及《龙里县关于实行社会治安综合治理“一票否决权”的规定》，议定公安派出所的人事管理权、经费由主管部门负责。12月12日会议，讨论龙里县1995年烤烟生产的意见，研究调减乡镇1994年烤烟产品税的方案，补发县直部门、单位干部和职工工改调资差额，拟定计划生育目标管理责任制，对乡镇进行年度目标考核检查。

1995年1月5日会议，研究并同意县关心下一代协会更名为县关心下一代工作委员会；讨论研究乡镇工商所改为县主管部门管理；县直机关、行政事业单位实行“四三三”分流制，工作与干部、职工的“三费”挂钩。2月26日扩大会议，讨论《龙里县1995年加强农业和农村工作的情况》《龙里县加强乡镇企业发展的决定》《关于农村党支部建设考核标准（暂行）办法的报告》《县直机关部门年度工作考核方案》《龙里县工业各项指标奖惩办法》。

6月20日会议，讨论《中共龙里县委关于调整不胜任现职局级领导干部的暂行规定》《1995年度机关目标管理考核实施方案》；研究成立龙里县经济开发总公司。8月22日会议，讨论《关于进一步抓紧抓好计划生育工作实现“三为主”的实施意见》；讨论烤烟收购、秋种培训、大中专毕业生分配及充实完善结构工作。9月12日扩大会议，讨论研究科教兴县实施意见。11月6日扩大会议，讨论龙里县人大常委会党组《关于全县乡镇人大换届选举有关问题的报告》《关于个别乡镇代表名额的分配方案》及《全县乡镇人大换届选举工作的意见》。

1996年1月3日扩大会议，讨论研究龙里县经济工作；议定加快“两高一优”农业发展，突出水稻规范化栽培和山地畜牧业发展，坚持领导干部“四挂”制度。2月12日扩大会议，议定实行机关干部挂乡镇制度。4月4日会议，议定坚持“四家班子”领导工作联系制度，落实年度目标责任制。5月7日会议，通过《关于促进我县乡镇企业大发展大提高实施意见》。7月3日会议，讨论县财源建设规划和县域经济发展中长期和短期规划，研究解决修建巴江、谷龙等8个乡镇的办公楼问题。8月26日会议，讨论研究计划生育工作实施意见，通过《龙里县综合改革试点总体方案》。

三、第八届党委常委会

1996年12月至2001年5月，共召开常委会62次。

部分会议简况：1997年3月11日扩大会议，研究县农业农村工作、工商联换届、组建农村工作队等情况。4月14日会议，议定成立转变机关工作作风领导小组及计划生育工作措施。4月22日会议，研究乡镇企业、烤烟生产、宣传、文化、文联和精神文明建设工作。5月12日会议，讨论《关于在全县推行农民负担监督卡制度的通知》，同意《关于召开中共龙里县党代表会议的报告》。5月14日会议，讨论龙里县第一批机关干部住房清理情况和处理意见。8月5日会议，议定县秋种、计划生育、大中专毕业生就业和社会治安综合治理工作安排意见。9月24日会议，议定学习中共十五大工作报告，把中共十五大精神与各项工作相结合。

1998年1月12日会议，研究对1997年度目标管理考核突出的乡镇、机关单位表彰奖励；讨论1997年度乡镇财税完成情况及兑现问题；成立龙里县广播电视台，为副科级事业单位；建立县委、县政府督查室，为副科级规格。2月16日会议，讨论全县组织工作意见，通过《龙里县政协第五届委员会人事安排方案的报告》，听取烤烟生产和城市建设工作汇报，通报“2・13”事件处理情况。

5月23日会议，通报麻芝乡“4・2”事件基本情况，议定对县公安局相关人员予以行政警告处分。7月7日会议，议定在全县范围推行领导集团承包制。8月6日会议，学习邓小平理论、《党政领导干部选拔任用工作暂行条例》，通过《关于稳定和完善农村土地承包关系的实施意见》《关于稳定和完善农村土地承包关系若干问题的处理意见》。9月10日会议，讨论县创建平安工程工作，通过《中共龙里县委关于开展依法治县工作的决定》，推荐吴德贵为农村适用技术培训先进个人。

11月4日扩大会议，议定全县学习《中共中央关于农业和农村工作若干重大问题的决定》，审定县政府《关于开展依法治县工作的实施意见》。12月4日会议，通报省检查组对龙里县实施《深化农村科技体制改革、推进农业可持续发展》实验课题的检查情况；研究同意《关于建立党政领导与党外人士联谊交友制度的意见》。

1999年1月12日会议，研究龙里县铁厂转让，招商引资在县城修建宾馆及民主草场、猴子沟旅游开发问题；审议龙里县1999年国民经济和社会发展主要指标安排计划及拟办的10件实事。1月22日会议，审定七项集团承包工作奖励情况和乡镇、机关目标考核情况；研究烤烟农特税返还问题、县铁厂转让的有关事宜，听取推荐州优秀知识分子、科技人员的人选方案。3月4日会议，议定县“四家班子”领导对全县春耕备耕、烤烟、计划生育、教育、创卫等工作督促检查。

4月1日会议，审议县人大、政府、政协、财政、计划、法院、检察院工作报告；通报全县禁毒工作情况、农村改革试验工作进展情况及研究人事问题。4月23日会议，同意《中共龙里县委关于在全县党政领导班子和领导干部中深入开展以“讲学习、讲政治、讲正气”为主要内容的党性党风教育的实施意见》《关于在全县农村普遍实行村务公开和民主管理制度的实施意见》，通过县委组织部《关于面向全县公开选拔部分副科级领导干部意见的报告》《关于在部分县直党政机关内部推行干部竞争上岗试点意见的报告》；研究成立龙里县房地产管理局，为副局级单位。

5月11日会议，研究《关于在全县深入开展创建文明单位、文明行业和争做文明公民活动的决定》《龙里县开展创建文明单位、文明行业和争做文明公民活动工作方案》，决定开展全县创建活动动员大会；议定为县机要局配置传真机和密码机，在龙山等7个乡镇开通传真通讯；研究计划生育有关事宜。7月8日会议，讨论研究《中共龙里县委常务委员会党风廉政建设责任制》。

10月22日会议，研究《中共龙里县人大常委会党组关于开展对县人代会选举和常委会任命的“一府两院”工作人员进行述职和评议的请示》。11月7日会议，研究龙里县委《关于在县级领导班子和领导干部中搞好“三讲”教育学习的意见》；通报全县经济、社会运行情况。

2000年1月11日会议，审定2000年全县经济和社会发展主要指标、县委政府要办的十件实事；审定全县1999年度机关、乡镇工作考核评比结果，研究《中共龙里县委关于加强和改进思想政治工作的意见》。3月6日会议，听取县“三讲”教育工作安排意见，议定全县组织工作相关事项，安排县党风廉政、反腐和纠风工作；听取县“三八”红旗集体和红旗手等先进集体和个人初评结果的汇报，全县植树造林安排意见汇报。

3月16日会议，讨论审议《政府工作报告》《龙里县1999年财政预算执行情况和2000年财政预算（草案）报告》；议定《龙里报》创刊工作和“十星级文明户”创建活动，对县医院等5个推动科技进步先进单位和30名优秀知识分子、科技人员进行表彰；审议《龙里县第十三届人民代表大会第三次选举办法（草案）》。4月10日会议，讨论研究龙里县2000年有关经济和社会发展、西部大开发、整顿机关工作作风、县“三讲”工作领导小组调整、县委常委工作分工及人事问题。

5月12日会议，议定环保、旅游、国土资源、民族工作、第五次人口普查、烤烟生产销售、经果林基地、蔬菜基地及城市建设工作。6月13日会议，研究建立县旅游局、招商引资局、社会保险事业局、县农业广播电视学校、警务督察队、会计管理局；讨论研究龙里县机关和乡镇目标考核方案、《龙里县实施西部大开发初步意见》；议定兴办“农家乐”、发展大棚蔬菜及加快城镇建设工作。

7月4日会议，讨论《中共龙里县委关于在县级领导班子、领导干部中开展“三讲”教育的实施方案》，研究军转干部、复退军人安置和大中专毕业生分配问题，议定县法院工作改革方案。7月19日会议，讨论研究《中共龙里县委关于加强人口与计划生育工作严格控制人口过快增长的决定》《中共龙里县委、龙里县人民政府关于共产党员、国家工作人员违犯计划生育法规政策行为的纪律处分规定》《中共龙里县委、龙里县人民政府关于进一步加快小城镇建设的决定》《龙里县人民政府关于加快我县房地产业发展的意见》《龙里县人民政府关于落实县城绿地系统规划的实施意见》《龙里县人民政府关于县城“亮丽工程”的实施方案》《龙里县招商引资优惠办法》。

9月20日会议，研究龙里县退耕还林试点示范中的有关问题，涉及退耕还林工程存在问题的整改措施报告、有关责任人的处理及警示教育事宜。10月9日会议，讨论研究《中共龙里县委、龙里县人民政府关于基本实现计划生育村为主规划的实施意见》《中共龙里县委、龙里县人民政府关于深化教育改革全面推进素质教育的意见》《中共龙里县委、龙里县人民政府关于加快职业教育改革和发展的实施意见》及龙里县贯彻州委思想政治工作会议精神的落实意见，讨论研究有关案件的查处问题及离休老干部遗留的政治待遇问题。

10月17、18日会议，讨论研究《在全县党政领导班子和领导干部“三讲”教育总结大会上的讲话》《中共龙里县委、龙里县人民政府关于进一步整顿机关工作作风的实施意见》《中共龙里县委、龙里县人民政府关于在全县深入开展“讲文明树新风，告别不文明行为”的实施意见》；讨论研究县12项主要工作暨对乡镇工作督促检查事宜。11月21日会议，讨论研究县农村基层组织建设工作，成立县事业单位登记管理局、组建县直属机关工委和大中专毕业生分配问题。

12月11日会议，听取2000年12项工作进展情况汇报，讨论研究县政协党组《关于履行政治协商、民主监督、参政议政职能的意见》《关于进一步加强政协工作的意见的报告》。12月29日会议，讨论研究《龙里县国民经济和社会发展第十个五年计划》和2001年的经济工作，2000年12项工作考核及机关、乡镇考核事宜。

2001年1月8日会议，研究2000年县直机关单位工作有关考核事宜，讨论研究《龙里县国民经济和社会发展第十个五年计划的建议（草案）》。1月15日会议，研究《中共龙里县委、龙里县人民政府关于进一步大力发展非公有制经济的意见》。2月14日会议，讨论研究全县14个乡镇党委换届人事安排方案和其他事项的安排部署。

2月26日会议，议定农业农村工作、农村税费改革、“三个代表”重要思想学习教育等事宜，制定“打黑除恶”工作的具体实施方案及讨论研究当时有关工作。4月20日会议，研究副县级以上离退休干部的电话费和全县计生干部的工资补贴问题。5月24日会议，研究讨论中共龙里县委领导班子换届选举人事安排方案及个别干部调整的说明。

四、第九届党委常委会

2001年6月至2006年10月，共召开常委会119次。

部分会议简况：2001年7月12日会议，讨论研究县委书记、副书记及常委工作分工以及有关人事任免方案，县级党政机构改革方案及有关城镇建设工作；9月19日会议，研究县发展工业经济的思路和构思，全县经济社会发展指标；11月7日会议，讨论研究《龙里县党政机关改革人员编制、内设机构、领导职数方案（讨论稿）》和县党政机构改革中出现的有关问题；12月7日会议，议定《关于全县机关作风教育整顿活动的实施意见》，研究县、乡机构改革事宜；12月14日会议，研究讨论龙里县《关于改进党政机关事业单位移动电话传呼机管理的实施意见》。

2002年1月17日会议，议定2001年度乡镇经济社会发展综合考评和机关目标管理考核奖惩兑现事宜。1月21日会议，研究2002年全县经济社会发展工作及2001年度全县经济社会发展十项工作指标量化考核奖惩兑现事宜。1月29日会议，研究农村基层组织建设考核奖惩兑现、计划生育工作事宜，同意县委《关于加强和改进县直机关党的建设的意见》《关于加强乡镇领导班子建设的意见》。

3月20日会议，讨论研究县政府在十三届人大五次会议所作的《政府工作报告》《龙里县2001年财政预算执行情况和2002年财政预算草案报告》《龙里县2001年国民经济和社会发展计划执行情况和2002年国民经济和社会发展计划草案的报告》，听取县纪委对县几名副科级以上干部予以党纪处理的情况汇报。7月8日会议，讨论研究州委对县委考核任务分解方案，全县农村独生子女和二女结扎户养老保险贷款问题。7月22日会议，研究部署龙里县“三级联创”工作，依法治县及普法依法治理工作。

8月9日会议，研究成立龙里县城建设资本营运投资有限责任公司事宜。9月9日会议，议定同意县委组织部《关于进一步深化党政干部制度改革的意见》《关于党政领导干部教育、监督、管理联席会议制度》《龙里县人民代表大会常务委员会议事规则》《龙里县人民代表大会常务委员会主任会议议事规则》。9月25日会议，召开县委常委民主生活会，讨论《中共龙里县委常务委员会工作制度》《中共龙里县委关于贯彻执行民主集中制制度的决定》，研究全县干部人事调动有关工作。

10月24日会议，研究离休老干部“两费”有关问题，县级后备干部候选人事宜。11月30日会议，议定县编委《关于组建龙里县卫生监督所、龙里县疾病预防控制中心的报告》《龙里县关于园区管理委员会职能配置、内设机构和人员编制规定（草案）》《关于龙里县乡镇派出所机构级别、领导职数和增加事业编制情况的报告》。

2003年1月10日会议，讨论研究2003年县国民经济和社会发展计划重要方案。2月12日会议，讨论县人大常委会、县政府、县政协、县法院、县检察院领导班子换届方案。3月5日会议，讨论研究机关干部下乡入户开展调研督查工作，“文明新村”创建工作，抽调干部组建2003年度驻摆省乡党建扶贫工作队事宜。8月13日会议，研究《龙里报》改版和文明新村建设事宜。

9月8日会议，讨论研究组建县国有资本营运有限责任公司董事会和监事会、成立县经济开发研究促进会、建设县远程教育播放点。9月29日会议，讨论研究关于严禁领导干部和非专职驾驶员驾驶公车问题，2003年度人口与计划生育责任目标考核工作。11月18日会议，讨论研究有关五金商贸城建设、交流干部公寓楼建设、县委机要局域网建设和《龙里报》办刊事宜。

12月12日会议，讨论研究设置龙里县摆省乡扶贫工作站，县公安局林业派出所更名机构升格，县委党校龙里县行政学校机构编制，增设县人民政府台湾事务办公室，成立黔南州住房公积金管理中心龙里县管理所，龙里县房地产管理局机构编制规定，县人大有关工作委员会机构设立，政协龙里县委员会机构设置，变更龙里县参与贵州正大有限责任公司管理人选，撤销龙里报社，承办2004年黔南州二届九次老年书画联谊展，县委常委分工，全国妇联三下乡西部行在龙里县举行启动仪式，全县经济工作会议，全县14个乡镇党委换届选举人事安排方案。12月18日会议，讨论研究《龙里报》转型事宜，龙山、麻芝、三元、洗马和哪嗙5个乡镇党委委员结构调整人事安排方案。

2004年3月3日会议，研究龙里县财政扶贫专项资金清理检查，县计生服务站与县妇幼保健院合并，民族文化村建设，龙里县示范性高中建设事宜。4月1日会议，讨论研究县专项资金清理工作，关于党政领导干部不得在企业兼职，贵州民族学院民族艺术系与龙里职业中学联合办学事宜；审定县计生服务站与县妇幼保健院合并工作方案。5月24日会议，议定完善县基本农田规划方案，监控和管理县内污染企业，完善县贯城河治理项目申报工作，完善全县农村计生户相关优惠政策，加强对未成年人的教育和管理。

6月10日会议，讨论研究《龙里县人民政府机构改革方案》，公开选拔部分副科级干部，县级党办网站建设，贵州师范大学、省教育学院等高校拟迁入龙里，县离退休干部局更名等事宜。7月1日会议，讨论研究修改《龙里县招商引资政策》。7月20日会议，讨论研究黔桂线扩能改造工程中龙里至羊场公路穿洞段改移，举办苗医药发展论坛问题。8月2日会议，同意《龙里县领导干部经济责任审计结果适用的实施意见》《龙里县党政干部调整交流暂行规定》《龙里县关于国家公务员非领导职务正常晋升的实施办法》《中共龙里县委关于进一步加强党政领导干部监督工作的意见》。

8月27日会议，讨论研究编制龙里县国民经济和社会发展“十一五”规划工作思路和方案，县政协办公楼及职工宿舍楼维修，龙里县事业单位人事制度改革试点工作。9月14日会议，讨论修改《龙里县有关加大力度实施西部大开发战略的意见（讨论稿）》；审定县交流干部公寓楼设计图及建设经费投入，龙里县国家机关、事业单位工作人员职务补贴发放事宜；讨论研究《关于明确龙里县国有资本营运有限责任公司有关问题的报告》《关于成立龙里县农村党员干部现代远程教育办公室的报告》《关于审定〈招商引资局职能配置内设机构和人员编制〉的报告》《龙里县关于加强和改进未成年人思想道德建设实施意见》；通报全县公开选拔副科级领导干部工作进展情况和复员退伍军人安置情况。

9月28日会议，讨论研究举办“苗医药文化发展研究会”，清理全县党政机关有关领导干部及职工拖欠公款，2004年龙里县本科以上毕业生分配安置等有关事宜。11月16日会议，研究县乡计算机通信网络建设，醒狮镇小岩民族文化村创建，龙里县与《黔南日报》2005年合版办报，县国有资本营运有限责任公司干部职工工资发放，2005年公务员公开招考和对县建国初期参加工作的老干部的补贴事宜；讨论《县委、县政府关于进一步做好龙里县招商引资优质服务和提高办事效率工作的意见（讨论稿）》。

2005年1月14日会议，讨论研究2004年度乡镇和县机关目标管理考评事宜，县政府党组《关于解决县国有改制企业退休职工“三费”和高龄补贴的请示》，全县开展保持共产党员先进性教育活动初步方案；审定2004年经济社会发展主要指标完成情况及2005年经济社会发展执行指标、“十件实事”预安排方案。3月29日会议，讨论审议《县委、县政府关于贯彻落实中央和省委州委“1号”文件精神进一步加强农村工作提高农业综合生产能力的实施意见》；讨论研究举办第二届苗医药文化博览会，县委政法委《关于增设县委政法委执法监督科的请示》《关于解决县维稳办专职副主任的请示》；审定《龙里县第一批保持共产党员先进性教育活动分析评议阶段工作方案》。

4月15日会议，讨论研究《龙里县2005年财政收入任务安排及奖励办法》《龙里县2005年财政预算收支分配表》《关于州财政超调1500万元资金对龙里工业园建设进行扶持的建议方案》及超调资金使用；讨论研究《龙里县政法部门行政首长问责暂行办法》《龙里县行政机关及其工作人员行政过错责任追究暂行办法》《龙里县行政机关及其工作人员行政效能监察投诉和告诫暂行办法》《龙里县行政效能考评暂行规定》《龙里县行政效能监察工作的意见》；讨论研究《中共龙里县委、龙里县人民政府关于进一步加强和改进信访工作的意见（讨论稿）》《关于认真做好2005年“十件实事”工作的通知（讨论稿）》。

5月31日会议，通报贵阳乌当金华金龙铁厂集体上访事件处置情况、龙里中学创建省级示范性高中评估验收情况；讨论研究《县委、县政府关于进一步落实人口与计划生育“诫勉谈话”“黄牌警告”和“一票否决”制度的意见》《县委、县政府关于进一步加强和改进信访工作的意见》《县委、县政府关于2005年机关工作目标管理量化考核方案》《县委、县政府关于乡镇工作目标管理考核方案》《县委、县政府关于2005年12项指标量化和任务分解方案》以及《关于调整龙里县领导干部经济责任审计领导小组的建议》。

8月4日会议，讨论研究文明新村建设和筹办“苗博会”事宜，研究《关于加快发展蔬菜生产的意见》《2005年秋种及养殖办点安排意见》《关于县人民政府教育督导室、督查室升格的报告》《关于成立龙里县蔬菜开发办公室的报告》。9月6日会议，讨论研究煤炭安全生产，2005年度县招商引资任务分解及相关税收分成，农发项目建设，县乡村债务清理及化解工作事宜；讨论研究《龙里县粮食局关于将现办公楼片区土地置换修建新办公楼的请示》《中共龙里县委关于推进惩治和预防腐败体系建设的实施意见》。

9月27日会议，讨论研究县北部片区安全饮水工程建设有关事宜和《龙里县增强共青团员意识主题教育活动实施方案》；通报县“十件实事”进展情况。10月26日会议，讨论研究龙里县党外干部设置及党外后备干部培训，农发项目建设，全县计生与妇幼保健资源整合有关事宜；研究《中共龙里县委关于加强非公有制企业党建工作的意见》《关于安排县乡两级换届工作有关事宜的请示》《关于财政专项资金信息管理制度和财政专项资金管理暂行办法》。

11月11日会议，讨论研究黔桂铁路扩能改造征地拆迁，招商引资项目和国家开发银行贷款项目。12月13日会议，讨论《中共龙里县委关于制定龙里县国民经济和社会发展第十一个五年规划的建议（讨论稿）》。12月23日会议，研究《中共龙里县委关于进一步加强非公有制企业党的建设工作的意见》。

2006年1月12日会议，审定2005年经济社会发展主要指标完成情况和2006年经济社会发展主要指标及“十件实事”预安排方案，研究2005年度乡镇和县机关金融系统目标管理考评事宜。2月13日会议，讨论研究县2006年“十件实事”任务分解方案，县委县政府《关于进一步加强民族工作加快少数民族和民族地区经济社会发展的实施意见》。3月7日会议，讨论研究《中共龙里县委、龙里县人民政府关于推进社会主义新农村建设的实施意见》，清理县城违法建筑及非法转让、买卖土地工作事宜；讨论研究《龙里县国民经济和社会发展第十一个五年规划纲要（草案）》《关于龙里县国民经济和社会发展第十一个五年规划纲要的报告（讨论稿）》。

3月23日会议，讨论研究全县2006年十二项工作指标量化和任务分解方案，县职业中学搬迁、县民族中学建设和园区项目建设工作。4月11日会议，讨论研究贵州神奇啤酒厂“三通一平”补偿、中药材市场项目申报领导小组工作经费落实和贵阳铁路枢纽工程征地拆迁安置有关事宜；讨论研究《龙里县2006年财政预算收入分配方案》《龙里县2006年财政收入任务安排及奖励办法》《大花水电站龙里库区移民搬迁安置实施管理办法》《关于尽快恢复修建人口与计划生育局、县计生服务站办公大楼的报告》《关于组织乡镇武装部部长外出学习考察及回访入伍战士的报告》《关于加强组织系统信息化建设的报告》。

7月4日会议，讨论研究海南中和集团投资项目办理荒山土地使用手续，谷脚镇观音塘坊灾民新村建设，以及组建龙里工业园区党工委、管委会有关事宜。8月15日会议，讨论研究《龙里县招商引资政策》《关于做好2006年秋种工作的意见》《关于在全县党政机关公务员队伍中开展通用能力培训的实施方案》等。9月23日会议，研究讨论《关于调整龙里县职工工资福利待遇的情况汇报》《关于调整2006年初预算的建议》和县卫生局《关于请求解决住房增量补贴的报告》。

五、第十届党委常委会

2006年11月至2008年12月，召开常委会31次。

部分会议简况：2006年11月20日会议，讨论研究铙钹山贵志公司团队出让金问题，抽调人员成立县城建设协调工作组；讨论研究《龙里县城中心城区控制性详细规划》《关于调减2006年税收任务情况的请示》及2007年部门预算有关问题。12月14日会议，研究《关于建设经济强县的实施意见》和铁路建设问题。

2007年1月11日会议，讨论研究干部职工工资改革及调整，2006年乡镇、机关目标管理考核及文明新村建设奖励有关事宜；讨论研究《龙里县老年教育“十一五”发展规划》《关于兑现2006年烤烟生产奖励的报告》《全县经济工作会议、人口与计划生育工作会议暨表彰会建议方案》《龙里县村级组织活动场所建设实施方案》。3月3日会议，讨论研究龙里县开展新型农村合作医疗工作。

3月28日会议，讨论研究"加快龙里发展"大讨论活动事宜，2007年县委工作要点和农村党建扶贫工作事宜；讨论研究2007年乡镇、机关目标管理量化考核方案，《2007年全县烤烟生产奖惩办法》《龙里县深入开展农村党的基层组织建设"三创三强"活动工作规划》。5月15日会议，讨论研究成立县机关后勤服务中心、县外事接待办公室、县应急管理办公室；讨论研究公开招考部分事业单位工作人员，县委常委会工作制度和全委会工作制度建设，小龙经济带建设和举办2007年中国贵州龙里滑翔节相关事宜。

8月2日会议，讨论研究《龙里县2007年度退伍军人安置方案》《关于增设龙里县纪检监察派驻机构及管理办法的请示》《中共龙里县委龙里县人民政府关于推行科技特派员制度的实施意见》《中共龙里县委龙里县人民政府关于在农技干部中开展"双带"创业活动的实施意见》。8月30日会议，讨论研究《龙里县党的代表大会常委制试点工作方案》《关于组织中青年党政领导干部赴北京大学培训中心进行集中培训的实施方案》《关于面向全省公开选拔部分副科级领导干部的实施方案》《龙里县"与文明同行，建和谐龙里"创建活动实施方案》；研究中国贵州龙里滑翔旅游节暨全国滑翔伞优秀选手邀请赛筹备工作。

9月11日会议，讨论研究《大力实施城市经济带动战略，推动龙里发展大跨越》报告文稿，研究龙里县乡镇计算机加密通信网建设事宜。10月22日会议，研究"乡财县管乡用"改革，开展党委、党支部和党员"三级承诺"活动。12月7日会议，讨论研究《龙里县集体林权制度改革工作方案》《龙里县2007年财税奖励办法》《龙里县村（社区）、组干部工作补贴发放实施办法（试行）》，及建立县城视频监控系统和成立民兵应急巡逻队事宜。

2008年3月7日会议，讨论研究《龙里县2008年事业单位公开招考人员方案》《龙里县城镇土地使用税征收管理办法》，修改龙羊立交桥原设计方案。3月11日会议，讨论研究《龙里县"整脏治乱"专项行动奖励与惩处暂行办法（讨论稿）》《公民道德建设工程——"满意在龙里"主题活动纲要（2008—2010）》。5月5日会议，通报全县维稳信访形势，讨论研究《关于解决龙里县公用事业局、城市监察大队、环境卫生管理站人员编制和人员待遇的建议》《关于报请审批龙里县公安局职能配置内设机构和人员编制规定的请示》《关于在部分县直部门设置派驻纪检监察机构并实行统一管理的请示》。

7月4日会议，讨论研究《龙里县人民政府党组关于龙羊铁路立交桥改建实施相关事宜的报告》《龙里县人民政府党组关于石龙沟供水工程坝体建设采石混凝土技术的报告》及公安局"三基"建设情况。8月5日会议，讨论研究《龙里县人民政府党组关于龙里县行政效能建设实施方案的请示》《龙里县机构编制委员会关于龙里县城市公用管理局机构编制方案的请示》《龙里县举报邪教组织违法犯罪活动奖励办法》《关于配备县、乡两级综治专职人员的请示》。

9月2日会议，讨论研究《龙里县人民政府党组关于调整县城区赶场天和商业功能区规划的请示》《关于加快龙里教育事业发展的意见》《龙里县人民政府党组关于表彰教育"六个十佳"和科学带头人的请示》《龙里县无党派人士教育活动实施意见》《龙里县2007年经济社会发展15项主要工作指标量化及任务分解完成情况》《干部监督工作联席会议制度》《领导干部重大事项决策失误责任追究制度（试行）》《县委管理干部任前公示办法（试行）》《党政领导干部选拔任用工作程序监督办法（试行）》《关于进一步加强对科级干部领导班子主要负责人监督的意见》。

10月23日会议，讨论研究《龙里县人民政府党组关于审定龙里县2008年乡镇效能建设双向评议方案的请示》《龙里县人民政府党组关于审定龙里县失地农民优惠办法（草案）的请示》《中共龙里县委党史研究室关于提请出版〈中国共产党龙里县历史〉（第一卷）的请示》等。11月12日会议，讨论研究《龙里县人民政府党组关于审定龙里县城镇低收入家庭保障性住房出售管理实施细则的请示》《龙里县人民政府党组关于审定规范县城规划区内房屋建筑暨维修的实施意见的请示》《龙里县人民政府党组关于审定龙里县事业单位人事制度改革实施意见和实施方案的请示》。

中共龙里县委员会第六届至第十届（1988—2010年）领导人员名录

表3-1

届 次	职 务	姓 名	性别	民族	任 期	备 注
第六届（1988.9—1992.1）	书 记	金国泰	男	汉族	1988.9—1992.1	
	副书记	罗明珠	男	布依族	1988.9—1992.1	
		张广江	男	布依族	1988.9—1991.4	
		曹惟浩	男	汉族	1988.9—1992.1	
		王 瑛	女	汉族	1990.3—1992.1	挂职
		孟宇光	男	汉族	1990.3—1992.1	挂职
	常务委员	金国泰	男	汉族	1988.9—1992.1	
		罗明珠	男	布依族	1988.9—1992.1	
		张广江	男	布依族	1988.9—1991.4	
		曹惟浩	男	汉族	1988.9—1992.1	
		王朝顺	男	苗族	1988.9—1989.11	
		石化全	男	布依族	1988.9—1992.1	
		李大才	男	汉族	1988.9—1992.1	
		夏 丹	女	汉族	1988.9—1992.1	
		唐人伟	男	汉族	1988.9—1992.1	
		宋世群	男	汉族	1988.9—1989.1	
		王 瑛	女	汉族	1990.3—1992.1	
		孟宇光	男	汉族	1990.3—1992.1	
		陈鸣明	男	布依族	1990.4—1992.1	挂职
		刘廷豪	男	汉族	1990.9—1992.1	
第七届（1992.1—1996.12）	书 记	金国泰	男	汉族	1992.1—1992.6	
		曹惟浩	男	汉族	1992.6—1994.6	
		王臣礼	男	汉族	1994.6—1996.9	
		黄大熙	男	汉族	1996.9—1996.11	
	副书记	罗明珠	男	布依族	1992.1—1993.3	
		唐人伟	男	汉族	1992.1—1993.3	
		夏 丹	女	汉族	1992.7—1994.3	
		李正启	男	土家族	1992.7—1994.8	
		骆用定	男	汉族	1993.5—1996.11	
		孙照林	男	汉族	1994.2—1995.3	挂职
		黄大熙	男	汉族	1994.9—1996.9	
		陈筑生	男	汉族	1995.2—1996.11	
		尹新黔	男	汉族	1996.3—1996.11	挂职
		孟武建	女	汉族	1996.3—1996.11	挂职
	常务委员	罗明珠	男	布依族	1992.1—1993.2	
		曹惟浩	男	汉族	1992.1—1994.6	

续表

届 次	职 务	姓 名	性别	民族	任 期	备 注
第七届（1992.1—1996.12）	常务委员	唐人伟	男	汉族	1992.1—1993.2	
		夏 丹	女	汉族	1992.1—1994.3	
		李正启	男	土家族	1992.1—1994.8	
		梁兴福	男	汉族	1992.1—1993.5	
		刘廷豪	男	汉族	1992.1—1994.8	
		李大才	男	汉族	1993.1—1996.5	
		王道华	男	苗族	1992.1—1996.11	
		陈 民	男	布依族	1992.1—1996.11	
		骆用定	男	汉族	1993.5—1996.11	
		陈筑生	男	汉族	1993.6—1996.11	
		王安富	男	汉族	1993.6—1996.11	
		张择武	男	苗族	1993.6—1996.11	
		孙照林	男	汉族	1994.2—1995.3	挂职
		杨义标	男	侗族	1994.3—1996.7	
		王臣礼	男	汉族	1994.6—1996.9	
		黄大熙	男	汉族	1994.8—1996.11	
		朱 华	男	汉族	1995.4—1996.9	挂职
		林礼正	男	汉族	1995.11—1996.11	
		孟武建	女	汉族	1996.3—1996.11	挂职
		尹新黔	男	汉族	1996.3—1996.11	挂职
		张志华	男	汉族	1996.5—1996.11	
		孙宪忠	男	汉族	1996.10—1996.11	挂职
第八届（1996.11—2001.6）	书 记	黄大熙	男	汉族	1996.11—2000.2	
		陈玉兴	男	汉族	2000.2—2001.6	
	副书记	骆用定	男	汉族	1996.11—2000.2	
		尹新黔	男	汉族	1996.11—1998.3	挂职
		孟武建	女	汉族	1996.11—1997.1	挂职
		王晓萍	女	汉族	1997.1—2001.2	
		严 肃	男	汉族	1998.3—2001.6	
		王振金	男	汉族	2000.3—2001.6	
		王 平	男	布依族	2001.6—2001.6	
	常务委员	黄大熙	男	汉族	1996.11—2000.2	
		骆用定	男	汉族	1996.11—2000.2	
		王道华	男	苗族	1996.11—2001.6	
		陈 民	男	布依族	1996.11—2001.6	
		张志华	男	汉族	1996.11—2001.6	
		林礼正	男	汉族	1996.11—2001.6	

续表

届　次	职　务	姓　名	性别	民族	任　期	备　注
第八届（1996.11—2001.6）		王永坤	男	汉族	1996.11—2001.6	
		王小红	女	汉族	1996.11—2001.6	
		许修模	男	汉族	1996.11—2001.6	
		尹新黔	男	汉族	1996.11—1998.3	挂职
		孟武建	女	汉族	1996.11—1997.1	挂职
		孙宪忠	男	汉族	1996.11—1998.9	挂职
		王晓萍	女	汉族	1997.1—2001.2	
		严　肃	男	汉族	1998.3—2001.6	
		万明长	男	汉族	2001.4—2001.6	挂职
		龙怀宪	男	汉族	2001.6—2001.6	
		上官昌健	男	汉族	2001.6—2001.6	
		王　平	男	布依族	2001.6—2001.6	
第九届（2001.6—2006.10）	书　记	陈玉兴	男	汉族	2001.6—2003.7	
		刁玉跃	男	布依族	2003.7—2006.10	
	副书记	王振金	男	汉族	2001.6—2006.5	
		王　平	男	布依族	2001.6—2006.10	
		范吉林	男	汉族	2001.6—2003.4	
		杨建平	男	汉族	2002.3—2003.3	挂职
		上官昌健	男	汉族	2003.1—2004.4	
		卢治渊	男	汉族	2003.3—2004.2	挂职
		向书鹏	男	汉族	2003.3—2004.2	挂职
		王安富	男	汉族	2003.4—2003.11	
		罗　俊	男	布依族	2003.11—2006.10	
		兰忠林	男	汉族	2004.2—2005.2	挂职
		罗保林	男	汉族	2004.2—2005.2	挂职
		吴　平	男	汉族	2005.2—2006.2	挂职
		王小红	女	汉族	2005.3—2006.10	
		陶忠和	男	布依族	2005.4—2006.10	
		兰　平	男	汉族	2005.6—2006.6	挂职
		吴　俊	男	汉族	2006.5—2006.10	
		胡　涛	男	汉族	2006.6—2006.10	挂职
	常务委员	上官昌健	男	汉族	2001.6—2004.4	
		王　平	男	布依族	2001.6—2006.10	
		王小红	女	汉族	2001.6—2006.10	
		王永坤	男	汉族	2001.6—2006.5	
		王安富	男	汉族	2001.6—2003.11	
		王振金	男	汉族	2001.6—2006.5	

续表

届 次	职 务	姓 名	性别	民族	任 期	备 注
第九届（2001.6—2006.10）	常务委员	龙怀宪	男	侗族	2001.6—2004.7	
		万明长	男	汉族	2001.6—2003.4	
		杨建平	男	汉族	2002.3—2003.3	
		张宗毅	男	汉族	2001.6—2006.10	
		陈玉兴	男	汉族	2001.6—2003.7	
		范吉林	男	汉族	2001.6—2003.4	
		罗必刚	男	布依族	2001.6—2003.11	
		卢治渊	男	汉族	2003.3—2004.2	
		向书鹏	男	汉族	2003.3—2004.2	
		刘建民	男	汉族	2003.3—2004.7	
		刁玉跃	男	布依族	2003.7—2006.10	
		罗 俊	男	布依族	2003.11—2006.10	
		陶忠和	男	布依族	2003.11—2006.10	
		兰忠林	男	汉族	2004.2—2005.2	挂职
		罗保林	男	汉族	2004.2—2005.2	挂职
		徐本权	男	汉族	2004.7—2005.7	
		吴 平	男	汉族	2005.2—2006.2	挂职
		王小红	女	汉族	2005.3—2006.10	
		兰 平	男	汉族	2005.6—2006.6	挂职
		余品烈	男	仡佬族	2005.7—2006.10	
		罗朝光	男	布依族	2005.4—2006.10	
		徐 彬	男	汉族	2005.7—2006.10	
		吴 俊	男	汉族	2006.5—2006.10	
		胡 涛	男	汉族	2006.6—2006.10	挂职
第十届（2006.12—2010.12）	书 记	刁玉跃	男	布依族	2006.10—2006.12	
		吴 俊	男	汉族	2006.12—2010.12	
	副书记	吴 俊	男	汉族	2006.10—2006.12	
		王小红	女	汉族	2006.10—2010.4	
		陶忠和	男	布依族	2006.10—2010.4	
		罗 俊	男	布依族	2006.12—2010.12	
		胡 涛	男	汉族	2006.10—2007.10	挂职
		杜 军	男	汉族	2007.4—2008.4	挂职
		李强源	男	汉族	2008.3—2009.3	挂职
		陈 梅	女	汉族	2009.3—2010.3	挂职
		韦小平	男	汉族	2010.4—2010.12	挂职
	书记助理	陈 勇	男	布依族	2009.8—2010.12	挂职
	常务委员	刁玉跃	男	布依族	2006.10—2006.12	

续表

届 次	职 务	姓 名	性别	民族	任 期	备 注
第十届（2006.12—2010.12）	常务委员	吴 俊	男	汉族	2006.10—2010.12	
		王小红	女	汉族	2006.10—2010.4	
		陶忠和	男	布依族	2006.10—2010.4	
		罗 俊	男	布依族	2006.10—2010.12	
		徐 彬	男	汉族	2006.10—2010.12	
		余品烈	男	仡佬族	2006.10—2007.6	
		罗朝光	男	布依族	2006.10—2010.12	
		刘峥嵘	男	汉族	2006.10—2010.11	
		兰顺锋	男	苗族	2006.10—2010.12	
		黄铭铸	男	汉族	2006.3—2008.2	挂职
		胡 涛	男	汉族	2006.10—2007.10	挂职
		毛有智	男	汉族	2006.12—2007.10	
		杜 军	男	汉族	2007.4—2008.4	挂职
		向 虹	女	汉族	2007.7—2008.7	挂职
		傅贤能	男	汉族	2007.7—2010.12	
		王文旭	男	汉族	2007.11—2010.12	
		李强源	男	汉族	2008.3—2009.3	挂职
		杨传柱	男	汉族	2008.4—2009.4	挂职
		吴长辉	男	汉族	2008.4—2009.3	挂职
		文 敏	女	汉族	2008.4—2009.4	挂职
		陈 梅	女	汉族	2009.3—2010.3	挂职
		杨占乾	男	汉族	2009.8—2010.8	挂职
		郭 丽	女	汉族	2009.8—2010.8	挂职
		韦小平	男	汉族	2010.4—2011.2	
		骆紫光	男	汉族	2010.7—2010.12	
		莫 涛	男	汉族	2010.11—2010.12	
		熊常青	男	汉族	2010.12—2010.12	挂职

第四节 执政举要

1991—2008年，中共龙里县委员会历经5届，即第六届（1988.9—1992.1）至第十届（2006.10—2011.10）。近20年间，中共龙里县委团结带领全县各族干部群众，贯彻执行党的路线、方针、政策，以党风带政风促民风，巩固和发展安定团结的政治局面，把握发展规律、创新发展理念、破解发展难题，坚持“抓住机遇、深化改革、扩大开放、促进发展、保持稳定”的总体思路，推进全县经济社会发展，进入全州、全省经济强县行列。加强各级领导班子和农村基层组织建设，强化干部队伍建设，推进创先争优活动、学习型党组织建设、党风廉政建设和反腐败斗争。在深化改革、扩大开放、发展经济、改善民生的进程中，进一步加强党的建设。

1991—2008年，处于“八五”计划开始实施至“十一五”计划实施中期，改革开放全面推进和深化加速，县域经济社会实现持续、稳定、快速发展，并站在黔中优先实现更好发展新的历史起点上。全县不断扩大经济总量，增强综合实力；改善生产关系，发展农村经济；繁荣发展非公企业，促进工业经济快速增长；全面加强基础设施建设，提高城镇化水平；帮助群众增加收入，推进各阶段扶贫开发；不断发展社会事业，促进民族团结和谐。

一、阶段性发展思路

1991年后，提出“立足龙里、依托贵阳、走出省外、服务城市、富裕农村”的经济发展思路，贯彻落实改革、开放、搞活、稳定的方针，加强治理整顿，明确深化改革目标和措施。

1996年11月中共龙里县第八次代表大会，提出会后的主要工作任务：坚定不移地把农业和农村工作放在经济社会发展工作的首位；以提高经济效益为中心，加快工业经济和其他非国有经济的发展；以建设社会主义市场经济体制为目标，全面推进改革；进一步加强基础设施建设，加快招商引资步伐，促进第三产业发展；实施科教兴县战略，推进社会各项事业的发展；加强精神文明建设，严格控制人口过快增长，狠抓社会治安综合治理，努力提高领导能力和执政水平。

2001年6月中共龙里县第九次代表大会，指出会后是实施西部大开发战略打好基础、重点突破、进行经济结构战略调整、加快农村稳定脱贫奔小康的重要时期。要围绕“一个中心”（经济建设），抢抓“两大机遇”（实施西部大开发战略和中国加入世界贸易组织），发挥“三大优势”（区位优势、资源优势和交通优势），突出“四个重点”（生态环境建设、近郊农业和特色农业、发展非公有制经济、招商引资），实施“五大战略”（结构调整、开放带动、科技兴县、城镇化建设和可持续发展），加强“六大建设”（基层组织、思想政治、干部作风、党风廉政、精神文明、民主法制），树立黔南“桥头堡”的形象，把龙里建设成为贵阳市的卫星城，推动大开发、实现大发展、促进大提高，尽快跨入全省经济强县行列。

2006年10月中共龙里县第十次代表大会，提出会后的总体思路是：抓住西部大开发、新阶段扶贫开发、国家加大对少数民族地区扶持力度、融入贵阳城市经济圈四大机遇，围绕全州经济发展格局和建设新兴工业城、绿色药城、生态园林城和经济强县“三城一县”目标，坚持走“农业稳县、工业强县、生态绿县、文化亮县、旅游热县、商贸活县”发展道路，实施“科教兴县、人才强县、开放带动和可持续发展”战略，培育冶金、医药、食品、畜牧、旅游和现代物流“六大支柱产业”，争取实现交通水利为主的基础设施建设、城乡人居环境改善、城乡一体化建设、科技创新和近郊休闲康体旅游“五个重大突破”，不断提高城乡人民生活水平，推进经济与社会、城镇与农村、区域与区域、人与自然的持续、健康、协调发展，跨入全省经济强县行列。

二、重大工作举措

1992年贯彻落实邓小平视察南方重要谈话精神，围绕加快改革开放步伐加速经济发展若干问题出台十二个方面44条政策意见，进一步解放和发展生产力，积极扩大经济总量，增强地方经济综合实力。1995年起，对发展非公有制经济实行“五不限五给”（不限发展比例、不限发展速度、不限经营方式、不限经营规模、不限经营范围，政治上给地位、政策上给优惠、服务上给方便、发展上给扶持、经营上给指导），推动综合改革深入发展。

20世纪90年代，调整经济紧缩政策、营造经济宽松环境、推进深化各项改革，突出发展乡镇企业，不断转移农村富余劳动力。1999年出台《关于创建科技工作先进县的决定》《关于实施科教兴县战略的决定》，围绕贯彻落实国家、省、州科教战略，出台六个方面21条措施，推进加快经济振兴和社会进步。

2001年启动新阶段扶贫开发工作，确定全县贫困乡6个，贫困村71个，以26个一类贫困村为重点着力从改善贫困群众的基本生存条件、拓宽基本增收门路、提高基本素质的“三基本”入手，通过采取办点示范、典型引路、社会帮扶等措施开展扶贫开发工作。2003年开始按照“因地制宜、分类指导、突出重点、非均衡推进”的原则开展小康户、小康村、小康乡镇创建。

2004年出台《关于加大力度实施西部大开发战略的意见》。2006年开始启动新农村建设试点工作，全县每年选择3个左右的建制村进行社会主义新农村示范建设。2003—2006年，在全县农村以“五改三建一倡导，十星六化两提高”为载体和内容，统筹城乡协调发展，创建“文明新村”。

根据全省“十一五”规划中建设“贵阳城市经济圈”的发展思路，顺应区域城市组团式发展、区域城市经济圈和产业集群式发展的趋势，论证提出“城市经济带动战略”发展思路，2006年10月具体化为“贵龙城市经济带”建设构想。

“十一五”期间组织编制《龙里县县城总体规划（2009—2030年）》《龙里工业园区扩区规划》以及一批重点城镇规划等一系列规划，扩增县城规划控制区，确立新型城镇体系，推进重点领域和重点产业基地规划建设。贵龙城市经济带范围：东到水桥，与县城规划边界一致；西抵龙里县与贵阳市的行政区划边界，与贵阳市龙洞堡片区接壤；南以黔桂铁路、龙架山森林公园为界；北到千家卡工业园区、大土、坪寨。

实施科教兴县和人才强县战略，加大以教育为重点的社会事业发展，推进九年义务教育、教育“9+3”计划的落实，优化中小学布局调整，调动社会办学积极性，落实义务教育优惠助学政策，不断提升巩固学前入园率、义务教育入学率、高中教育入学率。“基本普及九年义务教育、基本扫除青壮年文盲”工作经过“5年启动打基础、4年复查验收准备、6年巩固提高”，于1999年通过省政府验收，2009年通过国家督导检查。

1991—2008年，根据中央关于制定国民经济和社会发展五年计划和十年规划的意见，结合实际先后于1991年、1996年、2001年、2006年在县委全体（扩大）会议上审议通过全县国民经济和社会发展第八、第九、第十、第十一4个五年计划（规划）。

三、发展目标定位

2008年后，立足于争先实现更好发展的新的历史起点，提出发挥毗邻贵阳的交通区位优势，持续营造大开放、大招商、大发展的对外开放环境，以城市化促进工业化，用发展经济解决“三农”问题，推进以工哺农、以城带乡，改善生产关系，激发创造活力，努力把龙里县建设成为“黔中新型科技工业重镇”“贵州山地现代农业基地”“黔中山地生态宜居新城”“西南现代商贸物流新区”“全国特色生态康旅名县”。

交通区位方面，围绕贵广高速公路、贵广快速铁路、厦蓉高速公路、贵新高速公路等外联通道，构建“二纵五横二连线”。二纵：乌当区水田乡至龙里南北联络线、乌当区东风镇—龙里—花溪区孟关乡两条纵线干道。五横：乌当区东风大道—醒狮—谷龙—洗马—巴江、国道210改造、贵新高等级公路贵阳至龙里段北移、贵龙城市经济带城市主干道、花溪区孟关—水场—龙里县城5条横线干道。二连线：龙洞堡机场至醒狮镇冷冲、大凹（谷脚镇）—小箐（醒狮镇）—贵阳大关口两条连接线。

城市化方面，坚持城乡统筹、以工哺农、以城带乡的发展思路，突出重点领域和重点产业基地规划建设。实施《龙里县县城总体规划（2009—2030年）》《龙里工业园区扩区规划》以及一批重点城镇规划，确立“双核、四心、多点”的新型城镇体系，规划形成“一城二区八片”的格局，同时抓住机遇发展贵定—惠水—龙里贵阳城市经济圈板块。双核：贵龙城市经济带和县城区；四心：谷脚、醒狮、洗马、水场等区域中心城镇；多点：羊场、湾寨等建制乡镇。一城：整合龙里县城和龙里工业园区，形成完整的城市区域整体；二区：以县城为主的东区和以工业园区为主的西区；八片：龙里县城、谷脚、谷远、哨关田、千家卡、麻芝铺、播箕堡、莲花8个片区。

工业化方面，提升优化工业经济主导地位，建设“一园三区”。一园：贵州龙里工业园区建设，即将工业园区由6.8平方公里扩大到78平方公里以上。三区：在龙里工业园区的基础上规划、布局、打造三大板块，即谷脚、龙山、水场3个产业聚集区。

农业产业化方面，突出构建“一体两翼”发展格局。一体：龙山、谷脚、麻芝、三元、草原、醒狮、水场等高速公路沿线、国道沿线及与贵阳毗邻乡镇，以生产鲜销型精细蔬菜为重点，打造精细特色蔬菜产业带。两翼："南翼"指南部片区的羊场、湾寨、摆省，以生产外销型精细类蔬菜为主。"北翼"指北部片区的洗马、谷龙、哪嗙、巴江，以生产生姜、辣椒、大蒜等加工型蔬菜为主，形成加工型蔬菜产区。

第五节　中共乡（镇）委员会

一、乡镇党组织建制

1991年8月前，龙里县基层党组织为4个镇党委、25个乡党委，159个行政村和3个街道段党支部委员会。1991年8月，龙里县建镇、并乡、撤区，撤销龙山、谷脚、羊场、洗马4个区和龙山镇建制，原4个区和龙山镇党委自然消除；撤销除巴江乡外的所有乡镇建制，其党委亦自然消除。

新建龙山镇、三元镇、谷脚镇、猫场镇、羊场镇、洗马镇和民主乡、麻芝乡、水场乡、湾寨乡、谷龙乡、摆省乡、哪嗙乡建制，保留巴江乡建制，全县为6镇8乡。原莲花乡、平山乡和平西乡并入龙山镇，平西乡部分并入三元镇；大新乡并入麻芝乡；谷脚乡、观音乡、岩后乡、高堡乡并入谷脚镇，岩后乡部分并入猫场镇；比孟乡并入水场乡；岱林乡并入羊场镇；渔洞乡并入摆省乡；六广乡并入湾寨乡；落掌乡、龙场乡并入洗马镇；平寨乡并入谷龙乡；谷冰乡并入哪嗙乡；原巴江乡不变。8月，14个乡镇分别选举产生乡镇党委和纪委。全县乡镇辖238个党支部，其中农村党支部159个。

建并撤后的乡镇均为正科级建制。1991年，全县党员为4831名；1992年为4970名，其中：乡镇党员4038名（含农村党员3065名）。1991年党组16个，1992年党组21个。

二、乡镇党员代表大会

1991年8月19—28日，各乡镇分别召开党代会，龙山镇为第三届，洗马镇、谷脚镇、猫场镇、民主乡、麻芝乡、水场乡、摆省乡、谷龙乡、哪嗙乡为第八届，羊场镇、三元镇、巴江乡、湾寨乡为第七届。乡镇共选出党委委员104名，其中：苗族23人，布依族18人，妇女2人。1992年底前，有8人下乡镇挂任党委副书记。

1994年12月5—13日，全县14个乡镇开展换届选举工作，共选出乡镇党委委员79人，其中：布依族15人，苗族11人，女性3人。1997年12月22—28日，全县13个乡镇开展换届选举工作，共选出乡镇党委委员85人，其中：布依族14人，苗族11人，女性3人。1998年6月18—19日，三元镇召开第十次党代会，选出党委委员7人，其中布依族1人。

2001年2月26—28日，全县14个乡镇开展换届选举工作，共选出乡镇党委委员98人，其中：布依族20人，苗族10人，仡佬族1人，女性10人。2004年1月6—10日，全县14个乡镇开展换届选举工作，共选出乡镇党委委员126人，其中：布依族31人，苗族14人，土家族1人，女性14人；醒狮镇（由猫场镇更名）为第一届。

三、乡镇党组织换届

根据组织法规定，乡镇任期三年为一届，从2004年1月换届以后，应于2007年1月换届。但党章修正案规定为每届任期五年后，乡镇与县级党委换届同步，按照中共贵州省委决定，龙里县各乡镇提前到2006年8月完成换届选举。2006年8月4—8日，龙里县14个乡镇开展换届选举工作，全县共选出乡镇党委委员128人，其中：布依族31人，苗族18人，土家族1人，女性17人；草原乡（由民主乡2005年1月更名）为第一届。2006年8月至2008年底，龙里县共调整乡镇党委委员27人次。

第六节　思想建设

一、社会主义思想教育

（一）教育宗旨　1990年10月，县委决定在全县农村开展一次社会主义思想集中教育活动，用爱国主义、集体主义、社会主义思想教育、引导和组织农民，用“坚定信念、艰苦创业、无私奉献、团结奋进”的长征精神激励农民，坚定不移地走建设有中国特色的社会主义道路，推动农村两个文明建设，促进农村经济、社会全面发展。

县委出台《开展社会主义教育活动意见》，抽调党政干部到全县农村广泛深入开展社会主义思想教育，明确坚持以思想教育为主、正面教育为主、自我教育为主。既不是要整干部，也不是要整群众，而是着眼于提高觉悟、坚定信心、振奋精神、团结一致，发展经济、推动改革，建设有中国特色的社会主义新农村，有利于巩固和发展以家庭联产承包责任制为主要内容的农村改革成果，有利于促进农村的稳定、经济的发展和精神文明建设。

教育活动在于用社会主义思想占领农村阵地，树立社会主义必胜的坚定信念；落实党在农村的方针政策，引导农民走共同富裕的道路；搞好以党支部为核心的村级组织建设，充分发挥党支部的核心领导作用和共产党员的先锋模范作用。教育引导农民了解国家40多年来特别是近10年改革以来农村取得的巨大成就和变化，懂得“只有社会主义才能救中国，只有社会主义才能发展中国”的真理。讲清以经济建设为中心，大力发展社会生产力，是社会主义的根本任务。讲清农村改革的社会主义性质，讲清党中央制定的富民政策的稳定性和连续性。其集中表现为“四不变”：一是以公有制为主体发展多种经济成分的政策不变；二是以家庭联产承包为基础的多种联产承包责任制不变；三是以共同富裕为目标，允许一部分人通过诚实劳动和合法经营先富起来的政策不变；四是鼓励和支持发展乡镇企业以及家庭工副业的政策不变。

进行科学社会主义基本理论教育，增强农村干部群众对社会主义必胜的信念；进行社会主义制度优越性教育，坚定农村干部走社会主义道路的决心；进行农村改革的社会主义性质教育，引导农民正确处理眼前利益与长远利益的关系，提高农村干部群众投身农村社会主义改革的自觉性；进行稳定党的农村政策教育，增强农村干部群众对党的政策的稳定性的信任感；进行发展壮大农村社会主义经济教育，增强农村干部群众的社会主义集体经济意识；进行统筹兼顾教育，明确农民对国家、集体应尽的责任和义务，正确处理国家、集体、个人三者之间的关系，增强农村干部群众的国家和集体观念；进行社会主义民主法制教育，增强农村干部群众的民主意识和法制观念；进行社会主义道德教育，提高农村干部群众的社会主义道德水平；进行社会主义人口理论教育，提高农村干部实行计划生育的自觉性；进行党史社会主义事业领导核心教育，引导农村干部群众自觉维护党的领导地位。

（二）教育安排 教育活动分3批进行，每批时间不少于3个月。第一批开展教育活动的洗马镇、谷脚镇、羊场镇、龙山镇从1991年11月中旬到1992年春耕大忙前结束，其余的乡镇分两批到1993年春耕大忙前结束。社会主义思想教育分五个阶段：第一阶段，制定有针对性的工作计划。第二阶段，培训骨干。重点抓好党员、团员、村组干部的教育。第三阶段，抓好基层组织建设。第四阶段，完善各项规章制度，制定发展规划。第五阶段，检查验收。

总的要求是以思想教育为主线，以推动经济发展为中心，以加强组织建设为重点。具体做到“五结合”“五为主”“五不要”“五不变”。“五结合”：结合不同时期的具体任务和当地的突出问题，经常对群众进行理论联系实际的、生动活泼的、看得见摸得着的社会主义思想的灌输和教育，以坚定他们的社会主义信念；对群众进行思想教育，一定要同帮助群众办实事、解决实际问题结合起来；与村级组织建设相结合，选好、建好一个班子；与发展科技、文化教育及社会治安综合治理结合，促进农村稳定和精神文明建设；与发展农村经济结合，把思想教育激发出来的热情，落实到发展生产力、走共同富裕道路上来。“五为主”：以思想教育为主，正面教育为主，自我教育为主，解决农村突出问题为主，调动干部群众建设社会主义积极性为主。“五不要”：不要整干部；不要整群众；不要简化提“社教”运动，以免引起人们不愉快的回忆；不要对犯错误的无限制上纲，是什么问题就解决什么问题；不要纠缠已经处理过的问题。“五不变”：坚持改革开放的方针不变，家庭联产承包责任制不变，山林“三定”（即稳定山权林权、划定自留山和确定林业生产责任制）50年不变，允许一部分人先富起来带动共同富裕的政策不变，征购任务等政策不变。

（三）教育试点 1991年3月下旬，县委从有关部门抽调13人到莲花乡开展农村社会主义教育试点工作，通过调查研究、培训骨干、宣讲教育、贯彻落实四个阶段，共召开各种会议53次，培训宣讲干部110人，放电影12场，印发宣传资料276份，接受教育群众2975人，各村制定10年规划和“八五”计划，试点工作历时42天。

（四）教育活动 1991年3月起，洗马镇、谷脚镇、羊场镇、龙山镇开展第一批农村社会主义思想教育活动。1992年7月，龙里县第二批农村社会主义教育活动全面开展，在民主、麻芝、三元、湾寨、摆省、巴江、谷龙、哪嗙、猫场、水场等10个乡镇104个行政村、1个居委会853个村民组进行。

1992年，共抽调449名机关干部，在全县14个乡镇155个村、9个居委会、1380个村民组开展农村社会主义思想教育，群众受教育面达87.18%，党员、干部受教育面达97%。通过教育活动，坚定干部和群众的社会主义信念，为更好地坚持党的路线、方针、政策，推动农村改革和两个文明建设，提高农村党组织的战斗力，密切党同群众的关系发挥了作用，为改变全县农村面貌和开展扶贫开发工作提供组织保障。

二、解放思想大讨论

（一）讨论主题 1994年4月15日，县委、县政府按照省委、省政府的统一部署在全县开展以“解放思想，振奋精神，真抓实干，加快发展”为主题的大讨论。紧紧围绕中央提出的二十字方针，做到“十要十不要”（要围绕中心，不要跑题；要讨论，不要争论；要联系实际，不要空泛议论；要客观公正，不要主观片面；要着眼未来，不要死抓过去问题不放；要团结鼓劲，不要制造矛盾泄气；要增强信心，不要怨天尤人；要维护大局，不要纠缠枝节；要敞开思想，不要噤若寒蝉；要讲究实效，不要流于形式）。

（二）讨论步骤 第一阶段（4月15—30日）深入学习，提高认识。4月15日，县委召开会议，学习省委省政府关于解放思想大讨论的《决定》。对全县进行安排部署，确定大讨论内容是学习《邓小平文选》第三卷、中共十四届三中全会文件，深化对县情和发展机遇的认识，寻求发展的思路和措施。同时，从县直机关抽出141名干部到乡镇蹬点指导。要求联系思想实际，用建设特色社会主义理论来统一思想，解决思想上存在的问题；联系工作实际，通过总结经验教训，澄清模糊认识，提高贯彻党的基本路线的自觉性和坚定性；结合县情、结合部门工作实际、结合自己思想、结合当时农业农村工作开展讨论。

第二阶段（5月1—30日）回顾总结，查找差距。5月9日，县委印发《关于全县解放思想大讨论“回顾总结，查找差距”阶段工作实施方案》。要求在回顾总结，查找差距中，要始终服从服务于“抓住机遇，深化改革，扩大开放，促进发展，保持稳定”大局，紧密结合当时农业和农村工作及其他工作进行，切实做到两不误。各行各业要把大讨论与工作结合起来，为全县经济社会全面发展服务。

第三阶段（6月1—30日）制定政策，完善措施。第四阶段（7月1—30日）抓整改，促发展。

（三）讨论成果 通过解放思想大讨论要解决四个认识问题。一是进一步深刻理解社会主义的本质就是解放和发展生产力，牢固树立“发展才是硬道理”的思想；进一步冲破僵化思想的束缚，把思想真正统一到建设有中国特色社会主义的理论上来，统一到“有利于保证财政收入适度增长，有利于增强企业自我发展实力，有利于促进市场经济发展”（简称“三个有利于”）的标准上来。形成一股抓住机遇、奋起直追，下决心改变全县贫穷落后面貌的激情和干劲。二是牢固树立适应社会主义市场经济发展的新观念，破除一切封闭保守、落后守旧的观念。三是真正认识到只说不干，不是真正的解放思想，而解放思想的重要标志是艰苦奋斗、开拓创新、真抓实干。四是要坚定不移地贯彻“两手抓，两手都要硬”的方针。

解放思想大讨论的重点是回顾总结本县自中共十一届三中全会以后，特别是邓小平视察南方重要谈话以后，在解放思想、推动改革开放和经济建设发展方面的进展情况。既要充分肯定十多年间，特别是近几年通过改革开放促进经济和社会发展与进步，又要看到龙里与州内、省内外先进地区，特别是与沿海经济发达地区相比，差距在不断拉大的现实，联系实际，总结经验、分析教训；紧扣省委省政府部署的解放思想大讨论主题和要解决的主要问题，查找在解放思想、改革开放、工作作风等方面存在的主要差距，分析形成差距的主客观原因。

8月8日，县委印发《关于全县解放思想大讨论第三阶段工作实施意见》。要求各单位、部门、乡镇要抓住省、州确定加快对外开放战略机遇，充分利用贵新高等级公路在县境内开设立交道口的条件，发挥龙里能源、矿产、非耕地、旅游、劳动力资源优势和紧靠贵阳区位优势，为县委政府献计献策；各乡镇制定建设小康村和扶贫攻坚计划措施，引导农民走向市场，发展“二高一优”农业，做好“一村一品，一村一特，一村一业”，兴办二、三产业，搞好“三荒”的转让、拍卖试点，引导农村社会化服务体系向农产品生产加工贸易一体化方向发展。通过解放思想大讨论，各级党组织积极主动真正用建设有中国特色社会主义理论武装党员、干部和群众，进一步提高总览全局，带领群众发展市场经济的能力和水平。

三、“三讲”教育

（一）教育核心　根据中共中央关于在县级以上领导班子、领导干部中用整风的精神开展以“讲学习、讲政治、讲正气”（简称“三讲”）为主要内容的党性党风教育活动的精神，县委按照贵州省委、黔南自治州委的统一部署，于2000年7月20日制定《关于在县党政领导班子、领导干部中开展“三讲”教育的实施方案》，明确参加“三讲”教育学习对象为县委、政府、人大、政协领导班子成员和县级在职领导干部（含非领导职务、享受县级待遇的干部）；学习方式以个人自学为主，个人自学与集中学习结合起来，集中学习不少于两次；确定学习内容和学习重点，撰写心得体会，以弘扬实事求是、理论联系实际的优良作风，尤其紧扣工作和思想实际，初步查找党性党风方面存在的问题，搞好自我剖析。

通过教育，目的在于推动县级领导班子和领导干部深入学习邓小平理论和中共十五大精神，按“三个代表”的要求，提高政治素质，加强党性修养，端正思想作风，增强改造客观世界同时改造主观世界的自觉性，下决心解决在党性党风方面存在的突出问题。增强领导班子和领导干部坚定建设有中国特色社会主义的信念，提高政治敏锐性和政治鉴别能力，坚持党的基本路线不动摇；坚决全面执行党的路线方针政策和中央、省委的重大决策；坚持解放思想、实事求是的科学态度和创新精神；全面贯彻执行民主与集中相结合的组织、领导和工作制度；认真实践全心全意为人民服务宗旨，坚持群众路线，正确行使人民赋予的权力，保持清正廉洁，密切同人民群众的关系；大力弘扬求真务实、言行一致的优良作风。

（二）教育步骤　第一阶段（7月27日至8月5日）思想发动，学习提高。历时10天，召开动员会，搞好思想发动，应到397人实到会人数385人，发放《征求意见表》385份，收回351份，共征求意见4582条，经梳理后1762条，其中：突出问题36条，及时整改8条。集中学习、讨论“三讲”教育的重要文件，江泽民总书记有关“三讲”教育和“三个代表”的重要讲话，毛泽东、邓小平和江泽民有关著作篇章等；围绕讲政治核心，搞好专题教育。采取“精力、思想、时间”三集中，8个领导班子成员到县城外的56317部队驻地进行为期8天封闭式、半军事化集中学习。完成5个专题30多篇目的学习教育，读书笔记150多万字，心得体会10篇34万字，讨论发言材料162篇。

第二阶段（8月6日至9月4日）自我剖析，听取意见。历时35天，派员到龙山、洗马、羊场、谷脚四片区广泛征求意见62条；撰写剖析材料，由县委第一责任人和省委巡视组把关；10个班子成员186人驻村入户，召开座谈会108次，参加群众1618人，走访农户1100多户，搜集群众意见370条，立改立行149件，干部个人出资1.4万元为群众办实事；开展民主评议和民主测评，参加民主评议应为139人，实际参加137人，发出《民主评议表》137份，“四家班子”剖析材料真实率为94%，班子成员的真实率最高为98.5%，最低为81.8%。发放《民主测评表》139份，对班子的满意率95.9%，对成员的满意率最高为95.9%，最低为84.2%。共征求到意见968条，经梳理为787条，其中班子为183条。同时，对群众的来信来访135件（次）中，及时整改和答复69件。对违纪违法的4名副科级干部和6起遗留案件分别作出处理。

第三阶段（9月5日至9月14日）交流思想，开展批评。历时11天，县委主要领导与常委和几家班子领导谈心24次，开展相互谈心333人次。召开有省州领导指导的民主生活会。134人参加民主测评和民主推荐大会，发放测评表和推荐表，“四家班子”优秀和称职最高为32.8%，良好的最高为52.2%，班子成员优秀的最高为38.8%，称职的最高为59.7%。民主生活会后召开座谈会还征求到21条意见和建议。

第四阶段（9月15日至9月29日）认真整改，巩固成果。历时29天，县委研究制定班子和个人整改方案，召开3次常委会修改，同时征求到51条意见和建议，进行查缺补漏。认真落实整改措施，对不能立即整改的158条意见，明确督办人、牵头人、责任人、承办单位和完成时限；对关系全县经济社会发展大局的62个热点、难点问题切实加大整改和督查，其中有“石巴”引灌工程、领导干部违规驾驶公车、机关作风整顿等。县委进一步建立和完善县委常委会议规则和议事制度、请示报告制度、县委常委牵头及纪委常委包案责任制、驻村入户制度，制定《关于建立领导干部理论学习考核制度的通知》《关于领导干部离任审计制度》《关于选拔党政领导干部实行任前公示的暂行规定》等。

县委县级班子和领导班子成员“三讲”教育活动，自始至终在省委、州委“三讲”巡视指导下，历时85天，告一段落。

四、“三个代表”重要思想学习教育

（一）活动目的 通过“三个代表”重要思想学习教育活动，促进干部工作作风进一步转变，普遍受到宗旨观念教育，密切党群干群关系，达到“干部受到教育，农民得到实惠，群众感到满意”的要求。

（二）活动步骤及成果 龙里县“三个代表”重要思想学习教育活动，自2001年3月13日开始至2002年4月3日结束，其中：县部门和乡镇从3月13日开始到9月21日结束，村级从10月26日开始至2002年的4月3日结束，分学习培训、对照检查、整改提高三个阶段。全县86个部门（单位）、14个乡镇、159个行政村、9个居委会共4171个学教对象参加，其中：乡镇学教对象1452人，县部门学教对象1393人，村级学教对象1326人。

学习培训阶段，全县学教对象共撰写心得体会文章6312篇，读书笔记6万多字；学教对象参加考试，及格率为100%，其中副科级以上干部达到85分以上的占96.5%。对照检查阶段，在查找问题上，采取“自己找、出去听、群众提、上级点、领导帮”的方式，按照“三个代表”重要思想的要求，找出思想和工作作风上存在的突出问题，认真开展民主生活会。在乡镇学教活动中，征求到对领导班子意见和建议822条，个人的为1610条；在部门学教活动中，征求到的意见和建议7216条；在村级学教活动中征求到反映“两委”班子和个人的意见和建议2307条。

整改提高阶段，全县乡镇、部门和村（居委会）针对查找的问题，分别制定整改方案，在乡镇制定整改措施326条，整改落实301条，建立制度113个，健全制度358个；在县部门中制定整改措施165条，完成整改460条，建立制度368个，健全制度451个；在村级制定整改措施886条，明确责任人247人，明确责任单位163个，完成整改138件，建立健全各种规章制度756个。在活动期间，以“万名干部下基层，进村入户办实事”和“送科技、送政策、送观念、送温暖、送卫生”为载体，开展为民办实事，全县干部深入14个乡镇168个村（居委会）开展驻村入户5.4万余人次，共召开座谈会2040个，发放宣传资料2.1万余份，张贴标语3800余条，提出加快发展的意见并办实事242件，争取和投入资金1075.9万元（含物资折款）。

此外，在县国有企业同样开展“三个代表”重要思想学习活动，活动从2001年9月8日开始至10月12日结束，历时1个月。学习内容为《贵州省国有企业“三讲”学习教育活动资料汇编》，重点学习江泽民总书记“七一”重要讲话和党的十五届六中全会精神，开展专题讨论，撰写心得体会。活动期间，坚持为民办实事，践行“三个代表”，其中免费安装水管、运输退耕还林粮食到村便民领取等成为实践活动的亮点；采取多种方式征求意见，撰写对照检查材料，召开组织生活会；针对查找出来的问题，制定整改方案，明确督办人、承办责任人、承办单位和整改时限。通过活动，国有企业行业市场竞争力有新举措，作风有转变，企业领导班子法制意识进一步增强，党组织的凝聚力和战斗力有提高。

五、保持共产党员先进性教育

根据中共中央关于从2005年1月开始，用一年半左右时间，在全党开展以实践“三个代表”重要思想为主要内容的保持共产党员先进性教育活动的决定，龙里县教育活动从2005年1月开始，分三批进行。

第一批活动　从2005年1月23日启动至6月1日基本结束。包括县人大、政协机关、人民法院、人民检察院和人民团体机关，县委、县政府直属事业单位和企业，县委、县政府机关各部门，党组织关系在县内的省州所属企事业单位共74个单位，其中党委2个、党组36个、党总支9个、党支部102个，党员1313人，实际参加为1295人。

第一阶段：学习动员（1月23日至3月底）。成立县委保持共产党员先进性教育活动领导小组，召开全县动员会议，制定《关于在全县开展保持共产党员先进性教育活动的实施意见》《龙里县第一批开展保持共产党员先进性教育活动工作方案》，出台《督导方案》，制定学习计划，开展县级动员领导干部保持共产党员先进性教育“十个一”活动，建立县级动员领导干部联系点28个，调研和办实事60余次。参加第一批活动的党组织共组织党员深入基层慰问困难群众3574户，发放慰问金23.445万元，慰问物资价值6.8万元，落实帮扶项目46个，协调解决生产资金117万元；全县组织集中学习教育读本806次1.36万人次，撰写心得体会2418篇，开展专题讨论188次2603人次，听党课143次1695人次，听先进事迹报告108次1319人次，深入基层调研95次，撰写调研文章157篇，开展主题实践活动121次1181人次。

第二阶段：分析评议（4月1日至5月10日）。按照提高“三个能力”的要求，围绕“五个重点”，采取“七个联动”，做到“九个延伸”，真心征求意见。“三个能力”：进一步增强各级领导班子领导全县广大人民群众实现又快又好跨越式发展的能力，进一步提高龙里各级党员干部为群众、为基层、为企业服务的能力，进一步提高全县广大党员干部拒腐防变的能力。“五个重点”：查找在龙里经济社会发展中存在的不适应和不适合的问题，办事效率、工作质量和服务态度方面的问题，创新精神和工作本领方面的问题，党性观念、组织纪律和廉洁自律方面的问题，学习实践“三个代表”和坚持“立党为公，执政为民”及落实科学发展观方面的问题。“七个联动”：发征求意见信函、设征求意见箱、走访调查、专线电话、咨询服务、发放征求意见表和召开座谈会联动。共发征求意见信函580封，走访调查320次，咨询服务2000多人次，接专线电话120个。

“九个延伸”：向人大代表和政协委员延伸、向服务对象延伸、向离退休干部延伸、向下岗职工和弱势群体延伸、向系统部门延伸、向扶贫联系点延伸、向矛盾较多的地方延伸。在谈话活动环节，结合所学内容，结合征求到的意见，结合党性分析材料的撰写，结合民主生活会和专题组织生活会的召开，结合“万名干部下基层，服务春耕办实事”的主题实践活动进行谈话；做到领导带头、广泛深入、形式多样（谈心卡、上门谈、反馈谈）、联系实际、坦诚相待、服务指导，确保谈心活动不出偏差。此阶段，全县74个部门共抽调1000余名干部深入14个乡镇近100个村，为群众办实事107件，帮助农户439户，创办助民增收示范点53个，示范面积3335.8亩，落实资金33.5万元。在党性分析环节，思想认识到位，自觉投入分析；联系实际，深刻剖析；接受监督，完善材料；组织审阅，严格把关。在召开生活会环节，认真撰写党性分析材料和发言提纲，领导带头开展批评与自我批评，严把会议程序和会议质量关，县派员参加监督指导党组织生活会。

第三阶段：整改提高（4月22日至5月31日）。各级党组织、党员个人认真制定整改方案，结合本地区、本部门（单位）和个人实际，注重整改方案的针对性、重点性和可行性；明确整改时限、整改责任和整改目标。

在教育活动中，龙里县立足“三城一县”（新兴工业城、绿色药城、生态园林城，经济强县）战略目标，加快建设步伐，引进项目50个，实际到位资金1.22亿元，财税收入完成6416万元。全县各（单位）部门制定严格的考勤制度，严格上下班时间。干部职工深入基层调研，履行部门职能。共投入资金25.7万元新修和维修灌溉工程31个；投入资金14.2万元新修和维修饮水工程8个，解决2202人的饮水问题；新修和维修通村公路170多公里；捐款捐物折合人民币52万多元解决725户贫困户临时困难；建立助民增收示范点112个，4899户农户受益，辐射带动3.06万户。

完善县城规划，加快旧城改造和新区建设，依法拆除违法占道和违章建筑，加大整治脏、乱、差工作力度。形成“党员受教育，群众得利益”的长效机制，建立“一站式”审批、“一条龙”服务、“一个窗口”进出、首问责任制、服务限时承诺制、“AB岗”工作制、“阳光收费”“一口清”、政务公开、党外监督、党员学习培训及流动党员管理等制度，推动各项工作有序高效开展。

第二批活动 从2005年7月5日开始，至10月24日基本结束。参加活动的单位38个，其中乡镇14个，县城中小学9所、社区3个、企业12家；基层党组织108个，党员1799名，占全县党员总数的26.5%。实际参加党员数为1768名，占总数的98.3%。

学习动员阶段（7月5日至8月10日）：县委制定《龙里县第二批先进性教育活动工作方案》，于7月5日召开第二批先进性教育活动工作会议，各乡镇各单位相应成立领导小组、督导组，出台实施意见、工作方案和学习计划、活动步骤，并于7月19日完成动员会召开。各参学单位采取集中学、自学、党小组学等方式，集中学习40小时以上，专题讨论198次，参观学习42次，深入基层调研186次，撰写调研文章171篇，召开座谈会51次，上党课126次，作形势报告128次，送学上门324次，人均撰写读书笔记1.6万字，撰写心得体会2261篇，开展大讨论192次。

分析评议阶段（8月11日至9月15日）：参加单位征求意见、交心谈心，撰写党性分析材料，召开民主或党组织生活会。据统计，共向党员2830人、群众5670人征求意见，召开座谈会12次，发放征求意见表1.68万张，设置意见箱108个，个别访谈1017人；共征求意见4019条，其中对领导班子意见274条，对党委主要负责人意见138条，对领导班子成员意见671条，对党支部意见462条，对党支部负责人意见359条，对党员意见2080条，以往未整改梳理后的意见35条。参加谈心活动领导班子成员156人，党员1728人，群众876人。撰写党性分析材料的领导班子成员156人，党员1447人，召开专题组织生活会93次，召开专题民主生活会15次。

整改提高阶段（9月15日至10月24日）：参加单位制定整改方案，明确整改问题和内容，明确整改时限、责任和目标。乡镇共查摆出1296个问题，完成整改791个，纳入整改493个，对12个暂时无法整改的问题向群众做书面说明。通过整改，经测评，乡镇、单位综合满意率达98.7%。撤并党支部4个，新建3个，调整充实11个；筹资31万元扩建10个村村级办公室；培养入党积极分子827名，加入党组织的有358名；党员领导干部为民办实事357件，党员参与办实事1331件，投入财物折合524万元，创办助民增收示范点167个。同时，制定巩固和扩大整改成果工作方案，修改完善相关规章制度。据统计，一、二批共汇编制度2252个，其中新建1301个。

第三批活动 从2005年12月2日启动至2006年4月16日基本结束，参加活动的为农村党组织和党员。全县共有164个党组织，应有3982名党员参加活动，实际参加党员数3966名。

学习动员阶段（12月2日至2006年1月17日）：各村支部集中学习5次以上，学时达40小时以上；撰写心得体会2147篇；利用远程教育设备学习324次，培训9720人，上党课或形势教育报告278次，听党课5426人，接受革命传统教育2468人，参与专题活动2584人，辅导讲座44次，开展重温入党誓词等活动36次，召开专题讨论会338次。

分析评议阶段（2006年1月17日至2月26日）：共召开座谈会241次、发放征求意见表及问卷调查8678份，个别访谈1596人；收集和征求对党支部意见701条，对支委成员意见1312条，对党员个人意见8016条，查摆出存在的突出问题涉及领导班子204个，涉及班子成员问题351个，涉及党员问题1860个，涉及党建工作问题194个，涉及农村改革发展稳定问题436个，涉及生产生活问题1678个。撰写分析材料1722份，165个党支部召开组织生活会。

整改提高阶段（2006年2月27日至4月16日）：全县164个党支部及党员均制定整改方案和措施，制定整改措施的支部班子成员506名，制定整改措施的党员1594名，支部明确整改重点362个，党员明确整改重点302个，完成整改突出问题498个，协调整改突出问题94个，向群众说明暂时不能整改问题113个，为群众办实事1012件。村级党支部建立健全制度1605个，修改完善制度532个，新建制度258个。

至此，龙里县保持共产党员先进性教育活动从2005年1月23日开始，至2006年4月16日基本结束，共有16个党委、36个党组、12个党总支、357个党支部、276个党委部门，乡镇和村以及学校的7078名党员参加先进性教育活动，实际参加党员6936名，占全县党员总数的98%。通过广泛深入扎实开展保持共产党员先进性教育活动，广大党员的党性意识和整体素质明显提高，党员的凝聚力和战斗力明显增强，党群关系明显改善，达到“提高党员素质、加强基层组织、服务人民群众、促进各项工作”的目标要求。

第二章　纪律检查与行政监察

第一节　中共龙里县纪律检查委员会

1988—2008年，中共龙里县纪律检查委员会第六届至第十届委员会共召开全委会24次，每届全委会第一次会议选举产生党的纪律检查委员会常委会，其余19次为工作会议。

第六届纪律检查委员会　1988年9月20—24日，中共龙里县第六次代表大会在龙里县城召开。选举中共龙里县第六届纪律检查委员会委员13名，第一次全体会议选举产生中共龙里县第六届纪律检查委员会常务委员、书记、副书记。刘廷豪任书记，黄大君（壮族）任副书记，王恩祥（苗族）、刘廷豪、杜军、秦刚毅、黄大君（壮族）为常务委员。本届共召开4次全委会。

第七届纪律检查委员会　1992年1月7—9日，中共龙里县第七次代表大会在龙里县城召开。选举中共龙里县第七届纪律检查委员会委员13名，第一次全体会议选举产生中共龙里县第七届纪律检查委员会常务委员、书记、副书记。王道华任书记，黄大君（壮族）、杜军任副书记，王恩祥（苗族）、王道华（苗族）、杜军、秦刚毅、黄大君（壮族）为常务委员。本届共召开5次全委会。

第八届纪律检查委员会　1996年11月12—14日，中共龙里县第八次代表大会在龙里县城召开。选举中共龙里县第八届纪律检查委员会委员15名，第一次全体会议选举产生中共龙里县第八届纪律检查委员会常务委员、书记、副书记。王道华任书记，聂绍华、黄大君任副书记，王道华、聂绍华、黄大君、王军、徐素珍为常务委员。本届共召开5次全委会。

第九届纪律检查委员会　2001年6月18—20日，中共龙里县第九次代表大会在龙里县城召开。选举中共龙里县第九届纪律检查委员会委员17名，第一次全体会议选举产生中共龙里县第九届纪律检查委员会常务委员、书记、副书记。上官昌健任书记，莫涛、王军、梅可芳任副书记，上官昌健、莫涛、王军、梅可芳、罗显安、周朝学、罗春凤为常务委员。本届共召开5次全委会。

第十届纪律检查委员会　2006年10月23—25日，中共龙里县第十次代表大会在龙里县城召开。选举中共龙里县第十届纪律检查委员会委员23名，第一次全体会议选举产生中共龙里县第十届纪律检查委员会常务委员、书记、副书记。陶忠和任书记，罗大银、罗显安任副书记，陶忠和、罗大银、罗显安、罗祥军、黄诚、刘芳、卢文勇任常务委员。本届共召开5次全委会。

第二节　党风廉政建设

一、廉政建设机制

1992年，印发《关于在撤区并乡建镇工作中强化干部人事纪律和财经纪律的通知》和《关于严禁挥霍浪费、公款宴请的紧急通知》，严禁借“撤并建”之机违规任用干部和铺张浪费。1993年，制定《中共龙里县纪委常委议事规则》和《中共龙里县纪委关于加强领导班子思想作风建设的措施》，成立反腐倡廉机构。

1995年，股、所、站及国有企业干部518人，乡（科）级干部220人，县处级干部39人，填报《领导干部廉洁自律情况统计表》《1995年纠正行业不正之风统计表》《副县（处）级以上干部购房情况统计表》《副县（处）级以上领导干部乘坐车辆鉴定表》《县（处）级领导干部廉洁自律情况统计表》《国有企业领导干部廉洁自律情况统计表》等3150份。1996年，制定《龙里县纪检监察工作秘密及其密级具体范围的规定》。

1998—2002年，制定《关于勤俭节约，反对挥霍浪费行为的规定（试行）》《关于党政机关厉行节约，制止奢侈浪费行为的意见》《关于进一步规范领导干部廉洁从政行为，强化领导干部廉洁自律工作的意见》《关于贯彻执行〈中国共产党党员领导干部廉洁从政若干准则（试行）〉的意见》《关于落实县（处）级领导干部配偶、子女从业规定的实施意见》《关于加强基层信访举报工作的意见》《关于加强和规范有形建筑市场招投标管理的意见》《关于印发〈龙里县2001—2005年纪检监察干部教育培训规划实施细则〉的通知》。

1999年，出台《严禁党员领导干部驾驶公车规定》。2000年，制定《关于加强党风廉政新闻宣传工作的安排意见》。2001年，出台《龙里县人民政府关于会计人员实行统管统派实施意见》，县财政局设立会计统管统派中心，对全县会计人员实行统管统派，全县第一批会计统管统派为县公安局等21个单位部门。2002年，出台《关于严禁乡镇领导干部“走读”现象的规定》《党政领导干部教育、监督、管理联席会议制度》《党政领导干部经济责任审计制度》等。

2003年，建立《龙里县党风廉政建设宣传教育工作联席会议制度（试行）》《龙里县党风廉政建设宣传教育工作职能机构协调会议制度（试行）》《龙里县党风廉政建设宣传教育工作例会制度（试行）》；出台《龙里县人民政府采购管理暂行办法》，印发《关于领导干部廉洁从政“十个不准”》和州政府《关于国家公务员“八个不准”规定》。

2004年，印发《2004年领导干部廉洁自律和党风廉政建设责任制工作安排意见》。转发州纪委《关于重申厉行节约和严格工作接待纪律的通知》，其中重申公务接待一律不得购买价值超过200元以上烟酒作为接待和礼品赠送。2005年，出台《重申不准领导干部和非专职驾驶员驾驶公车的通知》《龙里县政府部门行政首长问责暂行办法》《行政机关及其工作人员行政过错责任追究暂行办法》《关于元旦、春节期间加强廉洁自律，严禁铺张浪费的通知》《关于清明节期间加强公车管理，严禁用公款大吃大喝的通知》等，并设立举报电话。

2007年，贯彻落实《中共中央关于严格禁止利用职务上的便利谋取不正当利益的若干规定》，印发《关于严格禁止党和国家工作人员大操大办酒席的通知》。2008年，印发《关于重申严格禁止党和国家工作人员大操大办酒席的通知》，加强公务员工资管理，严肃津贴补贴发放工作纪律；出台《龙里县领导干部重大事项决策失误责任追究制度》等。

二、廉政建设责任制

1992年，制定《纪检工作目标管理责任制》，纳入年终考核。1994年，抓副乡（科）级以上领导干部廉洁自律工作，制定《勤政廉政建设制度》等。1995年，下发《关于我县外事接待工作的通知》。1996年，编印条例规章知识问答辅导材料发放各级党组织和单位，全县有近2000名党员、干部参加知识竞赛，有776份合格试卷参加州纪委、省纪委、中纪委抽奖。1997年，制定《关于贯彻执行中央〈发扬艰苦奋斗，反对奢侈浪费八条规定〉的实施意见》。1998年，出台《关于加强廉政建设八条规定》，将《中国共产党党员领导干部廉洁从政苦干准则（试行）》《中国共产党纪律处分条例（试行）》作为整顿学习主要内容。

2000年，组织全县副乡（科）级以上领导干部认真填报《干部廉政档案基本情况登记表》《干部廉政情况意见表》《收入申报表》《礼品礼金登记表》以及《重大事项报告制度登记表》等，建立全县在职副乡（科）级以上领导干部廉政档案407卷。2001年，对领导干部收受礼金、有价证券情况进行清理，全县365名副乡（科）级以上领导干部按规定填报《接受现金、有价证券情况登记表》，6名乡（科）级干部上交或退还现金1.24万元。全县41名在职副县（处）级以上领导干部填报《县（处）级领导干部配偶、子女从业情况登记表》。

2002年，对各乡镇及县级国家机关拖欠工资、使用财政资金情况进行清理。全县39个单位、部门的129名职工借有单位公款339.2万元。2003年，在全县65个党政机关、事业单位开展自检自纠，434名干部填报登记表，其中县（处）级干部33人，乡（科）级干部301人，一般干部110人。2004年，落实“三项谈话”制度，县纪委领导对提任副科级以上领导干部廉政谈话20人次，对有轻微违纪副科级以上干部诫勉谈话4人次。

2005年，出台《关于2005年党政领导干部述廉工作的通知》，对述廉对象、内容、时间和方法作出规定要求，80余名乡（科）级领导干部对贯彻落实党风廉政建设责任制和遵守廉洁自律规定要求述廉。出台《龙里县行政效能监察实施办法》《龙里县政府部门行政首长问责暂行办法》《行政机关及其工作人员行政效能监察投诉和告诫暂行办法》《行政机关及其工作人员行政过错责任追究暂行办法》等，成立行政效能投诉中心及办公室，聘请7名行政效能建设监督员。31个科（局）、14个乡镇、10个垂直管理单位成立投诉中心，公布举报电话56部，设立举报箱56个，聘请监督员198名。

2006年，明确党风廉政建设和反腐败各种各项任务和责任分解，明确15名县级领导为反腐败各项任务的责任领导，32个牵头单位的主要领导为责任人，38个单位为协办单位。2007年，明确9名县级干部为责任领导，23个牵头单位的主要领导或分管领导为责任人，43个单位为协办单位。贯彻落实《中共中央关于严格禁止利用职务上的便利谋取不正当利益的若干规定》，全县干部职工4779人（其中副科级以上干部470人，党员1700人）对照逐条逐项进行检查；执行《关于严格禁止党和国家工作人员大操大办酒席的通知》，及时制止8名党员干部操办酒席，并对1名正科级干部立案调查。

2008年，抓实反腐败各项工作，明确10名县级干部为责任领导，28个牵头单位的主要领导为责任人，52个单位为协办单位。对不认真履行工作职责、工作失职渎职的乡科级领导干部实行责任追究，给予党政纪处分3人、降职2人、诫勉谈话2人、谈话打招呼34人、函询11人、通报批评3件、乡科级干部改非领导职务12人。

三、违纪违法案件查处

1991年，全县纪检监察机关共立案调查31件，查办党纪案件8件7人，政纪处分18件15人，挽回经济损失8万元。1992年，共受理群众来信来访和举报30件次，立案调查15件，结案15件，给予政纪处分14人，挽回经济损失5644.67元。1993年，立案查处8件9人，结案8件，处理8件9人，受党纪处分3件3人，受政纪处分6人。1994年，共受理违纪违法案件线索18件18人，立案11件，受党纪处分8件8人，政纪处分3件3人，挽回经济损失2.24万元。1995—1999年，共受理案件线索266件，立案、结案78件，挽回经济损失8.97万元。

2000年，共受理群众来信来访94件，初查80件，案件线索34件36人，立案查处27件30人，办结22件22人；党纪处分15件15人，政纪处分14件14人，挽回经济损失6.36万元。2001年，共接待和受理群众来信来访79件，初核72件，案件线索14件15人，转立案查处10件11人；党纪案件7件7人，政纪案件4件4人，办案挽回经济损失4.91万元。2002年，共接待人民群众来信来访和电话举报76件，初查61件，案件线索37件37人，初查核实37件37人，立案查处36件36人，办结32件32人；给予党政纪处分32件32人；给予党内警告5件5人，严重警告3件3人；开除党籍6件6人；行政警告10件10人，记过3件3人，降级1件1人，撤职1人，开除公职3件3人；办案挽回经济损失67万元。

2003年，共接受群众来信来访和电话举报103件，受理初核线索45件，立案38件，办结42件（其中上年遗留案件4件），涉及乡（科）级干部12件12人，给予党纪处分21人，给予政纪处分22人；受党纪、政纪双重处分1人，受刑事处分5人；办案挽回经济损失72.21万元。2004年，受理群众来信来访和电话举报

66件，初核59件，转立案36件，结案7件。纪检监察机关立案37件，办结37件，给予党政纪处分37人。其中：党纪处分19人，政纪处分19人，党纪、政纪双重处分1人。办案挽回经济损失63.21万元。

2005年，受理群众来信来访和电话举报60件，初核57件，立案8件，结案8件，给予党政纪处分10人。其中党纪案件6件8人，政纪案件2件2人，办案挽回经济损失16.91万元。2006年，受理来信来访电话举报29件（次），初核线索23件，立案7件，涉及党员6件，监察对象2件，挽回经济损失5.5万元。2007年，接受群众来信来访电话举报31件（次），初核线索31件，立案12件，涉及党员10件，监察对象6件，挽回经济损失16.42万元。2008年，接受群众来信来访电话举报69件（次），初核线索44件，立案22件，涉及党员18件，监察对象13件，挽回经济损失126.62万元。

第三节　党内监督与行政监察

一、党内监督

1991—2008年，党内监督逐步由个例重点监督到治本的全面监督，经历重点对县直部门、乡镇组织及领导干部进行监督到对全体基层组织、领导干部及一般党员的监督。1991年，印发《关于国家公职人员赌博的处分规定》《关于严格控制干部职工借用公款的规定》等文件。1992—1996年，把党内监督制度建设列入党建目标管理内容，对各单位党组、乡镇党委进行年度考核。

1997—2001年，先后实行工程招投标制度、干部离任审计制度、重大事项报告制度。2002—2008年，改革行政审批制度，建立党员领导干部监督制约机制，重大决策征求意见制度，改革投资体制，落实政府采购制，对经营性土地使用权拍卖实行公开挂牌出让，实行工程招投标备案制和工程巡查制度，聘请62名党风廉政监督员，并明确其职责、权利、义务，认真履行职责。

（一）党内专题民主生活会

1990年，下发《关于召开领导干部廉洁自律专题民主生活会的通知》，要求自查并上报公款装修住房和安装私宅电话情况，接受监督检查。1995年，在全县领导干部中开展自查自纠和批评与自我批评。全县参加自查干部400余人，县纪委收到各单位自查材料48份。

1996年，要求乡镇、县直机关部门党组织在半年专题民主生活会上，把发扬艰苦奋斗精神，反对奢侈浪费作为内容开展自查自纠，解决存在的问题，并将自律情况书面报告县纪委。1997年，督促各乡镇、县直部门党组织从清理通信工具、控制会议、制止公款吃喝等方面在民主生活会上自查自纠。

1998年，县纪委、县委组织部联合下发《关于开好今年党员领导干部廉洁自律专题民主生活会的通知》，对全县各级领导干部召开廉洁自律民主生活会有关事项作出具体安排。县“四家班子”党员领导干部全部有重点地参加部分单位和乡镇党委领导干部召开的廉洁自律专题民主生活会，进行指导，掌握情况，总结经验。全县39个党委（党组）、7个党总支、55个党支部都按时对照廉政准则，特别是执行制止奢侈浪费8条规定的情况开展自查自纠，并按时上报自查报告，促进领导干部廉洁自律。

1999年，贯彻落实党中央、国务院《关于党政机关厉行节约制止奢侈浪费行为若干规定》，明确提出对顶风违纪的要及时查处。2000年，按照“三讲”要求召开民主生活会，分“学习、剖析、批评、整顿”4个阶段进行。2001年，实行政府采购制度。按照《龙里县人民政府采购管理暂行办法》，大宗物品的采购都实行公开招投标，逐步做到统购、统分、统管，节约资金，减少物品采购过程中的腐败行为。

2002年，县纪委、县委组织部派员加强对领导班子民主生活会的指导，要求把执行《中国共产党党员领导干部廉洁从政的若干准则（试行）》《党政领导干部选拔任用工作条例》《中共中央关于加强和改进党的作风建设的决定》《中共贵州省委关于贯彻落实〈中共中央关于加强和改进党的作风建设的决定〉的意见》和中纪委、中组部、总政治部《关于领导干部不得参加自发成立的“老乡会”“校友会”“战友会”组织的通知》作为主要内容，认真进行对照检查。全县91个党委（党组、支部）召开民主生活会，占应召开单位的96.8%，报送民主生活会有关材料，134名副乡（科）级以上干部填报自查自纠情况登记表，未发现违纪违规现象。

2003年，继续开好党员领导干部民主生活会，积极推行领导干部廉政述职制度和巡视制度。全县14个乡镇38个部门党委（党组）按期召开民主生活会，县委、县纪委、县委组织部领导共50人次参加了乡镇、县直部门的民主生活会。各级各部门民主生活会基本做到“会前征求意见，会中有批评和自我批评，会后有整改方案和措施”。为贯彻落实党的十六大提出的“实行多种形式的领导干部述职述廉制度”精神，县委制定《关于在全县党委（党组）主要领导干部中开展述廉工作的暂行规定》，并成立巡视组，述廉和巡视工作全面开展。

2004年，指导开好党员干部民主生活会。全县48个党委（党组）、10个垂直部门按期召开民主生活会，县委、县纪委、县委组织部领导分别参加会议并作指导。县委领导参加民主生活会27人次，纪委和组织部门领导参加民主生活会分别为8人次和15人次。

2005年，县纪委、县委组织部联合下发《关于开好2005年度县以上党员领导干部民主生活会的通知》，加强联系指导民主生活会。全县参加第一、二批保持共产党员先进性教育活动的69个单位均按要求召开民主生活会，347名领导干部参加，占应参加的98.5%。加强招投标活动监督，开展国有经营性土地使用权招拍挂出让执法检查。进一步健全重大工程建设项目招标投标制度，完善建筑市场监控体系和信用体系。

2006年，落实领导干部述职述廉制度，全县361名副科级以上领导干部结合学习、思想、作风情况，履行职责情况，落实党风廉政建设责任制和廉洁自律情况进行述职述廉，通过民主测评，“好”或“较好”达到90%以上。2007年，开好以领导干部作风建设为主题的民主生活会，全县52个党委（党组）召开了专题民主生活会。开展对党政机关办公楼等楼堂馆所的清理工作，对全县近年来党政机关修建的办公楼进行摸底登记，按时完成自查阶段工作。严肃外出考察、学习纪律。

2008年，落实党内监督条例，发扬党内民主，加强党内监督。执行“三谈两述”和函询制度，县直机关党委、纪委班子成员以及部分党总支、党支部负责人140人按要求进行述职述廉。进一步提高民主生活会质量，县“四家班子”领导参加指导民主生活会34人次，县纪委和县委组织部参加指导民主生活会30人次。

（二）党风检查

1991—2008年，通过开展党风检查，实施对各级党组织和党员干部监督。县纪委督促乡镇党组织联系实际，开展党风自查自纠工作，并向县纪委呈报党风检查报告，然后组成工作组，对领导干部进行评议，并对乡镇和县直机关党支部（党组）党风进行抽查。

二、行政监察

（一）涉农项目监察　1993年，组织对乱收费、乱摊派、乱罚款等不正之风进行自查自纠和建章立制，清理登记收费文件和项目21个。1995年，开展对3个乡镇坡改梯工程执法监察，检查面积为5000亩。1996年开展涉农收费文件和项目清理工作，全县农民承担的各种提留统筹按照国家规定控制在5%以下。2001年，严格实行农民负担预决算、监督卡和专项审计制度。2002年，组织牵头对与农业生产和农民生活密切相关的种子价格、粮食收购保护价、婚姻登记、计划生育、邮电资费、医疗卫生、中小学教育收费、水费等收费政策执行情况进行全面检查。

1992—2003年，对全县夏秋粮烟油收购工作进行专项督促检查，以确保收购资金及时到位，做到专款专用。县纪委参与县农业办公室、县计委等部门对全县以工代赈坡改梯工程等项目资金的使用情况开展执法监察，对资金管理档案不全、管理制度不健全等单位下发执法监察建议书，责令整改。1988—2008年，先后对全县化肥、粮油、种子、农药和农副产品等项目进行专项监察16次，要求各级严格执行强农惠农政策，落实粮食购销政策，坚决防止坑农害农现象发生。

（二）工程项目监察　1996年开展工程招投标执法监察，建立招投标制度。至2008年，先后对全县718个招标、议标、邀标工程项目进行监察，查处违规招标项目12个并全部整改。1988—2008年县纪委监察局组织对重大项目的专项检查12次，发现问题36个，全部整改。

（三）专项资金监察 1992年，协助处理14名超生对象，协助各乡镇清收计划外生育费。1995年，开展对水利资金项目的执法监察，挽回经济损失11.7万元。1996—1997年，对救灾资金开展专项清查，收缴违纪资金6.03万元，查处违纪干部2人，进一步规范专户存储、集中管理。

2001年，组织对国债资金项目专项检查，检查项目12个，未发现截留资金、挪作他用等情况。对社保资金的执法监察未发现违规违纪行为。1993—2000年，对土地出让资金进行检查4次，对不严格执行土地出让金收取比例标准、不使用行政事业性收费收据等违纪问题进行查处，收缴违纪资金1.58万元。

（四）政府采购执法监察 2003年，对政府采购涉及的计算机设备、网络软件、小车、医疗设备、教学用品、劳保用品等进行清查，对全县52次采购行为进行全程跟踪，采购设计资金715.35万元，未发现有违规违纪行为，为国家节约资金85.96万元。

（五）国土交易执法监察 2003年，对经营性土地招标拍卖和挂牌出让进行执法监察，对查摆的问题进行纠正。2003年全县挂牌出让土地2.21万平方米，占出让土地面积100%，成交金额3191.09万元。责令32家企业补交土地出让金，对14宗土地违法行为进行立案查处。

（六）违规购置小汽车执法监察 清理超标超排量购置的小汽车，对7家违规购车单位进行处理。

（七）廉政监察 2000年，对机关单位领导班子党风廉政、思想作风、工作作风、考勤制度、工作制度等落实情况进行检查，机关作风明显转变。2002年，在县物价局、环保局、农业办公室开展行政效能监察试点工作。2003年，扩大行政效能监察试点范围，辐射到县建设局、林业局、乡企局、公安局、质监局和公用事业局等单位。

2005年，成立行政效能投诉中心及办公室，聘请7名监督员。抓试点试行的同时，将行政效能建设扩大到各乡镇、各部门，31个科（局）、14个乡镇、10个垂管单位成立投诉中心，公布举报电话56部，设立举报箱56个，聘请监督员198名。2006—2008年，组织清理全县各单位和协会的“小金库”，其中2008年清理出“小金库”12个，涉及金额50余万元。

（八）执法检查 1991年后，对农转非、民转公、大中专毕业分配、招生、转干、征兵、高考、中考、职考和干部考调等工作开展执法监督。2000年，全县全面推行政务、厂务、村务“三公开”，对全县159个村和300多家单位、工厂进行监督检查。2005年，清理国家机关工作人员兼职领薪和经商办企业，机关事业单位工作人员私欠公款和银行贷款问题。

第四节　不正之风整治

一、纠正行业不正之风

1992年，对化肥销售中存在的平价转议价、加价销售、限时销售、优亲厚友等情况进行纠查，查出违纪金额8.96万元。2000年，对“吃喝风”“麻将风”“玩乐风”“漂浮风”“作假风”等歪风邪气进行整治。2001年，加强建设工程招投标监督，防止暗箱操作。

2000—2008年，选聘10名行风评议代表，对全县医疗卫生系统行风建设情况进行评议，查获、销毁假冒伪劣和过期药品169件，涉及金额0.74万元。查处违法治疗单位28个，非法从业人员36人；查处价格违法行为15件，处罚金额3.38万元；查处、收缴、焚烧价值6.5万余元的假冒伪劣和过期药品；查获假冒伪劣药品520余种，处罚货值6.7万元；清理销毁假冒伪劣和过期药品、医疗器械案值28万元；查处私自从非正规渠道购药的案件1件，涉案人员2人，涉案资金1万元。

二、纠正中小学乱收费

1994年2月15日，县政府行文对中小学收费作具体规定。1995年，查处巴江中学乱收费违纪金额2万余元并全额退还学生；抽查城关第一小学、第二小学和麻芝小学等12所学校，取消、限令停止执行自立收费项目2个。1998年，查处城关二小乱收费问题，涉及金额1.38万元。2001年，对部分超标收费、自立项目收费进行处理，查处违纪收费1.8万元。

2002年，查处中小学乱收费违纪违法案件4件，涉及金额50万元，清退违规违纪收费32万元。2004年，清退2003年春、秋季学期代收的课本和作业本费19.13万元，收缴上交财政2.51万元。2008年，对全县中小学执行“两免一补”政策情况进行监督，清退学生书本费112.46万元。

三、纠正公路“三乱”行为

1992年，对乱设关卡等作专项治理，共查出问题10件15人，涉及金额3.67万元，退赔金额3.67万元，处理6人。2001年，检查公路408公里，覆盖率85%；检查煤炭“五统一”收费、木材收费、交警养征、运输管理和烟业、盐业、农业等站、所、队14个，行政、企（事）业单位22个，群众个体运输36户，全县无“三乱”行为。2002年，对大南桥收费站整改，取消乡镇企业局在谷龙乡高吏目村“五统一”验票站，对解放街总后3537厂收费点进行查处。

四、纠正违规预算外资金和清理“小金库”

1994年，开展税收财务检查270户，查出违纪5户，违纪金额为4.66万元；检查17个单位，全部罚没收入30余万元，入库9万元。此后，要求各单位严格执行收支两条线，杜绝办人情案、金钱案，搞钱权交易等不良现象。

五、纠正干部超标购房

1994年，开展全县干部购房清理工作，副县级以上干部购房有18（套），超标准2户（套），超标准面积37平方米，交超面积款6100元；科局级干部购房有70户（套），超标准13户（套），超标准85平方米，补交超标准款1.1万元；股级以下干部购房1163户（套），超标准14户（套），超面积93平方米，补交超面积款1.35万元。

六、纠正拖欠农民工工资

2004年，开展对46户建筑行业、非公有制企业，以及餐饮服务业就“农民工工资支付情况”进行专项检查，受理举报、投诉案件5件，涉及农民工1400余人，工资及工程款159万元。2006年，追发拖欠农民工工资3.14万元。2008年，追发拖欠农民工工资8.1万元。

七、纠正增加农民负担

1993年，对涉及农民负担文件和项目进行清理登记，共清理登记收费文件和项目21个。2002年，经治理和试行农村税费改革，减轻农民负担349万元。2004年，对14个乡镇实行减负“一把手”负责制，涉农收费项目“公示制”。159个村报刊征订实行“限额制”，124所中小学校实行“一费制”。农民负担与2003年相比减少70万元，开展专项治理减负114万元。

八、纠风责任制

2001—2008年，县纪委与教育、卫生、农业、交通等重点单位签订纠风工作目标责任书，将责任层层分解，“一把手”负总责，分管领导各负其责，干部职工人人有责，并加强督促检查，实行年度考核验收，保证工作实效。

九、行风评议

1998—2008年，先后聘请85名行风评议员，监督开展行风评议，共对20个单位开展评议工作。1998年，组成16人评议组开展行风评议，县工商局、龙里供电局获评为优秀单位。同年，政法系统开展反腐败集中教育整顿，严格执行收支两条线，杜绝办人情案、金钱案，搞钱权交易等不良现象。1999年，选聘24名行风评议代表对国税、地税、邮政、电信、烟草、城建（含公用事业局）6个部门评议，均评为优秀单位。

2001年，聘请有人大、政协和社会各界15名行风评议代表，以行风建设、执行法规、依法行政为内容，深入150个单位、乡镇调查了解，召开座谈会140次，提出并反馈整改意见、建议300余条，各部门均对照落实整改。2002年以后，选聘评议代表，对被评单位行风建设情况进行明察暗访，发放社会问卷调查表，分析、整理意见和建议，督促落实整改。

第三章　县委工作部门及工作

第一节　组织工作

一、基层组织建设

（一）党的基层组织设置　按党章要求，设党委（乡镇党委及直属机关、单位党委）、总支部、支部。1991年底，龙里县党员总数为4831人，其中：少数民族党员1754人，女党员651人，全县干部职工3013人。1992年，全县共有党委17个，其中乡镇党委14个，人民武装部党委1个，机关党委2个；党组21个；党总支部7个，党支部339个（含村党支部159个）；全县共有党员4970名，其中女党员698名，少数民族党员1845名，国家干部职工3320名。

1994年1月，建文体广播电视局党组。3月，教育局党组自然撤销，组建县计划统计局党组。同月撤销工商局、物价局、技术监督局，合并组建工商局，保留工商局党组。4月组建教育科技局党组。9月税务局党组自然撤销，组建国家税务局党组。1995年8月，计划统计局党组自然撤销，教科局党组自然撤销，恢复教育局党组，保留水电局党组；10月组建司法局党组。

1996年11月，组建县农业办公室党组。1997年，组建地方税务局党组、计划生育局党组。1998年6月，建立财政局党组、民族事务局党组、农业机械事业局党组、交通局党组；7月建立科学技术局党组；9月建立建设局党组、乡镇企业局党组、工商业联合会党组；11月建立总工会党组。2001年，建立审计局党组、物价局党组、国土局党组、民政局党组。2002年水电局党组更名为水利局党组，组建县民族宗教事务局党组，建立人事劳动和社会保障局党组。2004年，组建药监局党组，成立发展和改革局党组。2006年，成立县文学艺术界联合会党组。

2008年，全县有基层党委16个，党组36个，党总支10个，党支部374个。党员7898名，其中：少数民族党员2795名；妇女党员1616名；35岁以下1859人，36岁至55岁3336人，56岁以上2703人；大专文化以上2003人，中专高中文化1405人，初中文化以下4490人。

（二）“双带”活动　1990年，县委在深入调查研究的基础上，帮助农村后进支部提出具体建设发展意见和措施，把“双带”（培养农村改革发展的带头人和科技致富的带头人）活动引向深入，全县开展“双带”党组织102个，约占64%，落实“双带”任务的农村党员1007名，党员联系户2672户。

1991年，制定《龙里县农村村级组织建设的总体规划和实施意见》，成立村组组织建设领导小组，在莲花乡开展为期40天的以建设党支部为核心的村级组织配套建设试点工作。1992年，继续抓党员的教育、评议和“双带”活动，全县共有农村党员3065名，其中参加评议2994名，评议合格以上党员占87%，共有1690名党员帮带贫困户2430户。

（三）“四个一”工程　1994年7月18日，龙里县开展“四个一”（即配强一个领导班子，选好一个支部书记，找到一条致富路子，制定一套管理和服务制度）工程活动，出台《关于加强农村基层组织建设认真落实“四个一”工作的意见》，着重解决四个问题：一是加强农村党支部领导班子建设，把全县159个农村党支部领导班子建设成为坚决贯彻执行党的基本路线和党的农村各项方针政策，能带领群众发展经济，实现共同富裕的坚强领导核心和战斗堡垒；二是抓好村级组织的配套建设，整顿和建设好软弱涣散的村级领导班子，村级组织各负其责，村委会能够履行自治职能，管好本村事务，村级集体经济组织能具备一定集体经济实力，发挥好为农服务的功能；三是认真贯彻落实党在农村的各项方针政策，探索经济发展思路，拓宽脱贫致富路子；四是建立一套管理服务制度。

为此，全县投入资金近9万元，成立县乡两级“四个一”工作领导小组，设县乡“四个一”办公室，共有137人专门从事日常业务。拟从1994年7月起，用3年时间即到1997年“七一”，使全县159个农村党支部达到“四个一”要求。第一年抓50%，第二年抓50%，第三年抓完善提高。通过县“四家班子”包片，县领导包一个村、带一个村，从县直机关和乡镇抽派160名干部，以及分配大中专毕业生到村挂职锻炼，帮助村级党组织开展发展致富能人、发展党员、培养2名以上村级后备干部等工作。当年，培训村党支部书记159名、农村党员2756名，表彰全县先进党组织20个、优秀党员56名。

到1995年底，全县共调整充实农村党支部班子141个，解决82个村办公用房问题，85个村拥有经济实体，经济实体发展到106个，多渠道集资近60万元帮助31个村建立地面卫星接收站，45个村修通自来水，9个村修通13条断头公路21公里，7个村架通输电线路，解决63个村办经济实体的启动资金，141个村不同程度找到致富路子占村总数的88%，159个村建立配套的管理服务制度。全县达到“五个好”党支部110个占69.13%，基本达到“五个好”的49个，基本消除三类党支部，村级其他组织得到健全。当年，龙里县委被省委评为1994—1995年度农村基层组织建设先进党委。1994年全县有集体经济积累村23个，到1998年增加到123个。

（四）“六个好”乡镇党委创建　1998年7月，县委印发《关于进一步加强农村基层组织建设的意见》，县乡成立工作领导小组，领导抓点、干部蹲点、部门包点，县“四家班子”成员及县直部门建立挂乡包村工作联系点；抓好基层干部、农村党员的学习培训，健全乡镇党委和村级民主政治制度，县委每年召开4次以上会议研究农村基层组织建设工作。同年，开展创建“六个好”乡镇党委工作，选派党员干部到乡镇挂职，抽调干部驻乡帮村。

1999年选派114名大中专毕业生到村挂任职，配备村级后备干部600多名，培训农村党员2.5万人次、村干部1500人次、农村劳动力9.9万人次，1664户农户获县颁发的“绿色证书”，1049人获得“农民技术员”职称；制定村级发展规划，实施一系列“基地”工程，集体经济积累10万元村达8个，5～10万元村达7个，2～5万元村达11个，2万元以下村达118个，108个村建有固定办公用房。

2000年底，全县有3个乡镇党委达到“六个好”，5个乡镇党委基本达到“六个好”，6个乡镇党委接近“六个好”，占乡镇总数的100%。53个村党支部达到和基本达到“五个好”，占村总数的33.3%；77个村党支部基本达到“五个好”，占村总数的48.4%；接近的为27个，占村总数的16.9%。全县159个村中71个村办起经济实体，2万元以下、千元以上的村有123个，2万元以上的村有25个。实现乡乡通程控电话，90%的村通公路，村村通电和广播电视。龙里县被省评为省治安模范县、卫生县城、科技工作先进县、“两基”工作达标县。

（五）“三级联创”活动　2002年，制定《龙里县2002—2005年深入开展“三级联创”活动规划》，出台《关于按照“三个代表”要求，深入开展“三级联创”活动的意见》，全面推动农村经济发展，努力增加农民收入，加强乡镇、村领导班子建设，推进村干部选拔任用制度的改革。推行“两推一选”（党员民主推荐、群众推荐、党内民主选举）的办法和“公示制”选举村党支部班子，加强农村党员队伍建设，解决村集体经济薄弱的问题，选准村级集体经济发展的突破口和增长点，健全各项规章制度。

2002年，摸清底数，排查分类，制定规划，建立健全有关制度和措施，找准发展的着力点。2003年，扎实开展创建“六个好”乡镇党委和“五个好”村党支部活动。2004年，全县已创建“五个好”乡镇党委3个（龙山镇、谷脚镇、醒狮镇），占乡镇的21%。创建“五个好”村党组织54个，占村总数的34%；接近“五个好”村党组织40个，占村总数的25%。已创建助民增收示范点201个（种植业168个，养殖业33个）。抽调249名干部到14个乡镇159个村开展为期一年的党建扶贫工作。

（六）基层党组织整顿　2004年7月，县委下发《关于认真做好软弱涣散基层党组织调查摸底工作的通知》。经调查统计，全县373个基层党组织中，发挥作用好的323个，中间状态、作用一般的8个，软弱涣散和瘫痪状态的42个（其中班子不健全的8个，占19%；软弱涣散的28个，占66.7%；瘫痪状态的6个，占14.3%）。9月9日，制定《龙里县开展整顿软弱涣散基层党组织工作实施意见》，按照“建好一个班子、培养一群苗子、探索一条路子、健全一套制度、树立一批典型”的工作思路，着力解决软弱涣散基层党组织的问题。

县委明确要求，要用三个月时间分四个阶段完成任务。一是调查摸底、查找问题（9月中旬前结束）。深入基层，采取问卷调查、召开专题座谈会、入户走访、设立意见箱、组织分析等方式，摸清情况，认真分析，找准问题，确定整顿对象。二是制定方案、集中整顿（9月中旬至10月31日）。针对查找出来的基层党组织和党员干部存在的突出问题，制定并逐级上报详细的整顿工作方案，明确整顿的时间、责任人和工作措施。三是建章立制、确立路子（11月1—10日）。建立健全各项规章制度，切实抓落实，促使党组织工作运行规范，管理措施到位，服务优质高效。同时，理清工作思路，完善发展路子，解决好群众关心的热点难点问题。四是巩固提高、检查验收（11月11—20日）。10月21—30日，对该项工作进行总结，巩固提高集中整顿成果。11月5日，全县全面完成整顿软弱涣散基层党组织工作，共调整村支部59个，通过支部换届共调整支部书记51名，新进支委208名，撤销县彩印厂、酒厂、曲轴厂、粮食加工厂4个党支部；对所撤支部纳入社区支部管理，共完善制度51条，新建制度68条。

（七）“四线百乡千村万名党员示范工程”“三强三创” 2006年，以“三强三创”“四线百乡千村万名党员示范工程”创建为载体，坚持思路、制度、载体和措施创新，深入扎实开展“三级联创”活动，投入70万元建成龙山镇吴家庄文明小康示范村和厉家庄文明生态示范村；启动首批村级活动场所建设11个，共创建“五个好”乡镇党委10个，“五个好”村党支部101个，农村基层党组织示范乡镇5个、示范村76个。

2007年，深入开展农村基层组织“三强三创”活动，制定《龙里县深入开展农村基层组织“三强三创”活动规划》和工作计划。一是明确工作责任，推进“上下联创”。县党政领导班子成员建立活动联系点14个，开展调查研究和现场办公、帮扶慰问50余次，选派14名干部到乡镇挂职锻炼，抽调83名机关干部深入14个乡镇71个贫困村开展党建扶贫工作；落实帮扶项目146个，资金83万元，建立示范基地80多个，解决实际困难320件。二是打造示范亮点，推进“示范带创”。县委抓14个农村基层先进性工程示范点建设，推进示范乡镇、示范村、党员示范工程，建成龙山镇水桥村、醒狮镇大坝村、洗马镇洗马村等基层组织示范村，冯明先、高传荣、毛兴梅等一大批农村党员致富带头人脱颖而出。

三是坚持城乡互动，推进“城乡共创”。89个县直部门与71个贫困村党组织结对帮扶，县、乡组成“三农”服务团15个，开展活动30多次，服务群众3300多人次。围绕组织建设，推进“强基础”。通过届中调整，提高村级班子的综合能力。实施“双带双培”工程，培训入党积极分子和发展党员。不断提高村级组织和组干部待遇。投资230多万元，建成37个村级组织活动场所。围绕能力提升，推进“强素质”。实施农村基层干部素质提升和农村实用人才培养工程，开展远程教育培训4200期5.8万余人次，建立5个县级示范点、30个乡镇级示范点，建成268户“远程教育带民增收示范户”。实施农村干部素质提升工程50人次，开展党的十七大精神宣讲40多场4400多人次。建立贵州神奇啤酒有限公司党委（第一家非公企业党委）；推行实施村级“一肩挑”和村“两委”交叉任职工作；在龙山、谷脚、摆省、谷龙四乡镇开展党代会常任制试点工作，开展常任党代表培训11期341人次，组织视察调研活动11次；开展党委、党组织、党员“三级承诺”活动，全县共有34个党组、17个党委、1个党工委、381个支部的6800余名党员参加，签订承诺书4200份，承诺卡300余份。围绕制度建设，推进“强机制”。以加强农村民主政治建设为重点，健全完善村党组织的决策机制，落实“三会一课”制度，推行党务、村务和财务公开，推进村级决策的民主化、科学化和规范化。抓“示范乡镇、示范村、党员示范工程”，创建8个示范乡镇、76个示范村，培养党员致富带头人630名。

（八）“讲党性、重品行、作表率”活动 2008年3月14日，全县组织系统开展“讲党性、重品行、作表率”活动。制定《关于在全县组织系统开展“讲党性、重品行、作表率”活动实施意见》，以正面教育为主，激发内生动力，突出实践特色，着力解决问题，走群众路线，增强活动效果，发挥示范作用。

总体安排：一、2008年为“集中活动年”。重点抓好党的十七大、全国组织工作会议及省、州组织工作会议等精神的学习，采取有效措施，集中解决一些妨碍带头落实讲党性、重品行、作表率要求的突出问题，在思想观念、工作作风和工作方式方法上有明显转变。二、2009年为“深化拓展年”。重点是根据形势任务的发展变化和中央、省委、州委、县委的新部署、新要求，深化拓展学习实践活动，查找和解决存在的问题，完善和落实整改措施。三、2010年为“巩固提高年”。重点是对活动开展以后的情况进行“回头看”，深化整改，巩固成果，推行长效机制的完善和落实。

2008年，全县共有79个单位223人参加组织系统“讲党性、重品行、作表率”主题教育活动，其中：县级领导2人，乡科级领导干部125人，一般干部96人。征求意见250余条，撰写调研报告5篇，查找和梳理突出问题31个，制定整改措施18条，解决各类问题20多个。

活动分三个阶段：一是动员部署、学习教育阶段（3月至5月）。制定活动方案，及时动员部署，明确学习内容，开展解放思想大讨论和宗旨教育、职业道德教育、思想品德教育。以全国电视电话会议精神转达提纲以及胡锦涛、李源潮、石宗源等领导的重要讲话为学习内容，开展理想信念专题学习讨论，集中学习80余次，撰写读书笔记400多万字、心得体会240多篇、调研报告30多篇、理论文章15篇。参与向汶川大地震灾区捐款和交纳“特殊党费”，全县共有2418名党员干部缴纳“特殊党费”22.32万元，各级党组织和党员向灾区捐款72.84万元。组织深化主题实践活动4次，为农民群众发放《服务春耕生产适用技术小手册》《春耕手册》及光碟3.29万余册（张）；投入1.5万元，帮扶贫困党员、计生户25户，解决困难8件。组织召开农作物病虫害和动物疫病防治现场会15场次，落实经费40余万元；慰问党员和困难群众320户，落实慰问金5.1万元。与农村党组织建立帮扶对子192对，机关党员与农村党员结对子913对，制定帮扶方案156个，落实帮扶资金54万元。

二是查找问题、评议讨论阶段（6—8月）。发放调查问卷1800余份，在《龙里周讯》刊登问卷调查表500余份，征求到意见和建议71条，其中在政府网站征求到网民的意见和建议15条。综合梳理出意见和建议45条，需整改的问题有20条。

三是制定措施、整改落实阶段（9—12月）。制定整改方案，集中解决突出问题。投入45万元，新建和改建农村党组织活动场所10个，调整基层党组织班子成员41人、党组织负责人19人，选派党建扶贫工作队员、农技干部、“一村一名大学生”到村指导工作，重修经济发展规划16个，帮助创办增收示范点28个，集中培训130余期8600多人次，安排蹲点干部23人，发放农技资料8600多份，建立健全制度190个。

（九）基层组织建设年活动　2008年3月24日，龙里县开展党的基层组织建设年活动，旨在抓好中央四个长效机制文件和省委“1+9”文件精神的贯彻落实，以提高党员素质、联系和服务群众、健全和落实党建工作有效机制为重点，努力实现基层党组织领导班子好、党员队伍好、工作机制好、工作业绩好、群众反映好的“五好”目标。

通过扎实抓党员队伍建设、党员联系和服务群众，建立党员服务中心、村（居）民事务代理中心等，开展党员承诺制、无职党员设岗定责、党员优质服务窗口等活动。着力整顿软弱涣散基层党组织，深化“三级联创”，大力推进“三强三创”，选好配强党组织班子，探索城乡一体党建工作思路。建立党内重大决定、重要决策出台前征求党代表意见制度。推广基层党组织领导班子成员由党员和群众公开推选与上级党组织推选相结合，开展乡镇领导班子成员公推直选试点；深入开展对基层党员干部的反腐倡廉教育，规范基层党员干部的从政、从业行为。

健全和完善党建工作责任制，落实“一月一通报、一季一调度、半年一督查、一年一考核、两年一表彰”制度。推行党组织负责人抓基层党建工作述职制度，并纳入实绩考核。建立健全基层党建工作经费保障、激励和关怀、帮扶机制。探索建立村（居）干部工作报酬正常机制和参加养老保险、医疗保险、离任补偿的制度及办法。

通过活动的开展，着力抓强化基础、健全机制、提升素质、示范带动、党内关怀等方面工作，投入88.4万元，改扩建村级组织活动场所项目10个，开展24个试点村党组织书记“公推直选”试点工作，调整基层党组织9个。在14个乡镇推行党代会常任制。抓18个党的基层组织先进性建设工程示范点和10个党的基层组织建设年活动示范点，培养农村党员致富带头人180多名，农村党员种养大户120户；举办为期1周的村干部培训班，培训159个行政村的党支部书记和村委会主任共300多名。全县抽调选派700余名干部组成162个工作组分赴159个行政村、3个社区驻村，开展中共十七届四中全会精神宣传1个月，投入74万元共办实事400余件。

二、党员队伍建设

县各级党组织制定党员发展规划和年度党员发展计划，贯彻“坚持标准，保证质量，改善结构，慎重发展”方针吸收新党员，注重吸收生产第一线工人和青年农民、优秀知识分子、农民致富带头人入党。不断充实壮大党员队伍，发挥党员先锋模范作用，巩固党的执政地位，加快经济社会全面发展。

1991年以后，每年有党员发展计划。1997年，开展“双学”（学文化、技术）活动，培训党员4918人次，组织开展知识竞赛，参赛人数3755人。1997—2000年，共举办入党积极分子培训班80多期，培训2499人次。2004年，制定《2004—2006年党员发展工作规划》。2007年，制定《龙里县2007—2011年党员发展工作宏观指导意见》。

2008年，注重从农村返乡人员、致富带头人、高校毕业生中发展党员317人。是年，龙里县新建和改建农村党组织活动场所10个。选派26名扶贫工作队员、23名农技干部和18名“一村一名”大学生到软弱涣散农村党组织指导工作，开展宣讲40多次，举办集中培训360多期1.12万余人次，通过远程教育站点培训140多期5800余人次，召开各类现场培训会30多期2600多人次，外出学习210人次。是年，全县80个单位2418名党员干部为支援四川汶川地震灾区缴纳特殊党费22万余元。

2000—2008年，培训党员近3万人次，县级表彰的优秀党员278名、优秀党务工作者83名、先进基层党组织171个，州级表彰的优秀党员22名、优秀党务工作者8名、先进基层党组织20个，省级表彰优秀党员1名、优秀党务工作者1名、先进基层党组织1个。1991年龙里县党员总数4831人，2001年为6004人，2008年为7898人。

1991—2008年龙里县部分年份党员发展情况统计表

表3-2　　　　　　　　　　　　　　　　　　　　　　　　单位：人

内容 年份	全县党员总人数	女党员人数	少数民族党员人数	大专及以上文化人数	中专及高中文化人数	35岁以下人数	36至45岁人数	46至55岁人数	56岁以上人数
1991	4831	651	1754	229	581	831	1369	1164	1485
1992	4970	698	1845	235	668	832	1365	1226	1447
1993	5049	721	1860	250	661	828	1352	1236	1663
1994	5152	720	1875	229	816	835	1324	1269	1724
2001	6004	1065	2147	664	1325	1395	1234	1411	2004
2002	6317	1174	2292	743	1486	1416	1292	1415	2194
2003	6596	1357	2389	892	1501	1546	1359	1464	2209
2004	6988	1438	2538	804	1593	1824			
2005	7227	1429	2517	1210	1626	1764	1803	1337	2323
2007	7581	1534	2676	1835	1379	1760	1883	1311	2627
2008	7898	1616	2795	2003	1405	1859	1984	1352	2703

三、干部队伍建设

（一）干部审批制度　1990年，乡镇党委正副书记、正副乡镇长和县直各部门正副股级职务的任免，须报经县委组织部审查；干部进出县直党政机关、政法部门、群团等行政机关，一律经县委组织部、县人事劳动局批准；干部职工改行，须经县组织、人事部门批准；国家机关、事业单位干部职工退休，副主任科员以上及党群部门的其他干部由组织部审批，其余的由县劳动人事局审批。1990年10月起，决定对所有乡镇股级副职以上的任免收归县委组织部审查。1989—1991年，共提拔为局级以上领导干部149人，局级以上干部中少数民族干部43人占局级干部的29%，以输送进学校、岗位锻炼等形式选拔科、股级干部168人。

1992年，选派26名干部到基层挂职，提拔任局级干部15名、股级干部93名，明确职级干部73名，建立县乡村三级后备干部队伍共417人（县级32人，局级42人，村级343人）。1993年，县委加大对少数民族干部、妇女干部和非党干部的选拔任用工作力度。1994年，县委要求各级领导做到“八不当”即不当一般化领导、不当原则式领导、不当坐等式领导、不当推拖式领导、不当软弱式领导、不当外行式领导、不当糊弄式领导、不当形式化领导。

（二）“四三三”干部分流　1995年1月，实施行政机关事业单位干部“四三三”分流方案（40%的干部办理机关日常工作，30%的干部深入农村协助乡镇抓中心工作和“四个一”工作，30%的干部兴办、领办乡镇企业），当月有32个乡镇事业单位完成干部分流，86名干部到乡镇，96名干部领办乡镇企业。同时，建立县审干工作联系通报制度。是年6月，县委出台《关于调整不胜任现职局级领导干部的暂行规定》，列出九种不能胜任现职局级领导干部的主要表现，强化注重实绩、选贤任能的正确导向，本着“能者上，平者让，庸者下”的原则选拔人才。是年，在乡镇班子配备1名妇女干部和1名年轻干部，提拔23人，交流44人。

（三）留职停薪借用政策　1996年，推行机关行政事业单位干部职工留职停薪及借用工作员政策，允许留职留薪、留职停薪、停职停薪，借用工作员必须严格办理手续。其中：凡大中专毕业统配生和自费大中专毕业生，经组织人事部门正式办理聘用手续的人员，未经县委组织部和县人事劳动局批准，原则上五年内不得调离岗位。

（四）干部竞争上岗　1999年4月，出台《在部分县直党政机关内部推行干部竞争上岗试点意见》，在县水电、法院和检察院三个部门的8个股级岗位开展竞争上岗的试点工作；配备村级后备干部600多名。2000年，在县公安局、司法局等单位实行股级干部竞争上岗。同年，公开选拔6名副科级干部，考察省委选调生5名，选调20名干部到乡镇挂职，交流干部47名。

2000年，对党政机关机构编制管理，工作人员调动、轮岗交流、竞争上岗等作出相关规定。首次打破应届大中专毕业生统一包分配制度，对1999年大中专毕业生进行书面考试，按毕业生人数的60%录用64人，于2001年11月到岗见习，两年后转正定岗；出台调整不胜任局级现职领导干部和选拔党政领导干部实行任前公示等8项制度。

（五）干部公开招考　2001年，龙里县首次公开招考行政事业单位人员17名，其中：在县内正式职工中招考县委组织部工作员4名、县编办工作员2名，面向全省公开招考县委办秘书4名、县报社及电视台编辑记者等7名。

（六）干部选拔　1996年，出台劝说部分非党人士继续留在党外工作的相关政策，对县人大代表和县政协委员中要求加入共产党的党外人士，分别不同情况加以劝说控制；担任副县级以上领导职务的非党人士要求加入共产党的，按干部管理权限做好劝说工作；非党人大代表、政协委员中常委要求入党的，征得所在单位党组织的同意并报县人大、县政协党组审查同意；已配备非党副乡镇长和县科局非党领导干部的，保持其稳定性；注重非党后备干部的培养和选拔，年龄在35周岁以下的中青年党外干部，成熟一个，选拔一个。

2002年4月，龙里县首次试行干部考察预告制，对县纪委宣传教育研究室主任、县会计统管统派中心主任和县政府采购办公室主任3个职位分别进行拟考察对象预告和职位预告，并公开招考副科级领导干部职位7个。全年共选拔正科级干部21人，副科级73人，其中：妇女干部25人，少数民族干部28人，非党干部6人，竞争上岗106人。对拟提拔的108名干部进行任前公示，任免股级干部284名，26名干部参加全州副县级领导选拔。

1991—2002年，全县共提拔干部395人，交流干部346人。2003年，推行干部任免票决制、考察预告制、任前公示制、考察工作责任制及领导干部经济责任审计制等制度。2005年，县委组织部出台《关于进一步加强干部管理工作的通知》，就干部任免、调动、调整和交流、借用、上挂、挂职、退休、考核、监督等作出相关规定。2006年，公开招考事业和工勤人员17名。2001—2006年，全县共提拔正副科级领导干部187人，培养科级后备干部365人，抽调300余名干部到乡镇、村挂职，纵、横向交流科局级以上干部123人。

（七）干部任用 1996年，制定领导干部年度思想、工作汇报制度，领导干部回复组织函询制度，县处级以上干部收入申报制度，坚持乡镇党委政府班子工作实绩考核制度；全县党政群干部710人参加公务员培训考试。1998年6月，出台《龙里县行政机关非领导职务设置实施方案》，恢复办理非领导职务晋升相关事宜；建立健全乡（镇）领导干部年度工作管理责任制；推行公务员制度，完成实施和参照试行国家公务员制度单位63个，过渡为公务员755人，过渡为国家的机关工作者88人，群团机关过渡24人。

1999年，出台《县党委机关非领导职务设置实施方案》，对非领导职务的职数比例、限额和任职条件作出相关规定。试行干部任前公示和试用期，推行干部交流、轮岗制，全县交流干部96名。安排最后一次国家计划分配1998届大中专毕业生114名到村挂任村主任助理。

2007年，龙里县加强乡村两级领导班子建设，开展“两推一选”“一肩挑”以及村“两委”成员交叉任职。任免246名，提拔任用42名，调整交流52名，调整不胜任10名。制定《龙里县干部教育、管理、监督暂行办法》《关于机关事业单位推行干部聘任制和中层干部职位竞争上岗、轮岗交流的意见》《龙里县科级后备干部培养、选拔和管理工作暂行办法》，选派14名干部到乡镇挂职，83名机关干部到乡镇和71个贫困村开展扶贫工作；面向全省公开选拔9名副科级领导干部（建设局、旅游局、教育局、农业局、交通局、文体广播局、安监局等7个单位的副局长，县疾控中心副主任、民族完全中学副校长职位）。

2008年，出台全县领导干部选拔任用初始提名办法、民主推荐领导干部“两推一述”办法、领导干部选拔任用工作程序监督办法、领导干部重大事项决策失误责任追究制度、乡镇组织员配备管理办法、干部监督联席会议制度、县委管理干部任前公示办法等。面向社会招考事业人员107名，共任免干部141名（提拔正科级干部5名、副科级28名，交流调整91名、改非15名、降职2名），调整补充科级后备干部178名，选派33名干部到乡镇挂职锻炼，选派20名干部到县机关部门学习、3名到省直部门挂职。

开展“公推直选”乡镇党委书记，首次从优秀村干部中考录乡镇公务员2名。从“两代表一委员”、退休老同志和一般干部中聘请34名监督员，共谈话打招呼29人次、函询11人次、诫勉谈话2人，集中报告个人重大事项1次500多人，经济责任审计3人。加大对失职失责干部的问责力度，进行谈话打招呼27人次、函询11人次、诫勉谈话2人次，集中报告干部个人重大事项516人，对6名乡科级领导干部予以政纪处分、撤职、降职和全县通报等处理。

2008年，全县有公务员942人，其中：妇女245人，少数民族292人；大专以上文化772人，中专（高中）180人；35岁以下234人，36岁至45岁404人，45岁以上324人；中共党员781人；县级领导干部38人、正科级干部198人、副科级干部306人。

1991—2006年龙里县部分年份干部情况统计表

表3-3　　　　　　　　　　　　　　　　　　　　　　　　　　　　单位：人

内容 年份	全县干部总数	其中行政人员数	事业单位人员数	企业单位人员数	女干部人数	少数民族干部人数	大专以上文化人数	中专及高中文化人数	初中及以下文化人数
1991	3013	850	1967	196	939	842	646	1594	681
1992	3125	852	2096	176	944	827			
1993	3199	846	2191	162	1118	833	684	2031	484
1994	3384	890	2343	151	1244	871	748	2260	431
1995	3651	1052	2482	117	1416	951	849	2330	472
1996	3895	1086	2707	102	1447	1041	1001	2559	335
1997	4183	1129	2932	122	1470	1205	1121	2795	267
1998	4358	1150	3101	107	1456	1203	1292	2828	238
1999	4546	1089	3329	128	1451	1228	1400	2415	233
2002	4786	1065	3588	133	1629	1344	1910	2660	253
2003	4771	1073	3566	132	1888	1313	2180	2591	
2004	4816				1903	1396	2203		
2005	4900								
2006	5107				1938	1401	2517		

注：空格者缺统计数

四、人才培养

1991年，建立知识分子档案，重点管理拔尖人才。1993年，受州级表彰先进单位3个、先进个人6人，受县级表彰单位17个、先进个人74人。1991—1995年，制定《关于引进资金、项目、技术和人才的优惠政策及奖励办法》《关于引进科技人才的办法》等政策，建立县人才交流中心，引进各类专业人才150余人。1995年，选派5名科技干部到乡镇挂任科技副乡镇长，同年获高级职称5人、中级职称111人、初级职称109人，初聘专业技术人员49人。

1996年，设立黔南州科教兴州基金会龙里捐赠点；“3·18”获县知识分子奖16名。1997年，县委组织部增设知识分子工作办公室；召开县“3·18”座谈会，提出解决医药、农业等方面知识分子、科技人员管理、待遇等问题的建议和意见13条；组织140多人次到基层开展科技、卫生、教学示范活动。

1998年在全县进行乡土人才队伍建设试点工作，出台《关于在乡镇发展乡土人才，建立乡土科技人才库的通知》，对乡土人才范围、条件及培训作出相关规定。县科技人员110余人在县城开展科技宣传活动，发放资料1300余份；邀请省医疗专家到龙里义诊。选派8名科技人员挂任乡镇副职。全县乡土科技人才达2500多人，参加培训700多人。龙山镇毛栗寨被州评为先进集体。

1999年，全县共有农村劳动力9.9万人次接受农业实用技术培训，1664户农户获县颁发的“绿色证书”，占总户数的4.22%；当年乡土科技人才达到2500多人，1094人获“农民技术员”职称，参加培训达700多人。1995—1999年，龙里县获州人民政府津贴3人，优秀科技人才奖9人，优秀知识分子奖1人。2000年，县委、县政府表彰县医院等5个科技先进单位，兰美刚等30名优秀知识分子、科技人才，培训乡土技术人才470多人。

2002年底，开展“科技一条街”宣传活动，发放资料2万册，接待群众咨询7000余人。2005年，实施“西部志愿者”“三支一扶”“一村一名大学生工程”共有51人，有管理人员3112名。2007年，制定《龙里县乡土人才开发“332”工程实施意见》《龙里县2007—2010年人才队伍建设规划》《龙里县“十一五”人才开发专项规划重点工作项目分解实施方案》，充实和完善人才库建设；安排15名“一村一名大学生”，有50名农村优秀青年参加提升学历教育通过考试。举办科技活动日系列活动，表彰先进科技人才和优秀知识分子。

2008年，按照“素质、成果、贡献”的人才内涵三要求，制定《龙里县关于进一步加强人才队伍建设的实施意见》《龙里县招聘引进人才执行规定（试行）》《龙里县优秀人才引进实施办法》，建立《县委领导联系优秀人才制度》《人才工作联席会议报告制度》《人才工作重大事项报告制度》《龙里县人才工作会议制度》等，筹建全县中高级专业技术人才库，加快推进“人才强县”战略。开展各类培训34期6300多人次，其中开展乡土人才培训7期1200人次。抽调200余名科技干部组成服务队伍到农村开展农技服务，选派11名大学生到村任职。全县有高级专业技术人才139人，乡土人才1268人。2000—2008年，县级表彰的优秀人才86名、先进集体27个，州级表彰的优秀个人10名、先进集体1个。

2008年底，全县事业单位共有各类专业技术人员2906人，其中：高级144人、中级1284人、初级1390人；女1430人，少数民族911人；中共党员962人；大专以上学历2256人、中专学历571人；35岁以下1051人，36岁至50岁1535人。

1991—2008年龙里县专业技术人才统计表

表3-4　　单位：人

内容 / 年份	专业技术人员总数	其中高级职称人数	中级职称人数	初级职称人数
1991	2032	26	337	1669
1992	2116	25	328	1763
1993	2210	22	273	1915
1994	2315	25	344	1946
1995	2410	26	338	2046
1996	2634	31	395	2208
1997	2750	31	423	2296
1998	2815	29	390	2396
1999	2910	27	398	2485
2000	2955	37	523	2395
2001	3050	51	520	2479
2002	3145	51	516	2578
2003	3097	76	606	2415
2004	3130	85	629	2416
2005	3086	101	706	2279
2006	3126	116	817	2193
2007	2976	123	1015	1838
2008	2856	144	1284	1428

五、干部教育培训

1991年以后，县委重视对全县干部的教育培训，着力提高干部队伍整体素质。1992年，举办县机关为期10天学习内容为《马克思主义党的建设理论学习纲要》的股级以上干部43人参加的培训，举办各乡镇党委副书记、专职团干52人为期7天的中共十四大文件学习培训；在10个乡镇、104个行政村、1个居委会、853个村民组开展第二批农村社会主义教育活动，从县直机关和乡镇抽调235名干部，并明确县机关干部117名和县级干部14名集中精力抓。

1992年实施岗位培训制度。1993年，举办党政干部专业函授大专班和《邓小平文选（三）》读书班。1995年，出台《关于在全县党员中开展建设有中国特色社会主义理论和党章学习活动的实施意见》，主要学习《邓小平文选》一至三卷，《建设有中国特色社会主义理论纲要百题问答》《关于加强党的建设几个重大问题的决定》及《学习党章百题问答》等内容。组织全县干部学习中共十四届六中全会精神，举办计算机培训，开展基层干部、农村党员学习培训活动。

2000年，制定《龙里县“十五”干部教育培训规划》。1995—2000年，全县调训583人次，培训国家干部3465人次，培训农村党员2.5万人次，村干部1500人次。2001年，制订《龙里县2001至2005年干部教育培训规划》，开展党员干部、国家工作人员计算机培训，选派干部到省、州和外地参观考察学习。2007年，出台《龙里县干部教育管理暂行办法》，组织部分乡镇党委书记、县直部门主要负责人及优秀副科级干部到北京大学进行为期2个月的学习培训；开展中共十七大精神宣讲活动，举办廉洁自律讲座，开展常任党代表培训，村“两委”干部及农村优秀青年50人次提升学历。

2008年，落实培训经费120万元，对全县副科级以上干部和村干部集中培训，开展教育培训34期6300人次，干部调训32期101人次；选派109人参加省、州培训33期次，选派30名干部赴上海、苏州、宁波等地参加培训考察学习，9名干部上挂学习，3名干部到省机关挂职学习。2001—2008年，共培训党员干部4.99万余人次，完成调训任务309人次，选派干部外出学习421人次。

六、远程教育

2003年，龙里县开展远程教育工作，建成县级远程教育C级站，10个村建立现代远程教育接收站。2004年，建成乡镇中心校接收站15个、信息站1个，建成农村现代远程教育接收站点55个，共培训党员干部群众6500人次。拥有站点操作员80人、技术管理员11人，制定已建站点规章制度，完成《菊花的栽培技术》等课件制作。

2005年，建成203个远教站点，覆盖14个乡镇154个村，建立“三支队伍”即操作员、辅导员、维修员，明确站点操作员202人、教学辅导员58人、维修员7人，培训74期1715人次。2006年，制定《农村党员干部现代远程教育“星级站点”评定管理办法》及远程教育相关管理制度，实施“科普+远教”工程，助推新农村建设；建成醒狮镇大岩村、龙山镇大冲村等5个远教示范点；建成教育站点5个，培训“三支队伍”257人次；开展各类培训1167期，培训党员干部和群众2.45万人次；向站点发放光盘5530多张。

2007年，全县站点达到209个，其中：依托农村中小学建成乡镇站点14个，农村中小学站点154个；建成村级党员活动室站点40个，党校C级站点1个；建成5个县级示范点、30个乡镇级示范点，建立268户“远程教育带民增收示范户”；制作教学光盘400余张，开展培训4200期5.8万余人次。2008年，建成社区站点8个、村级远教站点7个；举办各类培训4200余期，培训村干部、后备干部及入党积极分子4.72万余人次。

第二节　离退休干部工作

1991年以后，县委贯彻老干部工作政策，重视老干部政治待遇和生活待遇的落实，建立县“四家班子”领导联系老干部制度，将离退休干部工作纳入县综合目标管理考核。开展定期走访慰问，组织阅读文件，定期举办形势报告会和文体活动，听取老干部的意见和建议；组织外出参观社会经济发展变化情况，从物质上和精神上体现党和人民对老干部的关心和爱戴。截至2008年，离退休干部为1416人，其中离休干部32人。建国前参加工作的32人中，享受副地级2人、正县级4人、副县级22人、局级以下4人。建国后参加工作的1384人中，高级知识分子63人，享受正县级8人、副县级64人、局级以下1249人。此外，有老干部遗孀66人。

一、政治学习

1991年以后，县委定期组织离休干部集中学习，通知老干部参加中共组织生活；普遍为离休人员订报纸杂志，为离休干部48人订《贵州老年报》，所有企业为本单位离休干部订老年报或《贵州日报》。2001年，组织老干部参加“三讲”和“三个代表”重要思想学习。2002年，建立县领导接待离退休干部来信来访制度，将每月15日定为离退休干部专访接待日；给离休干部每人订《党的生活》《党建交流》《龙里报》。

2004年3月，建立县“四家班子”领导联系离休干部和副县级以上实职退休干部制度，涉及定期传达文件、通报情况，听取意见和建议，请老干部参加重要会议等内容。2005年，组织老干部参加保持共产党员先进性教育活动，为离休干部订《晚霞》《共产党员》杂志。2006年，为副县级和离休干部订送《龙里周讯》。2008年，订阅《晚霞》《贵州日报》《贵州老年报》等刊物，供老干部阅读。

二、老干部待遇

县委按照基本政治待遇不变，生活待遇从优的原则关心老干部。在住房问题上，以维修、调整、扩建为主，新盖职工宿舍优先解决离休干部住房。在享受工资和各种生活补助及其他生活待遇方面，按照州下发文件执行，其中1992年为粮食局1名生病老干部负担每月130元的护理费。1993年，按照州老干部局编制的“离休干部享受待遇对照表”标准兑现执行。1994年，在党政机关、企事业单位同等执行省级标准，月增发25元生活补贴。1995年，落实执行1949年10月1日至1950年6月30日期间参加革命工作的干部要求享受离休待遇问题的答复意见，工资套改时有400多人增加工资，月增补9.7万元，其中离休干部月增补1.64万元。同年12月，落实解决县企业离休干部“两项”待遇。

1996年，执行州《关于进一步解决离退休人员有关生活待遇的通知》，凡红军时期、抗日战争时期、解放战争时期参加革命工作满70周岁的副地厅级以上离休干部均发给每月51元护理费，符合领取条件的老干部有19名。5月，出台《龙里县离休干部、享受副县级以上待遇退休干部管理服务暂行办法》，明确县委组织部、离退休干部局、人事劳动局进行统一管理，各单位负责具体服务工作。特别是生活待遇上，按规定领取离退费和各种生活补贴，分配、出租、出售住房优先，因公、因病用车优先等，每年由15元改按100市斤木炭的市场价格发给离休干部烤火费。8月，执行《关于提高国家机关事业单位遗属生活困难补助费标准的通知》。9月，对1945年9月3日至1949年9月30日参加革命工作满70周岁的18名离休干部每月发51元护理费。

1997年，按照《龙里县行政事业单位职工医疗保障管理试行办法》，明确离休干部的医疗基金由财政全额拨给，报销比例为100%。执行省《关于事业单位离休干部人员比照机关同职务同条件人员计发离休费的通知》。1998年7月，把离休干部原享受每月80元护理费待遇提高到100元；明确离休干部医疗费用进一步从优，由财政单列，执行人均2000元/年，超支部分在单列费用中报销。同时，对离休干部探亲访友费用、转诊转院医疗费报销问题作出具体规定。1999年7月，由县财政拨每月80元解决龙里县唯一企业离休干部无工作遗孀（艾保民遗孀）生活补助问题。

2001年5月，落实副地级离休干部电话公务费每月80元，其他离休干部每月50元，副县级以上退休干部每月40元。10月，按国家标准调整机关事业单位工作人员工资标准和增加离退休人员离退休费。2002年，建立离休干部“两费”保障机制和财政支持机制，离休干部离休费和生活补贴及遗孀补贴按月足额发放，医药费由社保部门单列，每年按人均2000元标准拨付统筹；无工作离休干部遗孀医药费按1000元统筹，药费由社保统一管理，据实按50%报销。

2005年，执行省《关于解决有特殊困难离休干部及离休干部遗孀有关生活待遇问题的通知》，从2002年起，对无工作离休干部遗孀医药费，据实按82%报销。2008年6月，离休干部住房增量补贴5%比例由县财政负担。执行中组部《关于调整因瘫痪等原因生活长期完全不能自理的离休干部护理费标准的通知》，全县32名离休干部每人每月均按600元标准享受。

三、老干部活动

1991年以后，离退休干部身体条件好的大多加入到关心下一代协会，配合宣传、教育、共青团等部门开展青少年思想教育活动。1993年，组织离休干部到工业小区参观。1997年，组织离休干部50多人到龙洞堡机场参观。1999年，部分离休干部参观息烽集中营，参加龙里解放纪念牌奠基仪式；协助在龙里举办上百名代表参加的黔南自治州首届十二县市老年书画联谊展。

2000年，10多名老干部到县乡学校进行爱国主义、革命传统教育和法制教育，受教育师生9000余人。2002年9月，组织离退休干部到贵阳红枫湖和龙里金龙山庄参观。2004年5月，县委组织老干部45名到县医院体检；10月，协助举办州二届九次老年书画联谊展；11月，30多名离退休干部到遵义学习参观。2005年9月，30多名离退休干部到摆省乡考察马鞍苗寨移民搬迁、坡改梯，渔洞村养殖及学校教育设施等。

2006年11月，部分离休及副县级以上退休干部到安顺黄果树、天生桥、王若飞故居、天龙屯堡等地参观。2007年11月，70多名老干部到惠水县、青岩古镇参观。2008年8月，县委组织170多名老干部到县医院进行两年一次的体检；11月，70多名老干部到谷脚镇、龙山镇考察调研重点工程项目和为民办实事情况。

四、关心下一代工作

1991年，各乡镇建立关心下一代协会。1995年1月，县关心下一代协会更名为县关心下一代工作委员会（简称县关工委）。县关工委成立后，历届名誉主任均由县委书记兼任，县委副书记兼任主任，常务副主任由离退休的县“四家班子”领导干部担任，副主任由现职“四家班子”分管领导兼任，秘书长由县委离退休干部局局长或副局长兼任。

2006年，将关心下一代工作纳入对各乡镇党委、政府年度目标考核内容。2008年，全县建立关工委组织136个（其中乡镇级14个、村及社区级89个、县教育局和中小学校33个），关工委成员3801人，“五老”（离退休老干部、老战士、老教授、老专家、老模范）队伍成员258人；县关工委共有委员58人，委员单位为县教育、文化、政法、公安等部门和工、青、妇等团体。

1991年起，县关工委每年组织中小学校师生为革命烈士扫墓，邀请老干部作革命传统和思想品德教育报告。1994年，在全县开展“爱我中华，爱我家乡”读书教育和各种帮扶教育、捐资助学活动。1995年，成立35人组成的帮教团落实帮教安置工作，预防和减少重新犯罪。1998年，在全县开展“共和国迈向新世纪”主题征文活动。2000年，组织老干部作革命传统和思想品德教育报告，受教育师生1.4万人。2003年，举办全县中小学生“四有”新人演讲比赛活动。

2004年，在青少年中开展“祖国家乡明天更美好”主题读书征文活动；到省少管所对龙里籍9名失足服刑青少年进行集体帮教；开展创建“三无两有”（无辍学、无犯罪、无不孝子女，青年有技术、少年有文化）先进村活动，以龙山镇大冲村、三元镇永安村为试点逐步向全县推广；开展“献爱心、送温暖”活动，资助大冲村、永安村等15名学生1544元。2005年，组织“五老”宣讲团、文艺宣传队作爱国主义教育报告和文艺演出12场，受教育师生1.15万人。

2006年，“五老”宣讲团到城乡学校作“纪念红军长征胜利70周年暨‘八荣八耻’报告会”14场，受教育师生1.89万人次；“五老”成员24名捐资1800余元、衣物400件，资助三元镇永安小学、水场乡中坝小学等特困生家庭。2008年，“五老”宣讲团举办报告会8场，受教育师生5672人次。至2008年，全县关心下一代工作获得荣誉奖项有全省先进集体1个、先进个人1人、优秀工作者3人，全州先进集体2个、优秀工作者5人，全县先进集体3个。

1991—2008年龙里县离退休干部统计表

表3-5

年份	离退休干部数（人）	其中：离休干部数（人）	年份	离退休干部数（人）	其中：离休干部数（人）
1991		73	2000	776	56
1992		83	2001	776	51
1993		82	2002	1175	48
1994	573	79	2003	1273	46
1995	639	75	2004	1316	44
1996	676	71	2005	1138	42
1997	656	67	2006	1408	39
1998	716	64	2007	1427	35
1999	776	59	2008	1416	32

第三节　宣传教育

一、政治理论宣传

1991年，宣传贯彻中共十三届七中全会精神，举办有160名县乡区主要党政干部参加的培训班，并以莲花乡为试点开展工作。全县共编印宣传资料5000余份，举办各类培训班90期，培训农村党员、村组干部2740多人，机关干部1500余人。开展对各级干部“以经济建设为中心”的再教育，对现职副局级以上干部97人进行为期6天轮训。组织农村村民组党员干部4000余人学习马克思理论和党的基本路线知识。以乡镇学校为阵地开展4个专题（即热爱社会主义祖国，坚定社会主义信念，坚持社会主义方向，走繁荣富强之路；正视“和平演变”的危险，认清资产阶级自由化的实质，提高反“演变”斗争的自觉性；稳定党的农村政策，建立健全农村服务体系，壮大农村集体经济；认清农业基础地位，发扬自力更生、艰苦奋斗精神）学习教育活动；组织县科局领导干部80人参加哲学理论学习；开展“拒腐防变”形势教育和企业职工检查国情和基层路线教育；组织全县建党纪念活动，开展“爱党、爱国、爱社会主义”教育。

1992年，以学习宣传贯彻邓小平视察南方重要谈话精神和中共十四大精神为重点，举办33人参加的乡镇骨干培训班，订阅辅导资料6650本。在农村开展社会主义思想教育，引导农民走社会主义道路。全县抽调449名机关干部，共宣讲2051场次参加人数12.37万人，召开座谈会2033次参加人数2.86万人；广播宣传177次，放映98场观众2.71万人次，文艺演出39场观众1.03万人次，张贴标语4738条，办黑板报261个，出刊934期次；办宣传骨干培训班654期次培训9787人，办科普培训56期培训5194人，落实业余宣传员753人，群众受教育面87.18%。组织干部学习党史、党建理论，县直机关、学校、企事业单位1114名党员、干部参加全省统考，及格率为98.5%。

1993年以后，龙里县组织学习、宣传、贯彻中共十四大和十四届三中全会精神，订阅《建设有中国特色的社会主义理论》一书500册。举办287人参加的理论知识培训。组织学习《邓小平文选（第三卷）》并订阅辅导材料2100册。组织学习《邓小平文选》、中共十四届四中全会《决定》及社会主义市场经济知识，发放《邓小平文选》2075册，辅导资料250册，订购社会主义市场经济理论和基本知识读物1461册。全县举办各种培训54期，参加4800人次；组织干部职工学习中国特色社会主义理论、党章知识及《爱国主义教育实施纲要》，开展“中特理论百题知识竞赛”和“社会主义精神文明建设理论答题”活动。1997年开班7期培训村支书、村主任340多人。1999年，对乡镇1350余名基层干部和农村党员干部进行理论培训，内容涉及建设有中国特色社会主义理论、中共十五大报告、中共十五届三中全会精神等知识。

2000年以后，征订《党建》《党的生活》《党风廉政建设》《半月谈》《当代贵州》等政治理论刊物，以及《人民日报》《贵州日报》《黔南日报》等党报；宣讲“三个代表”重要思想内容、国家实施西部大开发有关方针政策、《“三个代表”重要思想学习纲要》《公民道德建设纲要》及世界贸易知识与贵州专题报告等政治理论。共培训股级以上干部800多人，培训乡土人才330多人。

2001年，理论骨干到乡镇、农村、企业上辅导课50多场，全县参加培训达7000余人次。同时，开展“西部大开发，龙里怎么干”大讨论，组织参加全省党史知识竞赛活动。2003年，组织700余人参加《“三个代表”重要思想学习纲要》专题培训会学习，培训159个村乡土人才330多名；举办刊于《龙里报》的“三个代表”重要思想知识竞赛，同时参加省、州知识竞赛。在县广播电视台、《龙里报》开辟《兴起学习贯彻“三个代表”重要思想新高潮》《学习十六大，实践“三个代表”》等专栏。发放《“三个代表”重要思想学习问答》500册、《“三个代表”重要思想惠及千家万户—农民教育读本》3600册、《人民利益高于一切—贵州省先进集体先进个人事迹选》500册。

2006年，组织全县干部职工学习科学发展观、“八荣八耻”的社会主义荣辱观、《江泽民文选》重要理论等，举办全县骨干通讯员培训70多人。组建宣讲团深入乡镇、村以报告会、培训会等方式，开展社会主义新农村、精神文明建设有关理论宣讲，在县电视台和县刊物开辟专栏，有6982人参加全省学习《科学发展观学习读本》知识竞赛。

2007年，组织学习中共十七大精神。开展“加快龙里发展”大讨论活动，收看《大国崛起》大型纪录片，撰写理论文章及调研报告；邀请省委党校教授作中共十七大报告精神专题辅导，共组织各类宣讲会、报告会50多场。同时，深入乡镇对乡村党员干部1000多人进行宣讲。2008年，开展学习党的理论、发展与民生及机关作风教育整顿等征文活动，撰写文章150多篇，被媒体采用14篇。推荐10多篇参加全省“坚持科学发展，建设生态文明”理论研讨会。

二、对外宣传

1991年以后，龙里县致力于对外宣传工作，通过信息上报、参加各类商品产品展销会等形式宣传龙里社会经济发展现状，突出龙里拥有的区位优势、丰富的矿产和环境资源。1993年，宣传开发猴子沟景区旅游资源的前期工作，完成猴子沟电视专题风光片及图片摄制，并在贵州电视台和中央电视台播放。1994年，制作《猴子沟》电视专题风光片及简介，报送省调研信息20条，采用6条。

1999年，共接待中央电视台、《西南经济日报》《贵州日报》、贵州电视台等新闻单位记者10多次，采发稿件20多篇。其中，新闻报道《龙里巧栽梧桐树，引来群凤筑巢》《“自己的娃娃养不活，不如抱给别人养”——龙里先借后租再盘活乡企》《资本置换，县城焕然一新》《种子工程》《订单农业，农民旱涝保收》等在《贵州新闻联播》作为重要新闻播出。2001年，外借邀请各类新闻记者到龙里采访，共采写稿件86条，其中：中央新闻媒体2条，《贵州日报》18条。

（一）报纸宣传　2002年2月《龙里报》正式创刊，重在报道县内各行业涌现出来的先进典型、先进经验、致富门路等，宣传龙里县社会经济发展进程。龙里县新世纪首届体育运动会、公民道德建设演讲比赛等活动相继在贵州电视台、《贵州日报》、黔南电视台、《黔南日报》等媒体上刊播。各级媒体到龙里采访、报道中，中央新闻媒体13条，省级新闻媒体86条，州级新闻媒体124条。县投稿省级采纳48条，州级采纳133条。做县旅游景点宣传，水桥民族度假村、猴子沟风景区、民主草场、永兴山庄、羊鸡冲生态园等为宣传重点，省电视台拍摄和播出30分钟《开心旅程》2期6次，扩大旅游资源知名度，选送摄影作品150幅参展“2002年都匀国际摄影博览会”，为《走进黔南》准备相关资料。

2004年，《龙里报》停刊。2005年，《龙里报》复刊并更名为《龙里周讯》，充分利用旅游业的快速发展推进旅游、节庆及县内各种重大活动、少数民族风情对外宣传。平坡农民画、大岩根雕、哪嗙歌舞、草原民族风情等深为外界关注，打响1至2个民族品牌。2007年，在《龙里周讯》开辟“整脏治乱在行动”“贯彻落实省第十次党代会精神”“转变作风办实事，谋求发展新跨越”“多彩贵州”舞蹈大赛龙里赛区选拔赛等专栏，开展“加快龙里发展”大讨论和“金点子”征集活动和重点报道。2008年，大力宣传灾后重建、党的基层组织建设年活动、“满意在龙里”主题活动、十件实事办理情况、贵龙城市经济带的规划建设工作、建设“生态龙里”工作、新农村建设工作、春节前活动。

（二）刊物出版 2004年《今日龙里》出版四期，宣传中央、省州相关精神，科学发展观，“关爱农村母亲儿童西部行”文化、科技、卫生“三下乡”活动贵州启动仪式及全县中心工作。

（三）通讯报道 1993年，各种报刊报道龙里的各类稿件150多篇，其中：《人民日报》2篇，《贵州日报》40篇，《黔南报》65篇；电视台10篇，图片80篇，其他刊物50篇。1994年，宣传通讯方面：各种报刊报道龙里的各类稿件601篇，其中省级以上新闻单位81篇，《贵州日报》14篇。1999年，在报刊、电台、电视台上共发稿500余篇，记者采拍发稿36篇。

2001年，共被各类新闻媒体采用357条，其中：中央新闻媒体2条，《贵州日报》18条，贵州人民广播电台83条，贵州电视台14条，《黔南日报》85条。2002年《龙里报》刊发新闻1000余条，县电视台播发新闻稿件900余条，拍摄“农发项目”“乡镇党委书记、乡镇长访谈录”“回顾辉煌成就，展望美好未来”等专题15个；被中央级新闻媒体采用13条，省级86条（省电视台15条），州级14条。

2003年，《龙里报》刊发新闻1000余条，县电视台播发新闻稿件1000余条。州级以上新闻媒体宣传龙里的稿件达500余条，其中：中央电视台1条，《农民日报》2条，省电视台30条（专题10个），其中龙里县通讯员采写10条；《贵州日报》100条，其中龙里县通讯员采写40条；贵州人民广播电台采用龙里县通讯员稿件40条；《黔南日报》200条，其中龙里县通讯员稿件100条；黔南电视台100条，其中龙里县通讯员采写46条；其他媒体100余条。同时，加大苗博会宣传，在省、州新闻媒体宣传龙里苗博会，本地电视台、《龙里报》开辟专栏；编印《龙里风采集锦》宣传画册和《神奇龙里》旅游丛书。举办新闻发布会，新建龙里县人民政府网站，有40多家媒体200多条新闻报道苗博会情况。

2004年，因《龙里报》停刊，龙里新闻中心与《黔南日报》合办地方版。州级以上新闻媒体宣传龙里的稿件达1000余条，《人民日报》3条，省电视台40条，专题12个，其中龙里县通讯员采写10条；《贵州日报》110条，其中龙里县通讯员采写50条；贵州人民广播电台采用龙里县通讯员稿件45条；《黔南日报》250条，其中龙里县通讯员采写120条；黔南电视台110条，其中龙里县通讯员采写55条；其他媒体120多条。

2005年，《龙里周讯》共出刊47期，刊发各种消息、通讯、理论文章和文学民间作品1000余篇，向上级媒体投稿采用刊播500余篇，新华社发布通稿15条，《人民日报》刊发新闻消息5条，中央电视台播放5条，中央广播电视台刊播6条，《贵州日报》96条，贵州电视台播出新闻45条、专题5部，贵州人民广播电台播出55条，《黔南日报》700条。广州电视台、陕西电视台、香港亚视、《香港文汇报》等媒体和互联网发布消息4000余条。出版《龙里画册》《三盛会会刊》《龙里旅游》等宣传资料，拍摄《龙舞黔中》《吃喝玩乐在龙里》的对外电视宣传片。

2006年，《龙里周讯》共出刊49期，刊发各种消息、通讯、理论文章和文学民间作品1200余篇，州级以上新闻媒体宣传龙里的稿件达900余条，《人民日报》3条，《贵州日报》60条，《贵州画报》用四个版面集中宣传龙里县工业经济发展状况，贵州电视台播出新闻18条，贵州人民广播电台采用稿件40条，《黔南日报》650条（含地方版），黔南电视台100余条，其他省、州级媒体50多条。人民日报记者采写宣传龙里《守护青山这片绿》（5月21日）、《山歌唱起来——贵州龙里山歌擂台小纪》《文体活动“闹”山村——贵州龙里丰富农民文化生活》（7月）刊于《人民日报》。龙里县政府网站的点击率由2005年的2.8万多次上升到2006年的4.88万多次。

2007年，编发《龙里周讯》48期，刊发新闻1000余条，县电视台播发新闻稿件1373条。人民日报海外版采用龙里县稿件1条，《人民日报》采用2条，中央电视台专题1个，新华网、《中国青年报》、中广网采用龙里县稿件13条，《贵州日报》采用龙里县稿件70多条，贵州电视台播发通讯员稿件13条；《黔南日报》采用860多条（含地方版），黔南电视台播发通讯员稿件200余条，黔南广播电台50多条，其他省、州级媒体共采用龙里县稿件60多条。9月21日至23日举行首届中国贵州龙里滑翔旅游节暨2007全国滑翔伞优秀选手赛，邀请《贵州日报》《中国经济时报》等40多家省内外媒体举行宣传。

2008年，把抗冰灾、纪念改革开放30周年，实施城市经济带动战略、生态文明建设、“满意在龙里”、整脏治乱、打击违法建筑等方面作为对外宣传重点，主动联系、接待多家媒体到龙里采访并刊播龙里抗冰救灾信息。龙里有“春节天寒心不寒”等20多篇长篇报道在《人民日报》、新华网、中央电视台等中央和省内外媒体刊播。编印《龙里县抗冰救灾纪实》图片集1000册。在《人民日报》《光明日报》《中国青年报》、省州报刊及新华网、搜狐网等网站刊播信息数百条。《龙里周讯》刊发新闻1000余条，县电视台播发新闻稿件1000余条。龙里县在《人民日报》刊登（播）稿件2条，中央电视台3条，《光明日报》1条，《中国青年报》1条，《工人日报》1条，《贵州日报》61条，贵州电视台21条，《黔南日报》96条，黔南电视台113条，《贵州都市报》《贵阳晚报》《贵州商报》及新华网、搜狐网、新浪网、中广网、金阳时讯等各大网站累计140多条。

第四节　统一战线

一、与党外人士协商决策

20世纪90年代到21世纪初，县委、县政府坚持每年召开1次党外人士座谈会，听取意见。建立副县级以上领导干部与党外人士联系交友制度。县政府建立向政协常委通报经济工作情况和对口协商制度，对县内重大问题和人民群众普遍关心的问题，进行民主协商、科学决策，协商于决策之前，监督于实施之中。

二、关心党外知识分子

1990年起，对县内国家机关单位的党外中高级知识分子进行调查摸底，掌握情况，建立知识分子档案。完善联系制度，充分调动党外知识分子的积极性，对其夫妻分居问题、子女入学困难等均按政策予以优先解决；有要求加入党组织的，也积极培养，吸收入党。1993年的统战对象高级职称知识分子有30人，中级职称知识分子363人，其中非党167人。1994年的党外知识分子大学文化121人、大专文化324人、中专文化562人，高级职称12人、中级职称167人、初级职称171人，其中非党人士179人。

三、台侨工作

1991年以后，根据“和平统一，一国两制”的基本方针，以及“寄希望于台湾，更寄希望于台湾人民”的原则，出台《关于进一步做好对台工作的意见》《关于进一步做好新时期统战工作的实施意见》，加强对内和对台舆论宣传，引进台资，做好台胞工作。按照“一视同仁，不得歧视，根据特长，适当照顾”的原则，加强与台湾、香港、澳门的联系，对港、澳、台亲属予以适当的照顾。每年召开台属座谈会，开展慰问等活动，尽力解决台属在生产生活中存在的实际困难。

1991年，接待探亲台胞22起23人次，台属增至121户；1992年接待21起37人次，台胞达110户，台属128户798人；1993年接待13起13人次，台属129户803人；1994年接待台胞15人次，港胞2人次；1996年接待台胞13起15人次。协助安排部分县内台属到台湾会亲，此后随着国家政策不断变化，接待工作逐年减少。

四、提拔重用非党干部

1991年，党外干部担任各级领导职务，县级以上5名，担任人大、政府、政协工作部门正副科局级8人，乡镇长3人。1995年，县委统战部储备30名党外后备干部，重点考察10名，向组织部推荐任用7名。1996年，非党员担任领导职务副局级以上干部22人，其中乡镇14人，非党后备干部为34名。1999年，非党后备干部有162人，有高、中职称的党外干部269人，考察4人，向组织推荐3名非党后备干部。2000年，有非党后备干部18名，向县委组织部推荐10名，选派4名参加州举办为期5天党外干部培训班学习。是年7月，明确24名乡镇党委副书记和副科级以上领导干部为兼职统战委员。2007年，考察40多名党外副股级以上干部，确定21名到乡镇和县直部门挂职锻炼。2008年11月，召开70多人参加的党外干部培训会。

在历届的县、乡人民代表大会换届时，均按一定比例安排非党人士为县、乡人民代表，安排1名非党干部担任县人大常委会副主任；在县政府副县长领导职位上，配备1名非党干部。1998—2008年，共有党外干部任实职56人，其中任人民政府副县长4人，任县人大常委会副主任4人，任县政协副主席9人，任乡镇及县直部门班子领导39人。有1名非党干部为省人大代表，2名为州人大代表，7名为州政协委员，14名为县人大代表，48名为县政协委员。

五、促进非公有制经济发展

1991年，开展非公有制私营企业、个体工商户摸底调查，全县个体工商户1792家从业人员2386人，私营企业18家，共注册资金324.45万元，涉及8个行业。1992年，按“团结、帮助、引导、教育”方针，积极推进非公有制企业发展。私营企业发展到23家，个体户1811家，从业2424人，注册资金286.62万元，上缴利税125万元。1994年，非公经济主体3788家，其中：个体户1954家，私营企业37家。

1995年，非公经济创税340万元。2000年，非公有制企业业主杨凤祥发展蔬菜种植业，投资30万元在龙山镇莲花村建成大棚12个，面积达20亩。尤为突出的非公有制企业有贵州神奇药业有限公司、龙腾铁合金公司、长通公司、浙江商会龙里分会等，为龙里县纳税大户。

六、光彩事业

非公有制企业在发展壮大的同时，参与社会公益事业，开展一系列扶贫、救灾、办学等活动，积极捐款捐物。1991年，部分个体、私营业主为谷脚镇观音小学修筑茅草冲公路捐款近15万元。1995年，龙里县成立光彩事业推动委员会，会员发展到71人。民营企业主张正良投资20万元在谷脚镇建扶贫煤矿，投资10多万元为大坡村修建乡村水泥公路。1999年，龙腾铁合金有限公司捐款10万元，龙里炼铁有限责任公司捐款4.2万元，用于修路和环保事业。2006年，浙江商会龙里分会为计生特困农户赠送化肥、衣服等物资，为平西小学捐赠课桌60套。

2008年四川汶川地震，龙里非公有制经济人士参与赈灾活动，长通集团车载价值15万元的援助物资（7套帐篷和1000床棉被）急驶灾区，神奇制药厂捐308万元药品，良济药业公司捐80万元药品。龙里商人郑军、向涛购买20吨优质大米，亲自送往灾区。龙里县30多个民营企业参与捐款，其中：贵州中材环保建材公司5万元，龙里亚冶铁合金公司2万元，龙里宝源民族工艺品有限公司2万元。

七、外资引进

至2008年底，县委统战部先后接到香港小平教育基金、陈慧琳儿童助学基金、香港基督教协进会、香港青马狮子会、香港携创科技有限公司（主席刘伯行）、香港电器有限公司、香港陈登助学基金、美国荣光基金等多家海外慈善团体援助建校资金112万元，在政府资金的配套下修建中小学教学楼，有羊场金批小学、草原金谷小学、哪嗙新场小学、巴江落锅小学、谷脚观音小学等教学楼共8栋和水桥小学厕所1栋。香港慈恩基金会开展“读书生活立志”活动捐赠三元镇西联小学、羊场镇甲晃小学、谷脚镇观音小学、草原乡金谷小学、巴江乡落锅小学1.8万多元的图书。

统战等部门发挥“组织、指导、协调、管理”职能，1992年引进台资80万美元，支持龙山镇生产牛羊肉干外销；1993年，美国凯迪尔公司余静投资30万元在龙里建凯迪磨料公司；1994年10月，台商王思明投资100万元组建龙里汽车修理综合服务公司；1994年12月，港商倪秉驹投资190万元建设贵龙饲料有限公司；1995年台商李秦投资330万元建设龙里沁源矿泉水厂（饮料公司）；2000年，台商李昭宏总投资280万元，在龙里创办台湾正源集团贵州台农饲料有限公司种猪综合农场，时有从业人员15人，大、小生猪2700余头；2001年，引进贵阳天龙魔芋食品公司、贵阳食肉行协会、香港佳润集团到龙里投资建厂和开展慈善事业。

八、民族宗教工作

民族工作主要是加强党的民族政策的贯彻执行，加强民族团结，发展民族地区经济，培养、选拔和使用少数民族干部。2008年全县副科级以上干部649人中，有少数民族171人，占26.3%。全县14个乡镇主要领导28人中有12人是少数民族。宗教工作主要是贯彻执行党的宗教政策，恢复宗教活动场所，取缔非法传教。1998—2008年，宗教界代表人士有2人担任县政协委员。

第五节　其他党务工作

一、党校教育

1991年以后，县委党校以开展短期集中培训、轮训为主，培训对象为县直机关一般干部、乡镇村干部及农村党员。1992年，重新明确全县14所中心党校和16所分校。

1993年2月，县委党校招生有党政管理及现代文秘专业100名，学制3年，享受国家政策规定的大专毕业生学历待遇。同年，党校与县委宣传部合署办公。党校工作任务由集中培训转为与组织部、宣传部等部门成立讲师团、宣讲组等到乡镇、单位巡回宣讲中共十五大、十六大、十七大等重大会议精神，宣传党的基本知识、邓小平理论、“三个代表”重要思想、科学发展观等，配合组织部门、直属机关党委、人事劳动部门开展党员培训、入党积极分子培训、公务员及事业单位人员业务培训。同年9月，成立中共贵州省委党校函授部龙里县函授站，招收学员249人。函授站主要配合贵州省委党校在全县开展党员干部学历提升的招生、考核、管理等工作。函授教育先后开设中专、专科、本科三个层次。开设专业有《法律》《公共管理》《经济管理》《行政管理》等。1995年，龙里函授站招收本专科学生82人。2000年，龙里函授站招收学员159人，其中本科班46人。

2003年，成立龙里县行政学校，与县委党校合署，两块牌子、一套人员，行政学校内设办公室、教导处，增加编制1名。县委常委、县政府常务副县长兼任行政学校校长，常务副校长由县委党校常务副校长兼任。同年7月，党校与县委宣传部分开，独立办公。9月，建成中央现代远程教育C级站，通过视频教学，供党员领导干部学习理论，了解时事政治和国际国内大事。

至2007年，龙里党校共开办中专学历班1期30人，大专函授学历班11期650人，本科函授学历班11期700人。同年5月，首次招收农村村支书、村主任和优秀青年50名，参加省委党校党政专业大专函授学习，学制为2年半。2008年，县委党校不再开办学历函授班和干部提升学历教育，其工作转向理论、政策宣传培训，由书面教育逐步走向书面教育、网络教育、开放教育。

二、老年大学

1987年，组织筹备创建龙里县老年大学。8月，明确老年大学经费列入县财政预算，定编制和人员。12月，明确为县委领导下的局级事业单位，并决定新建教学楼。1988年4月15日，龙里县老年大学成立。1992年12月，土建投资15万元的老年大学校舍投入使用，位于太平寺，占地5.1亩、建筑面积667平方米、室外活动场地2023平方米，设有教室、会议室、办公室、值班室、门球场、羽毛球场、篮球场、舞蹈场等。大学成立之初至1995年，配专职干部1人，1995—2001年专职干部增至2人。2001年后，配备在职校长、副校长及专职干部，明确编制纳入财政预算。

老年大学学制为2年，开设有时事政策、书法绘画、书画装裱、时事讲座、文学欣赏、历史、地理、声乐、医疗保健、唱歌、舞蹈、健身操、太极拳（剑、扇）及乒乓球、羽毛球、门球等课程。1990年7月，老年大学第一届59名学员毕业。1998年4月，举办文艺演出、体育比赛、书画摄影作品展、10年校史展等活动。同年，龙里县老年书画研究会成立。

1999年10月，全省第一所村级老年学校在龙山镇大竹村成立。随后成立三元镇永安村、高坪村、三合村，民主乡幸福村，麻芝乡大新片区、新民村，水场乡中坝村，龙山镇坝上村等8所村级老年学校及洗马镇老年学校。2008年，全县有10所乡村级老年学校。

2002年，成立县老年教育工作协调领导小组，指导、检查、督促、协调老年教育工作。2007年10月，在老年节之际举办“重阳歌盛世，晚霞映和谐”文艺演出。2008年1月，组织学员书写春联700余幅分送龙山镇坝上村、三元镇渔洞村、羊场镇杉木寨村民。

1988—1999年，县老年大学只招收县直各单位离退休干部职工、教师等，全县836名离退休干部有600多人在老年大学学习。自2000年起，随着社会老龄化的形势，决定面向社会招生，学员数量大增，由原来的70～80人增至150余人，多至200人。学员有离退休干部、教师、职工和社会老人、下岗工人、离岗离职人员等。1988—2008年10届共招收学员5482人，其中642人结业。学校与县外相关单位开展学习交流，参加一系列文艺活动。学校先后7次被省、州评为“老年教育工作先进单位”，老年书画研究会会员参加全国各类书画大赛共获金奖（含一等奖）83个，银奖（含二等奖）55个，铜奖（含三等奖）56个，优秀奖64个，82件作品入编书画集，42件作品被主办单位或书画院收藏。县老年书画研究会编辑《龙里老年书画》《龙里书画》及《龙里县老年大学书画摄影诗文集》。组织编排舞蹈《苗岭谣》获黔南州老年大学文艺会演金奖。大学学员参加全省文艺会演5次获得奖牌12块，全国太极拳比赛1次获得奖牌3块，全省太极拳比赛4次获得奖牌8块，全省门球比赛3次获得奖牌3块，全州门球比赛20次获得奖牌16块。

老年大学日常办公经费全部列入县财政预算，1988—2008年县财政共拨款163.65万元，预算外收入17.3万元（主要是学员学费和各单位赞助费）。其中人员工资65.1万元，修建教学办公楼及配套设施16.73万元，维修房屋13万元，大型活动6万元。

三、直属机关党委

1991年设立中共龙里县直属机关纪律检查委员会，其职责为组织党员学习党的政治思想党性理论知识，管理、监督、培养、发展党员，对干部任免提出意见和建议等。

（一）组织建设 1991年，县直属机关委员会辖8个党总支，92个党支部（县一级机关党支部43个，县以上行政机关所属企业、事业单位党支部49个），共有党员887名；到2008年12月，辖党总支9个（县法院、龙里中学、粮食局、国税局、卫生局、水利局、教育局、工商局和供销社党总支），支部113个（企业15个、事业单位26个、机关72个），党员总数1599名。

（二）思想建设 1991年以后，县直属机关委员会重视党员思想教育，开展相关学习活动，特别是党的思想路线教育、马克思基本理论和党的基本知识教育。1993年，建立健全民主生活会制度，在县直机关90个支部开展“如何做一名合格党员，如何发挥先锋模范作用，如何廉洁自律遵纪守法”三个专题讨论教育活动。通过开展活动，2/3的支部教育达到目的。1996年，在所辖支部党员中开展“什么是社会主义、怎样建设社会主义及如何发挥作用坚定社会主义路线不动摇”等理论知识教育活动，鼓舞广大党员干部投身社会主义事业。

2003年，组织党员学习“三个代表”重要思想、公务员法律知识及世界贸易知识等，加强理想信念教育，正确树立“三观”，以座谈会、理论学习会、历史教育基地参观学习等方式，进行党史和革命传统教育。2004年，学习干部任用条例、党纪处分条例，开展党性教育，认真落实“三会一课”制度。2005年，组织党员学习保持共产党员先进性教育规定必学篇目。2006年，发出《告机关党（团）员书》，积极动员党员干部投入“整脏治乱”大行动；组织71人到江西井冈山、庐山、八一南昌纪念馆等地接受革命传统教育。2008年，为113个支部和离休干部征订《党建交流》杂志201份。

（三）作风建设 2001年，举办“七一”党史知识竞赛，学习“三个代表”重要思想，为支部征订《党建交流》100份、《共产党员》234份、《机关党建》132份。2002年，出台《关于在全县党政机关开展作风教育整顿活动的实施方案》，组织学习党的理论、政策，对照查找问题，制定整改措施，完善作风建设有关制度等。抓企业支部如县铁厂等支部建设和党员思想政治工作，扭转企业党组织涣散的局面。

2003年，按照“八个坚持，八个反对”，靠教育、靠制度，引导党员、领导干部开展批评与自我批评，解决思想作风、工作作风等方面的问题。2007年，制定《2007年县直机关、企事业单位党组织目标管理考核实施意见（试行）》，建立党员登记卡，开展“讲党性、重品行、作表率”活动和“三优一满意（优质服务、优良作风、优美环境，做人民满意公务员）”活动以及创先争优活动，解决部分机关党支部长期不发展党员、党支部活动不正常的问题。各党组织建立党员活动室，开展党员读书会、党员劳动日、党的知识竞赛等活动。对照“八荣八耻”，解决党员作风问题，防止和克服形式主义、官僚主义，同时组织县直部门党组织帮扶全县71个省级贫困村。

（四）党员培训 1991年以后，加强对入党积极分子的教育和培养，注重对支部书记和党务工作者的培训，融入思想、党性和综合知识、宗旨意识教育，壮大和优化党的队伍。1991—2008年，县直属机关委员会累计举办培训班18期，共培训入党积极分子、预备党员1900余人次；推行党员发展预审制、公示制、票决制，发展党员669名。举办各类党务干部培训班18期，培训党务干部1400余人次。

四、信访工作

1991年以后，龙里县信访工作机构为县委、县政府信访股。1995年3月，恢复为县委、县政府联合信访办公室，2007年8月更名为县委、县政府信访局，承担人民群众来信来访的接待、协调、化解等工作任务。1993年，受理处理来信来访122件次。1994年，受理来信来访113件次，县立案12件，结案8件，结案率67%。

1995年3月，实行领导接待室挂牌值班制度，推行逐级上访制度，每月15日为领导接待日，县值班领导和信访工作人员接待群众来信来访。10月16日，出台《信访案件分类处理办法》，对民事纠纷、治安案件和山林、水事、土地、边界等各类纠纷处理，上级有关部门及领导批转案件处理作出明确规定，同时健全有关制度，做到群众来信来访有收拆、有接待、有登记、有阅处。健全信访网络，乡镇、县直部门成立信访工作领导小组，明确各乡镇、村组专（兼）职信访联络员，坚持“分级负责，归口管理”“谁主管，谁负责”原则处理群众上访。乡镇、县直机关配备有专（兼）职信访干部46人，信访联络员449名。是年，共受理来信来访95件次，其中来信57件，来访38次115人，领导接待日处理来访26批61人。

1996年，对领导不力或处理问题不当，导致矛盾激化造成严重后果的，追究主要负责人的责任，同时把信访工作纳入机关单位、乡镇目标管理考核。8月27—28日，召开全县信访干部、督查员、信息员50多人参加的培训会。逐步建立《群众来访接待制度》《群众来信阅办制度》《县级领导定期接访群众制度》《县级领导包案化解重要信访事项制度》《信访事项转交办理制度》《信访事项督查督办制度》，并完善信访信息舆情研判通报、联调联处、会诊办案制度。对跨乡镇、部门的信访问题，由信访局牵头，协调有关部门共同处理解决。办理信访事项，坚持当月接访、当月办结、当月回复，对暂时无法办结的，积极督办催办，做到件件有落实，事事有回音。1996年，受理群众来信来访146件次，其中省立案1件，结案1件，结案率100%；县立案26件，结案23件，结案率88%。

1997年，共办理群众来信来访106件次。省立案4件，州立案3件，结案7件，结案率100%；县立案46件，结案41件，结案率90%。集体和个人越级上访25批。领导接待群众来信来访19批次，现场处理信访事项20次，县委常委会专题研究信访工作6次。其中：1997年9月5日，猫场镇大坝村群众到省政府上访，反映由于购买到假种子造成粮食减产。县主要领导召开专题会议，分管领导召开座谈会做疏导和解释工作，并由非法经营者拟定赔偿计划在猫场镇召开大会向减产农户兑现赔偿，避免集体上访再次发生。

1998年，共受理群众来信来访124件次，省立案2件，州立案1件，结案3件，结案率100%；县立案78件，结案72件，结案率92%；越级上访7件，结案7件；集体上访6批76人，结案5件，结案率83%。县领导接待13次，亲批来信8件，处理信访事项15件。县委常委会研究信访事项10次。其中：1998年7月23日，贵定县昌明镇10多人为同乡甘某某在民主乡陈某某煤矿出事致死，因后事处理纠纷到访，县政府召集相关部门妥善处理，避免集体越级上访。

1999年，受理群众来信来访407件次，集体上访9批356人，省立案1件，州立案2件，结案3件，结案率100%；县立案55件，结案52件，结案率94.8%。县领导接待和处理信访事项32次，召开专题会议9次。1999年临近春节，县服装厂、砖瓦厂和采石场近百名退休工人到县上访反映生活困难，请求解决。经县轻工局牵头协调，当年补助服装厂17名退休职工生活费400元；砖瓦厂8名退休工人，每月补助60元，医疗费报销80%；采石场77名退休工人月工资80元以下的，补足每人240元，共补助102名退休工人2.58万元。

2000年，把信访工作纳入全县年度目标管理考核，层层签订信访维稳工作责任状，严格落实信访维稳工作责任，会商处理重大疑难信访事项，将矛盾纠纷和信访问题化解在基层，解决在萌芽状态，全县信访工作基本做到“琐事不出组、小事不出村、大事不出乡、难事不出县”。6月27日，县城屠宰户集体到县政府上访，主要反映定点屠宰场收费、执法和服务等问题，导致县城无肉上市。通过及时妥善解决，次日县城肉市恢复正常。全县共受理群众来信来访433件次，集体上访16批323人；州立案11件，结案10件，结案率90.9%；县立案92件，结案88件次，结案率95.65%。

2005年5月印发《中共龙里县委龙里县人民政府关于进一步加强和改进信访工作的意见》，11月县公安局、县信访办联合出台《关于规范信访行为维护县委县政府机关办公秩序的通告》。2006年，在全县范围内通过举办培训班、普法活动、以会代训、媒体开辟专栏等形式，宣传贯彻省人大颁布的《贵州省信访条例》，推进依法按政策开展信访工作。

2006年5月，湾寨乡所兰山村民因马家桥硫铁矿开采导致房屋开裂及水源受到污染多次到县上访，要求矿方停止开采并赔偿。后经协商，由矿方出资50万元，对受影响的10户群众异地搬迁。同年8月，巴江乡巴江村群众100多人以上龙山煤矿将矿渣堵断石板滩至巴江大沟，造成无法通水，引起水稻减产为由，封堵煤厂，砸坏开采设备，集体到县、州上访，要求煤矿停止开采并补偿损失。后经协商，由煤矿出资5万元补偿并对群众用煤给予优惠，上访事态得以平息。同年10月17日，正大企业工人400余人打着“我们要上班”“我们要吃饭”“正大不能停工”“政府是股东、有事找政府”等标语口号到县政府集体上访，严重影响县委、县政府正常办公。县委、县政府组织有关部门干部对聚集人员进行宣传、劝阻和疏导，在没有取得实质性效果情况下，及时采取有效措施，打击个别不法分子，维护正常办公秩序。

2007年4月3日，摆省乡摆岑村群众200多人以摆省、摆豆、栎木山、杉木林、白水岩等煤矿开采导致其田土开裂、水源枯竭、田不坐水等为由，采取集体行动方式，破坏五家煤矿的生产设施。经评估，因破坏造成五家煤矿经济损失300多万元。4月9日，群众200多人再次集体到栎木山煤矿聚集，少数人员与煤矿工人发生群体性械斗，致使煤矿工人17人受伤，群众19人受伤。事后，县人民政府、县委政法委有关领导亲临事发现场，立即成立由县国土局、县煤炭局、县安监局、县信访局、县公安局及摆省乡等部门为成员的工作组，深入当地开展思想教育和疏导工作，该村群众接受建议，配合地质灾害鉴定、土地测量以及相关赔偿工作。由五家煤矿共同出资，对受到影响的田土进行赔偿；对唆使群众集体闹事的4名违法人员，公安机关采取刑事拘留，对3人取保候审，对1人关押。

2007年11月，龙里县信访信息接入全国信访信息系统，从办理上级部门交办事项到排查研判信访案件等方面，实现数据化、网络化管理。2008年初，龙里县信访信息接入贵州省信访部门内网综合办公0A系统，实现办公保密性和便利化。是年上半年，龙里县“三级联动”视频接访系统与黔南州“三级联动”视频接访系统并网开通，实现州、县两级远程接访、无缝调度。3月13日，信访局电子邮箱内收到羊场镇政府发来的《羊场镇人民政府关于岱林村羊蹄庄与长寨牛场主为其牛场场地及树木权属矛盾纠纷调查处理情况的汇报材料》，立即将情况向县分管领导作汇报，18日组成工作组赶到现场。通过认真分析，找出解决问题的关键在于疏通双边群众思想，最终平息纠纷。

1991—2008年，全县信访部门共接待办理群众来信来访3694件。其中：1991—2000年1708件（次），年均171件（次）；2000—2008年1986件（次），年均248件（次）。

1991—2000年龙里县群众来信来访统计表

表3-6　　　　单位：件

年份	经济建设	党风廉政	社会治安	群众权益	批评建议	计划生育	其他	合计
1991	5	10	40	15	2	3	4	79
1992	11	13	33	12	3	4	7	83
1993	9	18	40	22	9	3	21	122
1994	6	14	45	27	14	2	5	113
1995	7	15	38	9	9	2	15	95

续表

年份	经济建设	党风廉政	社会治安	群众权益	批评建议	计划生育	其他	合计
1996	30	29	33	34	6	7	7	146
1997	17	31	28	17	3	8	2	106
1998	12	44	25	25	3	5	10	124
1999	162	11	155	12	23	2	42	407
2000	205	85	72	50	0	0	21	433
总计	464	270	509	223	72	36	134	1708

2001—2005年龙里县群众来信来访统计表

表3-7　　单位：件

年份	反映情况	揭发控告	申诉	求决	其他	合计
2001	340	9	95	53	190	516
2002	287	206	11	147	60	711
2003	27	22	24	26	30	129
2004	9	21	15	41	23	109
2005	4	36	11	140	26	217
总计	667	294	156	407	158	1682

2006—2008年龙里县群众来信来访统计表

表3-8　　单位：件

年份	劳动社保	企业改制	政法	社会治安	三农问题	林水土	民政	城建	党纪政纪	教育	卫生	环境保护	军转干部	金融	其他	合计
2006	6	7	3	9	7	8	1	11	9	3	0	7	0	0	22	93
2007	11	0	3	0	5	4	0	7	0	0	3	0	0	0	64	97
2008	12	22	0	0	4	5	9	42	3	0	0	2	0	0	15	114
总计	29	29	6	9	16	17	10	60	12	3	3	9	0	0	101	304

五、保密工作

1990年5月成立龙里县保密局，与县委办公室合署办公。1993年12月，撤销保密局的独立建制，工作职能并入县委办公室保密股（对外挂保密委员会办公室和政府保密局牌子）。1995年3月，撤销保密股，恢复保密局，规格为正科级，编制3人；8月，设立县委保密委员会办公室（政府保密局），具体事务由县委办公室统一管理。

2002年1月，县保密委员会办公室（县保密局）降格为副科级，行政编制2名，领导职数为1正或1副，主任科员及其以下非领导职务1名。保密工作的发展经历由“三防”到计算机网络和电子监控的发展历程。1993—1999年，保密要害部门以“三防”为主。1999—2008年，保密工作实现办公自动化、现代化，重点部门还安装电子监控设备及报警器等。

第六节　机构编制管理

一、机构编制委员会

1979年，恢复龙里县机构编制委员会（简称县编委会），日常工作由县人事局承办。1985年，在县人事局设立县机构编制委员会办公室，由县人事局局长兼任办公室主任，配备副局级专职副主任1名，配备专职工作人员，明确行政编制2名。1992年，县级机构改革试点以及其他各项机构改革工作由县编委会负责。

2002年，县机构编制委员会办公室列入县委机构序列，既是县委的工作机构，又是县政府的工作机构。机构改革后，县编委办独立办公，核定行政编制2名，配备主任1名，副主任1名。同时建立县事业单位登记管理局，副科级，参照国家公务员制度管理。

2007年，县编委办内设综合股和机构编制监督管理股，均为正股级机构，分别配备股长（或副股长）各1名，人员编制从内部调剂解决。1979—2008年，县编委会组成人员共进行11次调整，编委会及编委办组成人员一般由县委、县政府、组织部、县委办、政府办、人事局、财政局等单位的主要领导兼任。

1979—2008年龙里县机构编制委员会（编委办）组成人员一览表

表3-9

年份	编委会		编委办	备注
	主任	副主任	主任	
1979	宋世禄（县革委会主任）	胡德卿（县革委会副主任）、田文成		与县人事局合署办公
1988	罗明珠（县长）	唐人伟（副县长）、石化全（组织部部长）、王国平（劳动人事局局长）	王国平（劳动人事局长）	与县人事局合署办公
1993	骆用定（县长）	王安富（组织部部长）、方正华（劳动人事局局长）	方正华（劳动人事局长）	
1995	骆用定（县委副书记、县长）	黄大熙（县委副书记）、陈筑生（县委副书记、县委办主任）、王安富（县委常委、组织部部长）、杨义标（县委常委、常务副县长）		与县人事劳动局合署办公
2001	王振金（县委副书记、县长）	王平（县委副书记）、王安富（县委常委、常务副县长）、王小红（县委常委、县委组织部部长）		独立办公
2002	王振金（县委副书记、县长）	王平（县委副书记）、王安富（县委常委、常务副县长）、王小红（县委常委、县委组织部部长）		独立办公
2003	王振金（县委副书记、县政府县长）	王平（县委副书记）、王小红（县委常委、县委组织部部长）	谢华（兼任县事业单位登记管理局局长）	独立办公
2004	王振金（县委副书记、县政府县长）	王平（县委副书记）、王小红（县委常委、县委组织部部长）	谢华（兼任县事业单位登记管理局局长）	独立办公
2005	王振金（县委副书记、县长）	王平（县委副书记）	谢华（兼任县事业单位登记管理局局长）	独立办公
2006	吴俊（县委副书记、县政府代理县长）	王平（县委副书记）	宋跃东（兼任县事业单位登记管理局局长）	独立办公
2007	吴俊（县委副书记、县政府代理县长）	王平（县委副书记）	宋跃东（兼任县事业单位登记管理局局长）	独立办公
2008	吴俊（县委副书记、县政府代理县长）	王平（县委副书记）	宋跃东（兼任县事业单位登记管理局局长）	独立办公

二、机构改革

1982—2002年，坚持以适应社会主义市场经济体制为目标，把转变政府职能作为机构改革的关键。1982年开始废除领导干部职务终身制，精简各级领导班子，加快干部队伍年轻化建设步伐。1998年完善国家公务员制度，建设专业化行政管理队伍，逐步建立办事高效、运转协调、行为规范的政府行政管理体系。

2003—2007年，以全面促进经济建设、政治建设、文化建设、社会建设为目标，进一步转变政府职能，改进管理方式，推进电子政务，提高行政效率，降低行政成本，加快行政管理体制改革，建设服务型政府。

2008年，按照精简、统一、效能的原则和决策权、执行权、监督权既相互制约又相互协调的要求，着力优化组织结构，规范机构设置，完善运行机制；围绕转变政府职能和理顺部门职责关系，探索实行职能有机统一的大部门体制，对一些职能相近的部门进行整合，加强能源环境管理机构，整合完善工业和信息化、交通运输行业管理体制，加强与整合社会管理和公共服务部门。

三、常设机构

常设机构有四种类型：一是教育、民政等部门为县政府的工作部门，受县政府统一领导，并受省、州政府主管部门业务指导；二是审计、行政监察、公安、统计、烟草专卖等部门为县政府的工作部门，受县政府统一领导，并受省、州政府主管部门业务领导，通常称为“双重领导部门”；三是金融、国税、保险等机构或单位为中央主管部门的派出机构或分支机构，受中央主管部门的垂直领导；四是工商、地税、质监等机构实行半垂直领导体制，省政府对工作部门有领导关系，省以下实行垂直管理，州、县政府对这些机构、单位没有领导关系。

四、临时机构

在党委、政府日常工作中，除了常设机构对政治经济社会活动进行管理外，根据工作需要组建相应的临时机构，承担单个常设机构难以完成的工作。临时机构不受县机构编制委员会有关机构设置和人员编制限制。临时机构一般由县委、政府、人大、政协“四家班子”主要领导任组长（主任），“四家班子”副职任副组长（副主任），各相关部门、单位、乡镇负责人为成员，从相关单位抽调工作人员组成办公室，协调配合完成工作后自动解散。

1979—2008年，龙里县设立的临时机构较多。其中：1979年开始恢复人民代表大会制度和人民政府建制，12月5日成立以县委书记（县革命委员会主任）为主任、县委常委（县革命委员会副主任）为副主任的“龙里县第八届人民代表大会选举委员会”，负责完成县第八届人民代表大会选举等工作；1990年，县政府成立的临时机构有“农民职称评定领导小组”，负责领导农牧、水电、林业、烤烟等农民技术专业职称评审工作；1991年以后先后设立的临时机构有“国际项目领导小组”“创建三文明活动领导小组”“计划生育和妇幼保健资源整合工作领导小组”“县城市出租汽车经营权有偿出让工作领导小组”“县大十字片区旧城改造和开发领导小组”“厦蓉高速公路龙里段征地、搬迁指挥部”“县沉钙厂改制工作领导小组”“县儿童营养健康状况监测项目工作领导小组”“县社区服务卫生工作领导小组”“县文物普查领导小组”“县‘第三届贵州名、特、优农产品展销会’组委会”“高速公路和高速铁路项目建设征地、搬迁指挥部”等。

五、机构及人员编制控制

1979年，施行《贵州省各级组织机构人员编制管理暂行办法》。1981年，重新核定龙里县行政编制为576名，占用事业企业费开支编制92名，共668名。1996年机构改革结束后，龙里县党政部门由原来的50个精简为31个，原有行政人员547人，应精简分流144人，其中完成分流富余人员52人。2003年7月开始清理套吃“空饷”人员，至2005年全县清理各部门、乡镇停薪留职人员、不假外出人员、长期离岗人员、病假超过半年人员317名。

2006年，加强机构编制管理，严肃机构编制纪律。县委下发《关于进一步加强机构编制管理意见的通知》，严格按照编制结构和空编补员程序加强编制管理；严格用编计划，严禁超编进人；人员结构必须符合用人单位的职能和专业要求；在核定的领导职数内配备领导。加强对借用人员编制的管理，规范审批权限。坚持编委会和机构编制“一支笔”审批的原则，实施“二证二台一库二审”管理；加强工资基金管理，严格工资发放程序，控制乡镇干部公务消费；严格执行请示件调研的原则；继续完善事业单位登记管理工作。2008年，龙里县党政群机关、事业单位编制和实有人数分别为4959人和4656人。

1986—2008年龙里县党政群机关、事业单位编制数和实有人数统计表

表3-10　　　　　　单位：名、人

年份		机构系列																	合计
		党委		人大		政府		政协	政法				群团		乡镇（行政）	事业		其他（非在职、待分配等）	
		县	乡镇	县	乡镇	县	乡镇		法院	检察	公安	司法	县	乡镇		县	乡镇		
1986	编制	69		0		248		12	151				16		330	0		0	826
	实有	67		0		373		11	176				14		356	1432		0	2429
1987	编制	92		16		250		12	170				16		330	49		42	977
	实有	87		17		413		13	160				15		375	1210		42	2332
1988	编制	90		16		257		12	182				18		330	58		49	1012
	实有	82		15		415		12	167				20		366	1993		156	3226
1989	编制	90		16		362		12	183				18		330	3184		115	4310
	实有	79		12		504		12	177				19		373	2608		171	3955
1990	编制	90		16		354		12	183				18		330	3133		115	4251
	实有	92		14		370		11	167				19		390	2535		166	3764
1991	编制	93		16		259		12	189				18		330	3431		103	4451
	实有	88		15		443		12	199				24		380	2229		94	3484
1992	编制	90		16		261		12	189				18		330	1168	2450		4534
	实有	84		15		316		12	216				27		343	1051	2135	16	4215
1993	编制	97		16		261		12	190				18		330	3614	1298		5836
	实有	95		15		346		13	223				22		359	3386	1300	9	5768
1994	编制	57		16		218		12	201				23		330	3612	1307		5776
	实有	55		14		289		13	235				25		399	260	1316	6	2612
1995	编制	57		16		218		12	214				23		330	3417		50	4337
	实有	65		14		342		12	242				23		367	3115		68	4248
1996	编制	71		16		251		12	228				23		330	3459		142	4532
	实有	65		13		378		12	248				23		351	3374		117	4581
2004	编制	67	99	13	29	179	176	10	50	33	117	28	13	29		3692			4535
	实有	74	91	14	23	212	177	13	47	31	143	23	16	23		3748			4635
2005	编制	67	133	13	28	179	143	10	55	35	117	28	13	29		3803			4653
	实有	72	101	12	21	205	160	10	46	32	147	21	15	21		3771			4634
2006	编制	67	131	13	28	179	150	10	55	35	117	28	13	29		3826			4681
	实有	97	111	15	21	269	146	19	48	32	156	23	30	21		3702			4690
2007	编制	76	133	13	28	199	148	10	65	37	183	29	13	29		3907			4870
	实有	95	112	17	21	266	135	22	48	34	171	23	33	21		3667			4665
2008	编制	78	133	13	28	197	148	10	65	37	183	29	13	29		3996			4959
	实有	98	112	16	19	265	143	21	49	32	182	23	32	20		3644			4656

六、事业单位登记管理

由县事业单位登记管理局对符合法人资格的事业单位实行分级登记管理。事业单位具备的法人条件：1.经审批机关批准设立；2.有自己的名称、组织机构和场所；3.有与其业务活动相适应的从业人员；4.有与其业务活动相适应的经费来源；5.能独立承担民事责任。国家有关法律规定具备法人条件、自批准设立之日起即取得法人资格的事业单位，或者法律、行政法规规定具备的法人条件、经当地事业单位登记管理部门依法审核或者登记，已经取得相应执业许可证书的事业单位，不再办理事业单位法人登记，而是由有关部门按照分级登记管理的规定向登记管理机关备案，并向事业单位颁发《事业单位法人证书》（是事业单位法人资格的唯一合法凭证）。未取得《事业单位法人证书》的事业单位不得以事业法人名义开展活动。事业单位在核准登记或者备案的业务范围内开展活动。

1995年，全县有党政群机构69个，未核定人员编制，实有在册人数456人；有6镇8乡，核定人员编制330人，实有在册367人；政法部门有29个机构，核定人员编制214人，实有在册242人；各级事业单位机构308个，核定人员编制3417人，实有在册3115人。这些单位都根据贵州省机构编制委员会1994年印发的《关于做好全省国家机关、党派、人民团体及事业单位统一代码标识实施工作的通知》办理“机构编制管理证”和“代码证”，实行规范管理。

2000年，根据国家、省的规定，初始登记（备案）费每件300元，变更登记费每件150元。“事业单位法人证书”的格式由国家事业单位登记管理局规定。2001年，按省编委办要求将龙里县事业单位法人登记管理系统数据库上报省级事业单位登记管理局。2002年，要求凡是在龙里县行政区域内由国家举办和其他组织利用国有资产举办的事业单位，都应办理事业单位法人登记（备案），并接受监督管理。

根据国家、省的规定和安排，龙里县从2003年1月1日至3月31日实施全县事业单位首次年检工作。省编委办对全省在事业单位初始登记中成绩显著的6个市（州、地）和19个县（市、区、特区）编委办进行表彰，龙里县编委办位列其中，经过检查，基本达到要求。

2004年6月27日，《事业单位登记管理暂行条例》颁布执行。县编委会所属的县事业单位登记管理局不再实行在县编委办加挂牌子，人员列入参照试行国家公务员制度范围，配备专职领导和工作人员，县编委办主任或副主任不再兼任县事业单位登记管理局局长或副局长职务。2004年，全县符合登记条件的事业单位248个，登记248个，初始登记完成率为100%；完成2003年度事业单位年检194个，年检率100%；完成变更登记28个，注销事业单位17个。

2005年，国家事业单位登记管理局颁发《事业单位登记管理暂行条例实施细则》，省事业单位登记管理局下发《关于进一步明确事业单位法人设立登记有关规定的通知》，省档案局和省事业单位登记管理局联合下发《贵州省事业单位登记档案管理暂行办法》。当年，全县应参加年度检验的事业单位165个，年检165个，年检合格率100%；应变更28个，完成22个；完成20个事业单位的初始登记工作；对全县已登记的228个实有单位法定代表人和已经成立应登记的19个事业单位有关负责人进行事业单位登记管理培训。

2006年，省事业单位登记管理局下发《实地检查事业单位法人暂行办法》，国家事业单位登记管理局明确事业单位开办资金的概念，黔南州事业单位登记管理局明确变更登记后法人证书有效期延伸与否事项。当年，全县应参加年度检验的事业单位179个，年检175个，完成率97%，其中年检合格175个；应变更的事业单位41个，完成38个；初始登记事业单位21个；补发事业单位法人证书4个；注销事业单位6个。2007—2008年，全县事业单位均按要求完成申报年检工作。

第四篇 人大 政府 政协

第一章 龙里县人民代表大会

第一节 历届县人民代表大会

一、人民代表大会代表

（一）人大代表产生和任期 1991—1992年，县人民代表大会代表的选举，由各选区选民直接一次选举县、乡镇两级代表，每届代表任期3年。1993年开始，县第十二至十四届人民代表大会代表，因县乡换届选举不同步（县5年任期，乡镇3年任期），由乡镇各选区单独选举产生。《中华人民共和国宪法》和《中华人民共和国地方各级人民代表大会和地方各级人民政府组织法》修改后，乡镇人民代表大会任期为5年。从2006年1月开始，县、乡镇代表选举同步，代表的选举经费由国库开支。

（二）人大代表选举方法和步骤

1.建立县、乡镇选举委员会。由县人大常委会决定县、乡镇选举委员会，选举委员会由主任、副主任和委员组成，负责县、乡镇的选举工作。

2.划分选区。按照省人大常委会依据人口数下达的代表名额，结合区域和代表分布划分选区若干个，选区内设立若干选民小组。

3.选民登记。选民小组按照选民条件进行选民登记，审查后，张榜公布，填写选民证，并颁发到选民手中。

4.提出代表候选人名单。由党政、党群组织提名和选民联合提名，通过当地党组织、各人民团体成员，在选民中酝酿，集中意见，再由选举委员会组织有关人员进行民主协商，提出代表候选人初步名单，交选民讨论。依据多数人的意见修改补充，然后由选举委员会在选举前公布有差额的正式候选人名单。

5.选举。乡镇召开选举大会，县直机关按选区设立投票点选举，对不能参加选举大会和不能到投票点选举的选民，用流动票箱由选民就地投票选举。

（三）人大代表名额及构成 龙里县第十一届代表选举157名，其中少数民族56名，占代表总数的35.67%；妇女34名，占代表总数的21.66%；非党群众48名，占代表总数的30.57%。县第十二届人大代表156名，其中少数民族63名，占代表总数的40.38%；妇女41名，占代表总数的26.28%；非党群众52名，占代表总数的33.33%。县第十三届人大代表165名，其中少数民族65名，占代表总数的32.73%；妇女43名，占代表总数的26.06%；非党群众54名，占代表总数的32.73%。县第十四届人大代表165名，其中少数民族66名，占代表总数的40%；妇女42名，占代表总数的25.5%；非党群众43名，占代表总数的26.1%。县第十五届人大代表164名，其中少数民族68名，占代表总数的41.46%；妇女40名，占代表总数的24.39%；非党群众54名，占代表总数的32.9%。

二、人民代表大会

第十一届人民代表大会 第十一届县人民代表大会共召开3次会议，任期历时2年零11个月，常务委员会委员11人。

第一次会议，1990年5月11—16日在龙里县城召开，应出席会议代表157名，实到代表147名。会议听取和审议县人民政府、计划、财政、人大常委会、人民法院、人民检察院工作报告，通过报告且作出相应决议。会议选举县人大常委会主任1人，副主任3人，委员11人；选举县人民政府县长1人，副县长4人；选举县人民法院院长、县人民检察院检察长各1人。会议期间共收到代表议案、建议、批评和意见54件。

第二次会议，1991年4月16—19日在龙里县城召开，出席会议代表155名。会议听取和审议县人民政府、计划、财政、人大常委会、人民法院、人民检察院工作报告，通过报告且作出相应决议。会议选举出席黔南州第九届人民代表大会代表19名。会议期间共收到代表议案、建议、批评和意见35件。

第三次会议，1992年4月13—16日在龙里县城召开，出席会议代表153名。会议听取和审议县人民政府、计划、财政、人大常委会、人民法院、人民检察院工作报告，通过报告且作出相应决议。会议期间共收到代表议案、建议、批评和意见25件。

第十二届人民代表大会　第十二届人民代表大会共召开5次会议，任期历时4年零11个月，常务委员会委员10人。

第一次会议，1993年4月13—17日在龙里县城召开，出席会议代表156名。会议听取和审议县人民政府、计划、财政、人大常委会、人民法院、人民检察院工作报告，通过报告且作出相应决议。会议选举县人大常委会主任1人，副主任4人，委员10人；选举县人民政府县长1人，副县长5人；选举县人民法院院长、县人民检察院检察长各1人，补选黔南州第九届人民代表大会代表2人。会议期间共收到代表议案、建议、批评和意见51件。

第二次会议，1994年4月6—10日在龙里县城召开，出席会议代表155名。会议听取和审议县人民政府、计划、财政、人大常委会、人民法院、人民检察院工作报告，通过报告且作出相应决议。会议期间共收到代表议案、建议、批评和意见40件。

第三次会议，1995年4月4—7日在龙里县城召开，出席会议代表156名。会议听取和审议县人民政府、计划、财政、人大常委会、人民法院、人民检察院工作报告，通过报告且作出相应决议。会议期间共收到代表议案、建议、批评和意见49件。

第四次会议，1996年4月8—11日在龙里县城召开，出席会议代表155名。会议听取和审议县人民政府、计划、财政、人大常委会、人民法院、人民检察院工作报告，通过报告且作出相应决议。会议选举出席黔南州第十届人民代表大会代表21名。会议期间共收到代表议案、建议、批评和意见27件。

第五次会议，1997年4月7—11日在龙里县城召开，出席会议代表144名。会议听取和审议县人民政府、计划、财政、人大常委会、人民法院、人民检察院工作报告，通过报告且作出相应决议。会议期间共收到代表议案、建议、批评和意见18件。

第十三届人民代表大会　第十三届人民代表大会共召开5次会议，任期历时4年零11个月，常务委员会委员11人。

第一次会议，1998年3月27—31日在龙里县城召开，出席会议代表165名。会议听取和审议县人民政府、计划、财政、人大常委会、人民法院、人民检察院工作报告，通过报告并作出相应决议。会议选举县人大常委会主任1人，副主任6人，委员10人；选举县人民政府县长1人，副县长6人；选举县人民法院院长、人民检察院检察长各1人；增选黔南州第十届人民代表大会代表1人。会议期间共收到代表议案、建议、批评和意见70件。

第二次会议，1999年4月6—9日在龙里县城召开，出席会议代表165名。会议听取和审议县人民政府、计划、财政、人大常委会、人民法院、人民检察院工作报告，通过报告并作出相应决议。会议期间共收到代表议案、建议、批评和意见48件。

第三次会议，2000年3月21—24日在龙里县城召开，出席会议代表164名。会议听取和审议县人民政府、计划、财政、人大常委会、人民法院、人民检察院工作报告，通过报告并作出相应决议。大会选举王振金为县人民政府县长。会议期间共收到代表议案、建议、批评和意见28件。

第四次会议，2001年3月20—23日在龙里县城召开，出席会议代表165名。大会听取和审议县人民政府、计划、财政、人大常委会、人民法院、人民检察院工作报告，并作出相应决议。审查和批准《关于龙里县国民经济和社会发展第十个五年计划纲要》，会议选举龙里县出席黔南州第十一届人民代表大会代表21名。会议期间共收到代表议案、建议、批评和意见61件。

第五次会议，2002年3月30日至4月3日在龙里县城召开，出席会议代表157名。大会听取和审议县人民政府、计划、财政、人大常委会、人民法院、人民检察工作报告，并作出相应决议。会议选举陈民为县第十三届人民代表大会常务委员会副主任。会议期间，共收到代表议案、建议、批评和意见73件。

第十四届人民代表大会 第十四届人民代表大会共召开4次会议，任期历时3年零11个月，常务委员会委员13人。

第一次会议，2003年2月24日至3月1日在龙里县城召开，出席会议代表165名。大会听取和审议县人民政府、计划、财政、人大常委会、人民法院、人民检察院工作报告，并作出相应决议。会议选举县人大常委会主任1人、副主任6人、委员12人，县人民政府县长1人、副县长5人，县人民法院院长、县人民检察院检察长各1人。会议期间，共收到代表议案、建议、批评和意见117件。

第二次会议，2004年3月23—26日在龙里县城召开，出席会议代表159名。会议听取和审议县人民政府、计划、财政、人大常委会、人民法院、人民检察院工作报告，并作出相应的决议。会议选举上官昌健为县第十四届人民代表大会常务委员会主任。会议期间，共收到代表议案、建议、批评和意见82件。

第三次会议，2005年3月8—10日在龙里县城召开，出席会议代表151名。大会听取和审议县人民政府、计划、财政、人大常委会、人民法院、人民检察院工作报告，并作出相应决议。会议期间，共收到代表议案、建议、批评和意见48件。

第四次会议，2006年3月14—16日在龙里县城召开，出席会议代表159名。会议听取和审议县人民政府、计划、财政、人大常委会、人民法院、人民检察院工作报告，并作出相应的决议。审查和批准《龙里县国民经济和社会发展第十一个五年计划纲要的报告》。会议期间，共收到代表议案、建议、批评和意见71件。

第十五届人民代表大会 第十五届人大常务委员会委员17人。

第一次会议，2007年1月6—10日在龙里县城召开，出席会议代表164名。大会听取和审议县人民政府、计划、财政、人大常委会、人民法院、人民检察院工作报告，并作出相应的决议。会议选举县人大常委会主任1人、副主任5人、委员15人，县人民政府县长1人、副县长5人，县人民法院院长、县人民检察院检察长各1人。会议选举出席黔南州第十二届人民代表大会代表21名。会议期间，共收到代表议案、建议、批评和意见118件。

第二次会议，2008年1月14—17日在龙里县城召开，出席会议代表163名。会议听取和审议县人民政府、计划、财政、人大常委会、人民法院、人民检察院工作报告，并作出相应的决议。会议补选陈家健（布依族）、逄建中为县第十五届人民代表大会常务委员会委员；补选蒙永义为县人民法院院长。会议期间，共收到代表议案、建议、批评和意见53件。

龙里县第十一届至第十五届人大常委会主任、副主任名录

表4-1

届次	姓 名	性别	民族	职 务	籍贯	任 期	党 派
十一届	蓝应康	男	汉族	主任	四川资阳	1990.5—1993.4	中共党员
	贾彦增	男	汉族	副主任	河南清丰	1990.5—1993.4	中共党员
	罗永珍	女	布依族	副主任	贵州龙里	1990.5—1993.4	中共党员
	朱朝典	男	汉族	副主任	贵州龙里	1990.5—1993.4	

续表

届次	姓 名	性别	民族	职 务	籍贯	任 期	党 派
十二届	蓝应康	男	汉族	主 任	四川资阳	1993.4—1998.3	中共党员
	梁兴福	男	汉族	副主任	贵州龙里	1993.4—1998.3	中共党员
	罗永珍	女	布依族	副主任	贵州龙里	1993.4—1998.3	中共党员
	杨光林	男	苗族	副主任	贵州龙里	1993.4—1998.3	中共党员
	朱朝典	男	汉族	副主任	贵州龙里	1993.4—1998.3	
十三届	康兴鼎	男	汉族	主 任	山西平原	1998.3—2003.2	中共党员
	梁兴福	男	汉族	副主任	贵州龙里	1998.3—2003.2	中共党员
	罗永珍	女	布依族	副主任	贵州龙里	1998.3—2003.2	中共党员
	朱朝典	男	汉族	副主任	贵州龙里	1998.3—2003.2	
	莫玉仁	男	布依族	副主任	贵州龙里	1998.3—1999.5	中共党员
	严志斌	男	汉族	副主任	贵州龙里	1998.3—2003.2	中共党员
	王继洪	男	汉族	副主任	湖南长沙	1998.3—2003.2	中共党员
	陈 民	男	布依族	副主任	贵州龙里	2002.3—2003.2	中共党员
十四届	康兴鼎	男	汉族	主 任	山西平原	2003.2—2004.3	中共党员
	上官昌健	男	汉族	主 任	湖北南漳	2004.3—2007.1	中共党员
	张择武	男	苗族	副主任	贵州黄平	2003.3—2007.1	中共党员
	陈 民	男	布依族	副主任	贵州龙里	2003.3—2007.1	中共党员
	王继洪	男	汉族	副主任	湖南长沙	2003.3—2007.1	中共党员
	谢贻刚	男	汉族	副主任	四川安岳	2003.3—2007.1	中共党员
	王明友	男	汉族	副主任	贵州龙里	2003.3—2007.1	中共党员
	肖 红	女	汉族	副主任	贵州安顺	2003.3—2006.12	
十五届	上官昌健	男	汉族	主 任	湖北南漳	2007.1—	中共党员
	陈 民	男	布依族	副主任	贵州龙里	2007.1—	中共党员
	林礼正	男	汉族	副主任	贵州龙里	2007.1—	中共党员
	王明友	男	汉族	副主任	贵州龙里	2007.1—	中共党员
	康兴酉	男	汉族	副主任	山西平原	2007.1—	中共党员
	陈 俊	女	汉族	副主任	广西桂平	2007.1—	

第二节 县人大常委会

一、人大常委会工作机构

1990年6月至1993年5月，龙里县人大常委会内设机构：办公室、财政经济工作委员会、法制工作委员会、教育科学文化卫生工作委员会、民族工作委员会、代表工作委员会。1998年5月设代表资格审查委员会。2003年12月，设信访督察室。2007年，县人大机关工作机构：人大常委会办公室、财政经济工作委员会、代表资格审查委员会、法制民族工作委员会、教科文卫工作委员会、代表工作委员会、信访督察室。

（一）人大常务委员会 每两月举行一次会议，会议由主任或主任委托副主任主持，除“一府两院”（即人民政府、人民法院、人民检察院，下同）和人大常委会各委室负责人，与会有关的科、局、部门和单位主要负责人列席外，有时邀请乡镇人大主席或副主席参加，有时还邀请省、州、县人大代表列席。县人大常委会从县第十一届到2007年的第十五届，先后共换届5次，听取和审议“一府两院”工作报告，任免地方国家机关工作人员，做出多项决议、决定。

（二）人大主任会议 不定期举行。凡是人大常委会重大问题，需经主任会议讨论、研究，再提交人大常委会审议通过。从县第十一届人大建立常委会到县第十五届，主任会议主要研究拟定县人大常委会议审议的议题、议程和日程，以及决议决定（草案）的起草，研究、讨论县人大常委会年度工作要点，报告和总结的起草，研究安排开展调查、视察、检查和联系人民代表等活动，讨论、审议人大常委会主任、副主任在代表大会上的讲话、报告，研究、部署人大常委会各委室的工作，听取和研究“一府两院”有关工作和人事任免事项的汇报，检查、督促“一府两院”对人大常委会决议决定的执行情况，研究和处理人大常委会其他日常工作。1999—2008年，县人大常委会召开主任会议，审议“一府两院”工作报告，开展工作监督、法律监督和行使任命权，制定地方性法规等。

二、重大事项决定

龙里县人大常委会在人民代表大会闭会期间，围绕全县经济建设、社会发展和党在各个时期的中心工作以及人民群众普遍关心的重大问题，听取和审议“一府两院”工作报告，作出决议决定。

第十一届常委会审议决定重大事项 1991年7月，审议决定全县新行政区区划方案，于1991年8月2日报请黔南州人民政府、贵州省人民政府批准新的行政区域，龙里县设6个镇、8个乡。决定撤销龙山区、谷脚区、羊场区、洗马区。建立龙山镇、猫场镇、谷脚镇、洗马镇、谷龙乡、湾寨乡、哪嗙乡、羊场镇、摆省乡、水场乡、民主乡、麻芝乡、三元镇，保留巴江乡建制。建镇并乡撤区后，全县所辖6镇8乡均为科局级。同年，8月13日，县第十一届人大常委会第8次会议通过《关于新建乡、镇成立选举委员会的决定》《关于各新建乡、镇成立选举委员会的决定》《关于新建乡、镇人民代表大会代表的决定》。10月8—9日，县十一届人大常委会第9次会议听取和审议县人民政府《关于在全县公民中开展法制宣传教育第二个五年规划（草案）的报告》，作出县人大常委会《关于深入开展法制宣传教育第二个五年规划的决议》。

1992年6月2—3日，县十一届人大常委会第13次会议，审议通过县人大常委会《关于学习宣传贯彻执行〈中华人民共和国全国人民代表大会和地方各级人民代表大会代表法〉的决议》和《关于贯彻实施〈中华人民共和国工会法〉的决议》。6月15日，县十一届人大常委会第14次会议，审议通过县人大常委会《关于深入贯彻实施〈中华人民共和国土地管理法〉和〈贵州省实施土地管理法办法〉的决议》《关于贯彻实施〈贵州省计划生育试行条例〉和开展计划生育工作的决议》。

第十二届常委会审议决定重大事项 1993年8月11—12日，县第十二届人大常委会第2次会议，听取和审议县人民政府《关于减轻农民负担工作情况的报告》，审议通过县人大常委会《关于加强农业基础地位，减轻农民负担的决议》。1994年8月23—24日，县十二届人大常委会第9次会议，听取和审议县人民检察院《关于设置龙山镇等四镇检察室的议案》，作出县人大常委会《关于批准设置龙山镇等四镇检察室的决定》。1995年5月23—24日，县十二届人大常委会第12次会议，作出县人大常委会《关于开展对县人民代表大会选举和常委会任命的“一府两院”工作人员进行述职评议的决定（试行）》。1996年9月17—18日，县十二届人大常委会第22次会议，作出县人大常委会《关于继续深入开展法制宣传教育的决议》《关于龙里县龙山镇总体规划（调整）的决议》。

第十三届常委会审议决定重大事项 2000年5月24—25日，县第十三届人大常委会第14次会议，审议通过县人大常委会《关于原则通过〈龙里县城内禁止燃放烟花爆竹的规定〉的决定》。9月26—27日，县十三届人大常委会第16次会议，审议通过县人大常委会《关于龙山镇、谷脚镇工业发展情况报告的审议意见》。2001年5月16—17日，县十三届人大常委会第20次会议，批准《关于提请审议〈龙里县老场坝旧城改造规划方案〉的议案》；未予批准《变更贵州朝歌建鸿制药有限公司〈龙里县GMP技改项目选址土地原规划用途〉的议案》。2002年9月26—27日，县十三届人大常委会第28次会议，讨论和修改《龙里县人民代表大会常务委员会议事规则（草案）》《龙里县人民代表大会常务委员会主任会议议事规则（草案）》，通过议事规则。

第十四届常委会审议决定重大事项 2004年12月28—29日，县第十四届人大常委会第12次会议，以无记名投票表决的方式，同意县人民政府向建设银行龙里县支行贷款800万元，用于城市建设和国企改革；同意县人民政府《关于调整增加2004年财政支出预算的议案》。2005年4月26日，县十四届人大常委会第14次会议，以举手表决的方式通过县人民法院《关于确定人民陪审员名额的议案》；并以无记名投票表决方式，决定任命李同明、焦裕谦、吕天鹏、李正明、罗治云、王家兴6人为县人民法院人民陪审员。12月22—23日，县十四届人大常委会第18次会议，同意县人民政府《关于申请国家开发银行贷款建设城市及工业园区基础设施的议案》，并作出批准决议。2006年12月20—21日，县十四届人大常委会第28次会议，听取和审议通过县人民政府《关于提请审议〈龙里县中心城区控制性详细规划〉的议案》。

第十五届常委会审议决定重大事项 2007年4月9日，县第十五届人大常委会第3次会议，同意县人民政府由现代水利开发有限公司向中国农业发展银行黔南州分行营业部借款4950万元，用于《县城河道防洪治理工程建设项目的议案》的项目实施，并纳入县级财政预算还本付息；同意县人民政府由县森兴林业发展有限责任公司向中国农业发展银行黔南州分行营业部借款4500万元，用于《县城环北线林带建设工程的议案》的项目实施，并纳入县级财政预算还本付息；同意县人民政府《关于调整龙里民中用地规划的议案》。12月18—19日，县十五届人大常委会第8次会议，审议同意县人民政府《关于调整县医院用地的议案》，将县城西北片区夹山坡森林公园旁两宗地块调整为县人民医院用地。

2008年6月24日，县十五届人大常委会第12次会议，表决通过《龙里县人民代表大会常务委员会旁听办法》。8月22日，县十五届人大常委会第13次会议，同意县人民政府由县公用事业局向中国农业发展银行黔南州支行申请贷款1.84亿元，用于《龙山镇道路网络建设项目的议案》的项目实施，并作出批准决议。12月26日，县十五届人大常委会第15次会议，审议《龙里县人民政府关于调整龙里县2008年财政支出预算的议案》，并听取县财政局局长杨鸣所作的《关于调整2008年财政支出预算的说明》。经过审议，作出批准决议，同意县人民政府将2008年财政一般性预算支出调整为3.91亿元，政府性基金支出调整为5368万元。会议作出县人大常委会《关于调整龙里县2008年财政支出预算的议案》的决议。

从县第十一届到第十五届（截至2008年12月），县人大常委会共举行129次会议，先后听取和审议“一府两院”工作报告545个，作出决议决定96项。

第三节 权力行使

一、监督权

1990年5月至1993年3月，县第十一届人大常委会第1至第22次会议，听取和审议县人民政府关于贯彻实施土地管理法、全民所有制工业企业法、残疾人保障法、环境保护法及《贵州省环境保护条例》，涉及全县职业技术教育及中小学德育教育、发展乡镇企业、劳动力保护、税务、饮水、供销系统推行“四放开”、商业“四放开”改革、干部职工退休等方面情况报告64个；听取和审议县人民法院关于实施行政诉讼法试点、执行《贵州省人民法庭工作条例》情况，县人民检察院关于反贪污贿赂斗争、自侦案件和打击严重刑事犯罪情况等方面报告6个。

1991年10月8日至9日召开的县第十一届人大常委会第9次会议，听取和审议县人民政府关于在全县公民中开展法制宣传教育第二个五年规划（草案）报告，会议作出《关于深入开展法制宣传教育第二个五年规划的决议》。第十一届县人大常委会共召开22次常委会会议，听取和审议“一府两院”各项工作报告共70个，作出有关决议、决定共15个。

1993年6月至1998年3月，县第十二届人大常委会第1至第31次会议，听取和审议县人民政府关于贯彻实施民族区域自治法、警察法、《律师条例》及《黔南州自治条例》情况，实施经济建设、住房制度改革、公费医疗制度改革、财税体制改革情况，打击拐卖妇女儿童犯罪、维护社会治安秩序及农村教育费附加征收情况等方面工作报告126个；听取和审议县人民法院关于贯彻执行法官法、县人民检察院关于贯彻执行检察官法以及经济建设服务等方面工作报告11个。

1996年9月17—18日召开的县第十二届人大常委会第22次会议，听取和审议县人民政府关于请求审查龙里县龙山镇总体规划（调整）报告，会议作出《关于龙里县龙山镇总体规划（调整）的决议》。第十二届人大常委会共召开31次常委会会议，听取和审议“一府两院”各项工作报告共137个，作出有关决议、决定共20个。

1998年5月至2003年3月，县第十三届人大常委会第1至第32次会议，听取和审议县人民政府关于贯彻实施建筑法、水法、未成年人保护法、预防未成年人犯罪法、会计法、教师法、献血法、动物防疫法、《中国妇女发展规划纲要》《贵州省计划生育条例》、信访条例以及关于非公有制经济发展、民族宗教工作、龙山镇及谷脚镇工业小区发展、矿山管理、教育布局调整、禁毒、城市居民最低生活保障、畜牧及旅游业发展、文明新村创建等方面情况报告99个；听取和审议县人民法院关于加强案件执行、审判、机构改革以及县人民检察院关于预防、惩治职务犯罪等方面工作情况报告11个。

2000年5月24—25日召开的县第十三届人大常委会第14次会议，听取和审议县人民政府关于县城内禁止燃放烟花爆竹的规定的报告，通过县人大常委会《关于原则通过〈龙里县关于县城内禁止燃放烟花爆竹的规定〉的决定》。第十三届人大常委会共召开32次常委会会议，听取和审议“一府两院”各项工作报告共110个，作出有关决议、决定共27个。

2003年4月至2006年12月，县第十四届人大常委会第1至第29次会议，听取和审议县人民政府关于贯彻落实人口与计划生育法、《贵州省人口与计划生育条例》、煤炭法、职业病防治法、行政许可法、治安处罚法、传染病防治法、档案法、《国务院退耕还林条例》以及关于助民增收、国有资本营运、蔬菜种植等方面工作报告69个；听取和审议县人民法院关于执行、审判以及县人民检察院关于干部队伍作风整顿、预防职务犯罪、依法查办渎职侵权等方面情况报告7个。

2005年12月22—23日召开的县第十四届人大常委会第18次会议，听取和审议县人民政府关于申请国家开发银行贷款建设城市及工业园区基础设施的议案及说明。会议作出县人大常委会《关于县人民政府〈申请国家开发银行贷款建设城市及工业园区基础设施的议案〉的决议》。第十四届人大常委会共召开29次常委会会议，听取和审议“一府两院”工作报告共76个，作出有关决议、决定共26个。

2007年2月至2008年12月，县十五届人大常委会第1至第15次会议，听取和审议县人民政府关于贯彻实施教育法、公路法、农业机械促进法、农产品质量安全法以及迎接国家“两基”（基本普及九年义务教育，基本扫除青壮年文盲）督查、县乡镇村公路建设及管理、农业机械化发展、易地移民搬迁、城区污染企业转产迁移关闭、烟水配套、“为民办实事”、贵阳城市经济圈贵龙城市经济带规划建设、三元河流域水污染治理、旅游业培育发展和黔桂铁路、贵阳枢纽铁路、龙羊立交桥建设等方面情况报告49个；听取和审议县人民法院队伍建设、县人民检察院预防职务犯罪等方面情况报告3个。

2007年7月27日召开的县十五届人大常委会第5次会议，听取和审议县人民政府关于新增新型农村合作医疗经费和农村居民最低生活保障经费的议案及说明。经过审议，会议通过该议案，决定同意动用县级预备费118.45万元，用于开展新型农村合作医疗和农村居民最低生活保障经费。其中，开展新型农村合作医疗经费64.28万元，农村居民最低生活保障经费54.17万元。第十五届县人大常委会共召开15次常委会会议，听取和审议“一府两院”工作报告共52个，作出有关决议、决定7个。

二、人事任免权

县第十一届人大常委会从1990年5月至1993年6月，共决定任命县人民政府代理县长1名，副县长5名，科局级主任、局长40名；任命县人民法院副院长1名，审判员13名；任命县人民检察院副检察长1名，检察委员会委员3名，检察员13名；同意县人大常委会委员辞去委员职务1名。

县第十二届人大常委会从1993年6月至1998年5月，补选黔南州第九届人大代表2名；共决定任命县人民政府副县长6名（其中科技副县长2名），主任、局长51名；任命县人民法院副院长3名，审判委员会委员3名，审判员26名；任命县人民检察院代理检察长1名，副检察长1名，检察员18名。同意县人大常委会委员辞去委员职务1名；终止县人大常委会委员职务1名；停止县人大代表资格1名；同意县人民政府副县长辞去副县长职务3名，其中科技副县长2名；同意县人民检察院检察长辞去检察长职务1名；免去县人大常委会办公室副主任职务1名。

县第十三届人大常委会从1998年5月至2003年4月，共决定任命县人民政府副县长3名，主任、局长59名；任命县人民法院代理院长1名，副院长2名，审判委员会委员2名，审判员42名；任命县人民检察院代理检察长1名，副检察长4名，检察委员会委员9名，检察员11名；任命县人大常委会办公室主任1名，副主任1名。同意县人民政府副县长辞去副县长职务1名，免去县人民政府主任、局长职务10名；同意县人民法院院长辞去院长职务1名；同意县人民检察院检察长辞去检察长职务1名；免去县人大常委会办公室主任职务1名，副主任职务2名；停止县人大代表资格3名。

县第十四届人大常委会从2003年4月至2007年2月，共决定任命县人民政府代理县长1名，副县长8名，主任、局长51名；任命县人民法院代理院长1名，副院长4名，审判委员会委员3名，审判员9名，庭长、副庭长8名；任命县人民检察院代理检察长1名，副检察长4名，检察委员会委员4名，检察员2名；任命县人大常委会办公室副主任2名；同意县人民政府副县长、代理县长辞去副县长、代理县长职务1名，免去县人民政府主任、局长职务8名；同意县人大常委会主任辞去主任职务1名，同意县人大常委会副主任辞去副主任职务1名；同意县人大常委会委员辞去委员职务1名；同意县人民法院院长辞去院长职务1名；同意县人民检察院检察长辞去检察长职务1名。

县第十五届人大常委会从2007年2月至2008年12月，共决定任命县人民政府副县长6名，主任、局长26名；任命县人大常委会信访督察室主任1名；任命县人民法院代理院长1名，副院长2名，审判委员会委员1名，审判员2名；任命县人民检察院副检察长2名，检察委员会委员3名；同意县人大常委会委员辞去委员职务2名；同意县人民政府副县长辞去副县长职务1名；免去县人民检察院副检察长职务3名。

三、述职评议

人大常委会根据宪法、地方组织法、《贵州省人民代表大会常务委员会述职评议工作条例》和县十二届人大常委会1995年5月第十四次会议作出的《关于开展对人民代表大会选举和常委会任命的“一府两院”工作人员进行述职评议的决定》规定，开展述职评议工作。

县十二届人大常委会自1995年9月第十六次会议至1996年11月第二十三次会议，有县人民政府县长1名、副县长6名，县政府组成人员主任、局长28名；县人民法院院长1名、副院长2名、庭长1名；县人民检察院检察长1名、副检察长3名。共43人，向县人大常委会呈交述职报告。县人大常委会对县政府组成人员2名，县人民法院院长1名、副院长2名，县人民检察院检察长1名、副检察长2名，共计8名的述职进行评议。

县十三届人大常委会自1999年12月第十一次会议至2001年9月第二十二次会议，对县政府组成人员10名，县人民法院副院长1名、庭长1名，县人民检察院副检察长1名，共13人的述职进行评议。县十四届人大常委会2005年2月第十三次会议，对县政府组成人员2名的述职进行评议。

四、人大代表联络与视察

龙里县在县、乡两级人大代表中，成立人大代表联络组，明确联络员，县人大常委会主要成员分片负责。履行对县乡两级经济社会发展进行视察职责，就经济社会运行情况提出意见和建议，就重大事项提出议案，发挥人民代表作用。1990—2008年，县人大代表共进行视察64次。

县第十一届人大常委会组织视察4次。1992年10月9—19日，组织省、州、县三级人大代表共40多人，先后对谷脚、洗马、巴江、湾寨4个乡镇的农业生产、群众生活、经济社会发展计划执行情况、计划生育、社会治安和科技兴农等工作进行视察和调查。

县第十二届人大常委会组织视察8次。1993年8月1—31日，组织省、州、县三级人大代表共4个组46

人，对县人民政府1990年以来贯彻实施《中华人民共和国食品卫生法》情况和县城卫生状况进行检查和评议。采取实地调查了解、个别走访等方式，对县城110多户饮食店和30多个水果摊、肉食摊点，农村日本援助改水工程、县城卫生状况进行视察，并召开专题评议会。

县第十三届人大常委会组织视察9次。1999年8月26日，县人大常委会主任会议决定，组织县人大常委会组成人员17人，对创建文明卫生县城、自然生态环境保护等工作情况进行视察。召开座谈会，提出《关于县人大常委会组成人员视察县城创卫和环境保护工作的意见和建议》。

县第十四届人大常委会组织视察33次。2004年11月4—5日，组织驻县的省、州人大代表13人，对摆省乡新阶段扶贫开发和龙山镇农业综合开发项目、五子登科水库以及龙水公路等建设工程进行视察。听取县农业综合开发部门关于《龙里县龙山镇新场村、坝上村农业综合开发项目实施完成情况汇报》、县交通部门《关于龙水公路建设情况报告》、县水利部门《关于龙里县五子登科水利工程建设情况报告》、县发改部门关于《龙里县2004年1—9月国民经济和社会发展计划执行情况的报告》和县人民政府关于《龙里县2004年1—9月财政预算执行情况汇报》。

县第十五届人大常委会组织视察10次。2008年6月25—26日，组织驻县的省州人大代表对集体林权制度改革工作情况进行调研。听取乡镇村、龙里林场工作情况报告，以及县集体林权制度改革办公室关于《龙里县集体林权制度改革工作情况报告》，提交《专题调研报告》。

五、人大代表议案与建议

1990年5月至1992年4月，县第十一届人大一至三次会议共收到代表团和10人以上代表联名提出的议案111件。经代表大会议案审查委员会审查，县十一届人大一次会议将洗马代表团杨时洲等26名代表提出的《要求解决洗马区小学升初中压力过重，小学毕业生入学困难的问题》，龙山区代表团唐友忠等10名代表提出的《要求新建中排乡办公用房》，谷脚区代表团王发全等10名代表提出的《请求修建高堡乡办公用房的报告》，洗马区代表团宋聚新等11名代表提出的《要求拨款修建哪嗙乡办公用房》等4件列为议案提交大会审议通过，其余107件转为批评、建议和意见。在县十一届人大一至三次会议上，还收到代表提出的各种批评、建议和意见83件。县十一届人大一至三次会议共收到代表提出的批评、建议和意见190件，其中：属于农、林、水、电方面的55件，科教文卫计生方面的30件，工业交通方面的20件，城建环保方面的31件，财贸方面的24件，政法人事劳动方面的2件，民族民政方面的5件，其他方面的23件，均由“一府两院”办理。

1993年4月至1998年3月，县第十二届人大一至五次会议共收到代表团和10人以上代表联名提出的议案101件，经代表大会议案审查委员会审查，全部转为批评、建议和意见。在县十二届人大一至五次会议上，还收到代表提出的各种批评、建议和意见87件。县十二届人大一至五次会议共收到代表提出的批评、建议和意见188件，其中：属于农、林、水、电方面的76件，科教文卫方面的32件，工业交通方面的27件，城建环保方面的21件，民族民政方面的4件，其他方面的22件，均由“一府两院”办理。

1998年3月至2003年2月，县第十三届人大一至五次会议共收到代表10人以上联名提出的议案174件，经代表大会议案审查委员会审查，全部转为批评、建议和意见。在县十三届人大一至五次会议上还收到代表提出的各种批评、建议和意见126件。县十三届人大一至五次会议共收到代表提出的批评、建议和意见300件，其中：属于农、林、水、电方面的102件，科教文卫方面的38件，工业交通方面的51件，城建环保方面的15件，财贸方面的20件，政法人事劳动方面的18件，民族民政方面的9件，其他方面的41件，均由“一府两院”办理。

2003年2月至2007年1月，县第十四届人大一至四次会议共收到代表10人以上联名提出的议案200件。经代表大会议案审查委员会审查，县十四届人大一次会议刘建民等26名代表联名提出的《关于龙里县县城河道治理的议案》和刘建民等29名代表联名提出的《关于修建龙里县冠山公园的议案》列入大会议案，并提交大会审议通过。其余198件议案转为批评、建议和意见。在县十四届人大一至四次会议上，还收到代表提出的各种批评、建议和意见118件。县十四届人大共收到代表提出的批评、建议和意见共316

件，其中：属于农、林、水、电方面的88件，科教文卫方面的66件，工业交通方面的71件，城建环保方面的35件，财贸方面的21件，政法人事劳动方面的2件，民族民政方面的1件，人大方面的2件，其他方面的31件，均由“一府两院”办理。县人大常委会将涂祥闻等10名以上代表联名提出的《关于提请县人民政府督促贵州正大实业有限公司限期搬迁的议案》作为2005年重点督办议案。

2007年1月至2008年1月，县第十五届人大一至二次会议共收到代表10人以上提出的议案87件，经代表大会议案审查委员会审查，全部转入批评、建议和意见。在县十五届人大一至二次会议上，还收到代表提出的各种批评、建议和意见79件。县十五届人大共收到代表提出的批评、建议和意见166件，其中：属于农、林、水、电方面的51件，科教文卫方面的33件，工业交通方面的36件，城建环保方面的17件，财贸方面的15件，政法人事劳动方面的4件，民族民政方面的6件，人大方面的2件，其他方面的2件，均由“一府两院”办理。

六、信访处理

1991—2008年，县人大常委会共收到人民群众的来信945件次，来访1433人次，涉及落实政策、安排工作、调资、解决户口、调动及恢复工作、解决土地、山林纠纷、房屋拆迁补偿、检举揭发、申诉控告、贪污腐败、人畜饮水、煤矿纠纷、执法执行等问题。县人大常委会按照“分级处理、综合分析、统一交办、定期反馈、严格监督”的原则转办、交办、自办和督办，通过督办落实，推动“一府两院”工作，促进经济社会发展，维护社会稳定。

第四节 乡镇人代会与主席团

一、乡镇人民代表大会

1990年3—4月，全县共选出乡镇第七届人民代表大会代表1016名。其间，龙山镇和29个乡镇先后召开第七届人民代表大会第一次会议，选举乡镇人大主席团常务主席30名，副主席16名，成员109名；选出乡镇人民政府乡镇长30名，副乡镇长50名。

1991年8月，全县进行建镇、并乡、撤区工作，撤销除巴江乡外的所有乡镇建制，新建龙山镇、三元镇、谷脚镇、猫场镇、羊场镇、洗马镇和民主乡、麻芝乡、水场乡、湾寨乡、摆省乡、谷龙乡、哪嗙乡，加上原巴江乡建制，全县共有6个镇、8个乡。同年8—11月，14个乡镇分别召开第三、第七届人民代表大会第二、三次会议，选举乡镇人大主席团组成人员82名，常务主席13名，常务副主席13名；选举乡镇人民政府乡镇长14名，副乡镇长29名。

1992年6—10月，麻芝、猫场、湾寨、洗马、哪嗙等乡镇先后召开第七届人民代表大会第三、四次会议，补选乡镇人民政府副乡镇长6名，其中科技副乡镇长3名。1993年3月至1994年1月，全县共选出新一届乡镇人民代表大会代表610名。根据修改的《中华人民共和国地方各级人民代表大会和地方各级人民政府组织法》第十四条规定，14个乡镇先后召开第四、八届人民代表大会第一次会议，选举乡镇人民代表大会主席13名、副主席11名，乡镇人民政府乡镇长14名、副乡镇长34名，其中科技副乡镇长1名。

1995年4—5月，巴江、哪嗙、谷龙、羊场、麻芝、民主等乡镇先后召开第八届人民代表大会第二、三次会议，补选乡镇人民代表大会主席1名，乡镇人民政府乡镇长4名、副乡镇长2名。1996年1—3月，全县共选出新一届乡镇人民代表大会代表681名。14个乡镇先后召开第五、九届人民代表大会第一次会议，选举乡镇人民代表大会主席14名、副主席8名，乡镇人民政府乡镇长14名、副乡镇长39名。

1997年1—5月和1998年1—6月，哪嗙、猫场、谷脚、摆省、民主、三元、麻芝等乡镇先后召开第九届人民代表大会第二、三次会议，补选乡镇人民代表大会主席1名，乡镇人民政府乡镇长6名、副乡镇长2名。

1999年1月，全县共选出新一届乡镇人民代表大会代表673名。14个乡镇先后召开第六、十届人民代表大会第一次会议，选举乡镇人民代表大会主席14名、副主席10名，乡镇人民政府乡镇长14名、副乡镇长43名，其中科技副乡镇长2名。

2001年3月，谷龙、哪嗙、巴江、洗马、水场、湾寨、羊场、三元、麻芝、龙山等乡镇先后召开第六、十届人民代表大会第三次会议，补选乡镇人民政府乡镇长10名。2002年1—4月，全县共选出新一届乡镇人民代表大会代表680名。14个乡镇先后召开第七、十一届人民代表大会第一次会议，选举乡镇人民代表大会主席14名、副主席10名，乡镇人民政府乡镇长14名、副乡镇长41名。

2004年2—4月和2005年4—7月，因工作人事变动，14个乡镇先后召开第七、十一届人民代表大会第三、四、五次会议，补选乡镇人民代表大会主席5名、副主席3名，乡镇人民政府乡镇长12名、副乡镇长12名。2006年10月，全县共选出新一届乡镇人民代表大会代表680名。同年11月22日至28日，14个乡镇先后召开第八、十二届人民代表大会第一次会议，选举乡镇人民代表大会主席14名、副主席13名，乡镇人民政府乡镇长14名、副乡镇长34名。

2007年8—12月和2008年4—8月，因工作人事变动，谷龙、巴江、醒狮、水场、谷脚、摆省、三元、麻芝、龙山等乡镇先后召开第八、十二届人民代表大会第二、三次会议，分别补选乡镇人民代表大会主席6名、副主席2名，乡镇人民政府乡镇长7名、副乡镇长6名。

二、乡镇人大主席团

1991年前，历届乡镇人民代表大会由会议期间设立的临时大会主席团主持，并负责召集下一次人民代表大会会议。闭会后主席团自然免除。之后，乡镇人大主席团为常设机构，设主席1名、副主席1至2名，主席、副主席由本级人民代表大会从代表中选出，任期同本级人民代表大会每届任期相同。2005年后，各乡镇人民代表大会每年至少召开1次，听取审议乡镇人民政府和人大主席团的工作报告，并对工作报告和本行政区域内的重大事项作出决议。

乡镇人民代表大会闭会期间，乡镇人民代表大会的日常工作由乡镇人大主席团主持。建立交办、承办、督办等制度，使人民代表提出的建议、批评和意见的办理工作落到实处。乡镇人大主席团组织代表评议乡镇人民政府和有关部门的工作；进行专题视察和调查研究，督促解决当地群众生产生活中的突出问题；组织人民代表开展争先创优活动，发挥代表的模范带头作用；组织代表开展执法检查，促进法律法规在本行政区域内的贯彻实施；对乡镇财政实施监督，履行人大监督职能。

第二章　地方人民政府

第一节　县人民政府

1991—2008年，龙里县人民政府历经5次换届选举（从第十一届到第十五届）。各届任期：1990年5月至1993年4月（第十一届），1993年4月至1998年3月（第十二届），1998年3月至2003年2月（第十三届），2003年2月至2007年1月（第十四届），第十五届人民政府从2007年1月至2011年12月。

2007年5月14日，县政府第八次常务会议通过《龙里县人民政府工作规则》并印发执行。该规则阐明县政府组成人员及其主要职责，有会议制度、公文审批制度、请示报告制度、督查制度、工作作风和纪律、向县委请示报告制度、向人大报告工作和接受民主监督制度、领导乡镇政府工作制度等共11章56条。

龙里县第十一届至第十五届人民政府县长、副县长名录

表4-2

	职务	姓名	性别	民族	籍贯	任职时间	备注
第十一届	县长	罗明珠	男	布依族	贵州龙里	1990年5月至1993年2月	
	代理县长	骆用定	男	汉族	贵州龙里	1993年2月至1993年4月	
	副县长	唐人伟	男	汉族	四川广安	1990年5月至1993年4月	
	副县长	孟光学	男	满族	山东	1990年7月至1992年1月	
	副县长	唐诗文	男	苗族	贵州龙里	1990年5月至1991年7月	
	副县长	骆用定	男	汉族	贵州龙里	1992年9月至1993年2月	
	副县长	黎兴发	男	汉族	四川江津	1992年9月至1993年4月	
	副县长	陈廷贵	男	汉族	贵州龙里	1990年5月至1993年4月	
	副县长	刘惠芬	女	汉族	贵州都匀	1990年5月至1993年4月	
第十二届	县长	骆用定	男	汉族	贵州龙里	1993年4月至1998年3月	
	副县长	黎兴发	男	汉族	四川江津	1993年4月至1998年3月	
	副县长	刘惠芬	女	汉族	贵州都匀	1993年4月至1998年3月	
	副县长	杨义标	男	侗族	贵州天柱	1993年4月至1998年3月	
	副县长	杨明荣	男	苗族	贵州龙里	1993年4月至1998年3月	
	副县长	朱华	男	汉族	江苏滨海	1993年10月至1998年3月	
	副县长	康兴鼎	男	汉族	江西	1993年4月至1998年3月	
第十三届	县长	骆用定	男	汉族	贵州龙里	1998年3月至2002年2月	
	副县长	黎兴发	男	汉族	四川江津	1998年3月至2003年2月	
	副县长	王安富	男	汉族	江西	1998年3月至2003年2月	
	副县长	杨光林	男	苗族	贵州龙里	1998年3月至2003年2月	
	副县长	陈楠珍	女	汉族	贵州都匀	1998年3月至2003年2月	
	副县长	刘建民	男	汉族	湖北	1998年3月至2003年2月	
	副县长	胡晓剑	男	汉族	贵州龙里	1998年3月至2003年2月	
	县长	王振金	男	汉族	贵州瓮安	2002年3月至2003年2月	
第十四届	县长	王振金	男	汉族	贵州瓮安	2003年2月至2006年5月	
	副县长	刘建民	男	汉族	湖北	2003年2月至2007年1月	
	副县长	林礼正	男	汉族	贵州龙里	2003年2月至2007年1月	
	副县长	杨光林	男	苗族	贵州龙里	2003年2月至2007年1月	
	副县长	黎燕萍	女	苗族	贵州都匀	2003年2月至2007年1月	
	副县长	张飚	男	布依族	贵州龙里	2003年2月至2007年1月	
	副县长	吴俊	男	汉族	贵州都匀	2006年5月至2006年12月	
	副县长	罗俊	男	布依族	贵州贵定	2004年6月至2006年12月	
	副县长	万明长	男	汉族	贵州仁怀	2003年2月至2003年2月	挂职
	副县长	吴涛	男	汉族		2005年12月至2006年12月	挂职
	副县长	黄铭铸	男	汉族		2006年4月至2007年4月	挂职
	副县长	王永坤	男	汉族	贵州龙里	2006年4月至2007年1月	

续表

	职　务	姓　名	性别	民　族	籍　贯	任职时间	备　注
第十四届	副县长	毛有智	男	汉族	贵州贵定	2006年12月至2007年1月	
	副县长	兰顺锋	男	苗族	贵州龙里	2006年12月至2007年1月	
	副县长	肖　红	女	汉族	贵州安顺	2006年12月至2007年1月	
	县长助理	张忠庆	女	汉族	贵州龙里	2004年1月至2006年12月	
	县长助理	宋恒兴	男	汉族	江西上饶	2004年1月至2006年12月	
第十五届	县　长	罗　俊	男	布依族	贵州贵定	2007年1月至2008年12月	
	副县长	毛有智	男	汉族	贵州贵定	2007年1月至2008年12月	
	副县长	兰顺锋	男	苗族	贵州龙里	2007年1月至2008年12月	
	副县长	王永坤	男	汉族	贵州龙里	2007年1月至2008年12月	
	副县长	张　飚	男	布依族	贵州龙里	2007年1月至2008年12月	
	副县长	肖　红	女	汉族	贵州安顺	2007年1月至2008年12月	
	副县长	李风华	男	汉族		2008年4月至2010年4月	挂职
	副县长	杨传柱	男	侗族		2008年4月至2009年4月	挂职
	副县长	吴长辉	男	汉族		2008年4月至2009年4月	挂职
	副县长	文　敏	女	汉族		2008年4月至2009年4月	挂职
	副县长	向　虹	女	汉族		2007年7月至2008年7月	挂职
	副县长	杨占乾	男	汉族		2009年8月至2010年8月	挂职
	副县长	郭　丽	女	汉族		2009年8月至2010年8月	挂职
	副县长	王文旭	男	汉族	贵州福泉	2007年12月至2010年12月	
	副县长	王明友	男	汉族	贵州龙里	2009年8月至2010年12月	
	县长助理	张忠庆	女	汉族	贵州龙里	2004年1月至2006年12月	
	县长助理	宋恒兴	男	汉族	江西上饶	2004年1月至2006年12月	
	县长助理	聂　敬	男	汉族		2009年8月至2011年8月	挂职

第二节　县人民政府会议

县人民政府实行县政府全体会议、县政府常务会议、县政府县长办公会议、县政府县长碰头会议、县政府专题会议制度，有关会务工作由县政府办公室负责。

县政府全体会议根据会议主持人意见可以印发会议纪要，由县政府办公室副主任审核，会议主持人签发；县政府常务会议和县政府县长办公会议、县政府县长碰头会议须形成会议纪要，由县政府办公室副主任审核，由县长或常务副县长签发；县政府专题会议形成的议定事项原则上须形成会议纪要，由县政府办公室副主任审核，会议主持人签发；县政府办公室主任、副主任受委托召开的县政府专题会议，会议纪要须由委托的县长或副县长审定同意后印发。

政府系统会议管理实行会议审批制，凡以县政府名义召开的会议，统一由县政府办公室按有关规定办理；应由县政府有关部门召开的会议，一般不得以县政府或县政府办公室名义召开，确需乡（镇）政府负责人参加会议的需报县政府批准。自2007年7月1日起，试行《龙里县人民政府工作规则》，其中规定：会议实行签到制，无故缺席或中途退场的由县政府办公室通报批评，并给予经济处罚（由县财政局根据县政府办公室提供的名单直接从无故缺席或中途退场部门的预算经费中按1000元/次的标准扣入财政专户）。

一、县人民政府全体会议

县人民政府全体会议，由县长、副县长和县政府组成部门的主任、局长组成。必要时召开扩大会议，扩大参加人员范围。会议议题由县长确定，由县长或常务副县长召集和主持。县政府全体会议原则上每半年召开一次，必要时由县长决定随时召开。

二、县人民政府常务会议

县人民政府常务会议，由县长、副县长和县政府办公室主任组成，县政府副调研员、县长助理，县人武部长，县政府法制办主任、县财政局长、县审计局长、县监察局长、县政府办公室副主任列席。必要时县信访办主任列席。县政府常务会议议题涉及县政府有关部门的，其主要负责人列席相关议题的讨论。邀请县人大、县政协联系领导及有关专家列席。县政府常务会议由县长决定召开，由县长或常务副县长召集和主持。县政府常务会议在组成人员超过半数时方能召开，一般每半月召开一次，如有需要可临时召开。县政府常务会议贯彻民主集中制的原则，实行行政首长负责制。

凡属县政府常务会议议事范围的问题和事项，均由县长或副县长提出，由县长审定。县政府部门以及乡（镇）政府提出议题，须按程序审查后方列入会议议题。提交县政府常务会议讨论研究的议题，事前必须做好调查研究和充分准备。涉及多个部门的，须在会前征求有关方面的意见。需要协调的，先由牵头部门协调，仍有分歧的，再由分管副县长或常务副县长协调。提出议题的部门要形成简明扼要的书面材料。拟提交议题的部门须先将议题材料送县政府办公室按县政府办公室分管副主任、主任、副县长的顺序送审。属规范性文件的议题，必须由县政府办公室主任商转县政府法制办公室审查，县政府法制办公室出具书面意见提交县政府办公室主任审核后，方列入县政府常务会议预备议题。县政府办公室排出预备议题，由县长或主持工作的常务副县长审定后，正式列为县政府常务会议议题。

县政府常务会议议题一经确定，一般不再追加；非紧急事项不临时改动；分管副县长不能参加会议的，一般不研究其提出的议题。县政府常务会议实行候会制。议题涉及的部门负责人在县政府办公室等候，根据议题进程由办公室通知进入会场。议题涉及部门负责人不得带随员进入会场，需带随员进入会场的，会前须经会议主持人同意。

部分会议简况：

1993年5月5日议定：实行行政事业单位财政包干和企业股份制试点，推行公费医疗制度和住房制度改革。实施公费医疗改革，按照国家、集体、个人合理负担医药费用的原则，综合考虑国家利益、医疗单位利益和职工个人承受能力。

1993年5月25日议定：解决财政支大于收的问题。要求开源节流，鼓动各单位兴办经济实体，增强自身造血功能；行政事业单位采取预算包干、包死基数、结余留用、超支不补的办法，政府不受理超支报告；对超编人员只报工资，其他经费自行消化，下年不再发工资；改革财政制度，将部分全额预算单位改为差额预算单位，将部分差额预算单位改为自收自支自理单位。

2000年5月10日议定：聘请专家帮助指导县城规划；成立旅游管理筹备组，筹建旅游局，规划景区，明确管理负责人；通过创建文明先进县方案。2001年9月17日议定：建立工业发展基金，加大招商引资力度，增强发展工业经济的合力；坚持抓好工业园区建设，抓住构筑“六大”工业支柱不放，下大力扩大工业经济规模，壮大工业经济总量，提高工业经济质量；加大企业改革改制力度，盘活存量资产，使困难企业尽快走出困境。

2002年1月16日议定：8项重点工作——以农业产业化建设为主线，拓宽群众增收致富渠道；坚持工业强县、工业兴县的指导思想，努力增加工业经济总量，提高质量；加大城镇建设力度，夯实经济社会发展基础；抓好以旅游业为主的第三产业发展，积极培植新的经济增长点；努力开发新的财源，促进财税稳定增长；抓好社会治安综合治理，确保一方稳定和平安；切实抓好计划生育，确保人口计划的完成；统筹兼顾，推进社会各项事业全面发展。

2003年6月16日议定：《州县共建龙里工业园区协议》签订后，请州资本营运公司牵头，州财政局、州经贸局参加，共同制定龙里工业园区资本营运公司具体运作办法，建立灵活的运作机制。2003年6月23日议定：根据县第十四届人代会第一次会议人大代表提出的关于县城河道治理和修建县城冠山公园的议案，河道治理要做好规划及争取上级项目资金，抓紧规划设计冠山公园。

2006年3月6日主要议题：讨论《龙里县国民经济和社会发展第十一个五年计划纲要》《中共龙里县委、龙里县人民政府关于推进社会主义新农村建设的实施意见》。2007年1月30日议定：开建水堤阁至高等级公路连线路段，启动环北线道路建设和老年活动中心建设。

三、县人民政府县长办公会议

县人民政府县长办公会议，由县长、有关副县长，县政府办公室主任、副主任，县政府有关部门主要负责人组成。县政府县长办公会议不定期召开，由县长或主持工作的常务副县长召集和主持。县政府县长办公会议工作程序参照县政府常务会议工作程序执行。

部分会议简况：

1994年8月22日议定：夺取秋粮全面丰收，抓好秋种和烤烟收购；保证人口计划的全面完成；实施以工代赈项目；抓好城镇交通秩序整顿；完善百货公司经营机制；抓好住房制度改革，逐步向纵深健康发展。1997年5月23日：传达全州公务员过渡及职称工作会议精神；决定开通取用岔河水源，缓解县城用水紧张困难。

1997年7月7日议定：8月5日前国道321线过境段路面完工验收，兴龙大道从火车站到人民路一段水泥路面9月1日前完工。1999年1月11日：总结1998年全县经济社会发展工作，安排部署1999年经济社会发展工作；研究1999年烤烟生产和1998年大中专毕业生分配问题；通报1998年度工业生产情况；研究粮食流通体制改革，城建“创卫”，计划生育等工作。

1999年11月25日：提出青龙路建设方案。2008年1月7日议定：通过《2007年政府工作报告（送审稿）》；科学合理搞好2008年财政预算编制工作，按照“一吃饭，二建设”的原则，保工资、保运转、保重点项目建设和重点工作，体现奖勤罚懒，对不作为、乱作为的不仅在人员、车辆、办公配置方面进行限制还要追究责任。

2008年2月15日议定：根据2007年冬旱，连接2008年初凝冻灾害，人人受灾、行行受灾、业业受灾的实际情况，自力更生，迅速掀起灾后重建工作的热潮；围绕第十五届县人大二次会议和全县经济工作会议确定的目标任务，全面启动本年各项工作，加速贵龙城市经济带建设。认真统计，抓好群众生产生活的安排；抓好农、林、牧生产恢复；帮助企业全面恢复生产；重典治乱，维护社会稳定；加大资金筹措和监管力度；强化内外宣传报道；进一步完善应急体系建设。

2008年5月19日：议定非法煤窑整治有关措施；制定城区殡葬改革方案；通报全县部分单位超标购置小汽车情况。2008年5月29日，县长罗俊带领有关单位到洗马镇现场办公议定：立足当前，狠抓常规工作不放松；着眼长远，进一步完善小城镇建设规划；加强协作扶持推进洗马小城镇建设。

四、县人民政府县长碰头会议

县人民政府县长碰头会议，由县长、副县长、县政府副调研员、县人武部长和县政府办公室主任、副主任、县政府法制办主任，以及有关部门的主要负责人组成。县政府县长碰头会议一般由县长或县长委托常务副县长主持，在县政府常务会第二个星期召开，每半个月召开一次。县政府县长碰头会议以《县长办公会议纪要》作为纪要。

五、县人民政府专题会议

县人民政府专题会议，由县长、副县长召集或县长、副县长委托县政府办公室主任、副主任召集，县政府有关部门负责人参加。涉及两位以上副县长分管工作的，可共同召集会议。专题会议根据需要随时召开。凡属县政府专题会议议事范围的问题和事项，县长或分管副县长可决定召开县政府专题会议进行研究；有关部门和单位提交讨论的问题和事项，须经县政府办公室主任审查后交县长或分管副县长审核，也可召开县政府专题会议进行研究。

部分会议简况：

1991年11月5日，猴子沟自然保护区管理工作会议议定：明确猴子沟开发、利用和环保的价值定位；采取有效措施严加管理，严禁各种破坏行为；严禁任何个人或单位进入保护区溶洞，必须进入者须经管理委员会批准，在保护区内开发矿产修路必须经管委会审查、县政府批准；成立以陈廷贵为主任的管理委员会；猴子沟的保护工作由县公安局龙山镇派出所负责。

1998年1月23日，农业资源综合分析会议：审议通过县经济信息项目报告和县农业资源综合分析工作方案、研究提纲、专题报告；安排土地资源情况及趋势，农业生态环境，养殖、种植情况和科技推广，林业、水资源、气候情况，农产品供求、矿产资源开发、烤烟生产、农用物资供应等专项调查分析工作。

1998年11月16日，推进“两基”“义教工程”和“安居工程”会议议定：加大力度确保入学及其巩固工作，清理教育乱收费，对困难学生采取“四个一点”（县补一点，乡补一点，学校免一点，学生交一点）的办法；1999年3月召开教育工作会，进一步安排部署迎接1999年州对县“两基”达标验收工作。2006年12月31日，重点工程安排会议定：2007年要抓住“两基”迎国检机会，抓好龙里中学和城关三小扩建、职业中学建设、龙里民中与龙山中学资源整合。

2007年5月18日，城区河道治理会决定：通过招标谈判，确定城区河道防洪治理工程勘察设计单位。11月2日，炸封小煤窑会议议定：开展一次大规模的炸封小煤窑行动，以乡镇属地为主，乡镇组织炸封小煤窑，从重处理屡封不止的小业主。12月29日，对《龙里县土地利用总体规划修编大纲（2006—2025年）》进行初步审查，会议形成决议：原则同意该大纲；根据贵龙城市经济带构想完善醒狮镇区域修编，向东延伸水场乡工业小区，补充龙山北部工业聚居区可建设用地界线范围。

2008年1月10日，铁路建设会议定：龙羊公路立交桥项目建设拆迁安置补偿，环南路安置地确定，谷脚、水场集中安置地建设等事宜。1月24日，抗凝冻紧急会议议定：想尽一切办法保障通信、电力、道路畅通；想尽一切办法保障物资供应、物价稳定；想尽一切办法确保社会稳定；想尽一切办法救助农村困难群众和滞留旅客。3月28日，出生人口性别比综合治理会议定：开展关爱女孩活动；加大对非法堕胎、非法生育和溺弃女婴等行为的打击力度；加大出生人口性别比督察考核，努力营造良好治理环境，建全服务机制。4月11日，县城中学周边环境整治工作会议议定：整脏治乱办和卫生、工商、教育、城管部门采取疏堵结合方式，做好校园周边工作；中小学加强学生食品、交通安全教育，定期督查周边摊点；加强城关一、二小和老林业局路口交通管制工作。4月18日，发展茶叶会议议定：成立县政府主要领导为组长、乡镇分管领导为成员的领导小组，及时编制全县茶叶产业发展规划；围绕3000亩茶叶种植和5月都匀毛尖茶展销会开展工作；创新思维，整合资金和资源做大茶叶产业，新增茶叶种植点同时升级改造现有茶叶；从2008年起将茶叶产业发展相关费用纳入财政预算。10月20日议定：帮助红狮水泥厂解决前期工作中的水、电问题，争取11月以前开工。

第三节 施政纪略

1991—2018年，处于“八五”计划开始实施至“十一五”计划实施中期，改革开放全面推进和深化加速，县域经济社会实现持续、稳定、快速发展。县人民政府从第十一届到第十五届，团结带领全县各族干部群众，贯彻执行党的路线、方针、政策，坚定不移地以经济建设为中心，主动把握发展规律、创新发展理念、破解发展难题，坚持“抓住机遇、深化改革、扩大开放、促进发展、保持稳定”的总体思路，保障全县经济平稳快速发展，取得显著成就，跻身全省经济强县行列。全县基础设施全面加强，城镇化水平显著提高，城乡发展协调性不断增强，基本公共服务水平逐步提高，生态文明建设不断进步，民生改善力度不断加大，各项社会事业取得明显进步，人民生活水平不断提高，城乡面貌发生显著的变化。

一、扩大经济总量，增强综合实力

1991—2018年，贯彻落实改革、开放、搞活、稳定的方针，县域经济社会发展经历国家“八五”市场经济启动时期、“九五、十五”市场经济初步发展时期，“十一五”进入“城市化、工业化和农业产业化”成长快速期，县域成为黔中“区位凸显区、交通密集区、经济成长性潜在强势区、人居环境极佳宜居区和经济社会发展仍‘欠发达欠开发’区”，发展优势凸显。通过确立和实施一系列符合县情实际的发展战略和政策措施，经济体制改革步伐稳健，实现从计划经济体制向社会主义市场经济体制、从封闭半封闭向全方位开放的历史跨越，推进县域经济持续发展，由以农业为主转向以工业和第三产业为主，综合经济实力显著增强。积极推进发挥毗邻贵阳的交通区位优势，不断营造大开放、大招商、大发展的对外开放环境，大力发展以物流业、旅游业为主导的第三产业。通过不断深化改革和持续扩大开放，逐步建成“黔中科技工业重镇”“贵州山地农业基地”“黔中山地生态宜居新城”。

1991年，全县生产总值1.63亿元，人均生产总值925元；三次产业结构比为53.11：28.13：18.76；全县财政总收入1040万元，财政总支出1513万元。1992年贯彻落实邓小平视察南方重要谈话精神，围绕加快改革开放步伐加速经济发展若干问题出台十二个方面44条政策意见，进一步解放和发展生产力。顺应改革深入和市场发展，对国有企业生产、经营、物价、用工、分配放开搞活，对经济开发试验区与地方合资免收一切土地费用，减半收取产品税、增值税、营业税及3年内免征所得税。1995年起，对发展非公有制经济实行“五不限五给”（不限发展比例、不限发展速度、不限经营方式、不限经营规模、不限经营范围，政治上给地位、政策上给优惠、服务上给方便、发展上给扶持、经营上给指导），推动综合改革深入发展。1996年制定《龙里县综合改革试点总体方案》，明确各项改革目标要求和保障措施，推进实施农村改革，加快企业体制改革，发展乡镇企业和非国有经济，调整产业结构，种养加一条龙、贸工农一体化，走集约型、规范化的市场经济路子。

1999年出台《关于创建科技工作先进县的决定》《关于实施科教兴县战略的决定》，围绕贯彻落实国家、省、州科教战略，出台六个方面21条措施，推进加快经济振兴和社会进步。2004年出台《关于加大力度实施西部大开发战略的意见》。2007年，根据县情变化的实际，调整优化招商引资政策，实行“销售公司注册龙里、增加地方税收、环评达标、投资强度标定、保证金制度、项目开工限期、土地招拍挂出让、优先使用本地工、投资主体变更备案”的九条原则，拒绝一批高污染、高耗能、财政贡献率低、就业容量小的项目，逐步实现招商引资向更加注重质量、注重生态的方向转变。“十一五”期间，招商引资到位资金累计达39.99亿元，是“十五”时期的3倍。2008年，全县生产总值达到22.98亿元，人均生产总值1.18万元；三次产业比例从2000年的20.82：62.22：16.96优化为13.92：66.71：19.37，第一产业比重大幅度下降，第二产业占据经济主导地位，第三产业迅速发展成为拉动经济增长的主导力量；地方财政总收入2.46亿元，财政一般预算支出3.92亿元。

二、改善生产关系，发展农村经济

1991—2008年，实行家庭联产承包责任制、统分结合双层经营体制，稳定和完善农村土地承包关系，改革农产品价格体系，完善流通体系、农村社会化服务体系，推行农村税费改革，取消农业税，实施退耕还林和集体林权制度改革，发放水稻良种补贴、农机补贴，逐步实施土地流转，妥善安置失地农民。随着一系列的强农惠农改革政策措施的落实，农业生产关系得到改善，生产积极性得到提高，有力推动农业经济持续稳定发展。

1991年，全县农林牧渔业总产值1.14亿元、增加值8507.1万元，粮食产量5.63万吨、蔬菜产量2.18万吨、大牲畜存栏5.17万头、肉类总产量3800吨。1995年，杂交水稻和杂交玉米推广面积分别达8.3万亩和4万亩，温室两段育秧和水稻宽窄行栽培均达90%以上，基本实现种子优良化、移栽规范化。1998年完成农村第二轮土地延长承包期工作。2000年以后逐渐形成粮、烟、畜、菜、果、药、工七大助民增收产业。其中商品蔬菜产业带遍布全县，交通要道及与贵阳毗邻乡镇以生产鲜销型精细蔬菜为重点，形成精细特色蔬菜产业带；交通相对落后的乡镇以生产外销型精细类和加工型蔬菜为主，形成加工型蔬菜产区。

“九五”“十五”期间实施退耕还林、天然林资源保护、石漠化综合治理、通道绿化、城乡绿化一体化等林业生态工程，营造林4.42万公顷，“四旁”植树、义务植树350万株，森林资源得到恢复和增长。2006年完全取消农业税、屠宰税、牧业税、农林特产税，显著减轻农民负担。2008年推行农村集体林权制度改革。

20世纪90年代，逐步利用退耕还林、植被恢复、石漠化综合治理等林业项目实施人工种植刺梨产业化经营，全县刺梨产业迅速进入规模壮大、品牌优化、质量稳定、效益提升阶段。2008年，县境人工种植刺梨超过1万亩，谷脚镇茶香村成为贵州省集中连片最大的人工种植刺梨生产地。2008年，全县农林牧渔业总产值达到6.3亿元、增加值3.2亿元，粮食总产量9.15万吨、蔬菜产量12.89万吨、大牲畜存栏5.36万头、肉类总产量6878吨。

三、发展工业经济，繁荣非公经济

通过全面推进和深化加速改革开放，使地方工业焕发生机，非公有制企业的迅速崛起打破国有经济一统天下的局面，形成各种经济成分并存发展的格局，轻重工业不断协调发展，工业经济主导地位逐步显现。20世纪90年代，在经济紧缩政策调整、经济环境宽松、深化改革条件较好的背景下，全县乡镇企业发展异军突起，成为农村富余劳动力就业的主要渠道和农村经济增长的主要力量，形成闻名省内的“龙山模式”。

1991年全县乡镇企业1440家，总产值4773万元；工业总产值6590万元，规模以上工业企业23家，规模以上工业总产值3894万元；年产值百万元以上的企业10余家，初步形成化工、冶金、机械、建材、轻工等基础产业。1992年引进贵州神奇制药厂，1994年引进贵州正大实业公司、中国五矿龙达铁合金厂。随着一批重大企业的发展壮大，建立龙山、谷脚两个工业园区。2000年，龙山、谷脚两个工业园区共有工业企业120多家，其中上规模企业7家，总产值占全县工业总产值的63.5%。2006年全县规模工业企业达16家，全县26家国有企业全部完成改革改制。

改革开放和西部大开发中，注重发展民族医药产业，自神奇、富华开始，民族医药企业相继落户县境，逐步形成以谷脚镇为主要聚集地的龙里医药工业科技园区。1997年园区由省政府命名“贵州省谷脚医药城”，2001年获农业部命名“全国乡镇企业科技示范园区”，2005年升级为“省级开发区”并规划为贵州省上100亿元产值的工业园区之一。2003年举办首届中国贵州龙里苗医药文化博览会暨全国苗医药学术研讨会。2005年医药企业增至18家，医药工业总产值达8亿元，占全省医药工业总产值的10%；全县苗药系列产品获国内国际奖励增至50余项，出口销往30多个国家和地区。2005年承办中国少数民族成药产业发展研讨会、中国少数民族成药产品展示会暨第二届中国贵州龙里苗医药文化博览会。

2008年，全县16家规模以上工业企业累计完成总产值29.12亿元，实现增加值10.22亿元，与1978年全部工业总产值669万元，其中规模以上工业总产值212万元相比较，改革开放30年间实现规模以上工业总产值增长1373倍。“十一五”期间先后关停一批产能落后、高耗能、高污染的企业，引进长通集团、红狮水泥、恒力源等一批重点企业，全县工业企业增至123家，其中规模以上21家，实现主导产业由冶金、医药、化工向医药、建材、机械、食品加工的转变，形成医药、冶金、建材三大支柱产业。2008年，全县工业总产值32.72亿元，是1991年的近50倍。

四、夯实发展基础，改善城乡面貌

1991—2008年，着力于优化城乡基础设施配置，改善城乡基础条件，服务地方经济发展的大局，坚持城乡统筹、以城带乡的发展思路，积极推进城镇化建设。大规模的固定资产投资，加强基础产业、基础设施的建设，不断消除对经济社会发展的“瓶颈”制约，支撑经济增长能力不断增强。加速城镇化进程，改变城乡贫穷落后的面貌，产业发展条件和人民群众生活环境不断改善。

1991年，全县城镇固定资产投资619万元，公路通车里程480公里，民用车辆300辆，货物运输量29.51万吨，固定电话用户676户。2007年末，完成国家电网的扩建和改造，实现村村通电；在交通方面形成铁路、公路交通网，实现村村通公路；邮电通信事业迅速发展，开通程控电话、数字传输和互联网；全县固定电话用户达1.13万户，移动电话用户达3.71万户，实现移动信号村村通。2008年，全县固定资产投资总额12.26亿元，公路通车里程765公里，民用车辆596辆，货物运输量91万吨。

1995年完成县城西环线改道，1996年县城西关坡降坡与兴龙路工程动工，2000年以后城市路网和各项市政设施建设加快发展。2005年全县城市化率24%，城镇居民人均住房16.3平方米。2006年基本建成县城市民广场、金龙路和腾龙路，完成对北门街、解放街、民主街道路的改造，对县城原酒厂、金龙路片区实施整体开发。2008年县城贯城河治理和污水处理厂工程开工。“十一五”时期实施旧城区改造，建成西关坡、草原路、环南路、大冲等安置区，新建商品房76.15万平方米，城市人均住房面积从2006年的18平方米增至29平方米。

根据全省“十一五”规划中建设“贵阳城市经济圈”的发展思路，顺应区域城市组团式发展、区域城市经济圈和产业集群式发展的趋势，论证提出“城市经济带动战略”发展思路，2006年10月具体化为“贵龙城市经济带”建设构想。“十一五”期间组织编制《龙里县县城总体规划（2009—2030年）》《龙里工业园区扩区规划》以及一批重点城镇规划等一系列规划，县城规划控制区扩增至191.58平方公里，确立“双核、四心、多点”的新型城镇体系，规划形成“一城二区八片”的格局，推进重点领域和重点产业基地规划建设。

村镇建设方面，2000年龙山镇被评为“全国创建文明村镇工作先进单位”，被省委评为“全省两个文明建设红旗乡镇”。2003—2006年，以“五改三建一倡导，十星六化两提高”为载体和内容，在全县农村开展统筹城乡协调发展创建“文明新村”活动。至2006年，共实施220个自然村寨的文明新村创建工程，受益农民占全县农村总户数和总人口的25.6%和26.4%。2008年，基本实现全县30户以上的自然村寨基本建成“文明村寨”。

五、实施扶贫攻坚，改善人民生活

1991—2008年，不断发展工农业生产，提高商品供应能力，促进消费市场逐步实现从计划经济向市场经济的转变，着力推进形成多种经济成份、多条流通渠道、多种经营形式并存的消费市场体系。从农村土地包产到户的靠天吃饭，到用工业理念推动农业农村发展，实现由一个落后的农业县到工业强县的重大转变。

1991—2000年，克服地方经济基础薄弱的困难，不断增加投资、扩大规模、创新形式，推进扶贫开发，创办县、乡部门单位挂钩扶贫联系点。2001年启动新阶段扶贫开发工作，确定全县贫困乡6个，贫困村71个，以26个一类贫困村为重点着力从改善贫困群众的基本生存条件、拓宽基本增收门路、提高基本素质的“三基本”入手，通过采取办点示范、典型引路、社会帮扶等措施开展扶贫开发工作。1991—2008年，结合实际不断调整优化农业农村规划区域，划分为3个一级区和2个二级区。2001—2008年，全县农村扶贫攻坚共计实施整村推进、技能培训等项目300余个，投入各类扶贫资金3300余万元，贫困人口3.8万人增收脱贫。2003年开始按照“因地制宜、分类指导、突出重点、非均衡推进”的原则开展小康户、小康村、小康乡镇创建活动。2006年开始启动新农村建设试点工作，全县每年选择3个左右的建制村进行社会主义新农村示范建设。

一方面，提高收入水平。1991年农民人均纯收入545元，农民人均生活消费支出365元，其中食品支出212元。2000年农村常住居民人均可支配收入1375元。2005年，最后1个一类贫困乡（摆省乡）、10个一类贫困村越过温饱线。2008年，全县在岗职工8100人，在岗职工年平均工资2.05万元；农民人均纯收入3005元，农村居民家庭的恩格尔系数为50.80%，解决了温饱问题。另一方面，培育消费市场。2007年社会消费品零售总额25815万元，其中批发零售贸易业21317.5万元、餐饮业3825.5万元。2005年，投资规模500万元以上的休闲度假村增至10家，“十一五”期间累计接待游客366.93万人次，旅游业综合收入12亿元，是“十五”时期的4.61倍，旅游业逐渐成为服务业龙头。

六、发展社会事业，构建和谐社会

1991—2008年，坚持“一手抓经济建设，一手抓社会事业发展”，逐步落实关注民生、构建和谐的政策措施，推进各项社会事业全面进步。实施科教兴县和人才强县战略，加大以教育为重点的社会事业发展，推进九年义务教育、教育“9+3”计划，优化中小学布局调整，调动社会办学积极性，落实义务教育优惠助学政策，不断提升巩固学前入园率、义务教育入学率、高中教育入学率。“基本普及九年义务教育、基本扫除青壮年文盲”工作经过“5年启动打基础、4年复查验收准备、6年巩固提高”，于1999年通过省政府验收，2009年通过国家督导检查。龙里中学成为省级示范高级中学，先后被评为“贵州省普实示范校”“‘全国教育科学十五规划国家重点课题——整体构建学校德育体系深化研究与推广’实验先进学校”等。2006年开始，对农村学生实行免除学杂费、教材费并对寄宿生进行生活费补贴等“两免一补”政策。

逐步建立和实施下岗职工基本生活保障、失业保险、城市居民最低生活保障的“三条保障线”制度。城乡社会保险中的医疗、工伤、生育、养老等险种业务分别于2002年、2004年、2007年启动实施。2007年开始建立农村居民最低生活保障制度，当年城乡居民保障受益群众达19276人。2007年参加医疗保险的职工达8401人。不断健全社会医疗保障体系，不断扩大基本养老、失业、工伤和生育等保险覆盖受益范围。2007年全县人口自然增长率3.8‰，比1978年下降8.5个千分点。从“鼓励一对夫妇只生育一个孩子”到“提倡一对夫妻生育两个子女”，人口质量得到提升。“十一五”期间启动国家基本公共卫生均等化服务项目和重大公共卫生项目，全面推开公立医院综合改革，医疗保障制度得到建立健全。自2007年起全面实行新型农村合作医疗，有效解决看病难问题。

第四节　县人民政府工作机构

一、2004年机构设置

2004年推行机构改革，县政府工作机构设置直属工作部门27个、议事协调机构1个、受政府委托行使部分行政职能的事业单位4个。

县政府直属工作部门有：县政府办公室（含国防教育、外事、侨务、人防等工作；法制办公室设在县政府办）、县发展和改革局、县经济贸易局（含非国有经济管理和招商引资工作，挂非公有经济发展促进局和招商引资局牌子）、县教育局、县科学技术局、县民族宗教事务局、县公安局（含国家安全工作）、县监察局（与县纪律检查委员会机关合署办公，不占政府机构限额）、县民政局（老龄工作委员会办公室设在民政局）、县司法局、县财政局（含国有资产管理工作）、县人事劳动和社会保障局、县国土资源局、县建设局、县交通局（含战备支前运输工作）、县水利局（含小水电建设和防汛抗旱工作）、县农业局（含农机、畜牧、水产、饲料工作）、县林业局、县环境保护局、县卫生局（含爱国卫生工作）、县人口和计划生育局、县审计局、县统计局、县粮食局、县乡镇企业局（加挂煤炭工业管理局牌子）、县文体广播电视局（挂新闻出版局、版权局牌子）、县物价局（物价检查所与其合署办公，一个机构两块牌子，不占政府机构限额）。

县政府议事协调机构有：县农业办公室（农业综合开发办公室、扶贫开发办公室）。

受县政府委托行使部分行政职能的事业单位有：县旅游事业管理局、县档案局（与档案馆实行局、馆合一体制，一个机构两块牌子）、县供销合作社联合社、县安全生产监督管理局。

二、县政府工作机构沿革

县政府办公室　2004年1月设立县人民政府督查室、县人民政府驻上海工作处、县人民政府智力支边办公室。2005年5月设立县人民政府国防教育办公室。2005年6月设立县人民政府法制办公室，规格为正科级，设在县政府办，行政编制2名，参照公务员管理事业编制2名，配备主任1名、副主任1名；2005年增设综合股、行政复议应诉股。2007年设立县人民政府应急管理办公室。

县发展和改革局　1981年成立县计划委员会经济协作办公室、县经济委员会。1992年建立县经济体制改革委员会，为局级行政机构，进入县政府机构序列，编制4名；同年成立县对外经济协作咨询服务部和旅游服务部，两项业务、一套人员，为独立核算自负盈亏事业单位，隶属县经协办。2004年县发展计划局更名为县发展和改革局，划入县政府法制体改办公室有关经济体制的职责，内设综合股（含国防动员委员会国民经济动员办公室）、重点项目稽查办公室（含铁路建设领导小组办公室），行政编制6名，工勤编制1名，配备局长1名、副局长2名；县信息中心为局属正股级事业单位，参照公务员管理编制2名；县实施西部大开发战略领导小组办公室、县大花水电站项目建设移民工作领导小组办公室设在县发展和改革局。2006年县信息中心增加事业编制2名。

县经贸局 1982年县工办改为县经济委员会，恢复县人民政府财贸办公室。1984年撤销县人民政府财贸办公室。1992年成立县三联建材厂，为联营性质，隶属县经济委员会领导。1994年3月，撤销县经济委员会、县对外经济技术协作办公室，合并组建为县经济贸易局；撤销县商业局、县物资管理局的行政序列建制，分别组建为县商业贸易总公司、县物资贸易总公司，原县商业局行政职能划入县经济贸易局；撤销县轻工局的行政建制，其职能并入县经济贸易局（内设综合股、工业管理股、贸易管理股），编制10名，配备局长1名、副局长2名。1995年县经贸局增设外经工作股。

2000年6月成立县招商引资局。2001年11月，县商业贸易总公司和县招商引资局并入县经济贸易局。2002年，县经济贸易局内设综合股、工业管理安全生产股、贸易管理股，行政编制9名，其中：局长1名、副局长3名，主任科员或副主任科员2名，正副股长3名。下设县招商引资局，事业编制5名；县商业贸易管理办公室，股级事业单位，编制3名；县城镇集体工业联社，事业编制4名。

2004年机构改革，保留县经济贸易局，含非国有经济管理和招商引资工作职能，挂县非公有经济发展促进局和县招商引资局牌子；内设综合股、贸易股，行政编制9名，工勤编制1名，局长1名、副局长3名。县招商引资局事业编制7名，工勤编制1名；县经济贸易局商业贸易管理办公室为股级事业单位，编制3名；县城镇集体工业联社事业编制4名。划入原县人事劳动和社会保障局承担的企业工资总额、经营者年薪和其他主要负责人工资标准审核职责；将县安委办及其职责，危险化学品经营资格审查、登记发证职责划入县安监局；将盐业管理职责划入县发展和改革局。

2006年成立县中小企业服务中心（正股级事业单位），编制5名。2004年单独设置县招商引资局，为县政府委托行使部分行政职能的正科级直属事业单位，内设办公室、业务股、行政服务中心（一站式服务大厅）及外来投资者投诉中心，核定编制12名（参照公务员管理事业5名、事业6名、工勤事业1名），配备局长1名、副局长2名。

县教育局 1979年成立县工农教育委员会，下设办公室在县教育局。1985年县教育局教学服务公司更名为县利民待青服务部（企业单位）。1989年县教育局撤销人秘股，设立办公室、人事股、保卫股。1991年，县教育局内设办公室、政工股、教研室、招生办、保卫股、教育股、基建财务股，设教育工会；设立县教育督导室，驻县教育局，规格为副科级，编制3名，设主任或副主任1名、工作员2名。1994年，县教育局与县科学技术委员会合并组建为县教育科技局。

1995年成立县教育科技局勤工俭学办公室，股级事业单位，编制3名；当年县教育科技局分设为县教育局、县科学技术局，县教育局内设人秘股、教育股、教育督导室、财建室、招生办公室，编制10名，配备局长1名、副局长3名；县科学技术局编制6名，配备局长1名、副局长1名。1996年县教育督导室更名为县人民政府教育督导室，副科级，挂靠县教育局。2002年县教育局从县职业技术学校调剂事业编制1名，配备为专职档案员。2004年县教育局增设副局长领导职数1名，明确勤工俭学办公室和县招生委员会办公室各1名事业编制参照公务员管理。2005年县教育局内设办公室，从县职业技术学校划转1名事业编制到办公室明确为事业工勤编制。2006年核定县人民政府教育督导室事业编制2名。

县科学技术局 1984年，县机构改革后，县科委由原来的部办级降为局级，延续至1993年，编制8名。1994年3月，县科委与县教育局合并，组建为县教育科技局。1995年8月，撤销教育科技局，分设教育局、科学技术局，县科技局内不设股，人员编制6名，局长1名、副局长1名。2002年1月，县党政机构改革后，保留县科学技术局，主管科技、知识产权和防震减灾工作，内设综合股，行政编制5名，事业编制2名，事业工勤编制1名。2004年，明确县科技局参照公务员管理。

县民族宗教事务局 1980年建立县民族事务委员会，从行政机关内调配编制3至5名。1995年县民族事务局加挂县宗教事务局牌子，两块牌子、一套人员。2002年县民族宗教事务局增加事业编制1名承担宗教工作，2004年明确参照公务员管理。2006年县民族宗教事务局更名为县民族事务局，加挂县宗教事务局牌子，增加副局长领导职数1名，内设民族事务股、宗教事务股。

县公安局 1980年分配县公安局行政编制6名，1981年增加2名。1982年，成立龙山、谷脚、洗马、羊场4个区公安派出所；省警察学校毕业分配龙里县编制1名。1987年县公安局设交通管理科，对外称交通警察队（股级，事业编制6名），1989年增加编制1名。1991年增设户政科（编制3名），区划调整后成立龙山镇等14个乡镇公安派出所，编制67名。1994年县交通警察中队更名为县交通警察大队（副科级），内设综合办公室，编制12名，配备大队长1名、副大队长1名。1994年成立县公安巡警队（事业单位），隶属县公安局，编制8名。

1995年，县公安局共有民警175人，局领导6人，当年成立公安巡警队（事业单位，编制8名）；撤销麻芝油库公安科，恢复保卫科；撤销中国人民解放军3537厂公安科，调整理顺为县公安局3537厂派出所，编制8名，设所长1名、指导员1名、干警3名。1996年县公安局增加编制10名（其中看守所2名），成立龙山交警中队、谷脚交警中队（股级，编制各3名）和县机关保卫科（隶属县公安局，挂靠县政府办，编制4名）。1997年建立刑警大队（副科级），同时撤销刑事侦查队、预审科，设置缉毒科（股级）。

1998年增加行政编制5名，1999年撤销禁毒科成立禁毒大队（副科级，编制10名，配备大队长1名）。2002年设立交警大队车管科。2003年，明确县公安局治安大队和各乡镇派出所为副科级机构；县公安局治安大队设大队长1名，内设治安管理科、户政管理科、内部单位保卫工作指导科；县公安局林业派出所更名为县公安局森林警察大队，升格为副科级，增加事业编制1名。

2004年，县公安局增加行政编制4名，用于充实一线和基层警力；县看守所升格为副科级，增加事业编制3名（其中医务人员2名），由县公安局监所大队长兼任所长，配备副科级指导员1名；县公安局禁毒大队加挂县禁毒委员会办公室牌子，两块牌子、一套人员，明确编制逐年增加为2004—2006年各2名、2007—2008年各1名，最终定编12名；明确县公安局森林警察大队5名事业编制参照公务员管理。2005年增加交警编制2名，森林警察大队6名地方自定编制纳入公安专项编制。2006年核定县公安局地方事业编制3名。

2006年，县公安局内设纪委（监察室）、政工科、办公室、法制科、装备财务科、公共信息网络安全监察科等6个职能科室，警务督察大队、国内安全保卫大队、刑事侦查大队、经济犯罪侦查大队、治安警察大队、防暴巡逻警察大队、禁毒工作大队、监所管理大队、交通警察大队等9个大队，及14个乡镇派出所，其中警务督察大队、刑事侦查大队、禁毒工作大队、监所管理大队、交通警察大队及派出所为副科级单位。核定行政编制117名，地方自定编制81名，副科级以上领导职数46名。核定局机关领导职数8名，其中局长1名、政委1名、副局长3名、副政委1名、纪委书记1名、政工科长1名；核定主任科员或副主任科员4名、公安系统正副科级侦查员4名。交通警察大队由差额拨款事业单位变更为全额拨款事业单位，内设一中队、二中队、三中队、综合办公室、车管科、后勤财务科。

2007年，从政工科和治安警察大队各调剂1名编制单独设立出入境管理科（正股级），调整后政工科编制减至2名，治安警察大队编制减至8名。2008年，县公安局共有内设队、室及乡镇派出所27个机构，核定编制184名（实有183人），其中公安政法专项编制175名（含交通警察大队执法编制16名），事业工勤编制9名；下达核定森林警察大队政法专项编制8名，刑事侦查大队增设有组织犯罪侦查中队（正股级）。

县监察局 1988年6月，成立县监察局，属政府系列，正科级单位。1993年6月起，县纪委与县监察局合署办公。

县民政局 1985年，分配给龙里县军队离休退休管理服务工作事业编制1名，为国务院批准下达专项指标，专人专用，不能因此减少民政部门应有的编制或精简机构而裁减。1989年，县民政局所属事业单位有皮防站、殡仪馆，编制共9名。1995年设置县民政局殡葬管理所。1997年县民政局设置农村社会养老保险股，事业编制2名。2001年成立县民间组织管理所，由县民政局管理，股级事业单位，编制2名。2003年成立县民政局流浪乞讨人员救助站，正股级事业单位，编制3名，2004年明确2名编制参照公务员管理。

2005年，核定县民政局行政编制6名，工勤事业编制1名，配备局长1名、副局长2名，内设综合股（加挂县民间组织管理所牌子），下属事业单位（正股级）有：救灾救济办公室（编制3名，其中参照公务员管理1名）、军工优抚安置办公室（含县双拥工作领导小组办公室，编制2名，其中参照公务员管理1名）、婚姻登记管理所（编制2名，其中参照公务员管理1名）、殡葬管理所（编制2名）。2006年，县救灾救济办公室加挂县城市最低生活保障办公室牌子并增加事业编制1名，2007年事业编制由原有的4名增至14名。

县司法局 1980年，分配县司法局助理员编制8名（其中可从企、事业和非使用行政编制单位调入3名）。1992年，明确县公证处、律师事务所为副科级单位。1994年县司法行政机关增编6名，编制总数达到控制数26名。2005年增设县依法治县领导小组办公室主任领导职数1名（副科级）。2006年核定县司法局事业工勤编制2名。

县财政局 1980年，恢复农业税编制2名，在财政部门设立农业财务股。1982年恢复县财办。1985年，县财政局内设人秘股、农财股、企财股、区乡财政管理股。1986年县财政局设由中央财政拨付国库券推销经费保障的事业专职人员1名，国库券停止发行时编制和经费相应取消。1988年成立县财政信用资金管理所，事业性质，编制3名。1989年，县财政局事业编制共33名，局属机构有国库券推销办、行财股、预算外资金管理股、资金管理所和龙山镇、龙山区、羊场区、谷脚区、洗马区5个区（镇）财政所，另有农业税干、财政驻厂员。

1992年，在县财政局建立县国有资产管理办公室，为二级局规格，编制3名。1996年，县财政局增设会计事务股，编制3名。2001年在县财政局成立县会计统管统派中心，为副科级事业单位，配备主任或副主任1名；当年在县财政局成立县政府采购办公室，事业编制3名，配备办公室主任或副主任1名。2002年，县财政局设立行财股，新增事业编制2名。2003年县会计统管统派中心更名为县会计中心，增加事业编制1名。

2004年，县会计中心新增事业编制2名，从乡镇财政所划入参公事业编制4名，又明确4名事业编制参照公务员管理；同年明确县政府采购办3名事业编制参照公务员管理。2004年，县财政局成立财政监督检查股，事业编制3名；同年县政府不再设置国营资产监督管理机构，相应职责仍由县财政局负责。

2005年，从麻芝乡、三元镇财政所各划转1名参照公务员管理编制到县财政局财政监督检查股，从湾寨、羊场、谷脚、巴江4个乡镇财政所各划转1名参照公务员管理事业编制到县会计中心。2006年，县会计中心内设办公室、业务股、稽核股，增设副主任领导职数1名，2007年事业编制由原有的12名增至22名。2007年，由县中医院划转事业编制4名成立县基层财政管理局，为县财政局管理的正股级事业单位，设局长1名（由县财政局副局长兼任）、副局长1名（股级）。

县人事劳动和社会保障局 1978年10月县劳动工资局改为县人事局。1984年2月由县人事局和县劳动局合并为县劳动人事局。1994年3月，县劳动人事局更名为县人事劳动局。2000年6月，成立县社会保险事业局，为县人事劳动局管理的副科级事业单位，负责全县机关、事业、企业单位的社会保险及医疗保险工作，编制12名，配备局长1名（副科级，由县人事劳动局副局长兼任）、副局长1名（股级）。2002年1月，县人事劳动局更名为县人事劳动和社会保障局，下设县社会保险事业局。2003年7月设立县社会保险事业局社会保险稽核办公室。2004年3月设立县社会保险事业局工伤保险办公室，8月核定事业编制12名（其中8名参照公务员管理）；12月成立县社会保险事业局养老保险办公室、机关保险办公室。2007年成立生育保险办公室，事业编制10名；9月，核定县社会保险事业局编制49名。2007年，县人事劳动和社会保障局下设县就业局。

县国土资源局 1986年成立县土地管理局，为二级局，委托县农牧局代管。1988年，核定县土地管理局事业编制16名，增设法规监察股、用地股、地籍股；建立县土地勘查规划站，为县土地管理局领导的事业单位；建立龙山镇和龙山区、洗马区、谷脚区、羊场区5个土地管理所。1989年县土地管理局所属土地勘察规划站编制2名，四区一镇管理所各1名，编制共18名（其中2名经费自筹）。1993年成立县土地开发中心，集体性质，独立核算、自负盈亏，归口县土地管理局领导。1996年县国土资源局设置土地测绘管理股。

2002年县国土资源局成立地质矿产管理股（行政编制1名），增加事业编制10名（其中局内设股室8名，乡镇所2名），土地执法监察股更名为执法监察股，成立执法监察大队（股级，与执法监察股合署，事业编制4名）；2003年成立县土地储备中心（股级），核定自收自支事业编制5名。2004年明确县国土资源局执法监察大队4名事业编制参照公务员管理。

2006年县国土资源局增加事业编制5名，加挂县测绘管理办公室牌子，增设人事教育股，内设办公室、地质矿产管理股、执法监察股（与县国土资源执法大队合署），核定行政编制6名，参照公务员管理事业编制9名，工勤事业编制2名，配备局长1名、副局长3名，主任科员或副主任科员职数2名；下设县土地开发中心、县土地储备中心，为正股级自收自支事业单位，编制各5名；各乡镇国土资源管理所为县国土资源局的派出机构，事业编制由原有的30名增至42名，核定每所事业编制3名，一并参照公务员管理。

县建设局 1982年11月撤销县计划委员会下设的基建办公室，整合设立县城乡建设环境保护局。1985年县城乡建设环境保护局所属的县自来水站（企业性质）、环管站、建筑公司划归龙山镇领导；成立县建筑工程质量监督站，受县城乡建设环境保护局领导，与原建立的县建筑施工队伍管理站实行一套人员、两块牌子管理。1988年县城乡建设环境保护局下设环境监理检测站（事业性质，编制3名，经费自筹），将县自来水公司和县环管站划归县城乡建设环境保护局管理。

1989年，县城乡建设环境保护局所属事业单位有规划设计室、环管站、施工管理站、环境监理监测站，又划入县地名普查办，编制共22名（其中16名经费自筹）。1990年县城乡建设环境保护局下设县村镇建设管理站（事业单位，编制2名）。1994年6月，县环境监测站划归县土地管理局，县城乡建设环境保护局更名为县建设局。1995年县建设局下设城建监察中队（编制6名，经费自收自支）。1997年县建设局建立城建监察管理中队，为自收自支事业单位，编制9名。

2005年，县建设局内设办公室、建设管理股、规划管理股，行政编制6名，工勤事业编制1名，配备局长1名、副局长2名。局属事业单位有：规划设计室（正股级，编制6名）、建筑工程质量监督站（正股级，与建设管理股合署，编制5名）、村镇建设管理站（正股级，与规划管理股合署，编制4名）、龙里猴子沟风景名胜区管理处（副科级，与县旅游事业管理局合署，编制5名，设处长1名由县旅游事业管理局副局长兼任），龙山、羊场、洗马、醒狮村镇建设管理所（均为正股级，每所编制3名）；局下属事业单位有：县公用事业管理局（副科级，下设园林绿化站、市政公用设施管理站、环境卫生管理站，编制26名，设正副局长各1名）、县城建监察大队（副科级，下设城建规划监察中队、市政园林绿化监察中队、市容环卫监察中队，编制18名，配备正副大队长各1名）、县房地产管理局。

2007年，县城建监察大队更名为县城市管理监察大队，划归县人民政府办公室管理，事业编制20名，配备大队长1名（兼任县人民政府办公室副主任，不增加县人民政府办公室的领导职数）、副大队长1名，大队下设机构事业编制为城建规划监察中队5名、市政园林绿化监察中队8名、市容环卫监察中队5名。

2008年，成立县城市公共客运交通管理局，为县建设局管理的副科级事业单位，内设办公室，核定事业编制10名，配备局长1名（副科级）、副局长1名（股级）。2008年，县公用事业管理局更名为县城市公用管理局，县城市管理监察大队由县政府办公室划归县城市公用管理局，恢复原城建监察大队，将城建规划管理职能划入城建监察大队，与县建设局规划管理股合署，核定事业编制7名，其中局长1名（高配为正科级，兼县建设局副局长、党组成员，不占县建设局领导职数）、副局长1名（高配为副科级）。

1985年成立县房屋土地登记发证办公室。1993年成立县房地产管理所，隶属于县城乡建设环境保护局。1999年5月成立县房地产管理局（以下简称县房管局），副科级事业单位，归口县建设局管理，编制7名；县住房制度改革领导小组办公室设在县房管局。2003年12月，明确县房地产管理局为县政府办公室管理的副科级事业单位，编制7名。2004年3月又划回县建设局管理。2005年1月明确县房管局为县建设局下设的副科级事业单位，加挂县人民政府住房制度改革领导小组办公室牌子。2005年，县房管局配备正、副局长各1名，下设两个正股级所：房地产产权监理所、房地产综合管理所（事业编制各4名）。

县交通局 1989年，核定县养护工区编制8名，县交管站定编11名，县交通运输管理站改为县公路运输管理所（股级）。1990年在县交通局成立县公路路政管理中队。1992年明确县公路运输管理所为副局级事业单位。2001年，成立县公路工程技术室，股级事业单位，编制3名，隶属县交通局。2003年，明确县公路运输管理所为州垂直管理的副科级事业单位，设置4个股、室和羊场、洗马2个乡镇公路运输管理站，编制12名。2006年，县港航监督所、船舶检验所、航务管理所合并为县地方海事处，为县交通局管理的正科级机构，核定事业编制4名，配备处长或副处长1名。2007年县公路工程技术室事业编制由原有的2名增加至5名。

县水利局 1987年，县自来水站更名为县自来水公司，1988年划归县城乡建设环境保护局管理。1988年分配给龙里县基层水利水土保持管理服务机构事业编制18名。1989年县水电局事业编制83名，其中2名列入行政开支、65名经费自筹；所属事业单位有：人秘股、机电股、水利股、管理股、水土保持站、水电站、水资源办公室7个股（站、室），龙山镇、谷脚区、羊场区、洗马区4个区（镇）水电站及摆绒电站，石板滩、红岩、花马冲、猫场4个水管所。1992年将县自来水公司划归县水电局建制管理，仍属全民所有制企业。

1995年县水利局更名为县水利电力局，1997年设置综合股、业务法规股，建立县防汛抗旱指挥部办公室（股级，事业编制2名）。1996年成立县羊鸡冲水库管理所，编制4名，事业单位，企业管理，经费自收自支。2002年，成立县水利局水政监察大队（股级事业单位，编制5名），2004年明确4名事业编制参照公务员管理。2005年，调剂县红岩灌溉工程管理所自收自支事业编制1名到县花马冲水库管理所。

2006年，成立县五子登科水库工程管理所（纯公益性事业单位，编制4名，从石板滩水库管理所、醒狮自来水管理所各调剂1名，红岩灌溉工程管理所调剂2名）；县红岩灌溉工程管理所为纯公益性事业单位，编制7名；县石板滩水库管理所为准公益性事业单位，编制9名；县羊鸡冲水库管理所为准公益性事业单位，编制4名；县花马冲水库管理所为事业单位，编制9名；县醒狮自来水管理所为事业单位，编制3名，人员经费由县财政补助50%；以上各所均为正股级，隶属县水利电力局。2007年从哪嗙、摆省两乡水利站各调整1名事业编制到县水利建设站，调整后县水利建设站编制增加至8名，哪嗙、摆省两乡水利站编制均减少至2名。

县农业局 1975年8月，成立县农业机械管理局（简称县农机局）。1976年成立县农业机械管理站（简称县农机站），归属县农机局领导。1984年2月，局、站合并组成县农业机械服务站。1986年恢复县农机管理局，为事业单位，与县农机化技术推广服务站合署，两块牌子、一套人员。1988年所属县农机监理站更名为县农机安全监理站（股级）。1989年，撤销县农机化技术推广服务站，县农机管理局内设人秘股、农机管理培训股、农机监理站等股（站），总编制16名。1994年3月，撤销县农机局，更名为县农机技术开发中心，为正科级事业单位。

1995年，县农机技术开发服务中心改称县农业机械事业局，为县政府直属科级事业单位，受政府委托行使部分行政管理职能，事业编制9名，配备局长1名、副局长1名；1997年县农业机械事业局增设综合股，1997年下设农机管理站、农机监理站、农机技术培训推广站。2002年1月，更名为县农业机械服务中心，属县农业局管理的事业单位，其机构规格、经费渠道、资产管理方式不变。1986年，县农机局及其所属单位仍归口由县经委管理，所属县农机化研究所更名为县农机化技术推广服务站。

1986年建立县果树蔬菜站。1996年县农业局建立县种子站、县渔政站，分别与县种子公司、县水产站合署。2001年成立县种子管理站（编制4名）、县农村能源站（编制3名），均为隶属于县农业局的股级事业单位。2002年县农业局植保站加挂农药监督管理站牌子，为股级事业单位；2002年农业股更名为农业法规股。2003年县农业广播电视学校加挂县农民科技教育培训中心牌子。2002年县农村能源站更名为县农村能源环保办公室。2003年将原县草地畜牧中心、县农业区划办15名事业编制划转到县农业局所属站所，分配为：农村能源环保办公室、农业技术推广站、农业经营管理站、草地工作站各2名，兽医防治检查站3名，渔政站、农广校、土壤肥料站、果树蔬菜站各1名。

2004年县畜牧水产业发展促进中心为县农业局管理的正科级事业单位，内设综合股，核定事业编制4名、工勤编制1名，配备主任1名、副主任2名；成建制转入县农业局所属的县畜禽品改站（编制5名）、县兽医防治检疫站（编制10名）、县水产站、县渔政管理站（与县水产站合署，编制5名）、县草地工作站（编制5名）人员；成立县畜牧渔业行政执法大队（股级，参照公务员管理事业编制5名），内设行政执法监察股（参照公务员管理事业编制2名）。2004年成立县农业局农业执法大队（股级）和法制股（原农业法规股），核定参照公务员管理事业编制各6名。2005年从县农业局经营管理站、土壤肥料站、种子管理站、谷脚镇农业服务中心各划转1名事业编制到县农业局农业执法大队，参照公务员管理；从县草地工作站和水场、摆省两乡畜牧水产站各划转1名事业编制到县畜牧渔业行政执法大队，参照公务员管理。

2006年成立县蔬果办公室，为县农业局所属副科级事业单位，核定编制5名（从县农业局果蔬站划转4名，从县农业经营管理站划转1名），配备主任、副主任各1名，撤销农业局果蔬站。2007年，成立县农产品质量安全检测站（与县植保站合署），为县农业局管理的正股级事业单位；县种子公司由事业单位转制为企业，原有16名事业编制，其中2名连人带编划转到县农村能源环保办公室，其余14名划转到县农业技术推广站由县统一调配使用，县农业技术推广站机构级别、领导职数和人员编制保持不变。

1987年，将县农牧局中排技术综合服务站搬到观音乡，改为观音乡农牧技术综合服务站。1989年县农牧局分设为县农业局和县畜牧局，进入县人民政府机构系列；县农牧局事业编制170名，其中2名列入行政开支、9名经费自筹；县农牧局所属事业单位有人秘股、农技站、土肥站、果蔬站、植保站、农经站、品改站、水产站、草地站、农场、种子站（与种子公司合署）11个站（股、场、公司），羊场区、龙山镇、龙山区、谷脚区、洗马区5个区（镇）农技站，以及观音乡农牧技术综合服务站（与乡兽医卫生监督检验所、县局兽防站合署）。

1979年，核定县畜牧局行政编制6名，事业编制（含区站编制）25名。2008年撤销县畜牧水产业发展促进中心，组建县畜牧兽医局，为正科级行政管理机构，核定事业编制16名、事业工勤编制3名，其中局长1名、副局长2名、总畜牧师1名，内设办公室、政策法规股，下属14个乡镇畜牧水产站更名为畜牧兽医站；成立县动物疾病预防控制中心（内设办公室、诊断股、防疫股和应急股，编制10名，其中副科级主任1名）、县动物卫生监督所（内设综合股、监督股，编制6名，设副科级所长1名），均为县畜牧兽医局下设的副科级事业单位。

县林业局　1988年，在县林业局设立县护林防火办公室（事业性质），编制3名。1989年县林业局事业编制51名，其中2名列入行政开支、7名经费自筹；所属事业单位有：人秘股、营林股、林政股（与森林防火办合署）、林业派出所、苗圃场5个股（办、所、场），龙山、谷脚、羊场、洗马4个区林业站。1990年县林业局内设营材股改为营材站，林政股改为林政站，森防办改为森防站；1991年森防站改为森林病虫检疫防治站，股级事业单位，编制3名。

1992年建立县林业局技术推广站，股级事业机构，编制8名。1995年，设立县木材检查站，隶属于县林业局，股级事业单位，编制6名。1996年县林业局设置综合股；2003年设立种苗管理站、县天然林保护工程领导小组办公室、林业工作管理站（均为股级事业单位），县公安局林业派出所升格更名为县公安局森林警察大队。2004年成立科技推广站（股级事业单位，编制3名）。2008年，县林业局下设综合股、营林站、天保办、检疫站、种苗站、苗圃场、木材检查站、森林警察大队、林政资源管理站、林业科技推广站、森防办11个机构。

县环境保护局 2006年，成立县环境监测站，为正股级事业单位，编制4名。2007年县环境保护局内设综合股（正股级），县环境监察大队事业编制由原有的5名增至25名。

县卫生局 1979年，设立县地氟病防治站（事业单位），归属县卫生局、县民政局指导管理。1990年，县医院、县防疫站、县妇幼保健站为区级事业单位。1992年，县卫生局设置人秘股、业务股、计财股；明确县爱国卫生运动委员会办公室为副局级单位，增加事业编制1名；建立县中医院（事业单位），按30张床位、45名定编，直属县卫生局领导。1993年成立县日援农村自来水管理站，为企业管理事业机构，事业人员1人，独立核算、自负盈亏，隶属于县卫生局。1996年，县卫生局设置综合股、财务股；县妇幼保健站更名为县妇幼保健院。

1997年建立县红十字会办公室（股级），编制2名。2002年撤销县卫生防疫站，组建县卫生监督所和县疾病预防控制中心，均为县卫生局所属科级事业单位。县卫生监督所编制9名，列入参公管理；县疾病预防控制中心编制30名；从乡镇卫生院编制中明确52名（其中龙山、洗马各5名，谷脚、醒狮、羊场、哪嗙、民主、摆省各4名，麻芝、三元、湾寨、水场、谷龙、巴江各3名）承担基层疾病预防控制工作。

2005年全县卫生系统事业编制调整为：县人民医院130名、县中医院37名、县卫生监督所10名、县疾病预防控制中心31名（其中1名为当年从卫生系统调剂）、县妇幼保健院27名；乡镇卫生院中，洗马镇34名、羊场镇31名、谷脚镇24名、龙山镇20名、醒狮镇19名、哪嗙乡15名、巴江乡13名，草原、谷龙两乡各12名，摆省、湾寨两乡各11名，三元、麻芝、水场3乡镇各10名。

2007年，县人民医院人员总编制为204名（150张床位规模），其中专业技术人员165名、行政管理人员10名、工勤人员20名、其他专业技术人员9名；县单采血浆站由事业单位转制为企业，转制后其原定28名事业编制划转到县中医院；由县中医院划转4名事业编制成立县新型农村合作医疗工作领导小组办公室（正股级），归县卫生局管理；县疾病预防控制中心增加事业编制10名，增编后事业编制36名、工勤编制5名。

县人口和计划生育局 1990年县计生委增加行政编制2名。1991年县计生委成立办公室（编制5名）、计划股（编制3名）、综合股（编制3名）。2002年县计生系统设置护理岗位16名，其中县计生指导站2名，14个乡镇计生指导站各1名；明确县计划生育协会办公室人员参照公务员管理。2003年成立县计划生育局流动人口管理股，与县流动人口稽查大队合署，增加事业编制1名。

2004年县计划生育局更名为县人口和计划生育局，内设综合股、规划统计股、科技股，行政编制7名、工勤编制1名，配备局长1名、副局长3名；县计划生育协会办公室更名为县人口和计划生育协会办公室，挂靠县人口和计划生育局，为副科级事业单位，参照公务员管理编制3名，配备副科级领导职数1名；县计划生育服务站更名为县人口和计划生育服务站，事业编制12名（其中7名为当年增加）；县计划生育局流动人口管理股更名为县人口和计划生育局流动人口管理股。2006年，县人口和计划生育妇幼保健中心在医技科加挂药具管理科牌子。2007年县人口和计划生育局流动人口管理办公室事业编制由原有的1名增加至3名。

县审计局 1984年4月成立县审计局，编制6名，其中局长1名、副局长1名，股长或副股长2名；内设企业审计股、行政事业金融审计股。1992年7月成立县审计师事务所，受县审计局领导。2002年政府机构改革后编制为16名，其中：行政10名、事业5名、工勤1名；领导职数：局长1名、副局长2名，股长或副股长、领导干部经济责任审计所所长或副所长共4名；内设机构：法制综合股（办公室）、财政金融审计股、经贸基建审计股、领导干部经济责任审计所（股级事业单位）。2008年4月增加事业编制5名，成立县审计局固定资产投资审计服务中心（股级事业单位），设主任或副主任1名。2008年，县审计局人员增至19人。

县统计局 1982年增加县统计人员编制1名。1995年，县统计局内设综合股、统计股，人员编制8名，配备局长1名、副局长1名，股长或副股长1名。2002年，县统计局内设综合股、统计股，行政编制6名，其中局长1名、副局长1名、正副股长2名，主任科员或副主任科员1名、科员或办事员1名。下设县国情国力普查中心，股级事业单位，事业编制2名，设主任或副主任1名。

县粮食局 1950年1月，龙里县分别成立县、区筹粮委员会，同时成立县粮食公司；1952年7月成立县粮食局，并与粮食公司合并。之后，先后成立面条加工社、各区粮管所（站）、粮油加工厂等企业。1994年，设置县粮食局（与粮油贸易公司合署，两块牌子、一套人员），人员编制6名，配备局长1名、副局长2名。1997年，县粮食局增设综合股、会统股、业务股、储加股，增加人员编制9名，各股配备股长或副股长1名。

2002年，县粮食局内设综合股、业务股，行政编制6名，其中局长1名、副局长2名、正副股长2名、主任科员及其以下非领导职务1名；下设县军粮供应管理站，股级事业单位，编制4名。2003年开始启动粮食系统改革。2005年3月15日注销县粮食局粮油贸易公司，2007年12月注销县粮食局粮油加工厂和县粮食局饲料公司。改革后粮食系统实现政企分离，县粮食局成为政府行政管理职能部门。

2003—2008年，共撤销全县粮食系统4个粮管所（即分公司）、6个粮站，注销2个公司、1个粮油加工厂、1个集体单位（面条加工社）；粮食系统股、室、所、站、公司、厂、社等单位由1998年前的30个减少到13个，减员151人。到2008年底，县粮食局全部在册干部、职工仅有42人，实现“政企分离，减员增效”改革目标。

县乡镇企业管理局 1977年9月建立县社队企业管理局。1981年，将龙里矿业管理所由工交局移交给社队企业管理局管理，并更名为县矿业供销公司。1984年，由原县经济委员会、县工交局、县轻工业局合并组建县经济委员会；恢复县手工业联社（科级单位），县物资局改为县物资供应公司（企业单位），县社队企业局改为县乡村工业公司（企业单位），均归县经济委员会领导。1984年县社队企业管理局改为县乡镇工业公司；1985年2月改为县乡镇企业管理局，为行政单位，编制6名，再增加事业编制10名，当年县矿业供销公司划归县乡镇企业管理局领导。

1986年在谷脚、洗马、羊场、龙山4区和龙山镇设置乡镇企业管理所，人员编制占用县乡镇企业管理局事业编制。1989年县乡镇企业管理局编制共15名（其中1名经费自筹），其中所属四区一镇各1名。1991年设立县矿产资源管理办公室，编制3名，原系县乡镇企业管理局下属的股级事业机构，后为科级行政机构，列入县政府机构序列，归口县政府办公室管理，接受上级矿管机构业务指导。

1992年，恢复县矿业供销公司，与县乡镇企业供销公司合署，仍为国营企业，隶属县乡镇企业管理局领导；成立县三联建材厂，为联营性质，隶属县经济委员会领导。1994年，县乡镇企业管理局更名为县乡镇企业局，加挂县煤炭工业局牌子，编制8名，配备局长、副局长各1名。1997年全县14个乡镇增设乡镇企业管理办公室（含非公有制经济工作职能），与经济建设办公室合署，一套人员、两块牌子，其中龙山、谷脚、猫场3个镇各核定编制2～3名。

2002年，县乡镇企业局（含县煤炭工业局）内设综合股、企业管理股，行政编制6名，其中：局长1名、副局长2名，正副股长2名，主任科员及以下非领导职务1名；下设县煤炭管理站，股级事业单位，事业编制4名。2007年，成立县煤矿安全技术培训中心，为正股级自收自支事业单位，与县煤炭管理站合署。

县工商行政管理局 1988年，县工商行政管理局设立企业登记管理股、经济合同管理股、商标广告管理股；1990年设立企业个体经济登记管理股。1991年，县工商行政管理局内设人事秘书股、财务管理股、企业登记股、个体经济管理股、经济检查所、合同股、商标广告股，承担经济仲裁委员会、个体经济协会、私营经济协会、消费者协会有关工作职能；在龙山、三元、民主、谷脚、水场、猫场、洗马、哪嗙、谷龙、羊场、湾寨11个乡镇建立工商所。1994年3月，重新组建县工商行政管理局；重新撤并工商所，设立龙山、谷脚、猫场、洗马、羊场5个工商所。1998年撤销猫场工商所并入谷脚工商所。2001年，县工商行政管理局内设办公室、注册登记股、执法股、法规股，下设龙山、谷脚、羊场、洗马4个工商所。

县质量技术监督局 1992年3月，县标准计量管理局更名为县质量技术监督局。1993年3月，县质量技术监督局与县工商行政管理局合并组建为县工商行政管理局，内设技术监督股。1999年7月，县质量技术监督局与县工商行政管理局分设。2000年8月，省编委和质监局行文明确县质量技术监督局由省垂直管理。

县文体广播电视局 1982年，成立县工艺美术社（集体所有制单位）、县图书馆。1985年省新华书店统管全省书店人员编制和劳动工资基金，书店系统干部、工人由省新华书店、州中心支店、县支店分级管理。1985年从县教育局的行政编制中划出4名单独设置县体育运动委员会。1986年县影剧院增加事业编制1名。1987年建立县文物管理所（事业单位）。1989年核定县广播电视局编制28名。1989年县文化局所属事业单位有文化馆、图书馆、文工队、文物管理所等，编制共14名（其中1名经费自筹）。1989年县体委增加事业编制1名。

1991年建立县文化稽查队，为文化局下设的股级事业单位，编制2名。1997年县文体广播电视局建立广播电视稽查队，挂靠县电视台。2003年，县文化稽查队事业编制增至4名；县广播电视台设立广告文艺专题部，为正股级自收自支事业单位，编制3名；2004年明确县文体广播电视局5名事业编制参照公务员管理，其中体育股3名、文化稽查队2名。2007年，县文化市场稽查队更名为县文化广电稽查大队，为县文体广播电视局下设正股级事业单位，大队下设文化市场稽查中队、广播电视稽查中队，事业编制由原有的2名增至4名；县电视台事业编制由原有的25名增至40名。

县物价局 1984年，分配到物价检查所人员（包括农产品成本调查人员）编制4名。1988年新增县物价检查人员行政编制1名，1989年核定县物价检查所编制8名。1992年成立县价格事务所，为独立核算自负盈亏事业单位，隶属于县物价局。2001年设立县物价局价格认证中心（事业单位）。2002年县物价检查所增设副所长1名，2003年县物价局价格认证中心增设主任或副主任1名。

2003年县物价局在全县14个乡镇各明确1名行政人员兼任价格监督员。2006年县物价局内设综合股、价格管理股、物价检查所，增设成本调查队（与价格管理股合署），下设价格认证中心；行政编制3名，参照公务员管理事业编制8名，工勤事业编制1名，配备局长1名、副局长1名，设主任科员或副主任科员职数1名。2008年，县物价检查所（成本调查队）更名为县价格监督检查局，为县物价局内设正股级机构，原核定事业编制改为行政编制，编制4名。

县农业办公室 1982年恢复县人民政府农林水办公室，1984年撤销。1986年组建县农民经济委员会，与县委农村工作部实行一套人员、两块牌子，为县政府的一个综合部门，设主任1名，行政编制9名。1989年核定县农业区划办公室编制5名。1995年县农村工作委员会改为县农业办公室，增挂县扶贫开发办公室和县农业综合开发办公室牌子，列入县政府系列，并为县委农村工作领导小组的办事机构。2002年县农业办公室增加事业编制2名（县扶贫办、县农业综合开发办各1名），2004年增加事业编制3名，2004年明确6名事业编制参照公务员管理；2005年内设基本农田建设股、扶贫股、农发股（均为正股级）。

县旅游事业管理局 2000年6月，成立县旅游事业管理局；2002年内设综合股，事业编制4名（参公管理），其中局长1名、副局长1名，正副股长1名；2003年增加事业编制2名、工勤编制1名。

县档案局（馆） 1981年建立县档案局和县档案馆，局、馆合署，两块牌子、一套人员。1982年1月，明确县档案局（馆）属于县委、县人民政府工作机构，由县委主管。1984年2月更名为县档案馆，为事业单位，由县委办公室、县人民政府办公室领导，以县委办公室领导为主，仍属局级单位。6月，恢复县档案局，局、馆合署办公，两块牌子一套人员。1985年8月，为贯彻实行党政档案工作统一管理的原则，明确县档案局为县政府的直属局，由县政府领导；既是党委的工作机构，又是政府的工作机构，列入政府编制系列。1989年局、馆为事业性质，编制8名。1995年县档案局与县档案馆合并，两块牌子、一套人员，为县政府直属正科级事业单位。1997年明确县档案局为县政府的档案行政管理部门，行政编制2名；县档案馆事业编制6名，配备馆长或副馆长1名。

2002年1月，实行县档案局与县档案馆局、馆合一体制，受县政府委托行使部分行政管理职能，为县政府直属事业单位；事业编制10名，其中列入参照国家公务员管理2名、按事业单位性质管理8名；领导职数4名，其中局（馆）长1名、副局（馆）长1名，综合股、业务股股长或副股长2名。2004年8月，在县档案馆设立县现行文件阅览中心，职能主要是收集、保管文件资料，直接为社会公众提供服务。2008年1月，县档案局在原有10名事业编制基础上增加2名事业编制。

县供销合作社联合社　1982年建立县供销社车队。1997年明确县供销合作社联合社为科级事业单位，实行差额拨款，编制15名，配备主任1名、副主任2名。2007年成立县供销社资产管理中心，为股级自收自支事业单位，设主任1名（由县供销社1名副主任兼任）。

县安全生产监督管理局　1980年5月成立县安全委员会（简称县安委会），为县政府的议事协调机构，下设办公室在县劳动人事局。1985年建立县安全监察站，事业单位，编制3名，由县劳动人事局管理。1992年成立县安全生产委员会办公室，行政编制2名。

2004年8月，成立县安全生产监督管理局（简称县安监局），为在县安委办的基础上组建的县政府委托行使安全生产监督管理职能的正科级直属事业单位，划入危险化学品经营资格审查、登记发证职责，人员列入参照公务员管理，参照公务员管理编制6名（其中副科级以上领导职数2名），工勤编制1名，配备局长1名、副局长1名，内设综合股。2004年12月设立县安监局安全生产监察队，2005年4月改为县安全生产执法大队。2006年成立县安全技术培训中心，核定自收自支事业编制2名。2007年县安全生产监督管理局事业编制由原有的6名增至11名。

第五节　其他政务工作

一、文秘工作

1991年设有信访、教育督导专职人员，其他工作人员随机调用管理。1992年以后，对工、农、财、教、卫等专项工作设调研室、科（组）负责分管处理，由于人少事多、办公条件简陋，往往一人身兼数职。2000年以后，人员增加、办公条件改善，各项工作趋向专业对口协调处理。2004年1月设立县政府办公室督查室、县政府驻上海工作处、县政府智力支边办公室、县督学。2005年5月设立县政府国防教育办公室，6月设立县政府法制办公室。2007年设立县政府应急管理办公室。

办公室作为培养锻炼干部的重要阵地，工作人员少数为学校毕业分配，多数从县直部门、乡镇文秘工作一线择优选调，人员流动频繁，数年即“更新换代”。通过常年强化落实工作岗位责任制，增强工作人员责任感，建立执行各项规章制度，严肃工作纪律，注重协调配合，有效提高文秘队伍素质，提高办文办会质量和工作效率。

1991年由县政府办承办《中国县情大全·龙里》的编纂工作，组织人力完成县情调查研究和资料搜集整理，编成《龙里县情》。据概略统计，县政府办公室平均每年草拟各种重要文件100件以上，处理各类文书1000件以上，撰写印发简报、通报3000件以上。2004年制发文件434件，编发政务信息68则（被州政府办公室采用21则，《黔南日报》采用1则）、政情通报15期、政务督查10期，撰写领导讲话稿100余篇，组织承办召开经济、科技、教育、农业、农村、招商引资、企业改革改制等会议340多次，参与筹办首届苗医药文化博览会。2006年起草文件100余份，专题会议记录整理、处理87份，审核制发公文49件、政务信息724篇。

2004年开展档案达标升级工作，添置档案室设施，制定县政府档案分类大纲，抽调人员清理整顿档案室，编写宗卷及专题目录，向县档案馆移交保管年限届满档案。2006年5月，县政府办公室发出《关于进一步规范政府系统文秘工作的紧急通知》，规定公文用纸、字体字号、主题词、用印等细节，以及公文报送程序和处理流程。7月，下发规范公文报送通知，强调严格程序，避免公文倒流，提高工作效率。

二、信访工作

1995年12月，对10名人民代表、9名政协委员的意见、提案进行整理归类处理，逐一答复。2006年农业部门和乡镇推广玉米良种良法，强制拔掉老品种、补种新品种，引起部分群众不满，到县政府上访，信访办实地调查给以答复，做好群众思想工作。2007年11月，龙山镇新水村邱家庄群众反映韭菜林煤矿问题，经调查属“四证”全无开采，对该煤矿没收原煤500吨，收集非法开采证据移交处理。2008年3月，群众反映“县职业中学在苏州实习学生春节不能回家过年”问题，转由县教育局征求学生及带队教师意见，有30名学生要求回家过年，责成带队教师设法购买集体票，安排1名带队教师护送，但因雪凝天气影响不能按时返乡。

2008年，总结和运用“四诊法”接待处理群众来信来访。“望”，观察来访者的外在表现，判断其心理状态、个性特征，确定接待的方式和步骤；“闻”，听取来访人的倾诉，把握来访的真实意图，了解事情的来龙去脉，增强使用法律的正确性和解决问题的针对性；“问”，问明关键、问清疑点；“切”，综合分析，作出判断，解决问题。

三、行政监督

1992年起，每年根据年初县经济工作会议安排部署和各项工作指标要求，对各部门单位、各乡镇进行检查评估，由县属各部门对其下属单位进行检查评估，县政府及县属各部门、乡镇及乡镇所属各部门对下属职工进行考核评估，按相关规定进行奖惩，推进保障各项工作计划方案的落实。1992年9月，整顿财税秩序，开展税收、财务、物价大检查，重点查处越权减免税、偷税漏税、骗取财政退库、乱收费、乱罚款等12项问题。

1993年，加强农业生产资料市场管理，规定化肥、农药、农膜由县农资公司经销，其他任何单位和个人不得经销，防止不法商人坑农害农。5月，整顿农资市场，暂扣、收购和处理违章经销的化肥，已销售的一律催缴税费和超价款，没收处理伪劣化肥，普钙限价就地处理，硅钙封存处理。1999年，州、县纠风办公室重点对县国税、地税、邮政、电信、烟草等系统开展民主评议，针对官僚主义作风和推诿扯皮、各行其是等现象，加强督查，严格执法。

2006年，开展整脏治乱专项行动，明确整治重点、内容和措施，加强消防安全督查；设立县长热线电话，接办投诉201件，转办59件；制定《龙里县政务公开制度》《龙里县政务公开考核办法》《龙里县行政机关及行政人员过错责任追究办法》；出台施行针对县直属机关和乡镇的目标管理百分制量化考核方案，县政府与各机关单位、乡镇、厂矿企业、驻县单位签订环境保护目标管理责任状；督查各乡镇农村“五保”供养标准的执行情况。

2007年，对“整合煤矿环境影响评价”进行督查评估，组织县“四家班子”对全县“两基”迎“国检”工作落实情况进行全面督查，对全县干部贯彻“严禁利用职权谋取不正当利益”情况进行督查。

四、廉政建设

1998年1月，县政府出台加强廉政建设的8条规定，严格控制新建和装修办公楼，明确各种会议费用等标准和各种庆典活动的规格，禁止用公款安装住宅电话和使用移动电话，简化各种检查的形式并减少次数，严禁用公款大吃大喝和搞形式主义的达标评比活动，严格按规定配备和更换小汽车，严格执行外出考察的规定。

2005年，建立县长定期听取人大代表、政协委员意见制度。6月，重申严禁领导干部和非专职驾驶员驾驶公车的制度。11月，检查廉政建设责任制落实情况，要求各部门、各单位主要领导做好述廉工作报告。

2007年，行政系统围绕解决“经济发展与区位优势不相称，农村发展与工业发展不相称，城市化水平与区位不相称，教育卫生与经济发展不相称，政府管理水平与新形势不相称”等问题，推进建设“廉洁、勤政、务实、高效”的行政结构，制定行政效能建设措施为：健全一套制度（岗位责任制、首问责任制、服务承诺制、一次告知制、限时办结制、否定报备制、全程代理制、同岗替代制、绩效考评制、失职追究制），突出一个主题（开展以“为民、务实、清廉”为主题的宗旨观、政绩观和发展观学习活动，“打造优质服务，建设高效龙里”），树立一个理念（“为民、便民、利民”），实现一个目标（全面提高全县各机关及其工作人员的工作能力、办事效率，确保全面贯彻落实各项决策和部署）。

2007年，实施廉政培训、法纪学习培训，开展家庭助廉教育活动，强化领导干部责任意识，建立配套的工作措施，清理纠正干部谋取不正当利益现象，治理跑官要官、买官卖官、参与赌博等问题。县政府制定施行机关作风整顿工作方案，以思想作风、领导作风、工作作风、生活作风为整顿重点，树立机关新形象。按照学习动员、查找问题、整改提高、总结检查程序，推进解决与社会全面发展极不相称的突出问题。解决办事难，促进服务意识的提高；解决职责不清，促进行政效能的提高；解决素质不高，促进干部能力提高；解决执法不严，促进执政水平提高；解决效率低下，促进办事效率提高；解决落实不够，促进工作质量提高。

第六节　乡镇人民政府

一、乡镇政权建设

1991年建镇并乡撤区后，自1993年2月至2006年11月，全县各乡镇分别于1993年2—3月、1996年1—10月、1999年1月、2002年1月和2006年11月召开5届次人民代表大会，选举产生乡镇人大主席团成员、主席、副主席和乡镇人民政府乡镇长、副乡镇长。其中，龙山镇为第四届至第八届，湾寨乡为第七届至第十一届，其他乡镇为第八届至第十二届。

乡镇人大主席团成员一般设5～7名，多的达9名（民主乡、湾寨乡、摆省乡、谷脚镇、三元镇、洗马镇）、13名（龙山镇）；主席、副主席各设1名。乡镇人民政府设乡镇长1名，副乡镇长2～4名，科技副乡镇长1名（一般不占职数）。人大主席团主席、乡镇长实行等额选举，人大主席团副主席、副乡镇长实行差额或等额选举。届中出现职位缺额时，通过年度例行召开的人民代表大会选举补充。自2006年起，乡镇人民政府换届选举由3年一届改为5年一届。

二、乡镇机构改革

1984年，州政府批复同意龙山镇为区级镇。1989年全县各区、乡镇党政机关人员编制为：龙山镇、龙山区各20人，谷脚区、羊场区各19人，洗马区22人，羊场、洗马、猫场3个镇和巴江、龙场、谷龙、哪嗙4个乡各10人，三元镇和谷脚、落掌、民主3个乡各9人，观音、岩后、岱林、摆省、谷冰5个乡各8人，中排、莲花、平山、高堡、比孟、湾寨、六广、平寨8个乡各7人，平西、麻芝、大新、水场、渔洞5个乡各6人。

1981年至1991年7月，全县行政建置为龙山、谷脚、羊场、洗马4个区，1个区级镇（龙山镇），羊场、洗马、猫场、三元4个乡级镇，25个乡，实行县、区、乡镇、村、村民组五级管理。区规格为科局级，乡规格为站股级。1991年7月行政区划调整后，全县设6个镇、8个乡，规格均为科局级，实行县、乡镇、村、村民小组四级管理。

1991年核定配置新建乡镇机构人员编制：各乡镇党委书记1名、副书记2名（其中1名兼乡镇长）；党委办公室主任1名，组织、宣传、统战、工会干事2—3名；武装部部长1名、干事1—2名；团委书记1名；妇联主席1名；人大主席团主席（副主席）1名、秘书1—2名；纪律检查委员会书记1名、纪检员1—2名；政府乡镇长1名、副乡镇长2名；政府办公室主任1名、助理员2—4名；经济技术办公室主任1名、助理员

2—5名；计划生育股股长1名、助理员1—2名；民政福利股股长1名、助理员1—2名；文教卫生股股长1名、助理员1—2名；社会治安综合治理办公室主任1名、助理员1—2名。

乡镇党委书记、乡镇长、人大主席团主席为正科级；乡镇党委副书记、副乡镇长、纪委书记、人大主席团副主席、武装部部长为副科级；团委书记、妇联主席为股级。乡镇机关各部门的机构均为股级。各乡镇设执法监督机构有：公安派出所、法庭、工商所、税务所；管理服务机构有：财政所、土地管理所、村镇建设管理所、乡镇企业管理站、交通运输管理站、文化广播电视站、教育辅导站；技术服务机构有：计划生育技术指导（服务）站、农业经济技术管理服务站、林业站、水利站、卫生院。

1996年，划定全县各乡镇类别：龙山镇为一类乡镇，三元、洗马、谷脚、猫场、羊场5镇和麻芝、民主、谷龙、哪嗙、水场、湾寨6乡为二类乡镇，巴江、摆省两乡为三类乡镇；核定全县乡镇党政群机关行政编制数：龙山镇45名，谷脚、洗马两镇各32名，羊场镇30名，猫场镇、摆省乡各26名，谷龙、哪嗙、湾寨、水场、民主、麻芝6个乡各25名，三元镇24名，巴江乡22名。

2002年，推行乡镇党政机构改革。党委部门设置：纪律检查委员会（监察室）、党政办公室、政法委员会（社会治安综合治理委员会办公室）、人民武装部；人大主席团。政府部门设置：社会事务办公室、经济发展办公室、计划生育办公室；团委；妇联；洗马、龙山、谷脚、羊场、醒狮5个镇增设村镇建设管理办公室，龙山镇增设招商引资办公室。县直部门在乡镇下设事业单位（站、所、室）有农业（畜牧）、农机、乡镇企业、教育、文化、广播电视、计划生育、村镇建设等管理机构。龙山、谷脚、羊场、洗马、醒狮5个镇行政编制数分别为36名、27名、26名、25名、22名，三元镇和麻芝、谷龙、摆省、民主、湾寨、哪嗙、巴江、水场8个乡行政编制数各为21名。

党委部门：设书记1名、专职副书记2名，纪委书记1名、政法委书记（综治办主任）1名（由党委副书记兼任），党政办主任和副主任各1名、主任科员及以下职务1～5名（其中谷脚5名，龙山4名，洗马、羊场各3名，醒狮、三元各2名，其他乡镇各1名），人武部部长或副部长1名（其中龙山增设干事1名）；人大主席团主席和副主席各1名。政府部门：设乡镇长1名、副乡镇长3～4名（其中龙山4名）、各办公室正副主任3～5名（其中龙山5名，谷脚、羊场、洗马、醒狮各4名，其他乡镇各3名）、主任科员及以下职务1～10名（其中龙山10名，洗马4名，谷脚、羊场各3名，醒狮、三元各1名，其他8个乡各2名）；团委书记或副书记1名；妇联主席或副主席1名。

2006年，乡镇分类及领导职数配备：龙山镇、谷脚镇、洗马镇、醒狮镇、哪嗙乡、草原乡为一类乡镇，各设领导职数9名；三元镇、羊场镇、麻芝乡、水场乡、摆省乡、湾寨乡、谷龙乡、巴江乡为二类乡镇，各设领导职数8名；乡镇分别设党委书记1名（同时担任乡镇人大主席团主席）、乡镇长1名、党委副书记2名（其中1名同时担任乡镇长，1名同时担任纪委书记）、副乡镇长2～3名（其中一类乡镇3名、二类乡镇2名）、武装部长1名、政法委书记1名、人大主席团专职副主席1名。

三、乡镇工作机构

（一）公安派出所 1991年，全县14个乡镇建立公安派出所（股级行政机构），编制数为：龙山镇10名，洗马镇6名，民主乡、谷脚镇、猫场镇各5名，三元镇、麻芝乡、水场乡、巴江乡、谷龙乡、哪嗙乡、羊场镇、湾寨乡、摆省乡各4名。

（二）财政所 1982年，成立龙山、谷脚、洗马、羊场4个区财务所。1991年在14个乡镇建立财政所（股级事业机构），编制数为：龙山镇财政所、洗马镇中心财政所各6名；羊场镇中心财政所、谷脚镇中心财政所、猫场镇财政所各5名；三元、麻芝、民主、水场、谷龙、巴江、哪嗙、湾寨、摆省等乡镇财政所各4名。

（三）统计信息服务中心 2003年，全县各乡镇党政办公室加挂统计信息服务中心牌子，实行一套人员、两块牌子管理，业务受县统计局领导。

（四）农业服务中心 1986年建立龙山镇农牧站。1988年各区、乡镇农机管理服务站属自主经营、独立核算、自负盈亏的集体所有制事业单位。1990年，在莲花、三元、中排、民主、平西、巴江、猫场、大新、龙场、观音、摆省、湾寨、洗马、羊场等14个乡镇建立农技站，每站编制2名。1996年，全县各乡镇建立农机管理站、农业技术推广站、农村经济经营管理站、畜牧兽医站、水产站（均为股级事业单位），隶属于乡镇政府。

农机管理站编制数为：龙山镇6名，猫场、谷脚、三元3个镇各3名，洗马、羊场两个镇各4名，谷龙、哪嗙、湾寨、摆省、水场、民主、麻芝、巴江8个乡各2名；农业技术推广站编制数为：洗马镇6名，龙山、猫场、谷脚、羊场4个镇和谷龙、哪嗙两个乡各5名，湾寨、巴江两个乡各4名，三元镇和摆省、水场、民主、麻芝3个乡各3名；农村经济经营管理站编制数为：龙山、洗马两个镇各4名，猫场、谷脚、羊场3个镇和谷龙、哪嗙、民主3个乡各3名，三元镇和湾寨、摆省、水场、麻芝、巴江5个乡各2名；畜牧兽医站编制数为：洗马镇6名，龙山镇5名，猫场、谷脚、羊场、三元4个镇和谷龙、哪嗙、湾寨、摆省、民主、巴江6个乡各4名，水场、麻芝两个乡各3名；水产站编制数为：麻芝乡4名，龙山、羊场、三元3个镇和谷龙、哪嗙两个乡各3名，谷脚、洗马两个镇和湾寨、水场、民主、巴江4个乡各2名，摆省乡和猫场镇各1名。

2002年，各乡镇农业技术推广站、农村经济经营管理站、畜牧兽医站、水产站、农机管理站合并组建为农业服务中心，为正股级事业单位，编制数为：龙山、洗马两镇各18名，羊场、谷脚两镇各16名，民主、哪嗙两乡和醒狮镇各13名，谷龙乡12名，麻芝、湾寨、摆省3个乡各11名，水场、巴江两乡和三元镇各10名。2004年，组建各乡镇畜牧水产站，由县畜牧水产业发展促进中心直接管理，编制数为：龙山、羊场、洗马、谷脚、醒狮5镇各6名，民主、摆省、哪嗙、巴江4乡各5名，麻芝、三元、水场、湾寨4乡各4名。

2004年，各乡镇农业服务中心以乡镇管理为主，编制数为：龙山、洗马2镇各12名，谷脚、羊场2镇各10名，民主、哪嗙2乡各8名，谷龙、麻芝、湾寨3乡和醒狮镇各7名，摆省、水场2乡和三元镇各6名，巴江乡5名。

（五）林业站 1991年，建立龙山镇、谷脚区猫场镇、羊场区湾寨乡、洗马区谷龙乡、龙山区麻芝乡林业站，除龙山镇外每站编制3名。

（六）文体广播电视服务中心 2002年，各乡镇文化站、广播电视站、精神文明指导站合并组建为文体广播电视服务中心，为正股级事业单位，编制数为：龙山、洗马、羊场、谷脚、醒狮5个镇各3名，三元镇和麻芝、民主、哪嗙、谷龙、巴江、湾寨、摆省、水场8个乡各2名。

（七）教育辅导站 2004年，将乡镇教育辅导站编制、业务划转到乡镇中心学校（龙山镇除外），撤销全县14个乡镇教育辅导站；小学教育教学业务管理工作由乡镇中心学校校长主持承担，除龙山镇外的13个乡镇中心学校增设副校长领导职数1名；龙山镇增设教育办公室（正股级），核定事业编制4名。

（八）计划生育服务站 1991年建镇并乡撤区前，全县5个区（镇）、29个乡镇计划生育服务站（事业机构）编制合计112名。建镇并乡撤区后，全县14个乡镇建立计划生育股和技术指导（服务）站，两块牌子、一套人员，为行政事业合一单位，股长及助理员为行政编制，站的人员属事业编制。编制数为：龙山、洗马两镇各7名，其中助理员各2名；谷脚、羊场两镇各6名，其中助理员各2名；三元、民主、麻芝、猫场、水场、巴江、谷龙、哪嗙、湾寨、摆省等10个乡镇各5名，其中助理员各1名。2005年，各乡镇计划生育服务站更名为人口和计划生育服务站。

（九）村镇建设管理所（环卫管理站） 1995年成立洗马镇环卫管理站，经费自收自支。1997年谷脚、洗马、羊场、猫场4个镇分别建立村镇建设管理所（含环卫工作职能），为自收自支事业单位，各所编制3名。

（十）劳动保障事务所 2003年，设立龙山、谷脚、洗马、羊场4个镇劳动保障事务所，编制14名，其中龙山、谷脚各4名，洗马、羊场各3名。

（十一）扶贫工作站 2003年，设立摆省乡扶贫工作站，行政、事业编制各2名。

第三章　政协龙里县委员会

第一节　历届县政协全体会议

1991—2008年，中国人民政治协商会议龙里县委员会（简称县政协）历经5届，即政协第三届至第七届。第三届（1990年5月至1993年4月）任期3年。1993年4月召开的第四届一次会议后任期改为5年。第六届因为与人民代表大会同步而提前1年，至2007年1月届满，任期4年。2007年1月第七届一次会议后任期5年，2008年第七届任期未满。

一、政协龙里县第三届委员会

1990年5月至1993年4月，政协第三届委员会共举行3次全体会议。

第一次全体会议　1990年5月10—16日在县城召开。应出席会议的委员112名，实到104名。会议听取和审议县政协第二届常务委员会工作报告和第二届以来提案工作情况的报告；审议通过政协龙里县第三届委员会第一次会议决议；选举产生本届政协主席1名、副主席4名、秘书长1名、常务委员17名。与会人员列席县十一届第一次人民代表大会，听取并讨论县人民政府工作报告、国民经济及社会发展报告、财政预决算报告，以及县人大常委会、县人民法院、县人民检察院工作报告。

第二次全体会议　1991年4月3—6日在县城召开。应到会委员116名（第一次会议后有1名委员调离本县，本届常委会第四次会议协商增补委员5名），实到会委员95名。会议听取和审议县政协常委会工作报告和三届一次会议以来提案工作情况的报告；通过《政协龙里县委员会第三届委员会第二次会议决议》；增选常委2名。与会人员列席县人大第十一届第二次会议。

第三次全体会议　1992年4月1—3日在县城召开。应到会委员117名（本届常委会第十三次会议协商增补委员1名），实到会委员115名。会议听取和审议县政协常委会工作报告和本届二次会议以来提案工作情况的报告；会议审议通过《政协龙里县第三届委员会第三次会议决议》和《提案审查情况报告的决议》；会议补选副主席1名。与会人员列席县人大第十一届第三次会议。

二、政协龙里县第四届委员会

1993年4月至1998年3月，县政协四届委员会共举行5次全体会议。

第一次全体会议　1993年4月12—16日在县城召开。共有委员135名，出席会议的委员131名。会议听取和审议县政协第三届常委会工作报告和第三届提案工作报告；会议审议通过《政协龙里县第四届委员会第一次会议决议》《关于提案审查情况报告的决议》；选举产生政协主席1名、副主席4名、秘书长1名、常务委员18名。与会人员列席县人大第十二届第一次会议。

第二次全体会议　1994年4月6—10日在县城召开。本次会议应到委员136名（第一次会议后4名委员调离本县，2名委员因岗位变动辞去委员职务，本届第五次常委会协商增补7名委员），实到会委员116名。会议听取和审议县政协常委会工作报告和四届一次会议以来提案工作情况报告；审议通过《四届委员会第二次会议决议》《关于四届一次会议以来提案工作情况的决议》；补选产生政协主席1名、副主席1名。与会人员列席县人大第十二届第二次会议。

第三次全体会议　1995年4月3—6日在县城召开。有委员136名，出席会议委员114名。会议听取和审议县政协常委会工作报告和四届二次会议以来提案工作情况的报告；审议通过《四届委员会第三次会议决议》《四届二次会议以来提案工作情况的报告的决议》。与会人员列席县人大第十二届第三次会议。

第四次全体会议　1996年4月7—10日在县城召开。本次会议应有委员137名（第三次会议后因岗位变动等减少委员6名，本届政协第十四次常委会协商增补委员7名），出席会议的委员107名。会议听取和讨论县人民政府《关于龙里县国民经济和社会发展“九五”计划和2010年远景目标纲要的报告》，并提出修改意见。

第五次全体会议　1997年4月7—10日在县城召开。本次会议应有委员134名（四次会议后委员人数减4增1），出席会议委员119名。会议听取和审议县政协常委会工作报告和四届四次会议以来提案工作情况的报告；审议通过《第四届委员会第五次会议决议》《关于四届四次会议以来提案办理情况的报告》；增选政协副主席1名。与会人员列席县人大第十二届第五次会议。

三、政协龙里县第五届委员会

1998年3月至2003年2月，县政协第五届委员会共举行5次全体会议。

第一次全体会议　1998年3月26—30日在县城召开。共有委员134名，出席会议的委员116名。会议听取并审议《第四届政协常委会工作报告》，审议《第四届提案工作情况的报告》；审议通过《政协龙里县第五届委员会第一次会议决议》《关于提案审查情况报告的决议》；选举产生主席1名、副主席6名、秘书长1名、常务委员18名。与会人员列席县人大第十三届第一次会议，听取并讨论《县人民政府工作报告》和相关报告，以及县人大常委会、人民法院、人民检察院工作报告。

第二次全体会议　1999年4月5—8日在县城召开。第一次全委会议后有4名委员因岗位变动，2名委员调离本县而辞去委员职务，本届第四次常委会协商增补15名委员，共有委员143名，出席会议的委员127名。会议增选常务委员3名；听取和审议县政协常委会工作报告和五届一次会议以来提案工作情况的报告。与会人员列席县人民代表大会。

第三次全体会议　2000年3月20—23日在县城召开。二次会议后有1名委员调离本县，共有委员142名，出席会议的委员114名。会议听取并审议《常委会工作报告》和《五届二次会议以来提案工作情况的报告》；审议通过《五届委员会第三次会议决议》。与会人员列席县人大第十三届第三次会议。

第四次全体会议　2001年3月19—22日在县城召开。三次会议后11名委员因岗位变动，1名委员调离本县辞去委员职务，1名委员病故，本届第十二次常委会协商增补10名委员。应有委员139名，出席会议的委员116名。会议听取并审议《常委会工作报告》《五届三次会议以来提案工作情况的报告》；审议通过《第五届委员会第四次会议决议》。与会人员列席县人民代表大会第十三届第四次会议。

第五次全体会议　2002年3月29日至4月2日在县城召开。四次会议后有3名委员调离本县，1名委员岗位变动辞去委员职务，本届第十三、十四、十五、十六次常委会协商增补5名委员。共有委员141名，出席会议的委员123名。会议补选副主席1名、秘书长1名。会议听取和审议县政协常委会工作报告和五届四次会议以来提案工作情况的报告；通过会议决议。与会人员列席县人民代表大会。

四、政协龙里县第六届委员会

2003年2月至2007年1月，县政协第六届委员会共举行4次全体会议。

第一次全体会议　2003年2月24—27日在县城召开。本届共有委员137名，出席会议的委员132名。会议选举主席1名、副主席6名、秘书长1名、常务委员18名。会议听取并审议《政协第五届常委会工作报告》；审议通过《政协龙里县第六届委员会第一次会议决议》《关于提案审查情况报告的决议》。与会人员列席县人大第十四届第一次会议。

第二次全体会议　2004年3月22—25日在县城召开。一次会议后，有9名委员因岗位变动，1名委员调离本县而辞去委员职务，经本届第三次常委会议协商增补10名委员。共有委员137名，出席会议的委员121名。会议听取和审议《县政协常委会工作报告》《六届一次会议以来提案工作情况的报告》；表彰2003年度优秀调研文章、优秀提案和提案承办先进单位；通过会议决议。与会人员列席县人民代表大会。

第三次全体会议　2005年3月7—10日在县城召开。本次会议应到会委员137名，实到会118名。会议听取和审议县政协常委会工作报告和六届二次会议以来提案工作情况的报告；通过会议决议；对2004年度5件优秀提案、5个提案承办先进单位和3篇优秀调研文章进行表彰。与会人员列席县人民代表大会。

第四次全体会议 2006年3月13—15日在县城召开，出席会议委员123名。会议听取和审议政协常委会工作报告和六届三次会议以来提案工作情况的报告；通过会议决议；表彰2005年度5件优委提案、7个提案承办先进单位。与会人员列席县人民代表大会。

五、政协龙里县第七届委员会

2007年1月至2008年12月，政协第七届委员会已召开全体会议2次。

第一次全体会议 2007年1月4—8日在县城召开。本届共有委员144名，出席会议的委员129名。会议选举产生主席1名、副主席5名、秘书长1名、常务委员17名；听取并审议第六届县政协常委会工作和政协六届常委会提案工作报告；审议并通过《政协第七届一次会议提案审查情况的报告》《政协七届一次会议决议》；表彰2006年度优秀提案和提案承办先进单位。与会人员列席县人大十五届一次会议，听取并讨论政府工作报告及其他报告。

第二次全体会议 2008年1月13—18日在县城召开。共有委员152名，出席会议的委员129名。会议听取并审议《七届常委会工作报告》《七届一次会议以来提案工作情况的报告》；审议并通过《县政协七届二次会议决议》《七届二次会议提案审查情况报告》；表彰2007年度6件优秀提案和5个提案承办先进单位。与会人员列席县人大十五届二次会议。

第二节 政协常务委员会

县政协常务委员会由各届政协第一次全体会议选举产生，由主席、副主席、秘书长及常务委员组成。县政协常务委员会会议（以下简称常委会）一般每季度召开1次，必要时经主席会议决定可临时召集。会议由主席或受主席委托的副主席主持。副秘书长、各专门委员会负责人、智力支边办负责人、各区（撤区并乡建镇以后为各乡、镇）政协联络组组长列席会议，邀请县委、县人大、县政府领导参加会议。

会议协商讨论的主要事项有：县委、县政府将出台的重大决策、重要规定、国民经济发展规划；政府工作报告及相关报告；以政协常委会名义提交县委、县政府的建议案等。研究决定县政协重要工作，政协内部机构设置及其人员任免，召开全委会的有关事宜及下届政协委员名单等。听取县人民政府关于全县经济社会发展计划和重点建设项目实施情况的通报，并进行协商讨论，提出建议。必要时对上述问题和人民群众普遍关心的问题进行视察调研，并形成视察调研报告，供县委、县政府作决策参考。

一、政协龙里县委员会第三届常委会

1990年5月10—16日，在县城召开政协县第三届委员会第一次全体会议，选举产生政协县第三届常务委员会，有常务委员23人。主席：胡德卿；副主席：韩子连、高健魁、罗明道、吴玲月；秘书长：刘积余。1992年4月，石化全任副主席。内设机构有办公室、学习委员会（含法制宣传）、提案文史委员会、经济科技委员会、教卫文体委员会、社会联谊委员会。

第三届委员会召开常委会13次。

第一次常委会议 于1990年6月9日在县政协会议室召开，参会常委22人，1人请假，列席5人。会议讨论研究县政协的自身建设，经协商确定各专门委员会和各乡镇政协联络组组成人员和负责人。

第二次常委会议 于1990年8月21—22日在县政协会议室召开，会议传达学习全国及全省统战工作会议精神，研究决定各专门委员会考察、调研活动安排。

第三次常委会议 于1990年10月29—30日在县政协会议室召开，出席政协常务委员15名。会议通报全县经济建设工作情况；传达省政协召开的第三次提案工作座谈会和《贵州政协报》通讯工作会议精神；传达州政协六届二十一次常委会议精神；介绍州政协学习考察团赴西北学习考察的经验。

第四次常委会议 于1991年3月25—26日在县政协会议室召开，参加会议的常委18人。会议研究讨论审议县政协三届常务委员会工作报告和三届一次会议以来提案办理情况的报告；传达县委六届四次全委扩大会议精神；学习中共中央十三届七中全会精神；研究决定三届二次全委会筹备工作事宜。

第五次常委会议 于1991年4月29日在县政协会议室召开，参加会议的常委16人。会议传达学习国务院办公厅关于提高城镇居民定量粮油销售价格宣传提纲的通知；进一步学习讨论《中国人民政治协商会议全国委员会提案工作条例》；研究决定调整政协内设机构，将原提案文史委员会分设为提案法制委员会和文史资料委员会。

第八次常委会议 于1992年1月15日在县政协会议室召开，出席会议的政协常委17人，县政协各专门委员会副主任列席会议。会议学习讨论中共十三届八中全会通过的《中共中央关于进一步加强农业和农村工作的决定》及江泽民总书记在八中全会闭幕时的讲话；传达全国政协在西安召开的提案工作座谈会精神；协商增补第三届政协委员和研究建立乡、镇联络组。会议根据本县建镇并乡撤区后的实际情况和上级指示精神，为加强基层政协工作，决定对新建的乡、镇建立政协联络组。由于有的乡镇政协委员不足3名，决定增补19人为政协龙里县第三届委员会委员。

第十一次常委会议 于1992年5月13日在县政协会议室召开，参加会议的常委16人。会议传达省政协六届二十五次常委会议精神；传达学习省委、省政府《关于加快改革开放步伐加速经济发展若干问题的意见》。

第十三次常委（扩大）会议 于1992年8月6—7日在县政协会议室召开。出席会议的常委16人，本县州政协委员、县政协各专门委员会副主任及龙山镇政协联络组长列席会议。会议听取龙山镇、谷脚镇两个经济开发试验区的工作进展情况报告；传达全省政协工作经验交流暨先进集体、先进个人表彰会精神。

二、政协龙里县委员会第四届常委会

1993年4月12—16日，在县城召开政协第四届委员会第一次全体会议，选举产生政协第四届常务委员会，有常务委员24人。主席：陈廷贵；副主席：石化全、罗盛奇、周钟、石应科；秘书长：刘积余。1994年4月，石化全任主席、汪斯富任副主席。1997年4月，张择武任副主席。内设机构有办公室、宣传文化委员会、提案文史委员会、经济委员会、科技委员会、教医卫体委员会、社会联谊委员会。有12个乡镇建立政协联络组，哪嗙乡、民主乡尚未具备建联络组条件。

第四届委员会召开常委会议21次。

第一次常委会议 1993年5月10日在县政协会议室召开，参加会议的常委18人。会议主要学习《中国人民政治协商会议章程》；研究讨论县政协1993年工作要点；研究决定政协专门委员会和各乡镇政协联络组的建立及组成人员。

第二次常委（扩大）会议 1993年8月16—17日在县政协会议室召开，出席会议的常委15人，列席会议的有政协专门委员会副主任4人。会议学习讨论江泽民总书记、李瑞环主席有关政协工作的重要讲话精神及中共贵州省委《关于进一步加强政治协商和民主监督的通知》，研究具体实施方案。

第三次常委（扩大）会议 1993年11月17日在县政协会议室召开，会议主要听取关于全县乡镇企业发展情况及对策的通报和关于全县反腐倡廉工作的情况通报，并协商讨论，提出建议。

第四次常委会议 1994年2月26日在县政协会议室召开。讨论县政协第四届常务委员会在第二次全委会议上所作的工作报告；听取县政协提案文史委员会起草的《提案工作情况报告》；听取关于换届后有的政协委员工作岗位变动需增补政协委员的情况说明。

第七次常委（扩大）会议 1994年9月28日在县政协会议室召开。会议讨论通过新制定的《龙里县政协常委会工作规则》；协商讨论《关于大力发展我县个体和私营经济的若干规定（草案）》。

第八次常委会议 1994年12月29日在县政协会议室召开，主要学习全国政协主席李瑞环在贵州考察时的讲话及会见省政协领导时的谈话。

第十一次常委（扩大）会议 1995年7月27日在县政协会议室召开。会议主要学习州政协七届二十次常委会议精神；听取全州提案工作会议精神；学习《全国政协关于政治协商、民主监督、参政议政的规定》《李瑞环主席在全国政协八届十三次常委会议上的讲话》；听取《关于我县发展个体私营经济有关政策的落实情况》。

第十三次常委会议 1996年1月19—20日在县政协会议室召开。会议协商讨论全县1996年经济工作、县政协1996年工作要点和政协委员增补方案；传达贯彻全州政协工作会议精神。

第十四次常委会议 1996年3月31日在县政协会议室召开。会议审议决定县政协四届四次会议有关事项，研究决定政协龙里县第四届委员会第四次会议的其他事项。

第十七次常委会议 1997年3月29日在县政协三楼会议室召开。会议传达州政协八届二次全委会议精神；讨论修改《政协常务委员会工作报告（草案）》和《提案工作报告（草案）》；审议通过四届五次全会议程、分组名单、日程。

第十八次常委会议 1997年7月14日在县政协会议室召开，主要听取县政府通报龙里县上半年经济发展情况，传达黔南州政协八届五次常委会议精神。

第十九次常委会议 1997年9月29日在县政协三楼会议室召开。学习贯彻中共十五大精神；传达贯彻黔南州政协八届六次常委会议精神。

三、政协龙里县委员会第五届常委会

1998年3月26—30日在县城召开政协第五届委员会第一次全体会议，选举产生政协第五届常务委员会，有常务委员26人。主席：石化全；副主席：张择武、杜军、罗盛奇、周钟、石应科、杨廷仁。2002年王道华任副主席，1998年3月至2002年2月张择武兼任秘书长，2002年3月至2003年2月方圣贤任秘书长。内设机构有办公室、提案法制委员会、工商经济委员会、社会联谊委员会。

第五届委员会召开常委会20次。

第一次常委会议 1998年6月30日在县政协会议室召开。会议听取龙里县上半年经济发展情况通报；学习《省政协主席王思齐在省政协八届一次常委会议上的讲话》；传达州政协八届十次常委会议精神；研究决定县政协五届委员会各专门委员会及各乡镇政协联络组组成人员名单。

第二次常委会议 1998年9月30日在县政协会议室召开。会议学习刘方仁在贵州省八届党代会上作的《高举邓小平理论伟大旗帜，把富民兴黔伟大事业全面推向二十一世纪》的报告；原则通过《政协龙里县委员会常务委员会工作规则》；表决通过县政协五届委员会副秘书长人选。

第五次常委会议 1999年6月25日在县政协会议室召开。会议学习江泽民总书记在欢迎中国驻南斯拉夫联盟共和国工作人员大会上的讲话；传达美国总统特使报告对袭击中国驻南联盟使馆的调查结果，以及《人民日报》的评论员文章；听取1999年上半年政府工作情况通报、1999年5月社会联谊委员会到摆省乡调查农村经济情况报告；协商通过县政协各专委会及部分乡镇联络组人员变动情况；传达州政协八届十五次常委会精神。

第六次常委会议 1999年10月8日在县政协会议室召开。会议学习江泽民总书记在庆祝人民政协成立50周年大会上的讲话，并就如何落实江泽民总书记对人民政协提出的“四点希望”展开讨论。

第十一次常委会议 2001年1月2日在县政协会议室召开。会议讨论修改由县政协代起草的《中共龙里县委、龙里县人民政府关于进一步大力发展非公有制经济的意见》。

第十三次常委会议 2001年6月21日在县政协会议室召开。会议传达学习全国和全省统战工作会议精神；学习《中共中央关于加强统一战线工作的意见》和省委书记钱运录在全省统战工作会议上的讲话。

第十五次常委会议 2002年1月11日在县政协会议室召开。会议听取县政府关于2001年经济社会发展情况的通报，提出12条建议和意见。

第十八次常委会议 2002年9月17日在县政协会议室召开。会议听取县政府关于谷脚医药工业园区建设和中药材规模种植基地建设进展情况通报，并提出建议。

第十九次常委会议 2002年12月20日在县政协会议室召开。会议协商讨论州政协龙里联络组考察龙里县非公有制林的情况，通过《发展非公有制林，加速国土绿化进程》的考察报告。

四、政协龙里县委员会第六届常委会

2003年2月24—27日在县城召开县政协第六届委员会第一次会议，选举产生县政协第六届常务委员会，有常务委员24名。主席：范吉林；副主席：梁兴福、王道华、黎兴发、石应科、马晓红、陈光荣；秘书长：方圣贤（任期2003年2月至2006年7月）；代理秘书长：张志能（2006年7月至2007年1月）。内设机构有办公室、提案法制委员会、经济和人口资源环境委员会、民族和宗教委员会、教科文卫体和文史资料委员会。从县政协第六届起，县政府智力支边办公室设在县政协。

第六届委员会召开常委会议18次。

第一次常委会议　2003年3月31日在县政协会议室召开。会议主要研究决定任命县政协副秘书长、各专委会主任和乡镇政协联络组组长。

第二次常委会议　2003年5月23日在县政协会议室召开。会议研究决定增补政协第六届龙里县委员会委员1名。

第四次常委会议　2003年12月23日在县政协会议室召开。会议主要听取县政府就县政协第六届一次会议的政协委员提案办理情况的通报，并提出意见和建议。

第五次常委会议　2004年3月1日在县政协会议室召开。会议学习《中共中央、国务院关于促进农民增收若干政策的意见》和2004年1月12日胡锦涛总书记在中央纪委第三次全体会议上的讲话；讨论《县政府工作报告（征求意见稿）》；评选出2003年度政协委员优秀调研文章5篇、优秀提案4件和提案承办先进单位4个。

第六次常委会议　2004年6月29日在县政协会议室召开。会议学习《政协贵州省委员会关于进一步加强反映社情民意工作的意见（试行）》。

第七次常委会议　2004年9月17日在县政协三楼会议室召开。会议协商讨论《中共龙里县委、龙里县人民政府关于加大力度实施西部大开发战略的若干意见（讨论稿）》，提出30多条修改建议。

第八次常委会议　2004年10月11日在县政协三楼会议室召开。会议学习中共十六届四中全会通过的《中共中央关于加强党的执政能力建设的决定》；通报2004年县政协班子及政协委员调查反映社情民意信息情况，县政协主席会议督办提案工作情况；表决通过政协第六届龙里县委员会副秘书长人选。

第九次常委会议　2004年12月30日在县政协三楼会议室召开。会议学习中共中央12月3—5日在北京召开的经济工作会议精神；听取全县2004年经济社会运行情况通报；听取县政府通报县政协委员提案办理情况；开展县政协各专委会年终总结，乡镇联络组工作交流。

第十二次常委会议　2005年9月23日在县政协三楼会议室召开。会议听取关于中国少数民族成药产业发展研讨会暨中国少数民族成药产品展示会、第二届中国贵州龙里苗医药文化博览会举办的背景、目的、意义及主要活动安排、筹备工作进展情况的通报，开展讨论，提出建议。

第十四次常委会议　2006年3月1日在县政协三楼会议室召开。会议主要讨论《龙里县国民经济和社会发展第十一个五年规划纲要（草案）》；讨论通过县政协常委会工作报告（草案）、《县政协提案工作情况报告（草案）》。

第十五次常委会议　2006年6月23日在县政协三楼会议室召开。会议主要学习《中共中央关于加强人民政协工作的意见》；审议通过《政协龙里县委员会提案工作条例》；听取县政府通报2006年上半年全县经济运行情况和“整脏治乱”工作情况。

第十六次常委会议　2006年7月31日在县人民武装部四楼会议室召开，会议主要讨论通过增补龙里县第六届政协委员4名。

第十八次常委会议　2006年12月26—27日在县政协会议室召开。邀请县政府通报2006年度全县经济社会运行、县政协六届四次会议以来提案办理情况；讨论县政协六届常委会工作报告（征求意见稿）和提案工作报告（征求意见稿）；讨论七届一次全体会议有关事项。

五、政协龙里县委员会第七届常委会

2007年1月4—8日在县城召开政协第七届委员会第一次会议。选举产生常委会委员，有常务委员24名。主席：王安富（任期2007年1月至2010年2月）、王小红（任期2010.2—）；副主席：张忠庆、张宗毅、马晓红、陈光荣、金子成；秘书长：张志能。内设机构有办公室、提案法制委员会、经济和人口资源环境委员会、民族和宗教委员会、教科文卫体和文史资料委员会。县政府智力支边办公室设在县政协。

2007—2008年召开9次常委会议。

第一次常委会议 2007年1月30日在县政协会议室召开。会议主要通过《政协龙里县委员会常务委员会2007年工作意见》。

第二次常委会议 2007年4月12日在湾寨乡政府会议室召开。会议听取2007年第一季度全县经济运行情况通报；任免七届县政协副秘书长、乡镇政协联络组组长。

第三次常委会议 2007年8月9日在县政协会议室召开。会议协商讨论并通过《政协龙里县委员会关于政治协商、民主监督、参政议政实施办法》《政协龙里县委员会常务委员会工作规则》《政协龙里县委员会专门委员会工作简则》《政协龙里县委员会常务委员会组成人员守则》。

第七次常委（扩大）会议 2008年6月5日在县政协会议室召开。会议听取县政府上半年工作情况通报，畜牧业恢复生产情况通报，农村医改情况通报，2008年重点项目建设进展情况通报；组织参会人员实地察看2008年重点项目建设进展情况。

第八次常委（扩大）会议 2008年9月9日召开。上午参会人员到洗马镇实地调研，下午在县政协会议室开会。参会人员有政协第七届常务委员；邀请县委、县人大、县政府联系政协工作的领导，县人口与计划生育局、县水利局、洗马镇领导，县政协调研员、副秘书长、各专委会主任、智力支边办主任，各乡镇联络组组长。会议通报视察烟水配套及安全饮水工程建设情况；听取县水利局、县人口和计划生育局2008年工作情况报告。

第九次常委会议 2008年12月19日在县政协四楼会议室召开，会议主要研究决定任命县政协第七届委员会副秘书长。

政协龙里县第三届至第七届委员会领导人员名录

表4—3

届次	职务	姓名	性别	民族	党派	籍贯	任期
第三届	主席	胡德卿	男	汉	中国共产党	江西进贤	1990.5—1993.4
	副主席	韩子连	男	汉	中国共产党	河南柘城	1990.5—1993.4
		高健魁	男	汉	无党派	河南安阳	1990.5—1993.4
		罗明道	男	布依	无党派	贵州龙里	1990.5—1993.4
		吴玲月	女	汉	无党派	浙江鄞县	1990.5—1993.4
	秘书长	刘积余	男	汉	中国共产党	陕西临潼	1990.5—1993.4
第四届	主席	陈廷贵	男	汉	中国共产党	贵州龙里	1993.4—1993.9
		石化全	男	布依	中国共产党	贵州惠水	1994.4—1998.3
	副主席	石化全	男	布依	中国共产党	贵州惠水	1993.4—1994.4
		罗盛奇	男	布依	无党派	贵州龙里	1993.4—1998.3
		周　钟	女	汉	无党派	湖南衡阳	1993.4—1998.3
		石应科	男	侗	无党派	贵州从江	1993.4—1998.3
		汪斯富	男	汉	中国共产党	贵州龙里	1994.4—1998.3
		张择武	男	汉	中国共产党	贵州黄平	1997.4—1998.3
	秘书长	刘积余	男	汉	中国共产党	陕西临潼	1993.4—1996.5
		张士品	男	汉	中国共产党	贵州龙里	1996.5—1998.3

续表

届次	职务	姓名	性别	民族	党派	籍贯	任期
第五届	主席	石化全	男	布依	中国共产党	贵州惠水	1998.3—2003.2
	副主席	张择武	男	苗	中国共产党	贵州黄平	1998.3—2003.2
		杜军	男	汉	中国共产党	贵州贞丰	1998.3—2001.6
		罗盛奇	男	布依	无党派	贵州龙里	1998.3—2003.2
		周钟	女	汉	无党派	湖南衡阳	1998.3—2003.2
		石应科	男	侗	无党派	贵州从江	1998.3—2003.2
		杨廷仁	男	苗	中国共产党	贵州龙里	1998.3—2003.2
		王道华	男	苗	中国共产党	贵州龙里	2002.3—2003.2
	秘书长（兼）	张择武	男	苗	中国共产党	贵州黄平	1998.3—2002.2
	秘书长	方圣贤	男	汉	中国共产党	贵州安顺	2002.3—2003.2
第六届	主席	范吉林	男	汉	中国共产党	安徽界首	2003.2—2007.1
	副主席	梁兴福	男	汉	中国共产党	贵州龙里	2003.2—2007.1
		王道华	男	苗	中国共产党	贵州龙里	2003.2—2007.1
		黎兴发	男	汉	中国共产党	四川江津	2003.2—2007.1
		石应科	男	侗	无党派	贵州从江	2003.2—2007.1
		马晓红	女	布依	无党派	贵州龙里	2003.2—2007.1
		陈光荣	男	苗	无党派	贵州龙里	2003.2—2007.1
	秘书长	方圣贤	男	汉	中国共产党	贵州安顺	2003.2—2006.7
	秘书长（代理）	张志能	男	汉	中国共产党	贵州松桃	2006.7—2007.1
第七届	主席	王安富	男	汉	中国共产党	云南镇雄	2007.1—2010.2
		王小红	女	汉	中国共产党	贵州仁怀	2010.2—
	副主席	张忠庆	女	汉	中国共产党	贵州龙里	2007.1—
		张宗毅	男	汉	中国共产党	贵州龙里	2007.1—
		马晓红	女	布依	无党派	贵州龙里	2007.1—
		陈光荣	男	苗	无党派	贵州龙里	2007.1—
		金子成	男	苗	无党派	贵州雷山	2007.1—
	秘书长	张志能	男	汉	中国共产党	贵州松桃	2007.1—

政协龙里县第三届至第七届委员会委员分类统计表

表4—4　　单位：人

类别	第三届	第四届	第五届	第六届	第七届
1. 中共龙里县委员会	5	6	6	7	8
2.无党派民主人士	4	2	1	0	3
3.共青团县委	3	3	3	3	3
4.总工会	4	3	3	3	3
5.妇联	3	3	3	3	5
6.工商联	3	4	3	5	10

续表

<table>
<tr><th>类　别</th><th>第三届</th><th>第四届</th><th>第五届</th><th>第六届</th><th>第七届</th></tr>
<tr><td>7.文化艺术界</td><td>2</td><td>2</td><td>2</td><td>4</td><td>6</td></tr>
<tr><td>8.农林界</td><td>6</td><td>13</td><td>15</td><td>15</td><td>12</td></tr>
<tr><td>9.工商经济界</td><td>11</td><td>17</td><td>19</td><td>19</td><td>20</td></tr>
<tr><td>10.科技界</td><td>9</td><td>12</td><td>3</td><td>8</td><td>9</td></tr>
<tr><td>11.科协</td><td>0</td><td>0</td><td>3</td><td>3</td><td>0</td></tr>
<tr><td>12.教育界</td><td>13</td><td>12</td><td>12</td><td>14</td><td>11</td></tr>
<tr><td>13.医药卫生界</td><td>11</td><td>11</td><td>12</td><td>12</td><td>10</td></tr>
<tr><td>14.体育界</td><td>1</td><td>1</td><td>1</td><td>0</td><td>0</td></tr>
<tr><td>15.少数民族</td><td>18</td><td>16</td><td>19</td><td rowspan="2">16</td><td>13</td></tr>
<tr><td>16.宗教界</td><td>0</td><td>0</td><td>0</td><td>2</td></tr>
<tr><td>17.特邀人士</td><td>19</td><td>30</td><td>29</td><td>25</td><td>29</td></tr>
<tr><td>合　计</td><td>112</td><td>135</td><td>134</td><td>137</td><td>144</td></tr>
</table>

第三节　政协工作

一、政协委员提案

1990—2008年，政协龙里县委员会第三届至第七届二次会议共审查立案的委员提案1444件，其中三届166件、四届242件、五届361件、六届434件、七届（至2008年未满届）241件。

二、政协重要提案办理

第三届至第七届，几乎每年都有委员提出治理贯城河的提案，引起县政府和有关部门的重视。在先期投入2000多万元治理的基础上，2007年又由政府举债和多方筹集资金对贯城河进行大规模治理，累计投入资金7000多万元，完成治理工程量的90%以上。对于第三届一、二次会议委员提出“建立猴子沟自然保护区”的提案，县政府及时下发文件要求加强对猴子沟的保护，并邀请专家深入考察，编制可行性方案，上报项目，使猴子沟被列为省级自然保护区。

1990年三届一次会议委员提出“加强基础设施建设，建县城1000门程控电话”的提案，得到县委、县政府和邮电部门的重视，将该工程列入《龙里县国民经济和社会发展“八五”计划》和贵州省邮电系统“八五”计划，1991年实现该计划。二届三次会议委员提出“在县城安装闭路电视”的提案，县政府行文批准县广播电视局向各单位集资兴建，先期集资未顺利。从1992年春开始，由县政协牵头，共筹集资金40多万元投入建设，于当年年底开通县城闭路电视。

四届二次会议期间，委员提出“筹建湾寨民族中学，解决湾寨、摆省、岱林地区少数民族学生读书难”的提案，引起县“四家班子”的重视，各级领导出谋划策，经多方筹集资金，于1997年建成804平方米的湾寨民中教学楼并投入使用。五届四次会议委员提出“解决洗马、巴江片区人畜饮水困难”的提案，县水利局将其列入水土保持综合治理规划上报，引起省、州领导重视。在“三讲”教育期间，省委、州委领导到石板滩水库等地现场办公，省、州农业综合开发办很快批准立项，并在两年内拨款560万元实施项目工程建设。

六届四次会议委员提出“加强猴子沟水源保护，保障县城居民饮水安全”的提案，列入当年主席会议督办提案，县政府采取有力措施加强对猴子沟水源的保护。七届一次会议委员提出“尽快治理湾滩河流域污染”的提案，县政府责成有关单位落实，县环保局组织到湾滩河流域巡查7次，与林业等部门编制落实治理规划和措施。

三、政协视察调研

1991—2008年，县政协利用联系面广、人才荟萃的优势，结合实际开展大量的视察、调研活动，先后形成调研文章192篇、视察报告118篇，为县委、县政府决策提供参考。视察、调研涉及范围和内容有：农村产业结构调整、村级经济发展、扶贫攻坚；城乡规划、生态环境保护、旅游开发、公路和城镇基础设施建设；乡镇企业、民营企业、安全生产；文教卫生、人口与计划生育、文物保护；民主法制、社会治安、民族宗教等。

调研文章、视察报告主要有：1992年《关于谷脚开发试验区的现状及发展思路》《龙里中学纸箱厂的发展经验》，1994年《骨干企业搭台、招商引资唱戏，利用调控机遇，提高乡镇企业发展水平》，1999年《关于龙里县非公有制经济的调查与思考》，2003年《关于加快龙里GAP中药材基地建设，引进业主带动产业发展》，2004年《猴子沟水源污染严重，亟待治理》，2005年《工业园区可持续发展的调查与思考》《关于龙里县医疗保障情况的调查》，2007年《龙里大草原旅游开发与可持续发展刍议》，2008年《龙里县刺梨产业发展调查与思考》《濒临“流产”的苦丁茶》《巴江平坡苗族农民画发展刍议》《城郊失地农民的喜与忧》等。2008年1月全县遭受特大凝冻灾害后，3月县政协组织对灾后重建和农村惠民政策落实情况进行调研，形成《2008年政协常委视察报告》。

四、文史征编

1985—2008年，先后征集文史资料180多万字，编辑出版《龙里文史资料选辑》第1—8辑97.5万字。第1—3辑主要选辑龙里县的建置沿革、人文地理、风俗民情、人物轶事、民众教育、抗战史事、英烈事迹等；第4辑反映解放龙里、接管政权、清匪反霸、土地改革的部分史实；第5辑选编农业合作化运动领导和参加人员的亲见亲历文章；第6辑为水利电力事业发展情况专辑；第7辑记录第一至六届政协龙里县委员会组织概况及会议情况；第8辑为红军长征过龙里史料专辑，选编中央红军和红二、红六军团分别经过龙里的活动情况。此外，还编辑出版介绍龙山镇发展乡镇企业创业历程和基本经验的《大潮涌龙山》专辑，贵州旅游文史丛书之一的《神奇龙里》，民族民歌集成《龙里布依情歌选》等。

五、智力支边

智力支边工作坚持以经济建设为中心，智力支援为主线，发挥政协委员和各族各界人士的优势，配合科技、科协、农业、林业等部门着力于调查研究，在农村推广适用技术，培训乡土人才，加强横向协调服务，促进地方经济发展。

政协第三届委员会先后邀请省、州、县专家学者和工程技术人员参加智力支边活动，完成项目建设35个，举办各类培训班25期，培训各类乡土人才2041人。1990年10月开始，将谷冰乡作为植树造林联系点，配合县有关部门发动群众掀起该乡连续两个冬春植树造林高潮，造林7000多亩（250万株）。

政协第四届委员会与有关部门配合，在贫困乡村举办培训班56期，接受培训3200余人次，引进良种18个。定点支边帮扶谷脚镇白泥沟村民组解决温饱问题，争取资金解决一直困扰村民的人畜饮水问题。

政协第五届委员会完成智力支边项目建设20个，举办各类培训班60期，培训人员3000余人次，引进资金20多万元。指导谷脚镇白泥沟村民组完成坡改梯工程200余亩，抓住新修贵新高等级公路的机遇帮助该村民组建打砂场4个，培训能工巧匠20人。

政协第六届委员会组织资金50多万元，在水场、巴江、麻芝、羊场、谷脚等乡镇创办杂交水稻、杂交玉米、商品蔬菜、天麻、黑山羊等种植、养殖科技示范点40个，促进农民增收。县智力支边办和政协参加单位引进香港慈恩基金、美国华人燃灯基金、个人捐资等200多万元，修建学校10所，支助困难学生40人。邀请省、州书画界人士指导巴江乡平坡村苗族农民画创作，开展民族民间文化村寨的示范创建工作，成立全省第一个村级农民画协会，使苗族农民画走向市场，丰富精神生活，增加农民收入。

2007—2008年，政协第七届委员会争取香港慈善机构捐资21万元，完善观音小学、金批小学、哪嗙新场小学教学楼建设。争取外援15万元新建播箕小学于2008年9月投入使用，并引援支助该校价值1.6万元图书527册。

1991—2008年政协龙里县委员会提案选录

表4—5

年份	提案目录
1991	《建议恢复劳模会，经常关心和宣扬本县英模人物的提案》 《加强对贯城河的管理，防止污染继续扩大的提案》 《关于边远村级民校的师资校舍建设问题的提案》 《加强医疗网点建设，整顿区级医院的建议》 《加强乡镇企业职工劳动保护的建议》
1992	《关于将龙里县少量土地向外吸引开发使用单位的建议》 《关于尽快消除化工厂对环境的污染的建议》 《关于关心农业中学、扶持回乡农中毕业生的建议》 《关于筹建城关第二幼儿园的建议》 《关于应修建县城公厕的建议》
1993	《关于解决少数民族地区看病难的建议》 《关于加强乡镇企业职业病防治、劳动保护的建议》 《关于县城清洁卫生问题的建议》 《关于用无息贷款扶持少数民族发展生产的建议》 《关于解决哪嗙乡长芽村照明用电的建议》
1994	《关于筹建湾寨民族中学的建议》 《关于对发展我县劳务输出工作的建议》 《关于解决渔洞片区人畜饮水问题的建议》 《关于“两杂”良种满足需求和保证质量的建议》 《关于杜绝无证违法行医和无证经营药品的建议》
1995	《关于认真对待少边穷地区的扶贫，提出切实有效的治本措施的建议》 《关于巩固龙里县40年来防疫成果的建议》 《关于利用荒山饲养黑山羊的建议》 《关于加强文化市场管理的建议》 《关于县城街道建设的建议》 《关于制订更开放的人员分流政策建议》
1996	《关于建菜篮子工程基地的建议》 《关于定点屠宰场管理的建议》 《关于加强爱国主义教育的建议》 《关于保证县城供水质量的建议》 《关于乡村公路管理的建议》
1997	《关于保护现有企业的技术骨干的建议》 《关于加强矿山煤窑管理的建议》 《关于改革丧葬习俗的建议》 《关于解决巴江乡人畜饮水问题的建议》 《关于解决谷脚镇街道脏乱差问题的建议》
1998	《关于发挥石板滩水库效应的建议》 《关于加强猴子沟风景区保护的建议》 《关于县城建设应统一规划的建议》 《关于招商引资要扶持县内企业的建议》 《关于开发南片区民族风俗旅游区的建议》

续表

年份	提案目录
1999	《关于解决洗马、巴江人畜饮水问题的建议》 《关于拯救冠山自然景点的建议》 《关于治理龙里河流污染的建议》 《关于在县城禁放烟花爆竹的建议》 《关于加强对粮食统收价格管理的建议》
2000	《关于龙里县乡企与民营企业持续发展的建议》 《关于实施“村村通”系统工程的建议》 《关于开辟工业小区迎接西部大开发的建议》 《关于退耕还林的建议》 《关于加大农村医疗卫生条件投入的建议》
2001	《关于撤除水桥收费站的建议》 《关于建县城第二农贸市场的建议》 《关于正大集团要加强治污的建议》 《关于修建小十字、林业局和气象站道路的建议》
2002	《关于要严惩破坏计生工作不法分子的建议》 《关于建跨越铁路立交桥的建议》 《关于农城电价同价建议案》
2003	《关于彻底治理龙里打草河至三元镇河段河流污染问题的建议》 《关于县城机动三轮车轮流营运问题的建议》 《关于加强录像厅、歌舞厅管理的建议》 《关于刻不容缓保护森林的建议》
2004	《关于硬化小谷龙街道的建议》 《关于尽快整修民主街、和平巷、解放街、胜利街道路的建议》 《关于把改炉、改灶、烟囱出屋列入文明新村建设考核内容的建议》 《关于解决谷脚工业园区招聘10名治安巡防队员工资待遇问题的建议》 《关于充分发挥沼气效能，切实保护天然林的建议》
2005	《关于帮助部分烟农解决购买烤烟用煤资金困难的建议》 《关于整顿和规范农村种子、农药市场的建议》 《关于加快殡葬制度改革，去除环城带“白色”污染的建议》 《关于加大村级卫生室建设，解决边远贫困村群众看病难问题的建议》 《关于加强对爆炸物品管理，严禁在余下至永安河段炸鱼的建议》
2007	《关于治理贯城河、建立污水处理厂的建议》 《关于洗马镇新街修建化粪池及公共厕所的建议》 《关于成立龙里县家庭暴力报警中心的建议》 《关于禁止水桥上游一家木材加工厂排放污水污染大南桥河流的建议》 《关于尽快治理湾滩河流域污染问题的建议》
2008	《关于妥善解决失地农民后顾之忧，努力构建和谐社会的建议》 《关于在龙里县城街道车辆和行人流动频繁的十字路安装护栏的建议》 《关于加强学校周边饮食摊点管理，保障学生身体健康和安全的建议》 《关于呼吁有关部门对“哑巴”进行监管的建议》 《关于龙里现存的红军坟损坏严重，需维修并保护的建议》

第五篇 群团组织

第一章 工 会

第一节 会员代表大会

一、第五次会员代表大会

1988年6月7—9日，县工会第五次会员代表大会在县城召开，出席会议的正式代表140人，列席代表37人，特邀代表30人。会议听取、审议通过县第四届工会委员会所作题为《团结全县职工群众，为振兴龙里经济贡献力量》的工作报告和财务工作报告；选举县工会第五届委员会主席1人、副主席1人、委员17人、常委7人、候补委员4人，经费审查委员会主任1人、委员3人。

二、第六次会员代表大会

1992年7月28—30日，县工会第六次会员代表大会在县城召开，出席会议的正式代表170人、列席代表10人。会议听取、审议通过县工会第五届委员会工作报告和财务工作报告；选举县工会第六届委员会主席1人、副主席1人、委员21人、常委9人，经费审查委员会主任1人、委员3人。

三、第七次会员代表大会

1998年11月26—27日，县工会第七次会员代表大会在县城召开，出席会议的正式代表161人、列席代表13人。会议听取、审议通过县第六届工会委员会所作题为《高举邓小平理论伟大旗帜，团结动员全县各族职工，为实现富民兴县和跨世纪宏伟目标建功立业》的工作报告以及工会经费审查委员会工作报告；选举县工会第七届委员会主席1人、副主席1人、委员21人、常委11人，经费审查委员会主任1人、委员3人。

四、第八次会员代表大会

2003年12月23—25日，县工会第八次会员代表大会在县城召开，出席会议的正式代表189人、特邀代表15人。会议听取、审议通过县第七届工会委员会所作题为《以党的十六大精神为指导，努力推进我县工会工作创新发展》的工作报告和财务工作报告；选举县工会第八届委员会主席1人、副主席1人、委员29人、常委11人，经费审查委员会主任1人、委员3人。2004年7月，召开县工会第八届第五次会议，选举罗显琴为县工会第八届委员会委员、常委、副主席、经审委主任；2006年7月，召开县工会第八届第六次会议，选举方圣贤为县工会第八届委员会委员、常委、主席；2007年3月，召开第八届第七次会议，选举王军为县工会第八届委员会委员、常委、主席。

五、第九次会员代表大会

2008年11月28日，县工会第九次会员代表大会在县城召开，出席会议的正式代表155人、列席代表5人。会议听取、审议通过县第八届工会委员会所作题为《高举中国特色社会主义伟大旗帜，团结动员全县广大职工，为实现龙里“十一五”规划宏伟目标而努力奋斗》的工作报告及第八届经费审查委员会工作报告，选举县工会第九届委员会主席1人、副主席1人、委员29人、常委11人，经费审查委员会主任1人、委员3人。

第二节　基层组织

1991年，龙里县工会基层组织102个，会员5296人。2008年，全县工会基层组织270个，会员2.27万人，其中：女职工委员会246个，专兼职女职工委员259人；工会所在单位参加各种社会保险职工1.73万人；签订劳动合同工会行业59个、652个单位、4715人，其中农民工2228人；建立职代会制度单位11个、职代会代表291人，其中女代表108人；实行厂务公开产业单位80个、生产单位235个、职工4920人；机关工会基层组织50个、会员1114人，其中女会员395人。

1991—2008年龙里县工会基层组织、职工人数、会员人数统计表

表5-1　　单位：个、人

年份	工会组织	职工人数	其中：女性	会员人数	其中：女性	年份	工会组织	职工人数	其中：女性	会员人数	其中：女性
1991	102	5972	2173	5296	1964	2000	160	5394		5394	
1992	123	6323	2310	5475	2072	2001	161	5425		5405	
1993	121	5517	1894	4569	1588	2002	156	9805		9385	
1994	120	4699		4394		2003	159	10081		9388	
1995	132	6201		5738		2004	153	9810	3493	9301	3342
1996	120	5829		4497		2005	169	9930	3552	9575	3438
1997	128	5120		5012		2006	193	11107	3833	10985	3768
1998	129	5642		5108		2007	240	13291	4778	13091	4752
1999	129	5642		5108		2008	270	27894	8654	22730	8642

第三节　主要活动

一、企业民主管理

1991年起，龙里县企事业单位工会相继实行职工代表大会制度（教育系统称为“教代会”），参与监督管理。1993年，省龙里林场、县包装彩印厂、水泥厂、联合制砖厂、邮电局等单位实施职代会制度，对劳动工资、生产经营等进行审议，实行民主监督。1994年，县商业系统、供销系统和县包装彩印厂等单位的经营改革措施、承包方案、奖惩制度、工资调整、职工住房分配等均提交职代会审议。1999年，县包装彩印厂经职代会建议罢免厂长。2002年，县水泥厂经职代会建议罢免厂长，民主选举新领导班子。

2005年，县自来水公司、饮食服务公司等6家企业纳入国有企业改制单位，单位职代会就改制前拖欠职工工资和欠缴职工失业保险、养老保险、医疗保险等提出合理的建议和解决办法，除县自来水公司按股份制企业改制外，其余5家企业整体转让，圆满完成企业改制。

二、集体劳动合同签订

1996年起，国有和集体企业逐步推行企业与职工平等协商签订集体劳动合同制度。1997年7月，县委、县政府转发县工会、人劳局《关于进一步做好平等协商，签订集体合同工作的报告》，建立县集体合同工作领导小组。12月，全县企业单位签订集体合同34家，职工1300人，占应签订数的97%。县包装彩印厂、龙山粮管所、建材厂等企业签订集体劳动合同均向职代会报告。2001年，县政府转发县工会、人劳局《关于进一步推进平等协商和集体合同制度的报告》。到2003年，全县有16家企业续签集体合同，52家企业首次签订集体合同，全县集体合同签订率达60%。2006年，全县签订集体合同企业29家，职工与企业签订劳动合同1894份；建立健全劳动争议调解机构企业16家，参与劳动争议仲裁案件办理25起，其中结案23起。2008年，全县企事业工会推进平等协商和集体合同制度59个，单位652家，签订劳动合同职工4715人，其中农民工2228人。

三、厂务公开

1999年5月，出台《龙里县国有企业实行厂务公开的试行意见》，成立龙里县厂务公开领导小组，办公室设在县总工会，以县包装彩印厂、龙山粮管所、日杂公司、省龙里林场作为厂务公开试点单位；12月，出台《在全县国有集体企业全面推行厂务公开的意见》，全县所有国有、集体企业全面推行厂务公开工作。2000年7月，举办部分企业法人和工会主席参加的管理培训，全县135家非公企业建立职代会，109家推行厂务公开民主管理。利用《黔南日报》《劳动时报》《龙里周讯》、龙里电视台等媒体进行宣传报道，制定《关于进一步做好厂务公开民主管理工作的实施意见》《龙里县企业厂务公开、民主监督工作考核标准》等文件，促进保障职工的知情权、参与权、监督权。

2008年，全县建立厂务公开领导小组的企业18家，占全县应建企业的65%；制定厂务公开意见栏14家，占43%；实行厂务公开企业30家，占75%，县自来水公司、土产公司、谷脚供销社获黔南州总工会表彰；教育系统校务公开由县城中小学向农村中小学铺开，全县城区、各乡镇中心学校的校务公开率达66.4%。

四、职工权益保护

1991—2001年，县工会、县经委、县劳动人事局和县防疫站联合对全县11个厂矿企业单位进行3826人次职业健康体检和工业卫生检查，并建档立卡。1996年5月，成立县劳动法律监督委员会、县劳动争议仲裁委员会，县属各企业单位相应建立劳动法律监督小组、劳动争议调解组织29个，仲裁2起劳动争议。2002—2006年，利用场天开展安全咨询，发放宣传资料3000余份，举办劳动安全竞赛活动。

2006年，指导职工与企业签订劳动合同1894份，签订集体合同29家；县总工会获贵州省工会年度煤矿群众安全生产工作专项考核一等奖。2007年，县工会参与安全生产检查5次，调处职工伤亡事故5起，参与举办2期煤矿职工450人参加的安全生产培训；全县有8家有证煤矿建立工会组织，配备群众监督员；指导企业签订集体合同30家，签订率达40%。2008年，县工会参与麻芝乡毛栗坡等煤矿事故处理和安全生产大检查4次，共接待来信来访33人次，参与调处劳动争议案件51件，成功调解结案42件，调解结案率100%；指导企业签订集体合同36家，覆盖职工6800人。

五、女职工工作

1991年，全县基层工会建立女职工委员会35个。1992—1993年，县工会女职工委员会组织培训女干部154人，组织基层女职工委员会负责人29人赴都匀、独山、荔波考察交流，对全县企事业、厂矿执行女职工劳动保护情况进行检查。1993—1994年，省龙里林场、县医院、龙里中学、县建材厂、县民中、县水泥厂、县城关二小、县包装彩印厂等工会“女职工之家”被评为“州级先进女职工之家”，县城关一小被授予“黔南州女工工作先进集体”称号，县供电局的赵玲被授予“黔南州先进女职工”称号；县工会杨静芳被省总工会表彰为“先进女职工工作者”，被黔南州妇联授予“三八红旗手”称号。1995年，县民中女职工委员会被省总工会授予“贵州省女职工工作先进单位”称号，县医院马双萍被授予“贵州省先进女职工”称号。

1996年，县工会女职工委员会、县妇联向全县女职工发出倡议：做“自尊、自信、自立、自强”“有理想、有道德、有文化、有纪律”的新女性。1997年，实施“巾帼建功文明行动”，开展“年轻好妈妈”读书活动，举办“年轻好妈妈”读书演讲会。1998年，县工会女职工委员会被黔南州工会评为“黔南州通讯光缆建设拥军先进单位”，县城关二小、县妇幼保健院、省龙里林场“女职工之家”被评为“州级先进职工之家”。

2002年3月，县女职工委员会、县妇联、县妇幼保健院联合开展妇科病普查普治208人。2005年，女职工委员参加省委党校函授学历教育提升80人，参加全州党校学习2人，参加入党积极分子培训52人，参加全县女干部培训班学习102人。2007年，女职工参加函授班学习培训53人，参加入党积极分子培训女职工32人，参加全州妇女干部培训班学习1人。2008年，女职工参加函授教育34人，参加组织开展乳腺疾病、妇科疾病普查、普治和科普宣传活动，签订女职工权益保护专项集体合同；年底，全县建立妇女职工委员会、女职工之家各54个，被评为黔南州先进集体12个。

六、农民工工作

2004年，县工会开展工会、劳动相关法律法规宣传，举办企业厂长、经理和基层工会主席培训100多人次，发放学习资料300多份；全年发展农民工会员650人，入会率达85.3%。2007年，在非公有制企业中建立工会，县龙升公司职工王洪刚获省总工会授予的五一劳动奖章，县铁路护路农民工王云华被评为全省优秀农民工。2008年，全县162个村（居）委会建立工会组织，发展农民工工会会员1.05万人，建立3个居委会和14个乡镇级工会组织。同年，县工会为村级工会统一制作工会牌子、刻制公章，工会制度上墙，县工会为被高校录取的12户贫困职工子女、农民工子女发放助学金6000元。

七、职工教育

1991—2000年，县总工会共举办各种学习、培训班126期，培训4800余人次，召开各种座谈会、讨论会250余次，出墙报、宣传栏185期次，参加各种知识竞赛5次4000余人。2000—2001年，组织70家单位2000余人参加“全国班组职工国有企业改革和发展百题知识竞赛”读书活动，开展“构建和谐社会”大讨论，举办各种学习、培训班10多次9890多人次。2002年，参加工会法等培训班学习130多人次。2006年，参加全县职工经济技术创新劳动竞赛活动3200人次。2007年，157人参加全县基层工会新任工会干部培训。

八、职工文体活动

1991—2001年，县工会俱乐部通过有偿服务安排待业青年就业。2002年，明确工会俱乐部为自收自支事业单位，实行承包经营管理，其收入统一纳入县总工会管理使用，工作人员也归工会统一管理。

1991年，举办建党70周年系列教育活动，各级工会开展“学、演、讲、展、赛”文体活动，举办县属企事业职工“党在我心中”演讲会，并选派代表参加省、州比赛，龙里中学工会的陶朝霞获全州第二名和全省二等奖；举办硬笔书法展，展出作品118幅。1992年，参加全州企事业职工“卡拉0k曲库”歌唱比赛，获通俗唱法一等奖、美声唱法三等奖，县工会获组织奖；“五一”节，举办有8个队参加的中老年迪斯科比赛。1993年，举办棋艺、猜谜、游乐等10多项娱乐活动，参加纪念毛泽东同志“向雷锋同志学习”题词30周年联谊会，“五一”“五四”县“四家班子”、县驻军代表联谊会；举办“国庆”“中秋”舞会、电影晚会，举办老年人门球赛、县首届卡拉0K大赛以及“纪念毛泽东同志诞辰100周年”歌咏比赛。

1994年举办象棋擂台赛，1995年“五一”节举办乒乓球比赛、歌舞晚会和法律知识竞赛。1997年，组织县城企事业职工开展庆“五一”“迎香港回归”拔河比赛；组织36家单位参加大型文艺演出。1998年，组织“热爱我们共有的家园”演讲比赛。2002年5月，参加承办龙里县新世纪第一届体育运动会。2003年，组织全县职工举行电子琴独奏、歌咏比赛。2004年，举办“三个代表”重要思想歌咏比赛。2007年，举办全县109家企业参加的“康乐杯”知识竞赛。2008年，组织企业工会参加龙里广场文化活动。

九、工会干部培训

1991年，举办职工代表培训班2期165人，女工干部培训班、财务人员培训班、基层工会干部培训班各1期共236人次。1992年，参与举办2期120人的科局以上干部市场经济理论读书班和企业干部股份制经济理论培训班。1993年，举办170余人参加的劳动法培训班，50多人参加的妇女权益保障法培训班。1994年，工会干部培训班2期278人。1995年，举办325人参加的相关知识培训。1996年，职工职业道德培训6期386人，爱国思想教育活动5次4500人，其他培训班18期2400人。1998年培训班3期350人，1999年培训班2期150人。

2001年，邀请省总工会干校教师对全县80多名基层工会主席和30多名工会经审、女职工干部进行3天培训；选派13人外出培训。2004年，举办企业厂长、经理和基层工会主席培训100多人次。2007年，培训新任乡镇企业工会主席157人，协助县人事劳动局、社保局开展下岗职工“4050”（女40岁，男50岁）及零就业家庭人员176人再就业培训。2008年，乡镇工会干部业务培训班1期49人。

十、“职工之家”建设

1991年4月，出台《关于深入开展建设“职工之家”的意见》，成立县工会“合格职工之家”考核、复查、验收领导小组，对全县82个工会“职工之家”验收，24个工会达到“合格职工之家”标准。1992年，县农行、龙里中学、县包装彩印厂、县邮电局、省龙里林场及其大土工区的“职工之家”被评为“省级模范职工之家”，陈小谷、罗友明、刘毅被评为“贵州省先进工会工作者”，刘启霞、杨大贤、王彩龙被评为“贵州省优秀工会积极分子”。1995年10月，县水泥厂工会获州级“先进职工之家”称号，杨静芳、李恩海获评为州级“先进工会工作者”，杨义标、陈楠珍、周湘胜获州级“先进工会积极分子”称号。1999年底，全县已建工会“职工之家”108个，其中县级合格“职工之家”44个、州级先进“职工之家”12个、省级模范“职工之家”5个。

2001年，省龙里林场、城关地区中小学等工会“职工之家”增添大量图书，配备音响和棋类、球类等运动器材。2004年，城关一小“职工之家”再次被评为“省级模范职工之家”，县总工会被评为“黔南州先进基层工会”并获黔南州“职工之家创新奖”。2005年，县医院“职工之家”被评为“省级模范职工之家”，血浆站、土产公司“职工之家”被评为“州级先进职工之家”，龙腾铁合金有限责任公司、县建材厂工会被评为“黔南州优秀企业工会”，下岗职工刘琨、彭国庆被评为“下岗再就业先进个人”，县经贸委的甄小明被评为“黔南州为职工办好事、实事先进工作者”，县工会的吴家荣、卫生系统工会的肖志祥被评为“黔南州工会优秀工作者”，县亚冶厂工会的吴建国被评为“职工的贴心人”，龙腾铁合金有限责任公司工会的黄培蒙、下岗再就业职工毛兴梅被评为“贵州省劳动模范”。

2008年，全县有“职工之家”111个，其中：州级先进“职工之家”14个，省级模范“职工之家”5个；省龙里林场工会哨上工区分会“职工之家”被评为“省级模范职工之家”，龙里龙升公司、柏强药业工会“职工之家”被评为“州级先进职工之家”，贵州柏强制药有限公司龙里药厂工会的卢达洪被评为“贵州省优秀工会积极分子”，县民中教师潘兴艺获“贵州省‘五一’劳动奖章”。

十一、贫困职工帮扶

1991年，全县31个基层工会捐款3252.6元创建扶贫基金会，开展对困难职工定期补助3人，扶贫单位3个帮扶26人；在特大抗洪救灾中，县工会发动全县职工2927人捐出资金9971元、大米0.505万公斤、票粮1037.5公斤、衣物2000多件（条）；为县幼儿园集资办食堂，全县34个单位1000多名职工捐款1.3万元；“为残疾人捐献1元钱”活动，全县职工捐款6000多元。1994年，组织向县贫困地区“献爱心、送温暖”，75个单位职工捐赠资金5500元、衣物6400件（条）、书籍156册、农具128件；谷远小学王金燕眼睛受伤，收到募捐7000余元。

1995年，成立龙里县特困企业职工互助基金会。1996年，组织为特困企业职工捐款5900元，对26户特困职工户补助3640元。1997年，为549名企业职工免费接种乙肝疫苗。1999年，县工会建立帮扶联系点10个，培训下岗人员88人，分流转岗38人。2000年，筹集资金6万元对全县11家特困企业中基本生活费不足104元的职工给予补足。2003年，建立龙里县困难职工帮扶中心，全县低保户1372户，特困职工占67%，建立档案、台账，实行动态管理，多方筹集资金5万元慰问特困职工。

2004年帮扶计生户3户资金5100元，2005年捐助800元为8户计生贫困户购买春耕生产物资。2007年，慰问特困企业特困职工149户，发放慰问金3.17万元；“六一”节，慰问龙山镇3户困难职工子女300元；确定15名学生为资助对象，发放5300元“金秋助学款”；为县国税局职工叶时云之女叶欢因患尿毒症急需换肾发起帮扶倡议，获捐款7.38万元。

2008年，县工会成立困难帮扶中心，把县企业困难职工花名册纳入微机管理，建立档案，春节慰问316户发放慰问金8.2万元；为高校录取的12户贫困职工子女、农民工子女发放助学金6000元；资助哪嗙乡独生子女贫困户17户1700元；“六一”节赞助活动和慰问残疾人1400元；发动企业为“5・12”四川汶川地震灾区捐助15.95万元（含物资折价）。

1980—2008年龙里县工会系统获先进工作者称号及五一劳动奖章一览表

表5-2

姓　名	性别	工作单位及职务	获奖时间	授予部门	荣誉称号
张良旭	男	龙里县打米厂	1980年5月	粮食部、贵州省人民政府	全国粮食劳动模范、贵州省劳动模范、贵州省财贸先进工作者
杨德明	男	龙里县农机修造厂	1980年5月	贵州省人民政府	贵州省劳动模范
唐人伟	男	龙里中学	1980年5月	贵州省人民政府	贵州省模范教师
娄桂兰	女	龙里县酱菜厂	1983年5月	贵州省人民政府	贵州省先进工作者
曹惟浩	男	龙里县工交局	1983年5月	贵州省人民政府	贵州省先进工作者
李友忠	男	龙里县中排公社	1983年5月	贵州省人民政府	贵州省劳动模范
李万隆	男	龙里县五金公司	1986年5月	贵州省总工会	贵州省“四化建设”标兵
李吉成	男	龙里县龙山镇	1988年5月	贵州省人民政府	贵州省劳动模范
王永亮	男	龙里县总工会	1988年5月	贵州省总工会	贵州省优秀工会工作者
黎兴发	男	龙里县龙山镇	1988年5月	贵州省人民政府	贵州省农民企业家
艾星楠	男	龙里县化工厂	1989年5月	贵州省人民政府	贵州省劳动模范
顾林昶	男	龙里县建材厂	1989年5月	贵州省总工会	贵州省“四化建设”标兵
夏献禹	男	龙里中学	1995年5月	教育部、贵州省人民政府	全国先进工作者、贵州省先进工作者
马双萍	女	龙里县医院	1995年5月	黔南州总工会	黔南州先进女职工
杨静芳	女	龙里县总工会	1996年5月	贵州省总工会	贵州省优秀女职工工作者
高　翔	男	龙里县建材厂	1999年5月	贵州省总工会	贵州省“五一劳动奖章”
史玉武	男	龙里县洗马镇羊昌村	2000年5月	贵州省人民政府	贵州省劳动模范
向建华	女	龙里县自来水公司	2001年5月	贵州省总工会	贵州省先进女职工
翁光华	男	龙里县龙腾冶炼公司	2002年5月	贵州省总工会	贵州省“五一劳动奖章”
马双萍	女	龙里县医院	2003年3月	黔南州总工会	黔南州双文明先进女职工
汪　建	男	龙里县总工会	2003年5月	贵州省总工会	贵州省优秀工会工作者
张启伦	男	龙里县洗马镇卫生院	2004年5月	贵州省总工会	贵州省“五一劳动奖章”
黄培豪	男	龙里县龙腾冶炼公司	2005年5月	贵州省人民政府	贵州省劳动模范
毛兴梅	女	养殖业户主	2005年5月	贵州省人民政府	贵州省劳动模范
吴家荣	男	龙里县总工会	2006年9月	贵州省总工会	贵州省总工会财务工作先进工作者
王洪刚	男	龙里县龙升公司	2007年5月	贵州省总工会	贵州省“五一劳动奖章”
王云华	男	龙里县铁路护路民兵	2007年12月	贵州省人民政府	贵州省优秀农民工
李　玉	女	龙里县总工会	2008年3月	黔南州总工会	黔南州工会工作先进工作者
潘兴艺	男	龙里县民族完全中学	2008年5月	贵州省总工会	贵州省“五一劳动奖章”

第二章　共产主义青年团

第一节　团员代表大会

一、第十三次会议

共青团龙里县第十三次代表大会，于1992年6月23—24日在县城召开，参会代表126名。大会审议通过团县委题为《高举团旗跟党走，艰苦奋斗建功业》工作报告，选举团县委第十三届委员会委员21人、常务委员会委员7人、候补委员1人。

二、第十四次会议

共青团龙里县第十四次代表大会，于1997年5月22日在县城召开，出席会议代表147人。会议审议通过团县委题为《把握大局，振奋精神，为龙里两个文明建设再创新业绩》工作报告，选举共青团龙里县委第十四届委员会委员21人、候补委员1人、常务委员会委员7人，选举出席共青团黔南州第七次代表大会代表17人。

三、第十五次会议

共青团龙里县第十五次代表大会，于2002年5月27日在县城召开，出席会议代表116人。会议审议通过团县委题为《与时俱进，开拓进取，团结带领全县各族青年，继续为实现富民兴县宏伟目标而努力奋斗》工作报告，选举共青团龙里县委第十四届委员会委员21人、候补委员1人、常务委员会委员7人，选举出席共青团黔南州第八次代表大会代表15人。

四、第十六次会议

共青团龙里县第十六次代表大会，于2007年1月29日在县城召开，出席代表108人。代表中，团干部代表占66%，团员代表占78%，妇女代表占52%，少数民族代表占38%。会议审议通过团县委题为《与时俱进，勇担重任，在实现龙里经济社会发展历史性跨越的伟大实践中建功立业》工作报告，选举共青团龙里县委第十六届委员会委员19人、候补委员1人、常务委员会委员7人。

第二节　团组织及少先队

一、团组织建设

1995年，全县发展新团员1200名，向组织推荐36名优秀团员作党的发展对象。1996年，全县发展新团员1304名，其中学校350名、农村954名，向党组织推荐150名优秀团员作为党的发展对象，被吸收加入党组织的有130名。1997年，全县发展新团员1360名，其中学校410名、农村950名，向党组织推荐120名优秀团员作为党的发展对象，被吸收加入党组织的有60名。

2000年，全县共有14～35周岁青年6.32万人，14～28周岁青年4.73万人；共有团员3559人，其中女团员1760人、少数民族团员1362人，全年发展新团员453人，推优65人；有32个基层团委、254个团支部、17名专职团干、42名兼职团干（不含各团组织、宣传干事）。2002—2008年，全县共发展团员6120人，其中750名团员经推荐加入党组织。通过选派、以会代训、业余团校教育等形式共培训干部3500人次，培训团员近5000人次，大批优秀团干部走上党政领导岗位。全县涌现出各级“优秀团干部”和“优秀团员”200多人，“先进团委”和“先进团支部”58个，州级“五四”红旗团委5个，龙里县多次被评为“全省团建先进县”。

二、少年先锋队

1990年，全县共有132所学校建立少先队，其中小学126所、中学6所，共有少先队员3.04万人（小学2.53万人、中学5167人）；有辅导员731人，其中大队辅导员59人、中队辅导员672人。1992年6月，少先队员发展到3.08万人；共建业余（少年）团校8所，教学少的14课时，多的30课时，最多达42课时，共培训601人。2007年，全县共有6～14岁少年儿童3.01万名，少先队员2.71万名，入队率90%；共有少先队辅导员14名，大队辅导员126名，中队辅导员630名，校外辅导员14名。

1999年，利用业余团校开展"中学生实践教育""读一本好书"等活动；在开展"迎澳门回归"知识竞赛中，全县共有2万多名中小学生参加活动。2000年7月，创办少年军校，首期少年军校军事培训班学员38名。组织贯彻实施"新世纪中国少年雏鹰行动""实践教育活动""跨世纪我能行活动"等一系列活动，各少先队组织利用"六一"儿童节等定期开展娱乐活动。2003—2008年，共有10名教师获省、州级"少先队优秀辅导员"称号，20名学生获省、州级"优秀少先队员"荣誉称号。

第三节　主要活动

一、团委骨干培训与争先创优

1991—1993年，举办农村青年星火带头人培训班92期。1991年11月，团县委组织开展"双星"竞赛活动，组建219个青年星火团支部、青年突击队和培养474名星火带头人及青年突击手。是年，全县各区（镇）、乡镇团组织参加团县委、县科委、县农牧局等部门联合举办的各类实用技术培训班58期，农村团员青年接受培训达4195人次。1992年，组织农村青年参加各类培训班学习1.32万人。1993—1997年，全县组织开展学雷锋青年志愿者活动共7525人次，做好事2547件，建立学雷锋小组236个；在向灾区"送温暖，献爱心"活动中，全县团员捐款7764.24元，捐衣物7629件，捐练习本和文具等1040件。

1991年，在农业中学和岱林乡举办农村青年星火带头人培训班2期，培训90人，35天253个课时。1992—2008年，参加各类培训班农村青年1.33万人（其中星火带头人2597人），实施青年科技兴农系列工程2.58万亩，推广玉米移栽2260亩、油菜育苗移栽4900亩、小麦旱地分带轮作4150亩、烤烟种植1.24万亩，参加活动青年6.88万人次；青年坡改梯工程完成900亩，参加活动的团员青年达500多人，团县委获"全省实施青年坡改梯工程先进组织单位"荣誉称号。

1991—2002年，全县涌现出各级优秀团干和优秀团员260多名，先进团委和先进团支部26个，州级"五四红旗团委"10个。开展青年文明号、青年岗位能手、科普示范基地、带民增收示范点等创建活动，开展以团组织为龙头、以乡镇农技站为阵地的"青年星火带头人"培训和以扶贫攻坚为主题的共青团服务新农村活动。2002—2008年共创建州级青年文明号12个，县级青年文明号16个，培训农村青年2000余人次，创建示范基地8个。

二、参与扶贫开发和社会主义新农村建设

2001—2008年，以深入开展"春晖行动"为契机，动员和号召广大青年乡友参与新阶段的扶贫开发和社会主义新农村建设。组织200多名在外乡友参加"春晖行动—我与家乡共话发展座谈会"，为广大乡友支持家乡建设、交流创业经验搭建平台，礼聘200多名在外乡友为本县的名誉村党支部书记、名誉村委会主任、名誉经济信息顾问、名誉法律顾问等"春晖使者"，礼聘53名在省外高校就读的龙里学子作为黔南的旅游宣传使者。

三、开展青年志愿服务活动

2003—2008年，共组织3000余人次参与社区建设、消防维稳、整脏治乱等志愿服务；实施大学生"西部计划"和"三支一扶计划"，共组织163名大学生志愿者到龙里县开展机关文秘、扶贫开发、医疗卫生等志愿服务。持续开展以文化宣传、支教扫盲、科技支农、医疗卫生、计划生育、社会调查为主要内容的大中学生"三下乡"社会服务活动；以创建青年文明社区、街道和扶贫助教等活动为载体，先后

取得香港苗圃、张家港凤凰镇、香港道德会、美国滋根基金会、贵州省青少年发展基金会等20余家福利机构、企事业单位的支持，引进建校款296万元、各类助学款19.8万元，修建希望小学15所，救助贫困学生590人，向边远贫困地区中小学捐赠课桌、文体用品、衣物等折资18.3万元，组织10多名小学教师参加“全国希望小学教师培训班”。

四、实施青少年绿化工程

1991年，团县委与县绿委、县林业局发出倡议书，与各区（镇）签订青少年绿化工程责任书，完成青少年绿化工程5809亩，超额4009亩，其中团县委174亩。3月9日，县城机关各单位团员、青年174人到马鞍山义务植树2000余株；3月9—12日，全县师生与团县委、县林业局等部门到麻芝乡共植松、杉树苗4万余株。1992年，兴办青少年工程2143亩，参加活动团支部65个共25502人。1999年在开展以扶贫攻坚为主题的“服务万村，创百争万”活动中，共组织团员青年发展经果林800亩。

五、实施青年人才工程

1995年10月，团县委与县教育、科技、司法及工会、妇联等单位联合组织“教育系统法律知识竞赛”。1996年，在贯彻落实《跨世纪青年人才工程实施纲要》中，组织团员观看《孔繁森》等影片，开展纪念红军长征60周年、香港回归倒计时一周年活动，“我们的香港”读书活动和祭扫革命烈士墓、“成人仪式”“青春仪式”等活动。2006年与移动公司联合在乡镇创建4个“青年励业营业厅”，12名青年团员上岗就业。

六、其他活动

1993年3月15日，在县城开展“弘扬雷锋精神，为失学儿童募捐”活动，同时组织部分县直机关人员走上街头开展医疗、理发、法律咨询、修理、送茶水等便民活动，参加学雷锋活动达1.88万余人次，做好事397余件，服务对象5万余人。1996年，团县委继续开展以“五保户”、军烈属、残疾人为对象的学雷锋活动，组织学校团员和县直机关人员走上街头开展医疗、理发、法律咨询、修理、送茶水等便民活动，3个月参加学雷锋活动达1000余人次，做好事500余件，服务对象3万余人。6月，与县教育局、县妇联联合在全县中小学举办不同形式的“六一”庆祝活动。7月，组织全县团员青年抗洪救灾，向广大团员青年发出向灾区“送温暖、献爱心”的号召，共有22个单位向灾区捐款2000多元，捐物400多件。

第三章 妇女联合会

第一节 妇女代表大会

一、第七次会议

龙里县妇女联合会第七次代表大会，于1992年8月13—15日在县城召开，到会代表178名。会议听取审议通过第六届执委会作题为《以科技兴农为中心，狠抓经济建设》工作报告，选举执行委员19人，主席1人，副主席1人。

二、第八次会议

龙里县妇女联合会第八次代表大会，于1998年12月12—14日在县城召开，到会代表189人。会议听取审议通过第七届执委会作题为《以党的十五大会议精神为指导，建设有中国特色社会主义》工作报告，选举执行委员21人，主席1人，副主席1人。

三、第九次会议

龙里县妇女联合会第九次代表大会，于2003年12月27日在县城召开，到会代表186人。会议听取审议通过第八届执委会作题为《以“三个代表”重要思想为指导，全面建设小康社会》工作报告，选举执行委员23人，主席1人，副主席1人。

四、第十次会议

龙里县妇女联合会第十次代表大会，于2008年11月19—21日在县城召开，到会代表105人。会议听取审议通过第九届执委会工作报告，选举执行委员23人，主席1人，副主席1人。

第二节　主要活动

一、女干部培养选拔

1988—1992年，全县选拔副局级、局级妇女干部3人，副县级以上妇女干部2人。1993—1997年，全县选拔副局级、局级妇女干部18人，副县级以上妇女干部4人。1998—2002年，全县选拔副局级、局级妇女干部24人，副县级以上妇女干部5人。2005—2008年，党群系统有3个部门选拔妇女领导干部4人（正职2人，副职2人），占28.8%；政府系统有5个部门选拔领导班子妇女干部，正职3人占23.4%，副县级以上妇女干部4人；乡镇选拔领导班子妇女干部16人。全县共选拔副科级以上女干部14人，其中担任实职2人。

二、儿童教育

1988—2005年，县妇女儿童工作委员会实施“春蕾计划”，共为贫困儿童捐款11.5万元，救助贫困儿童412人入学，资助80名特困女儿童，捐赠摆省乡、民主乡“春蕾女童班”衣物、学习用品2362件。1998年，深圳市妇联、贵州省海关政治处共同资助摆省乡、龙山镇、谷脚镇117名女童每年90元书学费，完成小学六年学习，2003年全部毕业。2001—2008年，在“六一”期间县妇女儿童工作委员会协调资金8.5万元，购买学习、体育用品支助摆省、草原、哪嗙3个贫困乡423名贫困儿童。

1998年，私人、集体等形式的托儿所相继建立，有幼儿园（所）28家，家长学校14所，家庭教育固定咨询点8个。1999年，有幼儿园（所）13所，学前班14个。2002年，学前班18个。2007年，幼儿园（所）发展到18所，学前班23个。

三、培训与宣传

1991—2000年，在妇女中开展农业技术培训、新品种优质良种推广，病虫害防治成为技术培训主要内容。1995年县妇联选派3名妇女干部到北京女子学院学习。2001—2008年，举办培训班435期，培训妇女3.27万人次，掌握1～2门技术的有2367人，3门以上的有8769人，87人获农民技术职称，200人获“绿色证书”。

2001年，出台《龙里县妇女发展规划（2001—2010年）》《龙里县儿童发展规划（2001—2010年）》，开展妇女权益保护法、未成年人保护法等法律法规宣传，发放资料3万余份；成立县“法律援助中心妇女工作站”“110家庭暴力投诉中心”；参与开展“关爱女童，救助贫困母亲”活动。2003年9月实施“母亲健康快车”项目，至2007年共入乡村义诊231次，义诊5632人次，免费提供1.82万元药物，发放宣传单3.53万份。

1988—1998年，在保护妇女、儿童合法权益中，共接待来信来访280件，处理275件，处理率达98%。1999—2008年共接待来信来访350件，处理335件，处理率达95.7%。县妇联2004年被全国妇联评为“四五普法”先进集体，2007年9月被全国妇联评为“全国妇联系统信访工作先进集体”。

四、节日活动

（一）“三八”妇女节　1990—1999年，表彰“三八红旗手”392人，红旗集体47个，“五好”家庭193户。2003年开展《中国妇女发展纲要》知识竞赛，举办中老年交谊舞、老年人健身球比赛。2005年开展创建“三八绿色基地”活动，400名妇女参加植树造林；组织县农业局、县卫生局等单位到醒狮镇开展“三下乡”活动，特请省农科院专家李桂莲到现场为200余名农民授课。2008年开展“情融雪凝，温暖民心”爱心捐赠活动，共捐款5.1万元、衣物260件，同时开展“我做合格小公民”征文活动。

（二）“六一”儿童节 1993年，在城乡举办庆祝活动，表彰全县优秀少先大队5个、少先中队10个，先进幼儿园1所、家长学校1所，优秀辅导员23人、家长16人、少先队员30人、幼教工作者3人、娃娃10人。1995年，举办“庆祝反法西斯战争胜利五十周年歌咏比赛”；全县表彰优秀少先大队7个、幼儿园7所、家长学校16所，先进幼教工作者7人、辅导员76人，表彰优秀少先队员148名、优秀母亲16名、“三好”学生16名、好娃娃11名；开展“送温暖，献爱心，手拉手”等帮扶活动；组织县城2000多名儿童观看电影《大虎》。2001—2008年，到麻芝、三元等乡镇开展“六一”活动，发放慰问金3.5万元，在县城兴龙广场举办“迎奥运、庆六一”大型文艺活动。

五、“双学双比”竞赛

1989年，龙里县启动“学文化、学技术，比成绩、比贡献”（简称“双学双比”）活动。1989—1998年，各乡镇成立“双学双比”协调组织，制定计划，开展活动。全县参加活动的妇女达4.65万人，占妇女劳动力的77%。举办技术培训828期，受训妇女4.97万人次，掌握1至2门实用技术的妇女3.97万人，掌握3门以上的1.49万人；有102名妇女获得农民技术员职称，4名妇女获得“绿色证书”。全县共建联系点20个、科技示范点76个，带动以妇女为主的科技示范户480户、女科技带头人2100多人，帮扶妇女家庭脱贫480户1863人。1995年县妇联获州评为“双学双比”先进协调单位。10年间共表彰先进协调单位36个、优秀联络员33人、女能手265人，其中17人获省、州评为“女能手”。1999年，健全全县192个村、居委会“双学双比”协调小组，帮扶联系点20个225户，开展培训20期，接受培训妇女434人，获“绿色证书”27人。

2001—2003年，配合举办培训班198期，培训妇女2.36万人次，其中100名妇女获“绿色证书”；救助100名特困儿童重返校园；投入资金4600元，帮扶43户，支助子女上学75人，劳务输出65人；“双学双比”活动表彰巾帼科技致富能手5人、巾帼建功标兵17人，三八绿色工程先进集体2个、先进工作者4人。

2004—2008年，与龙里职中联办农民技术学校培训班159期，培训妇女1万人次；女能手结对帮扶175户，投入资金3.65万元；帮助1800余名农村妇女富余劳动力转移，提供就业岗位281个。2007年醒狮镇元宝村养羊大户郭仕珍获州妇联授予“双学双比”女能手称号。

六、“巾帼”建功

1991—1995年，在城镇妇女中开展技能培训，帮助下岗女工再就业，协调安置下岗失业妇女再就业280人次。1996年，支助哪嗙乡关口村资金1万元修建排洪沟2000米。2002年，相继在卫生、税务、交通、电力、金融、土地、工商、教育、商业、通信十大行业多家单位开展创建“巾帼文明示范岗”活动，县供电局、县国税局获州“巾帼文明示范岗”称号。同年5月，全国妇联扶贫项目“母亲水窖”在巴江乡实施，总投资60.48万元（含省级匹配资金20万元），解决两村12个村民组3330人、1360头大牲畜的饮水困难。

2004年，省妇联在谷脚镇岩后村成立巾帼信息指导站，配备光彩信息仪，为农民出售蔬菜和水果提供信息服务，引导该村90%的农户种植蔬菜豌豆尖，人均收入从700元增加到1500元。2006年，在龙山镇设立龙里县女农民学校，建立巾帼科技信息站和龙山蔬菜生产营销协会。2007年，在谷脚镇茶香村、草原乡草原村挂牌成立“妇”字号基地，谷脚镇王关村和茶香村成立刺梨基地，其中：茶香村167户种植刺梨6500亩，占该村总耕地面积90%以上，人均收入从2000年的750元增加到2008年的1230元。

七、读书活动

2002年，在全县城镇、农村、工厂、学校、家庭中开展妇女读书活动。2004年，在广大妇女和家庭中传播科学文化知识，弘扬“诚实守信”的公民道德。在全县各乡镇妇联和机关妇委会开展“岗位读书”活动，以《马克思主义妇女观》《“四自”精神教育读本》《妇女权益与法律保障》《妇联工作简明手册》《WTO与中国妇女》为基本读本；以家庭为单位开展“诚信治家、诚信兴家”主题读书活动，以《孩子，我们一路同行——做学习型家长》《超薄学习——关于学习的75条建议》为读本。

第四章　工商业联合会

第一节　工商联代表大会

一、第五次会议

龙里县工商业联合会第五次会员代表大会（1988年7月至1993年1月），于1988年7月11—12日在龙里县城召开，出席会议代表115名（含特邀代表）。会议听取审议并通过第四届工商业联合会执行委员会工作报告，通过报告决议，选举执行委员会委员26人，周祖贤为主任，黄希治为副主任兼秘书长，聘请县政协副主席罗明道为名誉主席。

二、第六次会议

龙里县工商业联合会第六次会员代表大会（1993年1月至1997年4月），于1993年1月7—8日在龙里县城召开，由3506名会员（个体会员423人、集体会员1210人、团体会员1873人）产生89名代表出席会议。会议听取审议并通过第五届工商业联合会执行委员会工作报告，通过报告决议，选举周钟为主任，邹仕英为副主任兼秘书长，县委决定周祖贤为名誉主任，选举张正良为非公经济副主任，常委9人，执行委员会23人（1994年7月6日，成立龙里县工商联〈商会〉党支部；1995年，龙里县商会成立，与龙里县工商联合署办公，两块牌子一班人员）。

三、第七次会议

龙里县工商业联合会第七次会员代表大会（1997年4月至2001年10月），于1997年4月3—4日在龙里县城召开，由2767名会员（个人会员571人，团体会员2153人，企业会员43人）产生93名代表出席会议。会议听取审议并通过第六届工商业联合会执行委员会工作报告，通过报告决议，选举周钟为会长，邹仕英为副会长兼秘书长，陈文元为兼职副会长，张正良、杨宗震、黄家萍、刘金荣为非公经济副会长，常委13人，执行委员会25人（1998年8月，成立龙里县工商联〈商会〉党组，陈文元任党组书记）。

四、第八次会议

龙里县工商业联合会第八次会员代表大会（2001年10月至2006年8月），于2001年10月17—18日在龙里县城召开，由770名会员产生104名代表出席会议。会议听取审议并通过第七届工商业联合会执行委员会工作报告，通过报告决议，选举周钟为会长，刘军波、熊永翠为专职副会长，刘军波兼秘书长，张正良、杨宗震、黄培豪、李纪欣、汪声明、刘金荣为非公经济副会长，常委15人，执行委员会25人（刘惠琦任党组书记，邹仕英、刘军波为党组成员）。

五、第九次会议

龙里县工商业联合会执行委员会（2006年8月—）第九次会议，于2006年8月3—4日在龙里县城召开，由258名会员（企业会员34人、个人会员185人、老会员21人、团体会员18人）产生95名代表出席会议。会议听取审议并通过第八届工商业联合会执行委员会工作报告，通过报告决议，选举马晓红为会长，王永荣、肖正惠为专职副会长，王永荣兼秘书长，李正富、黄纤、张海东为兼职副会长，常委17人，执行委员会33人（李正富任党组书记，王永荣、肖正惠为党组成员）。因兼职副会长黄纤和张海东工作变动，于2007年9月18日召开第九届二次执委扩大会议，补选阮必胜、刘兴元、杜中兴为非公经济副会长；于2008年九届三次执委会议补选廖丽、罗林富为兼职副会长。

第二节 组织建设

一、龙里县商会浙江分会

2005年8月9日，成立龙里县商会浙江分会。9月18日，选举姜洪军为会长，李佰林、金敬标、宗运发、傅鑫灵为副会长，洪国贞为秘书长，会员30人。

二、龙里县商会洗马分会

2006年7月5日，洗马镇召开龙里县商会洗马片区分会暨“会员之家”成立大会，选举会长、副会长及执委，杨宗震担任会长，周家琪、刘兴元担任副会长，朱培金、张学新、何德祥、郑鹏来为执行委员，会员30人。

三、龙里县商会龙山分会

2006年9月18日，龙里县商会龙山分会在龙山镇小街园开源酒店召开成立会并举行分会暨“会员之家”揭牌仪式，刘金蓉担任会长，杨宗武、陈琼、王劲松、汪华为常务副会长，何滔、代裕英、王勇、岳爱国为副会长，王勇为秘书长，岳爱国为联络员。分会还聘请张钊为名誉会长。

四、会员发展

1988年7月，恢复组建龙里县工商联，积极开展对私营企业、个体工商户和台湾同胞、港澳同胞、海外侨胞等投资者宣传党的方针政策，着力帮助、教育和引导，发挥党和政府联系非公有制经济的桥梁和纽带作用。1992年，全县个体工商户1811户（入会的423户），从业人员2414人，注册资金333.69万元；私营企业由1991年前的5家发展到25家，从业人员565人，注册资金136.8万元；个体工商户和私营企业缴纳税金130万元，占全县税收的12.4%。

1994年，成立龙里县非公经济发展领导小组，出台《关于加快发展非公经济的暂行规定》。1996年，出台《龙里县人民政府推行个体、私营企业明白卡制度》。同年底，全县个体工商户1767户，从业人员2375人，注册资金445.35万元；私营企业38家，从业人员921人，注册资金906万元；“三资”企业3家。1993—1996年，全县个体私营企业及“三资”企业共缴纳税金1371万元。1997年，推荐张正良当选省政协委员，州人大代表2名，州政协委员1名，县人大代表2名，县政协委员5名；有私营企业、个体会员50多名被州、县评为“十佳”私营企业家和“十佳”优秀个体劳动者。

1997—2000年，引导非公经济健康发展，贵州神奇制药厂、凯迪磨料厂、龙腾铁合金有限公司等企业获得省、州、县先进个体户、县先进企业、县先进纳税企业荣誉称号，张正良、罗晓秋等个人获得“巾帼建工标兵”等荣誉称号，县工商联获县先进服务部门称号。到2000年底，全县非公经济有个体工商户2203户，从业人员达2643人，注册资金2506.61万元；私营企业80家，职工1435人，注册资金6923万元；纳税总额2970万元，占全县财政收入的49.47%。

第三节 主要活动

一、会议活动

2001年1月，县委、县政府特邀省委统战部、省工商局、省招商局、省工商联、州“四家班子”分管领导，州委统战部、州工商联、州工商局、州经贸局、州招商局等单位的领导参加全县非公有制经济经验交流暨总结表彰大会。2002年9月15日，黔南电视台《晚间新闻》以题为“龙里县工商联为非公有制经济服务，为发展经济作出贡献”报道；16日，《黔南日报》头版发表题为《龙里县工商联积极发挥“桥梁”和“助手”作用，为非公有制经济服好务、办实事》报道。2002年发展企业会员长通集团、神奇啤酒厂、大成药业、海南中和集团贵州分公司等10余家。

2005年11月，黔南电视台、黔南日报社、黔南州工商联对龙里县商会浙江分会、龙里长通电力设备有限责任公司、龙腾铁合金有限责任公司进行专题采访。在黔南电视台综合新闻频道“走进黔南非公有制经济”专栏节目中，以题为《浙江人在龙里》介绍龙里县商会浙江分会在龙里发展奋斗的情况，以题为《挖掘人才资源，发展壮大企业》介绍长通电力的规模和销售经营的经验及发展前景，以题为《企业的一颗明珠——龙腾》介绍龙腾公司的发展和处理环境污染的成功经验等。2001—2005年，非公经济上缴税金从2000年的2970万元上升到1.44亿元，占财税收入的比例从49.47%上升到83.8%，全县非公有制经济注册资金3.96亿元，缴纳税金占县财政税收的75%。

2006年，引导非公经济人士学习国务院《关于鼓励支持和引导个体工商户和非公经济发展的若干意见》《贵州省关于鼓励支持和引导个体工商户和非公经济发展的实施办法》、物权法、劳动合同法及党的思想政治理论、方针政策；组织神奇制药有限公司、长通公司、龙腾铁合金厂等企业负责人参加黔南州工商联（商会）举办的首期民营企业涉税政策及税收筹划分析专题讲座；组织非公有制经济人士到长顺县参加黔桂两省（区）周边18县（市、区）工商联（商会）联谊会第十七次年会。同年，全县经济总量中非公有制经济已占76.5%，全县财税收入中非公有制经济占75%。

2007年，县工商联组织县非公企业、个体工商户等73人参加龙里县“党在我心中”七一歌咏比赛；参加广西都安县第十八次联谊会；推荐非公有制经济人士张钊当选省政协委员，黄培豪、白玉倩当选州第十二届人大代表，李纪欣、张钊当选州第十届政协委员。

2008年9月24—26日，龙里县举办黔桂两省（区）周边18县（市、区）工商联（商会）联谊会第十九次年会，会议制定会歌，制作《非公经济发展30年》光碟，出版《龙跃黔中——龙里县非公经济发展30年巡礼》书籍。

二、考察学习

1993年以后，县工商联从贵州省海外商务发展公司引进草秆生物饲料技术到龙山镇莲花村推广，组队4次到贵阳新添寨农业学校水田坝“嘉旺生物草秆饲料示范基地”参观。1995年，邀请贵州省顺时贸易公司董事长韩道武到龙里县考察。1996年，邀请福建港兴实业有限公司董事长王命兴到龙里考察扶贫项目；同年11月，特引进四川省遂宁工商联经济咨询经营部到龙里进行商品交流。1998年，首次组团参加黔桂两省（区）周边县（市、区）的工商联联谊会；邀请上海市闵行工商联和私营企业家到龙里县参观。1999年3月，组织全县非公有制经济代表人士23人赴泰国和中国香港地区考察学习。

2003年，在广西黔桂两省（区）周边县（市、区）联谊会上宣传推介龙里九龙耕地机。2006年4月，协调资金20万元解决龙里莫伯妈食品厂流动资金短缺困难。为帮助企业和会员解决贷款困难问题，协调农业银行、太平洋保险公司联合举办银企发展恳谈会。2006年10月，组织全县非公经济人士代表28人考察团赴台湾进行商务考察。2007年，组织龙里神奇啤酒、莫伯妈食品参加荔波梅花节展销活动；引进投资300万元的宁龙废旧蓄电池加工厂落户龙里；组织非公经济人士代表到广西天峨县和贵州罗甸县、麻江县、丹寨县参加友好工商联联谊交流会。

三、利益维护

1993—2000年，工商联协调羊场镇合作商店改组善后处理事宜；做好信访处理、咨询服务工作，帮助会员和私营企业办实事，协调解决顾客与会员、顾客与私营企业、个体工商户会员与工商所等之间的矛盾。参与解决2000年筹建中的龙里县顺达客货运有限责任公司相关问题，协助该公司成立党支部和工会组织。

2001年，县工商联协调帮助康佳糖厂收回货款。2006年10月8日，协调处理会员企业纪龙超市与县消防大队消防管理纠纷，在较短的时间内恢复营业，及时消除负面影响；调处个体工商户会员九龙灯饰城与建筑商因管道破裂漏水致使店铺地板损坏纠纷。2007年，协调化解天佳房地产开发公司在施工中放炮损坏附近百姓房屋矛盾；5月30日，调处浙江分会会员洪国贞与受伤临时工的纠纷，达成赔付协议，避免诉讼。2008年，协调会员单位春光眼镜店接受合理的违规处罚。

四、光彩事业

1988—1993年，煤矿业主张正良先后捐资助学、办公益事业、解决贫困户生活困难等达20多万元，捐资17万元修建谷脚小学（命名为“正良小学”）。1995年8月，龙里县扶贫光彩事业推动委员会成立，当年张正良、任泽远、邓宗铭、何思义、刘金蓉等向教育基金会捐款；张正良、杨宗震捐款5000余元修洗马中学公路。

1997年，神奇制药厂投资160万元新建“神奇小学”由谷脚镇政府管理；龙里县铁厂捐资4万余元修建茅草冲公路，购买50台29英寸彩电捐赠给龙山镇摆谷六村贫困农户；龙腾公司总经理黄培豪捐资15万元修建乡镇公路，支助8000余元帮助龙山镇平西村贫困学生汤桂英完成学业。1998年，为长江流域灾区捐资145万元；工商联多方筹集资金为谷脚镇观音小学捐赠30套课桌。

2001年以后，浙江分会向龙山镇平地村贫困户和计划生育二女结扎户送去两吨多化肥、部分衣物及现金；龙腾铁合金有限公司总经理黄培豪捐资10万元助学；亚冶公司总经理周冠云捐款17万元为龙山镇播箕村、草原乡草原村修建引水工程和建设“文明村寨”；华兴建筑公司总经理汪华出资10万元支持移民搬迁，连续累计捐款37万元。2006年8月，龙里县商会浙江分会向龙山镇平地村捐赠价值7000元的60套新课桌。2006年9月25日，贵州省女企业家协会、女企业家商会组织“城乡妇女手牵手”活动在龙里县龙山镇大竹村举行，捐赠生猪80头，衣物、图书等价值2万余元，受益农户80户400余人（妇女125人）。

2007年，长通集团总经理张钊每年注入龙里中学12万元作为贫困学子帮扶基金，捐赠138套课桌给观音小学；组织非公有制经济企业天佳房地产公司、龙里县建筑工程有限公司、七冶博胜公司等筹集水泥20吨支持水场乡四道河、老马洞村民组新农村建设；组织非公有制经济人士捐资2.76万元支援7月26日洪灾灾民；非公有制经济人士管跃斌每月资助龙里中学品学兼优贫困学生张金玉200元生活费。

2008年，全县非公经济人士及广大会员主动承担社会责任，积极参与扶贫济困，捐资助学等公益事业。特别是在年初的抗雪凝灾害、“5·12”汶川大地震抗震救灾期间，广大会员及非公经济人士积极响应伸出援手，共捐资638万元（抗雪灾48万元，抗震灾460万元，其他23万元，光彩事业项目1个107万元）。主要有：海南中和集团贵州项目处在草原乡投资107万元实施农业旅游观光项目，涉及草原乡7个村民组，解决当地农民就业140人；长通集团捐资25万元慰问贫困户，神奇制药集团捐资22.3万元购肥料帮助农民春耕生产；县顺达公司免费为滞留的旅客提供餐饮，县纪龙超市通宵营业为滞留的旅客提供购物方便；龙山分会会员捐资6000元慰问供电工人，浙江分会捐资1000元慰问执勤人员；长通集团购买帐篷、棉被于5月14日送达四川汶川重灾区，成为全省第一家在第一时间慰问灾区群众的民营企业；县工商联向全县非公经济人士发出倡议书，全县广大非公经济人士在抗震救灾期间共捐资460万元。

1988—2008年，龙里县广大非公经济人士参与捐资助学、扶贫济困、社会主义新农村建设等光彩事业，据不完全统计累计出资1036.7万元。

第五章　科学技术协会

第一节　组织机构与科协代表大会

1994年3月，龙里县科学技术协会定编4名，其中主席、副主席各1名。2002年机构改革，核定科协编制为4名，其中领导职数1正1副。2004年8月增编1名。2008年12月，县科协在职人员4人，其中主席、副主席各1人。科协的科普组织机构有：县级学会、协会（研究会），乡镇科协，县企业科协，农村专业技术协会（研究会）。县科协1999年12月被评为黔南州科协先进集体，2006年10月获贵州省节约能源知识竞赛优秀组织奖，2008年12月被评为全国科普惠农先进单位，被省科协评为贵州省科普工作先进集体，2007—2008年连续获黔南州科协系统目标管理工作一等奖。

一、科技协会组织

1990年，全县共建立公社科普协会21个。1991年撤区并乡建镇后，14个乡镇建立科协组织，各明确1名专职或兼职负责人。到1995年，全县14个乡镇重建乡镇科协，同时又创建洗马、羊场、湾寨、三元、谷脚、大坡等片区科协网络协会15个。1999年，开展创建全国科技先进县活动，9—11月调整充实14个乡镇科协及林业、水利、卫生、农业、建筑、财政、会计、珠算、教育、畜牧10个县级学会领导成员；同时，全县159个行政村相继建立133个村级科普协会和12个村级专业技术研究会。同年底，有县、乡、村科普组织169个，会员1746人。

2001年后，对30个协会、学会进行指导。同年6月，水场乡妇女西瓜种植协会成立，会员18人。2003年4月，谷脚镇谷脚村蔬菜种植协会、水场乡红岩村无公害蔬菜研究会成立。2004年5月，龙里县苗医药学会成立，会员43人。2005年，印发《关于明确各乡镇科协组成人员的通知》。2005—2008年，全县共成立各种养殖协会39个，会员4857人，其中2008年成立县级种养殖协会5个，即龙里优丰果业协会、龙里兰花协会、龙里金盛生姜种植协会、龙里县互利蔬菜种植协会、龙里县辣椒产业协会。

二、科协代表大会

第二次会议　1991年11月21—22日，龙里县科学技术协会第二次代表大会在龙里县城召开，出席代表62名。会议听取和审议通过第一届委员会作题为《动员起来，为科技兴县贡献力量》工作报告和县科协章程修改报告，选举县科学技术协会第二届委员会委员21名、常委9名、主席1名、副主席2名（兼职），石应科为主席，杨义标、罗明光为副主席。1993年9月，胡定献任县科协副主席。2001年4月，谭开泽任县科协副主席。

第三次会议　2007年1月25—26日，县科协第三次代表大会在龙里县城召开，出席代表90名，特邀代表27名。会议听取审议通过县科协第二届委员会作题为《全面落实科学发展观，为推动龙里经济社会的全面发展而努力奋斗》工作报告，会议通过报告决议和科学技术协会章程决议，选举第三届委员会委员21人、常委9人、主席1人、副主席3人（兼职副主席2人），胡琼（女）任主席，刘斌任副主席，杜健、平波兼任副主席。

第二节　科普宣传与科技推广

一、科普设备

1991—1993年，继续使用电影放映机1台、科普宣传车（沙州友谊型车）1辆。1994—2002年，县科协以2～3万元购买吉普车及蓝鸟小轿车各1辆。2003年购置传真机1台，2005年配备电脑1台及传真打印机1台，2007年配备新科普用车、数码相机、打印机及电脑。2008年底，共配置台式电脑4台、笔记本电脑1台、数码相机2台、打印机2台，同年获省科技扶贫项目支助，新购摄像机、笔记本电脑、彩传真打印机、高档数码相机，为谷脚镇谷脚村蔬菜协会配备2台电脑和1台数码相机。

二、农村科普活动场所

全县农村科普活动场所在2006年后建立，活动场所多以乡、镇、村远程教育点为主。2006年11月，县科协开展“科普+远教‘六个一’”（即一站、一栏、一员、一地、一会、一户）试点工程，在龙山镇水桥村吴家庄建成1个集农村党员干部培训、科普宣传、技术咨询服务、科技示范辐射等功能为一体的科普活动站，该站书籍藏量在5000册以上。2008年，全县共有村级科普活动场所167个，其中以村远程教育站点进行科普活动的场所145个，以文化局农家书屋及科协配备设施进行科普活动的场所22个，建在村小学内的118个。同年，在谷脚镇谷脚村蔬菜协会、香葱芫荽协会、龙里优丰果业协会、龙里兰花协会、草原野兔养殖协会创建科普活动站5个，建筑面积160平方米。

三、科普教育基地

2006年县委宣传部、县科协、县教育局、县科技局根据《贵州省青少年科技教育基地评价验收暂行标准》，对县气象局气象台进行考查评估后，于11月1日命名该台为“龙里县青少年气象科普教育基地”。2008年，县科协协助龙里林场申报“中亚热带珍稀植物园”青少年科技教育基地，经省委宣传部、省科技厅、省教育厅、省科协评审，授予龙里林场中亚热带珍稀植物园“第四批贵州省青少年科技教育基地”称号。2009年8月25日，龙里林场被省科协、省科技厅确定为首批贵州省科普教育基地创建单位。

四、宣传推广

1991—1996年，县科协围绕水稻、玉米高产栽培和新品种、新农药、新技术，利用场天、传统节日建立科技咨询服务站、点，采取多种形式科普宣传和咨询服务。1991年4月8日，利用民族传统节日“四月八”在哪嗙乡开展技术咨询服务，参加服务的科技人员65人，播放科普录像和科教电影，赠送资料1.22万份，咨询人数1.67万人次。1993年，在县城主要街道开展第一个“3·18”科技日宣传活动。

1993—2006年，每年的“3·18”科技活动日，县科协组织在县城开展大型科普宣传活动，每次参加单位10个以上，科技人员60人以上，发放资料1万余份，平均宣传咨询群众8000多人次。每年“3·18”科技活动日，县委、县政府均对科技人员进行表彰。1997年，县蔬菜生产领导小组办公室成立。

1997—2006年，科普宣传重点放在发展蔬菜上，县科协每年都分阶段、分内容、分地区先后在谷脚、哪嗙、猫场（醒狮）、水场、民主（草原）、摆省等乡镇及其村、组，以不同形式广泛开展科普宣传活动，利用标语、挂图、展板、场天咨询、各种会议开展科普宣传。科协开展科普宣传与科技咨询900多次，发放各种资料和技术书籍5万多册，受益群众8万多人次。1997年，组织专家、科技人员编写《农村实用技术》等手册15万余册，《身边科普知识》小册子3万余册，技术资料20万余份，解答技术难题1.6万多个，解答科技难题5万余人次；资助水场乡场坝村蔬菜良种1500包，推广面积600亩；帮扶谷脚镇岩后村优质豌豆种1000斤，种植面积1000余亩。2006年，投入资金77.9万元建设名、特、优、新蔬菜育苗示范基地60亩。到2006年10月，全县蔬菜生产面积增到4.8万亩。

2002年，开展学习宣传《中华人民共和国科学技术普及法》。2003年4月，在县城开展一系列防治“非典”科普宣传活动，将《农村防治传染性非典型肺炎》《怎样才能把“非典”关在家门外》等防治“非典”的科普挂图和宣传资料及时发放到群众手中，张贴到村组（每村张贴4张），做到防治“非典”科普宣传无遗漏。2004年1月，省科协、黔南州科协、龙里县科协联合在龙里县龙山镇举行“科技三下乡科普大篷车”宣传活动，共展出展板120块，发放科普资料1.2万余份，参加活动群众达2万多人次。

2005年，确定从当年开始，每年9月第三周公休日举办全国科普宣传活动，称为“全国科普日活动”。2005年9月，聘请蔬菜专家、植保专家，组织县农学会会员20人到水场乡场坝村、三村村开展送科技下乡活动，发放科普资料1250册，受益群众250余人。2006年，申报龙架山森林公园的热带珍稀植物园为“贵州省青少年科普教育基地”，9月科协组织30多家单位在县城开展科普日大型科普宣传活动，同月1283人参加贵州省“节约能源资源”知识竞赛活动获全省组织奖。

2005年以前，县科协没有专用的科普宣传栏，县城仅于人民路设1块宣传栏，80%的乡镇及学校无宣传栏。2005年6月，投资0.8万元在县城兴龙路中段建成1个10米长科普橱窗（宣传栏）。2006年11月，在龙山镇水桥村吴家庄建成1个16米长的科普橱窗。2008年，全县14个乡镇及3个社区、中心学校建有科普宣传栏，60%的村利用围墙等设施建成科普画廊。2008年底，全县共有不锈钢科普橱窗20个，科普画廊276米。

从2006年起，龙里县将科普活动开展延伸到社区。2006年7月，邀请贵阳市花卉种植专家到水桥社区开展花卉栽培技术培训和科普知识讲座，参加培训的群众200余人次；11月，县气象局气象台被命名为“龙里县青少年气象科普教育基地”，是全县第一个青少年科普教育基地。2007年3月23日，在兴龙广场举行“气象科普基地授牌暨走进科技馆体验科学魅力”启动仪式，同年组织110名学生到省科技馆参观体验；在龙山镇水桥、冠山等社区利用围墙建科普宣传栏，张贴科普挂图10套（100幅）；利用社区科普宣传栏、科普橱窗开展科普宣传，张贴科普挂图及宣传资料8期，开展科普电影进社区活动。

2007年，到谷脚、哪嗙、羊场等8个乡镇开展“科技、文化、卫生”三下乡活动，组织县城7所中小学800多名学生观看贵州省科协、科技馆和贵阳市科协的科普大篷车科普展览演示。3月，组织县20多个技术部门150多名科技工作者在县城开展“3·18”科技科普宣传、技术咨询服务活动。8月出台《龙里县全民科学素质工作领导小组工作规则》《龙里县关于贯彻落实〈全民科学素质行动计划纲要〉的实施意见》，开展主题为“提高全民科学素质，共建和谐社会，科学普及你我共参与”的科技知识传播及全民科学素质工作启动活动。9月举办“科普漫画比赛”，共征集到参赛作品208幅；举办首届60多名青少年科技辅导员参加的“七巧科技”系列活动培训班，发放科普实用技术书籍3.9万册，挂图、挂历、年画4000幅，资料3.05万份，春联5500副，开展科普咨询5.2万余人次；建成谷脚镇谷脚村科普信息示范村，惠及农户250户。

2008年，在14个乡镇开展“节约能源资源，保护生态环境，保障安全健康”主题活动。举办“质量安全进万家”科普知识竞赛，聘请专家到谷脚镇谷脚村、龙山镇水桥村、谷龙乡乐榨村举办3期蔬菜花卉养殖技术培训班。县电视台开办“科普大篷车”电视节目，从4月10日开始，每周1期，全年52期，每期15分钟。组织实施科技致富“二传手”培训工程项目，开展生产试验示范，培训科技致富“二传手”50名。同年，举行“全国科普日”系列活动启动仪式暨表彰会。邀请专家到龙里为部分群众讲授养生与保健，发放《健康生活》《常见灾害的危害与防范》等科普书600余册。到谷脚镇、醒狮镇举办蔬菜生产技术培训讲座，发放科普手册600册。

1991—1996年，举办技术培训班294期，培训6.59万人次，覆盖全县80%的乡村，培训技术内容有育秧、植保、旱地多熟制及草莓、蔬菜、烤烟、食用菌栽培，高山良种良法、科学养猪、果树嫁接等；同时，培训乡镇企业人员5493人次。1997—2006年，县科协以发展蔬菜为主题，举办培训班90期、科普讲座600多场次，培训1.27万人次，受益1.3万多人。其间，聘请李桂莲、朱小青等专家到醒狮、谷脚等乡镇传授蔬菜种植技术，培训科普示范户及技术骨干人员20期、种植大户400人。贵州省健康营养学会专家在龙山镇水桥社区作“中老年营养保健科普知识讲座”，展出挂图30余幅，发放科普资料500多份。举办龙里县首届“七巧板科普系列科技辅导员培训班”和50余人参加的乡村旅游从业人员技能培训班。开展蔬菜高产栽培与养鹅配套技术培训，举办集中系统培训班18期，开展现场操作培训660人次，发放书籍1400册、技术资料500份，投入资金3.35万元，通过科技致富“二传手”辐射带动群众2500余人。

五、科技工作成果获奖

1981年县科协成立后，在科学技术普及、学会建设、青少年科技教育、全民科学素质教育、农业产业化发展、科技扶贫、蔬菜生产、农技推广、民间对外科技交流及科普惠农等方面做了大量工作，取得显著成效。1999年12月，龙里县科协被评为“贵州省科技扶贫先进集体”“黔南州科协‘三大’以来先进集体”。

2006年5月，县科协组织龙里民族中学21名学生参加贵州省中学生信息学奥林匹克赛，学生周洁、徐青林进入省级复赛获三等奖；10月获“贵州省节约能源知识竞赛优秀组织奖”。2007年，组织龙里中学、龙里民中，城关一、二、三小及县实验幼儿园、第二幼儿园、新苗幼儿园等学校的少年儿童参加黔南州第四届青少年科技创新大赛，获州科幻画二等奖1名、三等奖2名；2007—2008年连续获黔南州科协系统目标管理工作一等奖。

2008年1月，组织全县中小学师生52件作品参加黔南州第五届、贵州省第二十三届、全国第二十三届科技创新大赛，获省一等奖2个、二等奖4个、三等奖5个；获州一等奖7个、二等奖13个、三等奖14个；8月，龙里中学教师罗芝举创作参赛的作品经过州、省遴选，作为贵州省代表队的一员参加第二十三届青少年科技创新大赛科技辅导创新项目全国总决赛，获一等奖；10月，组织龙里民中34名学生参加第十四届全国青少年信息学奥林匹克联赛，6名学生获奖；12月，县科协被评为“全国科普惠农先进单位”“贵州省科普工作先进集体”。

六、学术交流

1996—2005年，全县各学会共开展学术活动49次、技术考察30次，发表论文208篇（其中在省级以上刊物发表30篇），完成科技咨询服务23项。主要有：教育学会开展优质课评比，卫生学会开展地氟病防治、传染病预防控制，建筑学会开展城市规划培训与探讨，林学会到省林业厅、贵州大学请教授吴炳生、岳季林到龙里对林业系统的职工进行集中讲学，会计学会举办“龙里县计算机财政系统操作培训班”，珠算学会开展珠算比赛，农学会开展学术交流活动。

2006—2008年，各学会先后开展学术交流活动62次，参加活动科技人员1900人次。2006年8月，县财政学会举办会计知识竞赛，县财政、国税、地税、审计等10个部门单位参加竞赛，200多人参加活动。11月，县畜牧兽医学会召开会员代表大会及学术交流会，邀请省专家作专题报告；县科协、县教育学会邀请中央科教所教授董广庆到龙里中学讲课，参加听课300多人。2007年5—6月，推荐6篇论文参加黔南州第四届自然科学优秀论文评选，县卫生学会会员、县疾控中心主任平波的论文《燃煤污染型氟中毒防治健康教育与健康干预》获二等奖。2008年10月，县科协与县畜牧兽医学会召开“龙里县优质肉羊产业带建设专题交流会”，全县30多名畜牧科技人员参加会议，提出建设性的意见和建议。

第六篇 政法 军事

第一章 政法委工作

第一节 惩治违法犯罪

1991年，县委政法委员会指导协调政法系统工作，召开政法委扩大会议7次，对“严打”及专项整治斗争进行具体部署，讨论重大疑难案件。共立刑事案件348件，破236件，抓获犯罪嫌疑人326人。1994年，开展追捕“三逃犯”“百日破案大会战”和集中整治农村社会治安等专项斗争，共抓获“三逃犯”55人。公安干警在五里坡至千家卡321国道公路线上，通过昼伏夜守、化装跟车、设卡盘查等方式，共抓获犯罪嫌疑人22人。8月，抽调政法干警组成工作队，进驻偷牛盗马严重的水场乡鸡场、羊场镇岱林、洗马镇长沟进行重点治理，共破获偷牛盗马案件35件，破获犯罪团伙4个38人，追回被盗牛马24头（匹）。

1996年，强化对公共娱乐场所、重点人口和暂住人口的管理，对9家87台有奖电子游戏机进行清理整治，收缴炸药1.2公斤、管制刀具73把、枪支64支；共立刑事案件203件，破164件，抓获犯罪嫌疑人423人，其中“三逃犯”41人；检察院批捕犯罪嫌疑人89件193人；县法院受理各类案件809件，审结763件，结案标的500余万元，其中受理刑事案件91件159人，审结91件159人。1997年，强化治安管理，加强对重点人口、暂住人口、流动人口、民爆物品、特种行业及文化娱乐场所管理，进行4次检查，收缴炸药110公斤、导火绳100余米、雷管250枚、淫秽录像带4盒、民用枪支和管制刀具50余件；查处吸毒人员86人，查处“打零包”贩毒人员11人；查禁取缔邪教“门徒会”2个。

2001年，出台《龙里县全面推进第二阶段“严打”整治斗争持续升温的实施意见》，共立刑事案件541件，破308件，抓获犯罪嫌疑人387人；县检察院受理批捕案件97件143人，批准逮捕87件125人，不捕7件15人；受理起诉案件101件149人，提起公诉89件115人，移送州院起诉6件7人；县法院受理各类案件1000件，审结946件，其中受理刑事案件97件139人，结案95件135人；共抓获“三逃犯”12人；收缴非法枪支317支，其中火药枪301支、猎枪1支、仿制手枪7支、其他8支；捣毁制枪窝点1个，收缴造枪工具1套、半成品枪5支。

2006年，开展打击“两抢一盗”犯罪专项行动，共立入室盗窃、抢劫和抢夺三类犯罪案件144件，破案70件，抓获犯罪嫌疑人89人；重点整治破坏通信、电力设备犯罪，龙山、谷脚和洗马三镇发生破坏电力设备4件，破坏通信设备17件，破案12件，抓获犯罪嫌疑人24人。开展“追逃”专项行动，共抓获逃犯51人。

第二节 社会治安综合治理

一、综治达标创建

为了抓好社会治安综合治理（简称综治）工作，1992年制定《龙里县社会治安综合治理达标活动实施方案》，明确龙山镇以城区为重点，治理盗窃、杀人、强奸、抢劫及爬车越货等违法犯罪活动；洗马镇、谷脚镇、猫场镇重点治理盗伐、盗窃、拐卖及破坏电力设备等违法犯罪活动；羊场镇、摆省乡、民主乡重点治理与毗邻县区接壤的群众性械斗等问题。全县共组建有治保会163个489人，调解会163个489人，护村队22个334人，护寨队207个880人，护校队14个84人，铁路护路队1个30人。当年，湾寨乡、猫场镇、民主乡、麻芝乡开展工作达标为合格单位。

二、治安模范创建

1993年后，县政府与乡镇签订社会治安综合治理责任书，按照“属地管理”原则，机关、学校、企业、事业单位和村组都落实责任制。每年县综治委会、县委常委会、县长办公会及分管领导召开会议都研究综治工作，解决工作中的困难和问题，县综治部门开展督查指导，开展追捕“三逃犯”、整治农村社会治安、行业整顿、重点人口管理和打击吸毒贩毒等专项斗争。全县建有治保组织213个1113人，调解组织170个835人，群防群治队伍468支3746人；全年共调解处理矛盾纠纷1231起。

1994年，制定《龙里县集中整治农村治安的总体方案》《龙里县关于实行“社会治安综合治理一票否决制”和“属地管理”原则的意见》和《建立“见义勇为”基金的规定》。县综治办配备专职副主任，14个乡镇综治办配备专职工作人员，组建各种形式的群防群治队伍1482支，7个乡镇建有联防队。全县有300个单位落实安全保卫和治安承包责任制，全县159个村均制订《村规民约》。10月28日，县委县政府隆重召开“见义勇为公民”罗胜雄表彰大会，县委授予罗胜雄“见义勇为公民”称号，颁发奖金500元，并将户口“农转非”。12月19日，摆省乡新庄村村民吴吉燕、吴春定、吴伦定3人到高坡乡长冲村民组地界偷砍树木被该村村民打死，龙里县组成联合调查组与花溪区联合调查组调查处理该事件，经双方调解得以平息。

1995年，县委县政府明确党政“一把手”为综治工作第一责任人；与花溪区委区政府签订履行《关于解决毗邻地区治安问题的协议》，确保毗邻地区社会安定。1996年，县委县政府将综合治理工作纳入重要议事日程，与经济、计生工作同要求、同部署、同检查、同奖惩，并建立汇报研究检查等工作制度。在龙山、谷脚、洗马、民主等乡镇开展创建“安全小区”“治安模范户”试点工作，龙山镇辖区试点的省龙里林场、龙里中学、水桥村吴家庄，莲花片区老寨、小寨和春菜园未发生各类刑事案件，共评出治安模范户878户。

1997年，制定《关于加强社会治安综合治理基层基础工作的意见》《龙里县社会治安综合治理开展创建“治安模范乡镇、村、街道、单位、院落”和“安全文明小区”的条件（试行）》《对创建“治安模范乡镇”等活动的意见和要求》，确定64个小区、村寨为示范点，实行县“四家班子”包片，挂钩单位包乡镇，纳入年终政绩考核。是年，猫场等7个乡镇为治安模范乡镇，麻芝等4个乡镇为治安红旗乡镇，水场等3个乡镇为治安合格乡镇，县委统战部等25个单位为治安红旗单位，县委办公室等53个单位为治安模范单位，县农业局等23个单位为治安合格单位；龙山镇冠山村等88个村居委会为治安模范村居委会，洗马镇洗马村等43个村居委会为治安红旗村居委会，三元镇新安村等36个村居委会为治安合格村居委会；县交通局等11个住宅小区为安全文明小区。当年，龙里县获州综治委颁给年度目标管理二等奖。

三、“平安工程”创建

1998年，综治工作主要放在抓好目标责任落实、机构落实、重点人口管理和帮教安置等方面。建成31个治安岗亭、159个治安室，选择108个单位作为“安全文明小区”示范点。当年龙里县获评为贵州省社会治安综合治理平安工程模范单位。1999年，县政府与乡镇、机关单位签订社会治安综合禁毒责任书，全县共签订禁毒责任书4.47万份（户），3500人参加禁毒知识竞赛。全年登记在册吸毒人员234名，70名涉毒人员全部列入重点人口管理，建立民警、家庭、单位和街道“四位一体”帮教监控体系。共创建无毒乡镇9个、无毒村149个。参加龙里、福泉、开阳和贵定四县联防维护稳定工作会议，就周边治安联防、打击犯罪等方面达成共识，商定每年轮流召开会议。是年，龙里县获州综治委目标管理一等奖。

2000年，县委县政府把综治工作同财政收入、计划生育等列入12项集团承包任务内容，明确牵头人和承办人；制定《关于加强和改进社会治安形势分析、评估工作的意见》，印发《关于贯彻中央、贵州省五部委〈关于对发生严重危害社会稳定重大问题的地方实施领导责任查究的通知〉的实施意见》，向重大问题发生的乡镇、单位下达《重大问题领导责任查究通知书》，对负有责任的领导干部进行责任查究。开展创建“无毒社区”活动，全年共创建无毒乡镇11个、无毒村154个、无毒学校97所、无毒企业（含厂矿）14个、无毒机关52个。龙里县获州综治委2000年度目标管理一等奖，龙里县猫场镇被省综治委评为省社会治安综合治理1996—2000年先进集体。

2001年，制定《龙里县政法委、综治办2001年目标管理细则》《龙里县预防青少年犯罪工作意见》《龙里县全面推进第二阶段“严打”整治斗争持续升温的实施意见》，指导乡镇抓“平安工程”创建示范点，全县共建示范点61个。2002年，制定《龙里县2002年社会治安综合治理考评标准》，重视重点整治暴力犯罪，其中3月8日贵新公路吴家庄路段发生一件持枪拦路抢劫案，迅速将犯罪嫌疑人艾某某和杨某某抓获，当场缴获仿真六四式手枪1支、子弹5发。抓获湾寨乡投毒杀人案犯罪嫌疑人罗盛伍，抓获龙里火车站死亡2人案件犯罪嫌疑人。当年，龙里县被黔南州综治委评为治安模范县。

2003年，县“四家班子”联席涉及综治工作会议，解决工作中的困难和问题。开展对文化市场、特种行业等专项清查。龙里县社会治安综合治理工作被州综治委评为一等奖。2004年，要求“按规划、重常规、抓重点、抓创新、高质量、严考核”，开展各项工作，龙里县社会治安综合治理工作被黔南州综治委评为2004年一等奖。2005年，把政法综治维稳工作与经济工作同计划、同安排、同部署、同奖惩，对领导不重视造成治安混乱的单位，实行黄牌警告或“一票否决”。

四、“平安龙里”“15675”创建

2006年，制定《关于创建“平安龙里”的决定》和《关于创建“平安龙里”的实施意见》，提出“平安龙里”“15675”创建目标。“15675”，即一个目的：将龙里建设成为安全和谐的绿色药城、新兴工业城、生态园林城和经济强县；五个提高：维护国家安全和社会政治稳定能力明显提高，打击违法犯罪效能明显提高，社会治安防控能力明显提高，人民内部矛盾纠纷排查调处工作水平明显提高，人民群众对社会公共安全感和政法队伍满意度明显提高；六个下降：刑事案件特别是八类严重暴力犯罪案件发案数逐步下降，多发性侵财犯罪案件发案数逐步下降，经济犯罪案件数及造成的危害和损失逐步下降，因矛盾纠纷引发的聚众围堵党政机关、滋事扰乱社会秩序等重大群体性事件数量逐步下降，越级上访、重复上访、集体上访等异常上访的数量逐步下降，火灾、交通和危险品引发的重大事故数量及造成的人员伤亡、经济损失逐步下降；七个遏制：严重影响公众安全感的恶性案件得到有效遏制，严重影响群众安全感的多发性侵财型案件得到有效遏制，安全生产重大事故得到有效遏制，非法宗教组织和冒用宗教名义的邪教组织得到有效遏制，黄赌毒等社会丑恶现象得到有效遏制，制假售假、诈骗等破坏市场经济秩序的犯罪活动得到有效遏制，影响社会安定的群体性事件得到有效遏制；五个环境：努力在全县营造和谐稳定的政治环境、安定有序的治安环境、平等竞争的经济环境、公正高效的法制环境和安居乐业的生活环境。

各乡镇成立平安创建工作领导小组，制定创建“平安乡镇”实施意见。开展打击“两抢一盗”犯罪专项行动，共立入室盗窃、抢劫、抢夺三类犯罪案件144件，破案70件，抓获犯罪嫌疑人89人。在农村开展“新观念、新变化、新经济、新环境、新农民”创建活动，促进“平安文明”新农村建设。在城镇，把“平安创建”工作与“整脏治乱”活动紧密结合，参与创建“平安文明社区”“平安文明单位”“平安文明学校”“平安文明企业”“平安文明小区”和“平安文明家庭”，树立龙里新形象。全县159个村都建立集治保、调解、联防、普法和帮教“五位一体”的平安创建办公室，做到人员、职责、制度和报酬“四落实”。全县共建有摩托车义务治安联防队15支135人，龙山镇针对辖区24小时都有机动三轮摩托车营运的特点，在300多辆机动摩托车驾驶员当中挑选30多名治安积极分子组建“机三”义务治安联防队。

2006年12月制定《龙里县见义勇为奖励办法》，设立“见义勇为奖”。2007年，制定《关于进一步加强基层平安创建工作的意见》《龙里县2007年度平安乡镇考核标准》，各乡镇、各村居委会均成立稳定的治安联防队，全县1399个村民组全面施行“户户联防”，有治安中心户长1684人、综治协管员355

人、治安信息队伍755人、治安志愿队伍585人，4.8万户被评为平安文明家庭。

2008年，制定《关于县领导和县直部门挂钩联系乡镇村居委综治平安创建、维稳工作的通知》，明确由县领导挂钩联系乡镇，县直有关部门分别挂钩一个村居。县督查组对14个乡镇工作督促检查指导，县综治办每月到乡镇和成员单位督促检查指导，在县城区创建“工作机制好、防范措施好、治安秩序好、环境卫生好、遵纪守法好、邻里和睦好”社区、单位；在农村深化平安创建活动，建立以村居为单位的社会治安长效防范管理机制，加强对社会面的控制，推行“十户联防”“户户联防”和“周边联防”，领导包片和中心户长制度等治安防范模式；在县城区组建30人专职治安巡警队承担城区街面、居民的全天24小时巡逻防范任务，投入200万元在县城区建设视频监控系统。全县共有治安联防队188支2140人、治安中心户长2037人、综治协管员681人、治安信息队伍904人、治安志愿队伍1247人、调解组织304个1209人。

1992—2008年，就综治工作共召开综治委会议136次，常委会109次，县长办公会101次，分管领导专题会81次，督导127次；共受理治安案件8918件，查处5784件，处罚6493人，立刑事案件5924件，破案3739件；共抓获“三逃犯”448人，没收炸药3204.95公斤、导火线6958米、雷管3056枚，收缴枪支863支、刀具123把；共抓获吸毒人员405人，查获毒品海洛因807.47克、506个零包，铲除毒原植物810株。

2001—2005年，龙里县连续被省综治委、省人事厅评为全省社会治安综合治理先进集体；2008年获评为州平安建设先进县、省平安建设先进县；羊场镇走马村获“全国平安家庭创建活动先进示范社区（村）”荣誉称号。

五、铁路护路联防

按照中央综治委规定，自1998年7月1日起，第八轮铁路护路联防工作归口到各级综治委进行统一领导，统一管理。铁路沿线的一般路段，由乡镇、村、组纳入社会治安综合治理的护路联防；重点路段，由公安部门具体组织保安人员进行护路联防；铁路公安部门负责铁路车站、货场的治安联防；部队负责组织民兵对桥梁、隧道进行守护。

1998年11月，建立县铁路护路联防办公室，为县综治办内设机构。龙里县境内84.2公里的路段中，28.51公里为重点路段，55.69公里为一般路段，铁路沿线涉及5个乡镇看护。1998年7月1日、15日，县人武部、县综治办、县公安局对铁路各岗点进行工作交接，25名保安队员上岗执勤。1999年，全年共发现鱼尾扳断裂3起，排除险情3次。9月4日，麻芝火车站附近1辆油罐车起火，得到及时处置，未发生事故。

2000年12月，县铁路护路联防办公室接管守护三元镇新安河大桥，在第九轮铁路护路联防工作中，县铁路护路办24次组织干部到沿线村寨、农户，召开村民座谈会36次，参加座谈会的村民达860多人，发放铁路法等宣传资料1500份；赴沿线14所中、小学，为6751名中小学生宣讲护路知识。保安队员参加支援排除障碍3件，发现钢轨断裂1次、鱼尾扳断裂2次，防洪抢险7次，协助工区紧急更换钢轨5次。

2001年，制定《龙里县整治铁路区段治安工作方案》，召开工作会议5次，铁路检查“创建”工作68次。深入铁路沿线的村寨、中小学宣传倡导爱路护路。保安队员在执勤中发现鱼尾扳断裂4件、钢轨断裂1件，参加抢险3次，有效拦停列车避免行车事故2件。6月25日凌晨2点，组织人员抢险，排除阻塞侵袭湘黔线铁路排水口1000余方的泥石和杂物，避免水漫铁路，排除险情。

2002年，县政府与5个乡镇签订承包责任书。对铁路沿线12个行政村49个村民组的群众进行宣传教育，把爱路护路写进“村规民约”，把维护铁路治安工作与当地社会治安综合治理工作同部署、同检查、同考核、同奖惩。各级护路干部先后下铁路检查指导工作45次。2003年，深入5个乡镇村寨、学校，认真分析铁路沿线的治安形势，掌握治安动态和不稳定因素，对重点目标、重点人员做到底数清、情况明，并把责任落实到单位和个人。对保安队员严格要求、严格管理，强化道路管理，确保铁路治安稳定，安全畅通。

2004年，第十三轮县铁路护路联防改变以往的做法，把一年一包改为两年一包。县护路办下路段检查指导工作12次，县护路领导小组召开专题会议6次。3月3日，及时处置黔桂线19045次货运车厢脱节事故，确保铁路恢复正常运行。

2005年，把铁路护路与维护社会政治稳定，加强社会治安综合治理工作同安排、同检查、同考核、同奖惩。开展清理整治铁路沿线废旧收购站点专项行动，制定《龙里县清理整治铁路沿线废旧金属收购站点专项行动方案》，开展为期50天的清理整治行动。通过排查，全县铁路沿线两侧废旧金属收购点有14家，小烘炉1家，均为有证收购站点。龙山镇综治办、龙里铁路派出所与14家废旧金属收购点和1家小烘炉签订《不收购铁路器材责任书》。及时处置大树倒压高压接触网、溢洪道堵塞和钢轨下股外口鱼尾扳断裂100毫米等事件。县护路办干部下路检查指导工作24次，5个乡镇领导、综治办主任、派出所所长下路段检查51次。县护路联防领导小组召开专题会议5次，精心布置铁路护路安全保卫工作，确保列车安全畅通。

2006年，县政府把创建“平安铁路示范路段”纳入“平安龙里”创建目标体系，明确县、乡镇、村三级负责人为创建活动负责人，成立创建工作领导小组。县与乡镇、乡镇与村、村与村民组、村民组与农户层层签订责任书，使铁路沿线社会治安综合治理和护路联防工作各项措施得到全面落实。

2007年，铁路沿线5个乡镇对有可能影响铁路安全的残疾人员、运输户、养殖户、刑释解教人员和暂住人口等五类人员登记造册，重点教育。在铁路沿线村寨、学校播放“爱路护路光碟”。组织铁路沿线的中小学生参与“护路联防杯”安全防护知识竞赛，共发现并协助处置威胁铁路行车安全险情3起，追回弹条等铁路器材200多公斤。

2008年，大力宣传铁路法、铁路运输保护条例、治安处罚法和铁路安全等常识，开展“安全出行、关爱生命”主题宣传活动。宣传进村、进校、到户，传单到人、标语上墙、警示牌上线，坚守岗位，加强巡逻，有效维护铁路运输安全及沿线的社会稳定。

第三节　维护社会稳定

一、维稳机制建设

1999年4月，龙里县维护稳定工作领导小组及办公室成立。2002年1月，明确该办公室为常设机构，设在县委政法委。1999年以后，县委重视维稳工作，召开全县维稳工作会议、县委常委会议、县长办公会议和分管领导主持专题会议，研究解决困难和问题。县维稳工作领导小组召开分析形势及部署工作会议。加强与周边地区县市联系，强化周边地区治安联防，打击犯罪，互通信息。2000年9月，14个乡镇建立调解中心，化解民间矛盾纠纷。

2001年，出台《龙里县预防青少年违法犯罪工作意见》《关于建立矛盾纠纷排查调处工作月报制度》。2002年，制定《维稳工作会议制度》，出台《关于严防我县“三方面人员”进京赴省上访事件的预案》《关于做好十六大安全保卫预案》。对“三方面人员”、邪教“法轮功”人员和安全生产事故等不稳定因素进行排查，党政机关、要害部门、重点目标、交通枢纽、重点建筑和重大建设项目工程工地等场所和部位实行24小时值班，确保稳定。

2003年，出台《龙里县不稳定因素排查报送制度》《龙里县维护稳定考核细则》《关于做好维稳工作，确保首届中国贵州国际苗医药文化博览会期间社会稳定的通知》《关于做好我县部分要求“退改离”等方面人员进州、进省、进京上访的处置预案》《龙里县预防调处群体性事件工作意见》《关于做好正大排放污染问题引起群众上访工作的预案》《关于做好城镇房屋拆迁工作的预案》《龙里县严防“三方面人员”赴省参加集会的预案》。全县共排查并调处重大不稳定因素和突出矛盾纠纷隐患7件，其中8月11日，疏散400余名群众，贵州正大实业有限公司全面停产整顿。对龙山镇、洗马镇出现的邪教“门徒会”“七星会”活动予以取缔，把参与者纳入立档范围，落实教化。

2004年，制定《维稳工作会议制度》《关于严防我县“三方面人员”进京赴省上访事件预案》，实行分级负责，齐抓共管，归口调处，限期解决。2005年，制定《关于今春继续开展农村反邪教警示教育活动工作方案》《龙里县预防和处置群体性事件工作预案》和《分级负责，齐抓共管，归口调处，建立和完善处置群体性事件工作机制》，对不稳定事件作出处理部署，督促有关部门及时解决落实。各乡镇对村居党支部书记、中小学校长进行培训，在全县农村展开“进村、入户、面对面”反邪教警示教育活动，入户率达100%。此后，全县未发生邪教等组织开展的非法活动。

2006年，制定《龙里县维护稳定责任制》《龙里县维护稳定情报信息报送暂行规定》，明确各级各部门维护稳定工作的责任，重点预防、控制和处置敌对分子滋事捣乱事件、重大恶性刑事治安案件、重大群体性突发性事件、集体到省进京上访事件、群死群伤等重大灾害和安全生产事故。2007年，对加强情报信息报送及重大节日、敏感期值班制度工作，排查处置化解群体性事件及信访、“五一”期间维护社会稳定、影响社会稳定突出问题分析研判、“十七大”期间处置群体性突发事件工作等下发文件，以稳定为第一责任，解决维稳工作中的困难和问题，消除不稳定因素。明确各乡镇及有关部门坚持每月一次不稳定因素集中排查调处制度。妥善处理摆省乡“4·09”事件、醒狮镇“5·10”事件，消除洗马宏星煤矿地质灾害事件越级上访隐患。

2008年，印发《龙里县维护稳定工作责任制度和责任追究制度》《关于进一步加强维稳信息报送工作的通知》《龙里县矛盾纠纷排查调处运行机制》《关于龙里县处理突出矛盾纠纷及群体性上访联席会议的通知》《关于成立龙里县社会稳定风险评估领导小组的通知》《关于社会稳定风险评估工作的意见》《龙里县社会稳定风险评估责任单位报告及责任制度》《龙里县社会风险评估有关部门工作衔接及交办督办制度》和《龙里县社会风险稳定评估综合报告党委政府领导参阅制度》。同时，县委与各乡镇、各相关部门专门签订《龙里县奥运会期间维护稳定工作责任书》。对排查出来的问题，明确包案领导和责任人，规定办结时限，把不稳定因素消灭在萌芽状态。与贵定县、贵阳市乌当区建立周边稳定互动联席机制，签订《乌当区、龙里县维护边界稳定工作协议书》和《贵定县、龙里县维护边界稳定工作协议书》，定期召开联席会议，分析研判周边地区社会稳定情况，采取联动消除周边地区群体性矛盾纠纷隐患和不稳定因素。其中：水场乡中坝村铁路建设矛盾纠纷、龙山镇摆谷六煤厂纠纷问题及谷脚镇谷远村铁路建设矛盾纠纷在时限内调处办结。

1999—2008年，召开全县维稳工作会议共11次，研究维稳工作召开常委会80次，县长办公会或专题会议78次，分管领导主持会议79次，开展维稳工作督查指导154次，接待处理来信来访572人次，调解矛盾纠纷6573件。

二、反邪教

1995年以后，县委县政府重视非法组织活动动态，坚持取缔和教育并举的方针，维护社会稳定。1999年4月，成立县查禁取缔邪教领导小组，后调整为处理邪教“法轮功”及对社会有害气功组织领导小组。2002年，调整为“6·10”领导小组。2004年，调整为农村反邪教警示教育领导小组，后又调整为防范和处理邪教问题领导小组，领导小组办公室设在县委政法委。2008年，该办公室与县维稳办合署办公。

1999年，开展对邪教“法轮功”的查禁取缔工作，重点整治活动场所相对集中的龙里火车站、县铁厂和洗马镇，对30人参与邪教“法轮功”练习者进行教育，收缴有关书籍128册、录像带1盒、录音磁带51盒、挂像4张、徽章5枚，以及宣传横幅33张，将邪教组织人员的违法活动纳入视线，实行监控。2002年后，县与乡镇、乡镇与村签订反邪教警示教育工作责任书，将责任落实到单位和个人，开展教育转化工作；对龙山镇、洗马镇出现邪教“门徒会”“七星会”活动，及时予以取缔，对参与人员建立档案，落实帮教措施。同时，对村民和学生开展科普法制教育。

2004年，在农村开展以“崇尚科学、关爱家庭、珍惜生命、反对邪教”为主题的警示教育活动，发放反邪教、法制教育、卫生保健、科技致富挂图和VCD光盘等宣传资料，对参与邪教活动重点人员16人和被裹胁人员96人进行思想转化。2007年，开展对邪教组织全面排查，发放宣传资料1.8万份，播放反邪教警示教育宣传光碟。2008年，开展“无邪教乡镇、无邪教社区、无邪教村寨”的“三无”创建活动，县、乡和村开展业务知识培训，增强机关干部职工、农民群众、青少年、在校学生识别和抵制邪教的能力。

第二章　公　安

第一节　打击刑事犯罪

1991年，全县刑事案件立案348起，破236起。在立案的348起中，重大案件70起，破65起；特大案件5起，破5起。同年8月10日，开展“严厉打击严重刑事犯罪统一行动”，仅2天时间搜捕犯罪分子21名，摧毁抢劫团伙1个，成员9人，缴获大量物资。1992年1月23日，开展“抓逃犯、打流窜”集中统一行动，15天先后抓获犯罪分子19名；当年，查破拐卖妇女、儿童犯罪案件56起。

1995年3—5月，开展“破大案、打团伙”春季严打斗争，共破各类刑事案件94起，抓获违法犯罪人员103人，摧毁犯罪团伙13个，成员51人，整治重点地区18个。1997年8月，先后破获1996年起发生在56317部队的一分库、二分库三号房、六号库房的机制烟叶被盗系列案，涉及金额总值240万元，抓获犯罪嫌疑人潘某某、邓某某等20名。同年9月，破获一起特大贩卖假钞案，抓获犯罪嫌疑人王某某、储某某，缴获尚未出售的假币4266张，面值25万余元。

1999年2月，开展“追逃打流”集中统一行动，抓获“三逃犯”人员13人。2001年10月，侦破县乡镇企业局职工宿舍楼“10・16”爆炸案。2004年2月，破获1起特大运输、贩卖假币案，办案单位县治安大队获黔南州公安局记集体三等功1次。7—10月，组成专案组，辗转重庆、四川、湖南、广州、珠海，破获1起非法制造用于骗取出口退税、抵扣税款发票案，抓获犯罪嫌疑人2人，缴获非法制造的《公路、内河货物运输业统一发票》50份，涉案金额6000万元，挽回国家经济损失200多万元。2008年，全县共立刑事案件860件，破426件（年前案112件破14件），破案率50%。

1991—2008年，全县共立刑事案件6377起，破4719起，破案率74%，抓获各类刑事犯罪人员4361人。

1991—2008年龙里县刑事案件统计表

表6-1　　单位：起、人

年份	立案数	破案数	破案率（%）	抓获刑事犯罪人员
1991	348	236	67.82	326
1992	277	186	67.15	307
1993	175	146	83.43	196
1994	201	169	84.08	223
1995	230	186	80.87	274
1996	190	156	82.11	422
1997	219	176	80.37	235
1998	234	187	79.91	242
1999	236	343	145.34	
2000	235	248	105.53	148
2001	541	308	56.93	387
2002	458	241	52.62	188
2003	449	324	72.16	228

续表

年份	立案数	破案数	破案率（%）	抓获刑事犯罪人员
2004	388	354	91.24	261
2005	388	338	87.11	210
2006	456	334	73.24	218
2007	492	361	73.37	217
2008	860	426	49.53	279
合计	6377	4719	74	4361

第二节　打击经济犯罪

1991年起，龙里县公安局发挥职能作用，致力于保护经济建设环境和整顿市场经济秩序，为经济社会发展保驾护航。1991—1994年，打击经济领域犯罪活动与刑事案件、治安案件相融进行，领域划分不明显。1995年后，打击经济领域犯罪主要体现在破获诈骗、贩卖假币等案件方面。

1998年，根据《公安部刑事案件管理分工规定》，明确经侦部门负责立案侦查破坏社会主义市场经济秩序罪等84种案件的工作，打击的重点主要是扰乱金融秩序、金融诈骗、非法涉税、妨害公司企业管理秩序、侵犯知识产权、扰乱市场秩序、职务侵占、挪用资金、生产销售假冒伪劣商品等严重经济犯罪活动。

1999年，会同有关企事业单位、税务及金融部门，侦破签订履行合同失职被骗案1起，涉税案2起。2000年，破获制造销售假药案2起、诈骗案4起。2002年，共受理经济案件9起，破获5起，挽回经济损失40多万元。2003年，组织经侦全体民警参加州公安局举办的培训班，抽调经侦民警参办省公安厅经侦专案。

2004年，联合召开行政执法与刑事执法衔接工作会议，组织各行政执法单位签审《龙里县行政执法与刑事执法衔接工作意见》。同年，共发现并受理经济案件9起，立案6起，破6起，抓获经济犯罪嫌疑人15名，挽回经济损失100余万元。2004年2月，破获1起特大运输、贩卖假币案，缴获假币79万元；3—7月，县公安局经侦部门辗转于重庆、成都、广州、贵阳等地调查、追捕，相继抓获犯罪嫌疑人黄某某等5人，破获1起案值达100万余元的非法生产、销售假药案，端掉窝点3个，缴获赃款赃物价值50万元。当年，龙里县经侦工作经州公安局考评，目标考核分位居全州第一。

2005年，取缔非法贩卖光碟摊点3个，收缴盗版光碟500张；共破获案件7起，抓获9人，挽回经济损失90多万元。2006年，贯彻落实《公安部有关加强打击经济犯罪工作的决定》，建立健全与工商、税务、烟草、审计、监察及检察等部门信息共享机制，改进和加强同行政执法部门的协作配合，形成打防结合的工作局面；继续以关系国计民生的食品、药品、农资、烟草等领域为重点，抓制假源头和销售网络两个重点环节，开展打假专项活动。侦破经济犯罪案件6起，抓获犯罪嫌疑人6人，为国家、集体和个人挽回经济损失200余万元。

2007年，共破获经济案件7起，抓获犯罪嫌疑人7人，挽回经济损失20多万元。2008年，正式成立经济侦查中队，隶属于刑事侦查大队，主要负责全县辖区内经济案件的侦破工作。

第三节　治安管理

治安管理主要是对特种行业、户政、出入境、重点人口等的管理和治安案件的查处，以及矛盾纠纷的调处。1991年，各级政府成立社会治安综合治理委员会，形成社会治安齐抓共管的局面，开展创建安全文明小区、安全文明村寨活动；成立防暴巡逻大队，加强对城区街面的防控，全民共建“平安和谐龙里”。2008年实施县城视频报警系统建设，组建治安巡逻队。

开展治安特种行业管理工作，控制和堵塞不法分子进行伪造、窃密、藏身、销赃等犯罪活动。特别是民爆物品管理方面，公安机关严格遵守《民爆物品管理条例和实施细则》，强化爆炸物品管理，严厉打击涉爆犯罪。

一、治安案件查处

1991年，查处各类治安案件275起，处罚327人，其中：警告103人、罚款132人、行政拘留92人，查获炸药、雷管、导火绳、烟花爆竹和废旧钢、铜、铝等各种物资价值3.56万元，收缴火管枪、刀和匕首等凶器近100件，以及部分禁书、录像带。

1992年，受理各类治安案件608起（其中：偷盗202起、殴打他人172起、赌博42起、损坏公物25起、诈骗11起、寻衅滋事6起、侮辱妇女6起、违反户口管理9起、违反枪支管理5起、违反爆炸物品管理4起、私种毒品5起、妨碍公务4起，其他126起），处罚违法人员617人；查获炸药、雷管、导火绳、烟花爆竹和废旧钢材等物资价值1.2万元，收缴59式手枪1支，火药枪40余支，刀、匕首等凶器60余件，以及部分禁书、录像带。

1994年，受理各类治安案件408起（其中偷窃财物146起、殴打他人134起、扰乱公共秩序13起、阻碍国家工作人员执行公务9起、赌博6起、违反户口身份证管理17起、侮辱妇女及其他流氓活动6起，其他67起），查处329起。

1995年，查处各类治安案件中，处罚违法人员318人；查获烟花爆竹、废旧钢材等价值2万多元，收缴淫秽录像带、火管枪、刀、手榴弹等50多件。1997年，受理治安案件222件，查处186件，处罚违法人员316人。1998年，受理治安案件210件，查处200件，查处违法人员279人。

2000—2008年，全县受理治安案件5989件，查处5311件，查处率88.68%，共处罚违法人员6942人。

1991—2008年，全县受理治安案件8793件，查处7639件，查处率86.88%，共处罚违法人员7929人。

1991—2008年龙里县治安案件受理查处情况统计表

表6-2　　单位：起、人

年份	发现受理数	查处数	查处率（%）	查处违法人员
1991	338	275	81.36	327
1992	608	462	75.9	617
1993	398	327	82.16	388
1994	408	329	81.84	464
1995	325	281	86.46	318
1996	295	268	90.84	435
1997	222	186	83.78	316
1998	210	200	95.24	279
2000	316	309	97.78	411
2001	406	244	84.73	418
2002	690	525	76.09	687
2003	957	950	99.27	1008
2004	787	782	99.36	884
2005	865	845	97.69	
2006	226	208	92.04	302
2007	354	312	88.14	378
2008	1388	1036	74.64	697

二、特种行业和娱乐场所管理

严格审批发证，强化日常检查监督，明确“谁主管、谁负责”的原则，加强对特种行业和公共娱乐场所从业人员的法律法规学习培训。1993年，对全县151家特种行业、公共复杂场所、文化娱乐场所开展两次清理整顿，查获淫秽录像带3盒、图片18张。落实健全各项管理制度，对重点人口、流动人口和暂住人口做到底数清、情况明，对犯罪发现得了、控制得住。

2008年，全县有特种行业117家，其中：旅店28家、刻字1家、印刷4家、打字复印11家、美容美发27家、废旧金属收购4家、浴室3家、汽车修理26家、火炉加工4家；公共娱乐场所141家，其中：影剧院1家、录像放映室9家、歌舞厅13家、游戏机室12家、音像租赁部16家、餐馆酒店78家、茶室1家、游泳池1家。同年，开展清理整顿行业场所10次，清理公共娱乐场所、宾馆旅社60家，整改公共娱乐场所、宾馆旅社隐患5家；检查14个乡镇的库房20家，发现隐患20处，责令限期改正11处，当场整改9处，销毁烟花爆竹340多封34万余头。

三、枪支管理

1981年，按照《中华人民共和国枪支管理办法》规定，对党政机关中干部所带枪支进行清理登记移交。1991—1995年，对公、检、法、司和金融等内保系统持有枪支进行清理，并办理持枪手续，实施年审，保证枪支的安全。

四、清缴民爆物品、治爆缉枪

1999年，在全县开展清缴民爆物品专项斗争，对爆炸物品生产、销售、运输、储存、使用单位，以及个人民爆站和生产烟花爆竹的厂家等逐一清查，对违规储存民爆物品的16家单位和个人下发整改通知书，共收缴炸药1376公斤、雷管3700发、导火索5770多米。同年7月，开展清查收缴民爆物品行动，共清查涉爆单位17个、炸药库6个、沙石场11个，收缴炸药19箱7包12管、雷管310枚、导火绳500余米、硝酸铵125公斤，签订民爆物品责任书34份。同年，为开展收枪治爆专项斗争，印发收缴枪爆通告200余份，共收缴各种民用枪支156支，子弹200余发。

2001年4—6月，开展3次治爆缉枪专项行动，重点是边远少数民族聚居地区。4月共出动警力784人次、警车172辆次，收缴炸药436公斤、雷管992枚、导火绳2826米、枪244支（其中仿真手枪6支、火药枪213支、猎枪2支、气枪13支），治安处罚28人。6月共出动警力85人、警车16辆，清查涉爆单位11家、采石场9家、煤窑13家，收缴炸药33公斤、雷管20支、导火绳50米、火药枪7支，处理违法人员2名。8月，出动警力85人、车辆16辆次，收缴炸药535公斤、雷管289枚、导火绳80余米、火药枪20支，处罚6人。

五、涉爆涉枪案件查处

2001年4月，在县水泥厂矿山工地查获1起非法制造炸药案，收缴炸药30.5公斤、雷管2000枚、制药硝酸11包（440公斤），抓获犯罪嫌疑人姚某某。9月，在洗马镇召开治爆缉枪专项行动公捕公判大会，对涉枪人员杨某某等执行公捕，对涉爆人员邱某某、廖某某、黄某某进行公开处理。10月24日，破获“10·16”爆炸案，抓获犯罪嫌疑人韦某某。2008年8月15日，收缴草原乡羊蓬村唐某某火药枪1支、黑火药0.5公斤、铁砂105颗、底火33颗。

第四节　户政与出入境管理

一、户政管理

1991年行政区划调整前，龙里县户口分由各乡镇人民政府管理；撤区并乡建镇后，户口由公安派出所管理。1992年，完成全县9.64万人的身份证底卡的分解入柜工作，制作身份证996人，办理临时身份证680人、边境证467人、蓝印户口423人。1993年，对重点人口实行分层次管理，规范重点户口档案，加强“农转非”工作，实行“两公开、一监督”制度，把租赁房屋纳入户政管理。1995年改革农村户口，实行城市化管理，即“一户一牌、一户一簿、一户一表和一村一图”的管理办法。1998年，换发新式户口册，城镇居民户口本为棕色，农民户口本为蓝色，身份证号码由15位数变更为18位数。

1999年农民户口转为城镇居民户口，每人需花费3000多元向政府购买（县外迁入更高），且取得的户口本为“蓝印”户口（非完全的城镇居民户口）；孩子户口只能跟随母亲，即使父亲是城镇居民的“半边户”，子女同样只能是农民，要成为城镇居民户口同样要花钱购买。1999年，实行小城镇户籍制度改革，放宽对迁入小城镇人员迁移限制。有固定住所、合法稳定工作和收入的，均可落户小城镇，户口性质（农民、城镇居民）自由选择。同时，废止执行多年的“城镇户口花钱买”的规定。

1999年，全县共有常住人口4.7万户，总人口18.77万人，其中：男9.7万人、女9.07万人；非农业人口1.66万人；少数民族7.29万人，占总人口的38.85%。全县流出人口3620人；帮教对象185人，帮教力量580人；办理准迁证155份，“农转非”99人，房屋租赁161户，实行身份证微机管理7.57万人。2001年3月，明确凡到龙里县建（购）房、经商、投资办企业和有固定住址投亲靠友等，由本人申请到龙山派出所入户，可转为非农业户口。

2003年，开展人口信息录入（微机）工作，专项清查4次，清查流动人口1.39万人次，共获案件线索22条，查破刑事案件9起、治安案件19起，抓获在逃人员5人，打击处理违法犯罪人员28人。2004年，全县共列管人口314人，新增重点管理对象55人，撤管78人；再次换发新式户口册，统一为棕色户口本。

2005年4—10月，开展16周岁以上人像采集工作；2005年11月21日至2009年2月28日，集中换发第二代身份证。2008年，完成3.1万张制证任务，完成二代身份证换发1.7万张，上传合格制证信息3.12万条，清理人口信息疑似重复数据。

2008年底，全县共有常住人口6.36万户，总人口21.6万人。其中：男11.12万人、女10.48万人；非农业人口2.97万人；出生2526人、死亡1179人。

1992—2008年部分年份龙里县人口管理情况统计表

表6-3 单位：人

年份	办理身份证	临时身份证	边境证	暂住人口	重点人口
1992	996	680	467	—	—
1994	5135	1069	347	885	323
1995	4872	1784	368	1143	288
1996	2599	1288	297	2168	279
1997	2468	1374	278	2842	281
1999	3547	1465	230	4062	—
2003	6008	1578	—	—	25
2008	17000	3200	—	—	—

二、出入境管理

1991年，办理公民申请出国和香港探亲、定居证件共5起6人，登记管理境外人员2起14人。1993年，办理申请出国和到港澳台探亲定居的13人，接待台胞到大陆探亲、定居的12人（申请定居3人），并办理申报手续。2007年，共办理出国出境196人，对6名（其中韩国2人、新西兰2人、尼日利亚1人和中国台湾地区1人）到龙里县的外国人及台胞进行入境登记和管理。

2008年，正式成立县公安局出入境管理中队，隶属治安管理大队；组织全县42家30个床位以上旅店业主学习涉外管理相关法律法规，对证件识别、食宿登记等方面注意事项问题进行讲解，促进旅店业主规范管理、服务到位、职责明确；共办理出国境内外证件146人次。

第五节 监所管理

看守所工作主要是严密看管犯人，保证看守所安全，加强对犯人的政策、法制和形势教育，密切配合预审、起诉和审判工作，搞好犯人的生活、卫生管理；严防犯人越狱、逃跑、行凶、自杀及其他破坏活动。1985年，投入5万元修建60平方米的监控室和170平方米的放风场及热层等，成为看守所的配套设施。多年间，在狱政管理形势教育、政策教育、认罪服法教育、重新做人教育以及遵守狱规、生活管理等各方面，形成一套成熟的经验办法。完善看守所各项规章制度，制定“看守干部六不准”“犯人家属接见制度”、24小时双人值班制度；对关押、提审和释放情况严格登记造册，定期不定期检查，或配合预审和法院、检察院组织的全面检查。1983年以后，连续5年被评为全州的先进集体，获全州达标第一名（2次）、全省达标第一名，26年无重大事故，被州公安局特记集体三等功。

1992年，看守所关押各类人犯217人，收审所收押各类违法犯罪人员313人（收审241人，行政拘留72人）。1993年，看守所关押人犯180人，收审所关押247人，行政拘留所关押50人，全年未发生事故。1994年5月17日早晨6时50分，收审所发生10名在押人员集体越狱事件，5名被当场抓获；对5名脱逃人员，及时组织20名干警追捕。

2008年，收押各类在押人员380人，月平均关押32人。建立健全看守所与武警中队的所队联勤机制，形成人防、物防、技防、联防的“四防”并举措施。坚持每天有2名民警轮流巡视，严格落实管教民警包监室和主管协管制度，共深挖各类案件线索129条，协破案件74起。

第六节 道路交通管理

一、交通安全宣传

1991年以后，通过广播、电视等媒体渠道，同时采取与机动车辆驾驶人员签订责任状、召开培训会和上安全课等方式宣传道路交通安全知识。1993年，制作大型横标15幅，张贴大小标语3435条，举办摩托车培训班6期，培训人员150人。1994年，张贴大小标语1000多条，广播、电视播放《安全规定》3次，驾驶人员签订责任状800余份。1995年，开展交规咨询6次，图片展览2次，发放宣传资料4500余份，发放出行指南3500余份，到学校上课5次，张贴标语2580条。

1996年，上安全课5次，听课人数2400人；举办学习班6期354人；开安全会28次与会2885人；电视讲话7次，发放宣传资料6500余份，张贴标语3720条，安全图片展览4次，法规咨询4次。1997年，上交通安全课4次，图片展览40天，出动宣传车17次，咨询6次，召开安全会议20次，张贴标语2130条。1998年，举办图片展览30天，咨询6天，张贴标语2550条，印发宣传资料2万多份。1999年，电视动员讲话6次，放映交通安全录像6场次，图片展览3次，印发宣传资料7000多份，举办培训班8期，召开交通安全会议25次。此后，每年开展相应的交通安全知识宣传和培训活动。

二、车辆管理

1990年，县公安局与交管站、农机局、税务局、工商局联合对车辆进行管理。凡汽车、拖拉机不论个人、集体或单位，未经工商部门办理营业许可证的都属非法经营。凡非法经营者，没收行车执照，并责令停业；没收非法所得，令其办证，不合条件的取缔；对未办营业执照的车辆，车管部门不给年审。非驾驶人员不得驾驶各类车辆，对把自己车辆交无驾驶执照人使用者，对车主罚款。石油公司按规定核发供油指标时，车主必须持有工商部门核发的营业执照、营运许可证、养路费缴清证明和通过年检证件才能供油。对未办理过户挂靠集体的个体经营者和无营业执照、未办理税务登记证者，一经查出视为临时经营，税务机关按有关规定追补税款，视情节给予罚款处理。车辆转卖、更换车主的必须先向车辆所在地的管理部门和公安交警部门申报，经检验合格的，才能进入车辆交易市场。对小型出租汽车业户实行确立经营权的经营形式，每辆小型出租（客、货）汽车须缴纳经营权属确立费2000元。

1996年，成立县整顿客运市场秩序领导小组，对营运市场车辆进行整顿，实施车辆稽查。1998—2001年，稽查车辆3129辆，暂扣客货车300多辆次、拖拉机84辆次、机动三轮车92辆次、机动二轮摩托车23辆次，罚款6.7万元，补征客车附加费41.8万元、运管费15.3万元，罚滞纳金15.8万元，纠正违章教育636人次。通过人民法院拍卖的士车3辆、非法营运出租车4辆，取缔非法营运客车5辆、货车26辆，强制报废出租车5辆，清理机动三轮车170辆，更换新版道路运输经营许可证217户。2002—2008年，继续开展车辆稽查管理工作，逐步实现车辆管理规范化。

三、驾驶员管理

1991年，全县有机动车800多辆，驾驶员1000余人。对驾驶员业务技术、安全记录等情况进行年审。同时加强综合治理，上路巡查，全面管理。1997年，第一季度驾驶员安全培训500余人次，营业性货车驾驶员岗位培训和办证完成93%。2000年，对营运客货车驾驶员上岗培训办证395份，占车辆总数的79%。2001年，对营运客货驾驶员上岗培训办证460份。2002年换发新版营运车辆驾驶员从业资格证417人，占全县持证人数的88%，客运车辆驾驶员持证率达100%。2001—2008年，对营运客货车驾驶员上岗培训办证1272份，客运车辆驾驶员持证率100%。

四、交通违法查处

1991年后，每年组织养征、运管、农机、安监、工商和城管等部门开展集中整治，加强道路检查。开展定期不定期整治活动，整治无牌无证、报废车和“黑车”上路行驶，拖拉机、农用车载人赶集，客车车辆超员、货运汽车超载、摩托车不戴安全头盔、机动车超员、城区内乱停乱放、超速行驶和故意遮挡车牌等具有隐患的交通违法行为。1993年，共查车2.77万辆，处罚违章2443人，查扣车100辆，扣证件125个，吊证45个，清理家用车、摩托车143辆。1994年，全年查车4.05万辆次，清理无牌无证车60余辆次，纠正违章3351起，处罚2590人，行政拘留2人。

1995年，查车4.29万辆次，纠正违章1.32万次，处罚1.12万人次，行政拘留2人，罚款70余万元。1996年，查车5.61万辆次，验车1874辆，扣车68辆，扣证1547个。1997年，查车3.85万辆次，纠正违章车辆3.13万人次，扣证23个。1998年，查车2.96万辆次，纠正违章车辆1.03万次，年检车辆1671辆。1999年，查车9600余辆次，纠正违章车辆6600余辆次，清理无牌无证车辆105辆。2000年后，实施定期和不定期车辆违章查处活动，进一步减少交通安全隐患。

五、交通安全事故

1991年，发生交通事故24起，经济损失3.78万元。1995年，清理路障192处。1997年10月7日，1辆从浙江仙居县运货到贵阳货车行至龙里县境国道321线1246公里+200米处时，翻下8.7米高坎跌到铁路线上，造成车毁并使列车运行中断3个半小时的重大事故。2001年3月1日至4月19日，羊场镇联合村上保山等地连续发生3起重大交通事故，造成3人死亡、20多人受伤。2005年，全县共发生道路交通事故161起，死亡8人、受伤103人，造成直接经济损失18.08万元。2007年，全县发生交通事故3起，死亡3人、伤1人，直接经济损失1.2万元。2008年，全县发生交通事故6起，直接经济损失30.9万元。

1991—2008年龙里县交通事故统计表

表6-4

年份	交通事故（起）	死亡人数（人）	受伤人数（人）	经济损失（万元）
1991	24	8	3	3.78
1992	18	6	16	7.98
1993	21	5	26	11.7
1994	14	8	5	11.55
1995	8	5	6	3.9

续表

年份	交通事故（起）	死亡人数（人）	受伤人数（人）	经济损失（万元）
1996	5	2	5	3.81
1997	9	12	14	16.72
1998	17	16	16	57.4
1999	16	9	19	11.29
2000	135	9	76	—
2001	107	7	45	—
2002	157	9	90	22.14
2003	99	9	123	41.54
2004	82	5	85	35.6
2005	161	8	103	18.08
2006	115	11	81	23
2007	76	22	59	7.72
2008	6	0	0	30.9
合计	1070	151	772	307.1

第七节　消防管理

一、消防基础建设

1997年8月，组建龙里公安消防大队，正营级，编制3名。2002年，在县城增置消防栓12个，维修5个，各乡镇和企事业单位组建义务消防队。2003年，投入3.8万元完成县城消防规划，增设消防栓24个；在龙里龙腾公司组建一支8人的志愿消防队。2004年，增置消防栓15个，达到应置数的85%，投入4.8万元配置防护装备和灭火器材，完成龙山、谷脚两镇的消防规划编制。

二、消防宣传教育

坚持“预防为主，防消结合”的方针，按照“政府领导、行业管理、单位负责、群众参与、消防监督”的安全管理机制，推广普及防火自救常识，增强全民消防安全意识和自防自救能力，杜绝或减少安全事故的发生。每年都多形式开展消防安全法律法规知识宣传教育活动，在县城及各乡镇场天接受群众咨询，发放宣传资料，让群众增强消防意识，知晓防范火灾常识、避险自救方法和违法犯罪需要承担的责任。开展中小学校消防安全宣传教育试点工作，把龙里中学、龙里民中和城关二小、三小作为全县试点单位，印发《中小学校消防安全知识手册》，对学生进行培训，并在全县中小学校推广。同时，加强对专兼职人员的培训，举办多期有重点单位消防安全员和公共娱乐场所从业人员参加的培训班，到神奇药厂、草原度假村、龙里生态园等单位培训。

三、消防专项治理

2002年，以县石油公司、电信局、麻芝油库和县供销社四家单位为消防安全重点试点，推广先进管理经验；同时开展农村50户以上大村寨的消防试点工作，以点带面，辐射全县。对全县建筑行业进行清理排查，严把验收关。定期或不定期开展消防安全专项治理，重点检查党政机关、金融机构、供电供水部门、车站、公共娱乐场所等重点单位消防隐患。仅2003年，即开展联合检查8次，检查单位231家，发现火灾隐患154处，下发责令整改通知书29份，复查意见书29份，当场督导整改3家，查处违法行为5家。制订《龙里县处置重特大事故灭火预案》，明确相关部门的职责和分工。2004年起，逐步落实消防安全目标管理责任，县政府与县直部门、各乡镇，各乡镇与村（居）委会签订消防安全管理责任书，层层落实消防安全责任。

1991—2008年（除1999年、2006年外），全县共发生火灾事故76起，死亡10人、受伤6人，造成经济损失147.59万余元。

1991—2008年部分年份龙里县火灾事故统计表

表6-5

年份	火灾事故（起）	死亡人数（人）	受伤人数（人）	经济损失（万元）
1991	3	0	0	0.15
1992	6	0	0	2.71
1993	8	0	0	10.5
1994	3	0	0	8.38
1995	1	0	0	0.02
1996	7	0	0	14
1997	8	0	0	1.38
1998	4	0	0	20.66
2000	2	1	0	0.93
2001	4	2	0	3.23
2002	8	4	3	30
2003	4	0	0	4.84
2004	3	0	0	5.4
2005	4	0	0	4.85
2007	5	3	1	9.58
2008	6	0	0	30.94
合计	76	10	6	147.59

第八节　清除社会丑恶现象

一、破除迷信

1994年，迷信活动有所抬头，全县14个乡镇中，龙山、洗马、猫场、谷脚迷信活动较为频繁，少数人四处网罗人员，发展成员，筹款集资，组织庙会，扩修庙宇，非法聚会。县公安等部门掌握案情后开展打击和处理。1995年3月、7月、9月，在一些乡镇陆续发现邪教“门徒会”活动。该组织活动面广，影响大，涉及7个乡镇14个村23个村民组，裹挟人员340余人。迷信活动的抬头和非法组织的活动，严重影响农村社会治安稳定。

1995年2月，一带有政治色彩自称基督教“门徒会”的非法组织被公安局取缔，该组织3名主要成员被收审。1996年，先后发现7起非法组织邪教活动，涉及哪嗙、谷脚、谷龙、洗马等9个乡镇14个村民组，受蒙蔽和被裹胁的人员260余人。在查禁取缔中，4名执事骨干被治安处罚，搜缴宣传品30余份。

1998年，查禁取缔邪教“门徒会”2起。1999年，查禁取缔邪教“门徒会”1起2人，查禁非法宗教活动3起。2001年，共查处涉及邪教“法轮功”组织及其他邪教组织活动5起，其中：散发邪教“法轮功”宣传品2起2人，宣传邪教活动2起4人，窝藏邪教“法轮功”书籍等宣传品1起1人，收缴邪教“法轮功”宣传品475份、收录机1台、练功磁带4盒。

2003年，查处邪教“门徒会”违法犯罪活动3起，处罚15人；查处取缔一个由33名成员组成的名为“七星会”的非法组织，行政拘留4人。2004年，相继在谷脚、县城两地收缴邪教“法轮功”宣传光碟共

150余张。

2005年4月，在县城环城路一居民住宅区发现、收缴邪教“法轮功”宣传品13张、光碟3盘；针对邪教“门徒会”在偏远地区时有活动的问题，开展取缔和打击工作。6月26日，通过内查外调，取缔活动在哪嗙乡一带的邪教“门徒会”组织，抓获骨干分子。全年共查处邪教“门徒会”活动1起，查获邪教“法轮功”宣传资料13份，宣传标语4幅、光碟3盘。

二、禁毒工作

禁毒工作坚持“三禁并举”（禁吸、禁贩、禁种）和标本兼治的方针，坚持“严打、严防、严管”的原则。贯彻1999年全省禁毒工作会议精神，成立县禁毒委员会，同年6月10日成立县公安局禁毒大队。为了开展禁毒工作，全县党政机关、企事业单位、乡镇及村组等层层建立禁毒工作机构，共设立禁毒机构254个（1254人），推进形成全社会共同参与、各部门齐抓共管的格局。全县横到边、纵到底层层签订禁毒“六包”责任书，开展创建“无毒害单位”“无毒害社区”活动，严惩一批毒品违法犯罪分子。

1991年，查获非法种植罂粟9人，铲除罂粟1400余株，依法收审1人，治安处罚9人。1992年，在水场乡、洗马镇、巴江乡共铲除非法种植罂粟2448株，查获非法种植罂粟人员9人，治安处罚6人。

1998年11月14日，县公安局刑侦大队经过布控走访，破获一系列吸毒案件，抓获犯罪嫌疑人11名，缴获海洛因20余包；11月23日，历时3个多月侦查布控，一举破获1起特大贩毒团伙案，抓获毒犯16人，缴获海洛因33.73公斤、毒资40余万元，对7名毒犯处以死刑。

1999年，公安机关共破获贩毒案件41起（其中重大案件1起、特大案件1起），查处吸食注射毒品案件71起，抓获毒品违法犯罪分子104名，摧毁毒品犯罪团伙6个，端掉吸毒窝点15个，缉捕23人，劳教8人，送强制戒毒62名，缴获海洛因204克、零包24个、毒资1万元，铲除罂粟2405株；清查29家诊所药店，收缴违规储放受管制的麻醉药品和精神药品2911支、罂粟籽10克。开展禁毒宣传，提高全民禁毒意识，强化禁毒宣传力度。组织机关干部、厂矿企事业单位职工和学生6000多人次观看《毒品的危害》专题片，同时组织3500多名干部、职工、青少年及学生参加省禁毒委员会等单位组织的“宏福杯”禁毒知识竞赛活动，发放宣传资料3万余份，刷写永久性标语30余条，张贴小标语800余条。

2006年出台《龙里县公共复杂场所、娱乐场所及经营性出租房禁毒工作管理办法》。2001—2008年，经常重点对城区歌舞厅、旅馆等特种行业进行全面清查，全县共打击贩毒犯罪分子143人次，强戒收戒吸毒人员390人次，报送劳教187人次，端掉吸毒窝点54个，缴获毒品海洛因764.58克，毒品海洛因零包1246个，精神麻醉药品3619支（片、粒），铲除罂粟3456株。

三、打击卖淫嫖娼与拐卖妇女儿童

1978—2008年，县公安机关共查处卖淫嫖娼案件100余件，处理违法人员200多人。累计查破拐卖妇女、儿童犯罪案件250余起，打击拐卖团伙100余个，处理违法犯罪人员700余人，追回赃款数万元，解救被拐卖的妇女数百人、儿童数十人。

第九节　技术装备

随着经济社会发展，公安技术装备有较大改进，主要体现在交通工具的增加，以及办公自动化、信息化设备的增加和完善。20世纪80—90年代，通过自筹资金和上级配发，县公安局基本解决交通工具困难问题，每个科、所、队都有车辆1辆以上。2000—2008年，警用车辆又有所增加，全局已有警车50余辆，满足警务交通需要。

2001年起，公安部组织实施公安信息化建设的“金盾工程”。2004—2008年，县公安局信息化建设和应用水平有很大提高，逐步实现基础信息采集和办公、办证微机化，公文信息传输网络化；在县城建设城市报警监控系统，在看守所安装录像监控系统；全局有电脑190余台，达到人均拥有1台；摄像摄影机、单警装备等方面不断加强，全局有摄像摄影机28台，配备有单警装备170套。

第三章 检 察

第一节 反贪污贿赂检察

反贪污贿赂主要是对贪污、贿赂、挪用公款、巨额财产来源不明、隐瞒境外存款、私分国家资产和私分罚没财物等经济犯罪案件的查处。

1991年，共受理案件线索19件，大案2件，侦结贪污案4件、抗税案3件、偷税案1件、其他案1件，退回赃款4.1万元，为发案单位追回经济损失2万余元。1995年，共受理贪污贿赂等经济案件19件，立案侦查并结案4件4人，追回赃款及赃物折价5.5万元。2000年，共受理案件线索12件12人，立案侦查5件5人，挽回经济损失14.04万元。2002年，县检察院与全县7个部门共同制定预防职务犯罪工作制度、协议。

2005—2008年共受理各类贪污贿赂案件37件40人，立案20件23人，为国家挽回损失201万元。2007年8月，县检察院对赵某某贪污保险投保费用案件进行侦查，其在任中国人寿保险股份有限公司龙里支公司营销员期间，利用职务之便，私自截留保险费款95万元据为己有，其贪污数额除25.98万元可追回外，余款被挥霍，损失巨大。

1991—2008年，共受理案件226件，立案126件，其中大案22件22人，审查起诉43件45人，撤诉4件4人，免予起诉5件，挽回经济损失498.63万元，追回赃款29.7万元。

1991—2008年龙里县反贪污贿赂案件情况统计表

表6-6　　单位：件（人）、万元

年份	受理案件数	立案侦查数	挽回损失	追回损失
1991	19	11		6.1
1992	6（6）	3（3）	2.9	7.9
1993	18	8（8）	3.8	5.2
1994	10（10）	6（6）		5
1995	19	4（4）		5.5
1996	18（22）	11（11）	6.2	
1997	14（15）	12（12）	17	
1998	12（14）	6（9）	60	
1999	12（13）	4（4）	11.9	
2000	12（12）	5（5）	14.04	
2001	19（21）	7（9）	60.9	
2002	16（16）	7（7）	69.29	
2003	6（6）	6（6）	27.6	
2004	8（8）	6（6）	24	
2005	10（10）	5（5）	27	
2006	10（10）	5（5）	4	
2007	10（11）	6（7）	100	
2008	7（9）	4（6）	70	
合计	226	126	498.63	29.7

第二节 法纪检察

法纪检察工作主要负责侦查国家工作人员的渎职犯罪，利用职务实施的非法拘禁、刑讯逼供、徇私舞弊、报复陷害和玩忽职守等侵犯公民人身和民主权利的犯罪。1991—2008年，县检察院查办各类渎职侵权案件，规范国家工作人员职务活动的合法性、合理性，保护公民的人身权利、民主权利和其他合法权利不受侵犯。

1991年共受理各类法纪案件12件，立案6件。1995年共受理各类法纪案19件，立案侦查3件6人侦查终结后，免诉2件2人，向县人民法院提起公诉1件4人。1998年，侦查司法工作刑讯逼供案件1件2人，均作有罪判决。2000年共受理案件线索7件，初查7件，初查后决定立案侦查1件1人并移送审查起诉，移送公安机关处理1件，决定不立案2件。2005年共受理国家工作人员渎职侵权犯罪案件线索5件，立案1件3人移送审查起诉。

1991—2008年，共受理案件156件，立案35件，免予起诉5件。

1991—2008年龙里县反渎职侵权案件情况统计表

表6-7 单位：件（人）

年份	受理案件数	立案数	移送审查起诉数
1991	12	6	6
1992	8	1（1）	1
1993	14	3（10）	3
1994	23	1（1）	1
1995	19	3（6）	3
1996	20	5（6）	5
1997	15	3（5）	3
1998	1（2）	1（2）	1
1999	2（4）	1（3）	1
2000	7	7	7
2001	3（4）	1（1）	1
2002	5（5）	1（1）	1
2003	5（5）	1（1）	1
2004	4（4）	1（1）	1
2005	5（5）	1（3）	1
2006	3	1	1
2007	5（5）	2（2）	2
2008	5（5）	2（2）	2
合计	156	41	41

第三节 监所检察

县检察院监所检察，主要是按月检察收、押、提审、释放、判刑和假释是否合法，看守干警有无违法，进行安全防范，分析掌握人犯思想动态，开展各项专项检察。主要配合公安、法院对看守所的看管措施进行整顿，建立健全各项制度，开展经常性法律教育，促使人犯认罪伏法。对羁押人犯超过法定时限的情况进行普遍检察，防止超期羁押的发生。1991年以后，开展清监安全检查、“减、假、保”专项检查及上法制课等活动。

2001年，共进行清监安全大检查14次，向在押人员上法制课34次，受教育人员达4000余人次，发出检察建议5份，超押报告2份，实行凭证关押制度，无一起安全事故和在押人员新发案件。2004年，全年实行凭证关押制度，开展“减、假、保”专项检查活动，进行清监安全大检查16次，给在押人员上法制课45次，受教育人员达3000余人次，提出检察建议3件，办理在押人员又犯罪案件1件2人。

2005年，继续实行凭证关押制度，进行清监大检查20次，给在押人员上法制课40次，受教育人数达3000余人次，提出检察建议10件，监管场所实现零超期羁押。2006年，开展驻所检察室规范化建设，创建三级达标检察室，全年给在押人员上法制课30次，开展检举揭发、深挖犯罪和打击“牢头狱霸”活动，进行清监安全检查80次，督办到期案件15件35人，实现零超期羁押。

1991—2008年，县检察院共提出口头建议36人次，书面建议19次，回访考察27次，超期羁押口头纠正6次，超押报告2份，纠正人民法院错误裁定1件，检举揭发线索31条，安全检查257次，上法制思想教育课599次，维护罪犯、犯罪嫌疑人的合法权益。

第四节　民事行政检察

县检察院民事行政检察，主要受理公民、法人不服法院作出的民事、行政诉讼案件生效判决和裁定的申诉，对法院民事、行政案件审判进行法律监督。对判决、裁定主要证据不足，适用法律错误，违法法定程序，审判人员枉法裁定等案件，提请上一级检察院向同级法院提出抗诉。

1991年以后，县检察院加强对民事（经济）审判活动和行政诉讼活动的监督。1997年，查处司法人员徇私枉法案件线索1件。2008年，查处法官职务犯罪线索1件。1992—2008年，县检察院共受理申诉涉及民事、经济、行政判决和裁定134件，立案81件，维持法院判决16件，提请州院抗诉17件，向人民法院提出检察建议1件。

1992—2008年龙里县民事行政检察案件情况统计表

表6-8　　　　　　　　　　　　　　　　　　　　　　　　　　　　单位：件

年份	受理案件数	立案数	审结数	终止审查数
1992	4	1		
1993	5	2	2	
1994	11	6	5	
1995	7	5	5	
1996	9	9	9	
1997	10	6	8（转接2件）	
1998	7	3	3	
1999	7	7		3
2000	9	4		
2001	3	3		
2002	2	2		1
2003	4	1		1
2004	5	4		

续表

年份	受理案件数	立案数	审结数	终止审查数
2005	7	7		
2006	10	7		4
2007	15	7		2
2008	15	6	6	5
合计	134	81		

第五节 侦查监督

侦查监督工作，主要是对公安机关和检察院侦查部门提请和移送批捕人犯的案件，按照从犯罪事实是否确实，各种证据是否充分和真实，以及是否有逮捕必要等进行认真审查决定是否批准逮捕，同时对公安机关和检察院侦查部门的侦查活动是否合法实行监督。

1991年受理公安机关提请批捕案件84件189人，作刑事拘留5件7人，自侦部门移送决定逮捕3件4人，共计87件193人。其中：审查批准逮捕70件149人，不批准逮捕3件6人，退回公安机关补充侦查14件38人。1995年共受理公安机关提请批捕案件89件193人，经审查和补充侦查批捕75件164人，不捕1件9人，撤案1人，建议提捕9人，退查13件22人。全年共受理公安机关移送起诉案82件155人，经审查和补充侦查，向县法院起诉70件132人，移送州院起诉3件5人，免诉3件5人，退回公安机关补充侦查4件10人，公安机关撤回案件1件3人。

2000年，共受理公安机关提请批捕的各类刑事案件和检察院自侦部门移送审查决定逮捕的贪污、挪用案件共91件150人。其中，审查批捕80件132人，不捕案件7件14人，公安撤案3件3人，维持原不捕决定1件1人。2004年，共受理各类提请批捕案126件199人，受理经审查批准逮捕106件164人，决定不逮捕20件35人。2008年，受理提请批准逮捕案件133件200人，受理自侦部门提请审查逮捕案件3件4人，批准逮捕113件166人，不批准逮捕21件34人，公安机关撤回1件1人，积存1件3人，发出检察建议10份。

1991—2008年，共受理提请批捕案件涉案2988人，决定逮捕1521件2517人，不批准逮捕152件297人，向法院提起诉讼261件487人，退回公安补充侦查47件112人，撤案17件22人，发出检察建议32份，免予起诉15件30人，不起诉2件2人。

1991—1995年龙里县受理逮捕案件情况统计表

表6-9　　单位：件（人）

年份	受理公安案件	决定批捕件	不批捕件	退回件	受理移送起诉	向县法院提起公诉	移送州院起诉	免予起诉	不起诉	撤案件
1991	84（189）	70（149）	3（6）	14（38）	—	—	—	—	—	—
1992	77（137）	66（113）	4（9）	5（12）	82（143）	65（109）	7（18）	6（9）	2（2）	1（1）
1993	57（124）	50（101）	2（8）	5（15）	62（110）	52（89）	4（5）	4（8）	—	—
1994	81（210）	69（170）	3（6）	9（32）	73（166）	63（123）	5（33）	3（8）	—	1（1）
1995	89（193）	75（164）	1（9）	4（10）	82（155）	70（132）	3（5）	3（5）	—	1（3）

1996—2008年龙里县受理批捕案件情况统计表

表6-10 单位：件（人）

年份	受理案件	批捕件	不批捕件	撤案件
1996	38（86）	—	—	—
1997	59（121）	—	7（8）	1（1）
1998	92（147）	77（116）	35（35）	—
1999	99（145）	88（128）	10（16）	1（1）
2000	91（150）	80（132）	7（14）	3（3）
2001	97（143）	87（125）	7（15）	6（6）
2002	114（176）	102（149）	12（26）	2（3）
2003	138（221）	118（92）	15（22）	—
2004	126（199）	106（164）	20（35）	2（2）
2005	103（149）	83（128）	18（19）	—
2006	128（200）	113（175）	14（21）	3（6）
2007	123（193）	109（168）	14（24）	3（3）
2008	133（200）	113（166）	21（34）	1（1）

第六节 刑事检察

刑事检察，主要职能是审判监督，查办各类刑事案件，严把事实关、证据关，案件质量关，执行宽严相济的刑事司法政策。

1991年，共受理公安机关移送审查起诉各类刑事案件66件121人，受理自侦部门移送审查起诉7件11人。经审查，向县法院提起公诉64件114人，免予起诉6件8人，不起诉1人，退回补充侦查1件3人，监狱撤销案件1件1人，移送州院审查起诉3件5人，上报上级检察机关请示批复1件3人。2001年，共受理公安机关移送审查起诉刑事案件101件149人，受理检察院自侦部门移送审查起诉17件18人（含退查重报）。经审查，向县法院提请公诉89件115人，移送州院审查起诉6件7人，不起诉5件11人，退回侦查机关补充侦查18件26人。

2008年，共受理移送审查起诉150件220人，自侦部门移送审查起诉案件6件8人，州院指定审查起诉1件3人。提起公诉120件173人，移送州院审查起诉4件10人，退回公安机关补充侦查6件13人，决定不起诉1件1人，追诉漏犯2名，发出纠正违法通知书和检察建议各2份。

1991—2008年，共受理公安机关审查起诉案件1854件3034人，受理自侦部门审查起诉案件69件86人，向法院提起公诉1436件2166人，免予起诉37件62人，不起诉72件106人，退回补充侦查146件268人，撤销案件6件8人，移送州院审查起诉78件196人，移送州院请示5件5人。

1991—2008年龙里县受理提起公诉等案件情况统计表

表6-11 单位：件（人）

年份	受理公安起诉	自侦部门起诉	提起公诉	免予起诉	不起诉	退回补充侦查	撤案	移送州院审查
1991	66（121）	7（11人）	64（114）	6（8）	1（1）	1（3）	1（1）	3（5）
1992	88（151）		68（112）	9（3）	2（3）	1（4）	1（1）	7（18）
1993	69（124）		5（12）	6（12）		2（6）		

续表

年份	受理公安起诉	自侦部门起诉	提起公诉	免予起诉	不起诉	退回补充侦查	撤案	移送州院审查
1994	73（166）		63（123）	3（8）		1（1）	1（1）	5（33）
1995	82（155）		70（132）			4（10）	1（3）	3（5）
1996	103（196）	11（12）	94（167）	13（21）				9（22）
1997	52（130）	7（9）			2（2）	1（8）	1（1）	4（23）
1998	77（132）	6（9）	67（90）		3（5）	7（20）		5（23）
1999	126（190）	3（5）	81（115）		11（20）	33（54）		4（6）
2000	98（150）	5（5）	69（107）		6（9）	11（14）		6（7）
2001	101（149）	17（18）	89（115）		5（11）	18（26）		6（7）
2002	118（174）		101（144）		7（12）	5（60）		5（12）
2003	119（185）		95（105）		6（8）			
2004	130（192）		101（146）		12（13）	13（28）		5（6）
2005	123（178）		104（146）		6（7）	20（39）	1（1）	4（4）
2006	125（193）	7（9）	109（163）		6（9）	13（19）		5（12）
2007	154（228）		136（202）		4（5）	10（17）		3（3）
2008	150（220）	6（8）	120（173）		1（1）	6（13）		4（10）

第七节 控告申诉检察

控告申诉检察，主要是受理群众来信来访，处理涉检及刑事、民事、行政案件及诉讼问题的控告、检举、申诉和自首，履行承办有关的控告、申诉案件等职责。县检察院把控告申诉与举报中心作为联系群众的窗口，宣传法制的要塞，把解决控告上诉作为主要任务。同时，发动群众同贪污贿赂等严重经济犯罪作斗争，设立举报电话，采取法制讲座、电视宣传、印发资料等形式开展举报宣传活动。坚持检察长接待日制度，对主要来信来访，检察长亲自批办、督办和接待。

1991—2008年，共收到来信件线索547件，接待来访人员252人次，受理控告56件，受理申诉29件，都作出相应的处理。

1991—2008年龙里县控告申诉案件情况统计表

表6-12　　单位：件

年份	受理（信件）线索数	转公安数	转法院数	转纪委数
1991	72	27	8	5
1992	69	46	7	
1993	48			
1994	52	28	1	
1995	82			
1996	25		7	
1997	26			
1998	23			
1999	9			

续表

年份	受理（信件）线索数	转公安数	转法院数	转纪委数
2000	19			3
2001	45	12	3	9
2002	23			
2003	32			
2004	9	5		
2005	13			
2006	36			
2007	12			
2008	3			
合计	547			

第八节 技术检察

技术检察，主要是受理和承办各类案件的现场勘验、检验鉴定和文证审查，负责刑事摄像、照相、录音及声像证据和司法会计的鉴定，以及网络和其他检察技术设备的维护和使用等。

1993年，受理办案单位法医检验18件，出具鉴定书7份，尸检1件。1995年共受理案件的文证审查8件，改变原结论3份，法医鉴定17件，尸检20次，现场勘验23次，现场及刑事技术照相15次，出具鉴定书17份，出具罪证照片2份。1998年的技术工作共15件，其中：尸检4件5人，活体检验4件4人，文证审查5件，文件检验2件，出具鉴定书及检验报告9份。

1999年受理各类技术案件15件，其中：法医检验鉴定9件（尸检7件、活检2件），出具鉴定书及检验报告8份，口头答复（说明）1件，现场勘验及技术照相3件，摄像3件。2001年共受理各类刑事技术工作10件，其中司法会计鉴定6件，文检2件，法医学鉴定2件。此外，还办理视听技术1件，其他5件。所受理案件均办结，出具鉴定书10份。

2004年，共协助检察院反渎职侵权部门办理渎职案件1件，反贪案件1件，制作同步录音录像案件1件1人。2007年，完成县检察院局域网、专线网建设；完成反贪、反渎职侵权案件同步录音录像工作7件10人20余次。2008年，完成反贪案件同步录音录像工作4件6人13次。

1993—2008年，共受理各类案件40件，开展刑事技术工作97件，法医鉴定37件，出具鉴定书80份，尸检53件次；完成反贪、反渎职案件同步录音录像工作19件26人47次。

第四章 法 院

第一节 刑事审判

1991年，开展反盗窃、反暴力斗争的严打统一行动，全年共受理各类刑事案件78件149人，审结77件148人，判处10年以上有期徒刑17人，判处5年以上不满10年有期徒刑52人。1994年，针对抢劫、盗窃、强奸等严重犯罪活动突出的特点，及时依法审理宣判，震慑犯罪分子，维护社会治安。

1997年，执行新的刑法和刑事诉讼法，在诉讼程序上要求公诉人和自诉人向法庭提供证据或证人线索、证人名单，并要求证人出庭作证，将庭审制度从之前的法庭纠问式改变为控、辩双方的控辩式，法官指挥法庭审判。1999年，刑事审判工作重点放在严惩各种严重危害社会治安的犯罪，重点打击伤害、杀人、抢劫、强奸等暴力犯罪和毒品、盗窃、拐卖妇女儿童等严重危害社会治安犯罪。

2001年，重点打击黑社会性质犯罪，严重刑事犯罪、毒品犯罪等，开展“严打”整治斗争，依法严惩贪污、挪用公款等犯罪，原县邮政局谭某某因贪污罪和挪用公款罪被判处有期徒刑9年。同年，共受理刑事案件97件，审结95件，审结率为98%。2002年，确定有组织犯罪、带黑社会性质的团伙犯罪和流氓恶势力犯罪，爆炸、杀人、伤害、抢劫和绑架等严重暴力犯罪为“严打”重点，依法从重从快判处。全年召开专项公开宣判大会6次，共宣判27案39人。

2004年，重点打击有组织犯罪、带黑社会性质的团伙犯罪和暴力犯罪，依法严惩贪污、贿赂和挪用公款等职务犯罪。2006年，加大对“两抢一盗”犯罪打击力度，共受理各类刑事案件114件171人，审结率100%。2007年，坚持“教育、感化、挽救”相结合的方针，抓好未成年人犯罪案件审理工作。

2008年，开展“打黑除恶”活动，依法严惩各种严重刑事犯罪，确保社会治安综合稳定。全年共受理各类刑事案件120件166人，审结率为100%。判处10年以上有期徒刑8人，判处10年以下5年以上有期徒刑10人。对未成年人犯罪，依法从轻或减轻处罚，全年共判处未成年人案犯18人。

1991—2008年，共受理刑事案件1631件，审结1628件。

1991—2008年龙里县受理刑事案件情况统计表

表6-13　　单位：件（人）

年份	受理案件数	判实体刑人数	判缓刑人数	判拘役人数
1991	78（149）	129	14	2
1992	72（116）	100	7	1
1993	60（99）	78		3
1994	71（139）	79	13	6
1995	87（164）	104	9	
1996	97（167）	133	14	3
1997	65（112）	80	6	10
1998	67（89）	71	5	7
1999	81（110）	86	4	13
2000	74（117）	96	5	8
2001	97			
2002	106（153）	114	11	23
2003	98（153）	118	5	22
2004	107（156）	112	16	22
2005	111（152）	102	17	
2006	114（171）	120	39	
2007	126（190）	114	47	14
2008	120（166）			
合计	1631			

第二节　民事审判

1991年，民事审判案件类型涉及婚姻家庭、房屋、继承、债务、土地、人身权、赔偿和特别程序等，共受理274件，结案254件，结案率为92.2%。1995年，推行“一步到庭”“一步到位”的民事审判方式，改变之前不查清事实不开庭，背靠背地进行调解等陈旧审判方式，推行公开审判制度，把当事人举证与法院调查收集证据相结合，促进提高审判效率和审判质量。全年共受理各类民事案件804件，审结775件，未结29件，审结率为96.39%。

1996年，改革民事审判方式，简化诉讼程序，提高办案效率，推进公开审判，把民事执法情况置于群众监督之下。1997年，引导当事人当庭举证，把当事人举证和当庭认证、质证有机结合。1999年，民事案件审理注重引导当事人举证，实行审判公开，实施“阳光工程”。2000年，开展“两满意”（争创人民满意的好法院、争当人民满意的好法官）活动，围绕《人民法院五年改革纲要》，推进法院改革。

2001年，针对新修订婚姻法，注重婚姻家庭纠纷案件审理，在审结的143件离婚案件中，判决不准离婚、调解和好57件，占审结离婚案件的40%。2002年4月，民事审判彻底告别“当事人一张嘴，法官跑断腿”的法官调查模式，“谁主张，谁举证”的新型诉讼证据模式转为定型，法官办案彻底转为坐堂办案，指挥庭审，审查证据，裁判中立，依法平等保护当事人的合法权益。2004年，处理两起涉及70余人的农民工报酬纠纷案件，防止群体性事件发生。

2006年，县法院出台《关于加强民事调解工作的若干意见》，在全省率先推行调解前置诉讼新模式，按照“能调则调、当判则判，调判结合、案结事了”原则，调解结案周期在7天左右，快速化解纠纷，方便群众诉讼，提高审判效率。2008年，以审判民间借贷、婚姻家庭和人身损害赔偿等纠纷为主，共受理各类民商事案件698件，审结678件，结案率为97%。

1991—2008年，共受理案件1.01万件，结案9483件，结案率为93.95%。

1991—2008年龙里县民事审判案件情况统计表

表6-14　　单位：件

年份	受理案件数	结案数	结案率
1991	247	254	92.2%
1992	283	251	88.7%
1993	270	253	93.7%
1994	343	328	95.6%
1995	804	775	96.39%
1996	520	487	93.65%
1997	519	499	96.11%
1998	592	576	98%
1999	690	668	96.81%
2000	661	639	96.7%
2001	502	490	97%
2002	970	947	98%
2003	715	692	97%
2004	553	546	98.7%
2005	545	531	97.4%
2006	486	478	98%

续表

年份	受理案件数	结案数	结案率
2007	695	681	98%
2008	698	678	97%
合计	10093	9483	93.95%

第三节 经济审判

1991年，经济审判工作坚持在查明事实、分清责任的基础上合法调解，不断推进审判方式的改革，抓公开审判，促进规范化；抓当事人举证，针对不同类型案件的证据特点，出台《关于审理案件中如何要求当事人举证及审判人员如何鉴别、认定、使用证据的意见》。共受理各类经济案件56件，审结50件。

1993年，成立县人民法院经济纠纷调解中心，改变过去“不告不理”“坐堂办案”为走出法院“找米下锅”，实施全方位服务，发挥经济纠纷调解中心的作用。1995年，重点放在解决企业的矛盾和纠纷，共受理各类经济纠纷案件100件，审结80件。1997年，经济审判工作采取“走出去、请进来”方式，到各厂矿企业宣传讲授法律知识，提供帮助，清理债权债务，开辟案源。

1998年，执行最高人民法院《关于民事经济审判改革问题的若干规定》，严格依法办案，保护公民、法人及其他经济组织合法权益。2000年，共受理各类经济案件119件，审结108件，未结11件，结案率为90.6%，结案标的779.7万余元。至2000年，受理案件1175件，结案1031件，涉案标的较计划超出4087.15万元。此后，经济纠纷标的数量不断增大，案情复杂化，经济审判工作逐步规范化，发挥经济审判职能作用，为经济建设保驾护航。

1991—2000年龙里县经济审判案件情况一览表

表6-15　　单位：件、万元

年份	受理案件数	审结数	审结率	涉诉标的
1991	56	50	89%	
1992	82	77	93.9%	417.92
1993	195	160	80%	560
1994	152	136	89%	300
1995	100	80	80%	
1996	80	73	91.25%	500
1997	101	84	83%	408.6
1998	118	107	91%	562.77
1999	172	156	90.69%	558.16
2000	119	108	90.6%	779.7
合计	1175	1031	87.74%	4087.15

第四节 行政审判

1987年3月，成立县人民法院行政审判庭，参照民事诉讼法程序规定审理案件，共受理行政案件2件，审结2件；受理行政执行案件5件，执结4件，未结1件。1988年，行政法规明确行政机关只能是案件中的被告，突破“民不可告官”的防线。

1990年，分为“先集中培训学习，再动员宣传和受理案件审理”三个阶段，通过集中培训、法律咨询、上法制课、立案审理，宣传颁布的行政诉讼法。1991年，受理案件有所下降，原因是行政执法人员执法中避重就轻，民告官存在顾虑。

1992年，在县土地管理局、城建局、交通运输管理所、物价局、省龙里林场5个单位成立行政执行室。1993年，增设公路征费稽查站、县税务局、县乡镇企业局3个行政执行室，共受理行政案件10件，审结7件，未结3件。

1994年，宣传国家赔偿法，加大对行政申请执行案件力度，举办乡镇领导、政府各行政执法机关人员参加的国家赔偿法和行政诉讼法培训班。1996年，贯彻执行贵州省高级人民法院《关于加强行政审判工作若干问题的决议》，共受理行政案件10件。另受理非诉行政执行案30件，执结28件，移送执行庭2件，标的26万余元。2000年，召开有县“四家班子”和各行政执法部门人员，各乡镇长及司法助理员共80多人参加的全县行政执法和行政审判工作座谈会。当年共受理行政诉讼案件6件，审结6件；受理非诉行政执行案件99件，执结83件，执结标的34.6万余元。2003年，行政审判以审理山林土地确权、工伤、责任认定、行政处罚等为主。

2005年，开展“规范司法行为，促进司法公正”专项整改和以“贵州经济发展滞后，但贵州审判水平不能落后”为主题的审判活动，共受理行政诉讼案件8件，审结8件；受理非诉行政执行案件7件，执结7件，执结标的12万余元。2008年，共受理行政诉讼案件4件，结案4件；受理非诉行政执行案件16件，执结16件，执结标的141万元。

1991—2008年，共受理行政诉讼案件152件，结案136件；共受理非诉行政执行案件501件，执结459件，执结标的277.68万元。

1991—2008年龙里县行政诉讼案件情况统计表

表6-16　　　　单位：件

年份	受理案件数	结案数	结案率
1991	3	2	66.6%
1992	7	3	42.8%
1993	10	7	70%
1994	10	7	70%
1995	8	8	100%
1996	10	8	80%
1997	15	15	100%
1998	11	9	81.8%
1999	11	10	90.9%
2000	6	6	100%
2001	6	6	100%
2002	8	8	100%
2003	6	6	100%
2004	12	12	100%
2005	8	8	100%
2006	5	5	100%
2007	12	12	100%
2008	4	4	100%
合计	152	136	89.47%

第五节 审判监督

1998年，成立县人民法院审判监督庭，立案庭与审判监督庭分权，实行分离制度。共受理再审案件6件并审结；调解处理2件，维持原判决2件；部分维持、部分改判1件，驳回起诉1件。2002年，共审查再审案件3件，二审发回和改判案件14件，共发出催办通知书13份，审结二审发回重审案件2件；全年评查各类案件1254件。2006年，审查申诉案件1件，并予驳回；全年评查各类案件743件。2008年，全年共审结发回重审案件5件，其中民事案件4件、刑事案件1件，审结再审案件4件，结案率为100%；评查各类案件1168件。

县法院落实首问责任制，建立健全来信来访登记制度，规范管理案件，推行申诉、申请再审告知制度，听证制度，重大事项请示报告和案件交办督办制度，增加办案的透明度，使申诉、申请再审的立案审查工作有序开展。1998—2008年，共受理再审案件17件，审结17件，调处4件，改判5件，维持原判2件，驳回起诉1件，撤诉1件；审查再审案件14件，审查二审发回重审和改判案件57件，审结二审和发回重审案件7件；共评查各类案件5702件。

1998—2008年龙里县审判监督情况统计表

表6-17　　　　单位：件

年份	排查案件	再审	审结						
			小计	调解解决	维持原判	部分维持原判部分改判	改判	驳回	撤销
1998		6	6	2	2	1		1	
1999	387	1	1						
2000		7	7	2		1	3		1
2001	946								
2002	1254	19	19				14		
2003	712	20	4				15		
2004	661	15	15				12	3	
2005	535	11	11				9	2	
2006	743	2	2					1	
2007	985								
2008	1168	5	4						

第六节 案件受理

立案庭工作，主要是依法受理由基层人民法院管辖的刑事、民事、经济、行政案件的一审、再审以及行政非诉执行案件的审查和立案，办理告诉、申诉、来信来访和解答法律咨询；对管辖有争议或管辖不明的各类案件，决定受诉法庭受理等。

1991年，龙里县法院实行立审分离制度，杜绝办案中的“人情案”“荷包案”。1994年，开展告申工作制度化、规范化建设，解决群众不知如何告状和告状难的问题。1996年，推行立申分离，建立健全告诉申诉制度，对符合法定立案条件的，依法立案；对不符合立案条件的，做好教育疏导工作，说服息诉或转有关部门处理。重大疑难案件，及时报请院领导审批或经审委会讨论决定。2001年，实行立审、审执、审监分离，建立案件繁简分流制度。2003年，县法院执行统一立案和当日立案移送，实现立案工作制度化和规范化。2006年，县法院加强诉讼指导，实行立案后先行调解制度，减少当事人诉累。

1991—2008年，共审查立案8711件，办理上诉案181件，接待来信4112件，接待来访1.94万人次，法律咨询514人次，法律援助77件，诉讼费减免案件357件45.36万元。

1991—2008年龙里县立案情况统计表

表6-18　　单位：件、次、人、元

年份	立案	办理上诉	接待来信	接待来访	法律咨询	司法援助	减免案件	减免费用
1991	230		266	400				
1992	210		320	400				
1993	235		228	300				
1994	179		540	700				
1995	200		84	560				
1996	350		950					
1997	171		185	316				
1998	436		76	571				
1999	467		70	456				
2000	561		70	613				
2001	528			528				
2002	1397	52	568	8291	148		141	110448
2003	1111	46	304	3086	210		159	32819
2004	836	43	28	162	156		36	43082
2005	788	40	400	475			21	67293
2006			3	845		34		150000
2007			8	1032		43		50000
2008	1012		12	658				
合计	8711	181	4112	19393	514	77	357	453642

第七节　案件执行

1991年，成立龙里县人民法院执行庭。1991年5月，县法院审理案件适时采取诉讼保全和先予执行等措施，对执行难度大，当事人无理阻挠执行的，采取拘留、查封和拍卖等强制手段。1991—1993年，在县养路征费、土管、城建、物价、运管、税务、乡镇企业等部门和龙里林场成立执行室。1997年，执行工作重点是实行当事人举证制度，主张申请人应向法院提供被执行人的财产状况和可供执行条件。全年共受理各类执行案件94件，执结70件，中止执行7件，未执结17件，执结标的170多万元。

1999年，开展“执行年”活动，在县电视台开辟执行宣传专题栏目，报道执行工作动态；在城乡开展执行工作宣传咨询活动，发放资料1万余份；省电视台新闻联播节目报道龙里县法院“执行宣传周活动”情况。是年，为都匀、河南等外地债权人追回贷、借款等10.36万元。2000年，全年受理各类执行案件258件，执结223件；7月，成立全省基层法院第一家执行局——龙里县人民法院执行工作局。2002年，龙里县法院贯彻执行省法院关于执行工作中的中止、委托、评估、拍卖和变卖等规定，执行最高人民法院《关于人民法院执行工作纪律处分办法》规定。2003年，执行省法院、省检察院、省公安厅联合下发的《关于办理拒不执行判决、裁定刑事案件的若干意见》。

2005年，开展“规范执行行为，促进执行公正”活动，建立健全《执行工作办案规范制度》《被执行人据实财产申报制度》《执行权登记制度》《执行款物保管、兑现制度》《卷宗管理和归档制度》《监督制约机制制度》《岗位目标责任制和责任追究制度》。全年共受理执行案件138件，执结121件，执结标的163万元，执结率为88%。2006年，贯彻执行中央政法委《关于切实解决人民法院执行难问题的通知》，清理历年来的中止执行案件95件，均全部执结。2008年，全年共受理各类执行案件217件，执行涉案标的金额为1156万元，执结199件，执结率为92%，执结标的金额1058万元；共查封扣押被执行人财产21件，强制冻结划拨被执行人款项39件，拍卖被执行人财产19件，拘留被执行人3人。

1991—2008年，共受理执行案件2413件，执结2279件，执结标的6295.97万元。

1992—2008年龙里县案件执行情况统计表

表6-19　　单位：件、万元

年份	受理案件数	执结案件数	执结标的
1992		51	119.34
1993	48	54	20
1994	35	28	
1995	63	37	
1996	62	58	50
1997	94	70	170
1998	149	122	278.75
1999	361	287	672
2000	258	223	
2001		60	100
2002	203	177	924.11
2003	290	269	638.44
2004	156	143	451.69
2005	138	121	163
2006	147	138+95（清理往年）	550.64
2007	172	157	1100
2008	217	199	1058
合计	2413	2279	6295.97

第八节　错案赔偿

1990年10月起，按《中华人民共和国行政诉讼法》进行行政赔偿。1995年1月起，按《中华人民共和国国家赔偿法》实行行政赔偿和刑事赔偿。

1995年国家赔偿法颁布后，县法院于2006年受理原龙里县公安局哪嗙乡派出所干警毛某某徇私枉法案，同年4月作出刑事判决，以徇私枉法罪判处被告毛某某有期徒刑1年。被告人不服提出上诉，中级法院以事实不清、证据不足，发回重审，县法院审理维持原判。被告人又不服再提起上诉，经黔南州中级人民法院审理，宣告上诉人无罪。毛某某申请国家赔偿，经中级人民法院国家赔偿委员会审理并作出予以赔偿决定。2009年4月，毛某某得到县法院司法赔偿1.44万元。此后，县法院把案件质量、效率纳入单位、部门、个人目标责任管理，从承办人员到庭长、分管副院长、审判委员会，层层落实，建立健全一系列办案责任制和错案追究责任制。

第九节　司法警察

1994年，龙里县法警队成立，为县法院内设机构，其工作主要是负责司法警察警务工作，承担警卫法庭、提押人犯、送达法律文书、执行死刑任务，配合有关审判庭和执行庭的执行事项等。1997年，县法院完善司法警察各项规章制度，规范执行死刑、押解犯人、站庭、值庭、执行、送达各类法律文书、机关保卫、枪支管理等各项工作。同年，承办全州法院司法警察业务培训会，在全州法院系统开启由司法警察执行死刑先河。2004年，协助中院对故意杀人犯唐恒兵执行死刑。

2002年，龙里县法院法警队队长周汉方被评为全省法院“人民满意的司法警察”；副队长辜夜明在全省法警集训中分别获理论考试、队列、射击三项优秀，被县法院通报嘉奖；法警队立集体“三等功”1次。2005年，县法院法警队队长周汉方被最高人民法院评为“全国司法警察工作先进个人”。

1995—2008年，共值庭1249件，提押人犯1882人，送达法律文书2816份，协助出勤794次，参加公审公办23场次，执行死刑49人次。

第五章　司法行政

第一节　普法教育

一、“二五”普法（1991—1995年）

1991年，成立县法制宣传教育领导小组，下设办公室在县司法局。县、乡两级分别成立由党政“一把手”负责的依法治县、依法治乡工作领导小组和及其办公室。“二五”普法，主要是对全县公民进行宪法、行政诉讼法、民族区域自治法、义务教育法、集会游行示威法、国旗法、国徽法、婚姻法、矿产资源法、残疾人保障法、著作权法和全国人大常委会关于禁毒及惩治走私、制作、贩卖、传播淫秽物品犯罪的法规教育。各行业系统根据自身需要，重点学习与工作有关的法律知识；各级党政机关学习组织法、选举法、保密法和廉政建设方面的法律法规；中小学结合思想品德课程开展法制观念及宪法等基本法律知识的教育。是年，出动宣传车16台次，受教育5.95万人次；法制宣讲报告12次，受教育8.98万人次；活动宣传展15次，受教育1.25万人次。

1992年，县委、县政府批转县委宣传部、县司法局《关于开展法制宣传教育的第二个五年规划的请示》，县人大常委会作出《关于开展法制宣传教育的第二个五年规划的决议》。“二五”普法期间，全县投入普法经费4.34万元，在乡、村举办培训班290期，培训宣传员4130人；组织专业法律、法规考试1次，60个单位1006人参加，其中科局以上领导干部800余人。县直相关部门开展与自身有关法律法规知识培训，如县国税局连续5年学习宣传税法，共举办学习班4期，培训630人。

二、“三五”普法（1996—2000年）

1996年，县委、县政府批转《龙里县“三五”普法规划》。1997年初，确定龙里中学、县地税局、县水泥厂和麻芝乡新民村为“三五”普法试点单位。1998年，县委出台《关于开展依法治县的决定》，县人大作出《关于开展依法治县的决议》，县政府印发《关于开展依法治县的实施意见》，9月成立以县委书记为组长的县依法治县领导小组，下设办公室在司法局。1999年底，各乡镇相继成立依法治乡镇领导小组及其办公室，县乡两级领导小组成员达235人。

“三五”普法期间，共投入经费10.7万元，在全县中小学进行法制教育；培训乡村干部共6283人次，培训内容有民法通则、村民委员会组织法、婚姻登记条例、土地法、森林法、预防未成年人犯罪法、民事诉讼法、行政诉讼法和国家赔偿法等法律法规；发放“三五”普法必读教材《社会主义法制建设基本知识》1400余册、《依法治国论》400余册、《法律法规选编》1.5万册。

三、“四五”普法（2001—2005年）

2001年，县委批转《关于在全县深入开展法制宣传教育和依法治理工作第四个五年规划》，出台《关于加强中小学法制教育工作的意见》《关于进一步加强青少年学生法制教育工作的意见》和《关于组织全县干部学习〈行政许可法〉的实施意见》等文件，调整充实普法依法治县领导小组。以县工商局、供电局、城关二小、谷脚镇和龙山镇大冲村为普法工作试点，逐步向全县机关、乡镇和村推开。每年进行干部职工学法用法考试，把考试成绩作为年终考核、任职和晋级依据之一；坚持在中学、完小聘请法制副校长制度，定期到校开展2次以上的法制讲座或报告。“四五”普法期间，共投入经费10.5万元，组织学法用法考试共2.5万多人次。

四、“五五”普法（2006—2010年）

2006年4月，县委、县政府批转《龙里县“五五”普法规划》，转发中宣部、司法部、全国普法办《关于开展“法律六进”活动的通知》，全县全面开展“法律六进”活动。8月8日，开通“龙里法治网”，开设咨询留言等栏目，为网民提供服务。11月，龙山镇大冲村群众依法罢免村委会主任。

2007年，县政府出台《龙里县行政机关及工作人员行政过错责任追究暂行办法》《龙里县政务公开工作考核暂行办法》和《龙里县政务公开责任追究实施办法（试行）》等规范性文件，推进全县依法行政工作。同时，对33名领导干部进行任前法律考试；组织全县公务员集中学习公务员法，举办5期脱产培训班，共培训公务员1239名。12月，组织宣讲团到各乡镇、村、社区和企业单位，宣讲十七大精神和社会主义法制理念。开展一系列“法律六进”活动，为经济建设和社会发展营造法制环境。

“五五”普法以后，不断创新普法形式，开展上法制课、开设讲座、办培训学习班、制作播放专题片、建设龙里法制网、转发手机短信、举办知识竞赛、考试评分和文艺演出等活动，推进普法工作。

龙里县普法经费投入情况统计表

表6-20

时 限	投入经费（万元）	备 注
“二五”普法期间	4.34	县财政拨款0.9万元，乡镇筹集1.92万元，县司法局筹集1.52万元
“三五”普法期间	10.7	县财政按每年每人0.1元拨付，并纳入预算
“四五”普法期间	10.5	县财政按每年每人0.1元拨付，并纳入预算
“五五”普法期间（2006—2008年）	12.8	2006年追加至4.8万元，2007、2008年各4万元，达到0.2元/年·人

第二节 律师事务

律师事务所由国家出资设立，人员工资由财政全额拨付。主要接受公民、法人和其他组织的聘请，担任法律顾问；接受民事案件、行政案件当事人的委托，担任代理人，参加诉讼；接受刑事案件犯罪嫌疑人的聘请，为其提供法律咨询，代理申诉、控告和申请取保候审；接受犯罪嫌疑人、被告人的委托或人民法院的指定，担任辩护人；接受自诉人、公诉案件被害人或其近亲属的委托，担任代理人，参加诉讼；代理各类诉讼案件的申诉；接受当事人的委托，参加调解仲裁活动；接受非诉讼法律事务当事人的委托，提供法律服务；解答有关法律咨询，代写诉讼文书和有关法律事务的其他文书。

1991年以后，律师事务所工作重点转向代理经济民事诉讼，执行《案件审批制度》《错案追究制度》，建立法律服务跟踪卡，为企事业单位和个人担任常年法律顾问，直接为经济建设提供法律服务。1991—2008年，共为313家企业、事业、机关单位担任常年法律顾问，挽回经济损失210余万元；共办理刑事案件412件、民事案件1363件、行政案件61件；代理劳动争议3件、非诉讼法律事务54件，解答法律咨询上千人次。

第三节　公证事务

1991—1992年，共办理公证161件，经济公证涉及金额1560万元，接待人民来访406人次。1992年后，公证从自愿原则转入必须原则，公证工作拓展到机关、企事业单位、学校及广大农村，公证类别由一般借贷向房屋出售、教师民转公、烤烟种植、计划生育、股份合同和非耕地拍卖等方面延伸。

1999年，办理烤烟公证7689件，同年为改制中的县水泥厂和县建筑社217名职工进行股份合同公证。2000年，办理计生公证1万件。2003年，开办邮寄业务公证。2008年，为县经贸局与县建筑公司17户无房户安置协议办理公证。

1991—2008年龙里县办理公证事务（律师、公证服务）情况统计表

表6-21

项目数量（件） 时间（年）	应聘担任法律顾问（人）	民事、经济代理（件）	行政诉讼代理（件）	刑事辩护（件）	代写法律文书（件）	公证事务（件）
1991	6			35	101	102
1992	7		3	22	76	59
1993	4	31		11	89	71
1994	6	30	1	28	65	201
1995	8	66	7	58	68	248
1996	29	106	3	20	106	325
1997	30	127	3	21	104	331
1998	30	106	12	14	68	5098
1999	26	110	4	10	24	7984
2000	26	120	2	14	92	10266
2001	29			20	30	1247
2002	30	92	2	23	24	356
2003	28	80	6	31	30	131
2004	28	132	9	22	26	175
2005	12	107	5	21	15	216
2006	14	106	4	23	56	1747
2007		79		23		198
2008		77		16		136
总计	313	1363	61	412	974	28791

第四节 人民调解

人民调解委员会是村民委员会和居民委员会下设的调节民间纠纷的群众性组织，在基层政府和基层法院指导下进行工作。具体指导工作由乡镇政府司法助理员负责。人民调解委员会委员除由村民委员会和居民委员会成员兼任的以外，由群众选举产生，每3年改选1次，可连选连任。人民调解委员会主要调解民间纠纷，防止纠纷激化；通过调解工作宣传国家法律、法规、规章和政策，教育公民遵纪守法，尊重社会公德，预防民间纠纷发生；向村民委员会、居民委员会、所在单位和基层政府反映民间纠纷和调解工作的情况。

1991年，全县有调解委员会174个，每个调委会由3～7人组成，共有调解人员1100多人，形成乡、村调解网络。1996—2000年，共调处民间纠纷1.83万件，调解成功率97.4%，平均每年调解3660件。2001年，全县各乡镇成立司法调解中心，在羊场、洗马两镇建立调解庭。2003年3月，成立县人民调解工作指导小组，对村（居）人民调解组织进行调整，时有调解委员会170个，人民调解员566人；配发170枚村（居）调委会印章，印发培训资料600多份。2005年春季，全县共调处民间纠纷386件，调解成功359件。2006年2月，启动县调解人员职业化、专业化培训，每调解成功1件奖励10～20元。

2008年，培训人民调解员14期774人次，完成民间纠纷排查调处774件，调解成功758件，调解成功率97.9%以上；专项治理28次，防止群众集体上访9件87人次，防止纠纷激化13件16人次，防止民间纠纷转化为刑事案件3件。

第五节 帮教服务

一、安置帮教

安置帮教的对象，主要是刑满释放5年或者解除劳教3年之内，没有生活出路和有重新犯罪倾向的人员。1999年，成立县刑释解教人员安置帮教协调领导小组，下设办公室在县司法局。同年，全县各乡镇均成立刑释解教人员安置帮教协调小组，当年安置刑释解教人员5名。2003年，全县建有解教机构16个，成员146人，共安置帮教人员78人。2008年5月，成立县刑释解教人员安置帮教工作领导小组，组长由县司法局局长兼任。2004—2008年，全县共安置刑释解教人员259人。

二、基层法律服务

1993年，在龙山、羊场、谷脚、猫场4个镇建立法律服务所。1997年11月，全县14个乡镇都建立司法所和法律服务所，并全部实行“两块牌子，一班人员”的模式“挂牌办公”。司法所长由乡镇政法委书记兼任，专职工作人员为各乡镇司法助理员。2002年，乡镇配备正、副所长8名。到2004年，各乡镇配齐司法所所长。2008年，建成摆省、湾寨、草原、谷龙、哪嗙、麻芝、醒狮、洗马、巴江和羊场10个乡镇10所司法所办公楼。

1993—2008年，乡镇法律服务所共代理民事诉讼164件，代写法律文书192件，办理非诉讼事项30件，担任常年法律顾问30家，协办公证14件，专项治理36次，防止群众上访17件380人。

三、法律援助

1999年8月，成立县法律援助中心，同年成立“148”法律服务专线指挥协调中心，开通“148”法律服务专线，无偿为当事人提供法律服务。2001年8月，贵州省法律援助中心明确县法律援助中心为接受亚洲基金会法律援助专项试点单位之一。2003年，县妇联、工会、团委、老龄委及各乡镇建立法律援助工作站。2004年，按照“四统一”原则严格收案，规范法律援助管理机制。2006年，成立法律援助专款专用监督管理领导小组，规范法律援助管理，使弱势群体能切实得到优质、快捷的法律援助。

1999—2008年，共办理各类法律援助案件248件，解答咨询1228人次。

第六章　军　事

第一节　军事机构

一、县人民武装部

1987年1月，县人民武装部改归地方建制。1996年6月，收归军队建制，改为中国人民解放军贵州省龙里县人民武装部，隶属都匀军分区与地方党委双重领导。武装部下设军事、政工、后勤3个科，工作上接受上级军事机关和同级地方党委、人民政府的双重领导，县委书记兼任人武部党委第一书记，武装部政委任县委常委，部长参加县人民政府常务办公会议。2004年6月，武装部缩编，配备部长、政委、副部长兼军事科长，内设军事科、政工科和后勤科。

1991—2008年龙里县人民武装部（兵役局）领导人员名录

表6-22

职　务	姓　名	籍贯	任职时间
第一书记	金国泰	贵州	1986.6—1996.4
	王臣礼	贵州	1996.4—1996.9
	黄大熙	贵州	1996.10—1998.6
	陈玉兴	贵州	1998.7—2003.8
	刁玉跃	贵州	2003.9—2006.11
	吴　俊	贵州	2006.11—
部长	杨光廷	贵州	1992.8—1999.5
	吴斌模	贵州	1999.6—2000.12
	曹志昂	贵州	2000.4—2002.5
	柳云贵	贵州	2002.6—2004.3
	孙　海	贵州	2004.3—
政委	李大才	贵州	1986—1996.6
	张志华	贵州	1996.6—2001.5
	龙怀宪	贵州	2001.5—2004.3
	徐本权	贵州	2004.3—2005.4
	余品烈	贵州	2005.4—2007.3
	傅贤能	贵州	2007.3—
副部长	陈锡学	贵州	1986.5—1992.2
	罗康雄	贵州	1998.5—2001.5
副部长	柳云贵	贵州	2001.5—2002.6
	程胜刚	贵州	2002.4—2005.4
	代昌军	贵州	2005.4—2007.6
	朱　军	贵州	2007.6—

二、乡镇人民武装部

1991年，全县乡镇人民武装部29个。武装部受同级人民政府和县人民武装部领导。明确乡镇人民武装部部长为乡镇领导成员之一，一般应参加同级党委。1992年建镇并乡撤区后，全县14个乡镇重新建立人民武装部，配部长、干事各1人，仍属地方编制。

1993年，基层武装部正规化建设，仍未落实经费和办公地点。1994年，开展乡镇武装部硬软件达标活动，组织武装部长培训，全县乡镇统一标准、统一制图、统一职责印制和统一上墙规格等；同时，落实工作经费、办公地点和有关办公设施等。当年，麻芝乡、水场乡、猫场镇、哪嗙乡和3537工厂达标。1999年1月，14个乡镇全部达标。

2004年，11个乡镇武装部部长进入同级党委。2007年9月，对乡镇武装部建设、专武干部队伍建设和民兵组织建设等作出明确规定，属一类乡镇的龙山镇、谷脚镇、洗马镇、醒狮镇、哪嗙乡和草原乡武装部统配部长各1人、干事各1人；属二类乡镇的三元镇、羊场镇、湾寨乡、谷龙乡、水场乡、麻芝乡、摆省乡和巴江乡武装部统配部长各1人。是年11月13日，组织完成军分区基层武装部正规化建设在麻芝乡武装部试点规范工作。

第二节　驻　军

一、武警龙里县中队

1991年以后，县武警中队学习贯彻中共中央、中央军委、武警总部和上级主管部门的指示命令，参加地方社会经济建设，立足本职岗位，多次组织参与抓捕罪犯活动。1991年，协助龙里县公安局成功破获1949年以来贵州省第一大毒品案，缴获海洛因37.9公斤。2001年6月，出动兵力151人次抗洪救灾，解救和转移群众230余人，挽回经济损失300余万元。1989—2009年连续20年被武警总部评为“后勤工作先进单位”，1990—2009年连续19年被武警总部评为“基层建设先进单位”，1995—1998年连续4年被省委、省政府评为文明单位，2001年和2007年被武警总部评为“农副业生产先进单位”，2004年、2007年和2008年分别被黔南州支队评为正规化执勤一级中队。1991年，中队长郭怀礼代表贵州总队出席武警部队首届“双先会”；2001年，高新征参加驻地抗洪抢险立三等功；2008年，梁伦丰参加抗凝冻救灾立三等功。

二、武警龙里县消防大队

1979年4月，县公安局设消防股，1983年1月改为现役军人编制；1984年9月扩编为消防科，隶属黔南消防支队和县公安局双重领导。1997年成立龙里县公安消防大队。2001年，省消防总队补助15万元，州、县财政补助14万元，在正大公司侧、三林路斜对面修建营房，占地4亩，共4层，建筑面积690平方米。2008年，县政府划拨土地32亩，投入700多万元在龙山镇九条龙新建大、中队营房，营房面积4600多平方米，大队配备6台消防车，其中：1台为12吨的水罐泡沫消防车，1台为32米登高平台消防车。2006—2008年共接警出动8起，出动车辆10辆、警力39人，抢救被困人员2人，抢救财产价值12万元。

三、预备役部队

1999年8月12日，县委、县政府和县人武部受省军区、都匀军分区委托，为原都匀陆军预备役师贵定炮团龙里县的72名预备役军官，颁发荣誉证书，退出预备役部队。2006年，龙里县按黔南州委、州政府和都匀军分区命令，在龙山镇、麻芝乡、谷脚镇、水场乡和草原乡组建贵州陆军预师步兵二团炮兵营100炮连、85加农炮连。

第三节　兵　役

一、兵役制度

1991年至1998年12月，实行以义务兵役制为主体的义务兵与志愿兵相结合、民兵与预备役相结合的兵役制度。1998年12月29日，执行新修订的《中华人民共和国兵役法》，每年12月31日以前，年满18～22岁的男性公民，应征服役、女性公民根据军队需要征集服现役，军事院校可在青年学生中招收学员。

兵役分为现役和预备役，参加中国人民解放军或中国人民武装警察部队服现役，编入民兵组织、预备役部队或经过预备役登记的为服预备役。现役规定：陆军3年、空军4年、海军5年。服现役期满，根据军队需要和本人自愿，可以超期服役，期限为：陆军1～2年，海军、空军1年。超期服役满5年，已成为专业技术骨干的义务兵，经师以上机关批准改为志愿兵。志愿兵服现役期限，从改志愿兵之日起，8～12年，年龄不超过35岁。1998年12月，志愿兵开始采取分期服役方式，志愿兵服满一期现役，再根据部队需要和本人自愿，确定是否入下一期服役。志愿兵的服役期，从改为志愿兵之日算起，至少3年，一般不超过30年，年龄不超过55岁。

二、预备役登记

（一）退伍军人预备役登记 1991—1998年，每年7月1日至9月30日，县武装部组织基层武装部对上年底退伍回乡士兵，进行服士兵预备役的填卡、造册、登记并服一类预备役，年满29岁者办理转服二类预备役，年龄超过35岁者办理退出预备役，迁出、病残、死亡和犯罪者注销。将服一类预备役者编入基干民兵组织，将服二类预备役者编入普通民兵组织。1999年起，士兵退出现役时，符合预备役条件者，由所在部队确定服士兵预备役，并在回到龙里县境后30天内，到县武装部办理预备役登记手续，服一类预备役至35岁退出预备役。至2008年9月30日，全县适龄青年均进行兵役登记。

（二）转业军官预备役登记 1992年7月，县武装部开始对境内转业军人、复原军官进行预备役登记，颁发《预备役军官证明书》。1995年，按照预备役军官法规定，对符合预备役军官条件的转业干部、人武专武干部、地方党政干部和民兵干部进行登记。由于预备役人员流动大、去向多、分布广及难集中，造成登记难、核对难，为民兵基层建设带来困难。

三、兵员征集

1991年以后，每逢年度征兵工作，均调整县征兵工作领导小组，县长任组长，相关部门负责人为成员，征兵领导小组办公室设在县人民武装部军事科，下设宣传、体检、政审、优抚、后勤保障等组。均组织召开年度征兵工作会议，总结上年度征兵情况和表彰征兵工作先进单位，宣读本年度县人民政府和武装部征兵命令，明确征集对象、范围、条件、时间、办法、规定、纪律和要求，安排部署征兵工作任务，按征兵准备、宣传动员、体格检查、政治审查、兵员审定和接送新兵六个阶段进行。县长、县武装部部长分别与县卫生局、县公安局和各乡镇乡镇长、武装部长签订年度“征兵工作责任书”，确保年度征兵工作任务的完成。

1992年，开展征兵工作“三化一廉（法律化、制度化、规范化、廉政建设）”建设。1996年，落实“谁签字、谁负责”的征兵工作责任制，严把政审、文化、户口和体检关，确保兵员质量，同时坚持征接兵工作“八不准”“十不准”和“八公开”。

1997—1998年，从公安、监察等部门抽员组成征兵办公室，执行征兵工作规定，严格标准，严把“三关”。1997年，龙里县人武部被州征兵办评为“征兵工作先进单位”。1999年，完善征兵工作责任制，宣传修改后的兵役法，内容涉及应征青年的政治、身体、文化条件和征集办法，士兵服役年限、转改士官条件及退伍安置等。是年，龙里县入伍人员仍服现役的有师职1人、团职8人，转业、退伍后任正副局级干部46人、经济建设骨干3人。2000年以后，实施义务兵役制，每年征兵期间，适龄青年踊跃报名应征，兵员任务年年如数完成。2001年，龙里县人武部被州评为“征兵工作先进单位”。

第四节 民 兵

一、民兵组织

根据《贵州省县级民兵预备役应急分队建设暂行规定》的要求，按条件和标准，把应急分队建成以中心城镇为核心，以大中型企业为依托，多发案地区为重点，便于指挥和快捷执行紧急任务的组织网络。

1991年，全县有基干民兵连25个，排74个，班215个，基干民兵2195人，普通民兵1.34万人。1996年，贯彻“减少数量、提高质量、布局合理”的方针，基干民兵连14个，排37个，班108个。基干民兵1200人，普通民兵1.33万人。服预备役退伍军人631人。确定预征对象232人。

1998年，基干民兵连7个，排7个，班82个。基干民兵750人，普通民兵1.01万人。组建应急分队50人。兵役登记2093人，颁发兵役征2035人。退伍军人核对582人（其中当年登记48人），预备役调整出队35人（干部6人、士兵29人）。

1998年10月，兵役法规定：乡、民族乡、镇和企业事业单位建立民兵组织。凡18～35岁符合服兵役条件的男性公民，除应征服现役的以外，编入民兵组织服预备役。民兵干部的年龄可以适当放宽。不建立民兵组织的单位，按照规定对符合服兵役条件的男性公民，进行预备役登记。民兵分为基干民兵和普通民兵。28岁以下的退出现役的士兵和经过军事训练的人员，以及选定参加军事训练的人员，编为基干民兵；其余18～35岁符合服兵役条件的男性公民，编为普通民兵。根据需要，吸收女性公民参加基干民兵。少数民族地区和城市有特殊情况的单位，基干民兵的年龄可以适当放宽。

1999年，基干民兵连7个、排7个，基干民兵600人，普通民兵9.51万人。按照“五统一”和拉得出、用得上和起作用的要求，编成应急分队连1个150人（龙山镇、谷脚镇、麻芝乡），专业技术分队2个连3个排共224人（高机连70人，82迫击炮连70人；高机排28人，重机排28人，60炮排28人）。兵役登记2031人，退伍军人登记64人。

2000年，基干民兵连7个、排6个，基干民兵600人，专业分队224人，应急分队150人。普通民兵连164个9512人。2005年，基干民兵连7个、排6个，基干民兵550人，普通民兵连164个1.25万人。2007年，民兵总人数1.23万人，编基干民兵16个连、3个排，共800人（含民兵应急分队125人、专业技术分队60人、防化分队74人）；编普通民兵159个连共1.15万人。2008年，成立龙里县民兵应急常备分队。

二、民兵训练

开展民兵军事训练，对民兵进行军事理论和作战技能培训。1991—1997年，突出重点，分解难点，保证训练任务落实；建章立制，实施规范化训练，提高训练质量；落实基地化训练，改善训练条件。

1991年，开展铁路护路民兵勤务训练。同时，为迎接全省民兵军事比武选拔尖子，组织代表队，按内容要求进行强化训练。县拨训练经费2万元。1992—1993年，根据《民兵规范化训练若干规定》，按照《民兵军事训练大纲》，严格管理教育，严密组织实施，以质量为核心，开展军事训练“四落实（组织、人员、内容、措施）”，完成基干民兵训练任务，训练应急分队120人、护路民兵120人。

1994年，民兵训练围绕打赢高技术条件局部战争，以提高训练质量入手，从难从严要求，建立规范化训练秩序，完成训练基干民兵90人、应急分队120人、护路民兵120人的任务。1998年，按“训用一致”原则，训练对象为专业技术分队和基干民兵连排长，重在提高军事技能，组织指挥整体作战，应付突发事件，使用武器和掌握基本军事技能。6月，对60名基干民兵军事训练15天，内容涉及队列、射击、投弹、战术等；专武干部8名由分区集训；应急分队50名训练15天，内容涉及队列、射击、投弹、擒敌和盾棍术应用。为此，人武部从武警部队购买头盔、警棍及盾牌50套。

1999年，训练民兵干部7人、基干民兵58人、应急分队50人、护路民兵6人和专武干部9人；派送8人参加都匀分区民兵应急分队尖子军事竞赛，取得分区组织竞赛“军事高科技知识”第二名；专干集训考核，取得全区第二名。

2000年，坚持“高举旗帜，讲政治；严明纪律，保畅通；深化改革，促发展；狠抓落实，求质量”方针，以“打赢”为目标，抓“四落实”。训练人（专）武干部10人、应急分队150人（其中专业分队100人）、护路民兵6人、民兵干部7人、基干民兵50人。民兵干部以队列、射击、军事地形学、动员工作业务及组织指挥为主；应急分队以队列、政策法规、战备常识、警棍盾牌术、射击、单兵战术和应用训练为主；通信分队学习常用军语、战备常识、战术基础、通信保密、识图用图、装备器材（有线电通信、电话转接、电台使用、被复线架设）等。

2001—2004年，民兵军事训练按纲施训，总训467人，其中：民兵干部21人，应急分队446人。2008年，县武装部组织开展为期10天和12天的两次军事训练，科目有政治思想与国防知识教育、单个军人徒手队列动作、单兵战术、警盾术、枪械基本常识和56式冲锋枪实弹射击等，重点进行应急维稳、突发事件处置演练。应训174人，实训172人。所训科目队列考核172人，优秀43人、良好54人、及格25人，及格率100%，优良率56.4%，总评成绩优秀；56式冲锋枪实弹射击考核172人，优秀27人、良好51人、及格74人，及格率88.4%，优良率45.3%，总评成绩良好。

三、民兵作用发挥

1997年1月，组织县民兵应急分队40人参加县公捕公判大会，到刑场执行警戒任务。是年，在“平安工程”创建中组织民兵预备役人员协助公安破案164起，摧毁犯罪团伙36个（成员209人），抓获各类违法犯罪人员423人。

1998年，在县综治达标和平安工程活动中，县人武部被县评为“模范单位”。1999年，组织民兵配合公安破案、追捕逃犯和打击贩毒、偷牛盗马及盗抢机动车辆违法犯罪等行动，出动民兵450人次，协助破案65起，清查涉毒人员228名，抓获毒犯分子39名，缴获海洛因190克，铲除罂粟2400余株，追回被盗耕牛27头、马35匹。

2001年，组织民兵打击各种违法犯罪活动20余次。春节期间，组织民主乡、摆省乡、羊场镇、湾寨乡和谷脚镇150名民兵护乡护寨。组织县民兵应急分队，配合政府协调处理金龙铁厂下岗工人以生活无着落为由上访问题。2003年11月，举办首届中国贵州龙里苗医药文化博览会期间，组织现役和民兵应急分队60余人，配合公安开展维护会场秩序和安全保卫工作。

2003年1月，开展打击入室盗窃、抢夺机动车辆和偷牛盗马专项行动，摧毁3个犯罪团伙，抓获犯罪嫌疑人7人。3月20日，在开展“打零包、端窝点”专项行动中，在龙山镇西关坡捣毁贩毒窝点1个，抓获贩毒嫌疑人4名，缴获零包毒品海洛因26包、地西泮注射液12支、曲马多14粒、三唑仑2粒及部分“打包”工具。是年，协助公安破获严重刑事案件16起，抓获各类犯罪人员114人，缴获汽车、摩托车、家电及牛马等赃物价值30万元。

1995年，县人武部在谷脚镇观音村三道河建杜仲基地245亩。1997年，龙山镇武装部自筹资金19万元，独办建筑公司、预制厂和酒厂3家企业。3家企业年产值330万元，上缴利润22.5万元，就业460人，人均纯收入5000多元，有固定资产127万元。投资6万元，挂靠县木材加工厂，年产值3万元，上缴利润0.5万元，就业4人，人均纯收入6000多元，有固定资产3万元。引资26万元，联办武装加油站，年产值100万元，上缴利润1.5万元，就业6人，人均收入5000多元。

第五节 拥政爱民

1990年12月21—23日，组织民兵参加对856次货运列车脱轨车厢与2041次货运列车相撞抢险，挽回巨大经济损失。

1991年后，县武装部部长（或政委）任县委委员、常委，分工联系乡镇工作，参加县政府常务办公会议。1997年，县人武部为谷龙乡联系点捐款2500元，送化肥2吨、衣物25件。是年，龙山镇武装部为县“希望工程”投入资金3.4万元。1998年，指导挂钩点谷龙乡油菜育苗移栽工作获评全县一等奖。2000年，在“扶贫救困送温暖”活动中，人武部捐款1752元，捐物价值5520元。2001年，在谷龙村指导产业结构调整，建500余亩经果林基地，500余亩大蒜和花椒基地。是年，在“希望工程”活动中，为莲花和大新小学12名失学儿童捐款3200元；在谷龙乡大谷龙和小谷龙村，先后扶助17名贫困儿童入学；主动捐款1000元，协调贷款3000元，帮助1名被贵州大学录取的特困生入学。

2002年，协调资金130万元，按照“公司+基地+农户”模式，在挂钩点谷龙乡建民兵以劳养武和草养奶牛示范基地，修建牛圈1500平方米、氨化池500平方米、水池200平方米，修引水渠1.5千米，连片退耕种草1000亩，购奶牛60头，并投入资金60万元。2004年11月，转让该示范基地，收入30万元。

2003年，投入抗“非典”工作，发放“非典”知识读本1.2万册、《传染性非典型肺炎防治管理办法》宣传资料2000份，展出挂图3200幅。2004年，扶助谷龙乡10个贫困家庭，并于“母亲节”送去化肥和种子。协调1万元资金帮助小坝村硬化村寨道路；资助10名贫困学生重返学校。是年，组织水场乡民兵种植蔬菜1000亩，建成“千亩蔬菜基地”，实现群众收入翻番。11月，中央电视七台西部频道对此宣传报道。

2005年4月，组织民兵36人投工投劳1000余个，完成“醒狮镇民兵养殖以劳养武示范基地”建设。是年，组织106名民兵到省扶贫培训中心培训后，96名被安排到沿海就业。2008年1月，组织民兵预备役人员参加“抗凝救灾大行动”。在抗凝救灾中，县人武部被成都军区评为“抗灾救灾先进单位”，政委被成都军区表彰为先进个人，部长被贵州省军区表彰为先进个人，后勤科助理员敬强立三等功，后勤科科长王泽勇、正营职干事田兴富、职工张保龙、麻芝乡专武干部部长袁建明、醒狮镇专武干部部长王云、麻芝乡民兵韦克福和醒狮镇民兵王永勇得到都匀军分区表彰。

第六节 国防教育

1992年以后，龙里县建立国防教育机构，开展系列讲座，与媒体单位联办节目活动，党校、中小学校开设国防教育课，创办活动基地，抓“国防教育月”活动等。以《爱国主义教育实施细则》《国防教育普及读本》为素材，开展对干部、学生及民兵、预备役人员的国防教育。结合征兵工作，进行兵役法、征兵工作条例、征兵工作实施纲要及优抚、优待政策的宣传教育。其中，1994年张贴标语口号1040幅，有线广播14次，出墙报、黑板报8期，电视转播教育节目2次。全县中小学把国防教育纳入工作计划，明确教育辅导员，根据《小学、初中国防教育纲要》，对师生进行教育，组织参加演讲及知识竞赛等活动。

1999年，组织参加国防知识竞赛、全军通信指挥自动化新技术知识竞赛和兵役法有奖知识竞赛，寄出答题卷（卡）615份。湾寨乡开展机关干部及普通民兵连长150人的队列操练、54式手枪和65式半自动步枪实弹射击活动；征兵期间，利用广播、宣传资料、标语、横幅等广泛宣传，散发《征兵工作宣传提纲》1200余份。

2001年后，开展国防法和兵役法宣传活动，以及全民教育日（9月21日）活动。2004年，龙里县按标准把学生训练费和国防教育经费纳入财政预算，当年完成龙里一中和职业中学1100名学生军事训练。此后，每年对龙里一中高一年级学生进行为期1周的军事训练。

第七节 人民防空

人民防空实行长期准备、重点建设和平战结合的方针，贯彻与经济建设协调发展及与城市建设相结合的原则。2001年8月31日，省政府将龙里县列为16个省级人民防空重点城市之一，防护类别按照国家三类人防重点城市防护标准执行。人民防空工程包括为保障战时人员与物资掩蔽、人民防空指挥及医疗救护等而单独修建的地下防护建筑，以及结合地面建筑修建的战时可用于防空的地下室。

一、防空组织

2002年1月18日，明确县人民防空办公室为县政府办内设股级机构，设主任1名。县人防办为县城乡规划委员会组成部门，通过参加城规委会议从项目规划源头把住人防工程建设关。县分管领导组织召开联席会议，规范项目审批流程，形成关口前置、链式作业、部门配合、报建联审和共同把关的建设审核机制。人防办坚持日常检查与重点抽查，对全县早期和在建人防工程进行检查。全程参与在建防空地下室等项目建设，加强质量监督管理。如工程技术交底，项目施工中的底板、墙体、顶板的质量把关等，落实跟踪检查和质量验收，做好记录和签字存档。制定执行请示报告、教育训练、战备值班、联席会议、信息公开等制度，使人防工作规范化、制度化。

2008年，根据《中华人民共和国人民防空法》和《贵州省人民防空条例》，结合实际制定《龙里县防空地下室建设和管理办法》《龙里县人防地下室易地建设费征收实施方案》，为全县人防工作提供政策依据。凡是新建民用建筑，具备条件的必须依法建设人防地下室；不具备条件或不愿建设的，必须依法缴纳人防工程易地建设费。大部分房地产开发项目、单位建房和部分私人建房建有防空地下室，平时用作停车场或库房，战时用作防空设施。

二、防空体系

2011年，龙里县制定人防“十二五”发展规划，确定各个阶段的工作目标任务。采取座谈研讨、实地考察和检验评估等多种方式，在总结“十一五”人防建设的同时，综合分析面临的机遇和挑战，紧密结合发展实际，研究“十二五”期间人防建设的指导思想、目标任务和保障措施，提出基本框架与思路，切实开展重要经济目标防护工作，增强城市综合抵御能力。为作好重要经济目标防护，在编制修订人民防空预案时，将防护的基点确定在最大限度减轻重要经济目标毁伤上。对全县重要经济目标进行信息采集，组织安排制订城市重要经济目标防护规划及应急抢险抢修方案。对各个重要经济目标分别制订防护预案，并要求各重要经济目标单位组建一支技术过硬、装备齐全、反应灵敏的抢修队伍。每年组织开展应急抢险抢修和以恢复生产为重点的应急训练，作好战备，保证战时此类目标遭到打击后的救护、抢修、恢复生产等工作及时顺利开展。

三、防空报警与教育

龙里县做好人防警报器的维护管理工作，对每一台防空警报器建立档册，收集录入相关数据资料。县人防办按照防空警报器维护制度，组织警报器管理人员，对防空警报器进行全方位的检修，主要检查控制箱、电源线路及鸣放器等，对警报器进行刷油保养。加强对防空警报设备的日常管理，做到人员、制度及措施“三落实”，确保全县防空警报设备的正常运行。

按照上级统一部署，龙里县抓实城区防空警报网建设，警报覆盖率为100%。同时，开展防灾减灾宣传，灌输人防措施相关知识，增强全县人民群众防灾减灾意识。县人防办推进人防宣传教育进机关、进学校、进社区、进企业和进网络“五进”工作，组织参观展板，张挂宣传制品，上门发放宣传手册，结合新生军训开展人民防空知识学习，在学校举行防空防灾应急疏散演练，召开企业代表座谈会，在县政府网站发布相关法律、法规、政策和工作动态等。

第七篇 城乡建设

第一章 城市规划建设和管理

第一节 城市规划

一、总体规划

《龙里县城总体规划》于1981年开始编制，至1984年首次编制完成。规划范围：东至羊角井、西至西关坡、南至环城路、北至水堤阁，规划面积1.9平方公里。规划建设的重点区域主要是东门街、小十字、大十字、西门街、中山路、小街园、太平寺、环城路、南门街、胜利街、民主街、解放街、和平巷、老场坝、新场坝等街道和片区，当时县城建成区不足1平方公里。

（一）第一次修编 1995年8月第一次修编完成《龙里县城总体规划》。

1.规划期限 1995—2010年。

2.规划范围 东起大冲村、西至水桥道班、南抵湘黔铁路线、北到小竹芒，规划面积11.97平方公里，建成区1.53平方公里。

3.城市性质功能定位 全县的政治经济文化中心，以发展化工、冶金、建材和旅游服务为主导产业的新型城镇。

4.县城规模 人口近期（2000年）4.5万人，远期（2010年）7.63万人。

5.规划布局 规划采用集中成片为主、局部分散为辅的布局形式，将城区分为中心区组团、东部组团、西部开发区及生活区组团、吴家庄生活区组团、大南河（打草河）北侧工业组团和正大集团片区工业组团6个组团，沿铁路和公路向西北方向发展。

（二）第二次修编 2003年1月至2005年7月，《龙里县城总体规划》由省城乡规划设计研究院完成第二次修编，规划期为2005—2020年（其中近期2005—2010年，远期2011—2020年）。城市规划区拓展为龙山镇、谷脚镇的行政辖区范围，面积296.5平方公里。2003年，县城建成区4.25平方公里，全县人口21万人（其中城镇人口6万人），城镇化率为28.57%。

1.城市性质定位 全县的政治经济文化中心，贵阳市卫星城。规划确定龙山城区主要向西及向北发展，谷脚城区向西北及西南发展。以铁路、公路为重要发展轴，以生物医药、食品、冶金、化工、建材等为支柱产业，积极发展以旅游业为龙头的第三产业，大力推进农业产业化进程，加强与周边城市尤其是与省域中心城市的横向经济联系和联合，大力实施开放带动战略和科教兴县战略。

2.城市规模 规划近期全县人口22.3万人（其中城镇人口7.5万人），远期全县人口28.8万人（其中城镇人口11万人）；近期城市建设用地5.5平方公里，远期城市建设用地7.37平方公里。

3.城市结构形态 以老城为依托，以城市干道为伸展轴，以山头绿地为分隔，集中布局，分片发展，形成“一城二片”的组团式城市空间结构。龙山片区延续方格网式放射环形网络格局，对现状用地采取拆、并、迁的方式进行优化，强化商贸、金融、信息、办公、居住及旅游服务功能，规划居住人口8万人。谷脚片区采用方格环形路网格式，是一个以生物医药、科技产业为主的片区，居住人口3万人。

居住用地：现状148.74公顷，占城市建设用地的43.07%，人均40.2平方米；规划居住用地229.1公顷，占城市建设用地的31.07%，人均28.64平方米。龙山镇是居住用地重点布局地区，旧城以用地调整、改造为主，工业片区结合工业布局一个小区规模的居住用地。居住用地按居住区、居住小区、居住组团结构进行布局。

公共设施用地：现状29.81公顷，占城市建设用地8.63%，人均8.05平方米；规划公共设施用地84.7公顷，占城市建设用地11.49%，人均10.59平方米；规划对文化娱乐、教科体等用地进行大幅扩充。

工业用地：现状80.79公顷，占城市建设用地23.4%，人均21.84平方米。规划考虑全县和全州工业布局的需要，以二、三类工业为主，适当调整龙山城区的工业，尤其是污染大和在公路、铁路沿线的工业逐步向新工业片区转移；确定跨越贵新公路在龙山城区北部布局工业用地，形成新的工业片区。规划工业用地129.18公顷，占城市建设用地的17.52%，人均16.15平方米。

仓储用地：现状6.53公顷，占城市建设用地的1.89%，人均1.76平方米。规划体现龙里区域性物资集散地的城市功能，大幅增加仓储用地；仓储建设主要在铁路站场区连片布局，规划仓储用地20.23公顷，占城市建设用地的2.74%，人均2.53平方米。

对外交通用地：现状30.01公顷，占城市建设用地的8.69%，人均8.38平方米，由公路、铁路及长途客运站组成。规划保留现状客运站，另在老城北部贵新公路入口处规划二级客运站；规划对外交通用地69.3公顷，占城市建设用地的9.4%，人均8.66平方米。

道路广场用地：现状39.07公顷，占城市建设用地的11.31%，人均10.56平方米。规划道路广场用地104.18公顷，占城市建设用地的14.13%，人均13.02平方米。

市政公用设施用地：现状6.04公顷，占城市建设用地的1.75%，人均1.63平方米。规划市政公用设施用地14.14公顷，占城市建设用地的1.92%，人均1.77平方米，包括邮政、电信、变电站、消防站、货运站场、货物流通中心等。

绿地：现状2.85公顷，占城市建设用地的0.83%，人均0.77平方米。规划绿地82.28公顷，占城市建设用地的11.77%，人均10.29平方米，其中公共绿地67.19公顷，人均8.4平方米。

特殊用地：现状1.5公顷，占城市建设用地的0.43%，人均0.41平方米。规划特殊用地4.07公顷，占城市建设用地的0.6%，人均0.51平方米。

（三）第三次修编　2006年9月，《龙里县城总体规划》第二次修编完成按程序上报省政府待审批后，因国家实施西部大开发战略的推进、贵阳城市经济圈（是贵州省“十一五”期间重点发展的经济区之一，是依托特大城市、推进跨区域发展、加快形成全省区域经济增长的战略重点。以贵阳为中心，包括贵阳市各区、市、县，安顺市的西秀区、平坝县、镇宁自治县、普定县，黔南自治州的龙里县、惠水县、福泉市、贵定县、瓮安县、长顺县，辐射区域半径约80～100公里，区域面积2.45万平方公里，占全省国土面积的13.93%）的提出，以及贵新高等级公路的带动、黔桂铁路扩能改造的影响、贵龙城市经济带（龙里县提出：对贵阳边界往东至龙里县城的广大区域进行开发建设，形成城市经济带）的提出，龙里区位优势愈加凸显而对规划进行跟进调整，至2008年底完成，并逐级上报至省政府，后于2009年11月获得省政府批准。

1.规划期限及范围　规划期限为2009—2030年；规划区面积增至472.5平方公里（其中中心控制区域191.6平方公里），涵盖醒狮、谷脚、龙山、麻芝4个乡镇的全部行政区域。

2.城市性质　贵阳城市经济圈的重要功能区、黔南州的北大门和新型产业基地，贵阳城市空间的拓展区之一，龙里县的政治经济文化和信息中心，以发展新型工业和现代服务业为主的城市区域。人口与城镇化发展：龙里县的总人口由本行政区划内的自然增长人口和贵阳城市经济圈的转移及疏解人口两个方面构成，2015年、2030年，全县总人口分别控制在35万人和53万人左右（2020年达44万人左右）；2015年、2030年，城镇人口分别达19万人和38万人，城镇化率分别为54.3%、71.7%（其中2020年全县城镇人口达26万人，城镇化率达59.5%左右）。

3.城市空间结构与功能分区　城市区域的空间结构为“一城二区八片”。一城：即整合龙里县城和龙里工业园区，形成完整的城市区域整体；二区：即以县城为主的东区（115.6平方公里）和以工业园区为主的西区（76平方公里）；八片：龙里县城片区、谷脚片区、谷远片区、哨关田片区、千家卡片区、麻芝铺片区、播箕堡片区、莲花片区。功能分区控制为8个片区，分别明确功能定位、控制范围与发展规模。

龙里县城片区：以老城区为依托，向北、西拓展，同时逐渐完善老城功能。东抵贵新线，西到农校、党校，北及贵广快速铁路，南达大水塘、黔桂铁路，控制范围约26平方公里。片区以商业、市场、交通服务、物流、居住等功能为主。远期建设用地约5.8平方公里，居住人口约6万人。远景建设用地约6.6平方公里，居住人口约7.5万人。

谷脚片区：以谷脚镇为基础，主要发展居住、现代教育科研功能，适当发展工业功能。东抵马大土、对门寨，西到架梁坪、半边岩，北及大坡，南达贵新公路，控制范围约45平方公里。远期建设用地约4.9平方公里，居住人口约5.1万人。远景建设用地约9.5平方公里，居住人口约9万人。

谷远片区：发展物流服务、行政办公、商业金融服务、会展、文化娱乐等现代服务业和居住等城市功能，形成与贵阳市龙洞堡片区功能互补、融合的城市片区。东抵栗木冲，西到新寨，北及贵新公路，南达郭关、三叉冲，控制范围约26平方公里。远期建设用地约5.3平方公里，居住人口约7.6万人。远景建设用地约8.2平方公里，居住人口约12万人。

哨关田片区：以居住为主，形成独立的居住区，建成贵阳城市经济圈的康居示范区。东抵双营盘、新街，西到香樟岩，北及哨关田，南达小高寨，控制范围约19平方公里。远期建设用地约2.2平方公里，居住人口约4.8万人。远景建设用地约4.8平方公里，居住人口约9.5万人。

千家卡片区：以龙里工业园区为主，毗邻建设城市工业集聚区，共同形成千家卡片区。工业以医药、食品、包装印刷、电子设备制造业等为主，并积极发展高新技术产业，适当配套工业品交易市场等服务性产业。东抵三堡寨、官庄，西到毛栗山、水井湾，北及大土、老王坡，南达千家卡，控制范围约21平方公里。远期建设用地约4.8平方公里，在工业用地内配套建设单身宿舍解决职工住宿，不单独布局居住用地。远景建设用地约6.5平方公里。

麻芝片区：依托原有的麻芝铺火车站和油库等设施，布置危险品仓储、运输等功能。结合新农村整治，发展一定的居住功能。东抵麻芝铺集镇，西到五里桥，北及杜家院，南达麻芝铺火车站，控制范围约13平方公里。远期建设用地约0.4平方公里，居住人口约0.5万人。远景建设用地约1平方公里，居住人口约2万人。

播箕堡片区：发展来料加工工业、重化工业和承接中东部转移的产业，以生产功能为主，配套相应的货运、物流、市场等设施。东抵规划贵新线还建走廊，西到甘坝冲，北及干井，南达下洞，控制范围约27平方公里。远期建设用地约2.2平方公里，不安排独立居住用地。远景建设用地约5.2平方公里。

莲花片区：是老县城居住空间发展的主要方向，以发展旅游服务、居住、商业等功能为主。东抵廖下、望城坡，西到新场、唐王寨，北及龙架山森林公园界线，南达老寨，控制范围约15平方公里。远期建设用地约4.1平方公里，居住人口约6万人。远景建设用地约7.5平方公里，居住人口约10万人。

4.发展阶段　分为三个阶段。

第一阶段（起步发展阶段）：2009—2015年，全县GDP达到80亿元，年平均增长速度达19.3%，人均GDP达2万元以上，实现龙里县的全面小康。

第二阶段（加快发展阶段）：2016—2020年，GDP总值达到140亿元，人均GDP达到3万元以上；经济增长速度较前8年有所减缓，达到12%左右。

第三阶段（基本建成阶段）：2021—2030年，基本形成龙里县城和工业园区协调、整合的城市空间，成为贵阳城市经济圈的重要产业发展基地和贵阳市城市空间拓展区之一；全县GDP达到330亿元，人均GDP达到6万元以上，经济增长速度年均在10%左右。

2008年底，全县总人口21.6万人，城镇人口达8.23万人（其中：县城6万人），城镇化率为38.1%。

2008年龙里县中心城区（建成区）现状城市建设用地统计表

表7-1

序号	用地类型	面积（万平方米）	比例（%）	人均（平方米/人）
1	居住用地	168.6	25.29	28.1
2	公共设施用地	32.4	4.86	5.4
	行政办公用地	12.9	1.93	2.15
	商业金融业用地	8.6	1.29	1.43
	文化娱乐用地	4.5	0.67	0.75
	体育用地	0	0	0
	医疗卫生用地	2.5	0.37	0.42
	教育科研设计用地	2.9	0.43	0.48
	文物古迹、其他公共设施用地	1	0.15	0.17
3	工业用地	197.3	29.59	32.88
4	仓储用地	5.1	0.76	0.85
5	对外交通用地	135.5	20.32	22.58
6	道路广场用地	77.7	11.65	12.95
7	市政公用设施用地	44.5	6.67	7.42
8	绿地	2.1	0.31	0.35
9	特殊用地	3.5	0.52	0.58
现状建设用地合计		666.7	100	111.12

说明：现状城市人口6万人

《龙里县城总体规划（2009—2030）》现状及规划用地分类统计表

表7-2

指标 \ 规划期			现状（平方公里）	规划（平方公里）
城市规划区用地			472.5	472.5
其中	耕　地		92.8	92.8
	园　地		0.6	3
	林　地		237.4	224.8
	牧草地		51.3	49
	其他农用地		16.3	15
	城镇居民点、农村居民点及工矿用地		23.8	37.5
	其中	中心城区和工业园区建设用地	6.7	29.7
	交通用地		3.4	5.5
	水利设施用地		0.2	3.5
	未利用土地		45	39.9
	其他土地		1.7	1.5

《龙里县城总体规划（2009—2030）》中心城区规划范围用地规划表

表7-3

用地类别		面积（平方公里）		比例（%）	
		现状	规划	现状	规划
城市规划范围用地		191.6	191.6	100	100
1	城市建设用地	6.7	29.7	3.5	15.5
2	水域和其他用地	184.9	161.9	96.5	84.5
其中	水 域	0.1	5.2	—	2.71
	耕 地	37.6	28.9	19.62	15.08
	林地、园地、山头绿地	142.2	127.6	74.22	66.6
	村镇建设用地	5	0	2.61	0

二、详细规划

1997年起，为使总体规划得到执行落实，根据《龙里县城总体规划》先后编制实施兴龙大道、贵新高速公路匝道口、东北片区、铁龙路、金龙大道、腾龙路、环南安置区、东关坡安置区、大冲安置区、石头寨安置区、绿地系统、县城中心城区（控制）、北部工业园区（控制）、行政办公区、大十字片区（改造）、曲轴厂片区（开发）、贯城河（治理）、莲花片区（控制）、冠山公园、夹山坡公园等20多个详细规划，使城市建设在具体的指标控制下推进。

（一）《龙里县兴龙大道修建性详细规划》 2000年3月委托贵州省建筑设计研究院编制，规划面积16万平方米，是龙里县编制的第一个项目工程修建性详细规划。兴龙大道位于龙里县城中心，属城市中心区纵向主干道。该大道南起于旧城区的火车站，穿过旧城区（旧城商业中心、城市服务中心、金融业中心、城市行政中心区、兴龙广场、文体中心区），连接北环线，规划长度1548米，道路红线宽度30米。至2008年底，建成1.1公里。

（二）《龙里医药工业园控制性详细规划》 2002年8月委托黔南州规划设计室编制，规划区面积6.8平方公里，是龙里县编制的第一个区域控制性详细规划。规划区范围：北起腊树湾，南至千家卡，东起岩后村，西至倪儿关。规划区性质：全国乡镇科技园区，以医药工业为主导产业，主要发展医药制造业和化学医药制造业。根据发展要求，2008年开始修编《龙里医药工业园控制性详细规划》，更名为《龙里县谷脚工业园区控制性详细规划》，规划用地面积从6.8平方公里增至50平方公里。

（三）《龙里县城金龙路（东段）街区详细规划》 2002年8月委托黔南州规划设计室编制，规划区范围：东至东门河，南至教师新村，西至兴龙路，北至环北路，总面积11.28公顷。金龙路（东段）全长690米，道路红线宽度30米。规划性质：城市居民商业活动和生活居住路段。规划建成以商贸、居住、游憩为主的综合街区。2005年末，完成整个街区道路、绿化等设施，基本建完道路两边的商住楼，楼房外观、户型和街景统一、规范。

（四）《龙里县城中心城区绿地系统规划》 2004年7月委托黔南州规划设计院编制，是龙里县编制的第一个城镇发展专项规划。规划范围：以龙里县城中心城区规模为绿地规划指标计算依据，即2003年人口为3.8万人，城市建设用地326.6公顷，总面积25.58平方公里。规划至2020年，城区人口为8万人，城市建设用地766.5公顷。规划指标：近期2010年城区人均公园绿地不小于7.1平方米，建成区绿地率不低于30%，绿地覆盖率不低于35%；远期2020年城区人均公园绿地不小于11.1平方米，建成区绿地率不低于36%，绿化覆盖率不低于40%。城市绿地系统布局：以山水框架为基础，利用山水环抱的地理特征，突出山、水、林的城市特点。规划公园绿地面积近期42.83公顷，人均公园绿地7.14平方米；远期89公顷，人均公园绿地11.1平方米；生产绿地22.05公顷，防护绿地128.1公顷；附属绿地：居住区绿地率25%以上，公共设施绿地率30%以上，工业绿地率20%以上，仓储绿地率20%以上，对外交通绿地率20%以上，市政设施绿地率30%以上，特殊用地绿地率30%以上。

（五）《龙里县城中心城区控制性详细规划》 2006年8月委托黔南州城乡规划设计研究院编制，规划区范围：老城区及西城水桥片区，规划区总用地面积为980.12公顷（已建用地301.96公顷，占总用地的30.81%），其中：一类用地438.37公顷，占总用地的44.73%；二类用地30.88公顷，占总用地的3.15%；三类用地208.91公顷，占总用地的21.31%。该控制性详细规划为县城总体规划的实施提供具体的指标规定，使规划布局、工程项目建设更具可操作性。

（六）《龙里县城中心城区近期建设规划》 2006年8月委托黔南州城乡规划设计研究院编制，规划区范围：北到小竹芒，西至水桥道班，南至铁路线，东至大冲，面积39.24平方公里。规划至2010年中心城区城市建设用地5.69平方公里。

（七）《龙里县冠山公园规划》和《龙里县夹山坡公园规划》 2008年10月委托广西桂林城市规划设计研究院编制。冠山公园以一座高20米、占地约20亩的土石山以及山顶的古建筑（紫虚阁）为主体，规划面积2.2公顷，性质为城市开放性休闲公园。夹山坡公园规划占地面积99.3公顷，为开放式城市公园。

（八）《贵州省龙架山国家森林公园总体规划》 2008年委托省旅游经济研究所和省建筑设计研究院编制，规划面积6079公顷。龙架山国家森林公园，包括龙架山、猴子沟、响水河3个景区。2002年经省林业厅批准为省级森林公园，2006年12月经国家林业局批准为国家级森林公园。

（九）《龙里县莲花片区控制性详细规划》 2008年委托黔南州城乡规划设计研究院编制，规划区面积22.84平方公里（其中建设用地1266.77公顷），人口容量约12万人。规划区性质定位：结合地域内山、水特色，提高城区生态品位，统一规划、合理开发、科学管理，形成以休闲度假为主导，集居住、旅游服务、商贸于一体的新型生态城区。

（十）《贵龙城市经济带控制性详细规划》 2006年10月，龙里县提出贵阳城市经济圈贵龙城市经济带建设构想：以龙里县城水桥为起点，建设一条长20.4公里（其中龙里段17.05公里，贵阳段3.35公里）、宽80米的城市快速大道连接贵阳市小碧—油榨街城市通道，沿城市大道两侧布局产业。

该建设构想的提出，得到省、州及贵阳市的肯定和支持。2007年，贵阳城市经济圈贵阳、安顺、黔南三方协调合作会议在龙里县召开，促成贵龙城市经济带与贵阳龙洞堡临空经济区统一规划、统一开发，为解决贵龙城市经济带跨区域建设打下基础。2007年已完成贵龙城市经济带总体规划和区域内基本农田、森林资源等基础数据的调查工作，贵龙城市大道可行性研究报告进入审批立项阶段，贵龙城市经济带项目列入省发改委2008年省重点项目的首个预选项目。

1.规划区范围 东到水桥与县城规划边界相接；西抵龙里县与贵阳市的行政区划边界，即与贵阳市龙洞堡片区接壤；南以黔桂铁路、龙架山森林公园为界；北到千家卡工业园区、大土、坪寨。规划总用地面积为95平方公里，其中建设用地面积为50平方公里。

2.功能性质及定位 贵龙城市经济带近期分三个阶段实施，2007—2010年为起步阶段，2011—2015年为加快发展阶段，2016—2020年为基本建成和提升拓展阶段。通过建设城市大道，利用已有“三港合一”（贵阳南站铁路枢纽、小碧高速公路枢纽、4E级龙洞堡国际机场）的交通区位优势，实现与贵阳乃至华南、华中的互联互通，带动龙里的快速发展。力争形成以先进制造业和现代服务业为主的贵阳城市经济圈的经济增长极和生态新城区；基本把贵龙城市经济带建成设施健全、功能配套、人口聚集、产业繁荣、机制完善、生态良好的贵阳城市中心拓展区，贵阳城市经济圈区域协调发展和统筹城乡发展的示范区，新型产业聚集区和黔南州对外开放的重要门户。

贵龙城市经济带规划区有部分区域是贵阳市重要的环城生态功能区，具有生态环境、民族文化特色等优势。规划在保护生态环境的基础上，建设集休闲度假、康体娱乐和民族文化旅游为一体的贵阳市近郊旅游区。同时依托贵阳作为全省旅游服务中心和全国重要旅游目的地城市的优势，发展以粤、港、澳和珠江三角洲游客为主要客源的市场，大力发展旅游、会展、休闲度假产业。

贵龙城市经济带处于贵州省南下的贵新高速、贵广高速（也称厦蓉或贵都高速）公路和黔桂铁路、贵广高速铁路的起点，紧靠贵阳龙洞堡国际机场，具有依托大交通枢纽，面向国际国内市场，布局发展现代大型物流园区的有利条件。作为未来贵阳物流产业的一个中心点，利用香港、广州物流企业的跨国经营网络，以服务新型产业集群为对象，以发展工业物流产业为方向，与贵阳市龙洞堡片区联手，做大、做强现代物流产业。

在主动融入贵阳城市经济圈的同时，发挥“两高”（高速公路和高速铁路）建设的作用，融入泛珠三角经济区，努力把贵龙城市经济带建设成为中国东部、南部新型产业转移的聚集区。规划区处于泛珠三角经济圈以及中国—东盟自由贸易区的中心范围，与贵阳龙洞堡片区一体化建设，具有空港、铁路港、公路港“三港齐聚”的优势，有利于承接珠江三角洲地区的产业转移和进行产业配套对接，可积极吸引诸如制药、包装、食品、文化、创意、高科技等新型产业落户，形成面向省外和国际市场的外向型新型产业集聚区。

三、专项规划

为了实现城市各方面的协调发展，在修编《龙里县城总体规划》的同时，编制各方面的专项规划。

（一）《道路交通系统规划》

以推动建成与贵阳交通一体化的综合交通网为目的，积极构筑以铁路、高速公路为依托，以城市路网为支撑的高效、快捷、人性、智能、生态的综合交通运输系统，适应、促进并合理引导城市空间拓展及其持续发展。强化龙里作为贵阳市东大门和贵阳城市经济圈重要的交通枢纽、物流及客流中心地位，充分发挥中心城区的交通功能。

1.城市对外交通与轨道交通　利用厦蓉高速公路作为东西向对外交通通道；远期内适时改造贵新高速公路为城际快速通道；利用贵广快速铁路、黔桂铁路、株六铁路复线以及贵阳铁路外绕线发展铁路对外交通，配套建设铁路客站、货场；利用龙洞堡国际机场发展民航运输；在中心城区东北侧规划贵新线还建走廊（贵新高速公路改线北移），该线向西连通贵阳中心城区的北京东路。打通谷远至贵阳二戈寨的公路，增强谷远与贵阳二戈寨物流园区的联系。在谷脚、谷远及县城分别布局1处汽车客运站，其中县城汽车客运站为二级站。远期后，利用贵龙大道走廊，将贵阳龙洞堡片区轨道线路向东延伸到龙里老县城，建成龙里城市轨道交通线，实现与贵阳市轨道运输体系一体化发展。

2.对外货运交通　利用原210国道千家卡至龙洞堡机场段、凉水井—山王庙—水井湾—贵阳道路以及贵龙大道、贵新线作为对外货运交通通道。在县城老火车站广场北侧、播箕堡、谷远分别建1处货运车站。

3.城市道路网结构　中心城区总体形成分层环线加方格网状路网：外围通过高速公路和贵阳市环线形成外环，各区内部形成完整的方格网或环形放射状路网。东、西两区道路网相对独立、完整，并以快速路、城市干道加强联系。

西区道路网形成七横五纵、近于格网状的道路系统，以西区1号路、6号路、贵龙城市经济大道、19号路、24号路为主构成西区环线。将贵龙城市经济大道往西搭接贵阳市环城高速公路，并与贵阳市油小线连通。利用老210国道连通贵阳龙洞堡片区。将1号路向西延伸搭接贵阳市城市环线。结合地形条件，将19号路向西、西南延伸，连接贵阳市二戈寨物流园区、花溪等区域道路，推动中心城区路网与贵阳市城市路网全面对接。

东区的县城、播箕堡形成“环形+方格网状”路网，莲花片以东区29号路、31号路为骨架，采取自由式布置路网。

加强片区间联系道路建设，西区各片区之间至少有两条以上干路连接，东区县城和莲花片区实现两条干道连通。播箕堡片区与谷脚、县城通过城市道路连接。通过片区间道路建设，增强交通网络的整体性。在麻芝、播箕堡、千家卡东侧鸡场坝、莲花塘建设城市道路与高速公路连接、高速公路和高速公路连接的立交。争取厦蓉高速公路在中心城区的大土附近开口，预留匝道，利用西区21号路连接。保留贵新线龙里立交。城市道路网连接主要采用平交形式。结合地形和现有道路基础，在交通流量较大的节点地段，城市道路适当采用立交连接。

4.道路分级　中心城区道路系统分快速路、主干路、次干路、支路四级。以现贵新线改建形成快速路，起点在龙里县城匝道口，终点到贵阳绕城环线。红线宽度为30米，主干路红线宽度为30～60米，其中贵龙城市经济大道为60米。考虑未来交通发展需要，在其红线两侧各预留10米宽用地，用于今后城市达到50万人以上规模时道路扩建及贵阳城市轨道交通向东延伸的预留走廊。次干路红线宽度20～40米，支路红线宽度12～18米。规划城市道路网密度为5.9公里/平方公里，其中主次干路路网密度3.1公里/平方公里，支路密度2.8公里/平方公里。

（二）《给水排水工程规划》

1.给水规划　用水标准及用水量预测：最高日居民综合生活用水标准（含公建用水）近期170升/人·天，远期240升/人·天；工业用水量标准1.0万吨/平方公里·天；市政用水（道路浇洒、绿化等用水）按生活用水量的15%计；未预见水量及管网漏损按上述水量之和的15%计；城市总用水量近期7.1万吨/天，远期16.9万吨/天。

供水水源及其保护：城市供水水源主要是暗山水库、岔河、大竹芒水库（新建）、小竹芒水库（新建）、窄冲水库（新建）、岔河提水工程，其他水源有花马冲水库、小溪堡泉水。远期争取与贵阳市中心城区相邻的片区实现联合供水，推动区域水资源的联合调度使用。

水厂及水源建设：近期改造流音洞水厂，水源为岔河，供水量达到1.0万吨/天；完善东关坡水厂水处理设施，维持现有0.3万吨/天规模；改造花马冲水库水厂，规模为0.3万吨/天，水源为花马冲水库；完善千家卡水厂，使其水处理规模达0.6万吨/天，水源为暗山水库；新建大竹芒水库、县城提水工程、新寨水厂，供水能力5.0万吨/天，水源为大竹芒水库和县城提水工程。近期市政供水总量达到7.2万吨/天，满足规划区供水需求。远期完善流音洞水厂，水源为岔河，供水量达到2.0万吨/天；千家卡水厂维持0.6万吨/天规模；新建小竹芒水库，扩建新寨水厂，扩建供水能力2.5万吨/天，总供水能力7.5万吨/天；新建窄冲水库、大沙坡水厂，供水能力7.5万吨/天。远期市政供水总量达到17.6万吨/天，满足规划区供水需求。同时争取实现与贵阳市中心城区联合调度利用区域水资源。

配水管网：中心城区与工业园区由多个水厂联合供水，城区供水主干管呈环状网布置，局部树枝状网，以提高供水安全可靠性。争取远期与贵阳市中心城区相邻区域管网连通，实现基础设施共享。由于城区地形起伏大，配水考虑水厂前置调节，在配水管网中不新建高位调节水池。

2.排水规划　采用雨、污分流制。

污水量：规划污水排放系数0.8，城市污水量近期5.8万吨/天，远期13.5万吨/天。污水处理厂建设：污水分片收集、分片处理，达标排放。近期在三元河城区段下游新建市政污水处理厂，以处理城市生活污水为主，处理规模1.3万吨/天，占地1公顷；远期扩建规模到7.0万吨/天，占地6公顷，处理县城、北部工业区、哨关田片区污水。远期在谷远南侧建污水处理厂，主要服务谷脚南侧和谷远片区，污水处理厂规模为1.0万吨/天，占地1公顷。污水处理厂处理后就近排入河流；新建谷脚中北片区污水处理厂，主要服务谷脚中片区的商业、居住、仓储用地和谷脚北片区的工业用地，污水处理厂规模为5.5万吨/天，占地4.5公顷。污水处理厂处理后就近排入河流。

工业污水经企业自行处理达相应标准后进入市政污水处理系统。污水处理厂出水均要求达到《城镇污水处理厂污染物排放标准》中一级排放B标准后方可排放或者用作农灌，规划中考虑后续处理后用作城市绿化、浇洒等市政用水。结合地形地貌条件，通过协商，在条件允许区域实现与贵阳市中心城区污水处理系统共建共享。

雨水量：雨水量采用极限强度法计算。降雨重现期一般地区1～3年、重要地区5～10年，径流系数建设用地0.90、绿化0.25。

排水管网布置：沿城市道路铺设雨污水干管，将城区污水收集进入污水处理厂处理达标排放，雨水收集就近排入附近河流。

（三）《电力规划》

1.用电负荷及电量预测　近期（2008—2015年）24.6万千瓦及13.4亿千瓦时；远期（2016—2030年）54.7万千瓦及29亿千瓦时。

2.电源规划　电源点均在统筹考虑远景用地布局的前提下进行规划布局。近期建成贵阳醒狮500千伏变电站，电源由500千伏贵福线π接入。龙里220千伏变拟改造增容为3×180兆伏安的主变，500千伏醒狮变双回220千伏线路接入龙里220千伏变。远期在龙里县哪嗙新建1座220千伏变，电源由500千伏醒狮变的220千伏线路引入。因考虑变电站最终规模为3×180兆伏安，用地为2万平方米，积极推进与贵阳市实现同网供电。

3.配电网规划　近期：新建县城城北工业区110千伏的变电站（平地变），主变为1×5万千伏安，近期末增容至2×5万千伏安，用地为5500平方米，电源由龙里220千伏变引入两回110千伏线路；龙山110千伏变电站改造增容，主变为2×5万千伏安；谷脚110千伏变改造增容，主变由1×3.15万千伏安增容至2×3.15万千伏安；新建110千伏继望坡变，主变为1×5万千伏安，近期末增容至2×5万千伏安，用地为5500平方米，电源由220千伏龙里变引入，新建110千伏龙继Ⅰ回线；新建110千伏城西变，主变为2×5万千伏安，用地为5500平方米，由筑龙110千伏回线π接引入；新建110千伏城东变，主变为1×5万千伏安，用地为5500平方米，电源由220千伏龙里变引入，新建110千伏龙东Ⅰ回线；新建110千伏城南马郎变，主变为2×5万千伏安，用地为5500平方米，满足龙里县城南部城市生活用电，电源由220千伏龙里变引入，新建110千伏龙马Ⅰ回线，并建城南与城东的环网联络线路Ⅰ回。

远期：110千伏平地变扩建增容，主变3×5万千伏安；110千伏城东变扩建增容，主变2×5万千伏安；城南变扩建增容，主变3×5万千伏安，新建110千伏龙东Ⅱ回线；谷脚110千伏变改造增容，主变由2×3.15万千伏安改造增容至3×5万千伏安，电源改由规划哪嗙220千伏变双回110千伏线路供电；110千伏城西变扩建增容，主变为3×5万千伏安，新建Ⅰ回110千伏线路，由哪嗙220千伏变电站至谷脚110千伏线路T接，电源由220千伏龙里变、哪嗙220千伏变电站供电；110千伏继望坡变扩建增容，主变为3×5万千伏安；新建Ⅰ回110千伏线路，接入110千伏城西变，使其构成110千伏环网供电；工业园区根据负荷配建35千伏变电站。

新建改造城区10千伏电网，采用环网结构，开环运行。当高压变电站10千伏出线数量不足，或线路走廊受条件限制不能满足要求时，应建设开闭所，严格控制专用线路。10千伏线路以架空线为主，县城及工业园区宜采用架空绝缘线。在城市中心区、城市主要干道、繁华街区、商业区逐步采用电缆线路埋地敷设。原则上规定新建10千伏架空线路敷设于道路北、西侧人行道上，与电信及其他弱电线路分侧敷设。采用馈线自动化、变电所自动化、用电管理自动化。全面规划，分步实施，提高供电企业的经济效益和管理水平，改善对用户的服务质量。

（四）《燃气规划》

龙里县为天然气气化区，中心城区燃气气源为天然气。由贵阳市引入压缩天然气。

1.供气规模　燃气供应范围覆盖中心城区，以居民用户和公建用户为主，可向适宜使用燃气的企业供气。2015年气化率60%，气化人口9万人。2030年气化率85%，气化人口25.5万人。以天然气计算，2015年2.22万立方米/日，2030年7.88万立方米/日。

2.天然气供气站　在龙里中心城区设天然气供气站2座，东城区、西城区各设1座。天然气由贵阳市压缩天然气母站供应，通过压缩天然气运输槽车运输至龙里县中心城区。远期连接贵阳市高压管网，直接供应天然气。西城区设天然气高中压调压站1座（压缩天然气站改建）。

3.供气管网　管网压力级制：采用中压一级管网系统；输配系统压力：中压管道压力0.03兆帕至0.07兆帕。调压器：用户集中的片区采用区域调压箱，供气规模为500～2000户/台；较分散的用户采用楼栋调压箱，供气规模为30～100户/台；大中型公建用户和工业用户设专用调压站；管网布置环状与支状相结合。中压干管采用无缝钢管，管径100～400毫米；低压庭院管采用水、煤气钢管和塑料燃气管；低压户内管选用镀锌钢管和塑料燃气管道。

（五）《电信规划》

1.电话用户预测　近期中心城区固定电话普及率不小于25部/百人，远期固定电话普及率达不小于33部/百人。移动通信普及率预期大于固定电话普及率。

2.局所规划　近期在城区新建1处模块局和1处营业厅，用地面积均为2000平方米；在工业园区新建3处模块局和营业厅，根据通信市场发展设置程控交换机的规模。

3.通信设施规划　在实现程控化、数字化的基础上，做好通信网络的建设，增强综合通信能力。大力发展以下一代IP技术及装备的高速宽带互联网，加快IT支撑系统建设。通过固、移业务融合以及与数字业务融合，做好支撑系统的平滑演进。以贵阳城市经济圈协调发展为基础，通过有关部门协商，建立区域协调机制，逐渐推进与贵阳市的通信服务同网化发展。

大力发展数据通信网、宽带传输网，构建语音、数据、图像相互融合一体的数据多媒体通信网络。逐步形成电信网、广播电视网和计算机通信网的三网融合，实现信息通信的宽带化、智能化、网络化、数字化和个人化。

发展通信管网，主干道采用18孔聚氯乙烯通信管（含多孔梅花管）道埋地敷设，供长途、中继电缆、市话电缆以及非话业务的线路使用，其他次干道设置6～9孔通信管道，形成通信管道网。

新建的电信电缆管道原则上要求布置在道路东侧、南侧的人行道下。宽阔道路可两侧布置在新建的大型公建或居住小区时，应设置通信终端站（交接间），面积10～15平方米，供今后光纤到路边、到大楼、到小区等终端设备的装设，采用以太网无源光网络等多种新兴的宽带接入技术，大力发展局域网接入，城区内实施户线工程，电缆进楼栋、线路进户。

4.移动通信规划　移动交换机扩容，具备条件时可本地化，优化及合理配置各基站资源，加大对网络的优化，增设基站，增加载频和信道，发展移动通信网。发展移动数据业务，移动通信网逐渐发展为无线智能网、无线互联网。

（六）《邮政规划》

分别设置3处邮政服务机构，用地各1000～1500平方米，合理新增邮政营业网点，以满足城市居民用邮方便。合理布局报刊亭、阅报橱窗，以方便和丰富群众文化生活，完善邮亭、邮筒的设置，规划各新建的居住建筑按有关规定设置信报箱。邮政设施在传统的业务功能的基础上，组成高效的邮政服务网。邮政局（所）建成电子化局所。建设用户信息服务系统、电子商务系统。实现邮政的电子化、网络化和信息化。

（七）《绿地系统规划》

1.规划目标　以融入贵阳市环城林带保护框架、建设生态文明龙里为目标，突出中心城区的青山绿水自然特色，构筑以森林公园为核心，河流、公路、铁路防护绿化为纽带，公共绿地为节点，山体绿化为基础的绿化网络。充分结合组团式城市空间布局，将城市绿化与周边山地、林地、农田菜地等生态空间相结合，形成城乡一体化的绿地系统。

2.规划结构　形成“一核、二环、三园、五带”的基本结构，以“绿核、绿带”贯穿其中，形成内外环抱的绿色生态系统。“一核”指依托龙架山国家森林公园，建成绿地系统的核心和生态休闲旅游度假中心；“二环”即环绕西区、东区的外围生态绿地、农业绿地、休闲绿地所构成的环城林带；“三园”指龙架山生态公园、继望公园、县城中心公园区域性绿地；“五带”即贯城河绿带、贵广快铁安全防护隔离带、贵新线防护绿化带、厦蓉高速公路防护隔离带、贵龙城市经济大道休闲绿化带，构成城市的绿色通道和生态走廊。

3.公园绿地　公园绿地总面积269.2公顷。结合“一城二区八片”的结构，在3处区域性绿地的基础上，结合用地布局，在片区内相应布局一定的居住区公园，为市民提供多样化的休闲空间。沿贯城河两岸建设不小于10米宽的滨河游园，绿化植物以地方树种为骨干，植物品种多样性，体现黔南地区丰富的植物条件，如岩冬青、泡花树、石楠、紫叶杜鹃等。区域性绿地、游园通过道路绿地、滨河绿带、防护绿地等联系。

4.生产绿地　结合中心城区生态绿化空间布局，在县城片区西侧和靠近水桥、农校的区域适当发展生产绿地，向城市提供苗木供给。

5.防护绿地　包括污染工厂和居住区之间隔离带，城市电网市政设施及管线走廊地区，沿铁路两侧各布置宽30米的防护林带，沿高速公路两侧布置不小于50米宽的防护林带。

6.附属绿地　居住区绿地：以宅旁绿地为基础，以小区公园（游园）为重点，以道路绿化为网络，形成小区绿化系统；公共设施绿地：绿地率30%以上；工业绿地：重点抓好厂前区、生产区、宿舍区及道路绿化，绿地率达20%以上；仓储绿地：绿地率在20%以上；对外交通绿地：绿地率20%以上；道路绿地：重点对中心城区主要道路进行绿化，在贵龙大道两侧各建设不小于10米的道路绿带，对作为城市轴线的干道应控制两侧各不小于8米作为休闲绿化带，其他道路绿化应按《工程建设标准强性条文》执行；市政设施绿地：绿地率在30%以上；特殊绿地：绿地率达到35%以上。

7.其他绿地　风景林地：城市规划范围内除城市建设用地外，起到生态及景观作用的山头绿地；水源保护区绿地：水库堤岸往外100～200米保护范围的绿色禁建空间，控制作为水源地保护区绿地；郊野公园：利用龙架山森林公园为城区居民提供休闲、度假的场所，打造成城市郊野公园。

（八）《环境保护规划》

1.水环境质量目标　按《地表水环境质量标准》（GB3838-2002），近、远期石板滩水库、花马冲水库、大竹芒水库和猴子沟岔河、湾滩河水源保护区禁区、一级保护区，远期小竹芒水库、窄冲水库水质达到Ⅱ类标准；近、远期二级保护区、准保护区水质不低于Ⅲ类标准。近、远期控制三元河全断面水质在Ⅲ类标准以上；近期贯城河县城过境断面水质达到Ⅳ类标准，远期达到Ⅲ类标准。

2.空气环境质量目标　按《环境空气质量标准》（GB3095-1996），近期中心城区内除特定工业区达到三级标准外，其余各功能区达到二级标准；远期均达到二级标准。

3.声环境目标　严格控制环境噪声危害，在规划范围内各类区域环境噪声执行《声环境质量标准》（GB3096-2008）。环境噪声近期达标区覆盖率达到80%，远期达到90%。

4.污染治理措施　积极推行节能减排政策，居住区推行居民使用清洁能源，绿化与大气环境保护结合。完善城市排水系统，推行节约用水，提高工业用水的重复利用率，加强现有企业废水处理工艺改造，新建企业污水须达标排放，确保饮用水水源的安全。分流规划范围内部、对外和过境交通，综合防治交通噪声；加强工业区内部噪声管理，实现管理的规范化和标准化；在铁路、高速公路及主要噪声污染源周围设置防护林带，减少噪声的扩散和影响。加强工业固体废物的收集和最终处置管理，综合利用废弃物。建立龙里县医疗垃圾综合管理系统，定时、定点收集医疗垃圾，及时统一安全地运输和进行无害化处理。

（九）《环境卫生规划》

1.环卫设施　垃圾转运站：近期在中心城区设置9座垃圾转运站，远期增设6座（规模为20吨/座·日，用地200平方米/座）；车辆清洗站：近期设置3座车辆清洗站，远期增设2座；公共厕所：商业区流动人口高密集的街道间隔400米设1座公厕，一般道路700米设1座公厕，居住区达到3座公厕/平方公里标准（规模100平方米/座，均为水冲式）；废物箱：按标准配置废物箱，在主要街道相邻箱间距50米/只，交通干道间距80米/只，一般道路间距100～120米/只。

2.垃圾处理场　近期中心城区生活垃圾运往距县城以北约6公里的野鸭塘城市生活垃圾卫生填埋场，进行无害化处理。建设处理规模80吨/日，使用年限11年，库容为56万吨。远期增设1座生活垃圾卫生填埋场，建设处理规模250吨/日，使用年限15年，库容为200万吨。结合贵阳城镇密集区协调发展要求，建立协商机制，争取与贵阳市实现垃圾处理设施共建共享。

（十）《综合防灾规划》

保留县城消防站，新建5座消防站。千家卡和播箕堡工业片区应建成企业专职消防队。中心城区防洪标准为50年一遇。沿三元河、新民河等城区段河岸应修建防洪堤，提高防洪安全性。人民防空实行“长期准备、重点建设、平战结合”的方针，贯彻与经济建设相协调、与城市建设相结合的原则。城市的地下交通干线以及其他地下工程的建设应当兼顾人民防空需要。中心城区和工业园区新建民用建筑，按照国家和省有关规定修建防空地下室。在县城建设人民防空指挥所。人防工程平时可作为地下过街通道、停车场、仓库、加工厂和商业、文化、娱乐场所等，在确保战略效益的前提下，兼顾社会效益和经济效益。

组织中心城区地质灾害分布状况调查，在城市规划布局基础上开展城市地质灾害防治专项规划编制工作，明确中心城区范围的地质灾害防治分区，分类治理和采取有效的防范活动，消除和回避危害。新建项目和房地产开发均应开展相应的地质灾害危险性评估工作，有相应的治理防范措施方可启动工程建设。

四、规划执行

龙里县的总体规划、详细规划、专项规划，编制后均按城乡规划法规定的报审程序，分别上报省、州、县各级政府批准。具体由县城乡建设行政主管部门组织实施，县人大和州、省城乡建设行政主管部门及人大监督执行结果，依法打击各类违反规划的建设行为。执行中如需调整的，必须在本级人大和上一级城乡建设行政主管部门的监督下，按程序进行。实行规划许可审批和规划保证金制度，加强项目工程审批后建设过程的监管，保证各类规划的执行落实。

第二节 城市建设

1991—2008年，随着经济社会的不断发展，改革开放和招商引资力度的增强，在《龙里县城总体规划》《龙里县城中心城区控制性详细规划》《龙里县城中心城区近期建设规划》，以及各专项规划的指导下，道路、路灯、广场及供排水、污水处理、垃圾处理等城市基础设施和科教文卫等公共服务设施不断建设完善，旧城改造和新区开发同步推进，人居环境不断改善，城市品位大幅提升。

1996年起加快城镇基础设施建设步伐，出台《龙里县城镇规划区内新建道路两侧土地开发权管理办法》。1997年出台《龙里县土地有偿使用实施办法》，完成321国道改线、兴龙大道火车站至人民路工程。1998年建成县城兴龙路，开通程控电话、农村地面卫星电视接收站。1999年出台《关于进一步加快小城镇建设的决定》《龙里县县城建设拆迁管理试行办法》，开工建设青龙路（建成后俗称“老板街”）。2001年出台《龙里县县城房屋拆迁管理规定》。2003年建成腾龙路。2006年建成县城综合贸易市场、牲畜贸易市场、社区娱乐中心。2007年开工建设水堤阁至贵新高等级公路连线路段，启动环北路建设。

至2008年，县城建成区面积达6.67平方公里；城区道路总长20.2公里，面积36.17万平方米，人均道路面积6平方米；建成广场2个面积5.4万平方米，农贸市场1个摊位300多个，汽车站1个、火车站1个、公厕12座（其中水冲式10座）；建成水厂2座，供水能力2.4万吨/日，人均日生活用水量115.8升；环卫工人103人，各种环卫机械15辆（台），日清运垃圾80多吨；县城住宅面积约130万平方米，人均住房面积达22平方米；共有中学3所生均建筑面积6.53平方米，小学4所生均建筑面积3.53平方米；医院4所，职工188人，床位199个（3.5个/1000人），建筑面积1.19万平方米；建成区公共绿地面积62.6万平方米，人均11平方米。

一、道　路

1991—2008年，龙里县城新建和改造城区道路总长20.2公里，宽6至30米，面积36.17万平方米。其中：2003年完成腾龙路和北门街的道路建设；2006年11月开工建设龙羊立交桥，长370米、宽19米；2008年启动龙山（县城）路网建设项目（新建、改扩建），总长5696.47米，宽20～40米，总投资2.95亿元（申请农发行贷款1.84亿元），其中西关坡转盘至贵新高速公路收费站匝道口联络线扩建工程开工在建。

1991—2008年龙里县城区主要道路建设情况统计表

表7-4

路 名	起 止	路长（米）	路宽（米）	道路面积（平方米）	人行道面积（平方米）	建成（改造）时间（年）
中山路	派出所—二小	578	9	5202	3159	1993（改造）
人民路	派出所—小街园	139	10	1390	1849	1994（新建）
石头寨道路	水堤阁—石头寨贵新高速涵洞	1500	8	12000	0	1997（改造）
正大街	东门桥—派出所	798	10	7980	5005	1997（改造）
环城路	东门—西关坡	1906	20	38120	9530	1998（改造）
腾龙大道（三林路）	西关坡—水桥	3900	30	117000	23400	1998（新建）
兴龙路	火车站—水堤阁	1090	30	32700	10900	2000（新建）
青龙路	正大街—检察院	350	14	4900	2100	2000（新建）
贵新高速公路联络线	西关坡转盘—贵新高速收费站	975	12	11700	0	2000（新建）
金龙路	羊角井—水堤阁	690	30	20700	6900	2002（新建）
腾龙路	气象局—广场	332	15	4980	996	2002（新建）
北门街胜利街	金龙路—环城路	670	8	5360	956	2004（改造）
小街园路	大磨石—环城路	346	8	2768	1645	2004（改造）
解放街	大十字—环城路	207	7	1449	621	2005（改造）
和平路	大十字—腾龙路	388	6	2328	1164	2005（改造）
铁龙路	综合市场—环南路	731	20	14620	3655	2005（新建）
森林溪畔路	大南桥—森林溪畔	1800	12	21600	0	2007（改造）
老210国道水桥段	原正大化工厂—老水桥	1500	8	12000	0	2008（改造）
环南路	铁龙路—环南安置区	640	25	16000	5760	2008（新建）
环南安置区道路（6条）	环南安置区	1295	12～16	18130	7770	2008（新建）
金龙路延伸段	矿泉水厂—血浆站	360	30	10800	3600	2008（新建）
合 计	—	20195	—	361727	89010	—

二、广　场

1997年新建火车站站前花园休闲广场，占地面积1.2万平方米，其中：绿地面积2000平方米，高杆灯1根（12盏），大型浮雕1幅，以及多种公共健身设施。

2005年6月开工建设兴龙广场（由中国华西工程设计建设有限公司设计，贵州建工集团第二建筑工程公司建设），至2007年4月全面完成，总投资2000万元，是龙里县有史以来投资最大的单项市政工程。完成总面积4.21万平方米（其中：绿化1.81万平方米，共种植绿化树木21种573棵），铺装（白绵石）地面2.23万平方米，有主题石雕高9.3米的“世纪飞龙”1座，有高3米的红砂石图腾柱6棵，各种灯具892盏，网络式环绕音响1套。配有管理房和1座公厕。兴龙广场建成后，填补龙里无标准、规范的大型广场的空白，成为市民休闲、娱乐、健身，以及举办各种大型活动和疏散避难的场所。

三、供　水

龙里县城城市供水水源主要有暗山水库、岔河、大竹芒水库（新建）、小竹芒水库（新建）、窄冲水库（新建）等提水工程，其他供水水源有花马冲水库、小溪堡泉水。

1978年，龙里县城东部的小溪堡自来水工程建成，随之成立县自来水站（归县水电局管理），结束县城居民和城区3个村群众用水靠人挑马驮的历史。1992年12月9日，将原自来水站改为县供水公司，属企业性质，负责管理经营县城及各乡镇供水。

1991年前，龙里县城水源为城东3公里外的小溪堡洞中泉水，建东关坡水厂，日产量3000吨。1992年启动至1994年建成岔河饮水工程（1995年投入使用），投资179万元；1995年筹建流音洞自来水厂，至2002年6月主体工程完工，投资600万元，对从岔河引入的自来水进行处理，新建水厂日产饮用水2万吨；2003年12月开始，投资500万元建设猴子沟岔河到流音洞水处理厂长10.35公里、直径500毫米的供水管道，至2005年完工。2005年，县城有输水管达55公里，其中50毫米以上管网35公里。2008年末，龙里县城日供水能力达2.4万吨，实际日供水6000多吨。

2008年1月12日至2月下旬，贵州遭受“百年不遇”的冰冻雪凝灾害，龙里县供水设施遭受严重损毁。2月14日，建设部村镇建设司司长李兵弟和省、州建设部门领导一行视察龙里县城供水设施损坏情况。2月22日，省建设厅赠送龙里县水表500只。2月26日至3月2日，省建设厅派出地下管网渗漏勘测队到龙里县勘测检查供水管网损坏情况，找准漏点由自来水公司及时修复。之后，省、州建设等部门领导2次到龙里县视察受灾情况。3月20日，省建设厅补助龙里县城供水管网修复资金30万元，保障县城及时恢复供水设施实现正常供水。

四、排　水

2000年后，改造城区道路两侧排水沟为混凝土管道，约7公里；新建道路均配套建设排水管道，环北路还分设雨水管、污水管。至2008年末，龙里县城沿街（路）两侧大部分建有排水沟（管），约40公里，为雨污合流，无污水收集处理系统，污水直接排入贯城河，严重污染水体。

根据国家有关加强城市污水处理的要求，龙里县2007年3月启动县城污水处理厂建设，选址在龙山镇播箕村播箕桥，厂区占地17.12亩，规模为日处理0.7万吨，总投资2601.96万元，其中固定资产投资2417.58万元（厂区建设投资1264.36万元，管网系统25.28千米投资1153.22万元）。项目厂区部分采取BOT模式（建设—经营—转让，基础设施特许权），由黔南州政府统一捆绑招商；管网部分申请国家专项补助资金，与贯城河治理和城市道路建设同步配套修建。至2008年底，项目到位资金1261万元，其中：2007年12月省建设厅补助300万元，2008年6月省建设厅补助170万元，2008年12月中央预算内安排500万元、省发改委补助291万元。该项目于1年后全面建成投入使用。

五、垃圾处理

一直以来，龙里县城的垃圾主要集中倾倒于位于县城西南部3公里的铙钹山垃圾堆放场，采取简易消毒杀菌堆放。随着县城扩展，垃圾量不断增大，铙钹山垃圾场爆满，又倾倒于位于县城北面3公里望城坡的公路边。

为了解决县城无规范、卫生、安全的垃圾处理场的问题，2003年启动垃圾处理工程项目申报工作。2007年8月，在省、州发改、环保、建设部门及设计编制单位的支持下，完成龙里县城垃圾卫生填埋场工程项目选址、土地预审、建设用地规划、地形图测量，编成环境评价、地质勘探及可行性研究报告。2007年11月省发改委组织专家评审《龙里县城生活垃圾卫生填埋工程可行性研究报告》，2008年1月7日批复项目位于龙山镇播箕村毛栗寨野鸭塘，距县城6公里，设计服务年限为11年，计划投资2700万元。建设规模和内容为：新建日处理80吨生活垃圾卫生填埋场1座及相应配套工程，总库容50.16万立方米，渗滤液处理规模为40吨/日；设置垃圾转运站7座，增设垃圾清运车辆。

2008年3月，省城乡规划设计研究院专家到龙里县城现场踏勘，根据《龙里县城中心城区控制性详细规划》选定7座垃圾转运站地址，并编成龙里县城垃圾卫生填埋场工程项目初步设计和招标方案。龙里县按程序将初步设计和招标方案上报省发改委，4年后建成使用。

六、路灯等配套设施

1998年起，龙里县城主街道两侧开始安装路灯，至2008年县城有路灯1118盏（其中：高杆灯4根54盏）。2005年，兴龙广场安装景观灯871盏，各种工艺灯11盏，其他灯具10盏。2006年5月起，开展“整脏治乱”专项行动，实施城区亮丽工程，沿街建（构）筑物上均安装各种彩灯；县城内逐步设置公厕12座（其中水冲式公厕8座）、垃圾池6个、垃圾箱200个、果皮箱260个；按照国家规范要求设置消防栓。

2007年起，建设的道路都配套综合管沟，城区共设有窨井、排水孔和各类管线检查井3000多个，逐步解决各种管线空中架设和重复破道埋设等影响市容市貌的问题。2008年，投入30万元安装主街道（兴龙路、人民路）人行道护栏1530米；投入20万元在城区主、次干道设置各类交通标志线3900平方米。

七、集贸市场

1991年龙里县城的集贸市场还是马路市场，主要集中在解放街、民主街、胜利街、弯子街、大十字、小十字、和平巷等地段。逢场天道路拥挤、交通不畅、秩序混乱，环境卫生差。1991—1992年，县工商局牵头配合公安、税务、供销、建设等部门加强对集贸市场的管理，开展秩序整顿、卫生监督，强化文明经营、公平交易、合法经商等管理，使市场管理进入逐渐规范的阶段。1992年，县工商局等单位对全县集贸市场（含12个乡镇集贸市场）管理进行评比，促进规范化运行。

1995年在县城新建供销农贸市场，设有固定摊位120个，基本满足县城农贸商户经营场所需求。1997年，县供销社扩建供销农贸市场，占地6097.5平方米，建筑面积2335.6平方米，有摊位250个，总投资600万元（其中：大棚100万元，门面及商住楼500万元），工程于1998年4月8日投入使用，填补县城无规范农贸市场的空白。

2003年，由房开商建成1个综合农贸市场（位于供销农贸市场西侧100米），占地4500平方米，仅建成主体，未启用。2008年因大十字片区旧城改造，供销农贸市场被拆除，因此引进贵州凯全有限公司投资1500万元续建和经营，启用综合农贸市场（取名凯全农贸市场），分地下、地面两层，面积1万平方米，有摊位411个、门面30个。

2008年建成教师新村农贸市场（占地面积1.26万平方米，摊位2508.56平方米，店面2322.99平方米，投资1200万元，置换供销农贸市场被拆除的产权，产权归县供销社，复名供销农贸市场）、环南农贸市场（占地面积1986平方米，摊位267个，门面30个，由西南药都开发商贵州瑞翼房地产开发公司投资215万元建成，产权归龙山镇冠山村）。

八、城市绿化

龙里县城最早于1982年种植106株法国梧桐等行道树木。至2008年，县城街道有行道树2600株，以本地常绿树香樟树为主，兼有少量的法国梧桐和广玉兰，最大树径50厘米，最小树径5厘米；有道路绿化隔离带长2130米，宽1～3米；有街角花园、广场绿地花园、转盘花园共6处。初步形成以小游园、绿岛、绿篱、滨河绿地、生产绿地、防护绿地为主的绿地系统，共有绿地62.6万平方米（其中：公园绿地1.7万平方米，生产绿地19.1万平方米，防护绿地4.5万平方米，附属绿地16万平方米，其他绿地21.3万平方米），绿地率19.2%，人均11平方米。

九、公园建设

2000年后，国家要求加强城市公园建设，不断改善人居环境，提升城市品位。2008年，启动扩建冠山公园和新建夹山坡公园，计划总投资5060.39万元。冠山公园规划为文化街区公园，占地2.2万平方米；夹山坡公园规划为城市休闲健身公园，占地99.23万平方米。由桂林城市规划设计院完成两个公园的规划设计，拆除原冠山体育场、彩印厂厂房、检察院宿舍等大部分建筑。对冠山古树名木采取保护措施，修建围墙，补植部分树木。两个公园规划建设的前期工作累计投入61.39万元。后因规划调整和筹资困难，将“冠山公园”融入片区旧城改造，由房开商投资建设；夹山坡公园建设未启动。

十、旧城改造

1999年起，开始引进房开企业对县城老城区的老龙山区办公楼、酒厂、小十字、大十字、火车站、老县政府办公楼等片区占地0.31平方公里的“城中村”“棚户区”实施旧城改造。至2008年，累计投资6.8亿元，使3000多户居民住房条件得到改善，同时推进县城扩容提质。

1999—2008年龙里县城旧城改造主要项目一览表

表7-5

项目名称	地点（片区）	占地面积（平方米）	建筑面积（平方米）	总投资（万元）	实施单位	改造时间（年、月）
龙发商贸城	正大街老文化馆	2378	7558	580	贵州宏伟房开公司	1999.8
九龙商业广场	人民路县酒厂	10000	33192	2000	龙里县天力房开公司	2001.10
神奇苑、富华苑	小街园原龙山区	1975	8285	300	贵州嘉郦房开公司	2002.4
四方井小区	中山路	2342	5976	310	龙里县安厦房开公司	2005.10
安厦园小区等	小十字	14537	37796	2000	龙里县安厦房开公司	2006
利恒商业街	大十字原龙山供销社、粮食局等	37788	108257	11000	龙里县利恒房地产开发公司	2008
锦绣龙山	西关坡曲轴厂	92873	287296	30000	龙里县锦绣房地产开发公司	2008

十一、新区开发

1993年以前，龙里县城仅有东门小十字、胜利街、北门街、弯子街、解放街、民主街、和平巷、大十字、西门街、中山路、大磨石、四方井、小街园、太平寺、南门新场坝、环城路、火车站、西部老场坝、西关坡，以及水桥化工厂、林场等区域，城市建成区不足2平方公里。

随着经济社会发展，龙里县城以道路为骨架网络带动城区不断扩展，城市新区开发步伐加快。1994年建成人民路，1998年建成腾龙大道（后称三林路），2000年建成兴龙路、青龙路，2002年建成腾龙路、金龙路，2005年建成铁龙路；2008年建成环南路及环南安置区6条路、金龙路延伸段，并配套完善相关基础设施，同时开工建设环北路等道路，以路为轴线带动新区域发展。

2008年，县城（不含工业园区）建成区面积增至6.67平方公里。为了城市的长远发展，依托得天独厚的区位交通优势，从1995年起不断修编县城总体规划，将城市规划区面积由原来的不足2平方公里增至2008年的472.5平方公里，涵盖龙山镇、麻芝乡、谷脚镇和醒狮镇的全部行政区域。除抓好老城区的提质扩容外，先后大规模建设龙山和谷脚工业园区，2007年启动贵龙城市经济带等新区开发建设，为城市的长远发展打下坚实基础。

（一）安置区 为改善城市面貌，加快老城区改造步伐。2006年起采取规划新区划地安置的方式，新建夹山坡、桃园、西关坡、环南路、大冲、石头寨等居民安置新区，占地约20万平方米。至2008年，安置区基本成型，住房达3000多套，累计投入3.6亿元。

（二）片区开发 2008年，主要实施9个片区开发。

1.金龙路片区　占地1.86万平方米，总建筑面积4.47万平方米，基本建成，形成商住一条街。

2.腾龙路片区　占地1.95万平方米，总建筑面积4.69万平方米，基本建成，形成餐饮一条街。

3.铁龙路片区　占地1.97万平方米，总建筑面积4.74万平方米，完成50%的商住楼建设。

4.草原路小区　占地2.79万平方米，总建筑面积6.7万平方米，建成50%的房屋建筑。

5.东北片区　占地53.12万平方米，主干道环北路长1.3公里（不含天佳房地产开发建设的360米）、宽40米，总投资1714万元，完成33%的工程量。

6.羊角井片区　天佳房地产开发占地4.99万平方米，总建筑面积7.6万平方米，一期工程2万平方米，完成投资1000万元。

7.原农校片区　占地41.86万平方米，总建筑面积20.29万平方米，完成拆迁。

8.莲花片区　作为县城西南部新城区，占地22平方公里，完成《龙里县城莲花片区控制性详细规划》编制。

9.东门片区　为促进医药产业发展，2007年启动“西南药都物流交易中心”（简称“西南药都”）项目建设，位于东门小团坡，北面紧抵210国道，占地面积353亩。由贵州瑞翼房地产开发公司和贵州苗都药业科技开发有限公司承建，计划投资7.2亿元，于2008年9月开工。

（三）贵龙城市经济带 规划占地95平方公里，总投资约500亿元，拟建成龙里新城区。至2008年底基本完成10多个支撑性规划文本编制，有关规划通过论证，开始面向全国招商引资。后来引进央企中铁集团投资开发，计划每年投资30多亿元。

（四）工业园区 龙山和谷脚两个工业园区，成为县城新区的重要组成部分，为城镇化发展提供产业支撑。

1.龙山工业园区 位于县城北部，距县城5公里，距龙洞堡国际机场20公里，厦蓉、贵新两条高速公路贯穿园区。园区水源充足，石龙沟水库容量41.27万立方米，建有水厂规模为4000立方米/天。1991—1993年，龙里县主要发展乡镇企业，龙里化工总厂以及下属6个分厂基本集中在城西水桥片区。1994年龙里龙腾铁合金厂入驻后，带动一些小企业的发展，进而水桥度假村等一批服务行业兴起。1995年泰国正大公司入驻水桥。1998年以后贵州弘康药业有限公司等一批制药厂进驻贵新高等级公路两侧的龙山镇大冲村一带，与水桥相连，形成龙山工业园区。2006年起，为实现县城扩容提质，决定开发5平方公里的县城西区（龙山镇水桥村片区），将龙山工业园区规划选址在县城北部的龙山镇播箕村和平地村，将处于水桥村的厂矿关闭或迁往县城北部工业园区（龙山工业园区）。2008年，迁建在县城北部的龙山工业园区规划面积从5.41平方公里增至16.21平方公里，建成区近1平方公里，上规模企业达21家。

2.谷脚工业园区（医药工业园区） 园区位于谷脚镇大坡村的千家卡、倪儿关，与贵阳接壤，距贵阳市中心20公里，距龙洞堡国际机场6公里。随着医药等企业的不断入驻，交通不断改善，基础设施进一步完善。2008年，园区规划面积由原来的6.8平方公里扩大到50平方公里，建成区达1.2平方公里，已进驻企业92家，其中投产60家。

第三节 城市管理

一、规划管理

1990年4月1日，《中华人民共和国城市规划法》施行；2008年1月1日，《中华人民共和国城乡规划法》施行，《中华人民共和国城市规划法》同时废止。国家对城乡规划越来越重视，要求加大规划法的宣传贯彻执行力度，省、州监察部门会同规划行政主管部门经常开展规划执法检查，县人大经常开展规划执法监督。但是，在2005年以前，由于地方经济落后，缺乏经费编制相应的控制性详细规划和项目修建性详细规划，以及有关的专项规划，导致总体规划缺乏具体可操作性。规划缺乏前瞻性，项目工程规模小，规划实施存在随意性，“规划规划，墙上挂挂，不如领导一句话”。规划批后监管不到位，查处违反规划的行为力度差。

2006年后，县委、县政府抓住打造贵阳城市经济圈的发展机遇，依托区位、交通优势，确立城镇化带动战略。首先从建立科学完善的县域城镇规划体系、找准发展定位入手，先后累计投入2000多万元，面向全国公开招标委托规划设计单位和聘请有关专家，对县城总体规划、片区及工业园区控制性详细规划、重点镇总体规划、近期修建性详细规划、项目修建性详细规划，以及相关的专项规划，进行认真研究和编制。

2006年成立县委书记任主任，县长为常务副主任，县“四家班子”有关领导为副主任，全县有关部门、重点镇负责人为成员，聘请有关专家组成专家组的城乡规划委员会，严格执行城乡规划法律法规和项目工程相关审批程序。始终坚持各种规划必须委托具有相应资质的单位编制，经县规划行政主管部门初审后报县城乡规划委员会组织专家审查通过，然后按程序逐级上报政府批准后执行。凡是在规划区范围内实施的一切房屋和市政基础设施项目工程，严格执行相关规划，始终坚持“一书两证”（建设项目选址意见书，建设项目用地规划许可证和建设工程规划许可证）审批监管制度及“先地勘、后设计、再施工”的原则，重大项目工程实行环境影响评价制度。同时加强规划批后监管，采取项目工程施工放线、验线、中途检查、竣工参与验收的规划监管办法，有力遏制违法违规建设行为，提高规划的执行落实效果。

二、城市维护

1995年出台《龙里县城镇、集贸市场环境卫生管理办法》《龙里县城镇市容、市政、环卫管理规定》《龙里县城市出租机动车客运管理规定》。1998年6月，成立县公用事业局，下设市政公用设施管理站和园林绿化管理站，事业编制分别为3名。因人手不足长期招聘11名合同制工人，购置皮卡车1辆、中型吊装车1辆，建设花卉苗木培育园10多亩，主要负责对城区道路（含路灯防护栏、排水沟、窨井孔等）、绿化带（行道树、街角花园、广场绿地等）、广场（含高杆灯、景观灯、工艺灯等）及健身设施、公厕、垃圾池箱、果皮箱、河道等的巡查养护，以及2006年起开展“整脏治乱”专项行动实施的城区“亮丽工程”（沿街建构筑物上均安装各种彩灯）建设、节假日公共场所鲜花布置摆放、春节期间沿街灯笼悬挂等，保证公共设施正常的服务功能，营造美观舒适的城区环境。10年间，平均每年投入城市维护费用300余万元。

三、城管监察

1988年5月，龙里县成立城管大队，隶属于县城乡建设环境保护局，下设规划监察、市政监察、环卫监察3个中队，人员从成立时的几人增加到近20人，经费开支由自收自支改为财政全额拨款。采取定岗、定人、定责及分片包干等办法，依法检查、处理、取缔和纠正违法违章建设；查处、教育和纠正乱搭乱建、乱堆乱放、乱涂乱画、乱丢乱倒、乱吐乱排、乱穿乱行、乱摆乱设和占道经营、乱打广告、损坏公共设施、毁坏树木花草、违规燃放烟花爆竹、敞放家禽家畜等损害市容市貌、环境卫生的违法违规行为，维护正常的城市秩序。2000年出台《龙里县城区内禁止燃放烟花爆竹的规定》。

四、环卫管理

龙里县环境卫生管理站成立于1980年2月，实行差额预算管理。到2008年有职工86人，其中：在编职工（收费和巡查管理）19人，编外合同工人（清扫保洁女工）67人，承担城区近40万平方米路面的保洁工作。1992—2008年，环卫设施投入累计201.5万元，主要有吸污车1辆、洒水车1辆、垃圾清运车5辆、拖拉机4辆、装载机1台、推土机1辆，有垃圾箱200个、果皮箱260个及满足需要的清扫保洁工具。

1998年7月成立创建省级文明卫生城市工作领导小组，实行集团承包和“门前三包”（包卫生、包绿化、包秩序）责任制；经常开展爱国卫生运动如除“四害”（蚊子、苍蝇、老鼠和蟑螂）等活动，实施“亮丽工程”（完善路灯，并在沿街和公共场所的建构筑物、行道树上安装各种彩灯）。1999年10月，经省爱卫会组织验收合格，龙里县城被评为省级文明卫生县城。

2006年5月起，开展“整脏治乱”专项行动，形成工作常态化。重点整治“五脏五乱”，即：公共厕所脏、车站码头脏、饮食摊点脏、集贸市场脏、街巷院落脏，乱吐乱扔、乱贴乱画、乱排乱倒、乱搭乱建、乱摆乱占。至2008年，累计投入8亿元，进行道路、绿化带、市场、车站建设整治和污水处理设施、垃圾处理设施等建设，以及旧城改造和城市维护管理。2008年，每日对县城区主要街道、公共场所清扫保洁面积近40万平方米，日清运处理垃圾40多吨。

五、城区功能调整

2007年以前，县城未作明显的功能分区，各类商家、摊贩基本上自由选择场地从事经营。到2008年，全县6镇8乡共有12个集贸市场，一直统一按传统的十二生肖属相排序轮流滚动安排赶场日，俗称“转转场”，让群众天天有场赶。所有集贸市场中，县城区规模最大，赶场交易人数达几万人，场地主要集中在中心区几条主街道，导致道路拥堵不堪，影响单位正常办公、群众办事和消防、处突。为改变脏乱差情况，创建文明卫生城市，于2008年9—10月再次对城区功能分区进行调整划分。

（一）场期调整　从10月起，县城场天从以前的6天一轮回调整为7天一轮回，并固定在每周日；赶场地点搬迁至新建成的环南小区。

（二）县城功能分区

1.兴龙路、正大街、西门街　为百货、服装、鞋帽商业区。

2.金龙路（含周边的电力路、气象路、腾龙路及小区）至环北路东段、三林路　为餐饮、宾馆商业区。

3.九龙广场小区　为休闲酒吧，周边通道为美容美发商业区。

4.人民路　为通信器材、维修商业区。

5.胜利街、北门街　为农资、畜牧产品经营区。

6.小街园、太平寺、解放街、和平巷、民主街、东门街　为食品、副食品经营区。

7.青龙路、半边街　为小商品、工艺品经营区。

8.环城路西段（石油公司至县医院宿舍）　为农机等器具和电器、建筑设备经营区。

9.环城路中段（供电局至兴龙路口）　为灯具、油漆经营区。

10.环城路中段（外贸公司至解放街路口）　为建筑材料、陶瓷、金属、厨卫器具、瓷砖、石材经营区。

11.铁龙路　为建筑材料（以钢材、木材、机压板材、水泥、管材、不锈钢、铝合金加工为主）经营区。

12.环城路东段（南门街路口至东门）　为车辆等维修和摩托车及其配件经营区。

13.环北路（金龙路口至贵新高速路口）　为娱乐场所经营区。

14.教师新村旁（气象局对面）　为农贸市场。

15.环南小区　场天（星期天）为集贸市场，平时为蔬菜、水果等农产品批发零售市场。

16.三林路（正大区域）　为物流中心、商品进出集散地。

17.水桥老321国道线　为汽车维修、煤炭经营、废旧物资收购区。

18.冠山公园　为花鸟市场。

19.和平巷、中医院路段　为夜市（小吃）经营区。

20.药都大道（环南路旁）　为中医药及器具经营区。

21.环南路、环北路，及贯城河沿线　为广告发布区域。

第二章　镇乡村规划建设和管理

第一节　镇乡村规划

一、镇乡规划

1999年开始委托黔南州规划设计院编制除县城龙山镇、谷脚镇和麻芝乡（纳入县城规划范围）外的各个镇、乡的总体规划，具体是洗马镇、猫场镇、羊场镇、三元镇、哪嗙乡、巴江乡、谷龙乡、水场乡、民主乡、摆省乡、湾寨乡，至2001年编制完成，累计投入经费50余万元。

2008年，龙里县县域城镇体系规划到2030年，形成1个中心城区（龙山、谷脚）、3个中心镇（洗马、醒狮、羊场）、8个一般镇（含乡集镇）的等级结构。城镇体系规模结构中，中心城区达30万人，中心镇达1万人左右，一般镇0.3万人至0.5万人。其中：洗马镇主要发展商贸、采掘工业和有机农业；醒狮镇以特色工业、有机农业和食品加工业、城郊休闲度假为主，构成贵阳城郊产业体系的重要组成部分；羊场镇发展农业、农副产品加工业；三元镇发展特色农业；湾寨乡发展有机农业、农副产品加工业；摆省乡发展休闲旅游业、农副产品加工业；草原乡以发展高原生态度假和康体休闲旅游服务为主，是贵阳生态旅游业的重要组成部分；哪嗙乡发展交通运输业、农副产品加工业；谷龙乡发展种植业、养殖业和采掘业；巴江乡发展特色农业；水场乡是贵阳花溪产业体系的有机组成部分，以特色加工业、现代农业、商贸业为主。

龙里县各乡镇总体规划编制情况一览表

表7-6

乡镇名称	规划面积（平方公里）	规划期限（起止年度）	规划人口（人）	发展方向	编制时间
洗马镇	1.48	近期1999—2002 远期2003—2010	近期2002年32890人 远期2010年46800人	以种植水稻、玉米、小麦、烤烟、油菜和药材为主，大力发展林业、养殖业	1999.9
猫场镇	1.45	近期1999—2003 远期2004—2010	近期2003年16100人 远期2010年20000人	以种植蔬菜和水稻、玉米等为主，发展为龙里县第二批工业小区	1999.11
羊场镇	1.25	近期1999—2002 远期2003—2010	近期2002年21000人 远期2010年26000人	以商贸、农副产品加工、旅游服务为主	1999.9
三元镇	0.5	近期1999—2003 远期2004—2010	近期2003年6971人 远期2010年12547人	以旅游服务、商业贸易为主	1999.9
哪嗙乡	0.48	近期2001—2005 远期2006—2015	近期2005年16000人 远期2015年18000人	以发展种植、养殖、旅游业为主	2001.4
巴江乡	0.78	近期2001—2005 远期2006—2015	近期2005年11000人 远期2015年13000人	以发展种植、养殖、农副产品加工、采矿业、林业为主	2001.4
谷龙乡	0.33	近期2001—2005 远期2006—2015	近期2005年16200人 远期2015年18500人	以发展种植、养殖、林业、采掘业为主	2001.3
水场乡	0.36	近期2000—2005 远期2006—2015	近期2005年8500人 远期2015年10000人	以高附加值加工业、商贸、观光农业为主	2000.10
民主乡	0.21	近期1999—2002 远期2003—2010	近期2002年16200人 远期2010年21000人	以发展种植、采掘、旅游为主	1999.9
摆省乡	0.37	近期2000—2005 远期2006—2015	近期2005年12000人 远期2015年13500人	以发展种植、养殖、采掘、旅游为主	2000.7
湾寨乡	0.38	近期1999—2002 远期2003—2010	近期2002年12500人 远期2010年14000人	以发展种植、采掘、旅游为主	1999.9

二、村庄规划

全县有159个行政村、1395个自然村寨。2006年起，根据《贵州省社会主义新农村建设村庄规划编制办法（试行）》编制20多个试点村庄整治规划，规划面积达2平方公里。2008年起，重点建设、整治农村居民点，加快农村基础设施建设，最终达到人畜粪便和生活污水治理基本达标，建成“民居适用、饮水安全、道路硬化、街巷干净、宅院整洁、环境优美”的生态文明村。

在加快发展中心城区、中心镇和一般镇（含乡集镇）所在居民点的同时，搞好村庄规划，发展和整治醒狮镇小岩、大岩、旧司，谷脚镇下郭关、塘坊，龙山镇小寨、坝上、厉家庄、吴家庄、水桥，麻芝乡杨家庄，三元镇三元新桥、平寨，草原乡长田寨、火烧坪、关口寨，湾寨乡小寨、摆勺、石头、朵石，摆省乡摆戎、渔洞、果里，羊场镇撑腰岩、沙子哨，哪嗙乡十字路、上坝，洗马镇新庄、白泥田、烟灯坡，巴江乡武田、烂田湾等村寨，统筹推动城乡协调发展。

龙里县新农村建设主要村庄整治规划一览表

表7-7

序号	名　称	建设地点	投资（万元）	规划编制时间（年）
1	塘坊	谷脚镇观音村	300	2006
2	吴家庄	龙山镇水桥村	30	2006
3	厉家庄	龙山镇坝上村	23	2007
4	白岩脚	龙山镇坝上村	13	2007
5	平寨	三元镇永安村	18	2007
6	长田	草原乡长田村	20	2007
7	唐堡	草原乡唐兴村	15	2007
8	老堡	三元镇永安村	12	2007
9	大岩	醒狮镇大岩村	8	2007
10	洞门前	麻芝乡五里村	50	2007
11	杨家庄	麻芝乡富洪村	30	2007
12	旧司	醒狮镇鸡场村	60	2007
13	贾托	麻芝乡大新村	10	2007
14	大新苗	麻芝乡大新村	10	2007
15	王榜	龙山镇坝上村	10	2008
16	永安	三元镇永安村	13	2008
17	三元布依民族风情园	三元镇永安村	12	2008
18	下郭关	谷脚镇谷远村	9	2008
合　计			643	—

第二节　镇乡村建设

一、镇乡建设

1999年3月成立龙里县小城镇建设工作领导小组，出台《关于进一步加快小城镇建设的实施意见》；2000年7月出台《关于进一步加快小城镇建设的决定》，具体实施“八个一”工程建设（建设一条高标准的市政道路、一个居住新区、一个与交通要道分开的集贸市场、一个具有历史文化内涵和地方特色又富有时代特征的标志性建筑物、一个功能齐全设施配套的文化娱乐中心、一个环境优美的公园或绿化广场、一个符合环保要求的乡镇企业发展小区、一个垃圾处理场），至2008年乡镇累计投入3000余万元。

（一）道路　20世纪90年代，由于地方经济欠发达，所以乡镇道路建设投资少、发展缓慢。2000年以后，全县乡镇道路建设步伐加快，改建、扩建、新建20余公里，累计投入1799万元。

龙里县镇乡道路建设统计表

表7-8

年份	镇乡名称	建设内容	投资（万元）
1999	民主乡	麻若场坝道路硬化	50
2000	洗马镇	修建西门街道路长322米、宽15米	38
	猫场镇	修建镇区道路长820米、宽15米	90

续表

年份	镇乡名称	建设内容	投资（万元）
2000	三元镇	修建镇区道路长2000米、宽6米	17
	湾寨乡	修建乡政府所在地街道长500米、宽12米	150
	水场乡	维修乡村道路长1500米、宽6米	25
	民主乡	维修乡村道路长437米、宽12米	19
2001	洗马镇	修建文化路长340米、宽10米	50
	谷脚镇	改造千家卡至洗马镇过境公路长2公里、宽18米	60
2002	洗马镇	修建新街道路长720米、宽16米	90
	醒狮镇	完成政东街300米路面硬化，在政兴街300米路段安装路灯，街道两旁绿化	80
	羊场镇	修建羊小路长400米、宽12米，修建羊甲路长686.6米、宽14米	32
2004	醒狮镇	修建永乐至偏坡道路长500米、宽8米	8
	谷脚镇	建成谷脚新街至中、小学的校园路长305米、宽5米；按城市道路三级标准新建成富源路长500米、宽15米（其中机动车道8米，两边人行道各3.5米）	320
	哪嗙乡	修建中兴路长328米、宽20米	80
2005	三元镇	由省交通厅投资建成三元至龙从油路7公里（至此连通三元至龙里县城的交通，使三元镇至龙里县城的路程缩短10公里）	245
2006	谷脚镇	改造建成谷脚老街景观石板路长520米；通过招商引资，由贵阳钢厂投资新建谷脚新街至贵钢度假村的水泥硬化道路，长1000米、宽6.5米，2008年5月完工并投入使用	305
	羊场镇	建设镇区道路长500米、宽7米	70
	水场乡	完成场坝村哨上组的街道硬化	20
2008	水场乡	实施场坝村瓦窑上组及鸡场村上、下堡子的街道硬化	50
合　计			1799

（二）供水　1991—2000年，各乡镇都采取高位自流、水泵提取等方式解决乡镇政府所在地的饮水问题。2000年以后，部分乡镇逐渐加大基础设施建设，投入部分资金用于解决政府所在地的单位用水和居民用水问题，安装自来水设施，稳定水源，安装水表进行收费管理。其中：2005年10月，总投资512.89万元的饮用水安全示范项目洗马片区人饮工程正式开工，输水管道总长15.76公里，建日供水量达1700吨的供水厂1个，至2006年完工。

（三）排水　除谷脚、醒狮、羊场等几个镇政府所在地街道修建部分简易排水沟外，其他乡镇的污水基本上自然排放，不作任何处理。

（四）垃圾处理　除羊场、湾寨、谷脚、醒狮、洗马政府所在地有保洁工人将垃圾集中堆放填埋外，其余乡镇政府所在地虽修建部分垃圾池，但无专门人员管理。大多数乡镇在环境卫生方面存在投资少、设施缺、管理差和脏乱严重等问题。

（五）集贸市场　2000年湾寨乡在湾寨街上修建集贸市场，占地2600平方米，建筑面积200平方米，摊位54个，总投资30万元。原从街上通过的青岩—平伐公路移到街上与小学之间，成为环行公路，实现场路分开。2003年在摆省乡政府所在地建集贸市场1个，占地4400平方米，摊位30个，投资46万元，实现场路分开。2004年在羊场镇原集市基础上重新扩建集贸市场，占地5700平方米，建筑面积3500平方米，摊位120个，总投资340万元。原从集市经过的青岩—平伐公路移往集市旁通过，成为环镇公路，实现场路分开。

二、村庄建设

主要实施文明新村和新农村建设项目，采取政府投资、村民投工投劳的方式进行。

（一）文明新村建设 2000年启动文明新村建设，按照“五改三建一倡导，十星六化两提高”的要求，加强农村基础设施、环境卫生、精神文明、基层组织等的建设，不断改善农村人居环境、提升生产生活质量。至2008年累计建成文明新村250多个，累计投资8000多万元，1万多户6万多农民直接受益。共建成投入使用沼气池5000多口（每口年产沼气约450立方米），改厕、改圈、改厨3000多户，烟囱出屋9000多户，全部农户用上清洁卫生饮用水（其中167个点用上自来水），90%的农户拥有电视机，40%的农户拥有电话，30%的农户拥有摩托车、农用车。

（二）新农村建设 全县159个行政村，1395个自然村寨。2006年启动新农村建设，根据《贵州省社会主义新农村建设村庄规划编制办法（试行）》累计编制20多个试点村庄整治规划，规划面积2平方公里。至2008年，累计投入1000多万元，主要完成谷脚镇的观音村塘坊、谷远村下郭关，龙山镇的水桥村吴家庄、坝上村厉家庄和白岩脚，三元镇的永安村平寨、老堡，醒狮镇的鸡场村旧司。其余的10多个村庄整治正在实施中，其中：龙山镇坝上村厉家庄、白岩脚3.67万平方米村庄整治，完成长256米、宽3米村寨道路建设；水桥村吴家庄完成66户农房改造；谷脚镇观音村塘坊12.68万平方米村庄整治，完成51户农户（每户120平方米）新农房设计并开工建设；三元镇老堡24.03万平方米村庄整治，完成道路硬化等。塘坊新农房外观参照徽式建筑，高2～3层，2层以上有走廊，坡屋面贴琉璃瓦，外墙为灰白色涂料；注重通风、采光，科学布局室内房间，卫生间、厨房、储物间等配套实用。

至2008年，三元镇的永安村已发展成为一个“规划科学合理、建设发展迅速、民族特色浓郁、环境秀丽优美”的“布依风情‘农家乐’”村；龙山镇的厉家庄、羊场镇的孔雀寨、谷脚镇观音村的塘坊新村等村寨，已发展成为具有自身民俗、饮食、休闲、旅游、度假、娱乐等特色的“新型美丽”乡村，“一寨一幅画，一家一个景”。农民群众用顺口溜总结新农村建设为：“走路不湿鞋、吃水不用抬、煮饭不烧柴、汽车进寨来、村寨美起来、庭院绿起来、钱袋鼓起来、文明进家来”。

第三节 镇乡村管理

一、管理机制

1991年10月，拟在全县6镇8乡建立村镇建设管理机构，但因缺乏人才等原因，只成立隶属于县建设局的“县村镇建设管理站”，定编4人，为自收自支股级事业单位。后因工作量大面广，1997年6月成立谷脚、洗马、羊场、猫场4个村镇建设管理所，每所定编3名，实有2人，为自收自支股级事业单位，在县村镇建设管理站的指导下负责本镇附带周边乡镇的村镇规划建设管理工作。

2005年1月，增设龙山村镇建设管理所，编制3名；县村镇建设管理站和设在镇的村镇建设管理所均改为财政全额拨款管理的事业单位；对全县分片区实施规划建设和管理，洗马所负责洗马、哪嗙、巴江片区，醒狮所负责醒狮、谷龙片区，谷脚所负责谷脚、水场片区，羊场所负责羊场、摆省、湾寨片区，龙山所负责龙山、草原、麻芝、三元片区。

二、管理措施

按照《村庄和集镇规划建设管理条例》等国家相关法规，对镇、乡规划区实施“一书一证”（建设项目选址意见书和建设工程规划许可证）审批管理，统一由县建设行政主管部门核发“一书一证”。由建设单位或个人逐级向所在的村（社区）委、土地管理所、村镇建设管理所、乡镇人民政府申请，然后报县建设局批准、发证，逐级审批的单位共同对建设行为进行监管。

1999年起，乡镇规划设计、建设施工和质量监管具体工作由村镇建设管理站（所）负责，县建设局和各乡镇政府协调配合监督管理。全县镇、乡、村打击违法违章建筑等规划执法监管职责，由当地政府承担，县建设、城管部门指导协助。

附：

镇规划建设选介

一、洗马镇规划建设

（一）规划布局

1.总体规划　2008年开始进行《龙里县洗马镇总体规划》修编，编制《洗马镇镇区修建性详细规划》。洗马镇北接开阳县，南邻哪嗙乡，西抵谷龙乡，东邻巴江乡、贵定县，地处山地丘陵，气候温和，土地肥沃，但水源缺乏。粮食作物以玉米、水稻为主。经济作物以烤烟为主，兼种油菜。洗马古代通驿道，是县境北部的大集镇之一，居民有经营商业和副业的传统。城镇主要发展商贸、采掘业和有机农业。

2.村庄规划　2008年，全镇共17个行政村，160个自然村寨，共6045户，2.44万人（农业户籍数），已编制规划的村庄1个（洗马村）。

（二）建设情况

1.道路　洗马镇境内通向贵阳、贵定的公路油路改造于2008年11月完工投入使用，全镇通村公路总里程约150公里。

2.车站　有客车站1个，占地约2000平方米，于2007年12月底建成投入使用，每天从贵阳、龙里、贵定等地往返的客车共20辆。

3.供水　龙里县北部片区安全饮水工程水厂建在洗马镇，该工程共投入500万元，于2005年12月建成通水，供水能力为110吨/日。供水范围仅限于镇区生活用水，现状管网16公里。

4.排水　1998年建成西门街排水系统，2008年12月建成正大街排水系统，尚未建立污水处理设施。

5.供电　在羊昌村建有30千伏变电站，于2001年建成投入使用，共投入约450余万元，年用电量800万千瓦时。

6.通信　1995年建成洗马电信支局，约投入110万元。2008年，程控电话装机容量1280门，有程控电话792门，电话普及率11%；已开通无线程控电话，全镇共有435门。2004年开通宽带业务，2008年有用户98户。

7.教育　2008年，全镇有学校16所，校舍建筑面积5.58万平方米，学校占地面积103亩。其中：完全小学12所，办学点3个，共有77个教学班，学生1906人；幼儿园1所，有3个教学班；初级中学1所。洗马小学于1935年建成，于2004年改名为洗马镇中心校，学校占地面积1.12万平方米，2008年有教学班12个，学生403人。洗马中学于1973年建成，学校占地面积2.63万平方米，校舍建筑面积5749平方米，2008年有教学班19个，学生1050人。洗马幼儿园于1982年建成，2007年8月修建2层教学楼1幢，建成面积339平方米，共有教学班3个，学生123人。

8.卫生　洗马镇中心卫生院于1992年建成，房产和设备共投入约114万元，占地6490平方米。2008年有职工21人。

9.市场　洗马镇无专业市场，群众赶集以路为场，其余的餐饮业、日杂销售等利用街道两旁的民房营业。

10.住房　2008年，洗马镇共有6085户，群众住房主要以砖木、钢混结构为主。全镇村民住房总面积约53.78万平方米，人均住房面积22平方米。

二、谷脚镇规划建设

（一）规划布局

1.总体规划　2005年7月，谷脚镇纳入《龙里县城总体规划（2005—2020年）》，不再单独编制镇政府所在地的总体规划。谷脚镇东接龙山镇、三元镇，南接水场乡、龙山镇，西邻贵阳市的花溪区、南明区，北邻醒狮镇、哪嗙乡。政府所在地主要是大坡村和谷脚村，按照《龙里县城总体规划（2005—2020年）》要求：大坡村新街片区主要为文化教育区，千家卡片区为主要布局工业、仓储的生物医药科技产业区；谷脚村老街富源路为功能分明、形式多样的集商业、医疗卫生、金融、住宅和行政办公为一体的综合性区域。

富源路的规划设计：一是在区域内有较大商流、物流且有小商品和农副产品集散传统的小城镇，依托现有产业优势，建立综合市场及专业批发市场，坚持以商贸服务业为中心，拓展专业市场，建设要素市场，发挥商品交换功能、生产要素聚合功能、信息传导功能、经济辐射功能，将其建设成为区域商贸主导型小城镇，使之成为区域经济发展的支柱，带动工业、农业的发展；二是主要技术经济指标，规划总用地面积5.76万平方米，建筑占地面积2.07万平方米，住宅用地1.47万平方米，公用建筑用地7151.11平方米，总建筑面积4.68万平方米，住宅建筑面积3.24万平方米，公用建筑面积1.44万平方米，容积率0.81，建筑密度35.87%，绿化率40%，停车位67辆（不含私家停车位）。

2.村庄规划　2008年，谷脚镇辖11个行政村，107个村民组，81个自然村寨，总户数3779户，总人口1.65万人。已编制规划的村庄有观音村塘坊组，2006年开始作为社会主义新农村建设点，建设内容主要是房屋、道路、供排水、市场，房屋以徽式建筑风格为主（青瓦、粉墙、马头墙），规划建设住房51户。

（二）建设情况

1.道路　2004年5月建成长305米、宽5米的谷脚新街至中、小学的校园路；11月在国家发改委和省、州支持下，投入资金300余万元，按城市道路三级标准新建成长500米、宽15米（其中机动车道8米，两边人行道各3.5米）的富源路。2006年1月投入资金105万元，改造建成长520米的谷脚老街景观石板路；通过招商引资，由贵阳钢厂投资新建谷脚新街至贵钢度假村长1000米、宽6.5米的水泥硬化道路，2008年5月完工并投入使用。

全镇11个行政村均通公路。210国道谷脚过境段10公里，途经观音、哨堡、大坡、谷脚4个村。千（家卡）洗（马）公路谷脚过境段2.5公里，千家卡工业园区内有3公里柏油路，谷（脚）高（堡）四级通村公路12公里。

2.供电　全镇11个行政村均通电。有供电所1个，观音村新街220千伏变电站1座，岩后村湾坡110千伏变电站1座。

3.供水　谷脚镇境内水域面积66.67公顷，有花马冲水库（小一型，库容159万立方米，有效容量118.4万立方米）、暗山水库（小二型，库容81万立方米，有效容量60万立方米），已建成日供水6000吨（千家卡供水公司）和日供水800吨（谷脚水厂）的水厂各1座。

4.通信　有电信支局1个、移动通信营业网点2个（新街、千家卡），全镇11个行政村均开通程控电话和移动电话。

5.文化教育　有文化体育广播电视服务中心1个，镇区内的谷脚村老街，大坡村新街、大寨、千家卡通闭路电视。全镇有中学1所，谷脚中学占地1.5万平方米，校舍建筑4638平方米，教师45人，学生754人；小学共有9所，教师105人，学生1774人。谷脚中心小学占地5211平方米，校舍2594平方米。

6.卫生计生　有卫生院1所，占地4000平方米，建筑1500平方米，病床5张，医务人员22人。村级卫生室7个（大坡、岩后、观音、高堡、王关、谷远、茶香7个村），村级卫生员6人。2008年新建观音村、茶香村卫生室，建筑面积各60平方米。2004年10月，由贵阳富中集团公司捐资50余万元建成810平方米的谷脚富中保健（计生）中心大楼并投入使用。

7.市场　有露天市场3处，分别是新街石板路、老街、千家卡，均占地400平方米左右。

8.车站　2008年县交通局在谷脚镇大坡村千家卡新建成汽车站1个，占地面积2100平方米，候车室建筑面积300平方米。

9.垃圾处理　有垃圾填埋场2个，1个位于谷脚镇新街，占地面积1000平方米，使用期为8年，主要为大坡村新街、谷脚村老街垃圾处理使用；另1个位于岩后村湾坡，占地面积2000平方米，使用期10年，主要为工业园区企业、大坡村千家卡、倪儿关、岩后村处理垃圾使用。

10.住房　2008年末，镇政府所在地有350余户，房屋结构主要为砖混结构和石木结构，总面积5.25万平方米，人均面积35平方米。观音村塘坊安居工程第一期占地1.75万平方米，建成住房35户3840平方米，硬化道路4430平方米，建有篮球场1个、野生菌交易市场800平方米。

三、羊场镇规划建设

（一）规划布局

1.总体规划　羊场镇位于龙里县境南部，镇政府驻地距县城65公里。东与贵定县交界，南与惠水县为邻，西接湾寨乡、摆省乡，北靠贵定县石板乡。1996年6月经黔南州规划设计室测量，开始对羊场镇镇域和镇区进行规划设计。1999年9月完成镇区建设规划情况图、镇域总体规划情况分析图、镇区建设规划近期建设规划图（1999—2002年），以及规划时段为1999—2010年的镇域总体规划规划图、镇区建设规划规划总图、镇区建设规划工程设施规划图。全镇以生态农业为支柱产业，以优质水稻为主，并发展茶叶、无公害蔬菜和畜牧业等。

2.村庄规划　全镇共辖11个行政村和1个社区，112个村民组，78个自然村寨，总人口1.77万人，4168户。至2008年尚无编制规划的村庄。

（二）建设情况

1.道路　全镇78个自然村寨有76个已通公路。2008年，投入47万元对整个集镇街道路面升级改造，路面硬化，完善供、排水系统，排水全部直接由暗沟引出排放。

2.供电　为贵阳市南局龙里湾寨供电所辖区供电。

3.供水　集中供水只涉及镇政府所在地的新营村和社区，2008年实施安全饮水工程，受益面基本覆盖5村1社区。

4.通信　已村村通程控电话，手机信号覆盖全镇。

5.教育　全镇共有小学9所、中学1所。其中镇中心校、金批小学、藕寨小学、孔雀小学、岱林小学、甲架小学、木马小学、甲晃小学均建成教学楼，走马小学校舍为20世纪80年代砖瓦结构。2008年，小学在校生2109人，中学在校生795人，全镇教职员工156人。

6.卫生　卫生院1所，医疗用房3栋，其中1栋为20世纪80年代修建的砖瓦房，面积200平方米；1栋为20世纪90年代修建的砖混楼房，建筑面积300平方米；1栋为2005年新建砖混楼房，建筑面积500平方米。2008年新建村级卫生室3个，每个建筑面积80平方米。

7.市场　羊场镇农贸市场及易地移民安置项目工程2004年开工，2008年建成，工程占地2.59万平方米，由五部分构成：市场占地5600平方米，摊位600个；市场内移民安置50户，占地1394.35平方米；道路占地9698.84平方米；商住占地7503平方米；公共设施（绿化带、通道、垃圾池、公厕）占地1655平方米。

8.车站　羊场镇客车站于2008年开工建设，2009年2月完工，总占地面积1650平方米，主楼占地120平方米。

9.垃圾处理　羊场镇垃圾填埋场位于新营村黄泥榜组打石场，总面积3000余平方米。2000年将该处设为垃圾填埋场，2004年进行第一次改造修建挡墙。2008年5月，挡墙高度已不能满足集镇街道垃圾清运后的填埋需要，根据5年期总体规划增高挡墙，增高后可为垃圾填埋提供近2000吨的空间。

10.住房　2008年全镇共4168户，90%为砖木结构，10%为新建砖混结构，共计40.01万平方米，户均住房96平方米，人均22.64平方米。

11.其他　2008年投入5万余元改造集镇公厕为水冲式公厕；引进10万余元建成广场休闲亭1座、30米高杆灯1棵；投入8000余元在集镇主要街巷设置果皮箱25个；投入9600元在主要公路沿线村庄修建垃圾池12个；投入5000余元改造街道照明系统。

四、醒狮镇规划建设

（一）规划布局

1.总体规划　醒狮镇距县城41公里，东接哪哕乡，南接谷脚镇，西与贵阳市乌当区交界，北邻谷龙乡。醒狮镇是龙里城市的卫星镇和贵阳都市区的郊区镇，以特色工业、有机农业、食品加工业和城郊休闲度假旅游业为主，成为贵阳城郊产业体系的重要组成部分。

2.村庄规划　2007年编制大岩村的大岩、鸡场村的旧司2个村庄整治规划。

（二）建设情况

1.道路　境内有干洗、把醒、醒偏、醒永、乌偏等主干公路贯通，交通便利。投入近10万元完成大岩村至大坝村1300米水泥路建设；投入2万元完成鸡场村旧司至沙榔小学400米水泥路改造。

2.车站　醒狮镇客车站始建于2004年，建筑占地500平方米。

3.供电　猫场镇35千伏变电站始建于1991年，1994年4月17日投入应用。该变电站有核心主机1台，容量3150千伏安，主要供应谷龙、洗马、猫场3个乡镇；另有35千伏新猫线备用。变电站占地约400平方米。

4.供水　2008年，醒狮镇有日供水1000吨自来水厂1座，供应醒狮、进化两个村665户2766人。有山塘水库14座，主要用于防洪、农田灌溉和畜牧饮水，设施及其库容量分别为：三宝村黑石头组滴水岩山塘3万立方米，鸡场村鸡场坝组高堡冲山塘4万立方米、冷冲山塘0.2万立方米，元宝村小寨组新猫场山塘0.3万立方米、大寨组元宝中间山塘0.4万立方米、大坡组龙井山塘2万立方米，顶水村国家寨组烂坝山塘6万立方米，旧寨村六角冲山塘0.7万立方米，进化村农场山塘0.3万立方米，醒狮村曾家湾山塘1.5万立方米、马鞍山山塘0.6万立方米、龙井边山塘0.4万立方米，小箐村塘边组塘边山塘0.9万立方米。

5.通讯　全镇现有移动基站5个，2004年开始修建至2007年全部完工。其中醒狮村1个、把关1个、凉水村1个、关口1个、旧司1个，总投入资金600余万元。全镇有8个村通程控电话，通信覆盖率达96%。2008年投入6万元建设农经网LCD显示屏投入使用；投入5万余元改造修建镇中心区域加密闭路电视主线路投入使用。

6.教育　猫场小学的前身为1949年前的醒狮国民学校，2002年更名为醒狮小学，后又称醒狮镇中心小学。2008年，醒狮镇中心小学占地6300平方米，校舍3314平方米，有教学楼3栋、学生宿舍1幢、教室12间1584平方米，教职工31人，教学班12个，学生453人，图书5000多册、电脑29台。中心小学附幼儿园1所，下辖村小教学点7个（元宝小学、鸡场小学、岩后小学、羊场司小学、小箐希望小学、大岩教学点、旧寨教学点）。

1996年始建猫场中学，2002年更名为醒狮中学。2008年，学校占地1.57万平方米，有教学楼2幢、学生宿舍1幢，教职工39人，在校生540人。有生化实验室、物理实验室各1间；微机室（网络教育）1个，共有计算机60多台，生均9人/台。

7.卫生　醒狮镇卫生院始建于2005年5月，同年11月完工，占地500平方米，建筑1000平方米，投入资金48万元，于2006年3月交付使用，有职工19人。镇卫生院下辖三宝、小箐、鸡场、元宝、凉水、羊场司、大坝、醒狮、进化、旧寨、顶水、大岩12个村级卫生室。

8.市场　投资16万元建设镇中心集贸市场和大坝村蔬菜集散市场。

五、三元镇规划建设

（一）规划布局

1.总体规划　三元镇距县城15公里，东北、东及东南与贵定县交界，南与麻芝乡接壤，西与龙山镇、谷脚镇接壤，北与哪嗙乡接壤。《三元镇总体规划（1999—2010年）》确定镇域村镇体系为：中心集镇（三元）——一般集镇（高坪）—重点中心村（永安）——一般中心村（新安、合安、西联、渔洞、硝兴）—基层村五个层次。规划为以旅游服务、商业贸易为主的小城镇，建制镇总面积10.29公顷，三合村为全镇的政治、经济、文化中心。

2.村庄规划　已编制永安村的永安、平寨、老堡和布依风情园4个村庄整治规划。

（二）建设情况

1.道路　2005年5月由省交通厅投资245万元，建成三元至龙从油路7公里，极大缩减三元至龙里县城的交通距离。

2.供电　20世纪70年代架设输电线路10公里，解决全镇的照明及生产用电。

3.供水　有乌榨堡引水渠，位于三合村，于兰家洞建饮水坝，截引合安河中上游水，灌溉土地350亩，工程始建于清代。全镇8个村中有西联、高坪、新安、三合4个村共19个自然村寨的1011户、4503人、4595头大牲畜无饮用水源，长期靠挑低洼处渗水生活，需要行走半个小时以上才能挑到水，且水源日渐干枯，卫生状况差。

4.排水　有三元河贯穿全镇，发源于草原乡国翁，由镇境黄土坎注入贵定县的瓮城河，河长50.8公里，汇水面积697.2平方公里，流经县境的汇水面积为693.7平方公里，占总汇水面积99.5%，多年平均径流深550毫米，平均径流量3.81亿立方米。

5.通信　镇内通信设施齐备，建有移动、联通、电信等设施。2008年程控电话装机容量为753门，实装543门，电话普及率为30.27%。

6.教育　2008年，全镇共有"九年一贯制"中心学校1所，在校生365人，在职教师47人。村级完小5所，其中：高坪小学在校生104人，在职教师12人；永安小学在校生114人，在职教师12人，2007年获得广东大亚湾商人支助25万元新修教室395平方米；新安小学在校生99人，在职教师7人；合安小学在校生66人，在职教师6人；西联村天威助学长征苗圃希望小学（原西联小学）在校生68人，在职教师6人，校园占地1800平方米，2004年9月获香港"苗圃行动助学长征"资助人民币17万元（另县政府匹配4万元）重建西联小学校舍，新修教学楼415平方米、食堂40平方米及厕所30平方米。

7.卫生　有卫生院1所，医务人员10人，病床4张。

8.市场　无专业集贸市场，属于马路市场。

9.车站　2007年由县交通局投资24万元在三合村新建客车站1座，占地约1100平方米，可容纳停车30辆。

10.垃圾处理　垃圾池7个，不锈钢垃圾桶4个。

11.住房　1991年以前，镇内40%居民已新建和改造住房，土墙房、茅草房已不多见。新建房屋多为砖木结构，少部分砖混，其中楼房占80%。2008年全镇人口6926人，共1794户，住房6803间，住房总面积6.8万平方米，人均占有10平方米。

第三章　住房制度改革与房地产业

第一节　住房制度改革

一、住宅状况

1978年中共十一届三中全会以后，随着改革开放推动经济社会迅速发展，居民收入不断增加，城镇化随之兴起和推进，城乡居民住房条件不断改善。农村新增住房从过去的土墙房、茅草房、木瓦房、石板房逐步向砖木、砖混和多层结构房屋发展，面积越来越宽敞，装修档次、质量越来越高。城镇房屋从过去的大部分为3层以下向多层和高层框架结构发展。

1990年开展房屋普查，县城共有公房283幢，总建筑面积12.16万平方米（其中：一楼一底的74幢，2～3层的162幢，4层以上的47幢）；县城私有房屋2.21万平方米，结构上由土墙房、木架房、茅草房及木板房逐渐向砖木、石木、砖混、瓦屋面及水泥预制屋面转化。

1991—2008年，农民外出打工成为普遍现象，大部分家庭打工收入积蓄都用在建新房及改善居住环境上；实施农村危房改造，逐步解决困难家庭、危房户、无房户的住房问题；对存在地质灾害的村落进行搬迁，推行农村民居建设抗震设防国家标准，提升农村住房抵御灾害的能力。在城镇实施住房制度改革，逐步实现住房分配货币化，建立起住房公积金制度，有效解决城镇家庭购房资金短缺问题；启动城镇经济适用房、廉租房、公租房等保障性住房工程，实施住房租赁补贴政策，逐步解决城镇中等偏低收入、低收入家庭住房困难。

至2008年末，全县人均住房面积从过去的不足8平方米增至19平方米，成套率达90%，卫生间等配套设施完善，居住环境显著改善。

二、制度改革

（一）住房实物建设分配 1992年推行住房制度改革以前，住房供应方式以实物分配为主。1991—1992年，龙里县作为贵州省住房制度改革（以下简称房改）示范点，部分单位开始按标准价183元/平方米集资建房。1993—1994年，全省房改工作全面开展，县城86%以上的存量住房（含集资建房）全部按各类房屋重置价标准向职工出售，同时明确产权比例为：单位产权占60%，职工产权占40%。1995—1998年全面深化房改，省房改办重新明确按标准价购房的产权比例：单位产权占29%，职工产权占71%，并鼓励职工按当年的成本补足购买100%的产权。同时，1992—1998年，在县政府“自建公助、修建家园”号召下，一些企业和城镇居民利用可供用地自建住房，同时修复危旧住房近2万平方米，逐步改善居住条件。

这一时期，由于住宅建设资金短缺，而住房制度是福利型的低租金制，不能实现以租养房和扩大再生产，住宅建设仍处在供不应求阶段。从1994年开始，根据县城建设布局，开始有计划地进行旧城改造和住宅建设。先是县城环城路、兴龙路的改造，引导沿路有关单位兴建居民住宅，安置沿线拆迁户到安置新村建设，房屋结构以混合结构为主，住宅层数也由低层向多层发展，重点解决困难职工的住房问题。1991—1998年，城镇新建住房平均每年完成3.7万平方米，1998年底城镇人均居住面积达11.4平方米。

1999年，县城住宅建设执行“综合开发、配套建设”的方针。在建设方式上，由千家万户分散建房、自建自用转变为由开发公司成片、成线综合开发、合作开发建设，主体建设与配套基础设施建设同步进行，新区开发与旧城改造相结合，使城市建设有计划、有步骤地拓展，住宅建设速度加快。

（二）住房分配货币化 1999年1月，《龙里县住房分配货币化改革方案》明确存量补贴（是指对全民所有制和集体所有制单位职工过去工资构成中住房消费含量不足的补偿，是将存量住房资产按现值评估后，根据工龄职级给予职工的一次性补贴）的对象为1998年12月31日前在册的全民所有制和已实行房改的集体所有制单位职工（包括离、退休的），按照工龄和现任职级计算存量补贴，计算工龄最高年限为40年。各类人员存量补贴标准为：办事员级180元/年，科员、六级职员及初级职称200元/年，副科级230元/年，正科级250元/年，副处级及中级职称280元/年，正处级及副高级职称310元/年，副厅级及高级职称360元/年。公有住房租金标准为：一级地段3.26元/平方米·月，二级地段3.1元/平方米·月，三级地段2.9元/平方米·月。

（三）保障性住房 廉租房，指政府或机构拥有，用政府核定的低租金租赁给低收入家庭的住房，套均建筑面积50平方米；公租房，指通过政府或政府委托的机构，按照市场租价向中低收入的住房困难家庭提供可租赁的住房，套均建筑面积35平方米，同时政府对承租家庭按月支付相应标准的租房补贴；经济适用房，指政府以划拨方式提供土地，免收城市基础设施配套费等各种行政事业性收费和政府性基金，实行税收优惠政策，以政府指导价（成本价）出售给有一定支付能力的中低收入住房困难家庭的住房，套均建筑面积60～75平方米。龙里县廉租房于2008年开始建设，占地19亩，建设规模为888套，套均面积50平方米，总面积4.44万平方米，分四期实施。一期48套2400平方米，总投资217万元（获中央投资补助资金95万元），进入第五层施工；二期168套8400平方米，总投资671万元（获中央投资补助资金336万元），进入基础施工；第三期384套1.92万平方米，总投资约2112万元，进入招标程序；第四期288套1.44万平方米，总投资约1584万元，申报中。2008年计划建设经济适用房120套，建筑面积8750平方米，总投资约1200万元，但由于县财政资金困难，未获国家补助资金，3年后才建成（之前的经济适用房，有2006—2008年由县国有资本营运公司从建设的旧城改造拆迁安置房中以土建成本出售给部分经济较困难的公职人员解决住房困难的住宅，累计223套1.68万平方米，投资1100多万元）。

第二节 住房公积金

龙里县住房公积金由县住房公积金管理部负责管理。管理部的机构设置主要分为两个阶段：第一阶段是龙里县人民政府管理阶段，从1994年至2004年6月底；第二阶段是黔南州人民政府管理阶段，从2004年7月至2008年。龙里县住房公积金管理部的前身为“龙里县房改资金管理办公室”（以下简称房资办），成立于1994年。2003年12月，龙里县成立住房公积金管理部，正科级，不具备法人资格，隶属于黔南州住房公积金管理中心。2004年7月1日，管理部正式接管县房资办业务，8月8日挂牌，有员工3人，其中主任1人、业务员2人。

住房公积金管理模式，有委托管理和自主管理两种，委托管理又分为全权委托管理和部分委托管理。在建立县住房公积金管理机构初期采用的是全权委托管理，主要是县级管理阶段（自1994年至2004年6月）。后经机构调整改为自主管理，主要是州级管理阶段（自2004年7月起）。

一、归集管理

龙里县自实行住房制度改革起，逐步推行住房公积金制度。1993—1995年，各行政事业单位及有财力的一些企业单位相继为本单位职工缴存住房公积金。国家和单位将每年用于职工住房建设投资的各种隐性支出转化为增量补贴，给职工用于住房消费，从1999年1月1日起凡本县全民所有制和集体所有制单位的在职职工均获享受。至2004年，全县行政事业单位全面缴存职工住房公积金（含增量补贴）。

龙里县住房公积金缴存比例为个人部分和单位部分分别在5%～12%之间，即按职工上年工资主要项目合计数的5%～12%提取，每月发工资时代扣存入个人公积金账户，同时单位补助相同的金额存入该职工的个人公积金账户；缴存基数为不超过当年公布的本县上一年度的社会平均工资的3倍（主要是为了控制一些效益好的单位无上限地大幅计提公积金作为变相的职工福利）。为确保住房资金良性循环，提高单位住房公积金缴交率，原个人住房公积金缴交率5%不变，将按工资总额的7%计提个人缴交、单位同样等额匹配补助的增量补贴合并为12%，计入个人工资结构，按月计提缴存。

由于财力有限，1994—2004年没有配套相应的财政扶持资金，使住房公积金政策未能全面实施。至2004年6月30日，由县房改办移交给县住房公积金管理部的住房公积金归集余额为457万元。10年间，能够坚持正常缴纳公积金的单位很少，主要是一些效益较好的企、事业单位和部分直属行政单位正常缴存，大部分单位如教育系统、卫生系统和乡镇单位都没有坚持缴纳。2005年3月推行建立职工住房公积金账户，2007年6月加强全县财政预算管理单位住房公积金归集工作，推动住房公积金制度的建立，同时全县财政拨款单位的公积金单位部分由县财政承担，纳入每年的财政预算。至2008年底，全县住房公积金归集额大幅增长，余额达4100万元。

早期缴存公积金的单位主要集中在财政供养的各级行政事业单位和国有经济性质的企业单位，大量的非公有制企业没有缴存。原因是各非公有制企业的人员流动性较大，又没有同单位签订相应的劳动合同，加上企业的不愿作为和缺乏强制性法规约束，要发展这些企业缴存公积金几乎不可能。

公积金利息计算：职工住房公积金自存入账户之日起，按照国家规定的利率计息，即当年缴存的住房公积金按活期储蓄存款利率计息，上年结转的住房公积金按3个月定期存款利率计息。

龙里县住房公积金归集情况统计表

表7-9

年份	缴存单位（个）	归集余额（万元）	年缴存额（万元）	财政匹配资金（万元）
1994—2004	29	457	51	0
2005	119	1100	680	146
2006	133	2008	1010	291
2007	151	2900	1116	334
2008	158	4100	1467	459

二、贷款

个人住房公积金贷款是指以单位和职工缴交的住房公积金为资金来源，向实行住房公积金制度的职工发放的专项低息贷款。根据《黔南州个人住房公积金贷款管理暂行办法》规定，凡本州行政区域内建立住房公积金制度两年以上，并连续足额缴存住房公积金，具有完全民事行为能力的职工，在购买、建造、翻建、大修自住房时，均可申请住房公积金贷款。贷款额度按不高于其所购住房全部价款或评估价值的70%确定，还需考虑还款能力、借款年限等具体因素，其计算公式：贷款额度=（借款人月计缴住房公积金工资总额×12个月）×40%×借款年限。贷款期限由州住房公积金管理中心按照“借款人的年龄与申请贷款期限之和不超过其法定退休年龄”的原则协商确定，最长的可达20年。贷款利率低于银行同期贷款利率，其中：2005年期限在5年及以下的月利率为3.3‰，5年以上的月利率为3.57‰。

住房公积金的个人住房贷款发放有两个阶段，即县房改办管理阶段（2004年6月30日之前）和公积金管理部接管阶段（2004年7月1日后）。县房改办管理时期，由于住房制度货币化改革力度不够，缴存单位少，资金归集量小，因此没有开展个人住房公积金贷款业务。公积金管理部接管后，随着住房制度改革的深入，房地产市场的蓬勃发展和住房商品化的全面推开，同时禁止单位建房和不再实行福利分房，加上每年投入财政资金扶持使公积金归集量迅速增加，再加上实行低利率的贷款优惠政策促使公积金贷款额逐年大幅增加，为广大职工带来实惠。至2008年末，龙里县执行的是黔南州住房公积金管理委员会制定的贷款政策，贷款期限最长不超过20年，最高贷款额度是20万元。

龙里县住房公积金贷款发放情况统计表

表7-10

年　份	贷款户数（户）	贷款金额（万元）
1994—2003	0	0
2004	4	25.3
2005	36	251.5
2006	89	786.8
2007	97	903.4
2008	101	1173.8
合计	327	3140.8

三、提取、偿还

职工有下列情形之一的，可以提取住房公积金账户内的储蓄余额：购买、建造、翻建、大修自住住房的；离休、退休的；完全丧失劳动能力，并与单位终止劳动关系的；户口迁出本州或出境定居的；偿还购房贷款本息的；房租超出家庭工资收入10%的；与单位终止劳动关系5年以上并未建立新的劳动关系的；非本州户口职工离开本州并与所在单位终止劳动关系的；用于补交房改房土地收益金差额的；职工死亡或者被宣告死亡的。

第三节　房地产业开发

一、开发项目

龙里县房地产开发起于1996年，至2008年，先后进行房地产开发的企业共11家，出现多家经营、相互竞争的局面，形成多元化、多层次的房地产开发行业。通过综合开发，全县已建成的3万平方米以上的住宅小区有5个，即教师新村、九龙小区、中兴嘉园、金龙小区、天佳城市花园。这些住宅小区配套设施相对完善，体现住宅建设的新水平。房地产市场日益扩大，从住宅单一产品发展到非住宅楼室开发。

2008年，有8家房开企业的8个项目，总建筑面积96.46万平方米，总投资约10亿元，已完成7.67万平方米（投资7616万元）；施工中19.7万平方米，总投资约2.88亿元；共计出售商品房25.09万平方米，经营收入2.94亿元。另外，单位集资建房及经济适用住房14.11万平方米；经政府拍卖、出让以及拆迁安置获得土地建房（含合作建房）32.86万平方米。全县城镇人均住宅面积达12.36平方米。同时，房地产管理工作日趋规范化，加强以产权产籍为核心的行政管理，初步建立产权档案计算机网络管理系统，加快房地产登记发证节奏。

1996—2005年龙里县房地产开发项目一览表

表7-11

项目名称	地点	占地面积（平方米）	建筑面积（平方米）			总投资（万元）	开发商	开发时间（年、月）
			住宅	其他	门面			
综合市场	环城路	5750	9327.06	—	1313.68	500	贵州大发房开公司	1996.12
龙发商贸城	正大街	2378	—	32603	4954.7	580	贵州从伟房开公司	1999.8
纪龙大厦	人民路	1283	—	3852.78	400	360	龙里金泰房开公司	2000.5
九龙商业广场	县酒厂	10000	27588.9	—	5602.92	2000	龙里县天力房开公司	2001.10
神奇苑、富华苑	老场坝	1975.12	6949.44	—	1335.23	300	贵州嘉邺房开公司	2002.4
工商局综合楼	兴龙路	582	—	—	320	84	贵州从伟房开公司	2002.8
综合集贸市场	环城路	3210.87	12337.8	—	8000	850	贵州龙里大地房开公司	2003.10
中兴嘉园	铁龙路	87000	13892	—	2380	1980	贵州龙驹房开公司	2004.7
桂龙轩	兴龙路	700	3633.1	—	670.25	400	贵州宇正房开公司	2004.12
匀龙苑	正大街	308	1800	—	260	89.81	贵州东奇房开公司	2005.7
胜隆小区	环城路	1750	7702.82	—	961.96	367.11	黔南州胜隆房开公司	2005.7
龙腾公寓	环城路	580	3088.08	—	544.49	130	都匀昌匀房开公司	2005.8
四方井小区	中山路	2342	5600	—	375.687	310	龙里县安厦房开公司	2005.10
草原路小区	草原路	19285	5500	—	—	269.86	龙里县安厦房开公司	2005.10
干部公寓楼	中山路	500	1387.04	—	—	57.7	龙里县安厦房开公司	2005.8
合　计		137644	98806.3	36455.7	27118.9	8220.78	—	—

二、投融资

龙里县房地产开发投融资方式主要有：1.通过自有资金在龙里参与土地投标，获取土地使用开发权后，按照法定预售许可实施商品房预售，通过银行按揭贷款回收资本及报酬，主要有桂龙轩、龙腾公寓、胜隆小区、匀龙苑等房开项目。2.通过自有资金在龙里参与土地投标，获取土地使用开发权后，以在建工程项目的底层商铺进行抵押贷款再次投入开发项目，达到法定预售许可条件后，通过预售方式回收资本及报酬，主要有综合市场、九龙商业广场等项目。3.合作投资开发方式，即政府出土地、开发商出资金，由开发商整体开发（包括房屋、道路等基础设施配套建设），除去法定成本后，按约定比例分配利润，主要有中兴嘉园等项目。4.置换投资开发方式，涉及规划改造的单位房屋，政府将土地挂牌出让给开发商，由开发商拆除原有房屋重建，建设完成后商业门面给开发商，其余按照安置单位房产价值进行分配，主要有工商局综合楼、龙发商贸城等项目。

三、统建房开发

龙里县已实施的统建房开发项目，主要有县国有资本营运公司2002年在青龙路中段开发的4600平方米安置房，以及陆续在铁龙路、金龙路、草原路等集中修建的旧城改造安置房工程；教育局在县城北门街规划建设的150套教师住宅工程；一些部门、单位利用政府划拨地和补助资金加上职工集资集中修建的职工福利房工程，以及2008年启动的保障性住房等工程。

四、房屋拆迁管理

对城市房屋拆迁实施管控，目的是为了使城镇改造建设有序推进，防止大拆大建、违规拆迁、野蛮拆迁，以及无资质拆迁导致安全事故发生。2001年，根据《城市房屋拆迁管理条例》及省、州有关要求，制定《龙里县县城房屋拆迁管理规定》；2003年1月根据《贵州省人民政府关于修改〈贵州省城市房屋拆迁管理办法〉的规定》出台《龙里县县城房屋拆迁实施细则》。房屋拆迁的开展，具体由具有拆迁资格的开发建设单位（除公益事业的承办单位外）作为拆迁人，县城开发建设指挥部（县政府1997年成立的临时机构）作为协调部门，县房地产管理局对拆迁行为实施监督管理。

为依法办事、简化程序，做到拆迁补偿安置的公正、公开，保护被拆迁人的合法权益，县政府委托房屋拆迁评估机构对县城的房屋不同位置的土地价格进行测评后，制定不同结构、不同年代、不同类型的房屋和不同区位土地的价格作为补偿的参考标准，先后制定县酒厂、老场坝片区、黔桂铁路龙里段、兴龙广场安置补偿方案及大十字片区等拆迁安置补偿方案，并制定《龙里县中长期拆迁规划》，有序开展城市房屋拆迁工作。

2000—2008年，先后拆除酒厂住宅（房改房）43户2668平方米和厂房、办公用房5109平方米，建设局住宅（房改房）16户1280平方米和门面房300平方米，老场坝片区私房2户303平方米、房改房15户1816平方米，黔桂线铁路扩能改造房屋500户6.4万平方米。拆迁住宅改为非住宅办理工商执照和税务登记证并正在营业或生产的，可按非住宅补偿；因历史原因造成规划、建设手续不全的房屋，需提交则提交产权证明，须补齐则补齐房产手续，否则不予补偿。对个别“顽固”的被拆迁户，多次做思想工作，按照省建设厅《城市房屋拆迁工作规程》作好行政裁决，为强制执行拆迁做好准备。

第四节 房地产交易

一、房地产中介

2001年前，龙里县房地产中介工作属于房地产管理部门的业内工作，后因房地产体制改革，将属于市场运作的房地产中介工作剥离出来，由中介机构独立实施。2002—2008年，龙里县先后有3家房地产中介机构，属兼营性质，因缺乏行业规范管理，房地产市场的逐步萎缩，城区公共广告橱窗、信息公开栏的设置完善，网络信息的发展，导致各房地产中介服务逐渐退出市场。

2001年12月成立龙里县佳誉房地产交易服务中心，主要为涉及房产登记的各管理机构、房地产中介服务机构提供服务平台，为当事人办理房地产交易过户手续。至2008年底，该中心累计办理交易手续406户。2004年成立龙里县黔力测绘有限责任公司，主要为委托人进行房产测绘，提供房产分层分户平面图，作为办理房产登记的必要文件。至2008年底，该公司共为委托人完成测绘14.71万平方米。

二、房地产抵押

龙里房地产抵押贷款登记管理工作于1999年开始，至2008年累计办理房地产抵押2376件，贷款金额3.68亿元，为2376户解决购房资金短缺问题。

2000—2008年龙里县房地产抵押登记情况统计表

表7-12

年份	2000	2001	2002	2003	2004	2005	2006	2007	2008	合计
件数	144	15	156	144	265	325	441	513	373	2376
贷款金额（万元）	660	125	818.7	2094.1	2443.4	5381.63	6934.79	10065.75	8314.5	36837.87

三、房屋租赁管理

（一）公房租赁管理 房改前，城镇公职人员住房一直由各单位独立管理和安排使用，一些单位没有向职工收取租金，房屋维修也由单位负责；一些单位靠收取低租金及单位补助养房。具有商业运营价值的房屋，部分单位以其租金维持职工的福利待遇；部分单位以低于市价的有偿方式转让给单位职工；部分是国企，改制后公开出售筹资安置单位职工。

（二）私房租赁管理 房屋的租赁有包租、转租、分租、共租等形式，租赁房屋一般由中介人介绍或承租人主动联系房主，经双方协商确定，订立租约后到公安部门办理租赁证（实际上，一般主要是采取口头协议和书面协议两种方式租赁，到公安部门备案办理租赁证的不多）。租金水平，2004—2008年住宅从2元/平方米增至4元/平方米；商业门面租金标准视地段而不同，一般是住宅的2～10倍。

四、房地产市场管理

龙里县房地产市场管理主要以监督、控制和服务为主，房地产开发执行城市规划，遵循“经济效益、社会效益、环境效益”相统一和“统一规划、合理布局、综合开发、配套建设”的原则，严格商品房预售许可管理，并建立预售资金统管专户，防止不法房开商恶意抽逃预售资金，有效保障购房者的合法权益。商品房预售须符合的条件：已交付全部土地使用权出让金，取得土地使用权证书；持有建设工程规划许可证和施工许可证；按提供预售的商品房计算，投入开发建设的资金达到工程建设总投资的25%以上，并已经确定施工进度和竣工交付日期；取得商品房预售许可证。

（一）一级市场管理 2001年，龙里县开始实施商品房开发预售许可制度。2004年预售住宅1.28万平方米，平均728元/平方米；商业性用房0.14万平方米，平均2352.79元/平方米。2005年预售住宅3.1万平方米，平均875元/平方米；商业性用房0.08万平方米，平均5275元/平方米。2006年住房平均价格为1075元/平方米，商业性用房平均价格为5442元/平方米；2007年住房平均价格为1269元/平方米，商业性用房平均价格为5556元/平方米；2008年住房平均价格为1568元/平方米，商业性用房平均价格为6350元/平方米。1996—2008年进入的11家房开企业共完成开发项目11个22.31万平方米，完成投资2.68亿元，销售18.77万平方米。

（二）二级市场管理 2004年《已购公有住房上市交易实施细则》实施，房地产二级市场活跃起来。龙里县2004年办理过户交易的二手房面积为415.59平方米，交易金额为20.48万元，交纳契税3072元；2005年办理过户交易的二手房面积为6286.4平方米，交易金额为388.07万元，交纳契税5.14万元。2006—2008年，累计办理过户交易二手房面积为16.5万平方米，交易金额为1.32亿元，实现地税407.12万元、契税529.36万元。

第五节 房地产行业管理

一、房屋产权管理

1985年开展全国房屋普查工作，成立县房屋土地登记发证办公室，由各单位独立按照县政府规定的租金标准管理公房，同时对私人的房屋及用地（宅基地）进行登记发证。1987年前，龙里县私有房地产业主在办理产权登记时，一般多用堂名、假名或化名，主要是以税契登记方式为主，并且登记部门较多，因此产权纠纷较多。1987—1992年，开展房屋普查后，房屋和土地的产权登记主要由县房屋土地登记发证办公室负责，产权要件主要是工作人员现场勘丈、四至房主签字、相关契约或证明材料，产籍档案主要是图、档、簿、卡。这一时期，累计登记发证1540件（旧证）。

1993年住房制度改革，成立县房地产管理所，开展产权登记、发证、房屋勘丈制图、房产交易、房产抵押等方面的管理工作。1993年至1999年9月，住房制度改革启动实施后，由县房地产管理所负责开展房屋产权管理工作。除以图、档、簿、卡进行管理外，开始运用微机管理。其间，房屋登记发证量累计3647件（旧证），建筑面积43.76万平方米。1999年10月成立房管局后，房屋产权产籍基本实现微机系统软件管理。2006年龙里县房屋产权产籍档案管理达省级标准。2007年12月，新购置房地产综合管理系统，产权档案初步实现计算机网络化管理。

2008年7月以前，产权登记主要以《城市房屋权属登记管理办法》为登记质量的管理依据，主要有总登记、初始登记、转移登记、变更登记、他项权利登记、注销登记。物权法施行后，产权登记的类型发生明显变化，主要以《房屋登记办法》为登记质量的管理依据，登记类型主要有国有土地范围内房屋所有权登记、集体土地范围内房屋所有权登记、抵押权登记、地役权登记、预告登记、更正登记、异议登记。该时期县城房产登记总量为68.2万平方米，占房产实有量131.55万平方米的51.84%。

2000—2008年龙里县房屋产权登记及发证情况统计表

表7-13

年份	初始登记		转移登记		变更登记		注销登记		验换证登记		发证（本）
	件数	面积（平方米）	件数	面积（平方米）	件数	面积（平方米）	件数	面积（平方米）	件数	面积（平方米）	
2000	390	58997.42	26	4783.18	14	1655.21	0	0	74	7364.61	504
2001	340	69457.07	24	2904.92	4	444.8	0	0	79	8820.44	448
2002	345	65996.8	12	1818.17	18	1433.35	0	0	141	11559.18	526
2003	304	100294.83	12	1235.59	7	2428.29	0	0	88	7846.14	419
2004	262	82719	33	4175.11	28	9742.92	0	0	74	7648.4	402
2005	493	156861.35	49	8377.62	27	9584.34	22	6882.71	45	3534.9	617
2006	408	87937.02	73	9174.48	40	19439.72	1	100	88	7317.46	1217
2007	729	109067.91	121	13497.31	106	12576.26	5	700	68	5595.69	1507
2008	389	69355.08	554	55517.41	3	434.13	338	56700	56	4875.83	1745
合计	3660	800686.48	904	101483.79	247	57739.02	366	64382.71	713	64562.65	7385

二、物业管理

经济适用住房和商品住房供应体系的出现，促使住宅小区的物业管理成为城市管理的重要组成部分。1993年《龙里县住房分配货币化改革方案》施行后，停止住房实物分配。2000年开始，随着贵阳宏伟、贵州大发、贵州大地、黔南天力、贵州嘉郦、贵州龙驹、黔南胜隆、贵州宇正、贵州从伟、都匀昌匀、都匀利恒、龙里天佳、龙里安夏、龙里锦绣、龙里大福、贵州裕泰、贵州贵志等房开公司的进入及房地产市场的形成，在县城区形成部分住宅小区。

在没有专门的物业管理的情况下，房管局开展《物业管理条例》宣传工作，疏通物管投诉渠道，搞好环境卫生管理，推动物业管理规范发展。按照建设部《住宅公用部位共用设施维修基金管理办法》授权范围和贵州省建设厅《关于明确商品住宅共用部位共用设施设备维修基金收取比例的通知》相关规定，对商品住宅按规定收取公共部位设施维修基金，专款专用，维护住房产权人和使用人的利益。

三、装饰装修管理

龙里县基本没有正规的装饰装修企业，主要以私人个体装饰装修为主。木匠负责室内吊顶、家具制作安装等；贴砖工负责墙砖、地砖、灶台装修；水电装修工负责水电安装；铝合金工负责窗户、防盗网安装。建设行政主管部门加强《住宅室内装饰装修管理办法》宣传贯彻工作，经常开展执法检查，依法受理投诉和采取恢复补救措施，未发生过因装饰装修损害房屋主体结构导致的安全伤亡事故。

第三节 建筑工程

一、工业建筑

龙里县的工业建筑，因属招商引资项目，一般未按基本建设程序申报办理相关审批手续，因此大部分未接受政府职能部门招投标、质量和安全监管。20世纪90年代以来，全县主要工业建筑完成项目有20多项。

1990—2005年龙里县主要工业建筑情况一览表

表7-14

工业企业名称	地 址	建成时间	投资（万元）	占地（公顷）
贵州龙里镀锌管有限公司	谷脚医药园区	1994	155.5	0.4
贵州正大实业有限公司	龙山镇正大路	1995.10	16000	15.33
龙里里峰水泥厂	龙山镇张光塘	1999.8	12000	2.96
贵州神奇啤酒厂	龙山镇吴家庄	2005.12	30000	17.67
贵州鸿康药业有限公司	龙山镇龙坪村	1998.04	2870	3.07
贵州龙里黔龙建材有限公司	龙山镇播箕桥	202.3	500	6.6
贵州神奇药业股份有限公司	谷脚医药园区	1992	1893	14.67
龙里龙铁合金有限公司	龙山镇大土	2003.10	724	2.2
贵州省圣元制药有限公司	龙山镇大冲村	1199	150	
贵州良济制药有限公司	龙里谷脚园区	2004.02	7000	3.69
贵州长通电力设备有限公司	谷脚工业园区	2003.5	1000	9.33
贵州亚冶铁合金有限公司	龙山镇播箕桥	2001.1	25	8.67
贵州龙腾铁合金有限公司	龙山镇水桥	1994	275	7.47
贵州同康药业有限公司	谷脚医药园区	2005.10	375	4
龙里海日生物工程有限公司	谷脚医药园区	2002	500	94.6
贵州王胎药业有限公司	谷脚医药园区	1997.3	2000	
贵州深华包装材料有限公司	谷脚医药园区	2003.3	500	
贵州大成药业有限公司	谷脚医药园区	2004	3200	8
贵州瑞和制药有限公司	龙山镇大冲村	1998	5000	
贵州富华药业有限公司	谷脚医药园区	2000.08	30000	6.67

二、民用建筑

2004年以前，龙里县的办公、住宅、商业等建筑，大部分是6层及以下，由本县几家施工企业建成。2005年起，民用建筑向高层发展，房开公司开发建设的大部分商住房屋超过6层，县外三级以上施工企业纷纷进入龙里市场占据主导地位。1991—2008年，龙里县民用建筑项目（主要是政府性投资或经政府审批同意的建筑，不含农村自建房）累计施工完成1449个，建筑面积102.17万平方米，总投资4.12亿元。

1991—2008年龙里县民用建筑工程一览表

表7-15 单位：平方米、万元

年份	工程个数	建筑面积	总投资	其中私人工程			主要建筑工程
				个数	建筑面积	总投资	
1991	11	9500	150				磨具厂、粮油厂、农业中学教学楼
1992	6	8580	155				粮食局宿舍、谷脚供销社办公楼、农业中学教学楼
1993	29	17100	352				供电公司营业楼、县档案馆
1994	30	12830	335	16	2700	60	公安局宿舍、民兵训练基地、民中宿舍、石油公司综合楼、税务局宿舍
1995	53	21350	601	38	4200	81	农机局培训楼、五金公司住宅楼、供销社综合楼
1996	55	29000	986	41	6590	180	龙里中学综合楼、新华书店住宅楼
1997	31	18500	600	19	3500	90	县委大楼（改扩建）、民主乡（原麻若乡）政府办公楼、谷脚镇政府职工宿舍
1998	78	82500	2820	67	44034	1140	土产公司综合楼、猫场镇政府大楼和邮政所办公楼
1999	76	37879	1254	61	16720	434	财政局办公楼、龙里林场综合楼
2000	135	53622	2189	115	9622	310	大发房开综合市场、住建局宿舍，防疫站、地税局、供电局办公楼
2001	179	102361	3600	167	58382	1751	工商局宿舍、教师新村教师住宅、检察院宿舍
2002	94	61143	2176	80	27024	811	天力房开九龙广场、嘉郵房开老龙山区（药王谷）
2003	39	47606	2065	32	21106	760	天力房开九龙广场、嘉郵房开老龙山区（药王谷）、龙里中学学生公寓、龙里民中教学楼
2004	83	71800	2925	69	28000	1100	天力房开九龙广场、大福房开腾龙路，金龙路、青龙路、教师新村小区私人建房
2005	80	63072	2170	62	35248	1057	天力房开九龙广场，龙驹房开铁龙路中兴嘉园，大地房开综合市场商住楼，金龙路、腾龙路、夹山坡、桃园安置小区私人建房
2006	180	137028	4622	160	96893	2908	龙驹房开铁龙路中兴嘉园、胜隆房开胜隆小区，宇正房开兴龙广场桂龙轩，金龙路、腾龙路、夹山坡、桃园小区私人建房
2007	186	130791	7250	178	32130	1285	金龙路、腾龙路、夹山坡、环南路小区私人建房，龙驹房开铁龙路中兴嘉园
2008	104	116997	6963	93	65100	3255	安厦房开小十字、龙驹房开铁龙路、天佳房开天佳城市花园、利恒房开利恒商业街（大十字片区）及教师新村农贸市场、锦绣房开锦绣龙山（曲轴厂片区）、贵志房开森林溪畔（原农校）、裕泰房开幸福里小区（环南路），金龙路、环南路、大冲小区私人建房

说明：投资指土建投资，为当年不变价格

三、农村赈灾工程

2008年1月12日至2月下旬，贵州遭受“百年不遇”的冰冻雪凝灾害，龙里县农村房屋损毁严重。2月13日，龙里县政府及时向省建设厅汇报灾害受损情况。2月14日，建设部村镇建设司司长李兵弟、省建设厅和黔南州建设局领导一行考察龙里县城供水设施和麻芝乡大新村农房损毁情况。根据中央、省、州精神，全县开展农村危房改造调查摸底工作，最终核定农村各类危房6733户，申报项目争取国家资金支持，全面启动改造工程（被列为贵州省农村危房改造“整县推进”示范县）。后来，共获得中央、省、州各类危房改造专项资金3280多万元，加上县级自筹及农民自筹，共计投入1亿多元完成改造任务。

附一：

参与城镇建设的主要单位简介

一、龙里县国有资本营运有限责任公司

2004年4月，成立龙里县国有资本营运有限责任公司（以下简称国资公司），定编18名，从有关部门抽调和面向社会招聘员工，属县政府国有独资企业，行使国有资产投资运作和产权经营管理职能，具体是盘活土地、房屋等国有资产，参与城市建设、旧城改造和新区（安置区）开发，收购、出让、置换和债转股，土地整理、收储开发，招商引资、中介服务、中小型企业贷款担保等，为城镇建设筹集大量资金，推动城镇化发展。2005年11月，该公司成立安厦房地产开发有限责任公司，性质属国有控股企业，受县人民政府监督，独立核算、自负盈亏，专门承担旧城棚户区改造安置房、经济适用房等政府性投资工程建设，内设县城镇建设领导小组拆迁安置协调办公室，根据县政府安排，参与安置区基础设施建设。

2004年，对修建兴龙广场占地8602平方米和龙羊立交桥占地861.6平方米进行划地安置和补偿；收购县交通局汽车修配厂（位于县城西环线痢子坡）1.93万平方米的国有土地，作为县城老场坝片区拆迁户安置用地，支付改制费120万元，解决职工的补偿安置和养老金缴纳问题；对连续多年亏损的农机公司进行改革改制，收购该公司位于中山路（大磨石）旁约2200平方米国有土地使用权，并进行房地产开发，支付改制费89万元。

2005年，配合县企业改制办对县糖业烟酒公司、县食品公司、县中西药公司、县蔬菜公司4家国有企业进行改制，支付改制费用483万元，回收国有土地1.09万平方米，门面15个（600平方米）；对县畜牧水产中心、县法院2个单位的老办公楼进行资本置换开发，支付置换费用200万元。向国家开发银行申请项目贷款5600万元（其中：县城路网建设、改造2100万元，谷脚工业园区道路建设2150万元，石龙沟供水工程1350万元），投资县城区北门街、胜利街、解放街、和平巷道路改造及兴龙广场建设1896万元，投资谷脚园区道路建设1676万元，投资石龙沟供水项目1223万元，支付贷款利息802万元。

2006年，对县饮食服务公司、县百货公司和县酱菜厂3家国有企业进行改制，并将3家国有资产托底收购，支付改制费300万元，收购国有土地5986.58平方米；对已收购的县糖业烟酒公司、食品公司、中西药公司、蔬菜公司4家国有土地3592.88平方米进行房地产开发，命名为安厦园小区（位于小十字）；对收购县交通局位于草原路的汽车修配厂1.93万平方米国有土地进行经济适用房开发；修建和平巷综合楼，建筑总面积2546.27平方米，总投资100万元，建商品房23套、商铺门面3个，用于安置相关被拆迁单位和人员。向社会预售商品房112套总建筑面积1.45万平方米，经济适用住房62套总建筑面积6777平方米，实现毛利600余万元。投资约17万元完成三林路小区主干道160米道路建设，建设西关坡安置小区150米主干道。

2007年，对县五金公司进行改制，收购国有土地1760平方米；用自有资金收购三龙玻璃厂土地1.89万平方米。对草原路部分拆迁安置房按经济适用住房（土建成本价）销售，销售收入626万元；向社会公开拍卖门面17个，总面积782平方米，总收入280万元。为县城贯城河防洪治理工程融资提供信用担保贷款4900万元。

2008年，对龙里县最后一家国有企业——县屠宰场进行改制，收购国有土地1450.5平方米。向社会公开拍卖青龙路统建房一、二层部分门面和解放街原糖酒公司、食品公司商铺门面成交7个，面积约1380平方米，销售收入700万元。协助县建设局（公用局）办理龙山路网改造项目向农发行贷款1.84亿元。

二、龙里县城市建设协调指挥部

1997年，为改善城区环境，启动321国道（后改为210国道）县城区过境段改扩建工程。其中：改造东关坡至西关坡道路长1906米、宽20米，因西关坡坡陡路长，改线新建西关坡至水桥道路（腾龙大道，后称三林路）长3900米、宽30米；新建兴龙大道。为解决大量的征地拆迁及施工问题，成立龙里县城建指挥部（又称拆迁办，后更名为城市建设协调指挥部），人员从有关部门、乡镇抽调，专门负责县城区项目工程（基础设施建设、旧城改造和新区开发）建设涉及的土地和房屋征收、被征收对象的补偿安置，以及因此引发的各类问题的协调处理等工作。

由于龙里紧邻贵阳，龙里县的土地和房屋征收补偿标准、对被征收对象的安置补偿条件均比贵阳地区低太多，被征收对象自然存在攀比心理，意见大、难接受，思想动员工作难度极大（对少数被征收对象的动员工作做了20多次才做通，有的最后不得已采取强制措施）。因此，每次制定出台征收补偿和安置方案需要花费大量精力和时间，加上被征收对象户与户之间的产权纠纷、界线纠纷，家庭财产分配纠纷，划地安置自建房引发的矛盾纠纷，因不满补偿和安置以及施工放炮对周边住户房屋损坏引发的群众性阻止施工事件，经常性的个访、群访甚至越级到州、进省、上京访，安置小区的基础设施配套和物业管理等问题协调处理的难度，使该项工作成为城市建设中的“老大难”问题，严重阻碍和影响项目工程进展。一直以来，县城市建设协调指挥部竭尽全力、千方百计地解决问题，保证项目工程的顺利推进，推动城镇化建设。

三、贵龙城市经济带建设指挥部

2006年，省委、省政府提出打造贵阳城市经济圈战略构想后，龙里县依托得天独厚的区位交通优势，聘请国内专家研究，针对龙里县城至贵阳边界的广大区域（约100平方公里），提出打造贵龙城市经济带的城镇化带动战略，得到州委、州政府和省委、省政府的重视。贵龙城市经济带的提出，成为打造贵阳城市经济圈的“破题之作”，上升为省级重点项目。为抓好该项目建设，2007年龙里县成立贵龙城市经济带建设指挥部，从相关部门、乡镇抽调20多名人员，专门负责贵龙城市经济带的规划设计、包装申报、宣传推介、招商引资、征地拆迁、设施建设、日常管理等工作，确保项目按计划和要求推进。

四、龙里县工业园区管理委员会

2003年4月成立龙里县工业园区管理委员会，为副县级事业管理单位，内设招商引资部、建设开发部等，另外成立有园区资本营运公司和中小企业担保公司。园区管理委员会主要领导由县政府主要领导兼任，内设机构的负责人由县政府任命或相关部门负责人兼任，工作人员从有关单位、乡镇抽调或对外招聘。主要职责是专门负责工业园区（谷脚工业园区、龙山工业园区、水场工业园区）的规划、建设和管理，对外宣传、招商引资，为企业办理项目投资手续，协调解决企业各种困难等。至2008年，谷脚、龙山、水场3个工业园区已发展成为城镇的重要组成部分，总规划面积达78.78平方公里，已建成约3平方公里。

附二：

建筑企业选介

龙里县主要有县建筑公司（集体）、龙山镇建筑公司（集体）、县建筑工程公司（先是集体，后转为私营）、县华兴建筑公司（私营）、县兴春建筑劳务公司（私营）5个建筑施工单位，其中县建筑公司在20世纪90年代末解体，其余4个2000年后全部改为股份制企业。

一、龙里县建筑公司

前身为20世纪50年代创建的龙里县建筑社，1979年3月变更为县城郊公社基建队，有员工32人，隶属于县计划委员会基本建设办公室。1982年11月更名为县建筑公司后，隶属于县城乡建设环境保护局。1985年5月划归城关镇管理。该公司曾经是龙里县最大的建筑施工企业，承担地方大量的建筑工程施工。

20世纪90年代，因经营不善和市场竞争等原因，处于半歇业状态（只有所属的建筑构件预制场生产）。1999年10月实施股份制改革改制（清理企业资产，然后对职工按工龄长短进行一次性补偿安置）时有职工164人（其中退休39人），房屋及基地评估价值400万元、土地1.21万平方米及其他无形资产。

二、龙山镇建筑有限责任公司

1986年1月成立龙山镇建筑有限责任公司，至2008年注册资金达626.2万元，已发展成为房屋建筑工程施工总承包三级资质企业，有挖掘机3台、塔式起重机2台、施工升降机5台、翻斗运输车6辆、砼搅拌机11台、灰砂搅拌机5台、预制板钢筋测力仪1台、经纬仪1台、水平仪3台，以及众多建筑工程所需的电动机械（钢筋切割机、弯曲机、电焊机、震动器、磨石机、木工机械等）。该公司至2008年建设的较大规模项目有15个。

龙山镇建筑有限责任公司施工的较大规模建设项目工程统计表

表7-16

序号	项目名称	建筑面积（平方米）	总投资（万元）	建设时间
1	龙山镇政府招待所	2640	85.79	1994年4月至1995年6月
2	龙山镇政府职工住宅	2498	79.92	1995年9月至1997年3月
3	龙里县烟草公司职工住宅楼	2970	101.71	1996年12月至1997年11月
4	龙里县城镇集体工业联社厂房及办公楼	2486	86	1997年11月至1998年12月
5	龙里县政府办商住楼	2155	79.2	2000年5月至2001年3月
6	龙里一中住宅楼	4379	140.8	2000年5月至2001年5月
7	龙里县医院住宅楼	3789	133	2000年5月至2001年7月
8	龙里县水利电力局住宅楼	2190	84.39	2000年6月至2001年6月
9	龙里县林业局住宅楼	2650	104.79	2000年9月至2001年10月
10	省龙里林场职工住宅楼	2600	67	2000年12月至2001年8月
11	龙里县林业局综合办公大楼	2398.01	119.6	2001年3至11月
12	龙山镇易地扶贫安置新村	5288	132.2	2003年10月至2004年5月
13	省龙里林场职工住宅楼	4850	126.1	2005年2月至2006年7月
14	龙里县光明村综合楼	1641.1	83.89	2006年1至12月
15	县水泥厂立窑、熟料库工程	35.8米，跨度12米	148	2007年9月至2008年6月

三、龙里县建筑工程有限公司

2002年8月，由龙里县建筑工程施工公司、龙里县洪波建筑有限公司和龙里县建筑安装工程公司合并组建龙里县建筑工程有限公司，并取得房屋建筑工程施工总承包三级资质，于2006年5月通过ISO9001-2000质量管理体系认证。

2008年，公司注册资金达898万元，资产总额960万元（其中固定资产539万元），有一级建造师1人、二级建造师10人，工程、经济类技术人员具有中级以上职称的16人、初级以上职称的50多人；有塔式起重机6台，各种搅拌机40多台，各种施工机械设备100多台套，能满足资质范围内施工需要的各种模板、架料。至2008年建设的较大规模项目有9个，另外还承建大量的乡镇中、小学教学楼、学生宿舍楼等工程。

龙里县建筑工程有限公司施工的较大规模建设项目工程统计表

表7-17

序号	项目名称	建筑面积（平方米）	总投资（万元）
1	龙里县华厦本草药谷商住楼（神奇苑、富华苑）	9000	248
2	龙里县人民检察院侦查技术办公楼	2500	120
3	龙里中学学生公寓	3700	170
4	龙里县乡镇企业综合楼	1871	130
5	龙里民族中学教学楼一、二期工程	6200	330
6	县城九龙广场龙瑞阁	7000	346
7	龙里县人事劳动和社会保障局综合楼	1568	120
8	龙里县草原路安置小区二期工程1—5号楼	20000	1000
9	龙里县逸景园5—9号单元	10000	606

四、龙里县华兴建筑有限责任公司

1995年1月建立龙里县华兴建筑有限责任公司，为集工程建筑、安装、装潢和预制构件、建筑材料、公路路面路基等多元经营为一体的房屋建筑施工总承包三级企业。2008年，公司注册资金达818万元，资产总额达1125.9万元（其中固定资产701.9万元，流动资产424万元，净资产974.9万元），有职工240人（其中：有职称的工程技术经济管理人员65人，各岗位持证上岗人员45人，有资质的项目经理18人；下设18个项目工程处，管理员28人、施工员14人、安全员5人、质检员2人、预算员6人），有大中型机械设备（挖机、推土机、压路机）3台、各类机械11台（塔吊3台，混凝土搅拌机3台，大小载重汽车5辆），有大批周转材料（钢管、定型组合钢模等）；机械设备总功率达212千瓦，动力装备率达4.2千瓦/人，机械设备原值147万元、净值138万元，技术装备0.6万元/人。

华兴建筑公司自成立以来，先后承建的较大规模工程有15个（其中在建工程有龙里县质量技术监督局办公及测试楼、龙里中等职业学校实训楼、龙里县民族中学教学综合楼一期工程等），工程优良率70%，合格率100%，施工地点遍及龙里、福泉、惠水、瓮安、贵定等县（市）。

2000年1月被龙里县工商行政管理局和龙里县私营企业协会评为“光彩之星”；10月被中共黔南州委、黔南州人民政府评为“先进私营企业”；2001年1月获中共龙里县委、龙里县人民政府授予“先进非公有制企业二等奖”。

龙里县华兴建筑有限责任公司施工的较大规模建设项目工程统计表

表7-18

序号	项目名称	建筑面积（平方米）
1	龙里县铜鼓井6300千伏安×4电炉车间（框架结构，跨度15米）	11000
2	龙里县地税局办公楼招待所综合楼（框架结构，共6层）	5160
3	龙里县交通局运管所综合楼（底层框架结构，共6层）	2590
4	龙里县人民法院龙山镇法庭综合楼（一、二层框架结构，共7层）	1464
5	龙里县教育局教师新村7、8、9、10号楼（砖混结构，共5层）	3780
6	龙里县教师安居工程二期共5栋（砖混结构，共6层）	5688
7	龙里县九龙商业广场“龙腾阁”（砖混结构，共7层）	7000
8	龙里县九龙商业广场“龙兴阁”（砖混结构，共6层）	8000
9	镇远县铭城花园6、7、8号楼（砖混结构，分别有6层、7层、6层）	14274
10	龙里中学文体教学综合楼（框架结构，共4层）	2610
11	龙里民族中学学生公寓1、2号楼（砖混结构，共7层）	4180
12	龙里县人民法院审判综合楼（框架结构，共7层）	5908.38

五、龙里县兴春建筑劳务有限公司

2006年4月成立龙里县兴春建筑劳务有限公司，为龙里县第一个建筑劳务分包公司，具有砌筑作业、抹灰作业、钢筋作业、混凝土作业、模板作业分包二级资质，注册资金16万元。至2008年公司资产总额300万元（其中固定资产250万元），有塔式起重机2台、各种搅拌机6台和各种施工机械设备30多台（套），有能满足资质范围内施工需要的各种模板、架料。公司职工流动性大，只要是从事建筑作业的民工，随时都可以加入成为该公司的工人，被派往分包的项目工程工地上班。

第八篇　交通　邮电

第一章　交　通

第一节　公路建设

2008年，龙里县有过境国道210线（原321国道）、省道309线、贵新高速公路；有谷龙至乌当，洗马至巴江至贵阳及龙里，醒狮至贵阳，草原至贵阳，羊场至湾寨至摆省至贵阳，水场至贵阳等乡道。同时与国道210线、省道309线连接的5条县乡公路南北相连；筹建中的贵龙城市大道起于龙里县第三中学北侧水桥社区连接金龙西路延伸段，终于贵阳市南明区小碧乡，与贵阳城市主干道东站路延伸段连接，龙里段路线全长16.6公里，按双向6车道城市快速路标准建设，设计时速80公里，从龙里到贵阳只需20分钟左右。5条县道、8条乡道，5条厂矿线路，123条通村公路，构成全县的交通网络。

一、国　道

1989年，黔湘线定编为国道321线（广州至成都），2004年国道321线更名为国道210线（包头至南宁），在县境内由东面贵定县的新路口进入龙里县麻芝乡的皂角垭，经龙里县城由谷脚镇的倪儿关西出进入贵阳，境内全长31.3公里。

国道321线西关坡段坡陡弯急，安全隐患突出，且阻隔县城与水桥开发片区，影响经济发展和县城改造。经测算，每车经过西关坡要多耗油0.15升，全年车流多耗油27.38万公斤，一年浪费95.81万元（每公斤3.5元）。1993年，决定对321国道过境段（西关坡）进行降坡改线建设，降坡28米、填洼6米。引进永达公司建成三林路（西关坡转盘至水桥道班）。1993年11月5日，成立西关坡降坡工程前期工作筹备小组。1994年9月，县计委将《关于龙里县西关坡降坡工程项目建议书》上报州计委，10月州计委批复同意西关坡降坡道路扩建，建设规模5公里（其中，国道降坡1.2公里，按二级公路标准建筑），总投资约1400万元，由龙里县自筹。10月，县人大常委会会议审议通过“9月8日，因西关坡需要降坡改造，县建设局提出新建从张家湾经铙钹山至水桥的过境公路西环线5.2公里的建设方案，并要求立即实施”的议案。县政府采取向银行贷款、单位借款等办法筹资1000万元，于11月25日动工。工程按二级公路标准建设，于1995年7月20日竣工。24日由黔南州交通局组织验收，符合设计要求。26日，县政府报请州政府转报省政府批准，龙里西环线按规定收取车辆通行费（同时封闭321国道西关坡段，进行降坡工程建设施工）。1995年8月，省交通厅组织对西环线复查验收，确认为合格工程，同意按规定收取车辆通行费；10月5日，龙里西环线收费站开征通行费。

1995年9月20日，龙里县政府向省交通厅公路局呈报《关于呈请审批国道321线龙里西关坡段施工设计更改方案的报告》。28日，省交通厅同意龙里县占用321国道K1256—K1260路段建设工厂，同意改建公路方案。县政府与省公路局签订有关改建协议约定：贵州正大实业有限公司需占用原321国道线K1257+800—K1259+700段计1.9公里，占用路段由龙里县人民政府修路还路。修路还路方案，委托省交通设计院重新选线测设，新测路线在所占地段右边150米，全长2.04公里，比所占老线长133.5米；新线路按二级公路标准测设，按照城市规划的要求，路幅宽度为30米，高级路面，建成后仍为321国道线的组成部分，产权归省公路局，由龙里县人民政府纳入城镇道路养护计划。计划1995年10月15日开工（因为用地问题未按时开工），1997年4月15日竣工。公路施工全过程由龙里县人民政府委托都匀总段进行施工监理。

1996年12月，县政府呈报关于321国道改造使用土地的申请报告，经省国土厅审定、省人民政府批准，将龙山镇光明村和水桥村集体土地12.28公顷征为国有，连同原国有土地2.1公顷共计14.38公顷，将其中6.16公顷划拨给龙里县交通局作321国道改道工程建设用地，剩余8.22公顷根据项目落实情况，以宗地为单位由县国土资源管理局再行出让，未出让之前由农民继续耕种。

1997年1月28日，321国道西关坡改建工程动工，同年9月18日竣工，全长5.86公里，总投资3200万元（其中：集资900万元，从香港滔达公司引资2300万元）。9月30日，由省、州、县领导和专家组成的验收组评为优良工程。10月15日省政府同意321国道龙里过境段收费站由西环线收费站改移为大南桥收费站，并适当提高收费标准，收费时限为1999年1月至2016年12月，共18年。该站点1998年11月至1999年4月30日，共收费2237.1万元（占收费总额的74.1%），其中偿还本金1250.45万元、贷款余额2369.55万元。该道路由于2001年贵新高速公路的开通和2003年道路收费的清理而停止收费。

二、高速公路

（一）贵新高速公路 起自贵阳，途经龙里（37公里）、贵定、马场坪、大良田、都匀、独山、麻尾等城镇至广西新寨，全长260公里。1997年底开工建设，2001年6月26日全线竣工通车，总投资48.46亿元。由贵阳市小碧乡小碧寨进入龙里县谷脚镇谷远村大干沟，经王关、观音山、龙里县城、麻芝乡，从麻芝乡皂角垭进入贵定县新路口。龙里境内建设分属第一、二合同施工段。第一合同施工段，起点贵阳小碧乡下坝（柱号K0+000），终点龙里茅草冲（柱号K20+263.72），与第二合同段K19+620相连，全段长20.18公里，工程于1998年5月28日开工，2000年12月30日竣工；第二合同施工段接第一合同施工段终点茅草冲（柱号K19+620），终点皂角垭，长13.11公里，1998年5月21日开工，2000年4月17日路基交工，11月23日桥梁交工。贵新高速公路在柱号K21+470处设立体式交叉通道（龙里出入口），分A、B、C、D四个匝道通往龙里县城，匝道全长2公里。

（二）厦蓉高速公路 起于福建厦门，止于四川成都，全长2211公里。线路由龙里县水场乡中坝村入境经新场、坝上、莲花等村，从麻芝乡大新村贾托坡进入贵定县沿山镇，过境段长30余公里。为了配合厦蓉高速公路、贵广高速铁路的建设，2007年9月28日县政府成立“厦蓉高速公路龙里段征地搬迁指挥部”，2008年4月10日成立“两高”项目建设征地搬迁指挥部。

三、省　道

谷大公路起自黔东南州麻江县谷硐，向西横跨黔南州属贵定、龙里、惠水、长顺等县至安顺地区镇宁县大山哨止，全长234.7公里，属规划国道329公路中的一段。1989年，谷大公路编定为国道320线（上海至昆明），2004年修定为省道309线，龙里境内由甲架七里冲起至砂子哨止，全长10.3公里。1990—2008年只有小型的路肩维护和路基修补加固，没有大型改造。

四、县级公路

1991年，县级公路有谷脚千家卡至洗马、洗马至巴江2条，全长52公里。根据公路技术等级重新调整，2008年有谷脚千家卡经洗马、巴江延伸至贵定，谷脚把关至醒狮，青岩至贵定平伐，草原至高坡，小谷龙至高吏目等5条，共计113.09公里。

（一）千洗公路 1991—1999年基本保持来往车辆畅通。1998年11月投资8万元在千家卡组建一级道路检查站。1999年以后，千洗公路向北延伸，由巴江出境与贵定县公路在新巴连接。2001年11月，洗马至台上段5公里镶边改造工程动工，于次年上半年完工，总投资30万元（其中：省、州投资20万元，县财政投入10万元）。2004年4月，龙里、贵定两县发展计划局、交通局联合向州发展计划局、交通局申请改造贵定经洗马至千家卡公路，全长83公里（龙里境内53公里），计划总投资5131.26万元（其中申请国家补助4580万元，地方自筹551.26万元），建设期限1年。

2006年3月，黔南州交通局成立龙里把关至贵定通乡油路改造工程项目业主办公室。项目主线起于龙里县把关（柱号K13+000），经龙里县洗马、巴江，贵定县新巴、独木河、德新至贵定城北铜宝的五洞桥头（柱号K79+700），全长66.7公里。项目投资3408万元（其中：中央专项资金2840万元，地方自筹568万元），征地拆迁费用由龙里、贵定两县政府自行解决，于2006年5月动工，2008年完成路基及镶边工程。

（二）民高公路 起点民主乡场坝，经麻若村、金谷村、红星村，至红星村的长兴寨脚与贵阳市花溪区高坡乡路段相交，全长11公里，为1990年省中低档工业品修路计划项目，按四级公路标准测设。是年11月14日龙里县成立民高公路指挥部，实行民工投劳、以工代赈，每公里综合造价为6万元。1990年12月动工，1992年5月竣工，完成10.72公里，总投资72万元，6月10日省公路局委托州交通局组织验收评为优良工程。2002年4月，龙里县决定改造民高公路，5月1日开工，11月24日竣工，项目投资66万元（其中：财政配套22万元，省、州补助44万元），经验收评为优良工程。

五、乡级公路

1988年前，乡级公路有羊场至摆主、冒沙井至三元、高枧至谷龙、洗马至大厂、龙里至羊场、龙里至平山、五里坡至中坝等7条，总里程120.1公里。2008年，根据公路技术等级重新调整，乡级道路有冒沙井至三元、高枧至谷龙、洗马至牛场、龙里至湾寨、龙里至桥尾、谷龙至官庄、沿山至羊场、坝上至水场等8条，总里程135.7公里。

（一）龙里至湾寨公路 全长40.6公里，起点县城，经莲花、中排、民主、六广到湾寨。2000年1月县政府决定筹集13万元维修。7月24日成立“龙湾公路建设指挥部”，12月全线竣工，总投资1450万元，其中省公路局370万元，县自筹1080万元。

2000年8月10日，县交通局将县城至民主乡政府所在地段，全长27.05公里的路基和沥青路面建设工程，承包给黔西南高原交通建筑工程有限公司，工期为2000年9月20日至2001年7月20日，工程造价为744.38万元，于2000年10月15日正式开工建设。11月5日，县计委对龙里县城至湾寨公路第一期改造建设工程立项，按山岭重丘四级公路标准修建，设计路基宽为7.5米，道路改造并油化27.05公里，县政府自筹168.91万元，申请银行贷款600万元，申请国家补助400万元，总投资1168.91万元。

2001年2月22日，县政府《关于龙里县城至湾寨公路工程设计及预算会议纪要》决定：将原设计变更为马郎坡6公里路段在坡陡弯急地段修建3公里混凝土路面，厚度8厘米，其余24.05公里为3.5厘米厚的沥青路面；3公里混凝土路段增加22厘米厚度修建，沥青路面厚度增加6.5厘米修建。此次建设因工程未完善不予验收。2009年以后，才得以重新改造修建完善。

（二）高谷公路 起于千洗公路的高枧，经小坝至谷龙，全长10.66公里。2001年6月15日，高枧至谷龙公路维修工程动工，9月20日竣工，维修后路基宽4.5米，全长10.68公里，总投资20万元。

六、厂矿公路

（一）冒沙井至3537厂专用公路 冒沙井至解放军总后3537厂（三元镇永安村公路），属于冒沙井至三元镇政府公路的一段，全长4.3公里。

（二）龙铜公路 为龙里贵新高速公路收费站至铜鼓井铁合金厂公路，全长3.18公里。2001年8月省交通勘察设计院测设，路基宽8.5米，路面宽7.5米，沥青表面处理路面，工程总投资300万元。11月县计委对龙铜公路建设立项，总投资357万元，其中县自筹207万元，申请扶贫贷款150万元，建设工期8个月。2002年4月1日正式动工，至年底完成投资180万元，约完成工程量的60%，路基工程基本完工时停工。2006年9月6日，县交通局与贵州省发展建设工程公司签署龙铜公路建设返修补充合同，工期为2006年9月15日至2007年11月30日，包工包料总造价117.3万元。

2007年10月，因贵州亚冶铁合金有限责任公司拟建4000千伏安精炼炉，将龙铜公路终点100米内纳入公司生产布局调整范围，对龙铜公路通往播箕村毛栗寨村民组路段进行改线建设。改线路段长约160米，所需费用由贵州亚冶铁合金有限公司承担。原龙铜公路终点100米以及改线段由亚冶铁合金有限公司和县政府共同使用，公路建成后由亚冶公司管理养护，产权归龙里县政府。

（三）县水泥厂至贵汽农场公路（水农公路） 2002年1月8日，成立县水农公路工程建设领导小组。21日，水农公路立项按部颁四级公路路面油化建设，全长3.15公里，路基宽8.5米，油路面宽7.5米，河道处有预应力混凝土空心桥1座54米。公路总投资480万元，县自筹。同年6月13日，水农公路正式动工修建。至2003年6月完成底油铺设，后因资金原因停工。2006年9月8日，县交通局与贵州华桥交通工程公司签署续修施工补充合同，工期1年，包工包料造价57万元。

（四）草原至湾寨煤矿公路 2008年10月，省、州下达草原至湾寨公路改造项目，属龙羊公路中的一段，长14.2公里，四级公路标准，省预算内投资300万元。12月25日，县发改委对草原至湾寨煤矿公路立项，沙石路路面拓宽至6.5米，全长14.2公里，总投资260万元，建设期限为2008年12月至2009年7月。

（五）谷脚乡镇企业科技示范园道路 按照《贵州省龙里医药园控制性详细规划》实施建设和改造，路线长10公里。其中：环形道路2.9公里，路基宽18米；次干道3.6公里，路基宽12～18米；过境国道、县道改造3.5公里，路基宽7～10米。2005年4月由县工业园区管委会立项报省，由州交通设计院、州发改局设计预算直接工程费为1890.8万元。2007年4月该项目移交县交通局实施，先行新建青杠山至山王庙2.48公里道路。2007年5月县交通局委托贵州业盛工程咨询有限公司进行施工和监理招标（代理费4.5万元），重庆华兴工程监理公司为监理单位（中标价26.6万元），贵州建工集团第一建筑工程公司为第一、二标建设单位（中标价分别为389.44万元和1004.19万元）。同年9月15日开工，2008年9月底第一、二标段路基工程完工，第二标段整体工程完成70%，累计完成投资近1100万元（项目总投资3584万元，其中开发银行贷款2150万元，地方自筹1434万元）。

七、通村公路

1979年全县仅有通村公路6条，里程60公里，均为等级外公路。部分村公路为修筑铁路时的便道，大部分村公路仅能通行小型拖拉机和马车，汽车通行困难。1990年以后，全县通村公路建设快速发展，至2008年全县通村公路共123条，达到村村通公路，总里程684公里。新建通村公路大部分是地方政府组织村民投工投劳新建的等级外公路。

2008年龙里县通村公路情况一览表

表8-1 单位：公里

线路名称	起点地名	终点地名	里程总计	养护里程	按技术等级分		
					合计	四级公路	等级外公路
桥尾至矿山顶	桥尾村出点	矿山顶	13.31	13.31	13.31	9.92	3.39
大竹至水桥	大竹	水桥	10.43	10.43	10.43	10.43	—
岱林至甲晃	岱林	甲晃	3.76	3.76	3.76	—	3.76
下洞至播箕	下洞	播箕	1.97	1.97	1.97	—	1.97
大新至乐阳	乐阳	贾托	6.01	6.01	6.01	—	6.01
金龙路至大冲	金龙路	大冲村委会	1	1	1	—	1
董夏桥至纸厂	董夏桥	纸厂村	15.99	15.99	15.99	—	15.99
五里桥至革老湾	五里桥	革老湾	0.85	0.85	0.85	—	0.85
定水至五里桥	定水村入点	五里桥	6.01	6.01	6.01	—	6.01
国营煤厂至麻芝	国营煤厂	麻芝	10.99	10.99	10.99	—	10.99
凉荫洞至革老堡	凉荫洞	革老堡	0.72	0.72	0.72	—	0.72
新寨至黄泥哨	新寨	黄泥哨	0.63	0.63	0.63	—	0.63
定水至光坡	定水	光坡	4.1	4.1	4.1	—	4.1
乐阳至罗标	乐阳	罗标	2.48	2.48	2.48	—	2.48
贵汽农场至三元	贵汽农场	三元	13.87	13.87	13.87	—	13.87

续表

线路名称	起点地名	终点地名	里程总计	养护里程	按技术等级分		
					合计	四级公路	等级外公路
两格田至合安	两格田	合安	5.99	5.99	5.99	—	5.99
高坪至新安	高坪	新安	2.8	2.8	2.8	—	2.8
乌榨堡至合安	乌榨堡	合安	6.03	6.03	6.03	—	6.03
场坝至鸡场堡	场坝	鸡场堡	12.01	12.01	12.01	—	12.01
水场至高沟	水场	高沟	7.53	7.53	7.53	—	7.53
场坝至五里坡	比孟场坝	五里坡	14.76	14.76	14.76	1.54	13.22
中坝至三村	中坝一组	三村	4.97	4.97	4.97	—	4.97
水落洞至金谷	水落洞	金谷	5	5	5	—	5
草地中心至塘堡	草地中心	塘堡	5.04	5.04	5.04	—	5.04
度假村至大谷	鹿园度假村	大谷	10	10	10	—	10
中排至羊蓬	中排	羊蓬	3.08	3.08	3.08	—	3.08
余下至朵花	余下	朵花村	6.07	6.07	6.07	—	6.07
鸡场坝至茶香	鸡场	茶香	11.28	11.28	11.28	—	11.28
羊蓬一组至羊蓬	羊蓬一组	羊蓬	1.46	1.46	1.46	—	1.46
谷脚至谷远	210国道	谷远	8.07	8.07	8.07	0.22	7.85
铜鼓井至凉水井	铜鼓井	凉水井	5.06	5.06	5.06	—	5.06
长冲至王关	长冲	毛狗寨	6.5	6.5	6.5	—	6.5
谷脚至播箕	谷脚	播箕	20	20	20	—	20
大关口至毛堡	大关口	毛堡	15.49	15.49	15.49	—	15.49
羊蓬二组至羊蓬	羊蓬二组	羊蓬	2.47	2.47	2.47	—	2.47
醒狮至凉水	醒狮	凉水	6	6	6	—	6
凉水至旧寨	凉水	旧寨	8.2	8.2	8.2	8.2	—
塘钵至破岩	塘钵	破岩	1.9	1.9	1.9	—	1.9
泡江河至江流	泡江河	江流	0.65	0.65	0.65	—	0.65
泡江河至破河沟	泡江河	破河沟	1.18	1.18	1.18	—	1.18
醒狮至偏坡	醒狮	小河口	1.61	1.61	1.61	1.61	—
高桥至水碾边	水碾边	高桥	1.7	1.7	1.7	—	1.7
岩后至大关口	岩后	大关口	6.7	6.7	6.7	6.7	—
三宝至羊场司	三宝	羊场司	6.2	6.2	6.2	6.2	—
巴江至平坡	巴江	平坡	14.21	14.21	14.21	—	14.21
落锅至烂田湾	落锅	烂田湾	2.98	2.98	2.98	—	2.98
摆省到打夯	摆省	打夯	2.25	2.25	2.25	—	2.25
摆主至摆绒	摆主	摆绒	3.25	3.25	3.25	—	3.25
打夯坡脚至摆岑	打夯坡脚	摆岑	2.87	2.87	2.87	—	2.87
果里至金星	果里	金星	6.9	6.9	6.9	—	6.9
牛打场至新合	牛打场	新合	3.35	3.35	3.35	—	3.35
上邑金至摆拱	上邑金	摆拱	1.31	1.31	1.31	—	1.31

续表

线路名称	起点地名	终点地名	里程总计	养护里程	按技术等级分		
					合计	四级公路	等级外公路
金星至团结	金星	团结	6.82	6.82	6.82	—	6.82
谭家湾至谷孟	谭家湾	谷孟	6.11	6.11	6.11	—	6.11
雷打岩至石头	雷打岩	石头	4.98	4.98	4.98	—	4.98
新华至盘脚	新华	盘脚	4.68	4.68	4.68	—	4.68
六广至场坝	六广	湾寨场坝	12.01	12.01	12.01	—	12.01
场坝至毛栗寨	湾寨场坝	毛栗寨	2	2	2	—	2
羊场至和平	羊场	和平	2	2	2	—	2
羊场至联合	羊场	联合	7.91	7.91	7.91	—	7.91
大方寨至翠微	大方寨	翠微小学	1	1	1	—	1
联合至木马	联合	木马	9.66	9.66	9.66	—	9.66
谷龙至林安	谷龙	林安	2.85	2.85	2.85	—	2.85
平寨至大格闹	平寨	大格闹	1.55	1.55	1.55	—	1.55
鬼洞至顶溪	鬼洞	顶溪	4.47	4.47	4.47	—	4.47
三岔田至谷新	三岔田	谷新	10.03	10.03	10.03	—	10.03
十字路至大谷冰	十字路	大谷冰	16.14	16.14	16.14	—	16.14
革苏至高堡	革苏	高堡	6.23	6.23	6.23	—	6.23
大谷龙至谷耳	大谷龙	谷耳	7.8	7.8	7.8	—	7.8
平寨至葫芦田	平寨	葫芦田	3.52	3.52	3.52	—	3.52
茶场至田坝	茶场	田坝	6.38	6.38	6.38	—	6.38
把场至新坪	把场	新坪	6.02	6.02	6.02	—	6.02
哪嗙至坞坭	哪嗙	坞坭	7.01	7.01	7.01	—	7.01
太子山至画眉山	太子山	画眉山	1.82	1.82	1.82	—	1.82
羊昌至岩底	羊场	岩底	2.54	2.54	2.54	—	2.54
牛场至大厂	牛场	大厂	7.91	7.91	7.91	7.91	—
大山闹至黄星	大山闹	黄星	6	6	6	—	6
牛场至猫寨长沟	牛场	猫寨长沟	15.92	15.92	15.92	—	15.92
下白果至白果	下白果	白果	2	2	2	—	2
犀牛塘至大坪	犀牛塘	大坪	6.2	6.2	6.2	—	6.2
烟灯坡至落双	烟灯坡	落双	6	6	6	—	6
新龙至友谊桥	新龙	友谊桥	3.64	3.64	3.64	—	3.64
洗马至白泥田	洗马	白泥田	4.77	4.77	4.77	4.52	0.25
龙里至铜鼓井	龙里县城	铜鼓井	2.76	2.76	2.76	2.76	—
神奇小学至山王庙	神奇小学	山王庙	2.93	2.93	2.93	2.93	—
龙从至三元	龙从	三元镇	7.36	7.36	7.36	7.36	—
洗马至落掌	洗马	落掌	1	1	1	—	1
大谷龙至羊昌	大谷龙	羊昌	7.89	7.89	7.89	—	7.89
甲湾至水尾	甲湾	水尾	4.27	4.27	4.27	—	4.27

续表

线路名称	起点地名	终点地名	里程总计	养护里程	按技术等级分		
					合计	四级公路	等级外公路
水泥厂至平地农场	水泥厂	平地农场	2.64	2.64	2.64	2.64	—
马路至白秧寨	马路	白秧寨	1	1	1	—	1
白果桥至沙子田	白果桥	沙子田	4.08	4.08	4.08	—	4.08
朵石至森山	朵石	森山	4.98	4.98	4.98	—	4.98
东洋纸厂至桂寨	纸厂	桂寨	4	4	4	—	4
大冲至铁路交叉	大冲	铁路交叉口	4.91	4.91	4.91	4.91	—
铁路叉口至大土	铁路交叉口	大土	3.27	3.27	3.27	—	3.27
凉水至哨堡	凉水	哨堡	2.92	2.92	2.92	—	2.92
梅家庄至铁路叉口	梅家庄	铁路交叉口	3.66	3.66	3.66	3.66	—
新水至岔河	新水	岔河	4.92	4.92	4.92	—	4.92
官庄至落双	官庄	落双	6.3	6.3	6.3	—	6.3
上石坎至洛北河	上石坎	洛北河	10.06	10.06	10.06	—	10.06
莲花至新场	莲花	新场	1.71	1.71	1.71	—	1.71
谷革至马场河	谷革	马场河	3.04	3.04	3.04	—	3.04
摆勺至金批	摆勺	金批	4.11	4.11	4.11	—	4.11
羊场至马场堡	羊场	马场堡	2.04	2.04	2.04	—	2.04
长沟至针指	长沟	针指	4.75	4.75	4.75	—	4.75
高坪至黄土坎	高坪	黄土坎	2.72	2.72	2.72	—	2.72
金星至扁街	金星	扁街	1.45	1.45	1.45	—	1.45
新安至210道	新安	210国道	4.99	4.99	4.99	—	4.99
旧寨至十字路	旧寨	十字路	4.03	4.03	4.03	—	4.03
桥尾至茶山	桥尾	茶山	5.43	5.43	5.43	—	5.43
大谷冰至小院	大谷冰	小院	4.49	4.49	4.49	—	4.49
平坡至冯家渡	平坡	冯家渡	7	7	7	—	7
冷冲至石笋沟	冷冲	石笋沟	7.98	7.98	7.98	—	7.98
渔洞至凤凰	渔洞	岩背后	12.04	12.04	12.04	—	12.04
木马至大湾寨	木马	大湾寨	3.78	3.78	3.78	—	3.78
二箐至白泥田	二箐	白泥田	4.09	4.09	4.09	—	4.09
小坝至石板滩	小坝	石板滩	5.33	5.33	5.33	—	5.33
小坝至苗寨	小坝	苗寨	1.2	1.2	1.2	—	1.2
谷朗至金谷	谷朗	金谷	2.78	2.78	2.78	—	2.78
把关至大洞口	把关	大洞口	2.66	2.66	2.66	—	2.66
龙滩桥至冲头	龙滩桥	冲头	2.06	2.06	2.06	—	2.06
新场至五子登科	新场	五子登科水库	3.79	3.79	3.79	—	3.79
高桥至谷秧寨	高桥	谷秧寨	4.18	4.18	4.18	—	4.18
团结至甲找	团结	甲找	6.44	6.44	6.44	—	6.44
合　计	—	—	684	684	684	81.51	602.49

八、桥 梁

2008年全县共有公路桥梁58座，全长2458.48米，其中：县乡公路桥梁37座，全长666.6米；过境公路桥梁21座，全长1791.88米；过境公路中210（原321）国道5座全长105.1米，320省道2座全长12米，贵新高速公路14座全长1674.78米。1991—2008年新建和改造的县、乡道桥梁主要有6座。

（一）三元新桥 位于龙从至三元通村公路的三元河上，距三元镇政府1公里处，为单孔石拱桥，全长57.2米，净跨40米，高8.5米，净宽6.5米（含人行道1×2米）。1995年11月1日开工修建，1996年6月20日竣工，总投资40万元。

（二）顶溪大桥 位于哪嗙乡顶溪村洗布河，长50米、宽5米，跨径25米、拱高8米，设计荷载汽车15吨，总投资14.8万元，其中：哪嗙乡政府组织群众集资4.3万元，乡政府投资2万元，其余由县交通部门出资。2002年6月动工修建，2003年建成。

（三）水农桥 位于龙里至贵汽农场公路K2+502处，由贵州建工集团第五工程公司承建，2002年4月动工。在中墩施工中因遇溶洞改为一跨40米T型梁桥。2008年9月12日，对该桥后续建设另行招标。

（四）红岩桥 位于羊场至摆省公路17K+300处，为单孔石拱桥，跨径5.8米，全长7.8米，高5.5米，净宽5.2米。1966年建成，2007年国家投资41.8万元改造。

（五）甲摆赏桥 位于羊场至摆省公路K6+500处，为4孔石拱桥，跨径38.4米，全长46.5米，高6.2米，净宽6米，1967年修建。2006年11月国家投资7.3万元加固改造，2007年2月竣工。

（六）贵新高速公路桥梁 贵新高等级公路龙里境内大、小桥梁有14座，其中：桥面最长的是龙头营大桥，长278.5米；最短的是肖家湾1号中桥，长67.07米；跨径最大的是大干沟大桥，跨径100米；最小的是茅草冲大桥，跨径16米。

贵新高速公路龙里县过境段桥梁统计表

表8-2 单位：米、万元

序号	桥梁名称	所在桩号	桥型	桥长	跨径	净宽	荷载设计	总投资额
1	下坝中桥	K0+070	1～20米无黏结预应力混凝土空心板	38	20	2×净9.5	汽车–超20级 挂车–120	204.25
2	大干沟大桥	K3+230	1～100米钢筋混凝土箱拱+4～13米钢筋混凝土空心板	165.5	100	2×净9.5	汽车–超20级 挂车–120	889.56
3	吴家庄大桥	K18+765	5～30米预应力混凝土工型梁	154.4	30	2×净9.5	汽车–超20级 挂车–120	995.88
4	茅草冲大桥	K19+702	3～16米钢筋混凝土空心板+1～16米钢筋混凝土箱拱+3～16米钢筋混凝土空心板	170.64	16	2×净9.5	汽车–超20级 挂车–120	917.19
5	石头寨大桥	K20+434	3～20米预应力钢筋混凝土工型梁	80.61	20	2×净9.5	汽车–超20级 挂车–120	519.93
6	龙里立交桥	K21+460	4～20米无黏结预应力混凝土空心板	86	20	2×净9.5	汽车–超20级 挂车–120	462.25
7	五冲桥中桥	K25+475	3～20米无黏结预应力混凝土空心板	80	20	2×净9.5	汽车–超20级 挂车–120	430
8	格老湾中桥	K26+390	3～20米无黏结预应力混凝土空心板	78	20	2×净9.5	汽车–超20级 挂车–120	419.25
9	麻芝铺中桥	K27+140	3～20米无黏结预应力混凝土空心板	74.8	20	2×净9.5	汽车–超20级 挂车–120	402.05
10	龙头营中桥	30+400	3～20米预应力钢筋混凝土工型梁	66.57	20	2×净9.5	汽车–超20级 挂车–120	429.38
11	龙头营大桥	K30+807.55	11～20米无黏结预应力混凝土空心板	278.5	20	2×净9.5	汽车–超20级 挂车–120	1496.94

续表

序号	桥梁名称	所在桩号	桥型	桥长	跨径	净宽	荷载设计	总投资额
12	朝阳分离式立交大桥	K31+296	5～40米预应力混凝土工型梁	219.9	40	2×净9.5	汽车–超20级 挂车–120	1418.36
13	肖家湾1号中桥	K31+965	3～20米预应力钢筋混凝土工型梁	67.07	20	2×净9.5	汽车–超20级 挂车–120	432.61
14	肖家湾2号大桥	K31+965	5～20米预应力钢筋混凝土工型梁	114.79	20	2×净9.5	汽车–超20级 挂车–120	740.4
合　计				1674.78	386	—	—	9758.05

第二节　公路养护

一、县乡公路养护

1990年12月，县公路养护接养里程164.3公里（其中：县公路63.9公里），年计划好路率45%，全年完成好路率59.6%，综合完成68%。到1992年县管养公路共有12条，养护里程增加到174.5公里（其中县公路6条，里程74.1公里）；乡公路6条100.4公里。当年全县有养护道班9个，职工49人（其中：固定职工23人，计划外用工26人），县公路年计划好路率增加到54%，全年完成好路率64.5%，综合完成69.5%，清除塌方3500立方米，公路绿化23公里。

1997—1999年，公路养护里程总计增加到197.8公里，其中：县道88公里、乡道109.8公里；等级公路：三级5公里、四级100.4公里，等级外公路92.4公里。1999年，谷脚岩后十字路道班被州交通局评为“县、乡公路养护质量先进集体”。

2000年以后实行养护量与计划经费挂钩，当年公路养护里程199.3公里，养护经费21.69万元。其中：县公路105.2公里，乡公路94.1公里。清除水毁塌方880立方米，恢复水毁挡墙360立方米，恢复水毁路面1800平方米，完成绿化新植7公里、补植2公里，成活率达60%。全年县公路好路率计划为55%，实际完成75%。2001年州政府规定县级公路每公里养路费2000～3000元；乡级公路列为三等，每公里养路费750～850元；县乡公路新建、改建用地及养护所需的砂石料场，由县政府无偿划拨。

2001—2002年，养护公路199.3公里，公路好路率为72.5%。其中：县公路114.6公里、乡公路84.7公里；县公路设道班9个，乡公路设道班3个，乡公路由乡镇政府负责养护。2001年度全州县乡公路表彰：龙里县乡公路管理所为先进单位，岩后、十字路、和平、猫场等道班为好路道班，田景萌、何兴忠、陈世学、蔡金成、王忠华为先进个人。当年，县公路好路率84%，乡公路好路率48%，养护的公路基本达到通轿车的目标。

2003—2007年，县公路好路率73%，乡公路好路率53%；全县列养235.2公里，列养的公路基本达到通轿车的目标。县公路路况稳定，乡公路晴雨畅通。2008年，加强常规养护，全面提升道路的好路率和通畅率，共支出养护经费20余万元（含10万元灾后重建资金），清理边沟累计160公里，投入养护片石5000余立方米、碎石200立方米，县公路好路率75%，乡公路好路率62%。

1988—2008年，部分乡级公路和村级公路基本实行群众养护。群众养护实行六定：定人员、定经费、定任务、定质量、定材料、定奖惩。逐年年终通过全州检查，乡公路好路率26.6%，差路率30.13%，综合值48.6%。随着经济发展，全县县、乡、村公路建设加快。至2008年村公路125条，里程444公里，仍主要靠群众养护，特别是村级公路基本为群众养护。

二、公路绿化

1991年，省委、省政府提出“十年基本绿化贵州”的战略目标。当年全县群众养护公路173.4公里（其中县道73.9公里），绿化里程仅占总里程的5%。以后本着“因地制宜，因路制宜，灌木花草一起上”的原则，集中投入绿化经费，选择千洗公路K0+000—K3+000段、把猫公路K27+000—K29+500段种植意大利杨树，成活率95%，保存率75%；选择羊摆公路摆省乡地域范围K33+500段14公里，除不宜林地2公里段外，实际种植12公里，共6000株，成活率15%，保存率90%。全县有县道114公里，宜绿化路段57公里，已绿化路段20公里。到2003年，公路绿化新植37公里、补植10公里，实现全县宜绿化路段全部绿化的目标。2003—2008年，全县新增县道的绿化均达到与新建道路同步进行。

三、养路费收缴与使用

1990年2月，龙里县养路费征收站更名为黔南州征费稽查所龙里征费稽查站，有职工23人。1993年12月，龙里征费稽查所升格为副科级事业单位，征费由交通局统一管理按规定列支。1990—1993年，执行州交通局1988年制定的对机动车辆征收公路养路费的实施办法，对个体拖拉机按20匹马力折合一个吨位的标准，每吨每月征收养路费85元。凡承包给个人使用的一律按月每吨计征85元，按季、年包干缴纳不报停的包干缴费额不能低于70%。1994—2008年按照省、州各个阶段规定收缴养路费。

征收养路费用于道路的养护，1990年龙里县养护工区养护总支出58.44万元，实际投资补助经费68.23万元，剩余9.79万元。2005年，千洗公路有15公里路段因雪灾和春雨损毁路面，历经10个月保养，耗资4万余元，基本保证通车。

第三节　路政与运输管理

一、路政管理

1990年9月26日，成立县公路路政中队。经常利用赶场天在公路沿线发放宣传单宣传公路法律法规，每年组织人员到公路沿线乡镇、村进行法制宣传和安全教育，对公路上及公路红线范围内违规堆放的物料进行清理。1990年撤除路障13处，限期撤除红线内建房2户，清除石灰窑3个、砖瓦厂1个，拓宽县城环城公路，消除安全隐患。

1991年清除路障物1180平方米，收取占道赔偿费4667元，查封小煤窑、石灰窑、砖瓦窑4个，限期撤除违章建筑5户，损坏公路罚款1户。1992年筹备防滑沙54立方米，组织道路巡查354人次。1994年清除路障432处1106平方米、违章建筑4处430平方米，取缔损害公路的料场8处。1997年1月，县地方养路工区铺沙11立方米，沿途筹备防滑沙38立方米，填坑27个，确保冬季交通安全。

2000年，全年共清除公路堆积物42处1711平方米，取缔公路两侧料场17处，迁出路旁电杆3根，制止红线内建筑1处16平方米，拆除路肩房屋1间16平方米，处理损坏路产案件12起，共收取占道、破路赔偿费1.4万元。2001年，全县开展上路宣传9次，散发宣传资料4805份，张贴宣传标语191条，清理公路堆积物45处1467平方米，取缔路边料场3个，收取公路赔偿费9万元。2006年在公路30处危险地段设置安全警示语，13处易冻滑路段备防滑沙360立方米，春运期间出动稽查车辆51辆次、人员120人次。

2008年，凝冻期间从1月开始上路除冰，至3月2日结束共上路巡逻80余次，投入应急车60余辆次，投入人工395人次、防滑工具345件次，铺撒防滑沙835立方米，清除挡道树木296棵，处治易滑路段100多处，保畅通路段338.3公里，共投入资金33.5万元；全年进行安全生产培训4次，出动安全检查车辆200多次、人员900余人。

1991—2008年，共拆除公路堆积物115处3948平方米、红线内违章建筑9处307.62平方米，清除石灰窑3个、砖窑1个，取缔公路两侧料场20处，迁出路旁电杆3根，处理损坏路产案件12起，收取路产赔偿费、占道费31.68万元，保证公路畅通。

二、运输管理

1992年在谷脚千家卡修建运输管理站，建设办公业务用房420平方米、住宅340平方米、停车场1300平方米，其他附属设施70平方米。县公安局安排重点整顿黔贵线事故多发危险地段为210国道沿线的秤钩坡、沙子岗、观音山、五里坡、邦楼上、皂角垭、坡脚桥等，采取定点检查、沿路巡查、控制车速、督查违章等措施，严厉处罚违章车辆。中巴车超载10人、大客车超载20人以上的，除当场处罚外，立即停运3天。

1993年，加强统计资料报送工作，要求本县辖区内的国有、集体、个体汽车维修服务网点、客运业户必须在每月26—27日将当月完成的产值、产量、客运量、周转量的准确数据如实报送县公路运输管理所，虚、假、漏、拖报或不报者，给予警告或罚款100～3000元的处罚，以此促进运输管理费的征收工作。

1994年4月1日起，营运货车2.1吨以上每月每吨征收15元，1.1～2吨的每月每吨征收17元，1吨以下的每月每吨征收20元；营运客车21座以上每月每座征收2元，20座以下的每月每座征收2.5元；拖拉机1吨以下每月每吨征收15元，1～2吨每月每吨征收20元，2.1吨以上每月每吨征收30元；机动三轮车月包缴20元，人力车月包缴10元。当年管理费实际征收24.24万元，超额完成州计划的86%。

1995年按照州运管处和稽查大队的安排组建龙里公路稽查中队。1996年上路检查227次，检查车辆55782辆，补征交通发展基金11.33万元、拖拉机养路费3.11万元、运管费3.37万元。

1997年，龙里县实施城市客运车辆经营权有偿出让、转让。7月1日以后，已取得经营权，并需要继续经营的，缴纳城市客运经营权费，每年机动三轮车300元、中巴车1000元、小公共车（微型车）800元、出租轿车1500元。当年计划征收运管费27万元，实际征收35万元。

2001—2003年，清理违规城市出租车18辆，强制报废5辆，转卖非法营运车4辆；清理取缔短途营运客货两用车客运16辆；清理机动三轮车170辆，取缔非法营运车50辆。2004年公路客运附加费：21座以上每月每座65元，20座以下每月每座80元；交通发展基金：非营业性客货车每月每座20元，营业性货车0.01元/吨·公里。当年贯彻对家禽业减免公路货运附加费和车辆通行费的政策。

龙里县十字路超限运输检测站设立以后，检测超限车辆20余万次，卸货50余吨，收取公路补偿费100万元。因该站一直占道检测，影响交通，2005年4月投入2.7万元修建长30米、宽4米的检测车道及值班室。2006年6月，龙里把关至贵定公路油路建设开工，沿线车辆超载超限特别严重，影响施工进度。2008年7月，县交通、煤炭、安监、公安部门和洗马镇政府联合加强对该公路的治理工作。

2006年，根据草原、水场两乡没有班车的实际，县交通局同意开辟客运班线龙里至余下堡段。2007—2008年，龙里县按全州统一安排开展打击非法营运整治活动。

三、运价管理

（一）非机动车运价　1990年11月，《黔南布依族苗族自治州短途运输装卸搬运及运输服务业计价管理办法》（以下简称“州规定”）颁布实施。对畜力车10公里以内1吨公里、11公里以上1吨公里，一等线、二等线，计时包车装卸普通物资人力装卸价格，撤、堆高，人力车搬运、装卸计费等，都作出具体规定，严格执行。1992年以后，畜力车运输自然消退，逐步被机动车辆代替，运价一般沿袭1990年定价或货运双方临时议价。

（二）机动车运价

1.拖拉机运价　按照州规定，拖拉机、小型机动车15公里以内基础价1.5元，1吨公里0.4元；15.1公里以上1吨公里0.4元，无基础价；装卸1.5吨（不含1.5吨）以下1吨1.2元，1.5吨（含1.5吨）以上1吨1元；计时包车每小时4元。因托运方延误时间的，每小时2元，半小时不计费，超过半小时按1小时计费。2000年以后，拖拉机主要从事农业生产，逐步退出运输行业。

2.机动三轮车运价　按照州规定，机动三轮客车（2座）不分城区郊区（1公里一站），一站0.3元。1994年，龙里县根据州规定制定本县机动三轮车收费标准。2004年5月，龙里县对机动三轮车运价、车站进行调整，执行新标准价，原定收费标准废止。2006年，再次调整龙里县城客运机动三轮车收费标准，于6月1日起执行新标准。

1990年龙里县机动三轮车收费标准一览表

表8-3

起 点	终 点	单 位	运价（元）
城内发车（起点不限）	东门桥、西关坡顶、第二初级中学、汽车修配厂、气象站、火车站、武装部、县政府、城内各机关单位	每趟（次）	1.5
城内或城外发车	林场场部、水桥、化工厂、董夏桥、联合制砖厂、农校、九条龙等地	每趟（次）	3
城内或城外发车	铁厂、电石厂、电化总厂、110千伏变电站、五眼桥（羊鸡冲飞龙洞路口）、五里坡道班等地	每趟（次）	3.5
城内或城外发车	59461部队	每趟（次）	4
城内或城外发车	59472部队、麻芝石油库、水泥厂	每趟（次）	5

2007年龙里县机动三轮车运价标准一览表

表8-4

起 点	终 点	单 位	运价（元）
城内（起点不限）	九条龙加油站、铁路线、林场路口、三小、气象站	1辆车1次（趟）	2
城内发车或回程	大冲、石头寨、黑山、水桥、哨上（龙架山公园）、茅草冲、董夏桥、农校、吴家庄（龙腾酒店）	1辆车1次（趟）	4
城内发车或回程	砖瓦厂、五里桥、流音洞	1辆车1次（趟）	3.5
城内发车或回程	高速公路匝道口、原炸药库	1辆车1次（趟）	3
城内发车或回程	永兴山庄、部队机关	1辆车1次（趟）	6.5
城内发车或回程	水泥厂、铁厂	1辆车1次（趟）	4.5
城内发车或回程	莲花桥、余下堡、部队1号桥（经老寨）	1辆车1次（趟）	9

3.汽车客运价　1991年起，按照省、州规定价格执行，在节假日根据相关规定制定临时价格。1997年，制定春运期间龙里县客运车辆从龙里车站发往各地或从各地返回龙里车站运价。2003年以后，春运期间跨省客运路线票价按基本价上浮20%，在州内跨县线上浮15%，在县内上浮10%。2006年起，春运时间从1月14日起至2月22日结束，为期40天，客运价上浮10%。2007年12月，龙里县根据非农村公路客运燃油附加费执行情况，调整非农村公路客运价格标准，从2007年12月10日起执行。

1998年龙里县汽车客运票价一览表

表8-5　　单位：元

地名	猫场		把关		沿山		高枧		和平	
类别	路程公里	票价	路程公里	票价	路程公里	票价	路程公里	票价	路程公里	票价
数据	45	7.2	28	4.5	21	3.4	35	5.6	42	6.7
地名	干坝		台上		昌明		羊场		六广	
类别	路程公里	票价	路程公里	票价	路程公里	票价	路程公里	票价	路程公里	票价
数据	60	9.6	59	9.4	36	5.8	60	9.63	34	7
地名	摆省		龙洞堡		谷脚		洗马		牛场	
类别	路程公里	票价	路程公里	票价	路程公里	票价	路程公里	票价	路程公里	票价
数据	50	10	27	4.3	16	2.6	56	9	64	10.2

续表

地名	巴江		平伐		民主		湾寨		千家卡	
类别	路程公里	票价	路程公里	票价	路程公里	票价	路程公里	票价	路程公里	票价
数据	68	10.9	58	9.3	26	5	42	8	19	3
地名	贵阳		谷龙		十字路		猫场至永乐堡		猫场至贵阳	
类别	路程公里	票价	路程公里	票价	路程公里	票价	路程公里	票价	路程公里	票价
数据	40	6.4	57	9	35	5	8	1.2	27	4
地名	谷龙至贵阳									
类别	路程公里	票价								
数据	39	6								

2007年龙里县汽车客运票价一览表

表8-6　　单位：元

地名	观音山		谷脚		千家卡		岩后		三宝寨		鸡场坝		把关		十字路	
类别	路程公里	票价	路程公里	票价	路程公里	票价	路程公里	票价	路程公里	票价	路程公里	票价	路程公里	票价	路程公里	票价
数据	6	3	16	4	19	5.5	24	7.5	25	8.5	26	8.5	31	8.5	35	9.5
地名	高枧		和平		茶场		干坝		落宝		新庄		洗马		落双	
类别	路程公里	票价	路程公里	票价	路程公里	票价	路程公里	票价	路程公里	票价	路程公里	票价	路程公里	票价	路程公里	票价
数据	37	9.5	44	11	46	12	47	13	51	14	53	14	57	14	60	15.5
地名	牛场		粑粑街		烟灯坡		台上		烂田湾		巴江		犀牛塘		元宝寨	
类别	路程公里	票价	路程公里	票价	路程公里	票价	路程公里	票价	路程公里	票价	路程公里	票价	路程公里	票价	路程公里	票价
数据	65	16	60	15	61	15	63	16	72	17	70	17	41	12	34	10.5
地名	醒狮		偏坡		谷龙		沿山		旧治		昌明		抱管		平伐	
类别	路程公里	票价	路程公里	票价	路程公里	票价	路程公里	票价	路程公里	票价	路程公里	票价	路程公里	票价	路程公里	票价
数据	47	11	47	11	56	14	20	6.5	33	7.5	36	8.5	49	11	58	11.5
地名	羊场经昌明		湾寨经羊场		摆省经羊场		龙从		富洪		三元		沿山堡		新路口	
类别	路程公里	票价	路程公里	票价	路程公里	票价	路程公里	票价	路程公里	票价	路程公里	票价	路程公里	票价	路程公里	票价
数据	68	14	76	16	90	18	11	3.5	14	4.5	18	5.5	14	4.5	17	5.5
地名	冒沙井		高坪		三七厂		岱林、打铁		盘江		贵定		马场坪		都匀	
类别	路程公里	票价	路程公里	票价	路程公里	票价	路程公里	票价	路程公里	票价	路程公里	票价	路程公里	票价	路程公里	票价
数据	23	6.5	25	6.5	28	6.5	68	12	30	10	40	11	70	25	115	36
地名	贵阳															
类别	路程公里	票价														
数据	40	11														

四、公路安全管理

1991年办安全教育学习班16期，每期有各类车辆驾驶员、客运售票员35人参加学习。组织宣传队到村寨发传单、放幻灯片进行安全教育。县政府与交通局签订《交通安全责任书》，执行安全责任考核制度。

2001—2008年查处客车上旅客携带易燃易爆、危险化学品行为，查获爆竹5.5万响、烟花1074根、冲天炮100只、油漆7.5公斤、香蕉水1.5公斤；稽查纠正车辆违章1851起罚款2.6万元，稽查逃征客货运附加费补收12万元；例行检查车辆2.93万辆次。2008年1月24日至3月2日凝冻期间，春运投入5188车次，运输旅客5.83万人次，出动安全检查车辆200多次、人员900余人。

五、客运与货运

龙里县客、货运输以县城为枢纽，东至贵定县、都匀市，西至贵阳市，南经贵定县的沿山、昌明、平伐3镇达羊场镇，北至巴江乡，联通全县14个乡镇，构成南—北、东—西两线纵横交叉的十字运输骨架，乡村运输线路互联组成客、货运输网络。

（一）客运 1991—1999年，龙里客车站承担旅客营运。2000—2001年，由龙里客车站和顺达客货有限责任公司共同承担客运。2002年至2006年5月，由顺达有限责任公司和黔南交运公司龙山分公司共同承担客运。2006年6月以后，由龙里县汽车站承担客运。

1.都匀汽运公司龙里县汽车站 1988年有营运车辆126辆，客运量13.6万人次，周转量485.7万人公里。到1995年，全县客车增加到175辆1634座。其中：营业性大型客车2辆165座，中小型客车24辆415座，个体联户客车18辆369座。客运业户24户，从业人员68人，客运路线5条，营运里程208公里；跨地区营运21公里，跨县29公里。到1999年客运业户增加到71户，从业人员146人，营运客车只有89辆1310座；客运路线6条，营运里程357公里，跨地区87公里；服务业户5户，从业人员58人。2003年新建龙里县汽车站，2005年底建成，2006年5月1日正式投入使用，同时拆除老汽车站，客运业务移交龙里县，隶属县交通局管理。2008年，营运车辆114辆1323座。其中：汽油车75辆、柴油车39辆，年客运量210万人次，旅客周转量6835万人公里。

2.顺达客货有限责任公司 2000年8月，成立黔南交运总公司龙里县顺达客货有限责任公司，全县80%个体客运车辆加入经营，有客运业户91户，从业人员163人，营运客车96辆1528座，营运里程368公里。其中，跨地区经营87公里。当年客运量计划完成176万人次，实际完成190万人次；旅客周转量计划完成4700万人公里，实际完成5000万人公里。

3.黔南交运公司龙里县龙山镇分公司 2002年，黔南交运公司龙里县龙山镇分公司成立。2002—2006年该公司与顺达客货有限责任公司，从业人员共206人，营运客车153辆1976座。年计划客运量150万人次，实际完成165万人次；旅客周转量年计划4000万人公里，实际完成4400万人公里。2003年，县政府将顺达客货运输有限责任公司附近1200平方米的土地征用为国有，并出让给该公司作新建汽车修理厂用地。当年客运量计划完成134万人次，实际完成153万人次；周转量计划4400万人公里，实际完成4700万人公里。

4.民间营运 总后3537工厂1989年有大型客车2辆、小型乘坐车10辆，年客运量7000人次，参与龙里客运。1997年工厂在贵阳花溪建立新厂，车队随新厂转移，客运服务退出。

5.机动三轮车 1995年，龙里县有客运机动三轮摩托车110辆220座，客运业户110户110人。到2000年，增加到173辆519座，客运业户173户173人。2003年增加320辆，保持至2008年。2009年7月实行城市出租车全面上市，机动三轮车全面退出。

6.汽车租赁 1995年，龙里县汽车租赁行业产生，制定《城市出租机动车客运管理规定》，对之进行规范管理。到1999年有出租汽车30辆，其中国营4辆；2001年有出租车18辆；2005年有租赁客车8辆；2008年有汽车租赁业户5户，出租客车增加到30辆115座。

（二）货运 1991年起货运量不断增加，车辆不断增多，到1995年全县货运汽车增加到358辆，其中：交通部门7辆，个体联户164辆，厂矿、企业、单位188辆；货运业户238户，从业人员617人。2000

年，全县货物运输业户391户，从业人员423人，营运货车406辆，总吨位846吨；货运量年计划完成4.8亿吨，实际完成6.1亿吨；货物周转量年计划完成256亿吨公里，实际完成309亿吨公里。2001年，车辆吨位提高，车辆数量减少。

2004年，营运载货汽车356辆，比2000年减少50辆；902个吨位，比2000年增加56个吨位。其中：汽油车19辆13吨位，柴油货车337辆889吨位，大型货车95辆479吨位，重型货车7辆60吨位，中型28辆84吨位，小型233辆339吨位；非营运运输工具货车18辆21吨位。当年货运量计划6.92亿吨，实际完成7.5亿吨；周转量计划466亿吨公里，实际完成485亿吨公里。2008年，全县货运业户495户，货车482辆，1545吨位；厢式货车482辆，1545吨位。当年货运量9.1亿吨，周转量603.5亿吨公里。

1986年运输拖拉机80余台。1995年货运拖拉机201台174吨位，拖拉机货运业户203户233人。1999年，拖拉机货运业户216户216人，货运拖拉机216台180吨位；货运量227吨，年周转量670吨公里。2003年，拖拉机从2001年的153台下降为轮胎式拖拉机50台35吨位，主要用于农业服务，此后拖拉机运输量逐年减少。

六、车站建设

（一）龙里县汽车站　随着交通事业发展，老汽车站已不能满足需求。2000年，省运输管理局计划投资300万元修建龙里县新汽车站。6月26日，在火车站左侧无偿划定国有土地18亩用于新建汽车站。2002年3月，测算新建汽车站前期拆迁所需经费170.36万元，采取招商引资和共同经营汽车站的第三产业的办法建设。11月，通过招标，龙里县金泰房地产开发公司以154万元中标取得汽车站建设项目。2005年12月完工，2006年6月1日启用新站。2007年4月成立龙里县汽车站，当年新客车站开始营运，实现进站车辆90辆，售票总额500万元，发送营运班次5.47万个，输送旅客50.23万人次。全县有营运客车143辆1609座，其中：汽油车86辆、柴油车57辆；年客运量141万人次，旅客周转量6910万人公里。

（二）乡镇客运站　2005年5月，新建乡镇客运站及其投资情况：洗马镇车站6600平方米300万元，醒狮镇车站6600平方米40万元，羊场镇车站3000平方米40万元，谷脚镇车站6600平方米300万元，三元镇停车场1000平方米20万元，谷龙乡停车场3000平方米40万元，水场乡停车场3000平方米40万元，哪嗙乡停靠点1000平方米20万元，湾寨乡车站6600平方米300万元，摆省乡停靠点3000平方米40万元，草原乡停车场1000平方米20万元，巴江乡停车场1000平方米20万元。2008年计划建设的乡镇汽车站全部动工建设，最后实现全县14个乡镇均有客运站或客运停靠点。

七、机动车维修

（一）国营　1990年6月撤销龙里县汽车队，成立国营龙里县汽车修配厂。是年6—12月，修配厂完成产值3.31万元，实现利润6916.98元。1991—1999年，修配厂每年均超额完成生产计划指标。由于汽车个体维修业户的发展，2004年7月撤销国营汽车修配厂。

（二）私营　20世纪80年代中期开始出现机动车维修个体户，90年代迅速发展。1991—1997年私营汽车维修只有1户，以摩托车维修为主。1998年，全县机动车维修业户发展到45户，从业人员119人，其中：二类维修业户9户，专项修理36户。2000年以后，私营汽车维修转为以汽车修理为主，机动车维修业户发展到47户，从业人员126人，其中：二类维修业户9户，专项修理38户。2008年，维修业户中产生一类维修业户1户，当年机动车维修业户55户（其中一类维修1户，二类维修1户，三类维修48户，摩托车维修5户）。当年维修各类机动车6.25万辆次，其中：二级维护1179辆次，专项维修6.12万辆次，维修救援126辆次。

第四节　水上运输

一、水路及渡口

龙里县境内主要有清水江、水桥河、湾滩河3条河流。清水江位于北部，与贵阳、开阳、福泉、贵定4县（市）交界，流经县境谷龙乡、洗马镇、巴江乡的平寨、大厂、猫寨、水尾等村，过境水路长36公里；水桥河发源于草原乡塘堡村坝卡寨，流经朵花，龙山镇余下堡、莲花，在三岔河与猴子沟河汇合形成水桥河，由水桥流经播箕桥、麻芝乡富洪村、三元镇三合村及永安村等，流入贵定县境瓮城河，全长44公里，其中县境内40公里；湾滩河主要源于摆省乡摆岑河，流经摆主，湾寨乡的甲摆赏和毛栗寨，羊场镇的甲摆同等地，流入贵定县境，全长37公里，其中县境内28公里。3条河流历来属于自然河流，堤坝基本是当地群众根据需要自行建筑修缮，有小船只短途运输和渡口运载。

1990年，龙里县渡口所在乡镇政府投资1580元，县交通局补助300元维修渡口；对区乡兼管人员和船工进行创建安全文明渡口培训45人次；普查渡口16处，其中正式渡口15处。2000年，修建谷龙乡辣子冲渡口简易候客室。2002年，建立健全渡口档案。2003年，根据贵州省有关规定设置渡口12个。

1991年，通过年检的船舶11艘，有登记账号的10艘，脚渡河渡口新增1艘。1993年10月，县交通局集资2000元、州交通局补助1万元、清水江渡口渡工周荣义集资1500元，更新1艘15客位的钢质船。当年有船舶的乡镇为2乡1镇，7个行政村15个村民组，管理人员21人，渡口15个、正副船员26人。1994年，个人集资、国家补助购买钢质船舶，更新钢质船舶3艘、木质船舶2艘。2001年8月，向黔南州港监处申报更新民间渡口船舶8艘（其中钢质3艘），当年全县有船舶12艘。2004年，向黔南州地方海事局申报金龙谷、羊鸡冲水库水上旅游项目。

2005年3月，配置铁船10艘（姜家渡2004年因无船停渡；宋家渡因木船存在安全隐患，配置铁船1艘）。2008年5月，因大花水电站蓄水致使县境清水江上游几个渡口水面增宽、深度加深、客流量增大（清水江年客运量9万多人次，冯家渡年客运量4万多人次），原来的非机动船舶难以承担客运负荷，安全系数大大降低。因此向黔南州地方海事局申请将清水江渡口、冯家渡2渡口非机动船舶更换为机动船舶，并为宋家渡配备机动渡船。

1993年龙里县渡口、渡船、船工统计表

表8-7

渡口名称	所在地	船舶数（艘）	船工数（人）
清水江	巴江乡水尾村	3	3
两岔河冯家渡	巴江乡平坡村	1	1
两岔河张家渡	巴江乡平坡村	1	1
顺岩河	巴江乡平坡村	2	2
纸厂河	洗马镇长沟村	1	1
平坝河上寨	洗马镇长沟村	1	1
平坝河中寨	洗马镇长沟村	1	1
冯家渡	洗马镇长沟村	0	0
矿山脚文明渡口	洗马镇大厂村	1	1
脚渡河	洗马镇大厂村	1	1
姜家渡	洗马镇黄星村	1	1
宋家渡	谷龙乡平寨村	1	1
辣子冲	谷龙乡平寨村	1	1
河尾巴	谷龙乡苦竹塘组	1	1
合　计		16	16

2002年龙里县渡口、渡船、船工情况登记表

表8-8

所属乡镇、村	渡口名称	渡船数（艘）	质地	船舶权属	经营人（姓名）	客位（人）	载货（吨）	年渡运量（人次）
巴江乡水尾村	清水江渡口	1	钢	交通局	周华伦	15	1	10050
巴江乡平坡村	两岔河冯家渡	1	木	平坡村	冯育明	10	1	7200
巴江乡平坡村	两岔河张家渡	1	木	平坡村	张正华	10	1	6800
巴江乡平坡村	顺岩河渡口	1	木	平坡村	黄洪开	10	0.6	7100
洗马镇长沟村	邓家渡口	1	木	长沟村	杨光荣	10	1	6500
洗马镇长沟村	纸厂河渡口	1	木	长沟村	袁开文	10	1	5200
洗马镇长沟村	干坝河中寨渡口	1	木	长沟村	宋永德	10	1	5800
洗马镇大厂村	矿山脚渡口	1	钢	交通局	郑绍光	12	1.6	6800
洗马镇黄星村	干掌姜家渡口	1	木	黄星村	宋培华	10	1	7000
谷龙乡平寨村	宋家渡口	1	钢	交通局	宋继清	15	1	8000
谷龙乡官庄村	辣子冲渡口	1	钢	交通局	宋庆发	15	1.8	8300

2003年龙里县12个渡口客流量统计表

表8-9

渡口名称	渡船数（艘）	载重量（吨）	乘客定额（人）	平均日客流量（人）	新旧程度（成）	所有制	备注
河尾巴	1	1	10	50	7	私人所有	老渡口
脚渡河	1	1	10	30	5	村民组集体所有	老渡口
干坝河中寨	1	0.8	7	330	4	私人所有	1981年设置
两岔河张家渡	1	1.5	15	20	9	私人所有	老渡口
两岔河冯家渡	1	1.5	15	15	9	私人所有	老渡口
纸厂河	2	1	5	10	5	村民组与私人共有	老渡口
		0.5			3		
矿山脚	1	1	10	8	8	私人所有	1980年设置
辣子冲电站	1	1	10	30	7	集体所有	1968年设置
宋家渡	1	1	10	30	4	村民组集体所有	老渡口
干坝河上寨	1	0.5	5	6	3	私人所有	老渡口
顺岩河	2	1	10	5	5	私人所有	老渡口
清水江	1	1	10	20		村民组集体所有	老渡口

二、水上交通管理

1990年，水库、河流船舶除载客营运外，还涉及水产业、农业和旅游业。因此，将水上交通安全责任分由交通、农业部门及乡镇政府分别承担、共同落实。1992年成立县水上交通安全领导小组，组织9次安全大检查，并开展宣传教育活动，受教育7000余人次。洗马镇政府被州交通局评为1992年度水上交通安全先进集体。

1994—1999年，聘请5名乡镇领导干部兼任洗马片区水上交通安全管理员，县交通局、乡镇与管理干部和船员签订安全责任书，并建立洪水季节渡口24小时值班留守制度。培训船员20多名，库区、沿河两岸接受安全教育群众达9500多人次，各渡口设立禁渡水位线标志。县交通局被黔南州交通局评为1999年度水上航运安全优秀单位。

2002年，对水桥度假村（有旅游船10艘）、麻芝乡富洪村（有船舶5艘、竹筏10条）等渡船旅游景点，属“三无”船舶的依法取缔。严格渡口审批制度，实地检验审查批准设置12个，取消不具备条件的3个。“五一”劳动节、国庆节到人流集中的渡口进行安全检查、监督。制订《重特大水上交通险情及事故应急预案》，对全县所有水上旅游水段和水库船舶、船员进行对照检查鉴定。县地方海事处拟订《水上交通安全生产百日督查专项行动方案》，开展农、副业自用船舶的检验、登记、编号、发证、建档等工作。

2000—2008年，县对乡镇、乡镇对村、村对船主或船舶经管人落实安全管理责任制，交通局组织开展“水上运输安全管理年活动”，纠正违章6艘次，发出违章通知2次，处罚船员2人次，警告6人次，扣证2本，吊销证书2本。因清水江渡口的钢质船舶锈蚀，限每次渡运10人，严禁渡工酒后和超过警戒水位开船。县交通局制立渡口守则石碑8块，购置发放救生衣50套。

第五节　铁路运输

2008年，县境有黔桂、湘黔、株六复线铁路和贵阳铁路枢纽，4条铁路均在县城设火车站；在建的有贵广高速铁路。

一、火车站

龙里火车站位于县城所在地龙山镇，建于1959年。离株洲站864公里（相邻车站：龙里县麻芝铺站），离贵阳站41公里（相邻车站：龙里县大土站，也可通过贵阳客车外绕线直通贵阳站），离柳州站447公里（相邻车站：贵定县沿山站），是沪昆铁路与黔桂铁路的交汇站，属成都铁路局贵阳车务段管理。龙里站与麻芝铺站间相距5.2公里、大土站间相距13.7公里、小西堡站间下行线相距3.9公里、小西堡站间上行线相距3.4公里、老罗堡线路所间下行线相距8公里。按业务性质为客货运站，按技术性质为中间站，按车站等级为三等站。

龙里火车站长2045米，内有14股道，其中：接发列车正线4条，到发线、专用线各3条，牵出线、货物线、段管线、石渣线各1条。1992年，车站下设班组有运转4个、货运2个、客运3个、后勤1个，共有职工92人，主要监管高坪铺、麻芝铺、小西堡、大土、谷立、长冲6个火车站。办理旅客乘降和行李、包裹托运，整车、零担货物发到。危险货物仅办理农药、化肥发到。

为提高铁路客货运输能力，成都铁路局对既有的黔桂线、贵阳铁路枢纽地区进行线路、站场改造，新建黔桂Ⅱ线。2006年开始实施龙里火车站扩能改造工程，2008年8月龙里站黔桂Ⅱ线扩能改造施工进入最后攻坚阶段。为配合施工，龙里站停止办理一切客货运业务，以前在龙里火车站停靠的8对半旅客列车也不再停靠。预计2010年10月改造结束，改造后增加地下旅客通道，1、2站台宽度达8米以上。

二、铁路客货运输

（一）铁路客运　1992—2007年，龙里火车站停靠旅客列车8列，分别为K65次广州—贵阳、5639次玉屏—贵阳、1645次郑州—贵阳、K849次湛江—贵阳、K66次贵阳—广州、5640次贵阳—玉屏、1646次贵阳—郑州、K850次贵阳—湛江，旅客年均发送量15.3万人次。2008年龙里火车站停靠旅客列车5列，分别为5639次玉屏—贵阳、K849次湛江—贵阳、K9379次麻尾—贵阳、K9380次贵阳—麻尾、5640次贵阳—玉屏，旅客年发送量18.6万人次。

（二）铁路货运　1990年，龙里火车站发送货物主要有煤矿、重晶石、木材等，年发送量26万吨，日均712吨，年装车数4127节次（每节核定载重量60吨），日均11节次。到达货物主要有金属矿、煤、水渣等，年到达量42万吨，日均1150吨，年卸车数6667节次，日均19节次。

2000年，龙里火车站发送货物主要有煤矿、重晶石、水泥等，年发送量35万吨，日均959吨，年装车数5556节次，日均15节次。到达货物主要有金属矿、煤、水渣等，年到达量50万吨，日均1370吨，年卸车数7937节次，日均22节次。

2008年，龙里火车站发送货物主要有煤矿、重晶石等，年发送量23万吨，日均630吨，年装车数3651节次，日均10节次。到达货物主要有金属矿、煤、水渣等，年到达量65万吨，日均1781吨，年卸车数1.03万节次，日均28节次。

第六节　铁路建设

一、铁路改建工程

2005年12月28日，成都铁路局开工实施贵阳南编组站扩建及枢纽客车外绕线建设项目（简称贵阳铁路枢纽工程）。为了配合该项目的实施，2006年4月龙里县成立贵阳铁路枢纽工程建设领导小组，负责征地、拆迁安置及矛盾问题协调处理工作。2008年6—12月相继完成黔桂铁路扩能改造工程和贵阳铁路枢纽工程。

（一）黔桂铁路扩能改造工程　黔桂铁路贵州段扩能改造工程于2005年3月28日开始全面动工，2008年6月30日竣工并通车。该工程即贵州贵阳至广西柳州铁路，是中国铁路西南地区的主要干线，全长451.84公里，此次改造总投资91.71亿元，建设工期3年，为国家一级电气化铁路，时速为140公里，途经龙里境内龙山、麻芝两个乡镇。

（二）贵阳铁路枢纽建设工程　途经龙里境内水场、谷脚、龙山3个乡镇，该项目2005年12月28日正式动工建设，2008年12月30日竣工并通车。贵阳铁路枢纽是贵阳南编组站扩建及枢纽客车外绕线建设项目工程，属于国家重点建设项目，总投资32.3亿元。北接川黔线、南连黔桂线、东接湘黔线、西连贵昆线，是沟通中国西南地区与中东部地区，联系川渝、西北地区与东南沿海地区的交通要道，是中国西南地区最大的铁路枢纽。

二、贵广高速铁路建设

2008年11月动工修建的贵广高速铁路，是国家在贵州高原新建的第一条高速铁路，起点贵阳，终点广州，在龙里县城西区水桥村新建龙里北站。贵广高速铁路全长857公里，设计时速250公里，预留300公里，总投资858亿元，其中龙里过境段18.25公里，途经水场、谷脚、龙山、麻芝4个乡镇的6个行政村11个村民组。

为配合该工程龙里段建设，龙里县成立贵广高速铁路项目建设指挥部，负责征地、拆迁安置及协调处理相关矛盾问题。涉及拆迁企业8家，其中整体拆除5家，即：龙里铁厂、龙里联合化肥厂、贵龙磷化工有限公司、龙里昌龙养殖场、龙腾铁合金厂二号炉；部分拆除3家，即：龙里物产龙腾公司、华瑞雪花啤酒厂、泰丰旅游公司。涉及民房拆迁359户，拆迁总面积6.02万平方米；建设中集中修建麻芝乡李家院、龙山镇吴家庄2个安置小区。经过6年的建设，贵广高速铁路建成投入使用。

第二章　邮　电

第一节　邮　政

一、邮政机构设施

1998年10月，龙里县邮政和电信分开营业，成立龙里县邮政局，邮政局下设县城人民路、县城弯子街、中国人民解放军总后勤部3537兵工厂、谷脚镇、羊场镇、洗马镇6个邮政支局。2005年增设县城环城路邮政支局。2007年谷脚、羊场邮政支局改为邮政局代办所。2008年下设县城人民路、县城弯子街、县城环城路、3537兵工厂、洗马邮政支局和羊场、谷脚邮政代办所7个营业网点。

2008年，县邮政局有机动车7辆，其中办公用车1辆、生产用车6辆（专用快件传递1辆、押款专用2辆、邮运3辆）；有自动取款机1台、报刊亭7个、防盗报警监控器7套；办公设备有传真机1台、笔记本电脑3台、打印机18台、邮资机1台、台式计算机15台、终端机20台、条码生成器3个、远程电话会议室设备1套。

龙里县邮政局建有干线邮路4条，总长170公里。县城至谷脚16公里，县城至洗马56公里，县城至羊场67公里，县城至3537兵工厂31公里，4条干线每天一次邮班。支线投递：城市投递分1至5段5条支线，特快专递和机要投递2条线，共7条线，总长110公里，投递员7人，每周6班；农村支线13条，总长490公里，即除县城所在地龙山镇外的13个乡镇支线，每周3班，有投递员10人。

二、邮政业务

1991—2008年，龙里县邮政局沿袭原有的函件、机要、包裹、汇票、报刊、杂志、储蓄7项业务，新增代收电话费、代发工资、预订飞机票3项电子业务，代办保险、基金、理财、网上银行、手机银行5项业务。

1988年，龙里邮电局在已有1条省内二级有线电报电路的基础上开辟传真电报。1989年8月，使用汉字终端设备，电报并入全国转报网，采用自动转报等先进通报手段。电报种类有10种（天气、水情、公益、政务、新闻、普通、汇款、公电、国际、书信），根据不同的投递方式和业务性质又分为国内电报、国内船舶无线电报、传真电报、用户电报4种。随着电缆和光缆电路投入使用，固定电话实现交换程控化、传输数字化，又发展移动电话和无线寻呼等；随着长途电报实现自动化，随后又实现交换程控化，致使电报业务量逐年下降。

1991年，有电传打字机2台，4路播报机1部。1997年，全县电报从原来使用落后的话传方式改进为全部使用图文传真方式。随着技术进步，公众性电报通信业务逐渐减少，智能用户电报等新业务逐渐取代公众电报业务。

1998年，邮政、电信分营后，电报的业务量随着话务量增长出现明显下降。当年撤销报务班，电报房改为传真电报房，各乡镇电报采取传真直发方式，不再发至县局报务室转发。2000年，程控电话取代电报业务。2008年，国内公众电报业务量、国内传真量下降至不足1000份，鲜花礼仪及国际港澳公众电报为零。

电信服务一直沿用号码112，用户拨打号码112，通过电话申告障碍，电信即可上门查修电话。1995年开通10000号，只需拨打10000号，即可完成投诉处理、故障申告、客户资料查询、增值业务查询、费用查询等日常业务工作。2006年起，宽带开通7天×24小时服务和网上营业厅，开展业务办理、费用查询、缴费充值、积分管理、咨询与投诉等业务。

1990年与2008年邮政业务效益对照表

表8-10

名　称	1990年数量	单位	2008年数量	单位	增长率%	年均增长	单位
函件	20.21	亿件	26.37	亿件	30.49	3424.11	万件
机要	656	件	794	件	21	7.7	件
包裹	1927	件	3404	件	76	82.1	件
汇票	1.58	万件	1.45	万件	-7.9	-69.7	件
报刊	112.24	万份	206.85	万份	57.5	2.53	万份
杂志	8.91	万册	15.53	万册	74.2	6.62	万册
储蓄（余额）	1800	万元	1.07	亿元	494.4	500	万元

第二节　电　信

一、固定电话

龙里电信固定电话建设经历磁石电话—模拟电话—重开电话3个发展阶段；电话交换建设经历共电式交换机—步进制交换机—纵横制交换机—程控数字交换机4个发展阶段；传输电路经历有线传输—小铜轴—光纤传输，以及后来的新技术包括软交换智能电话（AG、EPON等）发展阶段。

1988年，县城实现市内电话自动化，市内电话线路电缆化。是年使用步进制交换机，实现市话自动化，原“摇把式”电话“退役”。1990年市话用户740户，其中住宅电话62户。1995年实现电话交换程控化，市话用户达1886部，其中私人住宅电话890部占总数的47.2%；把原来使用的纵横制交换机改变为数字程控交换机，县城4000门程控电话正式开通，实现长话交换程控化、传输数字化。

1997年8月，建设全县第一套朗讯2.5G环网SDH传输设备，共新增传输2M电路207个；8月9日全省9个地州市本地电话网全部建成，龙里城乡电话号码统一升为7位，区号是0854。1998年，全县6个乡镇开通入网，实现农话交换程控化。

1999年，全县开通程控电话，固定电话用户上升到8135部。2000年扩容6000门程控电话，长途业务均使用全自动、数字、光缆电路。2001年，S1240扩容4000门（容量达1万门），乡镇扩容2018门（容量达5000门），全县30%的行政村开通电话；固定电话达9526户（其中公话162户），市话与农话统一以市话计价收费，故统称为本地电话。

2002年，农村电话接入网扩容1152门，容量达到1.5万门，全县50%的行政村开通电话。2003年，固定电话达到1.43万户，其中公话162户。2004年，县城电话扩容1000门，程控交换机容量达1.1万门；5月传输电路再次扩容，新建设GF2488-0IB全区环网传输设备，新增传输2M电路126个。

固定电话用户数2005年达1.23万户，2006年达1.44万户，2007年达1.67万户，2008年达1.68万户；交换机总容量2008年达2.32万户，其中农话交换机总容量达1.16万户。

二、移动电话

1996年，龙里夹山坡移动基站开通。1999年，中国电信的寻呼、卫星和移动业务被剥离出去。2008年，中国电信和卫通合并取得无线通信业务经营权，中国电信收购中国联通CDMA网（包括资产和用户），龙里从联通移交得23个无线基站，新建并开通4个基站。移动电话用户总数达6.93万户（联通公司未统计），其中：电信公司4974户（手机3103户、小灵通1871户），移动公司6.43万户。

三、互联网

1997年，163、169公众多媒体通信网在龙里开通，ISDN综合数字业务在网吧中使用，俗称窄带连接上网。1998年，龙里可视电视电话会议网调试开通使用，该网为引进法国STA公司产品，主会场不控制分会场，均可作主持发言。2008年，该网使用中兴公司产品，并重新装修会议室。

1999年，ADSL有线宽带网业务在龙里开通。2000年14个乡镇ADSL宽带网业务开通由最初的32线扩容到8000线，用户达到5500户。2002年开始光纤宽带在单位中广泛使用，许多单位、企业利用电信网、各种组网方式组建自己的应用网或信息专网。

2008年，EPON技术在县城新小区使用，由原来的电缆皮线接入改成光纤接入，网线到户。光纤传输的互联网信息业务，在各行各业如电子政务、远程教育、医疗、网上购物交易等方面得到普遍应用。2008年，龙里县有线宽带用户总数达4595户，其中：电信2595户、铁通2000户。

无线宽带是中国电信将无线宽带WLAN、无线宽带3G与无线宽带1X进行融合后的产品，2008年龙里县无线宽带用户达300余户。

附：

龙里县通信企业简介

一、中国电信龙里分公司

1998年9月以前，电信与邮政合营，名称为贵州省龙里县邮电局。1998年10月，电信与邮政分营成立贵州省龙里县电信局（含移动业务），内设综合、经营服务、建设维护3个部门和机线、营业2个生产班组，下设洗马、羊场、谷脚、千家卡4个乡镇代办点，共有职工40人。1999年，电信重组，移动业务割离出去。

2003年，电信局更名为贵州省电信有限公司龙里县分公司，内设综合部、市场经营部、建设维护部，下设营业、机线2个班组。2004年，电信内部机构调整为3个：综合部，下辖综合事务管理、人力资源管理、会计和统计（兼出纳）班组；营销部，下辖大客户组、商业客户组、公众客户组、营业班、营销组5个班组；建设维护部，下辖机务班和线路维护组。

1995年，龙里县实现电话交换程控化，把原来使用的纵横制交换机改变为数字程控交换机，县城4000门程控电话正式开通，实现长话交换程控化、传输数字化。1997年8月，建设全县第一套朗讯2.5G环网SDH传输设备，共新增传输2M电路207个。1998年，全县6个乡镇开通入网，实现农话交换程控化。1999年，全县开通程控电话。2000年程控电话扩容6000门，长途业务均使用全自动、数字、光缆电路。2002年，全县50%的行政村开通电话。2004年，程控交换机容量达1.1万门，新建设GF2488-0IB全区环网传输设备，新增传输2M电路126个，全年收入928万元。

2008年，龙里县电信固定电话实现光缆输入、数字交换自动化，宽带网络遍及各乡镇和部分村组，无线电话实现县内全覆盖和主要交通路线的覆盖。对天佳花园、中兴嘉园、政府小区、锦绣龙山等新小区使用新的软交换中的EPON技术接入，用户固定电话1.68万户、宽带2595户、手机3103户、小灵通1871户；交换机总容量2.32万户，其中农话1.16万户。全年业务收入1039万元。

二、中国移动龙里分公司

1999年8月，根据国家相关电信重组精神，结合原龙里电信局分营的实际，成立中国移动通信集团贵州有限公司龙里分公司。2008年在职员工45人，其中：中共党员11人、共青团员21人；大专及以上学历31人。公司成立之初光缆线路总长4.6千米，移动电话用户0.36万户，移动电话普及率1.45%，全年电信业务收入250万元。2008年，移动电话用户6.43万户；光缆线路总长1104.24千米，其中主干线675.19千米；业务收入4120万元。

1999—2008年龙里县移动公司业务情况统计表

表8-11

年份	移动电话用户（户）	移动电话普及率（%）	移动光缆总长（千米）	其中：主干线长度（千米）	业务收入（万元）
1999	3600	1.45	4.6	4.6	250
2000	5500	2.01	161.63	114.92	320
2001	8400	3.25	445.97	300.31	430
2002	10700	4.98	565.59	440.54	560
2003	15600	6.43	659.2	505.36	790
2004	23600	8.75	728.45	609.17	1070
2005	30100	11.38	805.01	687.12	1640
2006	43500	15.43	900.46	776.15	3180
2007	58700	20.65	1002.2	807.75	3650
2008	64300	24.01	1104.24	675.19	4120

三、中国联通龙里分公司

2003年6月23日，中国联合网络通信集团有限公司龙里自办营业厅在县城正式开业，中国联通正式入驻龙里通信市场。当时，中国联通承揽的是GSM移动通信网络及原电信寻呼的各项业务。2004年9月19日，中国联合通信有限公司龙里分公司正式成立，是中国联通在黔南州的分支机构，主要经营业务有：移动通信、国内国际长途电话、本地电话、数据通信、互联网、IP电话、电信增值，以及与主营业务有关的其他电信业务。

至2008年，公司先后完成多期GSM、CDMA133、WCDMA网络基站建设，GSM网络基本覆盖全县14个乡镇及主要公路、铁路沿线、旅游景点，WCDMA网络也已覆盖县城及主要旅游景点。数据业务、互联网租线业务及其他增值业务也逐步成为新的业务增长点。

2008年1月12日开始的凝冻灾害期间，分公司除县城基站以外所有基站全部中断。通过抢修，保证营业厅正常营业。机务人员在14个乡镇受灾基站利用汽油机发电抢修。2月15日，抢修灾后基站恢复运行。至2月21日晚6点，所有基站全部恢复运行。

联通龙里分公司先后获得2004年黔南州共青团青年文明号，2006年龙里县文明单位、都匀分公司优秀销售集体等荣誉。

四、中国铁通龙里经营部

2002年10月，中国铁路通信公司在龙里先后建设安装4000线的上海贝尔S1240程控数字交换机、华为的MA5100宽带接入设备、上海阿尔卡特STM-4光传输系统，形成集交换、传输于一体的县级点。至2003年5月，铁通已经形成对黔南州都匀市公网122路话务中继、对都匀有多个155兆光业务接口和若干个2兆电路业务提供能力；敷设龙里县城农贸市场片区800对地区电缆、纪龙酒店片区500对地区电缆、西关坡片区500对地区电缆、小十字片区600对地区电缆、草地中心片区500对地区电缆，形成覆盖整个县城的接入网络；正式向县域城镇和乡村提供包括语音、传真、宽带、带宽数据、电路服务，语音服务号段为：4970、4971、4972、4933、4975、4976、4977。

根据业务拓展需要，2003年5月1日成立铁通龙里经营部，直属于铁通黔南分公司，管理机构有办公室、业务室、营销室、车站设备维护工区（主管铁路沿线线路及设备），专业部门有数据传输室、线路维护组、业务营销组、业务办理厅，共有干部职工7人。是年8月，公司在麻芝乡设立960线远端模块局点，敷设地区电缆达1000对；10月，公司划分为公众网络和铁路专用网络两部分，业务分离后公众网络更名为龙里运营中心，中心由数据传输室、营销组、线路维护组、业务办理厅4个部门组成，正式员工5人；铁路专用网络划转由贵定通信线路工区维护管理。

铁通龙里经营部先后为用户提供语音电话、动态及静态IP互联接入和2兆电路、音频线路、以太网（延伸）提供业务等多种形式的电信服务，陆续开通电话及宽带接入业务。至2008年，龙里县共有铁通业务用户2800户，互联网宽带业务用户2000余户。龙里铁通动态IP互联接入业务的提供是针对业务性质无须静态IP地址业务的用户（服务于多数用户群），静态IP互联接入业务的提供是针对需要固定IP地址业务的用户，2兆电路业务只在铁路单位间提供服务；音频线路及以太网线路延升业务，是为适应现代城市建设、小区规划、物业管理及商场集中监控而兴起的业务，能方便有效地为用户将各种监测设备在1000兆范围内实现互联，为群体用户的管理与休闲带来便利。2008年建成音频线路及以太网线路延伸服务体系，进入调试阶段。

第九篇 工 业

第一章 工业园区建设发展

第一节 工业发展概况及规划

一、工业发展概况

20世纪90年代，树立“工业强县”理念，在已有一定乡镇企业的基础上，加大招商引资力度，以工业为“引擎”加快经济社会发展步伐。1991年，全县有大小乡镇企业2013家，从业人员0.78万人，总产值2748万元。

1992年开始，为进一步刺激经济发展，扩大招商引资成果，制定招商引资优惠政策。主要是项目工程涉及的相关手续办理实行“先上车后买票”，由县经贸局、招商引资局、工业园区管理委员会统一办理；简化土地使用手续审批程序，与地方企业合资的免收一切土地使用费；减半收取产品税、增值税和营业税，3年内免征所得税。以后不断修改完善招商引资优惠政策，大力改善政务服务环境，逐步建立工业发展基金、企业贷款担保体系，现场办公及时协调解决工业园区和企业遇到的困难、问题，为企业的发展保驾护航。1998年有15个小型企业实行跨所有制、跨行业、跨区域生产经营，公开招标选拔能人办企业，其中水泥厂和自来水公司等实行风险抵押承包经营。

2002年开始，为了彻底改变以往工业企业分散建设，道路等基础设施配套差的局面，先后委托规划设计单位编制谷脚、龙山和水场3个工业园区规划，至2008年基本形成“一个省级经济开发区——三个工业园区”的格局。同时加强园区基础设施建设，推行标准化厂房建设，逐步形成工业企业集约发展局面。为了节约土地，减少企业投资，加快企业投产，按照工业企业生产共性要求及有关规范，由地方政府投资统一建设标准化厂房，出租给企业。

2008年，全县乡镇企业经过改革改制、兼并重组、自然淘汰后共有1073家（工业企业200多家），其中规模以上企业22家（药业企业5家，主要生产中成药；冶金企业5家，主要生产铁合金、铝合金；建材行业3家，主要生产水泥、水泥砌块、纤维板、门窗、岩砖、涂料、混凝土等；电气机械及器材制造行业2家，主要生产钢构件、橡胶制品、机电设备、医疗器械及电杆、电缆、钢管等；煤矿1家；铝土矿1家；纸、棉、塑料等制品企业1家；农副产品深加工企业1家，主要生产啤酒、辣椒制品、刺梨汁、牛奶等；化学品企业1家，主要生产试剂、洗涤剂；供电企业主要有龙里供电局1家），实现主导产业由冶金、医药、化工向医药、建材、机械、食品加工的转变，形成医药、冶金、建材三大支柱产业。

2008年，龙里县主要工业产品中，原煤16万吨，比上年下降52.94%；生铁0.8万吨，比上年下降30.82%；水泥4.11万吨，比上年下降20.96%；供电量5.48亿千瓦时，比上年下降16.32%；硅锰合金9.9万吨，比上年下降18.99%；中成药1.21万吨，比上年增长9.96%；啤酒1.02万千升，比上年下降8.17%。

二、工业发展规划

龙里工业园区，是在原谷脚乡镇科技园区（又叫谷脚工业园区或谷脚医药工业园区）的基础上逐步发展起来的。自1992年8月贵州神奇制药厂入驻起，先后有富华、大成、王胎、良济等19家制药厂落户建成投产（其中通过GMP认证的15家），医药产值达10亿元。至2002年已发展成为医药、冶金、化工“三足鼎立”的工业产业，全县工业总产值完成12.18亿元，其中：医药工业4.21亿元、冶金工业3.78亿元、化工业1.28亿元。

2002年8月，龙里县委托黔南州规划设计室编制《龙里医药工业园控制性详细规划》（即谷脚医药工业园），规划区面积6.8平方公里，规划区范围：北起腊树湾，南至千家卡，东起岩后村，西至倪儿关。规划区定位：全国乡镇科技园区，以医药工业为主导产业，主要发展医药制造业和化学医药制造业（符合GMP质量认证体系）。

2003年签订《州县共建龙里工业园区协议》，同年4月成立龙里县工业园区管委会（副县级事业管理机构），内设招商引资部、建设开发部等机构，另外成立有园区资本营运公司和中小企业担保公司，对园区进行行政管理和企业运作服务。围绕黔南州“431”发展战略（2003年4月提出，即“敞开都匀、独山、龙里、惠水4扇对外开放大门，建设贵新南下通道、瓮福磷化工、蒙江至红水河流域3条经济带，培育荔波、三都民族生态旅游区”），大力开展招商引资和基础设施建设，2006年经国家发改委审核，并经省政府批准为省级工业园区。园区毗邻省会贵阳市，紧靠湘黔铁路、株六复线、黔桂铁路，贵新高速公路和210国道经园区穿过，距龙洞堡国际机场6公里。园区规划面积15.8平方公里，其中：谷脚医药工业园区6.8平方公里，以发展医药、食品加工和电子电器产业为主；龙山工业园区（县城及北部）9平方公里，以发展化工、冶金、建材产业为主。

2006年园区企业工业总产值12.65亿元，实现税收3940.03万元，解决就业8000人。自1992年神奇药业落户园区起，2008年园区已引进企业44家，其中：医药企业19家（已有14家通过GMP认证验收）、食品加工企业6家、冶金企业9家、建材生产企业4家。

2007年12月，委托黔南州城乡规划设计研究院编制《龙里县北部工业聚集区控制性详细规划》（即龙山工业园），规划区总用地面积为540.95公顷（其中已建用地17.81公顷）。规划定位：龙里县主要工业聚集区之一，以设置二、三类工业企业和接纳县城转移的工业企业为主的功能区。规划范围：东起本党，西至农场，北起平西，南至麦冲。建设目标：按照城市总体规划的要求，使片区土地资源合理再分配，提高环境质量及基础设施的建设服务水平；对片区的建设进行有效控制，合理置换土地，将粗放型的土地利用方式转换为集约型利用方式，创造更高的价值效益；将该区建设成为生产生活方便、布局合理、设施配套的生态型工业聚集区。

2008年开始修编已编制的《龙里医药工业园控制性详细规划》和《龙里县北部工业聚集区控制性详细规划》，同时启动水场工业园区规划编制工作，扩大园区规模，基本形成“一区三园（一个经济开发区，位于谷脚镇的医药工业园、位于龙山镇的北部工业园、位于水场乡的水场工业园）”格局，总规划面积78.78平方公里。其中：将《龙里医药工业园控制性详细规划》更名为《龙里县谷脚工业园区控制性详细规划》，规划用地面积从6.8平方公里增至50平方公里；《龙里县北部工业聚集区控制性详细规划》，规划用地面积从5.41平方公里增至16.21平方公里；《龙里县水场工业园区控制性详细规划》，规划用地面积12.57平方公里。

第二节 企业分布与产业布局调整

一、企业分布

20世纪80年代，龙里县工业发展以国有和集体企业为龙头，带动乡镇企业快速发展，同时激发私营企业产生和发展。乡镇企业兴起基本以乡镇主办为基础，初期以散布各乡镇为主，私营企业大部分就近办厂或根据自然资源（煤矿、铁矿）产地办厂。因此，80年代和90年代初期企业布局比较分散。1991年以后，除采掘业等资源型企业外，企业和政府考虑到利用区位和交通优势，选择紧邻城镇和交通要道区域办厂。初期遵从政府引导、企业选择、充分和集约利用配套设施的原则，布局从过去的分散型逐步向集中连片型发展。

1992年神奇制药厂在谷脚镇千家卡落户，1994年正大集团、龙腾铁合金厂在龙山镇水桥村落户，水场乡依傍紧邻贵阳花溪孟关化工厂引进一批企业，全县加上原有乡镇企业逐步形成较集中的谷脚、龙山（县城北部）和水场3个工业片区，主要发展重工、轻工、制药、加工等产业。在工业园区建设中，政府大力投入“三通”（水、电、路）工程建设，不断改善投资环境和增强园区吸纳承载能力。乡镇企业和其他形式的企业逐渐成为龙里县国民经济的主体，民营企业纷纷入驻，工业园区不断发展壮大。

谷脚镇千家卡医药城作为龙里工业园区的主体，主要发展医药企业，并结合全县退耕还林还草，围绕“药城”在全县范围内大力发展以天麻、桔梗、枇杷等为主的中药材种植业和加工业。主要有神奇制药、海日制药、大成药业、王胎制药、富华药业、良济制药、林隆制药、青草堂药业、同康药业、瑞东药业、迪龙药业、金色药业、玖吾源医疗器械厂等医药和医疗器械工业，配套医药工业发展的盛峰包装厂、玉宏包装厂、神奇彩印厂等，还有长通电力、新曙光电缆公司、长通电气、镀锌管厂、磊鑫实业、汇恒食品厂、深华包装等其他门类工业。龙山（县城及北部）工业园区主要发展冶金、化工（化学及饲料）、建材、食品及农副产品加工等产业，主要有龙里化工厂、正大化工厂、龙腾铁合金厂、电石厂、县水泥厂、冠山水泥厂、县建材厂等企业。

二、产业布局调整

为实现工业集约发展，龙里县依托现有工业园区和工业小区基础，发展与贵阳临空经济区互补的产业体系，重点发展现代制药业、新材料工业、特色食品业、包装业，创造条件发展先进装备制造业、电子信息等高新技术产业，适当发展冶金、建材等传统工业，继续发挥现有工业优势。巩固、提升和拓展医药园区，适当扩大千家卡工业用地。工业园区以医药工业、新材料工业、特色食品工业、包装业以及先进装备制造业等工业为主，把千家卡建设成为全国先进水平的医药制造基地。积极发展新型工业集聚区，在谷脚东北部适当发展建材工业，引进大型企业集团，加快发展装备制造业和高新技术产业。

依托龙山（县城北部）工业园区，适当集中发展建材、冶金、化工产业，形成龙里县循环经济工业基地。依托神奇等企业群体，引进国内外品牌食品工业企业，加快开发、生产新型特色食品和保健品，重点扶持发展一批上规模、上档次的食品工业企业，力争把特色食品工业培育发展成为后续支柱产业。

与贵阳市产业布局全面对接，在水场、醒狮、洗马等中心镇和其他有条件的城镇，积极发展乡镇工业小区和民营企业创业基地，构成贵阳市产业体系的有机组成部分。立足于地方资源优势，大力发展劳动密集型产业，增加就业岗位。利用中部较好的工业基础，结合工业发展重点，大力发展粮食、果蔬、畜产、水产和特产等产业的精深加工，发展农产品加工产业集群，实现农工贸一体化发展。

第三节　经济开发区

1992年引进首家医药企业——贵州神奇制药厂，落户于谷脚镇千家卡210国道旁的新兴开发区。该厂于当年7月建厂，10月投产，年底纳税100万元，成为龙里县引进的第一家非公有制企业，因见效快，被誉“神奇效应”。此后，又先后引进富华、王胎、大成、瑞和、君之堂、良济等18家非公有制医药企业。到1996年，龙里县成为全省制药企业最多的县份，形成以谷脚镇为主要聚集地的龙里医药工业科技园区。1997年被省政府命名为“贵州省谷脚医药城”，2001年获“全国乡镇企业科技示范园区”称号。

龙里经济开发区，是在2002年1月农业部命名的“谷脚乡镇企业科技示范园区”的基础上逐渐发展起来的。2006年5月，园区经国家发改委审核和省政府批准升格为“省级经济开发区”。至2008年，县域形成一个经济开发区，谷脚、龙山、水场3个工业园区的“一区三园”格局。

2011年12月，经省政府批准扩区调位，并更名为“贵州龙里经济开发区”（同时保留“贵州龙里工业园区”），总规划面积达78.78平方公里。已引进神奇制药、华润雪花啤酒、浙江红狮水泥、贵州基业钢结构、长通电力集团、弘康药业等200多家企业入驻，初步形成集制药、食品加工、酿酒、新型材料、电力、装备制造、机械加工、建材、五金以及产业研发，金融、商贸、物流、加工服务等为一体的工业园区。

截至2014年底，龙里经济开发区规模以上企业112家，当年新增33家，完成工业总产值164.16亿元，较上年增长40.69%；完成固定资产投资69.54亿元，较上年增长37.07%，其中产业项目投资54.79亿元较上年增长27.78%，基础设施投资14.75亿元较上年增长87.89%；招商引资到位资金80.97亿元，较上年增长51.48%；园区企业完成税收8.39亿元，较上年增长46.17%；高新技术企业有9家，当年新增3家；新增签约项目35个，签约资金86.57亿元；新增就业人员2709人。

2006—2016年，龙里经济开发区经历起步、发展到初具规模三个发展阶段。2016年为省级新型工业化产业示范基地、“511”民营经济（中小企业）示范培育园区（贵州省自2012年起实施“511产业园区培育计划”，即培育5个千亿元级园区、10个百亿元级园区和10个以民营经济为主体的园区）。

第四节　工业园区

2003年，组建龙里工业园区管理委员会（简称管委会），为州、县共建副县级事业单位。同时成立龙里工业园区基础设施建设管理劳动公司，与管委会合署。管委会内设办公室、招商引资部、建设开发协调部、财务部、治安管理部5个副科级职能机构，事业编制8名，人头经费开支前3年由州、县财政按州6县4比例全额预算管理，3年后与财政脱钩实行自收自支。

一、谷脚工业园区

谷脚工业园区位于谷脚镇大坡村的千家卡、倪儿关一带，毗邻省会贵阳，通湘黔铁路、黔桂铁路、贵新高等级公路和210国道，距龙洞堡机场6.5公里，距贵阳市总体规划确定的航空物流中心——龙洞堡片区不足10公里，属贵阳市半小时城市经济圈范畴。

1992年，抓住紧邻贵阳、有210国道过境的优势，在千家卡一带建立乡镇工业小区，制定优惠政策招商引资。贵州神奇制药厂当年建成投产实现产值8300万元，使谷脚镇当年工农业总产值达1亿多元，成为龙里县第一个“亿元镇”。神奇制药厂入驻后，带动一些相关产业企业相继入驻。谷脚镇组建“谷脚经济开发总公司”，协调征地拆迁和道路、供电、供水等基础设施建设。

2002年1月被农业部命名为“谷脚乡镇企业科技示范园区”，2006年5月经国家发改委审核、省政府批准升格为省级医药工业园区。2008年，规划面积由原来的6.8平方公里扩大到50平方公里，已进驻企业92家，主要有神奇、金桥、海日、大成、良济、富华、王胎、金色等制药企业和神奇彩印、长通电力、新曙光电缆、盛峰包装、基业钢结构等新型工厂，其中投产60家，年产值12亿元，创税5000多万元。

结合贵龙城市经济带的产业布局规划，在谷脚片区建设民族医药产业园及产业研发、建材、金融、加工服务创意产业区（总部经济区）。按照“镇园合一、以镇为主”的发展模式，2014年3月11日更名为龙里县谷脚工业园区，设综合办公室、经济发展局、财政审计局、规划建设局、招商引资局5个正科级机构和市政管理局、征收安置工作局、社会事务管理局、人力资源局、资产管理营运中心、企业服务中心、第三产业局、科技推广服务中心8个正科级事业单位。

截至2014年，谷脚工业园区又引进红狮水泥、科之杰新材料等大型企业，入驻企业达177家，其中投产90家，规模以上企业55家。2014年，完成规模以上工业总产值95.32亿元，实现税收2.21亿元，就业6375人。

2008年谷脚工业园区规模以上工业企业一览表

表9-1

企业名称	职工人数（人）	投产时间（年）	产品名称	年产值（万元）	年创税（万元）
龙里神奇制药厂	478	1992	中成药	49587	5072
贵州良济药业有限公司	300	1997	制药	1278	59

续表

企业名称	职工人数（人）	投产时间（年）	产品名称	年产值（万元）	年创税（万元）
贵州瑞和制药有限公司	76	1998	制药	11996	717
贵州新曙光电缆有限公司	120	1999	电缆	12853	767
贵州长通电气有限公司		1993	电气	2475	137
长通线路器材有限公司	400	2003	电力器材	9992	599
贵州富华药业有限公司	60	1998	制药	5889	703
贵州金桥药业有限公司	124	2003	制药	12630	610
贵州基业钢结构有限公司	110	2007	钢结构节能产品	36785	220
红狮水泥厂	5000	2009	高标号水泥	—	—

二、龙山工业园区

1991—1993年，龙里县主要是发展乡镇企业，龙里化工总厂及其下属6个分厂基本集中在县城龙山镇水桥片区。1994年龙里龙腾铁合金厂入驻后，带动一些小企业的发展，进而水桥度假村等一批服务行业兴起。1995年泰国正大实业有限公司入驻水桥村后，1997年龙里县以321国道县城过境段两侧国有土地8.22万平方米抵押贷款作为中方投资。1998年以后，贵州弘康药业有限公司等一批制药厂进驻贵新高等级公路两侧的龙山镇大冲村一带，与水桥相连，形成龙山工业园区。至2005年，建成区约2平方公里。

为推进县城向西发展，同时解决水桥片区的正大化工厂等企业对环境的污染问题，2006年决定开发水桥村片区5平方公里，将龙山工业园区重新规划选址在县城北部的龙山镇播箕村和平地村，将处于水桥村的厂矿关闭或迁往该工业园区。

新的龙山工业园区（又叫县城北部工业园区）开始规划面积为5.41平方公里，调整规划增至16.3平方公里。新园区水源充足，石龙沟水库容量41.27万立方米，建有规模为4000立方米/天的水厂。至2008年，建成区约0.5平方公里，入驻上规模企业达21家。

按照“镇园合一、以镇为主”的发展模式，2014年3月11日更名为龙里县龙山工业园区，设综合办公室、经济发展局、财政审计局、规划建设局、招商引资局5个正科级机构和市政管理局、征收安置工作局、社会事务管理局、人力资源局、资产管理营运中心、企业服务中心、第三产业局、科技推广服务中心8个正科级事业单位。

2008年龙山工业园区（县城北部工业园区）主要规模工业企业一览表

表9-2

企业名称	职工人数（人）	投产时间（年）	产品名称	年产值（万元）	年创税（万元）	备注
龙里县水泥厂	84	1971	水泥制品	812	49	
龙里县联合化肥厂	62	1991	化肥	524	37	1993年10月关闭
龙里县自来水公司	47	1980	供水	99	9.6	
龙里供电公司	318	1993	供电	10649	635	
龙腾铁合金有限公司	714		铁合金	22912	1326	
龙里县铁厂	385	1986	硅铁	1668	106	
龙里县化工厂	240	1987	硫酸、普钙	719	43	2008年4月，因黔桂铁路扩能改造征地关闭
龙里冠山水泥厂	120	1985	水泥制品	597	36	2008年4月，因黔桂铁路扩能改造征地关闭

续表

企业名称	职工人数（人）	投产时间（年）	产品名称	年产值（万元）	年创税（万元）	备注
贵州正大实业有限公司	510	1995	磷酸氢钙	9598	527	因严重污染环境，2005年关闭
贵州亚冶铁合金有限公司	600	2001	铁合金	30580	1610	
龙里湘龙铁合金有限公司	360		铁合金	9451	513	
粤龙铁合金有限公司	110		铁合金	2820	152	
贵州弘康药业有限公司	46	1998	药品	7746	419	
贵州神奇啤酒有限公司	450	2006	啤酒	3828	225	2007年3月，由华润集团收购

说明：已关闭企业的产值为关闭时的上一年产值

三、水场工业园区

水场工业园区，位于水场乡水场村，紧邻贵阳市花溪区孟关乡。1980—1990年兴起一批小型乡镇企业。1991年后采取招商引资优惠办法，不断扩大园区规模。1993年引进新体质颜料厂、无菌水厂、风光化肥厂、精细化工厂等一批小型企业。1998年办风光厂、蛇场（非公有制实体）。1999年高沟村开办白云银石厂（月产量5000吨，年纯收入50余万元）、硅矿厂。

2001年，引进投资800万元、年产3000吨的再生造纸厂。2003年进一步放宽招商引资政策，引进沙冲煤厂、添加剂厂、纯净水厂、砂厂等一批中小型企业。到2008年，水场工业园区有各类企业10多家，规划面积12.57平方公里，建成区约0.5平方公里。

水场工业园区主要承接贵阳市小河—孟关工业园区的产业发展。依托城乡交通优势，将园区西侧临近贵阳孟关汽贸城的区域打造成为行政办公、商务展览、文化卫生等公共服务中心；重点在园区大道以南发展科技含量高、附加值高、投资密度高，低耗能、低污染、有较强自主创新能力的现代制造业、服务业，使园区发展成为孟关汽贸城乃至贵阳市的重要配套产业聚集区，形成机械加工、汽车零配件物流等产业基地。

2014年，园区有企业34家，其中投产26家。落户园区的省内知名企业三山集团，属国家大二型企业，拥有的“三山”“威力熊”等品牌在国内外享有声誉，其产品广泛运用于航天、冶金、建筑建材、汽车制造、机械设备等领域。2014年，完成规模以上工业总产值11.2亿元，实现税收1163万元，新增就业780人。

第二章 工业行业及其转型

第一节 化工冶炼业

一、化学工业

龙里县化学工业兴起于1985年，开始建设年产1万吨硫酸厂（含生产普钙），属于龙山镇集体企业，有工人240人。1987年5月投产，当年生产硫酸5729吨，创产值160万元，实现利润28.3万元。1988年3月，建立龙里县化工总厂，下属6个分厂（县化工厂、冠山水泥厂、龙山磷肥厂、化工试验厂、龙山饮料厂、化肥分厂），其中：龙山磷肥厂生产普钙，有工人60人，属集体企业。之后建立的有：龙里碳化有限责任公司（电石厂），生产乙炔，有工人15人；复合肥厂，有工人30人，属有限责任公司；申代蓄电池加工厂，生产蓄电池，有工人8人，属私营企业。1994年引进泰国正大集团化工公司，属合资企业；又引进贵州威力洗涤用品等私营股份制企业。

二、冶金工业

龙里县的冶金工业开创于20世纪80年代，主要有龙里龙腾铁合金有限责任公司，生产硅锰合金，龙里基地有工人800多人；龙里炼铁有限责任公司，生产生铁，有工人198人；贵州亚冶铁合金股份有限公司，生产铁合金，有工人613人；龙里粤龙铁合金股份有限责任公司，生产铁合金，有工人110人；龙里湘龙铁合金股份有限公司，生产铁合金，有工人138人。

1994年引进的主要有用补偿贸易方式建设的龙里县铁厂，用土地折价入股合资建设的龙里冶化厂，利用农行贷款建设的龙里电石厂等，这些工厂大部分是当年建厂、当年投产、当年见效益。后来，由于经营不善等原因，只有龙里铁厂继续生产，其他厂处于停产或半停产状态。因中国五矿公司来龙里建厂，占用龙里冶化厂厂址，将龙里冶化厂搬迁到县城北部望城坡建新厂（因市场前景萧条等原因未建成投产）。

1994年，引进龙里县龙腾公司租用改造电石厂生产铁合金，当年投产见效益；龙腾公司买下电石厂作为生产基地，产值、产量、税收、利润逐年上升。2000年组建湘龙冶金公司，当年投产，有炉子2台。2001年1月17日，黔南州五冶铁合金有限责任公司成立，注册资本800万元，总投资2500万元，当年建成投产，有4台6300千伏安矿热炉（价值2200万元），年生产能力7万吨；年产值4.8亿元的1台4000千伏安精炼炉建设完成，年产能力3万吨。2004年组建粤龙冶金公司，当年建成投产，有炉子2台。

2006—2008年龙里县亚冶铁合金有限公司生产和销售情况统计表

表9-3

年份	总产值（万元）	实现利润（万元）	税金（万元）	单位产品综合能耗（tce/t）
2006	33655	385	1560	2.33
2007	48356	2804	1766	2.31
2008	43540	3826	4861	2.14

说明："tce/t"的意思是每生产1吨产品消耗多少吨标准煤

三、化工冶金产品及效益

龙里县化工产品主要有：电石、硫磺、普钙、沉钙、磷肥、复混肥、乙炔碳黑、双氰胺、电极糊；金属冶炼产品主要有：硅锰合金、高碳锰铁、中碳锰铁、低碳锰铁、硅铁、保险丝。龙里县化工冶炼业生产总值1991年为4579万元，1995年为1.33亿元，解决就业4100人；2002年为6.03亿元，解决就业1.07万人；2008年为15.33亿元，解决就业9000人。

四、化工冶炼主要企业

（一）龙里县化工总厂　位于龙山镇水桥村，紧邻湘黔铁路。1984年4月，龙里县决定建设硫酸项目，于7月3日委托贵州省化学化工学会进行可行性研究，10月成立龙里化工厂筹建组，委托省化工研究所进行年产1万吨硫酸设备的设计。1985年5月4日开工建设化工厂，8月面向全县招工38人（男21人、女17人），1986年3月完成职业培训。1987年5月13日，龙里化工厂年产1万吨硫酸装置正式点火生产，当年生产硫酸5729吨，创产值160万元、利润28.3万元；1988年生产硫酸1.1万吨，创产值450万元、利润98.5万元，缴纳产品税45万元；1989年生产硫酸1.1万吨，创产值420万元、利润50万元，税金42万元。

后来，每年硫酸产品销售淡季被迫半停产甚至停产。为改变困境，决定生产以硫酸为龙头的化工系列产品——普通过磷酸钙、饲料沉淀磷酸氢钙和各种专用混合肥料。先后派人到北京、上海、山东、湛江、安阳等地考察技术和调查市场，引进北京市饲料公司补偿贸易款250万元、上海市饲料公司补偿贸易款100万元、国际信托资金375万元。1988年2月26日，在龙里召开有省、州、县领导和省化工厅、化工设计院、化工研究所的领导和专家，省农行、省工商行、州重工业局、县农行等单位领导80人参加的“年产5000吨饲料沉淀磷酸氢钙可行性论证会”。会后，委托云南省化工设计院编写可行性论证报告，并委托该设计院设计后建设。

经过资源整合，1988年3月建立龙里县化工总厂，下辖县化工厂、县冠山水泥厂、县龙山磷肥厂、县化工试验厂、县龙山饮料厂、县化肥分厂6个分厂，实行“统一领导、统一计划、独立核算、统负盈亏”的管理办法，以及各分厂厂长负责制和各层次经营承包责任制。“沉钙”第一期工程年产5万吨普钙生产线于1989年10月开工，1991年6月28日投产。1991年共生产一级普钙2.43吨，经国家技术监督局五次抽样分析，均达到国家一级品标准。

1991年底，化工总厂拥有固定资产1522万元。化工厂生产工业硫酸（93%、98%硫酸），年生产能力1.8万吨；化肥厂生产普通过磷酸钙（简称普钙），年生产能力5万吨；化工试验厂生产饲料沉淀磷酸氢钙，年生产能力1000吨；龙山磷肥厂生产烤烟、水稻、果蔬专用复混肥，年生产能力1000吨；冠山水泥厂生产425号水泥，年生产能力1500吨；龙山饮料厂生产“肾保乐”饮料，年生产能力20万包。铸造车间生产耐酸铸铁管和其他铸件，为硫酸生产配套服务；铸电焊车间承接新项目非标准制作和定型设备的安装工程。化工总厂主要产品销往北京、上海、山东、河南、四川、云南、广东、湖北等省市和贵州省内各地，产品质量达到国家标准和专业标准。

1992年8月又建成年产5000吨沉钙生产线、年产1000吨复混肥生产线。1994年10月完成年产2万吨硫酸、5000吨氯化锌生产线建设，成立科技开发办，研究和试制其他化工产品，开发硫酸盐系列产品。1998年，硫酸市场供过于求，于是租赁闲置多年的化肥厂生产车间生产普钙，内部消化硫酸。2000年，龙里县化工总厂固定资产达6000万元，年产值达1亿元，利税600万元。

2002年8月，由于管理体制落后、生产设备老化，加上市场疲软，化工厂濒临倒闭。该厂会计王明荣（1990年黔南财校毕业分配到厂工作）主动请缨接任厂长。采取承包方式，制定管理制度、明确岗位责任、建立激励机制。举债21万元维修改造设备，在羊场镇和湾寨乡创办矿场保障原材料供应，主动上门联系客户推销硫酸、化肥等产品。逐步清还债务，如数上缴税金，解决180多人就业。2004年，化工厂完成产值1300万元，基本还清债务。

2005年，化工厂由于使用广西矿造成砷污染环境，治理不到位，被省、州、县环保部门责令停产整顿，以后艰难度日。2008年4月，因黔桂铁路、株六复线铁路扩能改造，化工厂被征占，停产关闭。4月21日，化工厂召开职工大会，180多名员工参加，选举职工代表9名，成立改制领导小组，全面启动改制工作，改制后员工得到妥善安置。

（二）龙里电石厂 位于龙山镇水桥村。1984年6月开工建设，12月建成，1985年1月正式投产，总投资46万元，生产能力为年产3000吨电石。1987年12月还清投资债务，固定资产达186.3万元，职工150人。主要生产I级、II级电石，其中：I级电石产量占80%。产品质量达国家标准，远销云南、湖南、广西等地。1991年取得企业管理基础工作达标合格证、计量合格证、标准化工作预备级证书，同时被评为1991年度重合同、守信用单位。

1985—1992年，累计生产电石1.5万吨，产值1391万元，利润73.9万元，上缴税金125万元，上缴管理费和社会性费用33.82万元。1992年为扩大生产能力，投资100余万元购置龙里铁厂电石生产线电石炉3座（每座1800千瓦），年产电石能力达1万吨，每吨1500～1600元，年产值达1500万元。1995年，因扩建龙腾铁合金厂，该厂被征占而停产。

（三）正大化工厂 贵州正大实业有限公司是泰国正大集团公司与龙里县经济开发总公司合资成立的实业公司，于1995年10月在龙山镇水桥村投资建厂，总投资达1.6亿元，共有工程师及技术人员200多人。经过一年多，建成年产饲料级磷酸氢钙粉状和颗粒状（DCP）10万吨、饲料级磷酸二氢钙（MCP）1万吨、饲料级磷酸氢钙与磷酸二氢钙混合物（MDCP）1万吨、肥料级磷酸氢钙（白肥）4万吨及配套硫酸

12万吨的生产能力。所生产的产品于2003年通过ISO9001-2000质量管理体系认证。

2004年，该厂产值达9598万元，工人510人。先后获得“外商投资先进技术企业”“饲料工业科技进步企业”等国家级荣誉称号。饲料级磷酸氢钙的生产能力排名亚洲前3位，“mirafos”牌饲料级磷酸氢钙系列产品畅销全国及出口泰国、越南、印尼、孟加拉等国家和中国台湾等地区。因严重污染大气环境，周边群众多次上访，被中央电视台曝光，正大化工厂于2005年被勒令停产关闭。

（四）龙腾铁合金厂 1994年，原在五矿国际湛江分公司任铁合金部经理的湛江人黄培豪，到龙里县考察后，收购面临破产的小冶炼厂的3台各1800千瓦电冶炼炉，创建龙里龙腾铁合金有限公司，自任董事长兼总经理。公司总部位于龙山镇水桥村，主要产品为硅锰合金、高碳锰铁合金系列产品。1999年通过ISO9002-2000国际质量体系认证，产品80%出口，主要销往日本、韩国、美国、俄罗斯、澳大利亚、马来西亚、新加坡等国家和中国台湾、香港等地区（国内销往各大中型钢铁企业）。公司主要从澳大利亚、印度、加纳等国家进口锰系铁合金原材料，采取进口原料加工后出口的生产贸易模式。

1999年起，公司先后获“黔南州民营科技企业”“黔南州三十佳非公有制经济企业”“贵州省先进乡镇企业”“贵州省非公有制明星企业”“全国乡镇企业质量管理先进单位”等称号。该公司以龙里为基地，至2001年发展到惠水、长顺、罗甸等县，延伸到黔东南、黔西南、铜仁等地区8个县市，年产10万吨，出口创汇4250万美元，上税2000多万元，解决就业3000多人。至2004年，公司已发展成为有8个分公司9个生产实体的集团公司，职工3000多人，分公司分布于长顺、惠水、独山、清镇、花溪、湛江等地，年产锰系列铁合金40万吨，年产值近30亿元。公司总部龙里基地占地120多亩，员工800多人，有6300千伏安电炉8台，2004年产锰系列铁合金5.02万吨，产值4.13亿元，销售收入6.51亿元，上缴税金3013万元，税利1.08亿元。

2004年11月，公司投资3000万元，在龙山镇水桥村吴家庄建设占地2.8万平方米的龙腾山庄度假酒店，至2006年建成运营。2005年起，由于受国家限制高耗能产业政策（铁合金产品不再享受出口退税，税率13%）、供电部门限电（龙里基地每日用电量需要80万千瓦时，供电部门只供电25万千瓦时，产量从每月5500多吨下降到2000多吨）、提高电价（从0.29元/千瓦时提高到0.33元/千瓦时）、市场因素（原材料、焦炭每吨价格上涨30%～50%，含量为50%的锰铁矿每吨价格从2000元上涨至2600～3000元；铁合金产品销售价格每吨从8000元下降至6300～6500元）等的影响，整个公司生产经营受到严重冲击，产量、产值、销售收入逐年下降。

2008年，龙腾公司龙里总部基地有固定资产1.5亿元（有6300千伏安电炉8台，3600千伏安电炉8台，2500千伏安电炉7台；占地2.8万平方米的龙腾度假酒店），员工800多人（其中：大专以上文化程度60多人，中专文化300多人），产品三分内销、七分外销，年产值2.29亿元，上缴税金1326万元。

第二节 医药工业

一、医药业概况

最早进入龙里的医药企业是1992年引进的贵州神奇制药厂，位于谷脚镇千家卡210国道旁，于当年7月建厂，10月投产，年底纳税100万元，成为龙里引进的第一家非公有制企业，因见效快，被誉为“神奇效应”。此后，又先后引进富华、王胎、大成、瑞和、君之堂、良济等18家非公有制医药企业。到1996年龙里县成为全省制药企业最多的县，形成以谷脚镇为主要聚集地的龙里医药工业科技园区，1997年被省政府命名为“贵州省谷脚医药城”，2001年获“全国乡镇企业科技示范园区”称号。

2002年龙里县医药企业实现产值4.8亿元，占全省医药产值的12%，创税1670万元，占县财政收入的20%。这些医药企在发展生产经营的同时，重视新产品——苗药的开发研究，先后有50多个产品获国内外奖项。2004年，全省医药工业60亿元总产值中，龙里县有5亿元，占8.3%；医药工业为龙里县提供税收2800多万元，占县财政收入的20%。医药企业的发展带动全县药材种植业，种植杜仲3000多亩、枇杷4000

多亩、五倍子2000多亩、头花蓼300亩、淫羊藿500亩。同时带动地方商业、蔬菜种植业、运输业等产业，仅谷脚镇就有1000多农户依靠医药城致富。到2008年，谷脚工业园区共入驻中医药企业19家，其中通过GMP认证的15家，医药产值达10亿元，医药企业累计为龙里县创税2亿多元。

2003年11月8—10日，在龙里县举办首届"中国贵州龙里苗医药文化博览会暨全国苗医药学术研讨会"。2004年举办苗医药文化博览会发展恳谈会。在国家民委的支持下，2005年10月18—20日在龙里县举办"中国少数民族成药产业发展研讨会暨中国少数民族成药产品展示会、第二届中国贵州龙里苗医药文化博览会"，成立苗医药研发中心。2007年9月21—23日在龙里县城举行"中国贵州龙里苗医药可持续发展论坛"。

为了医药城的健康持续发展，解决好原料和产品交易平台等问题，通过招商引资引进贵州瑞翼房地产开发有限公司等企业，启动"西南药都物流交易中心"（简称"西南药都"）建设项目。该项目位于龙里县城东门，计划总投资7.2亿元，占地23.53公顷，东西宽500米、南北长530米，北抵210国道，往西约1公里到铁路货站，距贵新高速公路收费站约2公里。2008年9月全面开工建设，集医药研发、交易、物流、仓储、展示、加工、商住、教育、娱乐等功能为一体，是龙里当时投资最大和规划完整、建设规范的产城互动型城市综合体，分为三期逐步建成投入使用。

二、医药业主要企业

（一）贵州神奇制药股份有限公司 公司依靠科技、人才参与市场竞争，经过10多年发展，有20多家下属企业、1个上市公司，跻身于全国大型制药企业行列，成为以制药业为龙头，跨多个行业经营的集团公司。至2008年，公司有职工6000多人，资产总值20多亿元，年平均上缴税金9000余万元，步入集团化、多元化、国际化的发展道路。

神奇制药总厂谷脚基地建于1992年，位于谷脚工业园区（千家卡）内，占地20多万平方米，投资1亿元，拥有按GMP标准建造的制剂大楼，5个不同剂型的GMP生产线，9个原料、制剂车间。生产原类、水针、输液、片剂、酊剂、胶囊、颗粒剂、液体制剂（糖浆）、滴丸等产品，有全国知名的"脚癣一次净""枇杷止咳冲剂（露）"，拥有16个剂型200多个品种，产品获国内国际奖项50多项，并出口销往30多个国家和地区。2008年，神奇制药厂谷脚基地有职工478人，年产值4.96亿元，上缴税金5072万元。

（二）贵州瑞和制药厂 由贵州神奇制药有限公司总经理与瑞和药业副总经理及其他4位股东于1998年8月创办，位于谷脚工业园区，是专门从事中西药研究、开发、生产、销售的民营省级高新技术企业。公司设计年产能力4亿元（常年保持1.4亿元以上），2008年资产总额超过5000万元。

公司独立开发的同时，与其他科研机构共同研发出小容量注射剂、片剂、颗粒剂、胶囊剂等几种剂型、10多个市场前景较好的纯中药制剂品种。与中国人民解放军九一医院共同成功开发出国家二类新药——川参通注射液，是贵州省唯一的国家二类新药品种——纯中药注射液，国内唯一用于治疗前列腺疾病的纯中药注射剂。卫生部对此授予新药证书，该产品获中国人民解放军总后勤部科技进步二等奖和国家经贸委颁发的1999年度国家级新产品证书，1999—2001年被列为国家经贸委新产品生产计划项目、科技部"国家级中小型企业技术创新基金"项目、科技部"国家级火炬计划"项目，并获资金扶持；同时获贵州省经贸委、计委、科委、贵阳市科委奖励性和政策性扶持资金支持，获贵州省"优秀新产品"一等奖。

公司还成功开发出一种高科技产品——舒肝宁注射液，填补省内无治疗肝炎疾病注射品种的空白，已申请国家专利保护。2002年，舒肝宁注射液规模化生产项目被列为国家级技术创新计划项目和火炬计划项目。2008年，该厂职工76人，年产值1.2亿元，上缴税金717万元。

（三）贵州同康药业有限公司 成立于1999年，主要办事机构位于谷脚医药工业园，办公楼面积2000多平方米，工厂及仓库面积约5500平方米。公司业务范围包括糖浆剂、酊剂、片剂及二类敷材生产和销售，已通过GMP认证，年生产能力为：清肤止痒酊500万瓶、盐酸青藤碱肠溶片1亿片、复方麻黄碱糖浆500万瓶。

（四）贵州青草堂药业有限责任公司 于2005年在谷脚医药园区建厂，是以开发、生产高新技术产品为主的中药现代制药企业。公司生产的主要产品六味消痔片是卫生部批准的第一个口服治疗痔疮的国家级新药，成为全国独家经营的中药保护品种。1997年被列入国家级重点新产品试产计划，并获得国家经贸委颁发“国家级新产品证书”。2005年，贵州天安药业股份有限公司（糖尿病专业制药公司）收购重组贵州青草堂药业有限责任公司，同年在龙里医药工业园区建厂并通过CMP认证。

（五）贵州大成药业有限公司 成立于2001年，建于谷脚医药工业园区，2004年12月通过GMP认证，设计年产值2亿元；厂区占地5.28公顷，建有行政办公楼、新产品质检开发大楼、综合仓库、综合车间等设施，办公建筑面积6378平方米，绿化面积3.91万平方米。

公司中药前处理提取车间年提取中药材能力达1000吨，液体车间净化级别达10万级，有口服液、糖浆剂、搽剂3条生产线，整个系统全程采用管道消毒、传输；3台液灌装设备为新加坡独资企业制造的全自动生产线，灌装计量系统采用芬兰全自动计量泵；口服液灭菌系统采用全自动的灭菌柜进行最终灭菌。固体车间净化级别达30万级，有片剂、胶囊、颗粒剂3条生产线，生产设备均采用触摸屏显示人机对话可编程微机系统自动控制，对生产过程进行全程监控。

2008年，该厂占地6.67公顷，固定资产5000多万元，职工40多人，主要生产以苗药为主的搽剂、胶囊等20多种中成药，年产值2000多万元。

（六）贵州柏强制药有限公司 成立于2002年3月，注册资本5500万元，有员工180人（各类管理人员和药学专业相关技术人员占员工总数的82%，获得中级以上职称人员32人），是集研发、生产、销售化学药、中成药、原料药为一体的高新技术企业。生产基地在龙山工业园区（县城北部），占地6.87公顷，总建筑面积约3万平方米。有自行研究开发高科技产品的药物研究机构，有中药提取车间和膜剂、贴剂、软膏剂等外用药物生产线及生产配套设施。主要生产销售品种10多个，有抗肿瘤类、心脑血管类、呼吸系统类及妇科杂症类等方面的专利独家产品，生产的小容量注射液已通过国家食品药品监督管理局GMP认证。2008年，公司年产值达8亿元。

（七）贵州良济药业有限公司 创建于1997年，位于谷脚医药工业园，占地4万多平方米，厂房及质检办公大楼总建筑面积1万多平方米，员工300多人，是一家符合GMP质量认证，以生产中药制剂为主，兼产化学制剂的综合性制药企业。胶囊剂、颗粒剂、软膏剂、糖浆剂等生产线通过国家GMP认证，达到国内先进水平。公司以“良济”为商标注册感冒类、心血管类、抗生素类、养血安神类、保肝类等10多个品种及规格的药物——复方木芙蓉涂鼻膏、猴耳环消炎胶囊、宁心宝胶囊、罗布麻叶胶囊、乙肝扶正胶囊、眠安宁颗粒、利巴韦林颗粒、生乳汁、生脉饮等。

优势系列产品中，已进入国家基本用药目录品种2个、国家中药保护品种1个、国家医保品种2个、独家剂型品种2个。其中，复方木芙蓉涂鼻膏（感冒药）具有20年自主知识产权。2008年，该厂实现产值1278万元，缴纳税收59万元。

（八）贵州富华药业有限责任公司 是珠海经济特区富华集团股份公司在贵州投资研究、开发、生产和经营中、西成药的国有股份制企业，生产基地在谷脚医药园区，占地100亩，由上海医药设计院按照GMP标准进行整体设计。2000年8月通过国家GMP认证，洁净区级别为10万级，有国际先进水平的检测条件及国内先进水平的多条生产线，设计年产能3亿元。主要产品有：银黄颗粒、骨松宝胶囊（颗粒）、疗痔胶囊、感冒康胶囊、感冒止咳颗粒、银翘伤风胶囊、丹参舒心胶囊、心可宁胶囊、妇康宁片、消栓通络片等。2008年，该厂实现产值5889万元，缴税703万元，解决就业80人。

（九）贵州金桥药业有限公司 位于谷脚工业园区，是神奇集团收购贵阳金桥制药厂改制成立的有限公司。2003年经过资产重组，将92.58%股权置入上市公司——上海永生数据科技股份有限公司，成为上市公司的控股子公司，进入资本市场。公司注册资本达1.2亿元，生产和销售8种剂型共27种国药准字号药品，已有8种剂型9条生产线通过国家GMP认证，设计年产能4亿元，常年产值2亿元。

主要产品有丹香葡萄糖滴注液（100毫升、250毫升）、斑蝥酸钠注射液（原名奇宁注射液）、珊瑚癣净、洁阴灵洗剂、复方珊瑚姜溶液、尿素咪康唑软膏复合制剂（原名帕特药盒）等药品。2004年获得“贵州省高新技术企业”称号。2008年，该厂实现产值1.26亿元，缴税610万元，解决就业124人。

（十）贵州弘康药业有限公司 成立于1998年4月，是一家集科研、开发、生产、销售为一体的专业制药公司，位于龙里县城北面，占地40多亩，厂房建筑面积1万余平方米。2004年8月通过国家GMP认证，具有年产胶囊3亿粒、酊剂200万瓶的生产能力，设计年产能4亿元，常年产值1.4亿元。

主要产品有热淋清胶囊、痛经宁胶囊、麦味地黄胶囊、花粉祛痒止痛酊，其中热淋清胶囊被国家药监局批准为“中药保护品种”，于2004年载入《国家基本医疗保险和工伤保险药品目录》。公司获得2005年农业部农业产业化贵州黔南州重点龙头企业称号，贵州省2006年度、2007年度A级纳税信用企业称号。2008年，该厂实现产值7746万元，缴税419万元，解决就业46人。

（十一）贵州肾元制药有限公司 位于谷脚医药工业园区，占地面积12.1万平方米，有片剂、胶囊剂两条生产线通过国家GMP认证。引进和开发肾元胶囊、乙酰螺旋霉素片、复方磺胺甲噁唑片、阿莫西林胶囊、盐酸环丙沙星片、诺氟沙星胶囊、利福平胶囊等8个品种，2008年增加糖浆生产线及以冻苗药为主、科技含量高、富有特色的系列民族医药产品。

肾元胶囊是由作为全国新药基地的贵阳中医学院和中国中医研究院，从民族医药中挖掘的云贵高原苗药，打破组方严格按照君臣佐使配伍的传统模式，运用现代制药工艺浓缩加工而成，保持苗药治疗水肿病的独有特色。肾元胶囊临床验证疗效显著，对慢性肾炎肾病综合征导致水肿、浮肿、腰痛、肾性贫血、肾衰、尿毒症、蛋白尿、肾性高血压、肾结石等症有良好的治疗作用，能提高机体免疫能力，有明显的抗凝血作用。

（十二）贵州王胎药业有限公司 成立于1996年8月，注册资本150万元，总投资2000万元，厂址位于谷脚工业园区内，总占地10.67公顷（其中厂房1.33公顷），建筑面积1.25万平方米。有仙灵风湿酒剂（国药准字）生产线1条，2008年通过GMP质量认证。

（十三）贵州盛峰药业包装有限公司 于2003年在谷脚医药工业园投资1000万元建设一次性塑料（简称PET）药用瓶全自动生产线，2004年5月一期工程投产，主要生产聚酯药用包装瓶。公司PET药用塑料瓶年产2500万只，原材料聚酯切片加工量450吨，辅助材料50吨。主要产品有90毫升、100毫升两种规格的PET塑料瓶，及10毫升口服液等其他规格的液体药品包装瓶。

第三节 电 力

一、电力概况

（一）电网情况 龙里县用电由国家电力网供应。2008年，有220千伏变电站1座，主变为1×180兆伏安，电源由福泉500千伏变引入，进线为220千伏福龙线。有110千伏变电站3座，一座为110千伏黑山变，一座为110千伏龙山变，电源均从220千伏龙里变出110千伏龙龙黑I、II回线路，为110千伏龙山变和黑山变提供电源，110千伏龙山变和黑山变分别双“T”接在110千伏龙龙黑I回及110千伏龙龙黑II回线路，互为备用；另一座为110千伏谷脚变，电源由110千伏筑谷龙线“T”接引入，可以由220千伏筑东变及220千伏龙里变供电。有35千伏变电站4座，分别为城区南部附近的流音35千伏变，位于县域南部的湾寨35千伏变，位于县域北部的洗马35千伏变以及位于县域西北部的醒狮35千伏变，电源分别由110千伏龙山变和110千伏谷脚变单辐射供电。

全县电网有110千伏线路3条，计43.92公里；35千伏线路10条，计90.71公里；10千伏线路39条，总长度1129.06公里。有10千伏配电变压器965台，总容量65.1兆伏安。供电网络覆盖全县14个乡镇，乡镇通电率、村通电率达100%。

2008年龙里县变电站主变容量统计表

表9-4

序号	变电站名称	电压等级（千伏）	容量（兆伏安）
1	龙里变220千伏电站	220	1×180
2	黑山110千伏变电站	110	2×50
3	龙山110千伏变电站	110	1×31.5+1×50
4	谷脚110千伏变电站	110	1×3.15
5	流音35千伏变电站	35	1×3.15+1×3.2
6	湾寨35千伏变电站	35	1×3.15
7	洗马35千伏变电站	35	1×4.0
8	醒狮35千伏变电站	35	1×1.35

（二）用电情况 龙里县2006年用电负荷达12.8万千瓦，用电量达6.77亿千瓦时，高能耗工业用电量占90%以上；全县人均用电量达3180千瓦时/年，超过全国人均用电量1673千瓦时的水平，人均市政生活及第三产业用电量约215千瓦时/年。由于龙里县主要发展以冶炼、医药为主的工业，尤其是冶炼高能耗行业使用电负荷波动较大。

二、电力建设

龙里县处于长江流域和珠江流域分水岭地段，河流具有河程短、落差大的特点，有利于水电开发，水能资源理论蕴藏量4.97万千瓦，可开发水能资源1.6万千瓦。境内海拔1600米以上山脉分水岭顶部有独特的高山台地，约15万亩，具备良好的风力发电地理优势。

（一）小水电站 1964—1990年，龙里县共建成小水电站76座，装机容量2612千瓦，年发电量399万千瓦时；建配电站114处，配电变压器容量2300千伏安；建10千伏输电线路184.5公里。1991年以后随着电网的建设和发展，除位于摆省乡摆绒村的擦耳岩水电站发电与国家并网以外，其余的75座逐步废弃。

（二）电网建设 1993—2008年，供电事业快速发展。1993年龙里供电局成立后，实施电网规范化建设和管理。按行业归口管理要求，龙里供电局将羊场、谷脚、猫场、水场、三元的各电管站纳入统一管理，建立龙山、谷脚、湾寨、洗马、猫场5个供电所；理顺农村小水电及外来电网的关系，对县城供电网实施一系列的城网改造，对农村供电网进行大规模的农网改造，实现“两网同价”。1999年，龙里电网开始实施大规模的农网改造及更规范的城网改造，2008年全县14个乡镇159个行政村及全县工商企业、机关单位用电实现全覆盖，基本实现一户一表全覆盖。

三、电网及供电能力

龙里电网建设经历从无到有、从小到大、从低压到高压的发展历程，大规模农网改造、城网改造后形成统一的电网架构，由龙里供电局集中统一管理，保证各行各业用电需求。电压等级从1991年的110千伏发展到2003年的220千伏，供电户数从1991年的2.03万户发展到2008年的5.36万户。

1991年前，龙里县从境外先后引进流音洞变电站、谷脚电网、猫场电网、羊场电网、水场电网、岩后电网、三元电网等7条国家电网路线。1993年成立龙里供电局后，全年完成供电量3005.6万千瓦时，超承包任务指标17.87%，上缴各种税金40.14万元，比上年同期增长280.11%；线损率从上年的11.42%下降至6.49%。1997年，龙里供电局完成供电量9154万千瓦时，上缴各种税金94.4万元，线损率降至6.4%。

2000年，龙里县按照省电力公司“以市场为导向、以销售有效电量为中心，抓好增供扩销”要求，至11月底完成供电量2.38亿千瓦时，上缴各种税金179.6万元，综合线损率降为2.8%；新建35千伏变电站2座和35千伏线路64公里、10千伏线路186.73公里，改造10千伏线路212.66公里，新建400伏线路216.02公里、220伏线路534.37公里，配电变压器更换61台、改造48台、新装310台。

2001年，龙里供电局帮助龙腾铁合金企业校验1—9号炉变电设备的保护装置，协助亚冶铁合金企业完成1—4号4×6300千伏安电热炉的调试投产。全年完成供电量4.06亿千瓦时，上缴各种税金356万元，综合线损率3%；完成改造农村一户一表3万户，改造城区5年以上电表2500户，新增一户一表900户；协助贵阳市市南局有关部门及送变电公司、电建公司完成110千伏谷脚变电站、黑山变电站的建设及新建220千伏龙里变电站工程。

2002年，随着220千伏龙里变电站的调试和带电试运行，龙里区域已拥有110千伏变电站3座、35千伏变电站5座，总容量17.32兆伏安；全年完成供电量5.59亿千瓦时，上缴税金386万元，线损率降至2.5%。投资990万元完成二期农网改造工程，新建改造10千伏线路156.52公里，新建400伏线路74.36公里、0.2千伏线路128公里，新建更换配变46台、改造10台，达到全县村通电率100%和户通电率99%。

2008年1月中旬至3月上旬，龙里县遭受历史罕见的一次全面、长时间、高强度的低温雨雪凝冻灾害，电网受到严重破坏。共损坏110千伏线路2条、35千伏线路4条、10千伏线路22条、配变28台，110千伏及以下杆塔基受损或折倒共2004基、计量箱损坏56套，7座35千伏及以上变电站失压。因灾停电范围面积和影响程度前所未有。龙里供电辖区内14个乡镇159个行政村5.1万户21万人口遭受较长时间停电，县城和主要乡镇还因此停水，全县工农业生产和人民生活受到严重影响。灾害发生后，龙里供电局按照南方电网公司“完善、规范、巩固、提高”的总体要求，坚持奋战在抗灾抢修第一线，提前完成上级下达的抗冰保电、恢复重建各阶段目标任务。全年完成大项目91个，更改项目23个，共投入大修更改项目资金2574万元。全年供电量4.72亿千瓦时，上缴税金970万元，综合线损率降至1.8%。

四、输电工程

（一）35千伏线路

1.新猫洗线　从110千伏新添变电站，以35千伏出线至洗马35千伏变电站，长10.08公里，导线型号LGJ-120/20；地线型号GJ-35，从新添变电站至6号杆长1.49公里，从49号杆至猫场变电站1.47公里；绝缘子型号XP-7；铁塔11基，钢筋混凝土杆43基。1994年建成投运。

2.龙湾研线　从110千伏龙山（茅草冲）变电站以35千伏线路出线至湾寨35千伏变电站，长30.56公里，导线型号LGJ-120/20；地线型号GJ-35，从龙山变电站至6号杆长1.67公里，从120号杆至湾寨变电站长1.03公里；绝缘子型号XP-7；铁塔2基，钢筋混凝土杆125基。2000年建成投运。

3.谷洗猫兴线　从110千伏谷脚（湾坡）变电站，以35千伏线路出线至洗马35千伏变电站，长31.67公里，导线型号LGJ-120/20；地线型号GJ-35，从谷脚变电站至8号杆长1.87公里，从110号杆至洗马变电站长1.57公里；绝缘子型号XT-7；铁塔2基，砼杆114基。2000年建成投运。从谷洗猫兴线42号杆T接线至猫场35千伏变电站，长6.5公里，导线型号LGJ-120/20；地线型号GJ-35，从T22号杆至猫场变电站，长1.184公里；绝缘子型号XP-7；铁塔1基，钢筋混凝土杆26基。2006年建成投运。

（二）110千伏线路　1994年建成110千伏线路1条长5.78公里，到1997年延长至19.09公里。2003年发展到3条总长33.32公里，到2008年3条总长达38.87公里。

1.110千伏龙龙黑Ⅰ回　2003年11月30日建成投运。从龙里变至黑山变，长6.27公里，导线型号LGJ-240/40；地线型号GJ-50，长6.27公里；绝缘子型号FXWB-110/70、FV100/146，绝缘子配置1.91厘米/千伏、2.86厘米/千伏；铁塔15基，砼杆4基。从15号杆至龙山变，长0.78公里，导线型号LGJ-185/25；地线型号GJ-35，长0.78公里；绝缘型号XP-10，绝缘配置1.91厘米/千伏；铁塔1基，钢筋混凝土杆2基。

2.110千伏龙龙黑Ⅱ回　2003年11月30日建成投运。从龙里变至黑山变，长6.46公里，导线型号LGJ-240/40；地线型号GJ-50，长6.46公里；绝缘子型号FXWB-110/70、FC100/146，绝缘子配置1.91厘米/千伏、2.86厘米/千伏；铁塔13基，钢筋混凝土杆8基。从16号杆至17号杆再至龙山变，长0.71公里；导线型号LGJ-185/25；地线型号GJ-35，长0.71公里；绝缘子型号FXBW-110/100，绝缘子配置2.86厘米/千伏；铁塔2基，钢筋混凝土杆2基。

3.110千伏龙谷牵线　从龙里变电站至22号杆，长5.55公里，导线型号LGJ-185/30；地线型号GJ-50，长5.55公里；绝缘子型号FXBW3-110/100，绝缘子配置2.46厘米/千伏；铁塔12基，钢筋混凝土杆9基。从22号杆至32号杆，长2.85公里；导线型号LGJ-240/40；地线型号LBGJ-80-c0PGW，长2.85公里；绝缘子型号FXBW4-110/100，绝缘子配置2.86厘米/千伏；铁塔10基。2008年建成投运。

五、变电工程

1991年有变电站2座，容量1.35万千伏安。1995年发展到3座，容量2.07万千伏安。2001年3座，容量2.23万千伏安（停运流音洞变电站6350千伏安）。2006年3座，容量2.23万千伏安（停运倪儿关变电站7150千伏安）。1991年，建成110千伏变电站1座，主变1台，容量10兆伏安。1995年主变增至2台，容量为20兆伏安。2001年发展到3台，增容为136兆伏安。2003年，建成220千伏变电站1座，主变1台，容量为180兆伏安。2005年3台，增容为151.5兆伏安。2007年3台，增容为201.5兆伏安。

（一）35千伏猫场变电站 位于猫场镇，由贵州省电力设计院设计，属龙里供电局管理。1991年4月17日建成投运，主要为猫场镇和谷龙乡供电，变电站值班人员4名。2004年3月进行综合自动化改造，同年12月竣工投运。醒狮（猫场）变35千伏侧采用内桥式母线分段接线方式，10千伏侧为单母线分段方式。1号主变容量3150千伏安，2号主变容量4000千伏安，两台主变并列运行。两台10千伏电容器为本站电压提供无功补偿。

（二）35千伏湾寨变电站 位于湾寨乡，2006年6月建成投运，为龙里县南部羊场镇、湾寨乡、摆省乡和草原乡供电，变电站值班人员4名。湾寨变为单电源，35千伏龙湾研线向湾寨变供电。1号主变容量3150千伏安，2号主变容量4000千伏安，两台主变并列运行。两台10千伏电容器为本站电压提供无功补偿。

（三）35千伏洗马变电站 位于洗马镇，2001年1月8日建成投运，为谷龙乡部分村寨和洗马镇、巴江乡供电，变电站值班人员4名。洗马变35千伏侧采用内桥式单母线分段接线方式，10千伏侧为单母线分段方式。1号和2号两台主变压器容量均为4000千伏安，并列运行。2台10千伏电容器为本站电压提供无功补偿。

（四）110千伏谷脚变电站 位于谷脚镇湾坡，距县城20公里，占地3000平方米，由贵州省电力设计院设计，贵州电建一公司承建，属龙里供电局管理。2002年，一期工程建成1台主变容量16兆伏安变电站投运。2005年9月主变增容为31.5兆伏安；2007年二期工程竣工，建成两台容量为50兆伏安和31.5兆伏安的主变，并列运行。110千伏筑谷135、110千伏龙谷牵104电源为谷脚变电站供电。110千伏侧采用内桥式单母线分段接线方式。35千伏侧共有出线6条：谷水铁301、谷机303、谷洗猫兴305、谷狮302、谷马304、谷猫306。10千伏侧共有出线8条：谷龙平001、谷药002、谷镇003、谷园Ⅰ回004、谷奇005、谷贵021、谷园Ⅱ回023、谷关025。110千伏、35千伏断路器均为SF6断路器，10千伏断路器为真空断路器。4台10千伏电容器为本站电压提供无功补偿。110千伏谷脚变电站是龙里供电局为满足谷脚工业园区负荷发展需要，为35千伏醒狮变和洗马变提供可靠电源，同时提高龙里北部地区醒狮、谷龙、洗马、哪嗙、巴江5个乡镇供电质量，在“两网”改造工作中新建的一座综合自动化变电站。2009年10月，110千伏谷脚变电站划归东龙集控中心，实现全站无人值守。

（五）110千伏龙山变电站 位于龙里县城郊茅草冲，距县城2公里，占地3000平方米，由贵州省电力设计院设计，贵州电建一公司承建施工，属龙里供电局管理。一期工程于1989年8月开工，建成1台主变容量10兆伏安的变电站，1991年10月竣工投运。1995年二期工程新增1台容量为10兆伏安的2号主变投运。35千伏侧有出线2条：龙湾研305、龙达Ⅱ回304；10千伏侧共有出线8条：贵龙001、龙环Ⅰ回004、龙竹005、龙水006、龙铁007、龙环Ⅱ回022、龙中023、龙流024。35千伏断路器为SF6断路器，10千伏断路器为真空断路器。3台10千伏电容器为本站提供电压无功补偿。110千伏龙山变电站是龙里供电局为满足龙山镇工业负荷快速发展需求，为龙里城区提供可靠电源修建的一座变电站。2005年经过改造，成为一座综合自动化变电站。

（六）110千伏黑山变电站 位于龙里县城北郊石头寨，距县城1公里，占地4000平方米，由贵州省电力设计院设计，贵州电建一公司承建，属龙里供电局管理。一期工程于2000年开工，建成1台主变容量为50兆伏安的变电站，2001年10月竣工投运；2003年11月二期工程增容1台50兆伏安主变，两台主变并列运行。110千伏龙龙黑Ⅰ回、110千伏龙龙黑Ⅱ回电源为黑山变供电。110千伏侧采用内桥式单母线分段接线方式。35千伏侧有出线4条：黑亚Ⅰ回301、黑亚Ⅱ回303、黑湘305、黑粤304。10千伏侧共有出线11条：黑水001、黑西002、黑城Ⅰ回003、黑恒004、黑瑞Ⅰ回005、黑林006、黑药021、黑城Ⅱ回022、黑岔003、黑平024、黑瑞Ⅱ回025。

（七）220千伏龙里变电站　位于谷脚镇观音村，占地2万平方米，距县城约7公里。变电站紧邻高等级公路及210国道贵阳至龙里段，是龙里地区第一个220千伏变电站，还是贵阳供电局东龙集控中心站。220千伏龙里变电站，由贵阳电力设计院设计，省送变电公司施工建设，2001年一期工程建成1台180兆伏安主变，2003年正式投运。220千伏主接线为双母线并列接线方式。220千伏进线有3条：醒龙Ⅰ回（主供电源）、醒龙Ⅱ回（主供电源）、福龙线（备用电源）。110千伏主接线采用双母带旁路接线方式。110千伏出线8条：龙谷牵线104接至谷脚变；旧里牵线103接至旧治变，中间T接入牵引变；龙龙黑Ⅰ回101接至黑山变，中间T接入黑山变，主供龙山变；龙龙黑Ⅱ回接至黑山变，中间T接入龙山变，主供黑山变；龙平107接至平地变；龙电108接至草原风电场；龙牵109接至大土牵引变；龙泥131接至红狮水泥厂。1号主变低压侧为6千伏出线系统，2号主变低压侧为10千伏出线系统，6千伏及10千伏均无出线，主要负责无功补偿和提供站用电及直流融冰系统用电。220千伏龙里变电站的兴建，是为了龙里地区的供电可靠性和加强电网联络，负责为龙里全县工业、农业、市政、交通、城乡居民及社会经济发展所需提供稳定可靠的供电服务。

（八）35千伏倪儿关变电站（已拆除）　由于神奇制药厂等企业进驻谷脚镇，1995年建成35千伏倪儿关变电站，设主变1台，容量7150千伏安。因谷脚工业园不断发展壮大，长通等大型企业相继进入，特别是特大型企业红狮水泥厂进入，倪儿关变电站已不能满足需求，于2006年停运拆除，供电范围和负荷由2006年建成的110千伏谷脚变电站取代和承担。

（九）35千伏流音洞变电站（已拆除）　1973年，龙里供电所从工程兵8733部队接管35千伏流音洞变电站，有两台主变，总容量2000千伏安。1978年扩容为3200千伏安，1982年又扩容为6350千伏安。1995年110千伏龙山变二期工程投运后，35千伏流音洞变电站停运，拆除改为10千伏开闭站。

六、城市电网改造

1994年，龙里供电局第二次改造城网线路10公里，公用变压器由7台增至15台。1997年，龙里供电局实施第三次城网改造，配合县城道路改造和扩建，投资60万元设计施工，延伸城网线路5公里，架设双头路灯80座、高杆灯2座，改善县城面貌。2003—2004年，龙里供电局实施第四次城网改造，根据国家发展与改革委员会、南方电网公司和省计委等下达的项目投资计划，结合县城建设发展需要及配电网实际情况，优化电网结构，提高110千伏、35千伏及以下电网的可靠性，县城居民生活用电实行一户一表计量并根据居民用电负荷合理选择电能表。下达龙里县城网改造国债资金689万元（2003年584万元、2004年105万元，含中央预算内资金和银行贷款，贷款由省电力公司承贷承还）。县城电网建设与改造项目，由贵阳市南供电局统一招标，包工不包料施工。

七、农村电网改造

1997年，龙里供电局投资88万元架设10千伏线路39.5公里，安装配电变压器16台，实现7个无电村通电。1997年10月8日，县政府向省农电局反映"全县159个行政村，最后一个在三元镇的合安村于9月20日完成通电工程"，至此龙里县实现农村用电村村通。2000年，按照"以市场为导向、以销售有效电量为中心，抓好增供扩销"要求，继续推进农网改造，新建35千伏线路64公里、35千伏变电站2座、10千伏线路186.73公里、400伏线路216.02公里、220伏线路534.37公里，改造10千伏线路212.66公里，更换配变61台、改造配变48台、新装配电变压器310台，共计完成一期农网改造投资4143.63万元，并通过省电力公司验收。同时，完成1.5万户农户一户一表安装，为实现"同网同价"奠定良好基础。2001年，投入500多万元，完成农村3万户一户一表的安装，至此全面完成农村电网改造，实现户户通电。

八、电力管理

龙里县电力管理机构经历龙里火电厂—龙里水电供应所—龙里供电所—龙里供电公司—龙里供电局的发展壮大历程。1993年龙里供电局成立后，开展人才队伍培养建设，推广先进技术和信息化管理，抓好安全生产和安全用电，不断提高电网装备水平和科技含量，降低线损，提高供电可靠性。通过不断深化改革，龙里供电局内部设立10个职能部门和10个生产部门，形成现代化建设管理体系。

（一）管理机构 1991年7月，实行龙里供电所行业归口管理，成立龙里供电公司，1993年7月更名为龙里供电局，1991—1997年隶属都匀供电局管辖。1992—1997年，龙里供电局设办公室、财务科、抄收班、业务班、线路班、生产科和多种经营公司7个机构。1997年12月，将龙里供电局划归贵阳市南供电局管理，设置办公室和人力资源、财务、计划建设、监察审计、生产设备管理、市场营销、安全监管8个工作部，物资仓储配送、用电检查计量和输电、变电管理等4个站所，电力调度控制、东龙集中控制、热线95598、客户服务4个服务中心，信息通信、调度、线路、修试、营业、配电6个班组，龙山、谷脚、湾寨、洗马、猫场5个供电所，35千伏湾寨、洗马、猫场3个变电所和10千伏流音开闭站。2007年2月，贵阳市南供电局与贵阳市北供电局合并组建成立贵阳供电局，龙里供电局为贵州电网公司的全资子公司，隶属贵阳供电局管辖。2008年后，按照贵阳供电局规范内设机构要求，调整为10个职能部门、9个生产部门、1个挂靠生产部门。

1993年，成立5个供电所对全县5个供电片区的配电网进行管理，县城配电网由供电局直管。各供电所均于2008年实现营业办公网络自动化，营业厅实行无周末休息日制度，为客户提供24小时设备抢修服务。

1.龙山供电所 成立于1999年10月，位于龙里县城东部210国道旁，占地500平方米，成立初期管辖5条10千伏线路和134台配电变压器。随着大规模农网改造，至2001年实现所辖区域一户一表全覆盖。2005年，龙山供电所获中国南方电网公司“规范化管理达标供电所”称号。2008年有职工25人，供电区域覆盖龙山、麻芝、水场、三元4个乡镇，承担40个行政村和城北工业园的供电业务，供电面积365平方公里，供电户9876户，供电辖区内人口4.2万人。

2.湾寨供电所 前身为羊场供电所和民主供电所。羊场供电所成立于1985年6月7日，配电网由贵定县昌明变电站供电，共管辖21台配电变压器，配电网覆盖原羊场镇及湾寨乡部分村寨。1990年，配电网扩展至岱林乡及湾寨乡全部。民主供电所成立于1992年3月8日，管辖53台配电变压器，配电网覆盖民主乡及摆省乡部分村寨。1992年后，民主供电所和羊场供电所各自将其管辖范围内的木电杆更换为水泥电杆，并逐步延伸配电网线路。2000年进行大规模农网改造，至2003年6月两个供电所管辖范围一户一表覆盖率达90%。2003年11月10日，民主供电所和羊场供电所合并组建为湾寨供电所，辖区内有35千伏变电站1座，管辖的10千伏配电网线路共6条，其中除1条（流民线）由龙里流音洞开闭站至民主供电外，其余5条（湾摆线、湾广线、湾岱线、湾羊Ⅰ回线、湾羊Ⅱ回线）均由35千伏湾寨变电站供电。2006年，湾寨供电所获中国南方电网公司“规范化管理先进供电所”称号。2008年有职工30人，供电区域覆盖羊场镇、湾寨乡、摆省乡、草原乡47个行政村及龙里大草原景区，供电面积430平方公里，供电户数1.31万户，供电区人口3.86万人。

3.洗马供电所 成立于1989年3月18日，前身为洗马区供电所，电网覆盖洗马区的洗马镇，管辖15台配电变压器。1990—1998年，供电范围扩展到哪嗙乡（乐宝村、二箐村）、巴江乡，此期间将木电杆更换为水泥电杆，逐步延伸线路普及到户，并承担洗马区乡镇企业和煤厂开采的供电。1998年在洗马片区羊昌建成35千伏变电站，由洗马供电所管理，同年洗马供电所划归龙里供电局管辖。1999年开始大规模农网改造，至2000年实现辖区内一户一表全覆盖。2003年建成10千伏配电网线路。2006年，洗马供电所获中国南方电网公司“规范化管理达标供电所”称号。2008年有职工20人，管辖10千伏配电网线路4条（洗箐线、洗镇线、洗巴线、洗太线），为洗马镇、巴江乡和哪嗙乡（乐宝村、二箐村、田坝村、长芽村）共29个行政村及洗马煤厂供电，供电面积242.5平方公里，总户数9337户，供电人口3.7万人。

4.谷脚供电所 前身为谷脚区供电所，成立于1982年12月25日，电网覆盖谷脚区的谷脚公社、比孟公社、岩后公社，共13台变压器。1983—1990年，供电范围扩展到哪嗙乡，并从龙洞堡架设10千伏龙谷线（龙洞堡至千家卡），建设千家卡、毛栗山两个开闭站，此期间将木电杆更换为水泥电杆，逐步延伸电网线路，将电能普及到户，并承担谷脚区早期乡镇企业（玻璃厂、镀锌厂、铁合金厂等）的供电。1992年供电范围为谷脚镇和哪嗙乡。大型企业贵州神奇制药厂进驻千家卡后对供电提出新要求，1995年建成35千伏倪儿关变电站，归谷脚供电所管理，极大改善辖区内电网结构，为电网发展和线路延伸打下基础。1996年“三三制”工程实施，灰山和芹菜塘片区通电，标志着谷脚镇所有行政村实现通电。1998年，谷脚供电所划归龙里供电局管辖。1999年开始大规模农网改造，至2000年实现辖区一户一表全覆盖，2002年谷脚供电所获中国南方电网公司“规范化管理先进供电所”称号。2006年，110千伏谷脚变电站建成投运。此后，大批企业进驻谷脚工业园，供电负荷加重。2008年，谷脚供电所建于谷脚新街，有营业办公楼1栋、职工21人，担负谷脚镇、哪嗙乡、水场乡的中坝村和醒狮镇的鸡场村、三宝村、小箐村共25个行政村，谷脚工业园、贵龙经济带及中铁国际生态城的供电，供电面积390平方公里，供电户数9274户，辖区人口3.1万人。

5.猫场供电所 前身为猫场电管站，成立于1980年12月10日，配电网覆盖猫场镇、谷龙乡及哪嗙乡部分村寨，管辖配电变压器34台。1992年后将管辖范围内的木电杆更换为水泥电杆。1998年，猫场电管站划归龙里供电局管辖，更名为猫场供电所。1999年实施大规模农网改造，猫场供电所辖区内建成35千伏变电站1座，2000年实现辖区内一户一表全覆盖。2002年，醒狮供电所获中国南方电网公司“规范化管理先进供电所”称号。至2008年，醒狮供电所有职工17人，管辖10千伏线路共3条（猫坡线、猫洗线、猫乐线），供电区覆盖醒狮镇、谷龙乡及贵阳市乌当区永乐乡的两个村寨共19个行政村，供电面积150平方公里，供电户数6500户，供电辖区人口2.56万人。

龙里供电局各供电所配电设备按年代发展情况统计表

表9—5

单位	配电设备	1973年	1980年	1990年	2000年	2008年
龙山供电所	10千伏线路（条/公里）	—	—	—	5/103.57	7/148.94
	电杆（基数）	—	—	—	1435	2026
	10千伏变压器（台/千伏安）	—	—	—	134/9800	201/16650
	380伏及220伏低压线路（条/公里）	—	—	—	161/87.87	312/112.44
谷脚供电所	10千伏线路（条/公里）	2/11	3/20	3/96.9	4/167	5/220.88
	电杆（基数）	220	400	1100	1975	2367
	10千伏变压器（台/千伏安）	2/200	4/400	47/2680	114/3650	146/4480
	380伏及220伏低压线路（条/公里）	2/2	6/5	47/76	114/208	146/246
湾寨供电所	10千伏线路（条/公里）	—	2/30	3/51	3/103	5/208
	电杆（基数）	—	375	563	1152	3539
	10千伏变压器（台/千伏安）	—	26/1180	51/2330	85/2750	245/12080
	380伏及220伏低压线路（条/公里）	11/3.7	34/31	95/49	112/65	283/220
洗马供电所	10千伏线路（条/公里）	1/28.25	2/53	2/83	3/90	4/171.34
	电杆（基数）	283	530	830	4180	2282
	10千伏变压器（台/千伏安）	5/180	15/450	35/750	197/8670	247/15785
	380伏及220伏低压线路（条/公里）	8/0.7	20/1.15	35/10.75	290/70.83	826/338.6

续表

单位	配电设备	1973年	1980年	1990年	2000年	2008年
猫场（醒狮）供电所	10千伏线路（条/公里）	1/13	1/21	2/31.5	3/51.7	3/64.89
	电杆（基数）	260	430	546	625	819
	10千伏变压器（台/千伏安）	2/260	10/600	32/1550	51/2700	65/4840
	380伏及200伏低压线路（条/公里）	2/18.4	10/28.5	32/48.9	51/69.4	65/87.75
客户服务中心	10千伏线路（条/公里）	1/5	3/21.07	6/74.7	1/8.7	7/38.89
	电杆（基数）	100	439	1494	148	734
	10千伏变压器（台/千伏安）	4/300	13/870	85/2290	14/2240	86/19680
	380伏及220伏低压线路（条/公里）	3/5	15/9	85/31.71	14/25.2	86/40.17

（二）生产管理 龙里供电系统常年开展供电可靠性管理、电压质量管理、技术监督管理，综合供电可靠率逐年提高。特别是由贵阳供电局直管后，“向管理要质量”，抓好电网建设，提高科技含量，形成以220千伏为支撑、110千伏为主干、35千伏及10千伏为配网的输配电网络。1993年，龙里供电局管理的变电站均为常规变电站，通过几年的改造，到1997年运行管理的8个变电站均为综合自动化变电站。每年编制实施技术监督计划，使生产设备缺陷发生率、故障率显著降低。

1998年以后，推广应用生产及配电管理信息系统、压管理系统、供电可靠管理系统，基本实现计算机办公和系统管理。通过改造调度自动化系统，由原来不能监测各变电站设备运行情况至2008年对电网设备的实时监控、实时采集数据、实时掌握运行情况，及时处理事故，合理安排运行方式，保证安全稳定，供电可靠性显著提高。贵阳供电局调度专业管理延伸到县级后，龙里县设置电网调度、运行方式、继电保护、调度通信、调度自动化和小水电等专班，人员配置基本满足工作需要，对电网运行、停送电操作和线路工作过程管控有力。

（三）安全管理 1993年抓安全、促生产，每月1次安全培训，做到“月月讲、天天讲、处处讲”，运用电视、图片开展安全宣传，未发生人身伤亡和设备损坏事故。1994年贯彻执行3月16日全国安全生产电话会议精神，杜绝习惯性违章，检验变压器20台、避雷器60组，利用限电机会维修35千伏线路15.8公里、10千伏线路22公里，消除隐患102处。1996年，投入2.5万元对城区10台公变重新接地改造，对35台配变进行预防性试验及检修，全年无设备损坏及人身伤亡事故，连续安全生产2155天。

1997年，龙里供电局职工“安规”考试65人次，及格率100%；投入6.5万元对生锈严重的35千伏沿龙线塔杆进行大修，对主变进行预防性试验，全年无人身和设备事故。1998年，连续安全生产达到2541天。1999年，开展安全性评价工作，改进项目10个，断电保护动作率100%，配电系统可靠率98%，设备缺陷处理65起，预防性试验完成10千伏线路22条、10千伏避雷器320组、PT单元7个、电容器单元4个、安全工具55件，查处违章作业15人次。

2001—2002年，推行安全风险抵押责任制，开展春、秋、冬季安全生产大检查，查处习惯性违章23起，投资5万元配置安全工具、消防器材。2003—2006年，开展“五个一”活动（学习一遍安全生产法规、提一条参加安全生产管理的合理化建议、做一件有利于安全生产的事、当一天安全检查员、查一起自己身边的习惯性违章隐患），达到安全目标六实现（实现无人身伤亡事故、无大面积停电和电网瓦解事故、无人员责任的设备严重损坏事故、无重大火灾事故、无恶性误操作事故，实现三个百日无事故记录）。2008年1—10月排查整改一般隐患104条，全年安全形势平稳，跨年度安全生产累计达到3957天。

（四）经营管理 龙里供电局致力于提高预算管理水平，国有资产实现保值增值。售电量由1993年的近百万千瓦时上升至2008年的2.5亿千瓦时，综合线损率为3.8%；2008年运行总户数6.38万户，装机容量32.31万千伏安。电费收费方式由最初单一的坐收发展到多种收费方式，并开通邮政代收费，在农村推广pos机交费，有效降低风险和经营管理成本，使客户便捷轻松交费。

（五）用电控制

1.用电计划 1984年6月建立龙里电石厂，因供电不足，县供电所将流音洞变电站两台2×2000千伏安主变增容至3200千伏安+1000千伏安。1986年4月，龙里县铁厂建立，又将流音洞变电站的主变增容为3200千伏安+3000千伏安。随着乡镇企业不断发展，供电负荷大增，35千伏沿龙线负荷已满。为适应全县经济发展形势，根据县属厂矿、龙山镇乡镇企业及驻县单位的用电需要，1987年1月县政府报请省电力局批准计划“十五”时期用电装设主变容量为：1986年9090千伏安，1987年1.86万千伏安，1988年2.94万千伏安，1990年8.08万千伏安。经过“七五”至“十一五”电网规划的实施，电网已覆盖全县。

2.线损维护 20世纪70年代，龙里电能损耗很大，主要是线损。1976—1977年，沿山至龙里15.8公里线路损失电量达69.07万千瓦时，龙里供电所亏损8.66万元。经都匀供电局及有关技术部门实地测量，每月理论损失电量13.6万千瓦时，实际损失电量5.66万千瓦时，余下4.3万千瓦时无着落。1981年线损率为24%，经努力改进，1982年下降为22%。

1993年龙里供电局成立后，狠抓节能降损，按部颁标准淘汰老电能表，通过反窃电、线路改造、变电站设备消缺以及对公变设施进行测试检修等工作，使线损率从上年的11.42%下降至6.49%。经过多次城网改造和大规模农网改造后，2003年定期开展表计检校工作，对大用户加装考核计量设施进行电量损耗分析，做好变电站电量平衡，加强农村一户一表抄核收管理，及时解决“跑、冒、滴、漏”问题，查处窃电62户，追补电量1.95万千瓦时，追补电费2.34万元，全年综合线损率降为2%。

2004年，面对综合线损率上升至2.3%的严峻形势，召开高能耗企业和政府相关部门计划用电协调会，达成对100千伏安以上用户安装无功补偿设备的共识，为开展功率因数调整电费工作奠定基础。2006年，安装配网低压无功补偿装置17台，补偿容量930千伏安；安装用户无功补偿装置35台，补偿容量3.02万千伏安。有效减少供电损耗，全年综合线损率降为1.81%。2007—2008年，重点加强线损异常的控制管理，综合线损率保持在1.25%左右。

第四节 煤 炭

一、煤炭工业概况

龙里县所有矿产资源中煤的储量最大，总储量为1.16亿吨。全县14个乡镇中大部分乡镇有不同储量分布，以烟煤为主，无烟煤占五分之一，采煤以供应工业生产用煤为主。1991年前，个体私营煤厂发展迅速，公、私煤炭企业达到27家。1991年后，国营煤厂只剩麻芝煤厂1家，其余为个体私营企业。20世纪90年代初期，县内私营工业开始起步，地方个体户投资兴办小煤窑，还有部分县外投资者到龙里兴办中小煤矿企业。由于管理力量薄弱，全县出现小煤矿“遍地开花”的局面。1994年12月，成立县煤炭工业局，主要负责对全县煤炭企业生产、经营等进行安全管理。

1986年，龙里县开始实行“两权”分离改革，将行政权和经营权分离，实行政企分开。1988年，龙里麻芝国营煤厂实行抵押承包制经营管理。1996年麻芝煤厂因长期处于半停产状态，失去市场竞争力。1998年实行部分拍卖、部分租赁经营。2000年后麻芝煤厂改制，买断工龄安置7人，退休16人。全县个体私营煤矿企业快速发展，占领整个煤炭生产、经营市场，同时带来一系列的安全管理问题。

2001—2008年，逐步将46家煤矿清理、整顿、整合为27家，年均生产原煤100万吨，年产值约2.5亿元，利税约0.16亿元。其中，2008年煤炭税收601万元。

2005—2008年龙里县主要煤矿企业清理整合一览表

表9-6

编号	企业名称	地点	法定代表人	年生产能力（万吨）	是否派驻安全督查员	备　注
1	岩底煤矿	洗马镇	张栋材（2005年）、况奇元（2006年）		是	2005年因安全隐患改点技改
2	宏农煤矿	洗马镇	孙述刚（2005年）、王荣甫（2006年）、陶国平（2007年）		是	2006年5月整合并入岩底煤矿
3	金涌煤矿	洗马镇	朱培金	设计6万吨/年，核发3万吨/年，可建9万吨/年	是	1996年5月开办，2008年成为全县唯一技改煤矿保留一套独立生产系统矿井
4	永鑫煤矿	洗马镇	王体昌（2000年）、邝恩学（2006年）	设计3万吨/年，可建9万吨/年	是	2007年与宝山煤矿整合
5	宝山煤矿	洗马镇	邝恩学		是	2007年与永鑫煤矿整合
6	顺发煤矿	洗马镇	邹贤明（2000年）、张学新（2004年）	设计3万吨/年，整合9万吨/年	是	2006—2007年与相邻的宏发煤矿整合
7	宏发煤矿	洗马镇	陈洪刚		是	2006年8月由顺发煤矿买断（整合）后关闭
8	落掌煤矿	洗马镇	郑鹏来、吴王亲（2007年）	设计3万吨/年	是	2007年实施资源整合
9	宏星煤矿	洗马镇	刘兴元		否	
10	五压坡煤矿	洗马镇	—		否	
11	元宝煤矿	洗马镇	欧阳雄江		否	2007—2008年实施资源整合，整合后矿区面积为2.91平方公里
12	宏鑫煤矿	醒狮镇	李国发		是	因诉讼和产权变更等原因至2005年底未申办安全生产许可证
13	正红煤矿	醒狮镇	李正红	可建9万吨/年	否	2008年11月整合后矿区面积为2.63平方公里，估算资源储量354.23万吨，服务年限在15年以上
14	顺发煤矿	醒狮镇	—		否	
15	白水岩煤矿	摆省乡	黎功云、黎伯华（2007年）		是	2007年实施资源整合
16	摆省煤矿	摆省乡	杨永胜		是	2007年实施资源整合
17	栎木山煤矿	摆省乡	周绵河、王群（2007年）		是	2007年实施资源整合
18	摆豆煤矿	摆省乡	吴必炉		是	
19	贵明煤矿	草原乡	高贵明、黄爱军（2007年）		是	2006—2007年与白岩脚煤矿整合
20	白岩脚煤矿	草原乡	江常安		是	2006年5月整合并入贵明煤矿
21	小坪子煤矿	草原乡	杨宗武		是	
22	谷新煤矿	谷龙乡	张才珍、周清虎（2007年）		是	2007年实施资源整合
23	凯鸿煤矿	水场乡	孙勇	设计3万吨/年，可建9万吨/年	否	2005年开始产煤，2008年11月矿区面积由0.86平方公里整合为2.55平方公里，估算资源储量538万吨，服务年限在15年以上

续表

编号	企业名称	地点	法定代表人	年生产能力（万吨）	是否派驻安全督查员	备 注
24	鸿泰煤矿	龙山镇	曾薇锂、杜迅刚（2007年）		是	2006年省、州批复为扩界扩能煤矿；2007年实施资源整合，但至2008年7月未申报手续
25	摆谷六煤矿	龙山镇	—		否	龙里县意托煤矿有限公司开发，2007年探出煤矿资源
26	黄金山煤矿	麻芝乡	廖兵	可建9万吨/年	否	2008年11月矿区面积由0.65平方公里整合为3.2平方公里，估算资源储量358.26万吨，服务年限在15年以上
27	上龙山煤矿	巴江乡	黄圣太	可建9万吨/年	否	2008年1月与龙里县意托煤矿有限公司合资开采，2008年11月矿区面积由0.5平方公里整合为2.87平方公里，估算资源储量399.6万吨，服务年限在15年以上

二、煤矿行业整治

按照《安全生产许可证条例》规定，2005年1月13日前未取得安全生产许可证的煤矿等生产企业必须停产整顿。为此，深化煤矿瓦斯专项治理和煤矿整顿关闭两个“攻坚战”，推进煤矿整合、技改和调整布局，加强对煤矿的整顿关闭力度，淘汰不重视安全、不重视投入、无做大做强意识和实力的煤矿投资人，推动本质安全型矿井建设。

（一）非法煤矿清理整顿 民主、摆省、洗马、谷脚等乡镇非法煤矿较多，存在突出的安全隐患，县、乡镇政府多次组织炸封取缔，但屡禁不止。2004年调查统计，民主乡境内仅有位于大谷村的贵明煤矿为合法煤矿；非法煤窑共有27口，非法煤矿山5个，分布于金谷、麻若、大谷、前进、高峰等村，常年从业人员在140人以上。其中大谷、前进两村煤炭资源丰富，煤层埋藏较浅，开采投入少，离县城近，盗采、盗运、盗卖尤其盛行，对县城居民重要的饮用水源地——猴子沟造成严重污染。2004—2008年摆省乡非法煤矿开采累计达31口，主要分布在栎木山煤矿附近。全县无证非法小煤窑2005年达114口（其中醒狮15口、巴江8口、草原53口、麻芝6口、羊场5口、谷脚27口）。

2004年，对已通过省级验收和县保留整改的煤矿按实际月生产能力发放煤炭产品准运证，作为合法煤炭产品进入市场的通行凭证。凡是运煤车辆都必须同时持有煤炭产品准运证和“五统一”（统一合同、票据、价格、结算、调度）手续。对非法小煤窑的取缔关闭，按照“炸毁井筒、平整场地、恢复植被、拆除设施、遣散人员、发布公告”等程序和标准实施。

（二）单证煤矿整顿 2005年10月和2006年3月经省国土资源厅等部门批准取得采矿许可证，属纳入全省煤矿整合、技改和调整布局范围的“历史遗留类”“四证不全”单证煤矿，全县共有15家。在整合、技改和调整布局时，单证煤矿生产活动属须查禁的违法行为，取消其煤炭产品运销凭证，实行先关闭再整顿，并对其申领安全生产许可证进行验收。

2006年1月要求单证煤矿一律停止一切活动。巴江乡上龙山、水场乡凯鸿、麻芝乡黄金山和醒狮镇正红4家煤矿属单证煤矿，其中上龙山、凯鸿、黄金山3家煤矿所在的乡镇属有资源但无合法煤矿的乡镇，正红煤矿所在的醒狮镇仅有1家合法煤矿。经委托贵州省有色地质勘查局物化探矿总队、贵州天辰黔地不动产咨询有限公司对这4家煤矿资源配置情况进行调查并调整矿区范围后，各煤矿估算资源储量均可满足年生产规模9万吨、服务年限在15年以上的要求。为此，2008年12月向省、州申请调整4家煤矿矿区范围并新设为民用煤矿。

（三）煤矿整合、技改和布局调整 1999年开始对煤矿行业实施“关井压产”宏观调控政策以后，煤矿行业经历大规模以安全、规范生产为主要目标的治理整顿时期。全县先后办理采矿证等手续的煤矿企业有46家，通过资源整合至2008年10月，分布在6个乡镇的整合、扩界（扩能）煤矿共12家，另有涉及5个乡镇的新设矿权煤矿5家，一些乡镇有煤矿资源无正规合法煤矿等问题得到解决，越层越界开采现象基本杜绝。

煤矿企业安全生产准入门槛高，整合、技改和调整布局难度大。按照《安全生产许可证条例》关于整顿关闭不具备安全生产条件和非法煤矿规定，2005年1月13日前未取得安全生产许可证的矿井要一律停产整顿。2005年11月经贵州省煤矿安全监察局检查，全县共有21个合法矿井，其中仅提请验收6个，2个未申办安全生产许可证，8个虽获得技改项目核准但未取得安全审查批准，5个违法技改；全县仅有1个矿井勉强达到颁发安全生产许可证条件。2005年12月下旬，草原、洗马、醒狮等乡镇11家煤矿企业因故意封闭采掘工作面，隐瞒事故隐患及真实情况等“九种安全不诚信行为情况之一”，被州、县责令停产整顿关闭。经整改，当年12月底向州申请对摆省乡摆豆、摆省、白水岩，草原乡鸭店塘、小坪子、贵明，龙山镇鸿泰，醒狮镇宏鑫，洗马镇宏发、顺发、金涌、永鑫、宏农等13个煤矿进行申办安全生产许可证前停产整顿复查验收。

2006年3月，采取3种方式对煤矿资源进行整合：由企业双方进行平等收购，甲可收购乙，乙可收购甲；企业实行股份制经营；在企业双方谁都没有能力收购对方的情况下，由中介机构对企业资产进行评估后，对外出售或招标拍卖。未达成整合协议前，洗马镇被登报关闭的宝山、岩底、宏发3家煤矿和保留下来的永鑫、宏农、顺发3家煤矿将煤炭生产许可证、采矿证、工商营业执照上交，整合工作结束后发还。同时，州下达县关闭4个煤矿任务，关闭重点是没有如期申报安全生产许可证、验收不合格、整改不过关、应该整合、资源接近枯竭，以及年生产能力未达3万吨等的煤矿。

在2006年明确产权的基础上，2007年开始实施资源整合煤矿矿井共8个（其中股份制整合3个，兼并收购整合5个），委托贵州华源矿山设计有限公司、贵州工学院采矿工程科技咨询服务公司对整合煤矿进行矿井预设，均按9万吨/年以上生产能力进行整合设计和申报。

2006年5月，草原乡贵明、白岩脚2家煤矿完成资源整合（白岩脚煤矿并入贵明煤矿），恢复向贵明煤矿供给火工产品和供电；洗马镇岩底、宏农2家煤矿完成资源整合（宏农煤矿并入岩底煤矿），恢复向岩底煤矿供给火工产品和供电；洗马镇顺发、宏发2家煤矿基本完成资源整合，暂停止供给火工产品和供电；对麻芝乡黄金山煤矿，羊场镇羊场煤矿、木马煤矿，摆省乡杉木林煤矿，巴江乡上龙山煤矿，醒狮镇正红煤矿，水场乡凯鸿煤矿等7个单证煤矿供给火工产品用于技改；责令洗马镇永鑫、宝山、烂木塘3家煤矿和全县其余单证煤矿（除龙山镇摆谷六煤矿外）停止一切开采行为。2007年4月，商请贵州工学院设计制定全县煤炭企业资源整合方案报省，当年全县实施资源整合煤矿共11家。

三、民用煤炭供应

实施煤矿资源整合、技改和调整布局，一度造成有煤矿资源无正规合法煤矿问题进一步凸显，农村群众生产生活用煤和电煤供应困难问题突出。2006年5月，申报三元镇1个煤矿和哪嗙乡2个煤矿开采有关手续，着手对全县单证煤矿进行整合，以解决群众生产生活用煤困难。2007年，18家煤矿停产时间较长致使全县烤烟等用煤紧张，洗马镇大坪、金涌煤矿关闭期间造成巴江、哪嗙两乡农村用煤困难。

2008年11月，县政府安排向全县14个乡镇农村贫困家庭、弱势群体、优抚户及生产生活用煤困难的农户供应煤炭，每吨原煤按低于市场价50元的价格进行供应，按1.5吨/户标准制订煤票发放到农户手中。按照“属地管理，就近解决”的原则，将14个乡镇划分为3个用煤供应片区由8家整合煤矿供应。为加快整合技改煤矿建设，增强煤炭供应保障能力，2008年10月省政府同意龙里县部分整合、技改煤矿保留一套与整合、技改无关联的独立生产系统，其原有证照到期后有效期一并延续。洗马镇金涌煤矿成为全县唯一技改煤矿保留一套独立生产系统的矿井，其新建的生产系统完工后关闭原有保留生产系统。

第五节　建材与器材

一、建材工业

龙里县沙石资源丰富，砖瓦生产历史悠久，建材工业主要以水泥、灰、沙、石、砖、瓦、水泥制品为主。1991年后，随着工业化、城镇化和农村住宅、城乡基础设施建设，带动建材工业快速发展。

（一）主要企业

1.龙里县水泥厂　位于县城北4公里的播箕河畔，占地1.2万平方米，1973年1月建成投产，产量逐年提高。到1990年，有职工126人，固定资产236.03万元，年产水泥1.18万吨，占全县总产量的79.73%，创产值66.7万元。1998年底，有职工147人，资产409万元，并改制为股份制企业，更名为黔龙水泥有限责任公司。

2.龙山镇冠山水泥厂　位于县城西部张兴塘，始建于1982年6月，占地8974平方米，1983年建成投产。1990年以后年产425号水泥2万吨，产值400万元。2006年，因黔桂复线铁路扩能改造和贵阳枢纽铁路建设占用关闭。

3.龙里摆省水泥厂　位于摆省乡摆主村，1978年4月动工兴建，1983年5月建成投产，总投资46万元，设计年产水泥6000～10000吨。1998年以前，由于不通高压电和交通不便等原因，一直处于停产或半停产状态，年产水泥2000～3000吨。1998年通高压电和公路交通条件改善后，摆省乡政府将水泥厂租赁经营，2000年产水泥8000吨，产值144万元。2001年，摆省乡政府将该厂经营权、厂区土地使用权及原有固定资产一次性转让给私人，水泥厂规模扩大、效益提高。

4.贵州长泰源节能建材有限公司　位于谷脚工业园区，属于贵州长通集团的子公司，于2007年10月投资2500万元开始建厂，2008年8月19日投产，年产量30万立方米，年消耗粉煤灰15万吨、磷石膏5万吨。主要是利用煤矸石、矿渣、粉煤灰（贵阳电厂每年产生粉煤灰40万吨）、磷石膏（贵州瓮福磷化工每年产生磷石膏上千万吨）等废料，加上天然硅砂生产新型墙体材料——加气混凝土砌块。该砌块能漂浮在水上，保温隔热效果是传统黏土砖的5倍，辐射与粘土黏相当，材质稳定环保，隔音、耐火性能好，重量轻，施工便捷，成本低，适用于工业与民用建筑墙体砌筑，逐步取代传统的黏土砖、实心页岩砖等消耗环境资源的墙体材料，达到保护环境的目的。

5.龙里红狮水泥有限公司　位于谷脚镇，系浙江红狮控股集团的全资子公司（红狮控股集团是专业生产高标号水泥的大型企业，是国家重点支持的12家大型水泥企业之一）。规划建设两条日产5000吨新型干法熟料水泥生产线，并配套18兆瓦纯低温余热发电项目，计划总投资约12亿元，分两期实施。2008年3月25日，红狮控股集团与龙里县政府举行项目签约仪式，10月被列为贵州省重点工程。由天津水泥工业设计院设计，采用国际先进的新型干法工艺，关键设备由国外引进，自动化和清洁化程度较高，工艺技术装备在国内同行业中处于领先水平。

6.龙里县联合制砖厂　该厂的前身是位于县城东部九条龙的龙里县砖瓦厂，1980年与贵阳市地方建材工业公司联办，迁址于城南2.5公里处的大水塘。1991年，龙里县联合制砖厂主要设备有实心黏土砖双门轮窑1座，砖木结构的各种用房2462平方米，固定资产67.76万元，年产实心黏土砖762.06万块，总产值35.1万元。

7.龙里县采石场　位于龙里县火车站穿洞口，1961年建场开采，1991年有职工218人，年产铁路道碴12.7万立方米、白灰3500吨，总产值75.16万元。随着市场经济的繁荣，不断增加的私营采石场激烈竞争，加上龙里县采石场经营管理机制落后，经济效益急剧下滑，长期处于半停产和停产状态，149名工人的生计无着落（其中：60名退休工人每月只领取60元的养老金，89人的养老问题未解决）。2006年，采石场被黔桂铁路扩能改造征占获得补偿款，加上多方筹集共180万元，用以解决89名工人的养老保险，每人每月领取320～530元的养老金。

8.其他建材企业　龙里三龙玻璃制造有限责任公司，主要生产玻璃钢、夹沙管道，从业人员120人；九龙预制场，生产水泥砖（实心和空心水泥石砂砖，下同）、预制板，从业人员8人；龙里天源石灰粉厂，生产石灰粉，从业人员30人；龙里永鸿建材厂，生产水泥砖，从业人员6人；龙里县建友建材厂，生产水泥砖，工人15人；冠山黄沙场，主要生产黄沙。

（二）建材产品

建材产品主要有325号水泥、425号水泥、525号水泥、高标号水泥，石灰、石粉、石砂，毛石、片石、碎石，五眼沙、七眼沙，黄沙，火砖（黏土烧制实心砖）、实心水泥石砂砖、空心水泥石砂砖、混凝土预制板（钢筋水泥预制板）、石棉瓦（水泥石砂玻纤维制品）、水泥槽瓦（水泥石砂制品）、青瓦（黏土烧制），瓷粉、加气混凝土（一种新型节能环保墙体材料）等。

二、器材制造

龙里县的器材制造企业主要是贵州长通集团公司，成立于1993年，位于谷脚工业园区，占地600亩，员工近1000人，是一家集物资流通和输、配、变电力物资生产制造为一体的民营企业，主要从事输配电成套设备、线路器材和节能建筑材料及交通设施等产品的研发、制造和销售，服务于电力、交通、通信、建筑、酒店等行业。该企业是贵州100强企业之一、贵州民营50强企业之一，下辖15个子公司。主要是2003年在谷脚工业园区建立贵州长通电力线路器材有限公司，先后组建贵州新曙光电线电缆有限公司和贵州长泰源节能建材有限公司；在贵阳高新技术产业园区建立贵州长通电气有限公司等4家公司；在毕节、都匀、铜仁等地也建立生产企业。

主要产品有电杆、非标准金具、高低开关柜、钢芯铝绞线、架空绝缘线、控制柜等电力线路器材和电线、电缆系列产品。其中，研制的新型水泥电杆——大稍径锥型电杆，投资成本低，抗腐蚀性能强，后期维护费用低，具有良好的经济效益和社会效益，被黔南州授予“科技研发项目奖”。该企业工业总产值连年翻番，从2004年的2000多万元增加到2008年的3亿元，上缴税金达1000万元。

第六节　酿造加工

一、酿造加工业概况

龙里县的酿造加工企业，主要有国营性质的县商业酒厂（主要生产经营米酒、果酒、烟、糖和副食品、日用百货等，1999年改制）、县粮油加工厂（主要加工生产粮油，2007年12月与饮料公司一起改制关闭）、县酱菜厂（主要生产传统酿造酱油、油辣椒、豆制品系列产品，2006年改制关闭）、县印刷厂（2008年因冠山公园扩建征占关闭）；集体性质的县康佳糖厂、龙中纸箱厂；有限责任公司性质的贵州神奇啤酒有限责任公司、贵州龙里鸿原粉体材料有限责任公司；私营性质的龙里九龙料酒厂、铙钹山爆竹厂、兴龙花炮厂、星源木制品厂、冠山印刷厂、久源食品厂、一品香酱油酿造厂、兴达造纸厂、新体质颜料厂、无菌水厂、纯净水厂、再生纸厂、添加剂厂等。

1992年，全县轻工业完成产值2916.4万元，比1991年增长41.31%，年均解决281人就业。其中：县包装彩印厂年均用工59人，年产值101万元；县酱菜厂年均用工13人，年产值31万元。

二、贵州神奇啤酒有限公司

2005年，贵州神奇集团再次扩展产业，在龙里创建贵州神奇啤酒有限公司，占地18.4万平方米，设计年产啤酒20万吨，总投资3亿元。2005年7月一期工程动工，12月26日建成投产。采用优质的泉水（源自原始森林）、麦芽（澳大利亚进口）、大米和香型酒花（美国进口），使用德国纯种酵母酿造，全程电脑自动化控制。主要产品有：神奇冰纯啤酒（以德国传统工艺酿制）、神奇508啤酒、神奇低糖+维C啤酒、神奇精品啤酒等。

2006年神奇啤酒上市后，相继占领贵州、四川、广西、云南、湖南等市场，成为2006年贵州国际风筝节唯一指定啤酒、贵州省消费者喜爱产品。是为贵州规模最大、实力最强的啤酒企业，树立西南区域强势品牌，当年产量超过1万千升，人称“中国啤酒新品牌的营销奇迹”。

2007年3月，该公司被华润雪花啤酒有限公司收购，建立华润雪花啤酒贵州黔南有限公司，位于龙里县城西郊吴家庄。至2008年，年产值3828万元，固定资产达8000万元，年度缴税800万元，已安排就业720多人（其中：下岗职工120多人，大学本科以上学历67人），同时带动种养、运输、印刷业及玻璃制造、餐饮服务等行业的发展，经济社会效益良好。

第三章 乡镇企业 非公有制企业 企业改革改制

第一节 乡镇企业

一、乡镇企业发展概况

龙里县乡镇企业是在改革开放初期大集体年代社、队企业基础上，通过体制改革和所有制改革逐步发展壮大起来的。1993年全县有乡镇企业1808家，其中：乡镇办95家、村办15家、个体1698家；农业6家、工业766家、建筑44家、交通运输266家、批发零售426家、餐饮258家、服务业42家。

1992—2005年，对乡镇企业的发展采取宽松政策和保护措施，鼓励和支持党政干部领办乡镇企业，支持乡镇企业引进资金、技术和人才；允许干部入股办开发性企业并参与分红；对重点企业大户实行重点扶持的倾斜政策，对新建企业和技改企业采取优惠政策；制定保护改革的7条措施，使乡镇企业得到巩固发展。这些做法加速乡镇企业发展，受到省、州肯定。到1995年，全县乡镇企业发展到2200家，其中：乡镇办74家、村办21家、联营1家、个体2104家；农业4家、工业510家、施工25家、交通运输483家、商品流通880家、餐饮162家、旅游服务102家，其他企业34家。

1996—2000年，龙里县坚持“三个有利于”和“三改一加强”的企业改革方针，以改革为动力、以市场为导向、以效益为中心、以技改为龙头、以质量为依托、以建立“产权清晰、权责明确、政企分开、管理科学”的现代企业制度为目标，内抓改革、外抓开放，内抓管理、外抓市场，内抓质量、外树形象，工业企业得到优化和壮大。此期间引进龙腾、神奇、富华、正大等一批以冶炼、医药、化工等为主的民营工业企业，到2000年有乡镇企业3691家（其中上规模工业企业7家），其中：集体119家、私营29家、个体3543家；农业14家、工业1319家、交通运输542家、批发零售贸易1339家、旅游餐饮服务437家，其他企业40家。

2001—2005年，乡镇企业按照打造“医药之都”的发展思路稳步发展，逐步由小型向大中型、由劳动密集型向高科技型转化，乡镇骨干企业继续发挥主导作用，年产值500万元以上的企业有16家，产业和产品不断优化。到2005年，全县乡镇企业有3011家（其中内资3009家），其中：集体14家、股份合作1家、有限责任公司40家、股份有限公司5家、私营2489家、港澳台商投资1家、外商投资1家，其他企业460家；农林牧渔业14家、工业709家（其中采矿79家、制造630家）、建筑14家、交通运输仓储864家、批发零售922家、住宿餐饮224家、社会服务181家，其他企业83家。

2006—2008年，推进科技进步，加强环境保护与资源利用，加快农产品加工业发展，促进文明和安全生产。通过整合、关停并转和自然淘汰，以及规范统计口径，到2008年，全县有乡镇企业1073家，其中：集体11家、股份1家、联营47家、有限责任公司85家、股份有限公司8家、私营920家、港澳台商投资1家；农业12家、工业380家、建筑14家、交通运输239家、批发零售276家、住宿餐饮78家、服务娱乐19家，其他企业55家。

二、乡镇企业经营效益

乡镇企业中，公有制企业逐步实现政企分开、自主经营、自负盈亏，全面参与市场竞争和改革改制。1992年，龙里县乡镇企业营业收入1.31亿元，其中：乡镇级公有企业9975万元，村集体企业136万元，个体企业3021万元。解决就业人数8096人，其中：乡镇级公有企业3915人，村集体企业167人，个体企业4014人。

1995年乡镇企业产值3.49亿元（其中：乡镇级公有企业2.73亿元，村集体企业273万元，个体企业7397万元），比1994年增加1.15亿元，就业人员8243人（其中：乡镇级公有企业3386人，村集体企业239人，联营企业3人，个体企业4615人）。

2000年，乡镇企业总产值13.93亿元（其中集体企业8.35亿元、私营企业589万元、个体企业5.52亿元），解决就业1.15万人（其中集体企业4238人，私营企业6293人）。2005年，乡镇企业总产值23.89亿元（其中：内资企业22.64亿元，集体企业3691万元，股份合作企业2.5亿元，有限责任公司5.4亿元，股份有限公司7.63亿元，私营企业5.01亿元，其他企业7251万元，港澳台商投资企业662万元，外商投资企业1.19亿元），就业人员1.59万人。

2008年，乡镇企业总产值30.68亿元（其中：集体企业1.13亿元，股份企业6313万元，联营企业2068万元，有限责任公司15.83亿元，股份有限公司8.26亿元，私营企业4.51亿元），就业人员1.49万人（其中：具有技术职称高级350人、中级469人、初级955人；高级技师182人、职业资格技师239人）。

1991—2008年龙里县乡镇企业效益统计表

表9-7

年份	乡镇企业单位数（家）	乡镇企业从业人员（万人）	乡镇企业总产值（万元）	乡镇工业总产值（万元）	乡镇企业总收入（万元）	乡镇企业实际缴纳税金（万元）	乡镇企业税后利润净额（万元）
1991	1440	0.61	4773	4171	4609	196	322
1992	1620	0.82	8295	5903	7657	187	309
1993	1808	0.81	15966	13557	13132	917	1509
1994	2597	0.95	23410	19905	20102	798	1314
1995	2200	0.82	34935	31254	30148	1256	4151
1996	3211	1.1	52148	47734	47783	1338	6736
1997	4313	1.18	80113	72964	75172	1392	4656
1998	4503	1.85	112214	94229	106203	1773	5013
1999	3518	1.08	145599	118241	128836	2397	13167
2000	3691	1.15	139304	100972	124689	2707	3370
2001	3043	1.29	160369	112454	151009	3419	11872
2002	2856	1.46	183879	124055	173396	4452	16570
2003	2681	1.42	209770	143207	199030	5000	14650
2004	3160	1.49	226958	186405	247098	9145	22947
2005	3011	1.59	238941	192249	233398	10646	12078
2006	2893	1.65	285611	229924	270590	12030	10442
2007	884	1.5	261539	240352	247509	13595	16526
2008	1073	1.49	306807	264505	292241	17381	17074

第二节 非公有制企业

1991—2008年，是龙里县非公有制经济蓬勃发展的重要时期。一些外来人员成长为私营企业主，开办各类厂矿、超市、商场、小作坊等；一些规模小、资金少的个体户不断成长壮大为实力雄厚的公司。

神奇制药有限公司从龙里走向世界，发展成为跨医药、食品、酒店、房地产开发等行业的集团公司；贵州长通公司从一个1000多万元的电力线路器材小企业，经过5年时间发展成为下辖新曙光电缆、长通电气、长泰源节能建材、贵州中船钢结构等企业的集团公司；龙腾铁合金产品通过ISO9000质量认证；

11家医药企业通过GMP改造，“神奇”品牌成为中国驰名商标。非公有制经济的快速发展，带动消费、运输、餐饮等相关产业发展，有效解决1万多名农民及城镇人口就业。

至2007年，龙里县已形成以医药、冶炼、电器制造、食品、旅游、交通运输、餐饮、宾馆酒店等非公有制企业为主体的支柱产业，共有非公有制企业208家，个体工商户3106户（其中有不含早餐店、夜宵店的餐馆80多户），注册资金2亿多元。其中：18家规模以上非公有制企业实现产值22.14亿元，占全县GDP的88.65%；纳税8987.96万元，占全县税收的77.99%；从业人员1万多人，占全县企业就业人数的80%。

在优惠政策引导下，非公有制企业不断涉足高新技术、生态、休闲、康体观光等领域，投资非义务教育、文化、体育、信息、环保、城镇开发、旧城改造等项目，以承包、租赁、收购、兼并、参股等形式参与国有、集体企业的改革改制。非公有制企业在发展壮大的同时，积极参与地方扶贫济困、捐资助学等社会公益活动，至2008年累计出资4000多万元。

第三节 企业改革改制

1991—2008年，县乡镇企业管理局指导产业调整、推广先进技术，推进技术改造、节能减排，协调经济开发与环境保护，促进文明安全生产，维护良好的乡镇企业发展环境。

2003年，组建龙里工业园区管理委员会（以下简称管委会），为州、县共建副县级事业单位。同时成立龙里工业园区基础设施建设管理劳动公司，与管委会合署。管委会内设办公室、招商引资部、建设开发协调部、财务部、治安管理部5个副科级职能机构，事业编制8名，人头经费开支前3年由州、县财政按州6县4比例全额预算管理，3年后与财政脱钩实行自收自支。

一、企业经营制度改革

1989年实行“五定一奖”制（定人、定时、定产、定质、定耗，实行成品合格超产奖和节约奖），实行工资加奖金的待遇制度。1991—1995年，属于计划经济消退与市场经济增长时期。1992年邓小平视察南方重要谈话后，国家相继出台有关改革方面的政策，在执行过程中逐步加以完善。1993年，龙里县实施工业企业第三轮承包，按照“三个有利于”的原则，落实企业经营自主权，将企业推向市场积极参与竞争。

1996—2005年，随着计划经济向市场经济转轨，龙里县采取抵押承包和租赁经营方式，实行“一厂一策、一厂多制、一厂多业”的制度，抓住龙里县被确定为全省改革试点县的契机，围绕股份制、嫁接重组、抵押承包、租赁经营、兼并拍卖等改革改制，结合实际对县属国有和集体企业进行全面调查分析、征求意见，编制改革工作计划，把握宏观调控、微观指导，促进企业顺应市场经济规律，加快自主经营步伐。企业改革改制坚持打牢基础、抓好巩固、确保稳定的思路，改革国有和集体企业产权制度、用工制度，完善经营管理制度。

1991—2008年龙里县工业企业所有制结构和产值变化情况统计表

表9-8

年份	全县工业总产值（万元）	规模工业产值（万元）	占工业总产值比率（%）	集体企业产值（万元）	占工业总产值比率（%）	民营企业产值（万元）	占工业总产值比率（%）
1991	6590	5083	77.13	3629	55.07	84	1.27
1992	8277	6504	78.58	4848	58.57	0	0
1993	15902	14050	88.35	5838	36.71	6600	41.5
1994	22481	18926	84.17	6344	28.22	10749	47.81
1995	31908	30682	96.16	11195	35.08	17276	54.14

续表

年份	全县工业总产值（万元）	规模工业产值（万元）	占工业总产值比率（%）	集体企业产值（万元）	占工业总产值比率（%）	民营企业产值（万元）	占工业总产值比率（%）
1996	50548	44412	87.86	6095	12.06	36178	71.57
1997	74527	49997	67.09	22217	29.81	26197	35.15
1998	98195	47738	48.62	11563	11.78	33374	33.99
1999	121358	53793	44.33	13004	10.72	38473	31.7
2000	104596	63960	61.15	20813	19.9	41133	39.33
2001	116222	74824	64.38	37987	32.68	34341	29.55
2002	126066	96370	76.44	45315	35.95	48369	38.37
2003	154888	112839	72.85	58647	37.86	51594	33.31
2004	191967	168083	87.56	1088	0.57	150716	78.51
2005	227571	176857	77.72	1354	0.59	158243	69.54
2006	256133	203100	79.29	756	0.3	175601	68.56
2007	284786	249786	87.71	802	0.28	221457	77.76
2008	327166	292166	89.3	0	0	264998	81

二、企业产权制度改革

（一）租赁联营 龙里县工业企业兴起于小手工作坊，产品主要是日常生活、生产用品，生产规模小，技术含量低。为了盘活、做大、做强企业，采取租赁联营办法，把场地、厂房、营业手续等出租给他人经营。1993年，实行租赁的企业有县麻芝煤厂、服装厂、国翁煤矿等。1998年，将县酒厂租赁给贵州麟子公司经营，租期10年，租金191万元，后因各种原因，仅经营2年。

1991—1995年，企业为了开拓产品销售市场，与同行业企业联营。一般为松散型联营，不接受外企的领导而独立核算，只为外企提供产品，由外企加工组装和包装进入市场。其中：1991年龙里县酒厂为安酒集团提供基酒；县水泥厂与贵阳市建材机械厂、贵州省建材供销公司实行补偿贸易；县轻工服装厂与解放军总后勤部3537厂开展横向经济联合，协作生产；县农机厂（后更名为贵州曲轴厂）对外加工轴承等。

（二）兼并重组 龙里县酱菜厂1996年兼并县食品公司，1999年兼并县商业酒厂。1998年，对无资金进行生产的县酒厂全部拍卖，对麻芝煤厂实行部分拍卖。2000年，县屠宰场兼并食品饮料厂。2004年，由县国有资本营运公司开始采取收购转让的方式，对经营不善停产、倒闭的国有企业资产进行盘活。

（三）国有民营 1991—1998年，采取租赁经营、抵押承包经营的方式实施。1999年以后，逐步采取整体转让、股份经营、破产拍卖等方式实施。

龙里县国有企业改革改制情况一览表

表9-9

企业名称	职工人数	改制形式	安置职工（人）	退休（人）	买断工龄（人）	职工安置方式
龙里县酒厂	44	整体转让	44	21	44	自主择业
龙里县水泥厂	84	整体转让	84	53	84	自主择业
龙里县麻芝煤厂	7	其他	7	16	7	自主择业
龙里县汽车修配厂	14	整体转让	14	2	14	自主择业

续表

企业名称	职工人数	改制形式	安置职工（人）	退休（人）	买断工龄（人）	职工安置方式
龙里县木材公司	7	其他	7	9	7	自主择业
龙里县包装彩印厂	59	其他	59	21	59	自主择业
贵州省曲轴厂	154	整体转让	154	29	154	自主择业
龙里县酱菜厂	21	整体转让	21	24	21	自主择业
龙里县自来水公司	47	股份公司	47	8	—	—
龙里县粮油加工厂	25	整体转让	25	15	25	自主择业
龙里县饲料公司	16	整体转让	16	3	16	自主择业
龙里县百货公司	22	整体转让	22	27	22	自主择业
龙里县五交化公司	11	整体转让	11	10	11	自主择业
龙里县饮食服务公司	28	整体转让	28	40	28	自主择业
龙里县糖酒公司	8	整体转让	8	6	8	自主择业
龙里县蔬菜公司	5	整体转让	5	9	5	自主择业
龙里县食品公司	7	整体转让	7	22	7	自主择业
龙里县医药公司	4	整体转让	4	5	4	自主择业
龙里县中医药公司	11	整体转让	11	7	11	自主择业
龙里县外贸公司	11	整体转让	11	7	11	自主择业
龙里县农机公司	18	整体转让	18	6	18	自主择业
龙里县乡镇企业供销公司	12	整体转让	12	5	12	自主择业
龙里县燃料公司	9	整体转让	9	0	9	自主择业
龙里县电影公司	11	整体转让	11	6	11	自主择业
龙里县物资公司	16	股份公司	16	6	—	—
龙里县沉钙厂	59	整体转让	59	4	59	自主择业

第十篇 农业 农村 农民

第一章 种植业

第一节 粮食作物

一、水稻

水稻是龙里县的主要粮食作物，播种面积、亩产、总产均居粮食作物之首。1991—2008年，传统常规稻品种（冷水粘、粳稻、糯米等）年均播种面积2800～3000亩，亩产量250～350公斤，主要分布在高寒山区（民主乡中排片区、哪嗙乡坞坭和顶溪片区、水场乡比孟片区、麻芝乡大新片区等）。改革开放之初，全县杂交水稻（杂稻）推广面积不到2万亩，平均亩产399.4公斤。2004—2008年，杂稻推广面积上升到9.6万至9.8万亩，平均亩产468.5公斤。

（一）杂交水稻种植 20世纪80年代初，龙里县种植杂交水稻只有2～3个组合（品种），如V优6、汕优2号、汕优4号，只在海拔较低的坝子地区种植。20世纪80～90年代，国家加大对杂稻制种的投入，扩大水稻杂交制种基地，培育出更多组合（品种），适宜龙里不同海拔区域种植。到2008年，杂稻种植已完全覆盖全县高、中、低海拔地区，种植水平越来越高，组合（品种）达30多个。农民根据农技推广部门的建议和自已的实践经验选购种子，一些优质、高产、米饭口感好的品种深受广大人民群众喜爱，如：香优63、新香优63、宜香303、裕香1号、中优7号、中优117、湘优109、中优169等品种。

（二）育秧技术 20世纪70年代末至80年代初，水稻育秧几乎都是撒播秧，有的在春分季节撒哑谷秧（不浸种、不催芽），这样原始的育秧方式既浪费种子也容易导致烂种、烂秧。1991年后，育秧方式由撒播秧转变为湿润育秧、地膜覆盖育秧等，农民通过接受多层次的培训、指导，获得新知识、新技术，不断转变观念。1992年以后，采用温室两段育秧的农户不断增多，既节约用种，又减少烂种、烂秧现象。2000年以后，水稻育秧技术除湿润育秧、地膜覆盖育秧、温室两段育秧外，还有旱育秧。旱育稀植、旱育保姆、无纺布覆盖等育秧新技术的应用，解除缺水地区育秧的后顾之忧。

（三）大田栽培管理 水稻大田栽培管理对水稻产量起着很大作用，品种连作、地力减退、杂草丛生、病虫蔓延、肥水流失等都是直接导致减产的因素。1991年后，大田亩施基肥（圈肥）500～600公斤，栽插行、穴距均约30厘米左右，大田基本苗穴数不足1万穴，田间管理期间不看苗追肥或根本不追肥，虽由过去的本地老品种转变为杂稻品种，但产量偏低。

2000年后，农业技术推广工作逐渐加强，农技干部队伍扩大，业务水平提高。国家出台惠农政策，加大对农业的投入，诸多，农民接受新知识、新技术，做到科学管理水稻种植的全过程。全县田间移栽要求采用拉绳规范栽插，有等行距栽培和宽窄行栽培，有的采用机械插秧。在施肥管理方面，实行平衡配方和测土配方，满足水稻生长期各阶段所需的养分元素，增加结实率，提高粒重，穗大粒多，获得高产。

县农业部门重视对水稻病虫害的综合防治，以管理预防为主，药剂防治为辅。严格进行种子检疫，加强种子管理，严禁假冒伪劣种子进入市场。播前对种子及土壤消毒杀菌，在水稻生长、分蘖、抽穗、扬花、结实期间加强预测预报工作，及时掌握病虫害的发生情况和发展趋势，及时组织施药防控，尽量减少病虫危害，保证基本产量。到2008年，全县杂稻种植进入高产稳产阶段。

龙里县杂交水稻推广情况统计表

表10-1

年 份	推广面积（万亩）	主推品种	平均亩产（公斤）
1988—1992	4.2～5.5	汕优63、D优64、冈优22	413.2
1993—1997	6.8～7.6	汕优63、C优63、D优64	426.6
1998—2003	8.1～9.5	K优5号、D优10号、金优77	434.7
2004—2008	9.6～9.8	金优117、中优7号、中优117	468.5

二、玉米

玉米（即包谷）为全县第二大粮食作物，历年播种面积仅次于水稻。随着经济发展，玉米成为粮、饲、菜兼用的作物。1991—2008年，常规玉米品种（本地黄包谷、白包谷）种植面积保持3000～3500亩，亩产量160～250公斤，全县14个乡镇均有种植。随着科技含量不断提高，玉米品种由原来的本地自留种转变为杂交品种。到2008年，全县杂交玉米种植面积近8万亩，耕作模式改变，产量不断提高。

（一）品种更新 传统玉米种子大多是本地自留种或串换当地老品种，如大山、大白、马牙、毕节青秆等，缺点是产量低、易感病，植株较高、易倒伏，不适密植。随着杂交玉米种子引进，品种逐年更新和增多。20世纪80年代主要栽种品种有旅丰1号、京杂6号、73单交、交三单交等，但只是在靠近乡镇政府所在地的村、组农户栽种，较边远高寒的山区接受种植的农户较少。1991年后，由于产量高等原因，杂交玉米和杂交水稻一样受到农民群众欢迎，全县不论高、中、低海拔地区使用新品种的积极性越来越高。至2008年，杂交玉米晚、中、早熟组合品种由原来的几个发展为几十个。

（二）播种方式 20世纪80～90年代，杂交玉米虽然已经推广，但普及不够，多数农民还是采取传统的栽种方式。1996年以后，加强农业适用技术推广普及工作，农民群众的耕作水平不断提高。2000年后，农技人员下乡进村创办助民增收示范点，以点带面，逐渐改变农民的传统耕作模式，玉米直播改为营养袋（块、球）育苗定向移栽。

（三）栽培技术 玉米栽培技术的改进，主要是推广采用宽窄行和分带轮作种植及宽厢宽带拉绳种植、单株错窝定向移栽及地膜覆盖种植，做到合理密植，充分利用温、光和土地，调节处理植株群体、个体矛盾。宽窄行单株错宽定向种植，行行都有“边际效应”。带状种植，即种几行玉米，再间套几行其他作物，成带状布局。2000年后，首选模式为宽厢宽带种植，宽带1.8米、窄带0.8米，宽带里面可种土豆3行或黄豆、蔬菜及绿肥作物，窄带种两行玉米。这样既可缓解养地、用地的矛盾，又可增加种地的收入，形成多熟制。

（四）田间管理 首先是肥水管理，其次是病虫害防治。1991年后，坚持以农推、土肥、植保部门密切配合，齐抓共管。2000年后，注重植株生长、扬花、孕实等各阶段病虫害的综合防治工作，对发病区及发病率高、虫口密度大的乡镇作好定期、定点预测调查，如发现病源、虫源及时组织防治，保证基本产量。

龙里县杂交玉米推广情况统计表

表10-2

年 份	推广面积（万亩）	主推品种	平均亩产（公斤）
1988—1992	2.37～2.85	京杂6号、73单交	392.6
1993—1997	2.95～3.14	京杂6号、交三单交、73单交	407.5
1998—2003	3.47～4.16	黔兴4号、兴真单89-2、贵毕303	431.3
2004—2008	4.36～5.5	黔兴4号、临奥1号、奥玉17号	457.4

三、小麦

小麦是龙里仅次于水稻、玉米的主要粮食作物，以前种植面积虽大，但产量不高。1991年以后，农业农村工作者积极引导农户把冬闲几个月的田土充分利用起来，指导农民采取麦套烟、麦套玉米、麦套蔬菜的多熟制间作种植方式，扩大小麦种植面积。到2008年，全县小麦种植面积保持5.5万亩。

（一）品种选择 1991年以前，小麦品种单一，栽培、管理水平偏低，造成产量低。其中的阿波、蜀光2号等因种植多年易感病、早衰。1991年以后，不断引进更新品种，加大栽培管理力度，小麦产量不断提高。优良品种主要有黔麦早2号、贵麦2号、绵阳26号等，抗锈病、白粉病，抗倒伏，面筋好，产量100～150公斤／亩，高产栽培产量可达200公斤／亩以上。

（二）播种方式 传统播种多采用点播方式，因窝、行距掌握不好，植穴布局不合理，光合效率低。条播、点播和撒播中，最科学的方式是条播。条播落籽均匀，出苗整齐，行间通风透光好，适合间、套种，但要求整地精细，播种后盖土一致，才能保证麦苗全、齐、匀、壮。20世纪90年代虽有部分农民采用条播方式，但缺少精细整地、旱地分带轮作（多熟制）和宽厢窄幅栽培技术，产量还是不理想。2000年后有所改进。撒播方式在土质黏重、整地困难、抢抓农时的情况下采用。

（三）栽培技术 1991—2000年，采用小麦轮、间、套作，有效提高复种指数，改一年一熟、二熟为多熟，实现高产增收。分带轮作，有利于充分利用边际效应，改善通风条件。采用宽厢宽带，更利于提高复种指数，既能养地用地，又能多熟多收。2000年之后，又采用平衡施肥技术，提倡亩施腐熟农家肥1000～1500公斤、复合肥25～35公斤、尿素5～10公斤。

龙里县小麦推广情况统计表

表10-3

年 份	推广面积（万亩）	主推品种	平均亩产（公斤）
1988—1992	2.8～2.94	绵阳11号、绵阳14号	149.6
1993—1997	2.95～3	黔麦10号、绵阳16号	153.4
1998—2003	3.1～3.4	黔麦14号、绵阳26号	155.1
2004—2008	3.5～4.2	黔麦14号、绵阳26号	157.3

四、马铃薯

马铃薯又称洋芋、土豆，为粮、菜、饲兼用的商品作物。1991—1998年，马铃薯种植大多是本地自留的老品种，常规品种有白头翁、马尔科、红文白等，由于常年连作等原因，个头小、产量低、品质差。1999年10月，县种子公司从毕节地区引进脱毒马铃薯繁殖示范项目，引进品种有威芋3号、费乌瑞它、中薯2号、中薯3号等，当年种植涉及10个乡镇，布点落实民主乡300亩、摆省乡300亩、哪嗙乡240亩、谷脚镇230亩、龙山镇160亩、水场乡100亩、湾寨乡80亩、三元镇60亩、羊场镇50亩、麻芝乡50亩、猫场镇40亩，示范面积共1600亩，平均亩产1000公斤以上，比本地老品种增产250公斤以上。其中，经抽样测产验收，平均亩产1216公斤，比本地品种（亩产809公斤）增产407公斤。

1999年后，全县大面积引进脱毒马铃薯繁殖项目，推广宽厢宽带、分带、聚垄间作、地膜覆盖、免耕秸秆覆盖等栽培技术，使农户获得较高效益。按马铃薯对肥料三要素的需求规律，亩施农家肥1000～1500公斤、三元复（混）肥30公斤、硫酸钾5～7公斤，整地深、松、平并开沟作厢。聚垄单作，厢内聚垄80厘米播2行，行距60厘米、穴距30厘米、垄距40厘米，播双株，亩播3000～3500穴、6000～7000株。玉米间作分带聚垄，分带170厘米，对半开（宽窄行栽培），预留85厘米来年栽双行玉米，窄行距60厘米；在播幅85厘米内种马铃薯2行，行距30～40厘米、穴距30厘米，亩2500穴（双株）、5000株。

通过引进脱毒马铃薯繁殖项目，改进栽培技术。合理安排基本播种时间，海拔1100米左右地区于12

月下旬至1月上旬播种，海拔1200米以上地区1—2月播种。田间管理上，2—3月出苗后进行第一次浅中耕松土，并追肥（粪水加少量尿素）。块茎形成期中耕培厚土，块茎膨大期实施“促下控上”技术管理。2007—2008年，摆省乡600亩脱毒马铃薯二级扩繁基地建设项目即采取以上管理措施，获得较好收成。

龙里县马铃薯推广情况统计表

表10-4

年 份	推广面积（万亩）	主推品种	平均亩产（公斤）
1988—1992	1.97～2.1	马尔科、米拉	846.7
1993—1997	2.14～2.25	米拉、红文白	916.4
1998—2003	2.28～2.35	威玉3号、费乌瑞它	980.3
2004—2008	2.4～2.8	费乌瑞它、威玉3号	986.5

1991—2008年龙里县粮食播种面积及产量统计表

表10-5

年 份	粮食播种面积（千公顷）	粮食产量（万吨）		
		合计	夏粮	秋粮
1991	16.2	5.63	0.8	4.83
1992	15.8	5.1	0.74	4.36
1993	15.5	5.81	0.77	5.04
1994	16.5	6.23	0.55	5.68
1995	17.2	6.4	0.81	5.59
1996	17.09	6.66	0.81	5.85
1997	17	6.9	0.85	6.05
1998	16.9	7.27	0.86	6.41
1999	16.52	6.88	0.89	5.99
2000	17.2	7.45	0.92	6.53
2001	16.6	7.52	0.84	6.68
2002	15.74	4.37	0.85	3.52
2003	15.97	7.5	0.89	6.61
2004	15.68	7.89	0.94	6.95
2005	15.81	8.18	0.99	7.19
2006	16.46	8.74	1.05	7.69
2007	14.78	9.02	1.06	7.96
2008	16.53	9.15	0.9	8.25

说明：2002年7—8月阴雨低温，造成水稻、玉米大面积减产

第二节 经济作物

一、油菜

龙里县种植的油料作物主要是油菜，生产历史悠久、经验丰富。育苗移栽等新技术配套应用，以及田间管理、病虫害综合防治等实用技术的推广普及，使油菜生产水平不断提高。

（一）品种发展 在改革开放前种植的油菜几乎都是老品种，其中有白菜型油菜，称甜油菜、黄油菜，对毒素病抗性弱，不抗寒、成熟早，产量较低而不稳定，含油率在30%以下；芥菜型油菜，通常称苦油菜，品种有竹椏油菜、马尾油菜等，植株高大、茎秆坚硬，分枝多而细，角果短小，抗病耐寒，产量低。

1978年后，引进推广甘蓝型油菜新品种，产量逐年上升。1991年后，大量推广甘蓝型油菜种植，同时大面积推广优质、高产、“双低”和“单低”的杂交油菜新品种。杂交油菜与传统油菜比较，有根系发达、长势旺盛、抗逆力强和分枝多、角果多、产量高等明显优势。2000—2008年，全县推广种植品种有油研5号、油研7号、油研9号、黔油10号、黔油12号、黔油14号、贵杂4号等。

（二）高产栽培 1991年后采取的高产移栽配套技术措施有育苗、拉绳规范、宽窄行单株、稻茬免耕、测土配方施肥等。油菜育苗移栽，有利于培育壮苗、分级管理、合理密植；可精选壮苗，大、小苗分开栽，保证平衡生长，为高产打下基础。2000年开始，引进稻茬免耕高产栽培技术作试验、示范推广，成为解决耕牛不足、劳动力少及秋插灾害性天气等问题的较好途径，有利于适时早播早栽。据各乡镇试验示范，在多雨情况下，免耕栽培比翻犁种植增产5%～15.5%。2008年，洗马镇新庄村和谷龙乡谷龙村“千亩油菜育苗规范移栽”，实验、示范效果好。

龙里县油菜推广情况统计表

表10-6

年　份	推广面积（万亩）	主推品种	平均亩产（公斤）
1988—1992	5～5.1	油研2号、黔油4号	86～92.1
1993—1997	5.1～5.2	油研7号、油研5号、黔油11	93.7～98.4
1998—2002	5.2～5.5	油研7号、油研5号、黔油11	101～104.5
2003—2008	5.5～6	黔油10号、黔油14号	108.3～126.4

二、烤烟

烤烟是龙里县主要经济作物，种植历史悠久、经验丰富，周期短、见效快、利润高，成为烟农脱贫致富和地方财政税收增加的有效途径之一。1949年前县境早有烤烟种植，1975年国家提倡大面积推广。20世纪70年代末至21世纪初，是龙里县烤烟种植的高峰期。1975—1991年，几乎村村、家家种烟，烤烟税收成为县财政收入的重要组成部分。1984年1月成立县烟草公司，开始良种引进和推广。1987年全县烤烟生产基本实现良种化。1991年决定发展烤烟生产，促进山区生产转型。1991—2008年，种植面积年均保持2万亩左右，新品种推广、育苗移栽技术革新、施追肥等田间管理和烘烤技术的全面提高，使烟叶亩产及总产稳步上升，确保烤烟成为农民的重要经济来源，有力支持财政税收的增长。

（一）品种推广 1991年，以K326、NC82两个品种为主，全县统一无偿供种，实现100%良种化。2001年引进云烟85系列品种，推广剪叶技术。2005年确定K326、云烟85为主栽品种。至2008年，K326、云烟85、毕纳1号为全县主栽品种。

（二）育苗移栽培植

1.育苗 主要采用营养袋假植育苗和浮盘漂浮育苗两项技术。20世纪80年代末，县烟草公司成立技术推广站，在营养块假植育苗的同时，进行营养袋假植育苗试验，取得较好成果，深受烟农欢迎。1990年全县营养袋（块）假植移栽覆盖率70%，其中优质烟基地达100%；1992年全县营养袋假植共计4800万个，移栽面积38130亩，占种植面积的91.7%。1996年，根据上级指示，县供销社参加烤烟种植，组织20余人宣传、动员，育苗90亩，签订合同2670份，投入资金10.53万元，其中：农膜5.3吨、种子2000包、营养袋60万个。1997年，县政府根据国家财政、农业、烟草、供销等部门联合文件精神，指示县供销社不得有经营烤烟的一切活动，所育烟苗、所签合同移交给县烟草公司。

浮盘漂浮育苗技术，1999年试验获得成功，2000年推广，2006年实现全县采用率100%。其技术要点是采用质地很轻的泡沫塑料制成育苗盘，填充基质后，将种子播在基质上，将育苗盘移入育苗池中漂浮在营养液表面完成整个育苗过程；基本原理是用基质代替土壤固定烟苗根系，并由营养液提供烟苗生长所需养分和水分。2008年2月，在烤烟国家标准、行业标准和《黔南州烤烟生产综合标准体系》的基础上，县烟草公司制定出台烤烟质量控制相关文件及措施，烟叶标准化生产示范面积达70%。

2.移栽　20世纪80年代中期推广营养袋（块）假植以前，烟苗基本上带土移栽，任其自然生长。直至90年代初，推广整地砍厢（又叫打毛坯、拉厢）移栽，采用牛犁或人工砍厢。人站在砍厢的中央，一边后退一边向左右反复捞土到厢面并适时拍平碎土，厢面一般宽1米左右。在厢面打窝移栽，好处是“坐跟稳，土蚕少”。移栽结束后，尽管采取过各种措施，但如遇到高温、大暴雨、病虫害等，缺苗、断行难以避免，要及时补苗施肥，力求生长一致。烟苗返青后施追肥，同时松窝、除草，约30天后培土，打去枯黄脚叶，除草上厢，这样可使烟株多发根系，多吸收营养，抗风防伏。

2006年开始实施单厢起垄、等距移栽。起垄时间为3月中下旬至4月上旬。稻田烟行距100～110厘米、旱地烟100厘米单厢起垄。稻田烟株距60～70厘米，旱地烟株距55～67厘米，亩栽1000～1100株，横、列、斜成行，通风透光。县烟草公司统一组织专用肥供应，并实行差价扶持补贴，部分营养肥、微肥无偿供应。

2006年开始推广地膜栽培、地膜烟。县境北部烟区缺水干旱，南部烟区气温偏低，倒春寒常发，影响烤烟移栽后正常生长发育，利用地膜覆盖有保温、保湿、保肥的好处。2006年开始实施麦套烟种植。为解决种粮与种烟“争地”问题，烟草公司组织麦种无偿供应。麦套烟能够改变烟田小气候，提高移栽成活率，减少病虫害发生，提高产量质量。

3.培植　主要是推广打顶抹芽技术。烤烟移栽后60天左右，即开始现蕾，花蕾出现后营养物质大量流向顶部，供开花结果之用，使叶片养分减少，导致叶片既小且薄，降低烟叶品质。1990年，县烟草公司在龙山区贵汽农场基地，使用“除芽通”对烤烟进行抑芽基本成功，但仅处于示范阶段。1992年起大面积推广，但在推行打顶抹芽过程中，出现“打顶容易抹芽难”的倾向（烟农片面认为芽的危害比花小，抹芽比打顶费工），只有优质烟基地做得到。2001年，打顶抹芽技术得到全面推广，烟农均能根据植株长势，达到一定高度和叶数（一般10～20叶）时，掐去顶芽，及时清理枝芽，使烟叶大小匀称、肉质厚重，既保证产量又提升质量。

（三）烟叶烘烤　1992年有烤房6788个，其中：龙山片区750个、谷脚片区726个、洗马片区5312个。在结构上各片区有所不同，龙山片区以土墙房为主；谷脚片区土墙房约占50%，石墙房和砖墙房各占25%；洗马片区以砖木、石木结构房为主，约占80%。容量分大、中、小3种类型。大多数为中型（占82%），内空8×8尺，2×4层竿，3路火管，每炕可烤出干烟75公斤左右。最大的（占10%）内空12×15尺，3×5层竿，5路火管，每炕可烤出干烟170公斤左右。最小的内空6×7尺，2×3层竿，2路火管，每炕可烤出干烟约40公斤。

为鼓励新烟区发展，1992年县烟草公司对每新建1个烤房无偿给予1副火管和炉桥。1996年开始推广“EB-1”下降式烤房，普通烤房改为密集烤房，自然烘烤改为智能烘烤，卧式炉灶改为立式火炉。2004年，大规模地改卧式炉灶为立式火炉，增设热风洞，增加温湿度控制仪、排湿风机、控燃设备。2007年，大规模修建大型密集烤房群，县烟草公司成立基础设施建设办公室，专抓烟房、烟路、烟水等基础设施建设。至2008年全县已建大型密集烤房群10处，共350间新式节能密集烤房，年烘烤能力达5000亩。

（四）烟叶产量　1991年，龙里县烤烟种植完成36503亩，超计划1503亩，收购烟叶4.6万担。1995年，全县完成烤烟种植2.3万亩，收购烟叶3.8万担，完成利税318万元。随着经济社会不断发展，大量农村劳动力外出打工，农民通过产业结构调整和农业科技进步，选择产业越来越多。1995年前后，大量农民开始从技术要求较高的烤烟生产上转移出去，全县烤烟生产局面出现新变化。民主乡1996年仅种植烤烟100亩，麻芝乡1997—1998年共种植500亩，三元等部分乡镇到2003年后没有农户再种植。全县主要产烟区集中在洗马等少数几个乡镇。

2000年，全县烤烟种植2.02万亩，收购烟叶2.79万担，只完成计划的75%，上缴农特税234万元，实现毛利617万元。2004年仅完成烤烟移栽1.62万亩，与农户签订种植合同2565份，种植农户2573户。为不断更新技术、提高质量，对烟农进行技术培训151次6232人。全年收购烤烟2.8万担，担均价459.82元，总收购金额1301.9万元。2005年，全县完成烤烟移栽1.53万亩，种植农户2666户，收购烤烟3.67万担，担均价441元。

2006年4月28日，国家开始实施烟叶税暂行条例，规定征税烟叶为晾晒烟叶、烤烟叶，税率为20%。到2008年，全县共签订烟叶种植收购合同1856份，收购烟叶3.1万担；烤烟种植面积1.5万亩，比上年增加2332亩；种烟农户1856户比上年增加251户，户均种烟8.09亩比上年增加0.19亩；全县优质烤烟种植仅1000余亩，几乎全部分布在洗马镇各村。

（五）洗马镇烤烟基地 洗马镇盛产烤烟，一直是龙里县烤烟龙头乡镇。1996年以后，该镇烤烟产量长期位于全县各乡镇之首。作为主要经济作物，种植面积居高稳定，收入成为农民的主要经济来源，同时也是镇政府财政收入的支柱。1992年，洗马镇收获烤烟125万公斤；1993年保持125万公斤，产值达350万元；1994年，全镇麦套烟分带轮作1.1万亩，其中高产样板1500亩；1995年，全镇烤烟种植1万亩，产量125万公斤，总收入758.88万元，镇政府与3202户烟农签订种植合同面积9551亩；1998年，全镇烤烟种植6800亩，收干烟70万公斤，完成烤烟税收100万元；1999年，全镇完成烤烟种植7000亩，营养袋推广面积达95%，麦套地膜烟示范带200亩，共收烤烟1.4万担；2000年，种植烤烟8500亩，收购69.25万公斤，群众收入近400多万元，完成烤烟税92.5万元。

2002年，洗马镇建成全州最大的小水窖连片烤烟种植基地，县政府在洗马镇召开全县优质烟起垄待栽现场会，全镇种植任务7200亩，采取定点、定人、定产量、定奖惩的方案，于4月完成7225.4亩。镇政府与2088户烟农签订产销合同，收购烤烟1.4万担，产值580万元，完成烤烟特产税116万元。

2003年，全镇烤烟种植7000亩，其中田烟示范530亩。由于6月底连续高温，造成烟叶大面积气候斑，受灾3412亩，重灾绝收1119亩，烟农直接经济损失100多万元。当年，拐哈村实行稻田烟示范种植，花京村实行麦套烟示范种植。2004年，镇政府成立8人烤烟专业队，专门负责协调、管理、研究、解决全镇烤烟生产中的各种问题。

2005年，全镇种植烤烟7015亩，烟农直接收入660万元。该年在花京村石头田烟水配套工程示范点建成机耕道2048米、小水窖31口、智能化烤棚8间，并承办全州烤烟移栽现场会。2006年，全镇种植烤烟4511亩，在遭受灾害的情况下，收购烟叶470万元，超过县降低要求的标准，完成率94.07%，实现财政税收103万元，获县政府奖励24.89万元。

2007年，签订烤烟种植合同661户，种植4627亩，按产前每亩60元扶持烟农，另增加5.4万元用于强化烟用农药扶持。当年收购烟叶1.03万担，担均价553元，销售收入570万元，完成烟叶税125万元。开展“3·15红盾护农”活动，对烤烟用煤实行定点、限价、定量供应。在羊昌村建成“千亩麦套烟种植示范点”，又在羊昌村、新庄村实施烟水配套工程，新建高位调节池3个，总容量800立方米。2007年4月13日，全州烟叶工作现场会在台上村、羊昌村召开，洗马镇烤烟工作得到专家好评。

2008年，全镇种植烤烟5800亩，收购干烟叶73.65万公斤，担均价640元，种植收入987万元，较上年增收87万元。5月，洗马片区烟水配套二期工程完工，总投资1288.14万元，可灌溉洗马镇烟地1万亩，覆盖台上、花京、拐哈、牛场等12个行政村121个村民组。该年在台上村创办现代烟草农业示范点，建成投入使用商品化育苗大棚600多平方米。同时在台上、花京、羊昌3个村修建集中烤房44间，其中在台上村修建的10间可烘烤250亩烟地的烟叶，每亩节约用煤0.5吨，每亩降低成本200元。

三、蔬 菜

（一）蔬菜产业管理及规划 1989年5月成立龙里县果蔬站，作为组织领导、统筹协调全县蔬菜等种植及销售经营的专门机构。同时成立县蔬菜产业发展领导小组，明确将蔬菜产业作为农业结构调整的重要内容之一，制定发展的远景及近期目标规划。1997年，成立县蔬菜产业领导小组办公室后，制定主要发展反季节秋淡蔬菜的规划。2001年，在省农科院副院长、蔬菜专家李桂莲的支持下，在民主乡发展107亩无公害延晚秋淡白菜，取得很好的经济效益。

2006年3月成立县蔬果办公室，同时撤销县果蔬站及县蔬菜产业领导小组办公室。从2006年起，县财政每年预算20万元作为蔬菜产业发展资金，凡连片种植蔬菜100亩以上的地区，农户每亩可享受10元的种子补贴；每成立一个蔬菜协会或合作社，可享受1000元的扶持补贴。

2006年后，县蔬果管理机构引导菜农抓住外地市场需求空当，科学调整品种结构及播种时间，及时填补上市。根据沿海及两广地区夏、秋季节气候炎热，不适宜种植蔬菜，造成蔬菜销售空当，而龙里夏、秋季节气候凉爽，适宜蔬菜种植的优势，作出全县大力发展夏、秋反季节蔬菜的规划部署。明确发展番茄、辣椒、黄瓜、棒豆、甘蓝等20多个外销蔬菜种类，形成番茄—黄瓜（棒豆）—白菜（甘蓝）、黄瓜（番茄、棒豆）—白菜—白菜、稻—蒜—稻、辣椒—豌豆尖（白菜）—豌豆尖等各具特色的一年2～3熟甚至4熟的蔬菜种植模式，取得更高的经济效益。

2006年后，每年培训蔬果技干50多人次、农民2万人次左右，并组织部分农民到省内外考察学习、拓宽视野。在抓好大路菜种植的同时，引进试验示范推广名特优品种，增强市场竞争活力。共陆续引进蔬菜新品种200余个、新技术30多项，成功筛选出蔬菜品种100余个、新技术10多项加以推广，使地方蔬菜种类丰富多样。

2008年，提出全县蔬菜产业“一体两翼”规划布局。“一体”指龙山、谷脚、麻芝、三元、醒狮、草原等乡镇，主要发展以白菜、豌豆尖、生菜、葱、芥蓝等为主的精细蔬菜。“两翼”分南翼和北翼：“南翼”指南部片区的羊场、湾寨、摆省等乡镇，主要采用稻—蒜—稻等种植模式，一方面确保粮食生产安全，一方面增加蔬菜种植收入；“北翼”指北部片区的洗马、哪嗙、巴江、谷龙等乡镇，主要发展生姜、辣椒、大葱等加工型蔬菜。按此规划引导蔬菜生产，不断壮大蔬菜产业，促进形成蔬菜产业带。

2008年与1991年比较，全县蔬菜种植面积从2万亩发展到5.5万亩，产量从3.5万吨增长到13.28万吨，商品蔬菜产值从850万元增至7500万元。

（二）蔬菜基地 1987年，龙里县的蔬菜基地逐渐加快发展。贵州省农科院专家李桂莲到谷脚镇大坡村推广蔬菜种植技术，主要种植香葱，基地面积300亩，主要供应贵阳市场。1991年，龙山镇光明村2—5组的蔬菜生产基地面积约5000亩，主要供应龙里市场。县城周边其他乡镇零星生产的蔬菜也只是补充供应县城。

1997年，根据省委、省政府关于大力发展绿色产业的政策精神，成立县蔬菜生产领导小组，下设办公室在县科协，大力发展蔬菜产业。是年，邻近贵阳的猫场镇醒狮、谷脚镇开始发展商品蔬菜种植，生产基地主要有两个：一是猫场镇的茄果类蔬菜基地，包括大坝、醒狮、小箐、羊场司等村，主要种植番茄、辣椒、棒豆，面积800亩左右；二是谷脚镇的辛、香、细蔬菜基地，包括大坡村、谷脚村等，主要种植细香葱、芫荽、豌豆尖等，面积1000亩左右。2000年，逐渐形成谷龙大蒜基地、巴江生姜基地，面积各300亩。2005年，增加哪嗙、草原等高海拔冷凉型反季节蔬菜基地，面积500亩。

在县蔬菜产业规划的引导下，至2008年全县已形成以醒狮镇、哪嗙乡为主的茄果类基地，主要种植番茄、黄瓜、棒豆、辣椒等，面积1.5万亩；以谷脚镇为主的辛香细类基地，主要种植细香葱、芫荽、豌豆尖等，常年种植5000亩；以龙山、三元、麻芝、水场、草原等乡镇为主的叶菜类基地，品种多而杂，主要种植白菜、胡萝卜、生菜、棒豆等，主要供应龙里市场，属城郊型蔬菜基地，面积2万亩；以巴江、洗马、谷龙、摆省、湾寨、羊场等边远乡镇为主的加工型基地，主要种植生姜、大葱、辣椒等，面积1万亩。

第三节 其他种植

一、水 果

水果种植历史悠久，品种多样、分布广泛，但面积小、产量低。1991年前，水果品种引进少、科技推广力度弱、技术管理落后，产业发展结构单一、规模小、亮点少。1991年后，因地制宜调整产业品种结构，不断引进新品种，水果产业由小到大、由普变特，实现产量增长、品质提高、果农增收。主要品种有梨子、苹果、酥李、杨梅、猕猴桃、西瓜、桃子等，全县14个乡镇均有分布。

1991—1997年为水果基地建设发展的起步阶段。此前，全县水果基本以传统方式零星种植、个体经营。1998年后，龙里县的水果基地主要有4个：1998年利用国家退耕还林政策支持建立的刺梨基地，面积约8000亩，主要分布于谷脚镇的茶香、王关，猫场镇的鸡场，哪嗙乡的长芽等村；金秋梨基地，面积约3000亩，主要分布于巴江乡的巴江、大路坪、新寨、烂田湾，猫场镇的顶水、元宝、旧寨，洗马镇的白果、牛场，龙山镇的余下、龙坪、冠山、播箕，谷龙乡的大谷龙、乐榨，谷脚镇的谷脚、大坡，麻芝乡的新民、五里，羊场镇的新营，湾寨乡的盘脚等村；酥李基地，面积1000亩左右，主要分布于三元镇的高坪、永安、新安等村；2008年3月开始引进“红富士”苹果在醒狮镇鸡场村旧司村民组推广种植，面积300亩。

到2008年，全县水果总面积1.42万亩，其中梨子4845亩、酥李3550亩、苹果200亩、杨梅815亩、西瓜800亩、橘子240亩、猕猴桃400亩。水场乡“垦源牌”西瓜、三元镇“农三元”酥李、巴江乡“优质梨”、谷脚镇茶香村“水果刺梨”等，都已成为特色水果产业。

（一）李子 本地盛产李子，其中三元、麻芝、龙山、谷脚等乡镇为主产区。2006年以前，全县酥李种植均较零散，三元镇相对集中栽种也仅1000余亩。2008年，酥李种植面积已达3650亩，主要分布在三元镇高坪村、三合村、永安村近2800亩，醒狮镇650亩、麻芝乡100亩、谷脚镇100亩。由于气候、土壤、种植习惯等因素，三元镇栽种酥李历史悠久、品质优良。2008年3月，该镇高坪村酥李因果大、味甜、色黄、质脆取得国家工商行政部门注册的“农三元”商标，同年获得无公害农产品认证。到2008年底，全镇陆续发展李子种植达2800亩，种植户683户，总产量达1233吨，产值达246.6万元，人均收入有352元来自酥李。

（二）梨子 全县梨子总面积4845亩，主要分布在巴江乡1200亩、谷龙乡1200亩、省龙里林场900亩、麻芝乡600亩、猫场镇500亩、三元镇420亩、湾寨乡300亩、龙山镇100亩。

1999年秋冬，巴江乡农户开发利用荒山种植梨子350亩。2000—2001年，在县林业局的支持下，又将陡坡地退耕还林种植梨子850亩，品种主要有黄花、香兰、爱宕3种，主要分布在该乡烂田湾、大路坪和巴江3个村。巴江梨2003—2004年进入挂果期，挂果面积500亩，产量5万公斤，单价2元/公斤，产生经济效益10万元；2005—2007年进入盛产期，结果面积1000亩，产生效益800亩，产量100万公斤，单价1.5元/公斤，产生效益150万元。2008年，巴江乡梨子产量达到120万公斤，产生效益180万元。巴江梨有“皮薄、光滑、汁甜、渣少、水分多”的特点，赢得消费者的喜爱。

2000年，谷龙乡乐榨村高传荣在国家世界银行贷款造林项目的扶持下，在乐榨村白马洞承包荒山300亩开始营造经果林，主要从事优质水果与新品种果树的选育推广。2004年，高传荣到山东蓬莱、安徽绿雨考察引进“喜水、圆黄、绿雪、晚秋”等梨品种试验种植，获得成功后，带动周边500余户发展种植梨子等水果。2007年，谷龙乡果农组织成立谷龙乡新星果业专业合作社。

谷龙晚秋黄梨，因其个头大（大的超过2公斤）、多汁，一人一次难以吃完一个，可供一家人或几人共享，在2007年11月8—11日第三届贵州名特优农产品展销会上，省委书记石宗源、省政府省长林树森、省政协主席黄瑶、原贵州省长王朝文等建议改名为“团圆梨”。此梨参展后，被《贵州都市报》誉为

"贵州梨王"，吸引更多客商订购果实和苗木。为规范经营，2008年10月对已成功选育的优质果品申请国家工商总局注册"黔龙牌"商标，成为当地农户增收致富的重要产业品牌。

（三）苹果 2008年3月，县农业局从长顺县的红樱桃果业公司引进"红富士"品种，在醒狮镇鸡场村旧司村民组推广种植300亩。

（四）杨梅 1998年开始发展小规模的杨梅种植园。2008年，全县杨梅种植总面积815亩，其中醒狮镇400亩、谷龙乡300亩、谷脚镇100亩。

二、茶 叶

《（明）贵州图经新志》记龙里卫物产："土产：茶、茱萸（卫境俱出）"。《（清）续黔书》卷六载："黔之龙里东苗坡，及贵定翁栗冲、五柯树、摆耳诸处产茶……色味颇佳，近俱不产。大吏岁以为问，有司咸买他茶代馈之。"清道光二十三年（1843年）刻立于谷脚云台山的《重修云台山碑记》有"顶传普贤茗贡天家"字样。《（清）黔南识略·龙里县》："树宜松柏杉枫茶蜡之属"。《（民国）龙里概况》，载龙里茶叶产额有"500担"。

县境山地茶叶资源丰富，有羊场茶、民主羊蓬茶、谷脚云台山茶、水场鸡场茶、三元鸟田茶、洗马台上茶、湾寨半坡茶、摆省打夯茶等。茶业历史悠久，但规模不大，多为传统农户自产自销和小作坊加工销售。地方茶产业有较大开发潜力，正在部署规划、扶持发展。

2005年以后，实施农业产业结构调整及农业综合开发规划，全县规划建设4万亩茶园，推进形成"一心三区四点"的茶叶产业基地。拟在羊场、湾寨、摆省等南部乡镇建设"万亩茶园"核心基地；拟在草原羊蓬、谷脚云台山、水场鸡场建设3个千亩以上的无公害茶园产业区；拟以三元鸟田茶、洗马台上茶、湾寨半坡茶、摆省打夯茶等民间品牌为重点，建设4个500亩以上的无公害生态茶园示范点。

2007年，上规模茶场7个，以云雾茶、福鼎茶、小叶苦丁茶为龙头产品，高产的亩产90公斤（比散植茶园增产30公斤），茶农人均收入1500元。2008年，全县茶叶种植面积1860亩，分散在羊场、湾寨、摆省、三元、谷脚、洗马等乡镇，年产茶青5万余公斤。

三、药 材

龙里县野生中药材资源十分丰富，品种有1168种，植物药有1138种（隶属202科、694属），动物药26种，矿物药4种，全国重点品种208种。全县适宜种植中药材的林、荒地面积近3.5万亩，自然环境适宜中药材生长和栽培驯化。中药材产品流向省内外市场，主要品种由贵州同济堂药业等几个医药企业订单种植收购。

2002年引进种植太子参，2003年由县科技局与贵州威门药业合作引进种植头花蓼，到2005年全县发展种植太子参400多亩、头花蓼1200多亩、淫羊藿200亩、刺梨5000亩。2008年，县农业局在巴江乡、洗马镇种植生姜1000亩，同时带动全县发展种植续断、淫羊藿、黄姜、雪莲果等已达8000多亩，全县中药材产业初具雏形。2008年中药材人工种植面积1.04万亩，有基地面积2009.5亩，分布全县14个乡镇，品种有猴头叶、独脚莲、生姜、续断、和尚头、垫家花、刺梨、淫羊藿、头花蓼、单参、太子参、雪莲果等数十种。

（一）续断 2006年，贵州同济堂中药材种植有限公司开始在龙山镇猫猫头建续断基地40亩，同年在哪嗙乡田坝村建基地50亩，后又陆续在水场乡高沟村、场坝村和湾寨乡长萌村、羊场镇岱林村、草原乡上麻若建有种植基地。2007年底，该公司与2109户农户签订续断产品回收合同，合同保护价8元/公斤，2008年收购价10元/公斤。据实地测产验收，2007年续断亩收干品200公斤以上（续断采收期为1～2年）。按收购价8元/公斤计算，农户种植续断年亩均收入达1600元以上，比种植其他农作物亩均增收500～600元。2008年，全县推广种植续断810亩，分布在龙山镇40亩、羊场镇20亩、哪嗙乡300亩、湾寨乡300亩、麻芝乡150亩。

（二）淫羊藿 主要在湾寨乡长萌村，种植农户55户，2004年开始由贵州同济堂药业建基地300亩，收购价4元/公斤。

（三）生姜 2008年3月，县农业局从云南省罗平县、贵州省兴义市引进小黄姜品种，种植近1000亩，其中巴江乡推广645亩、洗马镇推广350亩，与700户农户签订合同，最低收购价0.4元/公斤，亩产可达1500公斤。

（四）杜仲 2008年，全县杜仲种植面积114.5亩，主要在谷脚镇近100亩，其余各乡镇均有零星分布。

（五）雪莲果 2005年谷脚镇大坡村吴先芝由云南引种试验成功，2006年在县境推广示范108亩，2007年1月12日县农业局在谷脚镇大坡村临田验收鲜果亩产1709公斤、种子亩产592公斤。2008年全县雪莲果种植面积200亩，主要分布在谷脚、哪嗙、麻芝等乡镇。

（六）刺梨 改革开放后，驯化改良野生刺梨获得成功，人工培植刺梨果大、味甜，在谷脚镇茶香村种植50亩。1986年成立龙里县刺梨开发办公室，开始着手建立全省最大的“万亩刺梨生产基地”，全县鲜刺梨年产量达500吨以上。20世纪90年代，逐步利用退耕还林、植被恢复、石漠化综合治理等林业项目实施人工种植刺梨产业化经营，全县刺梨产业迅速进入规模壮大、品牌优化、质量稳定、效益提升阶段。

1993年龙里刺梨获评为贵州省名优水果。1995年后，抓住国家退耕还林的机会，在全县坡耕地集中的乡镇大力发展刺梨人工种植。1995年向州科委申报“龙里县1000亩优质刺梨基地建设项目”，获列入州级星火项目实施。1996年龙里刺梨获中国农业博览会银奖。

1997年，开始选用种植贵州农学院农学系培育成功的贵农1号、2号、3号、5号、7号5个种苗，在谷脚镇的大营盘、猫场镇的鸡场村建成优质基地108亩，其中母本园8亩。1998年，省农科院与县科技局联合开展品种选育试验，选择茶香村顾庆林家试种刺梨10亩。1999年开始，借助国家退耕还林政策机遇，在谷脚、哪嗙、醒狮、洗马、巴江等乡镇陆续种植刺梨7500亩，其中以谷脚镇的茶香村、毛堡村和哪嗙乡的长芽村等地品质尤佳。到2000年，全县有种植刺梨面积7500亩，主要分布在谷脚镇茶香村3500亩、高堡村150亩、毛堡村600亩、王关村1200亩、谷远村1500亩、哨堡村50亩和哪嗙乡355亩。

黔中谚云：“花溪的辣角，青岩的醋，谷脚的刺梨，窄口滩的地萝卜。”在贵州农学院樊卫国教授等专家的指导下，从本地刺梨资源中选育出贵龙2号、贵农5号、贵农7号等优良品种。通过近10年培植，部分刺梨已经进入盛果期，2007年仅谷脚镇茶香村刺梨果产量就达到70多万公斤。2008年7月，谷脚镇毛堡村杨鹏承包的150多亩刺梨园取得国家工商总局批准注册的“谷脚牌”刺梨商标使用权。2008年，县境人工种植刺梨超过1万亩。谷脚镇茶香村人工种植刺梨达7000亩，占县内种植刺梨的70%，成为贵州省集中连片最大的人工种植刺梨生产地。

四、花卉苗木

1991年以后，经济结构调整不断加快，城市绿化、庭院美化越来越受到重视，加上龙里地处省城“后花园”，因此花卉、绿化苗木、盆景等新型产业应运而生并迅猛发展。该产业效益高、潜力大、风险小，成为新的投资热点之一。

1985年前后，花卉、绿化苗木、盆景等产业兴起。谷脚镇大坡村陈开忠在房前屋后种植盆景，逐步走上龙里、贵阳市场。1985—1990年，花卉、绿化苗木、盆景产业规模较小、品种少、市场占有率不高。全县花卉基地面积仅300余亩，主要分布在谷脚镇、猫场镇和龙山镇，有盆景3万盆左右；草本花卉、有色苗木等年销售100余万株，主要种植品种有月季、桂花、玫瑰、仙人掌、荷花令箭、仙人柱、仙人球等，主要销往贵阳；种植户约50户，专业技术人员15人。1991年以后，花卉、盆景产业得到较快发展。到2008年，全县花卉、盆景、苗木经营专业队伍已超过100人，出现一批致富带头人。

1992年，谷脚镇大坡村申远志开始摸索种花，以后逐渐成为花卉种植大户，走上致富路。1994年开始小规模花卉生产，迅速发展为企业管理模式的庭院经济户。1995年在自己承包的4亩地种植本地菊、大理菊等花卉1万余株，红枫、红叶小蘖等有色苗木3000余株。由于他用心管理、大胆摸索，收入由1996年的5000多元增加到1998年的3万多元，1999年达5万多元，并带动周边10多户农户，每户年增加收入2万多元。随着城市绿化的发展和广大市民对花卉苗木需要的增长，2000年申远志在谷脚镇哨堡村凉水井承包荒山98.8亩作为花卉苗木生产基地，从云南、湖南等地引进各类种苗建成种苗基地5亩，修建300平方米温室大棚1个，形成50余亩绿化苗木基地和价值30余万元的盆景园，并牵头成立“谷脚镇圣锦绿化苗木经果林协会”。

1994年，猫场镇羊场司村曹继发开始在贵阳市森林公园等地租赁土地种植花卉苗木，在阳明路购买两个摊位销售，年纯收入约5万元。2002年他回村担任村委会主任，2007年任村党支部书记，带领群众50多户种植玫瑰、仙人掌、桂花等近百亩，实行育苗、管理、销售一条龙服务经营，年销售5万余株。2008年初，开始探索无土栽培种植新模式。

第四节　良种良法推广应用

1991年以后，推广应用的农业新技术有：水稻温室两段育秧、水稻宽窄行栽培、水稻半旱式栽培、水稻旱育稀植栽培，玉米地膜栽培、玉米营养袋（块、球）育苗定向移栽错窝栽培，油菜育苗移栽及免耕栽培，农作物病虫草鼠综合防治，新农药、新器械、频振杀虫灯的使用，旱地分带轮作及宽带栽培，地膜蔬菜及大棚蔬菜栽培，稻田多熟制栽培，“两杂”粮种、杂交油菜、优质小麦、脱毒马铃薯、优质果树、优质蔬菜等良种的引进试验示范，配方施肥、沼肥沼液综合利用等。

一、杂交优良品种推广

（一）杂交水稻推广　通过温室两段育秧、旱育稀植、半旱式栽培、等距离和宽窄行栽培等技术推广、革新，水稻产量得到较大幅度的提高。1991年开始，杂稻推广面积由4.7万亩发展到2008年的9.6万亩，平均亩产从416.7公斤提高到468.5公斤，总产从9792.5吨上升到4.5万吨。

1991—2008年，根据特殊海拔立体农业的气候特点，引进的杂稻有早熟、中熟、晚熟3类，主要品种有：V优6号、汕优2号、岗优22号、香优63、D优527、金优527、岗优12、宜香303、裕香1号、中优7号、中优117、湘优109、中优169等。

（二）杂交玉米推广　推广地膜栽培、营养袋（块、球）育苗定向等距离移栽、宽窄行定向错窝栽培等。1991年开始，杂交玉米推广面积从2.45万亩发展到2008年的5.5万亩，平均亩产从339.7公斤上升到457.4公斤，总产从1.85万吨上升到2.52万吨，主推新品种有贵毕302、贵毕303、黔兴4号、黔单16号、金单999、三北2号、三北6号、豫玉22等。

（三）杂交油菜推广　1978年开始推广，以后逐年扩大种植面积。1991年种植3.1万亩，2008年种植5.5万亩，主要采用育苗移栽技术，主推品种有黔油4号、油研7号、油研9号、黔油14号等，平均亩产从1978年的68.2公斤上升到2008年的126.4公斤，总产量从137吨上升到6952吨。

（四）优质小麦推广　主要采用条播和宽厢垄播等种植方式，主要品种有黔麦1号、黔麦2号、绵阳10号、绵阳14号等。1991年种植3万亩，2008年3.2万亩；1991年平均亩产131.7公斤、总产3688吨，2008年平均亩产157.3公斤、总产5034吨。

（五）脱毒马铃薯推广　1997年开始推广，主要品种有威玉3号、费乌瑞它、坝薯10号等，面积从500亩发展到2008年的9600亩，平均亩产794.2公斤、总产397.1吨提高到2008年的986.5公斤、9470.4吨。

二、土肥技术应用

1989年5月成立县土肥站后，坚持以科技创新进步为动力，以保护基本农田、加强耕地质量建设、提高综合生产能力、确保粮食安全、增加农民收入为目标，推广平衡配方施肥、秸秆还田、经济型绿肥高产栽培、增肥改土、沼肥沼液综合利用、免耕栽培等土、肥、水农业适用科学技术，开展各种新型肥料的试验示范，完成各年度试验示范推广任务。

三、半旱式栽培技术推广

水稻半旱式栽培，把传统的平作淹灌改为按一定规格开沟作垄，垄上种稻，沟内灌水，按不同生长阶段调节水位高低，实行浸润灌溉，成为改良冷、烂、锈水田的主要实用技术之一。1988年开始在哪嗙乡推广，至1996年已在龙山镇的大竹村，哪嗙乡的狗场村、场坝村、乐宝村，洗马镇的新庄村，湾寨乡的六广村等地推广，完成1.2万亩。实施区域亩产量比平作栽培增产稻谷50公斤以上，增幅达23%。

四、配方施肥技术推广

1988年起，县土肥站在全县14个乡镇推广水稻、玉米、油菜、小麦等作物平衡施肥技术，实施氮磷钾配方肥、新型复合肥、叶面肥等新型肥料肥效试验示范。1991年以后，全县共完成农作物平衡施肥近20万亩、测土配方施肥7.5万亩，示范区作物平均亩产比实施前3年平均亩产增长8%以上。2008年推广配方施肥8.68万亩，示范面积0.97万亩，示范区每亩减少肥料投入15～22元，减少农药施用量40%，增产9%至15%，节本增效20～35元。

五、生物篱、等高种植技术应用

2001年12月至2004年5月，在醒狮镇元宝村研究实施“贵州省生物绿篱新组合的选择和生物绿篱技术的示范推广项目”。在坡耕地上沿等高线分带间隔间距种植杨梅+茶叶（植物篱），目的是保护土地资源、控制水土流失，提高坡耕地肥力和综合生产力，实现可持续利用，提高经济效益。试验地涉及农户94户，试验种植杨梅树137亩6890株、茶叶50亩。

2006—2007年，在谷脚镇哨堡村实施完成“贵州省坡地生物篱和缓坡地等高种植技术集成项目”，投入中央补贴资金21万元，建成旱作节水农业示范基地1个0.1万亩，辐射带动5000亩；建成土壤肥力墒情监测站1个、水土流失监测点1个。通过推广应用生物篱护埂、横坡聚垄等新技术，示范区粮食平均亩产达到406.3公斤，比试验前3年平均亩产增长36.9公斤，增产10%；项目核心示范区亩均增收100元以上，水土流失比未护埂区减少30%以上。项目实施成功应用宽厢宽带种植模式，有效促进示范区粮食、经济作物双丰收，实现粮食产量1000斤、经济作物收入1000元的“双千”目标。

第二章　养殖业

1991—1999年，主要以小规模传统养殖为主。1995年粮价放开后，外地饲料大量涌入龙里市场，全县养殖业一度出现“遍地开花”的局面，但时间不长，由于资金、技术、管理或市场竞争等原因使大部分养殖户被淘汰。2000年后规模逐渐扩大，2008年前后地方养殖企业兴起但品种、门类较单一。发展较好的有：龙里宏利养殖发展有限公司，主要带动家庭户养殖；弘杜鹃养殖场、袁本忠养殖场、冉毅养殖场，为肉鸡规模养殖场户；龙山坝上养猪场、麻芝刘灵养猪场等。

第一节　禽类养殖

一、家禽养殖

（一）鸡　家禽饲养中，鸡分布最广、数量最多，农户一般都养鸡，占家禽饲养量的90%以上。1985年县内已有专业户开始养殖罗斯鸡。1991年以前，全县养鸡多用本地鸡种，分大种本地鸡、小种本地鸡、乌骨鸡和倒毛鸡等，肉蛋兼用，体型较小，产蛋率不高，一般户养5～10只，多的15～30只。

改革开放以后，县农牧和科技部门先后引进来航鸡、白洛克鸡、九斤黄鸡、贵农黄鸡、闽中麻鸡、良凤花鸡、海兰灰鸡、爱维茵鸡（俗称“憨包鸡”）等优良品种。1991年以后，随着养殖业的迅速发展，地方出现种鸡生产企业，能够保障全县大、中、小养殖场户的种鸡供应。1991—1999年，养鸡专业户不断增加，但规模都不大，有的因技术等问题失败，这一时期养鸡业发展较缓慢。2000年后开始走向规模化。

2000年谷脚镇的大坡、哨堡和麻芝乡的龙从肉鸡规模养殖户13户，年出栏17.33万羽。2003年谷脚镇的倪儿关、大坡、哨堡等村农户引进闽中麻鸡脱温苗，饲养70余天即可上市，开始每批次喂养1000只左右，有经验后每批次喂养3000～5000只。2004年，全县有上万只的蛋鸡规模养殖场（户）2家，一家是由场主刘宏引进海兰灰鸡在谷脚镇的哨堡村建场，另一家是麻芝乡的黑凤蛋鸡养殖场，两个场年产蛋100吨以上。

2007年，县畜牧水产业发展促进中心给予项目资金和技术支持，由贵阳绿源禽业有限公司谷脚种鸡场、龙里宏利养殖发展有限公司带动，按照“公司+农户”的发展模式，覆盖谷脚镇的谷脚、大坡、哨堡、观音、岩后，醒狮镇的元宝、鸡场、三宝，龙山镇的大冲、龙坪、水桥，麻芝乡的五里、新民、龙从14个村148户农户，发展家禽养殖，巩固壮大家禽基地。2008年龙里县家禽基地存栏肉鸡20余万羽、蛋鸡5万羽。

2005—2008年，全县家禽养殖小区有谷脚镇的哨堡村，肉鸡规模养殖场（户）有龙山镇东关坡弘杜鹃养殖场、大竹村袁本忠养殖场、新场村冉毅养殖场等，每批次喂养5000只至1万只，年出栏肉鸡达5万羽。

（二）鸭 一般是小群分散放养，主要在水源较好的河溪沿岸和田坝地区，一般农户养5～20只，很少有大规模场（户）。改革开放以后，引进肉蛋兼用的麻鸭、北京鸭、樱桃谷鸭、番鸭（俗称干鸭子、火鸭）等品种，但普及率很低。2006年规模场（户）有三元镇永安村平寨组的莫俊，存栏麻鸭300只；三合村四组的罗开贵，存栏麻鸭500只。

（三）鹅 饲养量很少，多分布于水草丰盛的村寨单家独户喂养。本地鹅体型较小，1991年后引进白鹅、狮头鹅等优良品种。

二、禽类特种养殖

（一）珍珠鸡 1991—2002年没有特种养殖。龙山镇最早饲养珍珠鸡，2003年坝上村永兴山庄引进幼苗300余只，2004年坝上村历家庄何明刚引进幼苗200余只，2008年莲花村猫猫头组王正江引进幼苗，饲养均获成功。

（二）山鸡 俗称野鸡，又称七彩山鸡，学名雉鸡、环颈雉。经过多年种鸡驯化，已适合规模人工饲养。山鸡蛋黄大、蛋清稠、蛋白浓厚细嫩，炒熟呈金黄色，远非家传统鸡蛋所能比，被誉为“蛋中人参”。2008年，龙山镇莲花村猫猫头组王正江引进山鸡、贵妃鸡、大雁等幼苗饲养成功。

（三）鹌鹑 20世纪80—90年代鹌鹑饲养基本尚属空白。2000年后由外商引入水场、谷脚等乡镇带动发展规模饲养20万只左右。2008年，县内鹌鹑及鹌鹑蛋产销两旺。

（四）鸽 有肉鸽和信鸽两种。1991—2001年饲养8000余只。2002年洗马镇洗马街上周小平引进良种肉鸽300余对，发展到年存栏种鸽1400余对，销往贵阳等地15～20元／只，供不应求。

第二节 大牲畜养殖

一、猪

20世纪80年代，主要以农户散养为主，传统喂熟饲料，猪肉自给。以饲养本地黑猪为主，体型小、生长慢、出栏周期长。较大的养猪场仅有龙里县畜牧场，存栏母猪30头。

1991年后，推广普及科学养猪，应用良种、良法、良料、良舍，使传统养猪观念逐渐转变。1999年成立县生猪公司，从省种猪场引进二元杂种后备母猪500头，投放在谷脚、龙山、猫场、哪嗙、谷龙、洗马等乡镇饲养，为生猪发展奠定良好基础。1999年台农生猪饲料公司种猪场落户龙山镇原602部队旧址，存栏纯种母猪86头、二元杂交母猪152头、种公猪19头，年生产优质二元、三元杂交仔猪4000头以上。

2000年以后引进龙山镇坝上养猪场、麻芝乡雷格公司刘灵养猪场。2003年生猪规模养殖场（户）3户，2004年10户。2005年县委、县政府出台《关于促进畜牧业发展的若干意见》。当年发展生猪规模场（户）39户，建成养殖小区3个，分布在水场乡的场坝、谷脚镇的大坡、龙山镇的厉家庄等村寨。2008年启动实施生猪标准化规模养殖场（小区）建设项目，建成养殖场（小区）3个，分布在龙山镇坝上村、水桥村和谷龙乡高吏目村，发展养殖场（户）56户。2008年，建成龙山镇猫猫头的“野猪特种养殖场”。

二、羊

多属西南山地山羊品种，肉用型，毛色以白色和黑色居多，灰色次之；体型矮小、行动敏捷，常放牧于草坡和藤刺杂生的灌木丛中。1987年，龙里县种草养畜基地建成后，在引进山羊品种的同时有选择地引进少量绵羊品种，至1990年累计引进1557只。

1991年初，全县羊存栏2678只，其中山羊978只、绵羊1700只；绵羊均集中于牧场饲养，山羊分布在乡村饲养；中排乡大谷村曾引进奶山羊饲养，并有所发展。2000年9月，杨树德科技纯繁波尔山羊示范场落户猫场镇元宝村的长土，存栏纯种波尔山羊3只（1公2母），选购本地黑山羊能繁母羊60只进行纯种繁殖和杂交改良。2003年又新购纯种成年波尔山羊种母羊3只，存栏基础能繁母羊达120只。

2002—2003年在哪嗙乡的石板村落户吴桂菊和马思绿两个规模养羊场，吴桂菊存栏基础能繁母羊120只，纯种波尔山羊种公羊1只；马思绿存栏基础能繁母羊100只，纯种波尔山羊种公羊1只。2003年县农牧局由晴隆县引进南江黄羊29只，在洗马镇白泥田村李如芬家饲养。2004年，新建醒狮镇老王山养羊场，饲养山羊近200只。同时，县畜牧水产业发展促进中心负责在三元镇兴建南江黄羊养殖场，引进南江黄羊54只。2005年又到四川简阳引进良种简阳“大耳羊”，安排在谷脚镇毛堡村养羊大户杨鹏的养羊场饲养。

2005年，龙里县被列为全省优质肉羊基地项目县之一，把养羊条件较好的龙山、谷脚、哪嗙、醒狮、谷龙5个乡镇列为养羊基地产业带，同时建立以龙峰牧业公司为中心的谷脚镇毛堡养羊小区。2007—2008年实施哪嗙乡及谷龙乡小坝村两个产业化扶贫养羊项目。2008年发展养羊大户58户，建成养羊小区6个，分布在谷龙乡的平寨、小坝，醒狮镇的元宝，哪嗙乡的高枧、新坪和谷脚镇的毛堡等村。

通过实施2006—2008年优质肉羊基地建设及产业化科技扶贫项目，形成千洗公路沿线以龙山、谷脚、醒狮、哪嗙、谷龙等乡镇为主体的优质肉羊产业经济带，全县优质肉羊存栏从2003年的9000只发展到2008年的3万只。

三、牛

耕牛分水牛和黄牛两种，黄牛还有引进的奶牛。

（一）耕牛 水牛体质结实、性情温顺，耐粗饲、役力大，使役年限长，是农业生产中最主要的役畜之一，也是重要的畜种资源。水牛易调教使役，一般使役年限为15年左右。长期以来，农民十分重视养育水牛，水牛饲养遍布城镇和乡村，以三元、谷脚、民主、湾寨、羊场、摆省、谷龙、哪嗙等乡镇饲养较多。水牛肉不如黄牛肉鲜嫩细腻，不作为肉牛的最佳选择。2008年，全县养水牛2.1万头。

黄牛耐粗饲、耐炎热、抗病能力强，能适应各种自然环境条件，体型较小、行动敏捷，善于行走山路，适宜在崎岖坡地放牧。毛色以黄色居多，黑色和黑白、黄白相间的花牛较少。母牛繁殖能力强，多数为三年二胎。每年役用时间多集中于春秋两季，每天耕地可使役5至6小时，能犁地1至2亩。

2000年以后，县扶贫办为部分贫困乡村由山东引进鲁西黄牛等优良品种饲养，皮质肉质均优于水牛，对优化品种结构、改良本地牛种发挥积极作用。2002年分别在哪嗙乡高枧村火石坳、麻芝乡五里村格老湾、摆省乡打夯村及渔洞村、湾寨乡场坝村和民主乡简坝等地兴办肉牛饲养场，黄牛经过3～5个月的短期育肥出售，每头育肥牛可获纯利300～500元。黄牛饲养量山区多于平坝，以谷脚、洗马旱地和坡地较多的地区饲养居多。2008年，全县养殖黄牛3.26万头。

（二）奶牛基地建设 龙里县饲养奶牛始于20世纪70年代中后期，县畜牧局结合牛的人工授精科研课题的开展，引进5头黑白花斑奶牛在铙钹山县畜牧场饲养繁殖，生产的牛奶直接销往附近的莲花、麻芝及城郊公社等地。1983年，县政府划拨县畜牧场用于建农业中学，县畜牧场停业。

2002年，省农业厅外经处与县农业局在谷脚镇实施引智项目，引进黑白花斑奶牛12头在倪儿关贵州龙里生态农技开发培训中心饲养，并带动附近几户农户养殖，产品主要销售到贵阳市的乳品加工厂。2003年县人民武装部实施"以劳养武"，在谷龙乡乐榨村白马洞兴办奶牛场，当年9月从云南省引进成年（3～5岁）奶牛70头，周边农户种植牧草供应奶牛场，原奶销售给贵阳市的乳品加工厂，后由于人员调动及管理不善等原因停业。

2003年贵州凌华公司租用民主乡长舍坪草场建设奶牛养殖场。2004年，由贵州省优质奶源基地建设项目资金扶持，修建牛舍5000余平方米，配置挤奶平台等设施设备，至2006年共引进奶牛500余头。到2007年底，奶牛存栏达630头，牛奶产量600余吨，原奶全部销售到贵阳市的乳品加工厂。2008年，由于雪凝灾害等原因，龙里凌华牛业公司停业，全县仅龙里生态农技开发中心及贵阳捷克利草业科技研究所共存栏奶牛34头。

2004年6月，龙里县申报实施贵州省农业厅奶源生产基地建设项目，获得省级财政资金104.4万元，州级财政资金22.48万元，县级财政配套资金27.28万元，业主自筹及其他资金1066.54万元，总计投入资金1220.7万元，主要在谷脚镇大坡村和民主乡长舍坪实施。谷脚镇大坡村又以倪儿关的中—新合作贵州省农业综合技术培训中心为核心，辐射带动捷克利公司和谷脚村冻青树陈发国等3户农户，奶牛从2004年17头发展到2008年32头。民主乡长舍坪奶源基地于2003年10月引进商人周真林投资2100万元，2004年4月成立贵州凌华牧业有限公司，在龙里县奶源基地建设项目支持下，从谷龙乡高吏目村白马洞奶牛场引进奶牛12头，山西省太原市引进奶牛520头。采取"公司+基地+农户"的合作模式，发动麻若村、幸福村500余户农户种植牧草1000多亩，公司负责回收；同时公司也把部分牛犊发放给周边农户饲养，到发育成熟时，再按合同定价回收。到2007年10月，公司存栏奶牛723头。因国家卫生、质监、发改等部门对奶源生产基地监管较严，同时该公司奶牛产奶量较低，于2007年把所有奶牛外卖而改行养猪，致使奶源基地停业。

四、马

县内农民有养马的传统，主养山地马，全县14个乡镇均有分布，主要作为役用，偏远山区还用作交通运输工具。1991年以后，除民主乡马的饲养稳定发展外，其他13个乡镇存栏量逐年下降。2008年养马以草原乡、哪嗙乡居多。山地马体质结实、矮小精悍、耐粗耐劳、适应性强，善于山区劳役，驮拉皆宜，成为山区生产生活用品的主要运输工具。

1991年以后，虽然乡村公路交通条件改善，养马很少作专用骑乘，但马运仍作为山区交通运输的重要脚力。随着龙里草原旅游业的发展，民主乡农户利用得天独厚的自然资源与草原度假村旅游胜地山水风光优越条件，高价购进体格高大的黄色马，配以精美的络头、鞍具，每天一大早来到草场拉马载客创收，一匹好马每年可载客创收5000元左右。

随着经济社会的发展，马运作用逐渐被摩托车和农用车取代，马役也逐渐被机耕代替，再加上大量农村青壮年外出打工而失去养马的劳动力，所以除少数偏远乡镇外，养马开始逐年减少。到2008年末，全县养马1.8万匹。

龙里县1991—2008年牲畜存栏情况统计表

表10-7 单位：头、匹、只

年份	牛年末存栏数	猪年末存栏数	马年末存栏数	羊年末存栏数
1991	42193	59500	9507	2211
1992	43000	60200	9800	2227
1993	52800	63500	9910	3361
1994	57000	68800	9987	3278
1995	57200	75500	10640	5692
1996	57700	77300	10625	6929
1997	58415	77956	10472	9185
1998	59284	79342	11308	9845
1999	59185	79356	10599	8867
2000	59817	80497	10747	4703
2001	59836	80507	10720	4733
2002	59970	80530	10730	4851
2003	62309	94434	11575	6896
2004	63436	104502	12144	8663
2005	63847	107502	12299	9362
2006	68639	107601	12314	10210
2007	50408	73793	17966	7002
2008	53602	78500	17989	9702

第三节 水产养殖

龙里县水产养殖基本上只有养鱼业，且基础薄弱，虽探索发展多年，但还未形成规模产业。1991年，全县渔业产值仅37万元。之后有所发展，但由于自然条件及技术等原因，无论是养殖规模、鱼类品种、产品质量等都有待优化和提高。

一、鱼苗生产

县内没有专门的鱼种场。龙山镇老寨、董夏两个村民组有部队建设时留下的池塘近100亩，1978年承包给私人从湖南叙浦、广西南宁引进水花鱼苗，培育长到3～5寸长售出，年约培育大规格鱼种20万条，另有零星租用池塘培育的3万至5万条，主要是鲤鱼和鲢鱼，草鱼很少。

二、养鱼业态

根据自然条件，因地制宜，类型多样，规模不大。

（一）池塘养鱼 全县池塘养鱼零星分散，龙山、湾寨、麻芝、民主等地长期停留在粗放粗养和半精养水平。1991—1994年开展多品种混合精养高产示范，平均亩产可达350公斤。1995年后，90%的池塘承包养鱼。池塘生态渔业始于2002年，以鱼为主，鱼草结合、鱼菜结合、鱼粮结合、鱼畜结合、鱼果结合，观光渔业、旅游渔业、垂钓鱼业、休闲渔业、“农家乐”渔业立体综合发展。在龙山镇莲花村的坝上等地起步示范20多亩，亩创收近1万元。

（二）稻田养鱼 全县稻田11万亩，适鱼4万余亩，稻田养鱼主要分布在龙山、麻芝、羊场、湾寨、三元、民主、摆省等乡镇。1991年以前，稻田养鱼产量亩均7.2～28.4公斤。随着技术水平的提高，通过改善稻田生态环境，采用垄稻田沟、厢沟和多品种混养等方法，利用稻田最大负载力，实现低投入高产出。2002—2006年摆省乡稻田生态养鱼亩产50～100公斤。

（三）山塘水库养鱼 全县山塘水库150公顷，主要是小（1）型水库有石板滩、花马冲，小（2）型水库有五子登科、羊鸡冲、擦耳岩、谷港等。由于生产技术落后，管理不善和捕捞困难，基本上自然繁殖、竭泽而渔，产量很低。1991年后，通过落实管理责任制，开展基础设施建设，促进山塘水库渔业发展。2008年绝大多数山塘水库承包养鱼，亩产11.8～41.8公斤。

（四）河段承包养鱼 2008年起，主要在龙山镇的坝上河段和三元镇的场坝河段，各河段以当地村民为主体，自愿承包，探索水产养殖。

第三章 农作物保护与动物防疫

第一节 农作物病虫害及其防治

一、农作物病虫害

1991—2008年，全县水稻年均种植10万亩，玉米、油菜年均种植各6万亩，小麦年均种植4万亩。1973年成立县植保站，负责全县农作物病虫害监测防治工作。1991年撤区并乡建镇后14个乡镇均设有农业技术推广服务站，承担当地农作物病虫害防治及各项保护工作。2002年10月，全县14个乡镇的农作物保护工作由农业服务中心负责。

县植保站历年资料统计显示，龙里境内水稻发生的主要病虫害有：稻纵卷叶螟、稻飞虱、稻瘟病、稻苞虫、黏虫、稻秆潜蝇、纹枯病、稻曲病、二化螟等；玉米主要病虫害有：大小斑病、蚜虫、锈病、纹枯病、螟、黏虫等；油菜主要病虫害有：蚜虫、霜霉病、病毒病、菌核病等；小麦主要病虫害有：白粉病、锈病、麦蚜、赤霉病；蔬菜病虫害有：霜霉病、病毒病、疫病、黑腐病、软腐病、锈病等。

农田鼠害全县每个乡镇都有发生，每年发生面积3.5万亩左右，以小家鼠、褐家鼠为主。鼠害高峰期在每年的3—5月和9—10月。2000年以前农村防治鼠害多选用氟乙酰胺等高毒杀鼠剂，2000年以后主要选用溴敌隆、溴鼠灵等高效低毒抗血凝杀鼠剂，2003年开始推广毒饵站灭鼠新技术。

农田草害年平均发生面积18万亩，稻田草害主要有眼子菜、节节草、野慈姑、稗草、水花生等，旱地草害主要有毛草、狗芽根、马唐、熟地草、苋菜、苣荬菜、苍耳等。1991—1995年主要靠人工除草，1996年后主要采用各种除草剂大面积除草。

（一）水稻病虫害

1.稻瘟病　稻瘟病年均发生面积3000亩，除巴江、谷龙、水场3个乡较少外，其他乡镇的部分村组多有发生。发病的品种主要是粳稻、糯米和中优85、金优207、D优527、D优10号、中优117、特优559等杂交水稻。1999年，全县发生水稻穗颈瘟面积3.2万亩，成灾2.29万亩，绝收5500亩，主要发生在民主、摆省、水场等乡镇的高海拔地区。2000年，全县发生稻瘟病面积2.5万亩，主要发生在民主乡的前进村、大谷村，龙山镇的桥尾村、播箕村和羊场镇的岱林片区。2004年，在谷龙乡的乐榨村、大谷龙村、小谷龙村一线连片发生穗颈瘟，造成450亩绝收，发病的主要品种是特优559。2007年，在三元镇的新安村、合安村，麻芝乡的新民村发生穗颈瘟100亩，造成60亩绝收，发病的主要品种是中优85。2008年，全县发生稻瘟病2.55万亩，成灾0.83万亩，绝收3450亩，涉及农户2428户，主要发生在湾寨、羊场、龙山、草原等乡镇的部分村组，发病的品种主要是中优117、金优117、粳稻、糯米。

2.稻纵卷叶螟　稻纵卷叶螟属于迁飞性害虫，常年发生面积4万亩，严重年份达4.5万亩。全县14个乡镇都有发生，主要以龙山、羊场、三元、麻芝、湾寨、水场等乡镇坝区为重点，一般为害年份造成产量损失10%至20%，为害严重时损失50%以上甚至绝收。1994年，全县大面积发生达4.5万亩。2008年发生亦达4.5万亩，14个乡镇都有，主要发生在7月上、中旬水稻分蘖盛期，以三代、四代发生为害为主。

3.白背飞虱　白背飞虱属于迁飞性害虫，一般为害造成水稻产量损失10%至20%，严重为害损失40%至60%，甚至绝收。常年发生面积3.2万亩，严重年份4万至4.5万亩。全县14个乡镇水稻坝区都有不同程度的发生，主要分布在龙山镇的坝上、莲花、大冲、水桥等村，麻芝乡的新民、龙云等村，三元镇的三合、永安、新安等村，羊场镇的走马、新营、翠微等村，湾寨乡的毛栗、摆勺、甲摆等村，洗马镇的新庄、落夯等村。1994年，全县白背飞虱为害面积3.8万亩，主要发生在羊场、湾寨、龙山、三元、麻芝等乡镇，以5月下旬至6月上旬水稻返青期为害最为严重。2006—2008年连续偏重发生。2006年3.2万亩，最高虫量1.21万头/百丛；2007年3.5万亩，主害期田间最高虫量1.51万头/百丛；2008年4.3万亩，主要发生在龙山、羊场、湾寨、三元、水场、洗马等水稻坝区，部分田块出现落塘枯死现象。2008年主迁入期在5月16—31日，主迁入期灯下虫量为11.16万头，是历年同期虫量的738.86倍；为害盛期在6月中下旬，田间最高虫量4.62万头，是2007年同期虫量的13.4倍。

4.稻苞虫　稻苞虫为害间歇性发生，一般年份零星发生，为害不严重。2005年全县发生面积1.2万亩，主要发生在哪嗙乡的新坪村，草原乡的高峰、幸福、前进、大谷等村，谷脚镇的高堡村、毛堡村，巴江乡的烂田湾村、水尾村等高海拔山区。其中在哪嗙乡的新坪村连片发生面积4000亩，主害期在7月下旬至8月上旬，正是水稻的孕穗抽穗期。

5.二化螟　二化螟是水稻的常见害虫，常年发生面积1.5万亩左右，14个乡镇都有发生，未造成产量的重大损失。

6.稻秆潜蝇　1991—1995年稻秆潜蝇为害轻度发生，1996年后呈逐年加重的趋势，常年发生面积2000亩左右。一年发生2代，第一代发生在5—6月，主要为害秧田期秧苗；第二代发生在8月下旬至9月上旬，主要为害小花。

7.纹枯病　水稻纹枯病是常见病害，常年发生面积2万亩左右，主要在龙山、羊场、湾寨、三元等乡镇水稻坝区的高肥田和高密度田块，在北部乡镇发生较轻，未造成水稻产量的重大损失。

8.稻曲病　稻曲病是常见病害，常年发生面积2万亩左右，全县14个乡镇都有，主要在水稻坝区寨脚田和生长后期偏施氮肥的田块。1991年后未造成大的损失。

9.稻象甲　稻象甲属间歇性发生害虫，常年零星发生，主要在民主、摆省、羊场等乡镇的高海拔山区。2000年民主乡的高峰村、幸福村连片发生面积500亩。

10.食根金花虫和负泥虫　1991年以前为龙里县水稻的主要害虫，常年发生面积0.5万亩。该虫害主要发生在洗马镇的新庄村，麻芝乡的大新村，民主乡的幸福村、高峰村，羊场镇的岱林村、长寨村，湾寨乡的新华村等高寒山区的冷、烂锈水田。1991年后大量推广应用稻田除草剂，食根金花虫、负泥虫为害逐年减少。

（二）玉米病虫害

1.大小斑病　常年发生面积1万亩左右，主要在洗马、龙山、谷龙、谷脚等乡镇，发病品种主要是本地老品种和抗性较差的高蛋白玉米品种。1991—2008年间，仅1998年偏重发生，在谷脚、民主、龙山3个乡镇所有种植中单9409的田块都不同程度发生大小斑病，有的田块绝收。

2.锈病　全县14个乡镇每年都有不同程度的发生，常年发生面积1.5万亩左右。

3.纹枯病　每年都有不同程度的发生，常年发生面积1万亩左右，主要在巴江、洗马、民主、谷脚等乡镇的低洼田和栽培密度大、通风透光差、氮肥施用过多的田块，主害期在6月下旬至7月上旬。1991—2008年未见重度发生。

4.螟 常年发生1.8万亩左右，全县14个乡镇都有，以北部乡镇为主，主要发生在晚栽玉米喇叭口期和抽雄灌浆期。1991—2008年偶有发生，未造成重大损失。

5.黏虫 黏虫属于杂食性害虫，主要为害水稻、玉米、牧草，间歇性暴发成灾。一般年份零星发生，严重年份全县为害面积上万亩。为害盛期在6月下旬至7月上旬。2001年和2003年两次大暴发，主要在哪嗙乡高枧村的上、下十字和火石坳，谷脚镇的高堡、毛堡、茶香、大坡，龙山镇的播箕、大土、莲花、坝上等村组的靠山的玉米、水稻和牧草，发生面积5000亩。

6.蚜虫 每年都有不同程度的发生，常年发生面积5000亩左右，主要为害晚栽玉米、甜糯玉米，主害期在玉米抽雄以后，为害雄花。1991年后未造成重大灾害。

（三）小麦病虫害

1.赤霉病 常年零星发生面积500亩左右。1991—2008年，随着小麦抗病品种的大力推广，赤霉病逐年减轻。

2.锈病 以条锈病为主，每年发生的面积在1万亩左右，主要在洗马镇的台上、花京、羊昌、拐哈、洗马等村，三元镇的三合、高坪、永安等村，龙山镇的新场村、佘下村，谷龙乡的大、小谷龙等小麦种植区。2007—2008年连续在洗马镇的台上、羊昌、花京等村暴发，面积达1500亩。主害期在4月下旬至5月上旬。

3.白粉病 主害期在小麦抽穗扬花期后。常年中等至偏重发生，一般发生面积6000亩左右。全县14个乡镇都有，以龙山镇、三元镇、洗马镇的高肥田和密植田最严重。

4.蚜虫 小麦蚜虫是小麦的主要虫害，一般导致减产20%至30%，严重的减产50%以上，甚至绝收。常年发生面积1.5万亩左右，严重年份达2万亩。全县14个乡镇都有，以洗马、龙山、谷脚、谷龙、巴江等乡镇为主。2002年全县大面积发生达2万亩，其中湾寨乡毛栗村20亩绝收。

（四）油菜病虫害

1.蚜虫 一般受害造成产量损失10%至20%，严重的损失60%至70%，甚至绝收。每年都有不同程度的发生，常年发生面积2万亩左右，主要为害甘蓝型油菜。以麻芝乡的龙云、新民，三元镇的三合，湾寨乡的摆勺、毛栗，摆省乡的果里、团结，谷龙乡的大谷龙、小谷龙，洗马镇的新庄、牛场，龙山镇的坝上等村发生为主，主害期在4月中下旬。2000年和2005年大面积发生，造成麻芝、三元、摆省等乡镇部分田块绝收。

2.霜霉病 全县14个乡镇都有不同程度的发生，常年发生面积1.5万亩。1991—2008年未造成重大损失。

3.菌核病 为零星发生病害。以湾寨乡摆勺村、猫场镇进化村为主，常年发生面积3000亩左右，以芥菜型、甘蓝型油菜发生为主。1998年、2006年重度发生，主要是湾寨乡的花椒寨和醒狮镇的进化村，连片发生面积500亩，产量损失30%，被害株率达60%以上。

二、农作物病虫害防治

（一）病虫害预测预报 1973年成立县植保站，1975年开始农作物主要病虫害测报工作，1981年开始使用黑光灯诱虫对稻飞虱开展系统测报。1992年扩大测报范围，将稻纵卷叶螟、稻瘟病、油菜蚜虫纳入系统测报，同时加强基层测报网点建设，将龙山、羊场、民主、哪嗙、麻芝作为测报点。2008年在全县14个乡镇建立测报网点14个，加大病虫田间调查力度。3月1日开始每5天调查1次，10天汇报1次病虫情况，发布长短期预报，每年发病虫情报15～20期。

（二）农药应用 20世纪80年代防治病虫害使用的农药有六六六粉、甲胺磷、氧化乐果、乐果、敌敌畏、甲基1605、敌百虫等，90年代开始推广使用敌杀死、灭扫利、粉锈宁、三环唑、稻瘟净、异稻瘟净、富士一号、施稻灵、氯氰菊酯、多菌灵、甲基托布津、代森锌、代森锰锌、杀毒矾等农药。2000年后使用吡虫啉、乐斯本、三唑磷、三唑酮和阿维菌素、农用链霉素等高效低毒农药。2003年开始全面禁止农业生产使用甲胺磷、氧化乐果、甲基1605、磷胺等高毒高残留农药。2005年开始推广应用高效低毒农药如高效氯氰菊酯、高效氯氟腈菊酯、氟虫腈等，以及BT乳剂、白僵菌等生物农药。2006—2007年，在龙山、羊场、三元等乡镇使用锐劲特、艾姜乐、丙溴磷等农药防治稻纵卷叶螟和稻飞虱，推广示范各100亩，逐步替代氧化乐果、甲胺磷、甲基1605等高毒高残留农药在农作物上的使用。

（三）农药器械 20世纪80年代施药工具主要是工农16型背负式手动喷雾器，1991年后开始使用机动喷雾、喷粉器。2006年开始在龙山镇坝上村、莲花村组建农作物病虫害防治专业服务队。到2008年底全县有机动喷雾器300台，14个乡镇共建队24个，每个队配备机动喷雾器10台。每乡镇保证有1～2个队，原则上服务本乡镇，病虫害大面积发生时可调配集中开展联防群治。

（四）物理防治 2005—2008年，全县采用“佳多牌”频振式杀虫灯防治面积近1万亩。主要在龙山镇坝上村、三元镇三合村和麻芝乡龙云村、新民村水稻种植区，谷脚镇王关村、哪嗙乡狗场村蔬菜基地，醒狮镇旧司村果树、玉米、蔬菜种植区，龙山镇流音洞、东关坡果园推广应用。根据调查统计，应用该灯诱杀害虫成虫，每亩水稻可减少施用农药2.1次0.15公斤左右，减少投入12.5元；每亩蔬菜减少施用农药4.3次0.19公斤，减少投入34.4元；果树每亩减少施用农药2次0.35公斤，减少投入31元。减少施药次数和用药量，大大降低灯控区农药残留，同时避免施药过多对害虫的天敌的杀伤，维护生态平衡，保护自然环境。

第二节 动物疫病防治

一、动物疫病防控体系

1985年，县畜牧局与县农业局合并为县农牧局，兽医卫生检疫站建制及人员归县农牧局管理。1988年组建成立县兽医卫生监督检验所。1989年乡级畜牧兽医站技术人员12人，民办公助兽医防疫员83人。同年机构改革，各乡镇统一设立农技综合服务中心，乡级兽医站并入农技综合服务中心，归乡镇政府管理。1994年县农牧局改为县农业局，兽医站归县农业局管理。2004年组建成立县畜牧水产业发展促进中心，兽医机构逐步健全完善，专职人员达10人；各乡镇设畜牧水产站，人、财、物“三权”归县，人员达63人。2005年，出台《龙里县关于加强畜牧兽医技术队伍建设的意见》，原乡镇防疫员统称为村级动物防疫员，同时兼任动物助检员；按照畜禽饲养量及村域大小配置村级动物防疫员，大行政村每村1名，小行政村每2村1名，全县增加到126名。到2008年，全县动物防疫队伍相对稳定。

（一）兽医卫生及兽药监督 1989年全县共有州颁发合格证的兽医卫生监督员2名、检疫员21名。2004年开始全县设报检点，推行畜禽产地检疫，至2007年报检点增至141个。其中，126个村级报检点为助检员检查后，由持有检疫员证的检疫员开具检疫合格证明。1990年设立县兽药监察所，设监察员2名，明确为兽药生产、经营执法机构。2004年，县畜牧水产业发展促进中心设立畜牧综合执法大队，编制3人，划入兽药许可证的审批办理及监察工作职能。

（二）防疫设施设备 1978年，县畜牧兽医站只有1台电冰箱、2台生物显微镜及高压煮沸锅等主要设备。1980年设置兽医门诊和化验室，房屋仅1间，由于缺乏设施设备和人员，未能发挥作用。县畜牧水产业发展促进中心成立后，实施农业部“基层动物防疫基础设施建设项目”，2005年建成实验用房300平方米（其中县级实验室220平方米），配置动物防疫监督车1辆，以及化验、检测、冷链等仪器设备；2006年配置摄像机、照相机等办案取证设备。2006年开始实施农业部“乡镇兽医站建设项目”，新建或改（扩）建乡镇兽医站，建成或落实除谷龙、湾寨、醒狮外的11个乡镇兽医站，乡镇兽医站业务用房在120平方米以上，配备冰箱、电脑、数码相机、显微镜、电动消毒器、采样箱及检疫监测箱、摩托车等。

二、动物疫病普查和监测

（一）疫病普查 1978年，全州畜禽疫病普查工作分南北片区同时进行。1979年，由全州抽调兽医技干、民间兽医及防疫员共310余人对龙里县进行第一次普查。普查人员组成4个普查队、28个普查小组，到各公社、大队、村寨入户调查，历时月余，共查清畜禽病46种。2006年6月组织开展第二次动物疫病普查工作，至2007年结束，龙里县共查出牛病7种、猪病9种、羊病5种、鸡病6种、鸭病4种、马病1种、鱼病1种、猫犬病2种，共35种。

（二）专项调查 1983年组织县、区技干22人对牲畜口蹄疫病进行调查与防治，经过1个月调查，除1月份在县食品公司发生感染生猪42头外，未发现其他病例，当年重点开展对口蹄疫防疫注射和消毒工作。1998年，组织6名兽医技干到各乡镇进行动物寄生虫区系调查，所到乡镇的技干和防疫员全部配合参加。全县分4个片区进行，后期因缺乏经费，仅完成洗马、龙山两个片区调查工作。

（三）疫病监测 1999年开始，在全县14个乡镇开展疫病监测工作，每个乡镇指定3～6名动物疫病监测员，对辖区自查自测。2006年开始，县监测机构配合各乡镇进行免疫效果监测。

三、禽畜免疫接种

1982年，全县集中技干、防疫员近百人，分4支防疫队逐社逐队进行防疫注射，密度等效果比分散防疫提高20%，但防注期过长，资金开支过大，以后没有推广。1987年后，提出“春防为主，三检跟上，常年补针，因病设防”的思路，经过实践，存在疫苗的保管、反应药品的组织、防疫员工作量加大，特别是乡、村级疫苗的保管不能保证质量以及漏防畜禽较多等问题。

1991年起，每年均实行春秋两季各集中开展一次免疫接种工作，免疫重点以猪瘟、牛出败为主，其他时段则根据地方性流行病监测及发现情况开展免疫接种。以后又在坚持春秋两防免疫接种的基础上，加强重点时段、区域、物种病例的免疫接种和防控监测。2000年，坚持春秋两防免疫接种制度，并实行双轨目标管理责任制，即由政府部门管密度，防疫部门保质量的接种制度，同时坚持市场活畜检疫补针。

2004年以后，在搞好春秋两季防疫的同时，防疫部门组织养殖企业、重点户及养殖小区按免疫程序施行畜禽免疫接种，坚持和加强市场、运输、产地检疫补针，免疫重点以口蹄疫、猪瘟、牛出败、鸡新城疫为主。2005年，将禽流感列为禽类首免任务；2007年，将高致病性猪蓝耳病同口蹄疫同等列为首免重点。

2007年屠宰检疫牛肉1.43万头，检出肝吸虫13头；屠宰检疫猪肉4.13万头，检出猪蛔虫28头、细颈囊尾猪1184头。1991—2008年，全县坚持抓好驱虫防控工作，巩固防控成果。

四、重大疫情发生与防控

（一）口蹄疫 1999年，全县大面积发生口蹄疫，涉及9个乡镇25个村。据不完全统计，发病耕牛273头、猪66头。因涉及面较广，采取紧急预防和全面消毒，把口蹄疫作为防疫重点。2004年，羊场镇金批村发病耕牛14头、猪4头，湾寨乡甲摆村发病耕牛4头、猪5头，县、乡两级及时组织技术人员采取封锁、隔离等措施，共扑杀销毁感染猪牛和同群猪牛55头。2005年，龙山镇铙钹山养殖场染疫发病猪240头，加同群猪共被扑杀销毁306头。2006年8—9月，谷脚镇哨堡村，洗马镇落掌村、上石坎村和谷龙乡谷新村先后发生口蹄疫疫情，12月哪嗙乡坞坭村、顶溪村及长芽村发生口蹄疫疫情，县、乡防技人员及时采取隔离、封锁、消毒、扑杀等防控措施，共扑杀染疫及同群猪、牛317头。

（二）炭疽病 1998年，谷龙乡龙滩村发病猪6头，民主乡金下、城下两寨发病猪10头；1999年醒狮镇大岩村、三元镇高坪村发病耕牛4头；2001年三元镇高坪村猪、牛共发病24头。炭疽病疫情被发现后，县、乡及时组织有关技术人员和村组干部组成疫情防控队伍，采取封锁、隔离、深埋病死尸体、焚烧污染物品和场地环境消毒措施，并进行紧急预防注射等及时妥善处理。

（三）高致病性猪蓝耳病 2008年7月，三元镇三合、西联、新安，麻芝乡五里、新民、龙云、大新，醒狮镇、龙里兴旺屠宰场及哪嗙乡部分村寨等先后发生高致病性猪蓝耳病疫情。县政府及时启动应急预案，采取封锁、隔离、消毒等措施，关闭生猪交易市场，扑杀销毁染疫及同群猪585头，有效控制和扑灭疫情。

2004—2008年龙里县畜禽免疫情况表

表10-8

项目＼年份		2004		2005		2006		2007		2008	
接种疫苗	接种动物	接种数	占应免数%	接种数	占应免数%	接种数	占应免数%	接种数	占应免数%	接种数	占应免数%
口蹄疫	猪（万头）	13.28	106	14.89	100	11.31	100	11.1	100	10.55	100
	牛（万头）	7.01	93.9	7.14	100	6.51	100	9.5	143	5.81	100
	羊（万只）	0.75	72	1.45	100	1.57	100	2.8	124	2.29	100
猪瘟	猪（万头）	14.65	117	14.89	100	11.4	101	12.02	108	10.55	100
鸡新城疫	鸡（万羽）	32.98	90	47.52	100	65.22	128	48.54	100	40.8	100
牛出败	牛（万头）	6.92	92.6	4.8	60	1.91		2.36		2.1	100
高致病禽流感	鸡（万羽）			4		50.87	99.7	25.48		46.89	100
猪蓝耳病	猪（万头）									10.55	100

第四章　农业机械

第一节　农机经营管理

一、农机企业

1966年5月成立县农机公司，为国有企业单位，主要经营拖拉机、农用提灌机械、农副产品加工机械等。1975年8月归属县农机局领导，财务独立核算。2004年9月公司改制，采取产权出让、土地置换的方式，获取资金安置全体职工后，公司解体。

县曲轴厂，前身是1953年成立的县铁木农具社，隶属于县手工联社，为集体所有制单位。建厂初期，主要生产木制犁铧附件和翻砂铁犁尖、犁铧及加工其他农用机具、配件等。1958年7月，更名为县农机厂，隶属于县工业局，为国营企业单位。1975年改属县农机局管理。1994年5月更名为贵州省曲轴厂，同年划归县经贸局管理。2006年企业改制，职工分流、安置。

二、农机购置补贴

2005年7月，黔南州财政局、农机中心分配给龙里县省级农业机械购置补贴专项资金10万元。县农机部门联系州农机公司和广西、江苏、重庆等农机生产厂家，先后在龙山、麻芝、羊场、湾寨、谷脚、醒狮等乡镇进行机耕现场演示，将不同价位和不同配置的8种机型送到农户家门口，让农民实地操作对比选购。省、州、县新闻媒体对此活动作电视、报纸、杂志等报道。2006年6月，在谷脚、醒狮两镇举行购机补贴发机仪式，两镇农户首次各购买“富派”微耕机30台（套），60户农户优先享受购机补贴近50%的优惠政策。至9月末，投入省级财政购机补贴资金10万元，县乡级财政配套补贴资金6.75万元，农户自筹资金17.84万元，直接享受各级财政购机补贴资金占农机购置费的48.4%，购置机具79台（套），惠及全县5个乡镇16个村，有力促进“三秋”生产。

2006年，全县完成购机补贴机具186台（套），其中：微耕机164台（套）、耕整机17台（套）、其他机具5台（套）。补贴机具分布于10个乡镇35个村，180户农民直接受益。2007年购机补贴机具270台（套），其中插秧机14台、铡草机械7台、拖拉机24台（套）、微耕机225台（套），补贴机具惠及全县

11个乡镇65个村。

2008年，龙里县农业机械化工作获得省级奖励，“旱育水养育秧法”入编“全省水稻机播秧培训教材”。全县有农业机械1.6万台（套），服务13个乡镇65个行政村，其中：当年新增565台（套），政府补贴其中310台（套）172万元，农民投入178.87万元。政府补贴310台（套）中：耕作机械279台（套）、大（中）型拖拉机2台、排灌机械11台（套）、茶叶加工机械3台、饲草加工机械5台、机动喷雾器10台，惠及11个乡镇36个村，310户农民受益。

2006—2008年，每年国家部委、省均对龙里县下达购机补贴，加上县、乡财政配套补贴，全县共投入部级购机补贴资金130万元、省级补贴资金40万元、县级配套资金40余万元。

三、农机管理

农机管理工作坚持以服务“三农”为宗旨，保障农业生产顺利进行，促进农业增产增收；贯彻落实农业机械化促进法和中央支农惠农政策，不断提高农村机械化水平。每年均开展农机年检、驾驶员（操作员）培训和督促各农机用户购买保险，确保安全生产；对有关违法违规行为进行纠查，保证行业规范运行。

1978—1983年，各公社均设立农机管理站，配备专兼职农机管理员，由县农机主管部门直接领导，对本辖区内的农业运输机械进行管理，工作包括拖拉机登记入户、检审查，并配合公安、交通、安监等部门开展道路安全检查和处理拖拉机事故等。1983年5月，县农机安全监理站成立，主要负责全县农机安全技术检验，农机驾驶操作人员考核发证，拖拉机（含变型拖拉机）、联合收割机牌照核发，拖拉机年度检审验，小型耕作及操作人员年检、年审，开展田间场院农机的违法违章纠查和勘察处理道路农机事故并提出防范措施。

1991年以后，常年开展对全县农业运输机械的监管。2000年后，省、州加大对农业机械化的政策扶持，全县农业机械连年增多，监管工作繁重。2006年，针对农用车、拖拉机脱险、漏检突出问题，农机监理人员深入乡村进行调查摸底和宣传动员，对“黑车非驾”现象严格清查和管理，采取“办证到乡村、年检审验到村寨、维修服务到田头、宣传动员到农家”的方法，从源头减少脱检、漏检现象。

2000—2006年，全县共检、审、验农用车、拖拉机1302辆次，新车入户529辆，新增驾驶员103人，签订安全生产责任书550余份，发放各类宣传资料3600份，配合公安交警联合执法检查30次，接受群众咨询1200人次。2007年，全县检、审、验机车588辆，新车入户150辆，新增农机驾驶员35人。

2008年，根据省、州关于农机安全生产隐患排查和百日安全督查行动精神，执行签订责任书“三同时”规定：一是新车入户时与车主签订安全责任书；二是机车年度检审验领取证照时与驾驶员签订安全责任书；三是新培训农机驾驶员在领取证照时签订安全责任书。全年同驾驶员和车主签订安全责任书720份；全县机车年度审验629辆，新车入户119辆，新增农机驾驶员29人。

第二节　农机推广应用

一、农机推广

1991年前，全县推广的农机具以农业运输和耕作机械为主，由县农机部门与各区拖拉机站共同负责，主要耕作运输拖拉机型号有东方红28、东方红40、东方红20、丰收35、丰收27、铁牛55、罗马U445（罗马尼亚进口）、上海50及工农195（手扶）、工农190（手扶）等。

1991年以后，各种农业机具逐年增加。至1999年全县有大、中、小型拖拉机375辆（台）、耕作机械205台（套）、提灌机械2579台（套）、农副产品加工机械4050台（套），农业机械总动力3.57万千瓦，机耕面积1.52万亩。

2005年，贵州省水稻机械化插秧试验在14个示范县取得成功，县农机部门着手开展水稻机械化插秧试验和推广，在2006年、2007年连续取得成功。2008年，示范推广工作辐射到羊场、湾寨万亩大坝，全年完成水稻机械化插秧3525亩。同年10月7日，在麻芝乡五里村进行田间测产验收，机插与人工手插相比亩产增长5%。

1991—2008年龙里县农业机械拥有量、总动力和机耕面积统计表

表10-9

年份	农业机械拥有量				农业机械总动力（万千瓦）	机耕面积（亩）
	拖拉机（辆、台）	耕作机械（台、套）	提灌机械（台、套）	加工机械（台、套）		
1991					1.63	
1992					2.69	
1993	230	271			1.89	
1994	315	153	2300	3500	2.22	10000
1995	406	160	2453	3650	2.25	10050
1996					2.69	
1997					3	
1998					3.22	
1999	375	205	2579	4050	3.57	15225
2000					4.5	
2001					4.99	
2002					4.7	
2003					4.59	
2004	400	325	2650	4415	4.6	22800
2005	506	385	2833	5320	5.51	30000
2006	585	571	3005	5580	7.65	50000
2007	605	761	3658	6005	9.12	75600
2008	795	1073	4102	7500	9.65	80115

二、农机培训

1991—1999年，全县农机培训对象主要是农业运输机械手。2000年后，随着各种农业机械种类、型号和数量的增加，从单一的组织集中培训，发展到组织农机操作手到外地或生产厂家上门学习和请专家技术人员或厂家专业人员到农户家传授等灵活、多样的培训，为提高农机运用者的技能素质、降低生产强度、增加生产效益、实现科研成果转化、促进农村体制创新、推动农机化事业科学发展起到积极作用。2004—2008年，全县共培训农机人员3640人次。尤其是2007年、2008年，分别培训750人次和960人次。

三、农机维修

1982年，全县农村实行包产到户后，拖拉机耕地面积逐步减少，农机维修市场化，各地维修网点撤销或转为有偿维修。1991—2003年，均由农户自己出资维修养护。

2004年后，农业机械化促进法颁布实施，国家实行购机补贴政策，各类农机具逐年增加。为适应新形势，农机管理部门采取“走出去”和“请进来”的方式，集中培训农机具维修人员。2005—2008年，在全县14个乡镇培训农机维修人员36人次。2008年春耕和秋种期间，农机维修人员紧缺，县农机管理部门在耕作机械相对集中的洗马、谷脚、龙山3个乡镇选派3名机手到广西蓝天机电有限公司接受10天培训。当年，县农机部门筹集资金8000元购买常用农机具零配件，在全州率先建立3个村级农机具零配件代销点。

第五章　农村改革发展

第一节　农业区划调整

1983年，龙里县农业区划委员会开始组织有关部门的科技人员先后成立种植业、畜牧水产、农业经济、林业、水利、气候、农机、土地资源、综合研究、乡镇企业、农业资源11个专业组，在全县范围内进行全面的农业自然资源多学科综合调查。经过分析论证，将两年多的调查成果编印成近20万字的《龙里综合农业区划》一书。该书成为指导龙里农业规划、发展的重要依据之一。1991—2008年，根据《龙里综合农业区划》，结合实际不断调整优化规划区域，划分为3个一级区和2个二级区。

一、农业一级区

（一）西北部低中山丘陵粮、烟、猪、羊、林城郊农业区　该区是指洗马镇、猫场镇、巴江乡、谷龙乡、谷脚镇的全部，总面积493.3平方公里，耕地占全县耕地总面积的45.65%，其中田占本区耕地面积的23.82%，旱地占76.18%。人口密度每平方公里128.5人。该区所有乡镇均与贵阳市接壤，交通便利。盛产烤烟，产量占全县总产量的80%以上；煤、铁矿石等储量丰富；河流总落差达1158米，水能理论蕴藏量占全县的61.7%，可开发电力1.36万千瓦，占全县可开发量的84.5%；种植业以玉米、水稻、蔬菜等为主，是全县的玉米主产区；油菜是本区的换茬作物，播种面积仅次于玉米和水稻，产量占全县的40%左右。猫场镇以发展蔬菜种植为主要产业，常年蔬菜种植1万多亩，并通过无公害蔬菜产地认证。养殖业以生猪为主，常年存栏占全县43%左右，大牲畜占32%左右。

该区还盛产天麻、生姜、大蒜和柿子、核桃、梨子等。谷脚的大白菜、小青瓜、香葱、芫荽、豌豆尖等蔬菜获得农业部无公害蔬菜认证；豌豆尖注册商标，远销两广、重庆等地；刺梨种植在全省面积最大，达1.4万多亩，谷脚茶香的“十里刺梨沟”在省内外负有盛名。该区大力发展优质肉羊养殖，形成谷脚—猫场—哪嗙—谷龙优质肉羊产业带，饲养肉羊3万多只，建有天诚牧业、龙峰牧业等肉羊养殖企业。该区发展农业的不利因素主要是地表缺水，是县内的主要旱区，原因是岩溶面积大，容易渗漏，地下水埋藏较深，开发利用困难。

（二）中部山原台地牧、林、稻区　以山地为主，台地面积大、地势高，河流深切，坝地较少，区域包括哪嗙乡，谷脚镇的高堡、观音，水场乡，草原乡，麻芝乡的大新，龙山镇的平山、平西，以及摆省乡的大部，湾寨乡的六广一带，三元镇的西联、合安等，总面积701.85平方公里，占全县总面积的46.14%，耕地占全县耕地总面积的33.1%。其中田占本区耕地总面积的56.63%，旱地占43.37%；人口占全县总人口的29.95%，农业人口占98.7%，人口密度每平方公里70.3人。

该区草场资源丰富，草地面积达44万余亩，占全县草地总面积的54.6%。万亩草场有8处，0.1万至1万亩的有38片，但利用率低，成片草场仅利用10%左右。矿产资源主要有煤、硫铁矿、重晶石、高岭土等，品位较高。种植业以粮食为主，多为水稻、玉米、小麦、豆类、薯类及其他杂粮，其中水稻种植面积占45.6%，玉米占27.9%。经济作物占本区农作物种植面积的12.3%，其中油菜占80.4%、烤烟占19.6%。草场广阔，饲草充裕，为本区农业生产的一项优势。该区乡镇企业基础薄弱，2000年以后有所发展，但受资金、技术和交通等条件制约，发展不平衡，缺乏竞争力。

（三）中南部中低山谷地稻、油、猪、果、渔区　以丘陵为主，山地较少，丘陵间河谷分布大小不同的盆地和坝地。区域包括龙山镇、羊场镇、麻芝乡大部，三元镇、湾寨乡六广一带，摆省乡一部分，总面积325.85平方公里，占全县总面积的21.43%，耕地面积占全县耕地面积的21.34%。其中田占本区耕地面积的77.95%，占全县耕地面积的35.98%，人口密度每平方公里160人，是全县人口最稠密的地区。

该区耕地集中连片，水源丰富，自然和地理条件均优于其他地区，全县100亩以上的坝子一半以上集中在本区，全县1000亩以上的坝子8个全部在本区。其中羊场、湾寨的坝子连成一片，面积达1.2万亩，且土质肥沃，水源充足，有“龙里粮仓”之称。区内河流总长176公里，河网密度每平方公里0.54公里，高于全县平均密度0.12公里。本区交通方便，湘黔、黔桂及株六铁路自西向东贯穿区境北部，东西向有320国道、321国道、贵新高速等公路干线，与南北向的龙（山）羊（场）、龙（山）洗（马）公路在龙山镇交汇，为沟通城乡经济、促进资源开发、搞活农村经济起着重要的作用。

该区种植业以水稻、油菜为主，玉米、小麦次之，烤烟种植很少，稻谷、油菜籽产量常年分别占全县总产量的45%左右，均居各区之首。区内河网纵横，水源条件好，有利于发展渔业。改革开放以后，乡镇企业迅猛发展，在龙山镇建立两个工业园区，龙山镇已成为全县发展企业的龙头。

二、农业二级区

（一）龙山—三元，稻、肉、禽、果、渔城郊农业区　位于县境中部，包括龙山镇、麻芝乡大部和三元镇一部分。农业人口占63.9%；土地面积185.36平方公里，占全县土地总面积的12.19%。属于丘陵河谷地貌，丘陵占89.7%。种植业以水稻、油菜为主，是县境中部的“鱼米之乡”。油菜籽产量常年占全县总产量的26.1%，亩产居各区之首，尤其以龙山镇最高。养殖业以猪、禽为主，饲料来源充足。

（二）羊场—岱林，稻、油、猪、果、渔农业区　位于县境南部偏东，区域包括羊场镇、湾寨乡和摆省乡一部分，农业人口占97.7%，土地面积140.47平方公里占全县总面积的9.24%。耕地3.94万亩，其中稻田3.59万亩占91%，且集中连片。稻谷产量占全区粮食总产量的95.7%，占全县总产量的24.3%；油菜种植1.4万亩，占本区稻田面积的38.7%，占全县的18.5%，产量占常年全县总产量的20%左右。该区是少数民族聚居区，少数民族占66.8%，自然条件较好，但地处边远、文化落后、经济单一，农民生活水平低于全县平均水平。

第二节　土地制度改革

一、土地承包

1979—1980年，全县完成第一轮农村土地家庭联产承包责任制改革，个别乡镇在1981—1984年进行小调整，规定承包期限15年不变，后增延至20年。政府与农户签订承包合同书，承包农户共3.58万户，承包人数14.37万人，共承包耕地16.25万亩，其中：田10.06万亩、土6.2万亩。1995年以后，农村土地第一轮承包期限已满，土地经营模式也开始发生变化。

1998年7月3日，龙里县根据中央《关于进一步稳定和完善土地承包关系的通知》及省州相关文件精神，在全县开展第二轮延长农村土地承包期工作（即土地延包），到1998年12月20日基本完成。同时，县委、县政府出台关于耕地承包期顺延50年，非耕地承包期再延长60～70年的相关政策。

1998年底，全县有土地承包户3.76万户，承包人数17.3万人，承包劳动力6.92万人，承包耕地面积15.83万亩（收回“四户一人”承包耕地3384亩，其中农转非户及农转非人2527亩、死亡户672亩、外迁户150亩、土地闲置户35亩），其中：稻田9.53万亩、旱地5.95万亩。以村民委员会为发包主体，与3.76万户农户签订土地承包合同，颁发农村土地承包经营权证3.76万份；收回的“四户一人”承包耕地由村民委员会招标发包，签订有偿使用合同2388份。至此，全县农村土地承包合同填证率、签订率、发证率均达97.5%。

第二轮农村土地延包工作，进一步明确农村土地所有权归村集体所有，村委会和村集体经济组织可依法行使占有权、使用权、发包权、收益权、处分权等；在延长的承包期内，实行“增人不增地，减人不减地”政策，保持承包关系长期稳定。

二、土地流转

1991年后，大量农村劳动力不断外出打工，一些土地丢荒闲置，部分农村出现土地“反租倒包”

等现象。2004年后，坚持“依法、自愿、有偿”原则，逐步实施土地流转。鼓励有实力、有条件的单位和法人采取独资、合资或入股的形式创办各种新型农业基地、园区，对土地生产使用权进行有偿流转。规定在不改变土地所有权属、不改变土地农业用途以及确保全县耕地红线的前提下，均可实行土地流转。可以分别采取出租、转包、合作开发、委托代管、反租倒包等形式，实现规模经营土地。全县很快出现“湾滩河蔬菜基地”“龙里水土保持生态示范园”“三元镇高坪经果林基地”“谷脚镇王关蔬菜基地”“巴江乡生姜基地”“龙山镇莲花科技生态农业示范基地”等一批新型果蔬基地和科技园区。

三、失地农民安置

1997年，为加快县城建设，对被征用土地的农户给予农业户口转为非农业户口的优惠，当年农转非426人。2002年出台施行《关于征用各类农用地土地补偿费、安置补偿费和青苗补偿费的暂行办法》。2008年出台实施贫困失地农民优惠政策，受益3.36万人。

1991—2008年，随着城镇化和工业化的发展，全县累计有农民1000多户因土地被征用而成为失地农民。为解决失地农民的生计问题，制定相关安置政策，水田每亩补偿2.24万元、旱地每亩补偿1.42万元，户口农转非，免费进行劳动技能培训，优先推荐到县内企业厂矿就业，安排到城市管理公益性岗位，扶持有条件的人户创业经商，逐步实现身份转变、生活稳定、经济发展。

第三节 减轻农民负担

1993年8月1日，《中共中央办公厅国务院办公厅关于切实减轻农民负担的紧急通知》下发，县委县政府出台《关于减轻农民负担的实施意见》，对于农业部宣布取消的43项农村达标升级活动，中央国家机关各有关部门涉及农民负担的37个集资、基金和收费项目，“不扯不扣地执行”，切实减轻农民负担。

县委、县政府成立县农民负担项目审核工作小组，由1名副县长任组长，县农经、农牧、财政、监察、司法、计划等部门负责人为副组长或成员，下设办公室在县农牧局农经站，与县农民负担监督管理办公室合署办公。工作小组负责对全县涉及农民负担文件和项目的清理审核，对照国务院授权农业部相继出台的减轻农民负担的一系列措施，该纠正的纠正，该废止的立即废止。

经过清理审核，符合有关政策规定的农民负担费用和劳务要列入农业承包合同，纳入法制轨道，进行监督管理。具体规定有15条：

第1条，农业承包合同上的农民负担项目，只限于国家公粮、农灌水费、村提留、乡统筹费、教育附加费和劳务。其他各种收费一律不得纳入农业承包合同。合同外不符合规定的收费项目，农民有权拒付。

第2条，国家公粮、水费按照国家规定标准征收，不准层层加码。因灾情等原因按政策减免的农业税要如数兑现到户，各级不得截留克扣。

第3条，村提留、乡统筹费以乡镇为单位控制在上一年农民人均纯收入的5%以内，不准超提。其中，村提留控制在3%以内，乡统筹控制在2%以内。在此范围内，各乡镇可根据实际情况在年初做好预算，确定各项目的具体数额，报县审批后，乡镇、村组当年不得再加码收费。村提留包括公积金、公益金、管理费三项。公积金用于农田水利基本建设，植树造林，购置生产性固定资产和兴办村集体企业；公益金用于供养五保户、补助特困户及其他集体福利事业；管理费用于村组干部报酬和管理开支。村三项提留在本村内分别按用途使用，乡镇不得提留和平调。其使用情况每年底要张榜公布，并报乡镇人民政府。

第4条，乡镇统筹费用于乡村两级办学、计划生育、优抚、民兵训练、修建乡村道路等民办公助事业。为了合理负担，除优抚、民兵训练费可由县按项目统筹使用外，其他统筹费用由乡镇分别按照项目统筹使用，不得挪作他用，县有关部门不准提留。使用情况按年度向本级人民代表大会报告，并报县农民负担监督管理办公室。

第5条，农村教育附加费按规定的地区类别标准收取。主要用于本乡镇范围内的乡村两级办学和民办教师工资。县教育部门不准提留和平调。已征收农村教育附加费的，学生正常入学按规定交纳书本费和学杂费后，学校不得以任何理由再向学生收费。

第6条，农村义务工主要用于植树造林、防汛抢险、修建乡村道路和修缮乡村校舍等，按照标准工日计算，每个劳动力每年承担5～10个。农村劳动积累工主要用于农田水利基本建设、坡改梯、农业综合开发等，按标准工日计算，每个劳动力每年承担10～20个。农村义务工和劳动积累工以出劳为主，除农民自愿以资代劳外，不准强行要农民出资代劳。

第7条，除国家公粮、水费外，农林特产税、屠宰税等国家税费，按课税对象依法征收，严禁平均摊派。

第8条，村集体订阅党报和必要的科技资料时，在村提留的管理费中开支，不得再向群众摊派。其他报纸杂志的订阅必须坚持自愿原则，谁订谁出钱。不准向农民摊派报纸杂志和书籍费。

第9条，农村放电影、录像，演戏，举办运动会、民族节日活动，坚持谁看谁办谁出钱，不准强行搞赞助和摊派。

第10条，村组干部、民办教师严格按有关规定配备，不得超编。乡镇、村不准聘用由村集体和农民负担的工作人员。

第11条，农村发行有价证券、农村保险，要坚持群众自愿的原则。财政和金融部门发行的支农资金和贷款，不得强行代购物资、强行以物放贷、强行以物扣款。不准向农民收取贷款催收费。

第12条，向农民发放牌照、证件和簿册，必须依照法律、法规的规定或经省级以上人民政府批准，只准收取工本费。不准超标准、超范围收费。

第13条，在农村开展各种有偿服务以及农业技术有偿承包，要做到提供服务才有报酬，由服务部门直接向农民签订合同，在搞好服务的基础上，按规定收取服务费，不准用行政手段平推平摊。

第14条，在农村兴办集体公益事业和开展精神文明建设等活动，要坚持抓好经常性工作，不搞强行向村组集体和农民收费的达标升级活动。需要向农民集资的，要根据群众的经济承受能力，并遵循自愿、适度、出资者收益、资金定向使用的原则。

第15条，国务院授权农业部宣布取消的和省、州有关部门根据中央、国务院精神宣布取消的在农村收费项目，要坚决地、不折不扣地执行。不允许以任何借口继续收费或变相收费。同时，要做好深入细致的思想工作，让广大农民摆正国家、集体、个人三者利益关系，积极主动按合同预约时间缴纳规定的税、费、提留，积极完成按劳承担的劳务；对少数无理拖欠，拒交税、费、提留的，或无理不完成义务工和积累工的，要批评教育；对违反法律、法规的，由当地司法机关依法处理。

第四节　农村税费改革

农村税费改革，其主要内容为：“三取消、两调整、一改革”。“三取消”，是指取消乡统筹和农村教育集资等专门向农民征收的行政事业性收费和政府性基金、集资；取消屠宰税；取消统一规定的劳动积累工和义务工。“两调整”，是指调整农业税政策和调整农业特产税政策。“一改革”，是指改革村提留征收使用办法。

2002年，农村税费改革试点工作在全县推开，目的是进一步减轻农民负担和乡镇干部的压力，规范农村收费行为，使乡镇干部将精力集中于服务农村、服务农民、抓好社会主义新农村建设上。加强基础性工作，反复核实计税土地面积；自下而上和自上而下相结合，以村民组为单位张榜公布核定的每个农户的计税土地面积、常年产量、改革前后农民负担；纠正按土地或人头平摊农业特产税；清理规范涉农收费，完善县乡财政管理体制，规范农业税收征管。以“稳负担，防反弹，保运转”为目标，巩固改革成果，进一步完善相关税改政策和配套措施，实现中央提出的“减轻、规范、稳定”等基本要求。

农村税费改革主要经历了三个阶段：一是2002年秋，取消“三提五统”费、屠宰税、农业特产税附加，执行全省统一的农业税率（7%）和附加（20%）。按新政策全县农业税任务（含附加）为575.32万元，与改革前的全县农民政策性负担1046.88万元减少471.56万元，减负率为45.04%，农民人均减负27.05元。二是2004年1月起，实行“三项改革”，即农业税率降低一个百分点，由7%降为6%；执行粮食直补政策，每公斤补贴0.1元；取消除烤烟税以外的其他农业特产税。经过改革，全县农民负担总数为413.76万元，与2003年相比减少91.95万元，减负率为18.18%，农民人均减负4.99元。2004年全县粮食直补为25万元，农民人均补助1.35元，一减一增使农民人均增收6.34元。三是2005年1月起，全部取消农业税，全县农民人均减负22.49元。实施农村税费改革后，乡镇财政预算收入虽然减少，但县对乡镇的超收分成体制未变，乡镇超收分成2002年609万元、2003年487万元、2004年770万元、2005年783万元、2006年1752万元。

通过农村税费改革，开始把基层干部从过去催粮收款中解脱出来，有效缓解干群矛盾，减少农村不稳定因素。在劳动积累工和义务工逐步取消期间，不得强行以资代劳。改革后，村内兴办集体公益事业执行“一事一议”筹资投劳政策。2007年起，县委、县政府不再对乡镇下达财政收入任务考核指标，只根据各乡镇情况安排耕地占用税、契税和非税收入任务，支出按预算下达工作经费，按“零户统管”实施。

第六章　扶贫开发建设

第一节　扶贫开发

1991—2000年，地方经济基础薄弱，扶贫开发工作投资少、规模小、形式单一，主要以散“点”为主。新阶段扶贫开发工作于2001年开始。

2001年，由省扶贫开发部门确定龙里县贫困乡6个，其中：一类贫困乡1个（摆省）、二类贫困乡3个（民主、哪嗙、水场）、三类贫困乡2个（湾寨、麻芝）；贫困村71个，其中：一类26个、二类41个、三类4个。以26个一类贫困村为重点，坚持从改善贫困群众的基本生存条件、拓宽基本增收门路、提高基本素质的“三基本”入手，通过采取办点示范、典型引路、社会帮扶等措施开展扶贫开发工作。项目主要在三元、麻芝、摆省、民主、湾寨、羊场、巴江等乡镇实施，县扶贫办投入6.5万元培训农民1000余人次。

2002年，省、州共批复龙里县财政扶贫资金项目36个，总投资352.2万元，其中：财政扶贫资金254.2万元，群众自筹98万元。直接受益乡镇10个、村68个、1.5万户、7.5万人，累计完成新修乡村道路72公里（其中改造龙里—民主—湾寨公路15公里，投入财政资金31万元）、桥涵5座，新建沼气池150口，新增通路村17个，解决1.5万人的交通困难；新建小水窖150口，解决720头大牲畜的饮水及600亩田土灌溉问题；累计进行各类农业适用技术培训185期5.3万人次，印发资料和书籍4.2万份。

2003年，扶贫开发项目在摆省、哪嗙、羊场、民主、洗马、水场等乡镇实施，省、州共批复财政扶贫资金项目53个，总投资525.02万元，其中：财政扶贫资金376.8万元，自筹资金148.22万元；投入到摆省乡的财政扶贫资金250.1万元，占全县扶贫资金的66.73%。农民实用技术培训112期2.32万人次，印发资料2.8万份。2004年，省、州批复财政扶贫资金项目61个，总投资392.2万元，其中：财政扶贫资金368.3万元，自筹23.9万元。农技培训102期1.8万人次。

2005年，省、州批复财政扶贫开发资金项目53个，总投资380.65万元，其中：财政扶贫资金352.55万元，自筹资金28.1万元；深圳帮扶项目3个，资金100万元。主要在摆省、哪嗙、草原、水场4个乡实施。累计完成种植脱毒马铃薯2300亩、杂交水稻1300亩、杂交玉米6600亩、烤烟600亩、牧草200亩，经果林管护300亩，新增坡改梯1000亩，新增养牛50头、养猪1690头、养羊200只，新修乡村道路19公里，新建小水窖196口、沼气池100口，圈舍改造320间，新建村级综合服务室11个共1320平方米，新建乡农经网服务站1个、农村远程教育点7个、“村村通”广播电视点5个，解决300人和100头大牲畜的饮水困难。累计培训干部群众249期1.68万人，印发资料1.9万份。

2006年，扶贫开发项目主要在哪嗙乡实施，省、州批复龙里县财政扶贫资金项目共67个，总投资481.48万元。累计完成种植脱毒马铃薯2750亩、规范化杂交玉米4600亩、优质牧草60亩、蔬菜2700亩；新增养牛75头、养猪750头、养羊1610只；新修乡村道路16.1公里，新建小水池（窖）205口、沼气池12口；新修硬化1个村3个寨道路长3335米面积5002.5平方米；新建村级综合服务室2个共240平方米；新修沟渠2条2.7公里、排洪渠190米；新建3个村人畜饮水工程，解决4500人和1890头牲畜饮水困难；改造茅（危）房8户；开展重点乡镇能工巧匠培训7期600人，干部农民实用技术培训218期1.68万人，印发资料1.9万份；“绿证”培训3期250人，颁证187人；为346户农户种养业贷款贴息9万元；深圳帮扶项目资金100万元，用于哪嗙乡大谷冰村的通村公路、人畜饮水、村小学和村综合服务室建设4个项目。

2007年，扶贫开发项目主要在洗马、羊场、哪嗙、湾寨、麻芝5个乡镇实施，省、州共批复财政扶贫资金项目69个、产业化生态种草养羊扶贫资金项目3个、贫困地区劳动力转移培训项目1个，总投资403.59万元，其中：财政扶贫资金367.6万元，自筹资金35.99万元。开展重点乡镇能工巧匠培训3期300人、农民实用技术培训209期1.75万人；为贫困村2867户农户种养业贷款贴息49.99万元。

2008年，财政扶贫项目安排在麻芝、巴江、谷脚、洗马、哪嗙、醒狮、羊场7个乡镇的10个村实施，省、州批复项目58个资金530.5万元，同时还批复100万元的产业化生态种草养羊扶贫项目3个、16万元的贫困地区农村劳动力转移培训项目1个。财政扶贫项目累计完成脱毒马铃薯种植830亩、杂交玉米规范化种植1530亩、优质水稻示范推广1000亩、蔬菜种植600亩、经果林种植和管护2750亩，新增养猪1052头、养鸡8000只；新修和改造乡村道路7.3公里，新修硬化村寨道路1.51万平方米，新建小水池290口；改造茅危房9户，新建村级文化室1个50平方米；新建8个村寨人畜饮水项目，解决2356人和1324头大牲畜饮水困难；开展各类干部农民实用技术培训233期2.96万人；为贫困乡村1612户农户种养业贷款贴息30.6万元。

2001—2008年，全县农村扶贫攻坚共计实施整村推进、技能培训等项目300余个，投入各类扶贫资金3000余万元；深圳帮扶项目4个，帮扶资金300余万元。贫困人口3.8万人脱贫增收，全县农民人均年纯收入由2000年的1375元增加到2008年的3005元。累计完成种植脱毒马铃薯2万亩、刺梨2万亩、规范化杂交玉米7030亩、优质牧草5220亩、脱毒红薯300亩、优质水稻1400亩；新增养殖牛130头、猪3963头、羊6710只、竹鼠4000只；新修和改造乡村道路73.47公里，新修硬化村寨道路4.84万平方米，新建小水池（窖）945口；改造茅危房20户，新建村级综合服务室4个380平方米；新修沟渠3条3.9公里，新建13个村寨人畜饮水工程，解决7466人和3339头牲畜饮水困难；开展重点乡镇能工巧匠培训10期800人，干部农民实用技术培训500期7万人次，印发资料6万份；开展“雨露计划”培训2000人，转移和转产1800人。

专记一：

毛栗寨扶贫开发纪略

一、背　景

毛栗寨是龙里县龙山镇播箕村的一个自然村寨，位于县城东北7公里处的山腰上，海拔1300多米，山高坡陡、道路崎岖、经济落后，农户生活十分贫困。全寨有300多亩耕地，其中200多亩坡地。因土地瘠薄、缺水少肥等因素，玉米平均亩产只有100多公斤。虽然实行家庭联产承包10多年，大多数人家还居住低矮破烂的茅草屋、土墙房，穿着补丁叠补丁的衣服，一年至少有3个月缺粮、少油，孩子上学费用还靠借贷。

1993年前，全寨24户村民被贫困缠绕，周围村子的人们都说“有女不嫁毛栗寨”。毛栗寨的贫困状况，牵动着县委、县政府的领导和相关部门人员的心。县科技局走访所有农户，采集大量数据，分析研究致贫原因：主要是缺少肥料和水利设施，土地贫瘠受旱，粮食产量低下，缺少粮食，饲养猪、牛等大牲畜困难；缺肥、缺水的恶性循环制约农业经济发展。已退休的高级畜牧师、县科技局农业科技顾问吴德贵针对毛栗寨的贫困情况，把“一次性投入化肥和选择优良品种来改变面貌”的想法报告上级主管部门，得到黔南州委、州政府和县委、县政府的重视。县科技局、县农牧局技术人员组成项目试验组，开始对这个典型的贫困村寨进行一系列的农业综合扶贫开发试验。

二、项　目

1993年春，县科技扶贫项目小组工作启动后把选择玉米种子作为切入点。高赖氨酸玉米在欧洲被称为“奶牛玉米”，其高赖氨酸含量达0.4%，是食用和饲养牲畜的最佳品种，并且已在中国培育试验成功。经多方查找，他们到北京品种资源研究所玉米组和山东农科院玉米研究所购买高赖氨酸玉米良种，选定贫困的陈玉洪、向塘金等5户农户作为第一批示范户。项目组从技术上对示范户进行玉米规范化种植和科学养猪技术培训，采取以物折贷的形式一次性贷给示范户化肥、玉米种子、猪仔和修猪圈用的建材等共计2400元，规定每户养猪8头，且其中必须有1头母猪，以便第二年起就能够自繁自养或出售猪仔。同时规定每户种植高赖氨酸玉米9亩，所收玉米主要用作饲料。猪的饲养全部由项目小组负责全程技术指导并承担风险，确保饲养成功。

1993年3月，在45亩坡地上开展高赖氨酸玉米科技种植示范试验，实行营养袋育苗、拉绳量距移栽、宽窄行栽培，所有环节都按规范化要求进行。高赖氨酸玉米成熟时，县科技局、县农牧局技术人员现场测产：平均亩产达500.15公斤，比本地玉米高出4～5倍。参加第一批科技扶贫试验的5户农民每家收获近5000公斤优质玉米，有了充足的饲料。按照技术指导，用高赖氨酸玉米作养猪的主饲料，辅以米糠饲料、青饲料、饲料添加剂等，改传统的熟料饲养法为科学的生料饲养法，项目试验户的生猪日增重比传统饲养法提高近1倍，6个月就出栏100公斤左右的生猪。到8—9月间，第一个生产周期结束，示范户第一次获得农牧双丰收。

1994年春播的第二个生产周期，示范户每家只投入180元的高赖氨酸玉米种子钱和极少量用于追苗的化肥成本，便进入“肥多—粮多—猪多—肥多”的良性循环。由于有充足的农家肥，在不用化肥的情况下，他们的玉米也达到亩产近500公斤；30多头肥猪上市，卖猪收入户均达8000多元，扣除贷款之后人均收入1600元。仅此一项就比原来人均年收入250元提高5倍多。

首批5户示范户的成功，引来附近许多人来毛栗寨参观，更多的农户也要求加入项目组的试验。1994年毛栗寨试验户增加到7户，部分农户还开始在山上养黑山羊。1995年试验户增加到17户，当年因资金紧张，县扶贫部门对启动投入每户减少到1800元，农户却积极主动自筹部分资金。1995年秋，所有示范户同样取得预期效益。1996年后，毛栗寨全面实施科技脱贫项目，同时还带动周边村寨100多户农民参加科技养猪、增肥、种植优质玉米等项目建设。1994年9月13日，《黔南日报》以《龙里科技扶贫闯出新路》为题对毛栗寨的扶贫工作进行报道；1995年12月16日，毛栗寨的科技扶贫工作被《贵州科技报》报道。

三、成　效

1996年，县科技局采取“公司+农户、以物押贷”的支持投入方式，在毛栗寨全面实施农业综合扶贫开发项目，帮助农户利用猪粪开发沼气，解决照明、煮饭等能源消耗问题，村民不再砍伐树木作燃料，达到保护生态环境的目标。农家肥的增加，改善土壤结构，提高地力，促进粮食产量提高，从而推动养猪业发展，形成“粮多—猪多—肥多—粮多”的农牧良性循环，增强农户可持续致富的“造血”功能。

1997年，毛栗寨与贵州省贵宝公司合作，开发利用荒山种植猕猴桃320亩，户均10亩以上，到2000年以后成为毛栗寨村民增收的又一拳头项目。同年，县科技局在毛栗寨具体组织实施山塘水窖带移动式喷灌的节水农业模式，得到省科委、省水电厅资金和技术的支持。这个模式非常适合山地耕作的实际，每亩投入控制在500元以内，一个水窖全年运转费用不超过11元，能够抵御80天以内的干旱天气，保证农业高产稳产。毛栗寨在生态农业、节水农业方面的探索实践取得成功经验。

1997年7月，贵州电视台摄制组专门拍摄制作新闻专题片——《龙之故里彩凤飞》，反映龙里县毛栗寨生态农业科技扶贫工作情况及取得的成效。1998年国家科委和省科委决定将此模式项目在贵州省内示范推广。1998年，毛栗寨人均粮食超过800公斤，人均纯收入超过2000元。1998年以后，毛栗寨科技扶贫开发工作不断向前推进，依靠科技种植各种优质良种蔬菜；从省兽科所引进良种乌骨鸡饲养，效益大于养猪；引进优良牧草自种自牧。1999年，州委、州政府决定在全州12个县市扩大毛栗寨科技扶贫模式的试验示范，逐步推广实施。

2000年，毛栗寨修通公路，村寨道路全部水泥硬化，耕地之间修起机耕道，寨中建起篮球场，完成坡改梯200亩，建起生物坡改梯试验示范地20亩，新种经果林150余亩，兴建旱坡地节水灌溉工程；90%以上的农户建成砖混结构的平房或楼房，绝大多数农户用起水冲式厕所，家家户户用上自来水和沼气，安装多年向往的闭路电视，建起科技文化室，全寨适龄儿童入学率、计划生育合格率100%，并且没有一户返贫。

2001年7月，县政府出台《毛栗寨旱坡地生态农业科技示范园建设实施方案》，计划用3年时间，落实毛栗寨粮—猪—沼建设开发、农林牧综合开发、多种经营开发、基础设施建设、村寨建设开发、精神文明建设等一系列综合配套工程项目。到2004年，按照规范标准，毛栗寨已经建成龙里县的小康文明样板村寨。

四、荣　誉

在1993—2004年的扶贫开发实践中，龙里县以毛栗寨为样板先后取得一系列成效，一直得到省、州党委、政府和相关部门的肯定和重视。1998年1月，县科技局获国家科委授予“1997年度科技扶贫先进集体”称号，省科委和省人事厅获表彰为“1997年度科技扶贫先进集体”；县科技工作者吴德贵获国家科委表彰为“1997年度先进个人”。

2001年，由科技部和省、州科技部门立项，在毛栗寨实施“贵州省龙里县旱坡地农作区农牧业综合开发模式推广”研究课题获“贵州省科技进步二等奖”；由省科技厅、省水利厅、州科技局分别立项，省水科院设计指导，县科技局具体组织实施以“毛栗寨—平地山塘水窖带移动式喷灌”为载体的“贵州省旱坡地节水灌溉试验示范”课题，获“贵州省科技进步三等奖”；以毛栗寨为代表的生态农业模式被科技部认定为全国四大科技扶贫模式之一，即“贵州省喀斯特龙里模式”。

2002年9月4日，国际玉米小麦改良中心项目主任Pandey博士认为：“优质蛋白玉米的良种开发，国际上曾经终止过一段时间，现又重新恢复立项并加大投入，并带动其他国家的相关研究，是贵州龙里的工作为此起到了积极的推动作用。”

中国农科院和CIMMYT（国际玉米小麦改良中心）北京办事处，将龙里县毛栗寨列为优质蛋白玉米推广重点试验示范基地，引进CIMMYT的几十个品种组合在基地试种。

五、影　响

毛栗寨式的农牧循环经济发展模式在省内外扶贫开发中得到推广，毛栗寨的影响也越来越大。从1994年起，国家、省、州有关领导、专家、学者就陆续来到毛栗寨参观、考察、交流、学习、研究，最多时一天要接待三四批参观考察人员。先后到毛栗寨考察调研的部门单位主要有：国务院扶贫办、科技部、国家科委、中国科协、中国农科院、中共中央对外联络部、中联部礼宾局、国家政协教科文卫体委员会，中共贵州省委、贵州省人民政府、省扶贫办、省科委、省农业厅、省计委、省农科院、省农学院、省委秘书处政策研究室、省农发办，中共黔南州委、黔南州人民政府、州委组织部、州委政策研究室、州科技局、州科协、州扶贫办、州农业局，还有省外的大别山、井冈山、延安扶贫团以及江西、云南、新疆等14个省（市）科委等国内党政部门、单位和民间组织。

据县科技局统计，从1997年5月31日至2002年6月18日，有100多个国家的200多位专家、政要到毛栗寨现场参观考察，既有国家主席、总统、书记等首脑，也有世界知名科学家、各国青年外交官等，主要有：佛得角总统（非洲独立党主席）佩德罗·皮雷斯、获诺贝尔奖的科学家布劳格（N.E.Borlaug）博士（“绿色革命之父”）、美国生命科学研究所所长左天觉，以及日中世川友好联合会主席世川阳平、国际玉米小麦改良中心总主任Tim·Reeves教授等。

鉴于龙里县科技扶贫开发工作所取得的成绩，1998年、1999年中国农科院、CIMMYT北京办事处两度在贵州召开“全国优质蛋白玉米现场推广会”，毛栗寨两次成为现场观摩主会场。据外交部、中联部陪同外宾到龙里县考察的领导介绍说：“龙里毛栗寨生态村的建设，为加强我国与第三世界国家的联系作了一定的工作，凡是来到毛栗寨考察的外宾均给予高度评价。”

1998年8月，中央电视台《金土地》栏目外拍组到毛栗寨作现场采访，制作的节目在中央电视台“生财有道”栏目中播出。1999年2月15日，中央电视台综合频道外拍节目组与县科技局人员一起到毛栗寨过春节，制作毛栗寨新闻专题节目，于2月17日在中央电视台新闻联播播报3分钟。1999年8月21日，香港亚洲电视台罗振帮一行3人节目组在省外事办人员陪同下，到毛栗寨拍摄制作科技扶贫专题新闻片，在香港及东南亚地区播出。

龙里县毛栗寨的扶贫开发工作到2004年取得阶段性成功，10多年中《黔南日报》、黔南电视台、《贵州日报》《贵州科技报》、贵州电视台综合频道和经济频道、国家科委简报、中央电视台、香港亚洲电视台等各级多家相关媒体都进行过报道。

1997—2002年国外专家、政要到龙里县毛栗寨考察情况表

表10-10

时间	来访国家	专家、政要	联系安排单位	考察地点	考察内容
1997年5月31日	德国	米弗	中国国际民间组织促进会	龙山镇毛栗寨	科技扶贫项目
1998年7月5日	美国、墨西哥	诺尔曼·布劳格博士（诺贝尔奖获得者，“绿色革命之父”）	CIMMYT（北京办事处）、中国农科院	龙山镇毛栗寨、本党	优质蛋白玉米生产、推广、利用和在科技扶贫中的作用
1998年8月4日	美国、墨西哥、印度、加纳、巴西、津巴布韦、泰国	“世界优质蛋白玉米之父”瓦萨等15位专家	CIMMYT（北京办事处）、中国农科院	龙山镇毛栗寨、本党	优质蛋白玉米养猪、沼气开发、山塘水窖带移动式喷灌节水农业示范
1998年9月8日	美国	托马斯·科里、玛利亚·科里	国家引智局、贵州省农业厅	龙山镇毛栗寨	优质蛋白玉米养猪，科技扶贫
1999年8月4日	澳大利亚、日本、美国、巴巴多斯、朝鲜、印度	瑞务斯（CIMMYT中心总主任）、诺尔曼·布劳格、世川阳平（日中世川友好联合会主席）、左天觉（美国生命科学研究所所长）等15位专家	CIMMYT（北京办事处）、中国农科院	龙山镇毛栗寨	优质蛋白玉米养猪、沼气开发、节水农业、荒山开发
1999年10月31日	佛得角（独立党代表团）	佩德罗·皮雷斯（非洲独立党主席、佛得角总统）	中联部、贵州省外事办	龙山镇毛栗寨	优质蛋白玉米养猪、沼气开发、猕猴桃种植、移动式节水喷灌
2000年6月23日	巴西（巴西共产党代表团）	雷纳托·拉贝罗（巴西共产党副主席）	中联部、贵州省外事办	龙山镇毛栗寨	山区脱贫致富、村寨建设、民族工作
2000年7月3日	老挝	宋河·凌沙瓦（老挝副总理）等党政代表一行37人	中央党校、贵州省外事办	龙山镇毛栗寨	旱坡地农作区农牧业综合开发

续表

时间	来访国家	专家、政要	联系安排单位	考察地点	考察内容
2000年10月20日	阿尔及利亚、安哥拉、贝宁、布隆迪、喀麦隆、佛得角、中非、刚果（布）、刚果（金）、科特迪瓦、吉布、加蓬、几内亚、几内亚比绍、马达加斯加、马里、摩洛哥、毛里塔尼亚、莫桑比克、尼日尔、卢旺达、多哥、突尼斯、非洲统一组织	拉伊德·布阿迪等24国青年外交官	外交部、贵州省外事办	谷脚镇观音村、龙山镇毛栗寨	旱坡地农作区农牧业综合开发
2001年5月17日	阿尔及利亚、巴林、埃及、伊拉克、约旦、科威特、叙利亚、摩洛哥、黎巴嫩、利比亚、突尼斯、阿联酋、也门、阿盟、沙特、苏丹、巴勒斯坦、阿曼、卡塔尔、毛里塔尼亚	包岛德·萨德等20国青年外交官	外交部、外交学院外事办	谷脚镇观音村、龙山镇毛栗寨	节水农业、优质蛋白玉米养猪、沼气开发、生态农业
2001年7月6日	厄瓜多尔、哥伦比亚、圭亚那、牙买加、委内瑞拉、多米尼加共和国、特立尼达和多巴哥、巴巴多斯、乌拉圭、巴哈马、巴西、古巴、圣卢西亚、安提瓜和巴布达、秘鲁、玻利维亚、智利、海地、墨西哥、阿根廷、巴拿马	胡安·巴勃罗·巴尔迪维索等21国青年外交官	外交部、贵州省外事办	龙山镇毛栗寨	旱坡地农作区农牧业综合开发
2001年9月21日	老挝	奥占·坦马冯（老挝中央委员、国会副主席）一行31人（其中省部级干部20人）	中联部、贵州省外事办	龙山镇毛栗寨	科技扶贫、旱坡地农作区农牧业综合开发
2001年10月20日	阿尔巴尼亚、亚美尼亚、捷克、阿塞拜疆、白俄罗斯、匈牙利、爱沙尼亚、格鲁吉亚、塔吉克、吉尔吉斯、拉脱维亚、立陶宛、克罗地亚、摩尔多瓦、马其顿、波兰、俄罗斯、斯洛伐克、斯洛文尼亚、南斯拉夫、乌克兰、乌兹别克、波黑	博尼亚茨斯·道克施茨等23国外交官	外交部、贵州省外事办	龙山镇毛栗寨	旱坡地农作区农牧业综合开发
2002年5月3日	蒙古	巴特扎尔格勒（蒙古和平友好联合会会长）等一行5人	国家争取和平与裁军协会、贵州省外事办	龙山镇毛栗寨	旱坡地农作区农牧业综合开发
2002年5月22日	喀麦隆、佛得角、科特迪瓦、中非、刚果（布）、加蓬、几内亚、几内亚比绍、赤道几内亚、马里、尼日尔、卢旺达、多哥（高中级干部培训班）	阿博杜拉耶·乌亚克·马拉瓦等一行13人	中联部、贵州省外事办	龙山镇毛栗寨	旱坡地农作区农牧业综合开发
2002年6月18日	柬埔寨（人民党）	柬埔寨人民党副主席宋山一行7人	中联部、贵州省外事办	龙山镇毛栗寨	旱坡地农作区农牧业综合开发

专记二：

摆省乡扶贫开发纪略

摆省乡位于龙里县南部，距县城61公里。该乡东南面与羊场镇为邻，西南面与惠水县岗度乡相连，西部和贵阳市花溪区高坡乡交界，北面与湾寨乡接壤。全乡总面积89平方公里，山地和丘陵交错，有耕地5354.98亩，高寒贫瘠，土质瘦弱，多冷、烂、锈水田，气候多变，粮食产量低，是全县典型的高寒、偏远、贫困民族乡，成为扶贫攻坚的重点。全乡辖13个行政村、60个自然村寨、73个村民组，居住有汉、苗、布依等民族2471户1.2万人，其中少数民族占99.32%，在少数民族中苗族占90.32%。2003年被列为贵州省100个贫困乡镇之一，是龙里县唯一的省级一类贫困乡。

2003—2005年，摆省乡作为全省一类贫困乡和省、州政府主要领导的定点帮扶乡，扶贫开发工作得到省、州、县各级党政机关及各部门的高度重视和大力支持。时任省委副书记、省长石秀诗于2002年12月2日、2003年4月24日、2003年9月19日、2004年8月13日、2005年8月25日先后5次到该乡的渔洞、新庄、谷孟、新龙、摆省、打夯、摆绒、摆主等村调研，同当地干部群众座谈，研究制定扶贫开发方案；黔南州委副书记、州长蒙启良多次到摆省乡调研指导扶贫开发工作；到摆省乡指导扶贫工作的省领导还有副省长肖永安、吴嘉甫，省人大常委会原副主任杨光林等。

为搞好扶贫开发工作，省、州、县连续三年派出党建扶贫工作队进驻摆省乡。省党建扶贫工作队以省工商行政管理局为牵头单位，每年派出1名副厅级领导作为党建扶贫工作队队长，省扶贫办农建处副处长何文华作为省长联络员，从2003年到2005年长期驻扎摆省指导扶贫开发工作。省委党建扶贫工作队单位组成，2003年为省工商局、省扶贫办、省机械行业管理办公室，队长：省工商局副局长向书鹏；2004年为省工商局、省扶贫办、省公安消防总队，队长：省工商局副局长罗保林；2005年为省工商局、省扶贫办、省公安消防总队、省委《当代贵州》杂志社，队长：省工商局副巡视员兰平。

省委党建扶贫工作队扶贫期间，省工商系统为摆省群众捐赠解放鞋1万多双，学生练习本1万多个，还有电视机、棉被、衣物、化肥等，并投资50万元修建摆省农贸市场，捐款捐物总计150多万元；省公安消防总队捐款8万多元修建谷孟村打磨山小学，出资17万元为金星村摆拱寨、摆岑村大寨修建消防设施；省委《当代贵州》杂志社捐款10万元为金星村修建办公室和维修渔洞小学。州、县党建扶贫单位也各尽所能出钱出物帮助摆省乡抓基础设施建设。

摆省乡扶贫开发工作，除获得财政扶贫资金外，社会各界也伸出援手。先后有黔南州资本营运公司捐赠10万元修建渔洞村提灌站，解决当地群众吃水难问题；贵州黔隆国际信托投资公司、中国石油贵州分公司等捐资100多万元帮助修建摆省初中和中心小学；完美（中国）日用品贵州分公司捐赠30万元修建摆刀小学。

在省、州、县各级各部门及社会各界的倾力帮扶下，摆省乡通过三年的扶贫开发工作，新修和改造通乡通村公路6条共49公里，基本实现村村寨寨通镶边砂石路，交通条件得到较大改善，解决农民出行和运输的大难题；实施408户茅草房、危房改造工程，使1900多人住进新居；建成地波广播系统，实现村村通广播，安装地面卫星接收站8座，安装程控电话300多门，全乡村寨全部开通移动通信网络；兴建人饮工程10处，解决4383人及1389头大牲畜饮水困难；新建库容量4万立方米的小山塘2口，新建和改造灌溉渠道6公里、排洪沟渠2公里，解决1500亩稻田的排灌问题（其中2004年投资10万元修建的果里村大寨排洪沟渠，解决该寨田坝下大雨即被淹的问题）；实施坡改梯工程400亩，使人均基本农田面积达到0.34亩；在姨妈寨、打夯等20多个自然村寨实施文明新村建设。

摆省乡的扶贫开发工作，是龙里县乃至黔南州和贵州省在少数民族集聚地区扶贫工作的一个典型。各级党委政府和当地人民群众团结一心、共同奋斗，用3年时间把一个高寒、边远、落后的民族乡建成一个基础设施相对齐全、交通比较便利、生活条件较大改善的特色乡，引起外界关注。2006年6月1日，非洲加纳、刚果（布）、肯尼亚、南非等4国的记者10多人在省、州外事部门的陪同下到摆省乡，对该乡扶贫开发工作进行详细的采访报道。

第二节 农业开发

一、农业开发项目

1996年，龙里县成为国家农业综合开发县，按照“统一规划、相对集中、突出重点、分步实施”的原则，当年农业综合开发工程在龙山镇、麻芝乡实施，总投资811万元，其中：农发资金434万元，自筹资金257万元。完成莲花引水工程项目，建成拦河坝1座，新建渠道2.9公里；完成羊鸡冲水库渠系配套，新建渠道4.02公里，新挖隧道160米，新建倒虹管328米，渠道防渗2.1公里，新增灌面0.34万亩；完成营造水保林1.1万亩，改造中低产田土1.1万亩；培训农民1.1万人次；建成畜禽养殖基地、黑山羊养殖基地、苗圃基地各1个。

1997年，农发项目在龙山镇莲花灌区实施9个，总投资784万元，其中：农发资金523万元、自筹资金261万元，农发资金中有偿资金363万元。改良1.2万亩田土；维修花马冲水库和枧槽冲沟渠，灌面新增1300亩、改善2000亩、恢复3700亩；新增林地1万亩，建魔芋基地418亩；培训项目区农民1.25万人次。

1998年，实施农发项目4个，总投资224万元，其中：农发财政资金151万元，自筹资金73万元。建设石板滩水库水渠系统配套工程，完成干渠防渗10公里，干渠整修5公里，新建支渠4公里，山羊冲整修隧道64米；改良中低产田土1万亩，营造水保林5783亩，培训农民1.1万人次。

1999—2001年，实施农发项目累计总投资2516万元，其中：州以上农发财政资金1601万元（无偿资金846.32万元、有偿资金754.68万元），县级财政配套229万元，群众自筹和实物折资686万元。1999年农发水利项目实施谷平引灌工程，建成溢流坝1座、引水渠16.1公里；2000年建设石板滩渠系配套工程，修主干渠18公里、支渠7公里，整修山塘5口；2001年修建巴江灌排渠系工程，完成建设渠道11.56公里、倒虹管4座970米、渡槽25米、调节池1座720立方米、小水池268个；土壤改良共1万多亩，营造水保林1.8万亩，购置农机具53台套，培训农民3.3万人次；实施种猪场、花椒基地、花卉苗圃基地、天麻基地、大棚蔬菜基地等建设。

2002年，农发项目在龙山镇新场村实施，项目总投资584万元，其中：财政资金450万元，自筹资金134万元。项目建成五子登科小（1）型水库，总库容105万立方米；改造中低产田土0.6万亩，建成3.5米宽机耕道8公里；新建沼、圈、厕、厨四位一体沼气池400口；培训农民1.05万人次。

2003年，农发项目在龙山镇实施，项目总投资412万元，其中：财政资金387万元，自筹资金25万元，投工投劳折资149万元。为2002年度五子登科水库的续建项目，续建完成大坝砌筑高度；新建园田化小区主干渠2100米、田间支渠1146米；新建王榜园田化小区3.5米宽机耕道3公里、1.2米宽水泥人行步道1.15公里，改造维修坝上桥1座，新建滚水坝1座、鱼塘40口；培训农民1650人次；完成改造中低产田土1.32万亩。

2005年，农发项目继续安排在龙山镇实施，项目总投资498万元，其中：财政资金330万元，自筹和实物折资168万元。建成拦河坝1座、主干渠5.9公里、支渠8公里，建成廖下、附城堡渡槽各1座，新建田间渠6公里、老寨排污沟0.74公里、机耕道5.4公里，示范推广优质粮1000亩，培训干部群众1158人次。

2006年，农发项目安排在羊场镇走马村实施，项目总投资472万元，其中：财政资金367万元，自筹资金和实物折资105万元。项目新建白岩冲拦河坝1座、叫水冲拦河坝1座、主干渠6.83公里、支渠4.5公里、田间渠道6公里、倒虹管4座261.3米、排洪渠0.72公里；继续完成2005年度莲花项目区渠系配套3.39公里；新建机耕道8.8公里，其中主机耕道6.04公里、支机耕道2.76公里；新建拱桥2座、滚水坝1座；示范推广优质稻1000亩，购置农技推广仪器32台套；培训项目区干部群众2050人次。

2007年，农发项目继续安排在羊场镇走马村、孔雀寨一线实施，总投资513万元，其中：财政资金402万元，自筹资金和实物折资111万元。新建坝陇干渠480米、谢桥山干渠2.78公里；新建壤纳干渠1.3公里、支渠6.03公里、排洪沟2.21公里；科技推广培训750人，推广种植超级稻1500亩、甜玉米300亩、蔬菜295.7亩；省直重点科技示范推广项目完成推广优质蛋白玉米1000亩；州级科技示范推广项目完成示范推广优质水稻种植1000亩。

2008年，农发项目安排在湾寨乡毛栗村实施，项目总投资384万元，其中：财政资金318万元，群众自筹66万元。完成加固防渗叫水冲拦河坝1座，改造、新建干渠6.84公里，新建引水渠0.67公里、支渠3.41公里、带步道田间渠2.21公里、排洪渠620米，完成渠系建筑物110座；新建机耕道4.84公里、机耕桥4座；培训干部群众943人，示范推广超级稻1500亩，蔬菜种植250亩。

二、商品粮基地

龙里县是国家“八五”期间第二批商品粮基地建设县，从1993年10月国家计委批准实施开始，到1997年8月结束，建设周期近4年。

（一）基地布局　基地布局本着“基础设施抓长远、经济效益抓当年”“提高粮食产量和增加商品粮，发展优质果蔬基地，保障市场供应”的原则，利用乡镇之间特殊的地理位置和地形地貌差异，以龙山镇、三元镇、羊场镇、湾寨乡作为水稻1.4万亩优质米生产基地，带动其他乡镇；以谷脚、洗马、猫场、谷龙、哪嗙等乡镇作为优质玉米和果蔬生产基地；以民主、摆省、龙山、麻芝等乡镇的高寒山区作为啤麦生产基地。同时，全县大力开发冬季农业生产，推广旱地分带轮作，广种绿肥，进行油菜育苗移栽，努力提高夏粮生产水平，增加夏粮产量。为保证良种推广，选择羊场、洗马、民主等乡镇进行杂稻、杂包、绿肥、啤麦种子育种基地，提高良种推广供应自给能力，满足农业生产用种。农业部分建设投入启动资金275万元，其中：国家110万元，省级配套82.5万元，州级配套41.25万元，县级配套41.25万元。

（二）基地建设　基地建设农业项目分为中低产田土改造、新技术推广服务体系、良种繁育体系、市场建设及深加工体系共16个子项目。中低产田土改造建设，计划采用生物治理和工程改良结合，改造面积7.5万亩，占全县耕地面积的41.7%（其中生物措施改良治理7万亩、工程措施改良治理5000亩），累计完成治理9.22万亩，完成投资72.42万元；采用生物措施改良治理8.7万亩，工程措施治理5200亩，完成计划的118.6%和104%。新技术推广服务体系建设，累计完成半机械化温室建设5个，乡镇农牧站业务房修建6处，“两高一优”农业技术推广面积12.52万亩，完成投资111.35万元。良种繁育体系建设，含“两杂”粮种基地、啤麦留种基地、种子仓库、晒坝建设和种子检疫检验仪器购置5个方面，计划建1000亩杂稻、2000亩杂包制种基地，1200亩啤麦留种基地和配套种子仓库、晒坝建设，累计完成杂交水稻制种1018亩、杂包制种2076.5亩、啤麦留种1206亩、仓储设施3个共612平方米，完成投资42.93万元。市场及深加工体系建设，计划市场建设及深加工房修建1000平方米，购置优质米加工机械设备1套，投资55万元，实际完成改造深加工厂房300平方米、农副产品市场门市部680平方米；完成高压用电增容改造等工程投资48.32万元。1996年冬加工优质精装米1.2万公斤进行产品试销，市场前景较好。

（三）建设成效　龙里县商品粮基地建设经过近4年的艰苦实施，改善农业生产条件，提高科技含量，带动“两高一优”农业发展，促进商品粮产量和农产品生产能力提高，增加农民收入。与1993年相比，1994—1997年粮食产量年均6.43万吨，比项目设计任务年均6万吨年增加4300吨，增长率为7.17%；农业总产值3年平均1.45亿元，农民人均年纯收入3年平均为869.7元，分别比1993年增加1333万元和233.7元，增长率为10%和36.7%；3年农民人均年纯收入比设计目标615元增加254.7元，增长41.4%，比设计要求人均年增收160元净增94.7元，比设计要求增长59.18%。年产粮食比项目实施前3年平均5.1万吨增加1.33万吨，比设计方案年增9000吨增加2038吨，增长22.6%。农业人口人均占有粮食382公斤，比项目实施前3年人均310公斤增加72公斤，增长23%；比设计350公斤增加32公斤，增长9.1%。同时，每年向市场提供商品粮大米由“七五”期间年均2080吨提高到7500吨，提供优质玉米3000吨，提供优质蔬菜4500吨。羊场大米、谷脚香葱和冬瓜、猫场韭菜花和折耳根、谷龙大蒜、巴江生姜等农副产品享有声誉，逐步进入省城贵阳并占有一席之地。商品粮基地建设，通过几年实施，达到和超过设计生产目标。

龙里县“八五”期间（1991—1996年）商品粮基地建设项目完成情况表

表10-11

项 目	建设地点	完成规模	完成投资（万元）	
			合计	其中：设备投资
种子仓库晒坝（平方米）	小 计	612	31.45	
	县种子仓库	284	16.59	
	谷 脚	288	10.5	
	洗 马	40	1.86	
	其中：晒坝	355	2.5	
冷烂锈田治理（亩）	小 计	2536	33	
	哪 嗙	1500	19.18	
	谷 龙	256	2.5	
	醒 狮	780	11.32	
市场体系及深加工（平方米）	小 计	980	48.32	
	全县（市场体系）	680	29.48	
	全县（深加工）	300	18.84	6.4
坡改梯（亩）	小 计	509	6.05	
	洗马干塘	256	3.05	
	谷脚栋青树	253	3	
绿肥种子仓库（平方米）	小 计	637.6	20.55	
	草 原	369	10.89	
	谷 龙	78.6	2.1	
	醒 狮	190	7.56	
乡镇业务用房（平方米）	小 计	1043	35.69	
	三 元	176	6.1	
	麻 芝	246	7.34	
	巴 江	238	5.22	
	水 场	260	12.5	
	哪 嗙	123	4.5	
半机械化温室（平方米）	小 计	472.25	49.13	25.86
	三 元	90.85	10.03	
	麻 芝	94.7	9.13	
	哪 嗙	90.8	8.96	
	谷 龙	90.45	8.92	
	洗 马	105.45	12.09	

第三节 农业产业化

一、产业结构调整

1991年以后，龙里县依托国家各项惠农政策和区位优势，利用扶贫开发、非耕地开发、农业综合开发、以工代赈、商品粮基地建设、世行贷款等项目资金，加快全县农业基础设施建设，农业产业结构逐渐加快变化。2000年以后，全县农业产业化经营以提高质量和效益为中心，以市场为导向，依靠科技优化品质、调整布局，大力发展订单农业，提高农产品加工转化水平，为促进农民脱贫致富奔小康拓展新的门路。

特别是2004年以后，全县农业产业化进程加快。不断改善农业生产条件，提高农业综合生产能力，加快农业资源开发和利用，使农村产业结构调整进入综合开发与建设规模商品生产基地时期。其间，全县主要集中抓好粮、蔬、牲畜、药、花、产业化企业及打工经济等7大支柱产业的调整发展，同时加快对全县茶叶、酥李、猕猴桃和烤烟基地等后续产业的建设和发展。

2004年，龙里县利用与贵阳市毗邻的优势，大力发展无公害蔬菜和秋淡蔬菜，全县连片种植商品蔬菜3000亩左右；种植经果林3.47万亩，主要分布在三元、谷脚、龙山、麻芝、洗马、巴江、谷龙等乡镇；完成烤烟移栽1.62万亩，与农户签订种植收购合同2565份，种植农户达2573户，对烟农培训151次6232人，全年收购烤烟2.8万担，担均价459.82元，总收购金额达1301.9万元。

发挥区位优势，依托贵州医药文化资源，先后引进神奇、富华、大成、海日、瑞和、益佰、信邦、宏康等12家医药企业落户龙里，“以药促农”，全县种植中药材5000亩。采取办养殖示范点形式，调整畜禽结构，全县共办猪50头以上规模的养殖场20个，牛30头以上规模的养殖场5个，禽2000只以上规模的养殖场3个，种草养禽100只以上规模的养殖场35个。到赫章县收购山羊100只、麻鸡1000只，采取分散养殖的方式，发放给民主乡幸福村及摆省乡打夯村的村民饲养，带动养殖70多户。全县养殖奶牛400头、黑山羊3537只、波尔羊814只、黄山羊66只、闽中麻鸡53.7万只、种兔270只、种羊30只，瘦牛育肥136头。

2005年，全县蔬菜种植4万亩，其中：冬春早菜2.8万亩，完成州计划的112%，蔬菜总产量7000万公斤，总收入5600万元；商品蔬菜1.1万亩，总产量5000万公斤，总收入4000万元。羊场镇发挥“万亩大坝”优势，连片种植优质水稻2000亩以上；广西宜州新东方罐头食品公司到谷龙乡林安村、乐榨村发动30多户发展订单农业，种植法国细刀豆120亩；醒狮镇利用紧邻贵阳的优势，全镇蔬菜种植1万余亩，基本形成蔬菜专业乡镇；哪嗙乡利用高寒冷凉的气候特点，在一类贫困村高枧村推广冷凉蔬菜种植340亩，涉及农户83户，实现纯收入47.6万元，户均增收5300元，其中12户收入超过1万元。全县完成烤烟移栽1.53万亩，种植农户达2666户，收购烤烟3.67万担。全县建成规模养猪千头场2个、百头场80个、10头场（户）3260个；建成规模养牛百头场2个、50头场16个、10头场86个、5头场（户）550个。规模养殖发展迅速，主要畜产品产量等比上年同期有较大幅度的增长，全县大牲畜存栏6.86万头增长7.69%，生猪存栏8.48万头增长6%，羊存栏1.8万只增长10.4%，奶牛存栏295头增长7.3%；生猪年末出栏8.58万头增长10.1%，牛出栏0.725万头增长8.2%，禽出栏38万只增长28.8%；肉类总产量0.94万吨增长20%，水产品产量600吨增长5.3%。

2006年，坚持加大农业农村经济结构调整力度，加快农业产业化经营步伐，不断增加农民收入，促进农村经济高效、快速、可持续发展。按照“生产发展、生活宽裕、乡风文明、村容整洁、管理民主”的要求，推进全县社会主义新农村建设，着力培育扶持助民增收的“粮食、蔬菜、畜牧养殖、花卉、药材、农业产业化企业、发展打工经济”7大产业。加强优质粮生产，超级稻种植达6200亩；杂交玉米种植达9.1万亩，比上年增加3.94万亩。

借助县内民族医药企业及举办贵州苗医药文化博览会的发展平台，着力打造GAP中药材种植基地，药材种植发展迅速。2006年，贵阳同济堂药厂建有湾寨乡淫羊藿GAP基地和龙山镇续断基地共2500亩；县科技局在麻芝、三元、龙山等乡镇发展农民种植头花蓼1000亩；县科协发展农民种植杜仲、五倍子、黄柏、天麻、吴茱萸等药材6500多亩。全县中药材种植达1万亩。

2007年，全县已有各类农业产业化组织37个，其中：农业产业化企业18个，农村各类专业经济组织19个；县级龙头企业6个，贵州龙里凌华牛业有限公司、贵州莫伯妈食品有限责任公司、贵州弘康药业有限公司申报为州级龙头企业，贵州龙里凌华牛业有限公司申报为省级龙头企业。农业产业化企业固定资产总值5692万元，上缴税金184.6万元，已认定的优质农产品无公害生产基地1万亩，发展定单农业6.3万亩。农业产业化的发展带动全县农户7000多户。

2008年，蔬菜种植面积5.5万亩，产值近2亿元。全县通过农业部无公害农产品产地认证的土地有1万亩，通过无公害农产品认证的产品有白菜、番茄、小青瓜3个蔬菜种类，并注册“龙鲤羊场大米”“茶香村刺梨”“农三元酥李”等8个农产品商标。畜牧业生产规模化、标准化水平不断提高，继续保持良好增长势头，成为拉动农业增长、推动农业结构调整、提高农民收入的一大亮点，年内出栏生猪6.67万头，比上年增长10.7%；出栏牛3051头，增长3.89%；出栏羊1.72万只，增长13.91%；出栏禽28.44万羽，增长5.8%；肉类总产量7095吨，比上年增长9.6%；畜牧业产值达1.28亿元，比上年增长9.7%。粮食总产量比上年增长6.8%，达8.74万吨。

成立花卉产业办公室，明确1名副县级领导负责。根据贵阳市场的需求，在龙山、谷脚、醒狮等乡镇发展花卉园艺产业，建花卉温室大棚5000多平方米，苗木种植1000多亩。谷脚镇农民申远志、醒狮镇农民曹继发带领群众种植花卉苗木300多亩，经济效益良好。

围绕农民增产增收的目标，培养“有文化、懂技术、会经营”的新型农民。鼓励、帮助农民外出务工，加快农村剩余劳动力向非农产业转移。全县外出务工农民2万多名，占全县农业人口的11%左右。

二、产业化项目建设

随着农业产业结构调整和农村经济的不断发展，农业企业应运而生。2006年，全县已有13家农业产业化企业，主要分布在龙山、谷脚、醒狮和草原等乡镇。投资较大、效益较好的企业有贵州凌华牛业公司、贵州龙港生态资源开发有限公司和龙里久源食品厂。凌华公司在草原乡投资1395万元养殖奶牛600多头，建有奶制品生产线，带动龙山、草原两乡镇农民125户种植牧草，使农户年均增收1000元以上；龙港公司投资1790多万元在谷脚镇兴办刺梨种植基地和加工厂，带动农户700多户；久源食品厂落户龙山镇投资100多万元生产辣椒制品，年产值达160多万元，带动118户农民年户均增收1200元以上。

立足资源和区位优势，突出发展粮食、畜牧、蔬菜、药材、花卉五大主导产业，实行政策倾斜、成立专门机构、开展分工合作、寻求重点突破，初步形成规模化、区域化发展布局。2007年后，全县常年蔬菜种植面积4.5万亩，总产量达12.8万吨，年销售收入1.3亿元，农民从事蔬菜产业化人均增收500元以上，涌现出一些蔬菜种植专业村和种植大户。其中：谷脚镇王关村蔬菜种植总收入300多万元，户均3万多元，种植大户陈德国种菜17亩收入8万多元；谷脚镇毛堡村、哪嗙乡高枧村在生态种草养羊、“优质肉羊基地县”等项目和龙峰牧业公司、天诚牧业公司的带动下发展养羊业，农民收入大幅度提高。

在发展农业产业化过程中探索和推行“公司+农户+基地”等多种利益联结机制。到2007年，谷脚镇王关村通过建立蔬菜专业合作社，带动360户种植蔬菜3650亩；凌华牛业公司带动草原乡、龙山镇300多户农民户均年增收1200多元；弘康、同济堂等药业公司在麻芝乡、龙山镇、湾寨乡建立头花蓼、续断、淫羊藿等中药材种植基地3000多亩，种植户平均增收1000多元；龙里兴旺屠宰场发展经营户16户，年屠宰生猪5.4万头，解决农民20多人务工，月收入1000元以上。

2008年，全县有农村专业合作社16家、农村经纪人60人，带动农民发展订单农业2034亩。其中：洗马镇、巴江乡生姜种植农户通过“巴江鑫晨生姜专业合作社”和“洗马金盛生姜专业合作社”收购生姜，解决单家独户销售难题，使两乡镇150多万公斤生姜顺利销售，农民增加收入174.9万元。

在发展农业产业化经营中，不断加大科技投入，打造一批具有地方特色和市场竞争力的品牌产品。其中：弘康药业利用中草药头花蓼生产中成药“热淋清”胶囊列为省级优质产品；莫伯妈食品有限公司以生产辣椒制品、豆制品为主，不断加大投入，扩大生产，年生产油辣椒制品近500万瓶、豆制品120吨，年产值达2800多万元，产品在市场上很受欢迎；谷脚镇农民在精细蔬菜种植上下功夫，生产的豌豆尖、香葱等在贵阳市场上供不应求，形成“谷脚豌豆尖”品牌。2008年，全县有州、县两级产业化重点龙头企业8家。

县委、县政府制定政策措施，上报农业招商引资项目30多个，组织企业参加广州、贵阳农产品博览会，吸引客商到龙里投资兴办农业产业化企业。将水利、综合开发、扶贫、良种补贴、科技示范和农民合作经济组织建设等农业项目资金实行捆绑使用，优先用于农业产业化龙头企业和优质农产品生产基地建设，对发展潜力好、带动力强的龙头企业予以重点扶持。2008年，引进深圳惠龙投资有限公司到龙山镇莲花村租赁土地发展蔬菜种植500亩，辐射带动2000亩。

在保障粮食增产增收的基础上，畜、菜产业得到良好发展。2006年，将畜牧养殖业的发展列入对乡镇考核的重点内容，全县159个行政村的动物防疫员由2005年的40名增加到126名，对防疫员的补助由每月80元提高到100元。启动村级兽医室建设，拟在3年内每村建1个兽医室，当年建成46个，并在159个行政村中设置由村级防疫员或村干部担任的动物疫病防控信息员。安排畜牧发展资金58万元，各级各部门兴办养殖示范点，建成规模养猪场85个、养牛场18个，规模养羊户72户，养禽2000只以上的12户，龙山—草原—麻芝—三元和龙山—谷脚—哪嗙—醒狮—谷龙的养殖小区已初具规模，谷脚—哪嗙—醒狮—谷龙一线的养羊产业经济带已成雏形。

为进一步促进农业产业化企业发展，出台《龙里县农业产业化龙头企业认定和运行监测管理办法》，对符合县级龙头企业认证标准的4家企业进行认证，推荐贵州凌华牛业有限公司和贵州龙港生态资源开发有限公司申报为州级龙头企业。2008年已认证贵州龙里县邓氏食品有限责任公司和贵州神奇啤酒有限公司为县级农业产业化龙头企业，全县农业产业化龙头企业达12家。

三、农副产品加工

（一）企业发展

改革开放初期直至1991年，农业农村经济基础薄弱，农副产品加工与销售发展缓慢。全县农产品资源虽有一定优势，但加工业总体规模小，还处于起步发展阶段。

1991—1999年，随着农业科学技术发展，产业结构调整力度不断加大，农牧业生产发展态势转好，农业产业化经营兴起，产量产值大幅度提高。一些小作坊酿酒、油菜籽加工、霉豆腐生产和香肠、腊肉制作行业开始兴起，但设施简陋、加工粗糙、产量低，管理营销不善，无法形成企业规模化生产。2000年后，一些小型农产品加工企业开始试产试销，企业数量逐渐增多，规模不断扩大，产量质量得到提升。

2008年，在县乡镇企业局加挂县农产品加工办公室牌子，对规模（500万元）以上农产品加工企业销售收入、增加值等指标作季度统计。2008年底，县内具备一定规模的农产品加工企业近10家，其中年销售收入500万元以上的农业产业化龙头企业2家。

（二）产品种类

1.酒　1978年，国营龙里县酒厂主要生产白酒，品牌有龙里白酒、龙酒、高粱酒、窖酒、龙鲤米酒等，年产100万吨，年产值120万元。后因经营不善，于1999年改制停产。

2.刺梨　县境野生刺梨资源丰富，刺梨药食兼用，素有“维C之王”的美称。1983年9月，由县科委牵头在县城东门建立食品饮料厂，主要生产刺梨汁、刺梨晶，刺梨汁年产约200吨，年产值20万元；刺梨晶年产20吨，年产值18万元。1994年停产。1986年，刺梨冲剂获评贵州省科技成果三等奖，刺梨饮料开发列入国家“星火计划”。1987年4月与中国广澳开发公司汕头经济特区广澳劳兴贸易公司合作在汕头市举办龙里刺梨品尝订货会，龙里刺梨以其果大、色艳倍受青睐，产品销售一空，被评为“最佳推荐产品”。1994年县食品厂生产的刺梨晶获省科委颁发科技进步三等奖。2000年，龙里刺梨干被认定为绿色食品标志产品。在2003年深圳农产品交易会上，龙里刺梨成为最受商家欢迎的十大产品之一。

3.辣椒、豆制品　2004年12月建成龙里久源食品厂，为县内第一家农产品加工私营企业，后改名为贵州省龙里县莫伯妈食品有限责任公司，专门加工生产辣椒、豆制品系列产品。选用地方生产的无公害辣椒为主要原料，配以多味中药材，采用传统的布依族加工工艺。2005年，公司产品获省经贸委颁发“最佳成果奖”；2006年，公司被授予“农业产业化经营县级龙头企业”称号，辣椒系列食品被云南电视台推荐为“优秀品牌食品”；2007年，公司被黔南州工商局授予“守合同重信用单位”称号。2008年，公司年产辣椒系列食品50万瓶，年产豆制系列产品144吨。

4.大米　羊场镇素有“龙里粮仓”之称，出产大米质量好，在省内享有一定声誉。2006年5月，羊场镇宏旺大米加工厂投产，日可加工大米50吨，价格在原基础上每斤提高0.15～0.3元。该厂在贵阳甘荫塘、后坝、五眼桥、玉田坝四大粮食批发市场均设有批发点，产品供不应求。按照“加工+基地+农户+科技”的产业化模式，与农户签订种植及回收合同，订单量逐年增加，2008年比2007年增加2倍以上。2008年，县工商局帮扶成立“羊场镇新营村水稻种植销售协会”，注册“龙鲤羊场大米”商标。

5.啤酒　2007年，引进贵州神奇啤酒有限公司落户龙里。该厂依托“神奇”品牌市场影响力，利用龙里出产的小麦等粮食为原料生产“神奇”牌啤酒。2008年，推出神奇冰纯、冰天雪地、神奇12度、神奇11度、神奇10度等新产品，解决700多名本地农民就业。

6.辣子鸡　2008年6月成立贵州省龙里县邓氏食品有限责任公司，位于县城山林路，专门生产特色菜“辣子鸡”。该公司最初是一家名为“运输饭店”的小菜馆，主菜“辣子鸡”有27年的历史。原料选用地方放养土鸡、无公害辣椒等，按照传统方法研制辣子鸡、鸡辣椒、卤味等系列食品。按照“公司+基地+农户”运作模式，带动发展种植养殖业，土鸡养殖基地5个年销售10万羽以上，带动发展辣椒、生姜、大蒜、花生等种植基地5000亩年销售10吨以上。

7.生姜　2008年7月，县农业局抽调4名技术干部在巴江乡组织成立“巴姜农产品开发有限责任公司”，注册资金50万元，采取“公司+合作社+科研部门+基地+农户”模式发展生姜产业。公司主要负责制定方案、规划基地、建设加工厂、对外销售等，联系重庆、广西等地菜商到巴江生姜基地实地调查、签订协议。

第四节　小康村建设与新农村建设

一、小康村建设

2003年，开始启动小康村建设工作，按照“因地制宜、分类指导、突出重点、非均衡推进”的原则开展小康户、小康村、小康乡镇创建活动。编制全县2001—2010年小康建设规划，确定2003年小康乡镇和小康村建设地点，将有关指标列入对乡镇的年终综合考核内容，使建设有计划、有步骤地实施。

2003年在86个村寨开展文明村寨建设，实施道路硬化，修建沼气池，累计投入资金80余万元。小康村的申报获批情况：2004年向州申报龙山镇的莲花村、新场村和坝上村，谷脚镇的岩后村和大坡村，醒狮镇的大坝村，洗马镇的台上村等7个小康村；2005年向州申报谷龙乡的小谷龙村，水场乡的水场村和高沟村，洗马镇的拐哈村和台上村，龙山镇的余下村、新场村、莲花村，羊场镇的金批村，谷脚镇的岩后村，醒狮镇的羊场司村等11个小康村；2006年推荐三元镇高坪村，摆省乡谷孟村，龙山镇大竹村、播箕村，湾寨乡上坝村，谷脚镇岩后村，洗马镇上石坎村，麻芝乡五里村，巴江乡落锅村，谷龙乡乐榨村、大谷龙村等11个村申报为小康村；2007年筛选羊场镇走马村、翠微村、和平村，醒狮镇醒狮村，谷脚镇大坡村，洗马镇落掌村，草原乡幸福村，麻芝乡富洪村，摆省乡谷孟村，谷龙乡高吏目村等10个村申报为小康村。小康村的群众精神生活较为充实，居住环境得到较大改善，物质生活水平普遍提高。

二、新农村建设

2006年，开始启动新农村建设试点工作，全县每年选择3个左右的建制村进行社会主义新农村示范建设。县财政每年安排专项资金支持示范村建设，各项投入农村的资金尽可能围绕示范点安排。试点示范的要求是：科学规划，稳步推进；政府引导，各方参与；整合力量，形成机制；群众自愿，示范引导；因地制宜，突出特色。试点示范的目标是：示范村经济发展增长率、生产技术水平、农民收入增长率明显高于全县平均水平；村容村貌整洁，适宜的农户全部使用洁净能源，垃圾和生活污水治理率高；民居适用，饮水安全，道路硬化，街巷干净，环境优美，特色鲜明；农村劳动力培训率高，有一批农村适用技术专门人才；农村公共服务水平显著提高；农村基层党组织作用充分发挥，村民自治组织更加完善，基层民主法制建设更加健全。

2006年，选定龙山镇水桥村为省级新农村建设试点村，醒狮镇大岩村为州级试点村，龙山镇坝上村为县级试点村。省级试点村水桥村吴家庄投资13万元修建宽6.5米、长500米的村寨水泥硬化主干道和宽2.5米、长1200米的水泥支干道；投入20余万元对旧房、厕所、牲畜圈舍和公共环境进行改造建设；投入资金22万元，新建房屋3幢1000余平方米，扩建2户400余平方米；对位于主干道临街面66户村民的房屋屋面贴上琉璃瓦，新建寨门1个。

醒狮镇大岩村争取上级资金24.3万元投入小岩民族文化村建设；州财政局投入8万元、群众投工投劳修建大岩至大坝村大环坡组的通村公路，全村57%的农户实现道路硬化，改善村容村貌和生产生活条件；投资3万元将小岩民族文化村内河道进行清沙治理。

龙山镇坝上村注重加快农业基础设施建设，提高农业科技含量，推广农村适用技术，实施农业综合开发项目建设，修建灌溉沟渠6000米、田间支渠1200米、1.2米宽田间水泥人行道960米，建成3.5米宽机耕道2000米、稻鱼工程鱼池60口，铺设自来水管道6000多米，沼气使用率达50%以上；县财政及有关部门投入资金20多万元对村寨房屋进行包装、改造，修建休闲、娱乐、体育等公益设施；全村杂交水稻规范化种植率达100%，杂交玉米育苗移栽率达95%以上；全村有养殖户100多户，有的村民还开办“农家乐”饭庄，经济收入迅速增长。

2007年，全面启动14个县级新农村试点村（龙山镇坝上村、羊场镇走马村、醒狮镇鸡场村、哪嗙乡高枧村、谷脚镇观音村、巴江乡平坡村、湾寨乡毛栗村、麻芝乡富洪村、三元镇永安村、草原乡朝阳村、摆省乡谷孟村、水场乡中坝村、谷龙乡高吏目村、洗马镇新庄村）建设，继续加强1个省级试点村（龙山镇水桥村）、1个州级试点村（醒狮镇大岩村）建设，县财政列支28万元作为14个县级新农村建设试点村启动资金，全县各部门联动，累计投入资金263.48万元支持新农村建设。

2007年，发挥资源、传统和区位优势，发展“城郊型”“观光型”农业，推进规模化、标准化、市场化“一村一品”建设，当年建成18个村，覆盖9个乡镇。对每个试点村按照“一村一品”的要求确定主导产业，其中：水桥村以劳务经济为主，注重发展第三产业，全村劳动人口663人中在村内企业务工人员就有400余人，全村从事运输业31户、建筑业16户、餐饮服务行业20户、房屋出租70户；坝上村积极发展近郊观光农业、科技农业，引进先进技术种植精品小西瓜等；树立三元镇高坪村的酥李品牌、谷脚镇茶香村的刺梨品牌等。

2008年，按照“完善老点、建设新点、打造精品”的思路，确定羊场镇走马村、谷脚镇观音村、麻芝乡富洪村、洗马镇新庄村4个村为社会主义新农村建设试点村。按照“农民自助、政府补助、社会帮助”的原则整合资源、集中力量，由县财政安排每个试点村5万元，各乡镇筹措资金投入建设。

通过社会主义新农村建设，实现“走路不湿鞋、吃水不用抬、煮饭不烧柴、汽车进寨来、村寨美起来、庭院绿起来、钱袋鼓起来、文明进家来”的显著变化。

第十一篇　林业　水利

第一章　林　业

第一节　营林建设

一、绿化造林

1977年，在龙山区城关镇铙钹山建立苗圃场57亩，育苗全部用于植树造林。1980年实行家庭联产承包责任制后，出现家庭式（个体）育苗专业户。最早的是谷脚公社农户张治纲用承包土地培育各种花卉苗木，成为全县有名的“万元户”，带动育林苗圃的发展。此后，全县造林承包专业户、联合体和育苗专业户相继出现，承担部分造林、育苗任务。到2001年，全县建有苗圃200余亩。2003年，县林业局设立种苗站，加大对苗木、种子的管理。2006年初，铙钹山苗圃场育苗地块由县政府征作他用。

1991年新西兰在龙里县投资80万元建设林草间作项目。1998年以后，禁止森林采伐，继而实施天然林资源保护，生态建设进入实质性阶段。1999年，龙里县正式被列入国家天然林保护项目工程（简称“天保工程”）县，在全县停止一切砍伐，封闭木材交易市场。“十五”期间，全县相继实施世行贷款造林、天然林资源保护、退耕还林等林业重点工程，共完成营造林34.5万亩，其中世行贷款造林3.64万亩、天然林资源保护8.43万亩、退耕还林12.68万亩，其他工程9.75万亩。

县委、县政府在全县经济发展决策中，把“生态立县”放在重要位置。每年春季开展植树造林活动，各级政府领导带头参加义务植树，推进“3·12”植树节取得实效。1995—2008年，全县参加义务植树造林达100多万人次，植树300多万株。植树造林全县参与、形式多样，如县领导干部组织参加“绿色通道”绿化造林活动，洗马镇群众自发组织参加街道绿化，龙山镇水桥村在喀斯特山地造林，以及全县师生、县属各单位干部职工每年参加义务植树造林活动等。

1991年，县政府建立“猴子沟自然保护区”。2006年12月27日，国家林业局批准成立“贵州龙架山森林公园”，成为当年全国新增的33个国家森林公园之一。同时，以生态文化为主题的龙山镇水桥民族度假村、麻芝乡五里桥生态园、龙山镇莲花村永兴山庄等一批生态村相继建成，依托林业的旅游度假业得到空前的发展。林业产业体系建设逐年加强，“十五”期间全县共营造经济林4万余亩，是“九五”期间的5倍以上。营造竹林1.5万余亩，有经济效益的其他生态林如刺梨、板栗、花椒、茶叶等达1万余亩，商品用材林达2.5万余亩。林业产值逐年攀升，农民林业收入明显增加，带动其他产业发展，使林业生态建设与经济协调发展。

二、营林工程

（一）天保工程项目　林业“三定”联产承包后，除群众植树造林外，对连片荒山实行飞播造林。1988年飞播7954亩。1999年，成立县天然林资源保护工程领导小组，由分管副县长任组长。2003年7月，成立县天然林资源保护工程办公室，建立全县天保工程信息管理系统。通过近10年努力，至2008年全县共完成天保工程公益林建设26.2万亩。其中：人工造林0.6万亩、封山育林14.3万亩、人工促进4.2万亩、以植代播0.4万亩、飞播造林6.1万亩；修建天保工程公益林瞭望台2座（其中1座为护林站）、管护碑牌65块；新开公益林区防火隔离带64公里，圆满完成公益林建设按年度计划任务。2005—2006年完成的第三次森林资源规划设计调查成果显示，龙里县有林地75.41万亩、灌木林地43.14万亩、活立木蓄积199.5万立方米，分别比1995—1996年调查结果增加32.65%、192.28%和80.91%。全县天然林资源得到有效保护，使生态环境明显改善。

天保工程的实施，使县林业系统企业富余职工得到妥善安置。龙里县森工企业仅有县木材公司1家，有职工25人。实施天保工程前，该企业主要经营木材，至1999年后，停止一切砍伐活动，封闭木材交易市场，职工生存面临困难。根据天保工程政策，将该公司职工全部分流安置从事天保工程森林管护和公益林管护工作，实现职工再就业。

（二）退耕还林工程 2000年，龙里县被列为贵州省退耕还林（草）试点示范县，县委、县政府分别与县属各部门签订责任状，层层分解任务，明确管理责任。成立以县长为组长，分管副书记和副县长为副组长，有关科局长、乡镇长为成员的县退耕还林工程领导小组，下设办公室在县林业局。当年实施土地综合利用项目，种果树2507亩、种草7267亩、飞播11.09万亩，完成世行贷款造林8.09万亩、退耕还林2万亩。为加强城区附近绿化和植被保护，县政府发出《禁止在城区附近和321国道线两侧滥挖矿石的通令》。

至2006年，全县共实施退耕还林工程计划任务12.68万亩，完成省、州累计下达任务数的100%。其中退耕地7.38万亩，荒山造林5.3万亩（包括0.4万亩封山育林）。退耕地按林种分：实施生态林6.72万亩、经济林0.66万亩；按年度分：2000年完成造林1.5万亩（生态林1.33万亩、经济林0.17万亩），2001年完成造林1万亩（生态林0.85万亩、经济林0.15万亩），2002年完成造林3.5万亩（生态林3.17万亩、经济林0.33万亩），2003年完成造林0.5万亩（生态林），2004年完成造林0.5万亩（生态林），2005年完成造林0.38万亩（生态林0.37万亩、经济林0.01万亩）。

（三）世行贷款造林项目 1997年10月，世界银行项目预评估组到贵州检查，对荔波、龙里两县的项目设计进行预评估，对贵州省项目准备和社区林业评估及设计工作给予肯定，同意作为优先实施项目省，龙里县成为贵州省首批获得世界银行资金援助发展林业的县份之一。项目自1997年开始实施，全县累计完成世行贷款造林3.64万亩，其中速生丰产林3.11万亩、各类经济林0.53万亩。

（四）速生丰产林基地项目 2003年9月，龙里县林业发展有限责任公司、龙里县木材公司与贵州省营林总站达成协议，联合营造省级速生丰产林基地。由省林业调查规划院负责该基地设计，2003年10月编制《龙里县2003年省级速生丰产林基地造林作业设计说明书》上报省林业厅。2003年11月13日，省林业厅行文明确：省营林总站为2003年度龙里县省级速生丰产林基地建设项目法人单位，基地建设地点在龙里县醒狮镇凉水村、旧寨村及谷脚镇谷定村范围内，总规模4000亩（其中县林业发展有限公司实施2742亩，县木材公司实施1258亩），总投资132万元，施工时间为2003年11月至2004年2月，基地建设有偿资金还款时间为2018年12月前；基地建设期为15年，从2003年11月开始到2018年12月前结束。2003年11月至2004年2月，基地造林任务顺利完成，经省林业调查规划院验收3512.4亩。至2008年，龙里县省级速生丰产林基地保存面积3512.4亩，苗木保存率85%。

第二节 森林保护

一、护林防火

1980年，成立县护林防火指挥部，加强对森林防火工作的督促指导。1991年，全县林区普遍建立护林联防组织，订立护林防火公约，互相监督，定期检查。1995年11月，经县公安局批准，成立龙里林场林区巡警大队。根据上级规定设定禁火期，在进出林区的要道山口设置检查站（哨）；设林区防火道百余公里，在制高处设置瞭望台8处，火险期24小时值班，发现火情及时报告、组织扑灭；设有专业扑火队和义务扑火队，配置森林防火专用汽车及扑火设备；倡导文明祭祀，防止火源进山，禁止清明节前后带香蜡纸烛进入林区搞传统祭祀活动。县政府或县林业局每年均与各乡镇政府签订防火工作目标责任状，把森林防火责任层层落实到全县每一个村组、单位、学校等，由林业部门配合各单位给职工、村民、学生等发放防火的“一封信”并签订防火安全协议书。2007年2月8日，龙里林场王春雨获国家林业局授予“全国森林防火先进个人”称号。

二、森林病虫害防治

1972年5月，成立县防治森林病虫害领导小组。1991年，县林业局设立森林病虫防治检疫站。为防止外来有害生物的侵入和传播，每年对进入县境的农、林业物种、产品、林木、林苗等进行检查，监督使用。连年开展生物越冬调查工作，2005年全县共设立41个调查样地，其中：固定样地26个、临时样地15个，监测样地覆盖全县14个乡镇，每年踏查监测面积60万亩，监测覆盖率98.7%。按照森林病虫害防治条例，每年根据林业有害生物越冬调查及预测预报，动员指导林农采取人工清理枯死病死林木、捕杀蛀干害虫等无公害措施，预防面积4200亩以上。2005年全省天然林资源保护工程考核评比，龙里县名列全省第一。

第三节　林业管理

一、林　政

1992年，县林业局在各乡镇设立林业站。2008年，全县林业系统共有干部职工104人。

1988年，在1981—1983年林业“三定”（稳定山林权、划定自留山和确定林业生产责任制）的基础上，按照“稳定、完善、发展”的思路，解决证、册、合同档案材料不全、界址不清等问题，进一步完善林业“三定”工作。1990年完成“四至清楚，权属明确，标志显著”的国有林定权发证工作。2006年，在林业“三定”承包的基础上延长承包期50年。

1991年以前，通过狠抓林业“三定”，贯彻中共中央、国务院《关于制止乱砍滥伐森林的紧急指示》，多数地方乱砍滥伐森林的普遍现象得到有效制止。1992年制止乱砍滥伐不正之风，保护群众植树造林的积极性，从罚款中提取30%作为办案主要经费。之后，县林业局根据省林业厅制发的《贵州省林业检查管理办法》，加大林业法律法规宣传力度，贯彻执行保护森林资源的各项政策措施，坚持采伐限额管理，确保木材依法有序流通，林区秩序比较稳定，林业产值持续增长，毁林开垦、乱征滥占林地等违法行为得到遏制，依法治林、山林纠纷调处和野生动植物保护管理等工作取得新进展。随着公路交通网络越来越发达，在利益驱动下，不法分子非法运输木材现象时有发生。设立在龙里的贵州省龙里木材检查站，为遏制木材非法消耗，确保木材合法流通渠道的畅通，积极发挥关口作用，检查运输木材的过往车辆，维护木材流通秩序。打击乱砍滥伐、违章运输木材等活动，稳定林业秩序。

2000年麻芝乡新民村被全国绿化委员会表彰为“全国绿化千佳村”，唐荣华获国家林业局授予“基层先进林业工作者”称号。2002年岳维松、张玉清、邹廷栋获州政府表彰为“林业工作先进个人”。2003年县林业局获州林业局颁发林业工作先进单位二等奖。2003—2005年龙里县连续被州人民政府评为“造林工作先进县”。2004年龙里县林业工作获州政府综合考核一等奖，县林业局被州林业局表彰为“林业工作先进单位”，岳维松、罗国政、宋应宏获州政府表彰为“绿化造林先进个人”，岳维松、张玉清、彭坤荣获省政府授予全省“绿化奖章”。2005年全省天然林资源保护工程考核评比，龙里县名列全省第一，冯定伟获“全国优秀护林员”荣誉。2006年龙里县被州委、州政府表彰为“造林工作先进单位”，颁发退耕还林工作三等奖；罗国政获全州“绿化奖章”。2008年6月，龙里县获全州第三次森林资源二类调查工作一等奖。2008年宋应宏被评为“全省第三次森林资源二类调查先进工作者”，税爽、龙江被评为“全州第三次森林资源二类调查先进工作者”，简远德、杨靖获全州“绿化奖章”，韦永秋被评为“全州林业系统先进工作者”。

二、集体林权制度改革

2003年，党中央、国务院《关于加快林业发展的决定》下发，对集体林权制度改革作出总体部署。

此次改革的目标是：基本建立起“产权归属明晰，经营主体到位，责任权利明确，利益保障严格，流转程序规范，监管服务有效”的现代林业产权制度；改革的范围是：尚未落实经营主体的集体商品林及其林地和县级以上人民政府规划的集体所有的宜林荒山荒地。对抵押权未解除、权属有争议的林地、林木，在有关问题未得到有效解决前，暂不纳入改革范围。对县级以上人民政府界定的公益林，要落实经营管护责任制。

首先是明晰产权，即：稳定自留山政策，完善责任山政策；产权到户，家庭经营或联户经营；“分股不分山，分利不分林”；明确其他承包经营；稳妥处理已经流转的集体山林和个人承包管理的山林。其次是放活经营：对人工商品林的管理，依法放活，鼓励开展综合利用。第三是规范收费：包括收费项目、育林基金征收管理和对涉及林业生产经营者负担的各种收费项目进行全面清理整顿，向社会公布现行涉及林业生产经营者的所有收费项目、标准和收取办法。第四是规范流转：即按照林地所有权和使用权分离的原则，在集体林地所有权性质、用途不变的前提下，鼓励“依法、自愿、有偿、规范”流转林地所有权和林木所有权。

2007年11月，全县集体林权制度改革正式启动。成立以县长为组长，分管和联系农业农村工作的“四家班子”领导为副组长，相关部门主要负责人为成员的集体林权制度改革工作领导小组，下设办公室在县林业局；14个乡镇相应成立林改工作机构。2007年划拨林改经费98.7万元，其中上级下达48.7万元，县级匹配50万元。

2007年12月，开展林改工作培训和宣传动员。2008年1月开始林权现状调查摸底，3月底完成并进行第一榜公示；4月14个乡镇先后制定乡级林改方案，经县林改办审核并报县政府审批实施。2008年5月，完成制定全县159个行政村的村级林改方案；6月23日召开全县林改外业勘界技术培训会，之后各乡镇陆续于2008年底前完成外业勘界工作。2008年12月31日，龙山镇播箕村率先举行林权证颁证首发仪式，实现全州第一个整村发证。2009年全县林改工作陆续从外业勘界转入确权发证阶段，巴江乡在春节（1月25日）前实现全州第一个整乡发证。截至2009年6月29日，全县完成14个乡镇159个村5.9万宗地的外业勘界工作，占任务数的100%；全县林权纠纷在摸底调查阶段统计为634宗，已调处249宗。

附：

贵州省龙里林场简介

贵州省龙里林场（简称龙里林场），是经林业部批准，始建于1957年4月的大型国有林场，场部设在龙里县城西关坡虎场坝，距贵阳市28公里，属贵州省林业厅直属事业单位。林场先后划归龙里县、贵定县、黔南州管理，1962年省林业厅收回管理。2008年龙里林场在册职工581人，其中离退休职工302人，在岗职工279人，具有高级专业技术职称3人，中级职称15人，初级职称40人。林场设有综合职能部门12个，下设2个分场、5个营林工区（护林站）。场党委下设5个党支部，有党员96名，成立有场工会、女工委、共青团等组织。2005年7月，林场职工全员参加缴纳享受省级社会养老保险。2006年，林场实行全员聘用制。2008年，国家林业局将林场评定为“全国首批百家森林经营示范国有林场”之一。

1957年建场时，省林业厅设计规划造林30万亩。1957年下半年，林场与省林勘设计院进行造林规划设计，规划造林区域主要在龙里县的洗马、猫场、哪嗙、巴江、水场、谷脚、谷龙、麻芝、三元、龙山等乡镇的荒山荒坡地。1963年，省人民委员会批准龙里林场扩建、续建，共批准扩建6个营林区，总面积9.25万亩，涉及龙里县的龙山、麻芝、谷脚、三元等乡镇。1958—1978年，龙里林场共完成飞播造林32万亩，人工造林6万余亩，经营面积已达40余万亩，远超规划设计目标。

1982年，根据全国林业“三定”政策，贯彻执行中共中央、国务院《关于保护森林发展林业若干问题的决定》，龙里县政府出台文件，就“三定”中龙里林场的定权发证工作作出详细规定。在此项工作中，工作人员将盖有县政府公章的证件下发到乡镇村组，后不少村组留有加盖政府公章的空白证，这一部分空白证在群众手中并自己填写。当时，县林业“三定”办发现这一现象后，要求立即收回这些证件，但一部分未收回的证件还是成了林场与村民部分林权争议的缘由，后又由县政府和林权纠纷调处办等协调认定处理，最终还是造成了龙里林场在原经营管理林地面积上的收缩，部分管理经营权转移到当地村民手中。

1992年，龙里县按照国家政策开展土地详查工作，在“三定”工作的基础上签订完善权属界限协议。县政府发文明确对于省龙里林场的国有土地发证、林权发证均以土地详查成果为依据。1997年，县政府指出，对省龙里林场核发国有土地使用证，土地详查的有关协议和资料是此次核查的重要依据。1998年，县政府发文明确以山林“三定”和土地资源详查资料为基础，对已经协议好的7.67万亩共16宗地第一批颁发国有林地使用权证。对涉及谷脚、龙山、麻芝的共11宗地面积1.58万亩作为第二批，于2001年颁发国有林地使用权证给龙里林场。县政府于2002年9月26日县长办公会研究，同意给龙里林场颁发已经颁发国有林地使用证的27宗地面积9.25万亩和此次核查清楚无争议的谷脚镇、水场乡辖区内的大土工区三宗地面积7065.2亩，以及遗漏未颁发国有林地使用证但县林业局已登记造册的和平工区林地面积1097.2亩，以县政府“关于核发贵州省龙里林场林权证书的复函”，颁发给龙里林场林权证10本，共计面积10.07万亩。2005年，依法按程序颁发麻芝乡富洪村与龙里林场联营造林面积1136亩，森林公园中涉及谷脚、水场部分面积5235亩的林权证。2006年颁发林场场部392.1亩的林权证。至此，龙里县政府累计颁发给林场林权证面积10.74万亩。2006年根据林场第三次森林资源二类调查统计结果，林场经营面积19.58万亩，其中公益林15.08万亩、商品林4.3万亩。全场森林覆盖率为82.19%，森林蓄积量为66.54万立方米，自建场以来累计向社会提供商品材25万余立方米。

龙里林场坚持以“生态建设、森林资源保护”为主，发挥林业的经济、生态、社会三大作用。建场51年共投入资金8000余万元进行基础设施建设、添置管理设备及加快营林建设等。在营林建设中，主要实施天然林保护工程、农发项目、水土保持林项目、速生丰产基地林建设项目、科技支撑项目等。在产业结构调整中，建有梨园1000余亩、猕猴桃300余亩和山东大樱桃、布朗李、杨梅等观光果园；利用国家项目资金建有自控温室2个2086平方米、简易大棚1个500余平方米；利用天保工程资金抓好森林资源保护新科技设备的应用及工作条件改善，全场已建成无线电通讯二级网，监测覆盖率达到90%以上；建有高枧、响水、播箕、哨上护林站办公楼4栋900余平方米，护林瞭望点8个，工区护林站太阳能洗澡间5个。

在科学研究方面，林场公园内有林业部批准设立的贵州高原濒危植物繁育中心，及省编委批准设立的贵州省中亚热带高原珍稀植物园，先后主要开展马尾松种源试验、国外松引种试验、速生树种的不同产地引种栽培试验等。湿地松、火炬松在该场长势良好，成为该场造林的主要树种；引进的辐射松较为适应，保存很好。在珍稀植物引进方面较为成功，园内680种植物中有国家一级保护树种35种，国家二级保护树种71种，省级特有保护树种54种。同时还有药用植物200余种，热带植物46种，水生植物12种。

龙里林场结合产业结构调整整合林业资源，建有国家森林公园1个——贵州龙架山国家森林公园，于2004年9月经省林业厅批准设立，2005年9月开始对外营业，2006年12月经国家林业局定名为“贵州龙架山国家森林公园”，已被评定为AAA级旅游景区。公园总面积6079公顷，由龙架山、猴子沟、响水河3个景区组成，园内配建有组织培养室、生理生化室，建有盆景园、大型苗圃示范园、滑草场、水上乐园等，形成集科普、观光、休闲、旅游为一体的大型生态综合性公园。

2004年以后，林场发展融入龙里县新城区发展规划中，积极整合资源建设集生态保护、生产建设、科普考察、文化交流和旅游休闲度假为一体的高效益、集约化规模经营的现代国有林场。林场森林公园已被评为全国林业科普教育基地、贵州省青少年科技教育基地、贵州省生态文明教育基地以及贵州省科普教育基地创建单位，是贵州大学林学院实验教学基地。

龙里林场建场50多年来，先后被林业部授予“全国林业企业整顿先进单位”“全国国营林场先进单位”“全国国营林场100佳单位”荣誉称号；参加完成的《马尾松用材林速生丰产适用技术体系研究》获林业部授予“科技进步一等奖”；被国家林业局授予“天然林保护工程建设县（局）级先进单位”；被中国林业体育协会评为“全国林业群众体育工作先进单位”。林场高堡工区获省人民政府嘉奖；林场被省安全生产委员会授予“全省安全生产工作先进单位”；被省林业厅授予“全省林业思想政治工作先进单位”“森林病虫防治目标管理达标先进单位”“‘二五’‘三五’‘四五’普法宣传教育工作省级先进单位”“贵州省林业生态建设先进集体”等称号；被省林业厅、驻林业厅纪检组及监察室授予“贵州省林业厅行政监察法知识竞赛组织一等奖”。英雄护林员赵文玖勇斗盗林贼，舍身拼死护林，直至献出年轻的生命，被省林业厅、林业部追认为“护林英雄”“革命烈士”。建场51年中，龙里林场单位和个人获州、县级各类奖励、表彰100余人次。

第二章　水　利

第一节　蓄水工程

一、羊鸡冲水库

位于龙里县城东部，距县城5公里的麻芝乡五里村。该水库原为一座高10米、宽40米的均质土坝，于1956年由龙里县水利科勘设，1957年春由麻芝乡组织新民、五里、龙云3个农业生产合作社投工修建，年底建成。水库坝底高程1140米，蓄水12万立方米，灌溉五里桥、麻芝铺、邦楼上一带农田400余亩。

由于原羊鸡冲水库蓄水少、灌田少，麻芝乡五里桥和格老湾村民经常与县城争用来自小西堡的县城居民饮用水灌溉农田，因此县水电局于1988年向州水电局和省水电厅呈报改建羊鸡冲病险水库项目建议书。1989年2月省水电厅批复，同意羊鸡冲水库改造后为省属小（1）型蓄水灌溉工程，总投资102.37万元（含县财政投入5万元用于征地赔偿，龙山镇以劳折资4万元，共9万元），其中：大坝枢纽65.87万元、干支渠36.5万元。1989年3月成立龙里县羊鸡冲水库工程指挥部，组织水库工程施工。

1991年3月，羊鸡冲水库大坝改造工程竣工。水库集雨面积2.75平方公里，最枯基流0.01立方米/秒、多年平均降雨量1146毫米、多年平均流量0.05立方米/秒、多年平均径流深554毫米、多年平均径流量152万立方米，水库平水年复蓄指数为2.4。羊鸡冲水库平均年来水量远大于每年灌溉用水量，余水可发展旅游和供水等，建成砌石单曲拱坝一座高21.2米，坝顶弧长115米，总库容64万立方米；建成主干渠11.4公里，右干渠5.4公里建成通水，左干渠缺资金未完全建成。

1996年5月，县农业综合开发领导小组呈报龙里县1996年度农业综合开发计划，9月省农业综合开发办公室批复羊鸡冲渠系配套工程总投资145万元，其中：财政资金100万元（含有偿资金35万元），自筹资金45万元（群众投工以劳折资）。羊鸡冲渠系配套工程新建防渗渠道14公里、水厂隧洞1座（长236米）、五里桥倒虹管1座（直径500毫米、长200米）、羊角井倒虹管1座（直径300毫米、长60米）；整修加固大冲山塘1座，新建羊鸡冲水库管理所300平方米房屋1幢。到2008年，羊鸡冲水库安全运行，使用正常。

二、暗山水库

谷脚镇千家卡位于省级医药城，建有企业20多家，且待建企业不断增加。1993年以前，谷脚镇仅有日供水量为800吨的人畜饮水工程，已不能适应千家卡经济小区建设发展的需要，迫切需要兴建新的供水设施。1993年10月，县水电局勘测完成千家卡供水工程设计，内容为：暗山水库大坝位于谷脚镇东北11公里处的大歪寨附近，离谷脚镇至洗马镇的公路干线4.5公里，大坝坝址以上集雨面积5.36平方公里，工程规模为日供水量5000吨。主要建设项目：修建暗山水库1座，总库容量83万立方米；水库至千家卡水厂输出水管道1条，全长16.88公里；水处理厂1座，日处理能力5000吨。省计委、省水电厅和有关部门于同年11月在谷脚镇召开工程初步设计审查会，随后批准建设。

工程于1994年1月动工，到1998年大坝工程（第一期）全部完成。输水管线于1996年底正式向贵州神奇制药厂供水。水厂于2000年1月完工，建成滤水池1座、清水池1座，容积为3000立方米。第一期工程投入资金829.97万元。2001年3月2日，州政府副州长吴军在谷脚镇主持召开会议，要求紧急扩建第二期供水工程，使日供水量达到1万吨，近期先实施6000吨。工程由州水电局承建，至2005年主体工程基本完工，完成投资1400多万元。千家卡供水工程暗山水库坝高24.05米，总库容83万立方米，输水主管道15.31千米，清水池2座容积6000立方米，工程总投资2200万元，供应谷脚工业园区用水和周边元宝、岩后等村500余户的人畜饮水。

三、五子登科水库

五子登科水库灌溉工程位于龙山镇新场村及坝上村境内，距龙里县城13公里。1979年动工兴建，同年因国家政策性调整列为缓建工程并停建。该水库是一座以灌溉为主兼供水的小（1）型水库，水库调节性能为多年调节，水库坝地以上集雨面积2.43平方公里，总库容105万立方米，兴利库容75万立方米，滞洪库容18.2万立方米，设计灌溉面积4000亩（其中土500亩）。

该水库工程建成投用需总投资878.2万元，2002年12月州水利、农发、财政部门批复工程建设内容为：大坝砌筑高度1155.5米，帷幕灌浆22—77号孔；大坝取水口、底孔土建，1.7千米进场公路改造，10千伏输电线路1.7千米架设。第一期农发资金审定2002年度工程投资364万元，资金组成为：2002年度农发财政资金280万元（其中有偿资金42万元），自筹84万元；第二期农发资金批复总投资为309万元，其中：财政资金290万元，自筹19万元。实际完成投资254.15万元，群众自筹19.15万元。具体完成工程建设内容为：大坝浇筑至1170.5米高程；大坝埋管33.5吨，闸阀2座；洞门口引水渠1条120米，左干渠6000米（深冲直径250毫米预应力混凝土倒虹管250米和新寨直径250毫米预应力混凝土倒虹管270毫米）；园田化小区主干渠210米、田间支渠1146米。

该水库工程实际于2003年4月动工重建，计划总投入878.2万元，第一期和第二期农发资金共计投入618.15万元，尚差260.05万元缺口资金，因此大坝还有18.7米高程未砌筑完成。但水库运行安全。

四、石龙沟水库及供水工程

龙里县“十五（2001—2005年）”发展计划中，将县国有农场及龙山镇播箕村、平地村，三元镇西联村交界处近万亩非耕地划入北部工业园。2005年4月，龙里工业园区管委会向上级有关部门申报“黔南州龙里县北部工业园石龙沟供水工程项目建议书”，委托贵州水利科技开发有限公司对石龙沟水库供水工程进行设计，同时委托贵州省水利水电勘测设计研究院对石龙沟供水工程水厂部分进行设计。2007年1月，石龙沟供水工程完成设计，于2008年由县政府向国家开发银行贷款修建。

石龙沟水库是一座以县城北部工业园为主要供水对象的小（2）型水利工程，位于谷脚镇毛堡村和三元镇西联村交界处，距县城12公里；是一座采用混凝土砌块石的双曲拱坝，最大坝高44.9米，坝顶高程1283.7米，坝顶弧长160.06米，溢洪堰顶高程1281.9米，溢流段宽20米，采用挑流消能。水库集雨面积2.4平方公里（含旧寨河引流面积0.7平方公里），多年平均总来水量190.15万立方米，总库容41.27万立方米，兴利库容38.04万立方米，死库容1.12万立方米，日供水能力4000吨。水库取水口输水管采用直径200毫米球墨铸铁管安装700米后，转为采用PVC-V225毫米塑料管安装4000米引水至打磨山净水厂。

打磨山净水厂是石龙沟供水工程的配套水处理厂，设有100立方米配水井，配有日处理2000吨一体化净水器2套，100平方米加氯加药间厂房及加氯加药设备；420平方米综合楼1幢配有控制、机修、化验设备各1套，1000立方米清水池1座，配水管网3300米。

石龙沟供水工程计划总投资2013万元，其中：开发银行贷款1350万元，自筹662.9万元。已投资贷款部分1350万元，水库大坝已修建14.7米，输水管道安装完成4.7千米，水厂部分竣工。因自筹资金不到位，至2008年尚有30.2米高的拱坝未完成，许家湾拦河坝及2公里的引水渠道未完成。

五、花马冲水库除险加固工程

花马冲水库位于谷脚镇高堡村，距县城15公里，1966年建成使用。2002年以前，花马冲水库因溢洪道偏小、坝基渗漏、放水涵洞垮塌、土坝沉陷、坝顶开裂，属病险水库，不能蓄水。1998年，黔南州水利局组织专家对花马冲水库进行安全鉴定，并报经上级主管部门复核，鉴定花马冲水库为三类坝。同年针对安全鉴定结论中大坝存在的主要问题，县水利局委托省水电勘测设计院研究完成花马冲水库除险加固初步设计。2000年水利厅组织专家进行审查批复，设计方案报长江水利委员会复核后定为合理。

2002年省水利厅会同省计委组织有关专家对工程除险加固实施方案进行审查后批复建设，总投资495万元。经公开招标后由省水利机械化工程公司进行除险加固处理，花马冲病险水库经处理后达到治理目的。加固处理后情况：按设计洪水50年一遇，校核洪水500年一遇，恢复防洪库容37万立方米，恢复兴利库容118.2万立方米，总库容达到159万立方米，防洪保护耕地4000亩，改善灌溉面积1300亩，保护人口3000人、厂矿5个，年新增供水能力40万立方米。

第二节　引灌工程

一、引水工程

（一）李基洞引水渠　位于龙山镇余下村境内，在朵花河牛角冲段砌筑简易堆石拦河坝，沿朵花河左岸修建引水渠2公里。工程于1996年立项修建，总投资为67万元，资金组成为农发无偿资金28万元、农发有偿资金17万元、自筹资金22万元。该渠引入李基洞泉水0.12立方米/秒，于再修引水渠1.5公里处引入犀牛洞泉水0.1立方米/秒，最后修3.5公里干支渠至灌区，引水渠沿途灌溉桃花山、蔡家院、小寨各村民组农田1400亩。引水渠总长6.6公里，渠道施工因地制宜，在有石料的地段采取混凝土砌石堤，缺乏石料的地段采用100号混凝土预制块浆砌渠堤。到2008年仍然维护使用。

（二）谷平引水渠　水源发源于哪嗙乡高枧村龙潭，顺千洗公路旁流至高枧寨脚入洞，经地下通道在谷龙乡小坝村出露，流到林安村河沟筑坝，引水至平寨，称谷平引水渠。1999年以农发水利项目兴建，审批总投资240万元，资金组成为农发财政资金160万元（其中：有偿资金26万元，无偿资金134万元），自筹80万元（以劳折资）。在渠道修建拦河坝1座，拦河坝以上集雨面积为18平方公里，拦河坝宽22.5米、高5.3米，引水渠长17千米，引水流量0.4立方米/秒。该渠由林安村河沟拦河坝沿大谷龙河右岸经林安村修至大谷龙村太子山脚下，引水渠道新增灌溉150亩、改善灌溉550亩、恢复灌溉2300亩、水浇地400亩。

（三）朵花河引水渠　位于民主乡朵花村和龙山镇余下村结合部，距县城20公里。朵花河发源于民主乡麻若场母鸡笼，流经金谷村至水落洞入洞，经暗河由朵花村窄冲龙滩以泉水形式出露，泉水因集雨面积大终年常流不断。2004年3月，县水利局委托州水利水电勘测设计院对朵花河引水灌溉工程进行扩建初步设计，设计建设内容为：新建浆砌石重力拦河坝1座，坝顶高程为1135.5米，坝高3.5米，坝轴线长19米；新建主干渠8.6千米、支渠1.6千米、田间渠道1千米；新建倒虹管1座、渡槽2座、涵洞1座、斗门24座等。朵花引水工程项目总投资227万元，其中：财政资金145万元，群众自筹82万元（其中：群众投劳2.55万个工日，折资71万元）。设计灌溉面积为3700亩，其中：新增灌溉3000亩、改善灌溉700亩。

2004年11月，州水电机械化工程队与县农发办签订施工合同后，朵花河引水灌溉工程全面动工兴建。2005年8月，完成新建浆砌石重力拦河坝1座，坝高3.5米，坝轴线长19米，坝顶人行桥1座，大坝冲砂闸阀1套，大坝进场公路1公里；新建引水主干渠8.73千米，渡槽3座、涵洞12座、斗门41座；新建余下园田化小区支渠1.1千米、田间支渠1.16千米。朵花河引水渠工程实际完成项目投资265.64万元，占原计划的117%，其中：财政182.98万元，群众自筹82.66万元。

二、灌溉工程

（一）猫场镇节水灌溉示范项目　2001年9月，县水利局委托省水利科学研究院贵州水利科技开发有限责任公司对猫场镇节水灌溉示范项目进行可行性研究，省计委批复项目建设总投资为200万元，其中：国家补助100万元、省匹配50万元、州县各匹配25万元。工程建设规模：新增节水灌溉面积1700亩。节水灌面分两个片区：李家院片区1200亩，其中移动喷灌200亩、人工软管浇灌1000亩；大土片区500亩，其中人工软管浇灌400亩、滴灌100亩。

引用水源是老凹山泉水，也是猫场镇政府驻地各村的人畜饮用水源。设计加大引用流量，采用直径160PE0.6Mpa输水管3200米从2号减压池引水于凉风坪，建400立方米高位水池作调节和沉淀，再从凉风坪高位水池采用直径110PE0.6Mpa输水管长4000米引水至灌区原清水池，在灌区建调节池2个共2000立方米，在灌区田间铺设各型PE塑料管长28千米作为输水管道，配备喷灌、滴灌等各类设施。

（二）红岩灌溉工程 工程地处摆省乡、湾寨乡、羊场镇境内，主要提供羊场、湾寨两乡镇的农田灌溉用水。1957年开始建设，断续施工达22年，共修建引水坝2座、干渠22.5公里、支渠11公里、瓜塘10个，总蓄水7.1万立方米，倒虹管4座总长1350米，提站4座60马力。累计完成工程量29.9万立方米，用工38万个，投资106.1万元，规模达到国家小（1）型工程标准。1983年建立红岩灌溉工程管理所，管理人员10人，实行有偿用水制度，开始征收水费。1985年5月2日由州、县水电局及有关单位现场验收合格。同年大旱，有效灌溉面积5400亩，占受益乡镇总稻田数的58.5%，灌溉用水改善，基本摆脱干旱威胁，实现稳产高产。

红岩灌溉工程投入运行多年，渠道渗漏严重，输水能力逐年下降减弱。1993年县水电局获得国家粮专资金资助，用于主干渠防渗工程，1995年完成红岩坝口以下15公里全面防渗施工。

红岩灌溉工程为省大型灌溉项目——瓮福灌区项目的子项目。2001年瓮福灌区节水续建配套工程以红岩灌溉工程实施，此次施工对主干渠和部分田渠重新测量、比降重新调整，做到布局合理、线型流畅、质量优良。到2005年底工程结束，还新增建设规槽冲拦河坝1座、引水渠2公里，完成修建主干渠12公里、田间渠道12.7公里，改造倒虹管2座长1.9公里，在羊场镇营上修建管理房1幢，工程设施和办公条件得到改观。探索新的管理模式，在全县同行业中首先实行“管理单位+用水协会+用水户”的用水户协会管理体制，受益农户参与管理，推进达到“以水养水”的长期发展目标。2006年水管体制改革，水管所管理人员经费纳入财政预算，按编制增加管理人员，稳定管理队伍，调动管理人员的积极性。

三、综合水利工程项目

（一）县城区供水工程 县城区供水工程建于1975年7月，建成电力提水站提取茅草冲长滩河水，通过管道引至冠山后分至各用水户。1982年因水质问题停用长滩河水源，改用小西堡水源，引水至东关坡水厂（蓄水池3000立方米1个，清水池1000立方米2个，输水主管12条，管道13.84千米）处理后供县城用水。后因县城严重缺水，1992年8月在岔河修建拦河坝1座，安装直径400毫米混凝土管道12.8千米，建1500立方米水池1个，日供水6000立方米，加强县城供水能力。

1996年3月，又对羊鸡冲、小西堡、岔河调查研究，引水作为县城生活用水。1997年5月开通取用岔河水源，缓解县城用水困难。1999年11月，在流音洞修建日处理2万立方米水处理厂1座，安装直径500毫米主水管道12.8千米，配水管网19千米。该工程几经扩建，1982年以后共计投资3186万元，到2008年日供水能力达到2.3万立方米，基本满足正常情况下县城供水。

（二）洗马片区烟水配套工程 根据龙里县2007年度烟水配套工程规划，项目区位于洗马镇的牛场、猫寨、白果、花京、拐哈、新庄、落掌、上石坎、羊昌、台上、洗马、岩底12个村，覆盖受益110个村民组2075户，规划面积1万亩。工程设计水源为石板滩水库，从建好的渠道和采用管道引水到烟地高位蓄水池，配套安装管道进入烟地灌溉。

县水利局委托州水利水电勘测设计研究院对2007年度洗马镇片区烟水配套工程进行项目设计，编制实施方案，2008年经省烟草专卖局和省水利厅审查批复，工程建设任务和规模为：解决洗马镇烟地灌溉面积1万亩。主要工程建设内容为：维修改造山塘（花京山塘）1座、渠道5.4千米；新建调节水池12口（容积为5300立方米）、机耕道1529米、烟地人行道1495米；维修项目核心区小水池26口并增设盖板；更换和铺设输配水管网172.9千米及相关配套管件，安装灌区给水闸阀井共1010个。工程审定总投资1330.21万元，于2008年5月开工，12月水厂至核心区主管道贯通并成功试水至核心区1号水池，12月底所有水池基本完工。工程于2009年3月通过州级检查验收，2009年4月投入使用。

（三）粮食专项资金水利建设项目　1991—1995年，龙里县被列为全省“八五”时期23个发展粮食生产专项资金项目县之一。县水电局牵头承办该项目建设，重点是对已有骨干水利工程的巩固、改造和对病险库的治理，具体是：1.摆绒水库续建、加固、加高（水库总库容80万立方米）；2.渠系配套完整（包括防渗、改造、加固等）共计18条41.85公里，新建隧道洞1座536米、拦河坝2座，维修拦河坝2座，维修、配套水轮泵14台；3.新建水利综合服务技术培训中心办公楼1幢，规模500平方米；4.购置简易仪器，开展技术培训等。

项目分前3年计划和后两年计划下达，共13个子项目，工程总投资243.11万元，其中：国家投资204.98万元，群众自筹资金（含以劳抵资）36.3万元。1993年，羊场片区湾滩河流域遭受50年一遇的暴雨，冲毁沿河两岸多处引水渠道和拦河坝，严重影响粮食生产。经报请州水电局同意，将原审批的摆兰水库整修调整恢复水毁工程分解为湾寨、卜顶庄河坝等项工程。1991—1995年，完成项目的全部建设任务，灌溉面积新增2350亩、改善4362亩、恢复4650亩，防洪排涝1150亩。

1985年，红岩引水工程甲摆赏段渠道渗水，造成山体明显移位，威胁山下近百户群众安全。由于治理所需投资大，1991年前仅作简单治标处理。这次利用粮专项目实施，新开凿隧道、明漕61米，将渠道绕开滑坡堆积地带，实现根本治理。

第三节　饮水工程

1978年，麻芝小西堡自来水工程完工，结束龙里县城居民和城郊3个村群众吃水用水难的历史。1979年后，水利部将农村人畜饮水项目列入“六五”发展规划，从勘测、设计、实施等方面均重点推进。到1985年底，全县共完成农村人畜饮水项目15处，共解决1.07万人和0.43万头大牲畜的饮水困难。1986—1990年，利用省州各年下达的小型水利补助费及冬修补助资金，加上农村各地投劳集资，共解决1.35万人、6633头牲畜饮水困难。

一、人畜饮水项目

1991—1995年，利用省州各年下达的小型水利补助款和冬修水利补助资金，以及“日援改水”项目，加上全县各乡镇集资投劳，共解决6.19万人、3.18万头牲畜饮水困难。其中，县水电局与县爱委会联合承办的“日援改水”项目48处，共解决3万人、1.2万头牲畜饮水困难。

1991—1995年龙里县解决人畜饮水困难情况统计表

表11-1

年份	解决饮水困难人口（人）	解决饮水困难牲畜（头）	备注
1991	1330	560	
1992	30000	12000	实施“日援改水”项目48处
1993	3200	1500	
1994	3400	2100	
1995	3890	1640	
合计	41910	18800	

二、渴望工程分期项目

（一）“九五”渴望工程项目　“九五”（1996—2000年）期间，龙里县争取利用省、州下达的小型水利补助款、冬修水利补助费及国债专项资金，分期分批实施渴望工程项目，共解决2.14万人、2万头牲畜饮水困难。

1996—2000年龙里县渴望工程效益统计表

表11-2

年份	解决饮水困难人口（人）	解决饮水困难牲畜（头）
1996	4000	3000
1997	4500	3000
1998	2000	3000
1999	5508	6010
2000	5430	5000
合计	21438	20010

（二）“十五”渴望工程和解困工程项目 根据2000年中央农村工作会议和全省水利工作会议精神，除已解决人畜饮水困难的县城和乡镇政府驻地外，把解决广大农村特别是边远地区的人畜饮水困难作为政治任务和德政工程来抓，按资金投入类别分为渴望工程项目和解困工程项目。“十五”期间的总任务是解决全县边远贫困地区6.5万人和4万头牲畜饮水困难，规划于2003年3月全部完成。

2000年底，省、州批复同意《龙里县“十五”期间农村人畜饮水规划》，渴望工程项目由中央财政专项资金安排，解困工程项目由国债资金安排。2002年起，实施贫困地区“渴望工程”，逐步解决乡镇、村组人畜饮水问题。到2005年底，共安排人畜饮水项目121处，总投资1721万元，其中国家补助1224.98万元。解决全县14个乡镇110个村共6.57万人和4.2万头牲畜的饮水困难。

2004年开始解决农村饮水安全问题，更加注重水质安全、水量保障和取水方便程度。根据饮水安全标准，转变建设思路，加强水源保障、水质处理、管网入户等方面建设，形成以洗马片区为代表的饮水安全工程新模式。洗马片区饮水安全工程，主要解决洗马、巴江、哪嗙3个乡镇的饮水安全。以石板滩水库（总库容351万立方米）为水源，通过15.7千米输水管道以自流的方式引水至马颈坡垭口，经水厂净化处理后再通过配水管网引至各家各户，日供水能力2119立方米。主要建设内容有新建马颈坡水厂1座（包括水处理设备、700立方米水池、管理房等）、输配水管网50余千米。2005年7月经州发改、水利部门批准建设，总投资512.89万元，2007年投入使用。经过几年的扩建和管网延伸，受益人口达3万余人，覆盖洗马镇大部分村寨。工程的投入运行，彻底解决长期以来困扰洗马片区人口氟斑牙问题和县境北部片区严重缺水问题。

2001—2005年龙里县人畜饮水竣工项目统计表

表11-3

编号	工程地点	受益人口（人）	工程内容			备　注
			主管道（公里）	水池		
				立方米	个	
1	摆省乡摆岑村1—5组	362	8	126	7	
2	摆省乡摆绒村下摆绒	255	5.8	56	6	
3	摆省乡新合村	522	11.46	302	21	
4	摆省乡打夯村	722	2.5	26	3	
5	摆省乡谷孟村茅草寨	191	3.8	69	6	
6	摆省乡摆主村姨妈寨	208	3	32	2	

续表

编号	工程地点	受益人口（人）	工程内容			备　注
			主管道（公里）	水池		
				立方米	个	
7	谷脚镇岩后村、茶香村等	806	8.56	170	5	泵站1处11千瓦
8	谷脚镇谷定村新马场、上栗山、下栗山	380	3.39	70	3	泵站1处7.5千瓦
9	民主乡朝阳村高山、谷丛、火烧坪	347	2.9	54	4	
10	民主乡朝阳村冲头、苦蒿坪、石门、老鸦山	471	8.3	118	8	
11	湾寨乡长萌村谷港、贵努、翁拱	491	4.87	75	5	
12	摆省乡	2135	8.1	120	1	
13	哪嗙乡新坪村革苏、对门寨、谷榜窑、新场	426	8.89	80	3	
14	哪嗙乡凤凰村小院、谷革、三江口、干田	427	12.75	150	5	
15	巴江乡落锅村	213	2.3	240	7	
16	谷龙乡林安村苗寨、榔树、新下寨	434	5.1	90	2	
17	谷龙乡小坝村上白果、下白果、芭芒冲	361	5.6	120	4	
18	谷龙乡小坝村摆榨、荒田、竹林寨	191	1.1	60	1	
19	麻芝乡光坡村烂坝寨、岔河、泡木坪	297	4.7	86	6	
20	湾寨乡新华村谷鲊、小寨、王佑、石板河	648	6.37	115	3	
21	龙山镇播箕村下洞、大园子、干坝冲等	496	7.7	98	7	
22	龙山镇播箕村花秧坡、沙子坡、年寨	140	3.9	54	4	
23	龙山镇平地村平地、本党、石宝坡	210	4.3	86	6	
24	醒狮镇大坝村大土、大横坡、小横坡	463	3.7	0	0	
25	醒狮镇大坝村	246	4.5	32	2	
26	三元镇永安村平寨、老堡	522	1.6	100	1	
27	三元镇渔洞村鸟田、渔洞	401	2.65	86	4	
28	羊场镇木马村打铁寨、小木马、平寨	835	7.6	110	3	
29	羊场镇走马村谢桥山	477	0.85	100	2	
30	谷脚镇岩后村湾坡	789	2.2	30	1	
31	水场乡场坝村杨梅树、马吃水、哨上	223	3.1	60	3	
32	三元镇高坪村高坪	764	5.5	190	3	
33	醒狮镇凉水村凉水井	615	6.6	110	10	
34	水场乡高沟村高沟山、上巩固、下巩固	620	10.06	180	6	
35	洗马镇牛场村高不陇	776	32.824	130	5	
36	巴江乡平坡村长寨	729	10.25	400	2	
37	羊场镇走马村、翠微村	1841	17.8	410	9	
38	摆省乡渔洞村5—7组	616	13.2	660	7	
39	湾寨乡场坝村跳月厂、桥冲	855	17.1	260	5	
40	湾寨乡盘脚村烟厂	127	3.4	50	1	
41	民主乡麻若村下麻若	538	4.672	140	2	

续表

编号	工程地点	受益人口（人）	工程内容			备　注
			主管道（公里）	水池		
				立方米	个	
42	巴江乡落锅村光金陇	727	3.23	100	2	
43	巴江乡水尾村甲湾	349	4.8	100	1	
44	巴江乡巴江村、落锅村	1300	23.6	80	1	母亲水窖
45	巴江乡巴江村1—4组	587		2280	76	
46	巴江乡平坡村打朗	360	4.51	70	2	
47	三元镇硝兴村1—4组	670	15.5	120	4	
48	麻芝乡新民村余家院	528	9.3	140	3	
49	龙山镇余下村蔡家院	721	8.5	50	1	
50	哪嗙乡田坝村、二箐村（3—4组）	238		240	8	
51	水场乡鸡场村1—4组	150	2.5	50	2	
52	洗马镇花京村	980	11.5	360	3	
53	谷脚镇哨堡村哨堡	935	4.1	200	3	
54	谷脚镇谷远村、王关村	630	2.1	130	2	
55	哪嗙乡长芽村1—3组	250	6.28	30	1	
56	哪嗙乡顶溪村顶溪	96	5.74	30	1	
57	摆省乡新庄村2—3组	390	7.5	60	2	
58	摆省乡新合村1—3组	418	9.5	40	1	
59	摆省乡果里村4—6组	814	11.6	100	2	
60	民主乡朵花村1—4组	686	4.5	90	3	
61	民主乡羊蓬村雀拢、大狗场	496	2.1	120	2	
62	民主乡前进村竹笆寨	121	0.65	30	1	
63	民主乡城兴村1—5组	955	5.9	210	5	
64	三元镇西联村5—7组	391	2	80	1	
65	三元镇新安村新安	673	3.8	90	3	
66	谷龙乡小谷龙村1—5组	3273	9.33	430	3	
67	醒狮镇羊场司村羊场司	677	9.4	240	2	泵站1处22千瓦
68	醒狮镇三宝村三宝寨等	1089	11.7	240	2	泵站1处11千瓦
69	醒狮镇小箐村8—12组	655	7.8	100	2	
70	醒狮镇鸡场村6—8组	1632	26.8	280	8	
71	龙山镇平地村1—3组	580	8.5	260	3	
72	龙山镇摆谷六村摆谷六	340	5	120	3	
73	哪嗙乡新坪村新坪	372	1.07	100	1	
74	谷脚镇观音村观音	1826	10.5	275	2	
75	谷脚镇哨堡村1—3组	478	1.522	130	3	泵站2处5.2千瓦
76	谷脚镇谷远村谷远	630	1.41			

续表

编号	工程地点	受益人口（人）	工程内容			备　注
			主管道（公里）	水池		
				立方米	个	
77	谷脚镇谷远村大坝	580	2.712			
78	谷脚镇毛堡村1—4组	570	5.72	80	2	
79	摆省乡团结村	340				水窖50个蓄水1500立方米
80	麻芝乡富洪村杨家庄	167	2.4	34	3	
81	麻芝乡光坡村黄泥哨、岔河	843	12.4	221	12	
82	龙山镇播箕村10—12组	766	6.9	158	8	
83	龙山镇播箕村毛栗寨	124	2.7	52	2	
84	龙山镇纸厂村4—8组	134	5.8	214	13	泵站1处18.5千瓦
85	谷龙乡谷汪村山岔田	135	3.4	34	3	
86	谷龙乡葫芦田村3—7组	589	7.5	187	16	
87	水场乡中坝村梅家庄	276	1.6	50	1	
88	水场乡红岩村老马洞、红岩冲	412	3.86	50	1	
89	洗马镇猫寨村大水井	352	5.5	52	3	
90	洗马镇猫寨村新寨	387	5	70	5	
91	洗马镇黄星村高芽、半坡	497	12.4	228	10	
92	洗马镇白果村石头坡	353	6	107	7	
93	洗马镇白泥田村4—6组	156	4	54	4	
94	洗马镇台上村	980	10	237	6	
95	羊场镇长寨村坪子	139	1	17	2	
96	羊场镇新营村新营	821	22.9	93	6	泵站1处7.5千瓦
97	湾寨乡凯卡村靠汝山	234	2.8	32	2	
98	湾寨乡石头村苦蒿冲、捞鱼冲	247	5.2	44	4	
99	湾寨乡甲摆村半坡	92	1.2	12	2	
100	湾寨乡凯卡村脚兰山	210	2	32	2	
101	水场乡三村村1—4组	227	1.72	50	1	
102	摆省乡新庄村老场坝	310	5.5	42	5	
103	摆省乡兴龙村地坝	346	3.8	50	3	
104	摆省乡渔洞村龙井、下寨	273	4.6	330	3	
105	巴江乡落锅村半坡	486	5	260	4	水窖13个蓄水390立方米
106	谷脚镇岩后村沙冲	535	3.3	80	1	
107	摆省乡团结村	300	3.7	510	21	
108	麻芝乡新民村	315	4.7	30	1	
109	谷龙乡官庄村	220	0.46	40	1	
110	谷龙乡龙滩村	631	20	130	4	
111	羊场镇岱林村	620	6	100	3	

续表

编号	工程地点	受益人口（人）	工程内容			备注
			主管道（公里）	水池		
				立方米	个	
112	摆省乡金星村	525	15	170	5	
113	民主乡高峰村	977	18.4	570	9	
114	民主乡红星村	336	5.9	30	1	
115	洗马镇长沟村	660	9.32	456	10	
116	龙山镇新水村	320	8.6	60	2	
117	湾寨乡上坝村	250	9.8	60	2	
118	水场乡比孟村	618	11.26	150	5	泵站1处5.5千瓦
119	巴江乡新寨村	362	9.04	55	2	
120	三元镇合安村	500	18.3	160	4	
121	麻芝乡大新村	304	8.95	84	2	
合计		65670	829.58	18005	547	水窖84个蓄水2130立方米，泵站9处88千瓦

三、安全饮水工程项目

2006年后，随着广大农村人畜饮水事业的进一步发展，由于受化肥、农药及工业污染源影响，国家提高安全饮水标准，要求在实施人畜饮水工程时增加水处理设施。2006—2008年，在饮水工程项目规划中，对湾寨、羊场、水场、谷龙、三元等乡镇政府驻地饮水工程安装水处理净化器，对饮水人口较少的工程增加过滤池等。

2006—2008年龙里县人畜安全饮水项目工程完成情况统计表

表11-4

序号	项目工程实施地点	实施年度	受益人口（人）	工程内容			备注
				主管道（公里）	水池		
					立方米	个	
1	摆省乡果里村	2006	217	3.5	85	1	
2	麻芝乡龙云村	2006	187	3.9	80	1	
3	谷龙乡平寨村	2007	841	15.7	35	1	
4	湾寨乡长萌村	2007	468	8.8	90	1	
5	草原乡草原村	2007	800	7.5	87	2	
6	草原乡朝阳村	2007	934	7.3	50	4	
7	洗马镇白泥田村	2007	650	4.9	70	3	
8	哪嗙乡狗场村	2007	1635	13.75	220	2	
9	哪嗙乡乐宝村	2007	677	11.19	80	2	
10	龙山镇龙架山	2007	735	12.46			
11	湾寨乡湾寨片区	2007	3123	14.65	190	1	日处理400立方米一体净化器1套
12	洗马镇牛场片区	2007	5615	26	200	1	
13	羊场镇羊场片区	2008	5789	12.5	270	1	日处理800立方米一体净化器1套

续表

序号	项目工程实施地点	实施年度	受益人口（人）	工程内容			备 注
				主管道（公里）	水池		
					立方米	个	
14	水场乡水场片区	2008	2857	6.35	720	2	日处理800立方米一体净化器1套
15	龙山镇坝上村	2008	642	6.5	37	1	
16	龙山镇大竹村	2008	1200	11.5	70	2	日处理120立方米一体净化器1套
17	三元镇西联村	2008	754	4.11	80	2	
18	谷龙乡谷龙片区	2008	4073	17.69	307	5	日处理500立方米一体净化器1套
合 计		—	30897	188.3	2671	32	—

2006—2008年龙里县人畜安全饮水工程完成情况统计表

表11-5

编号	实施年份	项目名称	下达投资（万元）	涉及人数（人）
一	2006	2006年第一批	50.82	1417
1	2006	摆省乡果里村饮水安全工程	8	217
2	2006	谷脚镇观音村饮水安全工程	42.82	1200
二	2006	2006年第二批	124.87	3193
1	2006	洗马镇新庄村饮水安全工程	71.8	1843
2	2006	洗马镇大坪村饮水安全工程	14.27	363
3	2006	洗马镇台上村饮水安全工程	7.86	200
4	2006	洗马镇大厂村饮水安全工程	13.76	350
5	2006	洗马镇猫寨村饮水安全工程	9.83	250
6	2006	麻芝乡龙云村饮水安全工程	7.35	187
三	2006	2006年省级财政	53.33	1333
1	2006	洗马镇猫寨村、长沟村	20	500
2	2006	醒狮镇元宝村、顶水村	33.33	833
四	2007	2007年第一批	137.76	3109
1	2007	谷龙乡平寨村饮水安全工程	35.14	841
2	2007	谷脚镇谷远村饮水安全工程	40.86	1000
3	2007	湾寨乡长萌村饮水安全工程	23.51	468
4	2007	草原乡草原村饮水安全工程	38.25	800
五	2007	2007年第二批	202.5	4883
1	2007	哪嗙乡狗场村饮水安全工程	67.56	1635
2	2007	哪嗙乡乐宝村饮水安全工程	29.35	677
3	2007	草原乡朝阳村饮水安全工程	39.37	934
4	2007	龙架山国有林场饮水安全工程	29.41	735
5	2007	湾寨乡湾寨饮水安全工程	22.06	552
6	2007	洗马镇白泥田村饮水安全工程	14.75	350

续表

编号	实施年份	项目名称	下达投资（万元）	涉及人数（人）
六	2008	2008年第一批	151.1	5615
1	2008	洗马镇牛场片区饮水安全工程	151.1	5615
七	2008	2008年第二批	123.8	3123
1	2008	湾寨乡湾寨片区饮水安全工程	123.8	3123
八	2008	2008年第一批省级财政	20	500
1	2008	谷龙乡高吏目村及学校饮水安全工程	20	500
九	2008	2008年第二批省级财政	70.77	1798
1	2008	谷龙乡谷新村苦竹塘饮水安全工程	13.21	333
2	2008	谷脚镇观音村饮水安全工程	26.21	667
3	2008	洗马镇台上片区饮水安全工程	31.35	798
合　计			934.95	24971

第四节　跨区域水利工程

一、大花水电站

大花水电站位于开阳县、福泉市交界的清水江干流上，电站装机容量18万千瓦，年平均发电量7.23亿千瓦时。水库正常蓄水位868米，总库容2.77亿立方米。电站于2003年开工建设，2004年11月截流，2006年12月下闸蓄水，2007年11月首台机组投产发电。

水库淹没及工程占地涉及贵阳市开阳县、黔南州福泉市、贵定县、龙里县4个县（市）9个乡镇20个村70个村民组，淹没农用地9486.94亩，移民搬迁安置1204人。其中：淹没涉及龙里县巴江乡、洗马镇2个乡镇5个村（平坡、水尾、落锅、长沟、大厂）26个村民组940户3790人，搬迁移民3个村民组49户192人，安置移民232户394人（含搬迁的49户192人）；水库淹没农用地3385.11亩（其中耕地1071.28亩、各类林地2293.98亩、各类零星树木3438棵、园地19.85亩）、建设用地35.4亩、未利用地（河滩地）4.97亩；淹没拆迁各类房屋5143.26平方米。淹没的主要专项基础设施有矿山脚电站、长沟提灌站、11处交通渡口等。龙里县库区淹没补偿总投资3847.22万元。

2003年10月至2004年5月，县水利水电工程移民局配合贵阳市开展大花水电站淹没龙里县区域的实物指标调查、公示、复核等工作，2004年6—12月编制移民安置规划，2005年编制完成移民安置实施规划报告，2006年1—6月完成移民搬迁安置工作，2006—2008年完成淹没集体林地纠纷调处及补偿兑现、专项复建等工作。2006年7月起开始对大花水库区移民进行后期扶持，每人每年补助600元，扶持20年，扶持资金按季度兑现。大花水电站每年上缴龙里县增值税600～900万元。

二、鱼洞峡水库

鱼洞峡水库是为贵阳城市供水的一座中型水库，水库正常蓄水位1075米、死水位1035米。总库容1820万立方米，相应水库面积1.21平方公里，坝址以上集雨面积98.2平方公里，供水9万吨/天，年供水量3180万立方米。主要淹没涉及龙里县醒狮镇大岩村小岩上街组、小岩下街组、金龙谷景区、贵阳警卫局培训中心、夏华老年公寓等。淹没拆迁各类房屋面积2.61万平方米，淹没各类土地419.25亩，淹没抽水站2座。规划龙里搬迁安置移民207人，各项补偿总投资1.05亿元。2008年4月，县水利水电工程移民局配合开展鱼洞峡水库龙里库区淹没实物调查工作。至2009年12月，配合省水利水电勘测设计研究院编制完成《鱼洞峡水库供水工程建设征地移民安置规划报告》。

第五节 防汛抗旱

一、水文监测

龙里水文站是贵州省水文水资源局管辖的国家基本水文站，主要工作是收集降水、蒸发、水位、流量等水文资料，并向国家防总、长江水利委员会、湖北省防办、三峡梯调中心和省、州、县防汛部门提供实时的水雨情防汛信息。站址位于龙山镇铙钹山的打草河河段上。地理坐标：北纬26° 27′ 19″，东经106° 57′ 05″。断面以上集水面积221平方公里，断面至河源约36.1公里。1982年1月1日正式观测。历史资料：实测最高水位1080.23米（发生时间：2001年6月30日），相应流量为581立方米/秒；最枯流量为0.01立方米/秒（发生时间：1987年8月7日）。

二、抗旱排涝服务队

1991—1999年，由县有关部门组织指导相关乡镇干部、村组村民进行半组织半自发性抗旱排涝救灾。2000年，省政府防汛抗旱指挥部办公室、省财政厅确定龙里县为“2000年度省级抗旱排涝服务队示范县”，由县政府防汛抗旱指挥部按国家防总颁发的《抗旱服务组织建设管理暂行办法》，编报《龙里县抗旱服务组织建设规划》。2000年11月，省政府防汛抗旱指挥部同意以县防汛抗旱办为主体，以乡镇水利站为依托，组建龙里县抗旱排涝服务队，队部设在县城，延伸到洗马、谷脚、龙山、羊场4乡镇水利站，组建4个服务组和1个抗旱排涝设备维修供应服务站，形成服务网络，实行挂牌服务，财务独立核算，自主经营、自负盈亏。

根据国家防汛抗旱总指挥部、财政部、水利部颁布的《抗旱服务组织建设管理暂行办法》和《抗旱服务队示范县建设验收标准》要求，1997年1月成立县防汛抗旱指挥部，安排购置抗旱排涝机具经费35万元、运输工具经费15万元、维修工具及零配件15.2万元，拨“新一代旱地龙”试验推广经费1.8万元，新建、维修设备物资仓库100平方米，维修车间50平方米、销售门市部30平方米、运输工具库20平方米。设备资产统一由县抗旱排涝服务队作国有资产管理，建立决算账、物资账、经营账。

县抗旱排涝服务队分别成立羊场、龙山、谷脚、洗马4个片区抗旱排涝服务站，签订机具使用协议，按标准收费，按时提交财务结算报告。2001年12月，抗旱排涝服务队示范县建设通过省级验收。至2008年，县抗旱排涝服务队管理、服务、运转正常。

三、县城河道防洪治理

贯城河发源于流音洞，由县城南门经农业局、龙泉宾馆、纪龙酒店、原西门桥老电影院、检察院到城关三小前与东门河汇合，由南向北穿城而过，汇入打草河（三元河）。贯城河总集水面积13.93平方公里，其中明流区4.71平方公里、闭流区9.23平方公里。河段总长2.96公里，加权平均比降32.6‰。城市建设发展过程中，河道两侧建筑物不断挤占河道，城区防洪设施少、标准低，洪水期在城区内多处地段发生漫滩灾害，造成沿河周边农田减产，甚至绝收。

2006年12月，根据《龙里县县城总体规划（2005—2020年）》和《龙里县县城中心城区控制性详细规划》，由州水利水电勘察设计院研究完成《龙里县城区河道防洪治理工程规划报告》编制，分三期实施县城河道防洪治理工程。《龙里县城区河道治理一期工程初步设计报告》于2007年8月完成编制设计。

根据《防洪标准》（GB5021-94）的规定，贯城河治理按20年一遇洪水设防，城区防洪保护面积约6平方公里（南至流音洞、北抵贵新高速龙里收费站），保护田、土500亩，保护人口5万人。贯城河治理段长2.55公里，治理后河段长1.77公里；打草河治理段长550米，治理后河段长345米。属小（1）型工程，工程等别IV等。永久水工建筑物为主要建筑物4级、次要建筑物5级。工程初步设计批复概算总投资4563万元。

县政府组建县现代水利开发有限责任公司，向农业发展银行黔南分行贷款4950万元，在工程项目公开招标结束后，于2007年12月19日破土动工建设。到2008年底，贯城河河道改道及整治工程仍在建设中，修建各坝段蓄水拦河坝和河道堤防工程。计划修建公路桥4座、人行桥4座（其中拱桥2座）、翻板坝4座、拦河坝4座、沿河石栏杆2000余米，在河滨道安装青石地砖，在沿岸草皮护坡种植苗木花卉。

第六节　水土保持

一、水土流失

由于龙里县地处长江水系防护林与珠江水系防护林交汇地区，必须长期坚持水土保持项目开发，减少土地流失，保土保肥，涵养水源，培育生态植被，保护生态环境，净化空气；减少泥石流、山体滑坡等自然灾害及洪水对下游的影响；增加土地利用率，提高农业生产复种指数，调整和改善农村产业结构，实现农业优化重组。水土流失区域多集中在各河流的上游，主要分布在县境北部和中东、中西、西南部。水土流失区域耕地多年存在不同程度的跑土、跑肥、跑水状况，生态平衡遭到破坏，粮食产量年趋下降。

1983—1984年水利区划调查统计，水土流失面积为453.5平方公里，占全县总面积的30%，其中强度流失面积25平方公里占总流失面积的5%；中度流失面积88平方公里，占总流失面积的20%；轻度流失面积340平方公里，占总面积的75%。在水土流失面积中，土坡面积410平方公里，占90%；沟壑42平方公里，占10%。2000年末全县水土流失面积643.6平方公里，近20年水土流失面积增加190.1平方公里，已治理4.4平方公里。下游洞头水文站实测悬移质输沙模数1984年以前平均为每平方公里98吨，1991—2000年平均为223.2吨，其中2000年为168吨。

县境内强度水土流失区域主要是三元镇的合安河流域和哪嗙乡的谷冰河流域。1980年，合安河流域洪水引发泥石流，摧毁小（2）型月亮石水库1座，河床平均抬高2米，河床平均宽度4米扩至10米，局部河段扩至60米，水打沙埼良田162亩、沃土115亩，冲毁公路1公里，水库报废。到2008年，合安河原库坝以上12平方公里的受雨区域实现退耕还林。哪嗙乡谷冰河上游水土流失严重，造成河床抬高加宽，洪水多次浸进民房、冲毁庄稼，水灾连年威胁下游的农田。

二、水土流失治理

龙里县水土流失治理工作开始于20世纪80年代初，从小型水利事业费中拨部分种苗款，补助强度流失灾区植树造林。1984年，县水利电力局成立水土保持站。1991年，建立各级水土保持机构，逐步规范治理工作，治理经费每年在小型水利事业和水土保持经费以及冬修经费中列支。较大规模的水土流失治理项目，通过规划、勘测、设计呈报上级水利部门审批，由专项经费实施。

1991—2008年龙里县水土流失治理面积统计表

表11-6

年份	治理面积（平方公里）	年份	治理面积（平方公里）
1991	2.4	2000	4.22（含专项治理）
1992	0	2001	0.5
1993	1.8	2002	30.18（专项治理）
1994	4.5	2003	14.1（专项治理）
1995	3.2	2004	2.6
1996	3.1	2005	2
1997	1.5	2006	1.8
1998	1.2	2007	2
1999	3.5（含专项治理）	2008	13.5（扩大内需治理）
合　计			92.1

三、水土流失治理专项工程

（一）乌江流域南明河支流谷脚片区1998年度水土保持项目　1998年11月动工，1999年5月基本完工。完成项目总投资108.58万元，其中国家拨款75万元（含借贷财政资金50万元），群众投劳折资33.58万元。治理水土流失面积4.3平方公里，其中：封禁治理2.3平方公里，工程治理2平方公里。具体实施完成内容：坡改梯450亩，退耕还林种植经果林1128亩（其中桃子120亩、核桃102亩、板栗606亩、金秋梨300亩），种植水保林1378亩，营造经济林795亩，补植稀疏幼林583亩；村寨房前屋后、村道周边种植板栗2560株、花椒2940株；在石板滩水库培育经果林苗圃11亩，在千家卡种植花卉2.6亩；幼林封禁治理3594亩，设封禁碑25块，聘请专人巡查看护；修蓄水池13口、引水沟310米，修建宽3米运输便道950米等。

（二）三元河小流域龙家坡片区2000年度水土保持项目　由县计委、县水电局向州计委、州水电局申请立项，2000年12月动工，2001年6月基本完工。完成总投资175万元，其中：中央财政专项资金117万元，地方匹配资金58万元（群众以劳折资）。治理水土流失面积20平方公里，完成坡改梯560亩；种植经果林2215亩（其中石榴650亩、杨梅300亩、楠竹490亩、梨225亩、核桃150亩、枇杷150亩、桃250亩），实施地点为蔡家院560亩、小团坡415亩、羊鸡冲750亩、三元镇490亩；种植水保林5980亩，实施地点为小西堡和流音洞；封禁治理1.75万亩，实施地点为羊鸡冲库区和龙家坡顶；修建小水池20口及引水工程；修建蔡家院拦山沟1公里；在小团坡整治小山塘1座，修建拦沙坝1座；在小团坡和羊鸡冲修建机耕道4公里。

（三）新民河、朵花河小流域2001年水土保持生态建设项目　项目设计书由州计划局、州水电局转报省水利厅，获2001年水土保持项目中央预算内专项资金（国债）计划，批复水土保持治理面积28.57平方公里，总投资285万元，其中：中央预算内专项资金200万元，地方以劳折资85万元。2001年10月动工，2002年3月基本完工。

根据“因地制宜，因害设防，集中连片，综合治理”原则，在青树湾实施坡改梯390亩；在青树湾、小西堡、田坝垴、飞龙洞种植经果林3450亩（其中石榴821亩、杨梅426亩、桃子126亩、板栗102亩、麻竹165亩、刺梨890亩、楠竹600亩、甜柿120亩、黑李200亩）；在余下村桃花山、朵山种植水保林1.04万亩；在格老湾、岩底、飞龙洞实施封禁治理面积2.85万亩，为农户修建沼气池50个；在青树湾、九龙坡、廖下等地修建小水池172口；在五里桥完成治理河道200米，修建拦河坝1座；在青树湾、飞龙洞修建田间便道4.2公里；完成保土耕作2420亩。

第七节　水利管理

一、水利工程管理

1991年以后，兴修大量蓄水、引水、提水工程，满足农田灌溉的需要。各类水利工程完工后，均进行总结验收，登记造册，逐级上报，由县水利部门统一管理。在不同时期新建发展的同时，又有部分老旧水利设施报废停用。1985年开展“三查三定”工作，挤压水利管理统计数据水分，对不能发挥灌溉作用和报废的各类水利工程重新核实和废减。

1991年以后，每年都根据各类水利工程运行的实际情况进行废减和增加并统计、造册、存档、上报，到2008年全县共有各类水利工程247处，其中：蓄水工程88处，蓄水量742万立方米；引水工程70处，引水流量3.3立方米/秒；提水工程89处（电灌站37处，装机2300千瓦；水轮泵52处62台），提水量172万立方米。全县蓄、引、提水利工程总有效灌溉面积4.72万亩。1998年12月出台《龙里县水利建设基金筹措和使用管理暂行办法》。2008年出台施行《龙里县饮用水源保护和管理办法》。

（一）水利工程管理改革　20世纪80年代初，遵照中央“加强经济管理，讲究经济效益”的治水办电方针，制止兴建“三边”工程（边勘察、边设计、边施工），防止不按自然规律和经济规律办事，新建工程均按勘察—规划—计划—设计的程序办理；防止水利工作“重建设、轻管理”“重主体、轻配套”，提出“水利工作重点应放在工程管理上”的思路。

20世纪90年代初，启动水利管理工作改革，把确保水利工程安全放在管理工作第一位，狠抓灌溉效益，搞好综合经营，抓好水费粮征收，增加水利工程的经济效益。《黔南州水利工程综合经营管理办法（试行）》明确：充分开发利用水利工程管理单位的自然资源，将水利工程综合经营作为水利管理的基本任务；消除“吃大锅饭”现象，树立商品经济观念，水利工程综合经营实行企业管理；水利工程管理实行所长负责制或承包责任制。

1990年，省水利厅在龙里县开展水利工程管理单项改革试点，开始推行河流分级分段管理；水库承包，小山塘拍卖经营；个人承包经营小型水利水电工程等。到90年代中后期，加强水费、粮征收，抓好固定资产管理和经营；对水利工程管理范围进行确切划界；强化水利工程产权归口管理；按照谁建谁管谁受益的原则，推行有偿服务，滚动发展，逐步培养各类水利工程自我改造、自我维护和自我生存的能力，使管理责任明确到位。

根据2002年国务院办公厅关于水利工程管理体制改革意见，2004年水利部、财政部《水利工程管理单位定岗标准（试点）》《水利工程维修养护定额标准（试点）》和省政府《贵州省水利工程管理体制改革实施意见》，2005年龙里县推行水利工程管理体制改革，落实6个国营水管单位人员经费及工程维修养护费，实施石板滩水库、花马冲水库、红岩引水工程、羊鸡冲水库、五子登科水库5个管理所和醒狮水管所管理体制改革。

对国营水利工程管理体制进行改革的同时，也对小（2）型以下的水利工程管理体制进行改革。全县各乡镇水利站为县财政全额拨款的纯公益性股级事业单位，本应担负指导小（2）型以下水利工程建设、维修和管理的职责，但长期没有归口水利行政部门管理，造成不少小型水利工程因管理缺失、投入不足、年久失修、自然损坏，停运报废。此次改革，将乡镇水利站作为县级水利行政主管部门的派出机构，实行人、财、物统一管理。打破行政界线，将14个乡镇水利站撤并组建为4个片区水利工程管理站，以利于加强小（2）型以下水利工程的建设和管理。

（二）水利工程等级划分 为明确各类水利工程的管理权限，对建成投产的各类水利工程进行等级划分。根据规定的总库容量、引水灌溉面积、电灌站装机功率、水轮泵站扬程等指标，划分等级和规模类型，属于小（1）型以上规模的由国营单位管理；属于小（2）型以下规模的在各乡镇水利站的指导下，由当地农村集体组织管理。根据上级文件按各类水利工程分等级指标，相继成立红岩引水工程管理所、石板滩水库工程管理所、醒狮水管所、五子登科水库工程管理所、花马冲水库工程管理所、羊鸡冲水库工程管理所共6个国营管理单位。其中羊鸡冲水库蓄水量虽仅有64万立方米，但对下游公路和铁路担任特殊防洪任务，省水利厅批复为省属小（2）型水库灌溉工程，列入国家管理。

龙里县水利工程分等级统计表

表11-7

工程等级	工程规模	分等指标			
		水库总库容（万立方米）	引水灌溉面积（亩）	电灌站装机（千瓦）	水轮泵站扬程（米）
四	小（1）型	100～1000	5000～50000	100～1000	＞100
五	小（2）型	10～100	500～5000	＜100	＜100
六	小型	＜10	＜500		

二、水政执法

为了宣传贯彻水法、水土保持法、防洪法、河道管理条例等法律法规，成立水政监察大队（编制5

名，设大队长或副大队长1名）等机构，承担水政执法工作。

（一）水政水资源办公室 1988年设立县水政水资源办公室，配备专职人员，宣传水法和贵州省实施水法办法，按照《贵州省取水登记规则》向取水单位发放取水通知单和登记表，对取水单位发放取水许可证。到1991年底，全县颁发取水许可证79个，从1992年9月1日起对取水单位按全国统一标准征收水资源费。在每年的“世界水日”组织宣传水法，开展计划用水、节约用水、防止水污染、保护水资源活动。

（二）水土保持监督执法站 1999年7月建立水土保持监督执法站。利用每年“水土保持法宣传月”，开展水法、水土保持法等宣传活动。加强体系建设，建立水土保持执法网络。县水电局任命全县159个行政村水土保持监督管理员159人，对专兼职执法人员定期培训，实行“资格证书”规范管理，提高执法能力和业务水平，为提高水土保持方案编制质量提供技术支撑。依照《水土保持方案审批管理办法（试行）》，1997年共查处违法案件5起，审批水保方案32个，建立恢复治理示范工程2处。2008年，监督检查开发项目60个，其中：省级审批县级备案在建铁路项目1个，州级审批五子登科水库、石龙沟水库、贯城河治理水利项目3个，房地产项目4个，水泥生产企业2个，煤矿企业22个（整合后为13个），输水保方案审批项目2个，编制水保方案报告书项目1个；铁矿开采、洗矿企业3个，砖瓦厂2个，砂石料厂8个；其他12个。实施水土保持方案许可制度，对审批许可的项目颁发许可证，按法定费率征收水土流失防治费。

第十二篇 旅游业

第一章 旅游资源开发

第一节 旅游资源

龙里县旅游资源比较丰富，已经被发现和认识的旅游资源有8个主类、28个亚类、90多个基本类。

一、自然景观

地文景观中，最具独特性的景型是高山台地草原，海拔1400～1700米，总面积90多平方公里，由谷乌坪、马郎坪、五里坪、亮山坪、王寨坪、里头坪、长舍坪、摆架坪、摆长坪、鸭甸坪、谷朗坪等主要原块组成，是国内西南地区少有的自然景观。峡谷景型以猴子沟为代表，由国翁冲、宝合冲、黑冲、纸厂冲等几条大峡谷组成，1995年被评定为省级风景名胜区。县境内的清水河峡谷、鱼井峡谷、谷冰沟、朵花冲、治江冲、枧槽冲、洼子冲等也具有较高的旅游价值。谷地景型以湾滩河谷地、三元河谷地为代表。海拔1775米的贾托坡南山峰，为已知县境内第一高峰，垂直自然递变规律明显，有不可多得的典型山景。马郎坡、亮山、云雾山、云台山、太子山等也具有这一景观特点。

县境内地质沉积与构造、地貌过程所形成的许多景观，具有较高的地质科普教育游赏价值。麻芝贾托和羊场打铁寨古生物遗迹，保存完好；摆省摆拱迷宫式滑坡断层、羊场营屯独峰，景观独特；醒狮金龙谷褶曲构造、草原塘堡喀斯特峰丛，麻芝洞门前和羊场石人坡石林，集中连片；喀斯特景观还有马郎坡竖井、里头坪竖井，草原亮山坪、长舍坪、谷朗坪等地的漏斗洼地，有望天洞、鬼洞、莲花洞、飞龙洞、留云洞、果里跳洞、渔洞暗河天窗、羊场硝洞、摆勺洞、王关风洞、《黔游记》记载至今未发现“五百里观音洞”等溶洞，景致特别。

县内可供游览的水域风光主要有：清水河、三元河、湾滩河、高沟河、石板河等河段；清水河（大花水）水库、石板滩水库、暗山水库、花马冲水库、羊鸡冲水库、石龙沟水库、擦耳岩水库、摆戎水库、小冲水库、摆兰水库等水体；高沟龙潭、摆省渔洞天窗群；里头坪、谷朗坪等地的湿地；猴子沟双龙瀑布、黄泥坪瀑布、治江冲瀑布、水落岩瀑布、摆戎瀑布、擦耳岩瀑布等；代表性的泉水有榨哨山泉、水尾神应泉（俗称“顺（送）钱井”）、猫寨鱼井、三元渔洞、湾寨石头寨冷泉等。

生物性景观中，有猴子沟、治江冲等地的原始植被；有龙架山国家森林公园、五里坡、大土等地的风景林；有草原里头坪湿地珍稀杜鹃、茶香“十里刺梨沟”刺梨花、高枧十里火红杜鹃，塘堡铁杉、古银杏、古茶树，三元古藤黄檀、古滇楸，龙从街古香樟，猴子沟方竹，台地草原草地植物，龙架山国家森林公园珍稀植物等古树名木；野生动物主要是猴子沟猕猴。

二、人文景观

龙里历史悠久，留下许多人文旅游资源。历史遗址遗迹主要有：谷龙吊洞新石器时代人类活动场所，唐朝贞观年间设置的新安县、巴江县和明朝洪武年间设置的龙里卫城址遗迹；巴江清水江、湾寨雾鸡坡、草原朵花、麻芝云顶关等地的古驿古道；云台山云台寺、观音山观音寺、猴子沟蔡伦庙等古寺庙遗址；猴子沟（永协营）、羊场营屯、三元、湾寨谷鲊、摆省摆戎、草原陆家寨、谷鸟坪（马蜂营）等地的古营盘；谷脚巫山岩画、莲花山石刻、冠山石刻，龙架山防火碑；三元封火塔、巴江字库石塔；果里洞棺葬、三元新安一品夫人墓、岳家寨入黔始祖墓、湾寨王治江墓等古墓葬；清水江、脚渡河、宋家渡、姜家渡等码头；三元桥、刘家大桥、播箕桥、广济桥等石拱桥；观音山、倪儿关、王关、混子场（比孟）红军集结战斗遗址和翠微山剿匪战斗遗址，洗马粑粑街、谷龙官庄红军标语，播箕红军窝，洗马红军坟，倪儿关抗日阵亡将士纪念碑等。

现有的宗教活动场所有：谷脚龙云寺、天龙洞寺，羊场翠微寺，龙里天主教堂，醒狮镇佛光寺、观音洞，醒狮小河口观音洞道观，龙山镇龙岭寺；可供观光游览的生产场所有：龙山工业园区、谷脚医药城，湾寨司头、龙山镇余下堡、草原塘堡、羊场营屯、谷脚高堡等地的梯田，谷脚茶香十里刺梨沟、羊场万亩大坝、响水岩千亩梨园等。

县内的综合人文旅游地有：龙架山国家森林公园亚热带濒危植物繁育中心、大棚花卉培育中心，龙里水土保持生态园等教学科研实验场所；龙架山国家森林公园、永兴山庄、金龙谷、水桥度假村、龙腾度假酒店、谷脚金渠苑、金龙山庄、鹿园度假村、草原城度假村、生态园锦绣园等康体游乐休闲度假地；冠山公园、夹山坡公园、人民广场等体育健身场地；冠山紫虚阁，龙架山国家森林公园龙首亭、观海亭，三元惜字塔、巴江字库石塔等楼亭建筑；巴江古城、县城古城、王寨坪古营盘等古城堡；洗马牛场宋氏大院、醒狮小岩布依民居、羊场廖怀忠故居等特色历史建筑；县城荷花井、四方井，龙山红旗坝、麻芝铜车坝、三元高车坝，湾寨羊场红岩渠道、谷龙谷新大沟等水工建筑；平坡苗族农民画廊、观音塘坊野生菌市场等特色店铺与市场。

三、文化活动

县内的地方戏剧主要有羊场孔雀寨、藕寨布依花灯，湾寨谷鲊布依花灯、龙山余下花灯、湾寨司头花灯；民间节庆主要有苗族跳月、杀鱼节，布依族三月三、六月六，布依族、苗族四月八，羊场孔雀寨布依族“七夕”情歌节，县城端午吃粽子、游百病，冬至吃狗肉等风俗；民间民俗活动与赛事主要有斗牛、斗鸡、斗鸟；宗教活动主要有农历二月十九、六月十九、九月十九庙会期，寺庙拜佛、吃斋饭；特色服饰主要是布依上方服饰、布依下方服饰、三元布依服饰、红毡苗服饰、海皅苗服饰、白裙苗服饰、花苗服饰、印苗服饰、青苗服饰。举办过的现代节庆有滑翔旅游节、越野车场地赛、十里刺梨沟赏花品果节等。

第二节　旅游开发

2000年5月县政府出台《龙里县旅游景区、景点管理暂行规定》。2003年1月，委托贵州省旅游规划设计中心和贵州省旅游文化研究传播中心编制《龙里县旅游发展总体规划》。

一、旅游景点及线路

（一）龙里1日游

线路一　早乘车前往生态园，观赏飞龙洞、石林，游羊鸡冲水库，乘游船、垂钓，游览生态园经果林、盆景园等，返程。

线路二　乘车到达金龙谷，观赏小岩根雕、游览金龙谷景区，包括金龙堂、八百米盘龙栈道、梦龙湾、峡谷（游船）、月牙潭、仙女美体树等，返程。

线路三　早乘车前往草原，沿途观赏骂娘桥、马郎坡等景点。到达后观杜鹃花海、看草原风光、骑草地越野车，午餐后骑马游览谷乌坪、五里坪等大小草原，棋牌娱乐、烤全羊，晚餐后观赏民族篝火晚会，返程。

线路四　早乘车前往龙架山国家森林公园，乘电瓶车观十里林海、享天然氧吧，观贵州高原濒危植物繁育中心、贵州省中亚热带珍稀植物园、盆景园、热带植物温室、奇异瓜果温室等，参与观光果园采摘、森林野战营、滑草、溜索、水上乐园等活动。

（二）龙里2日游

线路一　第一天上午乘车到龙里高山大草原骑马驰骋，驾车或骑马进入猴子沟观猴王出山、天生岳飞像、竹海等景点，晚上烤全羊、观赏民族篝火晚会。住鹿园度假村或草原度假村。第二天上午往龙架山国家森林公园，乘电瓶车观十里林海，享天然氧吧，观贵州高原濒危植物繁育中心、贵州省中亚热带珍稀植物园、盆景园、热带植物温室、奇异瓜果温室等，参与观光果园采摘、森林野战营、滑草、溜索、水上乐园等活动。

线路二　第一天上午乘车前往生态园，观赏飞龙洞、石林，游羊鸡冲水库，乘游船、垂钓，游览生态园经果林、盆景园。住生态园锦绣宾馆。第二天上午乘车到龙里高山大草原骑马驰骋，驾车或骑马进入猴子沟观猴王出山、天生岳飞像、竹海等景点，晚上烤全羊、观赏民族篝火晚会。

线路三　第一天上午乘车往龙架山国家森林公园，乘电瓶车观十里林海，享天然氧吧，观贵州高原濒危植物繁育中心、贵州省中亚热带珍稀植物园、盆景园、热带植物温室、奇异瓜果温室等，参与观光果园采摘、森林野战营、滑草、溜索、水上乐园等活动。住龙架山森林公园接待中心或龙腾度假酒店。第二天上午乘车到龙里高山大草原骑马驰骋，驾车或骑马进入猴子沟观猴王出山、天生岳飞像、竹海等景点，晚上烤全羊、观赏民族篝火晚会。

（三）龙里3日游

第一天上午游生态园，观飞龙洞、石林，下午到永兴山庄观赏园艺，品野味或烧烤。住永兴山庄。第二天上午乘车到龙里高山大草原骑马驰骋，驾车或骑马进入猴子沟观猴王出山、天生岳飞像、竹海等景点，晚上烤全羊、观赏民族篝火晚会。住鹿园度假村或草原度假村。第三天上午乘车到达金龙谷，观赏小岩根雕、游览金龙谷景区，包括金龙堂、八百米盘龙栈道、梦龙湾、峡谷（游船）、月牙潭、仙女美体树等。中餐龙家乐。下午参观布依民族文化村寨，游览神仙洞，观看布依民族风情歌舞表演（费用自理）。在金龙谷度假村用晚餐。

二、旅游商品

地方旅游商品主要有：龙里辣子鸡、青椒童子鸡、龙里肉饼鸡、龙里野生菌等地方特色菜肴；龙哩邓氏辣子鸡、莫伯妈豆腐干系列和辣椒系列、醒狮豆腐、卧云谷牌茶叶、谷龙巨梨、茶香刺梨、三元高坪酥李、羊场大米、草原高山红米等农特产品；神奇脚癣一次净、枇杷止咳冲剂，富华骨松宝、丹参舒心、感冒康胶囊等中成药品；大岩根雕、巴江平坡苗族农民画、三元布依农民画、草原和哪嗙苗族挑花刺绣等民间工艺品。

三、餐饮业

改革开放30年后，全县餐饮业初具规模，县城有一定接待能力的餐馆近百家，从业人员近1000人，可容纳近1万人同时就餐。各家餐馆规模大小不等，大的可容纳500人同时就餐，小的只有几桌。逐步形成腾龙路、环城路、三林路水桥段等餐饮业相对集中的城区。辣子鸡、肉饼鸽（鸡）、野生菌、肥肠鸡等菜肴，包装食品“邓氏辣子鸡”和运输饭店、国瑞酒家、供销饭店、弘龙酒家、龙城港、祥华酒店、龙泉酒店等具有一定规模和特色，已经在贵阳等周边市县具有一定知名度和吸引力。

20世纪90年代，全县各乡镇政府所在地均有1～2家小餐馆，每家能同时接待1桌至数桌客人同时就餐，基本上没有特色。2005年后，“农家乐”发展迅速，各乡镇小餐馆数量不断增加，但服务质量普遍不高，缺少地域特色菜肴，客源以县内消费者为主，县外客源市场狭小。因竞争激烈，大部分餐馆微利经营。

2008年9月10日，龙里县召开壮大培育餐饮业研讨会。会议由县委书记主持，县委常委、县政府副县长、县人大常委会副主任、县政协副主席等县领导，县经贸、建设、招商、卫生、工商、旅游等15个部门主要负责人，县城国瑞酒家、运输饭店、纪龙大酒店等8家餐饮企业主要管理人员共30多人参加。还邀请朱辉达（贵阳市烹饪协会常务副会长、《中国食文化大辞典·贵州卷》编委会专家委员）、谢德弟（贵阳市烹饪协会副会长）、邹荣贵（《中国黔菜·贵阳卷》主编）等餐饮行业的专家到会指导。

四、旅栈业

1991年，全县旅社注册有53家，其中县城有15家。县城主要有湖南大酒店、解放旅社、国营旅社、良友旅社等。同时，县政府和一些单位还经营有招待所。2000年以后，地方旅栈业加快发展，陆续出现一批宾馆酒店。2001年，将地方涉旅宾馆、酒店纳入县级旅游行业管理。当年龙里大草原鹿园度假村等3家企业成为全县首批申请经营旅游业务的单位，2002—2007年又新增贵州龙里生态园等9家。到2008年，全县有大小宾馆、旅店、酒店近100家，住宿床位近2000个。其中，较大宾馆、酒店14家，旅游星级酒店3家，旅游定点接待单位12家。

第二章　风景区建设

第一节　龙架山国家森林公园

贵州龙架山国家森林公园，位于县城西3公里的打草河边，森林面积19万亩，公园面积10万亩，森林覆盖率91%。生态环境优美，林业文化丰富，有以迁地保护植物为主的“中亚热带高原珍稀植物园”和“贵州高原濒危植物繁育中心”。2003年批准为省级森林公园。2006年12月27日，国家林业局批准设立龙架山国家森林公园，公园由龙架山、猴子沟、响水河三块景区组成，面积为6079公顷。

该公园隶属于贵州省龙里林场，省林业厅主管。2005年开始旅游开发，国家林业局补助788万元、省林业厅拨款50万元、省农发办拨款50万元、省计委拨款70万元，龙里林场自筹142万元，共计1100万元投入建设。在哨上工区（分场）的基础上改造建设旅游服务中心区，建成集观光、科普、休闲、娱乐、会务、野营等功能为一体的度假目的地，主要娱乐项目有水上活动、滑草、溜索和野战等，成为龙里县城郊休闲度假的“龙头”。公园接待中心可同时容纳150余人住宿、200人就餐、150人会议。2006年开始接待游客，以野生菌肉饼鸡为特色菜肴。

第二节　猴子沟风景区

猴子沟风景区，面积190平方公里，有60多个独立景点。1991年决定成立猴子沟自然资源保护区，1994年完成申报工作，1995年3月被省政府批准为省级风景名胜区。1994年8月省级考察评估认定：以自然资源为主体，岩溶、峡谷、山水、森林、高山草地为特色，台地峡谷并存，资源集中，有较好的观赏、文化和科学价值；植被好，原生态强，生态系统有较多类型，适合生态旅游；贵州少有的高原草地特色，有较大的环境容量，交通便利。

1996年8月由州规划设计院编制《龙里县猴子沟风景名胜区总体规划》，1997年8月省政府批准实施。1994年11月成立龙里县猴子沟风景名胜区管理处。1998年9月成立猴子沟风景名胜区管理中队（隶属县城建监察大队，编制8人），在无人员、无经费的情况下，在景区村庄挑选8名农民为巡逻员，配备警械，加强对整个景区巡逻管理，有效遏制毁林开荒、烧炭、偷盗林木等破坏行为。

2001年后，县林业局将景区纳入天然林保护区。由于景区是龙里县城的主要供水取水点，县环保、煤炭、水利等部门开展执法管理，经常炸封取缔乱挖滥采煤窑，有效保护水源地。由于未编制景区详细规划，又属于县城供水水源地，县建设局严格控制景区内的建设行为，一直未批准景区内的建设活动。

猴子沟风景名胜区主要包括峡谷和高山台地草原两个片区。

一、峡谷景区

猴子沟岩溶发育强烈，造就丰富多样的自然景观，主要有峡谷、山峰、洞穴、洼地、落水洞、飞瀑，以及各种奇山异石，景观有“孔雀开屏、猴王把关、望天洞、坐井观天、双龙飞瀑、猴王拜师”

等。峡谷内森林（林灌）覆盖率达70%以上，区内有国家一、二级保护植物和动物，其中重点保护的珍稀植物有短叶黄杉、银杏、南方红豆杉、榉木、香果、紫薇、香樟、方竹等；重点保护的珍稀动物有斑羚、猕猴、林麝、大鲵、石蛙等10多种。

二、高山台地草原

龙里大草原位于草原乡境内，由十几块高山台地草坪组成，小块的数百亩，大块的超过5000亩，总面积3万多亩。草原海拔1400～1700米，地势平缓，视野开阔，为国内西南典型的高原高山台地草场。由于海拔较高，谷岭常年风速较快，多阴雨云雾，年日照时数少，气温偏低，湿度大。土层较薄，养分贫瘠，难得的原生植被一旦被破坏则难以恢复。

1987年7月，成立龙里县草地畜牧服务中心，实施人工种草养畜，规划面积3万亩。农牧渔业部和省、州投入300多万元，到1990年底共建成人工草场1.1万亩，建铁丝网、石围栏45公里，建办公用房和畜舍2500多平方米。因经营管理不善等原因，几年后停业。

龙里大草原在开始旅游开发时，通往景区的公路为铺沙石的乡村公路。1999年底县政府投入1300多万元对该公路龙里县城至民主乡政府段进行油路改造，2002年油路改造基本完成，2008年底开通营运车辆。由于马郎坡路段坡陡弯大，大型旅游车辆行驶较困难，制约旅游业的发展。

第三节　其他主要景区景点

一、金龙谷风景名胜区

金龙谷风景名胜区位于醒狮镇大岩村与贵阳市乌当区永乐乡交界地段，坐落于鱼洞河上游，占地约5平方公里，有典型的峡谷、山水风光。2002年起，由金龙谷旅游开发公司等单位累计投资2280万元建设完善相关设施，2005年申报为州级风景名胜区。紧邻贵阳市，距市区20公里，成为周末度假胜地。

鱼洞河东支流发源于醒狮镇境内，流经贵阳市乌当区永乐乡的石笋沟、羊角桥、石板塘；北支流发源于醒狮镇与贵阳市乌当区偏坡乡境内，流经醒狮镇大岩村，穿过小岩布依寨。两条支流在小岩的轿子山脚下汇入鱼洞河，穿过鱼洞峡，在贵阳市乌当区东风镇头堡村与鱼梁河相汇后，注入南明河。属长江流域，乌江水系。

景区最高点为大横坡山，海拔1335.6米；最低点为贵阳市东风镇来仙阁，海拔970米。峡谷主要岩层为薄层碳酸盐岩，以典型的人字形（金字塔形）折曲构造为特色，是折曲地质构造中的一个特例。有正在演化的喀斯特河谷相互袭夺的状态和情景，可供实地观察到喀斯特峡谷的过去、现在与将来。有“喀斯特天堂”和“地质生态博物馆”之称，以典型的薄层碳酸盐岩曲构造为特色，可作为地质学、地理学和水文、水利研究的场所和科普教育基地。

景区内主要植被以灌木为主，间有青杠林、竹林、果园。分为千亩果园区、田园观光区、布依风情区、峡谷风光区、水上娱乐区、娱乐休闲区、餐饮住宿区等，约20平方公里。景点分布有天堂鸟、月牙潭、月牙洞、象鼻浇水、钓鱼岛、轿子山等近百个。鱼洞峡两岸的大关口、文笔硐、二锅山万亩森林，是景区的重要组成部分。位于景区中心的大岩、小岩村寨，有古樟树32株、古柏11株、古沙棠等杂树40余株。金龙谷悬壁上的仙女树，山坡寨旁的古香樟群落，小岩轿子山的龙爪古樟，小岩布依寨的孪生古柏和铃铛花树等奇木异树较为罕见。铃铛花树，又称马安树，花期为每年6—10月，花色鲜艳并表现出青—淡黄—大红—土黄的变化，7—9月呈红色，冬季呈土黄色，风吹发出铃铛声。

以依山傍水的布依寨，有根雕之乡——大岩村，分布杨梅园、桃梨园、松林、梧桐林、青杠林和贵阳市水果蔬菜基地等，构成一个完整的乡村旅游度假区。景区接待中心建筑面积2000平方米，可同时容纳500人就餐、200人会议、200人住宿；可进行垂钓、划船等娱乐活动。

二、十里刺梨沟景区

十里刺梨沟景区位于谷脚镇北部，紧邻双龙航空港经济区，距贵阳市区30公里，924县道从沟内穿过。该景区山地自然环境无污染，尤其适合种植“维C之王”刺梨。刺梨面积2万余亩，人工种植的刺梨花比野生刺梨花更加红艳不俗、鲜美夺目。最典型的景点在茶香村，形成漫山遍野红白相间的“刺梨花走廊”，连绵长达10余里，人称“十里刺梨沟”。常年举办刺梨赏花节、品果节系列乡村生态旅游活动。

三、龙里水土保持生态示范园

龙里水土保持生态示范园，位于麻芝乡羊鸡冲水库一带，距县城5公里，总面积12平方公里，是国家级生态示范科技园区。2000年由省水利厅出资修建，建筑面积1500平方米，内设餐饮部、住宿部、会议中心、康乐健身中心、多功能厅、包房、酒吧等。

第四节 景区保护及世界遗产申报

一、景区保护

龙里猴子沟风景名胜资源的保护工作，具体由建设、林业、环保、国土等部门和涉及的镇村负责，将景区列为天然林保护区，制止毁林开荒、烧炭、偷盗林木，依法查处关闭煤矿，保护自然资源和生态环境。

二、世界遗产申报

龙里县有“迷宫式滑坡”，位于摆省乡渔洞村胡家坡。1995年4月，省地矿厅专家实地考察研究，认定此滑坡形成于10万年前，早已稳定。胡家坡山体因地壳变化造成东北至西南纵向撕裂，山顶沿山体走向裂成长1.2公里、宽50米、深100米的峡谷。山体撕裂成若干大小不一、宽窄不等的缝隙、孔窍、天窗，如同迷宫，因而命名为“迷宫式滑坡”。山脚下1公里外两山之间的平缓地带有天坑群，分布坑潭16个，宽8～20米、长10～50米、深5～30米，潭水碧绿幽深，似由一条暗河相连。天坑周边石壁相距或3～5米、或100～200米不等，光滑如削，人不能攀，沿暗河走向排列有序。县建设局于2005年6月组织考察，进行世界遗产申报，但未获批准。

第三章 旅游服务设施

第一节 旅游服务

一、旅行社

2004—2008年，贵州海外旅行社、贵州青年旅行社、新世纪旅行社、招商旅行社、贵阳旅行社等先后在龙里设立门市部，但未完善相关手续。2008年9月，黔南中旅在龙里县城正式设立黔南中国旅行社龙里分社。

二、导游服务

由于龙里游客以散客为主，导游服务发展滞后，长期缺乏专职导游服务人员。2003年龙里大草原、生态园、金龙谷等景区服务人员17人通过培训考试，取得省旅游局颁发的景点导游资格证。

三、其他服务业

20世纪80年代中期起，随着社会经济的发展，人民群众的经济收入明显提高，服务业也相应发展。大小歌舞厅、会所、洗浴堂室、酒吧茶室、网吧、出租汽车等其他服务相应增加。据统计，2008年共有会所3家、大小歌舞厅20家、洗浴堂室2家、酒吧茶室6家、网吧14家。

第二节　旅游设施

一、度假村

（一）玛格诺吉度假村　1996年，州旅游局投入100多万元在民主乡幸福村建设玛格诺吉度假村，可同时容纳150人吃住。2003年停业，之后绝大部分设施损毁。

（二）草原城度假村　1996年上海商人与省检察院在民主乡麻若村投资兴建“上海度假村”，占地100余亩。改造建于摆架坪的原畜牧草地服务中心办公用房，增建蒙古包等接待设施，建成可同时接待100人吃、住、游、娱的度假村。1998年改称“贵州省检察官培训中心”，后转让给彭厚淞经营，对外称为“草原城度假村”。1998—2002年处于经营高峰期。此后，由于设施设备陈旧，接待能力有限，微利经营。

（三）鹿园度假村　1999年，贵州兴金龙鹿园养殖有限公司陈德龙在民主乡幸福村兴建鹿园度假村，投资1200余万元，占地300亩，建筑面积1.89万平方米。2000年建成，有度假别墅、多功能厅、宴会厅、会议厅等设施，可同时容纳500多人住宿、200人就餐，主要特色食品为烤全羊，提供垂钓、骑马、射箭、草地越野车等活动服务，还有民族风情篝火晚会等娱乐项目。度假村建成后，一度成为龙里旅游对外宣传的“名片”，先后投入300万元维护和更新设施。2001年由县旅游局批准经营旅游业务，2002年7月由州旅游局批准为贵州省旅游定点单位。2003年后受道路交通的制约和接待设施、服务水平的影响，效益每况愈下。

（四）水桥度假村　隶属于1998年成立的贵州龙山旅游开发有限责任公司，位于龙山镇水桥村，占地20余亩，建筑面积2.67万平方米。1999年开始筹建，2002年竣工，累计投资近700万元。有会议室、吊脚楼茶厅、烧烤场、城市高尔夫球场、网球场等设施，集度假、休闲、娱乐功能于一体，可同时容纳120人住宿、300人就餐、100人会议。2002年获批准作为旅游涉外定点经营单位，2001—2005年处于经营高峰期。之后由于设施设备陈旧、管理落后，经常处于歇业状态。

二、星级酒店

（一）纪龙酒店　建于2000年，三星级酒店，位于县城兴龙路中段，占地近800平方米，建筑面积约5000平方米。内设餐饮部、客房部、住宿部、洗浴中心、卡拉OK厅、会所、会议室、超市等部门。可同时接待80人就餐、100人住宿、150人会议。

（二）锦绣宾馆　坐落在龙里水土保持生态示范园内，三星级，是该园的主要接待中心。餐饮中心可满足600人娱乐就餐，150人会议接待、住宿、健身和200人培训，餐位200个。贵州省水利厅主管，注册资金600万元。2002年开业，2003年5月由黔南州旅游局批准为旅游涉外饭店。

（三）永兴山庄　2001年兴建，位于龙山镇莲花村，占地2公顷，总投资1000万元。庄后青山，门前沃野，仿古建筑，假山池沼，花木盆景，盘龙华表，绿瓦红楼，园林韵味。山庄建筑面积3000平方米，可同时容纳200人住宿、250人就餐、300人会议。2004年被评为二星级饭店。

三、其他旅游接待点

（一）龙腾度假酒店　位于龙山镇水桥村，2005年建成，总投资3000万元，由贵州能辉酒店有限公司经营。有客房92间，床位145个；别墅10套，别墅房间73间。设有中餐厅、贵宾厅包房、大堂吧、健身中心、游泳池、网球场、棋牌室及KTV娱乐包房、商务中心等。可同时容纳200人进餐，主要经营川、黔、粤菜式。

（二）祥华酒店　1986年建成粮食餐厅，位于龙山镇环城路，能同时容纳150人就餐。1991年粮食餐厅改名为龙香酒家，能同时容纳180人就餐。2002年龙香酒家在龙山镇青龙路重建，更名为祥华酒店，累计投资达300多万元。2008年祥华酒店有客房26间，床位52个，能同时容纳600人就餐，从业人员40人。

（三）兴龙酒店　位于龙山镇兴龙路，2002年建成，总投资30万元，可容纳250人同时就餐，客房床位60个，从业人员40人。2007年改造投资近100万元，床位增至63个，主要经营酒店住宿和超市零售。

（四）龙泉大酒楼 位于龙山镇兴龙路，为龙里龙泉旅游业服务有限责任公司所属民营企业，2000年建成，投资280万元，取名龙泉宾馆，有住宿和桑拿设施，床位40个，是当时龙里县设施最为完善的宾馆。2001年由县旅游局批准经营旅游业务。2004年龙泉宾馆更名为龙泉大酒楼，主要经营住宿和餐饮业，有单人间、标准间和套房等床位40个，可容纳450人同时就餐。

（五）弘龙酒家 始建于1990年，位于龙山镇环城路粮管所，从业人员10人，可容纳50人就餐。1993年搬迁至环城路交警队，可同时接待300人就餐。1999年投资60万元在龙山镇小街园重建，能容纳250人同时就餐，主要经营其独创的“黔南名菜”——弘龙肉饼鸡（鸽）。

（六）龙城港私房菜馆 建于2008年9月，投资30多万元，可接待250人同时就餐，菜式以传统黔味家常菜为主，从业人员20人。

（七）湖南大酒店 位于龙里汽车站出口处，20世纪90年代在县城较早专营住宿业，有床位100个。

（八）龙里鑫都宾馆 位于县城综合农贸市场东侧，2004年新建，私营企业，有床位50个，从业人员4人。

（九）解放旅社 属为数不多的“老字号”旅社。位于县城大十字正南方50米处的解放街中段，距龙里中学老校区100米，有床位50张。20世纪80年代生意兴隆，每到学年中考来临，县城周边几所中学提前1个月左右争相预订学生住宿床位。2008年后，该旅社周边规划拆迁，效益下滑。

附：龙里山水游记选

天下第一洞

张 彪

“千年洞府疑无处，万幻莲花别有天”——龙里县城西南2.5公里外莲花洞两旁刻着这样一副对联，对我们充满无比诱惑。从龙山镇何家庄莲花山麓沿“之”字形800余级水泥阶梯往上攀登，离洞口外约500米处的道右有一摩崖，上书隶体大字“立马峰头”，作者为国民党高级将领、时任贵州省主席的薛岳。再行数步，有国民党59师师长韩汉英所题“擎天一柱”。及至洞口，国民党第四军军长吴奇伟书刻于洞上方的“天下第一洞”几个大字赫然呈现眼前。三人登莲花山同游莲花洞的时间为1936年冬。

1939年10月，民国名士平刚在日记中写道：“刘祖纯来说，其往龙里，得见近城十余里有莲花山莲花洞，其中宏洞深邃，薛伯龄（薛岳）曾以一连人入内，不能尽寻。闻昔有人入内若干日，亦不能尽，至半路刻石为志……恐于昔日陈鼎记载之洞，或即此云。”

平刚所提“陈鼎记载之洞”，指清康熙年间人陈鼎在《黔游记》中所记载的一个奇洞——观音洞。因同名观音洞太多，贵州史学界称之为“五百里观音洞”。《黔游记》称：“观音洞，深五百余里。从洞中行，秉七日炬，可达都匀境。从来少人穷其穴者，明有直指方君曾尽游焉。余有好奇之癖，因具十日炬，裹一旬粮而入。初数里甚宏敞，愈入愈窄，止可容一身。若是者十余里，乃后愈窄，侧身以行者三里。三里之外，则可驰五马驾高轩矣。中有楼台殿阁、人物花鸟之景，皆碧乳融成者也。至七十里，举炬四照，则无涯矣。因循石壁以行，壁之畔有泉一泓，甘香如醴。泉之畔有铜釜一，可容十升。壁上有题句云：‘隆庆三年，钱塘方绍宗于此煮泉。’笔墨淋漓，字画遒劲，大可爱，是盖直指公所书也。余亦续题云：‘康熙十年，江阴人陈鼎亦于此煮泉。’行十余里，则不复旷荡矣。竟行九日半，始得达后口，乃都匀府之东尽境宄麻地方。再五里，即苗爇中矣。”若此记属实，观音洞当为世界长洞。

陈鼎的《黔游记》按从黔镇远至盘县入滇古驿道两侧溶洞排列顺序而写，所记溶洞大小共16个，除“五百里观音洞”外，其余均对应找到，无一洞不存。“五百里观音洞”所列的顺序在龙里留云洞到贵阳龙洞堡见龙洞之间，当位于此段无疑。

龙里莲花洞又名“粗糠洞”“观音洞”“天下第一洞”，因坐落于外形酷似莲花的莲花山山腰而得莲花洞之名。“粗糠洞”则是传说从洞中放粗糠，数百里外才流出。清乾隆年间爱必达《黔南识略》载：“（龙里县）城西南五里有莲花山，山腹有洞，深不可测。”1935年，国民党59师派兵入，至一阴河，未能前往，立一碑，刻“游人止步”。据20世纪80年代省、县联合探洞队队员回忆，此洞深不可测，洞内景观壮丽，也有阴河流水，与陈鼎描述的观音洞前半段很相似。又因洞下方曾有古道通过，恰合陈鼎游洞的特点，所以世人多怀疑此洞就是五百里观音洞。省内知名学者、《贵州省志·名胜志》的主编唐莫尧先生在《贵州文史论考》一书中特地撰文《五百里观音洞存在试析》，认为五百里观音洞非但存在，而且很可能就是龙里莲花洞，并认为“乃后愈窄，侧身以行”处极易损坏堵塞，疑为薛岳等人为军事目的而将洞道毁坏和湮没。

龙里莲花洞自明洪武二十年由地方绅士派款修整以来，一直作为黔南名胜为广大游人所垂青，四川、江西、广西、浙江、湖南等地许多慕名前来的游客，对此人间奇景感慨不已，纷纷在洞内洞外留下诗篇、墨迹。可惜“文化大革命”时期破“四旧”，许多碑文被打得残缺不全。

洞口位于半山腰一个小山凹间，高2.7米，宽3.2米。盛夏站在洞口，阵阵雾霭伴随着一股股沁人心脾的凉气腾出，恰如一巨兽张开的大口一呼一吸，至百米开外还能感受清凉。在岩头上参差披拂的藤蔓和横生古松的衬托下，莲花洞显得愈加神秘莫测，使好奇的我们更急于进洞。

顺着32级阶梯踏入洞中，立即感受到了它的奇异之处。形态万千的钟乳石或拔地而起，上欲接天；或横空出世，倒挂金钩；或三两相连，相依相偎；或独立天地，傲视群峰。既形肖万物，呼之欲出，又似混混沌沌，阴阳未分。入洞第一厅，一根金黄大柱居中，四周钟乳隐隐，见百千仙女翩然飞舞，如梦似幻，称“迎客厅”，千人在此活动亦不嫌窄。前行数百米，洞口略窄，又入一厅，顶部钟乳倒悬，若盏盏宫灯四布，此处名“太和殿”。殿内有“御校台”，供御驾在此钦点百将、检校三军。台上可立随从侍卫百人；台后石柱林立，背景俨然；台下一弘清泉悠然流过；对面宽阔平坦，为千余勇士演武之地。左右两根黄色柱子，一高一矮，似一对金鸡，昂首报晓。殿内还有“定海神针”“老君下凡”“石辣椒”“玉象”“仙磨”等奇观。随手捡起遭破坏的一截钟乳石，外部橙黄，而内部竟晶莹白亮，似会灼伤双眼。往前是“观星园”，洞底平坦易行，洞顶钟乳似繁星密布，在火光照耀之下，闪烁间有诡异之光，观此或可洞察宇宙之瞬息万变。攀两米多高的石山，来到“回营楼”，楼层低矮，弯腰才能行走，洞道回旋，钟乳皆顶天立地，使得厅楼交错，扑朔迷离。蜿蜒前行，至洞中又一气势恢弘的大厅——玉龙宫，厅高30来米，占地六至七千平方米，地面倾斜光滑，洞顶空隙处有白玉般长条乳石，状如飞龙在天，厅右一石极肖人形，头顶冠冕巍峨，眼耳鼻口清晰可辨，极似汉高祖塑像。

行至此，担任向导的朋友说，往前走一段，登上一座高高的石山，可以看见一清澈见底的深潭，泉水从悬崖直泻潭中，其声铿锵，若隐者琴音。旁边还有银耳巷，小巷中石花斑斓，恰如丛丛鲜嫩喜人的银耳。往里走，“飞禽走兽”“花草树木”“冰山雪岩”“空中回廊”等等景观更是目不暇接，让人叹为观止。然而极为可惜的是，莲花洞至今尚未完全开发，游玩须自带照明工具，而我们所带的火炬仅敷折回，只得相约今后作好充分准备再来探险，以真正领略“天下第一洞”这一人间胜景的无限魅力。

彳亍漫路古驿道

张 彪

龙里县内有两大名河：三元河，发源于草原乡，由三元镇黄土坎注入贵定县瓮城河；湾滩河，主源于贵阳市花溪区，流经摆省乡，穿越湾寨全乡，由羊场镇吴兴寨流入贵定县境。这两条河流出县境后，与其他河流一起，共同汇成了一条更大的河流，在贵定县的崇山峻岭间穿行数十公里后，似乎为了表示对龙里的眷恋，奇迹般地流回了县内巴江乡境内，而后才向下同南明河会合，汇入乌江。在巴江乡的那一段称之为清水江（系清水江上游），系龙里、贵定、福泉、开阳四县交界河，清水江渡口——县境内最重要的北部驿道的要塞便在这里。

龙里同省城贵阳接壤，为历代军事要地。据《（康熙）贵州通志》载：“龙里县：负山阻溪，入省咽喉。”其“溪”当指此处。《方舆纪要》又称：“卫（龙里卫）咫尺会城，噤喉要地，脱有不虞，则黔楚之路绝，而肘腋之患至矣。”黔楚之路通与绝，亦在于此。史载，清咸丰六年（1856）二月，巴江农民起义领袖龙丹山率义军顺着清水江直打到小谷龙等地，杀死生员罗国珍，贵阳知府徐和清闻讯着慌，省城戒严；奏报京师，贵州东道承龄因此被革职。

北部驿道从清水江渡口入境，经巴江、洗马、太子山、小谷龙、高吏目、猫场后进入贵阳乌当区永乐乡，全长70公里，道路多用石块铺砌，宽3米左右，始建于明代（或更早的时间），是黔中西进云南、东走湘楚的要道之一。

巴江是具有悠久历史的地方，据《旧唐书》《新唐书》《（宣统）贵州全省地舆图说》均记载唐贞观三年（629）设巴江县，治所在今巴江乡街上。后曾于清顺治初年设卫。至今还保留有古城墙、烽火台等遗迹。

从巴江乡水尾村青杠堖村民组顺着数百级台阶蜿蜒向下，来到县内具有悠久历史至今仍在常年摆渡的清水江渡口。渡口两岸现存着书刻“南无阿弥陀佛”祈求神灵保佑平安的石柱子。河口今宽55米，流速1米／秒，水深10.5米，是一个较为宽阔的渡口。渡口在清乾隆年间由罗、周二姓共同经营，因此又有“罗周渡”之称。村里人人皆知当年渡口繁忙时的景象，现年95岁的杨忠文老人回忆说：繁忙时两只大船来回不停摆渡，从天亮到天黑，船工连上岸休息的机会都没有，吃饭也在船上完成。清水江渡口作为当时黔中交通要冲的龙里北部驿道中唯一的大渡口，对贵州东部人民进入经济文化中心贵阳提供了可能。更进一步说，对整个黔中地区东出湘、楚，连通中原提供了方便。于是，这一线上南来北往、东出西进的达官贵人、客商货贾、贩夫走卒、文人墨客、羁旅之士，无不从此经过，马轿相随、老幼携行，喧声笑语，声震四方，驿道周边地区一时空前繁荣起来。

随着驿道重要性的日益显现，顺治初年朝廷在此必经之地今巴江设置巴江卫，驿道两旁群众的思想意识开始觉醒。清道光二十六年（1846）九月，巴江本地人龙焕廷、龙海廷率子侄等，在巴江康家寨修建字库石塔一座，倡导读书学习。清咸丰五年（1855）至同治七年（1868），巴江苗族首领黄幺骡率苗民起义，联合义军潘名杰部，转战贵州十数县，重创了清朝政府的腐败统治。清咸丰六年（1856），巴江少数民族首领龙丹山起义，震动朝廷。民国时期，抗日空军英烈晏文庄，国民党中央立法委员宋述樵，国民党空军中将晏玉琮等也是驿道沿线出现的知名人物。

1935年中央红军一部从北部驿道经过，1936年进入龙里的红二、六军团也是从此路线进入贵阳，一路播撒革命火种（许多标语至今仍存），为北部驿道谱写了最光辉的一页。

清水江渡口西岸现存一凉亭遗迹，名曰“可憩亭”，亭下有清光绪二十七年（1901）仲冬所立碑记一通，保存基本完好。上面刻着《重修黄平旧州至省路序》，其中“吾黔黄平旧州一路下通镇远，上由清水江以达”等记载明白说出了此路的重要性。而该路始自何时，其中未曾提及，仅说其上一次的整修是在同治年间，由罗恒裕等商号倡修。序碑所记的此次重修由松柏茂、义盛隆两外省商行主资，省内绅士马文泰补不足部分建成。维修路段自镇远属乾地坪至贵阳水口寺，共维修道路10343丈6尺，中建4桥1亭，共耗资白银3014两2分。但这仅仅是本次维修的费用，而从开辟此路到历次维修，共花费了多少银钱？虽无法统计，但可以想象无数商家多次积极出资修建此路，会具有多大的重要意义。

来来往往的过客中，并不是所有人都能过江，晚到者因天黑只得在岸边投宿。或贪恋清水江两岸旖旎的风光，在此小住数日。或到附近水尾的“顺钱井”，去碰碰运气。（据说这口间歇泉特别神奇，能预测个人的命运、运气——走到井边，丢上一个小钱，若是运气好的，可以看到干井内马上清泉奔涌，井水几乎要满将出来，有时还伴随着些小鱼虾；若是运气差的，干井还是干井，即使涌出水来，也是污浊不堪的浑水。）于是乎两岸的餐饮、住宿业异常发达起来，至今还可以见到部分“马店”遗迹。不但如此，就连水尾甚至更远的巴江、洗马等地，为过客食宿饮用服务的店铺比比皆是，许多地方还拥有了热闹的集市，当时的经济可谓一片繁荣。

留客中或有墨客骚人，于江边夜听涛声，煮茶望月的同时，也许会思索着这条驿道的未来是更加繁盛呢还是渐次萧条?

解放后，国家为了改善交通落后的状况，兴修了许多重要公路。由于清水江古道改建工程浩大非常，因此另修它道作为黔中东出省境的通道，清水江古道因此废弛，仅作为乡镇之间简易便道使用，渡口不复往日的热闹。当地商业经济随之萧条，至于今日乡政府驻地无集市、乡场。

县内的其他两条驿道，也在过去的历史中为运输、通商、邮递等发挥了积极的作用，为我们了解历史提供了种种方便。中部驿道由三元镇高坪堡入境，经龙从、麻芝铺、五里桥、龙里县城、五里坡、谷脚老街、千家卡、倪儿关进入贵阳市乌当区黄泥哨，全长约40公里。亦是境内主要通道，军队过往频繁。云顶关、东关坡、观音山、倪儿关等地势险要，为兵家常争之地。历史上农民起义军和封建政权内部斗争用兵，中央红军过境，都曾在这些险要地带展开激战。现在驿道大多数路段已被210国道所取代。沿线附近有抗日阵亡将士纪念碑、观音山红军战斗遗址，岩脚寨南山峰、莲花山、冠山和小花溪等名山秀水，莲花洞、留云洞、古佛洞等溶洞奇观，更有谷脚医药工业园区、龙山冶金工业园区和新兴建设中的龙里县城，使得古驿道所经之处至今不但仍为交通要道，而且还成为人们投资开发、旅游怀古的好去处。

南部驿道不属交通要冲，因此大约在清代开始废弃。修筑路线从羊场入境，经甲摆同、六广、民主、岳家寨、水场进入贵阳市花溪区孟关。当地居民以少数民族居多，岳家寨被传为岳飞后裔居住的地方。境内多崇山峻岭，弯多坡陡，地势险要，其保存较好的湾寨乡雾鸡坡一段，建造质朴，两旁古松遒劲、古堡神秘，已成为人们开发研究的对象。沿线的省级风景名胜区猴子沟和龙里大草原，正以其独特的风姿吸引着省内外无数旅游观光者。

随着历史的推移，驿道已渐渐离我们远去，留给我们的，是一段段幸存下来的石道，一级级留下无数匆忙足迹的台阶，一座座立于残阳秋风中萧瑟的小桥，以及我们对历史的无限沉思和对未来的无比憧憬……

第十三篇 商业 贸易 金融业

第一章 商 业

第一节 流通体制改革

一、国有商业体制改革

1987年前，商业管理实行主管部门直接领导下的经理（厂长）负责制。1988年开始改为承包经营管理，首轮承包期为3年。1989年，县商业系统7个国有经营公司和1个厂共完成销售收入776万元，实现利润16万元，上缴税金14万元。1990年，国家实行宏观经济调控政策，市场逐步放开，个体私营经济快速发展，竞争日趋激烈，国营商业承包企业的经营受到冲击。当年销售收入646万元比1989年下降17%，利润亏损2万元，上缴税金3万元比上年下降78%，第一轮承包结束。

1991年，县政府统一安排部署，县商业系统实行第二轮承包经营管理，实行“切块承包”方式。由县财政部门将利润指标切块分配到县商业主管部门，再由主管部门分解给企业承包，为期2年。1992年5月，为适应市场经济新形势，县政府决定以县百货公司和县食品公司为试点，从5月1日起施行“四放开”经营，即经营放开、价格放开、用工放开、分配放开。其他非试点企业，均参照试点企业方案执行。到年底，商业系统共实现商品购进263.3万元，比第一轮承包同比增长2.7%；实现商品销售340.54万元，比1990年增长10.2%，上缴税金9万元。

1994年，县体改委批准县百货公司、食品公司在“四放开”的基础上试行“国有民营”管理改革，将门面按柜组交给职工自主经营，由企业提供原柜台商品或库存商品作为铺底资金，经营期满由职工交回铺底本金和应交费用，不收实物。当年有百货公司、五金公司、民贸公司、糖酒公司的4个柜组实施国有民营经营方式，占商业系统柜组总数的40%。到年底，全系统完成商品购进95.5万元，比1993年的166.39万元下降42%；实现商品销售96.2万元，比1993年的208.26万元下降53%。

1995年，县企业产权制度改革领导小组批准县百货公司作为股份合作改革试点，将公司国有资产的80%股权向职工出售，国家拥20%股权，其红利暂留企业，可用于解决退休职工医疗费用不足问题。将企业法人资产5.74万元全部量化到职工，建立7人董事会和3人监事会，成立县百货股份有限责任公司，按公司法运作。

1997年5月，为适应商业体制改革需要，县政府决定把县商业局改为县商业贸易总公司，属于事业单位，对下属企业行使行政管理职能。1999年下半年，工商企业产权制度改革全面展开，县商业贸易总公司所属除盐业公司外的6户国有公司和酱菜厂全部进入产权制度改革程序。县国企改革领导小组办公室组织县财政、审计等相关部门配合县商业贸易总公司对所属企业资产清理、评估，共有资产933万元，其中固定资产518万元，同时总负债499万元。

2000年4月，对资不抵债和经营不力的公司依法提出破产申请，对其他企业采用资产拍卖安置职工的方式依次进行产权制度改革，原企业解散注销。县盐业公司上划黔南州盐业公司垂直管理。2003年，随着经济快速发展，全县商业系统体制改革进入关键时期。商业企业结合上级主管部门的具体安排陆续在2005—2007年完成企业转型、管理改制、职工安置等一系列体制改革工作，全县商业体制改革取得实质性进展。

到2008年底，原商业系统8个公司和1户工业企业产权制度改革全部结束。其中，企业整体转让共9户，占100%；1户上划直管（县盐业公司）。改制安置职工96人，安置金额1100万元。被安置职工按其工龄，每年工龄不低于社会平均工资2倍一次性发给安置费，与原企业解除劳动合同，解除原国有企业职工身份，自谋职业；退休职工按人均2万元标准统一送交县社会保险部门，统一发放养老金。

随着市场经济快速发展的刺激和推动，全县国有商业体制改革经过10余年的艰难探索实践，到2008年完成改制任务，实现政企分离，将国有商业企业全部改制为面向市场、自主经营、自负盈亏、自由竞争的市场主体。

龙里县商业体制改革（企业改制）情况统计表

表13-1

企业名称	改制形式	改制时间（年、月）	职工安置情况	
			人数（人）	金额（万元）
县百货公司	整体转让	2006.11	57	242
县五交化公司	整体转让	2007.03	19	98
县蔬菜公司	整体转让	2005.06	5	54
县饮食服务公司	整体转让	2005.12	18	232
县糖酒公司	整体转让	2005.08	8	67
县食品公司	整体转让	2005.08	7	98
县酱菜厂	整体转让	2006.08	13	147
县中西药公司	整体转让	2005.06	11	113
县盐业公司	上划垂直管理	2000.10	—	—

二、供销合作体制改革

1951年建立县供销合作社，承担全县生产生活资料供应和农副产品、废旧物资回收工作。1982年成立县供销合作社贸易中心。

1982年，省供销合作社决定以龙里县作为全省经营体制改革试点，对供销系统经营体制进行改革，全县合作商业先后解体为个体经营。1983年3月，县政府批转县供销社在管理机制、人事制度、工资制度、企业整顿、承包经营五个方面的改革方案。通过体制改革，改变人事管理、劳动分配制度，基层社、公司向县供销社承包。1984年下半年，逐步取消棉布及其制品凭票供应制度，市场渐次放开。同年，县供销社根据国务院进一步放开小商品价格的精神，会同物价局、商业局拟定放开全县小商品549种，把定价权放给生产企业和商品经营企业，促进商品流通。

1988年召开龙里县供销合作社第五届社员代表大会，选举产生社务管理委员会（原监事会）和执行委员会（原理事会）。5月，县供销社与县政府签订承包经营合同书，合同期限为1990年底。1991—2008年，是供销系统管理体制改革从探索实践到转型发展的重要阶段。1991年县供销社研究出台经营、价格、分配、用工“四放开”的管理方案，经县政府批准试行。实施中按“政府放权，企业管严”的要求，对干部实行能上能下的聘用制，对职工实行“全员劳动合同制”。职工身份不变，保留档案作为调资、调动、退职、退休的依据。

1993年2月，县供销社执行《公有资产管理、柜组核算、职工承包经营办法》，划小核算单位，实行店、组、柜承包，“资金不足自己补，货源不足自己进，商品价格自己定，经营风险自己担”，税收自行交纳，利润包干上缴，剩余归己的办法自主经营。1994年，县供销社开始住房制度改革，职工可以县房改领导小组确定的成本价购买71%产权的公有住房。1995年3月31日，撤销县供销社贸易中心，安置分流职工5名，安置资金27.77万元。

1996年1月，龙里县“万亩魔芋种植基地”项目规划通过省级评估论证。1997年省绿色产业办同意龙里县种植魔芋2000亩，安排县供销社专项贷款150万元。8月，以县土产公司为基础，成立贵州省龙里县魔芋发展贸易公司，归县供销社管理。1999年5月，该魔芋公司取得321国道旁600多亩荒山的开发经营权。

1999年12月10日，由县财政、审计、物价、计委等单位组建工作组，对县供销社财务挂账清理核查。12月25日清查结论为：1993年至1998年12月末，县供销社因各种原因新增未弥补损失1058.4万元真实、合法。2004年，开始实施县供销社改革改制，其中“债务是否能妥善解决”成为改制的关键。2004—2006年，8次到州法院、3次到州供销社反映农业银行龙里县支行起诉县供销社欠款案件情况，11次与农行协商还款事宜。2004年12月10日，州法院强制执行召开协商会，就农业银行龙里县支行起诉羊场供销社贷款本金94万元、利息24.8万元（合计118.8万元）无力偿还问题，调解议定：由羊场供销社向农行返还25万元，即了结118.8万元的贷款问题；欠款由县供销社改制处置资产后筹措返还。

2005年，县供销社办理土地证83个、房产证181个，资产评估总值为2875.26万元，其中：土地6.8万平方米价值2374.66万元，房产1.77万平方米评估值498万元；总负债1780万元，其中：农行贷款本息1300万元，外单位货款480万元。2006年8月，县供销社终于以218万元终结农行1300万元的债务，由此迈开改革改制第一步。

2006年，县供销社位于城区的龙山供销社、日杂公司、土产公司、魔芋公司、农资公司5个企业改革改制成本经费由县政府统一安排，洗马、谷脚、羊场3个基层供销社由县供销社自筹资金安置。龙山供销社有14人自愿申请解除劳动合同；土产公司（含魔芋公司）于2007年1月前完成改制，解除劳动合同31人，承担退休11人和内养9人的医疗保险及基本生活费。至2007年1月，5个企业参加改革改制职工207人，其中一次性安置107人、退休51人、内养49人。4月，县供销社引进资金48.8万元，为日杂公司在龙山镇播箕村田家园新建烟花爆竹仓库，实现8名职工再就业。5月和8月，县供销社与交通局采取租用场地，与石油公司采取征用场地等方式新建洗马客车站和加油站并获得经营权，实现部分职工再就业。10月，将3个基层社资产拍卖或转让，以所得资金补偿安置职工后解除劳动关系62人，其中资产安置20人、现金安置42人。3个基层社重组后，还须承担退休40人和内养8人的医疗保险及基本生活费。7月成立县供销社资产管理中心。11月13日成立龙里县恒丰农资贸易股份责任公司，原土产公司部分职工以资金参股形式重新上岗。12月31日，县城区5个企业改革改制工作结束。

2008年，县供销社体制改革告一段落，管理逐步走入正轨。县供销农贸市场由一个濒临破产的企业发展成为拥有固定资产1000余万元、日交易额10万元、年创收40万元的先进企业，有办公楼1幢、商住楼4幢、宿舍70套、门面120间、钢棚固定摊位400个，职工的住房和就业问题得到解决。

三、粮油购销体制改革

（一）粮油企业经营状况

1.县粮油贸易公司　1989年12月，县粮油议购议销公司更名为县粮油贸易公司，设两个门市部。1991—1998年中有5年亏损。

2.县粮食局汽车队　1984年7月成立，至1987年共盈利3.79万元。1990—1994年，因改制将车辆出售处理。

3.县粮食局粮油加工厂　1954年由“劳改”部门移交给县粮食部门经营，有大米、面粉、榨油车间。1991—1995年略盈利，1996—1998年连续亏损，1998年停产。

4.县粮食局饲料公司　1985年1月成立，有饲料车间和门市部。1993年6月以前，由国家粮食部门按平价供应原料，效益较好。1993年后，原料进价高，加上设备陈旧、技术落后、品种单一，与外来品牌饲料竞争乏力，企业严重亏损。1996—1998年亏损达40余万元。2007年改制。

5.县粮食局面条加工社　1979年12月成立，属集体经济单位。1980—1993年基本保本经营。1993年后生产成本高、设备陈旧、管理不善，与外来产品竞争乏力。1996年亏损较大被迫停产，1998年由私人向县粮食局承包经营。

6.县良友实业公司 1993年11月由县粮食局组织粮食系统富余人员和调动所属企业部分人员组建，1998年3月撤销。

7.县粮油贸易总公司 1994年成立县粮油贸易总公司，属事业单位，随后更名为县粮油收储管理公司。

（二）粮油购销基层单位

1.龙山、谷脚、羊场、洗马4个区级粮管所 成立于1955年10月，同时下设粮食购销站。龙山粮管所管理三元粮站、民主粮站、西门粮店、环城路粮店、3537厂粮店；谷脚粮管所管理谷脚粮油加工组、比孟粮站、谷脚粮站、猫场粮站；羊场粮管所管理羊场粮站、羊场粮油加工组、岱林粮站、湾寨粮站、摆省粮站；洗马粮管所管理龙场粮站、谷龙粮站、洗马粮站、巴江粮站、哪嗙粮站、洗马粮油加工组。1984年6月，县直属仓库与龙山粮管所合并。1992年，将三元粮站试建为粮管所。2003年改制，2005年3月职工下岗分流。

2.龙里县军粮供应站 2002年9月成立，为县财政全额预算管理股级事业单位，编制4名，人员由县粮食局内部调剂解决。2003年1月改属购销企业，负责县内驻军粮油协调供应。到2008年，只有军供菜油保障性供应销售。

（三）粮油企业改革改制

1984年7月，撤销县粮食局议购议销办公室，成立县粮油议购议销公司。1988年1月，根据省、州精神，对7个国营企业和1个集体企业实行承包经营责任制，“一包三年，一年一结算，三年一总算”，承包至1991年12月。通过承包，实行职工聘用和劳动优化组合，不同程度动摇根深蒂固的“铁饭碗”思想，加上实行部分浮动工资，也调动劳动生产积极性，增强责任感、紧迫感、危机感。

1991—1992年，继续实行粮食购、销、调及财务包干办法。对计划内定购粮食，继续实行奖售平价化肥、柴油和发放预购定金的“三挂钩”政策。1993年7月1日起，根据国务院和省、州粮食流通体制改革精神，放开粮食购销价格。同时明确规定：农业税（公粮）和粮食定购任务不变，价格随行就市；取消对城镇居民、菜农的粮食定量和凭证、凭票供应；粮价放开后，实行放价不放量，确保完成国家粮食定购任务。同时建设粮食储备体系，建立粮油批发市场，执行粮食风险金制度。

体制改革后，银行贷款只针对粮食购销企业，粮食工业和经营性企业面临融资困境。1994年，为适应粮油流通体制改革发展需要，成立县粮油贸易总公司，属事业单位，随后更名为县粮油收储管理公司。1996年1月1日起，粮食部门实行“两条线运行”的管理改革，即政策性业务和商业性经营同时进行。县粮食局机关和4个粮管所为政策性业务单位。

1998年7月，深化粮、油流通体制改革，实行政企分开，政府粮食行政管理职能与粮食企业经营分离；实行储备和经营分开，完善粮食储备体系；新老财务挂账分开，改善资金管理办法；健全和完善粮食风险基金制度，确保基金成为政府调控粮食市场的专项资金；建立和完善价格机制。同时，加强对粮食市场的管理和扶持，促进有序流通。依据粮食收购条例，县政府委托国有粮食企业实行垄断收购；批发环节实行准入准出证制度，批发交易一律到县粮、油交易市场进行；进一步开放搞活粮食零售市场，常年开放农村粮食集贸市场。

经过6年的改革，至1998年末，粮食市场活跃，带动生产发展，农民得到实惠，但粮食系统管理却出现困难，粮食企业严重亏损甚至停产倒闭。全县粮食系统（包括附属企业）在1996年亏损18.9万元的基础上，1997年亏损猛增到235.8万元，较上年增亏12倍以上；1998年亏损上升到365万元，较上年增亏129.2万元，为历史之最。

1999年1月，根据《贵州省人民政府关于贯彻国务院进一步深化粮食流通体制改革的决定的通知》精神，在县粮油收储管理公司的基础上成立县粮油收储有限责任公司（企业单位）；将龙山、谷脚、洗马、羊场4个粮管所收设为下辖的4个分公司。当年11月，又更名为县粮油购销有限责任公司。

2000年4月，因发展困难，注销县粮食局面条加工社（集体所有制企业），一次性补偿安置职工10名。2002年1月18日，县政府办公室印发《龙里县粮食局职能配置、内设机构和人员编制规定》，开始推行县粮食系统改革改制。2003年成立县“粮改”领导小组，精简整合机构，分流安置人员，实行定编、定岗、定员，竞争上岗、减员分流、待岗候置、买断工龄、脱钩下岗等。当年纳入改革的企业单位5个（即县粮油购销有限责任公司和龙山、洗马、谷脚、羊场4个分公司），共16个购销站、点。在册职工135人，其中符合内退条件18人，应解除劳动合同117人，改制后定编66人。改制时公司资产3797万元，总负债4242万元，银行贷款1741万元，老挂账466万元、新增挂账1062万元，欠缴职工养老金6.6万元、医疗保险金26万元、失业保险金8.5万元。

2003年4—9月，出台《龙里县国有粮食购销企业改革和发展的实施意见》等一系列文件，制定《龙里县国有粮食购销企业减员分流和竞争上岗实施方案》。按照方案进行公司领导管理职位人员的考试、考核、考察、公示、录用；9月23日进行职工上岗前笔试、面试、考察，现场打分、计分、公布。考试、测评后，录用上岗55人、分流53人。分流人员中，内退21人，领取补偿金自谋职业32人。下岗人员工龄合计546年，按照全州统一标准每年工龄计发1104元，共补偿下岗职工60.28万元，人均1.88万元。

2004年4月，改制注销县粮食局面条加工社，对10名职工一次性安置补偿11.39万元。2005年3月15日，施行县粮食局粮油贸易公司改制及职工安置方案。公司职工15人，总工龄315年，按1693.66元/年补偿，共补偿53.35万元，人均3.56万元。全员解除劳动合同后，公司注销。2007年12月注销县粮食局粮油加工厂、饲料公司。

至2007年底，县粮食局粮油加工厂、饲料公司职工共40名，总工龄989年，按2414.5元/年一次性补偿安置，共补偿238.79万元，人均5.97万元。2008年5月，县财政、监察、审计、司法、物价、粮食部门联合招标公开处置废旧机器设备，所得26.5万元存入县财政专户，返还县粮食局用于偿还企业债务及支付企业退休人员医疗保险等费用。

1991—2008年，龙里县粮食系统成为体制改革步子最快、动作最大的行业之一。除在管理体制上的重大调整外，主要还是单位、部门的改制和职工的分流、转岗，最为敏感也最为困难。其间，企业和绝大部分职工的命运发生重大转折。

1998年，全县粮食系统共有股、室、所、站、公司、厂、社等单位30个。1999—2008年，共撤销粮管所（即分公司）4个、粮站6个，注销公司2个、粮油加工厂1个、集体单位1个，单位减至13个，除正常退休外共分流减员151人，实现“政企分离”“减员增效”目标。分流减员中，解除劳动合同并一次性补偿安置99人，占66%；内退49人，占32%；其他3人，占2%。2008年，县粮食局实有在册干部职工42人，占改革改制前人数的20.5%，人员减少近80%。经过近10年的体制改革，建立符合市场经济要求的粮食流通经营管理体制，基本实现政企分离，使企业成为“自主经营、自负盈亏、自我约束、自求发展”的市场竞争主体。改革后政企分离，县粮食局成为全县粮食工作的政府职能部门。

2003—2008年龙里县粮油体制改革企业及人员分流情况统计表

表13-2

单位	分流年度	分流人员总数	其中			2008年底在岗人数
			解除合同补偿安置人数	内退人数	其他	
县粮食局	2007年	2	2			16
县粮食购销公司	2003年	62	32	30		23
	2004年					
	2005年					
	2006年	2		1	1	

续表

单位	分流年度	分流人员总数	其 中			2008年底在岗人数
			解除合同补偿安置人数	内退人数	其他	
县粮食购销公司	2007年	14		13	1	
	2008年	2		2		
	小计	80	32	46	2	
军粮供应站	2008年	3				3
粮贸公司	2005年	15	15			单位已注销
饲料公司	2007年	16	16			单位已注销
粮油加工厂	2007年	25	24		1	单位已注销
国营企业合计		141	89	49	3	26
面条加工社	2000年	10	10			单位已注销
全系统合计		151	99	49	3	42

2003—2008年粮油企业改革一次性补偿安置人员统计表

表13-3

企业名称	补偿人数（人）	补偿工龄年数合计	年补偿标准（元）	补偿总金额（元）
粮食购销企业	32	546	1104	602784
粮贸分公司	15	315	1693.66	533502.9
饲料公司	16	383	2414.5	924753.5
粮油加工厂	24	606	2414.5	1463187
县粮食局	2	32	2414.5	77264
国营企业合计	89	1882	1913.65	3601491.4
集体企业（面条社）	10	148	769.63	113904.72
全系统合计	99	2030	1830.24	3715396.12

四、物资体制改革

20世纪50年代，物资供应实行计划管理，龙里县由独山、贵定等物资供应站供应。20世纪60年代中期，全县物资分配和经营工作由县计委设专人管理。1967年成立县轻工、农机、物资综合门市部，实行三块牌子一套人员，分户记账管理。1970年6月正式组建龙里县物资科，1972年改为县物资管理局，负责管理全县重要生产、生活物资供应。1974年，物资与轻工、农机分开，实行独立供销管理。1980年9月，县物资管理局成立生产资料服务公司，统一调配销售全县重要生产资料。1984年2月，县物资管理局改为县物资供应公司，并由行政单位改为国有企业单位。

1990年，县物资供应公司恢复为县物资管理局，下设物资供应公司和化轻建材有限公司。1991年后，生产资料作为商品开始大量进入市场，物资供应由封闭式调拨发展过渡到开放式市场交易。国家逐渐缩小指令性计划，实行指导性计划调节与市场调节相结合，并快速发展到以市场调节为主。为了搞活物资流通，突破原有经营机制，于1994年3月19日撤销县物资管理局，组建县物资贸易总公司，同年7月14日成立物资总公司及其下属公司。物资总公司负责全县的民爆物品供应，其余物资全部放开由市场调控，转由其他私人经营，私人经营的物资供应完全由市场调节。由于龙里离省城贵阳较近，重点工程和较大的工程项目建设基本上都是耗资单位直接到贵阳采购。

在行业管理上，县物资公司负责全县的民爆物品供应。1998年后，民爆物品管理移交贵州省国防科学技术工业办公室统一管理。在行政管理上，物资部门一直归县经济贸易局管辖。县经济贸易局前身是县经济委员会—县工交局—县工交办公室。1999年起，根据“三个有利于”的标准，物资系统坚持“政策上放宽、形式上多样、效益上提高”的原则，推进管理体制改革。经过多年的国有民营、承包经营等探索，2005年县国有企业改制为4家，物资公司为其中之一，实行股份制改革，到2008年县物资管理部门未再进行管理体制的重大调整。

第二节 商品经营

1991年，县内由供销系统和公私合营店组织经营的日杂用品有陶器类、瓷器类、塑料制品类、毛巾类、鞋袜类、文具用品类，铝制品、钢木制品和铁锅、香皂、肥皂、牙膏、牙刷等300余种。1991—1993年，商品经营主体主要是供销系统的百货公司、龙山供销社等国营、集体单位。1994年以后，商品经营市场繁荣发展，国营、集体经营的份额逐渐下降。1995—1996年，随着商业体制改革的深入，附近省份个体客商大量涌进龙里市场，日用杂品经营市场全面放开，个体经营户日渐增多。1991年初，全县个体工商户1935户，其中商品零售业1732户；2000年全县个体工商户2452户，其中商品零售业2062户；2008年底个体工商户2617户，其中商品零售业2168户。

改革开放后，逐步放开百货供应市场，商品种类和数量增加，取消肥皂、手表、缝纫机等商品凭票供应。1991年，县百货公司实现销售总额287.8万元，其中：百货类183.7万元、文化用品类3.63万元、其他类100.47万元。1994年以前主要由县百货公司、供销社经营。1996年，县百货公司总购进降到94.53万元，总销售仅105.17万元；1999年开始出现亏损，到2000年总购进45.51万元，总销售仅42.58万元。1999年下半年开始县百货公司产权制度改革，拍卖资产偿还货款债务，到2006年11月整体改制结束，共安置职工57人，公司解散，全县百货商品购销业务主体转变为私营、个体工商户。2001年全县商业网点社会消费品零售总额约1.47亿元，2008年达3.21亿元。到2008年底，入驻龙里的大型私营、个体经营商家主要有纪龙超市、爱家乐购物中心、顺发批发超市等。

（一）五金交电 计划经济时期，县五交化公司五金、交电、化工产品经营状况良好，年销售收入起伏不大。1991年销售收入110万元。随着市场放开，允许个体私营，销售收入连年下降，1996年销售收入仅93万元。1996年后在产权制度改革的同时，私营、个体经营日益红火，县五交化公司随之被拍卖。到2008年底，全县经营五金交电店铺43家，全部为个体、私营商家。

（二）糖酒副食 1959年后，龙里食糖货源紧缺，城镇凭票供应，农村只在节日供应。1965年1月，成立县糖业烟酒公司，经营食糖、卷烟和白酒。1991年县糖业烟酒公司经营食糖20多种。1993年后，由于市场放开、货源充足，食糖制品种类增多，个体私营商家迅速增加。1995年国营、集体食糖销售额下降，个体、私营销售份额快速攀升。

1990年，县政府发布《关于加强酒类专卖管理的通告》，规定“对县内生产、经营散装、瓶装白酒和饮料酒的单位和个人一律实行专卖管理，批发业务统一由县糖酒公司经营”，从1990年10月1日起施行。1991年2月，酒类专卖管理暂停执行。1993年白酒市场完全放开，县糖酒公司销售白酒比1992年减少50%。1996—1999年销售额略有回升。2001年县糖酒公司停业，县内白酒由个体酒厂自产自销和个体户经营。2008年，全县有个体酒厂36家，销售经营商家达400余户，除销售本县生产的白酒外，宾馆、酒店、会所还销售茅台、五粮液、习酒、青酒、红酒等高、中档瓶装酒。

（三）土特产 地方农副土特产品主要有土陶制陶具（坛子、瓦缸、钵、罐、花盆等）、棕制品、藤制品、竹制品（竹丫扫、撮箕、箩筐等）、木制品（锄头把、铁铲把、笤帚把、木桶、木盆等）和土纸等上百种。1991年以前主要由县土产公司和供销社经营。1995年后，随着市场逐步放开，湖南、四川、广西等地客商进入龙里，与当地生产户、个体经营户直接联系进行贸易或委托当地个体私营商家收购外销，县土产公司和供销社很快在竞争中被淘汰。到2000年，县内土特产品经营市场全部被外来商家及地方个体私营户占据。

（四）家具 主要指较大型的家用高、中、低档家具，包括各种桌子、柜子、床、沙发、梳妆台、写字台等。1991年以前，县城居民经济条件好的多到贵阳购买，多数居民和乡镇群众基本上请匠人上门打制。1991年后，逐渐流行品种多样、做工精良的各式家具，主要由广东、浙江、四川、湖南的个体经营户入驻生产经营。到2000年入驻达10多家，2008年达35家。2000年后，房地产业发展加快，购买商品房的大多数业主在新房装修时又将部分家具直接打制固定在房屋墙上，如组合衣柜、小组合柜、梳妆台、鞋柜等均制作成壁柜形式，既美观牢固，由节约空间。随着商品家具市场的繁荣，传统自制家具在县城和交通便利的乡镇基本淡出人们的视线。

（五）服装 1991年，服装经营主体主要是龙里百货公司、龙山供销社和各乡镇供销社，同时有大量的个体流动地摊经营户，县城成衣服装店面不到10家。1995—2000年，县城服装店发展到30多家，并有一些名牌服装专卖店。2000年以后，服装销售量逐年增加，质量、档次上升，品种规格多样，款式类别应有尽有，城乡居民逐渐结束自己买布料做服装的历史。2008年，县城服装店已有百余家，其中大型企业主要有“美尔美大型服装超市”“新世纪大型服装超市”“贵州神鹰西服经营部”“贵夫人服装店”“似水年华服装店”等；同时还有大量的国际、国内、省内品牌服装鞋帽进入龙里市场，如“李宁牌服装”“乔丹牌服装系列”“鄂尔多斯牌系列羊毛衫”“特步牌系列鞋”“安踏体育服装”“蜘蛛王牌系列鞋”“意尔康牌系列鞋”“红蜻蜓牌系列鞋”等。

1991—2000年龙里县百货公司商品购销情况统计表

表13-4

年份	总购进（万元）	总销售（万元）	百货类(万元)		文化用品类（万元）	
			购	销	购	销
1991	219.68	287.8	209.2	183.7	1.12	3.63
1992	263.3	304.54	216.78	224.6	23.08	24.93
1993	166.39	208.26	134.3	149.76	13.66	31.39
1994	95.5	96.2				
1995	68.1	98.02				
1996	94.53	105.17				
1997	78.62	92.1				
1998	48.44	54.12				
1999	67.3	56.76				
2000	45.51	42.58				

第三节 牲畜屠宰

1985年，龙里县取消生猪派购，实行有指导的议购议销和自由购销，国营、集体、个体自由屠宰生猪销售，菜牛实行议购议销经营。1986年后，由于放开购销市场，竞争激烈，食品部门基本停止生猪购销业务，食肉购销全部转为个体屠宰商经营。

1991年以后，县内生猪屠宰全部由个体户经营。1991年初全县有屠宰经营户68户，2000年增加到107户，2008年121户。在牲畜屠宰、食肉流通管理等过程中，经常出现病死肉和注水肉等一系列问题。1997年12月起，贯彻国务院发布的《生猪屠宰管理条例》，加强和规范市场管理。1999年10月设立定点屠宰场，对供应县城市场的生猪实行统一屠宰、统一检疫后再发给经营户出售。1999年底，共定点宰杀生猪

2700头、牛180头。

2008年8月1日，修订后的《生猪屠宰管理条例》正式实施。为规范屠宰市场，打击不法行为，让群众吃上“放心肉”，县工商、卫生、检疫等部门联合整顿市场秩序，重点控制病、死、注水等问题牲畜，加大屠宰检疫等环节的监管力度，调查处理12315申诉举报案件。2004—2008年，全县设立动物检疫报检点17个，定点屠宰场2个，生猪定点屠宰和检疫率100%。2008年，全县定点宰杀猪4万头、牛195头。

第四节　专卖商品

一、石油

1952年后，龙里县石油业务由国营商业和县供销系统经营。1978年4月，根据《贵州省石油产品统购统配定量供应试行办法》，县内成品油由石油公司统一调拨、统一分配、核定数量、凭票供应牌价油，在保证定量供应的前提下，试行超定量供应高价油体制。1990年供应汽油350吨、柴油150吨。

1992年，逐步放开成品油市场，取消统配定量供应和超定量供应高价油体制，改为敞开供应，价格统一核定，允许除国营石油公司以外的个体、私人经营成品油。1993年，全县有麻芝铺、县城和三元等国营及集体加油站。1994年县供销社兴建谷脚加油站，1996年兴建猫场和洗马加油站。1997年启动石油流通体制改革，由县政府1名副县长任领导小组组长，县经委牵头，石油、公安、工商、税务、物价、质监部门抽人组成清理整顿工作组，对全县成品油经营市场进行清理整顿。统一计划、安排和管理加油站、零售网点的购销业务，打击走私，规范进货渠道，先后清理加油站和经营网点7户，取缔不符合经营条件的2户；对经营条件不完善和确需保留的网点限期整改；对符合经营条件的，经县经贸局审核报州经贸局批准，发给成品油经营合格许可证，共批准发证3家（国有公司2家、集体1家），无个体经营网点户。1997年，县石油公司销售成品油1500吨。

随着农村电网改造力度加大，全县实现村村通电，农村煤、油用量减少。1999—2002年，贵（阳）新（寨）高等级公路、凯（里）麻（江）高速公路和株（州）六（盘水）铁路复线修建通车，汽油、柴油用量剧增。2000年，县石油公司销售成品油3600吨，比1999年增加1100吨，增长30%；2001年增至4500吨。2003年，中石化公司实行集约经营，收购商业加油站。2008年，全县有成品油销售站点5个，共销售9000吨，销售收入5100万元。

二、卷烟

卷烟销售主体为国营商业企业和供销企业。1985年7月，国家经委、财政部、商业部、烟草总公司联合下发《规范烟草行业产供销、人财物、内外贸的决定》，将原供销部门经营的烟草业务改由烟草公司经营。此前的1984年，龙里县已将有关人员、财产等从县供销社分离出来，成立县烟草专卖局，下设烟草公司。此后供销社不再参与烤烟生产、调运、销售等业务。1984年4月，烟草、工商部门共为全县278户办理烟草专卖零售许可证（国营19户、集体68户、个体191户），至7月底实现无证不售卷烟。

1991年后，放开卷烟销售市场，国有商业企业和供销企业卷烟经营业务开始下滑，个体销售逐渐占领大部分甚至全部市场。1991年全县销售卷烟3395箱，1996年7629箱，2003年5100箱，2008年6000箱。

1990年3月，国家烟草专卖局发布《烟草准运证使用管理办法》。8月，为控制卷烟市场，理顺供、进货渠道，强化专卖管理，县烟草专卖局会同公安、工商等部门对全县卷烟市场进行彻底清理整顿。在千家卡检查过往车辆，对无准运证购进和调出的“两烟”一律查扣；县烟草专卖局与龙里火车站铁路派出所签订委托书，控制由铁路非法调运的“两烟”。1991年查处案件8起，查获各种卷烟1.86万条（每条10盒，每盒20支），罚没金额3.59万元；1994查处涉烟案件109起，罚没金额24.5万元；1996年查处涉烟案件22件次，涉案金额90余万元，罚没1.17万元；2001年查获假冒卷烟115条，涉案30余起，处罚金额6.2万元。经过加强管理，明确目标责任，采取联动高压等措施，到2008年全县烟草专卖市场保持健康发展。

三、盐

龙里县盐业公司为省、州直管国营企业，主要经营食用碘盐、工业用盐、农牧用盐等。1991年，县盐业公司属县商业局管理的国营企业。1995年设立县盐务支局，与县盐业公司实行两块牌子、一套人员管理，承担食盐专营和盐业市场管理职能。同年，食盐经营逐渐放开，转向个体私营销售。1997年，开展打击走私盐和非食用盐进入食盐市场行动，组织经贸、商业、供销、公安、工商、物价、税务、质监等部门清理整顿食盐市场。

随着市场经济发展，县商业系统进行管理体制改革，2000年10月县盐业公司上划贵州盐业集团黔南有限责任公司垂直管理，更名为“贵州盐业（集团）龙里有限责任公司”，主要负责龙里县范围内盐业专营政策的落实，保证全县合格碘盐正常供应，努力消除碘缺乏危害，确保人民群众的食盐安全。同时，负责县内工业用盐和农牧用盐的供应和销售。此后，食盐通过规范渠道流通市场，由个体商贩自主经营。2001年后盐业公司开始扩大经营范围，除主要经营盐业外，还经销省总公司自主生产的品牌酒、酱油等部分生活用品。2008年龙里盐业公司设经理1人，有职工11人。

1991—2008年龙里县盐业公司盐业购销统计表

表13-5　　单位：吨

年份	购进总量	销售总量	年份	购进总量	销售总量
1991	1364	1175	2000	478	930
1992	913	1318	2001	646	913
1993	2149	1203	2002	781	904
1994	1689	1793	2003	1012	877
1995	835	1007	2004	1579	1282
1996	711	706	2005	1150	1253
1997	1140	928	2006	1133	1307
1998	1138	918	2007	1298	1340
1999	783	819	2008	1531	1593

第五节　市场　物流

一、超市

1991年，县境内商品销售仍保持传统的“库房储存+柜台式经营”方式。20世纪90年代后，随着经济社会发展变迁，城乡居民购买力不断提高，商品交易规模扩大、节奏加快，柜台式经营模式逐渐难以适应贸易市场的发展态势。2001年，县城出现第一家日用商品购物超市——纪龙超市，随后贵阳商家、省外客商及龙里本地个体私营商户也迅速在龙里置业兴办超市，主要经营日常生活用品和服装。超市的兴起，推动地方商品经营的规模化发展，极大地满足和改变人们的消费生活。

2000年后，各类知名品牌商家纷纷入驻龙里创业发展，服装类主要有李宁牌服装、贵州神鹰西服、361服装等专卖店，鞋类主要有红蜻蜓牌、意尔康牌、乔丹牌、特步牌等专卖店。同时还有各种商品代理专卖店，如黄金首饰、烟酒、茶叶、家具、电器、汽车装饰品、毛线、箱包、装饰字画、工艺品以及家装材料等，仅县城就有100余家。2008年，全县各类大、中、小型超市已达67家，并已开办到乡、镇、村以及人口集中的建设工地、园区。其中县城较大型的主要有：兴龙超市、纪龙超市、龙发购物超市、龙富超市、顺发批发超市、爱家乐购物中心、美尔美服装超市、新世纪服装超市、大十字家电超市等。

二、物流

改革开放之初，龙里地方物流运输主要靠县运输公司及粮食局等大单位的汽车运输队完成。20世纪80年代中后期，随着地方经济的发展，商品货物交流增多，运输距离增远，服务拓展到边远乡镇和村寨，个体承包和私营运输应运而生，物流运输市场蓬勃发展。1991—1995年，国有、集体单位运输企业已基本失去竞争力，除国营物流仅保留邮政部门的包裹流通外，逐渐退出物流运输市场，取而代之的是个体私营户承包运输。1996年后，物流量迅速增大，对保障性和规范化提出要求，省城贵阳的物流公司开始将业务据点发展到龙里市场。

2000年以前主要有"贵州龙里顺达货运物流中心"和设在龙里火车站附近的"贵州龙铁国际物流园"等。2001年后，地方物流市场更加繁荣，竞争激烈，物流公司、个体私营户、快递公司、邮政运输等多元并存、快速发展。到2008年底，龙里物流市场的企业、实体主要有：贵州龙里洪福、龙里铁龙、贵州鑫鸿宇、贵州龙里顺达等物流公司；贵州龙里EMS快递公司（中国邮政快递），下设三元镇原3537厂邮政所、县城人民路县邮政局、县城正大街弯子街邮政所、县邮政局洗马支局4个网点；圆通、韵达、申通、顺丰等普通商业快递公司龙里分公司；以及运力强大的个体私营运输户。到2008年，龙里地方物流已初步形成空运和陆运结合、铁路和公路并举、电子商务迅速发展等方式规格多样、辐射全国各地、流通集散快捷的良好局面。

三、市场管理

县工商局承担经济仲裁委员会、个体经济协会、私营经济协会、消费者协会有关工作职能；在龙山、三元、民主、谷脚、水场、猫场、洗马、哪嗙、谷龙、羊场、湾寨11个乡镇建立工商所。1991年县纪委派设县工商局纪检组、监察室。2001年，县工商局下设龙山、谷脚、羊场、洗马4个工商所。

市场管理主要以工商部门牵头，卫生、公安、税务、城管、供销等部门协调配合、联动管理。2003年后，随着经济社会发展变迁和城市化建设加快，城乡商贸市场管理逐渐形成部门联合执法、协调联动管理的模式，实现市场管理与贸易繁荣、经济发展、社会进步、城市品位提高同步推进。2006年起，开展"整脏治乱"专项行动，重点对城区道路、市场、车站等场所的污水和垃圾等进行整治，不断完善城区市场基础设施，加强城市维护管理，创建文明卫生城市。采取定员定岗分片包干、严格考核奖惩的方式，促进县城及各商贸市场环境卫生整洁有序。2007年，各场点（含村）设立"一会两站"（消费者协会、消费者联络站及消费者投诉站），逢场天均有公安、城管、工商等部门联动执勤。

至2008年，城乡贸易市场及进入市场的道路全部硬化，摊位制作规范整齐，贸易区域分类设置。县城三大市场均建有钢架顶棚、设置照明路灯等，各大型市场均安装配置有消防设施设备。城乡市场有专门管理职能部门，定点经营分类标志明显，卫生清扫及时。

第二章　贸　易

第一节　供销合作

一、农业生产资料供销

1986年开始，中小农具由县农资公司负责经营。20世纪80年代后期，一些个体户开始违反国家统销专营政策私营肥料生意。1989年12月，国务院《关于完善化肥、农膜、农药专营办法的通知》，明确中央和地方统配以外的化肥、农药、农膜，生产企业可与专营单位合同订购或联合经营、代销或直接销售给农民自用。

1991—2008年，供销社经营供应的农业生产资料主要是化肥、农药、农膜和农药器械。1994年3月，县供销社与县公安、工商部门协作整顿治理化肥市场，取缔全县无照经营化肥个体户21户，收缴化肥100

余吨。1995年3月，县长办公会议强调：确保以化肥为主的生产资料的供应，及时调运计划内化肥划分到位；认真组织保证供应计划外化肥（尿素、硝铵）；除供销社、农资公司外，任何单位和个人不得经营化肥、农膜、农药等专营产品。

1999年3月，县长办公会议研究全县化肥流通体制改革问题，明确：供销社继续发挥主渠道作用做好化肥有偿赊销工作；县农业局农牧三站（农推、土肥、植保）在工商部门办理营业执照后可以经营化肥，也可以在厂家或农资公司进货，直接销售给农民；县烟草公司在工商部门办理营业执照后，可以经营烤烟专用肥。此后，化肥、农药、农膜计划专营格局被逐步打破，直接进入市场交易。

2000年前，专用化肥为计划专营品种，由州供销社分配指标给县供销社，县供销社再分配到区、乡（公社）供销社、点，供应销售到生产队（村寨），1998年前由用肥单位到农资公司付款提货。为扩大销售，县供销社在全县设化肥销售服务站（点）73个。2000年，全面放开农资市场，供销社的服务站（点）经工商部门认可的有80个。

1991—2008年龙里县供销社农资销售统计表

表13-6

年份	尿素（袋）	磷肥（袋）	碳铵（袋）	硝铵（袋）	复合肥（袋）	氮肥（袋）	钾肥（袋）	农药（件）	药具（件）	农膜（米）
1991	1600	2205	1735	750	517	5071	132	5823	162	5496
1992	1582	2396	1669	1004	829	4231	179	5124	139	4875
1993	1576	2283	1713	1137	891	4176	186	5078	97	5013
1994	2279	2439	1995	957	557	3924	70	5341	109	6102
1995	3280	1533	2207	1073	727	10258	69	4987	141	5186
1996	3016	1897	184	980	2534	7021	60	4633	113	6211
1997	3312	2213	1104	920	1765	5231	72	4163	126	5940
1998	3846	1488	647	931	1086	2910	80	4055	132	6082
1999	2561	929	947	648	720	1740	113	3401	109	3015
2000	2961	897	629	315	424	1146	127	3572	141	3264
2001	2632	762	610	323	412	943	99	1920	136	3062
2002	2789	605	342	326	389	890	92	2237	171	3921
2004	2126	501	331	311	357	824	73	2310	143	4012
2005	1987	400	315	241	260	764	62	2684	137	3458
2006	1645	428	317	289	289	625	62	3276	112	2890
2007	1134	396	213	273	303	530	59	3217	109	2694
2008	1560	312	196	206	271	413	51	3324	100	2301

二、生活资料供销

1991—1992年，县供销系统除在4个区设区供销社外，还在全县乡、村设有供应点41个，经营品种44个。1993年增加摩托车、电风扇等家用电器，经营品种47个。随着计划经济向市场经济转变，经营生活资料的个体户和赶“转转场”的小商贩逐渐增多，供销系统尽管组织各种形式的物资交流会，但经济效益仍然逐年下降。

1993年改革推行公有制资产管理、柜组核算、职工承包经营办法，以柜台、班组为单位开展第一轮承包经营，结果仍是每况愈下。1996年以个人为单位第二轮承包，还是于事无补。2000年经营品种仅剩11个。2001年后只有几种，不再计入统计报表。2004年7月，开始全面改革改制，生活资料经营停业。

1991—2000年龙里县供销社生活资料销售统计表

表13-7

年份	食盐（担）	食糖（担）	香烟（条）	自行车（辆）	半导体（台）	缝纫机（架）	手表（块）	电视机（台）	电扇（台）	洗衣机（台）	棉布（米）
1991	93580	180	15310	223	14	164	1369	220	53	94	86500
1992	48832	229	16920	198	3	103	1276	267	2	45	63689
1993	48217	262	11840	217	19	86	1368	316	37	127	72036
1994	53076	209	9890	206	20	45	1290	131	42	167	71091
1995	52046	198	7760	212	26	51	1343	176	38	176	25202
1996	32181	156		231			1168	166	44	134	20335
1997	30176	181		204			908	133		117	19872
1998	26125	143		220			1039	144		104	13421
1999	18996	112		241			1127	78		96	11707
2000	13741	107		198			1211	36		64	10343

三、农副产品收购和废旧物资回收

（一）农副产品收购　自实行农村家庭联产承包责任制至1991年，是县供销社农副产品收购高峰期。通过大量收购农副产品，保障城乡物资调配交流及供销平衡，满足人民群众生产生活需求。收购产品种类繁多，主要有：烤烟、棕片、木油、蓖麻籽、漆蜡、生漆、五倍子、青杠子、葵花、花生、核桃、蘑菇、蜂蜜、辣椒、茶叶、土（草）纸、牛皮、山羊皮、马皮、猪鬃、杂骨、何首乌、杜仲皮、竹丫扫、麦草等。1979年仅麦草就收购500多吨。1985年后，开始有私人从事农副产品收购并快速增多，供销系统收购品种和数量开始逐年大幅度减少。

1991年，供销社农副产品和废旧物资收购仅完成计划的20.7%，比上年下降60.76%。1991年洗马供销社率先与粮食部门竞争收购油菜籽、大米、黄豆、玉米等，第二年全社效仿，并活动于周边县市、乡镇收购。1992年，全社累计收购食油16.57万公斤、粮食35.35万公斤。1995年，全县从事农副产品收购的个体户和小商贩增多，供销系统收购品种和数量锐减乃至绝收。到2000年，收购品种从1986年的25个下滑到仅剩5个。

（二）废旧物资回收　县供销社收购的废旧物资主要有金属、塑料、橡胶和杂货。金属类有钢、铁、铜、铝、锡等材料制作的坏旧板、线、管材物品；杂货类有废书报、纸箱壳、牙膏皮等。供销社废旧物资收购兴旺期主要在1991年以前，尤以20世纪80年代初为高峰期，以后随经济发展及市场放开逐渐下滑。以收购废旧钢铁为例，1979年收购685.3吨，1980年为135.6吨，1981年为84.2吨，1982年仅81.7吨。1985年后，私人、小贩收购废旧物资迅速兴起，许多人肩挑箩筐，或骑自行车，或用手推车深入城乡、走村串寨，对各种废旧物品能收尽收。1991年县供销社废旧物资收购完成计划任务不足20%，到1995年已基本失去与个体小商贩的竞争力。

四、社办企业

1978年以后，供销系统除龙山、谷脚、洗马、羊场4个区供销社，土产、农资、日杂3个公司和28个区辖供销分销店外，还先后建有猫场、谷脚、洗马3个加油站，洗马供销社旅社、饭店、上石坎酒厂，县供销建筑公司、龙山供销社骨粉厂、谷脚供销社纸巾厂、土产公司砂场、魔芋发展股份公司、供销农贸市场等加工、生产、服务、建筑企业。这些企业随着市场开放和改革改制发展变迁，有的转为个体经营，有的走向消亡，有的发展壮大成为资本雄厚的经济实体。

（一）加油站　1994年建谷脚加油站，1996年建猫场加油站。谷脚凉水井加油站撤销后，2007年洗马加油站迁至洗马重建。加油站为集体经济单位。

（二）洗马供销社上石坎酒厂 建于20世纪80年代，1995年前为集体经营，1996年后为个人承包经营。

（三）龙里县供销社建筑队 1985年组队，1995年解体。承建的主要建筑有县供销社两楼一底商住综合楼、谷冰分销店、猫场分销店等。

（四）龙山供销社骨粉厂 建于1986年，租用莲花公社坝上大队一、二队的仓库、空地约4亩建厂，1997年停产。

（五）谷脚纸巾厂 1996年6月收购包姓业主的观音纸巾厂后在谷脚建厂投产，当年收回投资成本计12万元。1997年实行内部承包经营，1998年3月倒闭。

（六）洗马旅社、饭店 1979年开始经营，1997年改制后由私人承包经营。

（七）龙里县供销社土产公司 1996年亏损严重、濒临倒闭，全公司收入仅靠出租20世纪50年代修建的干打垒仓库、临街门面和处理库存商品来维持，在职职工每月50元生活费都无法保证。经调研申报发展魔芋种植，获省绿色产业办批准种植2000亩，并批给专项贷款150万元，计划逐步建成生产和粗、深加工一条龙生产线。

（八）贵州省龙里县魔芋发展公司 1997年成立，与土产公司合署办公，一套人员、两块牌子。当年资金到位后，开展选择基地、与农户签订合同、采购芋种、培训种植技术人员等工作。至1998年初，共签订合同近1000份，发放芋种5万公斤、化肥10吨。1998年获得321国道旁600多亩荒山开发权，购买凿岩、碎石、粉碎等机械，办理爆破等许可手续，开采石头加工成片石、面砂出售，当年获利2万余元。2003年，转让该片土地获利50余万元，全部用于还贷。

为盘活国有资产，县土产（魔芋）公司拆除干打垒旧仓库和低矮破旧宿舍，贷款200万元建商住综合楼和供销农贸市场。1997年底农贸市场一期工程完工，次年春节前开张营业，继续实施二期工程建设。两期工程连为一体建有商住楼3幢，宿舍70套，全体职工参加管理，既解决职工住房，又解决就业问题。为此，安顺、六盘水、黔东南及黔南供销系统和部分外系统前来参观学习、交流经验。

2003年，为提高抗灾能力，对供销农贸市场大棚进行技术改造，改造后牢固性增强，在供电、供排水、环境卫生维护、摊位安排、服务管理等方面条件大为改善。该公司由濒临破产倒闭状态经过几年的努力，发展成为拥有办公楼1幢，固定资产1000万元，摊位400个，营业门面120间，日交易额10万余元，占地1万平方米的集体所有制企业。

2007年11月，为加快企业改制重组，在土产（魔芋）公司基础上组建“龙里县恒丰农资贸易股份责任公司”，已解除劳动合同关系的原公司部分职工以资金参股形式重新上岗工作。2000—2008年，由于成绩突出，作为县内供销系统实力雄厚的经济实体，公司先后多次获得省、州、县“青年文明号”“供销系统先进单位”“厂务公开先进单位”“先进基层党支部”“先进工会”等荣誉称号。

第二节 粮油购销

一、粮油征购

（一）粮食征购 1953—1985年实行粮食统购，1985年4月10日至1993年粮油价格放开阶段实行计划定购。1993年7月1日起，粮食价格和经营放开后，逐步形成不同所有制并存经营的局面。至1998年仍在此基础上实行粮食计划性定购。2005年国家免除农业税（即公粮）后，定购任务消除，经营完全市场化。

建镇并乡撤区后1992年龙里县各乡镇粮食定购任务分配表

表13-8

乡　镇	定购任务（贸易粮：万公斤）	其中：公粮（稻谷：万公斤）
龙山镇	70.5	34
麻芝乡	27	16.5
三元镇	19.5	19.5
谷脚镇	51	29
猫场镇	46.5	25.5
水场乡	20.5	11
洗马镇	67	45.5
巴江乡	20.5	17
哪嗙乡	38.5	22.5
谷龙乡	45.5	27.5
羊场镇	83	39
湾寨乡	34	20
摆省乡	—	9
民主乡	—	15.5
合 计	523.5	326.5

1993—1998年龙里县贸易粮定购任务完成情况统计表

表13-9　　单位：万公斤

年　份	1993	1994	1995	1996	1997	1998
定购任务	505.5	503	504.5	502.5	501	500.5
实际完成	486	502	499	483.5	443.5	498.5
完成%	96.1	99.8	98.9	96.2	88.5	99.5

1999—2008年龙里县粮食产量及收购情况统计表

表13-10

年份	粮食产量		粮食购入（万公斤）					
	种植面积（千公顷）	粮食产量（万吨）	定购任务（贸易粮）	完成数（贸易粮）	其中：分项购入			实际完成占任务%
					定购购入	按保护价购入	市场购入	
1999	16.52	6.88	500	347	209	103	3.5	69.4
2000	17.2	7.45	523.5	590.5	431.5	117	42	112.8
2001	16.6	7.52	350	419	179	46	194	119.7
2002	15.74	4.37	350	110	83.5	1	25.5	31.4
2003	15.97	7.5	500	313.5	184.5	54	75	62.7
2004	15.68	7.89	457	226.5	192		34.5	49.5
2005	15.81	8.18		47			47	
2006	16.46	8.74		153.5			153.5	
2007	14.78	9.02		137			137	
2008	15.4	9.15		90.5			90.5	

（二）油脂油料购销 1952年10月成立县供销合作社，成为购销油脂油料的统管部门。1954年5月后，由县供销社为省油脂公司代购经营，直接向贵定专署油脂公司报账，不得转为自购。1956年1月1日起，根据国务院规定将油脂公司划归粮食部门领导，实行“一条鞭”经营。1956—1963年，县供销社先后分4批将油料物资全部转移给县粮食部门管理，种类有桐籽、花生、葵花籽、芝麻籽、苏麻籽、核桃、蓖麻籽、漆籽、栎木籽等植物油料。1985年开始放开经营，走向市场化。

龙里县食用植物油料以油菜籽为主，其他油料产量极少。解放初期油料物资紧缺，龙里县从1953年开始统购统销油菜籽，并实行油菜种植、生猪生产奖励政策。1991年全县油菜籽丰产达612.5万公斤。1993年后，油菜籽收购、加工、销售出现公私并存、多家经营、自由贸易的市场化局面。

1991—1998年龙里县油菜籽播种面积、总产量统计表

表13-11

年份	播种面积（万亩）	总产量（万公斤）
1991	8.2	612.5
1992	7.1	442.5
1993	6.3	392.5
1994	6.5	418.5
1995	7.3	469.5
1996	7	432
1997	7.5	493.5
1998	7.2	454

1991—1998年龙里县油菜籽、菜油收购情况统计表

表13-12 单位：万公斤

年份	油菜籽、菜油收购数			
	油菜籽、菜油（折籽）合计	其中		
		油菜籽	菜油	议购菜籽
1991	573.08	499.14	—	74.93
1992	288.01	189.29	—	98.72
1993	140.96	139.46	0.45	—
1994	152.19	146.72	1.64	—
1995	268.03	268.03	—	—
1996	223.38	223.38	—	—
1997	315.76	310.59	1.55	—
1998	217.94	215.24	0.81	—

1999—2008年龙里县油菜籽产、购情况统计表

表13-13

年份	油菜籽产、购情况			
	播种面积（万亩）	总产量（万公斤）	国家收购量（万公斤）	收购量占总产量%
1999	6.3	500.5	383.5	76.6
2000	6.43	525	345	65.8
2001	6.15	437	198	45.3

续表

年份	油菜籽产、购情况			
	播种面积（万亩）	总产量（万公斤）	国家收购量（万公斤）	收购量占总产量%
2002	5.93	444	232.5	52.36
2003	5.06	448.5	5.5	1.23
2004	5.48	489.5	60.5	12.36
2005	6.1	530	112.5	21.2
2006	6.29	372.5	35	9.4
2007	4.91	381	0.3	0.8
2008	6.32	289.5	0	—

二、粮油供应

1991年以前，由于农业基础薄弱和自然条件限制，全县粮油生产丰歉不定。1993年，随着农业基础设施的不断完善，科学技术的不断推广运用，加上放开粮油市场调动农民生产积极性，全县粮油经济逐年稳步上升。1998年全县粮食总产量0.725亿公斤，2008年达到0.915亿公斤；油菜籽产量从1991年的49.951万公斤增长到2008年的289.5万公斤。

（一）救济粮 由县粮食、民族等部门根据各年全县贫困家庭人口受灾等情况，制定救济方案发放救济粮，主要用于临时救灾、解困和扶贫。1991年和1994年，洪涝灾害严重，全县救济粮发放量猛增。随着经济社会发展，社会保障体系不断健全，全县救济粮发放呈下降趋势。

1991—1998年龙里县救济粮发放情况统计表

表13-14

年份	1991	1992	1993	1994	1995	1996	1997	1998
发放数量（万公斤）	94	14	17.5	78	14.5	14	16.5	5.5

（二）菜农口粮供应 1972年初，将三元公社永安大队的老堡、平寨两个生产队转为蔬菜专业生产队，种植蔬菜70亩，保障供应3537工厂。1974年，将城郊公社光明大队第二生产队（126户411人）、播箕桥知青农场（80人）转为蔬菜专业生产队，划菜地284亩，其中知青农场60亩。每年由国家供应4个蔬菜专业生产队商品粮9.43万公斤，减免征购任务25.685万公斤。对菜农劳动力供应口粮18公斤/月·人，1981年后改为每交售2公斤蔬菜供应0.5公斤粮食，至1993年6月底结束供应。1972—1993年，为菜农供应口粮共199.75万公斤，其中1991年14万公斤、1992年11万公斤、1993年5万公斤。

（三）返销粮 根据缺粮情况，用国家储存的贸易粮有计划、按比例平价销售（1991年、1992年有部分议价销售）给粮农（包括菜农），对人口多、劳动力少、负担重的家庭和遭遇特殊困难的农民起到扶贫救济作用，称为返销粮。随着农业经济发展和粮食流通体制改革，1993年后返销粮逐年大幅减少，2000年后逐渐淡出人们的记忆。

1991—1998年龙里县返销粮统计表

表13-15

年份	1991	1992	1993	1994	1995	1996	1997	1998
返销粮数量（万公斤）	528.5（含议销370）	723.5（含议销485.5）	393	226	177	142.5	7.5	7.5

（四）军粮供应 1949年以后，地方承担过境、驻地军队粮食供应。1957年起，县境驻地军队使用“军用粮定额支票”和“军用价购粮票”，同时还根据上级下达的各单位用粮计划由县粮食局填发“军用购粮证”，军队购粮须3证齐全，缺一不可。此供应办法一直沿用到1998年后。1991年，龙里县供应军粮6万公斤，1998年仍为6万公斤。根据国家粮食局《关于严格履行军粮供应手续进一步加强军粮供应管理工作的通知》《关于印发全国粮食系统军粮供应站资格审核认定暂行办法的通知》，2002年9月25日设立县粮食局军粮供应管理站，加强对军粮供应企业收购、储存、销售、运输等各环节的检查监督，开展优质服务。2003年1月建立龙里县军粮供应站，属购销企业。至2008年，军粮供应正常有序。

1991—2008年龙里县军粮供应统计表

表13-16　　单位：万公斤

年份	1991	1992	1993	1994	1995	1996	1997	1998	1999
数量	6	6.5	6.5	13	14.5	7.5	5.5	6	6.5
年份	2000	2001	2002	2003	2004	2005	2006	2007	2008
数量	6.5	6	7.5	7	5	6.5	13.5	12	14.4

（五）城镇粮食供应 供应城镇粮食包括非农业人口粮食、工商行业用粮和饲料用粮。1953年1月开始计划供应非农业人口粮食，1955年12月实行定量供应。1955年后，对城镇居民实行定量供应。1991年，县城居民月均粮食供应定量为：脑力劳动者14.75公斤、中学生15.5公斤、普通居民12.5公斤、儿童7公斤；1992年调整为：脑力劳动者14.7公斤、中学生15.5公斤、普通居民12.8公斤、儿童7.05公斤；1993年调整为：脑力劳动者14.15公斤、中学生15.85公斤、普通居民12.75公斤、儿童6.6公斤。同时对特重体力、重体力及轻体力劳动者的粮食供应区别定量保障。1993年7月1日，取消已执行近40年的城镇粮食定量供应政策。

（六）工商行业用粮 1991年以前，主要是困难时期对国营企业用粮的供应保障，其中工业方面主要是县内城关酒厂等6家酿酒企业用粮。1985年以后完全停止供应，由酿酒企业自行解决。商业方面主要是饮食行业用粮，包括熟食业、副食业等计划定购用粮。1978年以后，饮食行业用粮平价、议价兼行。1993年后，国营、集体、个人饮食行业用粮基本从市场采购。据县粮食部门统计，饮食行业用粮1991年5万公斤，1993年25.5万公斤，1995年3万公斤。

（七）事业性用粮 是指国家经济建设事业用粮和社会事业用粮。1956—1958年在县境修建完成黔桂铁路期间，全县提供铁路建设用粮125万余公斤。1969—1974年修建湘黔铁路期间，全县供应铁路建设用粮587.5万公斤。1991—2008年，铁路、公路建设用粮基本由建设单位自主到市场采购，县水利、电力建设事业有少量国家供应用粮。全县国家供应事业性用粮1991年1.5万公斤，1992年0.5万公斤，1993年5万公斤。

三、粮油储存

长期重视粮油储存保管工作，严防虫鼠害、霉变、渗漏、酸败和水、火等事故，保证供应粮油质量及国家财产安全。随着农业经济发展，不断改善粮油储存条件，扩大储存容量。1991年初库存2252万公斤，1993年后逐步减少，1999年库存1414.5万公斤，2008年238.5万公斤。1998年，全县有苏式仓库4栋，容量382万公斤；房式仓库17栋，容量920.5万公斤；简易仓库13栋，容量383.5万公斤；木板仓库9栋，容量126.5万公斤。全县合计43栋，容量1812.5万公斤，其中：已濒临报废的有24栋，容量856.5万公斤，占总仓容的47.26%。2008年，全县粮油仓库报废率达80%以上。2008年10月20日，由县粮油购销公司申报建设2万吨粮食储备仓库1座，计划总投资1980万元，选址于龙山镇冠山村对门坡。

1991年底龙里县粮食入库储存库点分布情况统计表

表13-17

粮管所	粮站名称	粮店名称	临时入库点名称
龙山粮管所	三元粮站、民主粮站	西门粮店、环城粮店、3537厂粮店	
谷脚粮管所	猫场粮站、比孟粮站		水场临时点
洗马粮管所	和平、谷龙、牛场、巴江粮站		
羊场粮管所	湾寨粮站、岱林粮站、摆省粮站		
合　计	4个粮管所，11个粮站，3个粮店，1个临时入库点		

四、粮油调拨

粮油调拨有调入和调出，调入即由县外向县内调拨，反之即调出。对调入县境的粮油、麻袋、铁桶，必须认真检验清点。解放初期实行“支付令”统一调拨。因交通不便，主要靠人挑马驮。1958年后，贯彻“全国一盘棋”统一调度方针和“先外后内、先挖后补，统筹兼顾、全面安排”原则，渡过粮食难关。1958年全县85%的粮站已通汽车，麻若、比孟两处粮站1970年以后才通车，逐渐转变为以汽车运输为主及人、畜、车并用。1972年，执行国家“统一征购、统一销售、统一调拨、统一库存”的“四统一”管理制度，上级下达粮油调拨任务对品种、数量、质量和时间、进度等都严格要求。1984年7月成立县粮食局汽车队，有汽车5辆。1990年全县粮食系统有汽车12辆。1993年后逐步取消统一调拨。

1991—1997年龙里县粮食调入情况统计表

表13-18　　单位：万公斤

项目 / 年份	龙山粮管所		谷脚粮管所		洗马粮管所		羊场粮管所		粮贸公司		良友实业公司	
	贸易粮		贸易粮		贸易粮		贸易粮		贸易粮		贸易粮	
	合计	其中大米	合计	其中大米	合计	其中大米	合计	其中大米	合计	其中大米	合计	其中大米
1991	307	214	49.5	43.5	159.5	151	13.5	1				
1992	362.5	168.5	79	22.5	145	141	10	5				
1993	94	69	45	42	27.5	26	16.5		53.5	42		
1994	109	70	39	38.5	10	10	24	4.5	64	24.5		
1995	142	105	34.5	33.5	42.5	42.5	10.5		62.5	2.5		
1996	130.5	124.5	50.5	28			10.5		8	6.5	44	4
1997	24	11										

1991—1997年龙里县粮食调出情况统计表

表13-19　　单位：万公斤

项目 / 年份	龙山粮管所		谷脚粮管所		洗马粮管所		羊场粮管所		粮贸公司		良友实业公司	
	贸易粮		贸易粮		贸易粮		贸易粮		贸易粮		贸易粮	
	合计	其中大米	合计	其中大米	合计	其中大米	合计	其中大米	合计	其中大米	合计	其中大米
1991	58.5	43.5	75	48	91.5	77	109.5	109.5				
1992	98.5	50.5	100	29.5	153.5	110.5	95	95				
1993	36.5	21.5	53	31.5	27	20	72.5	64.5				
1994	53.5	16	45	5.5	53		28.5	28.5	72.5	28		
1995	66	34.5	52	37.5	46.5	30	79.5	77.5				
1996	1		64	28	93	50	88	88			26.5	
1997	50	50	69	69	4		13	13				

1991—1997年龙里县油脂调入情况统计表

表13-20　　单位：万公斤

项目 年份	龙山粮管所			谷脚粮管所			洗马粮管所			羊场粮管所			县直属仓库			粮贸公司
	菜籽	菜油	桐油	菜籽	菜油	桐油	菜籽	菜油	桐油	菜籽	菜油	桐油	菜籽	菜油	桐油	菜籽
1991	324.5				1.5											
1992	242															
1993					0.5						1.5					14
1994		2.5			3						3					92.5
1997					0.5											

1991—1998年龙里县油脂调出情况统计表

表13-21　　单位：万公斤

项目 年份	龙山粮管所		谷脚粮管所		洗马粮管所		羊场粮管所		粮贸公司
	菜籽	菜油	菜籽	菜油	菜籽	菜油	菜籽	菜油	菜籽
1991	247.5	18.5	30	1.5	161.5		115		
1992	270.5		78		137		58		
1993	50	1	14				18		30.5
1994	11		18.5		1		17		12.5
1995	13		42.5		67		52.5		13
1996	45.5		38.5		95		28.5		
1997	80.5		13.5		37		27		
1998	24		32		26		19.5		

第三节　物资经营管理

一、物资储备

（一）仓储设施　1991年，全县钢材、化肥、金属机电仓库面积800多平方米，民爆物品仓库面积733.7平方米。在县城东九条龙烂桥处设炸药库1个，核准容量8吨；雷管库1个，核准容量雷管500万发、导火索3万米。1997年因城市建设需要，九条龙炸药库搬迁。1997年4—9月，炸药库临时设在县城穿洞口县物资公司办公楼一楼。1997年9月底，炸药库又搬迁到城外张家湾（原何家水井），库区占地面积3866.86平方米，仍设炸药库1个，核准容量15吨；雷管库1个，核准容量雷管15万发、导火索15万米。随着城市规划建设发展，张家湾规划建成移民新区。按照国家对民爆物品储存安全的要求，2004年9月，炸药库又搬迁到龙山镇莲花村煤厂坡。库区面积5635平方米，建有工业炸药库1栋（130平方米，核准容量15吨）、工业雷管库1栋（48平方米，核准容量15万发）、值班岗哨1栋。

（二）储运设备　1978年，县物资局有解放牌汽车2辆。1988年，物资调拨计划减少，放开一部分物资商品市场。1990年后，除民爆物资外几乎所有物资进入市场交易。2008年10月，县物资总公司配备民用爆炸物品专用车1辆，专门为客户进行配送和清退服务。

（三）仓储管理　仓储管理主要包括物资仓储、物资维护和安全保卫三个方面。物资仓储主要指到货—入库—发货3个环节。物资维护主要是检修库房，防潮、防漏、防爆等。1997年2月因管理不善，雷管被盗。2003年前，安全保卫人员由仓储保管员兼任。2003年增加专职安全员2名，设置监控设备1套，配备防盗报警犬1只。

二、物资购销

20世纪50—60年代，龙里县由独山物资供应站进货。70年代初改由贵定物资供应站进货，后又改从黔南州物资局（都匀）进货。1983年后改由贵阳市物资局进货，运杂费大幅减少。1991年前，按照“统一计划、统一分配、统一采购、统一调度、统一管理”的“五统一”原则，主要物资按国家计划定点购进销售。1993年后，金属、钢材、板材、化工、轻工等物资产品转由私人经营，物资部门仅经营民爆物品。2005年后，县物资公司开始股份制经营。2008年10月，县物资公司启用民爆物品专用车为客户进行配送和清退服务。

第四节　服务业

一、餐饮业

1991年前，县城有家庭式餐馆10余家，其中环城路铁路饭店规模较大，菜谱简单，主要满足过往客商和赶场天群众就餐。有部分露天的路边摊，有的还只在赶场天营业。1991年初，龙里县饮食国营单位共有职工44人，营业用房面积1700平方米，固定资产24.5万元，流动资金7.6万元，营业服务收入3.3万元；全县个体饮食服务经营户61户（其中有门面13户，家摊不分的48户），经营形式有饭馆、面食店、路边小吃摊，主要经营熟食品、简易餐。1991年后，餐馆酒店逐渐增加数量、扩大规模、提升档次。

20世纪80年代起，县饮食服务公司率先试行各种形式的经营承包责任制，但与个体经营户的竞争力逐渐减弱。2005年整体改制，一次性补偿安置职工18名，公司注销。从此地方饮食服务行业进入个体私营发展阶段，同时也是转向多元化、上规模、创特色、提档次发展的重要阶段。

1992年初，全县注册有集体和私营餐馆203家，其中县城有64家。2000年县城区有大小餐馆115家。2008年138家，从业人员1000余人。各家餐馆规模不等，大的可同时容纳500～800人就餐，小的可招待几桌人、甚至几个人。随着城市规划发展，逐步形成腾龙路、环城路、大十字小吃夜市街、三林路水桥段等餐饮相对集中区域。有运输饭店、国瑞酒家、供销饭店、弘龙酒家、龙城港、祥华酒店、龙泉酒店等具有一定规模和特色的餐饮酒店数十家，已经在贵阳等周边市县具有一定知名度和吸引力。全县各乡镇政府驻地均有两三家小餐馆，每家能同时接待三五桌客人就餐。其中，2004年开业的谷脚镇千家卡东街口的“麻辣豆花鱼”火锅店受到青睐，吸引周边贵阳、贵定、福泉等过往车辆驾驶员和客商驻足消费。县城餐馆特色菜肴主要有辣子鸡、肉饼鸽（鸡）、野生菌、肥肠鸡、野生鱼、炒马肉等，包装特色食品有“邓氏辣子鸡”“龙里腊香肠”“三元霉豆腐”“猫场豆腐”“洗马二块粑”等，特色饮品有“羊场米酒”“猫场包谷酒”“羊场黑糯米酒”“谷脚刺梨酒”等。

2008年9月10日，召开龙里县壮大培育餐饮业研讨会，成立县餐饮业培育发展工作领导小组。加强餐饮业规划和扶持，树立本地餐饮品牌，打造餐饮聚集区；多家部门联合开展宣传培训，对餐饮店挂牌授星，促进提高服务质量，树立良好形象；组建餐饮协会，推动地方餐饮文化与旅游业整合发展。

二、广告装潢业

20世纪80年代初，广告业起步，主要是文字广告，并通过电视字幕、广播传播。80年代中后期，广告装潢制作兴起并迅速发展。1991年，除在电视、广播和书刊上传播外来广告外，制作传播本土的文字和图片广告，注册登记广告经营户3家。杨前雄个人经营综合工艺作坊，多年从事书法、美术、雕刻创作和工艺装饰制作销售，发展创办“龙里大地广告部”。

1996年筹建龙里电视台，1997年组建电视自办节目队伍。1998年2月建立县广播电视台，为副科级单位。2000年，县广播电视台增添新设备，实现数字采编，开始拓展广告业务。2000年，全县广告装潢经营户达16家，主要有“大地广告部”“龙里艺千广告公司”“龙里虎啸广告工作室”等。2005—2008年，县广播电视台广告制作播出业务年均收入6万余元。

2008年，全县广告装潢业经营户10多家，其中发展较好的有“黔成广告公司”“龙里宏达广告装潢部”和“龙里虎啸广告工作室”等。设计、制作、传播各类大、中、小型喷绘图文广告，安装各类广告灯箱，营销电子广告显示设备（LED）。

三、洗浴业

1991年，龙里县城洗浴机构注册2家，主要是国营旅社洗浴部（2005年后国营旅社房屋撤迁）。20世纪90年代中期，洗浴业以“桑拿浴”为基础形式，提供综合洗浴、足浴、修足、按摩、住宿、娱乐休闲等服务，形成新兴的休闲服务产业。龙里县第一家桑拿浴——裕德池开业，较受消费者欢迎。2000年后，洗浴业发展迅速，较有代表性的有龙泉宾馆、纪龙大酒店、水云轩等休闲洗浴部，提供蒸汗、搓澡、足疗保健、修脚、掏耳、按摩、餐饮、住宿、棋牌等综合服务。

四、酒吧

20世纪90年代初，酒吧引入县城。人们在业余邀请朋友到酒吧里喝酒、喝饮料、聊天、听歌、跳舞等，称为“泡吧”。至2008年，县城主要有万和园慢摇酒吧和龙腾会所、0854会所、红海湾等酒吧。

五、茶室

随着经济社会发展和消费观念变迁，20世纪90年代末期，集茶语、咖啡、甜点简餐为一体的多功能新型茶室（也叫茶吧）兴起，消费项目由单一的茶水服务扩展为综合型服务，环境氛围由传统的“集中、热闹”大堂型演变为“幽雅、清净、怡情”包厢型，主要有社交休闲的功能，和酒吧、咖啡吧相近。2000年后发展较快，县城最多时有近10家。经过竞争、淘汰，有的改行，有的停业。2008年底主要有纪龙酒店茶室、闲时区茶室、0854茶吧、卧云谷茶坊4家。

六、照相摄影

1991年，县内主要相馆有12家，其中县城有8家，主要位于县城小十字、弯子街、大十字和西门桥，以照黑白照片为主。大十字“国营旅社照相馆”规模较大，是全县唯一的集体性质相馆。1995—2000年，相馆增加几家，县城效益较好的有“爱国相馆”“刘氏相馆”“弯子街相馆”等。此外，乡镇、村寨有不少未在工商部门注册登记的照相摄影从业者专业或业余从事照相摄影服务营利活动。有的在乡镇场坝设有固定联系服务点，有的随机走乡窜寨流动作业，将照好的底片自行批量冲洗或送到县城、省城相馆冲洗，发送到消费者手中，很受群众欢迎。

2001年后，家庭相机增多，手机照相功能不断更新改良，给人们带来方便，再加上数码相机、电脑、U盘的普及运用，给照相摄影业带来巨大冲击。到2008年，县内照相摄影业仅存5家，分别是“爱国数码相馆”“红叶相馆”“龙里婚纱摄影部”“影子相馆”和“恒艺相馆”。三元镇渔洞村田某长期从事乡村照相摄影服务，人称“照相老者”。在数十年间，只要是三元赶场的日子，都要如约到场坝发送上一场为群众和学生拍摄冲洗的照片，同时又为新一批人照好再送到县城冲洗。三元场坝周边几个村的群众，特别是20世纪80—90年代曾在三元上学的人都认识、喜欢和感激他。

七、美发美容

1991年，县内还没有专业美容美发行业，只有传统的理发、剪发和逐渐兴起的烫卷染发（主要是白染黑）服务。全县理发美发行业在工商部门注册登记有48家，其中县城有13家。县国营旅社理发部，是全县唯一的大型国营理发服务单位。民间理发师常在乡镇赶场天在场坝设立临时理发服务摊点开展营利服务，其中县城赶场天常有临时摊主20余人。20世纪90年代中后期开始流行染彩发、护发养发、结发、拉发等，2000年后美发成为时尚。到2008年，县内有各种高中低档美发店20多家，其中影响较大的有“漂亮宝贝”“魔发秀”“剪名堂”“卓越发际”“金巴黎”“一剪缘”等。

1995年前后，美容行业兴起，消费者主要是中青年女性。2000年后，县城美容店发展到10多家。2008年，较有影响的有“雪公主美容院”“富贵美容院”“唯美美容店”“芦荟屋美容店”“瑞思娜生态美容院”等。

八、古玩店

2005年，范启华在龙里县城开办“进蚨堂”古物店，后改名“容堂”。收藏经营各种“老物件”，有钱币、牖、桌、凳、椅、柜、匾牌、床、石磨、字画、茶具等。

九、网吧

20世纪90年代末期，地方网吧服务业兴起，县城先后有时代、浪潮、极速、地球网事、龙腾等网吧。经营者通过收取计算机设备和网络使用费获得收入，消费者以年轻人为主。部分网吧经营户违规容纳未成年人上网玩游戏、熬夜聊天、观看不健康网页等，使一些学生上网成瘾，不利于身心健康发展，给学校和家庭教育造成负面影响。县公安、工商、文化等部门常年开展执法监管，规范网吧经营市场。至2008年网吧共有14家。

十、录像馆

改革开放之初，群众文化生活单调贫乏，电影未能满足需要，县城在1984年才开始兴起电视，县内绝大部分地区连黑白电视都看不到。彩色录像以其形式新颖别致、内容丰富刺激的优势迅速兴起、普及和发展。开设场馆面积数十平方米至百余平方米，设备有几台电视机、1台录像带放映机和1套功率较大的音响即可，播映内容以港台地区拍摄制作流传的武打片和爱情片为主。

录像放映盛行于80年代，90年代逐渐衰退，到2000年前后被歌舞厅、电子游戏厅、网吧等娱乐方式取代。80年代中期，县城正大街两旁的录像馆多达近30家。有的录像馆连名称都没有，场地狭小，环境脏乱差，但消费者爆满。特别是县城赶场天，更多的农村青少年专门进城看录像。各家录像馆都把播放的声音扩大传出以招徕客人，人称“满大街震荡飘散着古今中外的声音”。2000年以后，县城区群众娱乐方式更新换代，录像馆基本转移到乡镇，在集镇和村寨继续盛行和维持。

第三章　金融业

第一节　金融体制改革

1978年11月，中国人民建设银行龙里支行（简称建行）成立。1980年1月，中国农业银行龙里县支行（简称农行）恢复并正式对外营业。1981年起，银行系统实行垂直管理。1984年9月，建立龙里县农村信用合作联社（简称信用社），隶属于农业银行管理。

1985年1月，中国工商银行龙里县支行（简称工行）挂牌成立，与人民银行龙里县支行（简称人行）合署办公；人行建制归工行，实行“一个机构、两块牌子”和“资金分开、两套账目”的管理模式；人行业务由工行代理，在工行配备人行专职会计，单独建立人行账务，办理人行的资金往来和各项账务核算。

1986年5月，恢复县人行建制，当年7月人行和工行正式分开办公。人行主要职能是执行国家的货币政策和金融政策，发行人民币和管理人民币流通，金融监管，经理国库，资金清算与支付结算，金融统计、调查、分析。1987年6月，县境内开办邮政储蓄业务，邮政机构吸收的储蓄存款作为人行信贷资金来源，人行作临时贷款安排。

1992年10月，监管证券市场业务从人行分离出去。1993年12月，确立中国人民银行作为独立执行货币政策的中央银行的宏观调控体系，建立政策性银行与商业银行分离的金融组织体系。1994年5月，人行增设内部机构国库股。1995年，县人行开始履行基层中央银行职责，内设办公室、金融监管股、营业部、保卫股，撤销人秘股、计划统计股、稽核金管股、会计股、国库股和货币发行股。1996年，县人行增设内部机构农村合作金融监管股，负责对农村信用社的监管，当年底县农村信用社和农行彻底脱钩。

1997年，县境内工行、农行、建行3家专业银行基本实现国有专业银行向国有商业银行过渡，银行已分业经营，信贷扩展至固定资产和个人消费领域。1998年11月，人行将对保险公司的监管权交给保监会。2000年后，工行、农行、建行实行自主经营、自担风险、自负盈亏、自我约束，乡镇一级的基层网点机构基本撤销。2003年3月人行将营业部更名为国库会计发行股；4月，中国银行业监督管理委员会（简称银监会）成立，人行把对银行业金融机构的监管独立出来，形成“一行三会”的金融监管框架。当年底，县银监办事处成立。2004年7月，县人行内设办公室、纪检监察室、综合业务股、国库会计股、货币金银股、保卫股。

1987年5月县人行成立金融管理稽核股，1995年更名为金融监督管理股，对县内金融机构进行监督管理和开展稽核工作。2004年开始，金融管理职责由县银监办履行，人行对货币政策及相关业务仍有9项监管职责，也可适时对县内金融机构进行现场和非现场检查。

2005年8月，统一法人社——龙里县农村信用合作联社成立。至此，县内形成以人行、银监办为指导和监管方，国有商业银行、股份制银行为主体，保险、农村信用社等并存的金融体系。2008年10月人行内设综合业务股、基础业务股，综合业务股加挂纪检监察办公室牌子。2008年12月27日，龙里国丰村镇银行股份有限公司成立。

至2008年，龙里县共有县级金融机构10个，其中：金融管理机构2个，即人民银行龙里县支行、龙里县银监办事处；国有商业银行县支行3家（工行、农行、建行）及其网点机构3个（工行2个、农行1个），村镇银行1家及其网点机构1个，县级农村信用合作联社1家及其分社（营业部）21个，县邮政储蓄机构1家及其基层网点5个；保险公司有人寿保险公司和财产保险公司各1家。

第二节　银行业

一、中国人民银行龙里县支行

（一）反假币工作　1997年3月14日，刑法将伪造和贩卖假人民币列入犯罪定性和处罚。2000年5月，国务院颁布人民币管理条例；2003年7月，颁布《中国人民银行假币收缴、鉴定管理办法》。县人行开展反假币宣传，做好假币的鉴别工作，配合公安部门侦破假币案件。1994年11月，县人行发出通知，要求各金融机构加强反假工作，对假人民币一经发现要立即没收，对收缴的假币、反假资料要专人保管，清理、登记、造册移交人行。

2001—2008年，县人行多次组织金融系统及县相关部门参加的“反假币宣传周”活动，召开反假人民币工作联席会议，促进提高人民群众反假币和爱护人民币的意识，有效防止假币案件发生。

（二）存款管理　银行存款包括单位存款和个人存款，主要有财政性存款、企业存款、商业存款、农业存款、储蓄存款和其他存款。县内各项存款余额1990年为4059万元，1996年1.66亿元，2004年5.58亿元；2008年达12.73亿元，比1990年增长31.37倍。

1.*财政性存款*　人行代理国家金库，县财政在人行开设财政预算收支、划拨库款账户。因每年财政决算有收支平衡问题，所以年终一般很少保留存款，或留很少资金作账户保底，以示收支平衡、略有结余。

2.*企业存款*　有活期存款和定期存款。企业要进行生产、经营，定期存款较少，活期存款较多，以利资金周转。县内1990年企业存款余额为1277万元，至2008年底达到2.01亿元，增长15.77倍。

3.*农业存款*　包括集体农业存款、乡镇企业存款、农村个体工商户和农村信用社转存款等。1986年县内农业存款余额为503.1万元，2008年达9694万元。

4.*储蓄存款*　包括定期储蓄、活期储蓄、零存整取、定活两便等种类。1990年末县内储蓄存款余额为1886万元，2000年末达1.74亿元，增长10.96倍；到2008年末达7.32亿元，比1990年增长38.84倍。

5.*其他存款*　其他存款包括一些未归类的、临时性的、代理性的，以及历年统计制度改革导致的一些没有可比性的统计项目存款。县内1990年末其他存款余额为309万元，至2008年末达1.9亿元，增长61.53倍。

至2008年末，全县金融机构各项存款总额为12.73亿元，其中：工行3.28亿元、农行2.1亿元、建行2.27亿元、农村信用社3.49亿元、邮政储蓄1.07亿元、财政性5240万元。

1990—2008年龙里县金融机构存款余额统计表

表13-22 单位：万元

科目/年份	年末余额	其中				
		企业存款	农业存款	财政存款	储蓄存款	其他存款
1990	4059	1277	536	51	1886	309
1991	5743	2137	536	−27	2567	530
1992	7191	2219	1264	−69	3255	522
1993	8033	2780	804	−222	4062	609
1994	11403	4150	380	−225	6850	248
1995	16557	6247	510	309	9490	1
1996	18510	5989	426	702	11392	1
1997	19463	5975	553	838	12093	4
1998	21731	5996	837	791	14146	−39
1999	24196	7115	671	224	15251	935
2000	26990	6418	954	118	17410	2090
2001	31538	6006	1686	357	20535	2954
2002	36680	5357	3387	1111	22982	3843
2003	44803	11162	2890	51	27543	3157
2004	55827	15657	4389	488	33052	2241
2005	70846	21217	4054	394	41246	3935
2006	82358	13177	6367	1310	48978	12526
2007	96643	16143	7793	484	60493	11730
2008	127340	20144	9694	5241	73247	19014

（三）贷款管理 金融信贷是通过信贷资金在不同行业、领域、时段的投入，促进自然、社会资源的合理分配，以促进国民经济的健康发展。贷款从放款期限上分为短期贷款和中长期贷款，从用途上分为工业贷款、商业贷款、农业贷款、消费贷款、其他贷款等，从放款对象上分为个人贷款、法人贷款。龙里县贷款均以放款期限为分类主线，短期贷款（即流动资金贷款）有工业贷款、商业贷款、农业贷款、其他贷款，中长期贷款有基本建设贷款、技术改造贷款、其他贷款。至2008年末，全县金融机构各项贷款总额为3.81亿元（其中：工行6748万元、农行3250万元、建行3745万元、农村信用社2.43亿元、邮政储蓄10万元），较1990年末的3990万元增长9.54倍。

1.短期贷款 短期贷款归为四大类，即工业贷款、商业贷款、农业贷款、其他贷款。

（1）工业贷款。1990年全县工业贷款1511万元，1997年5395万元，2008年63万元。

（2）商业贷款。商业贷款包括国营商业贷款、集体商业贷款。1998年全县商业贷款5002万元，比1990年的1237万元增加4.04倍。1998年后逐年下降，至2006年底商业贷款为1064万元，比1998年减少4.7倍。

（3）农业贷款。农业贷款主要是农村信用社和农业银行投放到涉农部门用于粮食、烤烟、油菜籽等农副产品的收购以及化肥、农药等物资的储备，用于农户购买生产生活资料，支持农村个体户发展种养业等。1990年农业贷款849万元，2000年达3549万元，增长4.18倍；2008年底农业贷款达7646万元，较1990年增加9.01倍。

（4）其他贷款。凡是没有归类在前三项的统一归在其他贷款中。1990年末，全县其他贷款余额为108万元，2000年为3932万元，比1990年增长36.41倍；2007年底为1.5亿元，比1990年增长139.34倍；2008年末为1643万元，比2007年下降9.16倍。

2.中长期贷款 中长期贷款包括基本建设贷款、技术改造贷款和其他中长期贷款。

（1）基本建设贷款。1980年，国务院批转国家计委等部门《关于基本建设拨款改贷款的报告》（1980年前基本建设贷款由财政拨款供给）。1982年，国家计委、建设银行总行下达《关于进一步落实基本建设拨款改贷款的通知》，确定从1982年起，凡是实行独立核算、有还款能力的企业，都应实行拨款改贷款制度。1984年12月，国家计委、财政部、建设银行总行联合颁发《关于国家预算内基本建设拨款改为贷款的暂行规定》，决定从1985年起，凡是国家预算内资金安排的基本建设资金，全部实行拨款改贷款。基建款项统归建行管理。对贷款后确无还款能力的，经有关部门批准，可按豁免本息的办法解决。

（2）技术改造贷款。技术改造贷款是指企业进行改建、扩建和设备更新、改造及新产品开发的贷款。

（3）其他贷款。未归类在基本建设贷款和技术改造贷款内的全部归在其他贷款类。其他中长期贷款包含人行委托专业银行发放的支边贷款和开发性贷款。

3.支农再贷款 县人行从2001年起，对农村信用社发放支农再贷款。支农再贷款以信用贷款和抵押贷款为主，贷款期限最长不超过一年，到期后可视具体情况延期至两年，用途是支持农村信用社发放农户贷款。2005年底，人行累计发放支农再贷款6900万元，实际贷款2500万元。2006—2008年，农村信用社改革试点取得阶段性成功，资金实力增强，对支农再贷款资金的需求降低，直到为零。

1990—2008年龙里县金融机构贷款余额统计表

表13-23 单位：万元

科目 年份	年末余额	短期贷款					中长期贷款			
		工业贷款	商业贷款	农业贷款	其他贷款	小计	基本建设贷款	技术改造贷款	其他贷款	小计
1990	3990	1511	1237	849	108	3705	0	86	199	285
1991	5150	1305	1904	1199	461	4869	80	102	99	281
1992	5824	1009	1650	1004	1836	5499	60	180	85	325
1993	6940	3068	1930	1170	459	6627	60	190	63	313
1994	9441	4793	2290	1531	229	8843	50	260	288	598
1995	10889	4831	2758	1944	786	10319	50	260	260	570
1996	12088	4944	2932	2265	1004	11145	40	300	603	943
1997	14930	5395	4329	2351	929	13004	40	780	1106	1926
1998	16061	4095	5002	3755	957	13809	35	714	1503	2252
1999	18801	4647	4140	3767	2948	15502	0	635	2664	3299
2000	16538	3912	2826	3549	3932	14219	510	405	1404	2319
2001	18255	2879	3994	4031	2199	13103	300	205	4647	5152
2002	13684	2707	4003	388	1462	8560	600	105	4419	5124
2003	23022	1811	2661	5663	2288	12423	1340	1000	8259	10599
2004	24818	1642	1064	5708	1977	10391	2050	1500	10877	14427
2005	29825	3337	0	6328	4090	13755	1840	1500	12730	16070
2006	37921	2657	0	6753	6552	15962	740	1320	19899	21959
2007	48393	1659	0	6308	15049	23016	3192	1220	20965	25377
2008	38052	63	0	7646	1643	9352	71	0	28629	28700

（四）银行机构管理 1988年，县人行对全县12个金融机构189个开户单位进行信贷现金大检查，查出34个单位违纪金额共计21.8万元；组织对人行内部和各专业银行进行专项稽核，查出有问题的款项198万元。1991—2008年，对全县金融机构及开户单位进行定期和不定期监督检查。1999年8月，人行对县内金融机构进行结算纪律和银行账户管理检查，对查出的问题提请相关单位进行整改；当年建立金融机构高管人员档案，按程序办理金融机构重要事项变更手续，建立大额现金备案制度、金融债权管理行长联席会议制度，制定债权管理规定和措施。

2001年，县人行指导金融机构积极采取措施，保全银行资产，降低经营风险，制定金融风险通报制度。当年5月15日，与县金融机构签订《同业公约》，内容为存款约定、贷款约定、结算支付约定、依法经营约定、文明服务约定和罚则等六条。2002年，县人行重新修订《金融安全区创建工作具体目标和措施》，与工行、农行、建行、信用社签订《不良贷款下降责任书》，建立金融风险通报处置预案、金融运行情况通报、金融机构负责人约见谈话、金融监管工作协调、不良贷款风险监控、风险预警等制度。2004年，县银监办成立后，人行职能转换，主要工作内容有国库经理、货币发行、货币信贷、金融统计、支付清算、金融风险防范、安全保卫等。

（五）非银行机构管理 主要是对农村信用社和邮政储蓄的管理，其次是对非法机构办理金融业务的监督查处。1996年，县信用社在人行开立备用金存款户，与各金融机构业务往来通过人行结算，资金周转不足时由人行再贷款支持，当年底实现信用社和农行的彻底脱钩。1998年，县人行成立“农村信用社整顿规范领导小组”，开展整顿规范农村信用社工作。1999年底，县人行核准邮政储蓄5个基层网点主要负责人任职资格。2000年4月，县人行按照《农村信用社年检暂行办法》对信用社机构进行现场验收，年检机构19个，全部合格，其中：法人机构14个、分支机构5个。2002年6月，人行再度对县内信用社14个法人机构、4个非法人机构进行年检。

1998年7月至2002年6月，县委、县政府组织开展对全县互助储金会的清理工作。2003年10月起，以县为单位成立农村信用统一法人社，实行理事会、监事会、社员代表大会“三权分立、互为制衡”的体制，转变经营理念，采取“统一法人、授权经营、分级核算、单独考核”的管理办法。2004年4月，县人行成立“农村信用社改革试点资金支持方案实施与考核工作组”，对银监部门审查通过的拟认购央行票据的县农村信用社增资扩股及降低不良贷款实施计划真实性和合规性进行审核，会同县银监办对信用社的专项票据发行、兑付申请以联社为单位进行审查，按季报送改革试点工作实施进展及资金支持专项央行票据考核情况。

（六）征信管理 2000年，龙里县金融机构建立银行信贷登记咨询系统，对县内贷款单位发放贷款卡，实行贷款卡年审制度。2004年7月，县人行共发放贷款卡172户，其中：实发卡78户、配卡49户、虚拟卡45户。至2005年6月30日，仍有49个单位未按规定办理贷款卡年审，对之作暂停使用处理。

（七）存款准备金管理 1998年3月21日起，人行改革存款准备金制度，将各金融机构在人行的“准备金存款”和“备付金存款”两个账户合并，称为“准备金存款”账户，对各金融机构的法定存款准备金按法人和按旬统一考核。从2001年1月1日起，各金融机构法人每日应将汇总的全系统一般存款余额表和日计表报送人民银行。金融机构按法人统一存入人民银行的准备金存款低于规定数量，人民银行对其不足部分按每日万分之六的利率处以罚息。金融机构分支机构在人民银行准备金存款账户出现透支，人民银行按有关规定予以处罚。金融机构不按时报送旬末一般存款余额表和按月报送月末日计表的予以处罚。调整金融机构一般存款范围，将金融机构代理人民银行财政性存款中的机关团体存款、财政预算外存款，划为金融机构的一般存款。金融机构按规定比例将一般存款的一部分作为法定存款准备金存入人民银行。从2004年4月25日起，中国人民银行决定实行差别存款准备金率制度，用以制约资本充足率不足且资产质量不高的金融机构的贷款扩张。

（八）利率管理 1990年1月10日，人民银行为促进经济稳定发展和社会稳定，调低存贷款利率，8月再次调低1次；当年12月1日，人行印发《利率管理暂行规定》，规定金融机构的存款、贷款利率，金融机构之间的同业拆借利率，合法执行的各种债券利率的确定、调整、执行、管理和监督，利率管理开始正规化。1993年起，人行龙里县支行每年对县内金融机构执行利率的合规性、合法性进行检查，规范管理。

（九）现金管理 1996年县人行两次组织各金融机构领导及县政府领导参加的联席会议，研究布置严格控制现金投放工作。1997年，根据《贵州省金融机构支付大额现金向人民银行报告备案制度暂行办法》和人民银行黔南州中心支行有关精神，从4月1日起，对同一开户单位1月内累计支付现金超过2万元，一次支付现金达5000元，于每月5日内向人行上报大额现金支付报告表；各商业银行对同一开户单位一次支付现金5万元、农村信用社一次支付现金2万元（不含工资及农副产品收购资金），须报人行审批；现金支付一律在基本结算户办理，非结算户一律不得支付现金。

2002年初，加强人民币管理工作，要求金融机构营业网点严格按照完整券七成新的标准进行挑剔和流通，不得将损伤券混扎于流通券之中；严格按“五好”（点准、挑净、墩齐、捆紧、名章齐全）钱捆的质量整理完整券、损伤券；对各单位上缴钱捆达不到质量要求的有权拒收，重视人民币损伤券的回笼和兑换，加强营业网点出纳员培训。

2002年，建立《大额现金支付分级审批制度》和《异常大额现金支付管理办法》，要求各行（信用社）把现金管理列入重要工作内容，填制大额现金报表，建立大额现金台账及档案，对规定取现范围内的大额现金支取5万元以上要登记，对一日一次或数次对同一付款人取现达50万元以上的（现金银行汇票和现金银行本票相同）次日前要向本行（信用社）和人民银行备案；各行（信用社）每年元月底前向人行发行部门申报现金库存限额，人行凭此作为核定该行（信用社）库存限额的参考资料。

（十）账户管理 1991年7月1日，县人行按省人行要求，统一制作开户许可证，对账户实行年审、年检制度。1994年11月，央行颁布《银行账户管理办法》。1994年11月以前，账户分类为基本账户、专用账户和辅助账户；11月以后分为基本账户、一般账户、临时账户和专用账户。2000年4月1日起，龙里县金融系统根据国务院规定，对所有个人存款账户实行实名制，并严格遵守为储户保密的规定。

（十一）反“洗钱” 2003年，根据《中国人民银行关于加强银行反洗钱工作的通知》，县人行召开各金融机构反洗钱宣传工作联席会议，组织学习法律法规，开展宣传工作的指导、监督和检查，利用有线电视、报刊等媒体宣传，发放宣传资料，在主要街道张贴宣传画、悬挂横幅等，提高宣传实效。

各金融机构依法采取防范措施，执行客户身份识别制度、客户身份资料和交易记录保存制度、大额交易和可疑交易报告制度。获得完整的客户信息，真实了解客户的身份证有效期、经营状况、资信状况等；对客户提供资料的真实性、合法性和完整性进行审查，并记录在案；个人客户办理业务必须执行实名制，要求其出示本人身份证件，核对、留存其身份证复印件，特别审核其身份证件的有效期；法人客户办理业务须提供有效证明文件和资料，核对并登记。

二、中国农业银行龙里县支行

1980年初恢复农行龙里县支行，至2008年先后历经国家专业银行、国有独资商业银行和国有控股商业银行等发展阶段。2009年1月15日，整体改制为股份有限公司，全称为中国农业银行股份有限公司龙里县支行，内设机构有综合管理部、客户部和营业部。

1991—1997年，农行有龙里支行营业室和龙山、谷脚、洗马、羊场营业所共5个营业网点。1998年，相继撤销龙山、谷脚、洗马、羊场4个营业所。2008年仅有农行龙里支行营业部网点1个。

（一）存款 分企业存款和储蓄存款。1991—2008年，企业存款从764万元增至1.2亿元；储蓄存款从566万元增至8970万元。

1991—2008年农业银行龙里县支行存款余额一览表

表13-24　　单位：万元

年份	存款余额	其中	
		企业存款	储蓄存款
1991	1330	764	566
1992	1907	1162	745
1993	1369	514	855
1994	2356	1164	1192
1995	3174	1735	1439
1996	3416	1445	1971
1997	3888	1558	2330
1998	4864	1938	2926
1999	4802	1486	3316
2000	6055	2404	3651
2001	8493	3664	4829
2002	9346	4475	4871
2003	10808	5410	5398
2004	12731	6292	6439
2005	13684	6842	6842
2006	16335	9349	6986
2007	16019	8425	7594
2008	21007	12037	8970

（二）贷款　农行贷款分为工业、商业、农业和消费4类。1991—2008年，县农行各类贷款余额合计从2564万元增至3251万元（其中：2007年最高，为1.89亿元），其中：工业贷款从807万元增至2883万元（其中：2002年最低，为173万元；2007年最高，为1.57亿元）；商业贷款从1333万元下降至2005年的811万元（其中：1997年最高，为2578万元；2003年最低，为603万元）；农业贷款从424万元增至2007年的2686万元（其中：1991年最低，为424万元；2005年最高，为6570万元）；个人消费贷款1996年开始，从4万元增至2008年的368万元（其中：2003年最高，为689万元）。

1991—2008年农业银行龙里县支行贷款余额一览表

表13-25　　单位：万元

年份	贷款余额	其中			
		工业贷款	商业贷款	农业贷款	个人消费贷款
1991	2564	807	1333	424	0
1992	2841	1023	1322	496	0
1993	3876	1260	895	1721	0
1994	4030	1778	1147	1105	0
1995	4380	1842	1344	1194	0
1996	4619	1835	1608	1172	4
1997	5660	1799	2578	1244	39

续表

年份	贷款余额	其中			
		工业贷款	商业贷款	农业贷款	个人消费贷款
1998	6225	1677	2566	1966	16
1999	6520	1639	2569	2106	206
2000	4077	195	1718	1734	430
2001	5377	185	2218	2296	678
2002	4871	173	1665	2360	673
2003	4956	405	603	3259	689
2004	7528	209	811	5957	551
2005	8061	209	811	6570	471
2006	9701	7380	0	2019	302
2007	18856	15684	0	2686	486
2008	3251	2883	0	0	368

三、中国人民建设银行龙里县支行

1978年前，具有“县建行”性质的机构与县财政局合署办公，实行“拨款员”管理体制。1978年10月24日，中国人民建设银行龙里县支行成立。1988年8月10日，正式开办现金出纳和城乡居民储蓄业务，建立支行储蓄专柜和小街园储蓄所，支行内设会计出纳股和业务综合股。1989年4月，设立县城环城路储蓄代办所（8月正式设为储蓄所）；5月设立储蓄债券股。1992年2月设立房地产信贷部；8月设立保卫股。

1997年5月建设银行龙里县支行更名为中国建设银行贵州省龙里县支行，内设会计出纳科、筹资科、办公室、保卫科。2000年7月，撤销建行环城路储蓄所，业务并入新储蓄专柜，原储蓄专柜更名为太平寺储蓄所。2004年6月，先后撤销太平寺储蓄所和小街园储蓄所，业务与储蓄专柜合并。2005年4月，中国建设银行贵州省龙里县支行更名为中国建设银行股份有限公司龙里支行。

2000—2008年，建行龙里支行代理中央、省、州、县投资管理项目和自身经营项目，为种草养畜、天然林保护、县城开发和工业园区交通及供水管网改造建设提供投融资服务，为县水泥厂、轴承厂等企业技术改造项目及工业园区王胎制药、弘康制药、同康制药、福贵木业、资本营运公司等企业的投资和经营给予信贷支持。

（一）存款 1988年开办现金业务，当年个人储蓄存款9万元。1998年个人存款达2468万元，2008年个人存款余额为1.04亿元；对公单位及企业存款1988年35万元，1998年为1994万元，2008年末余额达1.23亿元。

（二）贷款 1988年建行贷款余额12.5万元，1998年为1188万元，2008年末达3745万元；代理发放住房公积金贷款至2008年余额为1510万元。

（三）金融业务 1987年接受代理国家债券发行兑付任务。2000年开办中间业务。2001年代理证券、基金发行。2004年开始办理信用卡发行。

（四）电子化建设 1994年开展首台计算机培训和使用，应用于统计报表，与上级建行网络联通。1995年，建行龙里支行基本实现计算机网络服务。2000年，全面推行计算机网络对外服务，具有网上银行、电话银行、手机银行、短信银行等异地存取款、转账、个人电子汇划等结算功能，利用电子银行办理证券、基金、国债代销代兑业务，代收通讯、水电费等业务。

四、中国工商银行龙里县支行

1991年，中国工商银行龙里县支行内设4个机构，下辖3个储蓄所、1个分理处。1993年，工行由专业银行转制为国有商业银行。1997年，开始试行劳动合同制。2005年，正式更名为中国工商银行股份有限公司龙里支行。至2008年底内设机构2个，下属机构1个。

（一）存款 1991年初各项存款余额2139万元，2003年为1.59亿元，2008年底为3.31亿元，年平均增速80.48%（其中：对公存款余额1.3亿元，较1991年初增加1.23亿元，年平均增速98.25%）。

（二）贷款 1991年各项贷款余额1519万元，2008年底为6748万元，年平均增速19.12%。1995年前，主要贷款客户为中国人民解放军3537厂、贵州省曲轴厂、县水泥厂、县百货公司等国有企业。1995年后，先后贷款支持龙腾铁合金公司、贵州神奇等非公有制企业。1999年，工行将县彩印厂、县五交化公司、县曲轴厂等6家企业不良信贷资产剥离到中国华融资产管理股份有限公司。2002年，投放1100万元开发建设县城利恒商业步行街。2003年，为龙腾铁合金公司及亚冶铁合金公司出口创汇开办出口打包贷款业务。2006年，投放600万元支持中兴嘉园项目建设。2002—2008年，县工行与天佳、安厦、龙驹等多家房地产公司签订协议，对“天佳城市花园”“安厦园”“青龙商住楼”“中兴嘉园二期工程”等项目发放个人按揭住房贷款。

（三）电子化建设 1994年，开始使用计算机处理对公业务。1997年，各储蓄网点开始使用计算机系统办理业务。1999年，开办储蓄业务异地同存通兑。2001年，安装首台自动取款机（至2008年3台）。2003年，开始办理网上银行业务，新增网上银行客户35户，电话银行开户62户。

（四）信用卡业务 2003年开始办理信用卡业务，共签发信用卡12张。至2008年，累计签发各类信用卡1745张。

五、龙里县农村信用合作联社

龙里县农村信用社最初是由社员入股，实行社员民主管理，主要为社员提供金融服务的地方性合作金融组织，是经中国人民银行批准设立的合作金融机构。1988年12月，成立龙里县信用联合社。1990年，增设会计、稽核、保卫专职人员。1992年，任命14名社主任和副主任，增设3个分社（城关、莲花、龙场）。1993年4月，联社聘任主任4名、副主任14名、坐班副主任5名、会计18名、出纳17名、信贷员23名，当年集中开展会计人员在县联社统一办理年度决算。1996年，明确县信用社与农行脱离隶属关系，信用社由县联社、人行和银监办管理。2005年12月，明确龙里县农村信用合作联社为以县为单位统一法人。2006年2月，统一法人社正式成立，6月全面推行贷款五级分类管理，开始试行商业银行标准监管。

（一）入股与存款 办理农村社队及居民、农民储蓄业务，农村个体工商户、乡镇企业及农村承包户、专业户存款，行政事业单位存款等业务。至2008年末，共有19个营业网点，从业人员123人，各项存款余额3.49亿元。

龙里县农村信用合作联社部分年份存款情况统计表

表13-26　　单位：万元

年份	各项存款	其中：农村储蓄		年份	各项存款	其中：农村储蓄	
		余额	占比%			余额	占比%
1990	415	322	77.59	2004	10086	7031	69.71
1998	2907	2555	87.89	2005	13598	9604	70.63
2000	3753	3221	85.82	2006	20436	13060	63.91
2001	4719	3978	84.3	2007	27470	19407	70.65
2002	6219	4735	76.14	2008	34925	25177	72.09
2003	7731	5960	77.12				

（二）金融服务 服务对象主要是农民，服务产业主要是农业，服务地域主要是农村。2008年末，农村信用社农业贷款余额达2.43亿元，占各项贷款合计数的84%；为1.3万户农户发放贷款，贷款面达90%，占全县金融机构向农业贷款总计数的95%以上。

1990—2008年龙里县农村信用合作联社部分年份贷款情况统计表

表13-27　　单位：万元

年份	合计	农业贷款		城乡工商户贷款		其他贷款	
		余额	占比%	余额	占比%	余额	占比%
1990	492	492	100	—	—	—	—
1998	2459	2083	84.71	140	5.69	236	9.6
2000	4009	3201	79.85	355	8.86	453	11.3
2001	5056	3973	78.58	347	6.87	736	14.56
2002	7090	5819	82.07	388	5.47	883	12.45
2003	7632	6241	81.77	352	4.61	1039	13.61
2004	9085	7179	79.02	197	2.17	1709	18.81
2005	12703	9749	76.75	151	1.19	2803	22.07
2006	17497	12792	73.11	122	0.7	4583	26.19
2007	19158	14218	74.21	63	0.33	4877	25.46
2008	24299	17094	70.35	47	0.2	7159	29.46

六、龙里国丰村镇银行

2008年12月23日，龙里国丰村镇银行有限责任公司在龙架山国家森林公园召开创立大会暨首届股东大会第一次会议，宣布成立“龙里国丰村镇银行”，位于县城兴龙路。由六盘水市商业银行、贵州柏强药业有限公司、贵州君之堂药业有限责任公司等12个股东出资成立，是贵州省第二家、龙里县第一家村镇银行。主要以农业、农村、农民以及中小企业为服务对象，按照相关规定从事存款、贷款等业务活动。2008年12月27日正式开业。

第三节　保险业

龙里县的保险业有人身保险和财产保险两大类。1986年1月，中国人民保险公司龙里县支公司成立，综合经营财产保险和人身保险业务。1996年5月，财产保险、人寿保险分业经营。1997年6月，分别成立中国人寿保险股份有限公司龙里支公司（简称人保公司）和中国财产保险股份有限公司龙里支公司（简称财保公司），分别经营人寿保险和财产保险。

一、中国人寿保险股份有限公司龙里支公司

成立于1997年6月，2003年改制为中国人寿保险股份有限公司龙里支公司。公司业务主要是提供个人人寿保险、团体人寿保险、意外险及健康险等产品和理赔服务。至2008年12月底，人保龙里支公司拥有4800多份有效的个人保险单、年金合同及长期健康险保单，拥有800份个人和团体意外险及短期健康险保单，拥有和管理有效长期寿险保单5000多份，总保费收入达1000万元，占县内寿险市场份额的100%。

（一）人寿短期保险 主要是团体人身意外伤害保险，有县机关、团体、中小学校等单位人员投保，2008年投保人数达5万人。其中：8种卡折业务，保险期限均为1年，2008年底全县投保人数升至2000人。

（二）人寿长期保险 共有62种人寿长期保险，其中团体险10种。

龙里县各种长期性寿险一览表

表13-28

序号	产品名称	险种类别	销售方式
1	国寿福瑞两全保险	传统型	个险
2	国寿福馨两全保险	传统型	个险
3	国寿少儿两全保险	传统型	个险
4	国寿简易人身保险	传统型	个险
5	国寿子女教育婚嫁备用金保险	传统型	个险
6	子女教育A型	传统型	个险
7	子女教育B型	传统型	个险
8	国寿独生子女两全保险	传统型	个险
9	国寿个人养老金保险	传统型	个险
10	国寿养老金还本保险	传统型	个险
11	国寿英才少儿保险	传统型	个险
12	国寿松柏养老金保险	传统型	个险
13	国寿松鹤养老金保险	传统型	个险
14	国寿如意两全保险	传统型	个险
15	团体年金保险	传统型	团险
16	祥和定期保险	传统型	个险
17	祥运定期保险	传统型	个险
18	附加定期保险（A型）	传统型	个险
19	附加定期保险（B型）	传统型	个险
20	祥瑞终身保险	传统型	个险
21	祥瑞还本终身保险	传统型	个险
22	康宁终身保险	传统型	个险
23	康宁定期保险	传统型	个险
24	安居定期保险	传统型	个险
25	国寿养老年金保险	传统型	个险、团险
26	国寿关爱生命女性疾病保险（A）	传统型	个险
27	国寿关爱生命女性疾病保险（B）	传统型	个险
28	国寿团体终身寿险	传统型	团险
29	国寿团体定期寿险	传统型	团险
30	国寿团体重大疾病保险	传统型	团险
31	国寿团体年金保险（补充养老型）	新型	团险
32	国寿99鸿福两全保险	传统型	个险
33	国寿金色夕阳养老年金保险（A）	传统型	个险
34	国寿鸿泰两全保险（分红型）	新型	银代
35	国寿鸿福相伴两全保险（分红型）	新型	个险
36	国寿鸿寿年金保险（分红型）	新型	个险

续表

序号	产品名称	险种类别	销售方式
37	国寿鸿运少儿两全保险（分红型）	新型	个险
38	国寿千禧理财两全保险（分红型）（第二版）	新型	个险
39	国寿千禧理财两全保险（分红型）	新型	个险
40	国寿永泰团体年金保险（分红型）	新型	团险
41	国寿永泰团体年金保险（分红型）（2003版）	新型	团险
42	国寿鸿星少儿两全保险（分红型）	新型	个险
43	国寿鸿瑞两全保险（分红型）	新型	个险
44	国寿鸿祥两全保险（分红型）	新型	个险
45	国寿鸿盛终身保险（分红型）	新型	个险
46	国寿鸿泰两全保险（分红型）（2003版）	新型	个险
47	国寿鸿鑫两全保险（分红型）（2003版）	新型	个险
48	国寿鸿宇两全保险（分红型）（2003版）	新型	个险
49	国寿康恒重大疾病保险	新型	个险
50	国寿康裕重大疾病保险	新型	个险
51	国寿康瑞团体补充医疗保险（账户管理型）	新型	团险
52	国寿鸿禧年金保险（分红型）	新型	银代
53	国寿裕鑫两全保险（分红型）	新型	银代
54	国寿鸿丰两全保险（分红型）	新型	银代
55	国寿美满一生两全保险（分红型）	新型	个险
56	国寿美满人生两全保险（分红型）	新型	银代
57	国寿安享一生两全保险（分红型）	新型	银代
58	国寿鸿富两全保险（分红型）	新型	银代
59	国寿鸿丰B两全保险（分红型）	新型	银代
60	国寿鸿盈两全保险（分红型）	新型	银代
61	国寿康宁终身重大疾病保险	传统型	个险
62	国寿康宁定期重大疾病保险	传统型	个险

二、中国财产保险股份有限公司龙里支公司

成立于1997年6月，经营财产损失保险、责任保险、信用保险、意外伤害保险、短期健康保险、保证保险等人民币或外币保险业务，及与上述相关的再保险业务；各类财产保险、意外伤害保险、短期健康保险及其再保险业务服务与咨询业务；代理保险机构办理保险业务等。财险龙里支公司通过行政业务、财务、计划统计、稽核审查管理来发展业务，增加效益。2003年前为会计核算单位，2003年起改为收付报账制，由其上级业务主管单位——中国财产保险黔南分公司统一核算。

（一）财产保险业务收入 财保龙里支公司承接企业财产保险、家庭财产保险、机动车辆保险、货物运输保险、意外伤害保险、短期健康保险、责任保险等众多保险业务，其中机动车辆保险是"龙头"险种。1996—2008年，公司保费累计收入4229万元，其中机动车辆保费就达3570.05万元，占保费总收入的84.42%。

1996—2008年中国财产保险龙里支公司保费收入情况表

表13-29 单位：万元

年份	企财险	家财险	责任险	机车险	货运险	意外险	健康险	其他	农业险	合计
1996	8.5	7.5	—	128.48	—	—	—	2.1	0.42	147
1997	13.3	4.4	0.93	144.87	—	—	—	6.5	—	170
1998	—	14.36	1.8	194.84	—	—	—	—	—	211
1999	28	11.4	7.6	190	—	—	—	—	—	237
2000	11.24	2	9.1	219.54	—	—	—	0.12	—	242
2001	7.95	1.68	1.65	235.99	7.61	—	—	0.12	—	255
2002	8.8	2	11	236.9	8.3	—	—	4	—	271
2003	4.4	4.79	15.5	245.41	8	9.9	—	—	—	288
2004	7.93	8.85	6.21	293.7	12.64	20.15	—	—	8.52	358
2005	1.32	7.46	32.37	315.75	10.33	0.77	—	—	—	368
2006	33.64	6.85	40.68	346.27	28.04	5.32	—	—	3.2	464
2007	8.64	14.07	47.7	482.79	11.65	3.68	—	—	22.47	591
2008	7.88	13.57	44.55	535.51	7	4.54	0.95	—	13	627

（二）**财产保险理赔** 2008年，为全县喂养母猪的农户开办能繁母猪保险，当年发生高致病性猪蓝耳病、口蹄疫等疫病，对每头遭疫病被捕杀和冻死的母猪赔偿投保人1000元，当年共收该项保费30万元，最后赔偿35万余元。1996—2008年，财险龙里支公司各种案件的赔款总额累计2195万元。

1996—2008年中国财产保险龙里支公司赔款情况表

表13-30 单位：万元

年份	企财险	家财险	责任险	机车险	货运险	意外险	健康险	其他	农业险	合计
1996	0.39	1.2	—	57.91	—	—	—	—	0.5	60
1997	0.5	1.3	12.67	47.53	—	—	—	—	—	62
1998	2.81	1.2	1.85	78.14	—	—	—	—	—	84
1999	2.99	2.36	0.96	90.69	—	—	—	—	—	97
2000	0.37	1.78	4.94	101.91	—	—	—	2	—	111
2001	8.32	2.22	4.31	184.15	—	—	—	—	—	199
2002	4.44	0.7	4.95	122.27	—	—	—	0.64	—	133
2003	3.13	1.6	4.53	118.59	—	0.15	—	—	—	128
2004	—	—	5	139	—	1	—	—	—	145
2005	2.79	1.02	16.2	154.86	—	1.54	—	—	0.9	179
2006	16.25	0.12	3.31	210.3	1.47	—	—	0.55	—	232
2007	6.02	2.57	1.16	286.22	0.45	—	—	—	458	301
2008	8.64	2.76	3.9	400.3	—	0.3	—	—	48.1	464

1996—2008年中国财产保险龙里支公司利润、税金情况表

表13-31　　单位：万元

年份	利润	年份	利润	年份	税金	年份	税金
1996	30	2003	81	1996	7.93	2003	15.55
1997	28	2004	50	1997	9.18	2004	19.33
1998	29	2005	74	1998	11.39	2005	20.24
1999	42	2006	57	1999	12.79	2006	25.05
2000	49	2007	37	2000	13.06	2007	31.9
2001	–20	2008	5.7	2001	14.01	2008	34.45
2002	48			2002	14.63		

第十四篇　经济综合管理

第一章　计划管理与产业结构调整

第一节　计划编制与实施

一、计划编制

（一）“八五”计划（1991—1995年）　1990年编制《龙里县经济社会发展第八个五年计划》。根据发展情况，着力于小康建设发展计划的初步实施，加快工业发展步伐；坚持改革开放，坚持持续、稳定、协调发展，逐步改革实现计划管理体制向市场调节体制的转变；坚持把教育和科技放在优先发展战略地位，制定实施“八五”期间“两基”（基本普及九年义务教育，基本扫除青壮年文盲）规划。

（二）“九五”计划（1996—2000年）　1996年编制《龙里县国民经济和社会发展第九个五年计划》。计划坚持实事求是，不断开拓前进，把农业放在国民经济的首位；进一步扩大对内对外开放，实施开放带动战略；坚持以提高经济效益为中心，大力推进经济增长方式转变；坚持科技与教育优先发展，实施科教兴县战略；加强农业、基础设施两个基础建设，突出招商引资、乡镇企业、畜牧业、旅游业四个重点，发展化工、冶炼、建材、医药四大产业。

（三）“十五”计划（2001—2005年）　2001年编制《龙里县国民经济和社会发展第十个五年计划》。这一时期，抓住国家实施西部大开发的机遇，继续实施科教兴县、开放带动和可持续发展战略，积极推进经济结构调整，不断培育新的经济增长点；立足区位优势，大力发展优势产业和特色经济，加快以农业和交通为重点的基础设施建设步伐；抓好扶贫和企业改革，加快工业和城镇化建设步伐，完善社会保障体系；在加强物质文明建设的同时，搞好精神文明建设和民主法制建设；逐步降低人口自然增长率，保护和建设良好的生态环境；正确处理改革、发展和稳定的关系。

（四）“十一五”计划（2006—2010年）　2006年编制《龙里县国民经济和社会发展第十一个五年计划》。根据前期发展情况，坚持以科学发展观统领经济社会发展全局，以人为本，创新发展模式，提高发展质量；加强基础设施建设、生态建设和环境保护，推进经济结构调整，壮大特色优势产业；转变经济增长方式，大力发展循环经济，推进新型工业化、城镇化、市场化和农业产业化；把加快发展与全面、协调发展结合起来，坚持节约发展、清洁发展、安全发展，推进可持续发展；着力构建社会主义和谐社会，扎实推进全县改革开放和社会主义现代化建设。

二、计划实施

1990年，坚持“抓住机遇，深化改革，扩大开放，促进发展，保持稳定”的基本方针，工作重心转向国民经济宏观调控，培育和发展市场，以适应社会主义市场经济建设的需要。以以工代赈形式扶持贫困地区工农业生产，以实物（如粮食、布匹、蔬菜、油等）方式基本上按片区计划分配，数量规模较小。1994年以后，用货币资金按项目建设投放，规模数量逐渐增大。基本建设、国债投资和境外投资都以项目建议书、可行性研究报告形式方可获得。计划工作职能进一步转变，把握宏观调控，研究资源配置、规划布局和产业结构调整，侧重抓以工代赈、国债项目建设与协调服务。根据规划布局，抓紧引资立项、跟踪争取投入，组织项目实施，做好协调服务。从1998年开始，境外投资成为地方发展的重要

“引擎”。

2001年县计划委员会更名为县发展计划局，2004年设县重点项目稽查办公室（含铁路建设领导小组办公室），工作职能重点放在管理有关国民经济全局的事务上。着力制定发展规划，负责编制全县国民经济和社会发展年度计划、中长期规划；对国民经济运行情况进行预测、分析，进行宏观经济管理；负责全县基本建设项目的编制、上报、审批、备案，下达建设计划，对项目建设进行跟踪、督促和检查；主管全县国民经济和社会发展战略规划、总量平衡、结构调整和经济体制改革的综合宏观调控。

1991—2008年，经历经济社会发展“八五”“九五”“十五”时期和“十一五”中期，各个计划均得到落实或如期推进。“八五”期末的1995年，国民经济总产值达3.2亿元，是1991年的1.97倍，其中：农业总产值1.26亿元，是1991年的1.46倍；工业1.33亿元，是1991年的2.91倍；其他服务行业6066万元，是1991年的1.99倍。计划执行期间，乡镇企业发展迅猛。到1995年，乡镇企业总产值达到3.42亿元，为“八五”计划的337.9%，年均增长47.9%。“九五”期末的2000年，国民经济总产值达7.51亿元，是1995年的2.34倍，其中：农业总产值1.56亿元，是1995年的1.24倍；工业总产值4.67亿元，是1995年的3.51倍；其他服务行业总产值1.27亿元，是1995年的2.08倍。

“十五”期末的2005年，国民经济总产值达14.77亿元，是2000年的1.97倍，其中：农业总产值2亿元，是2000年的1.28倍；工业总产值10.07亿元，是2000年的2.16倍；其他服务行业2.7亿元，是2000年的2.13倍。“十一五”期中的2008年，国民经济总产值达22.98亿元，比2005年增长8.21亿元，增长1.56倍，其中：农业3.2亿元，比2005年增长1.2亿元，增长1.6倍；工业15.33亿元，比2005年增长5.26亿元，增长1.52倍；其他服务行业4.45亿元，比2005年增长1.75亿元，增长1.65倍。

第二节　产业结构调整

随着改革开放的不断深入，经济结构的转型，使工业得到快速发展，龙里县由一个农业小县逐步跨入工业强县行列。1991年产值排列农业第一、工业第二、服务业第三。1995年之后，第二产业增加值占地区生产总值的主导地位，结束长期以来第一产业占主导地位的历史。2002年之后，第三产业增加值比重超过第一产业，第一产业比重大幅度下降，第二产业的主导地位逐渐凸显，第三产业迅速发展，二、三产业成为拉动增长的主要力量。

1991年，三次产业结构占比为53.11：28.13：18.76。到1995年，第一产业经济开始出现停顿和徘徊，第二和第三产业经济直线上升，产业经济结构发生重大变化。1995年，三次产业结构占比为39.47：41.59：18.94。1995年以后，第二产业生产总值占比一直处于领先发展地位，第三产业发展逐步赶上和超过第一产业，产业结构再次发生重大变化。2002年，三次产业结构占比为16.15：65.96：17.89。2008年，已经形成以农业为基础，工业为主导，带动第三产业发展的工业主导型县域经济形态，三次产业结构占比为13.92：66.71：19.37。

一、农业总量

1991年农业播种面积1.62万公顷，粮食产量5.63万吨，其中：夏粮0.8万吨、秋粮4.83万吨；油料6123吨、烤烟2132吨、蔬菜3800吨。农业总产值0.86亿元，农村居民人均收入545元。1995年播种面积1.74万公顷，粮食产量6.4万吨、油料4746吨、烤烟2318吨、蔬菜3.7万吨。农业总产值1.26亿元，农村居民人均收入832元。2000年播种面积1.72万公顷，粮食总产量7.45万吨、油菜籽5251吨、烤烟2199吨、蔬菜5.98万吨。农业总产值1.56亿元，农村居民人均纯收入1375元。2005年播种面积1.58万公顷，粮食产量8.18万吨、油料5313吨、烤烟1839吨、蔬菜10856吨。农业总产值2亿元，农村居民人均收入2028元。2008年播种1.65万公顷，粮食产量9.15万吨、油料2905吨、烤烟1561吨、蔬菜12.89万吨。农业总产值3.2亿元，农村居民人均收入3005元。

二、工业总量

1991年全县工业总产值4579万元，比上年增长26.6%。规模以上工业企业23家，其中国有11家、集体12家，规模以上工业从业人员年平均0.2万人。1995年工业总产值1.33亿元，规模以上工业企业21家，其中国有11家、集体10家，年平均从业人员0.22万人。2000年全县工业总产值4.67亿元，规模以上工业企业20家，其中国有13家、集体4家、其他性质3家，年平均从业人员0.28万人。2008年全县工业总产值15.33亿元，比上年增长14.32%，规模以上工业企业22家，其中国有2家、其他性质20家，规模以上工业从业人员年平均0.41万人。

三、乡镇企业总量

1991年，全县乡镇企业1440家，从业人员0.61万人，总产值4773万元（其中乡镇工业4171万元），总收入4609万元。1995年乡镇企业2200家，从业人员0.82万人，总产值3.49亿元（其中乡镇工业3.13亿元），总收入3.01亿元。2000年乡镇企业3691家，从业人员1.15万人，总产值13.93亿元（其中乡镇工业10.1亿元），总收入4689万元。2005年乡镇企业3011家，从业人员1.49万人，总产值23.89亿元（其中乡镇工业19.22亿元），总收入23.34亿元。2008年乡镇企业1073家，从业人员1.49万人，总产值30.68亿元（其中乡镇工业26.45亿元），总收入29.22亿元。

第三节　招商引资

1992年引进贵州神奇制药厂，被称为龙里县招商引资工作的“第一次突破”，摸索和总结出“一个班子谈项目，一个窗口办手续”的招商引资办法。出台《关于引进资金、项目、技术和人才的优惠政策及奖励办法》《关于引进科技人才的办法》等文件，采取召开新闻发布会、开辟新闻专栏、编制《投资指南》和拍摄电视新闻专题片等形式加大宣传力度。强化“软件”建设，改善“硬件”条件，不断优化投资环境。1994年引进正大集团、中国五矿总公司等一批有影响的企业，实现招商引资的“第二次突破”。1995年，引进上海申建房产公司在羊场镇实施旅游、畜牧业、贸易开发及房地产多种经营，由港湾联营（集团）和新渝海外贸易联络公司共同开发莲花山、猴子沟旅游资源。5年共引进客商50多家、各类专业人才150余人、各类项目98个，签约资金6.05亿元，其中到位资金1.63亿元。

1996—2000年，采取招商引资、社会捐资、资本置换、银行贷款等多种方式筹措建设资金，不断加大基础设施建设。县城街道绿化、美化工程进一步完善，投资环境不断改善。5年共引进各类项目173个，实际到位资金6.58亿元。1997年出台《龙里县招商引资工作若干规定》，强化招商引资软、硬件建设。2001—2005年，龙里县全社会固定资产投资累计完成15.7亿元，较“九五”期间增加10.25亿元，增长188.1%。以交通、水利、通信、电力为重点的基础设施建设取得突破，投资环境得到改善，对外开放取得新进展，经济交流与合作日趋频繁。2003年举办首届中国贵州龙里苗医药文化博览会暨全国苗医药学术研讨会，助推招商引资工作。5年累计引进经济技术合作项目210个，到位资金10.91亿元，比“九五”期间增加项目66个，净增6.3亿元，增长136.6%。

2006—2008年，突破行政区划限制，主动与贵阳市对接沟通，签订共同建设贵龙城市大道协议，龙里与贵阳一体化发展步伐加快。拓宽、优化投资环境，加强合作，与深圳高速公路股份有限公司签约总投资60亿元，建设贵龙城市主干道，对贵龙城市经济带区域内土地进行一级开发；与贵州文远工程建设开发有限公司签约总投资10亿元，达成贵龙城市经济带纵线干道建设框架协议。主动开展央企招商、节会招商，借助外力加快发展，引进中铁贵州国际旅游体育休闲度假中心项目，占地20平方公里，总投资500多亿元；红狮水泥等一批上亿元的项目建成投产；引入浙江物产、华润集团对铁合金企业和神奇啤酒厂进行重组改造。“十一五”期间前3年，招商引资到位资金累计达39.99亿元，是“十五”时期的3倍。

第四节 固定资产投资与以工代赈

一、基础设施建设投资

2001—2008年，抓住国家实施西部大开发机遇，贯彻执行投资、消费和进出口拉动经济发展相关政策，突出抓好项目库建设。根据国家有关政策和地方城乡规划建设需要，在每个五年计划框架下，编制各行各业、各个领域项目工程五年规划，根据基本建设程序开展项目工程规划、可研、报批等前期工作，确保项目库充实，权衡轻重缓急，随时申报争取国家项目补助资金，不断扩大招商引资。

围绕基础财源建设，实施“工业强县”战略，到2008年，工业固定资产投资3.32亿元；实施工业园区的基本建设和更新改造，至2008年有43家工业企业落户园区，当年实现产值22.98亿元，完成税收1.72亿元，占县财政总收入的70.1%。

始终坚持“城乡统筹，以城带乡”发展思路，不断加大城乡建设投入，交通、水利、供电、通信等方面制约发展的“瓶颈”得到突破。1978年县城建成区面积为1.31平方公里，城区公路不足4公里，通信交换机容量为248门，教育、文化、卫生、体育等基础设施落后。到2008年末，县城建成区面积扩展到6.67平方公里，城镇化率达32.13%；全县公路通车里程达765公里，比1978年增长96.15%，实现村村通公路；全县固定电话用户达1.13万户比1978年增长45.55倍，移动电话用户3.71万户；教育、文化、卫生、体育等基础设施日趋完善。

二、固定资产投资

投资结构从改革开放初期的基本建设和更新改造，拓展到基本建设、更新改造、个体私营投资、农村非农户投资、农村集体投资、城乡个人投资和房地产开发投资等，实现多元化发展。加快工业化和城镇化步伐，加大工业、城镇、交通、通信等基础设施建设投资，提升城镇辐射吸纳承载能力，增加农村居民进城务工就业居住的机会，带动第三产业发展，促进居民收入水平持续提高。

全社会固定资产投资1991年完成619万元，1996年完成7604万元，2001年完成2.13亿元，2006年完成7.4亿元。2006年基本建设投资1.04亿元，更新改造投资4.13亿元，房地产投资1250万元。2008年完成12.26亿元，是1978年173万元的708.67倍，年平均增长23.62倍。

三、以工代赈

1985—1990年为以工代赈起步阶段，动用部分国家库存物资帮助贫困地区修建道路和水利工程，使贫困群众通过参加工程建设劳动获得一定粮、棉、布等实物。1991—2000年，随着国家扶贫攻坚计划的实施，以工代赈扶贫开发力度进一步加大，初步改善贫困落后面貌。2001—2004年，以工代赈扶贫开发理念更明晰，就地改善基础设施与易地搬迁有效结合，投资迅猛增长。

1985—2005年，国家以工代赈资金投入龙里县3074万元。其中：“七五”期间30.6万元，完成维修龙里至平山、民主至高坡等通村公路40公里，完善谷脚暗山供水、龙山镇岔河供水等工程；“八五”期间781万元，维护龙里至羊场公路、水场至比孟公路共25.7公里，建设湾寨乡桂花山茶场247亩、民主茶场200亩；“九五”期间527万元，实施退耕还林7500亩、坡改梯3700亩，维护毛栗寨公路12公里以及哪嗙至巴江引水工程等；“十五”期间1736.4万元，维修高枧—谷龙—水场、五里—大新、龙从—三元、水场—鸡场、猫场—凉水—旧寨、果里—团结、甲架—木马、十字路—谷冰、摆岑—打夯、谷脚—巫山、羊场—贵定河背、水泥厂—播箕、龙打岩—小果里、宋家院—毛栗山、龙里—高堡—谷冰、金星—扁街等乡村公路120公里，解决摆省乡新合村、金星村，麻芝乡永合村、乐阳村、大新小学，羊场镇甲晃村，水场乡高沟村、鸡场村，洗马镇羊昌村等3500多人2000多头牲畜饮水问题，治理羊场镇冷烂锈稻田800亩，建设全县“三小”工程新增灌溉面积2.16万亩。

2001—2004年，投入以工代赈资金1176万元实施易地扶贫搬迁项目，完成搬迁1122户。其中：依托小城镇集中安置264户，茅（危）房改造677户，山上搬山下87户，地质灾害搬迁57户，结合新农村建设搬迁20户，其他安置17户。2003年实施以工代赈移民工程，解决1万人和5000头牲畜的饮水问题。

通过以工代赈建设项目的实施，生态环境恶化的趋势得到初步遏制。特别是石板滩、猴子沟等地自然生态环境得到有效保护，治理水土流失面积32平方公里。农村交通、基本农田、人畜饮水等条件大为改善，促进贫困地区资源开发，带动市场经济发展，推动产业结构调整，增加农民收入。异地扶贫搬迁项目使移民户生存环境得到改善，体现县、乡、村多级联动扶贫的效果。

第二章　统　计

第一节　专业统计

一、农业统计

1991年，全县14个乡镇常用耕地面积1.2万公顷，其中田6780公顷、土5240公顷。2000年常用耕地面积1.13万公顷，其中田6520公顷、土4810公顷。到2008年，全县常用耕地面积1.09万公顷，其中田6620公顷、土4240公顷。18年间耕地面积缩减1160公顷。1991年，全县肉类总产量3800吨，其中猪牛羊肉产量3500吨，猪肉3308吨。至2008年，全县肉类总产量6878吨，其中猪牛羊肉产量6095吨，猪肉5536吨。各项指标增长近1倍。

二、工业统计

“九五”“十五”期间，国有企业改革成为经济体制改革的重心，通过发展股份合作制企业，采取转让、重组等多种形式，使国有、集体企业臻于完善。到2000年，规模以上工业总产值达到6.08亿元，逐步形成以医药、冶炼、化工、建材等为龙头的工业体系，龙山、谷脚工业园区建设初具规模。到2008年，工业生产保持增长态势，全县工业总产值达32亿元，销售收入在500万元以上的规模工业企业完成总产值29亿元；有资质等级的建筑企业3家，完成建筑业产值1474.3万元；谷脚工业园区进一步扩大，龙山北部工业园区招商引资态势良好。县境已形成工业园区3个，即谷脚工业园区、龙里北部工业园区和水场工业园区。2007年全县乡镇企业2893家，比1978年增加2787家，总产值26.15亿元。

第二节　统计调查

一、收入统计调查

（一）农民收入　改革开放初期，生产经营活动较单一，粮食收入是收入的主体。随着改革开放的不断深化，打破单一的生产经营模式，主要表现形式为：乡镇企业的崛起拓宽农民的就业渠道；农村部分富余劳动力外出务工；消费市场的繁荣，各种生产生活物资供应量的增加，带动农村多种经营生产。2002年免除农业税，税、费减免减轻农民负担，增加农民收入。1991年，人均收入545元，人均生活支出365元，其中：食品支出212元。1995年，人均收入832元，人均生活支出532元，其中：食品支出287元。2000年，人均收入1375元，人均生活支出880元，其中：食品支出512元。2005年，人均收入2028元，人均生活支出1320元，其中：食品支出635元。2008年，人均收入3005元，人均生活支出1820元，其中：食品支出635元。

（二）职工收入　国家进行工资改革，多次调高工资，全民所有制与集体所有制职工收入差距明显。1991年，在岗职工工资总额1675万元，其中：国有经济1518万元、集体经济157万元；国有经济在岗职工年平均工资1963元，集体经济在岗职工年平均工资1309元，全县在岗职工年平均工资1875元。1995年，在岗职工工资总额3917万元，其中：国有经济2299万元、集体经济1618万元；国有经济在岗职工年平均工资3779元，集体经济在岗职工年平均工资1178元，全县在岗职工年平均工资3703元。2000年，在岗职工工资总额5930.3万元，其中：国有经济4558.2万元、集体经济273.1万元，其他1009万元；国有经济在岗职工年平均工资6701元，集体经济在岗职工年平均工资4176元，其他9910万元，全县在岗职工年平均工资6924元。

2005年，在岗职工工资总额1.25亿元，其中：国有经济8736.8万元、集体经济676.7万元、其他3097.3万元；国有经济在岗职工年平均工资1.37万元，集体经济在岗职工年平均工资7664元，其他1.08万元，全县在岗职工年平均工资1.23万元。2008年，在岗职工工资总额1.63亿元，其中：国有经济1.33亿元、集体经济533.7万元、其他2491.3万元；国有经济在岗职工年平均工资2.23万元，集体经济在岗职工年平均工资1.5万元，其他1.51万元，全县在岗职工年平均工资2.04万元。

二、住房与存款统计调查

改革开放30年，城乡居民住房面积不断增大，建筑质量也不断提高，大量破旧的木结构老瓦房、土墙草房、干打垒房，不断改建为钢筋水泥砖木结构房屋。城乡居民银行存款余额（不包括个人手持现金）不断增长。1991年，城镇人均居住面积17.6平方米，城乡居民人均储蓄余额182.13元。1995年，城镇人均居住面积18.31平方米，农村人均居住面积15.2平方米，城乡居民人均储蓄余额511.04元。

2000年，城镇人均居住面积20.78平方米，城乡居民人均储蓄余额888.72元。2005年，城镇人均居住面积23.2平方米，农村人均居住面积18.83平方米，城乡居民人均储蓄余额1951.74元。2008年，农村人均居住面积18.83平方米，城乡居民人均储蓄余额3401.14元。

附一：

龙里县2008年国民经济和社会发展统计公报

2008年，是龙里县国民经济和社会发展极不平凡的一年。面对凝冻、旱灾、病虫害、动物疫情等自然灾害的影响和国际金融危机带来的冲击，全县上下齐心协力、克难攻坚，认真贯彻落实科学发展观，大力实施城市经济带动战略，县域经济和社会事业发展取得新进展。

综合指标 全县地区生产总值（GDP）完成22.98亿元，按可比价格计算，比上年同期增长9.6%。其中：第一产业增加值完成3.2亿元，比上年同期增长7.4%；第二产业增加值完成15.33亿元，比上年同期增长10%；第三产业增加值完成4.45亿元，比上年同期增长9.4%。第一、二、三产业占GDP比重为13.9∶66.7∶19.4。全县人均生产总值1.18万元，比上年同期增长9.2%。

农业指标 农业生产稳定。全县农林牧渔业总产值完成6.3亿元，比上年同期增长7.39%。其中：农业总产值完成3.23亿元，比上年同期增长7.39%；林业总产值完成628万元，比上年同期增长5.9%；牧业总产值完成2.95亿元，占农林牧渔业总产值的46.78%，比上年同期增长8.7%。粮食生产稳中有升，总产量9.15万吨，比上年同期增长1.5%。全县森林面积7.32万公顷，覆盖率48.31%。

国家惠农政策使农业生产条件进一步改善。拥有农业机械总动力9.65万千瓦时，比上年同期增长5.81%。年末农田有效灌溉面积6010公顷，比上年同期增长9.55%。

乡镇企业 全县乡镇企业总产值完成30.68亿元，绝对值比上年同期增长4.53亿元。乡镇企业上缴税金1.74亿元，比上年同期增长27.85%；利润总额1.71亿元，比上年同期增长3.32%；从业人员1.49万人，比上年同期下降0.75%。

工业指标 工业生产保持增长态势。全县工业总产值完成32.62亿元，绝对值比上年同期增长4.14亿元，同比增长14.54%。其中：国有工业完成3亿元，比上年同期增长8%；城镇集体工业完成1561.6万元，比上年同期增长4%；乡镇工业完成26.45亿元，比上年同期增长10.05%。

全县销售收入在500万元以上的工业企业（以下简称规模以上工业企业）完成总产值29.12亿元，绝对值比上年同期增长4.14亿元，比上年同期增长17.12%。规模以上工业企业增加值10.22亿元（其中轻工业完成5.75亿元，重工业完成4.47亿元），比上年同期增长8.1%。

全县规模以上工业企业主营业务收入19.45亿元，绝对值比上年同期增长1.92亿元，实现利润总额9663.8万元。

建筑业 建筑业稳定发展。全县有资质等级的建筑企业3家，完成建筑业产值1474.3万元，比上年同期增长13.9%。

固定资产投资 固定资产投资增长迅速。全社会固定资产投资完成12.26亿元，比上年同期增长26.1%。其中：城镇固定资产投资完成4.52亿元，比上年同期下降32.2%；农村非农户固定资产投资完成1.8亿元，比上年同期增长52.3%；农村私人投资完成1500万元，比上年同期下降46%；跨地区投资完成5.78亿元，比上年同期增长263.8%。

交通运输 全县公路货运量91万吨，比上年同期下降7.14%；货物周转量6035万吨公里，比上年同期下降11.9%。旅客发送量210万人，比上年同期增长48.94%；旅客周转量6835万人公里，比上年同期下降1.09%。

邮电通信 全县完成邮电业务总收入1317.3万元，比上年同期增长8.06%。固定电话拥有量1.13万部，其中城镇6200部。宽带用户1900户。

财　政 全县财政总收入2.46亿元，比上年同期增长29.82%。其中地方财政收入1.02亿元，比上年同期增长19.29%。财政支出3.92亿元，比上年同期增长26.31%，其中：农林水事务支出5185万元，比上年同期增长39.91%；教育支出1.07亿元，比上年同期增长21.46%。

金　融 全县金融机构各项存款余额12.73亿元，比年初增加绝对值3.07亿元。其中储蓄存款余额7.34亿元，比年初增加绝对值1.28亿元。金融机构各项贷款余额3.81亿元，比年初减少绝对值7076万元。

商　贸 全县社会消费品零售总额完成3.21亿元，比上年同期增长24.18%。其中：城镇社会消费品零售总额完成1.94亿元，比上年同期增长23.85%；农村社会消费品零售总额完成1.27亿元，比上年同期增长26.69%。按行业分：批发业完成2441.6万元，比上年同期下降10.27%；零售业完成2.49亿元，比上年同期增长33.99%；住宿和餐饮业完成0.4亿元，比上年同期增长4.56%；其他完成699万元，比上年同期增长4.02%。

招商引资 全县共引进项目47个，合同引资额34.35亿元，实际到位资金7.03亿元，比上年同期增长0.01%。新建项目24个，到位资金3.33亿元，比上年同期减少2.2%。续建项目23个，到位资金3.7亿元，比上年同期增长4.49%。

教　育 全县幼儿园18所，在园幼儿4015人，幼儿园专任教师102人；小学校点119所，在校生2.14万人，小学专任教师1294人；初中13所，在校生1.04万人，初中升学率56.55%，初中专任教师598人；高中1所，在校生1838人，高中升学率58.55%，高中专任教师105人；职中1所，在校生1523人，职中专任教师43人。

卫　生 全县有卫生机构22家，其中：医院4家、乡镇卫生院14家、疾病预防控制中心1家、人口和计划生育妇幼保健中心1家。卫生机构床位数288张，其中医院160张。卫生技术人员411人。

文　化 全县有图书馆1个，县广播电视台1个，乡镇文体广播电视服务中心14个。

体　育 体育事业实现零的突破。龙里县残疾人运动员代表黔南州参加全省残疾人游泳锦标赛，取得金牌15枚、银牌7枚、铜牌1枚。

人口与社会保障 2008年末，户籍总户数6.36万户，户籍总人口21.6万人，其中农业人口18.58万人。户籍人口自然增长率3.8‰。

全县在岗职工人数8058人，其中：国有经济5996人、集体经济355人、其他经济1707人。在岗职工年平均工资2.04万元，净增资2801.8元，比上年同期增长15.9%。农民人均纯收入3005元，净增453元，比上年同期增长6.1%。

年末参加基本养老保险的在职职工6180人，比上年同期增长12.6%；参加医疗保险的职工人数9234人，比上年同期增长9.9%；参加农村合作医疗保险人数16.19万人，比上年同期增长33.4%；参加失业保险的职工人数5568人，比上年同期增长0.6%；领取最低生活保障救济的人数2.21万人，比上年同期增长14.6%，其中：城镇5098人比上年同期增长12.1%，农村1.7万人比上年同期增长15.4%。城镇登记失业564人，比上年同期减少4.4%，城镇登记失业率4%。

附二：

龙里县改革开放30年经济社会发展综述

风雨兼程三十年，改革开放谱新篇。1978年12月中国共产党十一届三中全会以后，伴随着中华人民共和国改革开放的前进步伐，龙里县走过了不平凡的30年。历届县委、县政府带领全县各族人民，高举中国特色社会主义伟大旗帜，解放思想，开拓进取，坚定不移地以经济建设为中心，坚定不移地推进各项改革，推进全县经济社会又好又快发展，取得了令人欢欣鼓舞的显著成就。

一、经济总量不断扩大，综合实力显著增强

30年的改革开放，通过确立和实施一系列符合县情实际的发展战略和政策措施，经济体制改革步伐稳健，实现了从计划经济体制向社会主义市场经济体制、从封闭半封闭向全方位开放的历史跨越，国民经济和社会发展发生了巨大变化，推进县域经济持续发展，综合经济实力显著增强。

1978年，全县地区生产总值（GDP）3169万元，人均生产总值210元；三次产业结构比为48.47：29：22.53；全县地方财政总收入201万元，财政总支出428万元。2007年，全县地区生产总值达19.85亿元，比1978年增长61.6倍，扣除价格因素年均增长11.3%；人均生产总值9434元，比1978年增长43.9倍，扣除价格因素年均增长9.2%。三次产业结构优化为12.68：67.57：19.75，第一产业比重大幅下降，第二产业占据经济主导地位，第三产业迅速发展成为拉动国民经济增长的重要力量。地方财政收入8575万元，比1978年增长41.7倍，年均增长13.81%，翻了5.4番；财政总支出3.14亿元，比1978年增长72.4倍。

二、生产关系得到改善，农村经济全面发展

实行家庭联产承包责任制、统分结合双层经营体制，改革农产品价格体系，完善流通体系、农村社会化服务体系，推行农村税费改革，取消农业税，实施退耕还林、粮食补贴，兑现水稻良种补贴、农机补贴等。30年来，随着一系列的强农惠农改革政策措施落实，农业生产关系较大改善，生产积极性大大提高，极大地推动了农业经济持续快速发展。2007年，全县农林牧渔业总产值达5.11亿元，比1978年增长17倍；粮食总产量9.02万吨，比1978年增长2.13倍，年均增长3.9%；油菜籽总产量3809吨，比1978年增长10.5倍，年均增长8.7%；烤烟产量1482吨，比1978年增长2.07倍，年均增长3.41%；肉类总产量6470吨，比1978年增长6.47倍，年均增长18.86%；其他经济作物产量，均比1978年有较高增长。

乡镇企业发展异军突起，成为农村富余劳动力转移就业的主要渠道和农民脱贫致富的重要经济增长极。2007年，全县乡镇企业发展到2893家，比1978年增加2787家，总产值达28.56亿元，成为拉动农村经济增长的主要力量。

三、非公企业繁荣发展，工业经济快速增长

改革开放后，龙里工业焕发生机，非公有制企业迅速崛起，打破国有经济独步天下的局面，形成各种经济成分并存发展的格局，轻重工业进一步协调发展，工业经济在经济建设中的主导地位逐步显现。初步形成以冶金、医药、建材、机械为支柱产业的工业体系。2007年，全县工业总产值达28.48亿元，比1978年增长424.7倍。规模以上工业企业19户，其中销售收入上亿元的企业6户，5000万元以上的企业2

户，2000万元以上的企业5户。规模以上工业总产值24.98亿元，比1978年增长411.9倍。全员劳动生产率24.2万元，比1978年增长133.7倍。全县规模以上企业拥有固定资产5亿多元，拥有较先进的生产工艺和设备，为工业的进一步发展创造了条件，产品质量、产量大幅提高。其中：煤炭产量达34万吨，比1978年增长7.9倍，年均增长7.8%；水泥产量7.11万吨，比1978年增长21.2倍，年均增长11.3%。2007年，国有工业总产值占全部工业总产值的9.7%，比1978年下降39.5个百分点；非国有工业比重由1978年的50.8%上升到90.3%。轻重工业比重从1978年的52：48调整为41.2：58.8。

四、城乡面貌变化巨大，发展基础更加牢固

改革开放以来，龙里县始终着眼于优化城乡基础设施配置，改善城乡基础条件，服务地方经济发展的大局，坚持城乡统筹、以城带乡的发展思路，科学推进城镇建设。大规模的固定资产投资，加强了基础产业、基础设施的建设，明显缓解对国民经济发展的制约，支撑经济增长能力大大增强。2007年全县固定资产投资完成9.72亿元，比1978年增长560.9倍，年均增长23.8%。其中：城镇固定资产投资6.67亿元，比1978年增长649.1倍。全县招商引资到位资金6.9亿元。在交通方面，形成铁路、公路交通网，实现村村通公路。全县公路通车里程725.2公里，比1978年增长85.9%。邮电通信事业迅猛发展，开通了程控电话、数字传输和互联网。2007年末，全县固定电话用户达1.1万户，比1978年增长42倍；实现移动信号村村通，移动电话用户达2.74万户。随着国家电网的建设改造，实现了村村通电。

五、居民收入持续增长，消费市场日趋繁荣

随着工农业生产不断发展，商品供应能力大大提高，消费市场逐步实现从计划经济向市场经济的转变，多种经济成分、多种流通渠道、多种经营方式并存的消费市场体系日渐形成。一方面收入水平提高，2007年农民人均纯收入2552元，比1978年增长20.4倍，年均增长11.1%；在岗职工年平均工资1.76万元，比1978年增长33.8倍，年均增长13%；城乡居民人均储蓄存款余额2817.9元，比1978年增长721.5倍。另一方面消费市场繁荣，2007年社会消费品零售总额2.58亿元，比1978年增长18.6倍，其中：批发零售贸易业2.13亿元，比1978年增长17.4倍；餐饮业3825.5万元，比1978年增长125.7倍。每一农村劳动力负担人数从1982年的2.4人下降到1.38人，农村居民家庭的恩格尔系数比1982年下降6.4个百分点，解决了温饱问题。

六、社会事业全面发展，和谐社会不断前进

30年来，龙里县委、县政府始终一手抓经济建设，一手抓社会事业发展。切实把实现好、维护好、发展好最广大人民群众的根本利益作为一切工作的出发点和落脚点，逐步将一项项关注民生、构建和谐的政策措施落实到千家万户，推进各项社会事业全面进步。

教育事业成绩斐然。一方面，九年义务教育得到普及。2006年开始，对农村学生实行免除学杂费、教材费，并对寄宿生进行生活补贴等“两免一补”政策。近年来，学龄儿童入学率、小学生巩固率、小学生毕业率、小学升初中升学率、初中升高中升学率都有所提高。2007年，全县幼儿教师107人，在园幼儿4466人；小学专任教师1192人，在校学生2.24万人；初中专任教师548人，在校学生1.02万人。另一方面，高中教学条件得到改善。龙里中学被评为省级示范性高中，2007年普通高中专任教师120人，在校学生1935人，高中升学率52.7%。

医疗条件得到改善。全县拥有卫生机构21家，其中医院4家、乡镇卫生院14家、疾病预防控制中心1家、人口和计划生育妇幼保健中心1家。卫生机构床位数288张，其中医院160张。每千人拥有床位数1.3张。卫生技术人员357人；每千人拥有卫生技术人员1.7人。

社会保障得到加强。逐步建立和实施下岗职工基本生活保障、失业保险、城市居民最低生活保障“三条保障线”制度。2007年开始建立农村居民最低生活保障制度，当年城乡居民保障受益群众达1.93万人。医疗保障制度得到建立健全，2007年参加医疗保险的职工达8401人，有效解决看病难问题。自2007年开始，绝大多数农村居民参加了农村新型合作医疗，参加保险受益人数达12.14万人。

人口增长得到控制。2007年全县人口自然增长率3.8‰，比1978年下降8.5个千分点。

第三章 国土资源管理

第一节 国土规划

一、土地利用

全县土地利用率已从1996年的90%提高到2005年的93%。全县耕地面积自1996年的3.52万公顷，下降到2005年的3.14万公顷，年均减少426.84公顷（含退耕还林面积），耕地减少3841.59公顷。而人口则增加了2.73万人，人均耕地由1996年的0.19公顷下降到2005年的0.15公顷，人均耕地减少0.04公顷。2005年全县土地总面积约15.13万公顷，其中：农用地13.65万公顷，占土地总面积的90.19%（耕地3.14万公顷，占20.75%；园地489.12公顷，占0.32%；林地7.23万公顷，占47.81%；牧草地2.64万公顷，占17.48%；其他农用地5798.49公顷，占3.83%）；建设用地4663.77公顷，占土地总面积的3.08%（居民点及工矿用地4157.52公顷，占2.75%；交通运输用地442.81公顷，占0.29%；水利设施用地63.44公顷，占0.04%）；未利用地9580.09公顷，占6.33%；其他土地598.87公顷，占0.4%。

2005年龙里县土地利用结构表

表14-1　　　　单位：公顷、%

乡镇	合计	农用地											
		面积	比例	耕地		园地		林地		牧草地		其他	
				面积	比例	面积	比例	面积	比例	面积	比例	面积	比例
巴江	6499.8	6056.78	93.18	1725.15	26.54	48.97	0.75	3847.06	59.19	83.26	1.28	352.35	5.42
洗马	15143.72	13855.43	91.49	4509.35	29.78	35.17	0.23	7855.87	51.88	722.82	4.77	732.22	4.84
谷龙	11312.15	10838.38	95.81	2532.03	22.38	168.45	1.49	6626.92	58.58	1000.62	8.85	510.36	4.51
哪嗙	14712.1	13554.64	92.13	3173.95	21.57	15.2	0.10	8418.72	57.22	1250.14	8.50	696.63	4.74
醒狮	8982.08	7633.25	84.98	2825.75	31.46	11	0.12	3260.37	36.30	1138.45	12.67	397.68	4.43
谷脚	14270.99	12594.09	88.25	2953.06	20.69	17.59	0.12	8335.23	58.41	663.21	4.65	625	4.38
龙山	17209.27	13851.83	80.49	2306.11	13.40	9.13	0.05	8289.33	48.17	2846.99	16.54	400.27	2.33
麻芝	6784.14	5741.15	84.63	1171.47	17.27	22.65	0.33	3842.96	56.65	492.41	7.26	211.66	3.12
三元	6603.25	5864.69	88.82	1350.93	20.46	36.37	0.55	3929.04	59.50	337.29	5.11	211.05	3.20
水场	8463.84	7895.16	93.28	1235.31	14.60	12.41	0.15	3640.56	43.01	2804.05	33.13	202.83	2.40
草原	16429.09	15544.69	94.62	2288.44	13.93	0	0.00	5030.04	30.62	7713.01	46.95	513.2	3.12
湾寨	7519.73	7319.72	97.34	1630.25	21.68	57.56	0.77	2267.29	30.15	3109.46	41.35	255.15	3.39
羊场	8652.98	8369.04	96.72	2349.47	27.15	42.89	0.50	3219.82	37.21	2384.99	27.56	371.86	4.30
摆省	8723.63	7345.19	84.20	1340.86	15.37	11.73	0.13	3777.19	43.30	1897.19	21.75	318.22	3.65
合计	151306.77	136464.04	90.19	31392.13	20.75	489.12	0.32	72340.39	47.81	26443.91	17.48	5798.49	3.83

续表14-1

乡镇	建设用地								未利用地					
	面积	比例	居民点及工矿用地		交通运输用地		水利设施用地		面积	比例	未利用地		其他土地	
			面积	比例	面积	比例	面积	比例			面积	比例	面积	比例
巴江	152.27	2.34	147.77	2.27	4.48	0.07	0.02	0.00	290.75	4.47	254.39	3.91	36.35	0.56
洗马	397.05	2.62	390.72	2.58	5.74	0.04	0.59	0.00	891.25	5.89	830.77	5.49	60.48	0.40
谷龙	216.49	1.91	209.93	1.86	6.56	0.06	0	0.00	257.28	2.27	196.08	1.73	61.2	0.54
哪嗙	221.37	1.50	190.94	1.30	14.65	0.10	15.78	0.11	936.09	6.36	924.95	6.29	11.15	0.08
醒狮	154.23	1.72	143.93	1.60	10.04	0.11	0.27	0.00	1194.6	13.30	1187.99	13.23	6.61	0.07
谷脚	509.11	3.57	390.77	2.74	106.59	0.75	11.75	0.08	1167.79	8.18	1163.55	8.15	4.23	0.03
龙山	1780.71	10.35	1659.7	9.64	121.00	0.70	0	0.00	1576.73	9.16	1460.34	8.49	116.39	0.68
麻芝	210.01	3.10	138.6	2.04	67.27	0.99	4.14	0.06	832.98	12.28	790.72	11.66	42.26	0.62
三元	246.87	3.74	203.11	3.08	43.75	0.66	0	0.00	491.7	7.45	459.97	6.97	31.73	0.48
水场	120.13	1.42	106.65	1.26	13.48	0.16	0	0.00	448.55	5.30	429.07	5.07	19.48	0.23
草原	249.73	1.52	228.3	1.39	20.28	0.12	1.15	0.01	634.67	3.86	599.52	3.65	35.15	0.21
湾寨	117.01	1.56	104.57	1.39	8.87	0.12	3.58	0.05	82.99	1.10	32.77	0.44	50.23	0.67
羊场	176.61	2.04	141.71	1.64	19.9	0.23	14.99	0.17	107.33	1.24	28.67	0.33	78.67	0.91
摆省	112.19	1.29	100.82	1.16	0.2	0.00	11.17	0.13	1266.25	14.52	1221.31	14.00	44.95	0.52
合计	4663.77	3.08	4157.52	2.75	442.81	0.29	63.44	0.04	10178.96	6.73	9580.09	6.33	598.87	0.40

二、土地规划

立足于已有的自然、经济、社会条件，编制《龙里县土地利用总体规划》。根据地方社会经济可持续发展要求，对土地开发、利用、治理、保护在空间上、时间上作出统筹安排和长远规划。从全局和长远利益出发，以县域内全部土地为对象，合理调整土地利用结构和布局，加强宏观控制和计划管理，合理利用土地资源，促进国民经济协调发展。主要内容及指标体系为：耕地总面积，基本农田保护率，净减少耕地控制；园地；林地面积净减少控制，林业用地规模；牧草地面积净减少控制，牧草地面积；新增居民点及工矿用地控制，新增建制城镇建设用地控制；新增旅游业用地控制；特殊用地控制；交通用地增加控制，其中占用耕地控制；水利用地增加控制；未利用地净减少，主要为荒草地减少。

三、耕地保护

根据州下达的土地利用总体规划控制指标，确定龙里县耕地保有量规划目标为2010年3.1万公顷、2020年3.03万公顷，基本农田保护规划目标面积为2.63万公顷，基本农田保护率83.9%。根据土地适宜性评价的结果，龙里县已达到基本农田质量标准和通过改良后能够达到基本农田质量标准的耕地为2.66万公顷。为了实施基本农田动态管理，拟实际划定基本农田面积2.66万公顷，比规划保护指标多出251公顷。基本农田保护区划定工作，计划于2009年底全面结束。

龙里县耕地保有量和基本农田保护目标一览表

表14-2　　单位：公顷

乡镇名称	耕地保有量			基本农田面积	重点基本农田保护区（500亩以上连片基本农田）
	2005年	2010年	2020年		
巴江	1725.15	1692.14	2029.26	1555.09	大路坪
洗马	4509.35	4513.59	4054.15	4078.51	台上、新庄、大厂

续表

乡镇名称	耕地保有量			基本农田面积	重点基本农田保护区（500亩以上连片基本农田）
	2005年	2010年	2020年		
谷龙	2532.03	2570.02	2446	2338.79	平寨、小坝
哪嗙	3173.95	3133.02	2587.83	2816.8	十字路、石板滩、新坪
醒狮	2825.75	2781.79	2372.09	2574.72	元宝、鸡场
谷脚	2953.06	2849.53	1858.36	1641.25	观音
龙山	2306.11	2162.39	1921.72	1087.33	朵花
麻芝	1171.47	1075.59	1311	1077.07	龙云、大新、五里
三元	1350.93	1321.16	1295.08	1257.61	新安、合安、三合
水场	1235.31	1197.53	1410.58	947.82	鸡场
草原	2288.44	2266.15	3077.88	2123.37	幸福、金谷
湾寨	1630.25	1692.91	1760.58	1495.59	摆勺、场坝、毛栗、甲摆、新华“万亩大坝”区域
羊场	2349.47	2424.36	2511.01	2133.63	走马、和平、新营、金批、翠微、木马、长寨、岱林、联合、营屯“万亩大坝”区域
摆省	1340.86	1313.82	1741.55	1210.42	谷孟
合计	31392.13	30994	30307.16	26338	—

四、土地保护制度和措施

1994年8月18日国务院发布《基本农田保护条例》后，基本农田保护工作得到加强。以耕地保护为中心，执行土地利用总体规划和年度计划。先后探索建立健全的土地保护制度和措施有：土地用途管制制度，耕地“占补平衡”制度，农用地转用审批制度，征地补偿安置制度，土地税费制度，土地执法监督查处制度等。建立县、乡镇、村三级主要领导任期耕地和基本农田保护目标责任制，将耕地和基本农田保护的数量及质量要求列入考核指标，并作为各级领导的政绩考核内容，按年度进行考核。

1997年7月21日《贵州省基本农田保护条例》施行后，进一步健全各项基本农田保护制度。一是建立基本农田动态管理台账，建设占用保护区内的耕地时，占用多少核减多少补充多少，确保在规划期内基本农田保护面积不低于规划确定的保护面积。二是建立基本农田保护基金，占用基本农田的单位按国家规定应缴纳有关费用，并同时缴纳造地费。对已经征用的基本农田保护区内耕地的非农建设项目，一年以上未动工兴建而闲置未用的，应缴纳荒芜或闲置费。这些费用纳入基本农田保护基金，由政府统筹专项用于农田的再造、规划、建设，以确保县、乡镇基本农田面积的相对稳定。三是建立基本农田保护区域制度，强化质量保护，并与相关政策挂钩。将湾寨“万亩大坝”以及洗马台上、猫场元宝、谷脚观音等500亩以上集中连片耕地和重要粮食种植基地划定为重点基本农田保护区。四是建立基本农田保护区监督检查制度，做好动态监测，保证规划落实。加强耕地保护的社会监督，禁止在基本农田保护区内的耕地上种树、建房、建厂、建窑、建坟、采矿、取土、挖沙、开挖鱼塘、排放污染物、堆放固体废弃物及其他破坏基本农田的行为。

第二节　土地开发

一、土地整理

全县中低产田土2.54万公顷，占全县耕地面积的81%，其中仅坡耕地面积就达9959.51公顷，占全县耕地面积的31.73%。通过对分布在耕地内零星地类（如小块荒地、宽田土坎、卧牛石等）的整理以及坡改梯整治整理，按新增耕地系数5%计算，预测可新增耕地1271公顷。农村居民点零星分散，附属用地过多，用地很不合理。2005年全县农村居民点面积2062.5公顷，人均用地已达142.63平方米，超过国家规定的用地标准。全县有土地整理新增耕地潜力为1477公顷。

二、土地复垦

至2008年，包括自然灾害水毁耕地复垦，工矿废弃地复垦和河流滩地复垦，全县待复垦土地面积140公顷，复垦增加耕地潜力面积为98公顷。

三、未利用土地开发

2005年全县未利用土地面积9580.09公顷，其中荒草地4448.87公顷、沼泽地0.27公顷、沙地0.08公顷、裸土地38.47公顷、裸岩石砾地5092.39公顷、河流水面596.43公顷、苇地0.7公顷、滩涂1.75公顷。根据经济技术条件分析，只有荒草地能作耕地开发的地类，但是荒草地多分布在交通不便、坡陡、土层较薄的边远岩溶山区，宜耕条件差。结合土地适宜性评价以及可能的投入分析，全县开发可新增耕地667公顷。全县土地整理复垦开发补充耕地潜力为2242公顷。

黔南州下达龙里县土地整理复垦开发补充耕地约束性指标：规划期间整理开发复垦补充1000公顷，其中近期400公顷、远期600公顷。龙里县耕地后备资源极为有限，按照《龙里县土地开发复垦整理规划》安排，规划期内补充耕地以土地整理为主。

由于龙里县地处空港和陆路交通接点，随着贵阳城市经济圈和以都匀为中心的贵州南部中心城市的发展，一些区域性大交通、大市场和大产业项目将在县境内建设，加上龙里县自身经济社会发展需要，规划期间全县各项建设占用耕地1175公顷，土地开发整理复垦补充耕地1000公顷，要实现占补平衡，有175公顷耕地需要通过异地进行补充。

土地整理复垦开发重点项目规划期间，安排项目36个，实施面积4834公顷，预计新增耕地594.5公顷。其中：土地整理重点项目有哪嗙乡落宝村、二箐村、关口村、顶溪村，谷龙乡小谷龙村，醒狮镇鸡场村、大坝村和羊场镇和平村等8个村，实施面积4359公顷，可新增耕地217.9公顷。土地复垦重点项目涉及哪嗙乡坞泥村，麻芝乡新民村、五里村和摆省乡摆省村等4个，项目实施面积112.4公顷，可新增耕地面积85公顷。

土地开发重点项目有哪嗙乡田坝村、石板滩村、关口村、新坪村、谷冰村、坞泥村，谷龙乡乐榨村，洗马镇花京村，醒狮镇凉水村、旧寨村，麻芝乡龙云村，三元镇新安村，水场乡高沟村，草原乡城兴村、金谷村、幸福村，湾寨乡盘脚村，羊场镇岱林村、走马村，摆省乡摆主村、谷孟村、金星村、摆岑村等24个村，实施面积363公顷，可新增耕地291.6公顷。

龙里县耕地平衡规划表

表14-3　　单位：公顷

期限	耕地减少				耕地补充			耕地净增减
	小计	农业结构调整	灾毁	建设占用	小计	整理复垦	开发	
近期（2005年）	798.13	372.13	10	416	400	260	140	–398.13
远期（2010年）	1288	509	20	759	600	460	140	–688
规划期	2086.13	881.13	30	1175	1000	720	280	–1086.13

第三节　土地监察

2002年，县国土资源局设置土地执法监察股、执法监察大队，查处非法采掘，占用、买卖土地，以及改变用地性质的违法违规行为。此前，县国土局和相关部门一起随时发现随时查处，但屡禁不止。2004年调查统计，民主乡境内仅有位于大谷村的1个合法煤矿——贵明煤矿，非法煤窑共有27口井，非法煤矿山5个，分布于金谷、麻若、大谷、前进、高峰等村，常年从业人员在140人以上。2004—2008年，摆省乡非法煤矿开采累计达31口井，主要分布在栎木山煤矿附近。2005年全县无证非法小煤窑114口（其中醒狮15口、巴江8口、草原53口、麻芝6口、羊场5口、谷脚27口）。

2004—2008年，对已通过省级验收和县保留整改的煤矿按实际月生产能力发放煤炭产品准运证，作为合法煤炭产品进入市场的通行凭证，凡是运煤车辆必须同时持有煤炭产品准运证和“五统一”（统一合同、票据、价格、结算、调度）票据。对非法小煤窑进行取缔关闭，按照“炸毁井筒、平整场地、恢复植被、拆除设施、遣散人员、发布公告”等程序和标准进行处理。

2008年9月至10月20日，县国土、安监等部门对草原乡红星村黄金山至杀人洞片区的黄金山、水落洞、碓窝冲等地非法铝土矿开采行为进行打击、取缔，涉案80多农户300余人，共没收非法铝土矿1900余吨；炸封非法小煤窑400余井（次），没收非法盗采的矿产品2000余吨。

第四章　工商行政管理

第一节　市场建设管理

1990年，龙里县有12个固定的集贸市场，其中区政府所在地的龙山、洗马、谷脚、羊场以及猫场镇集贸市场较为繁荣。龙山集贸市场是全县的物流集散中心，辐射周边的贵定和贵阳，场天赶场人数达3万人以上。洗马、羊场、谷脚及猫场集贸市场辐射面较宽，洗马和羊场辐射到周边贵定县乡镇，猫场辐射到贵阳郊区，这4个市场场天赶场人数均达7000～15000人。其他的乡镇集贸市场有三元、民主、湾寨、谷龙、哪嗙、巴江、牛场，赶场时人数5000～10000人。1998年在摆省乡开辟摆省市场，2001年又在该乡开辟摆主市场。

龙里县市场基本按传统的十二生肖属相次序排列赶场日，每逢鸡、兔日为龙山、巴江、摆主的场期；每逢龙、狗日为洗马、民主、湾寨的场期；每逢蛇、猪日为谷脚老街的场期；每逢鼠、马日为三元、哪嗙的场期；每逢虎、猴日为谷脚新街、猫场、牛场、摆省的场期；每逢鼠、羊日为羊场的场期。其他市场都是6天1场期。羊场和谷脚的场期分为前场和后场，前场为7日1场期，后场为5日1场期。龙里县的羊场和贵定县的江比为毗邻市场，1949年前两地互争商户和客源，最后形成羊场市场前后两个场期。谷脚市场有老街和新街之分，两街相隔不到1公里，原赶场地址在老街。随着经济社会发展，老街场地小、拓展难，1990年计划迁至新街交易，结果两地居民均不愿“赶远场”，各自在自己的场坝摆摊设点，消费者和外来经营者也就巡回两市交易经营。经协商调解，定为每逢蛇日为老街场期，每逢猪日为新街场期，故谷脚市场发展为3天1场期，两个市场都繁荣热闹。到2008年，全县共有15个集贸市场。

1990年前，除龙山（县城）和洗马、羊场市场外，其余市场基本属于自然场坝和旧街小巷，缺乏市场设施，俗称“雨天水泥路、晴天洋（扬）灰路”。1990年出台创建“文明集市”标准，首要的标准是硬化建设。工商等部门多渠道筹集资金投入建设，至2008年铺设完成水泥地坪集贸市场有：龙山集贸市场3.5万平方米，三元市场2150平方米，羊场市场1.6万平方米，湾寨市场2600平方米，草原市场1850平方米，谷脚市场3500平方米，醒狮（猫场）市场4200平方米，谷龙市场2250平方米，洗马市场1.85万平方米，摆省市场1950平方米，哪嗙市场2510平方米，巴江市场2100平方米。1995年在县城新建供销农贸市场，设有固定摊位120个，能满足县城居民全天候的商品供应需求，其他乡镇市场均设有固定摊位和活动摊位共计1000个以上，投入市场建设的资金总额达120万元以上。集贸市场在硬化建设上不断改善，每年都有一定的经费投入市场建设及维修。

创建文明集市，要求规范化管理，硬件上要有规范，管理上要有制度，软件上要有宣传资料上墙，促进市场呈现文明经商、买卖公平的繁荣景象。县工商与公安、税务、供销、林业、城管等部门协调配合，对各个集贸市场进行划行归市及摆摊设点，要求经营者亮照经营、明码标价，各市场设立公平秤、公平尺、举报箱，公布投诉电话号码，查处和打击短斤少两、短尺少寸、哄抬物价、囤积居奇、欺行霸市、以假乱真等投机倒把活动和不法行为。设立各市场法规宣传栏、违规公示栏及市场商品参考价目表，建立市场管理档案。各工商所对所辖市场实行分片管理，责任到人。1991年，龙山、洗马两市场被评为州级文明集市；羊场、猫场被评为县级文明集市。1992年羊场市场上升为州级文明市场，谷脚、哪嗙为县级文明集市。

第二节　工商企业登记

1988年，县工商局对全县各类企业进行审查登记，注册核发营业执照；对企业法人资格进行审查和发证；对企业实行年检及生产经营的监督管理；组织企业法人学习培训，促进各类企业遵章守法、合法经营。年检中，对不合格的企业降格，对不具备法人资格的吊销法人执照，对挂靠的企业及空壳企业撤销其资格和注销处理，对违规企业加以处罚。

1990年年检国有企业27家、集体企业20家、外资企业5家、民营企业16家、私营企业43家、合伙企业24家，其中：年检不合格的企业1家，吊销法人执照的企业1家。2000年年检，与1990年比较，国有企业14家，下降92.8%；集体所有制企业42家，上升210%；外资企业8家，上升62%；民营企业24家，上升50%；私营企业56家，上升30%；合伙企业31家，上升29.4%。查处注销企业5家，比1990年上升40%。2007年年检，与2000年比较，国有企业5家，下降64%；集体所有制企业49家，上升15.7%；外资企业7家，下降14.1%；民营企业32家，上升32%；私营企业72家，上升28.5%；合伙企业45家，上升45%。查处注销企业7家，比2000年上升1.4%。到2008年全县共有国有企业5家、集体企业53家、外资企业6家、民营企业34家、私营企业78家、合伙企业51家。

1991年后，神奇、王胎、富华、柏强、白祥等制药有限公司，龙腾、亚冶、湘龙等铁合金有限公司相继到龙里安家落户。各乡镇发展乡镇企业，龙山镇有冠山水泥厂、硫酸厂、沉钙厂、磷肥厂、普钙厂、县铁厂，谷脚镇有镀锌厂，洗马镇有松香厂等；龙里乙炔厂、普钙厂、冠山印刷厂、保险丝五金厂等私营合伙企业不断发展起来。旅游、服务企业相继发展，有民主乡境内的鹿园度假村、玛格诺吉度假村，龙里城郊的永兴山庄、龙架山公园、九龙山庄，麻芝乡境内的生态园及龙腾度假村，猫场镇内的金龙谷，谷脚镇内的贵钢度假村等。特殊行业谷脚“龙归园”陵园于1995年建立。其他还有养殖、种植、食品加工企业。在三线建设中搬迁至龙里落户的大型国有企业有3537军用工厂、国家储备麻芝石油库。1998年首个外资企业正大集团到龙里建厂。

第三节　个体私营经济管理

1987年8月，国务院发布《城乡工商户管理暂行条例》后，采取多种形式开展宣传贯彻活动，倡导工商户守法经营，不欺行霸市、不囤积居奇、不哄抬物价，促进买卖公平、文明经营。1990年，县工商局对个体工商户进行注册登记，将个体私营经济纳入规范化管理。有经营条件和资格的，核发执照。要求个体工商户亮照经营、明码标价，并要求营业执照、税务登记证、健康证（经营饮食和副食的）齐全，争做文明个体经营户。

1990年，全县个体工商户发展到1718户，有商品零售、饮食服务、食品酿造加工、建筑修缮、屠宰、种植养殖、采矿、医疗、照相、文化娱乐服务等行业，县财政常年收入的1/4以上来自个体私营经济。除县城和各乡镇政府所在地有街面经营外，多数自然村寨有个体私营经济工商户的经营点和代销点，稍大的自然村寨有多家个体工商户。县工商局每年对个体工商户的营业执照进行1次年检。需要歇业的交回营业执照后，准许歇业；歇业期满需重新开业的领回营业执照，允许重新营业。歇业时间不能超过3个月，无法经营的交回营业执照后允许停业。

1990年，全县“验证贴花”年检个体工商户1935户（其中：商品零售1732户、饮食服务49户、酿造加工16户、建筑修缮18户、屠宰68户、种植养殖13户、文化娱乐服务24户、其他行业15户），从业人员5805人。2000年，“验证贴花”年检个体工商户2452户（其中，与1990年比较，商品零售2062户，上升19.05%；饮食服务115户，上升134.6%；酿造加工32户，上升100%；建筑修缮32户，上升300%；屠宰107户，上升57.3%；种植养殖27户，上升107.6%；文化娱乐服务49户，上升104.1%户；其他行业28户，上升86.6%），从业人员9151人。

2008年，“验证贴花”年检个体工商户2617户（其中，与2000年比较，商品零售2168户，上升5.1%；饮食服务138户，上升20%；酿造加工36户，上升1.25%；建筑修缮35户，上升9.37%；屠宰121户，上升13%；种植养殖29户，上升7.4%；文化娱乐服务59户，上升20%；其他行业31户，上升10.7%），从业人员9850人。

第四节　经济合同管理

1988年，县工商局经济合同管理股负责全县经济合同管理及鉴证工作。同时成立经济合同仲裁委员会，各区配备兼职仲裁员，负责有争议合同的调解和仲裁。各企业配备联络员，及时向工商部门反映所签合同的真实性和履约能力，以防出现欺诈行为。各企业金额5000元以上的经济合同，都必须到工商部门鉴证，完善合同程序，确保履约。工商部门每年对各企业法人和企业联络员进行经济合同法、经济仲裁条例、《贵州省经济合同管理条例（试行）》的培训学习，促进提高依法经营、正确维权等意识和能力。

在经济合同管理中，凡企业双方需要签订的经济合同，首先由甲方向工商部门提出书面申请，经资格审查合格后，由甲乙双方签字生效，在工商部门的监督管理下保证履约。全县签订的经济合同主要以购销、生产加工、建筑业为主。1990年鉴证105份，金额1107.2万元；2000年鉴证121份，金额2137万元；2008年动产抵押3份金额1020万元，注销1份金额330万元。由于管理服务到位，很少发生经济合同纠纷。

第五节　商标广告管理

一、商标管理

1988年，县工商局按照商标法对全县原有的商标进行登记管理，对需要申请商标注册的企业登记审查后，上报国家商标局审批，经审查合格后同意使用该商标。若所申请注册的商标在全国同类产品中已被申请注册，则通知该企业重新申请其他商标。

工商部门到各企业宣传商标法规，调查商标使用情况，查处侵权商标。1990年全县已有经批准注册使用的各类商标14个，当年查出中国人民解放军第二炮兵军事指挥学院对3537厂解放胶鞋“3537”牌注册商标侵权一案。2000年全县经批准注册使用的各类商标21个，比1990年上升66%。到2008年全县经批准注册使用的各类商标32个，比2000年上升6.7%。

帮助企业建立健全商标管理制度，明确规定商标的印刷使用必须报县工商局审查后出具证明，承印单位方能印制。擅自印制的，作违规处理。经管理监督，各企业使用商标基本正规化和规范化。驰名商标产品有：解放军总后3537工厂生产的“3537”牌解放鞋，龙里县铁厂生产的“园工”牌生铁和神奇制药有限责任公司生产的“神奇”牌药品。

二、广告管理

1988年，县工商局开展对广告宣传、张贴和印制的监督管理。制作广告的单位，须到工商部门申请备案，经批准方可张贴，否则视为违规，一经发现立即查处和销毁。工商部门广泛宣传，在县城制设6平方米的广告宣传栏4块，在各乡镇市场制设广告宣传栏1块，经审查的广告张贴在广告宣传栏内。对未经审查批准乱张贴的户外广告，加盖“未经审查，谨防上当受骗”字样印章，提醒广大群众。不法分子出钱雇人张贴户外广告，在墙壁上乱贴乱涂，特别是治疗各种疑难杂症、雕刻印章、地下钱庄、色情淫秽、违法交易等广告突出，工商、城管等部门和社区每年都要花精力查处、取缔和清洗。

1990年查处户外广告和虚假广告21起5000多份。1991年检查户外广告56起，清除违章广告28张，没收招牌广告1块、布标17块，查处虚假广告1起，审查同意并指定位置张贴户外广告15起125张。2000年查处户外广告和虚假广告34起1万多份。2007年对38个关键点地面灯箱的野广告进行清理，共计清除野广告108条。2008年查处31起8000多份。

第六节　消费者权益保护

1989年，成立县消费者协会，广泛宣传消费者权益保护法，倡导维护合法权益，必要时向“12315”投诉、举报、控告。对消费者投诉调查取证属实后，由经营者弥补损失。或对双方争议问题进行调解，或直接支持消费者到法院起诉。1991年，某消费者因购皮鞋穿用不到1周即报废，向“12315”投诉举报某经营者所售皮鞋为假冒伪劣产品。经“12315”办公室调查取证属实后，没收未售的伪劣产品皮鞋，责令退回消费者的钱款。

县工商局建立以现代信息技术为主要手段，集受理、查处、监管为一体，覆盖全县城乡的“12315”消费者申诉举报服务网络。1999年3月15日，开通“12315”消费者申诉举报专用电话。2003年“3·15”国际消费者权益日，在县城场天开展宣传活动，接受咨询100余人次，受理投诉8件案值6500元，其中现场处理6件为消费者挽回损失4000余元。2004年“3·15”，在县城场天接受咨询50余人次，受理投诉5件案值3000元，其中现场处理3件为消费者挽回损失2000余元。

2007年，开始创建“一会两站”，即消费者协会、消费者投诉站和“12315”联络站。2008年，全县14个乡镇均成立县消费者协会分会，全县159个行政村成立消费者投诉站和“12315”联络站。“一会两站”调解消费投诉41件，处理“12315”申诉举报案件5件，为消费者挽回损失31.02万元。当年春季，县城盛隆小区某住户供水主管爆裂，致使家中木地板浸水无法使用，多次找房开商解决未果。该户向龙山镇龙坪村消费者投诉站投诉，经执法人员处理，房开商维修水管并赔偿损失费3000元。8月20日，县城消费者张某与贵阳商家郑某签订家具加工合同拟加工椅子330张、小圆桌36张，付定金5000元。9月20日郑某运来的产品与样品不符，经县消费者协会调解，郑某退回定金，运来的产品由张某无偿使用3个月后退回。

第七节　个体私营协会

一、个体劳动者协会

1989年，县个体劳动者协会设办公室、教育部、服务部，有主任、秘书长、会计、出纳等专职人员；在龙山、谷脚、洗马、羊场4个区成立县个体劳动者协会分会。县个体劳动者协会每半年召开1次理事会，各分会每季度召开1次理事会；协会建立储金会5个、基金互助会19个、联购分销店16个、“大户帮小户”组织14个；建立龙山、谷脚、洗马、羊场4个市场综合服务部，为个体劳动者提供商品信息和过秤、复秤、代换零钱、代算账等服务。制定先进个协分会、文明个体户、五好会员、文明摊店的评比细则，首次评选出先进分会——龙山分会和洗马分会；评出文明小组6个、文明个体户120人。全县各行业个体工商户不断增多，发展壮大，于是在各行业成立行业分会，有屠宰业分会、饮食服务业分会、建筑修缮业分会等。

1990年3月，县个体劳动者协会用会员所交的会员费为亚运会捐款1500元。1995年，中国人民解放军某部修光缆线路进驻龙里，会员集资2000多元杀猪1头及购买副食品慰问部队官兵。在全国各次自然灾害中，协会捐助救灾款累计6万余元。2008年四川汶川大地震，龙山、羊场分会的两名会员自己出资购买大米10吨，亲自驾车送到灾区救援。到2008年，个体劳动者协会会员已发展到2032人。

二、私营经济协会

1992年，成立县私营企业协会，所有私营企业均参加，组织会员学习贯彻企业协会章程和企业法，倡导私营企业从事办学、修路、兴修水利等公益事业。1995年，会员张正良出资9万多元为谷脚小学修建教学楼1栋。在全国各次重大自然灾害中，会员捐助救灾款物价值累计50多万元。2008年，有建筑修缮业、制药业、生产加工业、饮食服务业以及种植养殖业等协会成员56人。

第五章 质量技术监督

第一节 计量管理

1994年共检修工作计量器具472台（件），其中：地中衡11台、台案秤273台、天平21台、砝码9组、压力表37块、加油机25台、油表10块，标准项目强检覆盖率达100%。全年商贸计量执法检查35次，没收不合格计量器80余把，计量违法处罚金额400余元。

1995年，加强计量法宣传，印发宣传资料1200余份，咨询服务1000余人次，受理计量投诉50余人次，为消费者挽回经济损失1万余元。1998年，检定工作计量器具435台（组），其中：台、案、度盘秤266台，地中衡16台、燃油加油机112台、天平16台、砝码15组、压力表4块、油表6块。

1999年3月，新增设置压力表、血压计、燃油加油3项计量标准，加上原有的衡器检定标准装置、天平检定标准装置、三等砝码检定标准装置，共有6个项目的计量检测工作。2004年7月，县质量技术监督局获得法定计量检定机构授权证书。

2006年，共检定台案秤121台、电子秤35台、地秤17台、燃油加油机76台（枪）、压力表216块、天平72台，完成法定技术机构的计量授权复查工作。2007年，抓企业产品质量、标准、计量工作，累计备案95家企业产品标准153个，完成698台次计量器具检定。举办《贵州省计量监督管理条例》培训班，44家企业和个人接受培训。2008年，强制计量检定（校准）450台（件）计量器。

第二节 质量监管

1994年，对全县国有和乡镇个体30家企业的18类产品进行84样次的监督抽样检验，产品合格53样次，不合格22样次，8样次未得结果，产品合格率为69.3%。县种子公司、县粮食局、县农资公司、县化肥厂、龙山磷肥厂等经销（生产）的种子、化肥、农膜、农药共报验90批次。其中：种子10批次15公斤、化肥68批次2.88万吨、农膜2批次10吨、农药10批次10吨。报验产（商）品总金额达780余万元，质量全部合格。

1995年，对市场销售的白酒、水泥、饲料、化肥、涂料进行23样次抽样送检，经省、州法定产品质量监督检验机构检验，合格商品11样次，不合格12样次，4样次未得结果，商品合格率为47.82%。对县种子公司、农资公司、龙里县化工厂、龙山磷肥厂、贵龙饲料有限公司等经销、生产的种子、农膜、农药、化肥共报检130批次，其中：种子16批次12.47万公斤、农膜2批次10吨、农药11批次1.29万公斤、化肥101批次5332.84吨。报检产（商）品总金额达680余万元，质量全部合格。

2001年开始，以标准化管理为抓手促进产品质量总体水平的提高，主抓企业的标准登记、备案工作。2001—2008年共指导和帮助企业制定企业标准56个，办理企业标准备案56个，协助企业采标2个，办理产品标准登记334个。

2006年，对56家食品生产加工企业的饮料、米粉、糖果、料酒、面条、豆腐等63个样次进行抽样送检，处罚不合格企业4家。2007年，专项整治商品质量问题，实施动态监管。完成8家食品生产企业取得100%食品生产许可证，40家食品加工小作坊签订100%质量承诺书，10家消费品、农资生产企业100%建立质量档案。出动执法人员172人次、车辆40台次，巡查和回访食品生产小作坊130家（次）。下达责令限期整改通知书26份，对1家食品经营企业进行行政处罚，对28家食品生产单位实施强制检验。抽检食品样42个，合格率为97%。

2007年9月，在首届中国贵州龙里（国际）滑翔旅游节暨2007全国滑翔伞优秀选手赛期间，对米粉、月饼、蛋糕、湿面条等食品加工小作坊专项检查抽取样品15个，对微生物、卫生指标、着色剂、添加物质等监督检查，15个样品全部合格。

2001—2008年，完成县内水泥、饮用水、酱油、预应力板、水泥电杆等产品定期监督抽查158批次，合格130批次，合格率82.3%；完成县内企业烧砖、挂面、白酒等产品质量监督检验213批次，合格185批次，合格率86.8%。2006—2008年，工业产品抽检从20多个批次增加到90多个批次，累计抽检163批次，覆盖率100%，合格率2006年为82.3%、2008年为88.9%。

第三节 质量技术执法监督

1994年，查获各种假冒名烟、酒、糕点、罐头、皮鞋和伪劣低压电器、电线及不合格计量器共2000余件，价值5000余元，计量与质量违法处罚金额2000余元。1995年，开展市场监督检查及“打假”活动20余次，检查4356户经销商贩。对以次充好、掺杂使假、短秤少量等违法行为进行打击，共查获假酒、假味精、假麦乳精，超期霉变糕点、饮料，劣质皮靴，伪劣低压电器、电线，超期变质农药，不合格计量器共2400余件，价值5万余元。

1998年，在全县开展一次市场商品质量、计量监督检查和“打假”活动，共检查国有、集体和个体经销商贩200户，查获各种假饮料、超期霉变糕点、劣质皮鞋、假烟、劣质低压电线、假洗发精等，不合格计量器具50余件，价值4000余元。

2003年，县质监局到龙山、谷脚、洗马等乡镇专项检查农资市场。对县内4家化肥生产企业抽检，查出祥龙磷肥厂、联合化肥厂生产的不合格磷酸钙40吨。对14家经营户销售的化肥抽检，查处不合格化肥100余吨。针对存在的问题，监督企业加强整改，对不合格化肥进行技术处理，抽样复检合格后方能出售。

2006年，对56家食品生产加工企业的饮料、米粉、糖果、料酒、面条、豆腐等63个样次抽样送检，处罚不合格企业4家。组织食品、絮棉制品、农资、建材等产品的专项整治，查处违法案件19起。2007年，结合市场经济秩序整顿工作，落实执法打假责任，以食品、建材、化工、民用燃气灶、特种设备安全为重点，打击无证生产、制售假冒伪劣产品等违法行为，办案6起，罚没款3.8万元。

2000—2008年，累计出动执法500多人次，发放法制宣传资料8000多份，接待咨询群众1000多人次，选派100多人次参加省、州、县组织的各种法制、业务培训。严肃行政执法行为，办理案件56起，罚没款110.3万元。

第四节 特种设备安全监察

1978—2001年，特种设备安全监察、监督工作职能属人事劳动部门。2002年，该职能由县人事劳动局划归县质量技术监督局。当年全县有特种设备使用单位42家，86台，排查注册登记率100%。其中：锅炉34台、起重机8台、压力容器41台、电梯3台。

2006年，对8家重大危害险源排查监控，建档管理，定期巡查。开展全县在用起重机械普查整治，强化在用21台起重机的安全管理，对检验不合格的责令停止使用。与65家设备使用单位签订《特种设备安全责任书》，强化防范意识。结合日常巡查，在元旦、春节、“五一”、国庆等重大节日，加强对设备的监督力度。全年共查锅炉、压力容器、气瓶、压力管道、电梯、起重机使用单位106家（次），责令整改81家，取缔土制锅炉1台。

2007年，共检查锅炉、压力容器、气瓶、压力管道、电梯、起重机械使用单位96家（次），备案95家企业产品标准153个。2008年，全县使用特种设备82家327台，排查注册登记率100%。其中：锅炉69台、压力容器141台、电梯36台、起重机73台、厂（场）内机动车辆8台、游乐设施（滑索）1台。

2002—2008年，每年都与使用特种设备单位落实安全责任制，签订安全责任书，查处违规违章行为，专项排查134次，消除安全隐患69起，立案查处非法安装、违规使用特种设备锅炉6起、压力容器6起、起重机8起、电梯3起。

第六章 审计监督

第一节 国家审计

1990年，国家审计完成项目32个，审计总金额5848.83万元，查出违纪金额145.2万元（其中：截留应上交国家各项收入2.13万元，挤占成本费用1.75万元，挤占挪用专项资金0.1万元，其他违纪金额105万元）。1991年对行政区划调整“建并撤”中的资产清理审计，选择麻芝乡、谷脚镇为试点，查出处理违规资金2.9万元。

1991—1995年，州审计局下达审计计划项目73个，实际完成124个，审计总金额2.35亿元，查出违纪金额260.94万元，实际收缴县级财政67.55万元。其中：固定资产投资项目8个，审计总投资额108.95万元，建设面积6230平方米；基建投资项目35个，审计总投资额1059.61万元。1994年追还侵占挪用资金7.1万元，移送贪污、贿赂案件1件。1995年审计龙里县“八五”后两年粮食生产专项资金187.8万元。

1996—2000年，州审计局下达审计计划项目53个，实际完成94个，查出违纪违规资金959.24万元，收缴县级财政27.37万元。其中：基建投资审计8个，审计金额670.03万元。1996年6月对龙里县城开发指挥部和巴江无线电通讯以工代赈资金专项审计。1997年审计移送私分计划生育经费案件5件5人。1998年开展交叉审计，派出审计组对荔波县粮食新增财务挂账审计查出不合规资金37万元。1999年5月对1996—1998年度县农发项目资金和“两基”投入经费专项审计。2000年审计移送案件1件1人，对1名领导干部进行任期经济责任审计。

2001—2005年，县政府下达审计计划项目114个，省、州指令性计划项目21个，实际完成审计项目171个，查出违规资金2033.42万元，管理不规范资金259万元，收缴县级财政191.74万元。其中固定资产投资审计37个，审减工程款157.75万元。2003年4—5月对县粮食系统1991年以前亏损挂账专项审计，同年6—7月对日本援助改水工程项目款专项审计调查。2004年9—11月派出7人审计组，对惠水县1998—2004

年粮食新增亏损挂账进行清查审计，核减亏损514.6万元。

2001—2008年对36名领导干部进行任期经济责任审计，其中：2003年查出违规资金37.92万元，移送涉案1件2人；2004年查出处理违规资金55.7万元。2004年，对1999—2003年扶贫等专项资金（涉及财政扶贫、以工代赈、坡改梯、农业综合开发、移民异地安置搬迁、国债、世界银行贷款、退耕还林、长江防护林等项目）清理审计。

2006—2008年，县政府下达审计计划项目68个，省、州指令性计划项目15个，实际完成审计项目91个，查出违规资金1451.11万元，管理不规范资金3982.11万元，收缴财政267.5万元。其中固定资产投资审计项目20个，送审金额7196.42万元，审定金额6791.72万元，审减工程价款394.52万元。

第二节　内部审计和社会审计

一、内部审计

1996—2008年，经过宣传督办，全县有20个单位成立审计组、稽核小组、财务监督小组等内部审计机构，配备从业人员25人，其中经州内部审计协会培训获得上岗资格证的有15人。内部审计人员以对单位业务熟悉的优势，为本单位加强管理，完善控制制度，实施审计监督，为促进财务收支的真实、合法、有效起到一定作用。

县林业局林业系统财务审计小组定期对各乡镇林业站经费、局机关罚没收入、木材变价款及各种经费进行内部审计，对白条报账、退耕还林补助兑现不及时、站长兼财务、罚没收入未使用专用收据、票据审批签字不完整、报销接待费缺注接待对象、财务资料管理不规范等问题督促整改，发挥内部审计监督作用。县教育局内部审计，开展对学校的收费、财务及资产管理等不定期抽查和开学检查。

县公安局通过内部审计发现线索后，由局党委安排对相关单位财务进行深入审计，对有关责任人作出调离岗位、免职和黄牌警告处理。发现的问题有：部分较大经费开支存在随意性，未经领导审批；多人管理经费收支，账目混乱，明细不清；个别领导使用白条支出金额较大，把关不严；所务建设占用在押人员的生活给养专款较大，违反专款专用规定；超标准发放福利；挪用在押人员私人经费等。2008年，县公安局刘唯唯被评为贵州省内部审计先进工作者。

二、社会审计

1992年验资项目25个，验资金额771.8万元。1993年验资项目29个，金额1618万元；对全县10个基层工会1989—1991年经费核实审计。1994—1998年验资项目180个，验资金额2.33亿元。其中：1994年25个3147万元，1995年35个4275万元，1996年32个4578万元，1997年50个5756万元，1998年42个5574万元。

1999年后，根据审计署和财政部规定，县审计师事务所与审计机关在隶属关系和业务监督指导上彻底脱钩；县审计师事务所并入翁福会计师事务所，业务上受地方财政部门监督指导。

第七章　物价管理

第一节　物价改革

一、价格管理

1990年6月至1992年初，物价管理采取控中求放、相机调放的方式，相应调整农产品价格，规定向农民收购议价粮食的价格不得低于国家规定的保护价格。1990年提高铝、铜、锡、铅等有色金属计划价格，食盐、棉纺织品、洗衣粉、肥皂、粮食、民用燃料等产品价格，统配煤矿计划内煤炭价格和国内邮政资费标准。1991年2月在整顿钢铁产品价格中适当提高计划内钢铁系列产品价格。1990年3月和1991年3月，两次提高铁路货运价格。这一阶段初步建立健全新的价格调控体系，经济、法律手段在调控中的作用增强，探索建立价格总水平监测体系以及重要商品储备制度、价格调节基金制度等。

1992年初放开竞争性商品和服务的价格，调顺少数由政府定价的商品和服务的价格，取消生产资料价格双轨制，加速生产要素价格市场化进程，建立和完善少数关系国计民生的重要商品储备制度。到1996年，高度集中的价格管理体制已被从根本上打破，市场形成价格的管理机制基本确定下来。

1998年，按照国家计委下发的《发挥价格调节作用，积极促进经济结构调整的若干意见》《关于完善粮食价格形成机制意见》，粮食价格由市场供求决定；当粮价过度波动时，政府主要依靠储备粮的吞吐等经济手段，保持相对稳定。放开棉花购销价格，发布收购指导价，初步建立在政府宏观调控下主要由市场形成价格的机制。调整提高铁路货运价格和公路建设客运附加费标准，增加铁路公路建设投入。汽油、柴油零售由政府定价改为政府指导价。

1999年，进一步降低农村电价，固定电话初装费、移动电话入网费、互联网收费和国际及港、澳、台电话资费；加强经济适用住房价格管理，清理、取消、降低涉及住宅建设销售的一批收费，提高铁路货运价格和国内邮政资费标准。1999年上调县城供水价格，2000年调整谷脚、猫场、洗马等乡镇自来水价格并明确水利工程用水价格。

2000年，根据国家计委《关于改革药品价格管理的意见》和与卫生部联合下发的《关于改革医疗服务价格管理的意见》，对药品和医疗服务价格政策进行重大调整。调整药品政府定价范围，只制定最高零售价格，不再制定出厂价和批发价；对企业定价药品不再规定作价办法，对市场调节价药品的流通实行差价率控制；调整医疗服务价格，对非营利性医疗机构服务由政府定价改为政府指导价，放开营利性医疗机构服务价格实行市场定价。

2003年2月13日，省政府办公厅印发贵州省定价目录共18类55项，其中县级定价主要涉及燃气、供水、部分交通、公益性事业、经济适用房和廉租房等项目；当年4—5月防治“非典”期间，启动价格应急预案，对市场商品价格，药品和医疗服务价格进行监测监控和检查。

2006年10月，召开听证会再次调整县城供水价格，生活1.8元/立方米、工业2元/立方米、经营服务3.3元/立方米、特种行业5.8元/立方米、公益1.3元/立方米。2007年，明确龙里县定价目录共9类21项；3月审批贵州凯桥物业管理有限公司物业管理收费标准，住宅公共性物业服务收费0.4元/日・平方米；4月审调贵州森堡生态有限公司飞龙洞景点门票价格为20元/人次。同年11月，规范县城车辆停放、清洗收费标准：车辆停放费，大型客车、大型货车15元/辆日，小车（含中巴车、面包车、农用车）10元/辆日、摩托车5元/辆日；车辆清洗费，大型客车、大型货车20元/辆次，小车（含中巴车、面包车、农用车）10元/辆次、摩托车4元/辆次。

2006—2008年，在全县开展“价格服务进万家”活动。2008年2月凝冻灾害期间，启动价格应急预案，对市场商品价格，药品和医疗服务价格进行监测监控和检查，查处价格违法行为，稳定商品市场秩序；3月，审查、调整龙里烟草公司烤烟物资供应价格为进货价加上运杂费，其中山西硝酸铵1975元/吨、赤天化尿素1980元/吨、元丰复合肥1460元/吨（补贴性）；4月制定廉租房租金为1元/平方米；5月规定县城早餐最高限价5元/碗；6月审查调整县供销农贸市场垃圾处置费标准，固定摊位6～12元/月；8月重新组建完善乡镇价格监督站；9月举行听证会，制定龙山镇大冲村老虎冲公益性墓穴价格，一类墓穴3000元/4平方米、二类墓穴2000元/4平方米、三类墓穴1000元/4平方米；12月规范盛达公司液化石油气价格，市场零售92元/瓶。

二、价格改革

1992—1996年，价格改革的主要任务是：在坚持价格总水平相对稳定的前提下，放开竞争性商品和服务的价格，调顺少数由政府定价的商品和服务的价格，尽快取消生产资料价格双轨制，加速生产要素价格市场化进程，建立和完善少数关系国计民生的重要商品储备制度，平抑市场价格。按照《中共中央关于建立社会主义市场经济体制若干问题的决定》，建立主要由市场形成价格的机制。到1996年，市场调节价在零售商品价格中的比重占92.5%，在农产品价格中占79%，在生产资料价格中占81%。

1997年以后，价格改革的重点转移到配合国家实施积极的财政政策和稳健的货币政策，应用价格杠杆促进扩大内需、优化结构等方面。同时，围绕改善和加强宏观调控，突出完善价格形成机制，加快价格法制建设，规范价格行为。

1998年5月1日，国家颁布价格法等一系列价格法律、法规，对价格改革工作提出新的要求。主要有：1.政府价格决策听证应当听取各方面意见，除涉及国家机密外，听证会一律公开举行；2.制定或调整商品和服务价格，实行集体审议制度；3.列入成本监审目录的商品和服务，未经审核价格成本的，不得制定或调整价格；4.定价机关制定价格，应当开展价格成本调查；5.赋予企业定价自主权的同时，规定其应当履行的有关权利和义务；6.宏观经济调控下主要由市场形成价格机制，大多数商品和服务实行市场调节价，极少数实行政府指导价或政府定价。此后，价格管理以加大清费治乱减负为重点，从“定规则、当裁判、搞服务”向“放得开、管得好”拓展，实现“保稳定、促生产、增活力、扩消费、安民生、强后劲”。

2003年12月龙里县主要商品价格统计表

表14-4　　单位：元

品名	规格	单位	价格	品名	规格	单位	价格	品名	规格	单位	价格
中籼米	标一	500克	1	土豆	一级	500克	0.4	彩电	长虹牌29英寸	台	1520
面粉	黔一	500克	1.2	苹果	一级	500克	2.5	洗衣机	海尔55kg	台	700
黄豆	一级	500克	2	香蕉	一级	500克	1.2	自行车	永久（加重）牌	辆	300
菜油	二级	500克	4	橘子	一级	500克	0.5	电冰箱	双门180	台	1720
猪肉	腿肉	500克	5.5	食盐	精	500克	1	理发	普通男	次	3
牛肉	腿肉	500克	8	酱油	袋装	500克	1.8	尿素	市场价	包	65
活鸡	土鸡	500克	6.5	白砂糖	一级	500克	1.8	硝铵	市场价	包	58
鸡蛋	鲜蛋	500克	3.8	啤酒	瀑布牌	瓶	2	纯毛线	中粗（红月亮）	500克	50
活鱼	鲤鱼	500克	4.5	遵义牌香烟	硬盒	包	3	圆钢	16号	吨	3200
带鱼	冻鱼	500克	5	洗衣粉	雕牌	500克	2.2	圆钢	12号	吨	3200
黄豆芽	一级	500克	0.7	牙膏	两面针牌	中盒	2.5	线材	6号	吨	3600
白菜	一级	500克	0.3	肥皂	雕牌80g	条	1.8	水泥	425号	公斤	0.19
香葱	一级	500克	4.5	作业本	32k22页	本	0.3	玻璃	厚3毫米	平方米	8
胡萝卜	一级	500克	0.8	块煤	民用	吨	220	汽油	90号	公斤	3.16
白萝卜	一级	500克	0.5	液化气	议价	瓶	60	柴油	0号	公斤	3.19
花菜	一级	500克	1.5	自来水	民用	吨	1.3				

2006年12月龙里县主要商品价格统计表

表14-5

品名			规格	单位	价格（元）	品名			规格	单位	价格（元）
粮油	1	中籼米	标一	500克	1.2	肉蛋禽	1	猪肉	肥瘦肉	500克	7
	2	面粉	标一	500克	1.5		2	牛肉	腿肉	500克	10
	3	黄豆	一级	500克	1.7		3	活鸡	土鸡	500克	8
	4	菜油	二级	500克	4.5		4	鸡蛋	鲜蛋	500克	4.7

续表

品名			规格	单位	价格（元）	品名			规格	单位	价格（元）
肉蛋禽	5	活鱼	鲤鱼	500克	5	副食品	2	白砂糖	一级	500克	2.6
	6	带鱼	冻鱼	500克	6		3	鲜牛奶	消毒	500克	3
蔬菜	1	黄瓜	一级	500克	1.5	香烟	1	遵义烟	硬盒	包	4
	2	茄子	一级	500克	1.5		2	黄果树	磨砂	包	11
	3	白菜	一级	500克	0.5	日用品	1	洗衣粉	雕牌	560克	3.5
	4	西红柿	一级	500克	1.5		2	牙膏	中华牌	中盒	2.5
	5	青椒	一级	500克	1.5		3	肥皂	雕牌	条	2.5
服务	1	理发	普通男	次	3	燃料饮用水	1	织金块煤	民用	吨	590
	2	托儿费	中班	每月	40		2	蜂窝煤	民用	个	0.28
农资	1	尿素	市场价	吨	1875		3	液化气	14.5kg	罐	85
	2	复合肥	市场价	吨	2200		4	汽油	93号	升	5.07
电器	1	洗衣机	海尔67.5kg	台	740		5	柴油	0号	升	4.81
	2	电冰箱	双门170（容声）	台	1880		6	自来水	民用	立方米	1.8
						文具	1	作业本	32k22页	本	0.5
	3	彩电	夏华29（超平）	台	1130	建材	1	螺纹钢	25号	吨	3150
水果	1	苹果	一级	500克	3		2	螺纹钢	12号	吨	3150
	2	香蕉	一级	500克	1.5		3	线材	6.5号	吨	3300
	3	冰糖柑	一级	500克	1.2		4	圆钢	12号	吨	3100
	4	西瓜	一级	500克	2		5	玻璃（蓝）	厚5毫米	平方米	18
副食品	1	食盐	精	500克	1		6	水泥	425号	吨	270

2008年12月龙里县主要商品价格统计表

表14-6

品名			规格	单位	价格（元）	品名			规格	单位	价格（元）
粮油	1	中籼米	标一	500克	1.7	蔬菜	3	茄子	一级	500克	2
	2	面粉	标一	500克	1.5		4	白萝卜	一级	500克	0.6
	3	黄豆	一级	500克	2.6		5	白菜	一级	500克	0.8
	4	菜油	二级	500克	4.5		6	西红柿	一级	500克	2
肉蛋禽	1	猪肉	肥瘦肉	500克	11		7	青椒	一级	500克	2.5
	2	牛肉	腿肉	500克	15		8	蒜薹	一级	500克	2.5
	3	羊肉	腿肉	500克	18		9	豆芽	一级	500克	1.1
	4	活鸡	土鸡	500克	12	服务	1	理发	普通男	次	5
	5	鸡蛋	鲜蛋	500克	5		2	托儿费	中班	每月	40
	6	活鱼	鲤鱼	500克	6	农资	1	尿素	市场价	吨	2375
	7	带鱼	冻鱼	500克	7.5		2	复合肥	市场价	吨	3900
蔬菜	1	胡萝卜	一级	500克	1		3	农膜	厚	500克	7
	2	黄瓜	一级	500克	2	电器	1	洗衣机	海尔6kg全自动	台	1750

续表

品名			规格	单位	价格（元）
电器	2	空调	科龙大三	台	4850
	3	电冰箱	双门170（容声）	台	1750
	4	彩电	长虹29英寸（纯频）	台	1550
水果	1	苹果	一级	500克	3
	2	香蕉	一级	500克	2
	3	冰糖柑	一级	500克	1
	4	西瓜	一级	500克	2.5
副食品	1	食盐	精	500克	1.3
	2	白砂糖	一级	500克	2.5
	3	鲜牛奶	好一多牌	500克	5.5
香烟	1	遵义烟	硬盒	包	4
	2	黄果树	磨砂	包	11
日用品	1	洗衣粉	雕牌	320克	2.5
	2	牙膏	中华牌	中盒	2.5
	3	肥皂	雕牌	条	4
燃料饮用水	1	织金块煤	民用	吨	1100
	2	蜂窝煤	民用	个	0.48
	3	液化气	14.5kg	罐	92
	4	汽油	93号	升	6.16
	5	柴油	0号	升	6.18
	6	自来水	民用	立方米	1.8
纺织	1	男朵彩内衣	纯棉套装	厚套装	168
	2	女朵彩内衣	纯棉套装	厚套装	148
文具	1	作业本	32k22页	本	0.5
建材	1	螺纹钢	25号	吨	4075
	2	螺纹钢	12号	吨	3950
	3	线材	6.5号	吨	4100
	4	圆钢	12号	吨	3900
	5	玻璃（蓝）	厚5毫米	平方米	25
	6	水泥	425号	吨	370

第二节　收费管理

1987年下半年，按照国务院的要求，逐步清理整顿行政事业性收费，规范收费行为。1993年12月贵州省取消收费项目43项66种；1994年1月，贵州省取消第二批收费项目75项83种，第三批取消68项，第四批取消49项。1995年因各地开始实行“收费许可证”管理和年度审验制度，要求收费单位亮证收费。2000年下半年，取消公安交警部分地方性收费项目15项。2001年10月，取消和降低部分住房建设收费项目及标准共58项。

2002年，推行收费公示制，要求收费单位制作收费公示牌，对收费项目、标准、依据进行全面公示，同时公示收费公示牌监制单位（县物价局）、举报电话（“12358”）等，接受社会监督。4月规范房屋所有权登记收费；贯彻落实下岗职工再就业各项收费优惠政策；取消工商部门微机管理费、文明经营保证金、过塑费、执照框架费、名称查询费，税务部门IC卡费、发票购领手册费，环卫部门占道许可证工本费，房屋租赁管理部门房屋租赁工本费，城管部门“门前五包”责任制工本费。

2003年，完成14个乡镇159个行政村和3个社区居委会涉农收费项目及标准的全面公示。2004年，6月取消向出租汽车收取运输管理费；11月取消不合法律、法规规定和越权审批的行政收费项目103个。

20世纪80—90年代教育发展滞后，基础设施薄弱，因此发动群众集资办学。大部分群众理解支持，少数群众反感。政府、学校图省事，规定每生每学期缴费数额。2000年以后，政府基本解决和消除学校基础设施建设等造成的欠债，学校仍拖欠有部分建校债务，因此超标准收费，“搭车收费”现象屡禁不止。有的在收取书学费时一并收取规定收费标准以外的教辅资料费。2004年10月，专项治理教育乱收费范围包括：义务教育阶段学校执行“一贯制”收费情况，国家高中“三限”（限制完成招生计划以外的招收择校生人数，限制招收择校生的最低分数，限制招收择校生收费的最高数额）招生执行情况，“搭车收费”和各种摊派收费行为，小学违规捐款等。

2005年1月1日起，对三轮汽车免予收取公路客货运附加费、公路运输管理费，其中对农民从事田间作业和非营业运输的三轮汽车免予收取公路养路费。2006年，6月1日起取消客运从业人员学习费、塑封工本费（针对所有机动车辆），对出租汽车免收客货运附加费；11月起调高部分邮政基本资费。

2007年，8月1日起规范涉及出租汽车的行政事业性收费。取消4项，有营运证工本费、服务上岗证费等；对挂靠公司经营的出租汽车免收个体工商户管理费；保留12项：有出租车计价器检查核定费50元/台，公路养路费250元/月，汽车反光号牌100元/副（含号牌专用固定密封及安装使用费）等。2008年9月1日起，全面取消个体工商户管理费和集贸市场管理费。

第三节　物价监管

一、物价监督

1990年，县物价局根据国家物价局、能源部、电力部关于在全国范围内开展电力电价检查的通知，对铁厂、化工厂等20多个用电厂家和企业单位进行电价检查。10月，县物价检查办公室对烟叶站、县自来水公司和部分中小学等10个单位进行重点抽查，清退学校多收款项1.2万元，上缴自来水公司多收的518.68元。

1991年以后，加强对各种行政事业性收费的清理整顿工作。1995年1月1日，《贵州省行政事业性收费管理条例》发布。1998年5月1日，国家颁布价格法。2001年全国开通价格违法行为举报投诉电话“12358”。2004年1月1日，国家发改委发布《非常时期落实价格干预措施和紧急措施暂行办法》，对收费和价格违法行为的行政处罚作出明确规定。

1991—2008年，物价部门把清费、治乱、减负作为重要任务来抓，先后开展的商品价格及收费标准专项检查涵盖税务、公安、交通、劳动、教育、电力、电信、铁路、药品、金融、工商、国土、粮食、成品油、房地产、物业、烟草、农业、餐饮、旅游等单位和行业，查处价格举报投诉案件，处理率100%；清理取消一些不合理的收费，合并一些重复收费，降低一批过高的收费标准。

1999—2008年，共检查单位404个，查出价格违法单位204个，涉及卫生、电力、教育、农业、公安、交通、劳动、电信、国土、石油、烟草等部门，共查出价格违法金额279.03万元，责令清退86.39万元，没收违法所得44.18万元，经济罚款2.47万元，经济制裁133.04万元，收缴入库46.65万元（其中所查134.14万元烤烟违法案件因种种原因，难以结案）。在2003年4—5月防治“非典”和2008年2月抵抗凝冻灾害中，启动价格应急预案，对市场商品、药品和医疗服务价格进行监测监控和检查。2003年5月查处县中医院等提高药品价格违法3700元，2008年2月查处顺发批发部擅自提高食盐价格违法2000元。

二、成本审核

2006年8月县物价局成立成本调查队，10月首次对供水价格调整进行成本审核，按合理成本加合理利润的原则，核定县城生活用水1.8元/立方米、行政事业用水2元/立方米、经营服务用水3.3元/立方米。

2007年3月对贵州凯桥物业管理有限公司物业管理收费标准进行成本审核，核定住宅公共性物业服务收费0.4元/月・平方米；4月对贵州森堡生态有限公司飞龙洞景点门票价格进行成本审核，核定20元/人次；8月对铭洋中学收费标准进行审核，核定高中学费1500元/人・学期，初中学费1200元/人・学期，住宿费240元/人・学期（含水、电费等）。

2008年，4月对县实验幼儿园、第二幼儿园增加幼儿生活费进行成本调查和审核，核定生活费90元/月；5月对县城早餐价格进行成本调查和审核，市场成本价为羊肉粉2.9元/碗、牛肉粉3元/碗、辣鸡粉2.8元/碗、肉丝粉2.9元/碗，最终核定早餐最高限价5元/碗；6月对县供销农贸市场调整垃圾处置费进行成本调查和审核，核定固定摊位垃圾处置费6～12元/月；对县安厦房地产开发有限责任公司房屋售价成本进行核算，建筑成本价格为791.38元/平方米；8月对县物资总公司民用爆破器材和服务收费进行调查和成本审核，核定民用爆破器材可执行最高销售费率29%。

三、价格认证

1992年1月成立县物价局价格事务所。1992—2001年，开展办理价格认证304件，鉴定标的金额251.04万元。2002年1月，价格事务所更名为价格认证中心。该中心为全县价格鉴证唯一机构，承担国家机关和纪律检查、仲裁机构委托的各种刑事、民事、经济、行政案件中的涉案财产的价格鉴定，物品作价和企业资产、固定资产、房地产等价格评估。

2002—2008年，价格认证中心受理各类委托案件共725件，标的物鉴定金额741.07万元。其中：公、检、法涉案物价格鉴定委托440件，鉴定金额523.22万元（其中2007年4月对摆省乡栎木山等5家煤矿被损设备评估18.62万元，2008年8月对草原乡境内非法开采无烟面煤价格评估45.37万元）；非涉案物价格鉴定委托22件，鉴定金额154.08万元（国有资产评估17件132.3万元，其中固定资产评估16件96.3万元，资源性财产1件36万元；2007年11月对县人口和计划生育局轻型普通奥铃皮卡车价格评估3.76万元，12月对湾寨乡国有山林木材价格评估36万元；2008年4月对县粮食局机器设备评估24.3万元）；道路交通事故车、物损失价格认证263件，鉴定金额63.77万元。

第八章　安全生产监管

第一节　综合监管

一、安全生产监管机制

2004年县安全生产监督管理局（简称县安监局）成立后，主要对全县的煤矿、非煤矿山、危险化学品、烟花爆竹、建筑施工、交通等行业行使安全生产监管职能。坚持“以人为本、安全发展”的指导原则和“安全第一，预防为主，综合治理”的基本方针，建立和完善安全生产指标控制体系，落实各级、各部门安全生产责任制，纳入政府目标管理。建立健全重要会议、重大节庆日、特殊敏感期维护稳定工作责任制，安全生产“一票否决”工作机制、联合执法机制，实行安全生产工作“主要领导负责制”。每年春节、国庆等节日期间，开展全县安全生产大检查活动，由主管部门牵头、相关单位参与，分组进行，及时发现和整改安全隐患。

2004年12月调整县安委会，35个县属部门负责人为成员，下设办公室在县安监局。出台《龙里县安全生产委员会工作规则》，自2005年1月1日起施行。2005年4月开始推行建立企业劳动安全自我监管组织，要求职工人数不足25人的企业成立监督检查小组，25人以上的建立“劳动安全生产保护监督检查委员会”，50人以上的还要按车间班组设立安全生产监督员，执行“企业负责、行业管理、国家监察、群众监督、劳动者遵章守法”的安全生产管理体制。2005年9月，向21个合法有证煤矿派驻安全督查员。2008年6月，县安全技术培训中心取得四级安全技术培训资质，10月调整县安委会，42个县属部门负责人为成员，下设办公室在县安监局，由安监局局长兼任办公室主任。

随着经济社会的不断发展，“以人为本、安全发展”理念不断深入人心，安全监管工作范围不断扩大。至2008年，县安监局日常安全监管的企业达300家以上，其中煤矿14家。2004年12月出台《龙里县特大生产安全事故应急救援预案》，至2008年各级各部门制定预案11个、企业建立预案106个。2005年12月出台《龙里县举报煤矿重大安全生产隐患和违法行为的奖励办法（试行）》。

二、安全生产监管措施

（一）目标责任制　1993年起，强调安全生产“层层抓、人人管”“主要领导负全责，分管领导负主责”，从县政府到生产岗位责任人层层签订安全生产责任状。加强监管力度，每年普查一次，重点部门随时督查。2004年8月县安监局组建后，安全生产法律法规和国家、省、州各项安全生产政策、措施的贯彻落实得到逐步强化。2004年8月，烟花爆竹生产经营单位的安全生产监督管理职权由县公安局移交到县安监局。

2004年9月24—28日，全县开展国庆“黄金周”期间安全生产大检查，分别成立交通安全组，工业企业组，消防、食品组，煤矿、非煤矿山组，锅炉、压力容器、液化气组，中小学、幼儿园组6个检查组，开展相关检查工作。12月出台《龙里县安全生产委员会工作规则》，自2005年1月1日起施行。2005年3月，出台《龙里县人民政府安全生产工作“包保”责任制实施意见》，落实省政府“县领导包乡镇、乡镇领导包村”的要求；同年4月出台《龙里县安全生产“一票否决”制实施办法》，适用于党政机关、社会团体、生产经营单位及其安全生产责任人、管理人员和安全事故直接责任人；4月开始推行建立企业劳动安全自我监管组织，要求职工数达25人以上的企业建立“劳动安全生产保护监督检查委员会”，不足25人的成立监督检查小组，50人以上的按车间班组设立安全生产监督员。执行“企业负责、行业管理、国家监察、群众监督、劳动者遵章守法”的安全生产管理体制。

2005年11月，烟花爆竹经营销售行政审批、发证工作划由安监部门负责，县级负责零售点销售许可证的申请和发证。县安全生产管理部门不断建立和完善安全生产责任制、伤亡报告制、部门安全生产规章制度等，规范安全生产领域法治秩序，建立安全生产长效机制，有效防范较大事故发生。

安全生产监督管理的重点行业和领域包括：工矿商贸企业、道路交通事故多发段点、水上交通枢纽、消防单位、危险化学品生产流通单位、烟花爆竹生产储存销售点、防雷设施、人员密集场所、旅游景点景区各种设施、中小学校等。对矿山、建筑施工、危险化学品、烟花爆竹和民用爆破器材等企业实行安全生产许可制度，要求矿长和特殊工种人员做到持证上岗。至2008年，县安监局日常安全监管的企业达300户以上，其中：煤矿14户、非煤矿山39户、危险化学品生产4户、医药19户、冶金6户、建材生产4户、旅游8户、建筑8户、交通运输1户，烟花爆竹生产2户、经营批发3户、零售点180户。

（二）风险保障金制度 2003年开始实行煤矿安全生产风险抵押金制度，煤矿企业按核定产量每吨煤2元的标准交纳抵押金，抵押金用于企业生产经营期发生的安全事故救灾和善后处理。2004年全县合法煤矿企业和单证矿井提取风险抵押金100多万元。

2006年5月，废除以吨煤计收等形式缴存风险抵押金的规定，改为按煤矿企业核定（设计）或者采矿许可证确定的生产能力确定，一次性足额缴存。自2005年10月起，停止强制集中煤炭生产企业提取的煤矿维持简单再生产费用（简称煤矿维简费）。此后，煤矿维简费由煤炭生产企业根据原煤实际产量，每月按吨煤10.5元标准在成本中提取，由县煤炭工业局督促煤炭企业必须提取并按规定使用。

自2007年11月起，在全县矿山、交通运输、建筑施工、冶金等高危行业和领域实行安全生产风险抵押金缴存制度，以确保安全生产事故发生后的及时救援和赔付。缴存标准为：煤炭生产企业按核定生产能力，年产原煤3万吨的缴存40万元，9万吨的缴存60万元；非煤矿山企业从业人员在30人以下（含30人）的缴存10万元，31～50人的缴存20万元，51人以上的缴存30万元；烟花爆竹生产企业每个企业缴存5万至10万元；交通运输、建筑施工、危险化学品、冶金行业和领域从事生产经营活动的企业，从业人员在300人以下（含300人）的缴存30万元，300人以上的缴存100万至200万元。

2005年3月开始，在煤矿推行建设远程电子计量税控系统，由郑州泰科思电子技术有限公司（黔南宏宇电子科技）负责系统技术业务。为解决煤炭开采的地质灾害后患问题，参照安全生产风险抵押金缴存比例，向煤矿企业征收地质灾害风险保证金。该保证金通过税控系统统一征收后，用于因煤矿开采造成的地质灾害治理。对暂时不能安装税控系统的煤矿，一并核定产量计收税金。2005年8月煤炭税控系统正式启动运行投入使用。

（三）安全生产费用提取制度 2007年10月开始，向全县高危行业企业提取安全生产费用，由县财政专户存储管理，用于完善和改进企业安全生产条件。提取标准为：煤矿生产企业按核定年产量2元/吨；非煤矿山企业按核定年产量露天作业的1元/吨，井下作业的1.5元/吨，小型露天采石场按核定年产量0.5元

/吨；烟花爆竹生产企业按年销售收入的2%提取；危险化学品企业按年销售收入的0.5%至1%提取；交通运输企业按照营业收入提取，客运业务按0.5%提取，普通货运业务按1%提取，危险品等特殊运输业务按1.5%提取；建筑施工企业以建筑安装工程造价为计提依据，房屋建筑、矿山工程为2%，电力、水利水电和铁路工程为1.5%，市政公用、冶炼、机电安装、化工石油、公路和通信工程为1%。

（四）执法监督检查 加强日常安全监管，深化安全生产专项整治，着力解决事故多发行业和领域突出问题，打击违规操作、野蛮生产和忽视安全的行为。对隐患排查实行“编号登记、挂牌督办、限期整改、专人负责、复查销号”制度；对新建、扩建、改建工程项目落实安全设施“三同时”制度，即安全设施必须与主体工程同时设计、同时施工、同时投入生产和使用。

2002年，开展矿产秩序治理整顿工作。组织清理勘查许可证、采矿许可证，制止违法勘查、开采行为，整治乱采滥挖，规范新建采矿权审批管理，加强对无证勘查、无证开采、越界开采、以堪带采、非法转让矿业权等行为的处理。全年共注销采矿权许可证2个，取缔无证矿山237处（次），炸封非法采矿（主要是小煤窑）152个，查处矿产资源违法案件43件。办理建材砂场采矿许可证2处，纠正越级办证4宗，征收矿产资源补偿28.6万元。2003年，对矿山巡查154次，取缔贵新高等级公路沿线非法采石场7处，炸封非法采矿（主要是小煤窑）138口，炸封无证煤窑97口，查处矿产违法案件2件。

按照《安全生产许可证条例》规定，2005年1月13日前未取得安全生产许可证的煤矿、烟花爆竹生产企业须停产整顿。2006年3月1日起，开展重大危险源申报普查和评估分级工作，重大危险源申报登记的范围包括贮罐区、库区、生产场所、压力管道、锅炉、压力容器、煤矿、金属非金属矿山、尾矿库等，年底完成对9个重大危险源的建档监控。

2008年，针对1—5月发生安全生产事故18起、死亡23人的严峻形势，开展重点行业和领域安全生产排查治理专项行动。4—9月，全县开展安全生产“百日督查”专项行动，对415家企业进行督查。其中：煤矿11家、金属非金属矿山31家、冶金5家、危险化学品7家、烟花爆竹生产批发4家、交通运输6家、建筑8家、消防重点130家、电力1家、民爆器材1家、水利12家、农机145家、矿点18家、特种设备26家、林业3家，其他行业7家。共排查隐患1019处，下达整改指令60份，经济处罚2万元。9—10月，县国土、安监等部门对草原乡红星村黄金山至杀人洞片区的黄金山、水落洞、碓窝冲等地非法铝土矿开采行为进行打击、取缔，涉案80多农户300余人，共没收非法铝土矿1900余吨；对兴龙烟花爆竹厂、铙钹山烟花爆竹厂下达停产指令，暂扣违章生产爆竹104箱、烟花139件，封存黑炸药1000余公斤。炸封非法小煤窑400余井（次），没收非法盗采的矿产品2000余吨。

2004—2008年，安全生产行政执法集中检查企业累计1564个次、排查隐患2352处，下达整改指令157份，行政执法案件79件，行政执法案件经济处罚63.72万元，执法检查后企业投入整改资金147.8万元，查处炸封非法煤矿969口。

2004—2008年龙里县安全生产行政执法情况统计表

表14-7

年份	检查企业数（个）	排查隐患（处）			下达整改指令（份）	行政执法案件（件）	经济处罚（万元）			企业整改资金投入（万元）	查处炸封非法煤矿（口、次）
		小计	一般	重大			小计	监察	事故		
2004	258	199	189	10	23	9	5.63	3.1	2.53	8	210
2005	301	282	265	17	18	12	9.53	4.25	5.28	20	114
2006	265	321	300	21	21	12	8.15	5	3.15	35	150
2007	325	505	488	17	35	20	13.41	6	7.41	58.8	95
2008	415	1045	1019	26	60	26	27	13.7	13.3	26	400
合计	1564	2352	2261	91	157	79	63.72	32.05	31.67	147.8	969

第二节 专项监管

一、煤矿安全监管

（一）煤矿安全整治 由于20世纪80年代以后煤矿产业发展较快，制度管理跟不上，安全生产漏洞多，无证开采，设施不合格，越层越界开采等，造成一些生产安全事故。2004年，炸封无证煤矿井110口，征收矿产资源补偿费21.71万元，追缴2003年矿产资源补偿费97650元。2005年，出动人员72人次，炸封无证煤矿82口，征收矿产资源补偿费39.2万元。

2006年，巡查矿山56次，查处无证采矿1起、非法转让矿权1起；共组织专项炸封取缔行动101次，炸封取缔非法采煤窝点538个，拆除供电线路3条、生产设备11台、工棚11间，遣散从业人员9人，设立临时警示牌125个，建立永久警示牌42个；征收矿产资源补偿费30万元。2007年，巡查矿山69次，制止违法行为14起，查处非法转让矿权1起；炸封行动21次，炸封无证煤矿621次，炸断无证矿山路37条。

（二）煤矿安全设施建设 煤矿安全专项技改项目建设内容包括：瓦斯、水、火、煤尘及顶板等主要灾害的综合治理，矿区基础性及公益性设施建设，新技术推广应用及示范性工程，应急救援体系建设和安全培训等5个方面。

2004年，全县煤矿企业投入整改资金1000多万元，用于完善井下巷道布置，改善通风系统，购置通风扇、提升绞车及瓦斯检测器等主要装备，以及配置其他生产安全设施。2005年全县21个合法煤矿均按照煤矿瓦斯治理要求进行矿井通风能力核实，其中有7个煤矿建立瓦斯远程监控系统。自2006年4月起，煤矿换用按新版国家标准（GB7957-2003）制造取得煤矿矿用产品安全标志的新型矿灯，取代原国家标准（GB7957-1987《矿用安全帽灯》）矿灯。

2008年开始在煤矿全面安装和完善井下通讯、压风、防尘供水系统（简称“三条生命线”）。同年10月起，加强煤矿瓦斯治理和综合利用工作，逐步推行在全县煤矿全部安装瓦斯监测监控系统及系统县级联网。全县实施5个煤矿安全专项技改项目，总投资195万元，其中煤矿企业自筹129万元，县配套11万元，州级支持10万元、省级支持45万元。项目分别是：摆省乡栎木山煤矿井下金属支护、摆省煤矿通风系统及设备改造，洗马镇永鑫煤矿通风系统改造，宏农煤矿和顺发煤矿井下金属支护。

二、非煤矿山安全监管

2004年对位于民主乡大谷村木姜冲、大麻窝和金谷村虫蚁坡的3个以探代采非煤矿山进行停产整治。当年，全县持有采矿许可证的非煤矿山企业共23家，对其中具有一定规模的4家进行了安全生产评估评价。2005年开展安全状况评估、评价和安全生产许可证发放工作，完成30户非煤矿山安全评价、设计，年底全县非煤矿山企业安全状况评价工作基本完成企业相继取得“安全生产许可证”。

2008年龙里县非煤矿山企业一览表

表14-8

编号	企业名称	负责人	经济类型	安全生产许可证号	安全生产许可证持证情况
1	龙里县建筑采石场				2006.12.15申办
2	龙里县宇新采石场				2006.12.15申办
3	龙里县天源采石场				2006.12.15申办
4	贵州龙里黔龙建材有限公司（原龙里县水泥厂）石灰岩矿山				2006.12.15颁证
5	龙里县兴龙砂厂				2006.12.15颁证
6	龙山镇渣渣坡（周科在）砂场	周科在	个体	〔2006〕0245	2006.12.27颁证

续表

编号	企业名称	负责人	经济类型	安全生产许可证号	安全生产许可证持证情况
7	龙山镇渣渣坡（罗琼）砂场	罗琼	个体	〔2006〕0451	2006.12.27颁证
8	龙山镇猴子岩采石场				2006.12.15申办
9	龙山镇毛栗寨采石场				2006.12.15颁证
10	龙山镇大土采石场				2006.12.15颁证
11	龙山镇播箕富民石灰厂	汪杰	个体	〔2006〕0455	2006.12.27颁证
12	龙里县冠山建材厂播箕桥石灰矿山				2006.12.15颁证
13	谷脚镇倪儿关石灰石矿山				
14	谷脚镇高堡高岭土采矿场				2006.12.15申办
15	谷脚镇花秧坡采石场				2006.12.15申办
16	谷脚镇茶香高岭土矿山				2006.12.15申办
17	谷脚镇牛角冲高岭土矿				2006.12.15申办
18	龙里县磊鑫实业有限公司谷脚倪儿关石灰石矿山				2006.12.15颁证
19	龙里县风光化工有限公司水场白云石矿				2006.12.15颁证
20	水场乡比孟饰面用灰岩				2006.12.15申办
21	水场乡三星照月硅矿厂				2006.12.15颁证
22	草原乡冷溪冲硅石矿				2007.04.01获准
23	草原乡碓窝铝土矿				2006.12.15颁证
24	草原乡竹山寨陶瓷用砂岩矿	林家和	个体	〔2006〕0454	2006.12.27颁证
25	洗马镇牛场采石场				
26	洗马镇大土采石场	韩明龙	个体	〔2006〕0452	2006.12.27颁证
27	洗马镇三岔河采石场				2006.12.15颁证
28	洗马镇粑粑街采石场				2007.04.01获准
29	洗马镇新庄村采石场	蒋国胜	个体	〔2006〕0453	2006.12.27颁证
30	湾寨乡马家桥硫铁矿				2006.06.28申办
31	湾寨乡柏排采石场				2007.04.01获准
32	羊场镇新营村水井湾采石场				
33	羊场镇杨梅坡采石场				2006.12.15申办
34	醒狮镇德明采石场				2006.12.15颁证
35	麻芝乡五里村采石场				2006.12.15颁证
36	谷龙乡泰鑫高岭土矿				2006.12.15申办
37	摆省乡摆主砂场				
38	哪嗙乡把场采石场				
39	哪嗙乡德胜碑硅石矿厂				2006.12.15申办
40	龙里县明阳石膏球厂				2007.03.23未申办
41	三元镇镍矿厂				

续表

编号	企业名称	负责人	经济类型	安全生产许可证号	安全生产许可证持证情况
42	三元镇矿产开发有限责任公司				
43	摆省乡摆主砂场				
合计	43家				

三、烟花爆竹安全监管

烟花爆竹生产企业安全生产许可证颁发管理工作实行企业申请、省级发证、属地管理的原则。2003年12月，对烟花爆竹进行归口经营管理，要求除龙里县烟花爆竹生产厂家生产的烟花爆竹商品以外，外地烟花爆竹经县公安局核准后，一律由县供销社日杂公司统一经营批发；各零售摊点经营烟花爆竹，本地烟花爆竹必须注明厂名，外地烟花爆竹必须贴有日杂公司监制标签方可销售；县内烟花爆竹严格实行定网点销售，所有网点由公安局办理“烟花爆竹销售许可证”、工商局办理“营业执照”、供销社办理“烟花爆竹经营上岗证”，3证齐全方可销售。

2004年8月，对烟花爆竹生产经营单位的安全生产监督管理职权由公安局移交到安监局，国家安监总局在2008年6月出台《烟花爆竹销售许可证管理办法》前，原由公安机关统一审批核发的“烟花爆竹零售许可证”“烟花爆竹储存许可证”及供销社核发的行业资质继续有效，销售烟花爆竹的企业和个人凭“烟花爆竹零售许可证”向工商机关登记注册，各零售网点布设及人员安全培训工作仍由县级供销社负责组织安排。

至2004年，县境有龙里兴龙烟花爆竹厂、龙里铙钹山烟花爆竹厂2家烟花爆竹生产企业，有独家经营外地烟花爆竹批发业务的单位——县供销社日杂公司，有分布于乡镇的16户销售网点。2006年12月，增设成立烟花爆竹批发企业——龙盛烟花爆竹经营批发公司。

四、危险化学品安全监管

2004年完成对贵州龙里化工厂、贵州正大实业有限公司（硫酸生产车间）、贵州龙里新龙乙炔有限公司、贵州龙里碳化有限公司等4家危险化学品生产企业安全生产评估评价，2005年申报安全生产许可证。至2006年，全县有危险化学品生产企业4家，危险化学品农药经营户40多家。危险化学品安全生产许可证、经营许可证申请截止期限为2005年底，生产企业整改期限原则上不超过6个月，经营企业整改期限不得超过3个月，逾期没有提出申请及限期整改不合格的依法予以关闭。

五、道路交通安全监管

2004年开始，各乡镇明确1名领导负责道路交通安全工作，聘请1～2名专职道路交通安全协管员，农业服务中心明确农机安全管理员。2004年10月，国家《机动车运行安全技术条件》强制性执行标准生效执行，凡行驶于高速、高等级公路的客车、长途客车、危险货物运输车、旅游客车、半挂牵引车、总质量12吨以上货物运输车，均属于汽车行驶记录仪安装的范围。龙里县属于以上种类的车辆均在2004年内安装完毕投入使用。

第三节　宣传教育

一、教育培训

县安监部门常年开展5月“法制宣传月”、6月“全国安全生产月”系列宣传教育活动，通过报纸、广播、电视、网站等渠道加强安全文化建设；采取开班培训、以会代训、巡回宣讲等形式，常年定期和不定期对从业人员、管理人员和领导干部进行教育和培训。2004年开展安全生产教育培训2次1815人；2006年开展培训6次995人；2008年开展4次935人。

2004—2008年龙里县安全生产教育培训情况统计表

表14-9

年份	办班数（期）	接受教育培训数（人）						
		合计		煤矿从业人员	非煤矿山从业人员	烟花爆竹从业人员	危险化学品从业人员	领导干部管理人员
		总人数	其中：从业有安全资质人员					
2004	2	1815	285	560	365	170	20	700
2005	3	897	103	400	110	172	15	200
2006	6	995	27	470	29	170	26	300
2007	5	800	150	500	100	50	0	150
2008	4	935	65	400	155	165	15	200
合计	20	5442	630	2330	759	727	76	1550

二、安全事故

2005年7月2日，贵阳铁路供电段驾驶员谢少昶驾驶小型普通客车载5人从摆省往湾寨方向行驶，在014县道40公里加300米处驶出道路，坠落于左侧13米高的路坎下，造成死亡3人、重伤2人，车辆严重损坏，供电线路损坏的重大道路交通事故。2007年10月24日，巴江乡落锅村半坡寨1辆农用山地车违法载人，造成4人死亡、8人重伤、2人轻伤的重大道路交通事故。

2004—2008年，全县发生各类生产安全事故328起，事故死亡192人，其中重大事故2起，死亡6人；5年死亡人数占州下达控制数（考核指标）的102.6%。各类生产安全事故中，工矿商贸23起，死亡33人；地方道路交通164起，死亡42人；铁路死亡29人；铁路路外34起，死亡33人；高速公路44起，死亡51人；消防火灾11起，死亡3人；烟花爆竹1起，死亡1人。

第九章 国有资产营运管理

第一节 国有资产营运

一、国有企业资产改制运作

2004年成立县国有资本营运有限责任公司（简称县国资公司），参与国有企业改革改制工作。6月，收购位于县城西环线痢子坡的县交通局汽车修配厂约1.93万平方米的国有土地，作为县城老场坝片区拆迁户安置用地，由县国资公司支付改制费120万元补偿安置职工和缴纳养老金。8月，对连续多年亏损的农机公司进行改革改制，收购该公司位于中山路（大磨石）旁约2200平方米的国有土地使用权实施房地产开发，支付改制费89万元。10月8日，县委、县政府召开国有企业改革改制专题会议，决定由县国资公司向省建行贷款800万元作为县五金公司、县饮食服务公司、县百货公司等9家国有企业改革改制费用；对修建兴龙广场占地8602平方米、龙羊立交桥占地861.6平方米进行划地安置和赔偿。

2005年，县企业改制办、县国资公司对县糖业烟酒公司、县食品公司、县中西药公司、县蔬菜公司4家国有企业进行改制，支付改制费用483万元，回收国有土地1.09万平方米、门面15个（600平方米）。当年县国资公司土地库存为15.94万平方米。

2006年，对县饮食服务公司、县百货公司和县酱菜厂3家国有企业进行改制，托底收购国有资产，支付改制费300万元，收购国有土地5986.58平方米。当年对已收购的小十字中区的县糖业烟酒公司、县食品公司、县中西药公司、县蔬菜公司4家国有土地3592.88平方米进行房地产开发，命名为“安厦园”小区；对收购县交通局汽车修配厂原位于草原路1.93万平方米的国有土地进行经济适用房开发。当年县国资公司库存土地剩余14.26万平方米。

2007年11月，对五金公司进行改制，收购国有土地1760平方米。同时，国资公司用自有资金收购三龙玻璃厂土地1.89万平方米。当年县国资公司库存剩余土地为13.51万平方米。2008年，国资公司对最后一个国有企业县屠宰场进行改制，收购国有土地1450.5平方米。

二、行政事业单位国有资本置换

2005年3月，县国资公司开始对县畜牧水产中心和县法院的老办公楼进行资本置换，支付置换费用200万元。2006年3月对已置换地块进行房地产开发，国资公司按规定上交土地出让金，支付相关费用116万元；4月动工修建和平巷综合楼，建筑工程总面积2546.27平方米，总投资100万元，建商品房23套、商铺门面3个；11月动工修建县法院原办公楼地块的商住房，命名为“北欣园”小区。

三、国有资产项目开发建设

县国资公司从事的开发项目有安置房及房地产开发销售。2006年6月，国资公司投资约17万元，完成三林路小区主干道160米道路建设，报请县政府公开拍卖；7月开工建设西关坡安置小区主干道150米，总投资21万元，工程完工后安置兴龙广场被拆迁户40户。是年国资公司预售商品房112套约1.45万平方米、经济适用性住房62套6777平方米，实现毛利600余万元。

2007年，对草原路部分拆迁安置房，按经济适用性住房销售，收入626万元；公开拍卖门面成交17个782平方米，总收入280万元。2008年公开拍卖青龙路统建房第一层至第二层部分门面和解放街原糖酒公司、食品公司商铺门面，成交7个，面积约1380平方米，销售收入700万元。

2005—2008年龙里县国资公司房地产开发项目一览表

表14-10

建设时间	地点、名称	面积（平方米）	住房（套）	门面（个）	投资（万元）	备注
2005年	四方井安置房	6648	54	4	310	
	太平寺干部公寓	1387	12	—	53	
	草原路1号楼安置房	6635.2	50	20	258	20套安置房550元/平方米
2006年	小十字安厦园E楼、F楼安置房	6401.76	46	12	393	
	青龙路安置房	6146	30	7	356	
	小十字北欣园安置房	4050.89	34	6	195	
	草原路2号、3号安置房	7189.03	72	—	315	
2007年	小十字安厦园A楼、B楼安置房	4273.73	30	13	445	
	和平巷安置房	2546.27	23	3	270	煤棚20间
2008年	草原路4栋、5栋安置房	4980	54	—	320	

第二节 国有资产管理

县国资公司成立后，先后对县属行政、事业、企业共56个单位的国有资产进行清理，理顺各单位产权关系，并对县交通局汽车修配厂、农业机械公司、糖业烟酒公司、蔬菜公司、饮食服务公司、百货公司、中医药公司、酱菜厂、食品公司、五交化公司10家国有企业进行改制，收回国有土地39.16亩。通过对收回的国有土地进行开发实现销售收入和利税，2006年为2476万元和535万元，2007年为2277万元和

710万元，2008年为1878万元和429万元。2008年12月，国资公司账面资产合计为1.64亿元，其中：流动资产4534.84万元，固定资产17.61万元，负债1.12亿元（流动负债4764.42万元，长期负债6401.19万元，长期负债中银行贷款4761.15万元），实收资本500万元，资本公积金49.19万元，所有者权益（结余股东权益）5215.84万元。

2005年，国资公司受县人民政府委托，向国家开发银行申请项目贷款5600万元，其中：县城路网建设与改造工程2100万元，谷脚工业园区道路建设工程2150万元，石龙沟供水工程1350万元。资金到位后，投资县城区北门街、胜利街、解放街、和平巷道路改造项目及兴龙广场工程1896万元，投资谷脚园区道路建设项目1676万元，投资石龙沟供水项目1223万元；支付贷款利息802万元。

2007年，为县贯城河防洪治理工程融资提供信用担保贷款4900万元。2008年，协助县公用事业管理局办理龙山路网改造项目贷款1.84亿元。

第十章　食品药品监督管理

第一节　食品监管

一、食品监督

2001年11月成立黔南州药品监督管理局龙里县分局，并加挂黔南州龙里县药品监督稽查队牌子，为黔南州药品监督管理局的派出机构，属于省以下垂直管理的正科级行政单位。2002年更名为龙里县药品监督管理局，2004年2月更名为龙里县食品药品监督管理局。2004年5月，成立县食品安全协调委员会，有13个委员单位，下设办公室在县食品药品监督管理局。承担全县从食品源头、食品生产加工、食品流通环节到食品消费环节的食品安全工作。

2004年，新办饲料及饲料添加剂经营许可证74个，检查食品添加剂生产加工企业66家、散装食品批发企业6家。2004—2008年，查处不合格饲料及添加剂3292公斤，查获过期品种36种，取缔无证经营户5户；检查各类食品店3889户次，没收过期变质、假劣食品841公斤，停业整顿食品经营户43户，对违法经营户进行行政处罚288户，取缔无证经营户7户，培训食品从业人员624人。检查食品生产企业236家，与110家食品生产加工企业签订《食品安全责任书（承诺书）》。共检查各类食品生产经营企业2200家，食品生产经营户237户；查处许可证过期和未办证的75户，无有效健康证的123人；查处食品案件16件，收缴过期变质食品726公斤。设立动物检疫报检点17个，定点屠宰场2个，生猪定点屠宰率100%，屠宰检疫率100%。

2004—2008年，开展食品安全知识宣传17次，发放宣传资料6.28万份，咨询群众1万余人次。

二、食品专项整治

2004年，对30家餐饮经营单位试点实行食品量化分级管理。2005年全县实行食品安全责任追究、事故报告、信息发布、质量信息报送、案件举报及查处等制度。2004—2007年，经常检查2家生猪屠宰场、8家食品生产加工企业、34家副食店、19家餐饮业以及学校食堂累计218家次；累计检查肉类经营摊点51家、禽类经营13家、饲料及饲料添加剂经营31家、学校周边饮食摊点18家，检查小企业、小作坊65家，取缔小企业、小作坊11家，下架不合格和问题奶制品300公斤，消费者退换奶制品100公斤，“12315”申诉举报热线受理问题奶制品的咨询、申诉和举报141件。及时处置18起81人食物中毒事件，未有中毒人员死亡。

2005—2007年，全县实施食品放心工程。2006年全县食品卫生行业专项大检查，4月对24所中小学、托幼机构开展食品安全监督，组织食品安全负责人学习《学校食物中毒事故行政责任追究暂行规定》。7月在县城开展食品卫生行业专项大检查，检查食品店99户，夜市饮食摊点36户；对食品店下达整改通知书46户、处罚告知书27户；现场处罚饮食店22户、夜市饮食摊点21户；说服宣传教育300余人次。

2004—2008年，出动2500余人次，检查各类食品、副食品生产、加工、经营户2971家次，立案查处56家，查处违法行为100起，取缔无证经营7家。2008年，元旦、春节期间开展食品安全专项检查，对5家宾馆酒店、51户餐饮店、210户副食品零售店、8所学校食堂、3处农贸市场进行检查，共检查各类食品211种，没收处理过期食品。

第二节　药品监管

一、药品监督

贯彻执行药品、保健品、医疗器械法律法规，查处制、售、使用假冒伪劣产品的违法行为和责任人，定期向上级报告产品质量及案件查处情况。2004年开始，在14个乡镇派出所各聘请1名公安干警为药品监督协管员，聘请部分人大代表、村卫生室负责人和机关工作人员共100人为药品监督信息员。2006年，县委、县政府明确196人为药品监督协管员和信息员（其中协管员33人），全县乡镇、村协管员和信息员覆盖率达到100%。

二、药品知识宣传

2002年，开展现场宣传咨询13次，接待咨询群众3000余人次，发放宣传资料1万余份；2004年开展15次，接待咨询群众5000余人次，发放宣传资料2万余份；2006年开展17次，接待咨询群众6000余人次，发放宣传资料2.5万份；2008年开展19次，接待咨询群众7000余人次，发放宣传资料3万余份。2002—2008年，共举办药品业务和法律法规知识培训班16期，累计培训药品生产、经营、使用人员1265人次。

三、药品生产企业

2002年，全县有良济、弘康、柏强、瑞和、神奇、金桥、富华7家药品生产企业，其中：有2家通过GMP（即药品生产质量管理规范）认证，5家正在进行GMP改造。到2008年，全县有药品生产企业13家，即良济、弘康、柏强、瑞和、神奇、金桥、富华、百祥、青草堂、肾元、大成、同康、王胎等药业，注册药品153种，其中中成药制剂98种（含民族药5种，化学药制剂55种）；有贵州玉宏实业、贵州盛峰药用包装有限公司2家药品容器和包装材料生产企业。

四、药品经营供应单位

2002年，全县有药品零售企业14家，其中益康药店、三和堂药店、忠信药店、龙里中西药公司第一门市部、莫玉娥药店5家成为全县第一批获得黔南州药品监督管理局颁发经营企业许可证的药店。2004年，针对部分村无药品经营使用单位、群众买药难的情况，鼓励申办乙类非处方药销售点20家。到2005年，全县村级药品供应网点达到132个，覆盖率83%。2006年对全县尚缺药品供应网点的村由神奇集团统一配置药柜和药品，设立“安康药柜”25个；2007年又增设60个，全县村级药品供应网点覆盖率达到100%。

2004—2005年，全县14家药品零售企业通过GSP（药品经营质量管理规范）改造认证。到2008年，全县通过GSP认证的药品零售企业达到20家，医疗器械批发企业1家。2006年开始建立两网（药品供应网、药品监督网），到2008年全县两网覆盖率均达到100%。

五、药品使用单位

2002年，全县有药品使用单位135家，其中：县级医疗机构5家、延伸门诊6家、乡镇卫生院14家、计生服务站16家、个体诊所33家、卫生所及医务室4家、村卫生室57家。经过资源整合，2008年底，全县有各级各类药品使用单位98家，其中：县级医疗机构4家、乡镇卫生院14家、计生服务站14家、个体诊所6家、民营医院2家、医务室3家、延伸门诊7家、村卫生室48家。

六、药品执法管理

（一）药品不良反应监测　要求各医疗、预防、保健机构建立药品不良反应监测机构，制定监测管理制度，正常开展药品不良反应报告工作。2002年，上报药品不良反应122例，医疗器械不良反应3例；2005年药品不良反应29例，上报州食品药品监督管理局；2006年，上报药品不良反应120例，医疗器械不良反应2例；2008年，上报药品不良反应102例，医疗器械不良反应1例。

（二）药品质量抽检　开展药品抽验，2002年15个品种、17个批次，2004年17个品种、19个批次，2006年20个品种、21个批次，2008年30个品种、31个批次；2002—2008年共82个品种、88个批次。其中：药品生产企业5家31个品种37个批次，药品使用单位6家51个品种51个批次。对不合格2个品种2个批次药品经营使用单位进行处罚。

（三）药品监督检查　每年均检查2次以上，监督检查全面覆盖。2002—2008年，查出过期药品25批次，单批号药品27种，非法经营、使用药品和假劣医疗器械320种、143件、56支；查出假劣药品和不合格药品425批次。查处违法经营药品、医疗器械涉案金额45.38万元，收缴罚款28.54万元。其中：2002年查处假药案14件、劣药案71件；实施行政处罚35件，立案107件，结案86件；查处违反药品流通规定案件38件，立案查处4件，结案3件；清理整顿无证、非法经营药品46户次，取缔非法药贩、无证经营药品47户次；查处销毁非法药品广告和传单1000多条；公安部门配合查处违法经营药品、医疗器械案件5起，外县及省外监督管理部门协助查处案件4起；河南省、贵阳市、修文县、花溪区食品药品监督管理部门协助查处案件4起；帮助安顺市、湖南省衡阳市协查案件2起，支持药品生产企业和州食品药品监督管理局协查10起。2004年查处违法经营使用医疗器械案件133件，涉案金额20余万元；立案28件，结案3件；查处经营使用假劣药品案件86件，实施行政处罚15件（其中当场行政处罚10件，立案查处5件）；查处违反药品流通规定、医疗器械质量、药品流通环节案件61件。

2002—2008年龙里县药品日常监督检查情况统计表

表14-11

年份	出动人次	出动车次	检查药品生产、经营、使用户次	年监督频次	监督覆盖率%
2002	1214	46	192	2	95
2003	528	30	265	2	96
2004	954	96	456	2	100
2005	741	188	399	2	100
2006	271	72	157	2	100
2007	401	141	407	3	100
2008	826	308	814	2	100

七、药房建设

2007年，实施全县医疗机构规范药房建设，在人事管理、制度建设、药品管理、硬件建设、处方调配、服务与承诺6个方面量化评比，促进药品市场监督管理不留死角。

八、药品采购

龙里县没有专门的药品批发企业。2002年开始，县内非盈利性公立医疗机构开始实行药品集中招标采购。在省级统一招标，向中标的药品批发企业采购，由批发企业统一配送，县食品药品监督管理局对中标药品批发公司的资质进行备案，加强监督检查，防止医疗机构从非法渠道采购药品。全县非盈利性公立医疗机构每年采购中标药品总金额，均达到全年药品总采购金额的90%以上。

2002—2007年龙里县食品药品监督管理局获奖情况统计表

表14-12

年份	获奖名称及等次	颁奖单位
2002	黔南州药监系统综合目标管理三等奖 黔南州药品市场监督管理先进单位	黔南州药品监督管理局
2003	黔南州药监系统三项目标考核一等奖 黔南州药品行政执法工作一等奖 黔南州药品“两网”建设三等奖	黔南州药品监督管理局
2004	黔南州食品药品监督管理系统目标管理二等奖 黔南州药品不良反应监测工作三等奖	黔南州食品药品监督管理局
2005	黔南州食品药品监督管理系统目标管理一等奖 黔南州药品不良反应监测工作第一名	黔南州食品药品监督管理局
2006	黔南州食品药品监督管理系统目标管理一等奖 贵州省食品药品监督管理系统先进单位	黔南州食品药品监督管理局 贵州省食品药品监督管理局
2007	黔南州食品药品监督管理系统目标考核一等奖	黔南州食品药品监督管理局

第十五篇 财政 税务

第一章 财 政

第一节 财政收入

1991年，龙里县财政收入为1039.8万元，比上年增长15.96%，另外上级补助660.6万元；1992年财政收入1269.1万元，比上年增长22.05%，另外上级补助709.8万元；1993年财政收入1928万元，比上年增长51.92%，另外上级补助772.6万元。

1994年起，实行分税制，由国家税务局和地方税务局分别征税，财政局负责征收农业税、农业特产税、耕地占用税、契税、国有资产收益、国有资产上缴利润、国有企业计划亏损补贴、罚没收入、行政性收费、专项收入和其他收入。进行分税制管理后，中央调整收入级次，在不影响地方得利的情况下，调整中央收入。1994年财政收入为2027万元（其中地方财政收入1041万元），上级补助收入1837万元；2003年，县财政收入1亿元（其中地方财政收入5223万元），首次突破1亿元大关；2008年，县财政收入2.46亿元（其中地方财政收入1.02亿元），比上年增长29.82%。

一、工商税收

1991年，执行“划分税种，核定收支，分级包干”的财政体制，当年工商税收实现收入803万元，占当年财政总收入的77.22%；1992年工商税收收入1022.4万元，1993年1627.4万元。自实行分税制管理后，工商税收1994年收入1327万元，1999年3862万元，2003年7368万元，2008年1.89亿元（占当年财政总收入的76.83%）。

二、农业四税收入

农业四税即农业税、农业特产税、耕地占用税、契税，由财政农税机构负责组织征收。1991年收入124.9万元，1992年153.2万元，1993年189.8万元。1994—2008年累计征收农业四税1.04亿元，占全县财政总收入的7.22%，占地方收入的15.28%。

农业税按每公斤稻谷计价，1992年为0.52元/公斤；1993年为0.7元/公斤，实现收入189.8万元，比上年增长23.89%。同时，国家还出台灾欠减免、社会减免、基建减免、极贫减免等一系列减轻农民负担的政策。2002年执行农村税费改革政策，重新核定农业税征收数，执行全省统一7%的税率和20%的附加率；2004年调减1个百分点的农业税率，即执行6%的税率和20%的附加率；2005年起，全部取消征收四税中的农业税（1994—2004年累计征收3469万元，占全县财政总收入的5.14%，占地方收入的10.01%）。

农业特产税和契税是在实际发生买卖时征收，份额小，征收难。农业特产税从1984年起开征至1993年累计征收45.7万元，10年平均每年收入4.57万元，占农业四税总额的4.33%，占全县财政总收入的0.52%。1989年开征契税，至1993年累计征收5.7万元，占农业四税总额的0.79%，占全县财政总收入的0.09%。其他农业特产税1994—2003年累计征收989万元（2004年起取消该税），占本期全县财政总收入的1.86%，占地方财政收入的3.42%；烤烟特产税1994—2005年累计征收3788万元，占本期全县财政总收入的4.47%，占地方财政收入的9.12%。

耕地占用税1988年起开征，至1993年累计征收44.3万元，占农业四税总额的5.49%，占全县财政总收入的0.65%。耕地占用税1994—2008年累计征收1488万元，占统计期全县财政总收入的1.04%，占地方收入的2.18%。

契税1994—2008年累计征收672万元，占统计期全县财政总收入的0.46%，占地方收入的0.98%。

三、企业收入

1991年龙里县企业收入共计273.4万元，占本期财政总收入的2.6%；1992年收入27.4万元，1993年21.8万元。

四、专项收入

专项收入是由排污费、教育附加费、水资源费、矿产资源补偿费和探采矿权使用费收入所组成，后三项从2000年开征。专项收入1994年41万元，1999年61万元，2003年393万元，2008年755万元。其中：排污费收入占本类收入的11%左右，教育费附加约占80%左右，其他三项占9%以下。

五、上级补助收入

补助收入是上级财政按照财政体制给下级财政的补助款、返还款和各种专项补助款，1994年后增加原体制补助、税收返还、政策性和一般性财政转移支付补助、结算补助等。补助收入又分定额、专项、税收返还、转移支付、结算和其他补助。1991年上级补助收入6760.6万元，1994年1837万元，1999年3356万元，2003年1.03亿元，2008年3.78亿元。

六、其他收入

其他收入由行政事业性收费、罚没、国有资本经营、国有资源有偿使用和其他收入组成。1991年收入87.4万元，1992年66.1万元，1993年89万元。自实行分税制管理后，1994年收入41万元，1999年61万元，2003年393万元，2008年755万元。其中：行政事业性收费占本类收入的17%～20%；罚没占本类收入的30%～40%；国有资本经营和国有资源有偿使用收入占本类收入的30%左右；其他收入占10%左右。

1994—2008年龙里县财政收入情况统计表

表15-1　　　　单位：万元

年份	工商税收入	农业四税收入	其他收入	调节收入	专项收入	全年总收入	其中地方收入	总收入增长（%）	地方增长（%）	上级补助收入
1994	1327	512	138	9	41	2027	1041	5.13	—	1837
1995	1660	567	126	3	51	2407	1227	18.75	17.87	1864
1996	2072	866	259	4	51	3252	1809	35.11	47.43	1910
1997	2496	1084	434	—	10	4024	2290	23.74	26.59	1822
1998	3240	775	472	—	68	4555	2517	13.2	9.91	2242
1999	3862	890	501	—	61	5314	2990	16.66	18.79	3356
2000	4420	868	520	—	196	6004	3376	12.98	12.91	3668
2001	4993	668	1232	—	188	7081	4006	17.94	18.66	7085
2002	5984	849	1153	—	335	8321	4372	17.51	9.14	8073
2003	7368	969	1288	—	393	10018	5223	20.39	19.46	10261
2004	11645	699	1755	—	289	14388	5787	43.62	10.8	12464
2005	15507	523	837	—	301	17168	6882	19.32	18.92	13652
2006	13578	454	1699	—	374	16105	7780	-6.2	13.04	18161
2007	16427	422	1625	—	471	18945	8575	17.63	10.21	24426
2008	18897	261	4682	—	755	24595	10229	29.82	19.29	37825

第二节 财政支出

一、中央财税体制改革前财政支出

（一）经济建设类支出 时间为1993年及以前。该类支出含基本建设、企业挖潜改造、支援农业生产和城市维护费支出。基本建设支出，1991—1993年累计31万元；企业挖潜改造支出，1991年0.3万元，1993年265万元；支援农业生产支出的重点是小型水利建设补助和水土保持补助，1991年73.3万元，1992年220.1万元，1993年244.4万元；城市维护费支出，1991年20.8万元，1992年20.6万元，1993年28.4万元。

（二）部门事业费支出 农林水气象等部门事业费支出，1991年129.5万元，1992年127.5万元，1993年145.4万元；工交商和其他部门事业费支出，1991年56.8万元，1992年71.5万元，1993年95.5万元；文教卫生等部门事业费支出，1991年651万元，1992年782.7万元，1993年912.1万元。

（三）抚恤和社会福利救济支出 1991年49.6万元，1992年72.8万元，1993年85.4万元。

（四）行政管理费支出 1991年335.7万元，1992年405.7万元，1993年633.4万元。

（五）其他支出 1991年196.2万元，1992年254.5万元，1993年309万元。

二、中央财税体制改革后财政支出

时间为1994—2006年。县级财政的支出科目为20类，科技三项费、科学事业费单列，增加社会保障补助支出，支援不发达地区支出、价格补贴支出、公检法支出从行政管理费中单列出来。本期间累计支出13.69亿元。1993年进行工资改革后，三次提高基础工资标准，至2006年县财政供养人员的国家职工（包括行政、事业单位）工资，在职人员的人均月工资为1245.27元，比1993年的181元增加1064元，增长近6倍，年均增长45.21%；离退休人员的人均月工资为1778元，比1993年的294.5元增加1483.5元，增长6倍，年均增长38.74%；全县人均公医费为376元，比1993年的116元增加260元，增长224%。公用经费支出增长幅度也很大，2006年支出为1.37亿元，是1993年527.5万元的25倍。

（一）经济建设类支出 该支出重点是科技三项费、支援农业生产和支援不发达地区支出。本期间累计支出9765万元，占本期间财政总支出的6.29%。其中：基本建设累计支出324万元，占0.23%；企业挖潜、改造累计支出58万元，分别占0.03%和0.18%；科技三项费支出690万元，占0.5%；支援农业生产支出1860万元，占3.32%；支援不发达地区累计支出5693万元，占4.15%；城市维护费支出累计3848万元，占2.8%。

（二）部门事业类支出 1994—2006年累计支出6.65亿元，占本期间财政总支出的48.55%。其中：农林水气象等部门事业费累计支出1.17亿元，占8.55%；工业交通部门事业费累计支出4864万元，占3.55%；商业部门事业费累计支出706万元，占0.51%；文教卫生等部门事业费累计支出4.61亿元，占33.66%；其他部门事业费累计支出3099万元，占2.26%。

（三）抚恤和社会福利救济支出、社会保障支出 1994—2006年累计支出5415万元，占本期间财政总支出的3.95%。

（四）行政管理费和公检法支出 1994—2006年累计支出2.88亿元，占本期间财政总支出的21.03%。其中：行政管理费支出2.19亿元，占15.97%；公检法支出6930万元，占5.06%。1993年在职人员的人均月工资176元，2006年达到1247元。

（五）其他支出 1994—2006年累计支出2.28亿元，占本期间财政总支出的16.62%。本类支出中，价格补贴244万元，占0.17%；专款2258万元，占1.64%；其他杂项2.03亿元，占14.79%。在其他杂项支出中，所占比例最大的是乡镇财政超收分成，1994—2006年支出5205.2万元，占其他杂项支出的25.68%；2001—2004年安排人畜饮水（渴望）工程资金共计640万元；2001年和2005年分别安排100万元和150万元的财政贴息补助资金。

中央财税体制改革后龙里县1994—2006年财政部分科目支出情况统计表

表15-2 单位：万元

年份	本年支出合计	其中				
		农林水气等事业费	文教卫生事业费	其他部门事业费	抚恤社会福利救济	行政管理费
1994	2797	207	1189	79	113	523
1995	3262	224	13178	137	89	643
1996	3802	252	1106	149	181	722
1997	4297	250	1576	123	120	906
1998	4568	289	1796	116	135	970
1999	6052	378	2340	147	190	1182
2000	6940	558	2343	135	147	1333
2001	10091	808	3804	205	307	1764
2002	14196	1164	4683	379	418	2392
2003	14633	1270	4799	309	531	2345
2004	16522	1856	5449	403	554	2552
2005	23061	1966	6709	413	763	2934
2006	26757	2486	8992	504	1002	3614

三、预算科目改革调整后财政支出

2007年起，预算科目改革调整，县级财政支出科目改为16项，取消基本建设支出、企业挖潜改造资金等，抚恤和社会福利救济支出合并归类到社会保障之中，支援农业生产支出和支援不发达地区支出归为转移性支出，新增环境保护、城乡社区事务科目。2007—2008年共支出11.9亿元。2007年公务员工资改革，人员经费支出（包括基本工资、津贴、奖金、社保缴费、其他工资）为1.25亿元，人均月支出1632.69元，较2006年增长30.92%；离退休费支出3510万元，较2006年增长51.16%。

龙里县预算科目改革调整后财政支出情况统计表

表15-3 单位：万元

预算科目（支出内容）	2007年	2008年	增长（%）
一般公共服务支出	6370	7430	16.64
人员经费支出（包括基本工资、津贴、奖金、社保缴费、其他工资，离退休费）	16010	17560	9.68
国防支出	67	98	46.27
公共安全支出	1869	2481	32.74
教育支出	5800	10700	84.48
科学技术支出	254	257	1.18
文体与传媒支出	319	311	-2.51
社会保障就业支出	2391	4028	68.47
医疗卫生支出	2046	2255	10.22
环境保护支出	478	831	73.85

续表

预算科目（支出内容）	2007年	2008年	增长（%）
城乡社区事务支出	713	1258	76.44
农林水事务支出	3706	5185	39.91
交通运输支出	446	697	56.28
工业、商业、金融等支出	838	668	-20.29
政府基金支出	4832	5368	11.09
其他支出	2615	2992	14.42
合　计	48754	62119	27.41

第三节　财源建设

1991年开始，龙里县依托凸显的区位、交通优势，找准发展定位和突破口（工业经济引领发展），不断制定招商引资优惠政策，扶持发展企业，加大道路、供水、电力、通信等基础设施建设力度，加速国有企业改革改制，工业与乡镇企业逐步发展壮大，规模以上企业不断增加，产业链不断延伸。

2001年起，明确定位龙里县发展为“绿色医药城”，加快基础设施建设，规划建设工业园区，不断改善投资环境，招商引资发展工业经济，财政支柱产业不断增强；编制完成各乡镇的总体规划，理清发展思路，找准产业发展定位，发展种养业和乡镇企业，地方经济支柱产业不断发展壮大。

2005年，获省财政厅贴息补助资金150万元及贷款280万元，扶持县联合制砖厂；为柏强制药厂贴息40万元，贷款2000万元；为良济制药厂贴息20万元，贷款500万元；为瑞和制药厂贴息40万元，贷款2100万元；为同康制药厂贴息40万元，贷款795万元。

2006年，龙里县围绕建设“三城一县”（新兴工业城、绿色医药城、生态园林城、经济强县）目标，实施“农业稳县、工业强县、生态绿县、文化亮县、旅游热县、商贸活县”的发展战略，抓住西部大开发和打造贵阳城市经济圈的机遇，进一步高起点修编县城总体规划和工业园区规划，优化产业布局及结构，重视发展商贸、服务、旅游等第三产业，形成工业化与城镇化齐头并进的格局。至2008年，初步建成龙山、谷脚、水场3个工业小区，入驻企业120多家，形成以制药、冶炼、化工、建材、饲料加工等为主的经济支柱产业，财政收入较上年增长29.82%。

“九五”期末，龙里县第一产业占三产的比重，由“八五”期末的34.72%下降到21.32%；农业总产值占全县生产总值的比重，由“八五”期末的32.1%下降到13.3%；非公有制经济总量占全县财政经济总量一半以上，财政贡献率达49.47%。至2008年，三次产业的结构已由1990年的17.44：59.83：22.73（产值分别为1201.4万元、4122万元、1566.1万元）调整为1.74：86.07：12.19（产值分别为1896.3万元、9.37亿元、1.33亿元）。

第四节　财政管理

一、预算外资金管理

1989年起，县财政对行政事业收费的部门和单位实行“收支两条线”和“财政专户储存”管理，部门和单位所发生的收费全部缴存财政专户，编报资金使用计划方可拨付使用。1998年6月出台《龙里县行政事业性收费收缴分离和罚没收入收缴分离管理试行办法》，明确部门、单位只允许设置一个支出结算账户，收费实行财政专户储存、银行代收，月终财政、银行、单位对账结存，实行“收支两条线”管理。至2008年，全县纳入财政预算外资金专户管理的有47个县直部门和单位，收费项目共计971项。

二、财政信用资金管理

1989年“支农周转金”改为“财政信用资金”，龙里县成立财政信用资金管理机构，对财政信用资金实行有偿低息（占用费）借贷方式，扩大信贷范围，由面向“三农”（农村、农业、农民）发贷扩大到涵盖乡镇企业和个体私营企业，帮助企业（个体）解决发展经济启动资金的不足，让企业（个体）能从银行贷到更多的生产发展资金。1999年，县财政信用资金管理机构改为财源建设投资公司，随后财政工作职能逐渐向公共财政转变，财政信用资金也退出信贷范畴，只收不贷。

三、会计核算管理

会计管理工作分为“会计从业资格管理”和“会计核算方式管理”。实行“会计委派制”，即将本地的会计人员集中到县财政统一管理，再由县财政委派到单位开展工作，称为“统管统派”。实行“会计集中核算制”，即将部门、单位的会计核算业务归集到县财政局（会计中心），财政局对资金来源（拨款、收入）、资金使用、账务处理、结算报表等经费活动全程监管，部门、单位只保留出纳支付、报销业务，按时送交会计中心审核结算。2001年12月成立县会计中心，2003年9月启动会计集中核算工作，将县属12个单位纳入试点，共建核算账套36套；2004年增至24个单位70个账套；2006年核算账套增加到83个；2007年1月增至71个单位159个账套。2004年县会计中心被评为县级“文明窗口”，2007年获得州级“巾帼文明岗”荣誉称号。

四、政府采购管理

政府采购资金来源是财政预算拨款和单位预算外财政性资金。2001年12月，成立县政府采购办公室，制定《龙里县政府采购管理暂行办法》《龙里县政府采购目录及限额标准》《龙里县政府采购招投标纪律规定》《龙里县政府采购工作流程》。2002—2008年，全县共进行342次政府采购活动，采购预算资金5843万元，实际采购金额5211.83万元，资金节约额为631.18万元，节约10.86%。

五、政府财政管理信息系统建设

2007年，完成县财政局机关大楼网络综合布线工程，2008年实现县级财政网络与省、州内部网络的连接，信息传输实现网络化。2008年6月，实施“乡财县管”软件系统工程，全县乡镇财务实现网络系统化统一管理。

六、农民补贴信息网建设管理

2006年，财政部、省财政厅部署推进中国农民补贴网建设工作，进一步加强种粮农民补贴管理。2007年1月，龙里县完成农民基础信息、农民承包土地及种粮情况和对种粮农民直接补贴情况的入户登记、数据采集和审核工作。涉及全县14个乡镇、159个行政村、1390多个村民组、4.38万户农户，承包土地15.85万亩，计税并播种土地15.95万亩，退耕还林土地7.06万亩（其中：村集体退耕还林1332.07亩，进入农民补贴网络信息系统的退耕还林面积6.93万亩）；全县粮食产量5768.97万公斤，计税总产量5768.97万公斤，计税亩产361.7公斤；大中型水库（大花水库）移民后续扶持48户190人；能繁母猪3831户5338头。把粮食直补、良种补贴、退耕还林补助、对种粮农民综合直补、大中型水库移民补贴、能繁母猪补贴资金纳入“一折通”发放范围。

第五节　财政体制改革

1984年实施第二步利改税后，实行“划分税种，核定收支，分级包干”的管理体制，税种划分为中央税、地方税和中央与地方共享税；仍按中央和地方划分支出范围，对少数不宜包干的专项支出由中央拨专款补助。1985年，上级开始对龙里县实行定额补助办法的财政包干制度。

一、县级财政管理体制

1991—1993年，继续实行“划分税种，核定收支，分级包干”的财政体制，但在包干办法上作适当调整。中央取消每年按8%递增补助办法，实行定额补助，核定龙里县1991—1993年各年的定额补助为

166.4万元（含体制上照顾增加的20万元）。

1994年，实施财税体制改革后，以1993年决算实现的中央税收入数为返还基数，次年起按此基数超收部分实行1：0.3分成办法。龙里县1994年超收部分中央返还912.7万元，1995年926.5万元，1996年990.7万元，1997年1061.6万元，原体制补助166.4万元不变。

1998年，超收分成调整为按上年实现的中央税超收部分1：0.3分成办法，原体制补助取消体制照顾的20万元后为146.4万元。1998年超收部分中央返还1154.6万元，2001年1154.6万元，2002年1221万元，2003年1320.8万元。

2004年，中央对少数民族地区实行超上年实现中央税1000万元以内的全返还，超过1000万元以上部分再分成，同时实行财政支付转移制度。2004年返还龙里县1939万元，2005年2026万元，2006年1881万元，2007年1954万元，2008年2143万元；原体制补助2004—2008年每年146.4万元不变，各项转移支付补助1999年为1266万元、2000年625万元、2001年3161万元、2002年3478万元、2003年4770万元、2004年6339万元、2005年6692万元、2006年9707万元、2007年1.32亿元、2008年3.55亿元（各年补助均不含专项补助数）。

1996年，贵州省委、省政府决定对财政特困县实行“以奖代补”政策，以借款的形式向省财政厅签订合同，确保完成当年预算收入任务，完成任务的就转为奖励，完不成任务的扣减支出。龙里县被列为“以奖代补”县，1996年以奖代补65万元、1997年93万元、1998年96万元、1999年106万元、2000年405万元、2001年863万元、2002年1267万元、2003年1267万元、2004年1406万元、2005年1513万元、2006年2135万元、2007年2251万元、2008年2251万元。

二、乡镇财政管理体制

1990年，对包干体制作出调整，将全县乡镇划分为三类：第一类是经济基础较好，财源较多的，实行“核定收支，定额上解，超收分成”的体制；第二类是预算收支持平的，实行“核定收支，超收分成，减收（超支）不补”的体制；第三类是经济欠发达的少数民族乡和高寒边远乡，实行“定额收支，定额补助，超收全留”的体制。

撤区建镇并乡后，1992年在乡镇试行编制本级预决算，县政府出台乡镇财政包干管理试行办法。以1992年各乡镇收支决算为基数，对收大于支的乡镇，实行“比例上解”或“定额上解”；支大于收的乡镇实行“定额补助”，农业税附加上解州37.5%后，余下部分实行县、乡对半分成；严格控制新增财政供养人员，除新分配到教育系统的大中专毕业生由县财政追加预算外，其他人员由乡镇财政自行消化解决。乡镇超收分成1992年为7.9万元，1993年为21万元。

1994年，乡镇的财政体制相应调整为“划分税种，核定收支，超收分成，结余留用”，明确规定属于中央的税收部分，扣除应上解中央的部分后再计算分成。县政府制定相应措施和办法激励招商引资、引税，创办各具特色的经济财源。乡镇超收分成1994年13万元，1995年84.3万元。1996年，县委、县政府明确乡镇财政收入完成情况占综合目标考核总分的50%，且超额完成方有资格评先受奖。乡镇超收分成1996年56万元，1997年74.9万元，1998年96万元，2000年117万元，2001年257万元，2002年609万元，2003年487万元，2004年770万元，2005年783万元，2006年1752万元。

2007年起，县委、县政府不再对乡镇下达财政收入任务考核指标，根据乡镇情况安排耕地占用税、契税和非税收入任务；支出按预算下达工作经费，按“零户统管”实施。2008年起，本着五个不变的原则，试行“乡财县管乡用”的体制改革，即：预算管理权和县、乡利益分配权不变，乡镇独立核算主体不变，乡镇资金的所有权和使用权不变，财务审批权不变，债权债务关系不变，实行预算共编、统一核算、账户统设、集中收付、采购统办、票据统管、县乡联网的管理体制。

第二章 税 务

第一节 税务体制改革

1987年，国家增值税扩大到机械、冶金、电子、纺织、轻工等行业。1991年，龙里县开征18个税种。1993年7月，增值税取消“实耗扣税法”，一律按“购进扣税法”计算当期扣除税额。1993年10月，国家实行分级管理的财政体制，根据事权和财权相结合的原则，按税种划分中央与地方收入，将适合地方征管的税种划归地方税。

1994年起，中央实施财税体制重大改革，重新划分中央税种和地方税种，将产品税改为增值税，增值税和消费税属于中央固定收入，营业税、地方企业所得税、农业税等属于地方固定收入，同时将税务征收机构分设为国家税务局和地方税务局。进行分税财政管理体制改革，税收管理体制改革同步进行，取消产品税，建立以增值税为主体，消费税、营业税为补充的流转税制度，改革完善其他税种，扩大资源税的征收范围，并征收土地增值税，取消集市交易税、奖金税等。将个人所得税、个人收入调节税和城乡个体工商户所得税合并，统一征收个人所得税；将农林牧水产品税与农林特产税合并，统一征收农业特产税，划分为地方税种。

1994年9月，县国税局负责征收中央固定收入和中央地方共享收入，包括消费税、中央所属金融保险业营业税、企业所得税、增值税、中央企业利润和其他中央预算固定收入；县地税局负责征收地方（含省）固定收入，包括营业税（中央的营业税除外）、资源税、地方企业所得税以及地方其他各项税收等固定地方收入；财政部门主要征收农业四税、国有资产收益、国有企业上缴利润（后改为国有资产经营收益）、国有企业计划亏损补贴、罚没收入、行政性收费、专项收入和其他收入等。

2000年开征车辆购置税。2001年暂停征收固定资产投资方向调节税。2002年停征屠宰税。2004年调整农业税的税率，取消除烟叶以外的农业特产税。2005年取消农业税。至2008年，全县征收的税种由18种减少为14种。

第二节 国家税务

一、国家税务局

1994年9月成立县国家税务局，局机关内设办公室、税政股、征收股、管理股、计划会计股、人事教育股、监察室，直属机构有税务稽查分局、发票管理所、征收一分局、征收二分局，派出机构设置洗马、谷脚、羊场、猫场4个税务所。1997年4月，实行干部聘任聘用制，局机关内设办公室、人教股、监察室、计划财务股、税收政策法规股、管理服务股，直属机构有稽查分局、征收一分局（即城关分局）、征收二分局（即谷脚分局），同年7月稽查分局更名为稽查局。

2001年4月，局机关内设机构变更为：办公室、人事教育股、监察室、计划财务股、综合业务股，直属机构有稽查局、城关征收管理分局、谷脚征收管理分局，事业单位有信息中心。2004年2月，内设机构变更为办公室、监察室、财务股、计划征收股、人事教育股、综合业务股，直属机构有稽查局，事业单位有信息中心，派出机构有龙山税务分局、谷脚税务分局。

二、税务征收和管理

县国家税务局担负国家各税的征收和管理，主要负责增值税、消费税、中央企业所得税、地方和非银行金融企业所得税的征收管理，出口产品退税的管理，集贸市场和个体户的各项税收、中央税的滞纳补罚收入、国家能源交通重点建设基金、国家预算调节基金的征收管理。具体加强国税管理，开展税法宣传、纳税登记、纳税鉴定、纳税申报、纳税检查、涵养税源、发票管理以及减免税和违法违章处理等工作，强化税收征管，确保税收及时入库。入库税金1994年为1509万元，1999年2572万元，2003年5224万元，2008年1.51亿元。

1994—2008年龙里县国税收入统计表

表15-4　单位：万元

年份	入库税金	其中						
		增值税	消费税	营业税	企业所得税	外资企业所得税	个人所得税	车辆购置税
1994	1509	1189	4	111	61	0	26	0
1995	1860	1320	5	199	58	0	57	0
1996	1560	1547	5	—	8	0	0	0
1997	1780	1767	5	—	8	0	0	0
1998	2264	2212	4	38	9	1	0	0
1999	2572	2523	4	32	11	2	0.1	0
2000	2960	2857	4	41	30	0	7	21
2001	3447	3321	4	—	22	0	52	48
2002	4069	3950	5	—	0.7	8	64	42
2003	5224	5014	3	—	72	27	63	45
2004	9160	8936	2	—	104	0	74	44
2005	11005	10484	6	—	355	20	84	56
2006	7875	7445	206	—	72	2	112	38
2007	9549	8462	324	—	587	17	127	32
2008	15096	12014.44	235	—	2727	—	77	41

龙里县个体工商户增值税综合征税率一览表

表15-5

序号	税目	征收范围	营业额	所得税率（%）	城建税率（%）	附加费率（%）	综合征收率（%）
1	焚化品		不分额	6	0.3	0.18	6.48
2	煤	包括原煤、洗煤、选煤	不分额	2	0.3	0.18	2.48
3	涂料	水溶性涂料	不分额	2	0.3	0.18	2.48
4	糖果、糕点		不分额	2	0.3	0.18	2.48
5	印刷品		不分额	2	0.3	0.18	2.48
6	其他食品	面食、品食	不分额	2	0.3	0.18	2.48
7	饮料	固体、液体饮料	不分额	2	0.3	0.18	2.48
8	冰水机		不分额	2	0.3	0.18	2.48
9	家具		不分额	2	0.3	0.18	2.48
10	铝制器皿		不分额	2	0.3	0.18	2.48
11	其他建筑材料	包括石灰、砂石、油毛毡水泥制品	不分额	2	0.3	0.18	2.48
12	其他工业品		不分额	2	0.3	0.18	2.48

续表

序号	税目	征收范围		营业额	所得税率（%）	城建税率（%）	附加费率（%）	综合征收率（%）
13	缝纫	包括来料加工		不分额	2	0.3	0.18	2.48
14	加工修理			不分额	2.5	0.3	0.18	2.48
15	商业零售	流通环节	销售货物批发零售	4000元以下	1.5	0.2	0.12	1.82
				4000元及以上	2	0.2	0.12	2.32

龙里县个体工商户消费税综合征税率一览表

表15-6

序号	税　目	征收范围	营业额	所得税率（%）	城建税率（%）	附加费率（%）	综合征收率（%）
1	粮食、白酒		不分额	6	1.25	0.75	8
2	黄酒、啤酒		不分额	4	—	—	—
3	其他酒		不分额	4	0.5	0.3	4.8
4	鞭炮、焰火		不分额	6	0.75	0.45	7.2
5	贵重首饰及珠宝、玉石	包括各种金、银、珠宝首饰及珠宝玉石加工销售	不分额	3	0.5	0.3	3.8

第三节　地方税务

一、地方税务局

1994年9月成立县地方税务局，局机关内设人秘股、税政股、征管股、计会股、税务稽查队，下设14个乡镇税务所。2001年，明确机关行政编制13名，基层行政编制15名，后勤事业编制4名；县局领导职数4名（其中局长1名、副局长2名、纪检组长1名），局机关内设办公室、人事教育股、税政法规股、征收管理股、计划财务股，直属机构设稽查局、直属征收分局，下设谷脚、洗马、羊场税务所。

二、地税种类

县地方税务局征收的税种有营业税、资源税、个人所得税、企业所得税、土地增值税、城市维护建设税、车船使用税、房产税、城镇土地使用税、印花税、屠宰税（2002年取消）、烟叶税、筵席税、固定资产投资方向调节税等14个，同时还征收教育附加、地方教育附加、文化事业建设费。2006年开征烟叶税。

（一）营业税　1994年1月1日起征，共9个税目，税率为3%、5%～20%。龙里县营业税按次纳税的起征点为100元/次，按期纳税的起征点为5000元/月；规定娱乐业中除台球、保龄球适用5%的税率外，其他项目一律适用20%的税率；对农村信用社取得的金融保险业应税收入按3%税率计征。全县1994年税金收入110万元，1999年646万元，2003年1475万元，2008年1761万元。

（二）所得税　分企业所得税和个人所得税两种。

1.企业所得税　1985年1月，起征集体企业所得税，税率与国营企业所得税相同。1991年7月1日调整税率为30%。1994年统一企业所得税，采用比例税率33%，并规定年纳税额在3万元及以下减按18%税率征收；年纳税额超过3万元至10万元（含10万元）的减按27%的税率征收。2008年1月1日起内、外资企业统一税率为25%。龙里县企业所得税收入1994年为61万元，1999年129万元，2003年545万元，2008年2767万元。

2.个人所得税　1994年前，个人所得税包括个体工商户所得税、个人收入调节税和个人所得税3个税种。1994年合并为个人所得税，税目税率为：工资薪金所得以纳税人每月工资薪金总额扣除800元费用后的余额为应税所得额，适用9级超额累进税率；劳务报酬所得适用税率为20%；个体工商户的生产经营所得，以及对企事业单位的承包经营、承租经营所得，采用5级超额累进税率。2003年1月，龙里县建筑安装行业均按3%的所得税附征率计算缴纳个人所得税，当年9月1日执行修订后的《龙里县个体工商户综合征收率》。个人所得税法规定应税额，从2005年10月31日起工资薪金扣除额从800元/月提高到1600元/月；2008年3月1日起工资薪金扣除额从1600元/月提高到2000元/月。龙里县个人所得税收入，1994年为25万元，1999年113万元，2003年328万元，2008年1433万元。

（三）城镇土地使用税 1988年9月18日，国务院发布城镇土地使用税暂行条例，按大城市、中等城市、小城市、县城（建制镇、工矿区）划分为四类，分别按每平方米0.5～10元、0.4～8元、0.3～6元、0.2～4元的标准征收。2006年12月31日，国务院修改发布城镇土地使用税暂行条例，按大城市、中等城市、小城市、县城（建制镇、工矿区）划分为四类，分别按每平方米1.5～30元、1.2～24元、0.9～18元、0.6～12元的标准征收。

2008年起，龙里县出台《城镇土地使用税征收管理办法》，将城镇土地使用税额征收标准划分为四个路段。一级路段：县城内的各街道，即东至九条龙公路与铁路交叉口、南至铁路沿线内、西至打草河、北至贵新高等级公路区域，单位税额标准为10元/平方米；二级路段：除一级路段以外的城区，单位税额标准为8元/平方米；龙山镇辖区内的生产型企业划为三级路段，税额标准为6元/平方米；其他建制镇人民政府所在地和龙里工业园区（省政府批复区域）、龙里县北部工业聚集区（政府划定规划区域）划为四级路段，单位税额标准为3元/平方米（各建制镇区域内的休闲山庄、度假村，单位税额标准为3元/平方米）。

龙里县城镇土地使用税收入，1994年为7万元，1999年82万元，2003年103万元，2008年840万元。

（四）房产税 1986年10月1日起征，按比例分两种税率征收。一是按房产原值减除30%后的房产余值按年计征；二是按房产租金收入为计税依据，税率为12%。2001年1月1日起，企事业单位、社会团体和其他组织按照市场价格向个人出租用于居住的住房收入，个人出租住房的收入，减按4%的税率征收。龙里县房产税收入，1994年为12万元，1999年33万元，2003年198万元，2008年184万元。

（五）屠宰税 1985年5月，税率调整为猪每头5元，牛、马、骡每头2元，羊每只0.4元，主要是对农民自养自宰及上市出售的产品进行征收。1994年1月1日省政府调整税率，农民自养自宰自食牲畜的税率为猪3元/头、牛2元/头、羊0.4元/只。2002年5月17日，取消屠宰环节和收购环节的屠宰税，停征屠宰税。

（六）建筑税、固定资产投资方向调节税 1987年7月1日起，以固定资产项目实际完成的投资额（更新改造项目中的建筑工程按实际完成的投资额）计税，税率分为10%、20%、30%。1991年10月1日起原建筑税有关规定废止，分基本建设和更新改造两个税目。基本建设项目税率为：国家急需发展的项目税率为0，国家鼓励发展但受资源、交通条件制约的项目税率为15%；更新改造项目：国家急需发展项目税率为0，其他更新改造项目税率为10%，国家严格限制发展的项目税率为30%；一般的其他项目：税率为15%。2001年1月1日起，国家暂停征收固定资产投资方向调节税。

（七）车船使用税 1986年10月1日，国务院发布车船使用税暂行条例，分机动车、非机动车、机动船、非机动船4个税目，每辆机动车每年税额32～320元，非机动车税额每辆每年1.2～32元，机动船每辆每年税额1.2～5元/吨，非机动船每辆每年税额0.6～1.4元/吨。2007年1月1日，分载客汽车、载货汽车、三轮汽车（低速货车）、摩托车、船舶5个税目，按每辆每年税额3～660元征收，船舶按吨位计算。

2007年，省政府发布车船税征收标准：载客汽车大型客车核定载客人数大于或等于20人、中型客车核定载客人数大于9人且小于20人、小型客车核定载客人数小于或等于9人、微型客车发动机气缸总排气量小于或等于1升，每辆分别按600元、480元、360元和180元（包括电车）征收；载货汽车每辆每年按自重每吨60元（包括半挂牵引车、挂车、专项作业车、轮式专用机械车、客货两用车）征收；三轮汽车、低速货车每辆每年按自重每吨72元征收；摩托车每辆每年按60元征收；船舶净吨位小于或等于200吨、净吨位201吨至2000吨、净吨位2001吨至1万吨、净吨位10001吨及其以上，每辆每年分别按每吨3元、4元、5元、6元征收，拖船和非机动驳船分别按相应吨位税额的50%计算征收。

（八）资源税 1994年1月1日，国务院发布资源税暂行条例，征收范围包括：原油、燃气、煤炭、其他非金属矿原矿、黑色金属矿原矿、有色金属矿原矿、盐（固体、液体）7类。龙里县资源税收入，1994年为12万元，1999年30万元，2003年59万元，2008年100万元。

龙里县资源税表

表15-7

序号	税目	计税依据	税率
1	煤炭	吨	2.5%
2	重晶石、沙土、黏土	立方米	3%
3	硫铁矿	吨	1%
4	铝土矿	吨	20%

（九）印花税 1988年10月1日开征，分别实行从价计征和从量计征。从价计征：各类经济合同、购销合同、产权转移证书所载金额、收入或费用为计税依据，记载资金的营业账簿以实收资本和资本公积两项合计为计税依据，共11类，税率0.05‰至1‰；从量计征：实行从量计征的其他营业账簿许可证照为计税依据，税额为5元/件。

（十）城市维护建设税 1985年10月1日起征，按纳税人所在地实行差别税率，以纳税人实际缴纳的增值税、营业税、消费税税额为计税依据，采用比例税率，县城、建制镇税率5%，其他地区为1%。龙里县城市维护建设税收入，1994年为56万元，1999年88万元，2003年311万元，2008年722万元。

（十一）教育费附加 1986年7月1日起征，以纳税人实际缴纳的产品税、增值税、营业税、消费税税额为计税依据，采用比例税率1%。1994年1月，按纳税人实际缴纳增值税、营业税、消费税税额的3%计征。2004年，城市教育费附加按3%征收，地方教育费附加按1%征收。

（十二）烟叶税 2006年4月28日，国务院发布烟叶税暂行条例，征收范围：晾晒烟叶、烤烟叶，税率为20%。龙里县烟叶税收入，2006年为260万元，2008年539万元。

（十三）耕地占用税 1987年4月1日起征，以纳税人实际占用的耕地面积计税，按照规定税额一次性征收，税率为每平方米1～10元。2008年1月1日起，耕地占用税由地方税务局负责征收。当年2月26日，财政部、国家税务总局联合发布的耕地占用税暂行条例实施细则规定贵州省耕地占用税税率为20元/平方米。

（十四）契税 1997年7月7日国务院发布契税暂行条例，10月1日起征，征收范围：国有土地使用权转让、土地使用权转让（出售、赠与和交换）和房屋买卖、赠与、交换。贵州省统一执行税率为3%，计税额为土地、房屋转让或出售的价格（赠与、交换或交易价格明显不符的，按评估价）。1999年8月1日，贵州省财政厅、地税局《关于贯彻国家有关调整房地产市场若干税收政策的通知》第三条第一款规定：个人购买自用普通住宅144平方米以下，暂减半按1.5%征收契税。2008年11月1日，贵州省财政厅《关于调整房地产交易环节契税有关问题的通知》第一条规定：个人首次购买90平方米及以下普通住房的，契税暂按1%的税率征收。

三、地税征管

县地方税务局主要负责贯彻执行国家、省、州税收工作的法律、法规和方针政策，研究拟定地方性税收发展规划和年度工作计划，并根据经济税源和税收计划组织实施；负责企业所得税、营业税、资源税、城市维护建设税、房产税、城镇土地使用税、车船使用税、印花税、个人所得税、土地增值税、烟叶税等税费的征收管理。管理普通发票和其他税收票证，监督检查税收执法情况，研究税收理论和政策，分析税收信息，掌握税收动态，组织税法宣传；负责税源的调查和测算，监控管理重点税源，实施税收能力估算和税收宏观分析，为平衡地方财政预算和抓好征收入库工作提供依据。

1994—2008年，地方税收增长29.45倍，累计实现总收入4.8亿元。其中的6个税种收入占总收入的

90.8%，即：营业税收入1.47亿元，占总收入的33%；个人所得税6481万元，占14%；企业所得税1.29亿元，占27%；城建税4243万元，占9%；房产税1852万元，占4%；土地使用税1777万元，占3.8%。

1994—2008年龙里县地方税收入统计表

表15-8

年份	地税收入（万元）	完成年度计划比率（%）
1994	315	105.05
1995	370	142.1
1996	573	112.46
1997	789	116.18
1998	1186	107.9
1999	1498	107.05
2000	1776	111.04
2001	2236	112.96
2002	2556	102.45
2003	3243	111.06
2004	4131	103.01
2005	5479	111.81
2006	6661	107.78
2007	7906	101.35
2008	9278	102.29

1994—2008年龙里县地方税收入分类统计表

表15-9　单位：万元

税种/年份	营业税	企业所得税	个人所得税	土地增值税	土地使用税	房产税	资源税	屠宰税	印花税	城市维护建设税	车船使用税	教育费附加	地方教育费附加	固定资产投资方向调节税	文化事业建设费	烟叶税	滞罚	合计
1994	110	61	25	—	7	12	12	6	5	56	3	—	—	15	—	—	3	315
1995	196	57	43	—	12	17	8	3	4	8	3	—	—	18	—	—	1	370
1996	259	56	59	—	41	18	15	8	2	92	3	—	—	18	—	—	2	573
1997	365	56	91	—	45	21	24	11	6	124	3	—	—	40	—	—	3	789
1998	511	134	142	—	50	23	31	12	7	149	3	56	—	68	—	—	—	1186
1999	646	129	113	—	82	33	30	15	11	88	4	52	—	295	—	—	—	1498
2000	938	191	204	5	59	43	32	23	13	161	5	102	—	—	—	—	—	1776
2001	941	516	275	2	77	60	44	17	14	175	8	107	—	—	—	—	—	2236
2002	1288	392	196	4	88	87	41	14	18	258	2	166	—	2	—	—	—	2556
2003	1475	545	328	13	103	198	59	—	20	311	2	188	—	—	1	—	1	3243
2004	1210	1018	690	14	103	352	49	—	15	414	4	239	21	—	1	—	1	4131
2005	1928	1082	1220	19	76	280	86	—	38	438	2	242	66	—	1	—	1	5479
2006	1663	2520	668	48	110	292	97	—	58	535	3	310	95	—	1	260	1	6661
2007	1450	3373	994	39	84	232	106	—	61	712	16	390	110	—	1	338	—	7906
2008	1761	2767	1433	202	840	184	100	—	109	722	54	411	156	—	1	539	—	9278

1994—2008年龙里县地方税收入入库级次统计表

表15-10　　单位：万元

年份	合计	省级收入	县级收入
1994	315	53	262
1995	370	67	303
1996	573	91	482
1997	789	96	693
1998	1186	110	1076
1999	1498	132	1366
2000	1776	114	1662
2001	2236	126	2110
2002	2556	135	2421
2003	3243	150	3093
2004	4131	112	4019
2005	5479	144	5335
2006	6661	200	6461
2007	7906	225	7681
2008	9278	460	8818

三、地税稽查

1994年10月县地税局成立税务稽查队，1998年7月更名为县地税局稽查分局，2001年7月成立县地方税务局稽查局。1994—2008年，稽查局共查处各类案件166件（其中移送司法机关4件），累计查补入库税款、滞纳金和罚款498.23万元。

2008年，采取征、管、查“三分离”税收管理模式，全面推行“一窗式”服务，建立健全征管员、管理员、稽查员管理制度，征管改革以“建立制度，加强管理，注重结合”为主要内容。全县地税系统共有征管户数3261户，其中企业375户（自管户88户、共管户287户），个体2882户（自管户764户〈达起征点308户、未达起征点456户〉，共管户2118户〈达起征点219户、未达起征点1899户〉），非法人单位4户（自管户1户、共管户3户）。

1994—2008年龙里县地方税稽查案件统计表

表15-11　　单位：万元

年份	案件数（件）	税款	罚款	滞纳金	合计
1994	5	4.5	2.25	1.25	8
1995	4	6.24	3.12	0.74	10.1
1996	8	16.42	2.45	1.34	20.21
1997	12	15.8	7.9	6.3	30
1998	16	32.4	16.2	14.4	63
1999	22	82.5	41.25	18.85	142.6
2000	10	7.5	3.75	1.05	12.3
2001	26	41.16	9.37	3.12	53.65

续表

年份	案件数（件）	税款	罚款	滞纳金	合计
2002	18	21	15	—	36
2003	8	9.89	2.37	5.69	17.95
2004	5	8.26	4.46	2.55	15.27
2005	2	5.23	6.09	0.24	11.56
2006	20	14.85	7.45	0.28	22.58
2007	4	8.24	3.26	1.56	13.06
2008	6	32.25	6.24	3.46	41.95
合计	166	306.24	131.16	60.83	498.23

第十六篇　医疗卫生

第一章　医疗卫生改革

第一节　管理制度改革

一、医疗卫生机构及队伍

1990年，全县有龙山、洗马、谷脚、羊场4个区中心卫生院和26个乡级卫生院。区、乡镇卫生院有龙山区中心卫生院，下辖莲花、平山、平西、麻芝、三元、大新、中排、民主8个乡级卫生院；谷脚区中心卫生院，下辖猫场、岩后、高堡、比孟、水场、观音6个乡级卫生院；羊场区中心卫生院，下辖湾寨、岱林、六广、摆省、渔洞5个乡级卫生院；洗马区中心卫生院，下辖落掌、巴江、牛场、平寨、谷龙、和平、谷冰7个乡级卫生院。实行县卫生局管理县级医院、区中心卫生院，区中心卫生院管理乡卫生院，乡卫生院管理村卫生室的三级管理体制。1991年，县内有卫生技术人员547人，是1968年的5.02倍。其中：西医师92人（其中县医院62人），是1968年的3.4倍。

1994—2008年，实行县级卫生部门管理乡镇卫生院、乡镇卫生院管理本乡镇所属村卫生室的二级管理体制。2008年，县卫生局下辖县人民医院、县中医院、县疾病预防控制中心、县妇幼保健院，民惠医院（民营）、阳光医院（民营）、协和医院（民营），14个乡镇卫生院，68个村卫生室；拥有技术人员570人，其中：集体单位50人、民营医院58人；开设有内科、普外科、骨外科、妇产科、儿科、门诊和急诊科、手术室、药剂科、检验科、B超心电图室、放射科、护理部、五官科、防保科、体检中心等科室。

1993年10月31日《中华人民共和国红十字会法》施行。龙里县红十字会下设办公室在县卫生局，会长由分管卫生工作的副县长担任。全县红十字会组织由1991年的10个发展到2008年的34个，会员由1060人发展到6579人（其中，成年会员1918人，青少年会员4077人，团体会员584人）。1991—2008年，在抗灾救灾活动中，县红十字会累计出动车辆176台次，发放救灾现金1.03万元、药品折款3.84万元、物资折款约16.68万元，组织医疗队18个，派出医疗救护人员216人次，为受灾群众防病治病3403人次。

（一）疾控中心　2007年，县疾病预防控制中心事业编制增加到40名。2008年在岗职工中卫生专业技术人员29人，其中：大专以上学历18人，中专11人；高级职称2人，中级9人，初级18人；非卫生专业人员5人。

（二）妇幼保健院　2008年有职工47人，其中：管理人员5人、工人2人、各类专业技术人员40人；大学学历4人、大专学历20人；副高职称3人、中级职称16人、初级职称21人；执业医师24人、执业助理医师6人、执业护士8人、技师（检验师）2人。

（三）县医院　2008年，有房屋建筑面积1.5万平方米，设置有门诊、外科（重点为创伤骨科）、内科、儿科、妇产科、中医科、五官科、口腔科、急诊科、皮肤科、理疗科、药剂科、防保科、消毒供应室、病案室、检验科、放射科、手术室、传染科、B超室、心电图室21个科室，18个专业，床位数147张。有正式职工114人，聘用职工40多人。其中：卫生技术人员130人，有副高级职称人员5人，中级职称37人，初级专业技术人员54人；医师47人，占全院卫生技术人员数的30.5%；医技24人，占全院卫生技术人员数的16%；护理人员59人，占全院卫生技术人员数的38.36%。

（四）乡镇卫生机构　1991年全县建镇并乡撤区后，乡镇卫生院为股级事业机构，编制数为：龙山镇20名，洗马镇34名，羊场镇32名，谷脚镇24名，猫场镇20名，谷龙乡12名，巴江、哪嗙两乡各15名，三元、麻芝、民主、水场、湾寨、摆省等乡镇各10名。2006年，将洗马镇卫生院1名事业编制划转到洗马中学承担医务工作。

2008年，洗马镇中心卫生院有卫技人员21人，其中：学历本科1人、大专10人，职称中级2人、初级11人；羊场镇中心卫生院有卫技人员22人，其中：本科3人、大专4人、中专15人，中级1人、初级11人；龙山镇中心卫生院有卫技人员13人，其中：大专6人、中专6人，中级1人、初级11人；谷脚镇中心卫生院有卫技人员22人，其中：大专9人、中专8人，中级1人、初级16人。这4所卫生院是全县卫生片区实施初级卫生保健的技术指导中心。此外，还有其他10个乡镇卫生院、68个村卫生室，有卫技人员共185人；另有集体所有制卫生人员50人。

（五）民营医院

1.明惠医院　位于县城环城路，2004年4月经州、县两级卫生局评审设立，为黔南州第一家私营医院。设有床位20张，内设内科、外科、妇科、儿科，有医学影像室、检验室、B超室、心电图室，职工22人，年平均门诊诊疗5391人次、住院病人1353人次。

2.阳光医院　位于县城弯子街，2005年8月经州、县两级卫生局评审设立的私营医院。设有床位20张，设有内科、外科、儿科、妇科，有影像室、检验室，职工50人，年平均门诊诊疗2.5万人次、住院病人600人次。

二、医疗卫生管理制度改革

1991年开始整合资源，集中医疗技术力量，建立乡镇卫生院。到1994年，全县14个乡镇均建立卫生院，各卫生院内设机构有西医门诊、住院病房、检验科、影像科、预防保健组等。原来乡级卫生院中，莲花等16个被撤销乡的乡级卫生院降为村卫生所，1997年后统称为村卫生室。通过改革实行县管乡镇、乡镇管村的三级管理体制。

1993—2003年，卫生系统实行院长负责制、岗位责任制。妇幼保健站开展妇幼保健与临床治疗，一方面扩大服务面，一方面解决自给资金问题。2002年12月，撤销县卫生防疫站，组建县卫生监督所（原县卫生防疫站卫生科）和县疾病预防控制中心，均属独立法人财政全额预算管理的科级卫生事业机构，由县卫生局主管。其中，县疾病预防控制中心定编30人，内设办公室、流病股、慢病股、监测检验股、财务股，实有职工34人。

2002年，在全县卫生系统对县人民医院正副院长、中医院正副院长、保健院正副院长、疾控中心正副主任等职位实行竞争上岗。2004年，按照“脱钩、分类、放权、搞活”思路，逐步取消事业单位行政级别，建立符合不同类型事业单位和不同岗位特点的人事制度，实行分类管理。县政府本着“先易后难、先行试点、以点带线、以线带面、逐步深化”的原则，重点在教育、卫生等系统作试点，卫生系统选择县人民医院为试点单位。

县人民医院作为改革试点单位，内设机构有内科、普外科、骨外科、妇产科、儿科、门诊、急诊科、手术室、药剂科、检验科、B超心电图室、放射科、办公室、护理部、总务科、财务科、五官科、防保科、供应室、体检中心20个科室，其中办公室、护理部、总务科、财务科、医务科统属行政后勤。临床设有内科、普外科、骨外科、妇产科、儿科、门诊、急诊科、手术室，统属医务科；药剂科、检验科、B超心电图室、放射科，统属医技科。

县人民医院深化人事制度改革，以提高医疗服务质量为核心，以实行全员聘任制、逐步建立按劳分配和按生产要素参与分配的激励机制为重点。实行竞争上岗、择优聘用的动态管理，打破行政职务、专业技术职务终身制，实现由身份管理向岗位管理的转变。核定编制数和专业技术职务结构比例，结合实际设岗定责，公布各岗位拟聘职数，符合条件的竞聘人员报名后接受考核，公开、自愿、择优聘用。首先对护士长以上职位、科室主任开展中层干部竞争上岗改革，每个竞聘岗位必须3人以上报名方可竞聘。

竞聘过程是：对申报人进行资格审查，述职（面试）、民主测评，经院领导集体讨论确定拟聘，然后实行科室领导选择职工与职工选择领导的双向选择、竞争上岗。对于未聘人员的安置，主要采取提前退休、提前离岗、辞退、辞职自谋职业、下岗待聘五种途径，坚持单位内部消化为主和行业系统内调剂为辅，以及鼓励个人自谋职业。坚持按劳分配与按生产要素分配相结合原则，既克服平均主义弊端，又避免合理收入差距太大。向科室进行一级首次分配，科室从微观角度自主进行二次分配，在二次分配中注重业绩和公平，实现权、责、利有机统一。

第二节　公费医疗制度改革

1991—1997年，仍然实行20世纪80年代制定的“公费医疗经费包干办法”，即经费拨到单位，由单位控制。有的由单位按月、季度发放到个人；有的单位明文规定：工作年限不同，可以报销不同级差的药费，超支部分自己承担。为配合各单位加强对公费医疗的管理，县医院制定《控制县内公费医疗措施》：1.严禁科室乱收费，如有违反，按“吃多少，吐多少，罚多少”处理；2.凡自费药品，一律按规定自费，单独收费，收费收据加盖“自费药品”印章；3.常年坚持不进“健”字药品；4.控制大处方和人情方，药价10元以上的处方，必须经院长签字生效，每月药房将大处方数反馈给各科室；5.公费医疗或劳保人员使用中成药，必须由处方医师亲自送处方到办公室说明理由、签字生效，同时凡病人需要转院治疗必须征得院办公室同意。通过这些措施，在一定程度上控制公费医疗中的不正之风，基本上做到“医好病，少浪费”。

1997年7月出台《龙里县行政事业单位职工医疗保障管理试行办法》。1998年，开始实施公费医疗改革，个人缴纳工资总额的2%，单位补助缴纳职工工资总额的3%，财政补助职工工资总额的5%，分为两部分直接计入职工公医手册。第一部分是个人和单位缴纳的总和计入公医手册的首页，平时看病就医首先使用这一部分；财政补助的部分计入公医手册的中间，职工首先使用完个人和单位缴纳部分后才能使用财政补助部分。当年使用结余的转移到下年使用。住院、长期慢性病等公医手册账户用完后，超出部分按相关规定根据工龄长短按比例报销。

2002年，实施城镇职工基本医疗保险，实行社会统筹医疗基金与职工个人账户相结合的社会保险制度，基本医疗保险费由用人单位以本单位上年度在职职工工资总额为缴费基数，按5%的比例缴纳；职工个人以本人年度工资收入为基数，按2%的比例缴纳。退休人员参加基本医疗保险，享受基本医疗待遇，个人不缴纳基本医疗保险费。城镇职工基本医疗保险基金由个人账户和社会统筹医疗基金组成。参保人员在定点医院门诊治疗或者在定点医疗机构、定点药店购药，可以直接用个人账户资金支付。个人账户资金用完后门诊治疗、购药费用由本人自付。同时实施高额医疗保险，每人每年缴纳36元，个人账户资金用完后，根据相关规定由高额保险赔付。

第三节　合作医疗制度改革

一、城镇医疗保险

2007年11月，开始施行城镇居民基本医疗保险。按照“低水平、广覆盖、保大病”，家庭缴费、政府补助，属地管理、州级统筹，以收定支、收支平衡、略有结余，建立统筹基金，不设个人账户以及在城镇居民基本医疗保险基础上，通过商业保险建立大病医疗保险制度等办法，年内参保率达到50%。参保对象为本县行政区域内不属于城镇职工基本医疗保险制度覆盖范围的非从业城镇居民，包括：在校学生（幼儿园儿童、中小学生，职业高中、中专、技校、特教学校学生）、具有龙里县城镇户籍的非在校未成年人和其他具有龙里县城镇户籍的城镇非从业居民，暂无缴费能力尚未参加城镇职工基本医疗保险的国有、集体困难企业职工和退休人员。

缴费标准：1.学生及非在校的未成年人，每人每年按120元的标准筹集，家庭缴纳40元，政府补助80

元。其中属于重度残疾、低保对象的，家庭缴纳10元，政府补助110元。2.其他城镇居民按每人每年200元的标准筹集，家庭缴纳120元，政府补助80元。其中，属于丧失劳动能力的重度残疾人、低收入家庭60周岁以上老年人和属于低保对象的居民，家庭缴纳10元，政府补助190元。3.城镇“三无人员”（无劳动力、无生活来源，又无法定赡养、抚养义务的人员）参加城镇居民基本医疗保险的，家庭（个人）缴费由政府全额补助。2008年，龙里县城镇居民基本医疗保险参保率达85%。

二、农村合作医疗

2007年，启动新型农村合作医疗改革。县委、县政府把建立新型农村合作医疗制度列为解决“三农”问题的重点工作之一，成立由县长任组长的试点工作领导小组，下设办公室在县卫生局。同时，成立由县人大常委会分管领导任组长的试点工作监督领导小组。2007年末，全县新型农村合作医疗参合农民为12.14万人，参加率达80.2%，行政村覆盖100%。县、乡镇两级均建立新型农村合作医疗基金专户。到2008年，全县新型农村合作医疗参合农民达16.19万人，参加率达87.6%。

第二章　医疗卫生服务管理

第一节　医疗技术与设备

一、医疗技术

（一）西医　1991—2000年，外科已能开展脑外伤颅内血肿清除、肾盂切开取石、胆结石摘除、甲状腺切除、剖腹探查、阑尾摘除、肠梗阻排除，胆、胃、子宫切除等10多种大型手术。内科能开展脑血管意外、冠心病、慢性支气管炎、慢性支气管哮喘、肺气肿、消化道溃疡、慢性胃炎、风湿性心瓣膜病、甲亢等疑难病的诊疗。妇产科能开展子宫肌瘤、卵巢囊肿、宫颈息肉摘除和剖宫产等手术。2007年，县医院对肝癌、白血病等疑难病症能及时诊断，能开展开颅、胆囊切除、胆总管切开探查、肝脏修补、胃大部切除、关节置换、肝癌切除、剖胸探查、子宫全切、唇裂修补、镶牙、鼻息肉摘除、鼻中隔矫正、扁桃体摘除、内翻倒睫、白内障摘除等手术。2008年，能够开展四肢骨折内固定、椎间盘摘除、甲状腺瘤切除、肾切除等手术。

2000—2008年龙里县人民医院医疗情况统计表

表16-1

年份	门诊人次	急诊人次	住院病人				手术台次	病床数（张）	占用床位总张数	病床周转次数	平均病床工作日	病床使用率%
			住院人次	治愈率%	好转率%	死亡率%						
2000	35752	3054	1683	72.1	22.2	0.65	195	103	12226	16.4	119	32.4
2001	41890	8712	2053	77.8	21.5	0.7	216	103	13515	19.9	128	35
2002	47478	9408	2064	54.5	32.5	0.9	233	103	13335	22.8	130	42.5
2003	41300	8271	1733	51.4	39.6	1.2	291	103	10412	16.9	101	27.2
2004	36867	7501	1602	53.7	32.3	0.9	331	103	9138	15.5	88.7	25.2
2005	31921	6074	1719	46.7	40.7	1.1	260	103	10210	26.4	99.1	27.7
2006	34660	9289	1989	50.7	36.5	1.15	623	103	10048	19.3	102	27
2007	41203	10523	3930	46.8	42.5	0.5	626	103	22830	35.5	222	60.7
2008	45516	13123	4632	44.5	47.3	0.64	848	103	32319	42.5	301	90

（二）中医 1992年10月创建的龙里县中医院，是一家中西医结合的非营利性医疗机构。2002年起，设立门诊部、住院部，开展内、外、妇、儿等科疾病的诊疗和妇科、外科部分手术。2004年7月引进高频痔疮治疗机，治疗内痔、外痔、混合痔、息肉、肛裂、肛瘘、湿疣等肛肠科疾病；引进电脑骨质增生治疗机治疗关节炎、肩周炎、腱鞘炎、急性软组织挫伤、坐骨神经痛、骨质增生等疾病；采用针灸、电疗、火罐、推拿、药物熏蒸、牵引、穴位注射等疗法，主治颈椎病、腰椎病、中风后遗症、面瘫、面肌痉挛和急慢性劳损、风湿性疾病。

二、医疗设备

1990年前，县人民医院已有心电图机、胆石机、二氧化碳激光治疗机和A型、B型超声波诊断仪等大型设备。1990年购置膀胱镜、自动洗胃机、呼吸机、骨质增生治疗仪各1台。2004年投入大量资金引进日产CT机、日产B超机、日产全自动心电图机、脑彩超机、300MAX机、自动生化分析仪、酶标仪、纤维胃镜、心电监护仪、呼吸机等先进设备。2006年购置多参数监护仪、呼吸机、吸痰器、全自动洗胃机、除颤起搏器。2007年购进日产全自动心电图机、脑彩超机、30MAX光机、酶标仪、纤维胃镜。全县乡镇卫生院均有电脑、洗胃机、B超机、尿分析仪、心电图机、心电监护仪等设备，洗马、醒狮、巴江还添置有X光机。

第二节 疾病预防控制

1991年，县卫生防疫站按法规要求先后明确食品、劳动、环境等卫生监督员，对食品生产经营单位、厂矿、学校和公共场所等开展监督监测。2002年撤销县卫生防疫站后，卫生执法由新组建的县卫生监督所执行，县疾控中心负责技术性卫生监测检验等工作。

1991—2002年，县卫生防疫站承担疾病防控监管职能，除计划免疫、卫生防疫外，重点开展地氟病的防治工作。1991—1999年，实验室监测设备较落后。2000年，通过实施日援地氟病防治项目，配备县防疫站实验室恒温水浴箱、电热干燥箱、生化培养箱、分析天平、数字式酸度计、粉碎机、混合搅拌器、小型离心机、显微镜、火焰分光光度计、水质速测仪、纯水制造机、理化实验组合、超声波洗涤机、300毫安双球双管X光机、大气采样器、可吸入尘采样器等22种设备。

2001年10月，县防疫站资质在全省县级站中首家通过省质量技术监督局的认证，通过认证的检验资质有食品理化检验项目25个，食品微生物检验项目10个，公共场所、职业卫生检测项目11个，生活饮用水及涉水产品检验项目26个，地方病相关检测项目5个，消毒及医院消毒与灭菌效果监测检验项目17个，共6个大类94个项目。2003年增加职业卫生监测项目6个，达7个大类100个项目。

2004年5月投资85万元，在县城夹山坡高速公路匝道口划拨土地3865平方米建设县疾病预防控制中心新业务楼，建筑4层1510平方米，12月底主体工程完工。由于主体、附属工程和室内装修等经费缺口大，经过多方筹资逐年投入，至2008年底业务楼及附属工程全部完工投入使用。

第三节 计划免疫

为完成国家提出的限期消灭脊髓灰质炎的目标，龙里县根据省、州安排，从1993年起每年12月5—10日和次年的1月5—10日开展两轮“脊灰强化免疫”服苗活动，每年每轮服苗率均达98%以上。1995年，经过国家组织统一考核，提前实现国家计划免疫“七五”规划要求的3个85%目标。

1995—2008年，为计划免疫成果巩固阶段。计划免疫3个85%的目标实现后，由过去省、州一年一度的交叉大检查转为常规工作。县内组织开展各乡镇之间交叉检查，促进接种率和免疫规划工作整体水平提高。在接种麻疹疫苗、百白破三联制剂、脊髓灰质炎疫苗、卡介苗“四苗”的基础上，根据贵州省2002年将乙肝基因疫苗（2000年前为血液疫苗）纳入儿童计划免疫的要求，龙里县2003年正式启动乙肝基因疫苗免疫。

2003年，世界卫生组织（WHO）与贵州省合作，实施“加速麻疹控制和加强常规免疫服务合作项目”，在8个月至12岁儿童中开展麻疹疫苗补充免疫，不论过去接种与否一律接种1次麻疹疫苗。省卫生厅首先在龙里县开展项目试点，2003年10月全县共接种4.34万人，接种率达98.35%。试点工作得到世界卫生组织和卫生部专家赞赏，并在全州和全省推广。2003年以后，同时加强新生入学入托（园）儿童查验接种证、补种、补证工作，加强常规安全接种，提高接种质量，保证接种成功率。2003年11月至2008年，全县未发现麻疹确诊病例。

2004年12月1日，新的《中华人民共和国传染病防治法》开始实施，对儿童实行预防接种证制度，免费实行免疫规划项目的预防接种。2005年3月24日，国务院颁布《疫苗流通和预防接种管理条例》，于6月1日起施行。这一阶段，龙里县免疫规划工作进入规范化管理时期，实行免费免疫规划服务，形式发生重大转变，多数乡镇实行定点门诊接种或按月接种，保证儿童及时接受接种，而且保证疫苗接种质量。

2005年根据省、州工作安排，开展乙肝免疫查漏补种工作，接种对象为2000年1月1日至2004年12月31日出生的儿童，全县应种6683人次，实种5591人次。2006年，按省要求将乙脑疫苗、流脑疫苗接种纳入免疫规划管理。2007年为控制乙脑疫情，根据省、州工作安排，对8个月至6岁的农村儿童开展乙脑疫苗强化免疫免费接种，全县应种1万人，实种9355人，接种率93.55%。

2008年，根据省卫生厅要求在全省开展8个月至6岁麻疹后续强化免疫和0～3岁儿童脊灰强化免疫活动。全县麻疹疫苗后续强化免疫应种1.47万人，实种1.43万人，接种率97.28%。其中：常住儿童应种1.35万人，实种1.31万人，接种率97.04%；流动儿童应种1200人，实种1177人，接种率98.08%。同年12月8—14日，全县第1轮脊灰强化免疫应种9438人，实种9081人，接种率96.22%。其中：常住儿童应种8416人，实种8104人，接种率96.29%；流动儿童应种1022人，实种977人，接种率95.6%。这次强化免疫活动共培训乡村级人员224人次，设接种点238个（入户接种点102个、巡回接种点54个、固定接种点29个、临时接种点53个），共156人（村级接种人员60人、乡级92人、县级4人）参加本次强化免疫接种工作，投入督导人员197人次（乡级督导92人次、县级109人次、地区级19人次）。强化免疫期间开展形式多样的宣传活动，其中：电视宣传7天、广播宣传49次，出动宣传车4辆次、悬挂横幅45幅，张贴标语739张、宣传画437张，发放宣传单1.99万张、出宣传板报43版次。

1992—2008年龙里县计划免疫“四苗”接种情况统计表

表16-2　　单位：人、%

年份	儿童出生数	建卡人数	建卡率	接种情况									
				麻苗		脊灰苗		百白破		卡介苗		四苗	
				接种人数	接种率	接种人数	接种率	接种人数	接种率	接种人数	接种率	接种人数	接种率
1992	131	112	85.4	167	86.9	477	95.2	478	91	102	91.1	306	91
1993	137	118	86	153	96.2	461	98.5	436	99.3	111	100	290	98.5
1994	139	139	100	177	95.6	473	98	423	94.8	173	97	311	96.3
1995	116	116	100	192	93.6	580	95	524	95.2	230	100	281	95.9
1996	112	112	100	209	92.4	479	83	485	85.9	144	85	329	86.5
1997	132	130	98	279	83.2	676	96.9	640	84.9	234	100	457	91.2
1998	129	129	100	175	85	224	94	185	80	172	90	189	87.2
1999	133	133	100	164	94.7	187	85.7	176	91	156	85	170	89.1
2000	126	120	95.2	198	100	219	95.5	209	95.9	177	94	200	96.3
2001	129	121	93	200	96.1	749	94.6	763	96	138	92.6	462	94.8

续表

年份	儿童出生数	建卡人数	建卡率	接种情况									
				麻苗		脊灰苗		百白破		卡介苗		四苗	
				接种人数	接种率	接种人数	接种率	接种人数	接种率	接种人数	接种率	接种人数	接种率
2002	136	130	95.5	144	88	523	76.9	509	85.1	136	91.8	328	85.4
2003	274	270	98.5	270	84.9	953	88.7	795	94.5	284	90.4	575	89.6
2004	248	244	98.3	415	96.7	887	95	765	95	227	92.6	573	94.8
2005	192	189	98.4	425	96.8	874	95.3	819	95	224	91	585	97
2006	149	149	100	392	93.7	636	94.9	627	92.8	226	95	470	96.1
2007	221	221	100	677	96.9	917	97	836	97	200	95.2	657	96.5
2008	193	193	100	319	96.6	517	93.1	481	93.4	180	93.2	374	94.1

第四节　卫生防疫

一、病例比较

经过60年（特别是改革开放30年）的防治，龙里县传染病发病率和死亡率大幅下降。1978年发病率麻疹为89.41人／10万人、白喉1.9人／10万人、百日咳585.29人／10万人、小儿麻痹症1.9人／10万人、钩体病3.8人／10万人（其中死亡1人）、流脑1.9人／10万人、猩红热0.63人／10万人、痢疾188.34人／10万人（其中死亡2人）、伤寒7.6人／10万人、肝炎22.83人／10万人（其中死亡1人）、疟疾20.29人／10万人、斑疹伤寒8.24人／10万人。1979年报告病毒性肝炎40例。1989年全国人大颁布传染病防治法，之后传染病防治工作走向制度化。

2008年共报告乙、丙类传染病17种912例，死亡9例（乙类12种725例、死亡9例；丙类5种187例），无甲类传染病报告。相应传染病发病率：猩红热2例，0.98人／10万人；痢疾127例，62.13人／10万人；伤寒、副伤寒4例，1.96人／10万人；肝炎132例，58.9人／10万人；肺结核437例，213.77人／10万人；疟疾3例（为非洲打工输入），1.47人／10万人；腮腺炎152例，74.35人／10万人；手足口病23例，11.25人／10万人；狂犬病4例，1.96人／10万人；梅毒7例，3.42人／10万人；淋病6例，3.42人／10万人；乙脑1.96人／10万人；风疹1例。与1978年相比，发病率显著下降。

1990—2008年龙里县甲乙丙类传染病发病情况统计表

表16-3

年份	病种（种）	发病总数（人）	发病率（人/10万人）	死亡总数（人）	死亡率（人/10万人）
1990		956	549.68	6	3.45
1991		601	340.1	12	6.79
1992		427	241.63	5	2.83
1993		456	254.73	5	2.79
1994		319	175.15	5	2.75
1995		641	347.68	2	1.08
1996		523	281.21	2	1.07
1997		387	203.92	7	3.68
1998		743	393.98	15	7.95

续表

年份	病种 （种）	发病总数 （人）	发病率 （人/10万人）	死亡总数 （人）	死亡率 （人/10万人）
1999		711	377.01	3	1.59
2000		530	280.87	4	2.11
2001		521	256.6	8	3.94
2002	13	718	373.1	3	3.12
2003	8	668	322.4	1	0.49
2004	13	538	269.06	0	—
2005	17	706	338.67	12	5.76
2006	13	634	312.17	4	1.97
2007	15	753	368.43	4	1.96
2008	17	912	446.13	9	4.4

二、病例防治

（一）霍乱与副霍乱 1998年9月，水场乡中坝村发生副霍乱病例报告，县卫生局、县防疫站及时采取果断措施处理疫情，及时封锁疫点（含老罗堡火车站）。经过一个潜伏期的疫情处理，该疫点未出现第二代病例，也未出现死亡病例。经流行病学调查，该疫点系该村人员到邻近的贵阳花溪聚餐感染回家后输入而引发，病原为埃尔托小川型霍乱弧菌，共感染发病5例。1999年9月12—18日，巴江乡平坡村居民到贵定霍乱疫区吃酒宴感染而引发疫情，病原为埃尔托小川型霍乱弧菌，共感染发病8例，无死亡病例。

2000年，民主乡、龙山镇、水场乡、谷脚镇先后发生霍乱疫情，发病时间在8月3—19日，病原为埃尔托小川型霍乱弧菌，共感染发病61例，其中：民主乡55例，死亡2人，罹患率8.12%，病死率3.63%；龙山镇4例，无死亡病例，罹患率0.5%；水场乡、谷脚镇各1例，无死亡病例。

（二）病毒性肝炎 病毒性肝炎由于病原体的抗原抗体系统不同，原来划分为甲、乙、丙及非甲、非乙型，后来划分为甲型、乙型、丙型、丁型、戊型。

（三）流线性乙型脑炎 简称乙脑，在龙里县呈散在发生。1988年报告发病17例，1990年6例，1991年5例，其他年份报告发病均为散在病例。

（四）流行性脑脊髓炎 简称流脑，1990年4月2—9日，省防疫站在龙里县城调查中、小学生400名（其中一小三年级100名、二中初二年级100名、二中高二年级100名、县幼儿园大班及中班儿童100名），用卵黄培养基作二氧化碳流脑菌纯化培养，检出后进一步分型鉴定，共检获流脑菌82株，检出率20.5%；分型为B群68株、1916群5株、1989群2株、1892群3株、C群2株、319群1株、890群1株，没有发现流行样A群。以上结果证实国产流脑菌预防效果具有可靠性。

（五）伤寒副伤寒 1991年发病131例，死亡4人。1991年7—10月，哪嗙乡的顶溪村、坞泥村和谷龙乡发生暴发流行，共发病103人。此次暴发流行在龙里县历史上是可考最高的一次，抗体最高者1：1520、最低为1：80，所检阳性率100%，为水型伤寒暴发流行。现场治疗病人共107人，注射伤寒菌苗2104人，接种率83.12%；井水消毒23口，改良水源19口，发放漂白粉精片1万片；用溴清菊酯加DDT、DDV喷洒154户7700平方米，用生石灰加漂白粉处理厕所180户。2002年5月15日至6月29日，哪嗙乡卫华中学等发生伤寒69例，属水源性引起。7月洗马镇发生91例伤寒暴发流行，经流行病学调查，为哪嗙乡初三患病学生6月中旬到洗马中学中考与洗马中学学生密切接触所致。

（六）白喉 1990年发病1例。

（七）麻疹 20世纪90年代，麻疹报告发病率为1.16~574.06人/10万人，病死率为

0.48%～96.92%，只有1994年病死1人。1987—1991年，龙里县分别开展麻疹血清抗体测定工作，5年测定人数分别为121人、109人、179人、175人、175人，阳性率分别为100%、84.4%、100%、100%、99.43%。≥1：16者分别为64.46、64.13、86.13、86.28、44。血清抗体几何平均滴度（GMT）分别为16.18、43.50、37.36、37.49、10.10。2000—2003年发病率在50人／10万人以下。

（八）狂犬病 俗称恐水病，病死率极高。疫情资料记载，1991—2008年，每年有1～6例病例报告，死亡率100%。

（九）炭疽病 1993年，猫场镇发生炭疽疫情，发病9例，无死亡病例。2002年，巴江乡发病2例。

（十）猩红热 1991—2008年，每年报告发病均在5例以下。

（十一）流行性斑疹伤寒 1991—1999年报告发病7例。2000—2008年，报告发病1例。

（十二）百日咳 1990年报告发病6例，1991年3例。

（十三）脊髓灰质炎 1993年开始，除了对常规免疫所要求的适龄儿童对象进行基础免疫接种外，每年的12月5—10日、次年的1月5—10日，对4岁以下儿童进行两轮次脊髓灰质炎疫苗强化（即不论过去接种与否一律各接种一次）免疫接种。同时每年开展对急性弛缓性麻痹病例（AFP）的监测工作。1991年起，已多年无脊髓灰质炎病例报告。2000年，龙里县通过卫生部组织的无脊灰病例考核验收。

（十四）结核病 1991年登记患者432例中，由县防疫站直接管理156例，其中：全程治疗95例，经复查已治愈36例，好转2例。2004年后，因世界银行（世行）贷款、英国赠款、日本援助结核病控制项目，全球基金结核控制、FIDELIS研究、达米恩结核控制等项目援助，以及中央资金转移支付的支持，结核病防治工作步入规范治疗及管理阶段，项目经费用于结核病排查、管理、治疗、追踪、检验，有关宣传、督导、培训和设备购置等方面。2004年开始，在卫生部“结核病直接督导下短程疗法（DOTS策略）覆盖率达100%、肺结核病人发现率70%以上、涂阳肺结核病人治愈率85%以上”的规定下，实施以DOTS策略为核心的控制措施。

2005—2008年龙里县活动性肺结核患者发现情况统计表

表16-4　　单位：人

年份	全县年底人口数	肺结核可疑者就诊人数	痰涂片检查人数	涂阳病人发现数				初治涂阴病人数	
				新涂阳	其他初治	复发	其他复治	总数	重症涂阴病人数
2005	210045	550	394	103	0	33	16	153	29
2006	212612	428	360	82	0	11	16	124	23
2007	214630	485	454	87	0	7	14	150	43
2008	214711	529	500	105	0	2	17	183	21

（十五）麻风病 1984—1991年，新发现麻风现症病人32例，全县共有麻风病人206例（其中治愈125例、死亡51例、迁出7例、现症病人23例）。23例现症病人中，T型1例、L型19例、BL型1例、BT型1例、Ⅰ型1例。全县开展三联化疗病人15例，二联化疗病人1例。麻风村有病人23例，其中：现症病人1例，其余22例已治愈但仍留住麻风村生活。

1983年起，除麻风村收容病人继续集中治疗外，麻风病防治工作由以往集中麻风村隔离采用氨苯砜治疗转为广泛开展麻风病知识宣传和防治措施普及，由单靠专业队伍转变为社会力量协同，由单一药物治疗转变为统一采用氨苯砜、利福平联合化疗，由封闭隔离治疗转为开放性治疗和社会综合防治，所有麻风病人均由防治人员定期送药上门在家治疗。

1990年起，改用世界卫生组织推荐的联合化疗（MDT）方案，按多菌型和少菌型分别采用MB和PB方案治疗。1990年MDT治疗覆盖率达100%，规则治疗率达95%以上。对接受治疗的病人每年进行1次临床、细菌检查，作出疗效判定，达到临床治愈标准者判愈转为监测对象。少菌型对象监测5年，多菌型对象监测10年，监测期病例不列入现症病人。在一年一度的“国际麻风节”时，开展多形式麻风防治宣传和慰问麻风病人活动。持续采取线索调查、疫点调查、接触者检查等主动方式搜索新病例。

2007—2008年，实施中央补助麻风病防治项目和麻风畸残康复项目。2008年5—6月开展全县既往麻风病人摸底调查，共查出Ⅰ、Ⅱ级畸残病人40人，9月开展畸残康复治疗工作。2008年4—10月深入开展麻风病线索调查及10年内病人家属检查，线索调查11人，新发现麻风病现症病人4例（BL型1例、LL型2例、TT型1例）；病人家属检查37人，新发现麻风病现症病人1例（TT型）。彻底摸清麻风病人情况，至2008年6月全县累计麻风病201例，其中：存活91例（现症病人6例）、迁出10例、死亡89例、失访11例。

县疾控中心于2008年8月20日至9月14日，对全县14个乡镇10年内15例麻风病例（含死亡及迁出）进行周围人群调查、家属检查、治愈病人复查、现症病人检查。周围人群共调查57户186人，实查180人，调查率为96.77%，未发现麻风新病例；复查治愈病人7例，检查率为100%，未发现复发病例。

（十六）艾滋病　2000年9月14日，县医院检查1名疑似艾滋病人员，采血送省疾控中心确诊，是为龙里县第一例艾滋病患者。该病人为女性，在省外打工期间感染，于2000年底死亡。2002年和2006年，县疾控中心分别对看守所的400余名劳教、羁押人员开展预防与控制艾滋病知识宣传，重点宣传“不吸毒，戒毒，不静脉吸毒，不共用注射器吸毒”的“四级原则”。

2003年，对县血浆站涉及湾寨、巴江、麻芝、摆省、哪嗙、民主、羊场、龙山、三元等乡镇的有偿献血人员1576人进行献血前艾滋病病毒抗体筛查。2005年3月，对既往有偿供血人群1314人进行艾滋病病毒抗体筛查。2006年8月，对龙里县羁押人员121人进行艾滋病病毒筛查监测，对公共场所从业人员500人进行艾滋病病毒抗体筛查，并向羁押人员和175名脆弱人群提供自愿咨询与检测服务，发放宣传资料300余份。2006年以后，积极开展高危人群健康教育干预、HIV监测和自愿咨询活动。2008年在娱乐场所、宾馆等重点地方开展艾滋病健康教育干预和自愿咨询监测工作。至2008年底，龙里县共发现14例HIV感染者（其中死亡5例）。

2006年出台《龙里县遏制与防治艾滋病行动计划（2006—2010年）实施方案》。2006年9月，在县城车站、广场、林场、大十字、纪龙酒店、高速路口转盘等人群集中地带安放旋转式安全套无偿供货机6台。2004—2008年，县疾控、计生部门配合，在全县范围内分别向计生服务对象、公共娱乐场所服务人员、性病就诊者和自愿咨询监测服务等人群，免费提供安全套14.98万只。

（十七）性传播疾病　1991年6月，对县收容所及县各单位机动车驾驶员进行性传播疾病（简称性病）普查，应查794人，实查642人，受检率80.86%。共检出各种性病31例（占受检总人数的4.83%），其中：淋病4例、生殖器疱疹4例、非淋菌性尿道炎5例、尖锐湿疣1例、股癣3例、疥疮14例。

（十八）布鲁氏菌病　2006—2007年，龙里县作为省级监测点，在草原、哪嗙、谷脚、龙山等乡镇以奶牛养殖、屠宰、畜牧交易的从业人员和农区接触家畜的重点人群为监测对象，开展人间布鲁氏菌病监测，共采集血清标本200余份，无人间阳性标本检出。

（十九）感染性腹泻病　2007年12月3日，三元镇永安村、3537厂陆续发现不明原因腹泻病人。4日，县卫生局组织调查，共查病例165人，大部分症状较轻，临床主要表现为：腹泻100%（165/165，大部分为水样便）、腹胀85.45%（141/165）、腹痛70.91%（117/165）、恶心30.91%（51/165）、打嗝33.94%（56/165）、呕吐14.55%（24/165）。8日，中国疾控中心派出由疾控应急办、病毒病所、环境所、CFETP学员组成的6人工作组到3537厂疫情现场，与贵州省、黔南州防疫人员联合开展调查。从流行病学调查和实验室初步检验结果分析，该感染性腹泻暴发事件可能因3537厂生活用水受污染所致，病原体为诺如病毒、腺病毒等肠道传染病病毒，但不能排除其他致病因素存在。

（二十）疟疾　1980年后，全县建立县、乡镇、村三级疟疾监测管理网络，县防疫站建立中心血检站，县医院及4个区卫生院建立血检站，配置显微镜15台，培训镜检人员11人。1990年后主要开展发热疑似病人血检筛查，血检任务数为每年每乡镇按总人口的0.3%以上抽检。2000年后报告的疟疾发病均为输入性病例（龙里县人到非洲打工输入），2008年治疗输入性恶性疟疾3例。

1991—2008年龙里县疟疾发病情况统计表

表16-5

年份	总人口数（万人）	发病数（人）	发病率（人/万人）	年份	总人口数（万人）	发病数（人）	发病率（人/万人）	年份	总人口数（万人）	发病数（人）	发病率（人/万人）
1991	17.58	4	0.23	1997	18.98	2	0.11	2003	20.72	0	0
1992	17.67	6	0.34	1998	18.58	5	0.27	2004	21.04	1	0.05
1993	17.9	1	0.06	1999	18.77	2	0.11	2005	21	1	0.05
1994	18.21	12	0.66	2000	18.87	1	0.05	2006	21.26	0	0
1995	18.44	10	0.54	2001	20.3	2	0.09	2007	21.46	0	0
1996	18.7	1	0.05	2002	20.6	0	0	2008	21.6	3	0.14

三、“非典”防控

2003年，国内部分省、市相继流行传染性非典型肺炎（简称“非典”）。3月，龙里县成立以县长为组长的工作领导小组，制定《龙里县抗“非典”工作方案》，召开“预防非典专题会议”，发动全县人民群众打一场预防“非典”的“人民战争”。县、乡镇、村、村民组层层设卡，昼夜值班，控制人员外出；对外来人员、打工回乡人员必须检测确认没有“非典”病兆才能入村。组织乡村干部、发动群众对全县外出人员进行清理排查，造册登记。卫生部门实行24小时值班制度，负责“非典”防治工作。县、乡镇、各机关学校实行24小时领导值班制度，负责督查联系本地区、本部门的“非典”预防工作。每天实行零汇报制度。同时，在321国道过境的两端、贵新高速公路龙里出入口以及通往外县的县乡道路出入口设置消杀点，凡是外来车辆，均进行消毒杀菌。在此期间县、乡镇分别设置监测观察所，配备器械、药物和专职医务人员，对外来人员都必须“拘留”监测观察，确定未带病兆才能离开观察所在县内自由活动。

四、地氟病防治

龙里县地氟病预防及治理工作分为4个阶段，即流行病学调查阶段（1984—1990年）、国家投入为主改灶降氟阶段（1991—1996年）、健康教育与健康促进阶段（1997—2006年）、后期管理阶段（2007年起）。

1981年，黔南州防疫站与县防疫站首次在洗马小学、元宝村小学对8～15岁儿童开展氟斑牙患病情况调查，受检231人，患病率90.6%。1984年10月，在全县24个乡级小学对5308名7～15岁学生进行氟斑牙摸底调查，患者2206例，患病率为41.56%。其中：发病率最高为洗马镇96.41%，最低为三元镇2.7%。

1991年在猫场镇元宝村进行防氟改灶试点，第一批在200户居民中改设防氟灶418个，其中煤灶203个、柴灶或多用灶215个；在元宝小学调查244人，受检率95.69%，氟斑牙患病率为86.07%，其中白恶型44.29%、着色型22.38%、缺损型33.33%。在该村测定尿氟63人份，含氟量0.025～1.35毫克/毫升，G=0.29毫克/毫升；测定稻谷13份，含氟值为0.96ppm至2.9ppm，G=1.56毫克/毫升，S=1.45；测定玉米15份，含氟值为3.85ppm至105ppm，G=17.3毫克/毫升，S=3.08；测定干辣椒12份，含氟值为31ppm至4350ppm，G=535.69毫克/毫升，S=6.72。

1997—1999年，为摸索防治经验，县卫生防疫站与省防疫站合作率先选择在民主乡试点实施健康教育干预促进地氟病防治。小范围试点取得成功后，2001年省防疫站推广到安顺市西秀区、贵阳市白云区和龙里全县。2003年，在全省氟病区全面推广应用“龙里县民主乡模式”。

2002年，州、县疾控中心共同完成临床氟骨症与体征调查3601人，完成重病区8～12岁学生氟斑牙调查2111人，氟牙指数1.71。2003年，州、县疾控中心开展全县16岁以上人群氟骨症患病情况调查，受检156人，其中阳性59人，阳性率37.82%。

2004年6月2日，卫生部国外贷款办处长卫焕章、项目官员石凯，国家疾病预防控制中心环境所所长金银龙、教授刘凡、刘江，川大华西公共卫生学院教授陈希宁，贵州省卫生厅副厅长周惠明、疾控处处长柏珩，贵州省疾病预防控制中心副主任安冬、地方病所所长何平，黔南州卫生局局长刘天详，黔南州疾病预防控制中心主任朱臣凯等一行到龙里县民主乡现场考察地氟病防治情况。

2004年7月5日，卫生部、中国疾病预防控制中心环境所在龙里县召开现场经验交流会。参加会议的有卫生部贷款办处长卫焕章、项目官员石凯，中国疾病预防控制中心处长程义斌、环境所所长金银龙、教授刘凡，四川大学华西公共卫生学院院长陈希宁，陕西省和内蒙古自治区卫生厅、贵州省卫生厅的领导，黔南州人民政府副州长邢景山，黔南州、毕节地区和六枝特区疾控中心主任，以及部分项目县（市）疾控中心主任。

2004年9月，明确地氟病防治整体目标是：群众90%以上知道防治地氟病知识，100%消灭地灶、100%烟囱出屋；工作措施是："小手牵大手"，在校学生90%以上懂得地氟病防治知识，参加社会宣传率达到90%以上，向家长和邻居宣传率达到90%以上。

2005年，龙里县被列为"贵州省利用中央财政专项资金防治地氟病项目县"，获项目资金200余万元实施改炉、改灶1万户，具体安排在谷脚、麻芝、醒狮、摆省、草原5个乡镇。2006年，获中央财政防治地氟病专项资金300万余元，实施改炉、改灶1.5万户，新增谷龙、巴江、洗马、哪嗙、水场、龙山被列为"贵州省利用中央财政专项资金防治地氟病项目乡镇"。项目乡镇以健康教育、改良炉、灶为主，辅以其他有效阻断氟污染途径的综合措施防治地氟病。项目乡镇小学三年级至初中三年级普遍开设地氟病防治知识课程，通过健康教育学生知晓率达91%、户主知晓率达80%，都能正确掌握粮食、辣椒干燥保管方法，能正确使用改良炉、灶防止煤烟污染，家庭居厨分开率从项目实施前的86.1%上升至95.8%。至2006年止，龙里县共完成改良炉、灶2.57万户。

2001—2005年，共举办乡镇、村、组干部，乡镇、村卫生人员，县、乡镇、村教师等各级各类人员地氟病防治培训班287班次，培训1800多人次；省地病所、省健教所先后为龙里县培训各类人员12班次，培训350多人；举办村民座谈会、宣讲会等310次，受众7.8万人次；利用节日、场天开展卫生宣传、咨询218人次，受众1.5万人次；制作发放各种宣传单7.12万份、宣传画3.04万张，利用省地病所提供的光盘13张在病区放映120场，观众约1万人次；县电视台和《龙里报》开办健康教育专栏，县电视台播放有关地氟病防治节目11次，覆盖全县60%以上村寨；全县开设地氟病防治课程的中小学141所，占全县中小学总数的86.5%，上课学生1.97万人占应上课学生的75.11%。

2005—2006年利用中央专项资金完成全县11个乡镇氟病区2.5万余户改炉、改烟管任务，2007年转为后期管理阶段。

第五节　妇幼保健

1991年，县政府在龙山镇光明村第七村民组（县城兴龙路）划拨土地3亩，投资新建县妇幼保健站2层半砖混结构业务用房1栋约1100平方米，1995年投入使用。1996年8月，县妇幼保健站创建"爱婴医院"通过验收，更名为县妇幼保健院。2001年，该院自筹资金将业务用房增建至5层约1650平方米，2002年2月投入使用。2006年4月，将县妇幼保健院与县计划生育指导站整合为县人口和计划生育妇幼保健中心，有职工48人，其中管理人员5人、工人2人、各类专业技术人员41人。2008年有专业技术人员40人，其中：本科学历4人、大专20人；副高职称3人、中级职称16人、初级职称21人；执业医师24人、执业助理医师6人、执业护士8人、技师（检验师）2人。

1991年起，全县14个乡镇卫生院及村卫生室开展相应的妇幼保健工作。到2008年底，全县14个乡镇卫生院卫生人员100多人，54个村卫生室村医101人，以及经培训合格持证上岗的接生员100人。

一、新法接生

1995年6月1日母婴保健法施行，妇幼保健工作以"保障母亲和婴儿健康，优生优育，提高人口素质"为中心。进一步加强对乡村接生员的培训，1990—1999年全县新法接生率达90%以上。2001年6月

20日《母婴保健法实施办法》施行，随着国家基本公共卫生服务项目的不断实施，新法接生有效落实。2000年后不断巩固县、乡镇、村三级妇幼保健网，到2008年全县新法接生率达97%以上，并逐渐将农村接生转为住院分娩。

1997—2008年龙里县新法接生情况统计表

表16-6

年份	1997	2000	2001	2002	2003	2004	2005	2006	2007	2008
占比%	93	93.8	95.64	95.14	95.94	97.28	97.06	97.06	97.03	97.05

二、妇女劳动保护

1993年11月26日卫生部、劳动部、人事部、全国总工会、全国妇联发布《女职工保健工作规定》，对妇女月经期、婚前、孕前、孕期、哺乳期和更年期保健，作出更加明确的规定。1995年1月1日劳动法施行，进一步明确规定："不得安排女职工在怀孕期间从事国家规定的第三级体力劳动强度的劳动和孕期禁忌从事的劳动。对怀孕7个月以上的女职工，不得安排其延长工作时间和夜班劳动。"2002年9月1日起施行的计划生育法规定："妇女怀孕、生育和哺乳期间，按照国家有关规定享受特殊劳动保护并可以获得帮助和补偿。公民实行计划生育手术，享受国家规定的休假；地方人民政府可以给予奖励。"这些规定，在保护妇女劳动权益中有效提高妇女身心健康水平，也大大推动全县计划生育工作的良性发展。

三、妇女病防治

1989年，县医院妇产科用络酸治疗宫颈糜烂，解决疗程长、患者难以坚持的问题，经300例治疗，用药1—3次，治愈率达100%。1991—2008年，采用红外线乳腺诊断仪、数码阴道镜、B超、生化常规检查白带和宫颈刮片等方法普查妇科常见病，治疗乳腺增生、阴道炎、宫颈炎、子宫肌瘤、宫颈息肉等病症，每年完成普查普治1000人左右。

2005年，妇科病普查实查妇女2.5万人，查出患者1.62万人，治疗5753人，普治率35.44%，使妇女常见病得到进一步控制。2008年，利用乳腺诊断仪检查乳腺疾病，力求早发现、早治疗、早痊愈、防癌变，机关企事业单位职工受检125名，查出乳腺增生等患者117例，占普查数的93.6%。其中乳腺增生92例、纤维瘤12例、乳腺囊肿1例、乳腺瘤12例，均得到不同程度治疗，并建议部分患者到上级医疗机构治疗。另外，县、乡镇计生站还利用数码阴道镜、B超等先进设备对机关、厂矿、学校及农村已婚育龄妇女进行妇科病普查普治，对查出的慢性宫颈炎、阴道炎、附件炎、盆腔炎、纳氏囊肿、子宫肌瘤等及时处理。2008年，县妇幼保健中心获批为新型农村合作医疗定点机构。

四、孕产妇保健管理

1991—1994年，将初级卫生保健和妇幼保健工作一并实施。1995年，按照上级要求推广江西省创立的农村围产保健技术规范模式——三"十"措施，即"以10种常见高危妊娠为重点的农村高危妊娠管理方法，运用10种农村适宜的围产监测技术，统一10项农村围产管理制度"。1997年，获得卫生部世界银行第九个卫生贷款项目妇幼卫生子项目（简称"卫九项目"），通过前期摸底调查等各项准备工作的开展，2000年正式启动与初级卫生保健工作项目一并实施。根据国家《2001—2010年妇女儿童发展纲要》，2002年3月省、州明确孕产妇保健工作重点为初级卫生保健和"纲要"妇幼指标及"卫九项目"的落实。

五、妇幼保健项目

2000—2008年，成立、调整和充实县初级卫生保健、健康教育领导小组，"卫九项目"领导小组、技术指导小组和县孕产妇、围产儿死亡评审组织。实施项目建设配备到全县医疗保健机构的各种大、中、小型设备有52种约600件，改善硬件条件，推动妇幼卫生及综合临床工作达到更高水平。例如，配备到县妇幼保健院的救护车自2003年3月29日开始使用，到2008年底共接送及转运孕妇、产妇、新生儿等危重病例近1000人次。

2000年起，全县参加省级妇幼保健培训班100人次，参加州级培训80人次。县级对乡镇的培训，到2008年底开办项目短期培训班20期，培训乡级人员600人次；各乡镇选派卫生技术人员到县级医疗保健机构进修3个月以上的共84人。乡镇卫生院对村级的培训则利用每月例会，以会代训，培训村级卫生人员近2000人次。

六、妇幼保健宣传

县级医疗卫生、妇幼保健单位工作人员每年进村入户开展不少于4次的宣传教育活动，结合巡回医疗、对口帮扶、“送医、送药、送健康”等工作，将健康知识和医疗服务送到千家万户。在洗马镇的新庄、牛场和羊场镇的走马、岱林等村开展健康教育进家庭示范创建活动，提高农村孕产妇自我保健意识和抵御疾病能力。2008年，全县以村为单位妇幼健康教育覆盖率达81.2%，目标人群健康知识合格率（知晓率）达63.6%，达到项目验收目标要求。

七、妇幼工作督导

世行、卫生部和省州卫生、妇幼保健部门多次到龙里县督查指导。2000年起，县对乡镇每年督导不少于6次，每次有妇保、儿保、产科医师不少于4人，推动各项工作落实。到2008年底，县对乡督导近1000人次。乡镇对村督导每年不少于12次，到2008年底督导达1万人次。

八、特困儿童和孕产妇救助

2003—2007年，全县救助特困家庭5岁以下儿童和特困孕、产妇医疗投入省级配套资金2.53万元。其中：儿童29人次1075.8元、孕产妇25人2.42万元。

九、妇幼保健达标创建

以1997年基数为参照，到2008年底，各年妇女保健指标落实情况如下：

（一）孕产妇死亡率及死因构成　孕产妇死亡率达到项目要求，下降35%至45%。孕产妇死因构成，主要是产后出血一直占第一位。

1997—2008年龙里县孕产妇死亡率统计表

表16-7

年份	1997	2000	2001	2002	2003	2004	2005	2006	2007	2008
比率	305.93/10万	151/10万	221.64/10万	159.48/10万	193.51/10万	98.96/10万	117.44/10万	266.95/10万	93.68/10万	0

（二）孕产妇保健覆盖率　项目要求目标值为80%至90%。

1997—2008年龙里县孕产妇保健覆盖率统计表

表16-8

年份	1997	2000	2001	2002	2003	2004	2005	2006	2007	2008
%	75.36	95.27	94.82	97.46	97.04	96.35	97.47	97.05	96.74	97.15

（三）孕产妇系统管理率　项目要求目标值为73%以上。

1997—2008年龙里县孕产妇系统管理率统计表

表16-9

年份	1997	2000	2001	2002	2003	2004	2005	2006	2007	2008
%	15.6	26.79	30.4	25.8	33.04	45.77	83.62	75.65	72.3	73.59

（四）孕产妇住院分娩率　项目要求在1997年基础上提高20%至50%。

1997—2008年龙里县孕产妇住院分娩率统计表

表16-10

年份	1997	2000	2001	2002	2003	2004	2005	2006	2007	2008
%	9.14	17.49	19.06	25.23	34.49	39.78	41.05	45.97	51.4	52.06

（五）高危孕产妇住院分娩率 项目要求目标值达75%至90%。

1997—2008年龙里县高危孕产妇住院分娩率统计表

表16-11

年份	1997	2000	2001	2002	2003	2004	2005	2006	2007	2008
%	89.23	96.31	97.39	97.16	95.70	93.84	97.42	97.18	97.5	97.06

（六）农村消毒（新法）接生率 均在95%以上。

（七）新生儿破伤风发病率 由于农村健康教育和新法接生有效开展，到1999年全县无新生儿破伤风病发生。2000—2008年无新生儿破伤风病例，达到控制在1‰以下的目标要求。

（八）低出生体重发生率 达到控制在5%以下的目标要求。

1997—2008年龙里县低出生体重发生率统计表

表16-12

年份	1997	2000	2001	2002	2003	2004	2005	2006	2007	2008
%	—	0.3	0.74	0.24	0.73	1.29	2.11	2.78	2.07	1.97

（九）爱婴医院创建及母乳喂养 1992年起，每年开展一次“世界母乳喂养周”活动，促进实施母婴保健条例、母婴保健法。妇幼保健及爱婴机构张贴“母乳喂养好”“母乳是人生第一块金牌”等标语，向群众发放关于母乳喂养好处的宣传资料，开展面对面咨询解答，促进提高母乳喂养率。

1995年，根据《全球创建爱婴医院十条标准》开展爱婴区创建工作，创建全县第一家爱婴医院——县人民医院。抽派妇产科、儿科医师到上级医院进修，聘请高职称医师到县保健站带教。1996年，县妇幼保健院通过上级考核验收成为第二家县级爱婴医院。1997年，两家县级爱婴医院通过卫生部组织的考核及复评估。2000—2008年各年4～6个月母乳喂养率均超过项目要求的指标值（85%），但2008年比2000年下降近1个百分点，原因主要是乳母外出打工导致婴幼儿过早断奶。

2000—2008年龙里县母乳喂养率统计表

表16-13

年份	2000	2001	2002	2003	2004	2005	2006	2007	2008
%	98.53	91.1	92.3	95.74	94.78	94.78	90.95	92.93	97.31

（十）出生医学证明管理 1995年11月，卫生部下发《关于统一规范出生医学证明的通知》，省州卫生部门下发相应的使用与管理文件。县妇幼保健院承担有关领取、发放、管理、使用的监督规范职责。2002年贯彻执行卫生部、公安部《关于出生医学证明管理的补充规定》，做到专人管理发放，认真登记和建档。每年均对乡镇卫生院管理“出生医学证明”工作督导6次以上。到2008年底，全县未发现有关违规现象。

（十一）婚前医学检查 1994年10月1日，全县婚前医学检查工作正式开始实施，先在城镇居民和厂矿、机关、企事业单位中开展。1997年，县卫生局多次抽派专业技术人员到上级部门接受培训，考核合格取得资格证书后才能持证上岗开展工作。同时，规定婚前医学检查受检对象应出具政策规定的有关证件以供查验，未出具或出具不全的一律不予办理检查。1995—2002年，婚前医学检查开展顺利。到2003年，据婚姻登记条例相关规定，取消硬性婚检，从此自愿作婚前医学检查者越来越少，2005年起各年均为零。

（十二）孕产妇产前疾病筛查 2006年4月，由于设备得到进一步配置，县计生妇幼中心开始开展孕产妇产前疾病筛查工作，抽派技术人员到省、州学习进修，加强技能培训。到2008年，县妇幼保健中心进行产前G-6PD、RH阴性血型、地中海贫血症等筛查891人，查出RH阴性血型1例、地中海贫血可疑1例；进行产前梅毒检测332人，未发现可疑和确诊病例。

十、儿童疾病防治、保健与系统管理

1990年起，对学龄儿童均建卡制证，凭证入园、入托和入学，各项预防和接种指标均达到上级规定要求。1997年后，县、乡镇、村三级儿童保健网得到完善。3岁以下儿童龙山镇（县城）按4：2：1，农村按3：2：1开展儿童系统保健管理。

2002年开始，根据《贵州省乙型肝炎疫苗儿童计划免疫技术管理规程（试行）》，县妇幼保健院开始参与儿童免疫接种，妇产科医生和接生员按照谁接生谁接种第一针的原则，确保新生儿出生24小时内能接种第一针。加强安全注射，执行“一人一针一管一用一消毒”操作规程免费接种，填报新生儿首针乙肝疫苗接种登记卡。以后在全县各医疗卫生保健机构，新生儿出生24小时内能接种第一针乙型肝炎疫苗。

到2008年，全县7岁以下儿童共1.52万人，保健受益9789人，保健覆盖率64.4%；3岁以下儿童6858人，系统管理4545人，系统建档率66.27%。以1997年“卫九项目”启动前基数为参照，到2008年底各年儿童保健指标落实情况如下：

（一）0～7岁儿童保健覆盖率 目标值60%。

1997—2008年龙里县0～7岁儿童保健覆盖率统计表

表16-14

年份	1997	2000	2001	2002	2003	2004	2005	2006	2007	2008
%	36.3	46.42	42.96	54.35	50.66	45.99	65.03	68.36	65.04	64.44

（二）3岁以下儿童系统管理率 龙山镇（县城）按4：2：1，农村按3：2：1开展儿童系统管理。

1997—2008年龙里县3岁以下儿童系统管理率统计表

表16-15

年份	1997	2000	2001	2002	2003	2004	2005	2006	2007	2008
%	30.45	53.85	46.73	58.48	56.8	60.41	65.18	71.26	61.86	66.27

（三）婴儿死亡率 逐年下降，下降35‰至45‰。

1997—2008年龙里县婴儿死亡率统计表

表16-16

年份	1997	2000	2001	2002	2003	2004	2005	2006	2007	2008
‰	56.9	38.91	39.9	35.49	33.38	28.7	35.23	24.56	15.46	13.85

（四）5岁以下儿童死亡率 下降1/3至1/2。

1997—2008年龙里县5岁以下儿童死亡率统计表

表16-17

年份	1997	2000	2001	2002	2003	2004	2005	2006	2007	2008
‰	73.48	49.11	51.72	44.26	46.44	40.08	45.21	33.64	19.32	16.37

十一、疾病儿童管理

坚持对肺炎、腹泻、营养不良“三病”的监测，使疾病儿童得到管理与治疗，其中在洗马镇开展的儿童疾病综合管理试点工作取得较好成绩。2000—2008年，5岁以下儿童中重度营养不良患病率逐年下降。2006—2008年，“三病”儿童管理覆盖率在80%以上（目标要求达60%至80%）。2008年，全县开展5岁以下儿童营养不良监测管理，实查7017人，发现体重小于2SD的儿童23人，中重度营养不良患病率为0.33%；腹泻288人，治愈196人，好转102人，死亡1人；肺炎管理614人，治愈524人，好转91人，死亡3人；营养不良管理23人，治愈12人，好转11人。

1997—2008年龙里县5岁以下儿童中重度营养不良患病率统计表

表16-18

年份	1997	2000	2001	2002	2003	2004	2005	2006	2007	2008
%	15.15	14.2	4.14	12.86	5.55	2.93	2.11	1.94	1.19	0.33

十二、新生儿疾病筛查

2008年开始开展新生儿疾病筛查工作，县计生妇幼中心和县人民医院完成筛查291例，查出可疑甲状腺功能减退2例。当年全县新生儿疾病筛查率12.21%，超过上级要求的目标（10%）。

十三、托幼及保健

1991年，全县专门的托儿所、幼儿园每期入托1000名左右。城关第一小学、第二小学开办学前班，接收未到学龄的儿童进行学前教育。部分家庭请保姆看护幼儿。1994年县城增设第二幼儿园，之后“新苗幼儿园”等个体托幼机构不断增加，各中心乡镇也开设有幼儿园。

县妇幼保健院和乡镇卫生院对托幼机构开展儿童健康监测工作，每年“六一”儿童节前后和每学期开学前集中体检与平时监测相结合，对查出的营养不良、缺铁性贫血、体弱、乙肝表面抗原阳性等采取相应医疗干预措施，提高幼儿健康水平和集体生活安全性。到2008年，县、乡镇托幼机构幼儿接受体检率为100%。

第六节　卫生监督管理

一、职业病防治

1991年起，职业卫生工作重点是对有毒有害企业职工进行健康体检，县卫生防疫站为“预防性体检及职业性健康检查”机构。1991—2001年，对辖区内11个企业职工进行职业健康体检3826人次，共检出尘肺病6例（其中麻芝煤厂2例、县水泥厂1例、铁厂1例、3537厂2例）、疑似尘肺3例、职业禁忌证79例。对机动车辆驾驶员进行健康体检，1991年体检1360人，1994年1131人。1991年查出驾驶职业禁忌证8人，1994年查出6人，两次健康体检未发现职业病。

2001—2008年，坚持每年健康体检。2002年职业病防治法实施后，成立县职业卫生防治领导小组，县疾控中心职业病防治技术人员多次到厂矿企业车间宣传职业病防治法和职业健康监护管理办法等，对企业负责人和584名职工进行职业病防治相关知识培训考试；对12个企业涉毒涉害在岗人员948人进行健康体检，检出职业禁忌证32人，未发现职业病。首次开展岗前检查，受检132人，未发现职业病和职业禁忌证。

2004年，对18家企业908名在岗人员和246名岗前人员体检，检出在岗人员尘肺1例、听力阻碍8例、职业禁忌证46例，其他项目复查23例；建立职业健康监护档案21户，其中合格10户。2004年3月，国家九部委检查职业病防治法贯彻实施情况，对龙里县职业病防治工作给予肯定。

2005年，建立职业健康监护档案26户。全年应检11个单位在岗人员1543人，实检9个1089人（疑似尘肺2人定期复查），检出听力障碍32人、其他禁忌证29人；岗前检查10个单位476人（复查3人），检出尘肺2人、疑似尘肺2人，检出职业禁忌证18人。

2006年4月，邀请省疾控中心职业病防治所专家10人，对县疾控中心职工进行职业健康体检和危害因素监测评价培训2天。当年职业健康体检共检7个制药企业职工600多名，其他厂矿企业职工岗前体检100多名。2007年1月15日，省卫生厅为县疾控中心颁发“职业健康体检资质证”“职业卫生技术服务资质证”。当年应检企业17个3308人（其中接触有害因素2791人，定期复查疑似职业病20人），实检1502人，检出职业禁忌证331人、确诊尘肺2人。

2008年，企业单位职工总数3308人（其中接触有害因素2194人，定期复查疑似职业病30人），实检1400人，受检率63.81%；检出职业禁忌证164人，检出率11.71%。

1991—2008年龙里县企业厂矿职工体检监测情况统计表

表16-19

职业性体检		职业场所卫生监测							
年份	体检人数（人）	合计		粉尘		物理		化学	
		监测点数	合格点数	监测点数	合格点数	监测点数	合格点数	监测点数	合格点数
1991	0	9	3	7	3			2	0
1992	116	9	3	7	1			2	2
1993	0	12	6	6	4	4	2	20	0
1994	162	15	4	8	3	7	1		
1995	0	19	10	11	6	8	4		
1996	29	26	11	14	6	12	5		
1997	32	38	14	21	7	10	5	10	2
1998	340	35	17	25	0	6	0	4	0
1999	29	120	48	34	7	84	41		
2000	236	176	86	122	60	21	14	23	10
2001	347	106	77	59	39	47	38		
2002	170	80	59	42	27	38	32		
2003	1361	64	58	30	27	34	31		
2004	1154	156	91	98	64	58	27		
2005	1089	23	10	8	3	15	7		
2006	700	8	4	8	4				
2007	1520								
2008	1400								

二、食品卫生

食品卫生法实施后，县防疫部门组建食品卫生监督员队伍，在城区机关企事业单位开展食品检查工作，开展食堂、饭店、饮食摊点的卫生管理，定期对从业人员进行健康检查和卫生知识培训，核发卫生许可证。1985—1990年，对各类食品从业人员进行卫生知识培训5303人次，体检7046人次。随时对经营的饮食抽样检验，处理发现问题，追究事故责任。2004年7月出台《龙里县突发食品安全事件应急救援预案》，突发食品安全事件包括食物中毒、食用传染动植物及其产品引发或可能引发的疾患、食用污染食品引发的严重爆发性流行疾患等。

1991—2005年龙里县食品卫生检查情况表

表16-20 单位：人、份

年份	从业人员体检			食品检测			餐具监测			食物中毒	
	体检人数	检出“五病”人数	检出率%	检测份数	合格份数	合格率%	监测份数	合格份数	合格率%	起数	人数
1991	929	39	4.2	152	80	52.64	72	24	33.33	4	23
1992	913	22	2.41	135	62	45.93	56	18	32.15	3	
1993	823	5	0.61	56	42	75	4	1	25	0	
1994	718	9	1.26	60	51	85	0	0	0	2	
1995	1647	11	0.67	73	54	73.98	0	0	0	1	26
1996	1437	7	0.49	94	56	59.58	2	1	50	0	
1997	1330	8	0.61	88	68	77.28	0	0	0	0	
1998				123	82	66.67	785	305	38.86	2	
1999	1405	15	1.07	103	83	80.59	534	138	25.85	1	
2000	1580	12	0.76	200	170	85	1102	645	58.53	2	7
2001	1490	7	0.47	230	196	85.22	951	339	35.65	4	
2002	817	7	0.86	185	146	78.92	728	506	69.51	2	
2003				172	133	77.33	693	540	77.93		
2004	1450	6									
2005	1183	17		126	104	82.5	1602	1257	78.5	2	

（一）食物中毒及突发公共卫生事件 2005年发生食物中毒事件2起，一起未明原因，另一起为蜡样芽孢杆菌引起的食物中毒，中毒49人，无死亡病例。2006年发生食物中毒事件4起，2起未明原因，2起误食毒蘑菇中毒23人，无死亡病例。2007年发生食物中毒事件9起，主要为误食野生毒菌和食用问题米粉引起，中毒56人，无死亡病例。2008年发生食物中毒及突发公共卫生事件5起，中毒84人，无死亡病例。

（二）食品从业人员健康体检 2006年体检1481人，检出乙肝病毒携带者13人、手癣2人。2007年体检1678人，检出乙肝病毒携带者6人、结核病1人、手癣2人。2008年体检1791人，检出乙肝病毒携带者6人。

（三）餐饮用具监测 2006年监测498户次，共检样品1587份，合格1236份，合格率77.88%；2007年监测512户次，共检样品1602份，合格1257份，合格率78.46%；2008年监测541户次，共检样品3021份，合格2419份，合格率80.07%。

（四）食品样检验 对食品生产加工、销售采样监测及质监局样品送检：2006年共137份，检测合格119份，合格率86.86%；2007年共131份，检测合格113份，合格率86.26%；2008年共93份，检测合格79份，合格率84.95%。

三、学校卫生

1990年6月4日，《学校卫生工作条例》发布实施。当年对城关小学学生1009名开展体格检查；对城关一小、城关二小、龙里民中、水桥中学、羊场小学、谷脚小学、谷脚中学、龙里中学共8所学校学生建立健康档卡；对城关一小、城关二小、水桥中学共52名学生矫治近视眼，有效率达56%；对城关一小、水桥中学建筑卫生调查监测，查测17个教室的课桌椅质量、采光情况和黑板照明度等；对县城4所学校进行教学卫生监测考评，测评14节课时。1990年全州学校卫生工作考核，龙里县获得第一名。之后，每年对县城中小学校学生进行体检和常见病防治，年终由县卫生防疫站等部门按8个方面33项指标进行全面考评。

1991年9月，对洗马中学、洗马小学、羊场中学、羊场小学学生进行驱虫治疗，共2300人服用驱虫药，回收有效卡片1887张，排虫994人，排虫率52.68%。2005—2008年，在全县中小学开展驱虫3万余人，药品为甲苯咪唑和阿苯达唑。2008年3—12月，14个乡镇35所中小学学生在校服用驱虫药7716人次，县城9所幼儿园幼儿在园服用驱虫药1995人次，全县共服驱虫药9711人次。

1991—2007年龙里县学校卫生监测情况表

表16-21　　单位：人

年份	体检学校数	体检人数	营养不良数	营养不良率%	肥胖人数	肥胖率%	视力不良数	视力不良率%	龋齿检出人数	龋齿检出率%
1991	12	7623	1941	25.46	365		1580	20.73	838	10.99
1992	8	5687	1184		98		1296		1184	
1993	5	3877	1179		66		1001		790	
1994	15	6578	1490		127		1131		1459	
1995	5	4092	553		32		422		653	
1997	9	4630					1488		1034	
1998	5	4623	1262		77		1188		814	
2000	7	5311	1458		65		1277		760	
2001	4	4689	114		122		1313		651	
2002	0									
2007	1	1238		53.39		3.47				

四、环境卫生

1989年起，县防疫站对县城公共场所环境卫生摸底调查，被调查对象包括影剧院、体育场、公共浴室、理发店、招待所、旅社、商店、候车室、候诊室、饭店、托儿所、录像放映室、歌舞厅等，每年建立被监测户相关档案。开展环境卫生状况测评，内容包括照明、采光、通风、空气、温度、湿度、噪音、细菌等指标共40多个。县城公共场所主要问题是空气污染严重，消毒不严。1991—1999年，县爱国卫生运动委员会监督各机关、企事业单位、居委会建立健全爱卫组织机构，制定制度，落实任务，经常开展创卫活动，营造整洁美观、文明有序的卫生环境。街道、农村推行门前“三包”，实施农村改厨、改厕、改圈。机关、学校随时清扫，每周一次大扫除。结合“五讲四美三热爱”活动，不断整顿市容市貌、村容村貌，由净化向美化发展。2002年成立县疾控中心和县卫生监督所后，监测与监督职能分开，县疾控中心取得计量认证资质，加大监督和监测力度，公共场所环境卫生状况逐渐好转。

2000—2008年，城乡建设快速发展，城镇棚户区改造，村寨道路硬化、新房建设、旧房改造，爱国卫生工作随之转型升级。在主要街道、公共场所、学校、医院、居委会设立健康教育宣传栏，在各中小学开设健康教育课，广播电视台开办健康教育节目。坚持门前“三包”、大扫除，消除卫生死角，实施农村沼气建设，不断改厨、改厕、改圈，维持环境卫生，美化、亮化公共场所。2006年1月在谷脚镇召开全县乡镇创卫工作现场会，4月施行《龙里县乡镇爱国卫生运动检查评分标准》，对全县14个乡镇政府所在地创卫工作进行检查评比。乡镇党委、政府成立组织机构，制定工作规划和制度，将公共卫生工作作为“民心工程”来抓，推进树立讲究卫生、减少疾病的观念，逐步转化为群众自觉行动。

至2008年，全县主要街道路口硬化率达90%以上，县城布建水冲式公厕6个，城区绿化率25%以上；按计划开展常规环境监测，城区工业废水排放达标率达90%以上，工业废弃物综合利用率达80%，医源性废弃物焚烧处理率达100%。各类公共场所机构均须办理卫生许可证并亮证经营，影剧院、车站、录像厅、歌舞厅、商场、会议室有“禁止吸烟”等标志；每年各职能部门组织1～2次大规模的“除四害”（鼠、蝇、蚊、蟑螂）运动；各机关、企事业单位、学校、街道居委会争创文明单位、文明户，定期检查评比，环境净化、美化、香化。

1991—2008年龙里县公共场所卫生监测情况表

表16-22　　单位：个、人、户

年份	被检单位数	体检人数			发证人数		办理许可证数		“五病”检出数	
		应检人数	实检人数	%	人数	%	户数	%	人数	调离数
1991	52	162	106	65.43	106	100	26	50.00	2	2
1992	66	188	133	70.70	130	97.7	35	53.03	3	3
1993	25	79	61	77.22	57	93.44	15	60.00	4	4
1994	58	112	67	59.82	60	89.55	45	77.59	7	7
1995	49	98	58	59.18	56	96.55	36	62.07	2	2
1996	62	113	80	70.80	76	95.00	45	72.58	4	4
1997	55	100	70	70.00	64	91.43	38	69.09	6	6
1998	65	132	85	64.39	83	97.65	44	67.69	2	2
1999	71	148	91	61.49	88	96.70	48	67.60	3	3
2000	68	152	90	59.21	89	98.89	51	75.00	1	1
2001	94	241	198	84.16	195	98.48	61	64.89	4	4
2002	117	297	155	52.19	151	97.42	78	66.67	4	4
2003	109	301	189	62.78	183	96.83			6	6
2004	110	312	258	82.70	253	98.06			3	3
2005	128	358	301	84.07	297	98.67			4	4
2006	127	409	388	94.86	383	98.71			5	5
2007	129	428	410	95.79	402	98.05			8	8
2008	135	455	442	97.14	437	98.87			5	5

第三章　苗医苗药

第一节　苗　医

地方民间土医生被称为“苗医”，所用的中草药被称为“苗药”。苗医苗药历史悠久，许多施治方法和技术靠口传心授。民间苗医很多，一般半农半医。有的只有几个方剂为邻近的群众服务，多半是义务行医做好事，病人象征性付一点报酬。有的病人十分贫困，就给三炷香、几张草纸、几把米向医师表示谢意即可，苗医或只拿患家的几粒生米嚼一下默念前辈医师的名字以示敬师、祈祷，尽力施治，分文不取。也有游乡串场的苗医，平时由病家迎请上门服务，场天在场坝摆摊看病卖药，药价随行就市，治疗按症议价。

1950年，龙里县中医机构有“博爱医药社”“龙山药号”等10余家，但群众的疾病救治主要靠民间半医半农的苗医。1950年以后，医药卫生事业得到发展，一般的伤风感冒、跌打损伤、风湿骨痛等疾病甚至一些疑难杂症仍由苗医施治。1991—2008年，县内有中医院1家，主要使用中成药施治，有针灸，拔罐等疗法。2002年施行中药洗脚疗法。2003年在西关坡创设第一家药浴、脚疗配合按摩的药浴浴室。2005年县城有盲人开设按摩院。

草原乡高峰村长田坝的苗医王清洪掌握几种火疗技术，由贵州苗氏医药器械有限公司研制“苗氏火疗贴”；龙山镇坝上村民医宋安发传承刮痧疗法，由贵州苗氏药业有限公司研制“苗氏刮痧液”。这两项传统医药疗法已经列入龙里县非物质文化遗产保护名录。

一、火疗方法

（一）敷贴　苗氏火疗贴，主要成分有杜仲、鸡血藤、威灵仙、桂枝、三七、地龙、乌梢蛇，贴面有特殊清香气味的土黄色或棕黄色粉末，具有祛风除湿、活血止痛、强筋健骨的保健功效。为外用保健品，适用于风湿性关节炎、类风湿性关节炎、风湿或类风湿性腰痛及骨质增生、腰椎间盘突出、坐骨神经痛、腰肌劳损等患者。每日1次，使用前将透皮剂均匀倒入本贴，粘贴于患处，再用湿毛巾盖上，将酒精洒在毛巾上，点燃加热，直至患处发热为止，再贴上固定贴即可。

传统敷贴，就是使用苗医配制的药膏敷贴患病部位。直接敷贴：如接骨，将药物与鸡仔一同捣烂，拌以酒坯（发酵未烤的酒糟），炒热，敷于骨折部位，用杉木皮固定后绑扎。关节炎、肩周炎、骨质增生等，用药膏直接敷贴患处，再燎、烤、烧、薰使药物发热。“在阳者烧，在阴者薰”。在敷贴的药物上铺3张浸透烈酒（现改用酒精）的草纸，点火烧燃，如热效不足则重复再烧，是为“阳烧”。患处在侧面和下面的就用薰法，面积大的用火熏，面积小的用烟熏。火熏是将草纸搓成纸棍（粗细如手指），蘸酒点燃，用火焰熏烤；烟熏是用草纸裹上火草（又叫火绒），点燃，用火烟熏烤。

间接敷贴：对病灶部位及其反射区域施治。例如肚子痛（腹腔病变），根据病情配药，敷贴于肚脐和膝下小腿外侧；腰、背病变，在患处表面和脚弯筋处敷贴。这些施治部位与人体穴位（如“肚腹三里求，腰背委中留，头项寻列缺，口面合谷收”）暗合。贵州苗氏医药器械有限公司运用中医理论和医药科技手段，研制针对多种病症的“苗氏火疗贴”的间接敷贴，发展苗医苗药的传统敷贴方法。

（二）打拔罐　俗称打拔筒、拔火罐（火罐其实只是拔筒的一种）。打拔罐方法分为两类4种。

一类是火拔，工具为火角、火筒。火角俗称拔角，材质是牛或羊角，取角之末端尖角7～10厘米，内腔空洞深5～7厘米；火筒材质是竹筒，一般用本地钓鱼竹，筒段长约10厘米，削去青皮刮薄即可。火拔有两种方法：一种是用火焰熏烤角、筒的内腔，靠热气使角、筒吸附于患处皮肤，吸出患处及其周边的湿气、瘀血，或者刺激穴道解除病患，这只能对一般的风湿骨痛起作用；另一种专治感冒、头风、偏头疼，在角、筒内放置烧红的一小粒火炭，吐一点唾沫浇在火炭上，产生一股臭气，利用臭气使角、筒吸附于施治部位。

另一类是汤拔，也叫水拔。汤拔也有两种方法。一种是将角、筒放在罐里用清水煮到水开，夹出凉之（以不能烫伤皮肤又能吸住皮肤为宜），吸附于施治部位。另一种是药拔。药拔有单方和复方。单方即一种病只用一味药，如瘀血只用见血飞、风湿只用红酸咪菜等。复方用药繁多，如风湿类用三角风、大风藤、藿麻草、羌活、枫香球（路路通）、松薹（松树如乳头嫩尖）、牛磕膝、白龙须等；舒筋活血类用伸筋草（龙须草或者大鹅儿肠）、藿麻草、大（小）血藤、见血飞、生扯拢、血当归，水三七、四块瓦、一口血，红母猪藤、红酸咪菜等；伤风感冒类用金银花、野菊花、车前草、八百仔、麦门冬、巴地香等。配药是药拔的看家本领。如治风湿就会以三角风、红藿麻、路路通、一把伞等为主药，根据症状加上其他佐药；治跌打损伤就以刺五加、四块瓦、水冬瓜、见血飞等为主药，加上其他佐药。

（三）灸 就是用药燃烧的烟对施治部位进行熏烤。以艾蒿叶或火草为燃料，根据病症加入中草药。将燃料和需用的中草药晒（烘、焙）干为沫拌匀，用草纸包卷成手指大小的药卷，点燃熏烤。

（四）淬 俗称烧灯火。烧，就是用火烧施治部位。将灯草搓细，一般尖端有丝线大小，沾菜籽油点燃，火苗如胡椒大小，一手拇指指尖按定施治部位，另一手以火苗紧挨指甲快落快起点一下即可。

二、刮痧方法

刮痧，苗族称为刮背，分为硬刮、软刮。硬刮工具为铜钱、角（用小牛角、羊角弧园背面的圆滑部分）、角片（牛羊角制成）、生姜；软刮工具为青麻皮、灯草或成年妇女的头发。通过刮器对经脉和毛孔的刺激，渗入药物，排出毒素，使经络增强活力，血液加速流动，达到治疗的目的。

根据病症，刮痧分为普刮和药刮两类。普刮不用药物作介质，只用刮器沾上香油（或酸水，实在没有就用清水，急救时甚至用唾沫），一般感冒和头痛刮头，脚痛刮脚（不定穴）。药刮即配药之刮。一般的刮痧师都会炮制各种药酒，据病选药施刮。如果没有准备，或者特殊病症就现采中草药熬制药汤。如刮重感、流感，就用鸡屎藤、巴地香、橙皮、紫苏、石韦、地柏枝等，加上其他药物，制成药酒或药汤作为介质。

刮痧还要分经认穴，民间刮痧师虽然说不出经穴，但熟知从何处刮到何处、何处施重手、何处轻刮，暗合经穴理论。刮痧手法轻重有度、逆顺有规、反复有定，技法精湛者松臂弛腕、力透指尖，观者见医师轻巧运作，患者无痛感却皮痒舒适。

传统刮痧对症下药，无论单方复方，一般一症一方。贵州苗氏药业有限公司运用中医理论和现代科技研制“苗氏刮痧液”，代替传统刮痧的介质，实现一方对多症，功效有祛风散寒舒筋活络消肿定痛等。苗氏刮痧剂A方：当归（活血通经）、乳香、没药（活血行气）为君，细辛、羌活、白芷（祛风除湿、散热止痛）为臣，西红花、三七（消肿定痛、清热生津）为佐，白术（健脾益气）、薄荷脑（清热生津）为使；B方：乌梢蛇（祛风通络、止痉）、穿山甲（活血化瘀、通经下乳、散结消肿、消毒拔脓）、地龙（清热、定惊、通络平喘、利尿）、僵蚕（祛风定惊、化痰散结）、海马、海龙（温肾壮阳）、蚂蚁、蜂房、九香虫。

第二节 苗 药

一、野生中草药

县境野生中草药品种繁多、储量大、分布广。山居农民常年采集中草药出售，成为一项重要的经济来源。草原乡麻若场在旺季平均每场出卖的各种药材约2000公斤，其中淫羊藿、海花草最多。已利用的主要有以下几类：

木本：杜仲、刺五加、见血飞、十大功劳、骨碎补、水冬瓜、杉树根、公饿蚂蟥、百龙须、枫香球、马尾松尖、葵花（向日葵）杆芯、枇杷花（叶）、橘红、大通花根。

草本：麦门冬、天门冬、车前草、巴地香、扒岩姜、观音草、青竹标、一口血、生扯拢、马尿蒿、水泽兰、四块瓦、朝天罐、罗布麻、野菊花、藿麻草、地五加、酸咪咪、独脚莲、伸筋草、一把伞、大风藤、三角风、山板凳、淫羊藿、苦妈菜、苦爹菜，山萝卜、老虎姜、茅草根、马鞭草、海花草。

藤本：鸡屎藤、金银花、威灵仙、母猪藤、葛藤、大风藤、大血藤、小血藤、青藤香、隔山消、倒触伞、金钩藤、无娘藤、山药。

二、药材种植业

庭院人工栽培药材常见的有牡丹、芍药、续断、花蝴蝶、夜寒苏、紫苏、空心韭菜等。20世纪60—70年代，赤脚医生在区乡医院和医疗工作点连片栽培常用和不易采集的中草药。改革开放以后，药材栽培成为农民增收致富的重要产业。1982年，洗马区落掌乡新寨村李永才人工无性繁殖栽培天麻成功。此后，县科协在全县积极推广天麻无性繁殖栽培技术，到1986年全县天麻种植户达6457户，投放天麻种3.8

万公斤，产值196.47万元，出现多个“天麻村”“天麻乡”。1987—2008年，天麻生产持续发展。

1992年，谷脚镇引进息烽县医药保健开发公司投资200万元，联合开发非耕地1000亩，种植绞股蓝等中药材。2003年引进太子参、黄姜、桔梗、头花蓼等在巴江、洗马、哪嗙、龙山等乡镇试种，通过两年实验，选定头花蓼作为全县中药材种植的主打品种。2005年推广头花蓼规范化种植，建立示范基地，2006年种植达2500亩。2005年贵州同济堂种植公司在龙山镇莲花村猫猫头示范种植续断90亩，2006年在水场、湾寨、哪嗙等乡镇推广，到2008年种植3621.5亩。

野生刺梨在县境广泛分布，20世纪90年代谷脚镇茶香村开始人工培植刺梨，到2000年开始形成全省闻名的种植基地。2008年，农户连片种植杜仲3000多亩、枇杷4000多亩、五倍子2000多亩、淫羊藿500亩。

三、药方整理开发

“黔中无闲草，遍地皆是药。”“三千苗药，八百单方。”2002年，贵州已发现4000多个苗药单方，已有154种苗药通过国家食品药品监督管理局的药学评审，报审通过率为97.4%。龙里县地处黔中腹地，建设发展定位为“绿色药城”。2004年10月成立县苗医药学会后，再次组织深入调研，新收集整理本县及黔南、黔东南等地苗医药方565个，与北京大学、贵州省中医药学会等科研单位协作研讨试验，逐步报审投入生产。

龙里地方从事苗医药方整理开发的代表性传承人有朱朝典等。朱朝典为中国民族医药学会、贵州省民族医药学会会员，龙里县苗医药学会副理事长、秘书长，从事民族民间医药研究和中医诊疗实践40多年。通过祖传、自学和行医实践积累研究成果及实践经验，擅长治疗肺结核病和骨折，常治胃、肝病和妇科病。走访省内数十县，采取“以医求药”方式搜集整理苗医药方剂600余个，治疗内科、外科、妇科和儿科疾病有疗效，其中40多个方剂疗效独特具有开发价值。

第三节 苗医药文化博览会

1992—2007年，以谷脚镇为主要聚集地的龙里医药工业科技园区不断发展，医药企业由1家增至18家，实现产值6亿多元，占全省医药工业产值的12%，为龙里提供税收2800多万元。1997年被省政府命名为“贵州省谷脚医药城”，2001年获“全国乡镇企业科技示范园区”称号，2005年被省政府命名为“龙里工业园区”。

2003年、2005年，龙里县创新思路、抢抓机遇，举办两届中国·贵州·龙里苗医药文化博览会，按照市场运作模式对会议的冠名权等面向省内外公开招标，旨在弘扬苗医药文化，促进苗医药学术交流，振兴苗医药产业，打造龙里苗医药品牌，为医药企业展示形象、展销产品提供平台，为企业、商家投资兴业创造商机。

一、第一届苗医药文化博览会

2003年11月8—10日，2003首届中国贵州龙里苗医药文化博览会暨全国苗医药学术研讨会在龙里县举办，主办单位为省药品监督管理局、省文化厅、中国民族医药学会、贵阳中医学院、黔南自治州人民政府，承办单位为龙里县人民政府、省药学会、省民族医药学会，协办单位为省经贸委、民宗委、科技厅、卫生厅、招商局、旅游局等省有关厅局及省内外知名医药企业。这次活动的主题是：“万年苗药，健康亿万群众”。主要议程和内容有：全国苗医药学术研讨会；招商引资经贸洽谈会；展示展销活动；旅游推介活动等。

活动期间，共有10家企业与龙里县政府、黔南州经贸局签约项目10个，投资1.8亿元开发生产贵州苗药。签约项目主要有：贵州汉方制药GMP改造，总投资2000万元；贵州青草堂药业GMP改造，总投资2000万元；贵州天台山药业GMP改造，总投资2000万元；贵州强力机械设备有限公司研制中药饮片，总投资1200万元。全国苗医药医疗、教学、科研单位及苗药生产企业，民族医药学会代表、天然药物专家、民族民间药师等150余人参加；省内外200余家企业参加经贸洽谈；中央电视台、香港凤凰电视台等省内外50多家媒体采访报道。

二、第二届苗医药文化博览会

2005年10月18—20日，中国少数民族成药产业发展研讨会暨中国少数民族成药产品展示会、第二届中国贵州龙里苗医药文化博览会在龙里县城举办。会议由国家民委主办，省民委、省食品药品监督管理局、州政府承办。主要议程和内容有：民族医药发展报告会、苗医药研究成果及苗药标本展示、“中华民族医药博览园”奠基和“西南民族医药研发中心”挂牌成立仪式、招商引资经贸洽谈、旅游推介等。

中国中医药研究促进会副会长杨世林教授、国家民委等有关专家到会，就民族医药发展、国家民族政策对民族医药的扶持等进行分析研究。来自17个省（区、市）的150多名专家、学者，就苗医药的继承发展和产业化展开讨论，提交学术论文、报告数十篇，内容涉及民族医药政策、民族医药知识产权、民族医药发展措施、民族医药历史等方面；来自22个省（区、市）的104家藏、傣、蒙、苗等少数民族医药企业、科研院所代表参会，展示藏、蒙、维、苗等少数民族的成品药、原料药、传统药，以及标本、科研成果等；新华社、《人民日报》、中央电视台、中央人民广播电台等来自国家及省内外的70余家媒体共130多名记者参与报道会议活动情况。

参展客商数量之众，展出药品类型之多，在贵州省尚属首次。黔南州12个县（市）与省内外客商共签约项目62个，总投资31.09亿元，其中：龙里县招商引资签约项目16个，投资额7.19亿元。全州签约投资项目中：医药10个，总投资6.42亿元；农业6个，总投资5.89亿元；化工7个，总投资7.24亿元；旅游宾馆业4个，总投资2.85亿元；水电开发3个，总投资1.33亿元；房地产开发8个，总投资2.17亿元；电子电气生产3个，总投资0.65亿元；其他项目21个，总投资4.54亿元。在谷脚镇千家卡大成药业有限公司挂牌成立“西南民族医药研究中心”，搭建打造龙里“绿色药城”平台、构筑贵州“民族医药基地”。

三、苗医药可持续发展论坛

2007年9月21—23日，中国·贵州·龙里苗医药可持续发展论坛在龙里县举行。论坛由黔南州政府、贵州省科技厅主办，龙里县政府、贵州省·中国科学院天然产物化学重点实验室和贵阳中医院承办，省苗医学会、省民宗委、省食药监局、州民宗局、州科技局支持，省、州有关领导、专家、省内医药企业负责人共120人参加。

论坛以“苗医药可持续发展”为主题，旨在针对国际、国内民族医药产业发展的严峻形势，收集整理近年苗医药的最新研究成果，交流苗医药的前沿理论，探讨苗医药的发展方向，适时调整苗医药文化博览会的定位、形式及内容，打造好“苗医药文化博览会”这一品牌，筑牢苗医药发展的平台和载体，巩固苗医药“立足贵州、驻点龙里、走向世界”的发展格局，加快龙里打造“绿色药城”“苗药基地”的建设步伐。论坛邀请国内知名专家田华咏、张艺、冉懋雄等作论坛报告。后由贵州省·中科院天然产物化学重点实验室编辑论坛论文集。

第十七篇 教育 科技

第一章 教 育

第一节 教育改革

一、教育体制改革

1991—1992年，实行国家统包统管的教育管理体制。1993—2001年实行分级办学、分级管理，县教育局直接管理龙里一中、龙里县民族中学、龙里县农业中学、龙里县实验幼儿园及14个乡镇教育辅导站。教育经费管理实行“一级政府，一级财政”的管理体制，由乡镇政府负责；县财政保证教师工资按时足额发放，控制中小学收费标准，建立监督教师工资发放和教育收费的管理机制。2002年教育经费收回县财政统一管理以后，仍然实行分级办学、分级管理的体制。县对乡镇、乡镇对村和办学单位，县教育局对乡镇教育辅导站、教育辅导站对学校，层层签订责任状。2004年9月撤销各乡镇教育辅导站，龙山镇建立教育办公室，其余乡镇建立中心学校，教育办公室、中心学校履行原教育辅导站职责。同时全县实行中心校长、教育办公室主任竞聘上岗，原任教育辅导站14名站长在竞争中有12名担任中心学校校长，2名年轻教师通过竞聘担任中心学校校长。到2008年，一直保持“教育局—乡镇中心校（龙山镇教办）—乡镇初中、小学及幼儿园”的层级管理模式。

在20世纪70年代“初小不出寨、高小不出大队、初中不出公社、高中不出区”的思想指导下，各乡镇存在为数不少的民办学校。通过不断向民办学校充实公办教师，1991—1998年还有部分村级完小以公办为主，仍然保留少量的国家补贴群众聘请的民办教师，教学点完全属于民办公助。2008年以后全部属于公办。

1993年，根据中共中央、国务院《关于教育体制改革的决定》《中国教育改革和发展纲要》等文件精神，龙里县在谷脚中学进行教育体制改革探索、尝试。5月12日，县政府分管教育的副县长康兴鼎在谷脚镇组织召开“谷脚镇教育综合改革工作会议”，决定谷脚镇的教育改革事项。5月20日，成立谷脚镇教育体制综合改革领导小组。7月，谷脚镇党委出台谷脚中学体制改革的原则和部署方案，经县委批准后由县教育局牵头、谷脚镇政府主持开展工作，抽调人员组成实施小组。从9月开始实行校长负责制、岗位责任制、教学效率与效果相结合的“教学过程效果”管理制。1994年3月，谷脚中学开始实行教师聘任制、教师优化组合制、师生双向选择制及工资动态分配制。

1998年，全县实施校长负责制、岗位责任制、教师聘任制、教学目标管理的“三制一管理”的教育体制改革。2004年国家教委下发《关于深入推进农村教育综合改革的意见》以后，2005年县教育局首先以龙里中学与县农业中学整合资源，探索普教与职教统筹的办学试点，随之在全县实行基础教育、职业教育和成人教育的“三教统筹”教育体制改革，开展“绿色证书”培训教育，整合教育资源，撤并在普及九年义务教育期间部分布局不合理的教学点，开始在有条件的乡镇筹建寄宿制小学。

二、教学改革

1991—1997年，逐步推行目标管理责任制，主要抓课堂教学改革，“向课堂40分钟要质量”。1998—2008年，主要是转变教育思想，革新教学理念，推进素质教育。

2000年，县委、县政府下发《关于深化教育改革全面推进素质教育的意见》，通过“中、小继教”转化教师的教育思想，更新教学理念；根据国家教学计划、教学目标和教材的改革，转变教学方法和形式，其中有尝试探讨性教学、讨论式教学、兴趣教学等。2000年起，先后在龙里民中、洗马中学、卫华民中、羊场中学、湾寨中学、巴江小学等校举办教学经验交流活动，同时编辑优秀教学论文集。

2001年，县教育局下发《关于组织学习观看“为明天奠基——跨世纪的素质教育与教师素质”系列电视专题片的通知》，组织教师观看、学习讨论；下发《关于小学开设英语课程的通知》等。2002年，县教育局下发《关于进一步推进农村教育综合改革的实施意见》《龙里县基础教育课程改革实施方案》，全县普遍实施普及教育、成人教育、学前教育“三教一体”的农村教育综合改革。2003年，秋季开始确定城关一小、城关二小、城关三小、神奇小学、醒狮小学、洗马小学、羊场小学7所学校为龙里县基础教育新课程改革实验校，在初始年级进行新课程实验。

第二节　基础教育

一、学前教育

1991年，全县有幼儿园4所，18个班，在园儿童480人；学前班21个，学前班儿童887人。1996年有幼儿园10所，学前班64个，学前班儿童2023人；幼儿班99个，幼儿班儿童1015人。2000年有幼儿园11所，27个班，在园幼儿462人，其中：县城6所19班200人，农村5所8班262人；学前班76个，其中：县城11个、农村65个，学前班人数2183人（县城262人、农村1921人）。有幼儿园教师136人。2008年全县有幼儿园18所69个班，在园幼儿2479人，其中：民办幼儿园10所28个班，在园幼儿778人；学前班60个，幼儿1536人。全县在园（班）幼儿4015人，幼儿入园（班）率达62.9%。

1991—1999年，主要是县城和谷脚、洗马、羊场等镇兴办幼儿园，有条件的乡镇中心小学和少数村级完小办有学前班，其他学校和教学点的学前儿童多数是随班就读。为了规范学前教育管理，1991年县教育局施行《黔南州幼儿班（学前班）管理暂行规定》。2000年“两基”（基本普及九年义务教育，基本扫除青壮年文盲）验收后县城及经济基础较好的乡镇为幼儿园购置睡床、桌椅等，改善办学条件。通过调动企事业、机关、团体、学校等单位举办幼儿园（班）的积极性，促进各乡镇党委、政府、村委会积极筹措资金改善办园（班）条件。

2000—2008年，所有乡镇先后办起大、中班幼儿园，部分村级小学办起学前班。对全县幼儿教师进行培训，促进业务素质提高。幼儿教师学习、进修，有12人取得专科毕业学历。2007年6月，组织幼儿教师125名进行教学规程培训，结合幼儿园换发办园许可证工作，对个体幼儿园进行评估，指出问题，限期整改。明确学前班属幼儿教育范畴，坚持小学与幼儿园分开办学原则。

二、小学教育

（一）学校建制　1991年，全县有小学126所，在校学生2.31万人。其中：公办小学56所、集体办学69所、部门办学1所；教学点70个，教学班835个（其中复试班53个）。1996年，共有小学校（点）182所（个），其中：辅导校34所、完小56所、不完全小学31所、教学点61个；有7所完小附设初中部。在校学生2.41万人，适龄儿童入学率97.4%、留级率2.8%、辍学率1.98%、毕业率98.5%。

1996年猫场小学初中部与小学部分开，成立猫场中学。1996年9月谷龙中学与小学分开办学，成立谷龙中学。1997年3月湾寨小学初中部与小学部分开，成立湾寨乡民族初级中学。1998年哪嗙小学初中部与小学部分开，成立哪嗙乡卫华民族初级中学。2000年以后，巴江初中部与小学部分开成立独立初中；三元小学、麻若小学仍为九年一贯制学校。2008年，全县有小学校点119所（个），其中：九年一贯制学校2所、乡镇中心校13所（含2所九年一贯制小学）、辅导校21所、完小56所、教学点29个。7～12周岁儿童入学率达99.56%。

（二）课程设置　1993年，城关一、二小开设英语课程，不完全小学开设思想品德、语文、数学、体育、音乐5科课程，教学点开设思想品德、语文、数学、音乐4科课程，有条件的点开设体育课程，全部统一使用人教版教材。2000年以后，在14个乡镇小学逐步开设英语课程。

2003年取消地理、历史、自然，增设社会与生活（其中包括历史、地理知识）；增设社会与科学，其中包括自然科学知识与实验操作；增设社会与实践，以信息教育为主；增设艺术课程，包括音乐、美术、体育、健康的教学内容。合理安排综合课程，挤出时间安排地方课。2004年以后实施远程教育，全县共建工程项目学校152所，部分小学开设信息教育课程。

2007年，小学一、二年级设置思想品德与生活、语文、数学、体育与健康、音乐、美术、地方与学校课程等，三至五年级在一、二年级的基础上增设英语（有条件学校）、科学、综合实践活动。六年级执行原六年制教学计划，使用人教版通用教材，一至五年级使用人教版义务教育新教材。法制、人口、环境、国防、安全等教育不设课程，渗透于所有学科进行教学。

2008年，乡镇中心学校全部、部分村级完小开设英语课程。1991—2008年，完小开设思想品德、语文、数学、自然、体育、音乐、美术7科主要课程，四、五、六年级增开历史、地理，三至六年级开设劳动课。2000—2008年，有两届试用西师版教材。在少数民族地区采取教材使用汉语教学，民族语言作注解的教学方式。

（三）教育教学

1.德育　1991年教育行政区划变化以后，县、乡镇建立德育工作领导小组负责指导、督促德育工作的开展。学校建立德育工作组，负责研究德育工作的开展形式、实施办法，组织实施德育工作。至2008年，做到德育工作“机构不散、力度不减、制度不软”。除思想品德课中实施德育理论教育、各学科教学渗透德育教育以外，还通过党支部、共青团、少先队、工会、班主任等发挥各自优势做好德育工作，形成齐抓共管格局。坚持国旗下讲话，进行学生日常行为评分等；加强学生思想品德教育，培养学生良好行为习惯。

2000年下发《关于开展“整体构建学校德育体系的研究与实验”课题研究的通知》，县教育局制定施行《龙里县学校日常行为规范教育实施方案》，各中小学围绕这一国家级的课题进行研究与实验。2001年结题，涌现出先进单位和个人，其中龙里中学被评为优秀实验学校。坚持每年开展“三好学生”评选活动，在“六一”庆祝活动中进行表彰。2007年评选表彰“十佳学生”；在洗马组织北部片区、羊场组织南部片区、城关组织中部片区开展班级工作中的德育教育研讨会，承担会议筹备的学校组织师生进行现场演示；县教育局制定《关于进一步加强和改进未成年人思想道德建设的实施意见》等系列配套文件，规范德育工作的研讨、实施和管理。

2.学科教学　1991年以后，伴随教育体制改革深入开展，校长负责制、岗位责任制、教师聘任制、目标管理制的实施，推行“教学过程和目标管理”课堂教学。1996年取消小升初考试择录以后，制定《龙里县中小学各学科教学常规》等规章制度，加大教学管理和教学活动力度。一方面加强课堂教学过程和教学目标管理，巩固提高教学质量；一方面加大教学研讨，首先在中心地区条件好的学校进行改革教学方式方法的研究和实验，取得一定效果和经验，形成基本教改理念和理论后，再对条件相对好一点的学校领导和骨干教师进行培训，然后才在有条件的学校试验，各学校根据培训的内容，结合自身的特点取舍补充，形成自己特色的课堂教学改革形式。信息技术的开发，资源的共享和利用，继续教育的开展，更新教学理念，转化教学观念，使教学过程更加规范，促进课堂教学艺术的提高。1998年以后，推进素质教育，教师接受继续教育以后，教育理念、教学观念开始转变，由师生配合到树立学生学习主体的演变，开展各种教学方式方法的研讨和实验。

3.艺术、体育和卫生活动　在开展文字科目教改的同时，注重艺术、体育活动的开展和卫生健康教育，保证学生全面发展。1991年，开始建立小学三年级学生体育训练达标档案，组织学生开展校内、校际体育竞技活动。部分有条件的学校建立书画兴趣小组、文艺兴趣小组，发挥学生的个性特长和培养爱好专业技能，组织学生参加全县书画展，“六一”节、“教师节”组织师生文艺表演。2008年，城关一小学生李沁晗在“中华青少年民族艺术展演活动”“中华少儿艺术精品香港迎春展演活动”中获得民族乐器类古筝专业儿童B组三等奖。

三、初中教育

（一）学校布局 1991年，有龙里中学、龙里二中（后改为龙里县民族完全中学）两所完全中学，龙山中学、谷脚中学、洗马中学、羊场中学4所独立中学，有三元小学、湾寨小学、民主小学、猫场小学、谷龙小学、哪嗙小学、巴江小学7所带帽初中（九年一贯制学校）。全县共有中学13所89个教学班，在校生4682人。初中教师257人，其中：高级教师3人、一级教师31人、初级教师146人、未评职称77人；25岁以下79人，25～30岁90人，31～40岁42人，41～50岁24人，50岁以上12人。学校占地面积9.68万平方米，建筑面积2.25万平方米。1996—1998年，猫场、哪嗙、湾寨初中部先后与小学部分开，成立独立初中。

1999年有完全中学2所、独立初中9所，带帽初中有三元小学、民主小学、巴江小学、谷龙小学4所，有教学班129个、在校学生6258人。1999年，初一年级招生2425人，毛入学率94.95%，有初中教师386人。2000年，新建成水场初级中学、摆省民族初级中学。2000年，巴江、谷龙初中部与小学部分开成立独立初中。2003年，龙里县民族完全中学最后一届高中生毕业，改为独立初中；7月龙里中学最后一届初中学生毕业，改为独立高中。2004年建立铭洋中学，为民办普通完全中学。2008年，有初级中学15所（含铭洋中学），九年一贯制学校2所（三元小学、草原小学）。

（二）课程设置 1991年，初中设置政治、语文、数学、英语、物理、化学、历史、地理、生理卫生、体育、音乐、美术12科。1993年，初中设置思想政治、语文、数学、外语、历史、地理、物理、化学、生物、体育、音乐、美术、劳动技术13科。1998年，初中课程采用“三加一”和初二分流等形式渗透职业教育。

2003年以后，初中一年级按照新课改方案逐年发展，思想政治、语文、数学、英语、体育与健康分科设置，综合实践列为必修课，历史与社会（历史、地理）、科学（生物、物理、化学）、艺术（音乐、美术）等综合科目合理安排，调剂出一定时间开展职业教育。2008年，初中设置思想政治、语文、数学、外语、历史、地理、物理、化学、生物、体育、音乐、美术、综合实践、地方与学校课，同时渗透法制教育、国防教育、健康教育等内容。

（三）教育教学

1.德育 1991年，各中学贯彻执行《中学德育大纲》，完善德育工作制度，开展“五讲、四美、三热爱”活动，进一步抓好《中学生守则》《中学生日常行为规范》的常年性教育。1993年以后，随着校长负责制的实施，确立校长对德育工作全面负责的体制，学校党、政、工、团齐抓共管，改革思想政治课的教学内容，把时事政治纳入中考内容、列入教学计划。部分学校建立政教处，部分学校配设政教主任，加强思想政治教育力量。

2000年以后，开展“忠心献给祖国、爱心献给社会、关心献给他人、孝心献给父母、信心留给自己”的教育系列活动，建立学校、家庭、社会三位一体的德育工作体系，常年结合各种节日庆典开展思想政治教育。清明节开展学习革命先烈奉献精神活动，“五四”开展发扬“五四”精神教育活动，“七一”开展热爱党、热爱社会主义教育活动，重阳节开展敬老爱幼教育活动，教师节开展尊敬师长教育活动，国庆节、“一二·九”开展爱国主义、国际主义主题教育活动等。2001年，龙里县民族完全中学被评为全国教育科学“九五”规划国家重点课题——“整体构建学校德育体系”研究与实验先进实验学校和黔南州文明单位。

2.学科教学 1991—1997年，各中学开全课程、开足课时，贯彻落实国家教学计划和教学大纲。由于受中专、中师录取指标分到乡镇影响，各乡镇中学在坚持学生全面发展前提下追求升学率。这段时间出现学校靠质量互相竞争争抢学生、乡镇攀比升学率的局面，各学校开展多层次的教研活动，以求达到规范教学常规管理、提高教学质量的目的。

1992年，各中学摸索贯彻落实“三制一管理”政策以后，各学校摸索目标管理方法、模式，特别注重一、三年级教学目标制定和运作。因为贯彻落实义务教育法，小学毕业全部进入初中学习，一年级生源素质参差不齐、三年级面临升学，所以形成“抓两头、带中间，全面发展、突出重点”的教学模式。1998年以后贯彻落实“素质教育”，在民族中学、羊场中学、洗马中学开始试验探索，其他学校根据条件试行推进，转变教师教学理念，改进教学方法，完善教学常规管理措施。

1998—2008年，正值龙里县“两基”攻坚、“普实”攻坚、信息教育起步阶段，制定《龙里县中小学各学科教学常规》，根据工作实际拟定“抓初中、促高中、带小学”的教育教学工作思路，初中教学教研工作力度大大增强。1991—2008年，初中全部实施体育达标，学校建立体育达标档案，实行体育达标合格证制度，体育考核成绩纳入中考成绩。1991年贯彻落实学校卫生工作条例以后，各学校建立相应的卫生工作制度和管理措施。2003年县民族完全中学被评为黔南州普及实验教学示范学校，2004年在县探究性实验教学方案评比活动中获团体一等奖，2005年获学校教育教学工作常规管理考核一等奖。

第三节 “两基”工作

1991—1996年，按照义务教育法启动普及九年义务教育，重点是扫除青壮年文盲、半文盲，普及小学六年教育。1999年下半年龙里县“两基”工作如期通过省人民政府评估验收，2000年被国家认定为“两基”合格县。2001年贯彻执行《中共贵州省委、贵州省人民政府关于全面实施“两基”攻坚的决定》，“两基”工作全面开展。2003年，“两基”工作通过省人民政府复查评估。2007年，以“两基”迎国检为契机，推进龙里中学及城关三小扩建、职业中学建设、龙里民中与龙山中学资源整合。2006—2008年，启动实施“两基”迎接国家督导检查（以下简称“国检”）工作。

一、普及九年义务教育

1991年，县城有完全中学2所，乡镇有初中4所、带帽初中学校7所，初中教学班89个，在校学生4911人（其中县城1126人、乡镇3785人）；在外县就读229人。教师261人，其中县城65人、乡镇196人。小学有125所、教学点76个，有847个教学班，在校学生2.39万人；在外县就读784人（主要是随父母打工外出）。教职工1338人，其中专任教师1198人。学龄儿童总数1.74万人，已入学1.64万人，入学率94.28%。

1992年，开始实施教育工作“双线”（政府系列及教育系列）目标管理责任制，通过逐级签订目标管理责任书，加大普及教育力度。1994年，制定龙里县“两基”发展规划。1995年，有中小学193所，其中：完全中学2所，农业、职业中学各1所，独立中学5所，小学184所（其中7所完小附设初中部）。中小学在校学生3.06万人，其中：高中1012人、初中5434人、小学2.42万人。小学入学率98.7%、普及率98.1%、巩固率99.5%、毕业率99.8%、毕业升学率85.4%。小学教师1301人，学历达标率86.3%。1949年以后出生15—49周岁人口8.55万人，文盲、半文盲2307人，其中丧失学习能力1927人，非文盲率97.3%。

1996年出台实施《龙里县普及九年义务教育以乡镇推进规划》，在龙山、洗马、猫场3个乡镇开展“普九”（普及九年义务教育）试点。1997年羊场镇“两基”工作率先通过县政府评估验收。1998年龙山、洗马、谷脚、猫场、巴江、谷龙、麻芝、三元、湾寨9个乡镇“两基”工作通过县政府评估验收。1999年上半年水场、哪嗙、民主、摆省4个乡“两基”工作通过县政府评估验收。

1999年，有独立初中11所、小学附设初中部4所，153个教学班，初中阶段校内外学龄人口1.04万人，在校学龄人口6187人，在校学生8310人，初中毛入学率96.7%，专任教师517人。有小学120所、教学点40个，在校学生2.54万人，小学校内外学龄人口2.44万人，在校学龄人口2.4万人，入学率98.22%，小学教职工1406人。非文盲率97.6%。2000年，龙里县基本扫除青壮年文盲、半文盲，基本普及九年义务教育，通过省政府验收认定“基本合格”。

2003年，小学学龄儿童总数2.29万人，在校2.25万人，入学率98.2%；在小学就读1495人，在县外就读572人，毛入学率97%；初中学龄人口总数1.27万人，在校学龄人口1.02万人。非文盲率97.5%。2006—

2008年，加大普及程度，注重师资水平、办学条件、教育经费、教育质量、学校管理、扫盲工作等过程管理，对照“国检”标准，按照“项项达标、乡乡过关”的要求，全面促进“两基”巩固提高和迎“国检”工作。

2008年，全县有中小学校点134所，其中：独立高中1所、中等职业学校1所、独立初级中学13所（其中民族中学4所）、九年一贯制学校2所、民办中学1所；小学校点119所（个），其中：乡镇中心校13所、辅导校21所、完小56所、教学点29个。7—12周岁儿童入学率99.56%，初中阶段入学率100%，小学辍学率0.1%，初中辍学率2.08%，15周岁初等教育完成率98.56%，17周岁初级中等教育完成率85.36%，小学毕业率100%，初中毕业率98.27%，高中阶段毛入学率49%，通过省、州预检，2009年通过“国检”。

1990—2008年龙里县各学年度（9月）在校学生人数一览表

表17-1　　单位：人

学年度	幼儿在园数			小学各年级在校学生数							初中在校学生数				高中在校学生数				职高在校学生数			
	幼儿园	学前班	合计	一	二	三	四	五	六	合计	一	二	三	合计	一	二	三	合计	一	二	三	合计
1990	412	514	926	5405	4193	4006	3632	3416	3230	23882	1937	1613	1361	4911	254	232	264	750	90	67		157
1991	480	887	1367	5426	4053	3831	3521	3263	3004	23098	1649	1737	1296	4682	271	237	225	733	186	60		246
1992	458	1275	1733	5565	4046	3870	3415	3214	2804	46980	1840	1503	1511	4854	250	255	230	735	215	182		397
1993	462	1576	2038	5390	4137	3614	3332	3025	2894	22392	1717	1661	1297	4675	246	241	242	729	143	230		373
1994	439	2128	2567	5729	4365	3707	3309	3066	2878	23054	1908	1459	1468	4835	238	223	230	691	185	157		342
1995	568	2471	3039	5807	4696	4059	3536	3167	2885	24150	2401	1718	1315	5434	282	220	217	719	147	146		293
1996	1215	2023	3238	5159	4887	4182	3695	3253	2898	24074	2601	2105	1490	6196	281	257	216	754	141	142		283
1997	1183	2141	3324	4926	4786	4554	3941	3043	3028	24278	2309	2012	1799	6120	275	227	254	756	69	100		169
1998	1438	2508	3946	4591	4591	4537	4237	3687	3185	24828	2425	2033	1800	6258	245	247	219	711	52	26	78	1070
1999	1134	1682	2816	4153	4748	4623	4551	4274	3660	26009	3109	2281	1864	7254	308	228	243	779	37	20		57
2000	2030	2183	4213	3805	4229	4607	4424	4317	4056	25438	3229	2970	2111	8310	330	296	226	852	52	35		87
2001	1695	1940	3599	4034	3983	4091	4316	4204	4099	24727	3275	2890	2788	8953	439	311	279	1029	25	52		77
2002	1496	2048	3544	3897	4161	4058	4046	4324	4075	24561	3455	3091	3106	9652	619	415	297	1331	163	8		171
2003	1869	1942	3811	4277	4061	4196	3964	3911	4143	24552	3510	3340	3003	9853	829	644	406	1879	231	174		405
2004	1917	1721	3638	4154	4139	4083	4058	3837	3842	24113	3639	3301	3265	10205	702	760	575	2037	244	199	32	475
2005	2263	1782	4045	3909	4019	4083	3999	3912	3722	23644	3453	3432	3201	10086	710	660	698	2068	503	131	58	692
2006	2348	2013	4361	4232	3895	4015	3990	3985	3852	23969	3501	3321	3329	10151	700	629	629	1958	1186	462	70	1718
2007	2534	1932	4466	3354	3768	3756	3818	3825	3841	22362	3654	3280	3216	10150	659	674	602	1935	1139	1151		2290
2008	2479	1536	4015	3061	3322	3758	3686	3790	3784	21401	3686	3483	3222	10391	593	606	639	1838	420	1103		1523

二、扫除青壮年文盲

1990年，龙里县基本达到扫除青壮年文盲标准。1991—1994年，以高标准扫盲为工作重点。1995年完成高标准扫盲工作以后，巩固提高扫盲成果成为成人教育工作重点。为杜绝新（复）文盲产生，采取“一扫二堵三提高”方针，坚持做到学员、教室、教师、经费、教材“五落实”，明确责任，落实任务；实行“一个阵地两块牌子”，坚持“一长管两校（日校和夜校），一师任两教（扫盲和普通教学）”原则，利用教育资源，调动教育工作者的积极性，利用晚上和节假日开办农民文化技术学校，传授科学文化知识和农业实用技术，抓好农技校学员的辅导培训工作。

农民文化技术培训做到乡镇建中心（学校）、村建学校（教学点），校点有班子、有牌子、有课桌凳。坚持脱盲与脱贫致富相结合的指导思想，着眼于现代农业发展和农业产业结构调整需要培训农业和农产品加工技术。坚持以乡镇农技培训中心为龙头，以村农技校为阵地，发挥农村科技协会及各种养殖、种植协会的作用，农业、科技、教育等部门协调配合，加强对农民科普知识的学习宣传和农业实用技术的培训与指导，为农村经济建设培养一批懂科技、善经营的新型乡土人才。坚持开展实用语文、实用数学、实用技术培训，提高脱盲的巩固率和农村劳动者的素质。通过抓好以农技培训为主要内容的农民教育，提高农民科技文化素质，增强农民运用科技脱贫致富的能力，取得农村智力开发和经济开发的双重效益，促进扫盲成果的巩固提高。在此期间教育系统教职员工全体出动，白天抓普通教育教学，晚上逐户动员儿童入学、成人上夜校，乡镇干部白天和晚上随时督促。

2004—2007年，脱盲1944人，其中脱盲巩固1928人，脱盲人员巩固率为99.18%。2008年，全县15～50岁人口中农村非文盲率为98.84%、城镇非文盲率为99.89%，159个行政村农村非文盲率达95%以上，8个社区居委会非文盲率达98%以上；15～24岁人口3.34万人，其中丧失学习能力88人、非文盲3.33万人，非文盲率为100%。

三、“两基”督查、复查和评估验收

按照义务教育法规定，实施初等义务教育的自查与督导评估。1994年县政府制订“两基”发展规划。1995年全县高标准扫除青壮年文盲及普及小学六年教育工作通过省政府评估验收。1996年至1999年上半年完成对全县14个乡镇“两基”工作的督导、评估验收，1999年下半年全县“两基”工作如期通过省人民政府的评估验收，2000年被国家认定为“两基”合格县。

2003年完成自查后，“两基”工作顺利通过省人民政府的复查评估。同时，普及中、小学实验教学工作也如期通过省人民政府的评估验收。2004—2006年加强全县中小学实验教学工作的过程督导，2006年顺利通过省、州复查验收。

2006—2008年，启动实施“两基”迎“国检”，在普及程度、师资水平、办学条件、教育经费、教育质量、学校管理、扫盲工作等方面加强督查，注重过程督导。对照“国检”标准，按照“项项达标、乡乡过关”要求，严格督查“两基”巩固提高和迎“国检”工作。2008年顺利通过省、州预检，2009年如期通过“国检”。

第四节　高中教育与民族教育

一、高中教育

（一）办学规模　1991—2003年，贵州省龙里中学（又叫龙里一中）和龙里县民族中学（又叫龙里二中）属于6年制完全中学。1991年，龙里中学有初中教学班10个，在校学生640人，招生217人，毕业197人，教职工62人；2001年停招初中学生，2003年9月以后成为一所独立高中；2007年9月又重新招收初中一年级新生100人，此后没有再招收初一新生。

1991年，龙里县有高中教学班15个，在校学生1032人（其中：龙里县第二中学6个班，学生593人），当年高中招生160人，毕业153人，升学本科27人、专科28人、中专及中技校38人，教职工92人。2000年，龙里一中、二中共有初中教学班11个，在校学生619人，招生226人，毕业171人，教职工79人；高中教学班16个，在校学生852人，招生330人，毕业243人，升学本科63人、专科148人，教职工109人。

2003年核定龙里中学事业编制数为124名，其中教师114名、职员3名、教学辅助人员4名、工勤人员3名；领导职数4名，其中校长1名、副校长3名；内设政教处、教导处、总务处、办公室。2005年，龙里中学内设政教处、教导处、总务处、教育科研处、办公室，核定事业编制145名（其中教师127名、职员8名、教学辅助人员6名、工勤人员4名），配备领导职数4名（其中校长1名、副校长3名）。

2008年，龙里县有高中教学班38个，在校生2223人，毕业581人，升学本科重点大学74人、普通大学

157人、专科333人，升学率达97%；有教职工131人，其中：高级教师47人、中级43人、特级1人，被聘为黔南州学科教研员5人、省级骨干教师5人，州县骨干教师、学科带头人、优秀科技人才以及县十佳教师、十佳班主任共计34人，学历达标率100%，每个学科均具有2～3组骨干力量。

2008年，龙里中学占地面积4.2万平方米，生均近20平方米。学校拥有教学楼、实验楼、科技楼、文体综合楼、办公楼、总务楼、专用体操房、排演厅、美术室、学生公寓以及校办厂（龙中纸箱厂），总建筑面积2.44万平方米，生均12平方米。有以校园千兆网络为主体的计算机教学系统、监控系统、广播电视系统、电子阅览室、多媒体教室、音像室以及能满足需求的教学软件，物理、化学、生物实验设施设备按4：4：2比例配备到位，学校藏书8.5万册、报纸杂志163种、工具参考书302种，已成为贵州省省级示范高级中学。龙里县第二中学1991—2003年办高中，2001年停止高中招生。

（二）课程设置 1991—2000年，高中学科类设置思想政治、语文、数学、外语、物理、化学、生物、历史、地理、体育、艺术、劳动技术12科，活动类包括校会、班会、社会实践、体育锻炼、科技、艺术活动；2001年设置思想政治、语文、数学、英语、物理、化学、生物、历史、地理、信息技术、体育和保健、艺术、社会实践13科。2008年，贯彻执行《贵州省基础教育课程改革义务教育课程实施意见》《全日制普通高中新课程方案》，高中必修课设置思想政治、语文、数学、外语（英语）、物理、生物、历史、地理、信息技术、体育与保健、艺术、综合实践活动，选修课设数学、物理、化学、生物、历史、地理、信息技术，地方与学校课程根据学生兴趣要求和发展需要开设。

（三）教育教学

1.德育 高中思想政治教育由学校党总支委员会领导，政教处、教务处齐抓共管。落实《德育大纲》，贯彻国家和上级有关中学德育教育的方针政策、规章制度，开足课时，让学生在掌握政治理论的同时得到思想改造，形成正确的政治观点。各学科根据教材内容渗透思想政治教育。1991年起，先后制定《龙里中学校纪校风十二条规定》《德育考核及评定标准》《龙里中学学生奖惩条例》《龙里中学住校生须知》等关于思想品质教育的规章制度，实施《龙里县学校日常行为规范教育实施方案》；学生入学通过军训进行国防教育和纪律培训；通过禁毒知识宣传等健康教育进行学生心理培养，遏制学生吸烟现象；对毕业生进行择业教育，初步形成正确的世界观、人生观和价值观。

利用重大节日举行教育活动，1991年中国共产党成立七十周年和建校五十周年、1993年毛泽东诞辰100周年、1995年世界反法西斯暨抗战胜利五十周年、1999年新中国成立五十周年等重大节日开展纪念庆祝活动，对学生进行爱国主义、国际主义、热爱党、热爱祖国、热爱社会主义、热爱人民、热爱家园、继承革命精神、发扬革命传统等多方面教育。2000年，参加全国教育科学“九五”“十五”“十一五”规划国家级重点课题——“整体构建学校德育体系的研究与实践”研究工作，龙里中学被贵州省教育厅评为优秀实验学校。2005年以后，在高中一年级创建“周恩来班”和“邓颖超班”，开展相关活动。

2.学科教学 坚持突出基本思想政治教育、基本文化科学知识教学、基本技能训练和应用的教学指导思想，抓住钻研教材、研究政策与教学大纲（2000年以后提出的教学目标）、调查了解学生、制定与修改教学计划、课后检查总结经验等教学准备和总结中的各个环节工作，为新的教学准备提供理论指导。因材施教讲实际，教学过程中严把五关：“教材、学生两熟悉，思想政治、学科知识、技能训练三融合，重点、难点、疑点三突破，正误对比、化繁为简多启发，新旧教材前后联系、课内课外要求一致两挂钩。”在辅导、评估学业方面全面掌控，面向全体学生、坚持一视同仁、保证公平公正。

坚持面向全体学生，遵循教学规律，不断改进教学方法，提高教学质量。1998年，制定《龙里中学教学常规要求》，在学校教学指导思想方面注入新内容、新理念，提出兴趣教学、开发学生智力、发展学生能力；要求教师把教学技能升华为教学艺术，由师生互动转化为学生主动，培养学生学习的主体精神，转变教师的教导为引导。学校实施教育局制定的《龙里县中小学各学科教学常规》等制度，2000年以后进一步强调教学过程是师生交流的过程、教学相长的过程，重视培养学生的独立性和自主性，倡导自主学习、合作学习；坚持一切为了每一个学生的发展，坚持学生全面发展，加强教学研究，以教研促教学、以教学带教研。1991—2008年，教师在各种刊物发表教育教学论文85篇，其中获奖论文45篇；先后获得国家级奖励31人次、省级奖励121人次、州级奖励187人次、县级奖励183人次。

1991—2008年，坚持以思想政治教育为主导、学科教学为中心、学生全面发展为目标，在体育、艺术方面注重基本知识教学和基本技能训练。1997—2008年，学生体质合格率都在98%以上，每年考入艺校40人以上。20世纪90年代，龙里中学排球代表队两次获贵州省中学生锦标赛第一名；2001年周羿在全国中学生化学竞赛中获贵州赛区一等奖；2002年胥松在全国中学生化学竞赛中获贵州赛区一等奖；2007年左华雨在全国中学生英语能力竞赛中获高二年级一等奖。

3.勤工俭学　1991年扩建龙里中学纸箱厂（1985年创建），投入120万元建设3层瓦楞纸板生产线。1992年建成投入生产，是年完成产值351万元。《贵州日报》《贵州工人报》先后报道该纸箱厂的情况。1991—2008年，纸箱厂产值逐年递增，到2008年总产值达7358万元，上缴税收471万元，纯利778万元（其中上缴学校766万元），有固定资产330万元，先后获贵州省“重合同守信用单位”、黔南州“四化建设先进集体”等荣誉称号。

1991—1998年，龙里中学连续两届被贵州省人民政府评为“贵州省文明单位”，被授予“全国群众体育运动先进单位”称号。1999年在黔南地区率先被评定为“优秀学校”。2000年以后，先后被评为“贵州省普实示范校”“贵州省计算机工程项目学校”“全国德育课题实验先进校”“贵州省省级示范高中”，多次被评为州、县文明单位。2005年进行龙里中学创办“省级示范性高中”第一次评估。

1991—2008年龙里中学基本情况统计表

表17-2　　单位：个、人

年份	班数		毕业生数		招生数		在校学生数		升入大专以上院校学生数				考入中专、中技学生数	升学学生总数	教职工数
	高中	初中	高中	初中	高中	初中	高中	初中	合计	本科院校		专科			
										重点	一般				
1991	9	12	153	197	160	217	439	640	55	8	19	28	38	93	92
1992	9	12	138	181	155	213	451	637	60	14	23	23	36	96	99
1993	9	12	144	216	161	232	456	654	46	3	12	31	43	89	93
1994	9	12	144	194	157	223	456	646	71	16	25	30	27	98	92
1995	9	12	148	193	170	227	464	648	71	6	19	46	28	99	94
1996	9	12	148	204	148	230	452	673	66	6	18	42	45	111	95
1997	11	11	144	204	275	173	564	622	52	9	17	26	21	73	96
1998	14	10	151	214	248	168	711	563	68	4	19	45	12	80	112
1999	14	10	217	218	308	235	779	567	143	7	55	81	19	162	110
2000	16	11	243	171	330	226	852	619	211	11	52	148	—	211	109
2001	15	11	221	173	452	0	858	446	206	9	78	119	—	206	104
2002	19	8	235	207	619	0	1329	223	196	23	91	82	—	196	118
2003	32	4	321	217	755	0	1766	0	267	18	117	132	—	267	120
2004	36	0	408	0	628	0	1923	0	322	22	121	179	—	322	124
2005	36	0	606	0	675	0	1973	0	339	21	101	217	—	339	126
2006	34	0	695	0	663	0	1887	0	343	33	99	211	—	343	130
2007	34	2	587	0	649	116	1893	116	428	38	148	242	—	428	133
2008	34	2	618	0	593	0	1338	116	564	74	157	333	—	564	124

说明：含补习生，不含民族中学学生

二、民族教育

除在县城开办1所民族中学以外，在苗族聚居的摆省乡，布依族聚居的湾寨乡，苗族、布依族聚居的哪嗙乡各开办1所民族中学。2008年有民族中学4所，教学班58个，在校学生3991人；有教师198人，其中：硕士研究生1人、大学75人、大专87人。

（一）龙里民族中学 1987年成立龙里县第二中学（简称二中），1991年列入黔南州20所大型完全中学，1994年黔南州人民政府正式批准更名为龙里县民族完全中学。1991年，初中有教学班9个，在校学生494人；高中教学班6个，在校学生593人，在校学生中少数民族学生260人，占学生总数的44%；有教师初中31人、高中21人。2001年停止高中招生，2003年以后与高中脱钩。2003年核定事业编制97名，其中教师89名、职员3名、教学辅助人员4名、工勤人员2名；领导职数4名，其中校长1名、副校长3名；内设政教处、教导处、总务处、办公室。2006年设立教育科研处。

学校现代化教学设施不断完善，建有物理、化学、生物实验室，备课室、微机室、多媒体教室等。2008年有教职工110人，教师学历合格率100%，其中：硕士研究生1人、大学本科63人、专科43人；中学高级教师23人、一级教师51人；省级骨干教师1人、州级骨干教师13人、在训省级骨干教师1人。有教学班30个，学生2000余人。先后有教师45人在各级各类刊物上发表教育教学论文82篇。

2003—2008年，学生参加各种学科竞赛共取得国家级一等奖4人、二等奖22人、三等奖35人，省级一等奖35人、二等奖50人、三等奖105人；2008年中考成绩名列全州同级同类学校第二名。1998年获国家民委和贵州省委、省政府授予“民族团结进步模范集体”称号；2001年被评为黔南州普及实验教学示范学校；2004年、2007年分别获得黔南州教育教学一等奖；2008年1月被评为黔南州2006—2007年度文明单位。

（二）龙里县湾寨民族初级中学 湾寨民族初级中学距县城40.6公里，1970—1997年属湾寨小学初中部，1996年11月县人民政府决定建立湾寨民族初级中学。1997年3月初中部与小学部分离，5月正式授牌成立龙里县湾寨民族初级中学，仅有教学楼1栋、厕所1个，校园内到处是土岗、沟壑、荆棘，连块做操的平地都没有。全体师生利用课余时间建校，平整出一块2000平方米的操场。2008年发展到9个教学班，在校生500多人（其中少数民族学生占78%），教师30人（其中本科学历9人、大专20人），学校占地面积4.64万平方米。

校园建设不断完善，先后修建教学楼、综合楼、实验室、图书室、计算机室、多媒体教室，教师宿舍、学生宿舍和师生食堂等，有1万多平方米的大操场、标准的篮球场，基本能满足教育教学需要。先后获州级“教育系统先进集体”“体育教学先进单位”“园林式学校绿化先进单位”等荣誉称号。

（三）龙里县摆省民族初级中学 位于摆省乡新龙村龙窝寨，距县城约55公里，学校前身隶属于摆省小学初中部，原地址位于摆省乡摆省村，初中部于1983年8月拆除，只保留小学部。1995—2000年国家贫困地区义务教育项目工程实施，乡人民政府于1998年重新选址在政府所在地新龙村龙窝寨修建初中部教学楼1栋、食堂1栋、厕所1个，于1999年8月成立摆省中学，与小学部分离。学校服务半径辐射全乡13个行政村、50个自然村寨，开始面向全乡各完小招生，开设初一年级两个教学班。2004年9月，正式命名为龙里县摆省民族初级中学。

先后修建教师宿舍、学生宿舍、新食堂、综合楼，有仪器保管室、生物化学物理实验室、图书室、阅览室、团队活动室、体育器材保管室、远程教育教室、网络室、民族文化活动室；开展校园绿化、美化和操场硬化建设，不断改善办学条件。学校占地面积2.42万平方米，有5050平方米的简易足球活动场及200米环形跑道，有标准的篮球场1个及1800平方米的操场。2006年起，学校开办民族“果乐”文化班，发展成为具有民族文化特色和体育特色的农村寄宿制初级中学。到2008年，发展到9个教学班，在校生589人（少数民族学生占95%，其中苗族占90%以上），其中住校生536人；有教师27人，其中特岗教师6人，本科学历10人、大专学历17人，学历合格率100%。

（四）麻芝大新民族学校 位于龙里县嘛芝乡大新村，前身为民国元年（1912年）建立的定水民校。1985年更名为麻芝大新民族学校，附设初中部。2008年学校占地面积3600平方米，开设教学班6个，有学生256人，其中少数民族学生占92%，生源地包括大新、乐阳、定水、永合、光坡等苗族、布依族聚居的村组。

第五节　职业教育与成人教育

一、职业教育

（一）龙里县职业技术学校

1985—1992年，龙里县职业技术学校共办34个培训班，其中学期为半年的22个班，2—3年的12个班，培训学员1430人。主要学员为企业就业人员及需获取大专专业文凭人员，同时承担中师函授培训。1993—1997年，逐步由专业技术培训转向提高教师学历培训。1995届中师函授入学142人，其中考试入学90人、划定教师专业合格证免试入学52人，90%以上获得中师毕业证。

1994年，县职业技术学校与贵州教育学院联合举办中文本、专科和数学专科培训班。经过资格审查，中文招生本科班37名、专科班110人，数学专科班39人。按照教育部颁发计划开齐课程，春、秋学期每周上课两天（星期六、星期日），寒、暑假上课，上足辅导课时。通过两年培训，中文有34人获得本科文凭、98人获得专科文凭，30人获得数学专科文凭。

1996年转向主要举办小学乡镇培训班，当年学员42人，开设课程有哲学、中国特色社会主义理论、教育政策法规、小学管理、心理学、教育学、中国教育思想史，以及外国教育情况简介；举办教导主任培训班，学员50人，主要以小学教育教学管理为培训内容。

1998年以后，职业教育培训工作由龙里县农业中学承担。2003年县农业中学更名为贵州省龙里中等职业学校。2005年，中等职业学校内设办公室、总务处、政教处、教务处、招生就业处。至2008年，中等职业学校同时承担小学教师继续教育和岗前培训工作。

（二）龙里县农业中学

1959年创建龙里县农业中学，1960—1983年间两次停办、两次重办，校址由平西农场迁到铙钹山。1983年8月县政府第三次开办，校址仍在铙钹山。1991年学校占地面积230亩，建筑面积1.48万平方米（其中教学楼5450平方米），学生宿舍可容宿800人以上；有实验室4个，仪器总价65.4万元；200米环形跑道田径运动场1个、篮球场2个，体育器材总价1.5万元；有“巨峰”葡萄园15亩、梨园5亩、苗圃基地8亩、牛蛙养殖场5.6亩，校外实习基地联系点15个、木工工艺厂1个、联办化肥厂1个；有教职工48人。是年，省政府报请国家教委批准认定为“全国首批重点职业高级中学”，并获国家教委授予“科技兴农先进单位”称号。

1994—1999年，平均每学年有教学班4.8个，每学年招收新生近100名。1996年后新开设水电、美容美发、烹饪、普通中学职业班等7个专业。2000—2002年，学校规模渐趋萎缩，于是拓宽办学思路，树立“宽、实、活”办学理念。首先，建立农业科技教育培训基地，送教下乡，普通教育与职业教育联办，县农业中学与龙里中学资源共享，实行学生“双学籍、双证书”制，增办“3+1”模式班（普通高中毕业后入职校就读1年），实行“初二分流、职业渗透”的教育模式。2002年招生37人，2004年招生244人，2006年招生1186人，2008年招生528人。其次，多形式扩大办学规模。

2000—2006年，与贵州大学职业高等技术学院、贵州师范学院联合举办专科汉语言文学专业函授培训。2000级46人，2001级专科266人、本科6人，2002级专科186人、本科9人，2003级专科68人、本科13人，共培训学员专科566人、本科28人。与黔南师范学院联合举办学前教育函授培训，2003级专科1人、本科1人，2004级专科4人、本科11人，2005级专科7人、本科1人，共培训学员专科12人、本科14人。2005年7月，与贵州广播电视大学联合举办小学教育专科培训34人。

2003年8月8日，更名为贵州省龙里中等职业学校。2006年9月，由铙钹山迁到桃园（校门距贵新高速公路龙里出入口约100米），新校园占地4.27万平方米，校舍建筑面积1.5万平方米，教学楼2幢（教室40个）、学生宿舍2幢（可容1100人）、实训楼1幢、学生食堂1幢，逐步建设微机室、多媒体教室、电子电工室、电子实操室、电子实训室、汽修实验室、缝纫实操室、电焊实训室各1个，图书室藏书2万册，药材种植基地100亩。教职工47人，其中专业技术人员42人、行政人员3人；外聘教师24人、工勤人员5人；学历班在校生1718人。开设专业有电子技术应用、服装制作与营销、药学、畜牧兽医、汽车维修与驾驶、计算机及应用、电脑美术设计、民族文化、民间艺术表演，共18个教学班。2006年起，兑现国家贫困生助学金补助1500元/年·生。

2007年，建成多功能教室、实训大楼和300米跑道田经运动场。1982—2008年，学校共培养毕（结）业生6000多人。1987—1993年，部分城镇毕业生由县劳动人事部门用就业指标优先安排工作。1996—2008年，农民实用技术培训42期2650人，农村劳动力转移培训20期1300人。

二、成人教育

1985年成立龙里县中等师范函授广播学校工作站，乡镇一级建立中师函授辅导点，工作站承担全县小学教师学历补偿教育任务。1990年成立各个学科教学研究组，主要任务是提高教学培训质量，培训乡、校各级辅导教师，指导学员做作业、撰写教育论文。学员收听广播，坚持以自学为主，同时加强面授辅导。实行双休日辅导、寒暑假集中培训、组织自学小组等，对校点相对集中、学员人数较多的乡镇定点编班，县教研组坚持周末双休日巡回辅导，每周辅导10～15学时；考前学员集中到县教师职业技术学校，面授15天。

1994—1996年与省教育学院联办助读自学考试，按师范大学教学计划设置课程，由省自考委员会命题考试，在职教师中文专科110名、数学专科38名和中文本科37名获得毕业证书。1996年，县中师函授站和县职业技术学校工作重心开始由学历补偿教育转移到小学教师继续教育。至2000年，共招收中等师范函授学员450多名，毕业199名，毕业学员都获得教师专业合格证书。

1993年9月成立龙里县农业广播电视学校，2004年确定为县阳光工程培训基地、农民科技教育培训中心。核定编制3名，设校长1名（副科级）、副校长1名。2008年在岗教职工4人、兼职教师21人；有教室、办公室3间140平方米，图书资料600余册，计算机、电视机等教学设备齐全。在全县建立农业广播电视村级教学点14个、教学实习基地14个、技术推广示范基地4个、农民科技书屋13个。

坚持面向“三农”的办学方向，多层次开展学历教育，围绕农业主导产业教学实用技术，提高农民科技素质，开展“绿证”培训、农民创业培训、农村劳动力转移培训。1993—2008年，共举办各类培训班500多期，培训4万多人次，其中在校90多期6000多人次、校外教学20多期3000多人次、进村培训400多期3万多人次；共招收学历教育班学员754人，毕业711人（其中中专613人、大专86人、本科12人）；共培训农村劳动力输出1500多人、输出转移1300多人。

学员除通过中师函授和进入农业中学、中职校、农业广播电视学校外，还通过自学考试实现学历提升。自学考试是个人自学、社会助考、国家考试相结合的高等教育形式。参加自学考试的考生主要来自教育、卫生、林业、财税、公检法等部门。很多人从专科一直考到本科，有的坚持参加自学考试10多年。参考人次由1984年的37人次发展到2000年的931人次，2008年只有29人次。考点根据参考人数设定，多则在龙里县城，少则集中到贵定或都匀。仅有少数考生能全部通过计划课程考试取得毕业文凭，更多的考生取得单科合格证后放弃。

1997—2008年龙里县自学考试情况统计表

表17-3 单位：人

年份	自学考试		成人高考				
	报考人次	报考科次	报考人数	专升本	高升专	高升本	中专
1997	415	1090	225	19	204		2
1998	343	791	146	14	132		
1999	536	1330	104	13	89	1	1

续表

年份	自学考试		成人高考				
	报考人次	报考科次	报考人数	专升本	高升专	高升本	中专
2000	931	2973	219	25	184	10	
2001	710	1989	454	60	392	2	
2002	260	586	650	228	369	53	
2003	270	594	652	151	440	61	
2004	238	531	202	99	90	13	
2005	188	420	106	40	58	8	
2006	119	276	84	39	29	16	
2007	55	123	81	53	26	3	
2008	29	56	71	35	30	6	

第六节　招　生

一、大学招生

1991—2008年高校招生考试中，龙里县共有429名考生被重点大学（第一批次录取院校）录取、1216名被一般本科院校录取、2097名被高等专科（高职）学校录取。本科院校以上录取人数最多的是2008年，达238人；本科院校录取率最高的是2003年，达35.8%；大专以上录取人数最多的是2007年，达490人。成绩最为突出的是2002年重点大学录取23人，同时本科院校录取总数首次突破100人。先后被清华大学录取4人（耿杨、魏晓娜、罗进、刘德祥）、北京大学录取4人（胡忠良、汪筱莹、周羿、陆佳），还有一些学生考入复旦大学、浙江大学、南京大学、南开大学等名校。

随着高中教育不断发展，参加高考人数逐年增加，2006年达886人，2007年起均在800人以上。1991—1995年高等教育实行“双轨制”（即公费和自费），1996年试行并轨。2000年全面实施并轨招生，一直由国家“全包”的师范专业也实行交费上学，就业也实行“双向选择”。在考试时间、考试形式、科目设置、录取方法以及报考条件等方面也进行调整和改革。

1991—2008年龙里县高考情况统计表

表17-4

年份	科目	考试人数（人）	本科以上上线人数（人）	最高分（分）	提前录取人数（重点大学）（人）	一本录取人数（人）	二本录取人数（人）	三本录取人数（人）	大专录取人数（人）
1991	文科	300			1	32（含重点9人）			45
	理科								
1992	文科	319			0	45（含重点16人）			40
	理科				0				
1993	文科	311			0	15（含重点3人）			46
	理科				0				
1994	文科	307			0	44（含重点17人）			43
	理科				0				
1995	文科	140			0	30（含重点6人）			65
	理科	180			0				

续表

年份	科目	考试人数（人）	本科以上上线人数（人）	最高分（分）	提前录取人数（重点大学）（人）	一本录取人数（人）	二本录取人数（人）	三本录取人数（人）	大专录取人数（人）
1996	文科	126			0	26（含重点6人）			79
	理科	170			0				
1997	文科	102			1	32（含重点10人）			47
	理科	137							
1998	文科	125			0	29（含重点4人）			74
	理科	168			0				
1999	文科	167			7（含专科3人）	25（含重点1人）			110
	理科	139				37（含重点6人）			
2000	文科	301			5（含专科3人）	55（含重点11人）			149
	理科								
2001	文科	101			7（含专科4人）	理科55人（含重点9人）、文科19人			65
	理科	180							73
2002	文科	345			0	理科56人、文科19人（含重点：理20人、文3人）			94
	理科				0				
2003	文科	176			0	理科91人、文科46人（含重点：理14人、文2人）			62
	理科	235			0				64
2004	文科	244			0	125人（含重点16人）			182
	理科	229			0				
2005	文科	306	31		0	理科66人、文科40人（含重点22人）			119
	理科	378	75		0				101
2006	文科	415	39	564	6	148人（含重点31人）			66
	理科	471	72	641	3				106
2007	文科	410	44	604	0	8	77	19	169
	理科	411	83	628	0	30	72	10	105
2008	文科	376	270	663	20	21	67	18	73
	理科	437		618	9	49	72	11	111

说明：表内统计数指应届生，不含补习生

二、中专招生

中等专业学校（含技工学校）招生，有通过高考招收高中起点的考生和通过中考招收初中毕业生两种渠道。1978—1999年，高考实行的是本科、专科、中专3个层次录取，1991—1999年全县共有340人高考后被省内外中等专业学校（含技校）录取。从1978年开始招生到2001年，全县共有2904名初中毕业生中考后被中专、中师录取。1991—1996年，还招收一定数量的民办、代课教师进入中专学校学习。为了弥补卫生、农业部门人才缺口，1991—1998年还进行单独招生。

1991—2000年，中专、中师招生主要是实行计划招生，上学不交费（或少交费），毕业包分配工作。1995年起中专开始招自费生，实行双轨制，到1999年以后实行交费入学。2000年开始，试行通过中考为中等专业学校招收五年制专科生，到2008年止全县共有354名考生被录取。

三、中小学招生

（一）高中招生 高中招生实行统一考试择优录取，统考科目有政治、语文、数学、英语、物理、化学6科。1992年以后，初中历史、地理、生物在初二实行全州会考，合格的学生才能参加中考。2003年州教育局调整初中毕业统一考试科目为政治、语文、数学、英语、物理、化学和综合（历史、地理、生物）7科。2005年以后统考科目调整为语文、数学、英语、理综（物理、化学合卷）、文综（政治、历史合卷）5科。1991—2008年，体育考试成绩的30%至50%纳入升学成绩。

（二）初中招生 1991—2008年，按照九年义务教育标准，凡是读完小学六年级的学生全部进入初中学习。每年都进行水平测试，毕业班实施体育达标。水平测试获高分的学生，进入县城民族中学，该校每年面向全县招2～4个普通班、2～4个民族班。2000年以后，小学毕业班测试，把愿意进入民族中学就读的民族学生和其他学生分开测试。除了民族中学面向全县录取外，其余学生全部就近录入乡镇初级中学就读。初中招生情况：1992年1818人、1995年2401人、2001年3263人、2008年3425人。

（三）小学招生 1986年开始实施普及小学六年教育，学校建立文化户口簿，县城6～11岁、农村7～12岁儿童必须全部入学。小学和初中招生实行“两线承包责任制”，政府承包“进得来”，学校承包“留得住、学得好”。1991—2003年每年开学前和开学初，政府、机关、学校全力以赴动员入学；2004年以后基本是群众自己送子女入学。小学招生情况：1992年4041人、1995年4844人、2001年4021人、2008年3024人。

第七节 师资建设

一、教师结构

（一）规模数量 1991年，龙里县有教职工1649人（女教师668人）。其中：高中83人（女15人），初中257人（女108人），小学1254人（女545人）；小学中公办760人、民办494人；幼儿园55人（公办34人、民办21人）。2008年，全县共有在职教职工2243人（女教师999人），其中：高中178人、初中647人、小学1294人、幼儿园86人。

（二）年龄结构 1991年，35周岁以下1145人，36周岁以上504人。2008年，全县在职教职工中，35周岁以下的953人（男535人、女418人），36周岁以上的1290人（男709人、女581人）。

（三）职称结构 1991年，高级职务3人，中级职务127人，初级以下1519人。2008年，全县中学教师中，副高级职称取得任职资格144人、中级370人；聘任副高级专业技术职务122人、中级234人；小学（含幼儿园）教师中，中级职称取得任职资格895人，其中聘任503人。

（四）学历结构 1991年，全县中学教师学历大学29人、大专209人、中专102人；小学教师大专4人、中专723人、高中182人、初中以下345人（取得教师合格证85人）；幼儿园中师18人、幼师13人、高中2人、初中以下12人。2008年，全县中学在职教职工中，有大学学历387人、大专393人、中专及以下45人；小学（含幼儿园）在职教职工中，有大学学历45人、大专767人、中专505人、高中及以下63人。

二、教师来源

（一）院校毕业 县内公办教师主要是各师范院校的毕业生。1985—1996年，对在职民办教师放宽招生年龄、降低分数线优先录取并带补助津贴进入师范学校学习。龙里县在政策优待范围内的大部分民办教师通过参加中考，进入都匀民族师范学校或贵定师范学校学习，毕业后分配到原任教乡镇的学校工作。2001年，中小学教师基本饱和，加上师范类毕业生就业制度改革，全县除音乐、体育、美术、幼师等特殊专业毕业生及大专、本科毕业生仍然实行分配就业外，其他师范类毕业生不再进行统一分配，改为根据需要实行公开招考、择优聘用。2004—2008年，包括大学本科生在内的所有师范类大中专毕业生全部实行公开招考、择优录用、合同管理。

1991—2008年龙里县大中专毕业生任用为教师情况统计表

表17-5 单位：人

学历 年份	中专	大专	本科	总计
1991	61	11	6	78
1992	57	20	7	84
1993	63	10	4	77
1994	74	13	0	87
1995	74	17	0	91
1996	77	15	0	92
1997	75	15	0	90
1998	82	41	4	127
1999	72	134	5	211
2000	74	39	4	117
2001	18	58	6	82
2002	40	31	10	81
2003	0	0	12	12
2004	0	2	11	13
2005	2	2	11	15
2006	17	3	12	32
2007	11	6	6	23
2008	34	15	6	55
合计	831	432	104	1367

说明：不含2008年27名特岗教师

（二）民办教师转为公办教师 1991—1999年，按政策规定标准对民办教师进行考核，合格者根据上级下达劳动指标择优转为公办教师。1990年，全县在册中小学民办教师有470人，其中1986年以前参加民办教师的395人，1987年以后参加民办教师的75人。1992年，对民办教师进行整顿，全县319名民办教师参加考核，合格192人占总数的60%，基本合格99人占31%，不合格的28人予以辞退。1993年前，民办教师转公办教师考核成绩合格，结合民转公指标，参照考核成绩从高到低依次转公。

1994年，贵州省教委规定："民办教师选招公办教师，采取文化考试和政治业务考核相结合的办法。"是年转15人，1995年转49人，1997年转75人，1998年转25人。1999年，民办教师选招公办教师一律采用文化考试和政治业务考核相结合的办法，全县经考试考核合格，结合州政府分配给龙里县的指标，共选招51名。1991—1999年，龙里县累计有243名民办教师转为公办教师（此后不再实施）。

（三）代课教师 代课教师是20世纪后期教育发展师资紧缺的产物。教育局各年按照各中小学校教师缺编情况拨款，由学校聘请教师代课，或者在公办教师请产假及较长时间病假时聘请教师临时代课，全县代课教师最多时达100多人。随着师资不断充实，1995年起各中小学逐步辞退代课教师。2000年以后，教育局不再安排聘请代课教师，个别边远学校自己出资偶尔聘请临时代课教师。

三、教师教育培训

（一）教师进修 1988—2008年，根据教育发展需要，县教育局鼓励中小学、幼儿园教师参加教材、教法、专业合格、提高学历层次和对口业务等进修培训，主要有脱产进修、在职函授和短期业务培训三种方式。

（二）教师培训　1988年开始，县教育局举办培训班，对全县在职中小学校长、教导主任进行教育理论、学校管理、小学语文、数学教材教法4门功课培训。1999年起，校长培训由州教育局统一组织实施，包括任职资格培训、岗前培训等，至2008年全县所有中小学校长均取得培训合格证，培训率、合格率均达100%。同时，教研室组织对教导主任、班主任、骨干教师的培训，开展骨干教师、学科带头人评选活动，2008年全县有省级骨干教师5人、州级86人、县级151人，县级学科带头人22人。

（三）教师继续教育　1996年10月，龙里县启动小学教师继续教育第一阶段培训工程，对全体在职教师进行普通话、粉笔字、硬笔字、软笔字、简笔画等在岗培训。2000年4月，省、州组织对全县小学教师第一阶段继续教育工程工作验收基本合格。根据贵州省教师继续教育整体规划，全县于2001年4月全面启动“中小学教师继续教育工程（2001—2005年）”，对在职教师进行以政治思想理论、师德教育、职业技能与技术、学科教学业务、普通话、信息技术基础等为主要内容的教师继续教育培训。2006年12月启动“中小学教师继续教育工程（2006—2010年）”，主要内容为“教育新理念、新课程、新技术和师德教育”等。

四、教师待遇

（一）政治待遇　1991年起，各届党代会、人代会、政治协商会议都有一定比例的教师代表。每年都开展教师职称评定。省人民政府对任教累计25年、30年的教师颁发荣誉证书。每年教师节，由地方党委、政府组织开展庆祝活动，表彰尊师重教先进单位和个人。2008年第24个教师节，县委、县政府表彰“十佳校长”2人、“十佳班主任”6人、“十佳教师”3人、“十佳关注教育仁人志士”7人、学科带头人22人。1992年，谷脚镇农民企业家张正良代表贵州省出席在北京召开的全国尊师重教先进集体、先进个人表彰大会，被评为“全国尊师重教先进个人”。各乡镇党委、政府除推荐县级表彰外，同时在乡镇内表彰一批先进教师、优秀班主任、先进教育工作者。通过开展教育工会工作，广大教职工得以参政议政、民主管理、民主监督，提高“主人翁”地位。

1993年9月，龙山镇播箕小学教师肖忠义被国家教育委员会、人事部表彰为全国优秀教师。1994年12月，县职业技术学校教师杨忠发被国务院第三产业普查协调小组表彰为综合部门先进工作者。1995年5月，龙里中学教师夏献禹被国务院表彰为全国先进工作者；9月，洗马中学教师刘正邦被国家教育委员会、人事部表彰为全国优秀教师。1998年9月，羊场镇木马小学教师陈永寿被教育部、人事部表彰为全国模范教师。1999年10月，龙里中学办公室主任汪涛被教育部、国家体育总局表彰为全国学校体育卫生先进个人。2001年，县教育局招生办主任谢树江被教育部表彰为全国高等教育自学考试先进个人。2004年9月，龙里中学教师洪其强被教育部表彰为全国优秀教师。1991—2008年，教师龙俊成、玉定玖、王恩贤、縻崇植、洪其强、敖桂芳、覃业忠、肖波、陈光荣、陈惠昭、王晓炜、吴宗兰、潘兴艺、刘乔秀、吴昌升、王天明等受到省级表彰，受到州、县级表彰的优秀教师、工作者更多。

（二）经济待遇　1991—1992年，教师除每月固定工资外，按月享受粮价补贴、小伙食补贴、回民补贴、教龄津贴、知识分子补贴。教龄满5年、10年、15年、20年及以上分别享受教龄津贴每月3元、5元、7元、10元，学历本科工作5年、专科7年、中专中师10年均享受知识分子补贴每月6元。1993年10月1日起考核连续两年合格晋升一档职务工资，1997年、1999年、2001年1月、2001年10月、2003年分别提高1次工资标准。2006年7月，实行岗位工资和薪级工资制，每年考核合格晋升一个薪级。2007年建立教育奖励基金，对高考、中考取得优异成绩的学校、教师、学生进行奖励。2008年投入80万元建立教育发展基金。

教师除与其他行政事业单位人员同时享受住房公积金补贴、公费医疗保险等外，还享受在工资基础上增加10%的待遇。随着经济不断增长，教师工资逐年提高，教师平均工资略高于公务员平均工资。至2008年底，全县教师工资加上各种津补贴，人均月收入达到2030元。1997年政府划拨土地及补助部分资金，教师个人集资300元/平方米建设教师新村，于2002年建成教师住宅150套，每套建筑面积75～100平方米。2008年起，陆续启动全县中小学教师公租房建设，每套35～50平方米，解决教师住房困难问题。

第八节　教育管理与教学研究

一、教育管理

1991—2008年，按照《关于教育体制改革的决定》《中国教育改革和发展纲要》开展教育体制改革的探索与实践，实施“校长负责制、教师聘任制、岗位责任制和目标管理”的“三制一管理”改革，推进“基础教育、职业教育和成人教育”的“三教统筹”农村教育综合改革，调整优化全县中小学布局结构，实现高标准扫除青壮年文盲、半文盲，普及小学六年教育，中小学实验教学达到省定标准，“两基”工作通过州、省和国家的检查验收，多项教育科研成果获得国家、省、州奖励。

（一）教育管理机构

1991年撤销4个区的教育视导组，设置14个乡镇教育辅导站，各站编制5—7人。2004年撤销14个乡镇教育辅导站，设置乡镇中心学校（龙山镇设教育办公室）；村以上完小设校长、教导主任，规模比较大的学校增设副校长、副教导主任1～3人；不完全小学设负责人1人；初中、高中、职业中学设置校长、教导主任、政教主任、总务主任各1人，副职根据需要增设。2008年，县教育局机关在职干部38人中，学历大学14人、大专19人、中专4人、高中及以下1人。

（二）教育督导评估

根据《贵州省兼职督学、特约督学聘任管理办法》，2004—2008年县政府任命督学2名。

1.执法检查和专项督查　1991—1999年，对全县贯彻执行义务教育法等法律法规情况和初等义务教育、“两基”工作进行督查指导。1993年以后，除只有1名教师的校点外，不完全小学以上学校全部实行校务公开。1999年以后加强督查校务公开，至2002年校务公开由县城中小学向农村中小学推进，全县城区、各乡镇中心学校的校务公开率66.4%。

1994年，开始实施教育工作“双线”（政府系列及教育系列）目标管理责任制，通过逐级签订目标管理责任书，在全县树立符合国家、省、州要求和教育工作实际的统一目标，提出统一要求，把一些硬性指标落实到县直有关部门及各乡镇政府，增强抓教育的责任感，完善督导制度，开展全面督导。

2000—2008年，对普及中小学实验教学、普及巩固九年义务教育和迎接国家对“两基”复查验收工作进行专项督导；配合省、州开展对贯彻义务教育法、贵州省实施义务教育法办法的专项督查；开展治理教育乱收费、农村义务教育经费保障机制改革和中小学安全工作专项督导。

2.普通中小学办学水平督导评估　依据《普通中小学校督导评估工作指导纲要》《黔南州完全小学校办学水平评估方案》《黔南州初级中学办学水平评估方案》以及教育法律法规，建立健全科学督导评估制度及长效机制。1999—2003年第一轮次督导评估工作，完成初级中学11所、乡镇政府所在地完小16所、村级完小72所。初级中学均为良好等级；乡镇政府所在地小学优秀7所、良好9所；村级完小优秀34所、良好30所、中等8所。

2006年，根据《黔南州农村教育综合改革示范学校评估方案》，开展对10所农村初级中学及2所九年一贯制学校督导评估，推荐羊场中学、醒狮中学、巴江中学作为全州农村教育综合改革示范学校。2004—2008年，依据国家《普通中小学校督导评估工作指导纲要》《黔南州示范性普通初级中学评估方案》《龙里县完全小学办学水平评估方案》以及相关的教育法律法规，开展第二轮次督导评估工作，完成初级中学10所、中心完小16所、村级完小58所。初级中学甲级二等6所、乙级甲等1所、乙级一等3所；中心完小优秀6所、良好10所。

3.其他督导评估　1991—2008年，先后开展对德育工作、体育教育与艺术教育、卫生及安全工作、教学常规工作、教师继续教育工程的督导评估。对学校收费、“两免一补”政策落实及1993—2001年乡镇财政发放教师工资等情况进行督查，纠正拖欠教师工资行为，制止学校乱收费行为。配合上级督导部门对龙里中学申报省级示范性高中、县中等职业学校办学水平进行督导评估，对职业教育、幼儿教育、新课程改革、师德师风等方面的工作进行专题督导调研。2000年、2006年、2007年和2008年，县人民政府教育督导室分别被州政府教育督导室和州教育局评为先进集体。

（三）教育经费管理

1.教育经费管理体制 历经3次变动。1991—1993年，教育经费由县财政局直接按预算拨入。1994—2001年，实行“一级政府，一级财政”管理体制，除学校建设等方面的教育专款由县教育局统一管理外，教师工资和公务业务经费划到乡镇财政，由乡镇财政拨付教育辅导站，教育辅导站拨付各学校。由于部分乡镇财力不足，拖欠教师工资的现象偶有发生，学校的公务业务经费难以保障。个别乡镇由此把行政工作摊派到教师头上，影响教育教学工作的正常运转。

2002年后，教育经费收归县级财政管理，教师工资由县级财政统一按时足额发放；其他教育经费拨入县教育局，根据实际情况统筹安排。2008年3月，实行“校财局管、分点核算”，即在各中心校（教办）成立乡镇学校核算中心，实行报账制，从源头上、制度上规范财务工作、优化收支结构，预防和制止学校财务收支中可能发生的违法违规行为。

出台实施《龙里县义务教育阶段中小学公用经费支出管理实施细则》《龙里县义务教育阶段学校财务管理暂行办法》《龙里县农村义务教育阶段贫困家庭寄宿生生活补助费专项资金管理办法（暂行）》《龙里县教育基本建设项目管理办法》等规章制度，促进资金合理使用。

2.上级补助教育经费 1998年获得上级补助专项资金268.4万元，其中中央资金246.35万元。2006年上级下达教育专项资金1241.78万元，其中：中央828.5万元、省级404万元、州级9.28万元；2007年上级下达教育专项资金1655.19万元，其中：中央1130.8万元、省级493.49万元、州级30.9万元；2008年获得上级补助教育专项资金3292.74万元，其中：中央2515.69万元、省级733万元、州级43.2万元。

（四）办学条件

1991年，全县中小学校校舍面积7.95万平方米；1996年发展到9.41万平方米，固定资产总额达2940.6万元。1998—2006年，通过实施“贫困地区义务教育工程”“农村中小学危房改造工程”等，获得国家大量教育基本建设资金，对全县中小学校舍进行建设和改造，为各级各类学校添置大量教育教学设备。2006年，全县中小学校校舍面积20.8万平方米，固定资产总额达7132.8万元，均是1996年的2倍多；生均校舍面积初中达4.8平方米、小学达4.38平方米，并添置大量教育教学设备、仪器和图书，办学条件得到较大改善。

2007—2008年，全县获得国家投入的“中央农村寄宿制工程”“中央农村薄弱学校改造工程”等资金2500多万元，县级匹配投入1500多万元，新建学生宿舍1.7万平方米、教学用房1.82万平方米，并完善相关附属设施，教育教学设备、仪器、图书基本达到国家规定的标准，70%以上校园设施基本完善，其中40%基本建成花园式学校；所有乡镇初级中学均建成寄宿制学校，建有宿舍、食堂，育人环境得到改善。

（五）教育设施

1991年加大建设力度，逐步配置完善中小学教学设施设备。1998—2001年争取实施国家“义教工程”项目，建设涵盖初中1所（谷龙中学）、小学28所，项目学校配备标准教学仪器、音体美器材及图书设备等。1998年起为所有未配备设施设备的村小及教学点逐步配备教具箱，1999年县教育局投入20万元为各级各类学校配备图书3.52万册，2000年全县各中小学教学仪器的配备基本符合“两基”有关指标要求。

2002—2003年，全县普及中小学实验室投入150万元，按标准配备教学仪器、图书资料，配套实验桌、凳、柜及水、电等设施；投入340万元完成20所中小学计算机教育工程项目；实施国家教育部多媒体教学的扶贫项目，为40所中小学装备教学播放设备及教学软件。同时，中小学获得捐赠价值30多万元的办公及教学设施；2002年与上海师范大学签订教育对口帮扶协议，并获得该校首批捐赠价值58万元的计算机、投影仪、钢琴等教学设备。

2005年，由教育部、财政部、国家发改委联合安排实施“农村中小学现代远程教育项目工程”，全县建成152个覆盖14个乡镇的农村中小学现代远程教育站点，配备任课教师152人，注重教育资源整合，结合农村党员培训、新型农民工培训、阳光工程培训、普（普及教育）职（职业教育）联教培训等施行一体化教学。国家投入399.7万元，县配套计算机等电器设备及附属设施资金59.7万元，累计投入550多万元。2008年，投入100多万元为68所中小学按迎“国检”标准及要求配备图书共计18.63万册，学校自筹资金累计100多万元购置音、体、美器材，从而使全县各类学校的教学仪器、图书资料基本能满足教育教学需要。

2008年龙里县中小学校教学仪器、图书资料配置情况一览表

表17-6　　单位：所、册、%

项目 乡镇	教学仪器				图书资料							
	小学		初中		小学				初中			
	达标学校数	达标率	达标学校数	达标率	图书总册数	生均图书册数	达标学校数	达标率	图书总册数	生均图书册数	达标学校数	达标率
合计	102	85.71	14	100	184488	8.6	119	100	185650	17.9	14	100
龙山镇	13	86.67	2	100	75081	12.8	15	100	73190	20.2	2	100
麻芝乡	4	80	0		7123	12.2	5	100	0		0	
三元镇	5	83.33	1	100	7198	11.6	6	100	4190	21.7	1	100
草原乡	10	83.33	1	100	9068	4.8	12	100	11310	15.1	1	100
谷脚镇	8	88.89	1	100	9336	5.9	9	100	10424	15.2	1	100
醒狮镇	7	87.5	1	100	10672	9.9	8	100	8150	15.1	1	100
水场乡	6	85.71	1	100	3588	7.5	7	100	6157	15	1	100
洗马镇	11	84.62	1	100	16570	8.7	13	100	15730	16.3	1	100
哪嗙乡	7	87.5	1	100	5300	6.1	8	100	7950	15.2	1	100
谷龙乡	5	83.33	1	100	5144	5.7	6	100	11804	25.1	1	100
巴江乡	4	100	1	100	6830	9.8	4	100	7500	21	1	100
羊场镇	8	88.89	1	100	10944	5.2	9	100	12000	15.1	1	100
湾寨乡	6	85.71	1	100	8882	9	7	100	8200	17.7	1	100
摆省乡	8	80	1	100	8752	4.8	10	100	9045	15	1	100

（六）勤工俭学

全县中小学校坚持“宜工则工，宜农则农，宜林则林，宜渔则渔，宜商则商”等原则，与当地农林综合开发和区域经济发展相结合，开展形式多样的勤工俭学。结合当地经济近期和远景规划，创办的各种基地成为实训课堂和劳动技术知识课堂，学生用自己的劳动改变校容校貌，勤工俭学开展面达到86%。1991—2008年，全县典型的勤工俭学示范学校有龙里中学和龙里农业中学。

1991年龙里中学纸箱厂投入120万元新设置3层瓦楞纸板生产线；1992年完成产值350万元，实现利润35万元；1994年实现利润166万元；2008年产值达7358万元，纳税471万元，实现利润778万元。1991—2008年，该纸箱厂平均年总产值350万元左右，年平均补助学校教育经费50万元（其中用于改善办学条件40万元），学生人均获补助30元。

龙里县农业中学建“巨峰”葡萄园15亩，年均产葡萄0.5万公斤；建大棚花卉盆景基地，年均出棚花卉盆景数百盆；有梨园5亩、苗圃基地8亩、淡水养殖场（牛蛙养殖）5.6亩；有校外实习基地联系点15个、木工工艺厂1个、联办化肥厂1个、蔬菜基地1个、药材基地1个。每学年保证1万人次的学生劳动实践，学校蔬菜能自给自足，每年都能有计划给当地药厂提供所需药材，培养出一批具有双学历的农村建设人才。

2003—2008年，羊场中学的经果林基地和养殖基地，巴江中学、醒狮中学的经果林基地，谷脚中学的花卉盆景基地，岱林小学的茶叶基地，每学年各基地都能保证3000人次的学生劳动技术培训。

二、教学研究

（一）教研网络

县教育局教研室设主任、副主任各1人，基本配齐幼教、小学、初中各学科教研员，中学、小学、学前教育教研工作一起抓。1991—2003年，乡镇教育辅导站设置专职教研员，组织部分骨干教师和教导主任组成中心教研组；学校建立综合教研组或学科教研组。2004—2008年，撤销教育辅导站后，中心教研组职能由中心学校（或教育办公室）承担。

（二）教研活动

教研室教研员主要针对自己的学科提出理论指导和意向性教研计划。根据教学实际和教学改革发展需要拟定阶段性或年度教研计划，督促指导学校实施计划，组织连片校际教研，传播教研信息，推广先进教育教学经验。教研活动重点是校本教研，由乡镇中心教研组和学校教研组组织开展校本教研和学科教研，主要是研究教材教法，研究新大纲、新课标、新教材，改进教学方法，探寻推进素质教研途径，减轻学生负担，提高教育教学效率和质量。

先后出台《龙里县中小学教学管理暂行规定》《龙里县中小学生学习常规》《龙里县中小学各学科教学常规》等文件，规范学校教学管理和师生教学行为。以提高课堂教学效率为重点，加强教材教法的研究和实验。1991—1993年，先后在城关、谷脚、羊场、歪寨等城乡学校分别开展“现代小学数学”“六因素单元教学法”“尝试教学法”“目标教学法”“复式教学”的教材、教法实验。

1993年秋季开始执行新义务教育课程（第六套教材），针对新教材开展教研工作，在活动中以课堂教学为重点。开展优质课评比活动，每学期组织中小学主要学科教师进行优质课评比，建立国家、省、州、县级各学科骨干教师队伍。选送县级优质课到省、州参加优质课、优秀教案、优质录像课评比，均获得不同等级荣誉；组织中小学生参加学科“奥赛”和国家、省、州、县的学科各种竞赛活动。定期、不定期组织教研员进入学校进行以教学质量及教学管理为主题的“解剖麻雀”式调研，撰写调研报告，及时总结经验教训，并推广先进经验到各级各类学校。

第九节　社会办学

一、民办幼儿园

1991年，龙里县有民办幼儿园3所，其中集体、单位、私人办学各1所。1999年发展到5所，其中：集体、单位办学各2所，私人办学1所。2008年有私人办学幼儿园10所36个班，在园幼儿1207人。

1991—2008年龙里县部分年份民办幼儿园情况统计表

表17-7

年份	园数（所）	班数（个）	在园数（人）	离园数（人）
1991	3	6	171	77
1996	4	16	453	127
2000	6	11	330	97
2008	10	36	1207	382

二、民办中小学

经黔南州教育局评估，2004年4月20日成立龙里铭洋中学，为1所民办普通完全中学。该校主要举办学历教育、学前教育、自学考试及其他文化教育（补习班、兴趣班等），由县教育局、县人事劳动局审批和管理，颁发“民办学校办学许可证”，组织年检。

三、捐资助学

由政府部门、社会团体共同促进，教育事业得到国内外各种基金会等社会团体和个人的援助。1992年起每年都接受一定数额的社会捐赠和援助资金，2004年后平均每年在100万元以上。

1992—2007年龙里县捐资办学1万元以上一览表

表17-8

项目地点	捐助单位（或捐助人）	捐助资金使用情况						
		校舍建设				其他建设		
		捐助资金（万元）	学校自筹（万元）	建筑项目	建筑面积（平方米）	捐助资金（万元）	用途（设备等）	数量（套、件、人）
1992年总计		36.6	42.23		3197			
谷脚镇正良小学	谷脚镇张正良	9.3		教学楼	435			
龙山镇城关一小	贵定师范和县单位	7.8	21.09	综合楼	1174			
三元镇三元小学	台胞韦年华	6.5		图书楼	210			
龙里民中综合楼	加东政收（日本人）	13	21.14	综合楼	1378			
1996年总计		**160**			**2157**			
神奇小学	神奇药厂	160		教学办公楼等	2157			
1997年总计		**113.5**			**1898**	**1**	**资助贫困**	**10人**
哪嗙乡卫华民中	深圳建材集团总公司	100		教学楼	1358			
民主乡塘堡小学	某银行贵州分行	13.5		教学楼	540			
龙里中学	胡明黔（国外）					1	资助贫困	10人
1998年总计		**80.4**	**31.39**		**3629**			
洗马中学、麻芝小学	深圳市	27		教学楼	996			
龙山镇城关一小	贵定师范学校	20		办公楼	750			
龙里县羊场小学	邵逸夫	22	22.85	教学楼	1267			
龙里县湾寨初中	青木二郎	11.4	8.54	教学楼	616			
2001年总计		**4.7**	**5.3**		**380**			
龙里县五里小学	澳大利亚使馆	4.7	5.3	教学楼	380			
2002年总计		**5**	**3.7**		**240**			
龙里县水尾小学	美国燃灯基金会	5	3.7	教学楼	240			
2003年总计		**18.66**			**1990**	**2.6**		**130人**
民族中学等14所学校	深圳特区					2.6	资助贫困	130人
摆省乡摆岑小学	黔南州政府	5		教室	155			
2004年总计		**94.5**	**4.2**		**2072**	**2**	**课桌凳**	**14套**
						2	资助贫困	165人
摆省乡摆省小学	中国石化公司	65		教学楼	1100			
摆省乡果里小学	贵州省工商行	3	4	宿舍	300			
摆省乡打磨山小学	贵州省消防总队	12		教学楼	300			
哪嗙乡新场小学	贵阳金元电力公司	12		教学楼	302			

项目地点	捐助单位（或捐助人）	捐助资金使用情况						
		校舍建设				其他建设		
		捐助资金（万元）	学校自筹（万元）	建筑项目	建筑面积（平方米）	捐助资金（万元）	用途（设备等）	数量（套、件、人）
草原乡麻若、大谷小学	慈恩基金会	从一年级资助到六年级				0.25	资助贫困	50人
2005年总计		106.81	17.17		5921	3.39	资助贫困	193人
						4.23	捐物280件	
洗马镇新庄小学	贵州中华电力公司	38		教学楼	600			
龙山镇五里小学校	贵州省水利厅	2	1	操场	800	0.45	电脑	1套
摆省乡打磨山小学	杨教授、中国邮电	2.9	建立教育基金					
摆省乡中心校	贵州省工商局	20		教舍	500			
摆省乡果里小学	省工商局	6		教舍	259			
摆省乡中心校	上海嘉大实业有限公司	15		教学楼	1095			
谷脚镇王关小学	江苏省张家港凤凰镇	15		教学楼	302			
龙山镇水桥小学	香港慈恩基金会	10	15.6	教学楼	663			
2006年总计		194.38	9.3		8986			
全县各初中学校	深圳–贵州助学金					3.6	资助贫困	180人
哪嗙乡大谷冰小学	深圳	20		教学楼	332			
草原乡塘堡小学	深圳	20	8	教学楼	500			
羊场、木马、藕寨小学	县民宗局、建材厂等	1.38	1.3	附属设施	2240			
水场乡鸡场小学	贵州省民委					2.4	课桌、凳	350套
水场乡中坝小学	大唐高鸿数据网络公司	4		教室维修	500			
摆省乡摆刀小学	广州中山完美公司	30		教学楼	500			
醒狮镇岩后小学	深圳赛鸽集团	10		教学楼	200			
龙山镇水桥小学	香港慈恩基金会	6		厕所	200			
羊场中学	香港慈恩基金会	35		综合楼	1724			
谷脚镇观音小学	香港慈恩基金会	8		教学楼	363			
草原乡金谷小学	香港慈恩基金会	10		教学楼	410			
羊场镇甲晃小学	香港慈恩基金会	10		教学楼	424			
草原乡明德小学	台湾台圣集团	40		教学楼	1593			
2007年总计		234.8	117.24		6411			
谷脚镇凉水井小学	深圳市慈善总会	25		教学楼及附属设施	415			
三元镇永安小学	惠州大亚湾东正企业	25		教学楼及附属设施	395			
洗马镇岩底小学	深圳赛鸽协会	10		教学楼及附属设施	154			
哪嗙乡新场小学	香港慈恩基金会	5	5.1	教学楼	202			
羊场镇孔雀小学	美国欣欣教育基金会	8	7.25	教学楼	303			
羊场镇金批小学	香港慈恩基金会	12	13.63	教学楼	500			

续表

项目地点	捐助单位（或捐助人）	捐助资金使用情况						
		校舍建设				其他建设		
		捐助资金（万元）	学校自筹（万元）	建筑项目	建筑面积（平方米）	捐助资金（万元）	用途（设备等）	数量（套、件、人）
羊场镇羊场中学	香港慈恩基金会	35	59.8	教学楼	1724			
谷脚镇观音小学	香港慈恩基金会	8	6.5	教学楼	303			
龙山镇播箕小学	香港慈恩基金会	15	4.96	教学楼	415			
羊场镇岱林小学	香港慈善总会	46	2	教学楼	1000			
巴江乡落锅小学	香港青马狮子会	12	18	教学楼	500			
龙山镇平山小学	香港道德会	33.8		教学楼	500			

附录一：

小学及幼儿园选介

一、龙里县第二幼儿园

1994年9月创建龙里县第二幼儿园，总占地面积3337.5平方米，建筑面积2106.3平方米，活动场地1387.8平方米，绿化面积927.5平方米。该园自筹经费修建教学楼、生活用房915.3平方米，铺建水泥地坪1387.08平方米，添置大型泥塑玩具“天天乐城堡”“蘑菇房”“森林屋”等49件，配备幼儿玩沙池、玩水池等设施，开辟种植园地，培植草坪712平方米，种植花草树木。从开始的1个教学班发展到2008年的11个教学班，幼儿入园人数由开始的27人发展到2008年的500余人，形成全日制幼儿园。至2008年有2000余名幼儿升入小学。

教职工从1994年的12人发展到2008年30人，其中幼教高级教师13人、幼教一级教师16人、园医1人；学历本科11人、大专15人、中师4人，学历达标率87%。获评为1996年度龙里县“教育教学常规管理先进单位”，2001年4月获黔南州“幼儿珠心算”比赛一等奖，2001年7月获贵州省教科所颁发的第三届“幼儿珠心算”比赛三等奖，2002年11月获县“小交警韵律操”比赛特别奖，2008年5月获第17届海峡两岸“珠心算通信”比赛组织奖。教职工获省级及以上奖项3人、州级奖项5人。

二、龙里县第三小学

1999年3月，因贵新高等级公路建设占地需要，撤迁大冲小学（村级小学）选址于县城水堤阁重建，创建为龙里县第三小学，占地1.8万平方米。1999年建有教学楼1栋1422平方米、生活用房140平方米、厕所70平方米。建校初教学班7个、学生136人、教师24人，筹资逐步实施道路硬化，建设篮球场、学生表演舞台、绿化花池等。2003年修建综合楼1栋1100平方米，校舍面积达2732平方米；建有30台微机的学生电脑室、近90平方米的舞蹈排练室、藏书1.72万册的图书室，以及多媒体教室、实验室、红领巾广播室、学生活动舞台、远程教育设施设备等。

2008年秋季，有教学班18个、学生1146人，其中女生563人，少数民族学生353人，农村留守儿童129人，农民工随迁子女822人（外省区89人、本省外县184人、本县外乡镇549人），发展成为城区大型学校，主要生源（占95%）是进城农民工子女、农村留守儿童。学校为农民工子女、留守儿童发放洗发水、肥皂、毛巾，为贫困学生买服装、学习用具等。2008年有教职工42人，其中女教师31人，少数民族教师10人，中共党员11人；学历本科4人、专科31人、中师7人；小学高级教师34人、小学一级教师8人。

2001年获评为“黔南州中小学教师继续教育示范学校”，2003年获评为“贵州省普及中小学实验教学示范学校”。2003年1月7日，国务委员、全国妇联主席顾秀莲临校指导开展关爱妇女儿童工作。2005年获评为黔南州“消防安全示范学校”“优秀家长学校”，2006年获评为“全国流动人口子女、留守儿童示范家长学校”“黔南州先进基层党组织”，2007年获评为黔南州“先进教职工之家”“师德师风建设先进集体”，2008年获评为“黔南州绿色学校”。

附录二：

龙里县教育“十佳”评选条件

一、“十佳校长”评选条件

（一）坚持党的基本路线，贯彻“三个代表”重要思想，政治立场坚定，具有较高的政治素质，始终与党中央保持一致。全面贯彻党的教育方针，坚持社会主义办学方向，办学目标明确。有良好的职业道德，教书育人、为人师表，作风民主、以身作则，清正廉洁、遵纪守法。

（二）爱岗敬业，有强烈的事业心和责任感，有无私奉献的精神，具有现代教育观念和开拓创新意识，遵循教育规律，坚持依法治校，工作勤奋、任劳任怨，刻苦钻研业务，有较高的业务水平，在学校管理、教研教改、新课程改革、推进素质教育方面成绩突出，在全县同类学校有较高的知名度。

（三）担任校长三年以上，并有校长培训合格证。

（四）学校在上级素质教育评价中达到“优秀”等次。

（五）勤俭办学、艰苦创业，不断改善办学条件，按“五化三园”的要求优化育人环境，校容校貌建设成果显著。

（六）近三年来，学校未出现重大安全事故。

二、“十佳班主任”评选条件

（一）热爱教育事业，热爱班主任工作，热爱学生，模范执行《中小学教师职业道德规范》。

（二）在本县所属学校任班主任工作三年以上，近三年来曾获得县级以上表彰奖励。

（三）具有强烈的进取精神、高度的责任意识、较高的文化素养、良好的心理素质和人格魅力，品行端正、以身作则、为人师表。

（四）努力学习、勇于创新，能认真履行育人职责，注重营造融洽、友爱、互助的班级文化，师生关系和谐、师长关系协调，以先进的教育理念引领工作。

（五）班级工作中积极开展形式多样、生动活泼、丰富多彩的教育活动，全方位、多渠道丰富学生校园生活，培养学生的创新精神和实践能力。

（六）注重班级建设，注重班干部队伍的培养，有较强的组织管理能力，所带班级有良好的学风、班风及独特的班级个性。近三年来无重大事故发生、无违章违纪现象，在学校开展的各项教育活动中表现突出，所带班级须是校内优秀班集体。

（七）以学生为本，准确地把握学生的思想和行为动态，抓住教育的契机，采取灵活多样的方式方法，有针对性地进行教育，问题学生转化效果好。同时，善于调动校内外各方面的教育力量，组织学生开展社会实践活动，获得社会好评。

（八）积极与学生家长保持经常的联系，坚持家访，指导家长用正确的方法教育子女，共同推进素质教育。所带班级家访的效果及家长反映均较好。

（九）具有较强的协调能力和应变能力，能运用各种方式沟通师生情感，协调任课老师和同学之间的关系；遇到突发事件时，能够根据事件的不同性质和特点恰当地进行处理。

（十）重视德育科研，具备一定的研究能力。能不断对教育的新情况、新热点进行研究，通过教育科研提高工作效率；撰写的案例、教育活动设计、教育论文、经验介绍等在校、乡、县内获得好评。

三、“十佳教师”评选条件

（一）忠于人民教育事业，有较高的思想道德素质，坚持党的基本路线，拥护中国共产党的领导，认真学习马列主义、毛泽东思想、邓小平理论和“三个代表”重要思想。近三年内获县级以上表彰奖励。

（二）有强烈的事业心和责任感，认真履行岗位职责，严谨治学，对学生严格要求，具有较强的奉献精神和业务素质。有先进的教育思想、课程改革的教学理念、科学与艺术的育人方法。

（三）具有良好的师生关系，深受广大学生爱戴。深入学生、关心学生、爱护学生、尊重学生，在教师和同学中口碑较好、威信较高，在师生测评中均为优秀。

（四）教书育人、为人师表，以身作则、严于律己，严格遵守“龙里县教师行为‘十不准’”，重视思想品德修养，具有较强的责任心，将育人贯穿于言传身教之中。受到学生家长普遍好评，家长测评为优秀。

（五）有五年以上实际任教年限，有较高的学术造诣和科研水平，在教育教学工作及科研等方面的成果具有较大价值和效益，在全县同行中处于领先水平。积极进行教育教学改革，教学效果优秀，有显著的教育教学成绩。所任学科教学成绩名列全县前茅。

（六）积极钻研教学业务，不断进行教学反思，总结积累教学经验，积极参加学校及上级教研部门组织的教育教学研讨活动，所撰写的心得体会、经验总结、调查报告等在跨校际活动中交流；近三年内在县及县以上教育教学论文及优质课评选中获等级奖；在州级以上涉教刊物公开发表文章一篇以上。（以上三项必须具备至少其中一项）

四、“十佳中小学生”评选条件

（一）热爱学校和班级，自觉遵守中、小学生守则和日常行为规范，在遵纪、爱校、守公德活动中表现突出。

（二）学习目的明确、态度端正，有良好的学习方法，学习勤奋、成绩优异，在学生中起榜样作用。

（三）具有良好的文明行为，在尊敬老师、孝敬父母、团结同学、爱护环境、关心集体、热爱劳动等方面有突出表现。

（四）积极参加学校各项活动，具有较强的创新和实践能力，在科技创新、社会实践、文体活动或其他方面取得突出成绩。

（五）具有意志坚强、不怕挫折、谦虚谨慎、不骄不躁、艰苦朴素的良好个性和心理素质，在同学中有较高的威信。

（六）有较强的生活自理能力，能正视和克服学习和生活的困难，兴趣广泛，有特长，在学校和上级教育部门组织的活动中表现突出。

（七）诚实守信、乐于助人，表现突出，事迹感人。

五、“十佳学生家长”评选条件

（一）坚持四项基本原则，遵纪守法，模范遵守社会公德和职业道德，注重自身科学文化知识学习，情趣健康，家庭、邻里和睦相处，成为子女的表率，在社会有良好口碑。

（二）有正确的家庭教育理念，注重培养孩子良好的思想品德和行为习惯，在孩子的学习和生活中不娇惯、不放任自流。

（三）家长能言传身教，关注子女身心健康发展，教育子女在德、智、体、美、劳等方面均衡发展，有显著成效，事迹突出。

（四）经常与学校保持沟通联系，尊重教师，积极参与或配合学校的教育教学活动，关心学校发展并积极建言献策；支持家长委员会工作，认真参加家长学校的各项培训或活动，得到学校好评。

（五）热心公益事业，乐于奉献，平时能带领子女积极参加各项公益活动，为构建和谐社会出力，事迹突出。

六、“十佳关注教育仁人志士”评选条件

（一）重视、关心和支持教育，在深入实施科教兴县战略、加快教育改革和发展方面成绩突出。

（二）尊师重教，关心学校发展并积极建言献策，在促进教育均衡发展等方面做出突出成绩。

（三）慷慨解囊，长期支助贫困家庭学生，事迹感人。

（四）积极、主动筹措教育基金改善办学条件，近三年个人支助“希望工程”投资金额在10万元以上。

（五）在基本普及九年义务教育和基本扫除青壮年文盲工作中做出突出成绩。

第二章　科　技

第一节　科技队伍

一、机关事业单位技术人才

1991年，龙里县国家机关事业单位科技队伍共有高级技术人才20人，其中：教育系统19人、农业系统1人；1995年有高级技术人才32人，其中：教育系统30人、农业系统2人；2000年有高级技术人才53人，其中：教育系统47人、农业系统3人、卫生系统2人、公安系统1人。2008年有高级技术人才153人，其中：教育系列副高级144人、工程系列1人、公安系列1人、农业系列4人、卫生系列3人；有中级技术人才1116人，其中：教育系列895人、工程系列21人、文体广播电视系列9人、公安局系列7人、交通系列2人、气象系列6人、水利系列8人、农业系列106人、经济系列12人、卫生系列50人。

二、农村乡土技术人才

1990年，根据《贵州省农村科技示范户工作暂行办法》和省农经委、省科委、省科协、省职改办《关于进一步开展农民技术人员职称评定和晋升工作的意见》，龙里县成立农民技术职称评定领导小组和农民技术职称评审委员会，发展科技示范户，培训乡土人才和科技“二传手”，初步形成一支科技兴农技术骨干。

1999年，评定农民初级技术职称1094人。2000年颁发“绿色证书”161人。2002年共开展普训3.01万人，“绿色证书”培训600余人，获得证书542人，2名乡土人才参加省优秀乡土人才评选获得表彰奖励。2003年开办乡土人才培训班4期，对象为村组干部、拔尖乡土人才、科技带头人、科技示范户和专业户，共培训320人次，经费7万元；为农民347名颁发“绿色证书”，其中：醒狮镇168人、谷脚镇80人、龙山镇99人。2004年培训畜牧养殖乡土人才、农村实用技术型人才50余人，获得资格证书46人。

2005年培训农村科技“二传手”10期1008人（经费13.9万元），其中：获得“绿色证书”691人、乡土人才资格证书317人；对2001—2004年全省表彰的拔尖乡土人才5名进行考核，帮助他们解决科技应用中的问题和困难；另在职校培训乡土人才10期680人。2005年全县有科技示范户和专业户1082家。2006年培训乡土人才18期1800余人次，经培训考试合格有600人获得乡土人才资格证书、390人获得“绿色证书”。2007年举办无公害蔬菜生产技能培训班8期共600人，有300人考试合格获得乡土人才资格证书，同时在龙山、谷脚、醒狮、羊场、巴江5个乡镇设立乡土人才工作站。

2008年推荐歌师职称初级3人，戏师职称中级1人、高级1人，工艺师职称初级8人、中级3人、高级8人；评定农民农业技术初级职称1094人、科技二传手691人，获得乡土人才资格证书1623人、“绿色证书”2059人，优秀乡土人才获省表彰8人次、州表彰3人次。11月召开全县农村乡土人才开发工作表彰和经验交流大会，表彰优秀乡土人才15人、优秀乡土人才工作者15人、乡土人才开发先进单位5个。

第二节　科技成果

1990年，州科委安排县科委实施油菜大面积高产示范栽培项目，引进日本的“KW33”油菜品种开展适应性研究；安排龙山镇实施杂稻新组合“D优10号”高产示范栽培项目，经县科委组织验收，亩产650公斤。1996年黔南“一体两翼”星火技术密集试验区通过验收。1997年旱作区农牧业综合开发项目通过验收，龙里县猴子沟风景资源评价通过课题验收，高赖氨酸玉米各示范点获得丰收。

2004年，县科技局中药材太子参引种示范成功，中药材头花蓼试验课题通过中期测产经济效益显著，龙里县生态果园节水灌溉综合技术试验示范项目通过验收。2005年引种脱毒红薯获得成功，龙里县科技进步成绩获省级标准考核第一名，星火计划项目“无公害秋淡反季节蔬菜示范基地建设”通过省级验收，“中药材头花蓼种植科技示范基地”通过州级验收。

1993年，县科委完成的“龙里县万亩优质油菜‘油研2号’丰产栽培中间试验”获得州科技进步三等奖。1995年，县国土局王怡远、赵信全、曹显富等完成的“龙里县土地利用总体规划”项目获得州科技进步二等奖。1997年4月，国家科委授予县科学技术局“科技扶贫先进集体”称号。1998年，县农业局完成的“优质米生产基地建设”“四万亩平衡配方施肥”“‘贵毕303’杂交玉米大面积推广”均获得州科技进步四等奖。

2000年，龙里县创建科技工作先进县通过省政府验收，获得省级科技工作先进县称号。2001年，县科技局王仲一等完成的“旱坡地农作区农牧业综合开发模式推广项目”获得省科技进步二等奖。2002年，县科技局王仲一等完成的“旱地喷灌模式试验示范”项目获得州科技进步三等奖。2003年，县土壤肥料站余道云、陆裕珍、杨祖芬、杨山等完成的“生物绿篱新组合的选择和生物绿篱技术的示范推广”项目通过州科技局组织的成果鉴定。

2004年，县疾病预防控制中心平波、张宏民、罗正文等完成的“龙里县地方性氟中毒防治健康教育促进干预研究”项目，获得州科技进步二等奖。2005年，贵州新曙光电缆有限公司张钊、胡云刚、袁海军、何仕舰、范萍等人完成的“电缆生产线冷却水循环系统”项目获得州科技进步三等奖；贵州青草堂药业公司完成的“国家级新药——六味消痔片”项目通过州科技局主持的科技成果鉴定，获州级科技进步奖励。2001年、2003年、2005年、2007年，龙里县均通过省政府组织的省级科技进步考核，获省级科技进步奖。

第三节　科技应用与推广

一、农作物良种试验与推广

1988—1995年，县科委以改变山区地方老品种、推广杂稻为主，建立“星火技术密集试验区”，在岱林、中排等地大面积推广“汕优287”“威优64”等杂稻良种栽培，“汕优287”亩产811.3斤、“威优64”亩产1023斤，比当地老品种增产57.4%和79%。

1996年，旱作农业综合开发项目在龙山镇毛栗寨实施，大力发展“粮—猪—沼气”工程，推广优良高蛋白赖氨酸玉米种植，品种有“9409”“3850”等，当年亩产720斤，最高亩产达1300多斤；1997年推广种植2020亩，亩产平均达到1077.6斤；到2000年，全县推广种植优质蛋白玉米4500亩，最高亩产1310斤。该项目由于效益突出、影响广泛，受到世界瞩目，先后有100多个国家和地区、200多位政要、专家到龙里县参观考察。

2002年，在龙山镇、水场乡发展冬季草莓示范种植26亩，在湾寨乡推广稻田烟种植619.6亩。2008年，省科技厅安排谷龙乡实施省级星火计划项目“高产优质大蒜规范化栽培技术示范与推广”。

二、耕牛品种改良和引进优良种猪养殖

1981—1991年，共配种耕牛1422头，受胎率33%，其中：莲花、六广、湾寨3个乡受胎率最高，分别

为72.4%、66.7%和53.2%。1996年，结合“粮—猪—沼”工程实施，利用种植赖氨酸玉米发展养殖，引进四川荣昌优良品种猪发展养殖，当年推广养殖920头。

三、食用菌栽培

1986年，成立县食用菌开发办公室，组织农民外出参观学习，聘请省菌协专家举办培训班，建立菌种站，推广优良菌种。1990年，全县食用菌推广栽培36.27亩，产值98.04万元。1991年以后，食用菌在全县不断发展，到2008年发展成为多菌种生产。

四、烤烟生产

1985年以后，县科协会同农牧、烟草等部门，在高堡、谷冰、摆省等乡举办烤烟育苗、管理和营养块假植栽培等培训班。1990年全县共推广烤烟规范化栽培2210亩、营养块假植栽培150亩。1991年以后调整农业产业结构，烤烟生产在全县铺开大量生产，成为农村主要经济作物。1991—2008年，推广营养块、袋、球育苗移栽，地膜覆盖移栽，宽窄行烟、麦轮作，烟—豆、烟—菜套种等技术。老烟区洗马、巴江始终是全县烤烟的“龙头”乡镇。

五、蔬菜种植

2001年3月推广种植反季节秋淡蔬菜，5月在民主乡长兴寨种植110亩，每亩纯收入1350元，是玉米收入的3倍、水稻收入的2倍。到2008年，仅草原乡就种植反季蔬菜1800亩。2000—2005年，在龙山镇余下村实施“菜—烟—菜”工程。2003年在龙山镇莲花农业保护区推广优质无公害和绿色农产品技术，2007年在龙山镇坝上村推广种植优质蔬菜、黔糯玉米和“早春红玉”大棚小西瓜。2008年，农技干部带技术、带资金下基层创业，在龙山镇坝上村办蔬菜示范点，品种有西葫芦、糯玉米、西红柿、甜椒等，采用宽厢、宽带、地膜栽培。2008年龙山镇种植优质蔬菜2000亩、特优蔬菜500亩。

六、猕猴桃种植

1989年，县科技部门在谷脚镇岩后村建立猕猴桃种植基地，种植5986株。1990年扩大到28.4亩，植株成活率90%以上。1991年以后在全县各乡镇推广种植。

七、工业科技

1992年6月，建立龙里县科技铸造厂。1993年，省科委安排龙里磨粉厂组织实施“高级陶瓷磨具专用磨料”项目，列入省新产品试制计划，同时列入州1993年星火计划。同年，州科委追加1万元安排县科委与浙江工学院合作实施“从菜油制取芥酸的工艺研究”项目。2005年，州科技局安排县工业园区管委会实施“微生物絮凝剂组合工艺在制药废水自处理中的应用研究”工业计划项目。2006年州科技局安排贵州长通电力线路器材有限公司实施“大稍径水泥电杆的研发”工业计划项目；2007年实施“热浸镀锌技术改造”年度科技计划项目。2008年，州科技局安排贵州长泰源节能建材有限公司实施“年产30万立方米粉煤灰加气混凝土砌块生产线”科技项目。同年，省科技厅安排贵州长通电气有限公司实施“‘长通之星Cstar-LC’智能化低压成套开关设备中试”创新项目。

八、医药卫生项目

2005年，州科技局安排县科技局与上海中医药大学实施“中药材（头花蓼）规范化种植基地建设”科技合作项目。2006年，州科技局安排县科技局实施中药材（头花蓼）“优质种子选育繁殖基地建设”“规范种植培训”项目，安排县工业园区管委会实施“中国中医药科技开发交流中心西南民族医药研究中心”中药材项目。

2007年，省知识产权局安排贵州良济药业公司实施“中药新药‘妇科调经胶囊’产品推广应用”成果推广计划、“复方木芙蓉涂鼻膏产业化”火炬计划项目；州科技局安排县科技局、贵州同济堂中药材种植有限公司实施“中药材（续断）规范化推广种植及培训”年度科技计划，安排贵州瑞和药业公司实施“‘舒肝宁注射液’规模化生产”知识产权专利产业化计划。2008年，省科技厅、州科技局安排贵州同济堂中药材种植有限公司实施“宽叶缬草优质高产栽培及规范化种植研究”中药现代化项目。

第十八篇　文化　广电　体育　档案史志

第一章　文　化

第一节　群众文化

一、节日文化活动

1993年春节，参加广场游艺活动群众达5000余人次，展出少儿硬笔书法作品100余件。2000年春节期间，县城开展猜谜及游艺活动，参加人数达5000余人次；展出美术、书法、摄影作品120件，州文联组织书法家到龙里为群众书赠春联600多副；举办“龙腾杯”舞龙大赛，4支队伍参赛；组织旱船蚌壳队和龙灯队、花灯队、芦笙歌舞队为城乡人民群众表演达46场（次），观众6.7万余人次。2002年8月20日，组织中排乡苗族《斗鸡舞》《六角舞》、岱林乡《粑槽舞》、巴江乡《跳脚》等节目参加黔南州第六届“好花红”艺术节民族民间歌舞展演。2005年举办龙里县第一届家庭文化艺术节。

2005年、2006年举办两次“苗医药博览会”，各乡镇组织方队到县城参加表演活动，其中有：摆省乡苗族芦笙队100人，羊场镇布依族背篮女队100人，草原乡马队100人（匹），醒狮、谷脚、龙山3镇共10条龙，及麻芝、三元、洗马、巴江等乡镇民族歌舞队。2006年七夕节，羊场镇走马村群众自发举办“香花节”；2007年举办第一届“‘七夕’布依情歌节”。2007年2月4日，《贵州日报》头版报道省、州文艺家“送书画下乡”到龙里县的情况：为龙山镇厉家庄等地群众书赠春联1400余副，为龙里县创作书画40多幅，省文联副主席汪信山、书法家邵天华和画家卓廉操、何艺贵等参加笔会。

2008年春节州、县文联举办“自然、人文景观”及滑翔运动摄影展和新春现场书法大赛；8月6—8日，龙里县民族团结月系列活动“迎奥运龙里羊场孔雀第二届布依情歌节”在羊场镇孔雀寨举办，来自龙里、贵定、惠水、平塘、贵阳、花溪等地的各族群众参加。

二、纪念庆典文化活动

1991年，龙里县组队参加全州文化系统职工文艺调演，庆祝中国共产党建党70周年。1992年7月，文化馆组织文化骨干指导机关、部队、厂矿及学校文艺演出，纪念毛泽东《在延安文艺座谈会上的讲话》发表50周年。1993年“七一”，县文化馆、书协、美协与县委宣传部、邮电局、教育局等单位联合举办集邮展览，展出《伟大的祖国·伟大的党》等邮票473套1648枚，毛泽东像章413枚，美术、书法作品28件。1997年6月25日，县委宣传部、文体广播电视局、总工会主办庆“七一”迎香港回归大型文艺会演，35个单位参加活动。2002年5月，举办纪念《在延安文艺座谈会上的讲话》发表60年“文艺与生活”系列活动。2004年5月，举办“红五月”职工纪念《在延安文艺座谈会上的讲话》发表62周年歌咏比赛。

三、广场文化活动

2006年，在县城广场举办多彩贵州旅游形象大使选拔大赛龙里赛区海选赛活动。为发展民族民间文化事业，创建“文化先进县”，提升群众文化素养和城市文化品位，树立文化品牌，2007年启动“广场文化”活动，每星期五由县直机关、乡镇分别轮流组织举办一场广场晚会，当年专场文艺演出16场、广场电影7场、舞会4场，每个周末均有活动，全县80多个部门参与。2008年5月16日至11月14日，全县举办“龙跃黔中”广场文化活动专场文艺演出27场。

四、其他文化活动

1995年8月猫场镇大岩村在县城举办根雕艺术展销会，展出作品100多件。2002年8月，龙里县与贵州省黔剧团签约组织送文化下乡文艺演出，走遍每个乡镇，共演出30余场。2003年12月，龙里县参与举办黔南州平坡苗族农民画展，共展出兰群、兰开军、龙光斌、唐微、张英等5名出生和生活在平坡村作者60余件作品。2004年10月，举办“黔南州十二县市老年书画展暨黔南州九县一市书画联谊展”，共展出作品500余件。2005年4月，开展首届“多彩贵州”歌唱大赛龙里赛区选拔活动。

2006年5月，举办首届龙里县“少儿之星”音乐大赛。2007年，县文联等部门举办8期平坡农民画培训班，省内外美术专家、教授胡寿荣、黄正铁、何艺贵等到平坡村开设讲座。2008年11月，贵州乌江流域6地（州）10县（市）摄影联展活动在龙里县城举行。2008年举办全县职工书画、摄影大赛，中、小学生诗词大赛，“科普知识”漫画比赛和人文景观、民族风情摄影、反腐倡廉诗歌朗诵比赛，组队参加“黔南州首届少儿艺术节”活动。

第二节　书店　图书馆

一、新华书店图书销售

龙里县图书销售主要经由新华书店。1991—2008年，龙里县新华书店对教育系统发行图书1712.63万册，其中：教材1213.23万册、政治书籍6.08万册、教辅及一般图书493.33万册，累计销售金额5223.37万元。其中1999年发行《共产党员不准练“法轮功”》500册；在全国“光辉五十年”读书活动中，共发行图书2.6万册，全县获全国读书特等奖1名，省一等奖、二等奖各1名。

1993—2008年龙里县新华书店图书发行情况一览表

表18-1

年份	教材（册）	政治（册）	一般（册）	销售金额（元）
1993	400888	5645	181484	775654
1994	518962	3839	369613	1013617
1995	851997	8737	811190	1641328
1996	963286	2760	558500	2103405
1997	827032	2902	273524	2106607
1998	740741	3930	511468	2693214
1999	639811	747	455855	2920677
2000	681475	1149	535561	3087575
2001	734685	1978	286499	2987545
2002	725270	2018	248140	3170292
2003	625686	2911	206407	3309901
2004	702626	398	190810	3485582
2005	662165	313	114988	3555854
2006	610935	588	93043	3262696
2007	627071	3975	78819	3554422
2008	747070	48	4365	4100682
合计	11059700	41938	4920266	43769051

二、其他书屋（摊）

20世纪80年代以后，县内除新华书店销售图书以外，县城及乡镇也开设有几家书屋，销售各类图书和刊物。场集日也有几处书摊，大多销售一些通俗读物、民间书籍和日历、挂历。

三、图书馆

龙里县图书馆隶属于县文体广电局，为全县唯一一家群众性文化服务单位，面向公众开放。1988年7月至1990年，为方便群众借阅，图书馆从冠山上搬到县城中心的文化馆，馆藏图书共5954册（套）。2000年至2004年10月，实施电影院（电影公司）、文化馆、图书馆土地置换改建，搬迁至新影剧院集体办公。由于图书馆没有办公用房，图书全部发霉变黄，近5年间未开展对外借阅工作。

2004年新建成图书馆、文化馆，图书馆于2004年11月搬迁至大十字正大街龙发商贸城四楼，有1间书库220平方米、1间阅览室100平方米；阅览室有书架7个、期刊架2个、阅览座位10个。为增加馆藏量，2004年县财政以7万元购置图书入馆。2004年起，图书馆每周对外开放40个小时，还为驻军部队提供图书资料借阅服务。2004—2008年，图书馆人员编制3名，在职4人；年平均流通3465人次，借阅1132人次，书刊外借7415册次。

2008年，县图书馆为龙山镇平地村捐赠科普图书，受到群众欢迎。是年省文化厅、省新闻出版局两次配送图书共3876册，价值1.32万元，并配电脑2台、办公桌3套、书柜16个、报刊柜2个；图书藏量增加至2万册，上架图书1.03万册。

第三节　休闲娱乐

一、歌舞厅

1991年，龙里县城主要有“紫罗兰”“绿波”等歌舞厅。1995年后，随着卡拉OK兴起，歌舞厅娱乐活动由单纯的跳舞到以歌伴舞，又变为自唱展示才艺，后来直接以唱歌为主。娱乐者通过模仿演唱各类歌曲抒发情感、表达愿望，每一个观众都可以成为演员；同时出现卡拉OK包厢，参与聚会的人随时可以在几个熟人或小范围自由表演，卡拉OK歌厅（兼舞厅）也很快发展起来。至2000年，全县先后陆续出现过大小歌舞厅50多家，多数歌舞厅规模小，设备简单，消费水平较低，适合普通人消费娱乐。

20世纪90年代，仅龙里林场场部不足500米的道路两旁就有歌舞厅近20家。2001年后，规模小、条件差的歌舞厅逐渐被淘汰，转型升级和后开业的歌舞厅均装修豪华、设备先进、环境优雅，消费水平亦相应提高，大都配有各类水果、干果和中高档饮品等。2008年底，全县共有歌舞厅20家（部分为会所包厢），其中比较大型的先后有“滚石歌舞厅”“紫罗兰歌舞厅”“大富豪歌舞厅”“红海湾歌舞厅”“0854会所”等。

二、休闲会所

会所集茶语、咖啡、简餐及休闲聚会、卡拉OK包间、小舞厅等文化娱乐为一体，或表现为单项服务的休闲娱乐，很受人们（特别是中青年人）欢迎，故成为新鲜、时尚的文化休闲方式的典型。1991年后，尤其是2000年起，随着人们生活水平的提高和旅游业的发展，各种设施齐全、形式丰富、文明时尚的休闲会所类企业应运而生。2008年县城内共有休闲会所3家，分别为龙腾会所、纪龙会所、0854会所。休闲会所的出现，对单一的茶室、咖啡厅、歌舞厅、小酒馆等企业经营带来较大的冲击，体现服务业发展的快节奏和多变性。

第四节　文化市场管理

一、文化市场发展

20世纪70年代末至80年代初，录像进入龙里县城，继而进入中心集镇，后传播农村。1991年，全县各乡镇均有个体户设点营业性放映。1995年，全县各类文化娱乐经营点发展到100多个，14个乡镇均各建立1个以上文化娱乐经营点。1998年9月，全县共办文化经营许可证378个，除倒闭及被取缔者外，正常开展经营活动的有126户，比1992年增加100户，其中：卡拉歌舞厅37户、录像放映12户、录像带及影碟出租15户、录音磁带销售6户、电子游戏机8家56台、电脑游戏6户30台、台球娱乐室9户、打字复印4户、小书摊9户、印刷行业3户、工艺美术10户、摄影5户。

二、规范文化市场

1995年8月，县文体广播电视局、公安局等组建检查组，先后到谷脚千家卡、哪嗙布庄、龙山镇铙钹山、水场乡等重点查处无证经营的文化个体户，共查文化经营户43家，其中：歌舞厅6家、书画摊4个、打字复印及印刷业4家、录像放映点4家、录像带出租点2个、台球11户、电子游戏机室10户、摄影2户。1998年，县文化市场稽查队对县城区文化娱乐场所和印刷行业、音像制品出租点等进行检查，共检查录像放映点3个、录像带出租点5个、电子游戏室12户140台、印刷行业3家、打字复印点3个、书摊点4个，检查录像带500多盒，查看书刊1000余册，收缴非法出版录像带10盒、影视光碟10张，取缔具有博彩性质的“开心天地”赌博机3处47台，收缴马机集成电路板1块。

2003年，加强规范文化市场管理，共组织培训经营业主150人次，取缔擅设电子游戏机经营单位1家，限期整改电子游戏机经营单位2家、歌舞厅4家，收缴影碟1208张、盗版光碟6000张，查处违规经营网吧1家，收缴盗版书刊1000余册。2005年，加强日常巡查，对网吧进行滚动检查，分别对3家接纳未成年人、4家超时经营网吧进行批评教育、限期整改和处罚。

常年组织文化娱乐行业负责人学习法律法规，利用场天在县城以咨询、宣传栏、散页资料等向公众宣传新闻出版、文化市场管理法律和规章。2007年举办经营业主法律法规培训4次。2008年8月召开文化娱乐场所专题整治工作培训会，13家网吧、5家电子游戏室、28家娱乐场所业主接受培训。

三、“扫黄打非”工作

1996年，县文化市场稽查队联合公安、工商部门对全县文化市场进行6次大检查，共收缴非法出版音像带112盒、格调低下带和禁带9盒、非法出版书刊200余册，取缔无证出租录像带点2家、无证经营台球2户、牌机1台、马机1台。1999年，出动30多人次到谷脚、龙山、三元、麻芝、羊场等乡镇检查，共收缴非法出版图书180余册，收审影碟500余张，审查电子娱乐城2家，收缴非法出版录音带72盒、影碟20张。

2002年，重点对歌舞厅、录像厅、网吧、游戏室及校园周边200米以内的文化娱乐场所进行监管，文化、公安、工商、教育、物价部门联合协作，每月例行检查2次，全年共检查392次，查收盗版光碟2400张、“口袋”小书36本，责令2家影碟出租屋搬迁离校园200米以外。2005年全县性集中“扫黄打非”行动4次、突击行动3次，取缔“黑网吧”4家、音像摊点10个、书刊摊点5个，收缴盗版光碟5000余张、非法出版物780多册。

2006年，共查音像制品零售、放映、出租241家次，网吧1421家次，娱乐场所171家次，印刷厂128家次，收缴盗版音像制品8672盒、盗版图书362册，取缔无证照音像制品零售摊点8个，下发限期整改通知书16份，当场处罚违规销售摊位16个；对城区和4个乡镇的出版物市场进行排查，收缴盗版音像制品6812张，取缔无证照经营摊点6个。2008年，举办执法培训2次，检查全县文化娱乐行业场所700余次，其中：娱乐场所145次、音像制品54次、电子游戏150次；收缴盗版音像制品1913张、盗版图书500册；检查网吧350次，查处接纳未成年人及超时营业网吧11家。

第二章 文物与非物质文化遗产

第一节 文 物

一、文物保护单位

1999年，冠山被列为第三批省级文物保护单位。同年12月，县政府批复保留10个县级文物保护单位：冠山、莲花山、谷脚抗日阵亡将士纪念碑、龙架山防火碑、贾托古化石遗址、三元惜字塔、摆省乡果里洞棺葬、观音山红军战斗遗址、岱林古营盘遗址、巴江石塔；撤销8个县级文物保护单位：龙山镇广济桥、羊场翠微寺遗址、落掌粑粑街红军标语、洗马龙场红军标语、比孟红军标语、比孟抗旱纪事碑、洗马龙场红军坟、龙山镇文昌祠，其中龙山镇文昌祠已搬迁至冠山作异地保护。

二、文物保护工作

1982年，省文物部门组织各县文物员到中央民族学院进行为期1年的文物知识学习，龙里县文化部门派韦永林参加。1983年成立文物管理所，并开始登记和重点发掘全县各文物点。1989年7月15日，县政府将贾托古人类活动遗址等18处不可移动文物公布为第一批县级文物保护单位。1994年12月，冠山维修工程竣工。1995年5月23日，为纪念抗日战争胜利50周年，决定将位于谷脚镇倪儿关的抗日阵亡将士纪念碑迁至千家卡公路交会三角地带，县交通局将已征用的该地无偿转给文物保护部门用于文物搬迁及建设保护碑亭。9月3日，举行纪念碑搬迁落成典礼，县社会文化管理委员会敬献花圈。

1998—2000年，在省文化厅的支持下，共计拨款32.5万元对冠山文物及基础设施进行维修。2002年初，发现谷脚巫山岩画群，并首次向外公布；3月，县政府将巫山岩画列为县级文物保护单位。2006年，从清水江大花水库建设工程项目款中拨出10万元用于搬迁巴江水尾古驿道可憩亭，除搬迁部分石料外，可憩亭未竣工，成为已消失文物。

2007年，龙里县启动开展全国第三次文物普查工作。5月22日，召开龙里县第三次全国文物普查动员暨人员培训会。8月，招募3名大学生志愿者充实到田野文物普查工作队伍，先后到8个乡镇41个点进行普查，共普查走访群众1200余人，记录资料600余条，摄录照片1200余张，绘图26幅，完成当年50%以上的田野普查任务，发现云台山遗址、何氏祠堂等10多处有保护价值的不可移动文物。2007年，向省文物局申请维修资金5万元，自筹资金2万元，维修省级文物保护单位冠山，对20世纪80年代修建的与原文物不相符的建筑进行改造，工程于2008年1月5日完工。

第三次全国文物普查龙里县不可移动文物一览表（2007年）

表18-2

名 称	类 别	年 代	保护级别	地 点
渔洞营盘遗址	古遗址	清朝		三元镇渔洞村
白岩脚石灰生产遗址	古遗址	清朝		三元镇三合村白岩脚
猴子沟古道遗址	古遗址	明朝		龙山镇纸厂村猴子沟峡谷
猴子沟造纸遗址	古遗址	清朝		龙山镇纸厂村猴子沟峡谷
蔡伦庙遗址	古遗址	清朝		龙山镇纸厂村猴子沟毛家厂
云台山古庙遗址	古遗址	明朝		谷脚镇高堡村茶场组云台山大坡
营屯营盘遗址	古遗址	清咸丰七年	县级	羊场镇营屯村
清水江古道遗址	古遗址	清朝		巴江乡水尾村清水江

续表

名　称	类　别	年　代	保护级别	地　点
云顶关驿道遗址	古遗址	元朝		麻芝乡富洪村云顶关
硝洞营盘遗址	古遗址	待定		摆省乡渔洞村龙井组硝洞
塘坊遗址	古遗址	旧石器		谷脚镇观音村塘坊
巫山遗址	古遗址	商—周		谷脚镇谷远村大岩脚
陡坡脚遗址	古遗址	商—周		龙山镇冠山村陡坡脚干洞
癞子洞遗址	古遗址	旧石器		三元镇三合村癞子洞
躲牛洞遗址	古遗址	旧石器		三元镇三合村乌榨堡躲牛洞
读书洞遗址	古遗址	旧石器		三元镇三合村大朝门读书洞
仙神洞遗址	古遗址	旧石器		三元镇三合村大朝门仙神洞
豹子洞遗址	古遗址	商—周		谷龙乡谷新村新庄豹子洞
吊洞遗址	古遗址	商—周		谷龙乡谷新村新庄吊洞
陇耸遗址	古遗址	商—周		麻芝乡富洪村罐耳洞
沙坝洞遗址	古遗址	商—周		哪嗙乡高枧村沙坝组
燕子岩遗址	古遗址	商—周		哪嗙乡高枧村把比燕子岩
大坡洞遗址	古遗址	商—周		哪嗙乡高枧村高枧大坡南半山腰
十字路遗址	古遗址	商—周		哪嗙乡高枧村十字路组麻窝田东
挖口洞遗址	古遗址	商—周		谷龙乡大谷龙村挖口洞
太平寺遗址	古遗址	清朝		龙山镇西门社区人大办公楼左侧
龙里卫城墙遗址	古遗址	明洪武二十三年		龙山镇南门街张泽忠宅院西侧
贾托遗址	古遗址	新石器	县级	麻芝乡大新村马鞍山半山腰
朵花遗址	古遗址	商—周		草原乡朵花村山药冲狮子口
落霜遗址	古遗址	旧石器		洗马镇拐哈村落霜燕子岩
跳洞遗址	古遗址	商—周		摆省乡果里村果里跳洞
翠微寺遗址	古遗址	明朝		羊场镇翠微村翠微山
塘堡营盘遗址	古遗址	清朝		草原乡塘兴村新寨西南200米处
永协营遗址	古遗址	清同治三年		龙山镇纸厂村宝和冲组
羊场司衙署遗址	古遗址	明朝		醒狮镇羊场司村寨中
孔庙遗址	古遗址	待定		龙山镇冠山村东南角南苍山北麓
躲兵洞遗址	古遗址	商—周		谷龙乡谷新村太阳坡东峭壁下
罐耳洞营盘遗址	古遗址	清光绪二十五年		麻芝乡富洪村陇耸组东
永保营遗址	古遗址	清同治四年		草原乡幸福村营盘
栋青坳古道遗址	古遗址	待定		巴江乡烂田湾村栋青坳
谷冰纸厂遗址	古遗址	清朝		哪嗙乡谷冰村小谷冰
大坡顶营盘遗址	古遗址	清朝		哪嗙乡谷冰村大坡顶
谷革洞营盘遗址	古遗址	清朝		水场乡中坝村谷革
平寨营盘遗址	古遗址	清朝		谷龙乡平寨村背后坡
铁厂营盘遗址	古遗址	清同治三年		摆省乡摆主村铁厂

续表

名　称	类　别	年　代	保护级别	地　点
凤凰山古寺遗址	古遗址	清嘉庆四年		摆省乡渔洞村赵家坪
巴江古城垣遗址	古遗址	待定		巴江乡巴江村城头组
新寨古道遗址	古遗址	待定		谷脚镇谷远村新寨
龙洞坡古道遗址	古遗址	清道光十五年		水场乡鸡场村龙洞坡
王关营盘遗址	古遗址	清朝		谷脚镇王关村营盘坡
千家卡哨卡遗址	古遗址	明朝		谷脚镇大坡村千家卡
狗头寨古道遗址	古遗址	清朝		草原乡前进村狗头寨
马蜂营遗址	古遗址	清朝		草原乡大谷村马蜂营
拐阄古道遗址	古遗址	清道光二十三年		草原乡草原村拐阄
凯卡古道遗址	古遗址	清朝		湾寨乡凯卡村凯卡
高吏目古道遗址	古遗址	明朝		谷龙乡高吏目村高吏目
岔口洞遗址	古遗址	商—周		谷脚镇王关村岔口洞
谷丛古道遗址	古遗址	待定		草原乡朝阳村谷丛
鸭子洞煤矿遗址	古遗址	清朝		洗马镇花京村鸭子洞
姜文祥墓	古墓葬	清朝		洗马镇牛场村干坝
岳全墓	古墓葬	清朝		草原乡幸福村里龙堡
诰封一品夫人马母墓	古墓葬	清朝		三元新安上街组北200米土丘上
宋文胜墓	古墓葬	元朝		谷龙乡大谷龙村大谷龙南土丘上
宋辅墓	古墓葬	元至治二年		谷龙乡小谷龙村小谷龙
诰封一品夫人景母墓	古墓葬	清朝		三元镇高坪村高坪组癞子坡
郭有志墓	古墓葬	明朝		醒狮镇羊场司村羊场司
朵花岩洞葬	古墓葬	清朝		草原乡朵花村山药冲
杨家院岳母周太君墓	古墓葬	清道光三十年		羊场镇金批村杨家院
落掌古墓	古墓葬	明朝		洗马镇落掌村落掌大寨北
王母罗太君墓	古墓葬	清道光二十一年		谷龙乡谷汪村谷耳寨
夏母王氏夫妻墓	古墓葬	清嘉庆十年		麻芝乡新民村王家院
李国钦墓	古墓葬	清咸丰五年		麻芝乡光坡村新寨
杨琳墓	古墓葬	清咸丰二年		麻芝乡定水村杨家寨
樊德仁墓	古墓葬	清光绪九年		水场乡场坝村场坝
钟仁举夫妻墓	古墓葬	清道光二十二年		洗马镇上石坎村大团坡西麓
果里岩洞葬	古墓葬	明朝	县级	摆省乡果里村果里组梅洞
尤应贵墓	古墓葬	清道光十年		哪嗙乡石板滩村盘早组土丘
方母李太君墓	古墓葬	清乾隆四十五年		洗马镇猫寨村猫寨
针指邓氏墓群	古墓葬	清道光十一年		洗马镇长沟村针指
刘家庄清墓群	古墓葬	清乾隆三十五年		洗马镇大坪村刘家庄
三元惜字塔	古建筑	清道光十九年	县级	三元镇三合村
三元桥	古建筑	清道光四年		三元镇三合村河边寨东侧

续表

名　称	类　别	年　代	保护级别	地　点
永兴桥	古建筑	清道光十七年		三元镇渔洞村三元盆地东北角
龙云寺	古建筑	清朝		谷脚镇谷脚村老街西北山丘上
巴江惜字塔	古建筑	清道光二十二年		巴江乡巴江村康家寨西北角
广济桥	古建筑	明正统十一年	县级	龙山镇水桥村水桥
乐安寨石幢	古建筑	待定		三元镇新安村乐安寨
火神庙	古建筑	待定		羊场镇新民社区街北
何氏祠堂	古建筑	清道光十六年		湾寨乡长萌村长萌寨
冠山	古建筑	明永乐七年	省级	龙山镇冠山社区东门街
官庄宋家宅院	古建筑	清宣统元年		谷龙乡官庄村官庄宋家宅院
播箕桥	古建筑	明万历		龙山镇大冲村播箕桥
刘家大桥	古建筑	清朝		三元镇永安村平寨
兴龙桥	古建筑	待定		龙山镇龙坪村水堤阁
北门桥	古建筑	待定		龙山镇龙坪村北门
新场大桥	古建筑	待定		龙山镇新场村新场
骂娘桥	古建筑	待定		龙山镇坝上村白岩脚
新安水桥	古建筑	清道光二十一年		三元镇新安村下新安
玩月庄照壁	古建筑	清朝		羊场镇走马村玩月庄组杨宅院中
冯氏祠堂	古建筑	清嘉庆六年		麻芝乡五里村格老湾
窑坝	古建筑	明洪武		龙山镇大冲村石头寨坝上
高沟桥	古建筑	清朝		水场乡高沟村高沟寨
小岩桥	古建筑	清光绪二十五年		醒狮镇大岩村小岩
厉家井	古建筑	待定		龙山镇西门社区兴龙大道
荷花井	古建筑	待定		龙山镇冠山社区荷花井
羊场沙井	古建筑	清朝		羊场镇新营村谢家院
可憩亭	古建筑	清朝		巴江乡水尾村青杠塥
水井湾水井	古建筑	待定		龙山镇坝上村水井湾
余下堡戏楼	古建筑	清光绪二十九年		龙山镇余下村余下堡
石板河过水梁桥	古建筑	清同治五年		湾寨乡新华村石板河
毛栗寨热和井	古建筑	待定		湾寨乡毛栗村把朗桥
新庄石拱桥	古建筑	清朝		洗马镇新庄村下寨东
骆氏祠堂	古建筑	清朝		洗马镇新庄村下寨
青杠桥	古建筑	清朝		谷龙乡大谷龙村下寨
黄星石桥	古建筑	清朝		谷龙乡谷星村小河
下厂石桥	古建筑	清道光五年		洗马镇白果村下厂
白果拦水坝	古建筑	清朝		洗马镇白果村下厂
谷孟水井	古建筑	清朝		摆省乡谷孟村谷孟北
渔洞水井	古建筑	清朝		摆省乡渔洞村渔洞寨南

续表

名　称	类　别	年　代	保护级别	地　点
小湾寨石拱桥	古建筑	清朝		麻芝乡龙云村小湾寨
高山庄老井	古建筑	清朝		摆省乡新庄村高山庄
大竹石桥	古建筑	清朝		龙山镇大竹村小竹芒
毛寇寨石板房建筑群	古建筑	清朝		谷脚镇王关村毛寇寨
王关大井	古建筑	清朝		谷脚镇王关村王关
凉水井	古建筑	清朝		谷脚镇哨堡村凉水井
何家寨古井	古建筑	清朝		哪嗙乡大谷冰村何家庄
乐榨水井	古建筑	清朝		谷龙乡乐榨村乐榨
乐榨宋氏宗祠	古建筑	清朝		谷龙乡乐榨村乐榨
乐榨宋氏宅院	古建筑	清朝		谷龙乡乐榨村乐榨
盘脚古井	古建筑	清朝		湾寨乡盘脚村大寨西
甲摆过河跳礅	古建筑	清朝		湾寨乡甲摆村甲摆赏河中
羊场后营井	古建筑	清朝		羊场镇新营村后营
甲架陈进宅院	古建筑	清朝		羊场镇甲架村大寨
元宝水井	古建筑	清朝		醒狮镇元宝村下元宝
王氏宗祠	古建筑	清朝		醒狮镇小箐村小箐
下朵花小石桥	古建筑	清朝		草原乡朵花村下朵花
下朵花大石桥	古建筑	清朝		草原乡朵花村下朵花
陈元富住宅	古建筑	清朝		哪嗙乡坞泥村坞泥寨
顶溪石桥	古建筑	清嘉庆四年		哪嗙乡顶溪村下寨
林安下寨王氏宅院	古建筑	清朝		谷龙乡林安村下寨
仙鹤泉	古建筑	清朝		谷龙乡谷汪村谷耳寨
佛光寺	古建筑	明朝		醒狮镇羊场司村西
四方井	古建筑	待定		龙山镇西门社区
巫山岩画	石窟寺及石刻	不详	县级	谷脚镇谷远村巫山
给照存据碑	石窟寺及石刻	清同治九年		麻芝乡五里村亮洞口右侧
地契纳粮碑	石窟寺及石刻	清同治十二年		麻芝乡乐阳村东侧路旁
防火碑	石窟寺及石刻	清宣统二年		龙山镇冠山村龙家山半山腰
民事调解碑	石窟寺及石刻	清朝		摆省乡摆省村摆省寨中道旁
徐胡氏节孝碑	石窟寺及石刻	清朝		三元镇三合村大朝门
孔雀寨村规民约碑	石窟寺及石刻	1985年		羊场镇走马村孔雀寨入寨路口
新营语录碑	石窟寺及石刻	1966年		羊场镇新营村后营井西20米
走马寨语录碑	石窟寺及石刻	1967年		羊场镇走马村走马寨路旁
走马寨拦河坝语录碑	石窟寺及石刻	1967年		羊场镇走马村拦河坝北端
写字岩岩画	石窟寺及石刻	待定		龙山镇大竹村小竹写字岩
范子文德政碑	石窟寺及石刻	中华民国		龙山镇冠山社区冠山西麓
莲花山摩崖石刻	石窟寺及石刻	1936年	县级	龙山镇莲花村何家庄莲花山

续表

名 称	类 别	年 代	保护级别	地 点
会忠墓碑	石窟寺及石刻	清光绪二十六年		龙山镇冠山社区冠山
羊场司语录碑	石窟寺及石刻	1966年		醒狮镇羊场司村羊场司
穷则思变碑	石窟寺及石刻	1966年		草原乡塘兴村新寨
科学种田碑	石窟寺及石刻	1966年		草原乡塘兴村白岩寨道旁
观音灵洞石刻	石窟寺及石刻	1912年		醒狮镇醒狮村观音灵洞
小花京语录碑	石窟寺及石刻	1967年		洗马镇花京村小花京
蛤蟆石语录碑	石窟寺及石刻	1966年		草原乡高峰村蛤蟆石
泰山石敢当碑	石窟寺及石刻	待定		龙山镇播箕村毛栗寨
谷耳语录碑	石窟寺及石刻	1967年		谷龙乡谷汪村谷耳寨
土地调解碑	石窟寺及石刻	清乾隆二十七年		摆省乡新合村糯米寨
水落岩指路碑	石窟寺及石刻	清光绪八年		羊场镇木马村水落岩
修沟碑	石窟寺及石刻	清道光四年		羊场镇木马村打铁坡
集义桥碑	石窟寺及石刻	清道光十年		醒狮镇凉水村泡姜河西岸
永远遵碑	石窟寺及石刻	清嘉庆十七年		洗马镇大坪村旧司
平坡语录碑	石窟寺及石刻	1966年		巴江乡平坡村平坡寨中道旁
何王二姓契约碑	石窟寺及石刻	明洪武三年		湾寨乡凯卡村凯卡寨北
抗日阵亡将士纪念碑	近现代重要史迹及代表性建筑	1943年	县级	谷脚镇大坡村千家卡
观音山红军战斗遗址	近现代重要史迹及代表性建筑	1935年	州级	谷脚镇观音村新街
张庆石烈士墓	近现代重要史迹及代表性建筑	1953年		羊场镇新营村倒牌坊土丘上
粑粑街红军标语	近现代重要史迹及代表性建筑	1935年		洗马镇洗马村粑粑街
裴公度故居	近现代重要史迹及代表性建筑	清朝		羊场镇和平村舍人堡
龙里县旧署	近现代重要史迹及代表性建筑	1942年		龙山镇冠山社区民主街
龙里县五交化公司综合楼	近现代重要史迹及代表性建筑	1957年		龙山镇正大街大十字东北侧
石板滩水库	近现代重要史迹及代表性建筑	1975年		哪嗙乡石板滩村石板滩
红岩水渠	近现代重要史迹及代表性建筑	1957年		摆省乡摆主村姨妈寨
单彦海、陈克全烈士墓	近现代重要史迹及代表性建筑	1950年		洗马镇洗马村
官庄红军标语	近现代重要史迹及代表性建筑	1935年		谷龙乡官庄村马朝富家厢房楼上
龙山烤烟收购房	近现代重要史迹及代表性建筑	1950年		龙山镇冠山社区冠山西麓
牛场人民公社旧址	近现代重要史迹及代表性建筑	1972年		洗马镇牛场村街北
宋鑑廷、宋述樵故居	近现代重要史迹及代表性建筑	清朝		谷龙乡小谷龙村小谷龙
廖怀忠故居	近现代重要史迹及代表性建筑	清朝		羊场镇新营村营上
晏玉琮故居	近现代重要史迹及代表性建筑	中华民国		谷龙乡小谷龙村街北
刘伯龙故居	近现代重要史迹及代表性建筑	中华民国		龙山镇西门社区环城路
革命烈士纪念碑	近现代重要史迹及代表性建筑	1950年		龙山镇水桥村殡仪馆
东门桥	近现代重要史迹及代表性建筑	1927年		龙山镇冠山村东门河
小水桥	近现代重要史迹及代表性建筑	1927年		龙山镇水桥村村委会西150米
石台水渠	近现代重要史迹及代表性建筑	1975年		洗马镇台上村台上

续表

名 称	类 别	年 代	保护级别	地 点
水尾红军标语	近现代重要史迹及代表性建筑	1935年		巴江乡水尾村柏秧寨
马家桥移民新村建筑群	近现代重要史迹及代表性建筑	2005年		湾寨乡新华村马家桥
毛栗寨白鹭亭	近现代重要史迹及代表性建筑	2006年		湾寨乡毛栗村把朗桥北端
六广清水亭	近现代重要史迹及代表性建筑	2004年		湾寨乡新华村六广
六合桥	近现代重要史迹及代表性建筑	1956年		哪嗙乡关口村狗场
鬼洞倒虹管	近现代重要史迹及代表性建筑	1975年		哪嗙乡长芽村鬼洞
落宝韦氏宅院	近现代重要史迹及代表性建筑	1933年		哪嗙乡落宝村小寨
羊昌蒋家民宅	近现代重要史迹及代表性建筑	1950年		洗马镇羊昌村羊昌
杜春生烈士墓	近现代重要史迹及代表性建筑	1951年		巴江乡巴江村街北
狗场沟渠	近现代重要史迹及代表性建筑	1975年		哪嗙乡狗场村老木山西麓
石板寨渡槽	近现代重要史迹及代表性建筑	1975年		哪嗙乡关口村石板寨
龙场红军标语	近现代重要史迹及代表性建筑	1935年		洗马镇牛场村街道北
岩后人民公社旧址	近现代重要史迹及代表性建筑	1971年		谷脚镇岩后村关口寨
鸡场廖氏民宅	近现代重要史迹及代表性建筑	1945年		醒狮镇鸡场村鸡场
把朗桥	近现代重要史迹及代表性建筑	1978年		湾寨乡毛栗村把朗桥
中排人民公社旧址	近现代重要史迹及代表性建筑	1973年		草原乡高峰村蛇蚂石
花马冲水库	近现代重要史迹及代表性建筑	1958年		谷脚镇高堡村花马冲
平西人民公社旧址	近现代重要史迹及代表性建筑	1978年		龙山镇平地村平地堡
上西边张贵祥住宅	近现代重要史迹及代表性建筑	中华民国		三元镇西联村上西边
平寨宋氏宅院	近现代重要史迹及代表性建筑	待定		谷龙乡平寨村平寨
谷汪王英虎宅院	近现代重要史迹及代表性建筑	中华民国		谷龙乡谷汪村谷汪寨
王廷权宅院	近现代重要史迹及代表性建筑	中华民国		谷龙乡谷汪村谷耳寨
岩底水库	近现代重要史迹及代表性建筑	1958年		洗马镇岩底村西800米
地坝杨光廷住宅	近现代重要史迹及代表性建筑	1946年		摆省乡新龙村地坝
岜金陈正陆住宅	近现代重要史迹及代表性建筑	中华民国		摆省乡金星村上岜金
谷定水渠	近现代重要史迹及代表性建筑	1958年		谷脚镇谷定村羊昌
羊昌水库	近现代重要史迹及代表性建筑	1958年		谷脚镇谷定村羊昌寨东南
暗山水库	近现代重要史迹及代表性建筑	1993年		谷脚镇茶香村暗山
罗秀林住宅	近现代重要史迹及代表性建筑	中华民国		哪嗙乡大谷冰村何家庄
罗登国住宅	近现代重要史迹及代表性建筑	1932年		谷龙乡小坝村小坝
天主教堂	近现代重要史迹及代表性建筑	1985年		龙山镇冠山社区青龙路
关口寨水库	近现代重要史迹及代表性建筑	1958年		草原乡前进村关口寨
王吉高宅院	近现代重要史迹及代表性建筑	中华民国		湾寨乡盘脚村大寨
甲晃水库	近现代重要史迹及代表性建筑	1968年		羊场镇甲晃村小甲晃
摆兰水库	近现代重要史迹及代表性建筑	1956年		羊场镇岱林村摆兰寨
破肚长沟	近现代重要史迹及代表性建筑	1977年		羊场镇长寨村长寨
桥边水库	近现代重要史迹及代表性建筑	1958年		醒狮镇顶水村喜鹊寨

续表

名　称	类　别	年　代	保护级别	地　点
旧寨罗福勇住宅	近现代重要史迹及代表性建筑	中华民国		醒狮镇旧寨村旧寨
周氏酒作坊	近现代重要史迹及代表性建筑	中华民国		醒狮镇大坝村胭脂塘
石笋沟水库	近现代重要史迹及代表性建筑	1958年		醒狮镇鸡场村石笋沟
刘家庄水库	近现代重要史迹及代表性建筑	1958年		洗马镇大坪村刘家庄
刘秀文烈士墓	近现代重要史迹及代表性建筑	1951年		巴江乡落锅村后头湾
彭福平住宅	近现代重要史迹及代表性建筑	1913年		洗马镇长沟村针指
扫盲标语	近现代重要史迹及代表性建筑	1957年		谷龙乡林安村上寨
龙里黔桂公路	近现代重要史迹及代表性建筑	1927年		麻芝乡富洪村陇耸
红军冯兴顺墓	近现代重要史迹及代表性建筑	1954年		洗马镇大厂村老屋基
三五三七厂	近现代重要史迹及代表性建筑	1966年		三元镇永安村平寨
孔雀寨布依歌场	其他	2005年		羊场镇走马村孔雀大坝
湾寨斗牛场	其他	清朝		湾寨乡场坝村粮站西面
三宝寨改土工程	其他	1978年		醒狮镇三宝村三宝寨
小谷龙碾房	其他	清朝		谷龙乡小谷龙村新寨小河
果里祭祖场	其他	待定		摆省乡果里村果里寨
果里跳洞跳月场	其他	明朝		摆省乡果里村果里跳洞
果里斗牛场	其他	清朝		摆省乡果里村西南1公里
落掌改田工程	其他	待定		洗马镇落掌村落掌
打夯神树	其他	待定		摆省乡打夯村打夯寨南
光坡斗牛场	其他	待定		麻芝乡光坡村黄泥哨
毛寇寨化石点	其他	旧石器		谷脚镇王关村毛寇寨乌拉冲
红岩跳洞	其他	明朝		水场乡红岩村上红岩

三、文物遗址选介

（一）云台山古寺庙遗址　位于龙里县城北面，距县城16公里的谷脚镇毛堡村塔湾村民组。云台山主峰云台山大坡海拔1765米，是龙里县第二高峰。方圆二、三平方公里之内与主峰相邻，海拔在1700米以上的山峰还有9座，因而形成较独特的群峰汇集的自然景观。寺庙处远眺可及几十甚至百余里外风物。寺庙所在山下，有一条深谷落差300～400米，谷底有清泉。其间，一条古道东西向由贵定入云台山上高堡，通往省城贵阳。明朝天顺年间（1457—1464年），就有人在此兴建寺庙，以后历经多次维修、扩建。

可考的有清朝康熙年间建的和尚坟塔《南阳塔碑》，乾隆年间的《镌施常住碑》，道光年间的《重修云台山碑记》，光绪七年的《娘娘殿碑序》和光绪三十一年的《补修云台山碑铭》等物证，反映云台山较大规模的重修和佛事活动。从已发现的碑刻和遗存的建筑规模，如雕花石墙、细石台阶、高大堡坎、古井以及古石拱桥等，可知过去庙宇宏大、香火旺盛。

云台山寺庙遗址现存两处，其一位于山顶（海拔1728米），庙基3块占地约1亩，有石门、细条石台阶、堡坎及圆拱顶石门等。相传明朝末年某冬，因寺庙住持被冻死，余下僧人放弃山顶庙宇转至山腰居住。其二位于半山腰（海拔1480米左右），为寺庙的主要遗存，面积较大，清朝以来有多次维修、补修与重修，有“九重天”之说。顺山建筑高差有60～70米，以块石和细凿条石砌成7级平台，遗存可见大山门、戏楼、钟鼓楼、大殿、十八罗汉堂、协天宫、玉皇阁和娘娘殿等基址，总占地面积10余亩。据传寺庙曾有田产200～300亩，散布于附近村寨。大山门对联：四面烟霞供啸傲；一天斗宿列心胸。

刻于清朝光绪二十三年（1897年）的《重修云台山碑记》已破损，大多数字迹可辨，碑文如下：

自古今名山创建者匪易继修者尤难如龙邑云台山自前明白将军释甲还朝感金光而表愿修建玉皇阁星主殿娘娘殿顶传普贤茗贡天家巍巍乎大观在上也然风吹雨蚀未有历久不磨后又赖王公柱石周公滕宇相继拍修复捐金广置田产以作常住玉皇阁名曰王家殿由来已久朔后善士不世出奸人萌觊觎经理若是为利贪得者互相党援勾僧取食瘠庙肥家以至上下殿宇倾颓难堪予於道光甲午春偶适于斯观此荒凉扼腕太息奈功果浩大一木难支于是邀约谢周杨诸公协同阖境善士鸠工庀材次第重修不数年庙貌为之一新前人之功果永垂不朽是为序

（二）营屯营盘 位于羊场镇营屯村，筑于盆地之中突兀的石山上，海拔1302米。石山三面悬崖峭壁，东北角较缓，山高50米，山顶平缓，松木密布，东西长500米，南北长150米。始建于清咸丰七年（1857年），是方圆数十里内苗族、布依族、汉族同胞的避难所。依托易守难攻的独特山势，抵御外侮，由22个村寨组成结义团，共同投资投劳，在山的东北角较缓处，以条石依山垒砌内外两道墙垣。两墙相距40米，总长100余米，高2～4米，厚1～2米，设墙垛、台阶步道、射击孔，形成坚固的工事。内墙嵌有始建碑二方，墙垣保存完好。为县级文物保护单位。

（三）羊场火神庙 位于羊场镇北，海拔高度1087米，为木结构硬山青瓦顶，面阔3间，长13米，进深11.3米，高8.9米。前廊卷棚，山墙和后檐墙均为土砖砌筑，大殿的天花板上有53幅三国人物故事彩绘（结义桃园、三请诸葛、赵云截江夺阿斗、取荆州、单刀赴会等），依稀可辨48幅。20世纪60年代拆除左、右房。

（四）可憩亭 位于巴江乡水尾村清水江渡口，距龙里县城约140公里。清光绪二十七年（1901年），巨商松柏茂号、义盛隆号及绅士马文泰等捐资白银3000余两，维修黄平旧州至贵阳水口寺的大道，并在清水江西岸修建一座“可憩亭”，供来往旅客休息。“可憩亭”处于旧时交通要道，成为西进云南，东达湘楚的咽喉。2008年，由于清水江建电站筑坝蓄水被淹没。

（五）雾鸡坡古道 位于湾寨乡六广与草原乡接壤地段，宽1.5～2.5米，坡段保存完好。雾鸡坡海拔高度1800米左右，其古道均用长条料石铺砌，山顶建有关隘，隘口墙体残存。古道两侧山势陡峻，在长约6公里的叫水冲有高至5米、宽至7米不等的古石拱桥5座（遗存4座），古营盘3处。据考，雾鸡坡古道约建于明万历十四至十八年，清雍正年间由当地绅士何赖牛出巨资加以修缮。

该古道系旧时由贵阳南下广西的重要通道之一，也是黔南的重要盐道。古道起于贵阳，经孟关，过龙里县的水场、民主、湾寨、羊场等乡镇，至贵定县昌明镇，过都匀下独山达广西。坐落在雾鸡坡山下的六广桥，是由贵阳孟关出发后的第一站。1935年红军佯攻贵阳时，红一军团红一师由花溪小碧经雾鸡坡古道前往贵定县云雾山宿营。解放前夕，国民党一美制战斗机油料耗尽，迫降于古道边的柏排寨，美国专家拆卸飞机主要部件请马帮经雾鸡坡驮运至贵阳。

（六）凯卡寨契约碑 位于湾寨乡凯卡寨前古柏树下。原碑立于清乾隆十三年。因寨墙坍塌致碑身断裂，凯卡及周边村寨王姓族人于1988年集资重建，仿照旧制，重刻碑文。用塑料布包裹原碑埋藏在重建碑基础之下。该碑记载的时间既有“康熙”又有“洪化”年号。康熙十二年吴三桂反清，兵占龙里，“洪化”即吴三桂在云南称帝的年号。

碑文如下：

一

康熙十七年立绝责凯卡山林田庄地土荫地文契人系贵州慰使司龙里长官何名金情因生子何成道为□□案斋狱毙命有叔何名玉四妻告发差役执票下乡拿获苗氏何老敢何老成二到城定罪焉当时以押身躯无银赔偿卖之不留东抵牛角坡南抵谷鲊半冲西抵鱼洞大硐北抵三叉河四至分明托请中人原引卖与凯卡寨舍家扶管保印人王明先国相罗阿赖等王朝巽王朝能王朝聘弟史三人名下管业当时三面一致共同议定绝卖价银无价之宝将到黄牛一百八十只除栓缚人昼夜商议外并立约契然而将父子居位境所管业都属以作卖主何

道成□□案价赔偿人命将地界划清自从今何崇庆后裔等自卖之业任从姓弟兄买尽日后由买主世代子孙一暨管业何姓亲房源流一派含余人等不得前来议言其田内业主等不许从行典卖随估额仝仁柱正米秋粮三石二斗整并无别项门差苛纳如有日后何姓翻悔若犯套哄之罪王姓子孙承袭土便新旧两官衙门儿孙借故索扰不能及有我何姓赴贵州驿马入仍照旧成交今恐后人相依不然任买主执字赴公我何姓自于重咎且我何名金业山场荒地坪地尚其地土田庄山林不拘远近之方从我何姓毕卖之后曾凯卡盘脚朵石新庄底耳山老鸦山鱼洞山告汝山脚兰山茶冲烟厂山霜冲等处等山寨世代王何二姓有地同葬而卖任用待后勒石契据常存买明卖尽恐日后无凭实立一纸存照为据买主证无卖士职何兴隆得骅骝马一匹代笔人周进龙得黄牛一只栓合人刘汉张伍罗明常托得牛各一只在见证人何兴国何兴邦何兴年何兴昌本中扬本高段保徐汉艾通共栓合布伍拾匹

洪化元年壬戌月岁二月八日何名金立卖

二

龙里司官司何其俊以及印官何胜位权司何其显舍人何胜武为因族逆何其高弟兄历来谋官夺印不休特请凯卡盘脚二寨保印人王明先王国相王应武罗阿赖王阿唐阿苏阿乌王国秀王国显王国初人等血为誓言上凭天地下凭鬼神如有日后何期俊与同子胜位其显众舍人等得时忘恩负义彼此歃血为誓子孙绝义其有夫马大派小敛我其俊等一面承蒙凯卡正项徭二寨家舍人恐其高再谋杀二寨协力同心共敌有伤人命二寨不许谋心确保在先假如有一彼不歃血为誓执纸赴长官干当负恩之罪今恐无凭不古立此合同一纸存收执为照执纸凭龙里指挥庞建极依权法论处

洪化二年四月十三日立合同
土何其俊
龙里印官何胜位功宗
权何其显

三

康熙二十七年世代任赵衡臣银六十五两凭中刘政升刘允升起芳经礼芳经礼芳经之弟其题男胜贵胜伍佐侄智用德明代银二十两康熙二十七年十月十五日何其高绝卖田契士职何其俊仝弟其元侄胜武齐立纸存照

四

绝卖田土何其俊国林其元及侄胜武袭职之银托官无其奈因而念至合人百世不忘方借到凯卡盘脚寨王辅民王辅世纹银七十两又周洪武年颁清印信后借纹银五拾两又至康熙二十六年与族逆何其高仇募后借纹银三十两前后与赵通共纹银一百五十两正无古处辩通族舍人好作商议将谷丛马路荒田所绝卖足银此项银东抵小河南抵坡西抵柏扬树北抵蔡家坡

又冗鬼山荒田乙所连卖东抵响水岩南抵凉水井西抵锅厂北抵坡北四处山场全部地土田业仍照依旧界地管理二比踏验明白绝卖与凯卡寨盘脚寨王辅民王辅世弟兄二人得买为业田内并无差赋至于招佃开垦因田荒价贵我何其俊何其元恐情愿招垦成熟王姚骑田称花倘不成熟其价银何承袭子孙自认赔还决不负义如有推诿支另任其壬姓执纸赴官公我何姓自于负骗之罪旦其业从何姓弟兄自卖足赈之后至今我其俊其元侄胜武永远无悔并由龙里差派小敛后夫马一切自当不与王姓世代后裔相干何姓无反言自理清一事混淆恐口无凭实立绝卖一纸为据

（七）野威山永协营 位于龙里县猴子沟的野威山上，海拔1483.9米。纸厂村代、毛二姓先人，为抵御捻军，于清同治三年（1864年）修建营盘。有内、外两道城墙，两墙相距200米左右，墙体宽3米（含步道），墙垛口宽1米，墙上有垛口和射箭孔。外墙100余米和内墙近120米保存完好。内墙门洞上方刻有“永协营”三字。

（八）骂娘桥 位于龙山镇坝上村白岩脚的莲花河上，石拱桥，高9米、宽5米、跨度25米。桥名由来，据传有多个掌故版本。其一是：明或清朝，以毛石作蹬过河，每遇大水则交通困难，乡绅不愿出资，于是当地民众集资建成此桥，故凡乡绅过桥民众就骂娘。2008年后，交通建设中保存整桥，埋入土中。

（九）北门桥 位于龙里老城区北门外，长6米、宽3米、高2.7米，南北向横跨，单拱石桥。因道路改造被拆除。

（十）兴龙桥 位于龙里老城区西北角水堤阁（城关三小前面），长13米、宽5米、高6米，单拱石桥，南北向横跨北门河。因城市建设被拆除。

（十一）播箕桥 位于龙里县城北面播箕河上，距县城约6公里。明《（万历）贵州通志》载“播箕大桥”“乡官王表倡建”。清道光四年（1824年）当地乡绅和民众捐资修建。5孔石拱桥，长39.8米、宽6.2米、高4.7米，以石板铺面，两端砌石梯上桥。1971年因在桥北建水泥厂需要，填平两端，以水泥浇灌桥面，改为公路桥。

（十二）永兴桥 位于三元镇渔洞村。清道光十七年（1837年）当地人集资修建石拱桥，长11米、宽3.3米、高6米。南北横跨渔洞河，桥梁中部西面竖一碑，碑头刻“永兴桥”三字，碑文记录修桥事宜。

（十三）给照存据碑 位于龙里县城东3公里亮洞口右侧，方首石碑，建于清同治九年（1870年），内容反映清朝咸同年间龙里地方战乱及屯垦情况。碑文：

署贵阳府龙里县正堂加五级记录七次谷为准执照事同治九年二月初一入据郑下堡军功刘志平等禀称军功等先人寄居郑下堡国初解卫为县设立驿号将堡内改为官庄每年纳租谷贰佰陆拾余石以马料租花系贵州省城市斗上纳平樑响随到随收书斗不得措勒先原给有印照存据结因同治三年四月内潘逆盘踞龙里城堡内烧毁概奔逃数年田土荒芜印照失遗于同治七年六月内大宪调兵克服蒙将札示四面调回饬令耕种因开辟无资尚多废弃为恳发给籽种执照续安花户开挖每年九月照旧赴仓完纳等情到县据此合行给照为此照给郑下堡花户刘志平等遵照旧章安佃纳租毋得观望严延致误公田获咎切凛遵毋违须至执照者右照给郑下堡五品军功团首刘志平甲长冯得发士华冯得元等准此遵县照勒石存照同治九年春三月朔日

（十四）窑坝 位于龙里县城西北角石头寨，明洪武中期建筑。用条石筑成梯体直线拦水坝，灌溉面积百余亩。遗址长33米，坝口宽2.6米、高3.3米，因城市建设被埋没。

（十五）猴子沟古道 位于龙里县城南，距县城14公里。在明、清时期是龙里城通往龙里南部，经平伐、平塘到达广西的一条重要通道。猴子沟峡谷古道长14公里，其中驻军部队建设占去7公里。遗存路基宽0.8～1.3米，青石板铺面，有拱桥2座。除驻军部队占用部分外，道路、拱桥基本完好。

（十六）西门河（老贯城河）遗迹 位于龙里县老城西门外500米左右，狮子桥至环城路（G210公路县城过境段）一段。2007年前叫西门河。1997—2000年修建完成兴龙大道后，西门河两岸形成街道。2007年城市建设规划时正式命名为贯城河，同时开始改道。

（十七）厉家井 位于县城人民路南侧邮电楼旁三角花园内，据传又称“天王井”。1997年前居民直接到井里取水。1997年修建兴龙大道后，将大道至邮电楼空地建成街角花园，同时将该井改造为机压吸水井。

（十八）三元惜字塔 塔距永兴桥100多米，塔上雕刻有“连中三元、敬惜字纸”八个大字。相传清代本地一位翰林院大学士建永兴桥，为激励后代又建惜字塔。

（十九）风水桥 位于草原乡麻若场坝水口寺，建于民国22年（1933年），长10米、宽4米、高4米。相传，清代麻若场坝靠近出水口，“不易聚财”，故在出口处小溪旁建寺庙，名“水口寺”。旧时姚、陈二姓较旺，有“姚半街、陈半巷，邵家坐在角角上”的说法。民国年间，邵、刘、倪等姓为培“风水”，聘匠人吕国银在水口寺前的小溪上建双拱石桥。桥西拱通溪水，东拱通古道。桥面有与桥长、宽相等的两层木楼，木楼正中升起正方形楼阁，所以桥面不可行人。桥楼一直用作学堂，至解放初期仍用作麻若小学校舍。1983年修建龙里至湾寨公路需通过寺庙地基，寺庙被撤除，同时桥亦受损。1984年当地群众自发集资维修，但未恢复原貌。

第二节　非物质文化遗产

一、非物质文化遗产普查

2005年，成立龙里县非物质文化遗产普查工作领导小组，建立相关工作机构，负责普查、挖掘、传承、申报等工作。6月，举办第一期工作培训班，35人参加。2006年9月再次培训全县抽调的普查工作人员32人。第一次普查共挖掘、整理非物质文化遗产项目30余个，经县级专家组认证，当年县政府将果里苗族古歌《果乐》等26个项目列入第一批县级非物质文化遗产代表作名录加以保护。2007年5月，苗族古歌《果乐》被贵州省人民政府公布为“省级非物质文化遗产”。

龙里县第一批非物质文化遗产代表作保护名录（2006年）

表18-3

序号	类别	项目名称	序号	类别	项目名称
1	民间音乐	苗族古歌《果乐》	14	民俗	水场乡《查冬董》
2	民间美术	平坡苗族农民画	15	民俗	水场乡《射背牌》
3	民间传统工艺	龙山草纸传统制作工艺	16	民间舞蹈	摆省乡《跳洞》
4	民间舞蹈	哪嗙乡《金钱棍》	17	民俗	羊场镇《布依族花灯》
5	民间舞蹈	谷龙《花棍舞》	18	民俗	草原乡《跳月》
6	民间舞蹈	草原乡《斗鸡舞》	19	民间歌谣	摆省乡《苗族歌谣》
7	民间歌谣	水场乡《把郎歌》	20	民间工艺	湾寨乡《布依纺织工艺》
8	民间舞蹈	摆省乡《粑槽舞》	21	民俗	布依族婚俗
9	民间手工艺	洗马镇《汉洋窗》	22	民间舞蹈	大新苗族长鼓舞
10	民间手工艺	哪嗙乡《鞋垫刺绣》	23	民间工艺	草原苗族挑花刺绣
11	民间工艺	醒狮镇《大岩根雕》	24	民俗	比孟《跳月》
12	民族服饰	哪嗙乡《印苗服饰》	25	民俗	平坡苗族“杀鱼节”
13	长诗	水场乡《冬娥冬拉》	26	民俗	游百病

二、非物质文化遗产项目选介

（一）苗族“果乐”（古歌）　苗语“果乐”，相当于汉语“古歌”。苗族“果乐”，用苗语多声部曲调歌唱，其内容主要是盘古“开天辟地、铸日造月”、伏羲制造人烟及人类繁衍等神话传说故事和苗族四季耕作、婚丧嫁娶、斗牛跳月、休养生息等场景，回顾感怀苗族先辈反抗外族侵犯的战争、迁徙等情景，感恩山川日月、自然神灵给予的惠顾等等，大致可分为古歌、酒歌、情歌、飞歌、排歌五类。歌谣内容涵盖苗族的历史渊源、发展变迁以及与苗族生产生活息息相关的一切事象，好比汉文化中的诗歌。多以1～2人（男性）为主唱，多人伴唱，大多在杀牛祭祖和跳洞等重要活动中演唱，曲目丰富、旋律优美、寓意深刻，曲调多反复，风格苍劲悲凉。

苗族在春节、四月八、跳月时，男女青年用苗语对唱，必唱《开天辟地》《铸日造月》《建跳月场歌》，然后唱情歌；农历六至七月斗牛时，必唱《开天辟地》《铸日造月》《建斗牛场歌》；结婚时，除《开天辟地》《铸日造月》外，必唱《结婚歌》。“果乐”文化突出表现于祭祀场合，每年正月是红簪苗祭祖跳洞的日子，届时组建长号、唢呐、铜锣、铜鼓乐队，举行隆重的“踩场”“祭牛神”“祭树神”“祭洞神”等系列民俗活动。摆省乡果里村吴姓苗族，在正月祭祖时，邀请本县巴江、哪嗙、草原及贵阳市花溪高坡、惠水县岗度等地上万苗族同胞参加，方圆数百平方公里不同支系苗族身着盛装、吹奏芦笙汇集在一起，形成人山人海的热闹场景。

摆省乡果里村吴姓苗族为当地大族，在明朝中叶即迁徙到果里一带。古制，老人去世入殓后，将棺木存放于洞穴中。位于果里村东面1公里的梅洞，系当地红簪苗的祖茔，为贵州省少有的大型洞葬之一。洞穴呈南北朝向贯穿山体，长约600米、高21～50米、宽38～65米，穴内干燥。洞穴内遗存有400余具不同时期的棺材，年代始于明、迄于民国，明代为平板平头棺，清代为凸型雄头棺。

"果乐"文化传承以祖传为主，同时拜有歌师。当代传人吴启林，男，苗族，1945年生，初中文化，摆省乡果里村人，果里小学教师，2005年退休。吴启林之父吴忠先通晓苗族历史文化。吴启林之母王光研（1917—2007.8）系著名歌师，苗族，不识字，摆省乡果里村人，长期传授古歌，为近代"果乐"传人。吴启林秉承家传，并师从其舅父王文彤，学习传播"果乐"文化。2005年"黄果树"杯首届"多彩贵州"歌唱大赛期间，其弟子吴倍鑫等6人组合"苗·人·家"演唱获龙里赛区第一名，代表龙里县参加黔南州选拔赛。2006年摆省乡开展民族民间文化进校园活动，聘请吴启林为特别顾问，担任摆省民族初级中学等学校"果乐"文化传承顾问和指导教师。2009年，龙里县以"亚鲁·果乐"为基础编演的苗族大型史诗舞蹈《苗山·苗寨·人》参加黔南州"喜迎国庆，歌颂家乡"文艺调演，获金奖。

（二）"跳洞"习俗 摆省乡果里村一带方圆数十里的苗族聚居地，流传古老的"跳洞"习俗，数百上千人在宽敞的岩洞中跳芦笙舞。"跳洞"，苗语音译为"数岜"，"数"有玩、看、跳等意思，"岜"指岩洞。每年正月初四至十一，依次分别在杉坪、果里、甲定、克里、书亚、新寨、摆拱、巴茅冲等村寨附近的岩洞中"跳洞"1天。果里、杉坪、摆拱3处还举行祭拜活动，其他地方只跳芦笙舞。最典型的是果里跳洞，其间还举行祭拜先祖、山神、洞神等仪式，娱神娱人。其祭拜时间，隔3年、7年、13年举行1次，约定俗成，严格执行。

果里"跳洞"约定在正月初五举行。逢祭拜年，清晨净身更衣，辰时由族长带领全族男女老少到鸭棚洞中设立香案，陈放供品，虔诚礼拜祖先。礼毕，由鬼师数名唸祖，恭请列祖列宗一同到场与族人欢度佳节。事后，由歌师祭拜众神，表示对神灵的崇拜和敬畏，祈求风调雨顺、平安幸福，并唱"跳洞由来歌"。接着就地起灶做饭，设酒宰牛作食，与前来参加跳芦笙舞的客人畅饮欢庆。跳洞芦笙曲有12首，按照严格的顺序吹奏。跳芦笙舞时，男性在前边吹边跳，女性携手跟在后面随着芦笙韵律翩翩起舞，形成一个个同心圆圈。一些未婚青年在这样的活动中相识、相知到相爱。

（三）平坡苗族农民画 巴江乡平坡村苗族在沿袭传统蜡染、刺绣的基础上进行的农民画创作，以生活劳作、节日庆典、婚丧嫁娶、历史文化等为题材，作品富于装饰性，具有本民族原生态文化色彩，被美术界誉为东方的"毕加索""马谛斯"。平坡苗族农民画，按贵州苗族西部方言洛北河次方言音译为"嗙魵嗙涡"，意为"苗族花样或苗族绘画"。"嗙"即夸张、炫耀，说明画作具有造型夸张、色彩艳丽的风格特点。"魵"即"斑纹鱼"，画面普遍出现鱼形状的眼睛和图案。"涡"即水流旋转的形状，"漩涡纹"普遍存在于苗族服饰图案里，记录着苗族的历史，表现出对水的渴望与敬畏。

平坡"嗙魵嗙涡"表现形式有三。一是蜡染。苗族妇女将纹样熟记于心，不需线描，用蜡刀熟练地在土布上描绘图案，形成蜡画。经过豆浆浸泡、晾晒、染缸浸染等工序，多次浸染和反复日晒，得到上乘蜡染效果。将染好的布料放到锅里煮，经过高温褪蜡现出布的原色，图案纹样与染成的深蓝色或黑色布料形成强烈的对比，黑白分明、古朴典雅。二是刺绣。用各色丝线在蜡染纹样的基础上绣出色彩缤纷的花样。三是绘画。20世纪80年代初期，平坡人将衣服的花样图案画在白纸上，丰富图案的记录方式和内容。花样图案采用夸张、变形的手法，结合艳丽的色彩搭配，以达到构图饱满、观感强烈的艺术效果。

（四）草原跳月 跳月，苗语音译为"甚碧让"，是苗族青年以芦笙舞寻求情缘的传统节日，流传在龙里县草原苗族聚居地区，时间约定在每年的正月、六月和七月。正月初二至十二期间的跳月，称为"甚碧让"（花场），农历六月和七月初六至十七夜间的跳月，称为"甚碧让改地腊"（米花场或跳米花月），参加的人数从几百人到千余人不等。起源久远，清《贵阳府志》苗蛮传载："白苗……在龙里者居东苗坡上、中、下三牌，大小谷朗诸寨……每岁孟春，男女会于野，谓之跳月，择平地为跳场，鲜衣艳妆，男吹芦笙，女振响铃，旋跃终日……”自明清时期从外地迁徙到草原定居，建场跳月，约定俗成，相传至今。

正月初二至十二期间，分别由岩脚寨、下坎泥、王寨、等鲊4个场主承办3天“甚碧让”活动，前两天为正场，第三天为收尾场。当天十里八寨的男女老少身着盛装，在小伙子吹奏的芦笙乐曲中来到跳月场。进场跳月的都是未婚男女青年和刚刚结婚未生孩子的人，其父母或兄嫂在场外观看。开场时，首先由场主的男青年芦笙队用开场曲顺时针绕场一圈或三圈，客人芦笙队才陆续入场，吹笙起舞。姑娘们则三五成群，注视着场内吹笙的人，当发现中意的小伙子、伙伴或自己的恋人后，便邀约寨上的女伴结成一排从意中人左侧插入，顺时针边走边舞，如此陆续入场跳起芦笙集体舞。

各个芦笙队的乐曲自行选定。随着芦笙的旋律和节拍，时而舒缓、时而欢快，旋跃终日。到第三天收尾场时，客人芦笙代表队的年轻人换上红袍或黄袍，吹起《退场曲》，逆时针绕场三圈，表示芦笙舞结束了，接着跳月场附近村寨的亲戚要去争抢年轻人的红袍或黄袍。散场后，吹芦笙的年轻人及其父母、兄弟、姐妹到当地拜访所有的亲戚，首先拜访的是抢得红袍或黄袍的亲戚。每到一家，都设宴款待，叙旧谈心，开怀畅饮，到最后一家结束时，无论什么时候，无论有多远，都要回到首先拜访的亲戚家休息。

农历六月和七月初六至十七夜间的米花场，是在村寨附近固定的草坪举行，一般晚饭后八点至十二点，仅是未婚的年轻人参加。在月光下，男的首先用芦笙或木叶声呼唤女友，女的闻声赴约，一起吹笙跳舞，以此交流沟通，互诉衷情。

“甚碧让”历史悠久、内容丰富、形式独特，在历史学、民俗学和艺术上都有较高的研究价值。由于外出务工人员较多，会吹笙跳舞的人越来越少，如桥尾跳月场早已停止，致使“甚碧让”的传承处于濒危状态。

（五）麻若花灯 据下麻若刘氏族谱载，其先祖徐州人刘明德从军，于明洪武四年随沐英入黔后辗转定居于下麻若，花灯由此传入。据记载，《打龙袍》被称为麻若花灯戏“戏母”。宋仁宗皇帝认回生母之后，许下灯愿，治好母后眼疾。麻若花灯台词“仁宗皇帝登龙位，国母娘娘痛眼睛，许下三千六百盏，许下三千六百灯”即指此事。

按麻若花灯历代单传的排辈，自桂氏祖师起，已历17代，可上溯至清康熙五十四年（1715年）。祖师桂氏葬于草原乡草原村下麻若寨旁，后人祀碑刻“桂老先师”。在周边多支花灯队伍中，主要师承于下麻若太平花灯的有七八支，曾在下麻若和草原乡政府所在地麻若各修建有1处花灯戏台。20世纪80年代初，龙里县文化馆陈筑生等调查地方花灯历史文化，从龙里县北部地区追根溯源，线索理到下麻若结束，推定麻若为龙里地区花灯的主要发源地，也是龙里地区太平花灯的主流。

下麻若太平花灯演员均为男性，女性角色均是男扮女装。其表演形式及内容，有开脸谱的“生旦净丑”剧唱，有古今文武的戏曲表演，有台上台下的人员互动，有沿村祈福的走访巡演；扇子耍法有大小花扇、交扇、盖扇、扑蝶扇等；身段招式有犀牛望月、膝上栽花、黄龙缠腰、海底捞月、雪花盖顶、岩鹰展翅等；伴奏乐器分文、武场面，主要有鼓、钹、锣等打击乐器及二胡、月琴等弦乐器；调子唱腔达30多种。

经统计，历史戏目有《打龙袍》《截江救主》《大战芦花荡》《千里走单骑》《收董平》《临潼救驾》《天水关》《五台会兄》《白娘关》《八郎回营》《四郎探母》《三气周瑜》《王瑛叹山》《八仙图》《大战常沙》《古城相会》《云端救难》《辕门斩子》等20余部；民间剧目有《邱二傻渡船》《二怕》《四怕滚灯》《刘三妹挑水》《王乡约许亲》《借亲配》《黑苗读书》《金梭银线》《李子英下京》《三讨亲》《王妈妈许亲》《王化开屠》《二女偷桃》《二女争夫》等15部；花灯曲目有《正月节气是新年》《一进贵府九重街》《正月好唱祝英台》《正月里来好唱花》《正月里来梅花开》《正月荷包绣起头》《一杯酒儿进门来》《苏小姐苏小脚》《正月劝夫读圣贤》《正月寒梅报立春》《八月桂花香》《一更阳雀叫悠悠》《进了主家一重门》《正月打马下四川》《一字原来一条枪》等30多支；另有采茶12堂和开财门多套。

下麻若太平花灯活动时间主要是每年正月初一至十六，开头和结尾都要举行亮灯和化灯（下河）仪式。其间，花灯队还以“打帖子”的形式到各村寨巡演，除了戏台上的表演外，主要还有一些迎春祈福活动。20世纪70至80年代，下麻若花灯巡演盛极一时。外村为了请到花灯队，强行抢花灯的事时有发生。有时到了开春打田下种季节，花灯队还在外出表演，因为外地村寨接灯热情高涨，不放花灯队回家。到贵阳地区表演，曾出现千人塞巷，观众久不离场的情况。平时若有需要，花灯队一年四季均可演出，如组织到旅游区为游客表演，参加“多彩贵州”活动以及县广场文化演出活动等。

下麻若花灯第17代传承人刘江打破传男不传女的传统，在龙里县科协的扶持下，成立草原花灯科普宣传队，培养男女演员。结合时代精神改编传统剧目，以群众喜闻乐见的表演形式，宣传党和国家的方针政策，普及科学知识，提高群众的综合素质，期望能打造出另一番天地。但因各方面条件所限，未有大的突破。

第三章　文学艺术

第一节　文艺组织建设

一、组织机构

龙里县文学艺术界联合会成立于1999年6月，为正科级群团组织，事业编制5人，领导职数1正2副，纳入参公管理系列。原有协会为县美术家协会、县书法家协会、县摄影家协会、县音乐舞蹈家协会。1999年成立县戏剧和曲艺家协会、县民间文艺家协会，改选县摄影家协会、县书法家协会、县美术家协会、县音乐家协会理事会。2000年成立麻芝乡文联，2002年成立县诗词楹联学会。2005年，县文学艺术界联合会所属各协（学）会按照章程改选理事会，聘请名誉主席。2008年12月，县文学艺术界联合会所属有7个协（学）会、1个乡级文联。

二、代表大会

第一次会议　1999年6月，龙里县文学艺术界联合会第一次代表大会在龙里县城召开，选举第一届委员会委员15人，王连昌为主席团主席，陈光荣、王连志、汪敏为副主席，陈光荣兼任秘书长，审议通过《龙里县文学艺术界联合会章程》。2002年4月，召开第一届委员会第二次全体会议，增选委员12名，补选陈光荣为主席团主席。

第二次会议　2005年2月，龙里县文学艺术界联合会第二次代表大会在龙里县城召开，选举第二届委员会委员15人，陈光荣为主席团主席，熊江明、王连志、张彪、罗幼明为副主席，熊江明兼任秘书长。会议审议通过《龙里县文学艺术界联合会章程》修改草案。2006年7月，张彪任县文学艺术界联合会秘书长。2007年7月，余沸任县文学艺术界联合会秘书长；7月26日，召开第二届委员会第二次全体会议，补选委员6人，补选张彪为主席团主席、余沸为副主席。2009年9月，召开第二届委员会第四次全体会议，补选委员5人，补选张宗德为主席团副主席。

第二节　文学艺术活动

1985年6月，成立龙里县民间文学三套集成领导小组及其办公室，以县文化馆牵头启动对全县民间故事、谚语、歌谣、舞蹈的摸底调查。工作人员走遍全县村寨，经近4年的搜集整理编写，辑成《中国民间文学三套集成·贵州省黔南布依族苗族自治州龙里县卷》，先后报省、州编辑部一、二、三审，于1990年11月终审出版。此后，《中国民族民间舞蹈集成·龙里资料卷》于1991年9月终审出版，书中载录白裙苗的打鸡舞、牛角舞、跳花场舞，青苗的粑槽舞，花苗的鸦鹊舞等民族民间舞蹈代表作。

1999年县文联成立后，先后参与组织举办“多彩贵州”龙里赛区歌唱大赛、舞蹈大赛、旅游形象大使选拔赛、旅游商品设计大赛和能工巧匠大赛。组织完成猴子沟、草原、摆省乡果里洞葬、羊场镇古营盘等旅游景点、民族文化资源发掘资料整理、图片拍摄工作。参与组织龙里苗医药文化博览会文艺展演，举办第一届家庭文化艺术节。参与承办“人文自然景观、民族风情摄影大赛暨滑翔运动摄影大赛”，参与设计编辑《龙里》《龙里布依情歌选》《红军长征过龙里》《龙里民国文史》等宣传画册和文史书籍。举办全国第二届“星力杯”硬笔书法获奖作品龙里学校巡展、纪念改革开放30周年摄影图片展及2008年“抗凝冻、保民生、建家园”大型图片展等活动。助推巴江乡平坡村苗族农民画走出贵州；策划羊场镇孔雀寨布依情歌节。

1988—2008年，全县在国家级、省级、州级刊物共发表各类作品5400余件。其中：文学、戏剧和民间文艺2500余件，音乐100余件，美术320件，摄影2000余件，书法500余件。

第三节　文学创作

一、小说

张彪的短篇小说《白杨坝的疯狗》《雪是冰冷的》和《长顺风物》发表于《贵州作家》刊物，其中《白杨坝的疯狗》获第二届黔南州政府文艺奖文学作品三等奖。赵玉华小小说《无悔的选择》在《解放军生涯》杂志发表。2008年8月，黄冠群的25万字长篇小说《被一棵红线拴着的人》和吴金汉的24万字长篇小说《波澜人生》出版（内部发行）。

二、散文

张彪的散文《初入燕园喜且惊》和《天下第一洞》《一梦历千年》《龙里古驿道觅踪》分别在《贵州政协报·黔声周刊》和《北大高端培训》杂志上发表。韦泽秀散文《生活不相信眼泪》《含泪的微笑》在《青年时代》杂志上发表。罗盛奇散文《新龙桥听新歌》在《人民日报》海外版发表，《独臂土专家》获贵州省报纸副刊“长城杯”三等奖、黔南州一等奖；《他选择了奉献》获习酒杯“开拓者之歌”三等奖；《灯的冥想》获黔南州“今日黔南”一等奖及国家民委主办的《民族团结杂志副刊》散文评选二等奖；报告文学《大潮汉子》《洒向人间都是爱》入选中华文学基金会编印的《中外作家报告文学集》和《中华之子》等丛书。罗黔丽散文《爱情与电影》获“习酒杯”全省职工文艺作品大赛一等奖。

三、民间文艺

1992年，杨玉玺作品《摆省苗寨扫“污鬼”习俗》在《苗岭风谣》发表；1997年《摆省：石菩萨传奇》在《黔南民族》杂志发表。1994年，罗兰作品《苗族妇女的自然美容物》在《黔南日报》发表，1999年《南风》杂志转载；2000年《布庄红军坟的来历》在《黔南民族》杂志发表。此后，王炳忠作品《爱情坡文化审视》发表于《贵州民族报》《故事会》《南风》等刊物；《爱情坡文化审视》获第二届黔南州政府文艺奖民间文艺作品三等奖。王连志作品《大新苗族芦笙舞》，岳院卉作品《草原——我的家》《梦回六广河》，韦泽秀作品《封火塔的传说》在《黔南日报》《黔南文化》等报刊发表。2006年，罗兰作品《锦衣华裳》参加“多彩贵州”文艺赛事获龙里县的“佳制奖”，罗兰获黔南州“能工巧匠”称号。

四、诗歌

1992—1993年，罗士朝的散文诗《红树》入编《当代青年散文散文诗一千家》，诗歌《日记的滋味》入编《我与诗歌·当代青年新绝句》。1997年，黄冠群在中国三峡出版社出版现代诗集《春风夜话》，1999年在中国文联出版社出版现代诗集《大山情潮》，先后有10余首诗在全国性诗赛中获奖并入编作品集。张彪的现代诗《流光中有一种东西叫存在》在《山花》杂志上发表。邓守强的现代诗《布依女》获第四届“华夏情”全国诗文书画大赛诗歌组一等奖。

旧体诗词方面，熊江明的《歌岳王》《赞英烈》《蝶恋花·祀岳飞》等入编《共和国杰出共产党人诗词格言精选》。赵仁良、刘亮、杨光涛、杨胜启、熊江明、张兴鉴的作品入编《黔南当代格律诗词选》。杨光涛的《梦溪流韵》（与人合著）、《涛声集》《棠棣之歌》（与人合著）公开出版发行，190余篇作品入编《中国当代诗词家宝典》《中华当代词典》等选集。刘亮在《中华诗词》《贵州诗词》等刊物累计发表作品千余首。杨胜启作品190余首入编《中国当代诗词选》《中华诗词十五年鉴》。赵仁良《云山集》、霍乾坤《历程吟咏》结集出版。赵仁良作品刊于《中华诗词年鉴》《情系三农诗词选》《贵州诗联》等省级以上刊物，2006年个人在中国文联出版社出版诗集《竹云轩诗草》。

附：

诗词楹联作品选录

一、旧体诗词

在革命烈士墓前集句

宋　森

历尽崎岖路几程，忠贞到底为人民。
已摈忧患寻常事，宁断头颅不改心。
生死曾云无定数，斗争何地不留痕。
临危慷慨高歌日，壮志凌云死亦生。

又登翠微山

张一凡

三十二年弹指去，槐花香里上翠微。
不见小憩阁楼面，莺歌燕舞菜夹肥。

水龙吟·为县烈士陵园作

周致平

五湖四海豪英，弯弓曾是射雕手。风雷怒吼，驰驱万里，荡污涤垢。一统功成，神州旷莽，峥嵘依旧。痛南天喋血，魂萦兹土。与邦国，共长久。

此日祠开高阜、享千秋，人间俎豆。也当笑看，陵前松柏周遭花柳。创业艰难，守成匪易，还须抖擞！待雕山绣水，邀来风月，奠诸雄酒！

再访龙里生态园

赵仁良

三访林园已入秋，几回昃日落山头。
鸣蝉东岭唱松杪，归鸟西林绕翠楼。
碧水船歌声不去，深苇鱼戏鹭常留。
秧鸡湖水浓如乳，饮育生灵润绿洲。

龙里八景之播水拖蓝

刘 亮

奔流播水底拖蓝，疑是河伯水下牵。
仰望山峦披翠绿，方知造化是林蕃。

猴子沟

杨光涛

美哉猴子沟，林茂漫高丘。
戟立千重翠，松虬万枝柔。
山奇云缭绕，壑幽清泉流。
人在沟中行，七月似深秋。
白练峰前挂，鲵娃水底啁。
岳王镇山坳，金龟猛回头。
猴欢林间戏，鸟乐歌声优。
岔河翠竹茂，方者世难求。
国翁桃源美，农舍古风稠。
远代造纸术，此间尚存留。
蜿蜒登绝顶，牧场一望收。
空阔百余顷，遍地绿油油。
春风卷碧浪，草低见羊牛。
闲暇入仙境，心旷神悠悠。

造访根雕之乡——龙里大岩村

马涥善

大岩嵌在绿山间，青瓦木屋水绕旋。
郁郁葱葱林带秀，花花树树景光妍。
村中学艺从师继，寨上雕龙画凤传。
林茂青蚨千万计，泡桐繁衍饰苍岩。

迎龙赋

汪 敏

己卯除夕，华灯初上，溢彩流光。方圆九州，万户欢歌，喜气洋洋。亲缘聚宴，飞觥传盏，老幼偎依，温馨情长。适和钟交子，荧屏雀跃。霎时，东西南北中之黄钟大吕、笙管丝竹，齐鸣共响。奏迎龙雅乐，浑厚雄壮，其音娓娓而彻云霄。依曲而歌者，众矣。歌曰："五星红旗迎风飘扬，我们祖国重新走向繁荣富强。"歌声弘民族之壮志，扬十二亿尧舜之豪情。依曲起舞者，亦众矣。舞《春江花月夜》《难忘今宵》，舞姿婀娜婆娑。展山川之锦绣，抒五十六个民族之胸襟。卯辰更迭，万象更新，盈盈千禧之欢声笑语中，龙兮，来矣！

龙兮，来矣！举华盖、踩祥云、挥浪迹、披霞光。

龙兮，来矣！拥福祉、携寿禧、捧金盆、持如意。气势磅礴，浩浩荡荡，驰临蒸蒸日上而龙缘情深之大地、龙祖之故乡。

龙兮，来矣！双目炯炯、银鳞熠熠，昂首凛凛然意欲经天，低眉诚诚然凝思纬地。英气焕然，其状如虎、如鹿、如蛇、如牛、如鱼、如兔。行之似闪电，吼之若雷鸣。悠悠乎怀缅千古，凝神而祀炎黄、祭禹汤，拜祖龙汉武，会唐宗天骄，势欲继往而评功抑过，志为开来而觅目寻纲；浩浩乎御风万里，须臾而履长城、饮长江、宴瑶池、巡海疆。览沐剑浴血而沧桑巨变之山河，阅历雨经霜而春色满园之城乡。盖今日之华夏，红旗招展而政通人和，一国两制而国泰民安，港澳回归、江山巍峨，台岛斡旋，一统可期。喜哉、乐哉，行云布雨，遍降甘露，滋万物于盎然，润五谷以丰登；喜哉、乐哉，育智添寿，普施福禧，健黎庶以望康泰，卫九州而期太平。

龙者，瑞兽也。俦斗牛、友参商，沐日月之光华，揽大海之狂飙。风风火火，铸就中华精神，尝为民族图腾、国家福祉之象征。展历史长卷，历朝历代，凡为政者，均自谓："真龙天子。"是故而国之以龙、政之以龙、民之以龙、神之以龙；查疆域图舆，各省各郡，凡奇山异水、殿宇楼廓，均为龙之福所，是故而名之以龙、塑之以龙，进而敬之以龙、舞之以龙。盖龙之形，龙之神深嵌华夏之心里，沉淀于国家之政治、文化、经济。

五千年矣！贫穷屈辱盼龙，祈求丰年敬龙，抗暴御辱祭龙，风调雨顺、国强民富舞龙。情感中、意念中、祈盼中、屈辱中、兴盛中，龙贯古今，龙行五湖。今日之龙者，吾辈也。当擎龙之精神，兴科技、奔小康，建物质文明、精神文明之国度。以龙自诩，为龙争光。

龙兮，来矣！伴共和国之复兴，乘千禧之春风，奋翮腾飞，震撼寰宇。

永乐遇·巴江古县城遗址抒怀

莫 非

岁月沧桑，残垣颓壁，多少缱绻。滇蜀咽喉，荆湘锁钥，天堑通途远。镂金错彩，肩摩毂击，驿路算来根浅。旧王谢、堂前巷里，故巢不复归燕。

繁华梦断，王朝泯灭，终失孤城灿烂。物换星移，周遭寂寥，长诉英雄怨。山围故园，暮雨朝云轮换。东风急，殷勤可送，燕儿再见。

永兴山庄

刘必元

白岩荒谷耸高楼，绿柳红墙月色幽。
夕照池塘泉不老，依稀梦里逛苏州。

与采煤儿

赖 青

碧水流清涧，林木生幽谷。
谁知水木情，都教红尘误。
世有采煤儿，敢与天工赌。
因图眼前利，开山复扬土。
扬土浊清泉，开山毁林木。
水木失清华，山川趋穷蹙。
伯益但有知，今人不如古？
我劝采煤儿，造化休轻忤。
莫待山川无颜色，留与后人吞声哭。

二、新　诗

关水人

黄冠群

我关注渗漏
渗漏是一颗钻石毁损
夜间
风飒飒作响
水哗哗横流
心脏和血管有了感应
谁想这事
歌声飘浮夜空
那不过是根毛细血管
唯我独醒
再也夜不能眠
我拎起扳手
拧紧拧紧再拧紧
你管壁渗漏
我闭掉你的总闸
你认为是笑话
我认为是真实
你认为是鸡毛蒜皮
我认为是砧石毁损
一根筋骨牵连神经
一串树根牵连树梢
一种声音引入梦幻
一种联想使人警醒
夜间
我愿做关水人
在人行道上远行

三、楹　联

草原四月八射背牌

陈昌槐

相思着箭，背牌作心，箭箭中心相思愿
俊郎是松，姑娘如云，松松缕云俊郎迎

挽李运才书记墓碑联

莫　非

骨乘风雷，兆姓勿忘，口碑载道歌鸿绩
胸存海岳，一生未捷，德厚流芳照人寰

龙里长联

陈国清

黔筑南关，咽喉重地。溯沿革，始唐、宋、元皇时代，政立新安旧治。思昔日修远，栈道、驿道，下通州府连湘桂。观东山晓日，霞染林木苍翠，一冠独秀凌霄汉；摩崖石刻，苍劲毓秀。巫山岩画悬天书，无人释破；哪嗙、安金书翰俊笔；平坡苗族绘画、蜡染、刺绣；洗马煤、烟，龙山商贸；猴子岩头把关。猴子沟喀斯特奇秀风光，旅游佳景；莲花山洞幽岩峻，营屯古堡山清水秀，谷龙吊洞古韵怪诞，翠微古刹佛缘广大。龙腾、神奇振兴龙里经济，同步发展奔致富。讴盛世，仕、农、工、商群策群力织锦绣。是日南关远眺，云流瀑布，忽闻歌声阵阵、铜鼓咚咚，览不尽龙城秀色

州匀北塞，虎口要冲。追历宗，于明、清、民国年间，府属贵州都司。看今朝迅疾，火车、汽车，上跨省会入蜀滇。赏西池夜月，辉映楼台朦胧，万家齐明耀城环；古寺灵钟，巍峨壮观。三元石塔封地火，有史可寻；麻芝、岱林木鼓芦笙；大岩布依刻镌、盆景、根雕；羊场粟、米，谷脚刺藜；观音菩萨坐禅。观音山长征史教育基地，培植英才；湾滩河波碧流清，巴江石塔态老姿遒，果里洞棺民俗奇观，云台道观仙风浩然。苗药、冶炼提供民众财源，并驾驱驰迈小康。颂清平，男、女、老、幼同心同德谱华章。此间北门近观，堤映阁桥，欣看铁塔巍巍、荧光闪闪，传来了神州佳音

“两基”通过省政府验收

罗会才

“三教”既统筹，兴国富民，可谓千秋伟业

“两基”初实现，强根固本，勿恋百尺竿头

第四节 艺术创作

一、美术

1991年何艺贵的作品《客人来有好酒》入选参展贵州省国画展获一等奖，刊发在《贵州美术》；作品《阳春三月》《清水江沙女》分别获1993年、1995年贵州省群众书画展大赛一等奖；1994年，作品《蜡染时节》入选参展由文化部和中国美协举办的第八届全国美术作品展，是为1949年以来龙里县作品首次入选国家级画展。

1991年，陈光荣国画人物作品《苗女》入选贵州省美展，列入《海峡两岸黔人书画联展》，发表于《贵州美术》；1994年山水画作品《猴子沟》获贵州省第四届群众书画二等奖；1995年山水画作品《猴子沟三岔河》和《龙里猴子沟》入选北京美术馆举办的“黔苑墨迹展”，其中《龙里猴子沟》入编贵州人民出版社出版的《黔苑墨迹》画册；1996年人物画作品《苗家女》入编西南师大出版社出版的《1996年全国美术教师优秀作品选》画册，人物画作品《嫁妆》入选贵州省美展获优秀奖入编贵州人民出版社出版《贵州省美展》画册；1997年人物画作品《心花》入选“迎香港回归”贵州省美展获优秀奖，刊发于《贵州美术》；1998年，人物画作品《艳阳天》入选“西南五省一市第二届少数民族美术作品展”。

1995年，兰开军的人物画作品《出塞》和余道莉的人物画作品《洗衣歌》入选贵州省人物画展，发表于《贵州日报》；1997年国画作品《晨读》获黔南州迎香港回归美展一等奖。1996年，卢云山水画作品《观瀑图》获省人事厅主办的全省退休书画比赛三等奖；1997年作品《钟馗》《溪水长流，绿满枝头》入选由渤海书院、海外书画艺术联谊会等举办的第三届东方书画展获优秀奖，国画作品《马郎坡》入选由长沙市文联举办的庆祝建军70周年书画展获三等奖，《舞阳秋色》《梅岭烟云》分别入选国家级和省级展览并获奖；1997年《卢云中国山水画选》由中国时代出版社出版。

1997年，冯贵元作品《花铃声声》入选贵州省文化厅举办的迎香港回归画展获奖。1998年，罗宗祥油画作品《白云下的马郎坡》入选黔南州美术书法摄影作品展获三等奖。

2000年以后，陈光荣、兰开军辅导平坡农民画协会创作《苗岭放歌》（60米长卷）、《锦绣苗乡》（90米长卷）和《牛王争霸》等7件作品参加全国文联举办的“农民画时代、时代画农民”国家级大型展览并获奖。兰开军的作品入选由中国美术家协会、省委宣传部、省文联主办的“第三届西部大地情—中国画、油画作品展”，《山花》获黔南州政府第二届文艺奖三等奖，《情绣壮锦迎奥运》入选“迎奥运贵州省第二届中国画精品展”，《路》入选“贵州省第十届全国美展选拔展”，《喀斯特家园》在黔南州第二届美术、书法、摄影作品展中获优秀奖。兰群的《丰收》《蜡花》《化蝶》获贵州省现代民间绘画展银奖和优秀奖，《三月的乐趣》获第九届世纪之星全国少年儿童艺术教育成果展教师组一等奖，《苗乡神韵》获黔南州第二届美术、书法、摄影作品展优秀奖，《农家乐》获黔南州政府首届文艺奖三等奖，《苗族狂欢节》入选贵州省第三届青年美术作品展。

韦昆获第十九届“双龙杯”全国少年儿童书画大赛园丁三等奖。冯涛《风华正茂》获黔南州教育系统绘画摄影大赛二等奖。罗宗祥油画《故乡行》《顽童》《大山情怀》等作品参加省内外展览并发表于省、州报纸杂志，获第十届全国小学生绘画书法比赛绘画指导工作一等奖。杨丰明作品《苗乡情韵》获贵州省第三届青年美术作品展优秀奖。王应彬作品入选中国荔波首届“梅花杯”展。刘燕荣获贵州省青少年儿童美术、书法、摄影大赛“优秀辅导教师”称号。

二、书法

1990年，陈东昌作品获贵州省第二届群众书画摄影大赛优秀奖。肖明发作品获《书法百家》杂志社主办的第三届全国楹联书画篆刻大赛“联墨·百杰”提名奖；张发书作品获2008年全省农信系统书法比赛三等奖；赵文荣硬笔楷书获定位为全国写字段位“六段”，隶书和行书定位为“五段”。

三、摄影

1991年，王连昌作品《葡萄串串挂枝头》获《贵州科技报》新闻摄影大赛二等奖；马成刚作品《改行》获贵州省第二届群众书画摄影展一等奖。1997年，王连昌作品《云海》获迎香港回归全省摄影大赛优秀奖。

2000—2008年，陈光荣、罗士朝、王连昌、马成刚、冯涛等先后有近400件摄影艺术作品在州级以上展览赛事中入选、获奖。在“多彩贵州·中国原生态国际摄影大展”中，冯涛的《山魂》获第五届二等奖，陈光荣的《高高的马郎坡》在第三届展出，罗士朝的《村口》《正月》和《正月跳月场》（组照）在第二届、第三届展出。马成刚的《悦》《舞》《姊妹花》入编《民族魂·中国摄影艺术》大型画册，《舞》获文化部艺术中心全国群文系统美术、书法、摄影大展摄影铜奖；冯涛的《凤舞》获中国摄影家协会与中国尼康公司举办的56个民族尼康在中国摄影大赛优秀奖。马成刚作品《山妹》《致富之路》等参加“中国函授艺术比赛”，《山妹》获优秀奖；《向往》《平凡的岗位不平凡》等入选贵州省群众干部首届摄影艺术作品比赛展。

四、音乐

熊江明辅导的学生王美琳获“中国小音乐家评选活动”贵州选区比赛声乐类儿童B组铜奖，以“关爱女孩”为主题创作的配乐诗朗诵和配乐散文朗诵获2003年黔南州文艺创作三等奖；陈家芳辅导的学生王瑞、彭睿获贵州省文联组织的钢琴比赛二等奖。

五、舞蹈

1994年，田庆林创编的白裙苗舞蹈《阿卓》和青苗舞蹈《柯惦》分别收入《中国民间舞蹈集成》贵州分卷和黔南分卷。由熊江明辅导的袁玉汀、岑杵佳、李兴瑶表演的苗舞《绒谷朵生》获中国儿童艺术节贵州分赛儿童B组金奖。

哪嗙乡石板滩村高寨印苗妇女王万菊，农闲时组织青少年学习印苗歌舞，挖掘、整理、加工民间《金钱棍舞》《纺麻织布舞》《打猎舞》《打粑舞》《蜡染刺绣舞》《水桶舞》《斗笠舞》《丰收舞》等30多个，苗歌16首，参加各级歌舞比赛28次，其中22次获不同等次奖项。2002年获黔南州民族歌舞调演二等奖；2004年获黔南州好花红艺术节歌舞表演二、三等奖；2005—2008年“多彩贵州”黔南赛区原生态歌舞二、三等奖；2006年获“多彩贵州”总决赛原生态舞蹈铜奖。

第四章 民间工艺

第一节 纺织 蜡染 刺绣

一、布依族纺织

布依族妇女纺纱织布传统手工技艺，传承至20世纪80年代以前，民间仍有零星自种棉花，以供纺纱、织布和缝制衣服、被褥。至20世纪90年代以后，由于经济发展，工业发达，手工纺织工艺迅速减少，甚至濒临消失。零星传承的家庭纺织工艺作坊，都以制作工艺品和布依族、苗族穿戴的装饰品为主要产品。

布依族纺织的棉布，经纬线为较紧密的“一压一”结构，棉线较机制线粗，布料也较机制布厚，所以耐磨耐刮，御寒功能较好，很受农民欢迎。棉布经纬线均为直线，布纹横竖笔直，民间多用来制作寿衣，寓意子孙为人正直，杜绝歪门邪道。

纺纱织布工序复杂，有种收棉花、脱子（俗称轧棉花）、弹棉花、搓棉条、纺棉纱、挽线（俗称桄花）、浆纱、倒纱锭（俗称倒筒）、牵布（牵经线）、裹布（将经线裹于“羊角”）、穿箳（拉扯经线上下移动的工具）、挑筘（拍打纬线的工具）、上布床、装纬线、织布等技术活。织布又分79筘织出的布宽1尺2寸，69筘织出的布宽1尺，59筘织出的布宽8寸，小筘一般用来织腰带、包头。经线和纬线都是白线，织出的叫白布；经线用不同色彩的线按照一定的规律排列，纬线用白线，织出的布叫柳条布；经线、纬线都用不同色彩的线，按照一定的规律排列织出的布叫格子花布。

湾寨乡毛栗村毛栗寨妇女罗福兰，是龙里县布依族纺织传承的代表之一。当地布依族纺织的产品除了自产自用以外，部分在龙里周边县市的市场销售。21世纪以后，大部分是用户上门订制。

二、布依族蜡染

布依族蜡染分为背景白花纹和背景彩绣两种。背景除去白色以外，物主根据喜好自选赤橙黄绿青蓝紫各色，多选蓝、青二色，区别主要在于色调的深浅。工序上，首先用笔在白布上描绘图案线条（印染线条花纹为板块花纹），然后在图案上涂蜡，用蜡刀沾熔化的蜡汁涂图案线条，染出的产品只有白色的线条图案。除需要的图案外面留白涂蜡外，图案内部的线条亦留白，其他空白处涂蜡。染出的产品线条与背景色彩相同，图案为白色图案。

蜡染的原料均是当地的野生植物，主要是用板蓝根的茎叶（俗称蓝靛叶），按比例加上石灰等碱性物浸泡，加工为蓝靛。蓝靛主要用于染青、蓝背景色彩。如需其他色彩，就在蓝靛的基础上添加相应色彩颜料。在主要的颜料中，加入一定比例的盐和碱性植物灰水（如辣椒秆烧灰兑水等）、皮胶等上色、定色原料。蜡染火候控制十分关键，颜料溶液的温度必须控制在石蜡的熔点边缘。温度过高达到石蜡的熔点时，所涂蜡汁熔化，整块产品都成为背景色彩；温度低了，染上的背景色彩容易脱褪，洗一两次就成了一块白布。所以谚语云：“铁匠火中取宝，染匠水中取宝。”可见掌握火候是蜡染的主要技艺，列为不传之密。蜡染徒弟是否出师，染匠功夫深浅的标准就是掌握调色、描画涂蜡、配料等技能，还有把握火候的程度评价。

蜡染产品以背景白花纹为主，背景彩绣是在背景白花纹的基础上进行彩线刺绣而成。背景彩色花纹工艺与背景白花纹相似，不同的是多次分板块涂蜡，多次分板块浸染，工艺烦冗，价格昂贵。湾寨乡毛栗村安金寨的罗时廷，是布依族蜡染传承人之一，20世纪80年代师承本族罗会亮。罗会亮工艺得自祖传。1994年罗会亮去世后，罗时廷自立开办蜡染作坊，产品畅销到都匀、贵定、平塘、惠水、花溪等地的苗族、布依族村寨。

三、苗族蜡染

苗族蜡染是苗族世代祖传的工艺，没有专门的师承，都是父母传子女，没有专门的作坊，单家独户只要有一口大缸即可。产品多自作自用，或作礼品，很少出售或有偿服务。一般栽完水稻秧以后，苗族妇女开始缝制或刺绣，男人采集染料。秋收后，苗族妇女准备布料，开始画蜡印染。染料原材料有枫香叶、苦蒿草、野花椒叶等多种野生植物，采集后按照一定比例放入大锅煮烂，加入草木灰，过滤盛放大缸备用。

苗族图腾蜡画，以太极、八卦变化图案为基础，加插方印边框，以云朵样勾勒连线组成多种多样的图案。蜡画不用描图，将布料平铺在画板上，手持蜡刀，沾上蜡汁直接点画成图。把画好的布料直接浸泡在染缸里半月以上，捞出晒干后，用清水洗涤至水无染料色彩，再用温水将蜡洗去。巴江乡平坡村及周围的村寨近千户苗族，家家户户都制作蜡染，多自给自足，很少外购和出售。

四、印苗刺绣

印苗刺绣，是该支系苗族区别于其他支系苗族的主要标志。相传，这支苗族在古老的民族争斗中战败，首领在掩护族人逃亡途中牺牲前将代表本部落权力的印章交给女首领。女首领为了联系族人，将印章样图腾绣于布料缝藏于自己的上衣后背，后来这支苗族妇女都在自己的服饰上加一方背印饰品，所以称为“印苗”。印苗盛装刺绣较复杂，以黄、红线为主，它色花线为辅绣成，在节日和庆典场合时穿戴。便装刺绣使用白线在黑布上绣成，在日常生产生活中穿用。

印苗刺绣属民间一项技艺高超、工序冗繁的工作。不用描图样，直接用各色丝线相间绣于直纹布料上，细数布料的线纱间距，在不同的纱数位置下针，所以称为“雕花”而非“挑花”。产品的显著特征是所有花样版块都是“田”字格构架，方框为边，正中绣大小不同的“十”字，在其他空白位置又插入各种花纹的“田”字格图案。

印苗刺绣历来都是母传女、婆教媳，或者妇女之间相互切磋，很少外传。产品多自产自用，很少外购和出售，改革开放以后才缓慢逐步形成商品化生产。哪嗙乡石板滩村高寨印苗妇女王万菊，带头打破印苗传统观念，带领地方妇女把自产自用的刺绣产品推向市场。开始只做一些小服饰在贵阳、洗马一带场天销售，数元至几十元一件。逐渐发展做整套服装出售，市场价格至十几万元一件（套），远销港、澳等地区，带来良好的经济效益。

第二节　木、石工艺

一、木工艺

县境民间木匠众多，技术全面，工艺精湛者不乏其人。农村民间起房盖屋、修亭台楼阁、割寿木（做棺材）、修水碾（水车、水伞、羊角等部件，羊角为木制齿轮盘）、制农具、打家具以及木质装修等，各类匠人齐全。

起房盖屋根据房间结构大小，有5柱2瓜7头、7柱2瓜9头、7柱4瓜11头，穿斗花，假扣斗、半扣斗、全扣斗等结构形式。装修门窗有万字格、菱形套花（俗称白果形）、花板格套、寿字套印等。车圆柱花样及花瓶、葫芦、拱架，花板浮雕、线刻、镂刻（俗称“漏明”）及嵌架、嵌柱、嵌角等，均需精湛细腻。能工巧匠的所有工艺品都是自己构思、个人画样、独立雕刻，仿制古品有模有样，制作花鸟鱼龙栩栩如生。

韦登青（1920—2003），布依族，羊场镇人，文盲，一生以木工为业，遍访师从地方名匠，终成木工技艺集大成者，人称“全能木匠”。胡忠敬（1905—），汉族，巴江乡乐榨村人，师从巴江江氏木匠。江氏手艺齐全，曾造六、八角凉亭。胡氏为装修及家具制作名师，做工精细，花样繁多，雕刻木狮栩栩如生，镂空狮腹，暗开风口，风吹狮吼，俗称“叫狮”。1990年亚运会期间，王连志辅导及参与制作的竹片工艺品在北京展出，获优秀奖。

二、石工艺

县境盛产石材，民间常见石头建筑和雕塑。一般的石头建筑活，有砌地基、垒墙、装壁头、开页岩、盖石板房等。装壁头，先用木头做支架卡槽，再用长1米以上（最长者达8米）、宽1～1.5米，厚2～4厘米的石板镶嵌，作为墙壁。乡村石匠普遍，造碾磨、洗碾磨、凿粑槽、抠碓碗者，俗称“毛石匠”。

真正能称石匠师傅者，掌握一定的雕塑技术，能用石头雕龙琢凤，雕刻花、鸟、鱼、虫，勒碑刻字等。工艺有雕塑、阴阳刻（线条、笔画或凹或凸）、镂明（在浮雕的基础上作部分镂空）等。阴刻有荞壳（刻成的线条切面呈三角形）、竹筒（刻成的线条切面呈半圆形）。产品有门楼、牌坊、麻条石、扣斗房地基、水碾、石拱桥、坟墓、碑记等，装饰雕塑有狮、貔、龙、麒麟等。石匠师傅为数不少，技术、工艺高低、精粗不一。

王应德（1947—），麻芝乡光坡苗族石刻艺人，擅长雕刻人物肖像、龙凤虎狮、花鸟鱼虫及吉祥图腾等。在地方独创石刻“八仙图”绝活，所刻人物神态各异，并有不同版本，深受用户欢迎，产品销售到贵定、惠水、贵阳及省外。

郝泽富（1894—1960），谷龙乡大谷龙人，民间石匠，为郝氏石艺第三代传人，擅长制作各种牌坊，雕刻石狮子，修建坟墓，打制石碑等，其服务对象主要为当地富户。其子郝银深，继承祖传石艺。

扣斗房为民间较高工艺房屋建筑，需石匠和木匠严密配合施工。石匠在建筑地基时，根据预计房屋“柱、瓜、头”的数量，结合木匠设计木架的规格，确定每个柱脚的位置。在每个柱脚的位置镶入雕花石蹬，在石蹬上端凿刻与柱脚适合的石臼，石臼深7～10厘米。在甲石蹬与乙石蹬之间镶嵌雕花石梁，石梁镶入石蹬深度刚好与石臼边缘厚度相等。石梁上面水平线低于石蹬上面水平线3～5厘米；在石梁上凿刻石槽，槽深与石臼底部平衡；槽宽根据地脚枋的厚度确定，一般4厘米左右。石蹬、石梁的镶嵌平面必须横竖、对角抬平，保证整个地基水平无分毫之差。

俗话说：“建房差三分，无人与你争；装修差一线，人人看得见”。意为修建木架墨法、做功差一点一般人看不出，也不影响结构；而装修差一点既影响结构，同时美感大打折扣。修建扣斗房的工艺要求，比装修还要高。首先木匠要测量和牢记地基每个柱脚的石蹬间距，夹角角度，臼、槽的形状、深度、内空尺寸等。确定每一列石蹬与石蹬之间地脚枋的长度，测定石臼中点之间的距离，头穿中线的长度必须与石臼之间的距离相等，不能有丝毫偏差。挑檐、二穿、三穿、花穿的中线都必须与所在位置的头穿中线相等无差。柱脚的大小、形状必须与石臼一致。拉枋的开眼必须与石梁的夹角相等，长度必须与石蹬中点距离一致。挑檐要加棒挑在挑头雕刻相应的花板。每一个穿斗的榫头和柱眼都必须严丝合缝，中点不差毫厘。屋架立起后每个柱脚都必须落入石臼，每一块地脚枋都必须落入石槽。如果整个屋架结构的榫头和柱眼当中有一个出现差错，那么整个屋架就不能落入石臼和石槽。

三、根雕艺术

猫场镇大岩村，紧邻贵阳市偏坡乡，聚居布依族。20世纪80年代末90年代初，村民在贵阳市阳明路花鸟市场发现腐朽的树根经雕琢加工成工艺品能卖好价钱，于是依托本地树根资源丰富的优势，开始摸索发展根雕艺术产业。因工艺不精，竞争力弱，只有少数村民坚持下来。在县文化部门的指导扶持下，根雕工艺、质量不断提升，成为畅销产品，使大部分村民重操旧业。1998年全村从事根雕的农户发展到36户。2000年、2002年大岩村分别获黔南州文化局、贵州省文化厅授予“根雕艺术之乡”称号。

2008年，全村从事根雕40多户，形成稳定的经济支柱产业，涌现韦吉良等根雕大户。产品有苍鹰、雄鸡、仙鹤、飞龙、猛虎、雄狮、玩猴、奔马、卧牛、睡羊，茶几、桌、椅，人物肖像等上百种，远销省内外甚至新西兰、日本、美国等国家。1998年参加黔南州州庆根雕展览，作品“神鹰雄视”获一等奖；2002年参加贵州省根雕·盆景艺术展览，作品“富贵花开”获民间工艺二等奖。

第三节　民间造纸

龙里猴子沟纸厂在清代即具有一定规模。1950—1992年龙里县国翁、谷冰沟、苦蒿坪、老鸦山、火烧坪等村寨的副业财源主要是造纸业，人民公社期间龙里县集体办有国翁、谷冰、苦蒿坪、老鸦山等地纸厂，2000年前后还有个别农户从事小量生产。造纸工艺多靠祖传，少数外学但不自立门户，只是跟随原厂主生产。国翁修建有蔡伦庙，供奉造纸鼻祖蔡伦，在政治运动中被毁，2008年仅存庙宇地基。

产品分为草纸、白纸两种。草纸主要供丧葬装棺铺垫塞边和平时供奉祖先神灵烧化使用，部分作卫生纸使用；白纸主要供毛笔书写和丧葬、冥事使用。生产不同的纸张使用的原材料也不同，草纸主要原料是当地盛产的竹子；白纸原料是当地野生的构皮树的皮，青麻、野生麻、黄麻的皮，刮去树皮、麻皮的外层再使用。

造纸工序较繁杂。将原材料晒干，入池浸泡一段时间后，入锅加石灰或碱料浸泡。浸泡一段时间后，生火蒸煮，将原材料捞出，清洗杂质。用碓臼、水碾、旱碾（以人或兽力推动碾轮）将原材料碓碾成泥膏状后，用布袋盛装放入清水中浸泡，捞取去除杂质，放入纸浆池。往纸浆池加入一定比例的糯稻叶或猕猴桃根浸泡的汁作为黏合剂，搅拌均匀制成纸浆，才开始操纸。用木条或竹片制成长50～60厘米、宽30～40厘米的方框，装上细筛而成操纸盘。操纸时搅拌纸浆，使原料在水中浑浊均匀，用操纸盘从浆池中舀起一定分量的纸浆，将纸浆在操纸盘中颠摇均匀，渗漏水分后，形成平铺于盘中的一张薄纸。将尚待干燥的纸张小心地翻转，放置在搁纸架上。重复操纸，重叠放置在搁纸架上，至厚度1米左右，然后加压滤干水分，分层悬挂晾晒或烘干，即成可使用的纸张。

第四节　芦笙制作　银饰加工

一、芦笙制作

苗族芦笙制作，以木头为吹嘴和气斗，以竹管为音管，以铜片为音簧片。将长1.5～2尺、直径4寸的杉木削成长方体，将长方体一端削为圆台体，在圆台体尖端装竹管作为葫芦嘴（即吹嘴），方头就是葫芦（即气斗）。将整块葫芦毛坯料从中破为两半，分别挖掏出内膛；在气斗上按照一定角度钻两排管孔，每排插3个音管；待装入笙管后再用胶粘合，外部用树皮（构皮树）箍5～7圈。也有直接将葫芦底部镂空，在底部塞一木塞，用胶或生漆密封，再外箍树皮的。在气斗部位开一个小口，根据音质需要装上簧片；在竹管中部恰当的位置开一个调孔，按照规律插入气斗；簧片装入气斗内，对插入口进行密封。将音管插入做好的葫芦，密封后，在芦笙外部涂饰桐油，使木纹清晰，外表美观，一只芦笙就制成了。芦笙的长度，以其短管的长度确定，最短的3拳半（约35厘米），最长的6拳半（约65厘米），长管无论多长都必须在短管的2倍处开一定音口。

芦笙的制作一般在农闲时进行，用户往往上门订制，工匠很少拿到市场销售。羊场镇摆哈村民组潘氏祖传芦笙制作工艺，潘长巴为清末至民国时期制笙名匠，潘长巴传潘仕福，潘仕福传潘正雄，潘正雄传潘应周。摆哈芦笙分为公、母各1只，两只成1对，制作必公、母两只配对，每对价值在1000元左右，销往龙里县周边县、市的部分苗族村寨。公的一只声音粗洪，母的一只声音尖细，吹奏时一唱一和。

麻芝乡大新光坡潘氏亦家传芦笙制作工艺，民国时期传承到潘鸿仪（1907—1971）一代。潘鸿仪曾任民国龙里县龙从区区长，开放授徒，有10多个苗族青年一起学艺，仅有其二儿子潘祖武（1943—）一人学成继承祖业。潘氏芦笙除销往县内多数苗族村寨及周边县市苗族村寨外，还远销安顺等地。

二、银饰加工

县境较有名的银饰工匠为羊场镇甲晃村打铁寨苗族杨氏。杨氏第六代传人杨德新（1926—2000）以加工苗族耳钩、项圈为主，同时加工苗族、布依族服饰银器、头饰银器、银手镯、长命锁、百家锁等。银饰构造以扭丝、錾花、粗链为主，很少加工精细构造产品。由于工艺精湛，用料精良，分量十足，产品畅销龙里、贵定、都匀、平塘、惠水等县和贵阳市的部分苗族、布依族村寨。

打铁寨第七代传人杨华兵在秉承祖艺的基础上，引进拉丝编制、印模压花和雕镂工艺，产品扩展到银丝编花造型、细丝银链、耳环、耳坠、耳珠、戒指等。1991年以后，杨氏银饰产品多次参加省内展览促销、品牌竞选等活动，获得部分奖项。

专记：

龙里平坡苗族农民画纪略

龙里县巴江乡平坡村地处黔南州龙里县、贵定县、福泉市和贵阳市开阳县四县（市）交界的清水江畔，一条黄平旧州至贵阳水口寺的明清时期古道从旁而过，临江地段有可憩亭、古道维修碑、马蹄印迹、商贾客栈建筑和选址布局合理的传统民居。一支苗族何时迁徙生息于此已不可考，他们日出而作，日落而息，自给自足，风气淳朴，聪慧善良。2008年统计，全村总面积12.8平方公里，辖14个村民组，376户，总人口1699人，其中苗族人口1434人，占84.4%，是典型的少数民族聚居地。

平坡村苗族在长期的生活中，从蜡染、刺绣的传统工艺中领悟到绘画艺术，将其图案嫁接于纸，打破蜡染、刺绣图案的局限性，以生活为题材，以丰富的想象力和夸张的手法，展现出苗家人对自然的认识和生活的向往，形成以“人物鱼形眼”为特点的苗族农民画。农民画源于自然，纯真质朴，作品色彩艳丽、凝重，构图饱满、奇妙，造型夸张、不拘一格，成为一种具有浓郁地方特色的农民艺术品，被誉为“东方的毕加索和马蒂斯”。

1995年，平坡村被黔南自治州文化局命名为“黔南苗族农民画艺术之乡”。2006年1月，在平坡村成立贵州省首家村级农民画协会——平坡苗族农民画协会，有会员100余人。地方政府文化部门把平坡农民画作为文化产业来发展，激发农民画创作热情，农民画逐步走出小作坊闯进大市场。2006—2008年，筹资举办3届平坡苗族农民画艺术节。2007年，在龙里县城开设“平坡苗族农民画画廊”，作为对外推出平坡苗族农民画的窗口，使之逐步走上产业化发展道路，带动当地农民增收致富。

农闲时节，走进平坡村平坡小学，可以看到农民画作者认真听讲、激情作画和与省、州甚至来自省外的画家交流切磋的情景。因平坡村农民画作者多为文盲，不熟悉汉语，上课时由当地熟悉汉苗双语的老师进行翻译。2008年，全县形成200多人的苗族农民画创作队伍，每年可创作2000多幅作品，许多农民画已成为电商产品。据了解，该县农民画家通过“网上卖画”实现年销售收入100多万元。

平坡农民画是历史上苗族妇女生产生活过程中的艺术创造，原限于苗族妇女创作。20世纪80年代以后，受民族文化的熏陶，平坡村兰开军等几位苗族男青年也试着作画。2006年3月，由中国美术家协会、中共贵州省委宣传部、贵州省文联主办“第三届中国西部大地情—中国画、油画作品展”，兰开军运用苗族农民画融入中国画创作的作品《山花》成为黔南地区唯一的代表作入选展出。

多年来，农民画代表作如《山花》《丰收图》《苗乡风情》《农家乐》《化蝶》《民族狂欢节》《芒种》《接亲》《农耕曲》《回娘家》《马郎情歌》等，分别在省内外展览中获奖。2004年，农民画《苗女赛艺》被全国人大常委会副委员长顾秀莲收藏。2005年举办贵州省现代民间绘画展，平坡村选送的14件作品全部入选，其中2件获银奖、2件获铜奖。2009年，平坡农民画协会集体创作60米长卷《苗岭放歌图》，向国庆60周年献礼，被贵州民族文化宫收藏。2011年，向中国共产党90华诞献礼的90米长卷《锦绣苗乡》被国家民族文化宫收藏。

第五章　广播　影视

第一节　广播与电视

一、广　播

1990年后，全县有线广播网因设备老化而停用。1992年8月20日，根据行政区划“建并撤”要求，撤销洗马区、羊场区广播站，成立洗马镇、羊场镇广播站，原区广播站人员及资金由镇政府管理。1993年12月建成县城50瓦调频广播站。1993—1999年，除羊场、洗马、谷脚、龙山4个镇广播站能坚持广播外，其余乡镇广播站基本停播。

2000—2008年，县城和各乡镇调频广播发射站在每日7：30—8：00、12：00—12：30、18：00—19：00三个时段自动转播中央台、省台节目以及自办节目，每天平均播音2小时。其中，自办节目可临时添置，占20分钟，以地方新闻、天气预报、社会主义精神文明讲座、法制讲座等为主要内容。据不完全统计，2006—2008年共编播龙里县及所属乡镇新闻5000余条，其他宣传460条，应急通知30多次。

二、电视

（一）城区电视　20世纪90年代初，电视事业快速发展，广大群众的文化生活需要亦日益增长，对电视节目的视听效果有了更高要求。为顺应发展形势，用电缆线将电视信号传输到终端用户。县广播电视局采取单位、集体、个人捐资和用户集资的方式，解决有线电视网络建设的经费问题。于1992年开始筹建，用共同集资的40万元购买设备器材和安装调试，信息传输中枢设在县人大办公楼。次年8月，该工程竣工并调试完毕，采用隔频传输方式开通8套节目。正式开播后，受益1700多户，视听效果大为改观，群众反映良好，从此逐年拓展网络。

1996年，群众集资30万元、贷款20万元建置县城加密电视设施设备，开通中央电视台第三、五、六、八4套加密电视。自加密电视开通后，城区及其周边的闭路电视网点主动并入县网。随着技术的进步，逐渐将前端系统改为邻频传输，增补频道传输，全县建成羊场、湾寨、摆省、谷龙、三元、民主、巴江7个乡级地面卫星接收站，同时村寨闭路网点增加到40个，全县电视人口覆盖率达到85%。

1998年投资8万元整合龙山镇吴家庄、大南桥、黑山网点，改造3条干线5公里，发展新用户及搬迁户400余户，提高收视质量和城网覆盖率。2003年实施光缆改造，系统采取光缆、电缆混合传输方式，至2005年共计传输31套节目。2007年，根据省委省政府“组建贵州省广播电视信息网络有限责任公司，用5年时间统一全省广播电视传输网络”文件精神，投入资金25万元，购买摄像机4台、非线性编辑设备1台、电脑4台、空调1台，更换播出系统，维修检修设备，为自办节目提供装备上的保证。

2008年3月，启动投资150万元的广播电视无线覆盖工程建设，7月27日建成开通，县城区内4万群众可以免费收听收看中央电视台第一、七套，贵州电视台第一套、黔南电视台新闻综合频道4套电视节目和黔南人民广播电台节目。无线电视信号能覆盖方圆78平方公里的地区，解决县城、城乡接合部有线电视覆盖盲点问题。

（二）乡镇电视　1993年12月，羊场镇岱林村建成5瓦电视差转台。1995年6月，湾寨乡六广片区建立卫星地面接收站。1992—1999年，以自筹资金为主，建立小片有线电视网点113处，覆盖行政村74个，覆盖率为46.5%。1998年，完成湾寨凯卡、盘脚等10多个村闭路电视工程建设。

2008年，组织工程技术人员对全县的广播电视无线覆盖信号进行具体调研，编制《龙里县调频广播系统工程技术方案》。该工程拟采用独立信号源的转发方式，开通全县农村调频广播，工程拟投资120万元，列入县2009年发改项目。

（三）电视宣传 龙里县电视宣传，开始以转播央视和其他省上星节目为主。自办节目始于1995年，电视台仅有1台索尼M9000摄像机，拍摄内容需通过3537厂全县唯独一套电视编辑设备编辑后，再转到县电视台播放新闻资讯，并无节目播出时长和固定时段要求。1997年，从省广播电视学校毕业的3名新闻采编人员到岗后，县电视台调集人手组建自办节目队伍，购置松下DP200摄像机3台，线编松下286、386各2台，电脑1台。1998年，采编新闻稿件300余条，省采用6条、州采用15条，其中“真情系山乡，知识献人民，三下乡活动”被评为全州好新闻。

2000年，由县财政补贴利息，电视台向工行贷款20万元，购置数字摄像机4台，非线性编辑机1台。新闻资讯节目固定在每周一、三、五播出，因人员和设备有限，节目时长未固定。2003年，全州提出“以外宣促质量”的理念，电视台节目逐步规范化。2005—2007年，外宣工作跻身全州前三名，以后随着设备老化，从业人员过少，曾一度下滑。

2007年4月着力推出《纪实60分》电视纪录片，主要介绍人文天下、自然探秘、考古收藏、旅游观光、军事战争、财富人生等内容。另外在《黄金剧场》每晚编排连播三集电视连续剧栏目，满足不同层次观众的需求。2005年，龙里电视台共编播新闻1174条。其中：1条在中央台播出，13条在贵州台播出，170条在黔南台播出，80条在黔南人民广播电台播出；《黔南日报》刊出64条；广告文艺专题播出字幕广告115条；图像广告32条；制作专题21部，创收近7万元。

2006年，为纪念中国共产党成立85周年制作《一片赤心耀党旗》《凝心聚力谋发展，求实奋进谱新篇》两部专题片在黔南电视台播出，同时对全县社会主义新农村建设情况进行深入的宣传报道。结合省、州台的宣传重点，发挥龙里优势，挖掘苗医药工业、非公有制企业及招商引资等方面的素材展开报道，拓宽外宣工作途径，扩大龙里县对外影响力；利用全民健身周，县第三届新世纪体育运动会，第二届民族民间文艺调演及非物质文化遗产抢救的时机，制作展播大量地方民族民间文化电视节目。

2007年，电视台采写播发各类新闻稿件1327条，专题节目26部，播发各类公益广告51条，广告收入6万多元。其中：在贵州电视台共播发新闻170条，黔南人民广播电台播发稿件80多篇。组织完成《龙里好风光》《龙里——投资的热土》专题节目的制作；在“多彩贵州”舞蹈大赛活动中，《背影涅槃》获黔南电视台评为甲稿，在贵州电视台《新闻联播》播出；组织策划《贵龙经济带》系列报道，播出《十件实事追踪》等节目，阐述城市经济带动战略构想，扩大地方经济建设的影响力。2008年，电视台采写播发各类新闻稿件1237条，专题节目26部，播发公益广告51条，广告收入6万多元。

三、广播电视“村村通”工程

“九五”期间，为解决广大农民群众听广播、看电视难的问题，国家启动广播电视“村村通”工程，统一配送设备，通过地面卫星接收设备收转卫星广播电视节目。1999年底，全县159个行政村有99个实现通广播电视，至2001年普及率达100%。广播电视信息传播途径，主要以电缆为传输介质，将公共前端信号输送至用户，可收视3～5套模拟电视节目。为了扩大覆盖率，2001—2005年在50～100户的自然村寨建立有线电视网点，可收视3～7套固定节目。

2003年，投入8万元解决摆省乡政府驻地和摆主村两地看电视难的问题。2004年，黔南州广播电视局在摆省乡完成地波广播工程施工。2005年，县人民政府将全县50户以上自然村寨“村村通”广播电视建设工程列为“十件实事”之一，电视网点增至230个。因维护难、节目少，2006年以后逐步取缔有线电视网，进入“单户通”建设阶段，使用小口径天线（俗称“小锅盖”）经接收机解调成音视频信号专供一户终端，可收视37～45套数字电视节目和4套调频广播。

2006年，安装乡镇30面地面卫星接收站，可收看中央第一套、贵州第一套等26套高清质量的电视节目。2007年，投入3万元购买转星调试器30台，分配到14个乡镇，完成17913面转星。2008年，建设开通广播电视无线覆盖节目，免费为群众传输中央第一套、贵州卫视、黔南电视台、黔南人民广播电台节目，全年建设60个接收点。

第二节　电影放映

1979年，全县有14个区、社、镇放映队，放映员22人。1982年，全县巩固和恢复18个农村放映队，放映员33人，放映设备23套，实现利润1.11万元。当年播放新品《少林寺》，观众场场爆满，一票难求。1984年，因电视兴起，电影观众、利润比1983年减少80余万人次、1493.67元。全县农村21个放映队中，有5个队因放映员报酬未落实停止活动。

1985年春节，由省、州、县三级投资79万元兴建的影剧院在县城西门桥边落成，举行开业典礼，首映影片《咱们的退伍兵》。为扭转亏损局面，落实分组承包、责任到人，县电影管理站更名为电影发行放映公司，并与电影院合并，实行两块牌子、一套人员管理体制。当年放映1734场，观众99.4万余人次，放映收入7.49万元，发行收入2.61万元，利润6198元。

1989年，电影放映上座率降低，县电影公司在努力搞好电影放映的同时，广开门路、因地制宜地开展放映录像、摆台球、销毛线、卖爆竹等多种经营。当年共放映1283场，争取观众67.7万余人次，收入5.52万元，实现利润3188元。1990年，电影上座率继续下降，电影公司还投资近2万元，从遵义购来20千瓦柴油发电机1台，以保证县城停电时的正常放映。因录像馆经营效果较好，电影公司购置录像放映设备2套，以补充电影上座率下降的收入缺口。

1991—2000年，电影上座率继续下降，电影公司采取两种方案：一是继续放映，循环为县城中、小学校放映科教片；二是承接省内外的歌舞、杂技、演唱团体到县城电影院表演，适当收取场租费，充实电影院收入。1999年，电影公司在市场不景气的情况下，组织上映科教片《毒品的危害》和故事片《缉毒英雄》《重案背后》等17部影片，电影院接待21场外地歌舞团演出活动，在丰富群众文化生活的同时，保证职工工资。2000年，龙里县启动农村电影“2131”工程，分别在羊场镇和洗马镇建立农村电影放映示范点。10月21日全省首届农民电影节黔南分会场首映式在龙里举行，首映式后组建电影队2支，于23日起分赴龙里县南北两大片区14个乡镇61个村，共放映电影186场，其中科教片63场、故事片123场。

2002年，组织10部故事片和4部科教片，分成4个放映队先后到全县14个乡镇29个村放映，观众达3.6万人。2003—2008年，电影院整体建筑物失修，列为危房，不能开展放映业务，只能定期在县城广场或巡回各乡镇村寨放映。2006年4月20日起，实行免费送电影下乡，当年在农村放映电影184场。2007年公益放映50场，与都匀万通公司联合放映280场。2008年，根据国家及省、州实施农村电影公益性放映工程要求，县电影公司送电影下乡活动全面启动铺开，当年放映电影1590场。

第六章　体　育

第一节　群众体育

一、体育场馆建设

1990年前后，农村专门的体育活动场所仍很欠缺，体育活动多在土晒坝或水泥晒坝进行。部分区、乡镇所在地的中心学校和村以下小学建有水泥球场，并以金属篮球架取代木质篮球架。1996年3月，开展第四次全县体育场地普查。冠山体育场馆成为危房，已废弃不用。2006年县综合体育场馆场馆建设列入县政府“十件实事”之一，当年完成设计、征地等前期工作。至2008年，全县建成的体育场地绝大多数为非标准型，计有篮球场120个、小型运动场3个、乒乓球场58个、羽毛球场17个、门球场1个。其中，分布于学校的有篮球场95个、小型运动场3个、乒乓球场50个。

二、群众体育活动

1990年，县城区的职工篮球队发展到49个。1996年，成立县体育健身指导委员会，在省、州体委的帮助下，培训4名二级和1名一级社会指导员，采取集中培训和分散培训相结合的办法，对各单位领操员进行培训。通过培训，邮电局、工商局等单位坚持开展每日一操活动。

20世纪90年代，有老年大学、冠山、电影院、民政娱乐中心、电视台等晨练点，每天早上都有市民开展迪斯科、气功、香功、门球等活动。县体育行政部门坚持业余、自愿、小型多样、因地制宜和科学文明的原则，采取多种措施办群众体育。1998年和2004年，分别在全县范围内开展全国国民体质监测，同时壮大社会体育指导员队伍。

2005年，全民健身活动启动，县城上万群众上街参加游行活动。10月18—20日，召开中国贵州龙里苗医药文化博览会，其间组织群众喜爱的猛牛争霸赛、斗鸟及舞龙舞狮表演，参观群众达5万人次。11月6日，龙里县冬泳协会成立。年底，在省老年协会的支持下，水场乡建成老年活动中心。2006年，洗马、谷脚、羊场、龙山等乡镇成立农民体育协会。

2007年，在草原乡马郎坡举办首届“中国贵州龙里（国际）滑翔节暨2007年全国滑翔伞优秀选手赛”，来自全国17个省（市、区）俱乐部的50多名选手（其中女子4名）参加定点、留空和全能比赛，吸引近7万观众到场观看，共投入经费158万元。此次赛事获评“多彩贵州、多彩运动，2007年户外体育运动赛事蓝天奖”。截至2007年，全县共有国家一级指导员2人、二级指导员31人、三级指导员39人。全县机关、工会、乡镇经常举办群众性体育活动，有每年春节的舞龙大赛、两年一届的全县体育运动会、每天的早晚健身舞活动等，群众参与体育活动的热情空前高涨。县体育部门每年均组织老年人体育爱好者参加全州老年人体育运动会，并在水场等乡镇建立老年人体育协会。

第二节 学校体育

1996年4月，召开全县学校体育工作会议，会后选派人员到各乡镇教育辅导站培训体育教师，以确保《国家体育锻炼标准》的顺利实施。当年全县199所中小学，有129所施行《国家体育锻炼标准》。1998年调整县实施《国家体育锻炼标准》领导小组，召开学校体育工作座谈会，加强对学校体育工作的检查督导。学校体育工作坚持走体教结合的路子，利用开学检查、“小继教”考核的机会，分别对全县中小学进行学生体育锻炼达标督导检查。全县中小学实施标准体育锻炼达标率100%，及格率91.1%，龙里中学获评为州级体育传统学校。

2008年，全县共有中学16所、小学123所，在校学生3.68万人。各校贯彻落实《国家体育锻炼标准》，组织课外体育活动，开展体育竞赛，结合实际举办每年一度的体育运动会。

第三节 体育赛事

在竞技体育方面，积极组队参加国家及省、州组织的体育赛事。1999年，龙里中学田径队代表龙里县参加全州中学生田径运动会获团体总分第三名。年底，龙里业余体校在龙里中学成立。2005年，龙里县冬泳协会参加黔南州冬泳比赛，获单项100米仰泳第三名和200米蛙泳第一、第二名。

县文体广播电视局开办跆拳道训练，刘存勇为总教练，组织参加省内及全国的跆拳道比赛。2005年彭铮获贵州省首届青运会第三名，并在全国跆拳道大赛上获第五名，被评为“国家二级运动员”。

2006年8月30日，洗马“华武狮团”一行赴广东省参加由国家体育总局社体中心、中国龙狮运动协会、广东省体育局举办的“嘉州广场杯”2006年全国（大沥）龙狮邀请赛，经过3天的角逐，获南狮桩阵比赛铜奖。2006年9月，谭旭参加全国残疾人游泳锦标赛，获SB7级女子100米蛙泳第三名，并获体育道德风尚奖；汪健与喻义泉联手参加全国桥牌通讯赛获黔南小组赛冠军。

2006—2007年，龙里县选手获全国桥牌都匀赛区小组赛第一名1次；全国中西部少儿棋类团体第二名1次；全国狮王争霸赛第三名2次、单项奖第三名2次；全国残疾人游泳比赛第三名3次、第四名2次、第五名1次；全省跆拳道比赛第一名3次、第二名1次、第三名3次、第四名2次、第五名1次。

2008年5月，龙里县龙狮协会参加“2008黄飞鸿杯”全国南北狮王挑战赛，获南狮桩阵铜奖；7月，参加全国（石狮）舞龙舞狮邀请赛，获南狮规定套路铜奖、自选套路铜奖、全能铜奖；9月，“华武狮团”代表黔南州参加首届全省农民运动会比赛，获舞龙规定套路银奖、自选套路银奖、竞速赛银奖、自选套路优秀编排铜奖，并获舞龙比赛体育道德风尚奖。

第七章　档案　史志

第一节　档　案

一、档案文献资料收藏管理

对收集进馆的档案资料进行分类、组合、排列、编号和编目，总体按全宗群、全宗、档号来划分整理，其中按档案来源、实体和单位设全宗；按共同特征全宗化为全宗群，并以进馆先后顺序编制全宗号；在每个全宗内按年代、保管期限顺序编制案卷号。随着档案事业发展，理论创新、方法改进，整理方式方法发生变化，增加联合全宗、汇集全宗等；为有利档案的整理和利用，原须装订成卷改为盒装，盒装后单独编制文件页码。

（一）接收和整理归档　接收、征集行政事业单位档案、文献，同时接收单位及个人寄存、捐赠的档案文献。将临时机构设全宗，划入相关全宗群；对县直部门派驻区的机构，划归派出部门全宗；将学校、工厂、街道的档案划归主管部门全宗；从原部门分离出来的新单位，单独设全宗。此整理办法一直用到20世纪90年代中期。

1964年首次接收县委、县人委1960年以前税务局、公交局、文教局、农水局等档案资料32个全宗7417卷（其中民国档案2783卷），整理其中的32个全宗5470卷（其中民国档案1169卷），将县委、县人委、民国档案划为3个全宗群。随后10余年间，档案收集工作处于停滞状态。

1979—1982年，县档案馆对全县231个机关单位历年来的档案资料进行全面清理收集、整理，其中完成清理单位175个，整理出需要移送档案馆档案1.56万卷。因档案馆无库房，这部分档案暂存各单位档案室。1980年征集地方文献《杨姓族谱》入馆。1983年接收县公安局移交民国档案19个全宗2733卷。

1984年7月建成县档案馆新馆后，分批接收暂存各单位档案，到1988年底共接收1.25万卷。1984年，将原全宗以每年编一个案卷号改为每个全宗编通号（流水号），调整67个全宗9504卷，核对档案数，使之更加系统化。自1984年起，县档案馆接收国家机关、企事业单位的专业档案，包括会计、人事、诉讼、婚姻登记、病历档案，科学技术、城镇建设档案等，有的是声像、电子载体档案。1985年接收县政府办公室保存的钢质和木质旧印模195枚。

1985年，县档案馆人员分别到贵定和安顺档案馆查阅1950—1958年龙里归属贵定、安顺专署管辖期间涉及龙里的档案资料，共抄写目录272条。1986年6月，县档案馆首次接收4区1镇29乡镇1982年以前档案5751卷。1986—1987年，对接收进馆的区、乡档案单设全宗群，以4区1镇29乡镇设立全宗，共清理立卷6452卷。为了向社会开放档案，对馆藏126个全宗进行整理，取消原按年代编案卷号，重新按全宗编案卷号。

1989年，县档案馆征集《龙里县民族志》《龙里县水利志》《龙里县组织史》《龙里县工会志》《龙里县商业志》《龙里县乡镇企业发展规划》《龙里县乡镇企业区划报告》《龙山镇总体规划》《龙里县综合农业区划》等重点档案资料。1991年8月因“撤区并乡建镇”，接收4区1镇29乡镇档案1376卷（其中：永久644卷、长期723卷，资料1本、印章154枚、笔记本68本）。1993—1994年，完成县直机关82个单位的清理、归档工作，接收64个机构改革单位33个全宗1952卷档案进馆。

1995年，根据新办法将馆藏140个全宗整理为111个全宗（共151个机关单位），其中将临时机构组织成联合全宗和全宗群；将新成立的机关作为一个全宗；一个机关分为两个的，从改变为独立机关起构成新全宗；改变领导关系、名称，原工作职能未变的仍为原全宗；几个撤销合并为一个机关，合并后设入另外全宗；临时机构不建单独全宗，纳入主管机关组成联合全宗。馆藏档案总体划为两部分，即民国档案和现行文书档案。1998年，对馆藏中69个全宗（包括区、乡档案24个全宗）档案进行编制页码目录、拟写全宗说明和装订整理等工作。1999年收集全县第二轮土地延包档案3.76万户1389卷。

2007年，贵州省美术家协会会员卢云向县档案馆捐赠其个人收藏的《众志成城》等书刊22本，以及个人绘画作品《莲洞泉声》《玉琢银装》《银光耀眼》等10幅。2004年县现行文件阅览中心收集35个单位139份文件、42本资料，由县电视台向社会公告开放；到2008年底，中心共收集现行文件353件，资料128本。

（二）民国档案整理抢救 1987年7月，县档案馆组织力量对1983年6月接收的民国档案19个全宗，2733卷进行系统整理。将民国档案划分为单独全宗群，保留原设19个类别为19个全宗，编制全宗号，补录案卷号和目录；对其中鼠咬、虫蛀、霉变、褪色和粘合为砖块状的4个全宗154卷档案进行抢救裱糊整理等工作。1991年，又组织专人对破损的2个目录225卷档案进行拆卷裱糊，装订重拟案卷标题，补录目录，共立新案卷493卷（多268卷），至此民国档案总数为3001卷。1996年统计又多出29卷，总数增至3030卷。1995年4月，将19个全宗调整组成1个联合全宗。2004年，对破损较重档案进行拆卷裱糊，编制目录、拟写标题，装盒等工作，共立新案卷400余卷。2008年开始，将民国档案列为重点档案抢救，共抢救1956卷，裱糊破损的2.14万张，拟写、著录目录5.23万条，数字化扫描523卷。

龙里县档案资料收集统计表

表18-4

年份	档案					资料（本）
	1949年前		1949年后		其他	
	全宗	卷	全宗	卷		
1964	12	1169	28	5281		
1980			2	96		44
1983	19	2733		2984		
1984			15	2288	声像7盘 专业270卷	
1985			27	3208	声像42盘	382
1986			36	6267	专业156卷	507
1987				2050	民族教学14卷、声像36盘、人口69卷、印模195枚、照片76类（220张）	465
1988			13	732		503
1989			10	353	专业136卷	190
1990			3	75		301

续表

年份	档案					资料（本）
	1949年前		1949年后		其他	
	全宗	卷	全宗	卷		
1991			37	1536	照片122张	712
				1044	印模154枚	
1992			6	486	死亡46卷	204
1993			10	509	县长印模1枚	146
1994			35	1718	印模26枚、声像5盘、照片173张、技监39卷	
1995			5	175		366
1996			2	64		281
1998			5	205	印模22枚	
1999				1397		
2000				38	寄存53本	
2001				337		
2002			5	193		225
2003			6	417	征集45本	216
2004			10	275	35件	
2005			10	332	53件	218
2006			7	184	4207件	118
2007			18	922	158件、照片286张	33
2008			11	587	353件、128本	43

（三）档案馆藏　县档案馆保存的档案，按历史时期划分为中华民国档案和中华人民共和国现行文书档案。其中：民国档案3030卷，涉及民国龙里县地方党务、政务、军事、司法、财政、税务、民政、教育、邮政等19个类别；现行文书档案是1949年10月新中国成立以后，龙里县地方政治、军事、经济、科学、技术、文化、宗教等活动中形成的档案资料。共120个全宗3.18万卷，4536件，其中：印章档案394枚，照片档案2812张，录音档案90盒，电子档案110盒。

县档案馆馆藏文献资料共700余种1.3万册，涉及政治、军事、经济、历史、科技、教育等各领域内容。其中有《马克思资本论》《恩格斯反杜林论》《列宁选集》《毛泽东选集》等经典著作；有《中共中央文集》等文件汇编；有《宋史》《南史》《北史》《辽史》《金史》《元史》《明史》《清史稿》《新五代史》《史记》《梁书》《南齐书》《魏书》《陈书》《周书》《隋书》《旧唐书》《新唐书》《后汉书》《汉书》《宋书》《晋书》《北齐书》《黔记》等史书；有《辞源》《辞海》《汉语大字典》《汉语大词典》《辞通》《中华大字典》《中国历史地图集》《中国百科年鉴》等工具书；有《新华日报》《新华文摘》《人民日报》《解放军报》《文汇报》《光明日报》《贵州日报》等报刊合订本；有《红旗》《半月谈》等期刊；有《文史材料选辑》《中华活叶文集》《赵树理文集》等文学类图书资料；有民国时期商务印书馆发行的《万有文库》部分图书，线装占籍《佩文韵府》《渊鉴类函》《通志略》《四库全书总目提要》《论语心得》等。

龙里县档案馆馆藏档案统计表

表18-5

年份	档案					资料（本）
	1949年前		1949年后		其他	
	全宗	卷	全宗	卷		
1964	5	2500	32	5470		8350
1980			37	4358		
1982			41	5907		3648
1983	19	2733	46	6178		1587
1984			52	6413	声像7盘，专业270卷	1869
1985			70	9713	声像49盘，专业270卷	2252
1986			98	15270	声像49盘，专业426卷	2762
1987			107	17190	声像85盘，照片76张，印模19枚，会计127册，统计157册，人口69卷，民族教学14卷	3227
1988			110	1793		3730
1989			121	18265		3862
1990				18266		4221
1991			133	19961		4962
1992			133	20493		5166
1993	19	2733	133	21002		5312
1994			140	22720		6572
1995	1	2733	111	22895		6938
1996			111	22959		7219
1997	1	3030	130	22962		7428
1998			111	23167	声像90盘，印模394枚，照片2496张	7473
1999			111	24564		7515
2000				24669		7713
2001			130	25032		7895
2002			132	25274	电子110盘	12561
2003			132	25691		12777
2005	1	3053		27052	声像2526盘	13101
2006	1	3053	119	27236	声像2812盘	13219
2007	1	3053	119	28158（4536件）		13252
2008	1	3053	119	28745（4536件）		13286

二、档案利用

县档案馆自建馆后，主要采取建立提供档案材料阅览室，公开无须控制使用的档案，公布特定内容的档案，咨询服务，出具凭证性文件，档案展览，整理档案文献，编纂大事记、组织沿革、专题概要等方式提供利用。从建馆初期到20世纪70年代末，档案资料的利用每年仅几十人次，到80年代初期利用人次逐步增多，中期达高峰。档案利用也随政治、经济、文化、社会等建设和发展而变化。初期以落实政策、工作查考为主，随后出现编史修志、山水林地权属举证、学历查考、知青证明等利用热点。到90年代末期，以工作查考为主，同时有山水林地权属举证、知青证明等。2002年，集中利用土地承包档案648卷，县机构改革档案202卷。

1988年，根据档案法规定，向社会开放有关经济、科学、技术、文化等年满30年以上档案及部分文献资料、工具书等，开放41个全宗3213卷，其中：民国档案7个全宗2044卷，文书档案34个全宗1169卷，占馆藏量的40%；同时开放所有全宗的案卷目录和全引目录。2001年通过龙里电视台公告，开放现行文书档案7个全宗598卷。2002年，开放现行文书档案1个全宗900卷。到2004年经调整开放民国档案1个全宗2044卷，现行档案44个全宗3024卷（64件）。2006年，开放民国档案1个全宗3053卷，现行档案119个全宗2.72万卷（4378件）。

龙里县档案资料利用情况统计表

表18-6

年份	档案资料		其中				开放			
							1949年前		1949年后	
	利用人次	利用卷（册）	编史修志	工作查考	证明	其他	全宗	卷（册）	全宗	卷（册）
1964	12	13								
1980	80	70								
1983	145	556								
1984	239	1620	633	45						
1985	241	939	392	366	26					
1986	519	2724	2276	83	43					
1987	657	2481	1427	229	60					
1988	442	3254	3026	75	38					
1989	1146	3709	3539	41	126					
1990	762	3146	2731	172	118					
1991	351	1782	1582	171	29					
1992	329	1008	647	221	140					
1993	132	337		316	7					
1994	406	1042	300	669						
1995	526	691	28	349						
1996	623	741	162	368	52					
1997	209	434	125	99	63					
1998	315	883		756	92					
1999	191	568		469	19					
2000	263	844		631	63					
2001	227	553	78	335	17		1	2044	10	1767
2002	571	1544	222	215	66		1	2044	38	2498
2003	262	1079		473	11					
2004	328	652		550	62					

续表

年份	档案资料		其中				开放			
	利用人次	利用卷（册）	编史修志	工作查考	证明	其他	1949年前		1949年后	
							全宗	卷（册）	全宗	卷（册）
2005	592	1421	493	175						
2006	361	760	438	251	71					
2007	786	1448（54）	626	465（54）			1	3053	119	28158（4536）
2008	2417	3041（34）	1314	447（34）			1	3053		28745（4536）

三、档案馆室建设

（一）县级档案馆建设 1983年，县财政拨款4万元修建县档案馆于太平寺（县政府办公楼后面），1984年竣工，建筑面积350平方米，使用面积325.2平方米，其中库房206.4平方米。1991年，龙里县列入全省新（改、扩）建档案馆的12个县之一，1992年总投资39万元建新馆于县城兴龙路，1995年启用新馆建筑面积1205平方米，其中库房462平方米。1998年，龙里县档案馆达到贵州省县级综合档案馆目标管理三级标准。

2002年，为快捷使用库存档案，编制《档案馆藏存址指南》《档案收进移出总账》《档案收进移出分户账》《档案馆目录存放索引》《龙里县历届人民代表大会简介专题目录》《龙里县一至六届人代会专题目录》《龙里县各族各届人代会文件专题目录》《龙里县边界纠纷处理文件专题目录》《龙里县行政区划文件专题目录》《龙里县土地征拨专题文件目录》《龙里县禁烟毒文件专题目录》《龙里县“三反”“五反”文件专题目录》《龙里县正科级任免文件》《龙里县编制专题目录》《龙里县第一轮土地、山林承包专题目录》《龙里县上山下乡知识青年名单专题目录》《龙里县“农转非”人员名单专题目录》《龙里县收取投资开发建设配套费人员名单专题目录》等16个专题目录。

（二）基层档案室建设 2003年以后，县以下档案工作逐步得到加强，各单位逐步建立档案室，部分县直机关档案室达到规范化标准。各乡镇收集整理区划调整后积存的档案。全县14个乡镇档案室，达贵州省乡镇一级标准7个、二级标准5个、三级标准2个，并要求村级逐步建立档案室。

第二节 史 志

一、党史征编

1986年，县委组织部、县党史资料征集研究委员会、县档案局（馆）开始征编《中国共产党贵州省龙里县组织史资料（1949—1987）》《贵州省龙里县政、军、统、群系统组织史资料（1949—1987）》，到1990年5月完稿共32万字，1991年4月经州委领导小组审核批准印制。

1994年4月，县委组织部编写出版《中国共产党贵州省龙里县组织史资料（1988.1—1992.12）》《贵州省龙里县政、军、统、群系统组织史资料（1988.1—1992.12）》（续编本一），共9万余字，收录全县72个党组织，15个党的纪律检察机关，195个党、政、军、统、群工作部门组织沿革情况。

2006年12月，县委正式启动编写《中国共产党龙里县历史（第一卷，1935—1978）》，2007年10月完成初稿并召开审稿会，至2008年11月定稿，共17万字。全书记述自红军长征过龙里至中共十一届三中全会召开期间，中国共产党在龙里县的革命活动和中共龙里县委带领全县人民进行革命和建设的历程。

二、县志编纂

1982年9月，成立龙里县史志编纂领导小组，配置编写人员。1984年6月，调整县史志编纂领导小组成员，成立《龙里县志》编纂领导小组，下设办公室。1985年8月，撤销两个领导小组，成立中共龙里县党史资料征集研究委员会和龙里县地方志编纂委员会，下设办公室。1988年4月，两委员会分开，成立《龙里县志》编纂委员会，下设办公室。1991年6月，成立总纂班子，开始按篇章进行分纂。1994年4月，多卷集成书稿。同年9月重新组织总纂班子，对初稿进行审改总纂。1995年5月脱稿。《龙里县志》编纂共经历12年9个月时间。

1995年3月，县党史研究室与县志办公室合并，组建为县史志办公室，实行两块牌子，一套人员，为科级事业单位，人员编制4名。2008年，县史志办公室有在职人员3人。同年8月，龙里县成立第二轮《龙里县志（1978—2008）》编纂委员会，下设办公室在县史志办。2008年5月，出台《龙里县第二轮〈龙里县志（1978—2008）〉编纂工作方案》，召开动员会议正式安排启动全县各部门、单位、乡镇基础资料征集编纂工作。

三、部门志编纂

第一轮社会主义新方志编纂期间，由县民族事务委员会编辑《龙里县民族志》，1991年1月出版。1991年7月，县地方志办公室抽调2人，配合县粮食局韦国根等人，于1999年8月编成《龙里县粮食志》，73万字，未正式出版。1997年1月，县文体广播电视局组织编写《龙里县广播电视志》，杨明义任主编，是年10月完成征求意见稿12万字。

附：地方著述简介

龙里县地方著述一览表

表18-7

编号	名称	主编、作者	出版、印刷单位	出版时间（年、月）	书号、版本	开本、印张	字数	印数、发行量	备注
1	《学政大经》	罗蓂蛟、罗其光、罗熙骊	贵阳文通书局	民国十六年（1927）	有注释、无注释两种版本	页面27cm×16 cm，版墨框20cm×13 cm	不详	不详	获民国教育部、内政部表彰
2	《国民三要》	罗熙骊、罗其光、罗蓂蛟	贵阳文通书局	民国十七年（1928）、二十六年（1937）	民国十七年（1928）、二十六年（1937）两种版本	页面27cm×16 cm，版墨框20cm×13 cm	6万字	不详	
3	《龙里县志初稿》	龙里县政府		民国十三年（1924）	徐仲光毛笔手抄本	不详	不详		3厚册
4	《龙里概况》	刘坤朴	贵阳文通书局	民国二十八年（1939）		页面18.5cm×12.7cm		不详	232页，龙里县档案馆收藏1册
5	《黔宋史略韵编》	养素山樵（宋鉴廷）	不详	20世纪30年代		页面20.5cm×14.2 cm，版墨框17.2cm×12 cm		不详	2005年点校本
6	《藕溪乡纪略》	罗其光	不详	民国		不详	不详		
7	《中学文言文教学》	罗福应	贵州人民出版社	1980.8					
8	《贵州省龙里县地名录》	龙里县地名领导小组办公室	不详	1983.9		19cm×26cm		不详	内部资料
9	《谨防小儿意外伤害》	陆江、陈正华	人民卫生出版社	1984.6	［京农2-31］14048 4544	787×1092mm 32开本，21/4印张	48千字	45000册	

续表

编号	名称	主编、作者	出版、印刷单位	出版时间（年、月）	书号、版本	开本、印张	字数	印数、发行量	备注
10	《龙里文史资料选辑（一）》	政协龙里县委文史资料委员会	贵阳黔灵印刷厂	1987.3		8.75印张	15万字	2000册	
11	《龙里文史资料选辑（二）》	政协龙里县委文史资料委员会	《黔南报》社印刷厂	1989.1	黔C—0504号	8.75印张	80千字	2000册	
12	《龙里地理》	罗士朝、陶治英	贵州省中小学教材审查委员会审定	1990.9		19cm×13cm	10千字	5000册	中学乡土地理教材
13	《中国民间文学三套集成贵州省黔南州龙里县卷》	龙里县民间文学三套集成办公室	贵阳市黔电印刷厂	1990.11	黔南州书报刊临时准印证0011号	32开	20万字	1000册	
14	《龙里县民族志》	龙里县民族事务委员会		1991.1		130×190mm		不详	内部资料
15	《中国共产党贵州省龙里县组织史资料（1949—1987）》《贵州省龙里县政、军、统、群系统组织史资料（1949—1987）》	中共龙里县委组织部、中共龙里县党史资料征集研究委员会、龙里县档案局（馆）	贵州省第二测绘大队	1991.4	黔南文新出（1991）图字第23号	787×1092mm	320千字	不详	合订为1册，内部资料
16	《健康教育》	陆江、彭荣钦、杨国安	贵州人民出版社	1991.7	ISPN7-221-02449-9/G 1385	787×1092mm，32开本，1印张	15千字	42500册	小学健康教育课本，5年制1—10册。
17	《1981—1991年全国高考语文考试题解题方法辨析》	罗福应（与人合著）	贵州人民出版社	1992.5					
18	《龙里文史（第三辑）》	政协龙里县委文史资料委员会	龙里县统计咨询服务中心	1992.10	黔C—0504号	32开	90千字	1500册	龙里历史人物事件文集
19	《中国民族民间舞蹈集成·贵州黔南龙里县资料卷》	龙里县民族民间舞蹈集成办公室		1993.3		18.8cm×26.5cm		不详	内部资料
20	《健康教育》	张伯源、陆江、杨二林	北京大学出版社	1993.12	ISPN7-301-02113-5/G 160，新登字（京）159号	787×1092mm，32开本，1印张	25千字	10万册	9年制义务教育小学试验课本，1—12册
21	《中国共产党贵州省龙里县组织史资料（1988.1—1992.12）》《贵州省龙里县政、军、统、群系统组织史资料（1988.1—1992.12）（续编本一）》	中共龙里县委组织部	贵州煤田地质局地测大队印刷厂	1994.4	黔新出（94）内字第601号	787×1092mm，16开本，8.5印张	9万字	500册	合订为1册，内部资料
22	《龙里县志》	龙里县地方志编纂委员会	贵州人民出版社	1995.9	ISPN7-211-03959-3/K 909，【黔】新登字01号	787×1092mm，16开，85印张	1120千字	2000册	

续表

编号	名称	主编、作者	出版、印刷单位	出版时间（年、月）	书号、版本	开本、印张	字数	印数、发行量	备注
23	《春风夜话》	黄冠群	中国三峡出版社	1997.11	ISPN7-80099-348-5/I 60，中国版本图书馆CIP数据核字（97）第23108号	787mm×1092mm 32开本，4印张	86千字	1000册	诗集
24	《龙里县粮食志》	龙里县粮食局					73千字		1999年8月完稿，未正式出版
25	《大山情潮》	黄冠群	中国文联出版社	1999.9	ISPN7-5059-3388-4/I 2577，中国版本图书馆CIP数据核字（1999）第29416号	850mm×1168mm，1/32，5印张	100千字	2000册	诗集
26	《易错字辨析手册》	罗福应	贵州教育出版社	1999.12					
27	《苦心集》	杨光涛	中国文联出版社	2003.5	ISBN 7-5059-3522-4/I·2764	850×1164 1/32		1050册	
28	《神奇龙里（贵州旅游文史系列丛书/龙里卷）》	政协贵州省委员会文史资料委员会、《贵州旅游文史系列丛书》编委会	贵州人民出版社	2003.11	ISPN7-221-06381-8/K 749，中国版本图书馆CIP数据核字（2003）第093515号	850mm×1168mm 1/32	190千字	4500册	龙里卷编委会承编
29	《龙里文史（第四辑）》	政协龙里县委教科文卫文史委	贵阳经纬印刷厂	2005.7	黔新出（2005）内资准字第253号	大32开，5.5印张	10万字		解放龙里、清匪反霸、土地革命、历史人物、县城史话文集
30	《龙里文史（第五辑）》	政协龙里县委教科文卫文史委	贵阳经纬印刷厂	2006.7	黔新出（2006）内资准字第345号	大32开	10万字		土地改革至农业合作化时期文史资料
31	《龙里诗词》	龙里县政协教科文卫、文史资料专委会，龙里县文学艺术界联合会等	贵阳经纬印刷厂	2006.7	黔新出【图书】2006年一次性内资准字第358号	18.5cm×26cm			出版两期后停刊
32	《龙里文史（第七辑）》	龙里县政协文史资料专委会	贵阳经纬印刷厂	2006.9	黔新出（2006）内资准字第346号	大32开			政协龙里县委员会历届组织概况及会议资料
33	《龙里布依情歌选》	龙里县政协文史资料委员会、龙里县民族宗教事务局等		2007	贵州省新闻出版局黔新出（图书）2007年一次性内资准字第196号	大32开	180千字		
34	《湾寨教育（第一辑）》	龙里县教育局、湾寨乡民族初级中学等		2007	贵州省新闻出版局黔新出（2007年）一次性内资准字第133号	大32开			

续表

编号	名称	主编、作者	出版、印刷单位	出版时间（年、月）	书号、版本	开本、印张	字数	印数、发行量	备注
35	《龙里文史（第六辑）》	龙里县政协文史资料委员会	贵阳经纬印刷厂	2007.8	黔新出【图书】2007年一次性内资准字第189号	大32开	175千字	不详	水利电力专辑
36	《波澜人生》	吴金汉		2008.8		850mm×1168mm，1/32	230千字		内部资料
37	《被一棵红丝线拴着的人》	黄冠群		2008.8		850mm×1168mm，1/32	230千字		内部资料
38	《中国共产党龙里县历史（1935—1978）》	中国共产党龙里县历史编写领导小组	中共党史出版社	2008.11	ISBN-978-7-80199-503-2	140mm×203mm，1/32	170千字	1500册	

地方著述选介

一、《学政大经》提要

《学政大经》，内署“宋婺源朱文公晦庵先生注讲、明粤东邓林退庵先生章旨，贵定罗蕒蛟孔达鉴定、贵定罗其光孟明手辑、龙里罗熙弼梦仙参订”。中华民国十六年（1927）出版，卷数、册数、页数不详，“洋洋百万言”。《罗显文和他与〈学政大经〉》记录全书“白文七册，备旨十三册”；《贵定县民族志》记录全书“共七卷”“印刷有注释、无注释两种版本”。

该书旨在指导读书、出仕，普及儒家文化及用于教学。编者认为，民国时期社会动乱，道受亵渎，只有宣扬儒家道义，才能救国民于水火。鉴于《论语》《孟子》《大学》《中庸》四书编排不系统，纲目杂乱，为恢弘儒家文化，将四书中的内容打乱后，按“学”与“政”分别归类，重新编排成书，做到有旨、有注、有讲，从而便于学习、讲授。

《学政大经》出版时，贵州省政府、省教育厅批语：“呈送《学政大经》，尽可作人自修用书。此书会通孔孟之渊源，分类纂辑，障蔀廓清，详而不冗，简而不略，易知易从。洵可为经学最便之良方，舆情乐诵之善本。购者鉴之。”出版后，国民政府教育部长朱家骅和内政部长张历生联署批示：“呈悉，查孔孟原著‘四书’，历代学者均尊崇为济世之经典，无人敢于修改已达两千余年。今阅贵州贵定转呈乡贤罗显文所辑《学政大经》一书，览其内容旁证，既能保存先圣先贤之名言，复能系统阐述其精辟经义，进而发扬光大。诚旷世之创举，洵堪嘉尚。其原著事迹已宣付国史馆，从优议叙。特予表彰，足堪钦式。此批。”

二、《龙里县志初稿》简介

《龙里县志初稿》，中华民国龙里县政府主持编修，编修人徐师尧、宋鉴廷、余松生、徐仲光、汤孟尧等。民国十一年（1922）启动编修，民国十三年（1924）停修。成书3厚册，系徐仲光毛笔手抄本，已散佚。

三、《龙里县志》提要

《龙里县志》，龙里县地方志编纂委员会编纂，贵州人民出版社1995年9月出版发行，16开护封精装本，112万字，定价85元，印数2000册。编纂委员会主任骆用定，副主任朱华、刘惠芬、杜启鑫，委员7名，主编罗其全、徐德威。1982年9月启动编纂，1995年5月脱稿，历时12年多。卷首有编纂委员会、总纂人员和曾任县志领导机构及办公室人员名单；政区图、地势图和1991年建并撤后行政区划图各1张；插页照片彩色14页41帧、黑白2页6帧；序言2篇、凡例1篇。主体部分有串文示意图14张、统计表161张。卷末有编纂、审改人员名单。

该志属篇章节体，前有概述、大事记，主体部分共15篇78章298节，附录有人物、名录、概况（简况、简介）、纪实等。上限不限，因事追溯；下限至1990年，政权班子换届下延至1994年，书末附1991年至1994年概况。主体部分篇目分别是：地理（8章25节）、民族（3章17节）、党派群团（4章14节）、政权政协（4章14节）、民政劳动人事（2章12节）、公安司法（4章18节）、军事（7章15节）、经济综合管理（5章15节）、农业（8章40节）、工业交通建设（4章22节）、财金贸易（7章27节）、教育（7章26节）、科技文化（5章18节）、卫生（6章20节）、风俗宗教社会组织方言（4章15节）。

第十九篇 人力资源管理与社会事务服务

第一章 人力资源管理

第一节 人事管理

一、工作人员管理

对工作人员进行录用、招聘、调配、使用、培训、交流、考核、奖惩、任免、升降、统计、辞退、离退、抚恤等一系列管理工作。1991年以前，由于人才缺乏，但凡有一定文化基础、有一技之长者，均可通过吸收录用、招聘，接替父母或亲人工作等方式进入国营企业、集体企业，机关、事业单位工作；中专以上毕业生均由国家统一分配工作。与工作人员管理相关的工作纪律、岗位职责、升降办法、奖惩机制、职称评聘等制度、措施处于不断完善中，干部职工未犯严重错误，一般不会被开除。因此一旦成为公职人员，人称拿到“铁饭碗”。1991年以后，改革不断深入，人事管理各方面的制度体系逐步建立和完善，执行越来越严格，并形成长效机制。

1992年，县直机关下基层挂职干部不占乡镇编制和领导职数，挂职期间享受浮动工资，回单位后职务自然免除。1995年，制定《党员干部廉洁自律规定》《业务工作考核指标方案100分制》。1997年，出台《龙里县行政机关非领导职务设置实施办法》。1999年推行干部竞争上岗，在县人民法院、人民检察院、水电局3个单位的8个股级岗位试行，有32名干部参加竞争，7人通过竞争上岗。

2000年12月，开展1999年大中专毕业生录用招考工作。2004年启动事业单位人事制度改革试点工作，按照“脱钩、分类、放权、搞活”原则，消除行政级别，按技术职称确定待遇，确定龙里中学和县人民医院为试点单位。2005年，龙里中学、县人民医院推行聘用制度，其中：县人民医院与职工签订聘用合同96人，龙里中学与职工签订聘用合同130人。2007年，向乡镇和企业选派科技特派员，首批选派12人到12个村。2008年，严把公职人员年度考核奖惩关，开展职务晋升、职称评聘工作，调动和引进人才，公开招考录用学校毕业生，加强原有及新进人员培训，形成干部管理长效机制。

二、公务员制度

1993年8月，《国家公务员暂行条例》颁布施行。龙里县实行公务员制度开始于1996年9月，落实和参照实行公务员制度，安排三批公务员过渡培训考试，参考人员900人，合格率98%。其中第一批684人，不及格13人；第二批194人，不及格2人；第三批22人，不及格3人。1997年5月，县委、县政府下发《关于实施和参照施行国家公务员制度的意见》，开展公务员初任培训。1998年，全县过渡公务员869人，不能过渡、暂缓过渡58人，轮岗交流76人。1999年，发放国家公务员和党的机关工作者证书。2002—2008年，未经公开招考进入党政机关，经核定符合公务员资格条件的人员共42名。2008年，完成58个行政单位935名公务员登记，6个参照公务员管理单位25人登记，上报州获审批新增140人参照公务员管理登记。

第二节　劳动管理

一、劳动就业

龙里县劳动就业渠道分国有机关、企事业单位和私营及股份制等其他企业用工两大类。机关、企事业单位用工有公开招聘、大中专及中职技校毕业生录用、县外调入、退伍安置，以及择优录用1959年底以前参加工作的家庭农村子女、城镇职工子女顶替父母等方式；私营及股份制等其他企业用工，根据岗位需要采取公开招聘的方式录用。各类渠道用工均进行岗前培训，合格后安排到相应的岗位；个别培训未合格者不予录用。

1995年，开始全面推行劳动合同制。劳动合同期限分为固定期限、无固定期限和以完成一定工作任务为期限三种。1991—2008年，全县累计签订各类劳动合同5.46万份。劳动合同的解除分为协商解除、法定解除和约定解除三种。1991—2008年，全县累计解除各类劳动合同6731份。

1991—2008年龙里县劳动合同情况统计表

表19-1

年份	招聘、安置人数	在册职工人数	签订劳动合同人数	解除劳动合同人数
1991	676	5972		
1992	351	6323		
1993	386	5517		1192
1994	32	4699		850
1995	1520	6201	3037	18
1996	742	5829	3076	1114
1997	453	5120	3084	1162
1998	548	5642	3078	26
1999	638	6244	3072	36
2000	589	5394	3088	1439
2001	771	6087	3402	78
2002	1035	7081	4396	41
2003	3046	10081	4350	46
2004	281	9810	4750	552
2005	207	9930	4087	87
2006	1177	11107	4878	0
2007	2274	13291	5634	90
2008	14603	27894	4715	0

二、工作时间

1995年5月1日以前，实行每周工作6天、每天8小时制度。此后，实行国家规定的双休日工时制，即每周工作5天、每天8小时。全年节假日执行国家相关规定。2000—2008年，根据劳动部《关于职工全年月平均工作时间和工资折算问题的通知》《全国年节及纪念日放假办法》，全年节假日由7天改为10天，全年的月平均工作天数和工作时间分别调整为20.92天和167.4小时，职工的日工资和小时工资按此计算。

三、职业介绍

1991—1993年，县劳动部门安置就业908人、就业培训605人。1993年，为技校输送新生22名，安排技校毕业生3人到企业生产第一线工作，培训企业经理84人，待业率3.2%。1996年，招工17人（企业3家）、调入6人，县内调动工人7人，技校参加考试26人（其中录用17人），培训待业青年401人，对县行政机关、事业单位技术工人职业道德培训44人均合格；对汽车驾驶员、电工、营林工等进行技术等级考试考核27人，增加等级工资20人（月增资413元）。1998年，安置就业540人、培训630人，8家企业成立再就业服务中心安置国有企业下岗职工109名，下岗职工安置及再就业37名，为5名下岗职工办理待业证，失业率2.75%。1999年安置566人、就业培训646人，失业率2.8%。

2001—2002年安置1340人、培训1420人，失业率2.8%。2003年安置城镇失业人员和农村富余劳动力就业3000余人（药企容纳城镇失业人员600余人，全年共安置2602人次）；建立城镇失业人员求职登记数据库，培训特种行业从业者490人，在工业园区开展岗前培训320人，美容美发等工种培训170人；由州职业技术学校培训下岗失业人员89人，颁发职业资格证书；培训下岗失业人员和旅游、宾馆、饭店（酒店）服务人员86人，颁发专业证书。2003—2005年举办失地农民实用技术培训班10多期，累计培训1000余人。

2005年，"一站式"就业服务介绍300多人（其中实现就业180人），投入经费3.96万元补助培训下岗失业人员72人。2006年召开人才交流会，招聘单位20家，提供岗位300多个，达成意向协议210人。2007年举办民营企业招聘会，15家企业提供岗位86个，推荐就业57人，建立1080人的人才信息库。同时开展农民工见证服务、电焊、家畜饲养、花卉种植等技能培训2095人；举办供需洽谈会6场，提供建筑工程等岗位1000余个，共推荐4000人次求职。2008年，城镇新增就业1331人，下岗失业人员再就业257人，求职登记3158人，接待劳动就业咨询5500人，安置零就业家庭53户，城镇登记失业率为4%。

四、劳务输出

20世纪90年代起，劳务输出成为增收富民的重要途径。通过在上海等发达地区设立办事处、发达地区与本县对口协作，有组织输出剩余劳动力，形成带动效应，迅速掀起外出务工热潮。1991年，先后与上海港新华港务公司、东昌装卸公司、龙吴港务公司签订合同，共输送劳务人员398人。1993年成立龙里县劳务总公司，在上海成立劳务经营分公司，在广东、厦门设立联络点，输出436人，其中首次向北京市平谷县输出30人。1994年，组织介绍前往广东、上海、厦门等地务工1000人。1998年，向广东、福建、上海等地的工厂企业、港口码头输送各类劳务人员3840人，其中有组织输出540人。通过劳务输出培养各种业务骨干1300人，龙里县获省表彰为先进劳务集体。

2003年，向上海港务局新华、龙吴两家港务公司有组织输出680人次，县人事劳动局接管上海劳务公司。2006年，为上海港务局、广东多家企业组织输送保安、搬运、机械等技术工人600人。2007年，全县劳务输出6817人，其中输送广东1800人、杭州778人、上海1600人、深圳2140人、湛江360人。2007年3月，撤销县人事劳动和社会保障局下属的贵州省龙里县劳务总公司。2008年，实行农民工外出就业联席会议制度，各乡镇建立相应的工作协调机制，成立劳务输出工作领导小组，专门负责开展农民工劳务输出工作。

1991—2008年龙里县劳务输出情况统计表

表19-2　　单位：人

年份	输出情况			组织输往地区
	输出总数	组织输出数	自发输出数	
1991	398	398		上海等地区
1992	368	368		
1993	436	436		广东、福建（厦门）、北京等地区

续表

年份	输出情况			组织输往地区
	输出总数	组织输出数	自发输出数	
1994	1000	1000		广东、上海、福建（厦门）等地区
1995	5500	500	5000	
1996	6496	296	6200	上海等地区
1997	6920	420	6500	
1998	3840	540	3300	广东、福建、上海等地区
1999	3510	610	2900	
2000	3630	650	2980	
2001	3960	780	3180	
2002	3860	760	3100	
2003	9825	680	9145	上海地区
2004	4513	660	3853	
2005	8838	538	8300	
2006	600	600		上海、广东等地区
2007	6817	825	5992	广东、广西、浙江、上海等地区
2008	6186	800	5386	

说明：自发输出数空白处为未统计；自发劳务输出主要集中在中东部沿江、沿海发达地区

五、下岗职工再就业

随着国有企业体制改革的开展，一些国营企业出现职工下岗情况。1996年，为5名下岗职工办理待业证。1997年4月，龙里县国有企业在册职工1250人，集体企业在册职工546人（其中供销社220人），下岗职工93人（其中：59人为国有轻工企业职工，占轻工业职工总数的19%；34人为集体企业职工，占集体企业职工总数的6%；20人为供销企业职工，占供销企业职工总数的9%）。

1998年8月，成立县再就业工作领导小组。1999年，结转下岗职工72名，分流安置下岗职工38名；发放7名下岗职工基本生活费3603元，代缴养老金、失业保险金、培训费2万元；对国有企业下岗职工基本生活费、门诊费、代缴社会保险费在原来标准基础上提高30%，对进入再就业服务中心的按新标准发给基本生活费。

2000年，结转下岗职工34人，新增下岗职工77名，安置及再就业24名后实有下岗职工87名，每月代缴养老金和失业保险，春节慰问下岗职工慰问金1.74万元。2001年，与贵州正大公司等10多家企业联系协调解决2185名下岗职工再就业问题；分流安置和实现再就业的下岗职工44名，年末实有下岗职工42名，发放基本生活费7名，全年发放基本生活费和医疗补助费1.48万元，代缴社会保险金8954.4元；“两节”慰问特困下岗职工140人次，慰问金1.74万元。2002年，分流安置及实现再就业的下岗职工42名，发放基本生活费，医疗补助费4.32万元，代缴社会保险金2.69万元。

2003年，安排6名“4050”（女40岁，男50岁）下岗失业人员到县相关部门从事保洁、驾驶、物业管理等工作，签订劳动合同并办理社会保险；全县共有25名下岗职工实现再就业。县直各职能部门都设立下岗职工办事窗口，免费办证45户、税收减免2.45万元；工商行政管理部门减免办证和给予优惠办证80户、免费2240元，市场管理费减半。下岗职工小额贷款申办21名，报州批准18人，贷款36万元。

2004年，银行核定8名下岗失业人员小额担保贷款16万元；举办招聘洽谈会，18个用人单位提供岗位364个供下岗失业人员择业，实现持有再就业优惠证的下岗失业人员再就业154人；帮助“4050”人员

再就业32人。2005年，帮助持有再就业优惠证的下岗失业人员再就业158人，帮助“4050”人员再就业32人。全县下岗职工300人，领取失业金48人，发放再就业优惠证54人（累计416人）。“4050”人员公益岗位社会保险补贴3.9万元，再就业培训补贴3.96万元，对下岗职工再就业培训80人。

2006年，持有再就业优惠证的下岗失业人员再就业138人，安置“4050”人员22人，同时为162名下岗失业人员免费发放再就业优惠证。2007年，下岗失业人员实现再就业158人，安置“4050”人员再就业86人。2008年，办理再就业优惠证226人，发放失业证297份，下岗失业人员再就业257人。

第三节　工资管理

一、企业劳动工资

1990年11月，国有企业共有职工949人，其中固定职工811人、合同制职工138人；离退休人员302人，其中离休15人、退休287人，月离退休费2.65万元；为226名离退休人员提高生活补贴费，月增资1611元。1992年，全县企业在职职工1224人（其中固定职工908人、合同制工人316人），离退休退职人员384人（其中离休14人、退休368人、退职2人），月离退休、退职费4.27万元。为384人每月增加离退休金、退职生活费6839.64元，月离退休金、退职生活费达4.96万元（其中离退休费4.94万元、退职生活费184.8元）。

1993年，全县共有国营企业36个，职工1300人，政工人员57人；乡镇企业26个，职工1485人，政工人员68人。办理46个企业职工工资升级（转入国家机关事业单位企业工资制度并升级的有县资源开发公司和电影公司），审批晋级3%的奖励工资的有10个企业。1994年，办理县属企业53家的1683名职工改按新工资标准及考核升级调资手续，考核升级月增资3.52万元；对1993年度17家“工效挂钩”企业进行结算和测算，确定挂钩基数并办理485人的效益工资考核升级手续；未参加“工效挂钩”的22家企业实行工资包干管理。1995年，办理企业工资升级491人；完成“工效挂钩”历年结存清算，办理升级工资585人，确定当年挂钩基数；对未实行“工效挂钩”企业进行工资结算，确定当年包干基数，审批工资基金计划。

1997年3月，审批9家企业（6家国有企业、3家集体企业）“工效挂钩”结算，年末职工192人，升级前月标准工资3.12万元，升级后月标准工资3.47万元；对13家国有、集体企业实行“工效挂钩”基数测定结算，为363名职工办理工资升级；审批“工效挂钩”企业10家（亏损企业2家），职工平均人数上半年415人，当年末实有419人，上年工资总额提取129.7万元，实发111万元；县供销社企业工资总额同经济效益挂钩7家，职工平均人数上半年295人，当年末295人，上年工资总额提取83.2万元，实发86.7万元；上年结存增长基金38.6万元。

1998年，审批1997年度“工效挂钩”企业12家，其中：国有企业7家，职工369人，工资升级289人，月增资5780元；集体企业5家，职工221人，工资升级221人，月增资4420元。完成工资内外专项检查。审批“工效挂钩”国有企业14家，职工205人，工资升级166人，月增资5185元；审批“工效挂钩”集体企业8家，职工248人，工资升级224人，月增资4916元。1998年，全县有国有企业34家，职工884人，人均月工资260.16元。

1999年，调整企业最低工资标准，7月起提高30%：一类区从200元提高到260元，二类区从180元提高到234元，三类区从160元提高到208元，四类区从140元提高到182元。同时，调整企业1998年实际在册职工工资，1998年盈利企业升级人均不超过60元，亏损企业升级人均不超过30元。

2000年，对全县14家企业进行“工效挂钩”测算，重新确定挂钩企业基数16家，涉及职工391人，审批工资基金计划及工资升级手续，升级职工268人，月增资7599元。2001年，对19家企业409人的工资总额进行结算；办理“工效挂钩”企业工资晋升手续336人，月增资1.18万元；对14家“工效挂钩”企业进行测算，核定职工工人342人，销售收入基数1514万元，实现税利基数5万元，工资基数301.4万元。

2002年起，放开企业工资，每年核定社会平均最低工资标准，企业职工工资必须高于当年核定的社会平均最低工资标准。加强企业劳动工资监察，2005年检查建筑施工等各类企业36家，涉及劳动者3514人，清理拖欠143人的工资17.3万元；2008年检查79个用人单位涉及劳动者4572人（农民工4000余人），用人单位与劳动者签订合同2541人（签订率55.57%），采取计件工资、固定工资、绩效工资或固定工资加绩效工资，大部分企业劳动者月工资为700～1500元，高的达2500元左右。

1998年龙里县国有企业职工工资情况一览表

表19-3

序号	单位名称	职工人数（人）	月工资总额（元）	人均月工资（元）	备注
1	木材公司	14	3722	265.86	减亏1.12万元
2	糖酒公司	10	1976	197.6	减亏5000元
3	饮食服务公司	33	7801	236.39	盈利260.08元
4	食品公司	11	2266	206	盈利2000元
5	农机公司	19	6078	319.89	亏损66元
6	粮油购销公司	48	12498	260.38	政策性亏损69.9万元
7	蔬菜水产副食品公司	6	1231	205.17	盈利5.42元
8	包装彩印厂	75	17384	231.79	盈利10.4元
9	对外经济贸易公司	7	1411	201.57	盈利2178元
10	医药公司	6	1801	300.17	盈利4000元
11	酱菜厂	24	7008	292	盈利333.98元
12	自来水公司	37	9724	262.81	盈利11.1万元
13	汽车修配厂	4	1499	374.75	盈利1.24万元
14	酒厂	49	7851	160.22	
15	羊场粮油购销公司	21	5328	253.71	政策性亏损49.7万元
16	粮油加工厂	36	9275	257.64	持平
17	土产公司	23	5266	228.96	减亏5万元
18	魔芋公司	14	3434	245.29	减亏1.9万元
19	龙山区供销合作社	50	13417	268.34	减亏1400元
20	洗马粮油购销公司	27	7109	263.3	政策性亏损55.5万元
21	日杂公司	26	8695	334.42	减亏1.5万元
22	电影公司	13	2766	212.77	持平
23	饲料公司	19	4638	244.11	减亏7000元
24	农资公司	16	4637	289.81	政策性亏损21万元
25	粮油贸易公司	19	5228	275.16	减亏1.3万元
26	物资公司	16	3591	224.44	盈利2381.9元
27	谷脚区供销合作社	22	7160	325.45	盈利5000元
28	羊场区供销合作社	24	6953	289.71	亏损27元
29	谷脚粮油购销公司	22	5924	269.27	政策性亏损54.6万元
30	五交化公司	15	3800	253.33	亏损7.1万元

续表

序号	单位名称	职工人数（人）	月工资总额（元）	人均月工资（元）	备注
31	洗马区供销合作社	51	14039	275.27	减亏3万元
32	中西药公司	12	1796	149.67	持平
33	黔龙水泥有限责任公司	112	34131	304.74	
34	草地畜牧服务中心（事业单位企业职工）	3	544	181.33	
合　计		884	229981	260.16	

二、机关事业单位人员工资

1991年起，通过不断改革，逐步形成正常的工资增长机制。1991年机关事业单位人员的工资结构为：基础工资、职务工资、级别工资、工龄工资、粮价补贴、知识分子补贴（简称“知补”）、书报费、物价补贴、洗理费、交通费，事业单位人员无职务工资和级别工资，护士有护龄补贴、教师有教龄补贴。在此基础上，1996年取消物价补贴，增加遗属补贴、独生子女保健补贴，事业单位人员增加活津贴；1999年取消粮价补贴，增加菜篮子补贴；2001年增加艰苦边远地区津贴、岗位津贴；2006年增加住房增量补贴；2007年增加职务津贴、电话费补贴，取消工龄工资和非事业单位人员的基础工资、活津贴。

1991年11月，提高1989年10月1日后参加工作的大中专毕业生（含通过自考、电大、夜大、职大、函授五种非全日制取得学历文凭的所谓“五大”毕业生）、高中毕业生、普通工人、技术工人、志愿兵、义务兵等人员的工资待遇。1992年，全县机关和部分事业单位调整奖励工资人数3368人，月增资7.83万元，其中：专业技术人员1916人4.35万元，行政人员1184人2.89万元，工人268人5870元；机关事业单位在册3380人，月增工龄津贴2.57万元，其中：专业技术人员1874人1.22万元，行政人员1243人1.15万元，工人263人1974.5元。

1992年，调整离退休人员428人工龄津贴，其中离休68人月增资2012.5元、退休360人月增资8325.04元；大集体事业单位（公路养护、卫生大集体、信用联社大集体、财政大集体乡财税员）268人，月增工龄津贴1616.5元；公路养护退休1人、信用联社大集体退休14人，月增工龄津贴共202.6元。

1993年，全县财政供养人员在册6508人，其中：在职4790人、离退休811人，差额拨款486人，民办教师421人。1993年2月，为6人奖励一级工资，办理68人职务变动增资、320名新参加工作人员增资、662人增加奖励工资、68名各类专业技术人员职务晋升后增资；办理机关事业单位离退休人员增发离退休费454人（行政人员308人、专业技术人员122人、工人24人），月增发离退休费7018.45元；为463名退休人员、63名离休人员增加交通费、奖励工资和5%的工资补贴；为70周岁以上离退休人员增加高龄补贴，其中机关42人月增资880元、事业单位20人月增资420元；办理19名遗属生活困难补助。

1994年7月，国家机关、事业单位第三次工资改革，凡1993年9月30日在册的县直属部门的正副局长、正副主任，统一按机关行政人员进行工资套改。全县参加工资改革的在职职工3535人，月净增资22.75万元，人均月增资64.37元（含书报费8元、洗理费10元、交通费12元）。其中：行政机关1145人，月净增资7.95万元，人均69.46元；全额拨款事业单位2048人，月净增资11.29万元，人均55.13元；差额拨款事业单位303人，月净增资3.03万元，人均99.96元；自收自支事业单位39人，月净增资4785元，人均122.69元。办理国家机关、事业单位560名离退休人员增加离退休费，月净增资6.19万元，人均增资110.54元（含书报费8元、洗理费10元、交通费12元）。其中：离休63人，月净增资1.14万元，人均108.63元；退休488人，月净增资5.01万元，人均102.76元；退职9人，月净增资

380元，人均42.22元。调整津贴26人次，办理20名遗属生活困难补助。县草地品改站畜牧师郑德超获1993年省政府特殊津贴。

1995年，为268名在职人员晋升工资，其中技工考评兑现38人；办理审批增加护龄津贴13人、机要局机要津贴5人、信访津贴4人，调整各类岗位津贴22人、浮动工资2人，变动工作年限3人；为1993年以前离退休人员565人按在职人员套改工资；将企业离休干部13人转移到有关主管部门管理，其离休工资列入财政经费开支；办理遗属补贴16人。

1996年，全县机关事业单位年末职工4037人，工资总额1589.27万元。其中：机关1174人（县机关825人、乡镇机关349人），工资总额468.44万元（县机关333.46万元、乡镇机关134.98万元）；105个事业单位2863人（县属805人、乡镇2058人），工资总额1120.83万元（县属321.05万元、乡镇799.78万元；86个全额拨款事业单位2494人，工资总额958.64万元；16个差额拨款事业单位337人，工资总额147.63万元；3个自收自支事业单位32人，工资总额14.57万元）。1996年全县财政供养人员在册6954人，其中：在职5096人、离退休863人，差额拨款620人，民办教师375人。1996年，办理全县机关事业单位274人晋升工资，月增资4986元。

1997年，办理583人晋升级别和职务工资，月增资5870元；高龄补贴14人，核定知补188人，郑德超、郭嘉启、聂忠学3人获州政府津贴。调整晋升机关事业单位4351名工作人员工资标准，因考核不称职不能晋升工资1996年20人、1997年14人，其他情况不能晋升工资193人，其中：行政单位1197人中晋升一级工资1121人，事业全额拨款单位2745人中晋升工资2543人，事业差额拨款单位350人中晋升工资338人，自收自支单位87人中晋升工资56人。办理审批知补475人、高龄补贴15人、遗属生活困难补助20人；调整机关事业单位离退休人员离退休费676人，月增资2.72万元。

1998年，离休费支出46.54万元，离休人员各项补贴支出10.08万元；退休639人，退休费支出367.21万元，各项补贴支出42.65万元；退职8人，退职费2.91万元，各项补贴5496元。审批知补244人、高龄补贴26人、遗属生活困难补助25人；审批岗位津贴206人，月增资8136元。调整机关事业单位工作人员晋升工资3840人，月增资8.43万元；增加1994年以来连续三年考核优秀98人工资，月增资2.5万元；机关事业单位技术工人通过考试增加等级工资20人，月增资413元。

1999年6月，机关实行职级工资制度，776人正常晋升级别工资，月增资1.24万元；职务晋升和工作变动50人，月增资7521元；公安干警晋升警衔27人，月增资419元。对1997、1998两年考核合格（称职）的278人晋升工资，月增资5178元；调整各种津贴补贴30人，月增资650元；确定工龄工资55人。调整国家机关、事业单位工作人员4514人工资标准，月增资55.33万元；离退休退职人员717人月增资17.65万元（其中离休59人10.34万元、退休650人7.27万元、退职8人480元）。1999年6月30日，县行政机关在职1232人，月工资调整前28万元、调整后43.32万元，月增资15.32万元；工人41人，月均增资4222元。全额拨款事业单位在职2861人，月工资调整前86.49万元、调整后120.75万元，月增资34.27万元（其中工人72人，月增资7342元）。差额拨款事业单位在职365人，月工资调整前17.67万元、调整后22.66万元，月增资5万元（其中工人43人，月增资4984元）。自收自支事业单位在职56人，月工资调整前1.88万元、调整后2.63万元，月增资7448元（其中工人11人，月增资1296元）。办理审批高龄补贴15人、知补97人、遗属生活困难补助15人。

2000年，1998、1999两年考核称职（合格）以上晋升工资3792人，月增资8.86万元（其中：机关行政人员1257人1.96万元，事业单位2192人5.98万元，差额拨款事业人员296人9006元，自收自支事业人员47人1195元）；连续5年考核称职（合格）和连续3年考核优秀133人，月增资3460元；办理浮动工资和浮动工资转固定工资30人，月增资431元；职务变动和专业技术职务晋升调整工资274人，月增资5962元；办理卫生护龄津贴10人月增资27元、办案补贴1人月增资60元、岗位津贴1人月增资40元；调整公安、政法等干警工资148人月增资4199元；审批高龄补贴22人、知补108人、遗属生活困难补助33人；离退休人员767人增加离退休费，月增资8.15万元。

2001年，提升全县机关事业单位4927人工资标准，月增资49万元；增加离退休人员825人离退休费和职务补贴，月增资12.56万元；开始实施艰苦边远地区津贴5728人，月增资24.6万元；提高5728人交通费补贴，月增资10.3万元；正常晋升级别工资186人，月增资3348元；正常晋升职务工资558人，月增资1.06万元；连续3年评为优秀人员晋升级别工资151人，月增资3775元；调动工作确定工资级别36人；办理遗属生活困难补助29人、高龄补贴18人、知补76人。

2002年，两年考核正常晋升工资4010人，月增资13.3万元（其中：机关单位人均月增资21.66元，事业单位人均月增资37.29元），未能正常晋升工资945人；机关单位行政人员5年晋升级别工资158人，月增资5767元；机关事业单位连续3年评为优秀79人晋升工资，月增资3225.5元；浮动转固定工资19人，月增资541.5元；职务职称变动增资115人，月增资6670元。离退休人员1023人（其中：离休49人、退休974人），月增资2.15万元。对获评省级劳模4人发放生活补助，每人月增资80—120元；遗属生活困难补贴15人，月增资3360元；高龄补贴8人，月增资160元；调整审批知补17人、政法系统警衔补贴158人、信访岗位津贴5人、护龄津贴4人、机要津贴1人。

2003年，为2001、2002两年考核称职（合格）946人晋升工资，月增资29.41万元；5年晋升级别工资32人，人均月增资36.5元；连续3年考核优秀晋升工资33人、浮动转固定工资3人、因职务变动及调进等调整工资110人；公安、政法、卫生等津贴增资8人，新增知补84人月增资504元。

2004年，为两年考核称职（合格）人员晋升工资，实施正常晋升级别、职务职称变动和连续3年考核优秀人员的工资调整，新增知补223人月增资1338元。调整机关事业单位工作人员职务补贴标准为：行政人员办事员100元、科员150元、副科级200元、科级250元、副县级300元、县级350元；事业人员职员六级100元、五级150元、四级副200元、四级正250元；专业技术人员技术员100元、助理人员150元、中级250元、副高级300元；工勤人员初级工100元、中级工150元、高级工200元、技师250元。办理退休56人、遗属生活困难补贴21人、高龄补贴16人，办理政法系统提高津补贴。

2005年，为机关事业单位2003、2004两年考核称职（合格）人员晋升工资，调整42名离休干部和15名无生活来源遗属待遇；将建设系统事业单位自收自支33人和差额拨款6人纳入财政全额预算管理，为离岗退养民办教师每人月增生活费15元；实施职务职称变动增资，办理退休57人、遗属生活补贴40多人、高龄补贴12人、死亡一次性抚恤费及丧葬费23人。

2006年，为机关事业单位两年考核称职（合格）以上工作人员晋升工资，5年连续考核称职（合格）以上晋升一级级别工资，3年连续考核优秀晋升一级工资。全县机关事业单位在职4798人、离退休1102人，其中：执行公务员工资制度的在职公务员942人，年人均工资1.67万元（县直机关728人，年人均工资1.65万元）；县直事业人员1112人，年人均工资1.62万元；执行机关工人工资制度的在职106人，年人均工资1.38万元；乡镇机关人员320人，年人均工资1.64万元；乡镇事业单位2638人，年人均工资1.62万元。将县水利局红岩水管所等6名正式职工工资纳入财政全额拨款；办理知补105人，月增资530元；为离退休及在职人员5836人发放艰苦边远地区津贴；审批12人的死亡一次性补贴、丧葬费，办理遗属生活困难补助。

2007年1月，全县参加工资改革单位106个（其中县级92个、乡镇14个）、人员5901人（正式在职4811人、离退休1090人），人均月增资314元。其中：机关工作1283人（公务员1145人、技工79人、普工24人、见习期人员35人）、事业单位3528人（其中管理岗位351人、专业技术岗位2940人、事业技工105人、普工63人、见习期人员69人）。调整后，执行公务员制度的在职公务员942人，年平均工资16738元（县直机关728人，年平均工资16471元）；县直事业人员1112人，年平均工资16210元；乡镇机关人员320人，年平均工资16356元；乡镇事业人员2638人，年平均工资16244元；执行机关工人工资制度106人，年平均工资13755元。6月，下达县自主择业军转干部住房公积金和增量补贴1.37万元。2008年，办理确定调动人员工资129人、转正定级18名、新参加工作人员工资118名、退伍军人安置工资7名，办理35名机关事业单位人员退休手续。

三、奖励工资

（一）企业奖励工资　由企业根据经营状况自主确定，对少数工作成效突出的职工进行奖励。

（二）机关事业单位奖励工资　1991—2002年，大部分机关事业单位有自主掌握使用的预算外资金收入（主要有规费收入、罚没收入、商业门面租金、下属企业经营收入等），除部分用于公务支出外，其余一般用于干部职工的奖金、福利支出。收入高的单位奖金福利好，收入低的差一些，少数无收入的单位便无奖金福利可言。

1998年开始实行机关目标管理考核制度，年终县委、县政府对各单位考核，合格以上单位全体干部职工按规定的标准获得等额奖励。2003年开始，除年终目标管理考核奖励外，为每名获考核合格以上等次干部职工（亦对离退休人员）增发1个月的基础工资作为奖励，称为“年终一次性奖金”（离退休人员领取的称为“年终一次性生活费”，俗称“第13个月工资”）。为体现公平，将各单位的预算外收入资金统一纳入县财政实行“收支两条线”管控，任何单位预算外收入资金必须全额上缴财政，每一笔预算外资金的使用必须按程序报请县政府分管本单位和分管财政工作的副县长批准（大额资金使用还须经县长批准），而且预算外收入资金不得用于滥发奖金福利，并逐步将商业门面等公有收益性资产收归县财政统一管理。

2008年，对2006—2008年考核优秀及连续3年优秀的干部职工1915人（其中2006年583人、2007年677人、2008年655人；连续3年优秀103人）进行奖励，奖金168.65万元。

四、福利待遇

1991年12月，根据省政府文件规定，凡参加工作满5年以上的各级党政机关、人民团体和事业单位工作人员（含工人），均享受带薪休假。参加工作5年不满10年的，每年可带薪休假5天；满10年不满20年的，每年可带薪休假10天；满20年以上的，每年可带薪休假15天。1993年起，每年为每名退休干部订阅《贵州老年报》1份，春节期间慰问离退休干部（当年慰问547名）。1995年春节慰问国有企业退休职工600余人，费用1.3万元。1996年发放保险福利费集体452.5万元、个人193.8万元、国有经济单位587万元、城镇集体经济单位9.6万元，办理牺牲、病故遗属生活抚恤17人。

1997年，国有经济单位集体福利设施及集体福利事业补贴303.6万元、文化宣传费105.4万元、医疗卫生费192万元、冬季取暖补贴101.2万元。1998年机关事业单位人员4564人，年人均医疗费支出356元；企业职工医疗费用支出27.02万元，人均197元。1999年对下岗职工86人发放慰问金1.74万元。2002年发放丧葬等费28.7万元（其中遗属生活困难补助92人13万元）。

根据民政部、人事部、财政部文件，自2004年10月1日起，国家机关工作人员及离退休人员死亡，一次性抚恤金标准为：烈士为本人生前80个月基本工资或基本离退休费，因公牺牲者为本人生前40个月基本工资或基本离退休费，病故者为本人生前20个月基本工资或基本离退休费。

2007年10月，下达企业军转干解困资金16人8.8万元。2008年，支付遗属140余人生活困难补助54万元、离退休人员死亡35名一次性丧葬抚恤费56万元、失业人员220人救济金84万元、工伤人员37名医疗及伤残救助金37.93万元。

第四节　干部职工队伍建设

一、干部职工人员调配

主要是根据工作需要、职务晋升、身份转变、人员合理流动等实际进行调配，具体有县外调入、调往县外、县内各机关事业单位及乡镇之间调动、新安排工作及录聘用、引进等情况。

1991—2008年龙里县干部职工调配情况统计表

表19-4　　单位：人

年份	县外调入	调往县外	县内调动	转正	竞争上岗
1991	2	13	59（事业进机关）	—	—
1992	—	—	—	—	—
1993	15	28	20	—	—
1994	6	5	97	—	—
1995	4	13	79	—	—
1996	15	12	40	以工代干转正66人、聘干转正118人	—
1997	11	9	86	—	—
1998	11	7	176	—	—
1999	8	6	86	—	—
2000	11	7	122	—	—
2001	9	8	62	—	—
2002	8	3	196	—	—
2003	3	10	122	—	—
2004	—	—	207	—	—
2005	2	12	正常调动105人、乡镇教师竞争调动15人、机关事业单位工人调动18人	—	—
2006	8	11	90	—	—
2007	4	4	69	—	125
2008	17	4	84	—	—

二、干部职工录聘用

1991年分配大中专毕业生156人（到教育系统78人、卫生系统28人、其他工作部门50人）。1992年分配技校毕业生2人、录用干部31人、乡镇选录干部6人，聘用林业干部11人、农技干部12人、专职民警11人、计生专职干部1人，收回安置1人；分配大中专毕业生144人（到党政机关16人、事业单位122人、企业单位6人），州人事局在龙里县聘用计生干部5人，聘用干部试用期满签订合同15人。以工代干在册103人（技术工）。1993年录用干部3人、聘用干部71人（其中试用21人）、安排大中专毕业生见习工作140人，调动151人。1994年录用干部32人、聘用干部65人（其中试用36人）、安排技校毕业生10人、确定行政职务159人。

1995年，党政干部、科技人员家属农转非报批9人；安置大中专毕业生105人（含自费生32人），录取4人为县检察院干部、2人为检察院以工代干、6人为县法院干部、5人为县司法干部、49人为民办教师转公办教师；聘用乡镇大集体人员，12人为干部、8人为文化事业单位专干、9人为计生干部、32人为乡镇事业单位及企业单位干部、3人为乡镇林业干部、2人为乡镇干部。符合录（聘）以工代干免试154人，参试合格137人，办理以工代干录（聘）191人。

1996年录用干部67人、聘用干部2人（自费生招考）、以工代干112人，安排1995届大中专毕业生见习49人（重新调整工作单位9人），安排中师毕业生77人、师范类大专院校毕业生16人、非师范院校大中专毕业生92人。1997年录用干部4人、合同制民警10人，聘用干部73人，安排1996届大中专毕业生193人、省选调生2人。1998年聘用干部43人，聘用干部试用期满续签合同60人，安排1997年大中专毕业生250人。1999年录用干部1人、州选拔大学毕业生5名，聘用干部7人，安置大中专毕业生221人，续签聘用干部合同13人。

2000年安排毕业生151人，聘用干部2人。2001年聘用干部9人，安置毕业生34人；组织1999届大中专毕业生考试，按照60%的比例录取64人。2002年招考大中专毕业生任中小学教师81人，安置毕业生11人，招聘机关事业人员6人，重新安排工作3人。2003年录用事业单位人员46名，安置毕业生48名，公开招考卫生技术人员18名、劳动保障工作人员14名，招入工勤人员10名。2004年安排大学本科毕业生23名，聘用师范类本科毕业生14名，招考乡镇计生干部11人，招入农业系统执法人员7人。办理收回安置工作2人，重新安排工作2人。

2005年录用国家公务员15人，录用选调生11人，县财政局招入工作人员2人，财政系统招入乡镇聘用制人员17人，县法院系统招入聘用制书记员5人，定向招聘师范院校毕业生为教师2人，安排警校毕业生工作3人，招考事业单位工作人员42人（其中工勤人员12人）。2006年招录事业人员、工勤人员及中小学教师65人，录用人民警察5人，聘用法庭书记员5人。2007年录用公务员15人，面向社会招聘事业单位工作人员51人。2008年公开招考事业工作人员98人，县外引进3人、调进17人。

三、人才交流及非统配生安置

1990年，对不属于国家计划内统一安排工作的大中专以上毕业生（非统配生）14人给予安排就业。1992年5月，安置非统配生19名。2002年，引进8人进入国家机关、事业单位工作，12人到企业工作；建立人才档案560人。2003年，公开招聘人才72人；人才档案接收12人次、转出25人次，办理正大集团人才档案10人次。2004年，建立人才档案670个。

2006年，举办人才招聘会，提供300多个用人岗位；企业分行业管理人员县属54人，企业经营管理人才61人。2007年，召开洽谈会6场，提供1000余个职位，共推荐4000余人求职；接收大中专毕业生个人档案托管700人；通过公开招聘考试，将龙里县第一批“一村一名大学生工程”的高校应届毕业生15人落实到村级工作。2008年，调往县外4人、县外调入17人、县外引进3人、县内交流调动84人。

四、离休退休辞职退职

1991年底，全县行政事业单位退休人员在册366人，1992年增至472人，1993年达551人，1995年底为652人。2000年办理退休26人，2001年干部退休26人，2002年退休15人；2003年干部退休57人，办理公务员辞职3人、开除公职3人、辞退1人；2004年干部退休56人、工人退休4人；2005年正常退休25人、病退2人、辞退1人、辞职3人；2006年干部退休37人、自动离职1人，全县离退休人员在册1102人；2007年正常退休72人、提前退休2人、病退3人、辞职2人、辞退1人、自动离职1人，全县行政事业单位离退休人员在册1179人。2008年退休84人，累计在册离退休人员1263人。

五、干部职工培训

1990年12月，在县内外组织科技兴农和发展乡镇企业培训，参训559人。1996年，培训初任职务学员396人，计算机培训取得合格证760人；参加国家公务员过渡培训考试3批共900人，合格率达98%以上。1999年，组织公务员485人参加全省公务员科技知识统一培训考试。2000年，参加第二批国家公务员科技知识培训考试346人。2002年，全县机关事业干部职工4160人参加计算机中级应用能力培训考试；举办“中国加入世界贸易组织（WTO）”知识培训班2期，全县参加培训考试4805人。2003年，组织“公务员学法用法和依法行政”培训，全县参加考试1380人。

2005年，乡镇财政聘用人员17人参加黔南州举办的岗前培训，新录用公务员15人参加任前培训；实施经济系列专业技术资格考核考试44人、专业技术职称计算机考核考试140人、公务员法考核考试1276人。2006年，组织公务员通用能力培训6期1307人，教师继续教育培训2047人。2007年，公务员法律知识培训245人。2008年，开展知识产权培训测试3268人，县直事业单位骨干培训100人。

六、干部职工考核

1994年起，开始实行公职人员年度考核制度，考核评定结果分为优秀、称职、基本称职、不称职4个等次（事业人员分为优秀、合格、基本合格、不合格4个等次）。被评为基本称职（基本合格）、不称职（不合格）的，次年调整工资时不得增资；连续2年考评为基本称职（基本合格）、不称职（不合格）

的，将作辞退处理。

2006年，全县参加年度考核4811人，其中：公务员1146人（含参照公务员法管理人员183人）中考评为优秀130人、称职993人、基本称职1人、不称职2人，不评定等次18人、不参加考核2人；事业单位专业技术人员2944人中，考评为优秀350人、合格2559人、基本合格1人，不评定等次33人、不参加考核1人；事业单位职员721人中，考评为优秀90人、合格624人、不合格2人，不评定等次5人。

2007年，全县参加年度考核公职人员4885人（其中公务员1193人、事业单位专业技术人员3144人、事业单位职员548人），其中评为优秀的有公务员182人、事业单位人员495人。2008年，全县参加年度考核公职人员4915人（其中公务员1193人、事业单位人员3722人），其中评为优秀的有公务员198人、事业单位人员457人。

1994—2008年龙里县公职人员考核情况统计表

表19-5　　单位：人

年份	应参加考核人数	实际参加考核人数	考核评定等次情况				
			优秀	称职（合格）	基本称职（基本合格）	不称职（不合格）	不定等次
1994	3710	3689	481	3160	—	10	38
1995	3247	3247	430	2805	—	12	—
1996	3663	3629	430	3186	7	6	—
1997	4150	4134	453	3669	—	12	—
1998	3848	3835	525	3294	—	16	—
1999	4197	4181	527	3402	12	8	232
2000	4351	4349	454	3893	—	2	—
2001	4442	4442	497	3929	12	4	—
2002	4674	4674	424	4159	3	6	82
2003	4599	4597	549	3965	3	6	74
2004	4624	4615	534	4036	14	5	26
2005	4780	4774	545	4188	5	3	33
2006	4811	4808	570	4176	2	4	56
2007	4885	4885	677				
2008	4915	4915	655				

七、干部职工奖惩

执行公职人员奖惩有关规定，1990年记过处分5人、记大过2人、撤职处分1人、开除留用察看1人、开除2人；1991年除名1人、辞退1人、行政撤职处分1人、开除留用察看1年期满重新安排工作2人；1992年惩戒11人（其中记大过1人、开除9人）；1993年开除公职4人，辞职、辞退、解聘各1人；1994年除名干部1人。1995年事业单位受奖励1人，国家行政机关、事业、企业单位工作人员受惩戒10人；企业开除5人、解除劳动合同5人、不再续签劳动合同6人。1996年，龙里中学教师糜崇植获“特级教师”称号。

1997年开除公职2人、自动离职2人、解除聘干3人。1998年辞退公务员1人、开除公职1人、行政处分1人。1999年辞退干部3人、工资降级处理12人、辞退计生工作员3人；县推荐科技人才2人获省政府表彰。2000年，辞退公务员1人、开除公职4人。2003年开除公职3人、降级1人。2005年开除1人。2006—2008年，奖励年度评为优秀及连续3年评为优秀的人员1915名，共发放奖金168.65万元。其中：2006年583人、2007年677人、2008年655人。连续3年评为优秀103人（其中33人各记三等功1次）。

第五节　专业技术人员管理

一、专业技术人员队伍建设

1991年，全县专业技术人员总数达2436人。按行业分：机关417人、农林牧渔水192人、工业23人、建筑业11人、交通运输5人、商业物资供销85人、房地产管理及公用事业16人、卫生体育及社会福利事业269人、教育文化艺术及广播电视事业1411人、科研及综合服务7人；按职称级别分：其中高级26人、中级337人、初级1066人；按管理渠道分：其中事业1897人、企业106人；按技术类别分：其中工程技术92人（其中工程师12人，助理工程师、技术员61人）、农业技术149人（其中高级农艺师1人、农艺师10人，助理农艺师、技术员94人）、卫生技术259人（其中副主任医师3人、主治医师48人、医护师士148人）；教师1397人（其中：中学22人，中学一级76人，二、三级139人；小学高级182人，一、二、三级552人）、经济系列48人、会计32人、统计12人、图书档案文博15人、新闻出版播音4人。

1995年底，全县事业、企业各类在职专业技术人员总数2397人（女性1059人、少数民族656人），其中：学历大学本科以上150人、大学专科396人、中专1587人、高中136人、初中以下128人；中共党员383人、共青团员553人。按职称级别分：高级24人、中级338人、初级1653人；按单位性质分：事业2302人、企业95人；按技术类别分：工程技术92人（其中：工程师7人，助理工程师、技术员74人）、农业技术198人（其中：高级农艺师1人、农艺师11人，助理农艺师、技术员150人）、卫生技术323人（其中：副主任医师2人、主治医师48人、医护师士232人）、教师1681人（其中：中学高级21人、中学一级114人，中学二、三级248人；小学高级148人，小学一、二、三级884人）、经济系列36人（其中：经济师1人，助理经济师、经济员25人）、会计33人（其中：会计师3人，助理会计师、会计员19人）、统计9人（其中：助理统计师、统计员6人）、图书档案文博12人（其中：馆员2人，助理馆员、管理员8人）、新闻出版播音4人（助理编辑、记者，二、三级校对2人，二、三级播音员2人）、律师及公证6人（其中：三级律师、公证员1人，四级律师、公证助理员3人）、政工师3人。

2000年，获得卫生高级职称2人、中学高级教师职称5人、林业工程师职称1人，公安系统特种专业职称助理工程师7人、技术员4人、法医师（初级）1人。

2006年，全县有事业单位技术人员3047人（其中：女性1506人、少数民族970人、中共党员883人，学历研究生2人、大学本科391人、大专1240人、中专1302人、高中及以下112人）。按在职专业技术职务分：高级技术92人（其中：教师83人、卫生技术8人、工程技术1人）、中级技术737人（其中：工程18人、农业43人、卫生83人、教师286人、会计6人、艺术1人）、初级技术2187人（其中：工程131人、农业174人、卫生327人、教师1530人、经济3人、会计5人、统计1人、图书档案文博7人、播音4人、政工1人）；按专业类别分：工程技术150人、农业技术217人、卫生技术440人、教师2208人、经济3人、会计11人、统计1人、图书档案文博7人、新闻出版4人、播音4人、艺术1人、政工1人。

2007、2008年，全县有事业单位技术人员分别为2940人、2991人。

二、专业技术干部管理

1993年，全县企事业单位各类专业技术干部共2157人，其中：学历大专以上502人、中专1428人、其他227人，共产党员363人、共青团员419人、无党派人士1375人，女性881人、少数民族561人。1993年起，每年3月18日召开知识分子、科技人员座谈会，并推荐优秀知识分子、科技人员参加省、州优秀科技人才奖和政府津贴申报评选活动，营造“尊重知识、尊重人才”的氛围。对专业技术人员实行聘任制，与工资挂钩，实行年度检查考核管理，促进其履行职责。

三、专业技术职务评聘

1992年，龙里县会计职称改革全国统一考试取得会计师资格1人、助理会计师7人、会计员3人。

1993年起，每年开展一次职称晋升评审工作，为此建立农业、卫生、中小学、工程技术等系列初级评聘机构。当年获得统计员资格1人；卫生系列通过评审晋升主治医师8人、主管医师3人、主管中药师1人、主管护师1人，医、护士晋升医、护师16人，获得医师资格33人、医护士51人；计划生育系统评审医师8人、护师1人、医士4人；中小学系列初聘小教一级5人、小教二级257人、小教三级60人、小教高级26人，中教高级5人、中教一级32人、中教二级91人、中教三级29人；农业系列初聘助理农艺师8人、助理畜牧师2人、助理农业经济师1人、畜牧技术员3人、农业技术员8人、农经技术员2人；工程系列工程师1人、助理工程师4人、技术员5人；政工系列评审政工师8人、助理政工师16人、政工员4人；其他系列初聘助理馆员1人。

2000年，龙里县推荐参加全州专业技术职务评审中级82人、高级8人，初聘初级职务农业系列27人、新闻专业1人、工程系列25人，初聘中小学系列初级专业技术职务2人，办理经济系列初、中级职务考试报名46人。2001年，推荐参加全州专业技术职务评审中级98人、高级26人，委托州初级评审1人，专业技术职务初聘初级229人、评审初级144人。

2002年，调整教育、农业、工程等系列的评审委员会，核定全县各系列的专业技术人员比例，涉及2867人。评审教师资格中教高级22人、中教一级113人、中教二级23人、小教高级118人，职称资格农业中级6人、工程中级1人、卫生副主任医师4人、工程初级7人、农业初级38人；初级职称申报246人，初级职务初聘中小学123人、农业5人、工程18人，年审专业技术资格证书1755人。年审教育系列中高级职务申报材料182人，审核农业、卫生、工程等系列申报副高级和中级职务8人，并报请州级评审。

2003年，核定全县2001—2003年各系列专业技术人员结构比例，开展申报评审及聘任工作。经县初级评审通过工程系列6人、农业系列15人、教育系列220人。经州级评审通过农业系列3人、中教高级21人、中教一级44人，小教高级语文44人、数学51人。评审县检察院曹显礼具备主检法医师资格，另1人具备工程师资格。初聘初级139人（中小学129人、其他10人）。

2004年，核定事业单位专业技术职务结构比例，涉及3070人。职称上报评审初级教育系列127人、农业系列13人、工程系列37人；评审通过教育系列中教高级14人、中教一级55人、小教高级64人，农业、工程系列中级各1人；初聘教育系列13人、农业系列22人、工程系列37人、卫生系列10人、播音系列3人。

2005年，申报教育系列高级36人、中级373人、初级85人，卫生系列高级1人，工程系列中级1人、初级14人，农业系列中级9人、初级18人；评审取得资格助理农艺师、兽医师、畜牧师16人，助理工程师17人、工程技术员13人；初聘农业系列18人、工程系列54人，教育系列中教高级14人、中教一级55人、小教高级64人、小教初级8人，卫生系列中级9人、初级19人。

2006年，全县教育、农业、工程、卫生、文化等系列共申报职称评审高级17人、中级256人；获得职称资格工程系列3人、农业系列8人、教育系列423人、经济系列1人、文化系列2人；聘任工程系列26人、教育系列88人、卫生系列15人、计生系列7人、农业系列8人。至2006年末，全县教育系统有小学高级教师121人、中学一级教师72人、中学高级教师222人；农业系统有农艺师8人、畜牧师3人、兽医师4人；工程系统有工程师6人。另外，县属国有经济企业有专业技术人员20人。

2007年，申报评审中高级职称140人，县初级评审通过44人。经省、州评审通过中、高级专业技术职务资格223人（其中：教育系列209人、工程系列6人、农业系列16人、文化系列1人、卫生系列1人）。聘任中、高级专业技术人员78人（其中：工程师6人、馆员1人、畜牧师3人、兽医师6人、农艺师5人、高级畜牧师1人、农经师1人、副主任医师1人、主治医师1人、主管医师1人、中教高级11人、中教一级12人、小教高级29人）。对高级职称人员149人建立人才库。2008年，申报初审职称中、高级183人，任职审查工程和农业系列初级17人，聘任初级42人、中级131人、高级81人，建成有23名评委的县职称评审专家信息库，取消中级职务聘任资格1人。

四、技术工人队伍建设

1995年启动技术工人职级评定工作，组织机关事业单位技工等级考核培训70人，评定中级工46人、高级工24人。1999年，培训考试考核合格驾驶高级工13人、中级工3人、初级工1人，电工类高级工3人，环卫高级工1人、中级工1人，营林高级工1人，服务高级工2人、中级工1人。2003年，评审环卫技术高级工1人、中级工6人、初级工6人，打字微机技术工1人。2004年，机关事业单位晋升技术等级驾驶高级工2人、中级工9人、初级工4人。

2005年，机关事业单位技术工人职业道德考试合格13人，技术等级晋升电工中级工1人、营林高级工1人，物资保管高级工3人、中级工6人、初级工3人。2008年，全县有技术工人268人，其中：男性214人，技工二级（技师）1人、技工三级（高级工）50人、技工四级（中级工）61人、技工五级（初级工）69人；普通工人87人。

五、乡土人才培养

1995年调整县农民技术职称评定领导小组，启动乡土人才评定工作。至1999年，全县评定农民技术初级职称累计1094人。2000年，扶持乡土人才9名，获省表彰拔尖乡土人才1名，陈仕金等161人获县级“绿色证书”。2002年，开展普训3.01万人，“绿色证书”培训600余人，颁予证书542人，获省级优秀乡土人才表彰奖励2人。

2003年，出台《龙里县关于进一步加快农村乡土人才开发的意见》《龙里县乡土人才开发培训规划》《龙里县2003年乡土人才开发培训计划》等文件；开办乡土人才骨干培训班4期，培训320人次；为乡土人才347人颁发“绿色证书”，其中醒狮镇168人、谷脚镇80人、龙山镇99人。2004年，投入1万元培训农村实用技术型人才50余人，颁发资格证书46人；2人获得全省2003—2004年度优秀拔尖乡土人才称号；全县有科学技术示范户1082户，累计获得“绿色证书”2538人（其中：农民技术人员职称422人、获乡土人才资格证366人）。

2005年，投入经费13.9万元培训乡土人才10期1008人（其中：获得“绿色证书”691人、乡土人才资格证书317人），累计获得“绿色证书”达2583人（其中乡土人才资格证书665人），新增人才档案64个（全部实现微机管理）。2006年，培训乡土人才18期1800余人，经考试合格获乡土人才资格证书600人、“绿色证书”390人，组织到山东省寿光市学习培训35人，有4人参加全省两期“旅游、营销”高级乡土人才培训班学习。

2007年，实施选拔农村优秀青年和村、支“两委”干部提升学历工作，参加提升学历48人。以巴江乡农民绘画为能工巧匠技能培训重点，培训3期300人，选派绘画能手20人到麻江县下司镇铜鼓村“中国现代民间绘画之乡”学习交流；举办无公害蔬菜生产技能培训班8期600人，有300人竞争考试合格获得“贵州省乡土人才资格证书”。

2008年，编制《龙里县2008—2012年乡土人才发展规划》，纳入管理的乡土人才有1268人（平均每村8人），约占农村总人口数的0.77%，其中：女性310人，35岁及以下434人、36～45岁675人、46岁以上159人；学历大专及以上17人、中专（高中）130人、初中及以下1121人；种养类753人、手工业类210人、根雕艺术类75人、农民画类112人、其他类（民间歌唱、舞蹈、“农家乐”餐饮等）118人。规划全县乡土人才发展至2008年1500人、2009年2000人、2010年2500人、2011年3000人、2012年3500人以上，高、中、初级人数比例达到1：3：6。

2008年，开展乡土人才开发“332”工程（县级重点培养扶持管理30人、各乡镇重点30人、各村重点20人）专项统计，建设乡土人才信息库。选派年轻干部48人到农村挂职；为2006—2007年两批“一村一名大学生工程”选聘生办理人生意外伤害和住院医疗保险，发放生活补助，选聘23人，其中到村任职11人。龙山、谷脚、醒狮、羊场、巴江5个乡镇成为县乡土人才开发重点联系乡镇，设立乡土人才工作站。在龙山镇坝上村、谷脚镇茶香村、醒狮镇大岩村、羊场镇走马村、巴江乡平坡村建立乡土人才开发示范点，重点联系示范80户。

2008年，开展“332”工程培训1300多人次，乡土人才受到省表彰1人、州表彰3人，县表彰优秀乡土人才15人、优秀乡土人才工作者15人、乡土人才开发先进单位5个；推荐职称初级歌师3人、中级戏师1人、高级戏师1人、初级工艺师8人、中级工艺师3人、高级工艺师8人。

第六节 人事劳动执法管理

一、人事争议仲裁

2004年3月，成立县人事争议仲裁委员会，聘请15个部门仲裁员19名。2005年3月，聘请仲裁员17名，制定备案仲裁文书样本26种。至2008年，未发生人事争议案件。

二、劳动争议仲裁

1990年12月，明确劳动合同订立的原则和招收合同制工人鉴证劳动合同的时效、条件等，对鉴证的劳动合同按系统、单位和合同性质分类建档、立卡。1994年6月，成立县劳动鉴定委员会。开展劳动关系调查，组织劳动用工大检查，检查国有企业9户3262人、集体企业8户552人、私营企业2户242人、个体工商户1户6人，检查数占企业户数的30%。向企业职工发放劳动法单行本300册、劳动法参赛试卷1000份，悬挂标语80多幅。

1995年，全面推行劳动合同制、县级国有企业全员合同制，聘任劳动争议仲裁员7名。1997年建立企业调解委员会32个，1998年建立县仲裁庭，2002年聘任仲裁员8名。2003年，对各类人员开展劳动法律法规培训371人次。

2005年，清理到期劳动合同1055个，鉴证45个用人单位劳动合同1516个3032份，鉴证登记保存事业单位改革试点单位龙里中学和县医院聘用合同226个，签订乡镇财政人员聘用干部合同17个。接待来访48件110人次，其中：工伤咨询12次21人，答复或建议上访人申请工伤鉴定、医疗终结后申请劳动能力鉴定，按鉴定等级享受工伤待遇；解除劳动关系涉及经济补偿、押金等10次34人；因合同期满未及时续订及社会保险金缴纳问题来访2次19人；因辞职经济补偿问题来访2次3人；刑满释放人员要求安置来访1次1人。以信访方式直接协调争议1件并当即结清，争议标的522元。受理结案劳动争议案件14件43人、集体争议3件31人；追缴补缴基本养老保险金争议标的38.74万元；解决个体争议11件12人（其中：因改革解除劳动合同经济补偿2件，争议标的6.83万元；补缴养老保险争议3件，标的7.36万元；工资争议1件，标的2639.5元；工伤保险待遇争议4件，标的18.96万元；确认劳动关系1件）。2007年，举办县级劳动仲裁培训105人，参加省级劳动仲裁培训7人。

1990—2008年龙里县劳动争议仲裁情况统计表

表19-6 单位：个、万元

年份	鉴证劳动合同数		涉及企业数	处理劳动争议件数		追缴金额	
	单体合同	集体合同		接访	需要并已处理	应交养老金	工资、工伤赔偿等
1990	1659	0	38	0	0	0	0
1993	1543	0	36	1	1	0	0
1994	994	0	20	3	1	0	0
1995	1076	0	12	0	0	0	0
1996	4951	6	52	3	3	0	0
1997	1871	32	49	0	0	0	0
1998	1812	1	48	7	2	0	0
1999	729	1	51	9	1	0	0

续表

年份	鉴证劳动合同数		涉及企业数	处理劳动争议件数		追缴金额	
	单体合同	集体合同		接访	需要并已处理	应交养老金	工资、工伤赔偿等
2000	758	15	51	18	5	0	0
2001	605	0	50	15	5	0	0
2002	1438	9	38	25	5	0	0
2003	6884	0	62	58	10	9.77	9.19
2004	2375	0	24	44	8	0	0
2005	1799	0	60	74	56	46.1	26.12
2006	0	0	0	34	30	0	0
2007	2817	0	50	34	26	0	0
2008	3877	0	78	41	38	0	0

三、劳动监察

1995年8月，任命劳动监察员5名，加强劳动监察工作。1997年，企业用工年检49家，合格40家发给“贵州省劳动用工年检合格证”，督促整改9家；监察清退企业风险抵押金4人次450元，清理外来人员补办就业证350余人。1998年，对县属各类企业用工专项监察，劳动伤残鉴定2人。2000年，劳动伤残鉴定6人，大部分丧失劳动能力。2001年，追缴养老金19.5万元、失业金7万元。办理劳动监察案件8件，其中：无故拖欠工资3件，社会保险金追缴5件；劳动能力鉴定10人，伤残鉴定2人。

2002年，接受群众举报等案件25件涉及劳动者26人4.31万元，清退收取劳动者押金2件涉及劳动者25人1.22万元；为劳动者认定工伤6件6人；处理未经劳动部门批准私自招工5件、其他案件6件。对企业及个体工商户进行拖欠劳动者劳动报酬、劳动者权益保护、下岗职工各项优惠政策执行等7项检查，共检查235户次涉及劳动者1.13万人次。劳动能力和伤残等级鉴定14人。

2003年，监察各类企业及个体工商户245户涉及劳动者10.71万人次；接受群众举报25件，其中立案并结案20件、转办查处5件；对迟迟未签订劳动合同的个别私营企业下达限期改正指令书3件涉及438人；劳动能力鉴定16件16人，清理取缔非法招工广告8个，接待群众咨询、来访及投诉124人（其中接待6人以上的群众性来访投诉4件共68人）。

2004年，累计检查用人单位及个体工商户263户次涉及劳动者1.25万人次；接受群众举报投诉案件15件，立案13件，全部结案。2005年，清理取缔非法职业中介3起、非法招工广告15起，涉及480人；监察各类企业、个体工商户及非企业单位共238户次，涉及劳动者1.33万人次；接受群众举报、投诉案件25件，立案22件，全部结案；接待群众来访、咨询及投诉940余人次。

2007年1月1日起，实行建筑企业开工前缴纳农民工工资保障金制度，有7家企业缴纳38.64万元。对非法用工、克扣拖欠农民工工资开展执法监察，受理结案举报、投诉案件24件涉及农民工291人，追发被拖欠、克扣的工资及押金8.15万元。开展非法劳动用工专项整治行动，清理“四小企业”及餐饮业165户涉及劳动者4036人，清退童工4人；对违反劳动法律法规的115户企业进行限期整改，责令补签劳动合同404人。

2008年，执法监察企业210户次，涉及劳动者7490人次，补签劳动合同3680份；受理举报、投诉案件38件涉及劳动者450人，涉及劳动者工资及押金188.4万元；督促建筑企业13户缴纳工资保证金36.48万元；接待咨询投诉610人次，其中：处理群体性突发事件9件涉及劳动者700多人，督促非公有制企业参加社会保险20户涉及450多人。

1995—2008年龙里县劳动监察情况统计表

表19-7 单位：人、万元

年份	监察企业个数	涉及劳动者人数	签订合同人数	责令补签合同人数	工伤认定人数	追缴金额		
						养老金	失业金	拖欠工人工资
1995	38	5768		0	0	0	0	0
1997	49		350	0	0	0	0	0
1998	48	3311		0	0	0	0	0
1999	63	4944		0	0	0	0	0
2000	66	3463	2181	1282	0	0	0	0
2001	116	8573		0	0	19.5	7	0
2002	82	5034		0	5	0	0	147.85
2003	62	4690	340	4350	3	186	0	0
2004	70	5028	2654	2374	2	0	0	163.6
2005	81	5817	4297	1520	21	115	0	187.1
2006	80	5465		0	40	0	0	3.4
2007	85	6250		0	37	0	0	8.15
2008	82	4480	800	3680	68	0	0	188.4

第二章 社会保障

第一节 社会保障管理机制

一、稽核

2001年开展对20户企业社会保障稽核，涉及职工720人，追缴拖欠的保险金5.5万元。2003年，对县百货公司、贵州正大等28户参保企业保险费专项稽核，涉及职工1832人。2004年，稽核企业31家涉及职工2107人，查出需补缴社会保险费27.05万元，清理历年欠费30万元。2005年，稽核参保企业25家涉及2121人，缴费工资总额应报1985.51万元、漏报49.3万元，少报缴费基数281.76万元。查出漏缴保险费33.21万元，追缴5.18万元；对10家企业提起行政处罚。

2006年，重点稽核企业13户涉及517人，查出养老保险已参保未足额缴费400人，失业保险和工伤保险已参保未足额缴费384人，少报缴费基数36.6万元，少缴养老保险9.92万元、失业保险1.47万元、工伤保险0.11万元。2007年稽核16个单位涉及2465人，追缴保险费1.18万元。2008年稽核20个单位涉及2627人，发出限期整改通知书3份。

二、社会保障金管理

社会保障基金（资金）包括社保部门经办的养老保险基金、医疗保险基金、失业保险基金、再就业资金、工伤保险基金、生育保险基金，民政部门发放的城市及农村医疗救助资金、城市及农村最低生活保障资金、农村特困救助资金，以及卫生部门管理的新型农村合作医疗基金等，由县财政局设专户统管，分种建账、单独核算、专人负责、专款专用。

社保、卫生部门分管的基金（资金）在国有商业银行建立收入、支出专户，民政部门分管的在农行、信用社设立支出专户（无收入户），并纳入县会计中心核算。收入每月定期转入财政专户，收入户月末无余额，确保资金完整地纳入财政监管。需支出时，由分管部门提出拨款申请，财政部门审批拨付到支出专户。

2000年7月1日起，社会保障基金纳入财政专户管理。对按新办法计算的养老金高于老办法的，对其高出部分以不超过老办法20%的比例实行封顶控制；2000年退休的职工养老金，按行业办法计算待遇高于按省新办法计算待遇的，其高出部分保留70%，以后逐年以50%、30%、10%的比例递减，至2004年实现与全省的统一制度并轨。2008年，养老保险基金、城市及农村最低生活保障资金实现社会化发放。

第二节　医疗保险

1994年，成立县公费医疗改革领导小组，下设办公室在县卫生局。明确除离休人员享受医疗费100%报销待遇外，1949年10月后参加工作的国家工作人员按年龄划分明确国家（财政）、个人负担的不同等次待遇规定。对于个人应享受部分，实行公医卡账户管理，包干使用，结余归己。大病、重病住院治疗的，先使用个人部分支付，再按本人所享受等次分别计算国家、个人应承担数。

1999年，建立县医疗保险工作领导小组，完成城镇医疗保险制度改革调查测算工作。2001年，明确离休干部医药费管理职能由各级劳动保障部门负责。2002年，根据上级政策，结合县情实际，出台执行城镇职工基本医疗保险、团体高额医疗保险的实施方案（细则）和慢性病管理、离休干部医疗费管理、就医住院转诊转院管理、特殊检查特殊治疗管理的办法等改革政策。首先在全县机关事业单位的在职人员和离退休人员中开展，全县应参加保险的机关事业单位人员5555人，办理参保手续5011人，1—11月征收医疗保险基金189万元（其中财政补助70万元、高额保险36万元），总支出124万元。为5户定点零售药店和18户定点医疗机构授权挂牌。

2003年，办理132个单位5647名职工参加医疗保险手续，共征收基本医疗保险费422万元。医疗保险基金共支出236万元，其中：个人账户基金支出133万元、统筹金支出103万元；报销医药费30万元，其中：县财政拨款10万元、基本医疗保险基金垫付20万元。

2004年，全县机关事业单位均参加基本医疗保险，144个单位6281名职工办理医疗保险手续，征收基本医疗保险费486万元。全年医疗保险基金支出353万元，报销医药费100万元。建立参保职工和县城区域定点药店、医院管理基础信息系统，发放医疗保险IC卡3983张。确定城镇职工定点医疗机构为县人民医院等19家，定点药店9家。

2005年，全县有158个单位6800名职工参加医疗保险，征收保险费582万元，其中：企业基本医保金53万元、统筹金22万元；支出医疗保险基金361万元、统筹金20万元。为参保重病职工85人办理转上级医院手续。2006年，全县有7235人参加基本医疗保险，征收保险费560万元，支出456万元（其中：支出个人账户194万元、统筹金137万元，用于医疗照顾人员的保险费125万元）。全县定点医疗机构20家、定点药店12家。

2007年，全县有8401人参加基本医疗保险（其中扩面1166人），征收保险费623万元，支出628.8万元；定点医疗机构18家、定点零售药店15家。2008年，城镇医疗保险参保人数9234人，征收基金734万元，支付医保费877万元；定点医疗机构18家、定点零售药店17家。

第三节　养老保险

1991年12月，根据上级出台的全民所有制企业临时工社会养老保险政策，龙里县临时工社会养老保险采取储存积累方式，按每人每月单位16元、个人2元缴纳养老基金，单位缴纳部分在税前提取。1992年4月，龙里县劳动服务企业职工养老保险实行社会统筹，单位按每人每月17元缴纳基金，在税前提取、营业外科目列支；个人按每人每月3元缴纳。职工未到退休年龄被终止、解除合同的，可继续保留投保关系。12月，明确集体企业职工养老保险社会统筹的范围包括县属集体所有制企业的固定在册职工和退休职工，项目包括退休金、粮差补贴、副食品价格补贴。1993年，收缴和发放离退休金，保证经济效益差、生产经营不正常的部分企业123人的离退休费。

1995年，增加企业1994年12月31日前离退休人员的基本养老金并算入个人离退休金基数，每人每月增加标准为：离休的40元，1949年10月以后工作工龄40年以上的35元，连续工龄满30年不满40年的30元，连续工龄不满30年的25元，退职的15元。1月1日起，调整企业职工因工、非因工死亡待遇。因工死亡对遗属的一次性抚恤标准，由死者标准工资10个月加上各种补贴调整为工资20个月加上各种补贴。遗属每人定期生活困难补助标准（每月）：因工死亡居住在城市的由35～40元调整为60～65元，居住在农村的由30～35元调整为55～60元；因病或非因工死亡居住在城市的由25～30元调整为35～45元，居住在农村的由20～25元调整为30～40元；老红军100元，建国前参加革命工作75元，副厅级以上离休干部90元，孤身1人60元。

1995年7月起，调整企业退休人员基本养老保险金，每人每月增发标准：1949年10月1日以后参加工作连续工龄40年以上的40元，连续30年不满40年的35元，连续不满30年的25元，退职的15元。增加经费的来源，按本县规定比例提取分步到位上缴统筹金的，由县社会保险局承担1/3，其余部分由企业负担；因各种原因超1年以上没有上缴社会统筹金的，由企业自行解决。

1998年9月起养老金全收全付，企业固定职工和合同制工人统一按工人工资总额的28.5%征收；企业退休人员养老金差额缴拨改为全额缴拨。1999年全面启动机关事业单位养老保险金收缴工作，单位及工作人员单独开户、单独立账，参保118个单位4637人，按工资总额的2%收缴个人负担的部分存入银行专户，全年个人缴纳44.89万元，财政按工资总额的3%承担的部分未缴纳。同年提高企业离退休人员每人每月基本养老金，1993年底以前退休的增加60元，1994年1月至1998年底退休的增加50元。

2000年，企业社会保险基金全部纳入财政专户管理，企业养老金缴费率为工资总额的29.5%；企业离退休人员基本养老金实现100%社会化发放，为1021人发放599.7万元。2001年基本养老保险个人缴费按工资总额比例从5%调整到6%；5月，将龙里供电局基本养老保险管理关系划到省社会保险事业局。

2003年，全县发放离退休金1318人750万元，支付遗属生活困难补助费95人14万元，支付死亡退休人员18人一次性抚恤丧葬费16万元。2004年，发放企业离退休人员养老金1465人895万元。全县机关事业单位参保116个5384人，上半年收取基金个人部分49万元；因机关事业单位人员为财政供养，离退休费用由财政承担，7月1日起停止机关事业单位人员养老金个人缴费，已缴纳的全部清退。

2005年，7月1日以后办理退休手续的企业职工，从退休的次月起按退休时确定的基本养老金的5%增加发放，对持有独生子女证的企业退休人员219人增发5%的基本养老金4万元，两项政策性增长共计补发46万元。2006年1月1日，企业养老金个人账户额度统一由本人工资的11%调整为8%，实现全部个人缴费；单位承担部分不再划入个人账户。全年为企业参保退休人员1671人发放离退休金1456万元，调增2004、2005两年退休人员基本养老金补发48万元；支付遗属生活困难补助115人70万元，支付死亡退休人员31人一次性抚恤和丧葬费28万元。

2007年，为退休人员1740人发放养老金1364万元，支付遗属生活困难补助费119人28万元，支付死亡退休人员一次性丧葬抚恤费35万元。调整企业离休人员遗属生活补助费标准，老红军遗属生活费提高到510元／人·月，其他离休人员410元／人·月，无抚养遗属每月加发20元。1月1日起，调整教育系统离岗退养民办教师生活补助，每人每月增加60元。

2008年8月，养老保险实行州级统筹，县社保局收缴的养老保险金不再纳入县财政专户管理。当年，办理企业退休84人，企业申请提前退休27人；全县企业养老保险参保7869人，征收养老保险基金2423万元。全年为企业退休人员1876人发放养老金1904万元，支付141人遗属生活困难补助费50万元，支付死亡退休人员35人一次性丧葬抚恤费56万元，解决集体企业从未参保人员77人和机关事业单位临时工19人养老保险问题。

1992—2008年龙里县企业单位养老保险情况统计表

表19-8　单位：个、人、万元

年份	应参保企业数	实际参保企业数	应参保人数	实际参保人数	养老保险基金收入	养老保险基金支出（含离退休金、救济金、抚恤金、遗属生活补助等）	养老保险基金年末结余	备　注
1992	52	50	3916	3443				此间上级财政补助533万元，本级财政补助409万元；上解上级180万元。2008年8月，由州级统筹，余额上划
1993						1.72		
1994						3.12		
1995		40				1.3		
1996		40			5.84	4.8	347.25	
1997					80.42	10.55	507.66	
1998					194	47.76	656.46	
1999		3676			707.87	407		
2000		3665			504.4	599.7	856	
2001					404	568	723	
2002	3557	3293			458.9	763	385	
2003	49	53	3835	3669	643	816	459	
2004		55		3967	735	962	447	
2005		70			1055	1222	427	
2006		63		5008	1492	1602		
2007				7112	1257	1427		
2008				7869	2423	2010		

1999—2004年龙里县机关事业单位养老保险情况统计表

表19-9　单位：个、人、万元

年份	参保单位数	参保人数	养老保险基金收入	养老保险基金年末结余	备　注
1999	118	4637	44.89	44.89	养老保险金为个人缴纳部分，财政未匹配
2000	148	4857	43.8	89.7	
2001			82.99	181	
2002		3853	28	279.6	
2003	116	5384	105	349	
2004	116	5384	49	0	

第四节　失业及再就业保险

一、失业保险

1992年，龙里县施行待业保险制度，参加待业保险单位52个。1996年，对连续3个月未发工资的困难企业职工，按最低工资标准的60%发给，不足100元/月的按100元/月发给。1997年待业保险金收缴率为94%，待业率控制在2.5%左右。1998年7月起，企事业单位待业保险金征缴率由原来工资总额的1%提高到3%，其中单位缴2%、个人缴1%。

1999年，待业保险改称失业保险，7月1日起将失业保险金标准在原来基础上提高30%后收取。2002年，失业保险金标准由145.6元/人·月调整为203元/人·月，9月1日起按失业人员所在单位所在县最低工资标准的70%发给失业保险金。

2007年，参保职工5537人，征收失业保险金96万元，向符合领取条件的失业人员188人发放失业救济金41万元；城镇登记失业率3.5%。11月15日起，全省按地区类别调整失业保险金标准，龙里县属三类地区由315元/人·月调整为385元／人·月。

2008年8月，失业保险实行州级统筹，县社保局征收的失业保险金不再纳入县财政专户管理。当年，全县失业参保5568人，征收失业保险金148.3万元；向符合领取条件的失业人员220人发放失业救济金84万元，确保“失有所济”。社会保险待遇均通过银行实行社会化发放，按时足额发放和社会化发放率均达100%。

1992—2008年龙里县失业保险情况统计表

表19-10　　　　单位：个、人、万元

年份	参保企业数	参保人数	失业保险基金收入	失业保险基金支出（补助失业人员生活费等）	失业保险基金滚存结余	失（待）业率%	备　注
1992	52						
1993	45	2817					
1994	52	3250				3.5	
1995	35		8.54	0.6		2.5	上解上级29.4万元
1996			12.1	0.5			
1997						2.5	
1998			14.56				
1999	45	1769	24.44			2.8	
2000			21.2		121.5		
2001			40		155.6		
2002		6033	49.46	19	184.15	2.8	
2003		5980	36	8.69		4	
2004		5717	68	24.3			
2005		5696	137.72	25			
2006		5658	108	18.2		4.5	
2007		5537	96	41		3.5	
2008		5568	148.3	84			

二、再就业保险

2006年5月，再就业保险资金全部纳入县财政社保专户管理，县再就业局设立支出专户负责资金的使用。实施积极就业再就业政策，发挥公共财政职能，再就业资金在财政和失业保险基金中预算安排，用于促进失业人员自谋职业、自主创业、稳定就业和灵活就业、农村劳动力转移就业、劳动力市场信息系统建设等专项支出，以逐步实现充分就业和稳定就业的目标。2008年，再就业保险基金滚存结余202.86万元。

第五节　工伤保险与生育保险

一、工伤保险

2002年11月，省人事厅下发《关于贵州省企业职工工伤有关问题的通知》，对因工伤残待遇、工伤待遇计发基数、一次性伤残就业补助金、上年度职工平均工资认定以及工伤、工亡待遇的经费来源等作出规定。2004年3月，县社会保险事业局设立工伤保险办公室，年末登记参加工伤保险3000人。2005年，有26家企业3495人参加工伤保险，累计征收保险基金24万元；发生工伤9例、工亡1例，7例通过待遇审核兑现12.24万元。

2006年，有36家企业4508人参加工伤保险，累计征收保险基金43万元，保险待遇支出17人共18万元。2007年，全县工伤保险参保职工4908人，累计征收保险基金53.9万元，伤残待遇19人支出22.5万元；有建筑施工企业5家和三类企业（高风险企业）11家的农民工1425人参加工伤保险。2008年，全县工伤保险参保5887人，征收保险基金122万元，为工伤37人支付医疗及伤残待遇共37.93万元，支付工亡职工遗属生活补助费4万元。

二、生育保险

2007年3月启动生育保险，参保企业2家330人，征收保险基金6894元。2008年，生育保险参保3136人，征收保险基金32万元，为36人支付生育医疗费及生育生活补助费9.8万元。

用人单位为职工缴纳生育保险费，累计缴费1年以上且继续缴费、符合计划生育规定的，职工享受生育津贴和生育医疗待遇。女职工产假期间的生育津贴和检查费、接生费、手术费、住院费、药费，由生育保险基金支付，按本单位上年度职工月平均工资计发，超出规定的医疗业务费和药费由职工个人负担。女职工生育出院后，因生育引起疾病的医疗费，也由生育保险基金支付。

第三章　民　政

第一节　基层自治

一、基层自治组织建设

1991年，全县14个乡镇（6镇8乡）共有159个村民委员会（简称村委会）、1408个村民小组，10个社区居民委员会（简称居委会）、83个居民小组。村（居）委会由主任、副主任和委员3～7人组成，领导班子由民主选举产生，每3年选举1次。1991年，全县各村（居）委选举产生第一届领导班子；1993—2007年，每3年一次完成第二至第七届村（居）委会换届选举工作。

2004年6月，以县城所在地的龙山镇为社区整合试点，结合龙里县第六届村（居）委会换届工作，将龙山镇城区的5个村委会整合为3个社区：冠山社区居委会、西门社区居委会、水桥社区居委会；11月，3个社区分别首次选举产生主任1人、副主任1人、委员7人。2008年8月，谷脚镇将镇区的村委会整合为谷脚社区居委会；9月，将醒狮镇、洗马镇、羊场镇、三元镇镇区的村委会整合为社区居委会。至2008年底，全县共有6镇8乡，8个社区居委会，159个村委会，1421个村（居）民小组。

2008年龙里县行政村（社区）委员会及村（居）民小组情况表

表19－11 单位：个

乡镇名称	行政村（社区）委员会名称	村（居）民小组数
龙山镇	社区居委会（3个）：冠山、西门、水桥 村委会（16个）：光明村、大冲村、冠山村、龙坪村、水桥村、莲花村、余下村、新场村、坝上村、桥尾村、新水村、纸厂村、摆谷六村、平地村、播箕村、大竹村	133
三元镇	社区居民委员会（1个）：三元 村委会（8个）：高坪村、新安村、永安村、渔洞村、三合村、合安村、硝兴村、西联村	60
草原乡	村委会（12个）：城兴村、塘兴村、朝阳村、麻若村、红星村、金谷村、朵花村、高峰村、羊蓬村、大谷村、幸福村、前进村	98
麻芝乡	村委会（9个）：五里村、新民村、龙云村、富洪村、永合村、乐阳村、定水村、大新村、光坡村	58
哪嗙乡	村委会（14个）：高枧村、狗场村、田坝村、石板滩村、长芽村、二箐村、关口村、顶溪村、落宝村、谷冰村、乌坭村、大谷冰村、凤凰村、新坪村	136
羊场镇	社区居民委员会（1个）：羊场 村委会（11个）：新营村、翠微村、和平村、金批村、走马村、联合村、甲晃村、岱林村、木马村、营屯村、长寨村	125
湾寨乡	村委会（10个）：毛栗村、甲摆村、场坝村、摆勺村、石头村、新华村、长萌村、盘脚村、凯卡村、上坝村	71
摆省乡	村委会（13个）：新庄村、摆省村、打夯村、新龙村、摆戎村、摆主村、摆岑村、谷孟村、果里村、新合村、团结村、金星村、渔洞村	73
醒狮镇	社区居民委员会（1个）：醒狮 村委会（12个）：元宝村、顶水村、旧寨村、大岩村、大坝村、凉水村、进化村、永利村、小箐村、鸡场村、羊场司村、三宝寨村	124
谷脚镇	社区居民委员会（1个）：谷脚 村委会（11个）：大坡村、王关村、谷远村、硝堡村、谷脚村、毛堡村、高堡村、谷定村、茶香村、岩后村、观音村	100
水场乡	村委会（7个）：水场村、高沟村、红岩村、中坝村、鸡场村、三村村、比孟村	48
洗马镇	社区居民委员会（1个）：洗马 村委会（17个）：洗马村、新庄村、羊昌村、岩底村、拐哈村、上石坎村、落掌村、白泥田村、大坪村、台上村、花京村、猫寨村、牛场村、白果村、长沟村、大厂村、黄星村	199
巴江乡	村委会（7个）：巴江村、水尾村、平坡村、新寨村、烂田湾村、落锅村、大路坪村	81
谷龙乡	村委会（12个）：谷汪村、大谷龙村、小谷龙村、林安村、高吏目村、小坝村、乐榨村、平寨村、官庄村、龙滩村、葫芦田村、谷新村	115

二、村民自治达标活动

村民自治以民主选举、民主决策、民主管理、民主监督为核心内容。由村民直接选举或罢免村委会干部，村委会由主任、副主任和委员3～7人组成，每届任期3年；凡涉及村民利益的集体经济收支、基础设施建设等重大事项，应提请村民会议或村民代表会议讨论，按多数人的意见作出决定；依据国家法律法规和党的方针政策，结合实际制订村民自治章程或村规民约，要求村民共同遵守，实现自我管理、自我教育、自我服务；通过村务公开、民主评议村干部和村委会定期报告工作等形式，由村民监督重大事务，监督村委会工作和村干部行为。2002年县委、县政府下达每乡镇村民自治达标任务为重点完成1～2个村，以后逐年增加，直至全面覆盖。至2008年，全县村民自治体系完善，每个村班子齐全，有办公地点、规章制度、办公设备和村务公开栏，形成长效机制。

三、村务公开及民主管理

1999年，全县启动村务公开及民主管理工作。公开内容由村务公开领导小组讨论、监督小组审核、村民理财小组审核后确定，涉及救灾、款物发放、水电费收缴、收益分配、办学、经费筹集使用、宅基地审批等内容，做到长期、定期、动态、及时公开。坚持重大事项1年公布1次，财务收支和款物分配每季度公开1次，经常性工作定期公开，阶段性工作按阶段公开，临时性工作随时公开。除固定公开栏公开外，还采取发“明白卡”、贴公告、作报告等方式。

1999—2008年龙里县村务公开情况统计表

表19-12

年份	累计建成固定村务公开栏（个）	村务公开期数（期）
1999	80	263
2000	110	468
2001	120	786
2002	130	920
2003	139	1100
2004	142	1180
2005	145	12100
2006	149	12653
2007	154	13241
2008	154	13689

第二节　拥军优抚

一、拥　军

每年春节前，建立由县“四家班子”领导和县直机关负责人参加的拥军优属领导小组和慰问团，各乡镇建立慰问分团或慰问组，村（居）委会建立慰问小组，对驻县部队、武警中队、人武部、消防大队和3537军工厂进行走访慰问，发放慰问金、慰问礼品，召开座谈会，听取意见建议，协调解决有关问题。1995—2008年累计支出慰问金26.11万元。组织开展文艺演出慰问活动、军民联欢活动等，增进军政、军民团结。

二、优　抚

（一）“三属”抚恤　国家对革命烈士家属、因公牺牲军人家属、病故军人家属（简称“三属”）实行抚恤和优待政策，由民政部门定期定量发放抚恤金和优待金，确保“三属”的生活水平不低于当地平均生活水平。

烈士或病故军人，1991年41名、1994年40名、2000年37名。每位（指革命烈士、因公牺牲军人或病故军人）每月抚恤金，城镇户口革命烈士家属、因公牺牲军人家属1995年70元、2002年190元，农村户口病故军人家属1995年65元、2002年165元。2003年调整为：城镇户口革命烈士家属255元、因公牺牲军人家属250元、病故军人家属245元；农村户口革命烈士家属、因公牺牲军人家属195元、病故军人家属185元。2008年调整为：城镇户口革命烈士家属575元、因公牺牲军人家属515元、病故军人家属485元；农村户口革命烈士家属345元、因公牺牲军人家属330元、病故军人家属315元。

优待金来源为公职人员、厂矿企业员工、离退休人员每人和城镇居民户每户每年缴纳1元，农业户每年每亩耕地缴纳0.3元。1993年取消城镇居民人户缴纳优待金的规定。1998年后实现全县统筹、多渠道筹集优待金，保障足额发放。2002年免征农业税后，优待金由中央财政转移支付和县财政解决。每位（指革命烈士、因公牺牲军人或病故军人）每月优待金，烈士或病故军人家属户1991—1993年180元、1994年300元；2003年家属农户1000元、非农户500元；2004年家属农户1700元、非农户800元。优待金发放1991年1.49万元、1994年8万元、2002年14.4万元。2006年1月1日起，享受优待金的对象包括“三属”、兵役期内义务兵家属和带病回乡退伍军人，发放的人户数各年不一。其中，为带病回乡退伍军人按每年每人不低于840元、不高于十级残疾军人抚恤金标准，原则上只发放生活补助金。

2008年，全县共有义务兵家属、烈属168户，全年发放优待金31.57万元；发放残疾军人61名抚恤金41万元、“三属”16名定期抚恤金6万元、在乡复员军人232名定期生活补助金58.7万元、带病回乡退伍军人47名定期生活补助金5.98万元、参战退伍军人369名生活补助金44.28万元、义务兵立功优秀人员55名奖励金0.91万元；发放优抚对象124名粮食6200公斤、衣被230件，价值4.4万元。

龙里县烈属、因公牺牲军人家属、病故军人家属定期定量抚恤金标准统计表

表19-13 单位：元/月

执行时间	对象	执行标准		
		烈属	因公牺牲军人家属	病故军人家属
1989年	城镇	30～40	30～40	30～45
	农村	35～50	35～50	25～35
1995年	城镇	65～70	65～70	60～65
	农村	55～60	55～60	50～55
2002年	城镇	185～190	185～190	160～165
	农村	180～185	180～185	155～160
2003年	城镇	255	250	245
	农村	195	195	185
2008年	城镇	575	515	485
	农村	345	330	315

1991—2008年龙里县优抚金发放情况统计表

表19-14 单位：元

年份	复退军人优抚金	“三属”优抚金	残疾军人优抚金	义务兵家属优抚金	合 计
1991	50055	19080	20913.57	—	90048.57
1992	39020	18045	45740	—	102805
1993	48611	19840	26998.07	—	95449.07
1994	49921	21270	34446.02	—	105637.02
1995	47150	24205	32538.24	14580	118473.24
1996	51792	22395	33548.83	18000	125735.83
1997	87297	31540	44891.74	24000	187728.74
1998	46044	25104	41689.42	86793.60	199631.02
1999	95583	38789	48433.96	49152	231957.96
2000	78515	45689	52346.50	84100	260650.50
2001	259112	63102	77900.40	20050	420164.40
2002	236179	60014	80254.02	12750	389197.02
2003	341086	58464	85381.30	—	484931.30

续表

年份	复退军人优抚金	“三属”优抚金	残疾军人优抚金	义务兵家属优抚金	合　计
2004	347261.90	55321	95367	—	497949.90
2005	500368	61608	268612.90	—	830588.90
2006	420212	54970	275693.35	160000	910875.35
2007	665508.32	66286	322808	285176	1339778.32
2008	1103076	61782	428011	317852	1910721
·合计	4466791.22	747504	2015574.32	1072453.60	8302323.14

（二）“三难”问题　中央要求着力解决在乡老复员军人和带病回乡退伍军人存在的生活难、住房难、医疗难（简称“三难”）问题，规定除享受定期生活补助外，还通过“爱心献功臣行动”解决。1999—2002年，解决生活难278人（户），发放粮食1.5万公斤、化肥56万公斤；筹集15.44万元帮助113户修建房屋；减免医疗费24人，补助医疗难86人113万元。2003—2004年，在乡老复员军人350人，每年人均定补1080元，帮助解决生活难58人次、住房难6户、医疗难8人。

2005—2008年，帮助生活难815户，发放粮食2.56万公斤、衣被321床（件），筹集16.2万元解决住房难64户，补助4.52万元解决医疗难41人。2008年，在乡老复员军人定期生活补助标准提高到每年2532元，将“三难”人员和一至十级伤残军人中的66人纳入城镇职工医疗保险，七至十级8名伤残军人“三属”人员、在乡老复员军人和带病回乡退伍军人共494人纳入农村合作医疗。

2005—2008年龙里县解决复退军人“三难”问题统计表

表19-15　　单位：公斤、件（床）、元

年份	生活难			住房难		医疗难	
	户	粮食	衣被	户	建房款	人	医疗费
2005	360	14400	25	28	70000	12	7000
2006	130	6500	31	12	31000	4	1112
2007	84	6200	35	8	22000	3	2130.5
2008	241	24100	230	18	40000	22	35000

（三）伤残抚恤　伤残抚恤标准按在职伤残人员或在乡伤残人员的伤残等级确定，残疾军人划分为一至十个等级，各个等级又按因战、因公、因病而稍有区别。伤残军人1989年70人、2007年64人、2008年60人（其中一级1人、三级2人、五级5人、六级10人、七级17人、八级25人）。1991—2008年，累计发放伤残军人抚恤保障金201.56万元。

1991—2008年龙里县伤残军人抚恤保障金发放情况统计表

表19-16　　单位：万元

年份	伤残军人抚恤保障金	年份	伤残军人抚恤保障金
1991	2.09	1997	4.49
1992	4.57	1998	4.17
1993	2.7	1999	4.84
1994	3.44	2000	5.23
1995	3.25	2001	7.79
1996	3.35	2002	8.03

续表

年份	伤残军人抚恤保障金	年份	伤残军人抚恤保障金
2003	8.54	2006	27.57
2004	9.54	2007	32.28
2005	26.86	2008	42.8
合计			201.56

三、复退安置

1991—1994年，龙里县农村籍退伍士兵，除因公、因战伤残的安排工作之外，其余安排回乡务农；对城镇籍的退伍士兵，原则上安排到机关、企事业单位、厂矿就业。1995年起，对农村籍退伍士兵采取“开发军地两用人才”的安置方式，推荐到本县、外地从事保卫、驾驶等工作。2002年起，对城镇籍退伍士兵试行“双向选择”安置办法，按照一定比例择优录用安置就业；未录用的自谋职业，发给一次性生活补助费。

1991—2008年龙里县复退军人安置情况表

表19-17　　单位：人

年份	接收复退军人数	安排工作	安排回农村	备　注
1991	61	12	49	
1992	78	21	57	
1993	49	7	42	
1994	51	7	44	
1995	50	6	44	44人中推荐就业30人
1996—1997	52	11	41	
1998—1999	58	9	49	9人中有4人为志愿兵（士官），为指令性安置
2000	67	25	42	
2001	71	16	55	
2002	86	16人安排工作，4人自谋职业	66	66人中开发使用37人，首次采用“双向选择”安置
2003	53	3人安排工作，2人自谋职业	47	回铁路系统安置1人
2004	63	4人安排工作，2人自谋职业	57	指令性安置2人
2005	36	2人安排工作，2人自谋职业	30	军转干2人、士官1人，林场30人中开发使用22人、安置1人
2006	17	5人安排工作，自谋职业1人	12	指令性安置2人
2007	58	4人安排工作，4人自谋职业	50	50人中开发使用31人从事保安工作
2008	56	5人安排工作，7人自谋职业	41	指令性安置士官2人，林场安置1人

第三节　社会福利

一、高龄补贴

2007年，龙里县60岁以上人口2.52万人，占总人口的12%，其中：县城60岁以上的老人有3300人；全县80周岁以上的老人有2109人（女性1200人）。2008年，根据国家政策，龙里县开始执行高龄补贴，当年发放8位100周岁以上老人生活补贴9600元、20位95至100周岁老人生活补贴7200元。

二、“五保”供养

“五保”是指农村中无劳动能力、无生活来源、无法定赡养扶养义务人或有法定赡养扶养义务人而无赡养扶养能力的老年人、残疾人和未成年人，采取在敬老院集中供养和定期发放供养金的方式，使其吃、穿、医、住、葬得以保障。2004年，全县供养“五保”对象252人，供养金标准为每人每年不低于625元（2005年调至636元）。2006年，供养人数为305人。2007年，集中供养15人，供养标准调至每人每年1200元；分散供养274人，标准调至每人每年800元。2008年，供养标准为分散供养每人804元/年、集中供养每人1200元/年，供养对象增至695人，全年发放供养金56.34万元，实现应保尽保。

三、敬老院、儿童福利院

1991—2008年，全县建有敬老院6所，设施维护和管理服务费纳入县财政预算，不足部分由所在乡镇补贴。1991年龙山镇建成敬老院并投入使用。1995年6月谷脚镇“三合一”敬老院竣工，1999年投入使用。1999年摆省乡敬老院建成使用。2002年醒狮镇敬老院建成使用。2005年6月14日麻芝示范敬老院挂牌成立，入住“五保”老人5人、孤儿3人；是年洗马镇敬老院建成使用。

四、福利募捐

福利募捐分义务募捐和有奖募捐两种，捐赠活动属义务募捐，销售社会福利彩票属有奖募捐。彩票有常年销售的电脑福利彩票和不定期集中销售的大型福利彩票。20世纪90年代后期县城设有电脑彩票发行点6个，2005年在洗马镇增设发行点1个，2006年在羊场镇、醒狮镇增设发行点各1个。

1994年10月，县民政局申办集中销售即开型有奖福利彩票活动，销售额234万元。1999年1月，响应国务院为“三江”灾区募集赈灾基金的号召，县民政局发行即开型赈灾彩票，销售额27万多元。2003年，全县“贵州风采”电脑福利彩票销售额51.53万元。2008年电脑福利彩票销售额323.9万元、即开型彩票销售额57.7万元。销售福利彩票所筹集的公益金累计145万元，全部用于敬老院、老年活动中心的修建和维护。

五、福利企业

1992年2月建立龙里县社会福利公司，以手工业为主，有职工20多人，其中残疾人10人。1993年撤销该公司。2005年，省民政厅批复同意龙里湘龙冶金有限公司申办为社会福利企业，安置残疾人就业52人。

第四节　救灾救济

一、灾害救济

1991—2008年，发生较重自然灾害5次，县财政均拨款救济。1995年，全县耕地旱灾受灾18.7万亩，成灾9.3万亩，造成5.9万人严重缺粮，当年救济粮食203万公斤、现金15万元。1996年发生洪涝灾害两次，县民政局拨款救济51万元，社会各界捐赠4.9万元，发放救济粮350吨、衣物1000余件，修复房屋380间。高枧、冷冲两处村庄50户每逢洪涝均受灾严重，决定重新选址新建，省、州、县拨款共146.33万元，每户自筹350元，修建房屋4676平方米。1998年11月14日入住新居，县政府还为每户配送电视机1台。

1999年6月发生洪涝，致死亡2人、伤病89人，民房冲毁396间、坍塌171间，洗马镇大坪村、哪嗙乡乌坭村、摆省乡金星村山体滑坡，造成损失共1300多万元。8月全县大部分地区病虫成灾，局部地区又遭冰雹袭击，致使稻田1.9万亩颗粒无收。当年政府拨款32万元帮助群众恢复生产，各乡镇粮管所开仓借粮解决群众生活困难。

2002年7—8月全县遭遇近30年间最严重的一次阴雨低温天气，测算造成水稻、玉米减产69.96%。县政府向灾区发放大米95万公斤、救灾款235万元、衣被4860件（套）。

2008年1月12日起，全省遭遇“百年不遇”的特大凝冻灾害，时间持续1个多月，基础设施遭受严重毁损。2月5日，中共中央政治局常委、国务院总理温家宝到龙里县视察雪凝灾害情况，在谷脚镇观音村察看输电线路抢修现场，一路体察民情、慰问群众，鼓励大家与困难作斗争，努力搞好灾后重建工作。

该次凝冻灾害，全县农作物19万亩全部受灾，导致夏粮绝收14万亩，房屋损坏4500间、倒塌2100间，冻死大牲畜1728头、猪4848头、羊5131只、家禽5.21万羽、牧草1610亩，树木折断50多万棵，县境多处高压电杆倒塌、水管冻结爆裂，电网水网完全瘫痪，统计损失近11亿元。凝冻期间，县委、县政府组织千方百计抗灾救灾，发放救济粮11.45万公斤、棉被1800床、棉衣1600件、鞋1400双，社会各界捐赠21.8万元以及大米、食油、化肥等物资（折价53.97万元）送到受灾群众手中，生产生活秩序逐步恢复。

二、农村救济

采取救灾救济与扶贫、生活救济与生产扶持、无偿救济与有偿救济、生产自救与国家适当补助相结合的方式，开展扶贫济困，推进脱贫致富。

1990年，开始实行“斤粮制度”和成立农村救灾扶贫互助储金会。“斤粮制度”，即各乡镇按每亩田土多征收1斤粮食（或折款），由乡镇政府统一管理，本乡镇发生灾害造成群众生产生活困难而上级政府下拨的救灾物款尚未及时到位或救济之后仍不够的情况下，以“斤粮”解决临时困难。“储金会”以“救灾扶贫，救急解难”为宗旨，储钱与储粮相结合。1990年全县成立农村储金会6个；1996年发展到234个，入会4134户，积累资金48.57万元、粮7万公斤。后因一定程度影响农村金融秩序，2003年撤销部分有问题的储金会，仍存在158个。2004年撤销全部储金会。

1999年发放困难救济款23.96万元、救济粮54万公斤。2003年发放救济粮120万公斤、衣被4.86万件（床）。

2008年发放救济粮71.9万公斤（折合230.07万元），救济2.23万户6.86万人次；发放建房补助款88万元。

1991—2008年龙里县农村救济情况统计表

表19-18　　单位：元

年份	农村社会救济	精简退休职工救济	口粮救济	农村建房救济
1991	37626	53264	166422	10000
1992	36911	51596	216581	—
1993	35156	49974	300199	—
1994	40252	48195	237649	—
1995	28753	9207	449131	30000
1996	26721	46001	773799	111600
1997	33435	666381	720847	18704
1998	23349	76165	640691	8000
1999	20342	44003	948894	99650
2000	20229	14956	983004	62800
2001	20513	106432	962009	485326
2002	24611	60348	844007	341058
2003	25824	58963	2374139	94300
2004	306256	53691	1110136	228600
2005	124199	45719	1001483	—
2006	212109	50253	919361	—
2007	272191	98898	1151194	—
2008	608181	104687	2444068	880000

三、城镇救济

城镇救济主要对象为孤、老、病、残且无经济来源、居住在城镇的生活贫困人员，20世纪60年代精简退职职工中的贫困人员，以及原国民党县团级以上特赦、宽释人员中享受定补的困难人员，救济标准为每人每月192元或216元。

2006年龙里县城镇救济情况统计表

表19-19　　单位：人、元

乡镇名称	享受救济人数	救济标准	其中：城镇低保人数
羊场镇	12	216	—
水场乡	6	216	—
龙山镇	57	216	—
哪嗙乡	8	216或192	2
谷脚镇	40	216	1
三元镇	20	216或192	—
巴江乡	8	216	—
摆省乡	—	—	—
湾寨乡	2	216或192	—
洗马镇	27	216或192	—
谷龙乡	4	216	—
醒狮镇	11	216	—
草原乡	5	216	—
麻芝乡	24	216	—
合　计	224	—	3

四、城市低保

1998年8月，龙里县开始实施城市最低生活保障制度，低保金来源于中央财政和省、州、县三级相应匹配。对符合条件者每月发放最低生活保障金，县城人均80元、乡镇人均60元。当年纳入最低生活保障范围的城镇居民有143户159人，发放保障金5万元。1999年10月城市低保标准提高到每月人均104元，2008年提高到每人每月150元。列为最低生活保障的人口，2001年459户1376人、2002年912户2292人、2008年2123户5098人。

2002—2008年龙里县城市居民最低生活保障金发放情况表

表19-20

年份	户数（户）	人数（人）	月保障标准（元）	年发放金额（万元）
2002	912	2292	104	286.04
2003	1162	2834	104	353.68
2004	1283	3097	150	557.46
2005	1545	3722	150	669.96
2006	1874	4487	150	807.66
2007	1874	4487	150	807.66
2008	2123	5098	150	917.64

五、农村低保

2007年5月，龙里县出台农村最低生活保障政策，7月开始实施。对符合农村低保条件（年人均纯收入700元以下）的特困群众进行登记核查，全县共有5711户1.47万人，当年下半年发放农村低保金共计265.14万元。按困难程度划分为5个档次，每人每年一档500元、二档400元、三档300元、四档120元、五档100元。2007年发放低保金共399.49万元，户均700元、人均271.21元。

2008年，农村低保条件调整为年人均纯收入785元以下，全县共有7765户1.7万人，较上年增加0.42万人。低保金标准提高到每人每年一档600元、二档500元、三档400元、四档300元、五档220元，全年发放930.19万元，人均547.17元。

六、医疗救助

2004年，龙里县启动农村医疗救助工作，救助对象为农村“五保户”、持有“贵州省农村特困群众救助证”的农村特困家庭成员、在农村的重点优抚对象、20世纪60年代初精减退职困难老职工、县级以上人民政府规定的其他符合条件的贫困农民，救助标准为每起不超过2000元。

2007年8月启动城市医疗救助，救助对象为本县城镇居民户口，因患各种重大疾病和特殊疾病，经各类医疗帮助后医疗负担仍然较重而影响家庭基本生活的人员；城镇居民最低生活保障人员中未参加职工医疗保险人员；城镇居民最低生活保障人员中已参加城镇职工基本医疗保险，但个人负担仍然较重的人员；低收入特困家庭人员；其他因素造成的极度贫困城镇居民；社会福利机构收养的“三无”人员。一次性个人负担金额超过1000元的可以申请，具体为医疗费用1000～3000元的救助资金比例为20%，3000～5000元的为30%，超过5000元以上的为35%，一个年度内个人医疗费用最高救助限额不能超过5000元。县人民医院、县中医院、各乡镇卫生院为救助指定医院。全县发放医疗救助资金2005年1.52万元、2006年2.64万元、2007年12.14万元、2008年50.35万元。

七、移民扶持

1998年，哪嗙乡高枧村、猫场镇鸡场村冷冲两个自然村寨的村民集体搬迁，是为最早的一批移民。羊场镇甲晃村大田村民组生态环境不适宜人居，2001年开始选址规划搬迁。2002年在湾寨乡马家桥建成移民新村，砖混房48间768平方米，硬化地面720平方米，2004年4月12户苗族村民迁入新居。2004年，在县城西南2公里处的张家湾新建移民新村，2005年猴子沟饮水源住地居民首批迁入居住，2006年三元镇合安村安榜寨15户61人第二批迁入居住。谷脚镇观音村塘坊附近苗族村民居住的新寨、干冲和哨关田环境恶劣、土地贫瘠，泥石流和山体滑坡严重威胁村民生命财产安全。经省民政厅批准，2006年7月25日开工新建塘坊移民新村，共安置51户，建房51栋，每栋2～3层，每层120平方米，第一期工程占地面积1.75万平方米，于2008年建成住房35户3840平方米，硬化道路4430平方米，建篮球场1个、800平方米野生菌交易市场1个。此前2006年底，有10户特困户搬入居住。

大花水电站建设淹没涉及龙里县巴江乡平坡村、水尾村、落锅村和洗马镇长沟村、大厂村的26个村民组940户3790人，其中搬迁移民3个村民组49户192人，安置移民232户394人（含搬迁的49户192人），龙里县库区淹没补偿总投资3847.22万元。2006年1—6月完成移民搬迁安置工作，7月起开始对大花水库区移民进行后期扶持，每人每年补助600元，扶持20年，按季度兑现。

鱼洞峡水库淹没涉及龙里县醒狮镇大岩村小岩上街组、小岩下街组、金龙谷景区等，淹没拆迁各类房屋面积2.61万平方米、各类土地419.25亩，规划搬迁安置移民207人，各项补偿总投资1.05亿元。2008年4月龙里县配合开展鱼洞峡水库龙里库区淹没实物调查工作，至2009年12月配合省水利水电勘测设计研究院完成《鱼洞峡水库供水工程建设征地移民安置规划报告》的编制。

第五节　地名及勘界

随着经济社会的发展、环境的变迁，以及精神文明建设需要，一些地名已名不副实或不规范，一些新的街巷院落需要赋予适当的名称，并进行编号，提高地名管理标准化水平，为社会提供全面准确的地名信息。1991—2008年，主要开展阶段性保留原名、更改旧名、增加新名等地名普查管理工作。

一、道路命名

（一）纵向道路命名

1.兴龙路　南起火车站广场，经纪龙酒店高杆灯北至水堤阁止。

2.西环路　南起西关坡转盘，经县国土局、县疾控中心北至贵新高速公路收费站止。

3.解放街　南起环城路口（老财政局宿舍），北至大十字止。

4.和平巷　南起大十字（百货公司门口）北至金龙路口（三三幼儿园门口）止。

5.北门街　南起小十字路口，经县第一幼儿园至金龙路口（县气象局）止。

6.胜利街　南起环城路口（龙山林业站），北至小十字路口止。

7.南门街　南起铁路涵洞口，经老城墙北至龙山林业站门口止。

8.小街园　南起供电局门口，经县人民医院北至人事劳动和社会保障局止。

9.太平寺　南起人事劳动和社会保障局，北至县政府后坡止。

10.老场坝　南起环城路口（老税务局宿舍），北至四方井止。

11.羊角井　南起环城路口（龙山供电所门口），经看守所，北至贵新高速公路涵洞止。

12.环北路　南起东门街路口（龙山供电所），至金龙路路口（环北路二号桥），北至贵新高速公路匝道口止。

13.青龙路　南起环城路路口（原运输饭店），经原半边街、原畜牧局至检察院止。

14.圣公上　南起县民族完全中学后门，北至环城路口（粮友招待所）止。

15.环城南路　南起火车站货运场，北至环城路路口（老石油公司）止。

16.荷花路　南起铁龙路路口，北至环城路路口（东门加油站）止。

（二）横向道路命名

1.正大街　东起小十字，经大十字，西至纪龙酒店止。

2.人民路　东起纪龙酒店，经原龙山区、老场坝，西至环城路路口（原加油站）止。

3.西关坡　东起环城路口（龙升实业有限公司），经县曲轴厂、西关坡顶至三林路路口（龙山镇计生站）止。

4.中山路　东起兴龙路路口（原轻工局），经人事劳动和社会保障局、城关二小，西至环城路路口止。

5.西门街　东起龙山粮管所路口，经老电影院至兴龙路路口止。

6.环城路　东起顺达货运物流公司，经龙山交警中队，西至西关坡转盘止。

7.三林路　东起西关坡转盘，西至小水桥止。

8.腾龙路　东起北门街路口（华兴建筑公司），西至兴龙路路口（检察院门口）止。

9.金龙路　东起环北路二号桥，西至县疾控中心门口止。

10.尊师路　东起教师新村，西至北门街路口（县第一幼儿园门口）止。

11.民主街　东起胜利街路口（县司法局），西至解放街（龙山供销社大门口）止。

12.草原路　东起老汽车客运站门口，西至县砖瓦厂止。

13.东门街　东起东门桥，西至小十字止。

14.新场坝　东起东门加油站，经农行宿舍，西至环城路路口（冠山对面）止。

15.铁龙路　东起九条龙，经南门街路口、环城南路路口，西至环城路路口（盛隆小区）止。

16.桃园路　东起金龙路路口，西至西环路路口（职校门口）止。

二、广场命名

（一）火车站广场　起于火车站站台，至兴龙路路口止。

（二）兴龙广场 位于兴龙路与腾龙路交叉路口处。

三、勘界

龙里县与贵定县、福泉市、开阳县、惠水县、乌当区、花溪区接壤，一些接址历来存在争议。为解决接址争议，1997年启动勘界工作，历时两年，大部分插花地、飞地纠纷得以协商解决，但仍有43处争议未决。

龙里县与其他县（市）有争议边界接址一览表

表19-21

边界连接的两个区域		接址争议地名
龙里县谷龙乡高吏目村	贵阳市乌当区偏坡乡下院村	毛竹山
龙里县猫场镇大坝村	贵阳市乌当区偏坡乡偏坡村	沙日北
龙里县猫场镇大岩村	贵阳市乌当区偏坡乡偏坡村	小河口
龙里县猫场镇大岩村	贵阳市乌当区东风镇头堡村	哨上北
龙里县猫场镇鸡场村	贵阳市乌当区永乐乡石笋沟水库	石笋沟
龙里县猫场镇羊场司村	贵阳市乌当区永乐乡水塘村	尖山坝
龙里县猫场镇小箐村	贵阳市乌当区永乐乡水塘村	抽水站
龙里县谷脚镇大坡村	贵阳市花溪区小碧乡黄泥哨村	大坡上
龙里县谷脚镇谷脚村	贵阳市花溪区小碧乡黄泥哨村	仰天窝
龙里县谷脚镇谷远村	贵阳市花溪区小碧乡黄泥哨村	把总田北
龙里县谷脚镇谷远村	贵阳市花溪区小碧乡猫洞村	白岩坡
龙里县水场乡三村村	贵阳市花溪区孟关乡石龙村	看牛坡
龙里县水场乡场坝村	贵阳市花溪区孟关乡石龙村	歪嘴坡
龙里县水场乡红岩村	贵阳市花溪区孟关乡石龙村	马关口
龙里县水场乡水场村	贵阳市花溪区孟关乡上石板村	杨家坡
龙里县水场乡高沟村	贵阳市花溪区黔陶乡谷洒村	笋子山
龙里县水场乡高沟村	贵阳市花溪区黔陶乡谷洒村	上其冲
龙里县水场乡鸡场村	贵阳市花溪区黔陶乡谷洒村	野猫寨
龙里县民主乡金谷村	贵阳市花溪区黔陶乡谷洒村	高坪子
龙里县民主乡红星村	贵阳市花溪区黔陶乡谷洒村	月亮坡
龙里县民主乡麻若村	贵阳市花溪区黔陶乡谷洒村	陆家山
龙里县民主乡红星村	贵阳市花溪区高坡乡甲定村	六竹塘
龙里县民主乡红星村	贵阳市花溪区高坡乡街上村	先生坡
龙里县民主乡红星村	贵阳市花溪区高坡乡新安村	绕扰冲
龙里县湾寨乡石头村	贵阳市花溪区高坡乡云顶村	苦篙冲
龙里县湾寨乡石头村	贵阳市花溪区高坡乡甲定村	猴子坡
龙里县摆省乡摆戎村	贵阳市花溪区高坡乡云顶村	楼梯窖
龙里县摆省乡打夯村	贵阳市花溪区高坡乡云顶村	冲头南面
龙里县民主乡麻若村	贵阳市花溪区高坡乡平寨村	气竹渣
龙里县摆省乡摆省村	贵阳市花溪区高坡乡甲定村	壁树坡
龙里县摆省乡新庄村	贵阳市花溪区高坡乡掌己村	大荒山

续表

边界连接的两个区域		接址争议地名
龙里县摆省乡摆省村	贵阳市花溪区高坡乡五寨村	羊茅冲
龙里县摆省乡兴龙村	贵阳市花溪区高坡乡甲定村	麻冲坡
龙里县摆省乡谷孟村	贵阳市花溪区高坡乡甲定村	蚊帐山
龙里县摆省乡果里村	贵阳市花溪区高坡乡甲定村	白翁
龙里县摆省乡新合村	惠水县岗度乡翁养村	狼箕坡
龙里县摆省乡金星村	惠水县岗度乡火闹村	火闹坡
龙里县摆省乡渔洞村	惠水县岗度乡甲早村	毛栗山
龙里县羊场镇联合村	贵定县平伐镇营上村	七里冲
龙里县龙山镇桥尾村	贵定县沿山镇高峰村	关口厂
龙里县麻芝乡大新村	贵定县沿山镇水光村	石板河
龙里县麻芝乡乐阳村	贵定县沿山镇春光村	蛇蚂槽
龙里县三元镇三合村	贵定县洛北河乡团结村	桃树冲

第六节　婚姻登记

1991年，对1988—1990年婚姻登记进行清理，一些边远地区结婚不登记的现象较为严重。在全县5698对按照农村风俗举办婚礼的人员中，依法登记结婚的仅有1588对。当年对违法婚姻的7对14人移交法院处理。1992年再次全面清理，不符合规定登记的有278对，在县政府大楼前当众销毁其证件；违法未登记婚姻的有863对，按规定补办登记手续；当年结婚登记1586对、补办结婚登记94对、离婚登记48对，登记率90%。1994年依法登记结婚1600对、登记离婚16对，婚姻登记合格率达到100%。1997年，县民政局开展办理未婚证业务，至2003年停办。2007年5月，撤销谷脚、三元、麻芝3个乡镇婚姻登记处。2008年，结婚登记1520对、补办结婚登记162对、离婚登记166对。

1992—2008年龙里县婚姻登记统计表

表19-22　　　　单位：对、件

年份	结婚登记	补发证登记	涉外结婚	离婚登记	登记补发证
1992	1680	—	—	48	—
1993	1247	—	—	37	—
1994	1600	—	1	16	—
1995	1460	—	—	20	—
1996	967	—	3	26	—
1997	985	—	—	23	—
1998	1332	—	—	41	—
1999	1670	—	—	33	—
2000	1552	—	—	46	—
2001	1486	—	—	55	—
2002	1174	—	—	67	—
2003	1171	—	—	93	—

续表

年份	结婚登记	补发证登记	涉外结婚	离婚登记	登记补发证
2004	1178	—	—	103	—
2005	1096	—	—	135	—
2006	1189	—	—	150	—
2007	1205	143	—	175	2
2008	1520	162	—	166	—

第七节　殡葬管理

1995年，龙里县启动开展殡葬火化区的管理工作。1996年，在龙山镇光明村叫化洞修建龙里县殡仪馆，占地3860平方米，馆舍1幢约140平方米，无专人看管，实际废置未用。同年在谷脚镇秤勾坡划拨300亩荒山修建“龙归园”公墓，主要由大智实业有限公司投资建设，建有牌楼、墓表、棂星门、景台、莲花山、飞云阁、盘龙亭、伏虎亭、啸廊等建筑，为周边居民安葬亡人提供服务；2005年温州龙湾区房地产开发公司入股合伙经营该公墓；2006年县民政局不再参与该公墓的建设运营管理。

2007年，县民政局批准选址在龙山镇老虎冲建立公益性公墓，由龙里县顺达殡葬礼仪服务有限公司自筹资金1.36亿元建设殡仪馆和火葬场，殡葬改革工作开始启动。殡仪馆和火葬场建成后，动员公职人员带头遵守殡葬改革政策，死亡后必须进行火化，进入公墓集中安葬。之后，分区域循序渐进将殡葬改革推广至全县农村。

第八节　老龄工作

一、老年人供养

1990年，对全县100岁以上老年人每人每月发给生活补助费10元，1991年提高到30元，2003年提高到100元。2006年起，对全县95岁以上老年人发放高龄生活补助，95～99岁每人每月30元，100岁以上每人每月100元；有关单位开始实施高龄老人优待项目，满70岁以上老人凭优待证优先看病，免费进公园、图书馆、公共厕所，凡领财政工资的行政事业单位退休70岁以上老人每人每月享受高龄津贴20元。

二、老年人权益保护

1991年起，宣传贯彻老年人权益保障法、《贵州省老年人保护条例》，县委、县政府每年举行春节团拜会、座谈会等慰老活动，邀请离退休干部参加，并在节日期间开展对老干部的走访慰问活动。各乡镇建立健全老龄委员会，安排1名在编干部专职或兼职抓老龄工作。2003年成立法律援助老龄委工作办公室，2004年开展鉴定家庭赡养协议工作，2006年县司法局获全国老龄办、公安部、司法部授予的“全国老年维权示范岗”荣誉称号。2008年，县老龄办及乡镇社会事务办在“5月法制宣传月”、老年节期间宣传老年人权益保护法律法规，以及尊老、爱老、助老的先进典型事例。

三、老年人文体活动

坚持“因地制宜、小型多样、喜闻乐见、保持经常”的原则，组织开展有益于老年人身心健康的文体活动，主要有太极拳、门球、羽毛球、象棋、围棋、歌舞、登山、书画、诗词楹联等活动。老年群体自发在广场、小区院落开展广场舞、棋牌、山歌等活动，以及户外散步、快走、挑矿泉水饮用（到东门铁路边龙井）等活动。

四、老年人活动中心

1998年建成县老年大学1所，常年在校老年人学生70人。2002年全县有农村敬老院4所，总建筑面积

600平方米，床位60个。2005年全县有农村敬老院6所，床位100个，入住老人12人；有老年大学5所，常年在校老年人学生459人。2007年，县城有老年大学1所，常年在校学员198人；基层老年学校9所，常年在校学员677人。2008年，县城有老年大学1所，常年在校学员224人；基层老年学校10所，常年在校学员763人。

第四章　残疾人事业

第一节　组织机构与代表大会

一、组织机构

1991年8月27日，龙里县残疾人事业领导小组成立，下设3个办公室：残疾人事业办公室、残疾人三项康复工作办公室、残疾人特殊教育办公室。1994年，县残疾人事业领导小组更名为县残疾人工作协调委员会。1995年11月，成立县残疾人社区康复医疗指导站，挂靠县人民医院，负责指导全县残疾人康复工作。1996年12月，成立县残疾人就业服务所。1997年12月，成立县残疾人康复服务指导站。

1999年7月，成立县残疾人服务总社。2006年11月，组建县残疾评定仲裁组，下设各类残疾人评定小组，负责全县各类残疾人评定及办证争议事件仲裁；同年，县残疾人工作协调委员会更名为县残疾人工作委员会。2007年10月，全县14个乡镇成立残疾人联合会，按照残联章程选举乡镇残联主席、执行理事会理事长。

二、代表大会

第一次会议　1991年5月29—30日，龙里县残疾人联合会第一次代表大会在县城召开。县残联筹备领导小组副组长焦恒明作题为《坚持改革、勇于进取，为开创我县残疾人事业的新局面而努力奋斗》的工作报告，会议选举龙里县残疾人联合会第一届主席团委员23人，县民政局局长焦恒明任主席，县劳动人事局局长王国平、县财政局局长白德洪、县档案局副局长张贵云、麻芝乡富洪村肢残人王家胜任副主席，张贵云任县残联执行理事会理事长，刘启光任副理事长。

第二次会议　1996年5月30—31日，龙里县残疾人联合会第二次代表大会在县城召开，出席会议正式代表60名，特邀代表26名，其中残疾人代表36名，占正式代表数的60%。会议听取和通过第一届残联执行理事会所作题为《为龙里的振兴、为残疾人状况的改善而努力奋斗》的工作报告，选举第二届主席团委员会24人，副县长杨明荣任主席，县政府办公室主任焦恒明、县劳动人事局局长方正华、县民政局局长王国平、麻芝乡富洪村肢残人王家胜任副主席，张贵云任副主席和执行理事会理事长，刘启光任副理事长。

第三次会议　2002年9月28—29日，龙里县残疾人联合会第三次代表大会在县城召开，出席会议正式代表61名，其中残疾人代表32名，占代表数的52%。会议听取和通过第二届残联执行理事会所作题为《为龙里的振兴和残疾人事业的持续发展而奋斗》的报告，选举第三届主席团委员会23人，副县长黎燕萍任主席，县民政局局长王国平、县人事局局长王军、县卫生局局长娄方万、麻芝乡富洪村肢残人王家胜任副主席，张贵云任副主席和执行理事会理事长，李再秀任副理事长。2005年6月，岑凌玉任副理事长。2006年7月，陈桂荣任副理事长。

第四次会议　2007年11月6—7日，龙里县残疾人联合会第四次代表大会在县城召开。出席会议代表63名，其中残疾人代表38名，占代表数的60.3%。会议听取和通过第三届残联执行理事会工作报告，选举第四届主席团委员会23人，副县长肖红任主席，肢残人王家胜、言语残疾人杨爱平、视力残疾人何利萍、精神残疾人亲友王先进、智力残疾人亲友孟书英任副主席，刘桂香任执行理事会理事长，唐先林任副理事长，张贵云、邵碧、周林燕任理事。

第二节 康复 教育培训 就业

一、康复

1991年以后，“八五”期间通过国家补贴、地方财政拨款、社会捐助及残疾人家庭自筹资金46万元，小儿麻痹症矫治81人。通过“视觉中国第一行动”和“光明行动”使687名白内障患者重见光明；30名聋儿不同程度地提高听、讲功能，30多名家长同时得到培训；智力障碍儿童康复训练32人；为截肢患者安装假肢48例；施行肢体康复手术34例；脑瘫儿童训练17人；20名盲人取得初级和中级盲人按摩师资格；29名躯体残疾人装配矫形器；发放残疾人用品用具等辅助器具1696件；免费发放轮椅车128台。

二、教育培训

把残疾儿童特殊教育纳入普及教育规划，分布在各级教育点随班就读，接受义务教育，“三类”残疾儿童入学率达80.7%，有少部分残疾儿童到贵阳、安顺、贵定特殊教育学校接受教育并完成学业。1991—2008年，全县共举办残疾人全免费实用技术培训班19期，参训人员1187人次，培训涉及家电维修、缝纫、理发、美发，水稻和果蔬栽培与管理，猪、牛、羊、鸡、鸭饲养等内容；选派残疾人工作者参加省残联举办的手语翻译培训班4期，8人经考试合格获得手语翻译证书。

三、残疾人劳动就业

1997年，龙里县印发《关于分散按比例安排残疾人就业实施细则的通知》，将残疾人就业纳入法制化轨道，着力推动和保障残疾人劳动就业。全县采取帮助个体从业、集中和分散按比例就业等方式，先后安排390名残疾人从事各种生产劳动就业。其中：个体自谋职业的219人，机关、事业单位分散就业44人。2005年，湘龙铁合金有限公司集中安排127名残疾人就业，并办理养老、工伤等保险，提供集体伙食、免费住宿，与健全职工实行同工同酬，人均月工资在800元以上。

县残疾人联合会注重开发盲人按摩就业渠道，鼓励残疾人自立劳动就业。至2008年，全县有盲人诊所3所，龙里籍盲人在贵阳、广东、福建等地从事按摩业，均能自食其力。农村贫困残疾人通过参加各类实用技术培训，辅以相应的资金扶持，绝大多数能摆脱贫困。

第三节 文体活动

1991年10月，龙里县组队参加黔南州首届伤残人田径运动会，王家胜获男子上肢残组跳远第一名，岑大先获下肢残组跳远第二名，姚仕刚获下肢残组跳高第二名。2001年黔南州第三届残疾人文艺调演中，杨云龙获声乐第一名、谭利华获第三名，杨云龙参加省残疾人文艺会演获新人奖。2005年5月在西安全国残疾人游泳锦标赛上，谭旭获女子乙组100米蛙泳SB7第三名、女子甲组4×100米自由泳接力第四名、女子乙组50米自由泳S7第五名，刘其勇获男子组4×100米混合泳接力第四名。

2006年5月，刘其勇在省第三届残疾人运动会上获游泳项目男子S9级100米自由泳第一名，S9级50米自由泳第一名，S9级400米自由泳第二名；9月，在石家庄全国残疾人游泳锦标赛中，谭旭获SB7组女子100米蛙泳第三名，被授予体育道德风尚奖。2007年5月，在昆明举行的全国第七届残疾人运动会游泳项目比赛中，谭旭获女子组S7级50米蝶泳第三名，SB7组100米蛙泳第四名。

2008年7月，在贵州省残疾人游泳锦标赛中，谭旭获女子ST50米、S7100米仰泳，S750米、S7200米、S7100米自由泳，SB750米、SB7100米蛙泳，Sm7200米混合泳，S7100米、S750米蝶泳10个第一名；刘其勇获男子S10100米、SB1050米蝶泳，SB9200米、SB950米、SB9100米蛙泳5个第一名，S1050米蝶泳，S1050米、S10100米仰泳，S1050米、S10100米、S10200米自由泳，Sm10200米混合泳7个第二名，4×50米自由泳接力第三名。

第五章　社会行业组织管理

第一节　行业协会组织

1991年，龙里县有水电学会、教育学会、林学会、农学会、畜牧兽医学会、建筑协会、医学会、工交学会，1992年成立财政学会、珠算协会，会员总数323人。1991—1998年，各协（学）会按照章程开展工作。1999年，除工交学会外，其余协（学）会均调整理事会领导成员。2004年5月，县财政、珠算、会计协（学）会再次调整理事会领导成员。2007年4月，县科协下发《关于整顿、规范县属学会组织机构的通知》，县畜牧兽医水产学会、林学会、财政学会等6个学会完成登记，共有会员150人。2007年12月，县苗医药学会成立。

一、农村专业经济协会

1993年，黔南种养殖基地项目在龙里农业中学创建实施，培育桃、梨等果苗200余万株，养猪200余头。1998年9月，猫场镇小箐村蔬菜种植研究会成立，建有蔬菜种植科普示范基地，组织会员种植蔬菜500亩。1999年10月，成立洗马镇羊昌村、台上村烤烟研究会，摆省烤烟研究会，谷龙乡高吏目村果树研究会、乐榨村茶叶研究会、小谷龙村蔬菜研究会，谷脚镇谷脚果树、蔬菜研究会，创办台上烤烟、谷龙水果、谷脚蔬菜等科普示范基地10个。

2000年，民主、羊场、湾寨、摆省4个乡镇创建4个优质蔬菜生产科普示范基地。2001年3月，水场乡妇女西瓜种植研究会成立，西瓜种植户152户，种植面积624亩，产量达280万公斤，产值280万元。2002年2月，三元镇永安村蔬菜种植协会成立，种植10多个品种的蔬菜200亩，种菜农户人均增收1000元以上。2002年5月该协会被贵州省科协评为先进集体。2002年以后，协会理事长罗显尤多次被省、州、县评为先进个人，2005年被选任黔南州科协五届委员。2003年，水场乡红岩村无公害蔬菜研究会成立，种植蔬菜500亩，2005年被黔南州科协评为先进集体。

2004—2006年，龙里县共有农村专业技术协会29个，主要有谷脚镇谷脚村、王关村、大坡村、茶香村的刺梨协会，毛堡肉羊养殖协会；醒狮镇大坝村、鸡场村，水场乡水场村、三村村、高沟村、场坝村，哪嗙乡狗场村、高枧村，谷龙乡高吏目村、乐榨村，麻芝乡五里村等的蔬菜种植协会。2006年8月，成立龙里优丰果业协会，有会员120人，协会理事长高传荣利用荒山创办水果种植科普示范基地，其梨注册为“黔龙”水果品牌远销厦门、海南等地。2008年12月，优丰果业协会会员发展到860户，种植果树2000余亩，创办50亩以上的果树科普种植示范基地3个。2007—2008年，协会理事长高传荣被评为全国绿色小康户、农村青年创业致富带头人、科普带头人，贵州省农村拔尖乡土人才，黔南州科普带头人、“十佳”青年突击手。

2007年9月，谷脚镇圣锦绿化苗木种植协会成立，创办规模200亩花卉苗木科普种植示范基地1个，协会会员种植花卉苗木500余亩。2008年7月，谷脚镇谷脚村养殖协会成立，协会以种草养鹅，农户每户养鹅300只左右，大户达2000只，当年共养鹅3万余只，产值150万元；4月，摆省乡新庄村能繁殖母猪协会成立，县“农村专业技术协会市场经营暨农业减灾生产技术巡回培训”在该地举办。

二、老年书画研究会

1998年12月18日，龙里县老年书画研究会成立，黄大熙、骆用定、康兴鼎、石化全任名誉会长，王晓萍、陈民、王安富、王小红任名誉副会长，胡德卿、杜启鑫、庄勤义、邵正芳担任顾问；赵仁良任会长，陈盛根、龙大海、张治敏、糜崇植、卢云任副会长，糜崇植兼任秘书长，理事13人，会员38人。研究会下分设书法和绘画两个部分。1999年9月举办“黔南州首届十二次老年书画龙里联谊展”，2004年10月举办“黔南州二届九次老年书画联谊展暨黔南州第二届书画展”，相继举办“老年书画长廊”展出作品100余幅。

2005年8月15日举行换届会议，选举第二届理事会，靡崇植任会长，杨光涛、张兴鉴任副会长，王平、罗俊任名誉会长，王永坤、罗朝光、陈民、陈光荣任名誉副会长。2006—2008年，龙里县老年书画研究会部分作品入编《中山颂诗书画集》《纪念红军长征七十周年书画集》和《纪念周恩来同志诞辰110周年书画集》。

第二节　社会团体管理

龙里县民政局根据《社会团体登记管理条例》对依法成立的社会团体进行登记管理，1991年以后各种社会团体（又称民间组织）逐渐增多。1992年全县民间组织几乎集中在县城，共有24个，其中协会16个（主要有县关心下一代协会、县书法协会、县美术协会、县音乐协会、县摄影协会、县计划生育协会、县集邮协会、县个体劳动者协会、县珠算协会、县门球协会、县气功协会、县迪斯科协会、县建筑协会等），学会6个（县财政学会、县会计学会、县农学会、县畜牧兽医学会、县水电学会、县林学会），其他团体2个（县体育总会等）。

1992年，将气功协会和迪斯科协会并入县体育总会。1996年，依法成立龙里县女干部联谊会。2001年成立龙里县民间组织管理所，完善双重负责管理体制，建立健全相关规章制度，实行年检年审制度。2005年成立龙里县冬泳协会。2006年，成立狗场村蔬菜种植协会、高枧村蔬菜种植协会、毛堡肉羊养殖协会、进化村蔬菜种植协会、大坝村蔬菜种植协会、羊场司村蔬菜种植协会、顶水村蔬菜种植协会、洗马村肉鸽养殖协会、龙里县私营企业协会、龙里县道路运输协会、龙里县武术龙狮协会、龙里县农资经营协会、龙里县残疾人体育协会等。2008年，全县登记的各类协（学）会有31个。

第二十篇　社会生活

第一章　城乡居民生活

第一节　服饰着装

一、城镇居民服饰着装

20世纪80年代，服装流行以蓝、黑、灰、草绿色为主。一家几口人一年四季的衣服，一个衣橱就可以装载。买布凭布票，工资收入低，过年时才置办新衣服。的确良衬衫、白网鞋和方口胶底布鞋成为女孩最时尚的装束。80年代中后期，流行喇叭裤、健美裤、蝙蝠衫、连衣裙、军大衣等，服装材质开始由低中档的化纤布料向中高档的毛料等转变，青年开始选择涤纶、的确良等布料。随着经济社会不断发展，服装的花色、款式更加多样化，面料质量也发生很大的变化。

20世纪90年代，人们的生活开始向小康过渡，思想更为开放，穿衣打扮讲究个性和时尚，款式、色彩更趋多元化，随时代潮流而变。牛仔服、夹克、西装、风衣、呢子衣、皮衣、皮裤、衬衫等各色各式男女四季服装，以及多种多样的内衣、内裤、鞋、袜及领带充盈市场。男女流行穿三角裤、丁字裤，女性流行穿文胸（又叫乳罩、胸罩），讲究的家庭有专门的睡衣。男士服饰有西装、夹克衫、中山装、牛仔服、羊毛衫、运动服、马裤、皮衣、皮裤、风衣、军大衣等；女士服饰花样繁多、色彩鲜艳，有西装、春秋衫、羊毛衫、运动衫、百褶裙、短裙、连衣裙、西装裙、套裙、牛仔裙、唐装、健美裤、牛仔裤、皮衣、皮裤、风衣、呢子衣等。一般人家大衣柜里五彩缤纷，种类繁多，一些女性常为换季时清理衣柜而烦恼。

2000年后，市场经济更加繁荣，促进服装款式多样化。女性服装更为丰富，讲究个性和魅力，夏季有砍袖上衣、休闲短裤、短裙、吊带裙衣等，冬季有毛衣、羽绒服、皮衣、毛呢大衣、羊绒大衣、貂毛大衣等。

二、农村居民服饰着装

20世纪80年代，买布需要布票，经济条件好的人家过年时才会有一段新布，请裁缝给孩子做套新衣服。一件衣服，老大穿破了，缝补给弟妹穿。“新三年，旧三年，缝缝补补又三年”，为农村穿衣困难的写照。农村贫困面大、程度深，很多家庭先顾吃后顾穿，衣衫破旧打补丁非常普遍。随着改革开放不断深入，市场日趋繁荣，经济条件持续改善，农村居民衣着发生显著变化。由购买布料制衣向购买成衣转变，比较流行的有的确良草绿色和天蓝色军装、海军白条汗衫，以及各色内衣、内裤等；由数量增加型向质量提高型转变，越来越讲究美观、舒适并追求名牌，与城镇居民差距明显缩小；由单一化向多样化、个性化和城镇化转变。进入21世纪，一般的农民家庭都备有夹克、中山装、西装、时装、休闲装等，女青年还拥有裙子、首饰、装饰品等，突出个性、讲究品牌、追求高档也成为农村青年的一种时尚。

三、少数民族服饰着装

随着改革开放和经济社会发展，商品经济开始在民族地区占主导地位，民族服饰发生很大变化。布依族自给自足织布濒临消失，苗族尚有自织布料、自制衣服。大量的时髦服装进入农村市场，人们轻易就可以买到流行服装。布依族平时除老年服饰外，基本和汉族相同，在民族节日和重大节庆活动中才可以看到传统服饰；苗族群众穿着本民族服装也不断减少。进入21世纪，布依族服饰在保留一定传统特点的基础上变化和创新，中青年妇女装饰追随时代潮流的色彩花样，各样色调的盛装展现在婚嫁场合和民族节日活动中。较多苗族还保留着传统的民族服饰，居家劳动着便装，节日喜庆着盛装。

四、鞋袜着装

20世纪90年代及以前，城乡广大群众鞋袜朴素、简陋、单一。农村穿草鞋、布鞋、半布鞋、解放鞋、马子鞋、反帮皮鞋，穿着最多、最常见的是自制鞋、廉价鞋，穷家子女（特别是男孩）因无鞋可穿而打光脚板的较多。草鞋以茅草、麦草、棕、构皮、麻等制作，亦以废旧轮胎制作（胶草鞋）；布鞋以废旧、边角布料粘接缝制鞋帮，麻线缝制“千层底”为鞋底；半布鞋用工厂生产的塑料或橡胶鞋底，自制布料鞋帮，麻线缝接而成；解放鞋为解放军总后3537工厂生产的橡胶底、帆布帮鞋；马子鞋有白色硬质塑料底，深色布料鞋帮；反帮皮鞋为一种军用皮鞋，用粗加工的牛皮和橡胶底制成，鞋帮灰黄色，表面粗糙，不用擦油，质地坚实，价格昂贵，仅有少数人穿得起。袜子对于农村人来说曾是奢侈品，只有冬季才穿，条件差的冬季仍然穿不起。城镇居民的鞋袜穿着好得多，主要以布鞋、半布鞋、解放鞋、马子鞋、皮鞋为主，很少人穿草鞋，一般都穿得起袜子。

21世纪以后，塑料、橡胶大量使用，皮革越来越丰富，纺织业发达，鞋袜产品丰富、价格低廉，鞋袜“飞入寻常百姓家”。农村和城镇在鞋袜穿着上的差距逐步缩小、趋向一致。制鞋材料主要有橡胶、塑料、纤维布料、动物皮毛及人工合成皮毛；产品主要有以纯塑料或纯橡胶制成的拖鞋、凉鞋、长筒防水鞋和以塑料或橡胶做鞋底、布料或皮革做鞋帮的鞋（包括皮凉鞋）。专用于室内的塑料拖鞋（夏秋季穿）、毛拖鞋（冬春季穿），一般家庭每人至少一双。成年男鞋、女鞋还分平底鞋和中跟鞋（高出平底2～5厘米）、高跟鞋（高出平底5～10厘米，有的高过10厘米）。

袜子材质主要是各种纤维布料、毛料，讲究牢实、吸汗、透气，夏秋季穿较薄的，冬春季穿较厚的。一些女性赶时髦喜穿伸缩弹性强的丝袜、长腿袜、裤袜。鞋袜品牌、规格、颜色繁多，场天集市、大街小巷商店、超市均有出售。

五、装饰品

20世纪以前，少数家庭妇女拥有的贵重金属、宝玉石材首饰，或系上辈下传者，很少穿戴。21世纪后，随着经济社会发展，物资丰富，收入增加，观念更新，首饰生产经营者根据不同群体经济条件和兴趣喜好生产销售不同材质、个体、质量、纯度、工艺的饰品满足各种需要，首饰消费逐渐流行。产品有戒指、项链、手链、脚链、耳环、吊坠、手镯、领带夹、手表、眼镜、皮带扣、钥匙链等等。凡结婚、重大社交活动或日常生活需要，皆可购买佩戴饰品。一般的家庭、人士或有一两件甚至多件首饰，人人身上或有饰品。

六、旧衣物处置

20世纪80—90年代，人们穿着惟求暖和，戏称“只讲温度不讲风度”，即便旧衣破布仍不忍丢弃。随着城镇经济快速发展，城乡差距拉大，在发动城镇居民捐款捐物救济农村时，很多城镇居民家庭捐出旧衣物支助农村贫困家庭。90年代后期起，服装越来越物美价廉，城乡生活水平差距缩小，农村群众穿衣不再困难，补丁衣服在人们的视野消失，城镇捐往农村的旧衣物逐渐无人问津。旧衣物（有的实际仍是“新衣物”）越来越多，留之无用，弃之可惜。有的习惯节俭的家庭将旧衣服收集起来，请弹花匠粉碎加工成被褥用于垫床，加工费每斤1元左右；有的旧衣物一直搁置，直至随主人逝去而焚掉；一般的处理就是直接当垃圾扔掉或烧掉。

第二节 饮食结构

改革开放初期，农村实行家庭联产承包责任制，提高生产积极性，粮食不断增长，逐渐解决吃饭问题，但食物匮乏单一，营养仍显不足。有的农村家庭未解决温饱问题，每年农历二月起便青黄不接，要靠借粮度日，直至农历五月小季收成才缓解，至秋收前又是一段难挨的艰难日子。农村一般家庭不吃早餐，每日两顿饭，一般早饭在10至13点，晚饭在18至22点。农村平时都是粗茶淡饭，能吃上豆腐即算改善生活，逢年过节才吃上肉食。有的人家杀年猪时，将板油、水油和大部分肥肉提炼装罐，成为一年内的主要食用油。

随着生产力的发展，食物逐步多样化，农村居民逐步普遍解决温饱，早餐吃上面条、馒头和包子，平时也能吃上肉和蛋。随着经济条件改善，城乡居民普遍讲究食品的营养和美味，由“吃饱”向“吃好”转变，科学卫生的饮食观念不断深入人心。富裕人家讲究营养均衡，粗细荤素搭配，多吃新鲜蔬菜水果，少吃高脂肪、高胆固醇食物。以前因粮食不够用来充饥的野菜、粗粮，反而成为城乡餐桌上首选的健康绿色食品。市场上肉类、蔬菜、水果等品种丰富，人们可以随心购买到自己所需的食品。2000年后，各种风味的饭店、餐馆、小吃摊逐渐遍布城镇、辐射乡村，人们平时不想做饭、家里来客、朋友聚会或节日庆祝便可以去享受美食。

一、粮食

20世纪80年代，县境内城镇居民主食以大米为主，兼以小麦、玉米等杂粮加工制品。城镇居民凭购粮证按计划到当地粮店购粮，品种单一、数量有限。90年代，城镇居民可在市场上自由选购粮食，农村粮食自给自足并大量出售。农村多数人家一日两餐，农忙三餐，早餐和午餐较简单，晚餐较为丰富。

2000年后，饮食观念变化，不但要吃饱，还要吃好，城镇居民讲究主食粗细搭配，适量摄取粗粮，大米、面粉成为家庭主食品。包谷饭、麦粑颗、蕨粑、荞麦等杂粮成为餐桌上的“绿色食品”。城乡普遍一日三餐，早餐吃面条、馒头、包子等。随着经济条件改善和生活水平提高，早餐更为丰富，有粉面、馒头、包子、烤饼、稀饭、豆浆、油条、糯米饭、饺子、糍粑等，中、晚餐菜肴讲究科学调整搭配，“早上吃好，中午吃饱，晚上吃少”。各种餐馆主食除大米饭外，还有包谷饭、麦粑饭、糯米饭、稀饭、包子、馒头、面条等，满足人们不同的需求。

二、肉类

改革开放初期，城镇居民按时领取肉票购买猪肉，数量有限。农村居民须完成交售生猪任务后才能杀猪过年。平时很难吃上肉，过年时熏制的腊肉常在农忙季节、节日和家里来客时才食用。20世纪90年代，畜牧养殖业有较大发展，城乡市场猪、牛、鸡、鸭、鱼等肉食十分丰富。农村大多数人家都杀猪过年，城乡居民肉食随时可得到满足。进入21世纪，猪、牛、羊、狗、鸡、鸭、鹅、鱼、海鲜等肉类应有尽有。平时以猪肉为主，辅以少量牛肉；逢年过节和待客食用鸡、鸭、鹅、鱼等；冬至期间流行吃狗肉或羊肉。农村宰杀年猪，除部分春节期间食用外，其余的熏制腊肉、灌制香肠，平常、节日、来客、农忙都可以食用。城镇居民也在春节期间制备腊肉、香肠，一年四季可食用。

三、蔬菜

20世纪80年代后期，县内城镇蔬菜以本地生产的为主，品种较少，且受季节气候制约。萝卜、白菜为一般餐桌上的主要蔬菜。农村群众自种自食，很少拿到市场上出售，土豆、老南瓜、饭豆、懒豆等备以冬用。城乡居民习惯腌制酸菜、咸菜作调节胃口的佐菜。90年代，城乡集市蔬菜以本地自产的白菜、青菜、莲花白、菠菜、豆角、黄瓜、茄子、萝卜、南瓜等为主。1996年以后逐渐有外地反季节蔬菜上市。

2000年后，在乡镇、村组推行专业化蔬菜种植，不断从外地引进改良品种和新品种，早熟蔬菜、反季节蔬菜品种增多；加上紧邻贵阳市蔬菜批发大市场，品种繁多的干、鲜蔬菜可以轻易大量调入，城乡居民一年四季都可以吃到各种时令蔬菜。吃菜多喜欢辣、酸味，俗话说“无辣不成菜”“三天不吃酸，走路打转转”。主菜原料为白菜、青菜、萝卜、茄子和豆类、瓜类、薯类等；豆制品有豆芽、滤花豆腐、白豆腐、灰豆腐、血豆腐、盐豆腐、霉豆腐、干豆豉、水豆豉等；坛菜有酸辣、酸菜、酸葱果、酸豇豆、泡蕨菜等；一般人家自给自足的佐料有辣椒、姜、葱、蒜、芫荽、花椒、醋酸等，酱油、味精、胡椒等从市场购买，“五香八角，三姜大料”之类多在年节和红白喜事备餐造席的场合才用。平时就餐以新鲜蔬菜为主，夏、冬季常食用腌菜和干菜（干豇豆、干笋子、干蕨菜等）。菜肴荤素搭配，烹调方法有炒、煎、炖、煮、蒸、炸、凉拌等。

四、水果

20世纪80年代，群众购买力低，县内集市只有一些零星水果摊点，品种很少。地方农村自产水果有桃子、李子、梨子、柑橘、杨梅、枇杷、花红等，广泛零星分布。90年代后，开始种植苹果、柑橘、葡萄、杨梅等。2000年后，本地生产水果产量大增，主要新兴品种有苹果、橘子、西瓜、猕猴桃、刺梨等，人工栽培刺梨主产于谷脚镇茶香村；同时外地水果大量销入县境，主要有香蕉、芭蕉、枣子、火龙果、杧果、山竹、香瓜、圣女果、菠萝、荔枝、桂圆等。随着生活水平提高，水果成为酒席、家宴必不可少的辅食。

五、饮品

（一）酒类 地方产出酒类有米酒、黑糯米酒、包谷酒、高粱酒、刺梨酒、啤酒、葡萄酒以及各种药材泡制的药酒等。农村家庭普遍酿酒，自产自销、自给自足，一年四季有酒待客，红白喜事亦可以自酿满足大量需要。米酒度数低、口感好、价格便宜，受人青睐。饮酒之风盛行，俗话说“无酒不成席”“烟搭桥，酒铺路”。随着生活水平提高，群众普遍购买啤酒、葡萄酒饮用，或自制药酒养身。

（二）饮料 地方自产饮料有茶水、豆浆、果汁、矿泉水等，牛奶、碳酸饮料、咖啡等从市场购买。云雾茶为城乡最为普遍的饮料，许多农家自有茶园；野生苦丁茶、粑粑茶入口微苦、回味甘甜，资源丰富；苦荞茶开胃消食。豆浆为较受城镇居民喜爱的保健饮料，一般人家可自行制作，根据需要添加绿豆、花生、五谷等。刺梨汁、刺梨精为县内生产的著名品牌保健饮料，价格较高，未成为地方群众日常饮品，主要销往国内外。

第三节 住房条件

改革开放以后，城乡居民住房面积大有增加，建筑质量也不断提高，大量破旧的木结构老瓦房、土墙茅草房、石块干打垒房逐步改建为钢筋水泥砖混结构的楼房或平房。外墙用水泥抹光或用涂料、瓷砖装饰，内墙装修材料也由石灰改为瓷粉、涂料。地坪用水泥清光或铺上地板砖，有的还用上拼花木地板。城乡居民的居住环境也大大改观，房前屋后种植花草树木。

由于历史上经济文化交流融合，各民族传统民居已大同小异。城镇民居沿街、巷两边修建，木结构青瓦盖顶房由平房快速取而代之。全县布依族、苗族村寨遗留的少量“干栏”式建筑逐渐成为危房，在扶贫开发、务工积累资金改建的潮流中不断消失；县境中部谷脚等地的传统石板房也在乡镇企业建房、工业开发和村寨拆迁中损毁。

1991—2008年龙里县城乡居民住房情况统计表

表20-1 单位：平方米

年份	人均住房面积		年份	人均住房面积	
	城镇	农村		城镇	农村
1991	17.06		2000	20.78	
1992	17.32		2001	21.31	18.8
1993	17.58		2002	21.86	22.8
1994	17.85		2003	22.43	17.3
1995	18.31	15.2	2004	23.00	17.01
1996	18.78		2005	23.2	17.39
1997	19.26	15	2006	23.2	18.31
1998	17.75	15.8	2007	23.2	18.25
1999	20.26	17.5	2008		18.83

一、城镇住房

1991—1999年，城镇居民住房由砖木、土木结构瓦房向砖混结构平房、楼房转化。职工住房多以单位计划分配为主，家庭住房面积约20～50平方米；新分配参加工作的职工多数住平房，一套房住4～8人。随着经济条件改善，县城开始新建、改建、扩建住房，一些经济条件较好的单位开始为职工修建住宅楼，建设标准不断提高，人均居住面积逐年增长。1993年推行住房制度改革，将公房优惠出售给职工。同时，政府鼓励各部门单位集资建房，县城一些机关、企事业单位相继在主要街道两侧的中心地段修建4～7层的综合楼房，一层为商铺，二层以上为职工住房。

1996年12月，贵州大发房开公司进入龙里。随着房地产开发和住房商品化的发展，县城开始新建大量商品房，同时大规模改造旧房。2000年以后，城镇化步伐加快，部分农村人口向城镇转移，促进城镇住房的发展。居住面积不断扩大的同时，住宅档次、品位不断提升，室内布局讲究科学实用，有客厅、餐厅、厨房、书房、卧室（大套的有几个）、卫生间（大套的有两个）、储物间等；房屋造型新颖，宽敞明亮，装饰装修讲究，水电气等配套设施齐全完善。每套居住面积一般60～110平方米，大的有140～150平方米，有的复式楼有200～300平方米。大量城镇拆迁划地安置户、购买政府出让地建房户还修建2～9层的楼房，总建筑面积少的200～300平方米，多的达1000平方米以上，除自住外用于出租；一些家庭购买2套以上商品住宅。居住条件明显改善后，业主选择更趋多样化，有步梯房、高层电梯房，住宅小区道路、路灯、绿化、环卫等设施不但要配套完善而且实行物业公司化管理，保证居住质量。

二、农村住房

20世纪80年代后期，县内农村住房大部分是木板房、土墙房，有部分茅草房。90年代温饱问题逐步解决中，改建住房不断增加，因缺少木料普遍建设砖瓦房、砖混平房，少数富裕人家建筑二层以上。1997年以后，农村主要建房资金普遍来源于农民外出务工收入，部分农户新房宽敞明亮，室内铺地板砖，墙壁贴瓷砖、刷涂料。2000年后，地处交通要道的少数农民开始兴建2～3层砖混结构楼房，一层为商铺用房，二层以上为住宅。2006年后，实施新农村建设和启动茅草房改造工程，茅草房基本消失，部分农民建设独门独院的砖混结构楼房。2008年，龙里县被列为全省农村危房改造“整县推进”示范县，改造6700多户。

三、厨房

20世纪90年代，农村一般人家厨房面积较宽，陈设简陋，四壁通风，一般设置有水缸、土大灶、碗柜、桌椅板凳、锅碗瓢盆，大多数与就餐地点分开。共同点是厨房显著位置设有占位较大主要烧柴火的土大灶，设置灶孔两个，灶上固定安放大铁锅两口。灶体一般长2米、宽1.5米、高0.8米，铁锅直径约0.8～1.5米。也有单孔灶，设灶孔1个，安放铁锅1口。在灶上分别煮制牲畜饲料（俗称“猪潲”）、烹调人食菜肴和煮蒸米饭。

人口较多的人家蒸饭多用甑子（木甑居多），先在土大灶锅中将大米煮到七至八成熟，以筲箕滤去米汤，再将饭粒蓬松地堆摊在甑中，又在大锅中蒸熟。未饲养牲畜时，做饭事宜可改移到厨房以外的房间（如会客室、餐室）的火炉上进行。还有一种用煤做燃料的地灶，占地面积约1平方米，灶孔前设置一个坑，灶内有炉桥，灶面高出地面设置高10厘米左右的三点式支撑点（有的不设支撑点，用铁质三脚架代替）。最简陋的是直接挖个坑（火塘）或选个地面，烧柴、烧煤均可。城镇家庭未养牲畜，也就没有土大灶，其他陈设与农村大同小异，惟少烧柴火，有自来水清洗池和电冰箱等，卫生条件较好，面积大的厨房还兼做餐厅。

2000年后，随着经济发展，推广运用科技产品，厨房设施设备更新换代。农村一般家庭用上电冰箱、电饭锅、电炒锅、电水壶等；传统水缸多弃置不用，取而代之的是自来水、清洗池。城镇家庭有消毒柜、电烤箱、煲汤锅、高压锅、燃气灶、抽油烟机等；以前的简易灶、清洗池、水泥地面、石灰抹墙及屋顶，逐渐分别改造为节能多功能灶、不锈钢清洗池、瓷砖地墙及板材吊顶等。城乡使用柴火不断减少，代以煤、电、气（沼气、液化气），环境卫生和食品安全条件大为改善。

四、客厅

20世纪90年代，农村一般家庭一楼一底老式木房正房开间多为3间，每间进深隔为两间，中间即堂屋前、后为走廊、过道，堂屋两侧房间的前间兼做客厅（会客室）、休闲间和厨房；有的客厅（会客室）在正房侧面的厢房。城镇大部分家庭一般将一间面积较大的房间，摆上沙发、茶几、电视机，即为客厅。

2000年后，随着居住条件改善，城镇和部分乡村住宅布局一般均分设客厅、厨房、卫生间、卧室和书房，客厅一般为面积最大的一间。客厅有各式沙发、茶几、饮水机、电视机、电风扇、取暖器等设施，有的还有音响、麻将机等，条件好的家庭还有空调或地热等高端设施。客厅讲究宽敞明亮，采光面多数增设窗帘、防盗网、防护栏，有的在窗台或角落摆放盆栽花木。

城乡装饰装修材料质量和花样款式不断更新换代，居民人家相互攀比借鉴。钢筋均改用不锈钢，地面铺设水磨石、陶砖、瓷砖、大理石、花岗石、木地板等，墙体有磁粉、陶砖、瓷砖、板材、墙纸等，屋顶有石膏线条、板材造型吊顶等，灯具有吸顶灯、吊灯、大小灯、各色彩灯等，有的空旷墙体镶贴、绘制山水字画，电视处有背景墙，或摆放、悬挂工艺品点缀。

五、卧室

20世纪90年代，城乡住宅条件差，卧室拥挤，一般使用木架床，铁架床较少，衣柜可有可无，铺帐被褥简单。农村以稻草、竹笆等垫床仍较普遍，特别困难的家庭甚至打地铺；一些农家以谷秆编织可以卷收为圆筒状的草荐，用于来客住宿时临时增设床位。随着住房条件改善，卧室质量提高，讲究干燥、通风、采光、私密、舒适、清静，橱柜（衣柜）、衣帽架、蚊帐、电热毯等不可或缺。2000年后，卧室装饰装修换代，设施设备更新。农村老式木架床或更新为“席梦思”弹簧软床，草荐床废弃淘汰。城镇人家床垫更追求款式设计经典、外形高贵华丽、制造工艺精细及材质健康环保，条件好的家庭还配置电视机、铺设地毯、安装空调或暖气。

六、厕所

1991年以前，城乡厕所普遍简陋。城镇家庭住宅有的没有配套厕所，使用居民区、楼堂馆所院落建设的简易公厕。农家在房屋附近挖个大坑，支上木架，盖上茅草、秸秆、木皮等防漏材料，即作厕所，有积肥的重要功能。卫生纸为废旧书报，穷乡僻壤甚至使用树叶、稻草等。

随着经济发展、条件改善、观念更新，厕所改造升级建设倍受重视。按照城镇基础设施配套标准，逐步建设适宜的公厕，将旱厕统改为水冲厕；行政村或有条件的村民组建设简易公厕。在城镇人口集聚区适宜地点建设男性、女性分开使用的公厕，交由环卫单位、社区或小区安排人员负责日常管理，先行有偿服务，费用从0.05元/人・次逐步增至0.5元/人・次，军人、残疾人、高龄老人等免费，后来根据创建文明城镇要求逐步实行公益管护和免费服务。

政府推进新农村建设，倡导文明健康的生活方式，加快农村厕所“革命式”更新换代。农户新建砖混结构平房多在室内配套建设水冲式厕所（卫生间、洗手间），有条件的将牲畜圈舍与厕所整合配套建设沼气池。2000年后，随着住房商品化改革深入，城镇住宅均配套有厕所，一般人家卫生间除做厕所外还有洗衣、洗浴、梳妆打扮等功能。城乡厕所普遍安装陶瓷蹲便器或坐便器，乡村普及使用卫生纸，注重清洁卫生管理，消毒杀菌灭蚊蝇，从而使过去臭气熏鼻、蚊蝇乱飞、蛆虫乱爬的脏乱差现象不复发生。

七、书房

1991年前后，农村人家几乎没有专门的书房，城镇家庭书房也很少。随着住房条件不断改善，普遍讲究科学适用、配套完善，城镇建筑面积在70平方米以上的读书人家一般都有书房（常兼卧室），而乡村农家书房仍然很少。书房安置书柜、书架，摆放书籍，设置写字台，配以台灯、椅子等。进入电子信息时代，书房逐步配置有电脑、打印机等设备。

八、洗浴间

随着住房条件改善，城镇和部分乡村人家成套住房卫生间安装电能热水器等洗浴设备，有梳妆台、洗面盆、清洗池等设施；城乡平房屋顶多安装太阳能热水器，向洗浴间供应热水。

第四节　出行方式

20世纪90年代，城镇部分群众用自行车代步。1辆上海产的永久牌自行车售价300多元，相当于机关事业单位1名一般工作人员3个多月的工资。部分群众自备自驾马车，主要作为短途运输工具，亦临时受雇运货载人。20世纪80年代遗留下来的部分盘式拖拉机、手扶拖拉机亦用于短途载运。

1991年后，随着工矿企业的发展，矿山公路、厂区道路不断延伸，沿线村寨自发或在政府帮扶下修建简易道路连接矿山、厂区道路，农村交通条件逐步改善。边远山区村民出行仍以步行为主，部分骑马；砍柴、割草、送肥、收割庄稼、挑煤均采用人挑马驮的方式运输。城郊群众仍须步行到车站或公路线上乘车；县城有人力三轮车载客，不断转变为机动三轮车。2008年，县城机动三轮车发展到400余辆，城内票价由每趟1元提高到1.5元。

1996年以后，城镇家庭普遍购置使用自行车、摩托车。建设牌50型摩托车3000元/辆（相当于机关事业单位1名一般工作人员近30个月的工资），宏达100型摩托车7800元/辆，五洋牌125型摩托车1.5万元/辆。2000年前后，实现公路“村村通”，农村家庭普遍购置摩托车。2003年统计，湾寨乡摩托车有500余辆。

2004年前后，城乡一般家庭开始购置小型轿车。群众赶集、走亲访友、吃酒做客均乘坐车辆，城乡私人农用车、面包车、小汽车不断增多。随着铁路复线建设、国道公路改造、城镇街道建设改造、乡村公路新建改造，道路交通条件迅速改善。2008年有东西向经过县境的主干道3条（国道210线、省道309线和贵新高速公路）、南北向与国道210线、省道309线相连的县乡公路5条，县内连通贵阳市的客运班线有水场—贵阳、谷龙—乌当、洗马—巴江—贵阳、醒狮—贵阳、草原—贵阳、羊场—湾寨—摆省—贵阳等，规划筹建中的贵（阳）龙（里）城市主干道两地车程预计只需20分钟；5条县道、8条乡道、5条厂矿线路、123条通村公路，构成全县的交通网络。随着客运发送、周转量逐年增大，客运公司增开班次、延伸线路，众多私家大客、中巴、微型面包车加入客运队伍。例如，经湾寨乡至龙里县城的客运，从1990年的始发班车1辆次，发展到2008年的6辆次。城镇居民、农村群众长途旅行可乘坐火车，有少数乘飞机；少数边远山区群众外出仍须步行。

随着城镇交通对乡村的辐射带动，2008年基本实现公路“寨寨通”。村寨砂石路、柏油路和水泥路不断延长、拓宽、普及，大部分可通卡车，一般可通小车。交通工具日趋多样化，摩托车等交通工具遍布乡村，小汽车和轿车已进出农村家庭，农村群众出村赶场、走亲访友等可以不再步行，村民旅行乘坐火车、飞机已司空见惯。农村少量家庭有面包车或轿车，大部分有摩托车；城镇一般家庭可有轿车，大部分有电动车或摩托车。交通运输管理趋于规范，配套服务业快速发展，城乡群众已告别行路难、乘车难的历史。

第五节　其他消费

一、洗浴、理发

1991年前后，城乡家庭缺乏洗澡、沐浴设施，人们多在夏、秋季到河流、水库中洗浴，缺水山区洗澡更加困难。县城有几家对外营业的澡堂，其中国营澡堂1家；机关事业单位、乡镇政府或开设澡堂，有的也对外服务；乡村私人开办营业澡堂极少。县城、乡镇每个场天都有一些民间理发师设点提供有偿服务；部分成年男性有剃头刀，少数家庭有手动剪理工具。

1995年后，城乡个体私营澡堂、理发店兴起。澡堂设储物间、更衣室、温水池、淋浴间，有搓澡工，条件较好的还有蒸汗间、休闲厅并提供推拿按摩、餐饮等服务。理发店从业者多为年轻人，普遍接受过美发专业培训，谙熟剪、剃、洗、染、焗、烫等技能和各种流行发型样式。随着电动工具普及，生活观念更新，人们多选择上街入店消费理发，年轻人追求时尚发型，有的将头发染上各种颜色。

二、用水、用电

1995年前后，县城及部分乡镇政府所在地自来水能满足正常需要，广大农村生活用水条件仍很落后，干旱季节一些山区村寨仍须肩挑背驮利用井水。由于电力设施落后，电力供应不足，大部分农村只能限时或错时用电。城镇使用少量日光灯管，农村一般用白炽灯，耗能高、亮度差。

2000年前后，城乡供水设施不断完善，城镇饮用水经处理质量达标，乡镇及广大农村已用上自来水，部分村寨自来水为利用水泵抽取的井泉水。通过城乡电网改造，电力充足，全县户户通电，照明灯具多样化，节能灯不断推广普及，城镇路灯、装饰彩灯等设施完善，部分村寨安装路灯。

三、灶具、燃料

2000年前后，县内农村仍广泛使用以木材等植物类材料为燃料的土灶，以及用煤炭做燃料的地灶。城镇一般仍使用火坑、砂炉、铁炉或自制炉灶，燃料以煤炭、木炭为主。2001年以后，开展新农村及文明新村建设，实施地氟病预防及治理项目，“100%消灭地灶、100%烟囱出屋”，推行沼气配套建设，倡导节能减排，推广清洁能源。大量推广使用铁炉子后，土灶、地灶、坑灶不断被淘汰。城乡电网改造后，电磁炉、电饭锅、电炒锅、电水壶等炊具迅速普及，以电力代替大量的燃料。同时，城镇居民、餐馆、酒店普遍应用燃气灶具，以瓶装液化石油气为燃料。至2008年，煤、电、燃气已成为主要能源。

四、用品、用具

随着交通物流条件改善，村庄有小卖部、城镇有商店、城市有超市，商品种类繁多、应有尽有，加上产品更新换代节奏加快和售后服务保障机制不断完善，一些传统的生活用品、器具逐步被五花八门的新科技产品取代，城乡居民生活方式和习惯改变，生活质量得到提高。

（一）用品

20世纪80—90年代，城乡洗衣、洗澡、洗发仍使用单一的肥皂、碱水或皂角，洗碗用热水、碱水，很少有人化妆或化妆品单一，农村很多人没有刷牙的习惯。此后，家庭日常生活洗漱用品日趋丰富，有各种品牌的牙膏、肥皂、香皂、洗衣粉、洗涤液、洗洁精、洗面奶、沐浴液、洗发膏、洗手液、卫生纸、餐巾纸，以及各种化妆品等。

（二）用具

1991年后，城乡居民自制用具减少，多到市场上选择购置，家庭用具日益丰富，科技含量提高，市场供应满足各方面的用途。厨房刀具以前多为铁匠人工煅制，刃口差、易生锈，品种单一，逐步向机制锻压批量生产、锋利耐用、种类繁多的不锈钢刀具转变；机械压制木、竹材质砧板和塑料砧板的使用量大增，木板或大树横切的木墩子减少；做工粗糙的土陶碗更换为工艺精美的瓷碗，还有不锈钢碗和塑料碗；除铁锅、铝锅外，增加不锈钢锅、不粘锅等；其他用具有杯子、碟子、锅铲、勺子、筷子、酒器、菜篮子、盆、桶等用具品类繁多、样式精美、应有尽有。

20世纪90年代，农村仍利用自然水能碾磨加工稻谷等粮食，有的仍使用原始的人力石磨和碓臼加工数量不大的糙米、杂粮、面粉和米粉。同时，行政村、个别村民组或家庭使用电力脱粒机、磨面机、擀面机等设备，为周边群众提供有偿服务，农户须人挑马驮或车辆运输到本村寨以外加工粮食，还经常遇到停电、机器故障、人多排队等困难。2000年后，农村大规模电网改造完成，电力加工机械不断增加、普及，普通家庭即购置使用有小型打米机、磨面机、擀面机、粉碎机、打浆机等用具。随着电力设备的普遍使用，自然水能碾磨等即被废弃淘汰。2008年凝冻灾害中，电力加工设备一度全部瘫痪，民间不得不恢复启用水能碾磨、人力石磨和碓臼加工粮食应急。

2001年后，木工、石匠等学习使用推广电锯、电刨、电钻、钉枪、切割机、喷漆机等电气化工具，切割、穿凿、刨磨、钉固、雕刻、漆饰等工种逐步均实现电气机械化劳作，传统工艺濒临消失。一些小型的犁土机、打田机等农具不断普及使用，改变农村家家户户必须有耕牛，每天都要人饲养牲畜的局面。

五、电器

20世纪80年代，城乡普通家庭电器稀少，手表、单车、缝纫机，收音机（俗称“三转一响”）成为农村富裕家庭财富的象征，也是姑娘出嫁时尚的嫁妆。90年代，黑白电视机、摩托车开始成为日常消费品，电视、冰箱、洗衣机、空调（俗称“四大件”）成为富裕时尚的标志。2000—2008年，彩电、冰箱、电饭煲、电磁炉、电暖器、空调、小汽车等进入寻常百姓家，手机、电脑、房子、汽车成为新的“四大件”。城镇一般家庭和农村部分家庭有消毒柜、电烤箱等厨具。洗衣机逐步成为城乡必备家用电器，由单缸（洗衣桶）型更新为双缸（洗衣桶、甩干桶）型，再升级为全自动（单缸，洗衣、甩干一次性完成）型，大大节省劳力和时间。随着住房等条件改善，高档家具、高清电视、全自动洗衣机、无氟电冰箱、空调机、计算机、净水机等进入城乡家庭，做饭、饮水、消暑、取暖等均有电器“侍候”，形成新的方便、快捷、环保、卫生的家庭生活模式。

2001—2007年龙里县每百户居民家庭耐用消费品拥有量统计表

表20-2

年份	自行车（辆）	洗衣机（台）	彩色电视机（台）	黑白电视机（台）	电冰箱（台）
2001	6.6	40	41.7	51.7	1.7
2002	10.3	41.7	51.7	45	5
2003	12	43	65	41.3	13.3
2004	16.2	45.5	58.7	30	12.5
2005	19	43	60	30	13
2006	24	51	80	19	20
2007	22.5	53.7	96.2	5	33.7

2007—2008年龙里县每百户居民年末耐用消费品拥有量统计表

表20-3

指　标	2007年	2008年	2008年比2007年增长（%）
大型家具（套）	380	390	2.63
洗衣机（台）	53.7	61.2	13.97
电冰箱（台）	33.7	38.7	14.8
摩托车（辆）	43.7	43.8	0.23
移动电话（部）	71.2	83.7	17.56
彩色电视机（台）	96.2	102.5	6.55
家用电脑（台）	1.25	1.25	0

六、通信

20世纪80年代，交往联络仍以会面和写信为主，电话、电报很少。80年代末至90年代，电话经历“摇把式”一步进制交换机—数字程控交换机的进步，实现长话交换程控化、传输数字化。1991年以前城镇居民安装固定电话还是一件奢侈之事，此后电话逐步普及。2000年后，现代化的移动通信兴起，经历寻呼机—小灵通—移动电话的发展进步，科技含量越来越高，功能越来越强大。寻呼机又叫BP机、传呼机、CALL机；小灵通已使传统意义上的固定电话不再固定在某个位置；早期移动电话俗称为“大哥大”，通称为手机。

到2008年，全县用户固定电话1.68万户、互联网宽带2595户、手机3103户、小灵通1871户；交换机总容量2.32万户，其中农话1.16万户。手机已基本普及实现每个家庭主要成员人手一台，计算机的使用和互联网的应用也逐步由城市辐射带动到乡村，通信方式更加多样、便捷，交往联络随时随地都可以进行，书信、电报成为历史记忆。

七、旅游

1990年后，县内城乡居民出省、出国旅游人数不断增长，一般由旅行社组成团队在节假日出行，多数目的地为北京、华东五市、张家界、九寨沟、西藏、北海、厦门、香港、"新马泰"（新加坡、马来西亚、泰国）、台湾等。同时，地方旅游业兴起成为第三产业发展的"龙头"，县内龙架山森林公园、草原、金龙谷、麻芝生态园等成为龙里、贵阳居民假日休闲旅游目的地。

八、休闲娱乐

2000年前，龙里火车站广场仍是县城居民日常休闲娱乐的好去处。夜幕降临时，游人、流动小商贩陆续来到，休闲娱乐方式有对歌、跳舞、散步、交谈、下棋、打牌、购物、吃零食等。2004年后，城区休闲娱乐"中心"由火车站广场转移到刚建成的兴龙广场。群众自发组织跳健身舞、交际舞，政府主导举办广场文化活动。时有文艺联欢演出，一概免费观赏。

随着生活条件改善，休闲娱乐方式趋向多元化。城镇居民有的到乡村摘果、钓鱼、游泳、野炊等，有的选择爬山、打球等体育运动，有的在家听音乐、看书、上网、看电视，有的周末、晚上外出唱歌、跳舞、看电影等。乡村居民日常休闲娱乐较少，但民族传统节日活动更加丰富多彩。

第六节　城乡居民收入

一、农民收入

改革开放初期，农村缺粮问题虽得到解决，但生产经营活动较单一、增收渠道窄，农民经济收入增长仍然缓慢。随着地方乡镇企业的迅速发展，以及沿海等发达地区对农村劳动力需求的不断增长，农村富余劳动力成为"离土不离乡"或"背井离乡"的产业工人，就业、增收渠道拓宽，农村"务工经济"迅速发展，工资性收入成为农民现金收入的主要来源。同时，国家出台一系列有利于"三农"的惠民政策，消费市场的繁荣，各种生产、生活物资供需量的增加，免除农业税和实行各种补贴等，带动农村多种生产经营活动的发展，减轻农民负担，也成为收入水平不断提高的重要"引擎"。

1991年，农民人均收入545元，人均生活支出365元，其中：食品支出212元。1995年，农民人均收入832元，人均生活支出532元，其中：食品支出287元。2000年，人均收入1375元，人均生活支出880元，其中：食品支出512元。2000年前后，粮食生产收入在农民总收入中的比重不断下降。2002年农村税费改革后，农民负担进一步减轻，更加改善发展条件，增加农民收入。2005年，农民人均纯收入2028元，人均生活支出1320元，最后1个一类贫困乡（摆省乡）、10个一类贫困村越过温饱线。全县农民人均纯收入2007年为2552元，比1991年的545元增长4.7倍；2008年为3005元（人均生活支出1820元），比1991年增长5.5倍，年均增长10%。2008年农村居民家庭的恩格尔系数为50.8%，解决了温饱问题。

1991—2008年龙里县农民生活收支情况统计表

表20-4　　单位：元

年份	人均纯收入	人均生活费支出		年份	人均纯收入	人均生活费支出	
		合计	其中：食品支出			合计	其中：食品支出
1991	545	365	212	2000	1375	880	512
1992	558	385	223	2001	1427	1086	634
1993	636	432	242	2002	1478	1229	726
1994	736	492	260	2003	1698	1086	457
1995	832	532	287	2004	1856	1187	498

续表

年份	人均纯收入	人均生活费支出		年份	人均纯收入	人均生活费支出	
		合计	其中：食品支出			合计	其中：食品支出
1996	1041	667	360	2005	2028	1320	635
1997	1286	823	436	2006	2153	1515	729
1998	1379	882	476	2007	2552	1726	926
1999	1397	890	498	2008	3005	1820	926

二、非农民收入

2008年城镇居民在岗职工年平均工资2.05万元，是1991年1875元的10.93倍，年均增长60.74%。

1991—2008年龙里县在岗职工工资收入情况统计表

表20-5

年份	在岗职工工资总额（万元）				在岗职工年平均工资（元）			
	合计	国有经济	集体经济	其他	合计	国有经济	集体经济	其他
1991	1675	1518	157		1875	1963	1309	
1992	2103	1914	189		2200	2254	1782	
1993	2376	2196	180		2318	2355	2016	
1994	3687	3529	158		3760	3797	1987	
1995	3917	2299	1618		3703	3779	1178	
1996	4422	2699	1723		4037	4165	2923	
1997	3353.3	3072.4	280.3	0.6	4381	4512	3325	
1998	3705.6	3100.9	243.7	361	4603	4754	2847	5503
1999	4517.6	3638	268.3	611.3	5601	5402	4153	8924
2000	5930.3	4558.2	273.1	1099	6924	6701	4176	9910
2001	7337.3	5802.3	817.3	717.7	8541	8539	8462	10842
2002	8113.2	6505.8	852.8	754.6	9343	9598	7860	9942
2003	9409.5	7104.4	945.3	1359.8	9462	10506	7648	6988
2004	11356.8	8049.6	1004.4	2302.8	10963	12196	7598	9449
2005	12510.8	8736.8	676.7	3097.3	12327	13658	7664	10796
2006	15073.4	10872.7	699.9	3500.6	15548	17545	7926	13387
2007	16658.4	12432.7	649.5	3576.2	17598	21248	10425	11952
2008	16285.2	13260.2	533.7	2491.3	20495	22324	15034	15090

1991—2008年龙里县城乡居民储蓄存款情况统计表

表20-6 单位：元

年份	城乡居民人均储蓄存款余额	年份	城乡居民人均储蓄存款余额
1991	182.13	2000	888.72
1992	225.36	2001	1004.16
1993	271.56	2002	1112.39
1994	373.8	2003	1319.11

续表

年份	城乡居民人均储蓄存款余额	年份	城乡居民人均储蓄存款余额
1995	511.04	2004	1572.41
1996	611.65	2005	1951.74
1997	651.21	2006	2292.75
1998	745.7	2007	2817.93
1999	810.36	2008	3401.14

2007—2008年龙里县居民家庭人均全年主要消费品情况统计表

表20-7

消费品种类	单位	2007年	2008年	2008年比2007年增长（%）
粮食	公斤	222.4	176.7	-20.55
食油	公斤	4.2	3.9	-7.14
肉禽及其制品	公斤	21.4	20.17	-5.74
蛋类	公斤	2	0.69	-65.5
水产品	公斤	0.3	0.18	-40
蔬菜	公斤	86.8	111.2	28.11
酒	公斤	6.7	6.71	0.15
烟	盒	26.5	30.2	13.96
服装	件	1.4	1.5	7.14
鞋类	双	1.8	2.1	16.67

第二章　精神文明建设

第一节　教育实践活动

一、文明主题活动

1993年以后，主抓“七一”庆祝活动和纪念毛泽东诞辰100周年的系列活动；组织1万余名中小学生参加全国青少年“爱我中华，爱我家乡”读书教育答题、作文大赛活动，征购教育读物1.06万册；完善大岩村文化活动中心，开展农村“万村书库”活动，分别向羊场镇新营村、岱林村和龙山镇毛栗村民组图书室赠送各种书籍近4000册；主办“龙里县城区庆祝中国共产党成立75周年歌咏赛”。1997年，开展“迎接香港回归祖国”“学法律、讲法律”读书教育活动，发放读本4.6万册，参加人数达4.6万人。

1998年，成立县文明委及其办事机构文明办，依靠群众，深入开展精神文明创建活动，抓好全民国防、职业道德和社会公德教育，开展文化扶贫和文化、科技、卫生“三下乡”活动。1999年县委将精神文明建设纳入各级各单位领导班子和领导干部的目标管理考核，与经济工作同计划、同要求、同部署、同检查、同奖惩。抓“十星级”文明户的试点工作，开展“三文明”（创建“文明单位”“文明行业”和争做“文明公民”）、“三下乡”活动，实施县城亮丽工程，推进婚育新风进万家。完成“千乡万村”书库发行工作，全县159个行政村都建立图书室。开展全县青少年“走向新世纪”读书教育活动，有2500余名干部、职工、教师和中小学生参与。在龙里电视台开辟《共建美好家园》《文明用语之窗》等专栏，活动新闻播出40多条，简报11期，黑板报60多期。

二、《公民道德建设纲要》实施

2002年，宣传贯彻落实《公民道德建设实施纲要》，开展“卫生秩序”“学雷锋树新风”“争创全国卫生城市”“五爱教育”书画摄影展、“文明大道”和农村“十星级”文明户创建等系列活动。举办全县道德演讲比赛和知识竞赛，有百余名选手参赛，受教育群众5000余人。

2003年，举办全县5000余人参加的“革陋习、树新风、创建文明城市”动员大会，发放《公民道德建设实施纲要》资料3000份，“非典”宣传手册1万余册，“革陋习、树新风、创建文明城市”宣传挂图600余套。2004年，贯彻落实《公民道德建设纲要》，掀起人人学纲要、知规范、讲文明、树新风的热潮，全县副股级以上干部500余人参加现代科技知识读书班学习，县机关单位干部职工、城区学校师生2000多人参加“争创全国卫生城市”动员大会，群众5000余人次观看公民道德演讲比赛，新世纪龙里县第一届体育运动会观众1.5万人。

2007年，开展教育六个“十佳”评选，推进“一德三新”教师培训。组织中小学生参与读书征文和演讲比赛，宣传“八荣八耻”社会主义荣辱观。对省少管所龙里籍少年犯进行帮教160人次。推荐22名“三好”学生、22名优秀学生干部到州参加评选；举办“增强环保意识，共建绿色家园”主题少儿书画作品展；邀请“五老”到学校作革命传统教育和“八荣八耻”报告会。抓大学“西部开发助学工程”和高中“宏志班”受助学生的推荐工作，180名初中生共得到3.6万元“深圳—贵州助学金”资助，19名中小学生得到0.36万元“杨明裕基金”补助。举办“多彩贵州”舞蹈大赛，161个节目报名，61个节目参加全县海选，10个节目共97名演员参加全州“多彩贵州”舞蹈大赛。启动县城“广场文化”，每周开展1～2场文艺晚会，完成28场；开展以“心、手、口、足”文明为内容的“与文明同行，建和谐龙里”创建活动。

2008年，出台《公民道德建设工程——“满意在龙里”主题活动纲要（2008—2010年）》及其当年实施方案，创新开展公民道德宣传教育活动，悬挂宣传标语62幅，发放宣传资料3万份；完成36场广场文艺晚会；向省、州推选文艺节目。春节期间，开展足球赛、职工棋类比赛、舞龙比赛等活动。

第二节 文明创建

一、文明单位创建

1992年主抓文明单位、文明村寨建设，全县建成经县政府命名的文明单位82个，其中文明村寨56个，文明工厂、医院、商店等15个，文明学校11所。1993年以后，在服务行业开展创“文明窗口”“青年文明号”活动。

1999年，县委、县政府制定《关于在全县深入开展创建文明单位、文明行业和争做文明公民活动的决定》《龙里县开展创建文明单位、文明行业和争做文明公民活动工作方案》《关于在县直机关各部门中广泛开展创建文明单位活动的安排意见》，重点以创“四优”（优美环境、优良秩序、优质服务、优雅语言）和“尽职业责任、讲职业道德、守职业纪律”为内容，倡导公民争相实践“三一”（在社会上做一个好公民，在单位里做一个好职工，在家庭里做一个好成员）、“四有”（有理想、有道德、有文化、有纪律）、“五爱”（爱祖国、爱人民、爱劳动、爱科学、爱社会主义）、“六心”（忠心献给祖国，爱心献给社会，关心献给他人，孝心献给父母，信心留给自己，温馨送给家庭）。

1999年，在国税、地税、邮政、电信、建设、供电等单位以“服务人民、奉献社会”为宗旨创建文明行业，开展花园式单位达标创建，“创建文明学校，做文明师生”。龙山镇获中央精神文明指导委员会授予“全国创建文明村镇工作先进单位”荣誉称号。

2000年，出台《关于广泛持久地开展创建文明单位、文明行业和争做文明公民的活动的决定》。2001年，开展“十星级”文明户创建活动，出台《关于在全县开展“星级文明户”“文明村”“文明乡镇”创建活动的意见》，在龙山镇、麻芝乡、谷脚镇开展试点。对全县符合条件的13个单位、20所学校文明单位进行表彰，3000余农户申报为“十星级”文明户。

2002年，抓“星级文明户”“文明乡镇”的创建，龙山镇有22个单位获评为“花园式”达标单位，36个单位及个体户获评为“花园式”先进单位，24个单位被命名为县级文明单位，15个单位被命名为州级文明单位，10户农户被命名为省级文明户，沿线的4个乡镇有4个村被命名为州级文明村。2003年，完成“西部开发助学工程”“宏志班”推荐、上报和全县80多个文明单位、文明村镇申报。龙山镇巩固创建20多个“花园式”单位，35个单位被命名为县级文明单位，13个单位为州级文明单位，国道沿线4个乡镇10个村被县文明委命名为文明村，贵新公路沿线的麻芝乡，龙山镇大冲村、水桥村，谷脚镇观音村被评为“文明大道”创建先进集体。

2006年，以“做人民公仆”为主题，以“三优一满意”为目标，全县共有40个单位（乡镇）申报县级文明单位。2007年，继续推进“卫生与秩序”“文明大道”及“三文明”等创建系列活动，开展39个单位、9个乡镇、22个村、19个窗口评选，首次把文明单位创建工作推进到非公有制企业（长通公司），推荐18个单位、6个乡镇、8个村、15个窗口参加评选为州级文明单位或窗口。

二、文明新村创建

1991年以后，县委组织调查研究，撰写《文明村寨建设中存在的问题、原因及对策》调研报告，为加强精神文明建设工作提供决策参考。1999年，开展农村文明创建活动，推进文化、卫生、科技“三下乡”、婚育新风“进万家”，在洗马、巴江、龙山等乡镇创建“十星级”文明户。

2003年，开展以“五改三建一倡导，十星六化两提高”为主要内容的文明新村创建活动，启动首批涉及全县87个自然村寨。投入资金170万元，完成道路硬化110.28千米，总面积21.08万平方米，其中主干道59.9千米，串户路61.04千米。修建沼气池582口，宣传栏307块。80%的农户用上清洁卫生的自来水或井水，50%的家庭有卫生橱柜、厕所，30%的农户在房舍周围空地植树栽花种果和发展养殖业。文明新村涉及农户5700余户，惠及2.22万余人。十星级文明户评选，参评农户5412户，占全县新村总户数的93%；挂牌4751户，占参评总户数的91%，其中九星1032户、十星879户。国道、贵新公路沿线村有1000余户3星至10星文明户挂牌上星。此外，继续宣传殡葬管理、治污工作，开展绿化造林、封山育林活动，对国道、贵新公路沿线的村寨建设进行整体规划。2007年建成新农村14个，“农民文化家园”建设完成2个、启动3个，培训新型农民2000余人次。

（注：“五改”，即改路、改水、改厨、改厕、改圈，改路就是把村寨的泥泞土石路改建成水泥路；改水就是把水引到户，让农民饮上卫生水；改厨就是建节能灶、沼气灶与卫生橱柜；改厕就是把人畜共用、不卫生的厕所改成封闭、水冲式厕所；改圈就是改深坑圈为平板圈、向阳圈，使牲畜卫生安全。“三建”，即建池、建家、建园，建池就是修建（畜）圈、厕（所）、沼（气）三位一体的沼气池；建家就是按规划设计修建整洁、适用、美观的房舍；建园就是因地制宜建设和发展庭院经济。“一倡导”，即在农村大力倡导科学文明健康的生活方式。“十星”，即广泛开展十星级文明户的评选，使之逐步形成遵纪守法、计划生育、清洁卫生、勤劳致富、和睦团结、尊老爱幼、学习文化、崇尚科学、热办公益、移风易俗的良好风尚。“六化”，即村寨要做到绿化、美化、净化、硬化、亮化、特色化。“两提高”，即通过村级组织带领群众办好事、办实事，开展丰富多彩的群众性精神文明创建活动，使党的方针政策、国家法律法规、优良道德品质、良好卫生习惯、先进科学技术进村入户，进一步提高基层组织凝聚力、战斗力、影响力、号召力；进一步提高全县农民的思想道德素质、科学文化素质、健康素质和文明程度。）

第三节 整脏治乱

1999年，开展“卫生与秩序”主题创建活动，投入3611万元，硬化过境国道321（210）线5.18公里，完成县城东门街、弯子街、正大街、中山路、小街园道路硬化，改造县城西门河600米，修建花园绿地4个，新建高杆灯3盏；投入400万元更新县城区通讯、闭路电视线路；投入2320万元，新建农贸市场1个，综合商场2个，图书馆、文化馆1600平方米。开展“卫生与秩序”主题创建活动。查处一批假冒伪劣产品，销毁一批非法出版物，查封取缔一批非法经营户，对城区机动车辆乱停乱放、无证开车和占道摆地摊经营等现象进行专项治理。

2006年，开展“整脏治乱”创建活动，成立“整脏治乱”专项行动领导小组，抽调人员、落实经费，制定《关于进一步加强全县“整脏治乱”专项行动的意见》《龙里县“整脏治乱”专项行动纲要（2006—2010年）》《龙里县2006年“整脏治乱”专项行动实施方案》和《龙里县“整脏治乱”专项行动责任分工》，发布《龙里县人民政府“整脏治乱”公告》。

2006年，成立交通秩序、市场广告、旅游景点等方面6个专项整治工作组。在县城设置5个监督岗和咨询台，散发“整脏治乱”《公开信》《公民公约》、小广告等宣传资料5万余份，接待咨询3000多人次；县机关3000多名干部职工、学校师生在县城举行“整治脏乱差，建设新龙里”主题游行活动，万余名群众参加签名；制作悬挂宣传标语300多条，在县城5个进出口设置“乱吐乱扔、乱贴乱画、乱停乱行，最高可处罚500元”警示牌；印制《龙里县“整脏治乱”专项行动宣传手册》5000册、《机关干部职工必须具备的“整脏治乱”基本知识》3000份，分发乡镇、机关、社区、学校等单位及部分群众，开展干部职工知晓率督查4次；在《龙里周讯》、县有线电视台开设“整脏治乱”专栏和“曝光台”；制作《“整脏治乱”专题片》2部，发布《告机关党（团）员书》；6月23日和8月2日，由县“四家班子”领导牵头，县直机关单位干部、职工参与，两次共计5000余人次参加县城街道卫生大扫除；2866人参加州“整脏治乱”知识竞赛，4人获一等奖、10人获二等奖、22人获三等奖，夺得全州80%以上奖项；在3.69万名中小学生中开展“整脏治乱，从我做起，建设美好龙里”系列活动，影响带动10万余名群众转变意识。

2006年，全县共投入“整脏治乱”经费700余万元，划定28个路口人行横道线、26个停车地点，制作40多块标牌；建“整脏治乱”宣传栏80块，新添垃圾箱179个，新修垃圾池13个，拟建水冲式厕所13个，建设乡镇农贸市场 4 个。将222个文明新村点列入重点整治区域，清理野广告5500余条，取缔违章占道经营摊点242个，拆除违章建筑160个，集中整治活动中清运垃圾8447吨，收回 5 家车辆维修占道经营户经营许可证；专项督导检查170多次。设置举报电话及信箱，共接到155件举报，及时整改128件，落实22件，创造条件整改5件；聘请30名“整脏治乱”协查人员在县城主要路口执勤。以省委常委、省委宣传部部长、省“整脏治乱”专项行动领导小组李军为常务副组长的督查组一行到龙里县暗查“整脏治乱”，重点察看县城主街道卫生秩序，向部分市民了解“整脏治乱”前后变化、群众满意度等情况，对设立“整脏治乱”综合执法岗举措给予赞扬。

2007年，两次调整充实“整脏治乱”领导小组，制定《龙里县2007年“整脏治乱”专项行动实施方案》和《龙里县“整脏治乱”专项行动责任分工》。5月31日和9月7日，组织机关单位干部职工、学校师生开展两次县城街道大扫除，共清理垃圾130多吨，清理绿化带3000余米，清理野广告6000余条，清除乱堆乱放79处次。在县城设置的7个监督岗（咨询点）等，向群众发放“整脏治乱”《公开信》《公民公约》、小广告等宣传资料；印制《机关干部职工必须具备的“整脏治乱”基本知识》6000份和《龙里县中小学生交通安全基本知识》若干，分发乡镇、部门、社区、学校、企业等单位。共发放宣传资料3万余份，接待咨询2400多人次；《龙里周讯》登载整治信息57条，县有线电视台报道86条，龙里政府网站编发72条，《黔南日报》（含地方版）采用42条，黔南电视台采用27条，州整治办编发龙里县上报的经验交流简报4期，省整治办编发龙里县上报的经验交流简报1期；县城关一小少先队自愿服务者共发放“讲文明、治‘脏乱’”倡议书5000余份。举办“增强环保意识，共建绿色家园”主题少年书画作品展。

2007年，开展每季度爱国卫生检查，开展旅游景区（点）、农贸市场食品、卫生、消防、秩序专项治理10多次；下发《关于加强县城区文化娱乐场所及建筑施工环境噪声监督管理的联合公告》，开展专项治理6次；开展县城区粉尘污染整治专项行动10次；开展客运超员、机动车超速超载等专项治理57次；下发《关于对县城区燃放烟花爆竹违规行为进行严肃处理的通知》，开展专项治理10次；县工商局、县公用事业局联合整治户外广告，发放《联合通告》300余份，打造青龙路、兴龙路等“户外广告形象示范一条街”；同机关单位、个体经营户、厂矿企业、社区居民等共签订《门前“三包”责任书》4000余份；查处林政案件14起，清理非法占用林地2起，清理非法采砂场15家、非法小煤厂20户。设立县长热线电话，接到举报电话300余次，受理298次。

2007年，加大“整脏治乱”专项经费投入，增加县城绿地面积2万余平方米，绿化隔离带2130米；增植行道树1869棵，补种补植隔离带绿化树200余株；建“整脏治乱”宣传栏80块，安装贵新高等级公路龙里进出口路段路灯58盏。完成兴龙广场二期工程并投入使用，建成乡镇农贸市场4个，在建乡镇客运站4个，建设通村公路15条132公里，维修水桥（国道210线）至大草原景区路段的路面2.42万平方米、路肩墙291立方米。清理城区违章占道经营35起，拆除违法违章建筑32户，占地面积700余平方米；查处违章燃放烟花爆竹38起，收缴、销毁违章广告牌180多块，处理违停车辆491辆、超载车辆1419辆、超速车辆36辆；清理野广告8000余条。关闭三元河上游5家污染严重的工业企业，关闭县城周边粉尘污染企业6家。

2008年，制定《龙里县2008年“整脏治乱”专项行动实施方案》，与14个乡镇签订“整脏治乱”责任书，落实单位部门包路段的“整脏治乱”责任制。4月，开展“迎奥运，树新风，杜绝不文明行为”游行签名和单位责任区域整治活动，落实责任区域，明确义务监督员佩戴红袖套标志上岗。9月，开展全县“整脏治乱百日大行动”，县委、县政府与县公安、建设等14个职能部门签订《龙里县2008年度职能部门“整脏治乱”专项行动工作责任书》。继续在《龙里周讯》、县有线电视台、龙里政府网站开设“整脏治乱”专栏，在县级媒体开设“整脏治乱”曝光台栏目，在政府网站开通公民道德建设工程—“满意在龙里”不满意问题征集专栏；各乡镇、单位悬挂宣传标语150多条；在龙里要道制作两幅大型公益性宣传画；组织“满意在龙里—文明礼仪伴我行”主题演讲比赛；共印发宣传资料1.5万多份。

2008年，出台《龙里县“整脏治乱”专项行动奖励与惩处暂行办法》《龙里县领导干部“整脏治乱”责任追究办法（暂行）》，把整治工作纳入“一票否决”年度考核。全县副科级以上领导干部交纳500～1500元的责任保证金。交警部门开展巡逻督查，对车辆乱停乱行予以处置；通过“县长热线”和“整脏治乱”举报电话获取脏乱信息；百日大行动中，下发整改通知45份，对52个乡镇和部门单位下发处罚通知92份。恢复原城建监察大队，调整充实县城市公用管理局领导班子和人员。环境卫生保洁员由66名增至100名；投入88万元对老国道线进行改造，投资近5000万元治理贯城河，投资近3000万元新建金龙、环南等道路；投入300余万元划定停车线、人行横道线和安装主街道、十字路口的护栏，更换100个果皮箱；实施县城区录像监控系统安装；投入30万元改造公厕，投入20万元新建公厕2座。

人 物

一、人物传略

马福芝

马福芝（1923—1997），汉族，山东单县人，中共党员，享受县级待遇离休干部。

马福芝1923年8月出生于贫苦农民家庭，从小做放牛、割草等农活。1943年3月参加中国共产党领导的革命工作，在单县游击队任通讯员，先后参加抗日战争、解放战争。

1944年至1950年4月，马福芝先后在冀鲁豫第五军分区独立团，冀鲁豫军分区整编17团，冀鲁豫独立2旅4团、11纵队、94团、148团，第二野战军五兵团51师匪首大队（俘虏国民党的军官，集中起来组成一个大队进行改造），第二野战军51师108团、水手大队、湖南留守处等部队任职，历任警卫员、副班长、班长、副排长、匪首大队中队长、侦察排长、水手大队大队长、警卫排长等职。

1946年，马福芝在山东曹县大平湖攻打国民党某军暂编第三师时，带领侦察排穿插到敌占区捣毁敌人的指挥部，荣立二等功。人民解放军横渡长江攻占南京时，他带领水手大队在长江上连续奋战五个昼夜，完成了渡江运输任务。

新中国成立后，马福芝又投入到清匪反霸、土地改革、社会主义改造等革命建设工作中。由湖南进入贵州经过福泉县马场坪时，与土匪遭遇，他带领的警卫排在友军协助下将土匪击溃，并俘敌9人，保障了车队安全。担任瓮安情报站站长时，抓获匪首20名，缴获枪支10多支。1950年5月至1958年3月，先后在贵阳军分区、龙里县人民武装部工作，历任贵阳军分区特务连侦察排排长、贵阳军分区瓮安情报站站长、龙里县人民武装部军事股股长。

1958年4月，马福芝转入地方，工作至1985年3月，历任龙里县人民政府公交局局长、交通科科长，龙里县革命委员会公交局负责人、教卫办公室副主任，龙里县人民政府办公室副主任。1985年4月离休享受县级待遇，1997年2月去世，享年75岁。

周文举

周文举（1924—2003），龙里县湾寨乡小金批人，布依族，国民革命军副师长，中华人民共和国农垦专家。

1924年，周文举出身于农民家庭。祖上以造纸为业，置有田产，家境较为殷实。到周文举这一辈，因“鸦片乱世而倾家”。7岁始入私塾，先后在安金、永安等小学就读，自幼聪明好学，勤劳能干，胆识过人。1939年5月，周文举15岁，刚升入六年级，就被永安乡（今湾寨）保警队廖秉政抓去充当“壮丁”，送往龙里兵役科。时值陆军辎重兵学校自南京搬迁至龙里开办之初，缺乏人才，辎校负责人到兵役科要人，见周简历学历栏为“高小”，即把他抽到辎校当勤务兵。后来周在家信中说：“我同我父亲拉马去赶湾寨，刚到场口就被抓壮丁到龙里辎校当勤务兵一年多。”1941年，在辎校服役的周文举以“曲技困才”为由，请假到贵阳报考省保干班，遂被录取。学习期满，任毕节保安三团见习少尉军官，后升任上尉排长。1942年，周文举以优异成绩考入黄埔陆军军官学校成都分校第20期。在成都学习期间，国民党元老于右任由重庆前往成都视察，在翻阅学生档案时发现周文举不仅文化水平高而且经历丰富，推荐其到中央陆军将官班深造，后因军校一度转移并停办而未成行。时值抗战最困难时期，国民党巩固大后方，加强对新疆的统治，防止“新疆王”盛世才与外国势力勾结闹独立，周文举所在的军校工兵科奉命“远征西域”，迁往西域黄埔第九分校工兵科。从此，周文举与大漠结下了不解之缘。1946年，周在黄埔军校毕业，任国民革命军第九军第一师副师长。1949年新疆和平解放，所部归兰州军区改编。

解放初期，周文举被部队保送到新疆“八一”农学院深造，1956年毕业，服役于新疆生产建设兵团奎屯农七师127团，先后任副团长、团长、副师长等职，驻扎伊犁。1980年周文举加入中国林学会。1981年伊犁州革命委员会授予其“农艺师”称号。1983年7月作为少数民族地区科技工作者代表，由国家民委、劳动人事部、中国科协授予荣誉证书；同年12月，被中华人民共和国农牧渔业部表彰奖励。1984年，中国林学会为其颁赠“劲松奖”，成为享受国务院特殊津贴的农垦专家，其间曾与司令员陶峙岳出访美国、加拿大、新西兰等国家考察先进农业。

周文举虽身处要职，但从不搞特殊化，其留居龙里县湾寨甲正的周礼华等亲人生前仍是政府的扶贫对象。周常常来信教诲周礼华“养两头猪，一头杀过年，一头作零用钱，平时种小菜，喂鸡、割草、砍柴卖，人勤怎样没饭吃？甲正、小金批种稻不缺水，只要人勤，地就富，春种好稻子，秋种好油菜……”周文举戎马数十载，曾两次回乡探亲，要求家乡父老“重教育与农耕”。虽远隔千山万水，身处祖国边陲，时常给韦登礼等教师写信，询问家乡情况。当得知家乡巨大变化后，于1999年来信说：“90年我回乡，去羊场邮政局交信，门口一路稀泥……如今，湾寨土地租卖个体，是好事。小金批也变了，茅屋也没有了，这是邓公实行改革开放，包产到户的结果。”

周文举耄耋之年一大心愿是“叶落归根”，却于伊犁病故，享年80岁。

张致选

张致选（1926—2013），中共党员，农艺师，笔名“山夫”，曾任龙里县城关公社第一、二任负责人和县综合农业办公室负责人。

1926年12月，张致选出生于河南省罗山县。青少年时期经历战乱，吃苦耐劳。1945年入黄埔军校第十六期军官班学习，1950年归向人民政府到龙里县工作，1960年以后从事农业方面工作。

1986年，张致选60岁即将退休，自觉一生在职期间“没留下什么，心里闷得慌”，于是不顾亲友的反对，只身到距县城57公里全县最边远贫困的摆省乡居住，帮助苗族群众摆脱贫困。他拿着组织上退赔他在“文化大革命”中因被抄家而补偿的500元书款，另加自己存款200余元共700余元（相当于当时他1年的工资）买了一车炉桥、火管、肥料等，运到摆省乡，向群众宣布：“谁愿种烟，我就把物资无偿送给谁；谁因种烟赔了本，我全部赔偿。”但无人响应。后经逐户说服，共有8户人家试种。1987年，全乡20多户种烟，其中最大户吴宗文6亩创收1700多元，经济收入相当于往年一村之和。此举震惊苗乡，种烟户迅速增加，面积逐年扩大，甚至影响惠及到邻近的惠水县鸭绒乡、贵阳市高坡乡等地。在张致选等干部的带动下，至20世纪90年代末，烤烟成为摆省乡支柱产业，树立黔南州脱贫致富典型。除发展生产外，张致选又为摆省乡的教育事业费尽心血，个人出资成立“张致选教育基金会”，把河南老家的外孙女动员到摆省乡做民办教师，古稀之年又住在不通水电路的打磨山创办了1所小学。

张致选在苗乡蹲点16年，他的工资近10万元全部用在对群众的扶贫上，吃住在苗家，和农民一起劳动，不白吃一顿饭，不要一分报酬，不取一分奖励，只在县城与家人过上5次春节，以一双草鞋、一顶草帽、一套补丁中山服的形象，长年累月劳动在田间地头，所到村寨，个个认识，人人尊敬，把他当自己人。劳动之余，张致选不废笔耕，所著有《山夫诗词楹联杂集》等。

2001年12月的一天，天气寒冷，张致选自感年事已高，身体不行了，怕连累当地村民，决定回县城。村民齐聚跪在地上挽留他。张致选一生乐善好施，从抗美援朝时期开始，坚持以个人工资的三分之一用于捐赠，其义无反顾扎根农村倾尽心血帮助群众脱贫的壮举，受到国家、省、州、县的不断嘉奖。2013年临终时，他给子女写下遗嘱：死后个人一切财产交公，不准写讣告，不准搞任何形式的追悼会。

韦年华

韦年华（1927—1995），原籍龙里县三元镇河边寨，布依族，台湾同胞。

韦年华之父韦良成，曾任民国龙里县第三区政府区长，在家中办私塾。韦年华从小受到良好的教育，1944年毕业于龙里私立应钦中学。在父亲的支持下，韦年华将家塾改建成私立小学校，命名为三元小学，自己担任第一任校长并兼任教师，结束了其家乡没有学校的历史。1944年底，三元小学由政府接管为公立学校，韦年华又到条件更艰苦的西联村新建西联小学校，为首任校长。

1944年秋天，日军攻入贵州黔南，制造“黔南事变”。年方18岁的韦年华耳闻目睹家国破碎、民生凋敝的惨景，激起他保家卫国的热情，毅然弃教从戎，参加了黄埔军校下辖的青年军，踏上漫漫征途。1945年抗战结束，1946年国共内战全面爆发，韦年华与许多黔籍官兵不想参加打内战，一起申请回乡工作。由于国民党部队调动频繁，管理也更加严格，韦年华未能返乡，1949年随军败走台湾，从此与家中失去了联系。

韦年华到台湾后，在部队先后担任过队长、排长、连长、营长、团参谋长等职务。1953年与台湾籍女士杜晴江结为夫妻，先后育有二子二女。1964年转业后一直在台中市的交通部门供职，1981年退休后还应聘到台湾德龙开发公司任经理。长期离乡背井，闲静下来的韦年华越发想念家乡和亲人，只好以练字习画消遣乡愁。

直到1986年，三元韦氏族人才从贵定县一位返乡探亲的台湾老兵口中得知韦年华尚健在的消息，几经辗转，终于与他取得了联系。1992年，年过花甲的韦年华偕同妻子杜晴江回到了他阔别近半个世纪的故乡——三元河边寨。游子归来，众亲友及家乡父老欢喜之余感慨万千，亲人相见喜极而泣。韦年华来到早已去世的父母的坟墓前长跪不起。

韦年华回乡探亲，看到家乡发展变化很大，十分高兴。他与妻子出资2000美元为河边寨修建一条水泥路，以表达爱家乡、谢父老的心意。当他回访自己亲手创办的三元小学时，又一次心潮起伏、老泪纵横。他看到学校还缺少一个学生课外读书的场所，于是出资1万美元，由他的侄儿韦天齐、韦天水组织修建三元小学图书馆。他与师生座谈说：“我们不能缺知识、缺文化，更不能缺道德。否则，我们虽然有吃有穿，还是家不富、国不强。”1994年图书馆落成，命名为“华江图书馆”（韦年华、杜晴江各取一字）。

1995年，正当韦年华准备再次从台湾回到家乡时，却因患癌症医治无效而去世。当年，他的妻子杜晴江和小儿子韦天翔回到三元小学举行图书馆捐赠仪式，同时捐赠了韦年华生前的书法作品和杜晴江的国画作品若干幅。

罗明道

罗明道（1927—2003），贵州龙里人，1948年在龙里应钦中学师范班毕业，后任龙里县龙从乡三元小学教导主任、校长。1949年11月龙里解放后，在龙里县龙从乡支前委员会工作，代表支委会接收国民党龙从乡政府的枪支。1950年到龙里县师训班学习，结业复任三元小学校长，同年4月参加剿匪斗争。

1951年至1953年，罗明道在中央民族学院军政干部训练班第一期学习毕业、中国人民大学研究生科肄业，曾任中央民族学院研究部、中国科学院民族研究所办公室秘书兼中央民族学院治保委员会副主任、研究部治保小组组长。作为来自少数民族地区的突出代表，罗明道与民族学院师生曾于1952年4月19日和1957年6月28日两次受到毛泽东、朱德、周恩来等党和国家领导人的接见。1958年，罗明道任贵州民族社会历史调查组织员，参与调查整理布依族地区的社会历史资料，曾与卢征辉合著《布依族婚姻》一书。

1962年至1998年，罗明道先后任龙里县百货公司秘书、县石油五交化公司油库负责人、县石油公司经理、县工商联筹备领导小组组长及县政协一至三届副主席、黔南州政协六届常委、省政协六届委员，工作业绩多次获省、州、县政协表彰。退休后受聘在龙里铁厂工作，2003年去世，享年77岁。

莫玉仁

莫玉仁（1944—1999），龙里县羊场镇金批村人，布依族，初中文化。1961年10月在羊场粮管所参加工作，1962年1月任湾寨粮站站长。1963年10月调龙里县粮食局工作，1972年加入中国共产党，1975年10月任县粮食局副局长，1976—1977年先后兼任洗马区牛场公社副书记、羊场区六广公社书记。1978年12月任羊场区区委副书记、区长，1991年1月至1998年5月任羊场镇党委书记，1998年3月任县人大常委会副主任。

莫玉仁连续担任羊场地方党政主要领导干部20年，深得群众的拥戴和上级的信任。他长期在基层工作，思想敏锐，吃苦耐劳，干一行、爱一行、钻一行。羊场地方经济来源长期以水稻种植业为主，增收渠道窄，基础设施条件较难以改善。他团结带领干部职工与人民群众一道，大搞科技兴农，不断改善农业基础条件，夯实农业基础地位。同时，千方百计克服资金困难，大兴交通、水利、学校等基础设施建设，促进了羊场地区经济社会的全面发展。由于工作扎实、稳健，很多年度工作成效指标居全县前列，先后10多次受到县委、县政府的表彰。

因思想素质过硬，工作成效突出，莫玉仁于1980—1990年当选黔南州第六、七届人大代表，1980—1997年当选龙里县第七至十届人大主席团成员。他全身心扑在工作上，坚持原则，不计较个人得失，不以权谋私，不给组织上添麻烦。他的妻子和3个儿子均安心务农。其个人档案中一份组织鉴定表对他评价道："思想作风正派，原则性强，敢于开展批评与自我批评，团结同志、联系群众好。担任基层领导职务虽然多年，仍一如既往地为党工作，从未向组织提出任何无理要求，表现出较强的组织纪律性和较高的政治觉悟。"

1999年5月，莫玉仁因积劳成疾而逝世，享年56岁。

赵文玖

赵文玖（1947—1998），贵州省龙里林场大土工区副主任兼护林站站长，革命烈士。

赵文玖籍贯四川荣县，1964年在龙里林场参加工作，在林业生产管理第一线工作30多年，清正廉洁，富有正义感，业绩突出。1997年他将两名离家出走的小男孩接到自己的住处安顿吃住，设法送回家中，家长重金酬谢，他婉言谢绝。他在工区的住房维修急需木料，妻子让他向场里要一点，他宁肯去买铁路废弃枕木来用，连附近的群众都感到惊讶。公务中他经手大量罚没款项，均做到无一差错。

大土工区地处谷脚镇与贵阳市交界区，不法分子乱砍滥伐、盗卖偷运林木十分猖獗。赵文玖坚守岗位，多次截获被偷盗伐运的林木，还查收本场工区某领导违纪为非法经营者押护的运输木材车辆。不法分子在其住处门上书写恫吓话语，但他始终履行好自己的职责。

1998年3月19日晚，赵文玖巡山回来，得知曾多次非法收购偷运林木的吴祥驾驶车辆又来了。他顾不上吃饭，立即叫上2名职工赶到林区设下关卡。当满载松原木的不法车辆急驶而来拒绝接受林政检查时，赵文玖挺身而出，勇敢地挡在车前，勒令停车。吴祥公然开车冲卡，加速向赵文玖撞去。倒在地上的赵文玖眼看人车将逃走，一把抓住车前的保险杠，却被拖行50余米。赵文玖终因体力不支，惨遭车轮碾压，当场壮烈牺牲。

赵文玖因公殉职后，其英勇精神和先进事迹在林业战线广为传颂，省总工会为他追授贵州省“五一劳动奖章”，省林业厅追记二等功，省人民政府追认为革命烈士。

赵文玖烈士原葬于贵阳市花溪区中曹杨家山烈士陵园，2012年迁到贵阳凤凰山公墓烈士陵园。

王明华

王明华（1955—2007），苗族，龙里县电石厂副厂长，优秀共产党员。

1955年3月，王明华出生于龙里县龙山镇水桥村吴家庄。1970年在龙里中学毕业后，在吴家庄务农4年，因思想上进、劳动积极，当上生产队的拖拉机手。他梦想成为一名军人，于是放弃当时年轻人渴求的由县政府保送师范学校学习参加工作拿“铁饭碗”的机会，于1974年参加中国人民解放军，到89301部队服役。

服役期间，王明华各方面表现十分优秀，先后获嘉奖6次，1977年4月加入中国共产党，1978年调任新兵训练连给养员。一天，部队驻地村民李祥照的7岁小女孩不慎滑入汉江中，瞬间被卷入激流。王明华正在江边洗衣服，见此情景，未脱衣服就迅疾跳入江中，将小孩救上岸来。为此王明华受到当地群众的赞扬和89301部队的嘉奖，荣立三等功。

1979年，王明华退伍回乡，先到冠山水泥厂工作。1984年转到龙里县电石厂，1986年担任副厂长职务。在职期间，因技术过硬、敢于改革、善于管理，工厂效益显著提高，工人月平均工资从1984年的80元提高到1986年的100元。

王明华长期在生产管理一线艰苦创业，不但是冶炼能手，还是管理行家，深得干部群众信赖。1991—1992年当选黔南州党代表、人大代表，1993—2005年多次获县委授予“优秀共产党员”称号。

2007年11月黔桂铁路建设中，龙里县飞达铁厂搬迁，王明华被邀请参与解决拆除铁厂烟囱的技术难题。当拆除烟囱底部时，王明华突然被垮塌的废料砸压成重伤，经抢救无效，不幸于12月去世。

二、人物简介

余氏女（1882—1996） 百岁寿星余氏，女，汉族，湾寨乡甲摆村小金批人，1882年生，不识字，包小脚，身高约1.6米，体型偏瘦。余氏因包小脚不能下田劳动，一生勤于家务活，生育3个女儿。她心态平和，爱歌善谈，早睡早起，粗茶淡饭，每天早上捏1个饭团烧吃。上百岁时满头银发，耳不聋、背不驼，精神好、腿脚灵，虽然有些眼花但还能做家务。1996年病逝，享年115岁。她的家人都比较长寿，她的姐姐90多岁，3个女儿80多岁。

兰三奶（1891—1992） 百岁寿星兰三奶，本姓蔡，苗族，龙里巴江打朗寨人，原籍黔南福泉仙桥甘坝。按当地习俗，兰三奶寿命虚算为103岁。她一生节俭、善良，居住打朗寨近80年，受人尊敬和爱戴，在兰家生育4男3女。

张富国（1924—） 汉族，文盲，龙里谷脚新寨人，1924年9月出生于贫苦农民家庭。1940年16岁时顶替其兄充壮丁到国民革命军93军23师参加抗日战争。先后主要在湖南的靖县、茶陵、攸县、怀化等地战斗，参加过长沙保卫战、常德保卫战等，又入后期中国远征军开赴缅甸（未参战）。1945年被派到越南参加接受日军投降，遣返日兵回日本。1947年参加国共内战，刚到东北即被包围，随军起义编入中国人民解放军，又投入解放天津等战斗。张富国从军10年，转战国内外，与家人无法联系，思乡情切，于1949年12月申请退伍回家，到谷脚王关务农。

李文林（1925—） 汉族，高小文化，中共党员。1925年3月出生于河北省临城县贾村乡，1945年参加人民军队，先后任侦查员、特务长、指导员、股长、副处长等职。1958年任黔南州都匀市检察院检察长，1959年后历任都匀开关元件厂筹建组组长、都匀钢铁厂基建组组长及行政科科长、平箩山矿副矿长，1962年后历任龙里县文教局局长、县革委会教育局局长及教卫办副主任、县科委副主任。

王大芳（1929—1987） 龙里谷龙新庄人，苗族。1955年冬的一天晚上，王大芳和村民开会讨论初级社事宜时，一只老虎突然将寨中一只狗叼走。王大芳组织民兵和群众，举火操械追赶，老虎丢弃狗尸逃跑。王大芳用苗家自制的毒药（俗称狼毒），以竹尖扎进狗皮，将药灌进皮内，用棕皮包石灰拴在狗尾上，老虎折回来拖狗尸，一路洒落石灰留下痕迹。第二天，王大芳等人沿着石灰痕迹上山，找到已经中毒昏迷的老虎。大家用虎叉、棍棒、绳索将老虎制服，抬回寨子。王大芳打虎有功，获区里奖励这只虎皮。因多次打虎英雄事迹突出，王大芳于1960年5月出席在北京召开的全国民兵代表大会，得到毛泽东等党和国家领导人的接见并合影留念，获得奖章和荣誉证书，国防部还奖给王大芳1支中国新造的半自动步枪和100发子弹。这支枪由王大芳保管用于社会治安，到他病故后，交到县武装部。

孟昭岭（1930—1991） 汉族，中共党员。1930年3月出生于山东阳谷城关孟宅村，1947年入伍参加革命工作，1956—1962年历任福泉县黎山乡乡长、县总工会负责人、团委副书记、县委书记处书记、黔南州劳动科科长、福泉县副县长等职。1963年任龙里县委常委、政府副县长、公交办主任，1979年任龙里县革委会副主任、县委常委，1980—1987年任县人大常委会副主任。孟昭岭谦虚谨慎，平易近人，工作勤奋，吃苦耐劳，深入实际。在任龙里县副县长期间，分管工交等工作，组织修建谷大（麻江谷洞—安顺大坡上）公路过境段；组织建设改造乡村公路，实现全县乡镇和八成以上行政村通公路；组织筹建麻芝煤厂、谷脚硫磺厂、县印刷厂、县水泥厂，扩建县酱菜厂、酒厂、农机厂。1979—1986年组织新建县行政办公区。1991年7月去世。

宋世禄（1930—） 汉族，高小文化，中共党员。1930年10月出生于贵州贵定旧治，1951—1964年在贵定县工作，历任区干事、书记，县农工部副部长、部长，县委办主任，县政府副县长等职。1965—1971年在罗甸县工作，历任县委副书记、县长，县革委会副主任，县委副书记等职。1975—1979年历任龙里县委副书记、县革委会主任，1980年任龙里县县长、革委会主任，1981年任龙里县委副书记、县长，1983—1985年任龙里县委书记、县长。宋世禄为人谦和忠厚，为官清正廉洁，其妻子及子女靠捡煤渣为生活燃料。

严启斌（1931—1999） 汉族，中共党员。1931年9月出生于龙里羊场翠微村贫苦家庭，母亲早逝。1951年参加工作，历任龙里县法院书记员、审判员、副院长、院长。1958年任贵定县法院院长。1961—1972年历任龙里县羊场区区长、区委书记、区革委会主任，龙山区委书记兼革委会副主任。1978年后历任县检察院代检察长兼县委政法委党组书记、检察长、政法委副书记，1992年退休。严启斌心地善良、性格刚直，在羊场一干10多年，心系群众疾苦，组织兴修水利，结束了万亩田地靠天吃饭的历史。在龙山区任职后，组织修建龙里至羊场公路。任检察长后，亲自督办查办大案要案，惩治贪腐犯罪，深入农村排解矛盾纠纷，为群众办实事，受到百姓爱戴。1991年12月由最高人民检察院授予贡献检察事业荣誉证书和奖章。1999年8月去世。

刘廷豪（1936—1994） 汉族，中共党员。1936年3月出生于惠水摆金斗底，1955年入中央团校学习1年，历任龙里县委宣传部部长、羊场区委书记、县农工部部长、县计委主任、县纪委书记、县委政法委书记等职。1994年8月26日因公被车撞伤抢救无效去世。

郑达民（1936—） 1936年9月出生于山西成荣，毕业于甘肃农业大学，1962年到龙里县农村水利局工作。"文化大革命"期间被错打为现行反革命，1979年平反。从事畜牧兽医工作33年，先后参加扑灭人畜共患传染病130次以上，在《中国兽医》杂志发表论文2篇，1987年获评为高级兽医师。曾任国家、省畜牧兽医学会会员及省、州学会理事长，黔南州畜牧兽医中级职称评委副组长，县政协第四届常务委员。获中共黔南州委、黔南州人民政府评为“优秀知识分子”，事迹由省人事厅编入1990年《贵州省各类专家名人录》。

陆　江（1937—）　贵州龙里人，中共党员，副主任医师、健康教育专家、科普作家。曾任贵阳市卫生教育所副所长、《健康之友》报主编。1985年到深圳特区工作，先后任深圳市健康教育研究所所长、市卫生局妇幼处处长。2001年被选为深圳市健康教育与健康促进协会会长、中国健康教育协会常务理事。长期从事健康教育工作，创办深圳市健康教育研究所，主编国家小学首套彩色《健康教育课本》，创办主编学术杂志《健康教育研究》。1988年出席在美国召开的第13届世界健康教育代表大会。主编主要著作有《中国健康教育史略》《社区健康教育》等。《蚯蚓糖浆治疗小儿腮腺炎》收入《中国药学大辞典》。38年间，发表论文80余篇，出版医学科技与科普图书5部，发表科普文章200余篇；先后4次荣获国家和省部级科技成果一、二等奖，8次优秀论文与科普作品一、二等奖，12次被评为部委及省、市优秀工作者；先后受聘为卫生部基层卫生与妇幼保健司、广东省卫生厅初级保健、妇幼卫生与社区健康服务专家组成员。2008年12月获全国健康教育30年“金牛奖”。

罗福应（1937—）　布依族，龙里湾寨人，贵州大学毕业，曾任长顺县民族中学校长，1989年调都匀一中工作。长期从事语文教学，在省内外刊物发表《正确使用现行高中语文教材》等论文100余篇，出版《中学文言文教学》等专著4部。1986年《夜郎文学》长篇报告文学载其先进事迹，1995年《语文教学通讯》（全国三大语文刊物之一）报道其业绩，1996年《黔南科技精英风采录》《黔南日报》报道其先进事迹。曾任中国教育工会第三届全国委员会委员，黔南教育学院兼职副教授，贵州省中学语文教学研究会副理事长；1985年贵州省五一劳动奖章获得者，贵州省劳动模范；1989年评为中学特级教师，获黔南州科教兴州一等奖。

聂忠学（1940—）　湖南隆回人，1983年到龙里县卫生防疫站工作。1991年被评为全国寄生虫病防治先进工作者，1993年获黔南州政府特殊津贴奖，1997年获北京医科大学刘世杰预防医学基金三等奖，1999年再获黔南州政府特殊津贴奖。1997年《基本消灭疟疾地区流行病学特点和监测方法研究》课题获州科技进步三等奖；1998年《中华按蚊为媒介地区疟疾防治后期流行病学特点和监测方案研究》课题获卫生部医药卫生科技进步二等奖。作为第一作者先后在《中华流行病学》《中华寄生虫学与寄生虫病》等杂志发表医学论文20余篇。退休后为黔南州医学会理事，1995年破格晋升为流行病学副主任医师，特聘为县科技经济顾问。

杨义标（1940—1996）　侗族，贵州天柱帮洞坪溪人，中共党员。1962年大学毕业到龙里县谷脚硫磺厂、麻芝煤厂工作，后任县经贸局局长，1991年当选县人民政府副县长。在任副县长分管财贸工作期间，时值乡镇企业、第三产业兴起和国有企业改革改制的重要时期，组织引进了贵州神奇制药厂、正大集团、龙腾铁合金厂等一批大型工业企业和水桥度假村等服务企业。杨义标出生于贫苦农民家庭，父母早逝，由哥、姐养大，工作勤苦，积劳成疾。1996年确诊患胃癌放弃治疗，临终前仅要求安排与其远在老家的哥、姐相见一面。

郑德超（1942—2006）　贵州兴义人，汉族，高级畜牧师。1968—2002年先后在龙里县食品公司、县畜牧办、县农业局草地站工作。长期从事畜牧业技术推广应用及项目管理，负责《贵州省山地草场资源改良与利用建设研究》课题，组织实施“中新（中国和新加坡）土地综合利用”“中荷（中国和荷兰）土地综合农业开发”等项目。1993年获黔南州科技兴农奖，享受州政府特殊津贴；1994年获省农业技术贡献奖，享受省政府津贴；1995年获农业部授予畜牧三站先进个人荣誉奖，1999年获贵州省第四届科技兴农人才奖。

唐诗文（1945—1991）　苗族，龙里羊场人。1968年12月毕业于贵州大学英语专业到昆明军分区602部队贵州省黄平县旧州军垦农场锻炼至1970年4月，1970年5月至1984年12月在福泉县牛场中学先后任教师、教导处副主任、副校长，1984—1991年任龙里县政府副县长，1991年任黔南州人事劳动局局长。

黎兴发（1956—） 汉族，龙里龙山人，乡镇企业家，龙里乡镇企业发展领头人。曾任龙山镇镇长，1992—2003年任龙里县政府副县长。1972年与友人集资300元办藤椅加工厂，开始其创办乡镇企业的实践。曾先后创办玻璃厂、炸药厂、水泥预制品厂、水泥厂、冠山建材厂等。1987年组织创办龙里化工厂，1988年发展为下辖6个分厂的龙里县化工总厂，实行“统一领导、统一计划、独立核算、统负盈亏”的管理办法，落实各分厂厂长负责制和各层次经营承包责任制。

洪其强（1963—） 汉族，贵州遵义人，中共党员，龙里中学高级教师、贵州省中学骨干教师、全国优秀教师、中学特级教师。参加工作23年中担任班主任22年，主要从事高中数学教学工作。所任学科在1992届全国高考和贵州省高中毕业会考中超省平均分和及格率，1995届高考超省平均分，2004届普通班高考超省及格率、平均分；2007届所带班级被中央教科所授予“周恩来学习班”称号；所带班级的学生参加全国和全省学科竞赛多次获奖，30多名学生被评为州级优秀学生干部和三好生。先后在40家刊物发表教育教学论文400余篇，编著教学辅导用书《数学试题研究》《点亮高考·数学》2部，担任陕西师范大学《中学数学教学参考》杂志社特约编辑及北京博文考试中心特约编委。1997年获贵州省人事厅、省教育厅授予“贵州省优秀教师”称号，2004年获教育部授予“全国优秀教师”称号，2005年获贵州省教育厅授予“贵州省中学骨干教师”称号。

张华甫（1969—） 龙里洗马人，龙狮技艺代表性传承人。龙里华武龙狮团团长、龙里武术龙狮协会法定代表人、龙里华武龙狮培训基地总教练，国家二级体育指导员、国家武术项目二级裁判员、国际舞龙舞狮裁判员。1984—1987年在河南陈沟体校跟随陈氏太极传人陈正雷学习太极拳；1987—1990年在河南大学体育系武术专科班学习，专修陈氏太极拳、械，在校期间代表河南开封参加全国太极拳、剑、推手比赛，获陈氏太极拳第三名，52公斤级推手第二名，太极剑第四名；1994—2003年在广东西樵山拜黄飞鸿第四代传人学习南拳和南狮，曾任黄飞鸿狮艺武术馆总教练。参加过《少年黄飞鸿》等影视的设计和表演，曾带领弟子到美国、马来西亚、新加坡、墨西哥等国家和中国香港、台湾地区参加龙狮表演比赛。2003年8月贵州省体育局聘为黄飞鸿狮艺武术馆太极拳辅导员。2009年3月获国际龙狮运动联合会颁发国际舞龙舞狮裁判证书。2012年获中国武术协会授予武术段位伍段（银虎段）称号。2015年获陈式太极拳六段（金虎段）称号。

邓思敏（1970—） 女，贵州龙里人，民营企业家，贵州龙里邓氏食品有限责任公司法人代表。1987年创办龙里运输饭店，1996年创办运输饭店“辣子鸡火锅”分店，以“辣子鸡”为招牌菜。2004年制作的“龙里辣子鸡”获黔南州名菜名点评审委员会、黔南州烹饪协会评为“黔南州名菜”。2008年成立贵州龙里县邓氏食品有限责任公司，为公司董事长兼总经理，“龙哩邓氏”特色辣子鸡等产品获得食品QS认证，其产业链带动地方生鸡、辣椒、生姜、大蒜等种养业发展。

罗盛雄（1972—） 布依族，龙里羊场壤纳寨人，初中文化，1990年参军，1993年退伍在龙里县铁厂工作。1994年8月1日，罗从龙里乘客车回羊场老家，车上与从广东打工回乡的女青年闲谈。行经民主谷丛时，车上蓄意抢劫的歹徒借机对罗的肩背猛刺3刀，鲜血直流。歹徒趁乱向女青年肩背猛刺两刀，抢得女青年钱包翻车窗逃跑。罗忍痛穿窗尾追，同车旅客王连东操起摇车手柄也穿窗协助追捕。追赶中王高喊捉贼，这时在附近劳动的农民闻声而来合围歹徒。歹徒见无路可逃即持刀反扑罗、王，罗、王毫不畏惧迎刃而上。歹徒夺路而逃，慌乱中滚入烂田，罗、王在群众的协助下将歹徒制服。罗因失血过多当即昏倒，旅客将其送往医院抢救，幸免于难。为弘扬正气，县人民政府授予罗盛雄“见义勇为公民”光荣称号，发给奖金，将其农业户口转为城镇居民户口，召开表彰大会号召全县人民向他学习。

罗明珠（1938—2013） 龙里三元人，布依族，中共党员。1961年大学毕业到龙里县农业局工作，历任县农业局农推站副站长，羊场公社革委会副主任、党委书记，三元公社党委书记，县农业局副局长，县委委员等职。1982年任龙里县政府副县长。1983—1993年任县委副书记、县政府县长，其间当选六届全国人大代表。1993—1994年任黔南州民委主任、党组书记，1998年退休。担任副县长、县长10年期间，着力抓好农业农村产业结构调整，同时着力推进乡镇企业发展。

三、前志人物补遗

（一）人物传略

徐庆元

徐庆元，四川人。康熙中以进士授贵定知县。时县治在旧县城，城外多屯田，地平而腴，颇乏水，岁旱则无收。屯粮重，以岁荒请减，多不准，民间苦之。典史张必达者，江南六安人，先庆元三载至官，勤于民事。城东四里有龙里之小龙场河，与城仅隔一小阜。必达与庆元议，堵河水而高之，凿沟池以溉城外田，而龙场近河居民皆不欲，事遂止。未几，庆元请藩司调署龙里，必达代理县事。生员徐国奉买其地，约乡里开沟渠，龙里人诉于府，府檄两县会勘。必达曰：河虽在龙里，而其源则发于贵定之溪涧，况其地已为徐生买，即为贵定地，龙里何与焉！庆元故为不能答，龙里民亦词穷，乃得开沟渠，于是城外不苦旱矣。事已定，庆元卸龙里任归贵定。又数年，二人皆去。士民于南门外立思官祠以祀之。

（《贵阳府志》《（民国）贵州通志·宦迹志》）

陈嗣虞

陈嗣虞，字会中。其先当涂人，有曰文璧者，明时以功授龙里指挥佥事，遂为龙里人，七世至嗣虞。嗣虞幼有至性，九岁而孤，居丧如成人。服阕后得新果饵，必趋父母墓哭泣而献之，终身如是。少依季父以居，季父母有疾，晨夕侍汤药弗离左右，如所生，以是称之。乾隆二十四年（公元1759年）举于乡，三十一年（公元1766年）授永从教谕，奖率有方，常取古人翼经明道之语，治身治世之要，与诸生讲明而切究之。学庙倾颓，嗣虞捐俸倡修，身董其役，不辞劳勚，方冬，殿前桂树忽华，人以为兴学之瑞也。升黎平教授，五十年（公元1785年）截取，选新繁知县。新繁故多盗，嗣虞密缉得其渠，致之理而散遣其党，盗因以弭。嗣虞谓盗之所起，由于衣食不足，乃为之严保甲，劝农桑，垦荒田，宽徭役，蠲浮征，新繁大治。五十年（公元1785年）总督令入西藏管察木多粮务，新繁士民留之弗得。既行又令解饷银八万两于底藏，底藏去徼万徐里，其地盛夏犹飞霜雪，人行冰壁中，风雪纷盈莫辨径途，陷溺不返者往往而有，人皆难之。嗣虞自正月就道，六月至其地，驻藏大臣大悦，拟之马援，以其老而壮也。事毕仍驻察木多，俄而后藏番民作乱，官兵往讨，察木多当其冲，嗣虞治供顿大著劳绩，以军功议叙加二级。六十年（公元1795年）任满还成都，摄蒲江知县，案无留狱，其年五月复新繁原任。是时仪陇多盗，号称难治，上官以嗣虞才，嘉庆元年（公元1796年）换署仪陇，相其要隘均为置卡，又密使干役访缉。仪陇旧有盗二群，数年弗获，嗣虞至，数月皆获之，群盗咸惊，逃之他县，于是仪陇无盗，百姓大悦，咸致米薪于县庭以供，嗣虞慰谕之不能止。教匪蹂躏川陕，屡为官军所扼，窜入仪陇。时驻仪陇，实兵八人，城仅七尺，兼无垛口，百姓震恐号泣，嗣虞召集村民入城，增筑土城三尺，积石及火药，择其壮者授兵登陴以守。布置方定，贼即至，城上寂然无声，贼以为无备，遽攻之。及濠，矢石俱下，贼惊却。俄忽进攻，标火球于城内，嗣虞率壮勇捍御，球之所至立去之，有焚者派民救之，而城守者如故，城中得不乱，如是者数昼夜。贼知不可攻，遁去。仪陇之城，惟西南及东三方有门，北依山，山高十馀丈，上广数百亩，山后有径二：曰风渡，曰东寨。贼方去，嗣虞谓必复至，脱居北山，下瞰城中，无噍类矣。乃筑垒建门于二径，拣勇士八百人治兵于山，且令城中积水运粮采薪为备。事方半，而贼党大至，未至十里，天大雨雹，贼不得前，嗣虞因以卒事。贼至，为城上枪炮矢石所毙者众，贼气小熸乃谋自北山下攻山上，壮勇悉力御之，贼退，夜半遁去。仪陇之为县界于巴达二州，为贼冲要，贼退，官军又置粮台于此，嗣虞乃移治北山之巅，令乡民结寨清野，旬日八十余寨俱立，邻县难民多来依之。嗣虞率户予钱千，令之勤作，选其壮者助之守望，全活无数。明年贼首罗其清、冉天元复犯鸡山、太蓬、孙家梁，皆仪陇之交鄙也，百姓俱已立寨自守，贼至无所获，而大军又尾及之，故屡至不为害。大军之至也，嗣虞绕道运粮，刍茭供亿皆应时而至，时又以军兴新设驿于仪陇，事亦立办。嗣虞在仪陇三年，军事方殷，卒以积劳遘疾，屡乞调养，上官使还新繁原任。六年（公元1801年）二月乞归，卒年八十一。嘉庆十一年（公元1806年）巡抚请入乡贤。道光十六年（公元1836年）四川总督请入仪陇名宦祠。子步贤，官南宁知县。

（《贵阳府志》《（民国）贵州通志》）

何维炘

何维炘，浙江杭州人，性忠毅知兵。咸丰六年（公元1856年）署印江县，九年（公元1859年）署龙里县事。时发寇窜黔，匪苗猖獗，维炘招募练军措置防御，不避危险，所向有功。同治三年（公元1864年）二月何得胜贼股窜陷广顺，州牧刘琦离任三月，维炘接署广顺州事，城经残破，衙署已毁，维炘募练二百驻扎书院，保卫地方。秋冬月，逸匪数扰州境，维炘亲率兵团，先后击贼，屡获胜仗。四年（公元1865年）二月下游大股苗匪从东至，蜂拥入城，人民纷逃，家丁见事迫，促维炘速走，维炘正色曰：我守土官也，城亡与亡，既失所守，何以生为。抽戈上马，率亲兵数十与贼巷战，维炘身受重伤，尚直前不退，创巨不支，遂死于难。贼忿甚，解其尸，亲兵仅存四五人。总督劳、巡抚张据实奏闻，奉旨照知州阵亡例从优议恤，并准于死事地方特立专祠，子荣光赐袭云骑尉。

（《（民国）贵州通志》）

刘朝瑨

刘朝瑨，字青溪，先名续宠，龙里之大州人。少有文名，受知闽县黄沧秋学使，选拔贡朝考优等，得兵部七品小京官，乞假归。同治甲子年（公元1864年）粤匪窜贵阳，龙里当其冲，朝瑨守舍，贼持刃胁之不从，头颈被数创，委之去。朝瑨以大州不可居，移贵阳。丁卯（公元1867年）举于乡，入京供职转主事，庚辰（公元1880年）补缺。乙酉（公元1885年）京察后，改官直隶州，分发福建。至闽委办泉州厘局，署永春，受代至省补是缺。周岁疾作，乞假不许，州人诉大府留之。继以德化滋事，再三乞罢。解任后，仍留帮办事宜，匪首得，撤防，始脱然偕妻子归京师。

朝瑨在官，以礼让化民，勤听断，不轻用刑。两造互讦，徐为剖曲直，无疾言厉色。待役吏煦煦如子弟，疏财笃故旧。初任以世交黄某司出入，为所干没不问，刑幕朱某尤黠，办事号辣手，常定案以处分吓之。朝瑨徐曰：吾宁去官，毋以规避误百姓。疾中，委州佐摄理，州人曰：但使君一坐堂皇，我等一二语，是非立定，万不令费口舌，劳病躯。学使按临，惧考事不办。州人曰：使君非可利动者，约子弟按堵毕试事。

朝瑨，竞卧治永春二年馀，归装肃然。州人鸠资送，折柬朋招，以不与为耻。有行数日追及者，置橐道旁泣去。以道光丙申（公元1836年）四月二十四日生，光绪壬辰（公元1892年）九月初一日卒。子星海玉海厝都城白纸坊贵州义园。

（《（民国）贵州通志》）

陈熙晋

陈熙晋（1791—1851），原名津，字析木，浙江义乌人。清代藏书家、经史学家，研究骆宾王的著名学者，人称“西桥太守”“鸿儒太守”。嘉庆优贡生，道光五年（1825年）以教习拣发贵州，曾官广顺、龙里、开泰、普定、锦屏、永从、都匀知县，升仁怀厅同知，道光二十二年（1842年）擢湖北宜昌府知府。为官“锄豪强，兴教养，行之以实，守之以恒”，创修志书，设宾兴捐，设土城义渡，政声颇佳。

陈熙晋为官清正廉洁，躬身体察民情，特别注重文治，深受吏民爱戴。“龙里、仁怀百姓感其恩德，建生祠，以示纪念。”《清史稿》卷四百八十一有列传，传记中以四个事例记述他在开泰、龙里、普定、宜昌等地为官时秉公执法、剪恶除霸、为民造福的善政德行。一次，龙里发生一起杀人命案，现场发现留有钉鞋的印迹。此时，有人状告某民与死者有仇，并发现其家中藏有钉鞋。皂吏即将疑犯缉拿归案并施以酷刑，迫其招供。这人觉得有口难辩，竟屈认行凶事实。陈熙晋升堂问案，总感此案有些蹊跷，经仔细核查鞋印，发现他的钉鞋与凶案现场留下的鞋痕不符，决心要查个水落石出。这日，陈熙晋带领衙役、杵作等前往坟地开棺验尸，发现围观者中有一穿钉鞋的人正在偷看，行迹可疑。陈熙晋即刻命人将他抓捕审讯。经验鞋印，发现他脚上的鞋印与案发现场的鞋痕完全吻合。经过周密审讯，在铁证面前，案犯终于供出行凶杀人的事实经过，从而避免了一场冤狱。

道光九年（1829年）秋，陈熙晋到任龙里县知县，次年捐俸创建莲峰书院（民国龙里私立应钦中学前身）于县署之前（地址在原龙里中学纸箱厂，以面对莲花山命名，俗称龙里“南书院”），“中为讲堂五楹，前庭后寝，翼以横舍”，讲堂额为“求是”，有“二贤祠”祀诸葛亮和王阳明。“又置田百余区”，收租以供师生束修膏火。陈熙晋自为《新建莲峰书院记》，每月十三日课士，“讲其德行，习其文艺”，培养“处则循孝弟忠信之实，而出则膺天下国家之重”的人才。直至清光绪二十七年（1901年）清廷颁发兴学诏书后，全省书院先后改为学堂，莲峰书院遂废。

《都匀县志稿》记载陈熙晋在都匀知县任上，为振作地方人文、培育地方人才，与陶廷杰等官绅遂民所愿积极倡导再次重建文峰塔，“落成之日，远者近者，老者少者，奔走聚观，莫不加手于额，曰：‘百年来废坠之工，谋之而未举，举之而不终，不图今日成功如此其速也。’”文峰塔现为省级重点文物保护单位，号称“贵州第一塔”。

（据《清史稿》《贵阳府志》《（民国）都匀县志稿》等）

余守钟

余守钟，字韵笙，湖北咸宁人。咸丰时任龙里知县，有政声。同治三年（公元1864年）贼陷贵定。守钟以贼在邻境日，修战具，练团勇，及贼至，应机堵战而围益急，城陷，率乡勇巷战，开东门令士民逃避，士民或拥之行，不许，曰：“城亡与亡，分也。”乃周走而呼曰：“我龙里知县，莅政无状，不能保土地，民人可速杀我，勿伤我民。”贼曰：此良吏也，相戒勿杀。守钟跃入荷池，贼拯出，复投深处溺死。贼以棺殓瘗池边。龙里恢复，士民归其骸，于省城建祠。（《湖北通志》）

同时典史余化鹏、汛守备余中元、教谕张永德、训导林壬等，均一并死节，见县志。

（《（民国）贵州通志》）

彭毓书

彭毓书，浙江人。以典史仕黔，递升至候补知县。咸丰初署龙里县，四年（公元1854年）苗变初起，岩门为必争之地，势甚危急，五年（公元1855年）奉檄与彭汝玮赴岩门谕抚，谕抚不成，苗匪四面环攻，遂陷，毓书与汝玮皆死之。（《采访册》）岩门为黄平州土司属，地势险阨，苗情最为反侧。乙卯（公元1855年）夏，苗变已成，当事者犹冀以弥缝息事，遣署平越直隶州知州邵鸿儒、候补知州彭汝玮、署龙里县知县陈（原书为“陈”字——编者注）毓书偕赴岩门安抚。逆苗不受抚，昼夜攻益急，大吏檄鸿儒署台拱同知，遂先去，至六月□日城陷，汝玮遇害于东门，贼得毓书缚之树，积薪焚之（原书第541页有校记：“原作‘积薪积焚之’，后一‘积’字衍，删。”——编者注）。汝玮湖北人，毓书浙江人，俱有能声。毓书由典史荐升知县，尤长于肆应云，盖自岩门既破，而苗民遂明目张胆以叛矣。

（《（民国）贵州通志》）

裴公度

裴公度（1899—1950），字正鑫，龙里羊场舍仁堡人，民国陆军少将，曾任国民革命军86军参谋长、代理军长，在龙里地方兴办实业及办学从教。

裴氏兄弟四人，裴公度行四。13岁毕业于羊场立本小学，14岁就读于贵阳第一中学。因家庭贫困，靠其幺姐做背扇，大哥、二哥到贵阳苏家寨加工豆粉挣钱供其读书。毕业回乡，任羊场立本小学校长。民国5年（1916年），时任龙里县长谢国佐见其年轻有为，荐入刚创办的贵州讲武学校第一期学习。毕业后分配到黔军王天培部当排长，因练兵有方旋升连长。

1926年8月，参加北伐的黔军第二师在湘西洪江扩编为国民革命军第10军，王天培任军长，下辖4个师。其中，以北洋暂编陆军第9师第17旅、裴公度混成团扩编为第28师，裴公度任第28师2团团长。1927年9月，蒋介石以作战不力为由将王天培杀害，第10军军长由杨胜治代理。这时，该军由一度扩编的7个师减为仅有第28、第29、第30师。10月，白崇禧拟将第10军缩编成两个师编入第13军，遭到第10军官兵的反对。12月，第28师在安徽当滁哗变，去南昌投靠第9军。由于第10军迭次哗变，第28师番号被撤销，原28师余部并入第30师，以裴公度接任第30师师长。1928年8月，第10军与第46军缩编为第10师。因讨伐桂系作战不力，1931年蒋介石将第10师番号撤销。裴公度有感于北伐以来军界错综复杂、变故叵测，乃于1931年底偕妻弟、师军需邱敬一返回龙里羊场，在家闲居一年。

1932年，裴公度被国民革命军第25军副军长犹国材启用于所属第3师任参谋长。1933年，王家烈与犹国材内讧中，王家烈派所属第3师师长廖怀忠率部攻打驻扎在遵义县城及其附近各县的犹国材部第3师。裴、廖二人系羊场同乡，被迫战于遵义泮水一带，未便硬碰，终因裴有意退让，廖遂夺得遵义县城。事后廖对裴表示感谢：“我贵阳三个公馆，你可任选一个。”裴顾虑二人毁誉，表示心领谢却。1933年冬，王家烈被犹国材驱出贵阳暂驻榕江，王稍事休整随即反攻贵阳，大胜犹部于龙里观音山，犹败走四川。1934年初，裴公度再次解甲还乡。

1934年底，中央军薛岳部入黔，启用裴公度为薛部参谋长。薛岳任贵州省主席后，马放南山，裴公度再返故里在家赋闲。

1937年抗日战争全面爆发后，黔军第25军第103师和第121师合编为第86军，何知重任军长，裴公度出任少将参谋长。该军编成后，即在湖南平江、长沙附近整训。1938年夏，开湖北黄安、麻城，归属第五战区司令长官李宗仁指挥，参加武汉会战。日军于8月2日攻占距广济约30公里的黄梅，沿黄梅、广济大道逼进。临战前夕，裴公度来到石板房第103师指挥所，检查防御部署，与师长何绍周、副师长万式炯二人密谈，传达军部要旨。大意是：敌人企图夺我田家镇要塞，我主阵地在松山口；广济作战在诱敌进来，给予重大杀伤，然后转移松山口。指挥要领是：第103师和第121师纵深配备，轮番交替作战；第103师在第一线，第121师在石铺岭第二线。当日军沿江西进，直逼武汉外围之重镇田家镇要塞区时，第86军奉令立即西进，向进攻田家镇要塞区之日军侧背攻击，以减轻田家镇要塞区之压力。攻占松山口后，日军增援反扑。第86军攻占铁石墩、松山口南北敌军阵地后，进攻沙子垴的日本侵略军处于被我东西夹击及腹背受敌的态势。

松山口战役，是第86军所属103师及121师保卫大武汉时，在武汉外围诸战和南会井、石埠岭诸战中，战斗最为激烈、伤亡较大的一次战役。奉军事委员会命令：除尚有战斗力之部队合编为一个步兵团，留在第五战区继续作战外，其余由军部率各师、团赴湖南整补。军部将所属两个师有战斗力的官兵，并编为第86军独立团。奉李宗仁命令：由团长王景渊率领归第44军军长萧之楚指挥，留在战区继续作战。

1938年11月，第86军奉命从湖北经扶县前线撤至湘西休整，驻扎湖南辰溪张家溜。这时军长何知重回家探亲，裴公度代理军长。该军从军长以下大小官兵全是贵州人，纯属何应钦之子弟兵，引起蒋介石亲信的疑忌。1939年春，第86军番号被撤销，其所辖第121师改隶第94军，第103师编入第2军建制，将、校级军官去重庆陆军大学报到受训，尉官以下给资遣散。裴公度得到命令后，怒不可遏对部属公开宣称："前方在打仗卖命，他几个（指蒋介石统治集团）在后方争权，哪个龟儿子才去陆大报到！老子家里还有几亩薄田，回家种庄稼去！"于是叫他的参谋长窦党苍先走一步，他本人于1939年3月偕同勤务兵龚德林返回龙里原籍，时年40岁。

裴公度个子修长，浓眉大眼炯炯有神，貌似庄严肃穆使人生畏，实则性情洒脱，言谈诙谐直爽。虽戎马倥偬，犹勤奋好学，有较好的旧学基础。湘西休整期间，有一天他脱掉军装，换上长袍，并自我解嘲地说："峨冠博带，多舒服，魏晋风度嘛，比穿军服不打仗体面多了！"身边友人听了忙劝阻说："您少说一句吧，这可不是开玩笑的时候啊！"他却满不在乎地哈哈一笑："怕啥？大不了回家种田去。"此话不幸而言中。

裴公度从军几遭坎坷，回乡后仍振作精神投身于家乡实业，开展多种经营，并办学从教。除生产粮食外，先后花800元在贵定县把关山上种植油桐几十亩，人称该山为"桐子山""裴家山"。在猪槽井的陶家院及自家菜园内种植花红、桃子及橘子等果树近千株，白花桃系请贵定县昌明区李兴科嫁接，金钱橘、川橘系从惠水县引入。种植美烟（烤烟）10余亩，持续4年，成为他的主要财源。建塘约3亩养鱼，修舍养鸡百余只，加工副食有豆粉等，还在把关开煤厂。1939年至1948年间，刘伯龙、裴公度、马守援、徐师尧、黄祝之等人在冒沙井建立兴龙瓷厂，裴公度任董事长。技工从四川请来，粗工在地方招收，规模最大时有职工300多人。该厂传承明、清时期贵定江边窑生产工艺，生产中级细瓷，一度胜过黔中最著名的青岩老蚌河新生实业公司的产品，号称贵州一大名产。1949年后，裴还在贵阳市尚义路办过小型织布厂——大友实业社。

裴公度系中国民主同盟盟员，曾看过《资本论》《西行漫记》和《新华日报》等进步书报。这些书报，系他的另一个妻弟邱纯和（就读于贵阳大厦大学，中共地下党员，临近解放时在贵阳被国民党反动派杀害）借予。裴在自家堂屋正中大桌上放置兴龙瓷厂烧制的两尺高的大花瓶，瓶身纹饰一边是山水，一边是他所书清人吴伟业的《口占》诗句："欲买溪山不用钱，倦来高枕白云眠。吾生此外无他愿，饮谷栖丘二十年。"会客室内有于右任等名家的题词，还有与之来往密切的双清（字止澄，民盟贵州省委首届领导人，民盟中央委员）所书《归去来兮辞》长幅隶楷。有感于世事经历，他常吟味前人诗句："我本将心向明月，奈何明月照沟渠。落花有意随流水，流水无心恋落花。"

1940年秋，国民党新编独立28师师长刘伯龙回乡到龙里，邀集地方人士创建龙里的第一所中学，裴公度作为在乡将领参加建校委员会。在建校筹委会上，刘伯龙提请讨论命定校名，建议以"中山、中正、敬之、龙里、龙山"等名称取其一定为校名。裴公度建议说："若以'中山、中正'定校名，省外、国内皆有；唯敬之（何应钦）军功显赫，不同凡响，黔人崇敬，以'应钦中学'定校名，实可树怀；而'龙里、龙山'本属地名，如用，地岭偏狭，尚无深意，校牌一出非夺人耳目。"经反复讨论，一致通过定名为"龙里私立应钦中学"。

为了使舍仁堡、马场堡两个相邻寨子的儿童受到教育，裴公度以自己的房屋做教室，添桌置椅，购买风琴等设备办成小学校。先后聘请杨晓腾（松桃人，侗族）、支轴、罗玉钧、宋福珍、李藏珍、陈伯元等担任教师，裴有时也兼课。采用国家统一发行的小学课本作为教材，开设国文、算术、自然、历史、地理、公民等科目。学生常有20～30人，除裴姓子弟外，还有不少外姓子弟。

1949年11月，经贵州省军管会廖泽南通知，裴公度到省人民政府报到，在统战部学习，同时报到的有吴厚安、邓仲坚、祝时雨等人。省人民政府当即发给他一纸证明，上书“裴公度：家庭成分富农，旧军官，少将，官僚”等。解放后剿匪斗争期间，裴与解放军一起到黔东南的麻江、凯里、雷山一带，争取匪首佘飞庭（曾为裴的部下）归向人民政府。1950年2月回贵阳时，途经龙里，龙里县第一任县长许健民接见了他。同年冬，裴公度去世。

廖怀忠

廖怀忠（1897—1954），原名廖开懿，龙里羊场人。其父廖选廷为塾师，家贫。少年廖开懿聪明上进，学绩出众，早年以优异成绩被省立贵州师范学校录取。他听说贵州陆军讲武学校招生，待遇与师范学校相比，除管吃管住外每月还发大洋，即转考讲武学校，遂被录取。先后毕业于贵州陆军讲武学校及陆军步骑炮工实施学校，从戎于周西成手下，在军阀混战中经周（西成）李（晓炎）黔东之战等磨砺，积累军功，崭露头角，1929年由黔军二十五军第五师副师长升任第八师师长。1929年1月29日，又经周西成261号训令委为贵州全省剿匪副总司令。

1929年4月，龙云、李晓炎发动“倒周（西成）战争”。5月，周西成阵亡。龙、李联军大获全胜后，由镇宁入贵阳，李主黔政。二十五军毛光翔、柏辉章、王家烈、犹国材各部均退过乌江设防，惟廖怀忠部向南撤到贵定一线。6月，桐梓系军阀组织反攻，王家烈、毛光翔及廖怀忠各部于18日前后相继进占贵阳。

1932年11月上旬，王家烈在和犹国材的内讧中战败，从贵阳退到榕江一带。站在王家烈一方的廖怀忠在都匀组织地方武装力量约千人，向贵定方向进攻，接着又受命为王家烈的前敌总指挥，率部于1933年1月18日攻下贵阳。

周西成任二十五军军长时，将其部以营为单位进行编制，取消了师、旅、团长平时带兵权。作为师长的廖怀忠并无带兵的权力，其部力量乃王（家烈）犹（国材）战争中他在都匀一带收编杂牌部队编制而成。犹国材退出贵阳后，廖怀忠奉命率部追剿蒋在珍，因而屯扎思南一带。王、犹通过关岭会议达成妥协后，廖怀忠统兵在王家烈眼中便成多余，因此他多次令调廖部到贵阳“整编”，企图削掉廖的直接统兵权。廖怀忠明白进省“整编”意味着什么，所以拒不从命。鉴于廖怀忠的赫赫战功，加之桐梓系军阀集团中各派的相互牵制，王家烈对廖怀忠一时间无可奈何。

1934年夏，中国工农红军军事行动渐及湘黔境，蒋介石策划并严令“会剿”红军。5月，王家烈派蒋在珍、廖怀忠部往务川、印江、沿河，“防剿”红三军贺龙部。5月31日，贺龙率军击溃沿河守军——蒋在珍师傅衡忠旅，占领沿河县城，6月2日追敌至德江县属之夹石一带，此间距廖怀忠部驻扎的思南县城仅百余里。廖怀忠部因惧怕红军声威，加之子弹缺乏，不敢出击，慌忙向王家烈求援，要求“补充子弹及调来部队协堵”。这时王家烈盘算着借红军之手消灭廖怀忠，既可消灭异己，又可封住众人之口，真是千载难逢的好机会。因此，王家烈一方面拒绝补给廖部弹药，一方面以“剿共”名义令其李成章旅进至湄潭、凤冈，杨昭焯旅进至石阡，对廖部形成夹击之势，卡断廖的退路，期待着廖与红军的厮杀，以便从中取利。廖怀忠窥破了王家烈的阴谋，在三面受敌的情况下，于6月29日率部向东面的印江、松桃移动。廖部刚一离开思南，按兵不动月余的石阡杨昭焯旅，湄潭张立功团便于7月8日跟进思南，显露出吞并廖部之意图。于是，廖怀忠与蒋在珍共同致电国民党中央及林森、汪精卫，控诉王家烈“阳标会剿共匪之美名，阴行裁除异己之伎俩”，之后廖部于7月16日全部移至松桃。7月25日，王家烈向黔东20余县及各地驻军下达围剿廖怀忠的密令，廖自恃寡不敌众，只好出走湘西，投奔军阀陈渠珍去了。王家烈在1934年底一次省民众大会上说：“红军贺龙初到沿河时，人约四千，枪约二千余。那时我曾派李成章旅长率部到湄潭防堵。廖怀忠师不明真相，出于误会，将李部拖往松桃。因此延误时日，红军得此良机，发展壮大，势力蔓延于思南、石阡、印江、沿河一带。”

廖怀忠出走后，曾于1934年7月率部在湖南沅陵阻截过红二、红六军团发动的湘西攻势。1935年，中共地下党员廖泽南辗转来到二十五军驻湖南沅陵廖怀忠处，因两人旧曾相识，亲如兄弟，于是任廖泽南为师部参谋长。时值红军二、六军团在湘黔边建立革命根据地，廖泽南几次劝说廖怀忠归附贺龙部队，廖怀忠未采取行动。之后，蒋介石三十军进入贵州，沅陵周围都是蒋军，廖怀忠被迫把部队拉回贵阳。1935年7月，廖部被薛岳改编为贵州保安团，廖怀忠被调任保安司令部高参闲职（廖泽南随调为参议，后来参加抗日战争），并被解除武装。1936年9月获授陆军少将衔。抗日战争中，国民政府迁都重庆，廖怀忠在蒋介石重庆行营任参议。

1940年秋，国民党新编独立二十八师师长刘伯龙回乡到龙里，邀集地方人士创建龙里私立应钦中学，廖怀忠、裴公度等作为在乡将领参与其事。解放战争时期，廖曾出任国民党贵州省参议会议员和国民党中央监察委员会委员。1946年5月获授陆军中将衔。

中华人民共和国成立后，廖怀忠于1949年12月7日在贵阳向人民政府投诚。不久，廖泽南随人民解放军二野五兵团解放贵州，曾争取廖怀忠到省军管会主办的政治学习班学习。1950年3月19日，廖泽南病故，贵州军区政治部组织治丧，廖怀忠以亲友代表身份为治丧委员会委员。

1954年，廖怀忠在被处以历史反革命罪期间去世。1987年2月17日，中国人民解放军昆明军区以昆字第052号为廖氏家属出具《投诚人员证明书》。

周步瑛

周步瑛（1885—1974），字润初，龙里县人，教育家、数学家，贵州省立女子师范学校的创办人，为贵州大学的建设作出了重要贡献。

周步瑛生于清代光绪十一年（1885年），自幼勤奋好学，曾受教于贵州巡抚署官办贵州大学堂擅长数学的黄继舟先生，奠定了他深厚的数学根底。光绪三十一年（1905年）前后，周步瑛成为受贵州巡抚林绍年派遣的贵州大学堂20名学生之一，由学堂教习周恭寿带队到日本留学，习速成师范及专门学科。周步瑛先入东京弘文学院补习日文，后考入东京物理学校就读4年，成绩优异，各科笔记非常完整，日本同学也“无出其右”。后来，周步瑛与这批赴日留学生中的尹笃生、王佩芬等人回国后积极推进新学，在贵州大学堂任教，成为贵州大学早期办学的骨干力量。

宣统元年（1909年），周步瑛毕业回国，朝廷委他为山西某县知事，但他立志教育救国，辞不就，旋往上海与吴在渊、周昌寿、胡敦复等筹办大同大学，不久返北京任清华庚子赔款留洋预备学校教授。宣统二年（1910年）回到贵阳，受聘为贵州官立中学教员。

辛亥革命后，官立中学改为模范中学，他仍受聘专教数学。民国10年（1921年），贵州公署筹办贵州省立女子师范学校，委周步瑛为校长。此后，周步瑛担任首任校长8年，极其辛劳为女师的发展作出贡献。

省立女师除开设有教育学、心理学、伦理学等公共课及国文、历史、地理、算术等专业课外，还开设有军事看护、劳作、工艺、农艺等课程。学制初为 6 年，前 3 年为初级师范，后 3 年为中级师范。女师开办之初，周步瑛极为重视教师的选择，认为学生学业成绩之好坏，关键系于教师之素质。于是他延聘富有办学经验的肖协丞（日本留学生）为教务主任，聘请教育界名流王延直、王蔬农、王佩芬、王起斌、聂树楷、景方桢、邵正祥、杨映阶、龚植三、严寅亮等为教师，率皆学有专长、富有经验之士。由于他办学认真、教学严格，因而女师学生学业成绩优良，深为省内学人赏识。

周步瑛对学生爱护备至，对家境贫困学生尤其关心，视如亲生子女。如外地来省城就读的学生，因有困难于寒暑假不能返家者，就把她们接到自己家中住宿。回乡无人接送的，他分别派人护送。平时对学生伙食很关心，经常到厨房、食堂查看菜肴，如发现老师吃的比学生好，便立即纠正。他亲自拟定一系列学习与生活的管理制度，规定学生一律住校，统一学生服装、发式等，从而形成女师学生勤学、俭朴的良好校风。他对即将走向社会的应届毕业生寄予殷切希望，曾为女师第一期同学录作序道："……中外交通，文化输入，思想日新月异，潮流亦纷至沓来。水能载舟亦能覆舟，可濯缨亦可濯足。身当其中者，当辨别清浊，通达事理，始能获益而不受其毒。此予所希望于诸生者三也。"

周步瑛性耿介，刚直不阿，不畏强暴。1926年冬，贵州兴修公路，公路局长熊冠英飞扬跋扈，要强占女师教室和学生宿舍。周步瑛多次托人向熊说情，熊不予理睬。周步瑛乃亲自出面交涉，据理力争，而熊冠英蛮横无理，反将周步瑛扣留于公路局。女师学生闻讯，联合贵阳各校学生提出强烈抗议，印发抗议书，群情愤慨。时任贵州省主席周西成闻悉，知不可犯，尤恐事态闹大，难以收拾，即令民政厅长杨干到公路局护请周步瑛返校，又令熊冠英向周步瑛赔礼道歉，并撤去熊的职务。

1928年，周步瑛在贵州大学兼课。1929年应老友张澜（民主革命家、人民教育家）之约，受聘为成都大学（后改名四川大学）数学教授。

周步瑛知识渊博，除精通数学外，还通晓日语和英语。他教学有方，讲课语言简练，深入浅出，学生易懂易记。如讲授物理课重心原理时，他比喻说："老年人走路为何要拄拐杖？是因为拄拐杖使重心落到三角形上，基底大，就不易跌倒。"他在四川大学教授椭圆函数，该门课程难度很大，且无教材，由他自编教材，内容丰富而易懂。他在解析几何、四则杂题等方面造诣很深，当时北京师范大学《教学周报》经常引用他的教材。另外，他在这方面还有专著，在上海商务印书馆出版，惜于1932年"一二・八"淞沪抗战中毁于炮火。

1940年春，全国大学生掀起反饥饿运动，他同情和支持学生的爱国行动，被学生推为四川大学运动领导人之一。学校当局忌之，借口其教学"不受学生欢迎"，委派他人接替。他愤然离开川大去教中学。

中华人民共和国成立后，周步瑛定居贵阳，1952年调任贵阳师范学院数学系教授。这时他早已过了退休年龄，但仍坚持继续工作，严寒酷暑，风雨无阻，数年不请一次假。每当上课，学生还未坐好，他就出现在讲台上了。他担任贵阳市数学理事会理事长职务，身体力行开展科研活动，为培养青年学科带头人做了许多实事。如系统地编写算术和平面几何讲义，开展"几何学的作图问题""非欧几何学概要""几何度量问题""反演变换的理论与应用"等专题研究，给全市中学数学教师作《轨迹几个定义的商権》《关于近似计算的理论与实践》《函数概念》等数学问题报告，帮助青年助教编写几何参考书等，解决了中学数学教学上的许多困难和问题。

周步瑛乃教育界前辈，声誉斐然，但他非常谦虚，从不自傲。1951年成立贵州数学学会时大家推举他主持，他却推荐他的学生肖文灿（贵阳师范学院院长）为理事长。1953年肖文灿调到云南大学，众议又推举他为理事长，仍辞不就，并推荐贵州大学赵咸云教授担任。

1958年，贵州大学重建，周步瑛在数学系当教授。时年已逾七旬，仍坚持教学和科研，并常以新社会教师地位、待遇今非昔比为例，教育学生要全心全意为社会主义事业服务。其为人诚朴，更能怜孤恤寡，常济人于贫困。毕生致力于教育事业，为国家培养输送大量人才。1965年农历十一月十六日是他的80寿辰，有谢根梅、徐廷栋、孟慰苍等多人在贵阳饭店设宴为他祝寿，作祝联云：

同门遍西南，师传弟，弟传师，数不清园内桃李鲜花，衣钵相承历六代；

大德增寿纪，寿益康，康益寿，好一派眼前桑榆晚景，弧觞庆祝满八旬。

1974年3月14日，周步瑛在贵州大学因病逝世，终年89岁。生前遗言，将他死后不多的积蓄散发给老贫困难的亲友。3月22日在贵州省政协礼堂召开追悼会，党政文教各界人士纷纷前往吊唁。

范子文

范子文（1906—1988），又名范明钦，字子文，号华章，贵州贞丰人，约在民国30年（1941年）至34年（1945年）任龙里县县长，中华人民共和国成立后为贵阳市政协委员。

处于抗日战争大后方的贵州，紧邻陪都重庆，战略地位引起国人关注。内迁的学校机关及络绎而来的流亡难民，客观上迅速促进了贵州的现代化进程。龙里县自1942年推行新政，实施改革，注重基础建设、资源开发和智力培育。

范子文在任期内为龙里地方办了很多实事。改建乡镇、保、甲制。实施乡保电讯、交通建设，建成龙里农场和谷冰纸厂。发动抗日募捐劳军运动，建置军兵营房，设置难民收容接待站。制订实施《龙里县夏令卫生运动法纲要》，督饬管理环境和食品卫生。举办全县国民体育运动会，牵头成立龙里、贵定、贵筑、开阳四县联立简易师范学校。

由于政绩突出，龙里民众请立范子文德政碑，地方要员为之题词。刘伯龙题“清慎勤”，裴公度题“政通人和”，徐师尧题“代治舆情”，黄永钊题“修为以敬”。

（二）人物简介

张　琪

张琪，龙里人，嘉靖四十年（公元1561年）举人，官卫辉府推官，以廉能著，丁母忧归，庐墓三年。既而教授于乡，乡党服其教者，咸有士行，人望而知为张先生弟子也。子文衡、文锦，并万历三十八年（公元1610年）举人，文衡官知府，文锦官知县。

（《（民国）贵州通志》）

郭凤仪

郭凤仪，陕西人。崇祯十五年（公元1642年）以举人授贵阳推官，分驻龙里。谨防御，劝农课士，百姓悦服。凤仪性方正，有廉隅，故大著贤声。（《（民国）贵州通志》按：凤仪先任石阡，吏畏民怀，《石阡志》亦有专载。）

（《贵阳志》《（民国）贵州通志》）

姜文祥

姜文祥，四川绵州人。天启时，安邦彦乱贵州，文祥从总督朱燮元征之有功，加镇国将军阶，遂居于贵阳甘坝寨，子孙家焉。（《（民国）贵州通志·人物志》）

姜文祥墓位于洗马镇牛场村干坝组，清道光三年（1823年）建置牌坊式组合碑，碑阳正中楷书阴刻“皇明受封镇国将军显考姜公讳文祥府君之神墓位”，碑叙姜文祥生于明天启二年（1622年），卒于清康熙四十六年（1707年）。

李成辂

李成辂，浙江仁和人，康熙时以进士授龙里知县。三十九年（公元1700年），成辂以学宫坏，倡士民修之。寻去职。

嘉庆八年（公元1803年）学宫复坏，知县任用仪、教谕黄肇升复修之。用仪，山西平定州举人。肇升，安顺举人。

乾隆初，有李师元者，河南夏邑人。以进士授龙里知县，捐廉建龙冈书院。

（《贵阳府志》《（民国）贵州通志》）

陈以明

陈以明，江苏天长人，以生员议叙起家。雍正时授龙里知县。时举报优行生员多不以实，以明严核之。妇女少年之丧夫者，多以贫故，父兄劝之改嫁，以明见守节者嘉奖不绝口，劝其戚族资助之，士习民风为之一变。去后士民立主祀之。

（《贵阳府志》《（民国）贵州通志》）

张正位

张正位，乾隆中授龙里知县。明初建龙里城，周五百余丈，万历时巡抚郭子章增筑二百余丈，崇祯时指挥王明仰复削之。乾隆二十九年（公元1764年），正位详请增筑如万历之旧，许之。城成，周四里余，有门四。详城郭记。

（《贵阳府志》《（民国）贵州通志》）

陈炘煜

陈炘煜，字梦石，江西崇仁县人。授龙里知县，有政声，月课诸生，颇有奖励。去任后，合邑绅民勒石颂之曰：创举宾兴，添设膏火。严缉盗贼，惠养孤贫。恩威并济，听断惟明。痛惩奸宄，敦崇良俊。此甘棠之遗爱也。

（《（民国）贵州通志》）

盛世佐

盛世佐，字庸三，秀水人。官贵州龙里知县。撰《仪礼集编》四十卷，集众解而研辨之，持论谨严。又杨复《仪礼图》久行于世，然其说本注疏，而时有并注疏之意失之者，一一是正，至于诸家谬误，辨之尤详焉。

（《清史稿》卷四百八十一，列传二百六十八，儒林二）

鹤　年

鹤年，满洲人，独山州知州。同治元年（公元1862年）署龙里知县，时苗贼潘明杰出坝芒，东北团众多不能御，龙里无军守，贼突由麦冬大坡寨薄城下，缘东北团入城，鹤年仓卒赴药局自焚。事定，仅获遗骨数枚，妻那拉氏仰药殉焉。

（《（民国）贵州通志》）

周凤文

周凤文，号绍飖，贵州龙里人。保定武备学堂1期毕业，回黔任贵州陆军小学教官。宣统元年（1909年）入兵备处任科员，参加辛亥起义后任大汉贵州军政府都督府参谋处长。1913年入陆军大学，1916年任陆军大学教员、军学司科长，1917年任贵州督军署中校参谋。1929年任黔军25军参谋处长，后任正安县长。1938年在正安县长任内创建正安中学。1939年因结党营私、贪赃枉法，在1000多人的国民公约宣誓典礼大会上，被正安中学校长张国均揭发，省政府被迫撤销其县长职务。

（据《贵州陆军沿革实录》等）

罗维贤

罗维贤（1903—1983），布依族，龙里湾寨安金寨人。1917年入省立模范中学（省立第一中学），曾师从于书法家严寅亮。1921年在安金寨创办新学——南阳学堂（今湾寨小学前身），为第一任校长。1928年再入贵阳第一中学备考深造，因战乱次年返乡继续从教。1931—1945年先后在广顺（今长顺）县和龙里县永安（今湾寨）、羊场、安金等地任小学校长，解放前夕回老家开办私塾，新中国成立代课数年后弃教务农，晚年钻研书法与古典文学。罗在地方办学从教，开风气之先，除读经外，还开设国文、算术、修身、音乐、体操、书法、珠算、史地等科目，并组织学生在课余学习英语。在教学中，他主张学生扩大知识面，个性自由，学有所长，立德刻苦，不迷信教条等。其中书法教育成为初高两级学校的一大特色，师生习书蔚然成风。在罗维贤等人的影响带动下，安金寨民国时期有25人办学从教，解放后有40多人从事教育工作。

罗时彦

罗时彦（1920—1989），布依族，龙里湾寨安金寨人，其父系民国龙里县第二区区长，祖辈有举人罗锡章等，族规家训重耕读。1938年受聘为小学教员，1942年起曾在贵阳、荔波等地政府任职，曾任荔波县县长秘书。解放前夕受聘为国民党八十九军参谋处文职人员、龙里县永安乡副乡长。1952—1954年历任藕溪、谷远小学校长。因在旧军队、旧政府干过事，1954年被清除出教师队伍接受劳动改造。在改造的10年中坚持读书习字，1964年后在湾寨、孔雀寨、羊场等地担任小学、初中、高中代课教师。1984年在黔南州书法竞赛中获一等奖。在他的影响下，师生习书练字蔚成风气。

四、人物名录

龙里县获州级以上荣誉（“劳动模范”“先进工作者”“优秀共产党员”等）人员名录

表人物-1

<table>
<tr><th>编号</th><th>姓　名</th><th>性别</th><th>籍贯</th><th>民族</th><th>工作单位及职务</th><th>授予称号</th><th>授予单位</th><th>授予时间</th></tr>
<tr><td rowspan="2">1</td><td rowspan="2">罗福应</td><td rowspan="2">男</td><td rowspan="2">龙里湾寨</td><td rowspan="2">布依</td><td rowspan="2">长顺县民族中学副校长</td><td>贵州省“五一”劳动奖章、“四化”建设标兵</td><td>贵州省总工会</td><td>1985.9.10</td></tr>
<tr><td>贵州省劳动模范</td><td>贵州省人民政府</td><td>1985.12</td></tr>
<tr><td rowspan="2">2</td><td rowspan="2">张玉荣</td><td rowspan="2">男</td><td rowspan="2">湖南株洲</td><td rowspan="2">汉</td><td>龙里县建设局副主任科员、环境卫生管理站代站长</td><td>劳动模范</td><td>建设部、中国建设建材工会全国委员会</td><td>1994.10</td></tr>
<tr><td>龙里县建设局主任科员、环境卫生管理站站长</td><td>贵州省建设系统优秀建设工作者</td><td>贵州省城乡建设环境保护厅、贵州省建设建材工会工作委员会</td><td>1994.12.8</td></tr>
</table>

续表

编号	姓 名	性别	籍贯	民族	工作单位及职务	授予称号	授予单位	授予时间
					龙里县建设局主任科员、公用事业局副局长、环境卫生管理站站长	优秀共产党员	中共黔南州委	2001.6
					龙里县建设局党组成员、公用事业局副局长、环卫大队大队长、环境卫生管理站站长	全国城市市容环境卫生先进工作者（时传祥奖）	建设部	2002.7
3	熊占国	男	四川北川	汉	龙里县水利局局长	贵州省监察系统先进工作者	贵州省监察厅	1990.11
						1993年冬1994年春农田水利建设先进工作者	贵州省人民政府	1994.8
						贵州省先进军队转业干部	贵州省军队转业干部安置工作小组、贵州省人事厅	1996.6
						全省农田水利基本建设先进工作者	贵州省人民政府	1996.10
						黔南州第三期农业综合开发先进工作者	黔南州人民政府	1999.12
4	伍学良	男	贵州龙里	汉	龙里县水利局副局长	少数民族地区长期从事科技工作荣誉证书	国家民委、人事部、中国科协	1983.7
						全州科学技术进步三等奖	黔南州人民政府	1989.11
						贵州省农业区划1986—1990年度优秀科技成果四等奖	贵州省农业区划委员会	1991.5
						黔南州优秀科技人才奖	中共黔南州委、黔南州人民政府	1995.3
						县级土地利用情况调查工作一等奖	国家土地管理局	1995.5
						促进科学技术进步工作贡献奖	黔南州人民政府	1996.1
						1995—1996年度科技兴农工作贡献奖	贵州省人民政府	1997.6
						全省农田水利基本建设先进工作者	贵州省人民政府	1997.10
5	王永荣	男	贵州龙里	汉	龙里县水利局副局长	贵州省农田水利基本建设先进工作者	贵州省人民政府	2001.10
6	罗士朝	男	贵州龙里	布依	龙里县委宣传部副部长	1999—2002年精神文明建设先进工作者	贵州省精神文明建设指导委员会	2002.8
7	刘 秦	男	陕西西安	汉	龙里县水利局局长	贵州省农田水利基本建设先进工作者	贵州省人事厅、贵州省水利厅	2005.1
8	梁世坪	男	贵州龙里	汉	龙里县水利局副局长	2003、2004年度水利工程管理工作嘉奖	贵州省人事厅、贵州省水利厅	2005.5
						“十五”期间全省水利系统先进工作者	贵州省人民政府	2006.4
9	丁 磊	男	四川合江	汉	龙里县水利局副局长	贵州省农田水利基本建设先进工作者	贵州省人民政府	1997.10

续表

编号	姓　名	性别	籍贯	民族	工作单位及职务	授予称号	授予单位	授予时间
						1997、1998年冬春农田水利基本建设先进工作者	贵州省人民政府	1998.11
						贵州省第五届“科技兴农人才奖”	贵州省人民政府	2001.11
10	冉帮军	男	贵州道真	汉	龙里县水利局高级工	1999、2000年度全省农田水利基本建设先进工作者	贵州省人民政府	2000.10
11	冯明帅	男	贵州龙里	汉	龙里县水利局建设站站长	黔南州农田水利基本建设工作先进个人	黔南州人民政府	2003.11
						黔南州农田水利基本建设工作先进个人	黔南州人民政府	2007.9
12	陆江	男	贵州龙里	汉	深圳市卫生局妇幼处处长	优秀共产党员	中共深圳市卫生和人口计划生育委员会机关委员会	2011.6
13	刘天义	男	贵州龙里	汉	龙里县谷龙乡高吏目村党支部书记	优秀共产党员	中共黔南州委	2001.6.25
14	王天禄	男	贵州龙里	布依	龙里县猫场镇大岩村党支部书记	优秀共产党员	中共黔南州委	2001.6.25
15	刘正邦	男	贵州龙里	汉	龙里县洗马镇洗马中学党支部书记、校长	优秀共产党员	中共黔南州委	2001.6.25
16	马全友	男		汉	龙里县炼铁有限责任公司党支部书记、车间主任	优秀共产党员	中共黔南州委	2001.6.25
17	屠光燕	男	贵州都匀	汉	龙里县委组织部干部股股长	优秀共产党员	中共黔南州委	2001.6.25
18	罗加骐	男	贵州龙里	布依	龙里县三元镇党委副书记、镇长	优秀党务工作者	中共黔南州委	2001.6.25
19	李再渊	男	贵州龙里	苗	龙里县粮食局党组书记、纪检组长	优秀党务工作者	中共黔南州委	2001.6.25
20	杨　磊	男		汉	龙里县环境保护局	第一次全国污染源普查先进个人	国务院第一次全国污染源普查领导小组办公室、环境保护部、国家统计局、农业部	2010.9.6
21	杨珍芳	女		汉	环境卫生管理站会计、副站长	建设系统先进工作者	贵州省城乡建设环境保护厅	1993.5
						1993年度爱国卫生目标管理先进个人	黔南州爱国卫生运动委员会	1993.12
						1994年度爱国卫生工作先进个人	黔南州爱国卫生运动委员会	1995.4.11
22	刘汉生	男		汉	龙里县公路养征站	全国“五一劳动奖章”、贵州省“四化”建设标兵		1992
23	章宗华	男		汉	龙里县公路养征站	2000年度先进工作者	贵州省交通厅征费稽查局	2000
24	李茂秋	男		汉	龙里县公路养路费征稽所所长	贵州省职工职业道德十佳标兵	贵州省总工会	2000
						全国交通系统先进工作者		2001
25	李茂霞	女		汉	龙里县交通局	黔南州档案系统先进工作者	黔南州人民政府	2000
						贵州省优秀档案工作者	贵州省档案局	2003

续表

编号	姓　名	性别	籍贯	民族	工作单位及职务	授予称号	授予单位	授予时间
26	吴吉州	男		苗	龙里县交通局	全国农村公路通达情况专项调查先进个人	贵州省交通厅	2007
27	王　华	男		汉	龙里县交通局局长	贵州省交通行业“抗雪凝、保畅通”先进个人	贵州省交通厅	2008
						贵州省公路局“抗雪凝、保畅通”先进个人	贵州省公路局	2009
28	廖光学	男		汉	龙里县交通局副局长	贵州省公路局“抗雪凝、保畅通”先进个人	贵州省公路局	2008

龙里县高级专业技术人员名录

表人物-2

编号	姓　名	性别	出生年月	籍贯	民族	工作单位及职务	技术职称	评聘单位	评聘时间	备　注
1	陆　江	男	1937.1	贵州龙里	汉	深圳市卫生局妇幼处处长	教授	广东药学院	1996.1.21	健康教育客座教授
2	钟大立	男	1966.10	贵州龙里	汉	龙里县房地产管理局局长	高级工程师	贵州省工程技术职务高级评审委员会、贵州省人事厅	2007.12.25（评定）、2008.3（发证）	贵州省工程技术职务高级评审委员会评审，贵州省人事厅审批；工程系列，工业与民用建筑专业
3	罗福应	男	1937.5	龙里湾寨	布依	都匀市第一中学教师	中学语文特级教师	贵州省人民政府	1989.7.21	

龙里县有突出贡献并受州级及以上单位表彰的专业技术人员名录

表人物-3

编号	姓　名	性别	籍贯	民族	工作单位及职务	表彰称号	授予单位	授予时间
1	陆　江	男	贵州龙里	汉族	深圳市卫生局妇幼处处长	从事爱国卫生30年荣誉证书	全国爱国卫生运动委员会	1990.6.12
						全国优秀医学科普工作者	中华医学会、全国爱国卫生运动委员会办公室、中国科学技术协会科学普及部	1993.12
						全国妇幼卫生先进工作者	卫生部	1996.12.13
						“热爱儿童”先进个人	广东省妇女儿童工作委员会、广东省儿童少年工作奖励基金会	1999.5
						广东省城乡初级卫生保健工作先进个人	广东省人民政府	2001.3
						中国健康教育30年“金牛奖”	中国健康教育协会	2008.12

五、前志补遗人物名录

龙里籍红军及牺牲在龙里的红军战士名录

表人物-4

编号	姓名	性别	出生年月	籍贯	参加革命时间	政治面貌	逝世（牺牲）年月	逝世（牺牲）地点	逝世（牺牲）时所在单位	曾任职务	备注
1	冯兴顺	男	1881.5	龙里洗马	1935.4		1954.4	洗马大厂	洗马镇大厂村	战士	祖籍云南，徙居龙里哪嗙、洗马
2	郭××	男					1935.4	龙山播箕桥		连长	佚名。据《贵州省龙里县地名录》
3		男					1935.4	谷脚王关			佚名。葬在谷脚镇王关村老关寨
4		男					1935.4	谷脚王关			佚名。葬在谷脚镇王关村老关寨
5		男					1935.4	谷脚王关			佚名。葬在谷脚镇王关村老关寨
6		男					1935.4	谷脚王关			佚名。葬在谷脚镇王关村老关寨
7		男					1935.4	谷脚王关			佚名。葬在谷脚镇王关村老关寨
8		男					1935.4	哪嗙谷冰小寨			佚名。葬在哪嗙乡谷冰
9		男					1935.4	哪嗙谷冰小寨			佚名。葬在哪嗙乡谷冰
10	张仕青	男					1936	巴江平坡长寨菌子岩	红二、六军团	战士	据巴江平坡长寨口碑资料
11	杨一二	男					1936	巴江平坡长寨菌子岩	红二、六军团	战士	据巴江平坡长寨口碑资料

民国时期中共地下组织在龙里人员名录

表人物-5

编号	姓名	性别	化名或原名	解放前		解放后		备注
				所在单位	职务	所在单位	职务	
1	王新元	男		龙里中国机械制造厂	经理	中央轻工部	副部长	“文化大革命”中被迫害而死
2	张述成	男	张大名	龙里中国机械制造厂	人事员	重庆档案馆	馆长	
3	孙　玙		孙端华 孙　瑜	龙里中国机械制造厂	会计助理员	重庆市工会	负责人	
4	叶绍南	男	孙大光	龙里中国机械制造厂	总务主任	交通与地质部	部长	
5	黄正岩	男		龙里中国机械制造厂	材料账办事员	石油部研究室	负责人	
6	唐伯荣	男		龙里中国机械制造厂	钳工	上海军工路上海机床厂	车间主任	

续表

编号	姓名	性别	化名或原名	解放前		解放后		备注
				所在单位	职务	所在单位	职务	
7	李某某	男	李大头	龙里中国机械制造厂	总务主任	重庆市工业局	局长	
8	张思久	男		龙里县政府	指导员	四川永川粮食局		
9	沈天生	男		龙里邮局	负责人	浙江杭州西浣纱路大楼		
10	陆永忠	男		龙里西南运输人员训练所	驾驶员			解放前5天在贵阳被国民党杀害
11	黄绍文	男		龙里西南运输人员训练所	驾驶员			解放前5天在贵阳被国民党杀害
12	支 轴	女		龙里城区两级小学	教员	服务公司	职工	“文化大革命”中被迫害而死

龙里籍抗日阵亡将士名录

表人物-6

序号	姓名	职级	所在部队	年龄（岁）	阵亡年月	阵亡地点	备注
1	李德光	少校营长	89师529团	28	1938	江西	载于《中华民国忠烈将士姓名录》，死亡时间记为“二三、八”（1934年8月），死亡类别记为“二”（抗战期间）。另据《龙里县志》载：李德光，龙里千家卡人，104师团副，1938年在台儿庄战役阵亡
2	周华祥	一等兵	15师44团	18	1939.12	湖北	载于《中华民国忠烈将士姓名录》
3	方云先	一等兵	82师492团	25	1940.1	湖北	载于《中华民国忠烈将士姓名录》
4	王顺钦	一等兵	57师69团	20	1940.6	江西	载于《中华民国忠烈将士姓名录》
5	王少荣	一等兵	92师276团	18	1939.12	广西	载于《中华民国忠烈将士姓名录》
6	罗元芳	二等兵	92师548团	24	1938.5	山东	载于《中华民国忠烈将士姓名录》
7	何华玉	一等兵	95师569团	39	1939.9	湖南	载于《中华民国忠烈将士姓名录》
8	顾发兴	二等兵	92师275团	19	1939.12	广西	载于《中华民国忠烈将士姓名录》
9	龙信廷	中士	102师306团	29	1939.12	湖南	载于《中华民国忠烈将士姓名录》
10	徐弟光	二等兵	新38师113团	21	1945.1	缅甸	载于《中华民国忠烈将士姓名录》
11	陆洪祥	二等兵	198师593团	27	1944.9	云南	载于《中华民国忠烈将士姓名录》
12	邱永其	上等兵	198师593团	26	1944.8	云南	载于《中华民国忠烈将士姓名录》
13	吴志清	下士	194师580团	39	1944.7	湖南	载于《中华民国忠烈将士姓名录》
14	龙玉臣	上等兵	预10师30团	29	1941.1	湖南	载于《中华民国忠烈将士姓名录》
15	杨泽邦	上等兵	誉1师2团	25	1941.4	湖北	载于《中华民国忠烈将士姓名录》
16	徐光清	上等兵	暂5师工兵连	28	1943.5	湖南	载于《中华民国忠烈将士姓名录》
17	王显明	一等兵	16师46团	30	1942.6	浙江	载于《中华民国忠烈将士姓名录》
18	潘清和	上等兵	73军辎重团	31	1943.11	湖南	载于《中华民国忠烈将士姓名录》
19	杨国清	下士	14师41团	29	1944.7	密支那	载于《中华民国忠烈将士姓名录》
20	袁爱臣	中士	19师56团	30	1944.8	湖南	载于《中华民国忠烈将士姓名录》
21	陈建东	一等兵	新28师搜索连	26	1944.9	云南	载于《中华民国忠烈将士姓名录》
22	宋永发	上等兵	新28师搜索连	30	1944.9	云南	载于《中华民国忠烈将士姓名录》

续表

序号	姓 名	职级	所在部队	年龄（岁）	阵亡年月	阵亡地点	备 注
23	李良臣	中士	新28师83团	24	1944.8	云南	载于《中华民国忠烈将士姓名录》
24	黄树国	上等兵	新28师83团	30	1944.6	云南	载于《中华民国忠烈将士姓名录》
25	王阳光	一等兵	4军搜索连	26	1944.6	湖南	载于《中华民国忠烈将士姓名录》
26	罗槐洲	下士	暂6师1团	31	1945.5	湖南	载于《中华民国忠烈将士姓名录》
27	李维扬	上尉连长	突1纵队5营	45	1945.6	浙江	载于《中华民国忠烈将士姓名录》
28	张香林	一等兵	暂6师2团	30	1942.1	浙江	载于《中华民国忠烈将士姓名录》
29	张定文	一等兵	99师295团	25	1941.10	湖南	载于《中华民国忠烈将士姓名录》
30	蒋玉清	上等兵	暂35师1团	29	1941.5	浙江	载于《中华民国忠烈将士姓名录》
31	李万镒	下士	198师1144团	21	1938.10	湖北	载于《中华民国忠烈将士姓名录》
32	王少臣	下士	102师306团	25	1941.9	湖南	载于《中华民国忠烈将士姓名录》
33	李小贵	一等兵	新12师36团	27	1941.1	湖北	载于《中华民国忠烈将士姓名录》
34	罗应方	下士	92师276团	23	1941.10	湖南	载于《中华民国忠烈将士姓名录》
35	杨廷森	中士	92师276团	29	1941.10	湖南	载于《中华民国忠烈将士姓名录》
36	王何凤	上等兵	441师130团	21	1940.10	湖北	载于《中华民国忠烈将士姓名录》
37	罗斌全	中士	50师150团	30	1944.9	密支那	载于《中华民国忠烈将士姓名录》
38	侬兴光	上等兵	198师593团	25	1944.9	云南	载于《中华民国忠烈将士姓名录》
39	刘臣甫	一等兵	121师661团	27	1938.9	湖北	载于《中华民国忠烈将士姓名录》
40	杨廷忠	二等兵	95师569团	18	1938.11	湖北	载于《中华民国忠烈将士姓名录》
41	王少兴	二等兵	95师569团	20	1938.11	湖北	载于《中华民国忠烈将士姓名录》
42	王树清	二等兵	95师569团	36	1938.11	湖北	载于《中华民国忠烈将士姓名录》
43	毛和清	二等兵	95师569团	23	1938.11	湖北	载于《中华民国忠烈将士姓名录》
44	周云东	下士	95师569团	28	1938.11	湖北	载于《中华民国忠烈将士姓名录》
45	胡少清	一等兵	95师569团	22	1938.11	湖北	载于《中华民国忠烈将士姓名录》
46	何有余	一等兵	26师151团	36	1937.10	上海	载于《中华民国忠烈将士姓名录》
47	龙治明	上等兵	103师659团	39	1937.12	江苏	载于《中华民国忠烈将士姓名录》
48	李顺廷	二等兵	121师661团	31	1938.9	湖北	载于《中华民国忠烈将士姓名录》
49	秦昌友	二等兵	103师613团	23	1937.11	江苏	载于《中华民国忠烈将士姓名录》
50	吴炳云	二等兵	103师613团	19	1937.12	南京	载于《中华民国忠烈将士姓名录》
51	任明清	一等兵	103师615团	25	1937.12	江苏	载于《中华民国忠烈将士姓名录》
52	李天才	二等兵	103师618团	20	1937.12	江苏	载于《中华民国忠烈将士姓名录》
53	晏文庄	飞行员	空军	24	1937.10	山西	《龙里县志》有传
54	斩 夺	士兵	103师		1937	江苏	《龙里县志》载：斩夺，龙里谷远人，贵州103师士兵，1937年上海会战，江阴阵亡
55	曹长生	士兵	104师	19	1938	山东	《龙里县志》载：曹长生（1920—1938），龙里水场人，贵州104师士兵，1936年（应为1938年）台儿庄会战，万山战斗阵亡
56	王小法	士兵	102师304团	20	1938.5	江苏	《龙里县志》载：王小法（1919—1938），龙里谷远郭关人，贵州102师304团士兵，1938年5月徐州会战，山苇塘战斗阵亡

续表

序号	姓　名	职级	所在部队	年龄（岁）	阵亡年月	阵亡地点	备　注
57	唐辅刚	排长	103师		1937	江苏	《龙里县志》载：唐辅刚，龙里县城人，贵州103师排长，1937年南京战役中阵亡
58	胡绍成	士兵	86军		1938	湖北	《龙里县志》载：胡绍成，龙里水场人，86军士兵，1938年“保卫大武汉战役”中，在田家阵、松山口激战中阵亡
59	刘忠汉	排长	中国远征军		1943	云南	《龙里县志》载：刘忠汉，龙山谷脚（应为“龙里谷脚”）人，中国远征军某部排长，1943年云南腾冲战役中阵亡
60	宋治湘	连长	25军军官教导队、140师野战补充团机枪连		1941.9	湘北栗山港	据康振贤著《虎贲独立师——国民革命军第140师抗战纪实》，在第二次长沙会战中阵亡

驻龙里军队牺牲的革命烈士名录

表人物-7

编号	姓　名	性别	出生年月	籍贯	参加革命时间	政治面貌	牺牲时间	牺牲地点	牺牲时所在单位	牺牲时职务	备　注
1	杨世云	男		贵州习水昌水	1959		1959.5	龙里县	人民解放军0069部队4分队1连	战士	据1959年5月21日所立碑记，为打捞国家财产而牺牲
2	卢　洪	男	1984.7	贵州纳雍	2002.12		2003.3.12	龙里县龙山镇播箕村野鸭塘	人民解放军第13集团军高炮旅双37高炮2营4连（配属驻龙里78409部队执勤）	战士	野鸭塘位于78409部队营区附近。2003年4月11日成都军区联勤部政治部〔2003〕政组字第6号批准为革命烈士；4月15日成都军区联勤部〔2003〕联政字第6号批准追记一等功

龙里籍牺牲在外的革命烈士名录

表人物-8

编号	姓　名	性别	出生时间	籍贯	参加革命时间	政治面貌	牺牲时间	牺牲地点	牺牲时所在单位	牺牲时职务
1	陈素华	男	1935	龙里湾寨谷郎包	1957	1958年入团	1959	青海		战士

对越自卫还击战牺牲的龙里籍革命烈士名录

表人物-9

编号	姓　名	性别	出生年月	籍贯	参加革命时间	入党（团）年月	牺牲时间	牺牲地点	牺牲时所在单位	牺牲时职务	备　注
1	冯登林	男	1956	龙里洗马落掌刘家庄	1977.1	团员	1979.2.27	中越边境自卫还击战前线	人民解放军某部8连	战士	据《贵州省革命烈士英名录》
2	杨兴文	男	1963.4	龙里谷龙乡大谷龙4组	1983.1	1983.12入团	1984.11	中越边境自卫还击战前线	人民解放军11军32师94团2营4连	战士	师记“三等功”1次；据县人武部资料
3	邵连发	男	1964.3	龙里洗马范家庄	1982.12		1984.8	中越边境自卫还击战前线	人民解放军11军32师35112部队55分队	班长	据县人武部资料

其他英烈、先进人物名录

表人物-10

编号	姓名	性别	出生年月	籍贯	参加革命工作时间	政治面貌	牺牲时间	牺牲地点	牺牲时所在单位	牺牲时职务	备　注
1	王成章	男	1921	陕西西安	1945	中共党员	1961.10.13	龙里三元			因公牺牲
2	罗顺清	男	1933.3.29	龙里哪嗙锅盖田	1950.10		1952.2.5	华北军区后勤卫生部第四后方医院	人民解放军华北军区16军47师140团	战士	军中病故，葬于河北省涿县

附　　录

一、县委、县政府文件选录

中共龙里县委　龙里县人民政府
关于加快改革开放步伐加速经济发展若干问题的意见

龙发〔1992〕1号

（1992年5月18日）

邓小平同志南巡时的重要谈话，是指导我们改革开放，进行社会主义现代化建设的纲领性文件。为了认真贯彻落实邓小平同志重要谈话和中央政治局全体会议精神，进一步解放思想，进一步解放和发展生产力，加快全县改革开放和经济发展步伐，特提出如下意见：

一、抓住时机，加快经济发展速度

1.九十年代，龙里经济发展要争取略高于全省、全州平均发展速度。国民生产总值保持10%以上，农业产值4.5%，工业总产值15%以上的年均增长速度，确保在“八五”期末实现第二个翻番。各乡镇都要按不低于这一速度的要求，调整十年规划和“八五”计划以及今年的经济发展指标，努力工作，争取实现。

2.抓好项目建设。在建项目争取提前竣工，已经立项的要尽快开工，有希望立项的要争取尽早立项。县和各乡镇都要组织专门力量抓项目规划，建立包括各种产业的项目库。

3.加快基础设施建设，为经济发展创造条件。“八五”期间，实现乡乡通路、通话、通电，县程控电话开通。同时，加快县城建设，完善各项服务设施。

二、积极扩大对外开放的区域和程度

4.我县对外开放的方针：背靠贵阳，面向两广，外引内联，全方位开放；积极主动，让利在先，优惠待人，微利也干。

5.抓住各种机遇，千方百计引进资金、技术、人才、项目。凡从县外引进技术和项目，投产后创造效益的，可从新增利润中提取5%至10%一次性奖励引进者；从县外引进资金（不含国家投资、优惠贷款）进入本地账户后，不还的由收益方一次性奖励引资者5%，还本不付息的奖励2%，还本付息的奖励1%。

6.建立龙山、谷脚经济开发区和猴子沟旅游开发区。各乡镇依据条件，可兴办小特区进行开发、开放实验。在开发区内实行优惠政策，包括低价转让，优惠优先提供土地及免税、减税让利等，鼓励境内外客户来龙里搞开发，鼓励、支持农民进城从事二、三产业。

7.拓宽合作领域和范围。本着更好地开发资源和发挥效益的原则，县与乡之间、乡与乡之间可采取联营或独办等形式实行异地办厂、合股办厂，按股份分产品、分产值、分利税、分用工指标，鼓励县内各类经济实体主动出击，采取独办、联办、参股等不同形式到外地办厂或经商，把我县的名特优产品和技术打出去。

三、下大力搞好搞活流通

8.要进一步转变重生产、轻流通的思想，真正做到像重视生产那样重视流通。通过市场引导生产，通过流通带动企业、促进生产。

9.鼓励干部、职工和外地客商推销龙里工农业产品，由生产单位按销售额定比例给报酬，成绩显著者给予奖励；鼓励和引导农民以多种形式进入流通领域，扩大农副产品购销队伍。

10.商业企业（包括商业、供销、物资、外贸等部门）要认真贯彻落实省委、省政府关于搞活流通工作的决定，在今年年底前全面推行经营范围、价格管理、分配制度和劳动用工“四开放”。

11.要认真建设城乡市场的开放型市场系统。

12.当前重点抓中心城镇的批发市场和农村集贸市场建设，要求达到每个乡镇有一个以上的集贸市场。一些物资集散量大的边境乡镇，要尽快建立批发市场，特别是农副产品批发市场。

13.建立市场可实行多渠道集资，谁投资谁受益。按照统一规划，在工商部门的指导下，各地各类性质的经济实体和个人都可以投资合建或独建市场。用银行贷款建设市场的，经县政府批准，可以费和税还贷；进行商业市场网点建设和改造的，可税前还贷。

四、进一步深化农村改革

14.在稳定家庭联产承包责任制政策的前提下，以建立和完善农业社会化服务体系为深化农村改革的突破口，以发展优质高产、高效农业为主攻方向，带动其他各项改革。

15.要支持和鼓励农技部门搞以农村社会化服务为宗旨，以蔬菜需求为导向的经济实体。县和乡镇的农技部门实行一个单位两块牌子，既办实体搞创收，又要搞技术推广和服务工作。

16.在认真抓烟、酒、茶的前提下，要把统分结合的双层经营与农业商品规模生产结合起来，大力发展粮食、油料、畜禽、水果、蔬菜等商品率高的产品，走种、养、加和贸、工、农相结合的路子。

17.要围绕科技兴农，抓好农村科技培训，办好职业中学和搞好“六加一”“三加一”技术教育，每个乡镇都要逐步建立农民业余技校，每个科技兴农项目都要办好多层次的短期培训班。

五、大力发展乡镇企业

18.要制定更为优惠的政策和采取有力措施发展乡镇企业。今年内，要力争实现每个乡镇都有乡镇企业。

19.我县乡镇企业可按四个方面发展：一是生物资源系列，即走种养加、贸工农的路子；二是矿产资源系列，即采矿、初加工到深加工；三是围绕中心城市和大中型企业的技术产品扩散系列；四是第三产业。当前发展的重点：县城为主的中心镇，地处边界的边境乡镇，交通要冲乡镇，依傍大中型企业的乡镇。

20.县建立乡镇企业发展基金，实行有偿扶持，择优投入，到期收回，滚动使用。各乡镇也要建立企业发展基金。

21.允许用扶贫资金兴办各类乡镇企业或参股到能带动脱贫致富的大中型企业；鼓励按“当地注册，异地办厂，利益返还”的办法，到条件较好的地方办乡镇企业。上级下达给县的扶贫资金，县里可以决定投资方向，不受项目和金额审批的限制。

六、搞好金融体制改革

22.鼓励企业发行债券和不上市股票。重点企业和建设项目积极申请发行建设债券。允许企业进行开户。

23.发展金融市场，扩大资金拆借，建立证券市场。

24.发挥非银行金融机构作用。发展城市信用社；大力发展财政信用，用好用活财政资金；积极筹划建立信托投资机构。

七、鼓励党政机关、干部兴办领办经济实体

25.全县各级党政机关，事业单位（含教育单位）都可以兴办各种形式的经济实体。所办经济实体获得的收入，除用于扩大再生产外，可用作职工福利和改善办公条件。

26.党政机关、事业单位的干部（不含教师），经单位批准可领办、协办、联办经济实体。科技人员和机关干部在完成本职工作和不损害本单位利益的前提下，经批准可在企业兼职，也可在业余时间进行有偿服务。干部申请兴办领办企业，股级以下干部由单位批准，局级干部由县委批准，县级以上干部按照干部管理权限报批。

27.鼓励离退休老同志领办、兴办经济实体或参与经济活动。老龄组织可以领办、兴办经济实体；老同志个人可以独办、联办经济实体，可以参与原单位办企业，也可以向其他企业投资入股；可以搞开发生产，也可以推销地方产品或帮助购进紧俏物资；各类企业都可以聘老同志当顾问、助理。老同志参与经济活动所得合法收入归本人，原工资、福利待遇不变。

28.多渠道解决机关、干部兴办经济实体所需铺底资金。可向银行贷款，可向外集资，可动员职工入股；在不影响正常工资开销的情况下，可占用财政下达的包干经费和历年节余经费；县财政信用资金每年可安排部分支持机关部门办企业；经批准可借用小额专项资金。各类经济实体在财务上要与主办、主管单位分开，财务划清，独立核算。

八、努力搞活国营工业企业

29.认真落实企业法，转换企业经营机制。积极推行“五自主”，逐步实行全员劳动合同制和“工效挂钩”。进一步扩大税收目标管理试点。对各类亏损企业，要明确扭亏为盈目标，严格责任制，定期考核，兑现奖惩。对增产增收贡献大和扭亏为盈成绩显著的企业领导班子给予奖励。

30.对企业的各类评比检查一律实行许可证制度，由县政府或政府委托职能部门颁发；对企业的各种收费必须经物价部门和财政部门审核后由县政府批准。

31.鼓励机关干部到企业任职、挂职，实行“五保留”（保留职级、保留身份、保留户口、保留住房、保留工资），并可享受企业劳保、奖金待遇。

32.工业企业可进行多种经营，兼营或转营其他产业。

九、大力发展多种经济成分

33.积极发展城镇集体企业，享受现在企业的优惠政策。机关、事业单位和干部领办、承包、租赁城镇集体工业企业视同兴办、领办现在企业。

34.国营企业可到乡镇联办、独办集体企业，并享受新办集体企业的所有优惠政策。国营小型企业租赁后，可享受集体企业待遇；拍卖或转让后，视兼并企业的经济成分定其所有制性质，享受相应待遇。

35.国营企业可实行一厂（公司）多制，可在内部办多种经济成分的经济实体，实行自负盈亏、独立核算；可多方招股、卖股，外商和个体、私营企业都可入股分红。

36.支持发展非公有制经济，简化各种手续，及时提供服务。

十、加快其他方面的改革步伐

37.继续抓好已确定的各项改革试点工作。各个部门都要积极进行内部管理的改革。

38.积极推进住房和公费医疗制度改革。住房改革和公费医疗制度改革由有关部门制定方案，报县委、县政府批准后可一步到位。进行县城房地产综合开发，实行土地使用权有偿出让。

十一、调动科技人员积极性

39.各级各部门都要尊重知识、尊重人才。对科技人才要用其所学、用其所长，做到发挥专长、人尽其才。要采取措施，充分调动科技人才的积极性，发挥其作用。

40.对科技骨干和从外引进的科技人才，要在子女就业、入学、解决夫妻分居、住房、农转非等问题上给予优先照顾。

41.从今年起，由县委牵头多方筹集资金和县财政拨款，建立龙里县科教奖励基金，每年奖励一批在科技兴县中成绩突出的科技、教育和管理人员。

十二、加强领导，改进作风

42.坚持领导就是服务的观点。各级领导要深入基层调查研究，帮助解决实际问题。县乡镇党政领导每人选择1～2个基层单位作改革开放、发展经济的联系点。继续坚持“四家班子”联系片区、部门挂乡的做法。实行干部分流制，鼓励干部到基层、到经济建设第一线工作锻炼。

43.各有关部门要顾全大局，必须克服官僚主义和形式主义，提高办事效率。下级请示问题，必须在半个月内答复；下级报批项目，要简化审批手续，必须尽快答复；凡不需要国家投资的项目，有关部门要从快、从简、从宽审批。县政府办公室要做好监督、协调工作，帮助外地客商、下级单位、群众解决发展经济办事难问题。

44.各执法、监督部门要积极为改革开放保驾护航，采取相应措施，为发展经济提供法纪保障；全社会各个方面包括军事单位都要积极配合搞好社会治安综合治理，维护社会稳定；新闻单位和社会舆论部门要大力宣传改革开放，为我县经济发展创造一个良好的社会环境。

各有关部门要根据上述精神，尽快制定和采取配套措施；各乡镇、各部门对上述意见，要结合实际，积极贯彻落实，抓出成效。

中共龙里县委　龙里县人民政府
关于加快发展非公有制经济暂行规定

龙发〔1994〕8号

（1994年11月3日）

一、在国家法律法规允许和产业政策指导下，对发展非公有制经济实行“五不限”，即：不限发展比例，不限发展速度，不限经营方式，不限经营规模，不限经营范围。

1.放宽经营范围。凡国家没有明文禁止的行业（包括第一、二、三产业）都允许非公有制企业从事生产经营，可以一照多营。需要经营某些专营商品的，在一定的条件下，经批准可经营或一次性经营。凡外来我县从事非公有制经济的，工商部门三天内办完手续。

2.放宽经营方式。允许非公有制企业根据自身需要决定其经营方式。可以零售，可以批发，可以代销，也可以从事经纪人活动，允许开展多种形式的联合经营；承包、租赁、入股等形式参与国有或集体企业的生产经营；可以与国有或集体企业合办有限责任公司或股份有限公司；允许与外商（包括港、澳、台商）合作办企业。

3.放宽开办条件。凡新开办的非公有制企业，除国家规定应事先取得许可证外，其余项目凭本人身份证和申请即可在当地工商行政管理部门按规定办理营业执照或临时执照，三日内发照。

二、允许生产经营规模较大的非公有制企业按照企业名称管理规定，冠用省、州、县行政区域名称。允许其按照商标法的有关规定，经转让后使用国有企业的商标或有声誉的商标。

三、凡在我县新办的非公有制企业和城镇非公有制企业到本县贫困乡村固定地点生产经营的，在开办初期有困难的，按照税收政策规定报批减免营业税，并给予免收一年管理费的照顾。

四、新开办的非公有制企业，在信贷、土地征用、供水、供电等方面享受与乡镇企业同等待遇。

五、保护非公有制企业的正常生产经营活动，实行“费用负担卡”制度，制止乱收费、乱摊派、乱罚款。除工商行政管理机关外，任何单位和个人无权收缴营业执照。

六、上述暂行规定自印发之日起实行。

七、上述暂行规定由县人民政府负责解释。

中共龙里县委　龙里县人民政府
关于引进科技人才的暂行办法

龙发〔1995〕10号

（1995年11月24日）

为进一步搞好我县科技人才引进工作，加快我县改革开放步伐，促进经济建设的快速发展，特制定本办法：

第一条　具有大学本科以上学历或中级以上专业技术职称的工、矿、地质、设计等专业人员或具有特殊专长又是我县急需的各类技术、管理人员。

第二条　年龄45周岁（含45周岁）以下，具有高级技术职称的年龄可放宽到50周岁（含50周岁）。

第三条　坚持四项基本原则，拥护中国共产党的领导，自愿申请以适当形式到我县工作。

第四条　引进形式有调入、聘用、合同合作等。

第五条　凡自愿来我县工作的科技管理人员，可直接与用人单位或县人才交流中心等联系。

第六条　经组织、人事部门考察确认后，可办理人才调进、选聘等有关手续，如正常引进有困难的经县批准可实行不要工作关系，不要工资关系，不要户籍关系的“三不要”政策。

第七条　凡引进到我县根据其专长安排到企业或进行项目开发，经本人申请或组织同意不论原单位性质，可视其具体情况挂靠我县相应行政事业单位进入行政事业编制，但必须从事管理或技术指导工作。

第八条　凡引进到我县的科技、管理人才在工资待遇、住房条件、子女就业、解决夫妻分居等方面，与我县同类科技人员同等享受有关照顾。

1.工资待遇：由原单位行政、事业单位安排到企业工作或进行项目开发的，除享受同等行政、事业单位人员经济和政治待遇外，工资待遇可上浮20%，上浮工资由所在企业或开发项目资金支付；调到企业工作或进行项目开发的可在原有工资基础上上浮50%，由所在企业或开发项目资金支付；选聘到我县企业担任科技顾问或行政职务的，由所在企业按高于原单位工资收入的15%支付；选聘到我县进行项目开发的在开发项目资金中按原单位工资收入支付。

2.调入我县工作的科技、管理人才子女需就业的，凡满18周岁、身体健康，可由县里解决就业指标或安排在乡镇企业中工作。

3.解决夫妻分居问题有困难的，县里可在3年内给予解决。

4.对引进人才涉及“农转非”问题的，按照县委、县政府龙发〔1994〕7号等有关文件规定办理。

第九条　对引进人才政治上充分信任，工作上大胆使用，生活上热情关心，思想上积极引导。凡作出突出贡献的县里将视其情况，给予特别奖励。

第十条　建立县人才交流中心，负责人才引进的有关事宜和具体实施本办法，有关人员由组织部、人事局和科技局抽派。

第十一条　本办法从行文之日起执行。

中共龙里县委关于加强社会主义精神文明建设的决议

龙发〔1997〕7号

（1997年3月18日中共龙里县第八届委员会第二次全体会议通过）

中共龙里县第八届委员会第二次全体会议，认真传达学习了党的十四届六中全会、省委七届五次全会和州委六届七次全会精神，紧密联系龙里实际，讨论研究了精神文明建设问题，做出如下决议。

一、切实把精神文明建设提到更加突出的地位

（1）社会主义精神文明是社会主义社会的重要特征，是现代化精神的重要目标和重要保证。加强社会主义精神文明建设，是社会主义现代化历史任务的需要；是改革开放形势发展的需要；是国际形势变化的需要；是党内和社会生活实际的需要。建设社会主义精神文明，关系跨世纪宏伟蓝图的全面实现，关系综合国力的全面提高，关系我国社会主义事业的兴旺发达。我们进行现代化建设，无疑要致力于发展生产力，把物质文明建设好；同时，必须把社会主义精神文明建设提到更加突出的地位。要把“两个文明”作为统一的奋斗目标，始终不渝地坚持“两手抓，两手都要硬”，任何情况下，都不能以牺牲精神文明为代价去换取经济的一时发展，无论经济发展的任务如何繁重，日常工作如何繁忙，都要以十分明确的指导思想、十分有效的政策措施、十分饱满的精神状态，坚持不懈地抓紧抓好精神文明建设这项战略性工作。

（2）党的十一届三中全会以来，全县各级党委、政府认真贯彻执行“两手抓，两手都要硬”的战略方针，在大力发展经济、推进物质文明建设的同时，精神文明建设取得了积极进展和明显效果。主要表现在：邓小平建设有中国特色社会主义理论正在成为全县人民的精神支柱和行动指南，党的基本路线和基本方针日益深入人心；各级党委、政府坚持“两手抓，两手都要硬”的自觉性逐步提高，工作思路逐步明确，工作措施逐步有效；科教兴县战略的实施，促进了全县科技和建设事业的发展，文化体育事业有了新进展，广播电视事业迈上新台阶；思想道德建设各项活动和群众性精神文明创建活动的广泛开展，全县涌现了一批先进模范人物和文明单位、文明村寨，良好的思想道德风尚和社会风气得到弘扬；坚持正确的舆论导向，为全县的改革开放和现代化建设提供良好的舆论环境；不断增强党风廉政建设和民主法制教育，加大了反腐败、扫除社会丑恶现象和打击刑事犯罪活动的斗争力度，社会治安综合治理得到进一步加强，等等。所有这些，都对促进全县的改革、发展、稳定起到了重要作用。

在肯定已取得成绩的同时，必须清醒地看到我们存在的差距与问题。在领导工作中，对在经济实力薄弱的条件下怎样切实抓好精神文明建设还缺乏深入系统的研究；有的地方和部门忽视思想教育，忽视精神文明，“一手比较硬，一手比较软”的问题还没有解决；全县精神文明建设虽有规划，但操作性差，硬件设施建设滞后；领导体制、运行机制不健全，宣传文化事业经费投入偏低。在社会精神生活方面，一些人的道德观、价值观扭曲，一些领域道德失范，拜金主义、享乐主义、个人主义滋长；个别地方黄赌毒等丑恶现象沉渣泛起，封建迷信有所抬头；城镇文化事业受到外来消极因素的严重冲击，危害青少年心身健康的东西屡禁不止；党政机关和干部队伍中，个别消极腐败现象使党风、政风受到损害；一部分人的国家、集体观念淡薄，缺乏建设龙里、振兴龙里的信心和勇气，等等。这些问题的出现和存在，都对全县的改革开放和经济发展产生消极影响。

（3）我们要认真总结成绩，正确看待差距和问题。我们正面临着完成“九五”计划和实现2010年远景目标这个光荣而艰巨的任务，面临着发展社会主义市场经济和进一步扩大对外开放的新形势。在这样的形势下加强精神文明建设，是对全县各级党组织和全体党员干部的一个重要考验。因此，要求全县上下，都要从坚持党的基本路线、建设有中国特色社会主义的高度，从富民兴县、加快龙里发展的高度，进一步认识加强社会主义精神文明建设的重要性和紧迫性，正确处理物质文明与精神文明的关系，四项基本原则和改革开放的关系，改革、发展、稳定的关系，增强全面性、克服片面性，在把我县物质文明建设搞得更好的同时，切实把精神文明建设提到更加突出的地位，进一步开创全县精神文明建设的新局面。

二、全县精神文明建设的指导思想和奋斗目标

（4）全县精神文明建设的指导思想是：坚持以马列主义、毛泽东思想和邓小平建设有中国特色社会主义理论为指导，坚持党的基本路线和基本方针，坚持从理论的实际出发，以科学的理论武装人，以优秀的文化鼓舞人，努力把全县人民培养成为有理想、有道德、有文化、有纪律的社会主义公民，不断提高全县干部群众的思想道德素质和科学文化素质，团结和动员全县各族人民，为把龙里建设成为经济繁荣、社会文明的新型卫星城而努力奋斗。

（5）今后15年全县精神文明建设的主要目标是：在全县人民中牢固树立建设有中国特色社会主义新龙里的共同理想，牢固树立坚持党的基本路线不动摇的坚定信念；以思想道德修养、科学教育水平、民主法制观念为主要内容，实现全体公民素质的显著提高；以积极健康、丰富多彩、服务人民为主要要求，实现广大人民群众文化生活质量的显著提高；以社会风气、公共秩序、生活环境为主要标志，实现城镇、乡村文明程度的显著提高；在全县形成物质文明建设和精神文明建设协调发展的良好局面，促进和保证“九五”计划的完成和2010年远景目标的实现。

为了实现这一目标，“九五”期间要认真研究和解决以下问题：一是坚决制止党政机关和干部队伍中存在的消极腐败现象，进一步树立密切联系群众、勤政务实、廉洁奉公的优良党风政风；二是坚决纠正损害群众利益的行业不正之风，大力培育体现良好职业道德的敬业精神；三是坚决扫除黄赌毒等社会丑恶现象，反对封建迷信，形成文明健康、崇尚科学的社会风尚；四是坚决禁止传播文化垃圾的行为，造就繁荣有序的文化市场；五是解决治理一些地方社会治安不好和环境脏、乱、差的状况，创建更多的文明村镇和文明单位。各乡镇、各部门、各单位都要根据这个总的要求，结合自己实际，制定具体措施，认真组织落实。通过扎实有效的工作，使全县精神文明建设以崭新的面貌跨入二十一世纪。

三、进一步加强思想道德和文化建设

（6）全县思想道德和文化建设的基本任务是：坚持用马列主义、毛泽东思想和邓小平建设有中国特色社会主义理论武装党员、教育干部和群众，在全县各族人民中树立富民兴县、建设中国特色社会主义的共同理想，深入开展爱国主义、集体主义、社会主义思想教育；加强社会公德、职业道德、家庭美德建设；弘扬长征精神，引导人们树立正确的世界观、人生观、价值观；从理论实践出发，突出地方特色和民族特色，广泛开展群众性文化创建活动，大力发展广播电视体育事业，不断满足人们对精神文化和娱乐体育活动的需要；努力培育有理想、有道德、有文化、有纪律的社会主义新人，全面提高全县各族人民群众的素质。

（7）思想建设着重抓好理论建设，世界观、人生观、价值观建设和爱国主义、集体主义、社会主义教育，弘扬长征精神。

理论建设要坚持理论联系实际，努力推进马列主义、毛泽东思想特别是邓小平建设有中国特色社会主义理论学习、宣传的深入开展，使之成为全县人民牢固的精神支柱。要以各级党委中心学习组为依托，重点抓好各级领导干部的理论学习，努力掌握理论的科学体系和精神实质，提高全县各级领导班子的思想政治素质，分清重大问题上的是非界限，增强把握全局和解决实际问题的能力。要以县委党校为基地，重点抓好骨干分子的培训，并通过他们带动党员和干部群众的理论学习。要充分发挥乡镇和企业业余党校的作用，在党员中深入开展学理论、学党章活动，增强党性，提高党员素质。要以基层单位为阵地，通过各种形式在全县广大干部、职工、群众中广泛进行党的基本理论、基本路线、基本政策教育，使他们更加坚定建设有中国特色社会主义的信心和实现富民兴县的决心。

要积极引导人们树立正确的世界观、人生观、价值观，在不断增强人们的自主意识、竞争意识、民主法制意识和开拓创新精神的同时，在全县提倡为人民服务和集体主义精神，提倡尊重人、关心人、热爱集体、热爱公益、扶贫帮困、见义勇为，为人民为社会为龙里多作贡献。反对和抵制拜金主义、享乐主义和个人主义，正确处理国家、集体和个人的关系。反对小团体主义、本位主义、损公肥私、损人利己，严禁把经济生活中的商品交换原则引入党的政治生活和国家机关的政务活动。

要深入持久地开展爱国主义、集体主义、社会主义教育，认真贯彻《爱国主义教育实施纲要》，在全县人民中牢固树立自尊、自信、自强的民族精神，坚定走社会主义道路的信念。要把爱祖国与爱龙里、爱企业、爱学校、爱岗位的教育有机结合起来，充分利用我县人文史料如红军长征在龙里的光辉遗迹，加强对党员和群众，首先是对青少年进行爱国主义教育。要以农村为重点，加强集体主义教育，要以科学知识特别是农业科技的普及为先导，教育农民树立国家观念、集体观念，顾全大局，正确处理好国家、集体、个人三者利益关系。要把社会主义教育与推进龙里“两个文明”建设有机结合起来，在全县弘扬“坚定信念、艰苦创业、无私奉献、依靠群众、团结奋进”的长征精神，学习和发扬大关“认准目标，不等不靠，自力更生，扎实苦干，艰苦创业”的精神，加快富民兴县步伐。大力提倡厉行节约，勤俭办一切事业，移风易俗，建立文明健康科学的生活方式，严禁讲排场、比阔气、挥霍浪费。

（8）道德建设要以人们生活、学习和工作的家庭、学校、单位、社会四个场所为依托，以为人民服务为核心，以集体主义为原则，以爱祖国、爱人民、爱劳动、爱科学、爱社会主义为基本要求，大力开展社会公德、职业道德、家庭美德教育，在全县形成团结互助、平等友爱、共同前进的人际关系。

要以家庭为依托，着重进行家庭伦理道德建设。要以夫妻平等相爱和勤俭持家为核心，处理好爱情、亲情与责任、义务的关系，处理好尊老爱幼的关系。要用社会主义思想道德和社会主义接班人的标准教育子女，要从物质和精神上关心和尊重老人，形成良好的“家和”形象。要以村委会（居委会）为核心，强化文明村寨、文明街道建设，建立和睦相处、团结互助的良好邻里关系，形成有利于家庭美德建设的氛围。

要以学校为阵地，认真做好青少年的思想道德教育。全县各级各类学校都要全面贯彻党的教育方针，坚持社会主义办学方向，崇尚师德，发挥广大教师为人师表、教书育人的作用。加强和改进思想政治工作和德育工作，积极组织学生参加生产劳动和社会实践，搞好学风校风建设，在青少年中形成爱党爱国爱自己、关心集体、尊敬师长、勤奋好学、团结互助、遵纪守法的浓厚氛围。要充分发挥共青团、少先队团结、引导广大青少年进步的重要作用，重视和发挥各级“关协”等组织，特别是老同志在青少年教育中的积极作用。学校、家庭、社会都要密切配合，为青少年的健康成长创造良好的环境。

要以单位为依托着重进行职业道德建设。全县每个单位都要成为教育职工敬业爱岗、诚实守信、办事公道、服务群众、奉献社会的场所。不同行业、不同单位都要从自身的职业特点出发，坚持以育人为本，确立具有职业特点的、详细周密的道德准则和行为规范，各“窗口行业”要成为全县精神文明建设的排头兵，各级各部门的领导同志要在职业道德建设中起到率先垂范作用。

要以严格审核管理为依托，加强社会公德建设，大力提倡文明礼貌、助人为乐、热心公益、爱护公物、崇尚科学、保护环境、遵纪守法的社会公德。家庭、学校、单位要充分发挥思想道德教育功能，努力提高每个人的公德意识。要把道德与法制结合起来，把伦理与法理结合起来，制定相应的行为规范准则，以加强道德建设的硬性约束力。

（9）文化建设要坚持为人民服务，为社会主义服务的方向和百花齐放、百家争鸣的方针，弘扬主旋律，提倡多样化，努力创建一个良好的文化环境。进一步发展我县文化艺术、广播电视和体育事业。

要围绕“南下通道”文化带建设，切实抓好“艺术之乡”“先进文化乡镇（企业、街道）”“农村儿童文化园”“先进文化县”的创建活动；要切实开展文化下乡入村进厂活动，把文艺表演、书刊、音像制品、电影等群众喜闻乐见的健康的精神产品送到基层；要积极支持鼓励文化工作者深入生活、深入群众、深入实际，努力创作一批反映龙里特色、具有时代气息的优秀作品，借以宣传龙里、提高龙里知名度；要在全县广泛开展全民健身运动和在中小学生中施行《国家体育锻炼标准》，不断提高全县人民体质；要与全县经济发展同步，进一步加快县城和乡镇各种文化体育设施和场所的配套建设，加强管理，充分发挥其在精神文明建设中的阵地作用。要努力发展广播电视事业，逐步在乡镇和通电村寨建立广播电视差转台、接收站，不断提高全县广播电视覆盖率。

要坚持“一手抓繁荣，一手抓管理”，倡导和鼓励社会力量兴办文化事业，积极开展“以文补文”“多业助文”，大力扶持健康的文化产品和有益的文化娱乐活动，更好地活跃和丰富群众生活。同时要加强文化市场管理，健全文化市场执法机构，制定和完善管理法规，加大执法力度，规范经营和管理行为，坚持不懈地开展“扫黄打非”斗争。反对和制止封建迷信活动，特别是禁止以发展文化、旅游为名乱建寺庙、佛（神）像和兴建宣传封建迷信的场所。

新闻宣传部门必须坚持党性原则，坚持实事求是、团结稳定鼓劲、正面宣传为主的方针，牢牢把握正确的舆论导向，讲求宣传艺术，提高引导水平，注意宣传效果，严肃新闻纪律，讲求职业道德，努力做好新闻宣传工作。

四、深入持久开展群众性精神文明创建活动

（10）要以创建文明家庭为基础、文明单位为重点、文明集镇为龙头，在全县深入持久地开展文明家庭、文明单位、文明集镇和军民共建、警民共建等精神文明创建活动，建设健康的社区文化、村镇文化、企业文化，校园文化、机关文化、家庭文化。坚持开展“双拥”活动和民族团结进步活动，坚持开展全民健身活动。

龙山镇作为全县政治、经济、文化中心，要以提高城镇公民素质和文明程度为目标，开展创建文明县城活动。县城每个单位，都要围绕实现优美环境、优良秩序、优质服务，开展创建文明单位活动。县直各部门、各单位都要以增强服务群众、服务基层的意识为重点，从规范和强化行业形象、部门形象入手，全面提高干部职工素质，进一步转变工作作风，搞好廉政勤政建设，活跃健康有益的文化生活，提高工作效率，积极为创建文明县城作贡献。洗马、谷脚、羊场等中心集镇，也要率先搞好创建文明集镇活动，以充分发挥引导、示范、辐射作用。

农村要以提高农民素质，稳定脱贫奔小康和建设社会主义新农村为目标，开展创建文明家庭、文明村寨活动。文明家庭是文明村寨的基础，只有抓好文明家庭建设，农村精神文明建设的各项任务才能进村、入户、到人，才能落到实处，建设文明村寨的目标才能实现。要以党的各项农村政策为基本内容，以实验技术为先导，教育农民艰苦创业，要苦干、不要苦熬，立志脱贫致富奔小康。要搞好文化科技下乡，抓好扶贫、扶智、扶志工作。要制定完善符合国家法规的乡规民约，破除陈规陋习、反对封建迷信、反对赌博、反对大操大办婚丧嫁娶，倡导文明健康科学的生活方式。文明村寨建设要同加强基层组织建设、壮大集体经济实力相结合，同计划生育、节约土地、环境建设相结合，同社会治安综合治理相结合，坚持“两个文明”的有机统一。要以党支部为核心，充分发挥村委会、共青团、妇代会、民兵等组织的作用，充分发挥干部、党员、团员、教师、知识青年和复退军人的骨干作用。

（11）广泛深入地开展群众性精神文明创建活动，是把思想、道德、文化建设任务落实到基层的重要途径。要建立健全有关制度，抓好规划，狠抓落实。从1997年起，按照省制定的统一标准，全县每年力争创建1个文明乡镇和一批文明单位、文明村寨、文明家庭。各乡镇、各部门、各单位都要作出深入开展创建活动的规划。对开展创建活动成绩突出的，要给予表彰和鼓励。要切实加强对创建活动的动态管理，严格标准，严格评选，防止形式主义，务求取得实效，努力在全县形成全党动手、全民参与、各方配合和共建文明、共促繁荣的局面。

五、切实加强和改善党对精神文明建设的领导

（12）建立健全统一领导、齐抓共管的领导体制。从县委、县政府做起，各级主要负责人要切实承担起精神文明建设的责任。在思想认识上要不断树立“两手抓，两手都要硬”的意识和自觉性；在领导体制上，要由上而下形成“一把手，抓两手”的格局，关键在于“一把手”要对“两个文明”建设负总责；同时要充分发挥分管领导的作用，发挥形成思想工作部门和精神文明建设机构的组织协调作用，支持分管领导和工作部门的工作。在工作安排上，要把“两个文明”作为统一的奋斗目标，同部署、同落实、同检查、同表彰；在干部考核上，要坚持“两个文明”的政绩同等看待，并以此作为对干部考核使用和奖惩的基本依据。

要在党委的统一领导下，党委、人大、政府、政协和群团组织齐抓共管形成合力。各级党委要加强和改善对精神文明建设的领导，着力解决精神文明建设的措施、规划、体制、队伍、投入等问题；各级政府在经济社会协调发展的同时，在财力、物力和人力上也要给予精神文明建设充分的支持和保证；各级人大要根据龙里实际，制定有关精神文明建设的地方性法规，同时加强精神文明建设的执法监督。要充分发挥工会、共青团、妇联、民兵、科协、老龄委、关工委、工商联组织和各级人大代表、政协委员和离退休老同志的作用，把精神文明建设贯穿于全县社会生活的各个领域。

宣传思想文明工作部门，在精神文明建设中担负着重要责任，各级党委要切实加强对他们的领导。要根据我县文化部门的实际，认真解决机构与编制问题，选调一批政治较强、业务较精、作风正派的同志充实这些部门领导班子和队伍，从组织上保证精神文明持续健康发展。从事乡村思想教育工作的同志，担负着把精神文明建设任务落实到千家万户的责任，对他们要多关心、多支持。县委宣传部是县委主管意识形态的职能部门，要进一步发挥职能作用，加强对思想文化工作的组织协调和宏观管理。

（13）建立健全灵活有力的运行机制。要充实、加强、健全全县精神文明建设指导委员会，委员会的各个成员单位要明确分工、赋予实责，防止和克服只挂名不理事的空头委员现象。委员会下设办公室，为常设机构，单列编制，真正做到有人办事、有钱办事、有权督查。办公室归口县委宣传部管理，切实承担精神文明建设的规划、指导、协调、督查、考评等工作。各乡镇要明确一名副职专抓精神文明建设。机关、街道、学校、企事业单位都要配备负责精神文明建设的专职或兼职人员。

（14）切实增加精神文明建设的投入。要全面贯彻落实中央、省、州关于增加对精神文明建设投入的各项决定，把精神文明建设的投入纳入全县经济和社会发展的总体规划，纳入财政预算，逐年增加投入，增加幅度不低于财政收入的增长幅度，切实解决目前宣传文化事业投入总量偏少、比例偏低、结构不合理、硬件设施比较落后的问题。对县、乡镇兴办的图书馆、文化馆、革命历史纪念建筑物、农村卫星广播电视收转站、城乡精神文明活动中心和老年、青少年活动中心等公益性硬件设施建设，要像抓经济建设项目一样，予以重视和安排，并给予必要的经费保证。对代表我县特色的群众艺术团体和重点文物保护单位，要给予积极扶持。要建立有效的筹款机制，逐步形成多渠道投入的机制，更多地运用税收、贷款、价格等经济手段支持宣传文化事业，进一步完善落实宣传文化事业的财税优惠政策。积极争取省、州对我县文化事业的更多投入，鼓励社会力量资助宣传文化事业，建立、用好各种宣传文化发展基金，充分利用有限的资金切实勤俭办好宣传文化广播电视体育事业，提高资金使用效益。

（15）从严治党，搞好党风廉政建设。在发展社会主义市场经济和对外开放条件下，全县共产党员特别是领导干部，必须坚定共产主义信念，身体力行共产主义道德，全心全意为人民服务，大公无私、清正廉洁、服从大局、艰苦奋斗，关心群众疾苦，在“两个文明”建设中发挥模范带头作用。

要加强对党员，特别是党员领导干部的严格要求，严格管理、严格监督。领导干部要自重、自省、自警、自励，继续继承和发扬党的三大作风，以身作则、言行一致，自觉接受党和人民的监督，经受住权力、金钱、美色的考验。要坚持不懈地加强党风廉政建设，深入持久地开展反腐败斗争。对违法违纪问题，不论涉及什么人，都要坚决排除阻力，认真查处。

全县共产党员和各族人民，要认真贯彻落实党的十四届六中全会、省委七届五次全会和州委六届七次全会精神，在县委的领导下，努力建设高度的物质文明和高度的精神文明，为实现富民兴县的宏伟目标而奋斗。

中共龙里县委　龙里县人民政府
关于稳定和完善农村土地承包关系若干问题的处理意见

龙发〔1998〕15号

（1998年8月12日）

认真做好延长土地承包期的工作，进一步稳定和完善我县农村土地承包关系，直接关系到全县农村经济的发展和社会稳定。各乡（镇）和有关部门在贯彻落实中央和省委关于延长土地承包期的政策时，做了大量卓有成效的工作，保持了党的农村基本政策在我县的连续性和稳定性，有效地保护和调动了农民的生产积极性。但是，在土地承包政策的具体执行过程中，也出现了一些值得注意的问题。必须引起高度重视，认真加以解决。根据中央、省、州有关指示精神，现就我县稳定和完善农村土地承包关系工作中的若干问题提出如下意见。

一、稳定和完善土地承包关系，指的是在第一轮土地家庭承包经营的基础上，承包地使用期限的延长，按省发〔1997〕24号文件的要求，由县人民政府颁发《土地承包经营权证书》，进一步完善土地承包关系。

二、非耕地资源，属于国家和集体所有，原已承包到户的要限期开发，逾期没有开发的予以收回，原来没有承包到户的不再划分到户，仍属国家和集体所有。从1998年8月1日起，非耕地资源需要进行开发的，必须按照统一规划，合理开发，经过批准的原则，由集体采取有偿发包，招标、拍卖方式，与开发单位或农户签订合同进行开发。

三、开荒地的处理。原通过非耕地拍卖、承包、转让等方式签订开发合同，并依法取得土地使用权或经营权的，维持原开发合同，但使用年限最长不得超过60年。1984年1月至1998年8月1日前，未与集体签订开发、管护、承包合同，自行将非耕地开发为耕地（即开荒地），又适宜耕种条件的，原则上由开荒者耕种，但要自报开荒面积，交纳土地使用费，村、组组织有关人员核实，重新办理承包手续。土地使用费的交纳核准，可参照当地招标发包标准处理，如本人不愿交纳土地使用费，则实行公开招标发包。超过25度以上的陡坡开荒地，要本着保护生态环境的原则，退耕还林还草逐步恢复植被。对有权属争议的开荒地一律停止耕种，待明确权属关系后重新发包。对于开荒地，若国家、集体建设需要征用时，不予补偿。

四、原经过群众讨论，集体研究，合理划分给农户的责任山，自留山，国家发有证书、四至界线清楚，没有争议的，其承包使用期从1994年起再延长60年。

五、坡改梯土地，原承包在册的，维持其承包关系，原不在承包册的，只要权属明确，四至清楚，核准面积，可填发《土地承包经营权证书》。

六、原承包耕地在承包经营过程中，经改造提高土地等级的，仍按原来承包地类型延长承包期。

七、延长承包期耕地的面积，仍按原在册面积计算（即习惯亩）。如遇土地征用等变更，减少的土地是按丈量亩计算的，在这次发证时，应以习惯面积核减后，填入表册和证书。

八、农转非的户或人，按原耕地承包合同，收回其原分得的承包耕地。未正式安排工作的“买户口”农转非户和人，不收回承包土地。外迁户、全户农转非户、农转非人的自留地，责任山可以保留或协商折价收回。

九、未及时收回的正式农转非人口的原承包耕地，在这次完善土地承包关系工作中按规定收回。如本人不愿继续保留农转非的，只要注销了农转非户籍，也可以不收回。

十、对因国家建设征用土地，已农转非又未安排正式工作的人口，征用后剩余的承包土地暂不收回。

十一、在校大中专学生以及毕业后未正式安排工作的学生和未提干、未转为志愿兵的现役军人，应保留其承包地。

十二、农转非人的其他家庭成员仍家居农村，收回该人的土地后，该人其他成员不再有承包土地时，收回的土地可由该人其他成员延续土地承包关系，不再招标承包。

十三、农村妇女出嫁前农转非的，应收回其承包土地，出嫁后才农转非的，按“增人不增地，减人不减地”的政策处理，不收回其承包土地。

十四、“农转非”户的确认，以公安部门出示的依据为准。

十五、死亡户原承包地、自留地、开荒地、自留山、责任山应全部收回。

十六、孤寡老人虽由亲属照顾或安葬，但在一起生活不满5年的，其去世后，其承包土地应予收回。

十七、对服刑和劳动教养人员应保留其承包地。

十八、收回“四户一人”的土地，开荒地由村民委员会进行招标发包，在同等条件下，可优先发包给集体办公益事业和国家建设土地被占用、征用的农户和原种植农户，招标发包的土地使用费，原则上不低于该地年收入的三分之一。为有利于提高土地质量，防止掠夺式经营，招标承包年限不少于5年。不履行承包合同的，随时收回承包地。

十九、无正当理由，累计两年以上不按规定上交农业税，村提留、乡统筹费，不承担相应的义务工，劳动积累工的，应收回其承包耕地。

二十、第一轮土地承包以来，因违反计划生育政策，对其承包土地已作出处理的，维持原处理不变。

二十一、承包耕地荒芜一年以上的要收取荒芜费，荒芜两年以上的要由村民委员会收回，重新发包。

二十二、严格土地承包费管理。土地承包费不宜过高，一定5年不变。土地承包费原则上实行由村统一收取、管理、使用的制度，也可以村、组七、三分成，采取分成办法的，组分成部分实行组有村管，组使用时报村审批。土地承包费主要用于农田基本建设和公益事业并实行财务公开，接受村民和乡（镇）党委、政府的监督。

二十三、有权属争议的土地，未经有关部门明确权属暂不填入土地承包经营权证书。

二十四、粮食征购，村统筹和提留按第一轮土地承包的面积分担。承包地增减，征购，乡村统筹随着增减。开荒地，招标承包地的土地使用费也随土地增减。

二十五、收回“四户一人”的土地和开荒地等土地有偿使用从1998年10月1日执行。

二十六、以上二十五条意见，由县延长土地承包领导小组办公室负责解释。

中共龙里县委　龙里县人民政府
关于实施科教兴县战略的决定

龙发〔1999〕21号

（1999年7月20日）

为了全面贯彻落实省委、省政府科教兴黔战略，加快我县经济振兴和社会进步的步伐，经县委、县政府研究，特作出以下决定：

一、坚定不移地实施科教兴县的发展战略

1.党的十一届三中全会以来，我县科学技术得到了较快发展，科技工作取得明显成效，特别是近几年，科技对经济和社会发展起到愈来愈大的作用。但是，从总体来看，对科学技术是第一生产力的思想认识还不够深刻，多数企业、农村还缺乏依靠科技进步的内在动力，科技成果转化率和科技进步对经济增长的贡献率较低，科技实力仍然较弱。这些前进中的困难与问题，严重影响着全县经济增长和社会发展，必须予以高度重视，认真加以解决。

面对全县脱贫致富奔小康和实现2010年国民经济发展目标，面对科学技术迅猛发展的严峻挑战和激烈的市场竞争，大力发展科学技术，认真解决全县资源有效利用率不高、产业结构不合理、技术水平落后、劳动生产率低、经济增长质量及效益不高等问题，是实现国民经济持续、快速、健康发展，尽快改变龙里落后状况，从而振兴龙里的必然战略选择。为此，要坚定不移地实施科教兴县战略。科教兴县是指在全县经济建设和社会发展的实践中，深化对科学技术是第一生产力的认识，坚持教育为本，把科技和教育摆在全县优先发展的战略地位，坚定不移地推进科技进步，增强全县科学技术实力向现实生产力转化的能力，提高全县人民的科学文化素质，切实把经济建设转移到依靠科技进步和提高劳动者素质的轨道上来。全县各级干部和广大群众，必须有清醒的认识和强烈的紧迫感和责任感，使科教兴县真正成为全社会的共识和自觉行动。

2.实施科教兴县，全面推进科技进步的目标是：到2005年，初步建立适应社会主义市场经济体制和科技自身发展以及科技与经济紧密结合的运行机制，全县主要产业部门科技成果推广运用率显著提高，先进生产技术的研究开发取得重大进展，稳定、壮大科技队伍，培养一批跨世纪的科技人才，科技进步对经济增长的贡献率提高到40%左右，创建国家级科技工作先进县。大力发展教育事业，尤其要发展职业技术教育和成人教育，完善成人学历教育和岗位培训，重视和扶持少数民族教育事业，建设一支具有良好政治、业务素质和适应教育改革发展需要的教师队伍，初步建立起与社会主义市场经济发展相适应的教育体系。到2010年，科技与经济有机结合的体制与机制得到进一步发展与完善，造就一支适应经济和社会发展需要的强大科技队伍，农村劳动者和企业职工科学文化素质有显著提高，科技进步对经济增长的贡献率达到50%以上，经济建设、社会发展走上依靠科技进步和提高劳动者素质的轨道。

二、依靠科教振兴农业和农村经济

1.科教兴农是科教兴县的重点之一。建立健全农村科技推广的运行机制和服务体系，促进科技成果的广泛应用和农业科技水平的不断提高，增强农业综合生产能力，带动传统农业向高产、优质、高效的现代农业转化。到2005年，科技进步对农业的贡献率提高到40%左右。

2.切实抓好先进农业适用技术及主要农作物优良品种的推广应用，使推广应用面积达90%。建立一批高产、优质、高效的农业科技生产示范基地和一大批农业科技示范乡镇、示范村、示范户。到2005年，科技示范户及专业户达全县农户的8%以上，到2010年达15%以上。

3.加快乡镇企业科技进步，努力提高科学管理水平。继续通过政策扶持和市场机制作用，在全县乡镇企业建立10个科技示范基地或示范点，向乡镇企业推出10项先进、成熟、适用的科技成果，组织10名科技人员、管理干部帮带乡镇企业，培训百名乡镇企业经营管理人才和技术人才。要重点扶持10个有相当规模效益的科技型乡镇企业和龙头骨干企业，把乡镇企业的技术进步纳入行业管理体系，加强指导和管理，为它们提供信息、技术等方面的服务，促进乡镇企业上水平、上档次、上规模。

4.大力推进科技结合。通过政府统筹，农业、科技、教育部门紧密配合，把农业生产、科技推广、技术教育和人才培训有机结合起来，组织科技人员开展多种形式的科技服务，继续抓好农民技术培训，100%的乡镇、90%的村办有农民文化技术学校。到2005年，农村基层干部、农村劳动力接受普及性科技培训率分别达100%、80%以上，使获得“绿色证书”的农户达农户数的4%以上，获得农民技术员职称的人数达农民数的1.5%以上。

5.加强农村科技服务体系建设，建立健全农村科技服务网络。按照“完善县级、强化乡级、发展村级”的原则，建立健全县乡村三级农村技术推广服务体系。到2005年，100%的乡镇及80%以上的村建有科技服务站等组织。乡镇一级的农业科技推广机构列入事业编制，由财政统一安排事业经费，并鼓励和支持农村专业技术协会、研究会等民办组织开展科技活动，推广、应用农业科技成果。

三、依靠科技进步加快工业及第三产业发展，提高经济增长的质量与效益

1.工业企业要从以外延扩大、粗放经营为主的经济增长方式转移到依靠科技进步，走以内涵为主扩大再生产的发展道路。到2005年，通过科技进步，整体改造5个骨干企业，上2个高新技术示范项目，建成2

个产值亿元的小巨人企业，建成20个产值超百万元的骨干企业，使全县科技进步对工业经济增长的贡献率达40%左右，2010年达50%以上。

2.各类企业都要把建立技术开发及创新机制作为重要内容。骨干企业要建立、健全技术开发机构，不断开发新产品、新技术、新工艺和新材料。每年开发1个以上新产品或优质产品。新产品的产值率每年提高5个百分点以上。

3.发展民营科技企业。县科技行政管理部门对民营科技企业搞好指导、协调和服务，在资金、政策、项目上给予支持。到2005年，发展民营科技企业15个以上。

4.抓好科技含量高的新兴第三产业发展，大力培育信息咨询服务业、科技咨询产业。努力将现代科技成果运用于传统第三产业的改造与开发；努力强化交通、通信、商贸、财税、金融、保险、旅游、文化、体育等领域生产、管理和服务信息化手段，解决关键的应用技术，推进第三产业现代化进程。

5.依靠科教推进各项社会事业的发展。加强对人口、资源、生态、环境、卫生、医疗、劳动、安全、减灾防灾、城镇建设等领域科技成果的推广和科技研究开发，努力发挥科学技术在改善人民生活环境、生活条件方面的作用。

四、加强科技队伍建设，提高全民科技文化素质

1.注重科技人员在实践中的培养提高，加强现有科技人员的继续教育。到2005年，全县科技人员年接受继续教育面不低于40%。做好优秀人才的引进工作和稳定工作。

2.进一步树立尊重知识、尊重人才的社会风气，逐步改善科技人员的发展、学习、生活条件。建立人才合理流动机制促进科技人才合理分流。根据省、州、县有关文件规定，支持科技人员从党政机关分流到生产第一线，允许和鼓励科技人员通过调动、借用、兼职、聘用等方式到乡镇企业、民营科技企业工作并取得合理报酬。

建立对科技人员的奖励机制。对使产品开发、新技术应用、引进技术消化和创新取得显著经济效益的科技人员，受益单位要在税后利润中按不低于5%的比例给予奖励。县设立科教兴县奖，对作出重大贡献者给予重奖；对获得县科技进步一、二等奖的科技人员，有关部门可对其再进行一次性奖励；对开发县级优秀新产品的有功人员给予表彰和奖励，以推进我县科技兴农、科技兴工和高科技发展。

3.加强科学技术普及工作。把科普工作列入议事日程，进一步抓好科普工作队伍建设，建立、健全全县科技群团组织。到2005年，全县科技群团组织数占乡镇、村总数的80%以上。在全县人民群众中宣传、普及科技知识，引导群众树立科学思想，掌握科学方法，用科学战胜迷信、愚昧和贫穷。

五、多渠道增加对科技的投入

1.改革科技投入机制。要采取有力措施，引导全县多渠道、多层次增加科技投入，尽快扭转我县科技投入较低的局面。要通过各种方式、途径引入科技开发资金。到2005年，我县全社会研究开发经费要占全县国民生产总值的1.5%以上。

2.增大县财政科技投入，科技三项费列入财政预算，并达到当年财政预算总支出的0.5%以上，并逐年递增0.1%以上，到2005年达到1%以上。建立龙里县科技发展基金，每年筹集资金20万元以上，用于科研及科技开发项目。到2005年，科技发展基金达到100万元以上。

3.引导、鼓励各类企业增加投入，支持企业建立技术开发基金，列入生产成本，每年用于技术开发费不低于产品销售的1%。

六、切实加强党和政府对科技工作的领导

1.实施科教兴县战略，是富民兴县的重大举措，是全县各级党委和政府的神圣职责。要切实加强领导，把科教兴县摆在重要的议事日程。县委、县政府每年召开两次以上专题会议，研究科技工作，解决重大问题。党政“一把手”要牢固树立科学技术是第一生产力的思想，增强科教意识，亲自抓一个对本县经济发展、财政收入有较大影响的科技支柱产业。各级领导干部要带头学习现代科学技术知识，努力提高科学文化素质。要建立推动科技进步的岗位考核指标体系，把推动科技进步作为党政领导干部政绩考核的重要内容，并将考核结果作为干部任用的一个重要依据。

2.加强组织建设。县成立科技工作领导小组，下设办公室，负责领导、组织、监督、协调科教兴县工作。各乡镇也要成立相应的组织。要配备科技副乡镇长，骨干企业要配备科技副职，综合经济管理部门要设科技股。全县每年召开一次科技工作大会。每年3月18日为全县科技日，并开展科技日活动。选聘专家及优秀科技人员，成立龙里县科技顾问组，作为党委、政府决策参谋组织，推动决策科学化、民主化和行政法制化。

3.推进科教兴县是全县党员、干部和各族人民的一项历史性任务，是一个浩大的系统工程，要充分发挥社会各界的重要作用。县委、县政府号召全县各族人民团结协作、共同努力，为实施科教兴县战略，加快科技进步，促进富民兴县贡献智慧和力量。

中共龙里县委　龙里县人民政府
关于推进社会主义新农村建设的实施意见

（2006年3月13日）

为贯彻落实《中共中央、国务院关于推进社会主义新农村建设的若干意见》（中发〔2006〕1号）和《中共贵州省委、贵州省人民政府关于推进社会主义新农村建设的实施意见》（黔党发〔2006〕1号）文件精神，现结合我县实际，提出如下实施意见。

一、深刻认识建设社会主义新农村的重大意义，扎实稳步推进社会主义新农村建设

1.建设社会主义新农村是一项重大的历史任务，是贯彻科学发展观的重大举措，是确保现代化建设顺利推进的必然要求，是全面建设小康社会的重点任务，是保持国民经济平稳较快发展的持久动力，是构建和谐社会的重要基础，是中央总揽全局、着眼长远、与时俱进作出的重大战略决策。中央1号文件和省委1号文件对建设社会主义新农村作出了全面部署，是指导当前和今后一个时期农业和农村工作的纲领性文件。各级各部门要认真学习、深刻领会建设社会主义新农村的重大意义，加快推进社会主义新农村建设步伐。在推进社会主义新农村建设中，按照“生产发展、生活宽裕、乡风文明、村容整洁、管理民主”的要求，必须坚持以发展农村经济为中心，进一步解放和发展农村生产力，促进粮食稳定发展、农民持续增收；必须坚持农村基本经营制度，尊重农民的主体地位，不断创新农村体制机制；必须坚持以人为本，着力解决农民生产生活中最迫切的实际问题，切实让农民得到实惠；必须坚持科学规划，实行因地制宜、分类指导，有步骤有计划有重点地稳步推进；必须坚持发挥各方面的积极性，依靠农民辛勤劳动、国家扶持和社会力量的广泛参与，使社会主义新农村建设成为全县上下的共同行动。在工作中，要注重实效，不搞形式主义；要量力而行，不盲目攀比；要民主商议，不强迫命令；要突出特色，不强求一律；要引导扶持，不包办代替，确保社会主义新农村建设真正造福于人民群众。

2.结合实际，因地制宜，分类推进我县社会主义新农村建设。贫困乡村要加大扶贫开发工作力度，为社会主义新农村建设打好基础。围绕帮助贫困群众改善基本生产生活条件、拓宽基本增收门路、提高基本素质“三个基本问题”，采取开发式扶贫、易地扶贫搬迁、长期社会救助“三类扶贫措施”，大力抓好整村推进、农村劳动力培训转移、产业化扶贫“三项重点工作”。总结推广开发式、开放式、参与式扶贫模式，加大资金整合力度，对贫困乡村的基础设施建设和公共服务体系建设实行重点倾斜。基本解决温饱的乡村要积极创造条件，努力推进社会主义新农村建设。按照新农村建设的要求，以提高生产力水平为目标，以发展农业产业化为方向，以加强基础设施建设和社会事业发展为重点，着力解决农民群众生产生活中的实际问题，促进农民增收，提高农民素质，增强农民群众自我管理和自我服务能力，改善农村人居环境和村寨面貌，为社会主义新农村建设创造良好条件。从农民最积极、干部最主动、条件最成熟的村抓起，争取在某一些方面或局部地方取得实效。人民生活水平总体达到或接近小康水平的乡村，要在社会主义新农村建设中率先突破。基础设施条件较好，经济相对发达，农民综合素质和收入水平较高，人民生活总体上达到或接近小康水平的乡村，要在发展新产业、营造新环境、培育新农民、建立新机制、树立新风尚、建设新村寨上取得突破性的进展，为社会主义新农村建设作出表率。

二、科学制定社会主义新农村建设规划，认真抓好试点示范工作

3.科学制定新农村建设规划。按照着眼当前、规划长远的要求，县、乡、村要分别制定社会主义新农村建设的总体规划，明确推进社会主义新农村建设的思路、目标、步骤和工作措施，统筹安排各项建设任务。要抓紧制定村寨建设和人居环境治理的指导性目录，对符合指导目录的建设项目逐步给予资金和实物补助。各级财政要安排规划专项经费。规划要充分考虑农民的切身利益和发展要求，尊重自然规律、经济规律和社会发展规律，广泛听取基层和农民群众的意见和建议，突出民族特色、乡村特色和地方特色。

4.认真抓好试点示范工作。从2006年起，全县每年选择2～3个建制村进行社会主义新农村示范建设，各乡镇也要因地制宜，每年规划一个村作示范建设。县财政每年安排专项资金支持示范村建设，各项投入农村的资金也要尽可能围绕示范点进行安排。试点示范的要求是：科学规划，稳步推进；政府引导，各方参与；整合力量，形成机制；群众自愿，示范引导；因地制宜，突出特色。试点示范的目标是：示范村经济发展增长率、生产技术水平、农民收入增长率明显高于全县平均水平；村容村貌整洁，所有农户全部使用洁净能源，垃圾和生活污水治理率高；民居适用，饮水安全，道路硬化，街巷干净，环境优美，特色鲜明；农村劳动力培训率高，有一批农村适用技术专门人才；农村公共服务水平显著提高；农村基层党组织作用充分发挥，村民自治组织更加完善，基层民主法制建设更加健全。要加强示范点建设经验的总结推广工作，充分发挥示范点的示范带动作用。

三、加强农村基础设施建设，改善农村生产生活条件

5.围绕建成农村人口人均0.5亩有效灌溉农田，在解决工程性缺水方面迈出实质性步伐。以保障粮食安全和农村饮水安全为目标，全面加强农村水利设施建设，增加财政对农村公益性水利设施建设的投入，财政新增水利基础设施建设投入部分主要用于小型农田水利、病险水库治理和烟水配套工程补助。要将土地出让金的20%用于中低产田土治理，建成高标准基本农田。要大力发展节水农业。坡改梯要逐步从以整治坡耕地为主转向以配套小微型水利设施为主，逐步完善已建坡改梯工程的水利配套。农业综合开发要重点支持中低产田土改造。到“十一五”期末，新建“三小”水利工程10000个（口），新增旱地浇灌面积40000亩，完成烟水配套工程26000亩，建设高标准基本农田10000亩；基本完成病险水库治理，初步建立确保水利工程良性运行的管理机制；力争解决6.8万人的饮水困难，逐步达到饮水安全标准，乡村自来水普及率达到80%以上。

6.加快农村能源建设步伐。在适宜地区逐步普及沼气，增加沼气建设投资，每年建成沼气池1500口以上，以沼气池建设带动改水、改圈、改厕、改厨。力争到“十一五”期末，全县沼气入户率达40%。加强沼气建设管理，提高建设质量，强化后续服务，确保建得起、管得好、用得上。积极推广节能灶、太阳能等能源替代工程，妥善解决农村燃料问题。

7.加快生态建设步伐。稳定退耕还林政策，确保退耕地不复耕、不反弹，落实好“五个结合”，统筹解决退耕农户长远生计问题，抓好退耕户的科技兴农和非农技能培训工作，提高他们发展经济的能力，巩固退耕还林成果。加快贵新高等级公路生态经济示范带龙里段建设，积极争取上级的支持，开展石漠化治理和水土流失综合治理。进一步抓好退耕还林后续产业的建设工作和宜林荒山造林工作，“十一五”期间，力争治理水土流失面积200平方公里，生态修复359平方公里，全县森林覆盖率达到50%以上。

8.加强通乡油路和通村公路建设，努力改善农村交通条件。大力实施通乡油路和通村公路工程，加快乡镇客运站（点）建设。2006年，建设通乡油路48公里、通村公路51公里，“十一五”期末，实现乡乡通油路（水泥路），村村通公路。按照建管并重的原则，逐步将农村公路等公益性基础设施的管护纳入财政支持范围。

四、积极推进产业结构调整，促进农民增收，为社会主义新农村建设夯实经济基础

9.进一步挖掘粮食增产潜力。2006年，超级稻种植面积要达到6000亩以上，新增杂交玉米种植面积3万亩以上。“十一五”期末，优质稻种植面积达到6万亩，杂交玉米种植面积占玉米种植面积的95%以上，全县粮食播种面积稳定在18万亩左右，粮食年平均产量保持在83000吨左右。严格耕地保护制度，切实保护基本农田。加大资金和技术的支持力度，扩大超级稻和杂交玉米的种植面积。要进一步挖掘粮食增产潜力，大力推广间作套作、分带轮作等耕作技术，构建立体农业产业链，发展冬季农业，提高复种指数。严格农资监管和价格调控，严防假冒伪劣农用产品进入市场。

10.突出重点，大力推进农业结构调整。大力发展蔬菜生产，打造蔬菜产业。2006年，蔬菜种植面积要达到4.5万亩，“十一五”期末，蔬菜常年种植面积保持在6万亩左右。加快蔬菜批发市场和脱水蔬菜、净菜加工建设步伐，形成具有龙里特色的蔬菜产业。增加畜禽良种补贴，抓好规范化、标准化养殖小区和优质奶源、肉羊、畜禽产品生产基地建设，推进适度规模养殖。加快动物防疫体系建设，确保重大动物疫病强制免疫率达到100%。2006年，力争使畜牧业增加值占农业增加值的比重提高2个百分点，到“十一五”期末，达到40%以上。按照一村一品的要求，优化区域布局，以市场为导向，大力发展脱毒薯类、辣椒、烤烟、茶叶、油菜、水果、花卉、中药材等。

11.以培育龙头企业为着力点，推进农业产业化经营。发展壮大一批起点高、规模大、带动力强的农业产业化龙头企业，加大农业招商力度，积极引进省内外优强企业，为龙头企业的发展和壮大提供良好的政治环境、经济环境和服务环境。围绕推动农业从分散经营向产业化经营转变，积极培育烤烟、蔬菜、养殖等农村专业协会和农民专业合作经济组织。探索龙头企业、农民专业合作经济组织与农民建立更加紧密、合理的利益联结方式，让农民在产业化经营中得到更多的实惠。

12.加大新阶段扶贫开发力度。加大新阶段扶贫开发力度，是“三农”工作的重中之重，也是推进社会主义新农村建设的重大任务。扶贫开发要一手抓“扶贫”、一手抓“导富”，重点在于“导富”。各乡镇要进一步增强紧迫感和责任感，锲而不舍地帮助贫困群众改善基本生产生活条件、拓宽基本增收门路、提高基本素质，增强贫困乡村自我发展的能力。切实抓好七个一类贫困村的整村推进工作，2006年要减少贫困人口1900人。到“十一五”期末，基本解决现有贫困人口温饱问题，稳定提高农村低收入人口生活水平，建立抑制因病、因灾返贫的长效机制。

13.搭建农村富余劳动力转移平台，增加非农收入。积极培育以非公有制经济为重点的县域经济，加快县城和中心集镇建设，提高县城和中心集镇吸纳农村富余劳动力转移就业的能力。要结合实施“阳光工程”和“农村劳动力转移职业技能培训工程”，开展针对性、实用性较强的多层次、多形式的职业技能培训，培养新型农民，提高农民创业就业能力。加强与广东、浙江、上海等发达省区的劳务合作，进一步扩大有组织的劳务输出规模。完善公共就业服务，改善农村劳动力进城就业环境，逐步建立务工农民社会保障制度，切实维护务工农民的合法权益。到“十一五”期末，实现农村富余劳动力转移达到4万人左右。

五、大力发展农村社会事业，培养建设社会主义新农村的新型农民

14.加快发展农村义务教育，促进城乡义务教育均衡发展。从2006年起，全部免除农村义务教育阶段学生学杂费，对其中的贫困家庭学生免费提供课本和补助寄宿生生活费，确保“两基”（基本普及九年义务教育，基本扫除青壮年文盲）攻坚成果的巩固和提高。实施“农村寄宿制学校建设工程”和农村中小学危房改造工程。到“十一五”期末，设置初中的乡镇要基本建成一所寄宿制初中。加强教育收费项目监管，减轻农民负担。

15.大规模开展农村劳动力技能培训，提高农民整体素质。要加大农业适用技术培训力度，结合农业结构调整、生态畜牧业发展、特色农业发展、农业产业化经营和农村富余劳动力转移，依托和整合现有培训资源，合理安排培训内容，提高培训的实用性。各有关部门要积极参与农民职业技能培训，农村中学要增加农业实用技术教学内容。要切实加强职业学校建设，力争龙里职业中学进入全国示范性职校行列。通过集中技能培训、骨干培训、现场培训、千家万户的普训，使全县每户农户逐步都能掌握1～2门实用技术。要增加农业适用技术培训经费，不断增加投入，提高对农民培训的支持补助标准。通过职业教育和技能培训，培养造就有文化、懂技术、会经营的新型农民。“十一五”期间，每年完成农业适用技术培训2万人次，农村剩余劳动力转移就业培训1000人。要切实加强农业技术推广服务体系建设，解决好基层农技推广服务部门办公场所、设备、推广经费欠缺等问题。将农技推广和农技人员培训经费列入各级财政预算，加大投入。

16.积极推进农村卫生事业，努力提高农民医疗保障水平。积极推行新型农村合作医疗制度，为2008年基本普及新型农村合作医疗制度奠定基础。要按照新一轮初级卫生保健标准，抓好各项卫生保健措施的落实，确保到2010年，我县初级卫生保健合格率达到97%以上，农民人人享有初级卫生保健。加强农村妇幼保健工作。建立与农民收入水平相适应的农村药品供应和监管体系。加强对地方病、传染病和人畜共患病的综合防治，广泛开展爱国卫生运动，引导农民养成良好的卫生习惯。

17.加强人口计生工作，统筹解决人口问题。坚持计划生育基本国策，严格控制人口增长。建立健全稳定低生育水平的利益导向机制，全面实行农村部分计划生育家庭奖励扶助制度。实施出生缺陷干预工程，提高出生人口素质，改善人口结构，引导人口分布。全面实施妇女、儿童发展规划，切实维护妇女、儿童的合法权益。认真做好老龄人口和残疾人工作。到2010年，把我县人口控制在21.8万人以内，人口自然增长率控制在6%左右。

18.大力繁荣农村文化事业，丰富人民群众文化生活。增加对农村文化建设的投入，到2010年，基本实现县有图书馆和文化馆，乡镇有综合文化站，建制村有文化活动室。继续实施广播电视“村村通”工程，“十一五”期间基本实现20户以上的自然村寨通广播电视。广泛开展多种形式的群众文化活动，着力发展农村特色文化，加强对农村优秀民族民间文化资源的系统发掘、整理和保护。加强农村文化市场管理，扶持健康文化，抵制腐朽落后文化，打击“黄赌毒”等社会丑恶现象，创建和谐乡村。实施“农民体育健身工程”，增强农民体质。

19.推进农村社会保障制度建设，逐步提高保障水平。逐步加大公共财政对农村社会保障的投入。完善“五保户”供养、特困户生活救助、灾民补助等社会救助体系。探索建立符合县情的农村社会养老保险和最低生活保障制度，推进失地农民社会保障制度建设。继续做好拥政爱民、拥军优属工作，完善农村优抚对象保障机制。

20.加强农村精神文明建设，倡导健康文明新风尚。弘扬民族精神和时代精神，发扬艰苦奋斗、自力更生的传统美德，为建设社会主义新农村提供精神动力和思想保证。加强思想政治工作，深入开展农村形势和政策教育，认真实施公民道德建设工程，积极开展群众性精神文明创建活动，继续推进文明新村建设，引导农民崇尚科学、抵制迷信、移风易俗、破除陋习，树立先进的思想观念和良好的道德风尚，提倡科学健康的生活方式，形成文明向上的社会风貌。

六、扎实推进农村各项改革，健全社会主义新农村建设的体制保障

21.深化农村综合改革。按照中央要求，推进以乡镇机构、农村义务教育、县乡财政体制改革为主要内容的农村综合改革，巩固农村税费改革成果。要切实转变乡镇政府职能，加强社会管理和公共服务。整合现有乡镇事业站所，合理区分公益性和经营性职能，实行分类管理，做到既减轻负担又增强服务能力。用5年时间，将农村义务教育全部纳入公共财政保障范围。积极推进“乡财县管乡用”财政管理方式改革。完善乡镇财政管理体制，继续深化农村信用社改革，增强支农服务功能，发挥其农村金融主力军作用。

22.深化征地制度改革。严格执行土地利用总体规划，在征地过程中，让农民充分享有知情权和参与权，保护农民的合法权益。探索建立有土安置、货币安置、就业安置、入股分红等多种形式并存的失地农民安置方式，妥善安置失地农民。

23.统筹推进农村其他改革。稳定和完善以家庭承包经营为基础、统分结合的双层经营体制，按照依法、自愿、有偿的原则，健全土地承包经营权流转机制。深化林业产权制度、林木采伐管理制度改革，推进森林、林木和林地使用权合理流转，取消对林农和其他林业生产经营者不合法、不合理收费项目。加快水利管理、投资体制改革和水利工程管理体制改革，对小微型水利工程可采取拍卖、租赁、承包、股份制等多种经营管理模式。鼓励社会力量参与水利设施建设，坚持运用市场机制，促进投资主体多元化。

七、加强农村民主建设，完善社会主义新农村建设的乡村治理机制

24.加强农村党建工作，增强农村基层党组织的战斗力、凝聚力和创造力。围绕建设社会主义新农村这个主题，搞好农村保持共产党员先进性教育活动，巩固和扩大先进性教育活动成果，建立干部长期受教育，群众普遍得到实惠的长效机制，增强农村基层党组织的战斗力、凝聚力和创造力，为社会主义新农村建设提供坚强的政治和组织保障。积极发展农村党员，把党员培养成致富能手，把具备条件的致富能手发展成党员。发挥共青团和妇联组织在新农村建设中的作用。

25.健全村民自治机制，切实维护农民群众的民主权利。健全村党组织领导的充满活力的村民自治机制，完善村务公开和民主管理制度，让农民群众真正拥有知情权、参与权、管理权、监督权。充分考虑农民的切身利益和发展要求，广泛听取群众意见和建议，尊重农民的意愿，健全农民自主筹资投劳的机制和办法，调动广大群众的积极性，使新农村建设成为农民群众的自觉行动。加强农村法制建设，提高农民依法行使权利和履行义务的自觉性，积极开展平安乡村创建活动。

26.鼓励、引导和支持农民发展各类专业合作经济组织，培育农村新型社会化服务组织。鼓励、引导和支持农村发展各种新型的社会化服务组织。推动农产品行业协会发展，引导农业生产者和农产品加工、销售企业加强行业自律，搞好信息服务，维护成员权益。鼓励发展农村法律、财务等中介组织，为农民发展生产经营和维护合法权益提供有效服务。支持、培育和发展农村经纪人组织，充分发挥农村经纪人上连市场、下连农户的纽带作用，提高农民经营组织化程度，全面推进农村农产品流通。

八、加强领导，保证社会主义新农村建设有序推进

27.加强对社会主义新农村建设的领导。调整充实县委农村工作领导小组，组建社会主义新农村建设工作队。各级党委、政府要从战略和全局的高度出发，把社会主义新农村建设列入重要议事日程，切实加强领导，明确工作重点，把建设的任务目标分解落实到人，每年为群众办几件实事。各级领导干部要转变工作作风，改进工作方法，深入农村开展调查研究，帮助基层解决新农村建设中遇到的各种矛盾和问题，努力使建设社会主义新农村的各项工作符合中央要求，符合农村实际，符合农民意愿。

28.动员全社会力量关心、支持和参与社会主义新农村建设。推进社会主义新农村建设，需要凝聚各方面的智慧，动员各方面的力量。农民是新农村建设的主体，必须坚持尊重农民的主体地位，围绕农民需求谋划新农村建设，根据农民意愿推进新农村建设，主要依靠农民自身力量搞好新农村建设。要充分调动农民的积极性和创造性，引导农民自主开展农村公益性设施建设，发扬自力更生、艰苦奋斗的精神，积极主动建设美好家园。要大力宣传，广泛发动，拓宽社会参与途径，引导人才、智力和资金等资源流向农村、支持农业、服务农民；积极鼓励党政机关、人民团体、企事业单位和社会各界人士、志愿者以多种方式联系村寨和农户，开创各方面参与社会主义新农村建设的生动局面。社会主义新农村建设是我县一项长期的系统工程，也是农业和农村工作的重点，任务艰巨，意义重大。我们要紧密团结在以胡锦涛同志为总书记的党中央周围，高举邓小平理论和“三个代表”重要思想的伟大旗帜，全面贯彻落实科学发展观，解放思想，振奋精神，开拓进取，扎实工作，为建设社会主义新农村而努力奋斗。

中共龙里县委　龙里县人民政府
关于创建“平安龙里”的决定

龙发〔2006〕14号

（2006年4月26日）

为深入推进社会治安综合治理，营造和谐稳定的社会环境和公正高效的法制环境，确保全县经济社会全面协调可持续发展和人民安居乐业，经县委、县政府研究，决定从2006年至2010年，分4个阶段，用5年左右的时间，在全县广泛深入开展“平安龙里”创建工作。

一、开展“平安龙里”创建工作的重要意义

开展“平安龙里”创建工作是落实胡锦涛总书记重要讲话精神的具体体现。2005年5月，胡锦涛总书记在接见全国社会治安综合治理先进集体代表和先进工作者时指出：“切实搞好社会治安综合治理，保证广大人民群众安居乐业，对我们顺利推进全面建设小康进程，具有十分重要的意义。我们要坚持‘打防结合、预防为主，专群结合、依靠群众’的方针，继续开展好‘严打’整治斗争。认真做好排查整治突出治安问题的工作，大力推进社会治安防控体系建设，深入开展基层安全创建和平安建设工作，切实把社会治安综合治理的各项措施落到实处。”开展“平安龙里”创建工作是深入开展社会治安综合治理的需要。通过三个五年规划的实施，全县社会治安综合治理打击、防范、管理、建设、教育、改造各项任务得到较好的完成，取得了显著成绩，积累了许多成功经验。但是，在新阶段新形势下，全县社会治安综合治理工作发展还不平衡，社会治安管理面临着一些工作机制还不完善，社会治安防范工作仍存在不少薄弱环节，基层基础工作还不够扎实，影响群众安全感的刑事案件，特别是抢劫、抢夺、偷窃等多发性案件尚未得到有效遏制，“四类群体”的教育和管理仍较滞后等新情况新问题，这些问题不解决，必将直接影响到全县改革、发展和稳定的大局。开展“平安龙里”创建工作，就是要在巩固和扩大业已取得成绩的基础上，更大范围、更高层次地落实社会治安综合治理各项措施，促进全县经济社会全面协调可持续发展。

二、“平安龙里”创建工作的总体目标

以邓小平理论和“三个代表”重要思想为指导，牢固树立和落实科学发展观、正确政绩观，牢固树立“创平安、保稳定、促发展”观念，正确处理改革发展稳定的关系，正确处理经济建设与和谐社会建设的关系。坚持社会治安综合治理“打防结合、预防为主，专群结合、依靠群众”的方针，以构建平安、和谐龙里为中心，以社会治安防控体系建设、政法队伍建设、长效工作机制建设为重点，在党委、政府的领导下，组织和动员社会各方面的力量。综合运用各种手段，认真落实政治、经济、治安等领域维护稳定的各项措施，建立健全维护社会稳定的长效机制，将龙里建设成为安全和谐的绿色药城、新兴工业城、生态园林城和经济强县。

三、“平安龙里”创建工作的方法步骤

（一）宣传发动，统一部署。2006年1月至6月，全面启动“平安龙里”创建工作。着重抓宣传发动，为实现“平安龙里”开好局、起好步。

（二）突出重点，全面开展。2006年下半年至2009年，以乡镇为主体，有计划、分步骤开展多种形式的“平安龙里”创建活动。至2009年底，全县14个乡镇要通过考评，达到平安乡镇标准。

（三）聚焦难点，深化推动。推广应用创建工作中各个阶段、区域、部门的经验做法，县每年召开1～2次创建工作现场会。聚焦难点，集中力量，推动创建工作深入开展，到2010年，全面实现“平安龙里”的目标。

（四）总结提高，巩固发展。2009年至2010年，全面总结建设“平安龙里”的典型经验，建立健全长效运行工作机制，巩固和发展创建“平安龙里”成果。

四、“平安龙里”创建工作的组织保障

建设“平安龙里”是一项宏大的系统工程，关系到社会的长治久安，关系到我县改革、发展、稳定的大局。各级党政主要领导，要进一步提高认识，居安思危、居安防危、居安治危，增强大局意识、政治意识和稳定意识，切实加强对创建活动的组织领导。县成立创建“平安龙里”工作领导小组，由县人民政府主要领导任组长，县“四家班子”分管和联系领导任副组长，各有关部门主要负责人为成员，负责制定考核标准和办法、年度创建工作任务等，协调解决创建工作中的重大问题，督促检查创建工作落实情况。领导小组下设办公室在县综治办，负责创建日常工作。各乡镇和有关部门也要成立相应的领导小组和办事机构，专抓此项工作。

中共龙里县委　龙里县人民政府
关于建设经济强县的实施意见

（2006年12月19日）

根据《中共贵州省委、贵州省人民政府关于进一步推进经济强县建设的意见》（黔党发〔2004〕6号）、《中共黔南州委、黔南州人民政府关于推进经济强县（市）建设的实施意见》（黔南党发〔2006〕13号）和《中共龙里县委关于制定龙里县国民经济和社会发展第十一个五年规划的建议》（龙党发〔2006〕1号）文件精神，结合实际，提出如下实施意见。

一、指导思想

以邓小平理论和“三个代表”重要思想为指导，落实科学发展观，坚持扶贫与促强相结合，抢抓机遇、加快发展，充分发挥经济强县的辐射带动作用，努力壮大区域经济，为构建社会主义和谐社会、进一步加快新农村建设步伐和实现全县经济社会发展的历史性跨越奠定坚实基础。

二、总体目标

（一）积极争取省、州支持开展建强工作，进一步加快发展步伐，力争进入全省第三轮经济强县（建设期限从2008年起至2010年）行列。

（二）力争进入州级经济强县行列，经济建强县“参建入列”主要指标为：年实现生产总值15亿元以上，财政总收入1.5亿元以上；生产总值增速等16项指标作为参考，并作为年度考核指标。下一年度入列指标按照考核标准要求增速累计计算。

三、工作重点

坚持扶贫促强并举，充分发挥经济强县的辐射带动作用，抓两头带中间。认真按照州委、州政府“431”经济发展格局和县委、县政府“三城一县”发展目标，进一步加强基础设施建设，优化投资环境，扩大招商引资，加快城镇化、工业化、产业化发展步伐，积极发展循环经济，建设节约型社会。努力加快农业稳县、工业强县、生态绿县、文化亮县、旅游热县、商贸活县建设步伐，实现富民兴县的宏伟目标。

四、政策措施

（一）县级财政每年安排一定数额的促强匹配资金，用于经济强县建设相关项目的扶持。

（二）组织、人事部门配齐配强乡镇党政班子，各乡镇党委、政府要高度重视“建强”工作，加强组织领导，明确一名主抓经济工作的党委或政府副职领导负责“建强”工作。

（三）发改部门在“建强”项目申报、立项等方面要加强科学论证，特别是对带动大、后劲力强的重点项目要适当倾斜。

（四）国土部门对“建强”必须的建设用地要依据法规，在政策上予以支持并切实做好指导、监督、服务工作。

（五）招商部门要牵头会同有关职能部门大力整治投资环境，提供诚信优质服务，切实治理“三乱”。

（六）金融部门要认真解决好企业融资难的问题，加大对信贷扶持和使用监督。农业银行、农村信用合作社要总结支贷经验，逐年加大支农贷款额度。

（七）国税、地税部门要认真贯彻落实国家有关税收减免等优惠政策。

（八）交通、建设、农业、林业、水利等部门要在有关项目、专项资金安排上搞好配套服务工作。

（九）政法、经贸、乡镇企业、人口和计划生育、教育、科技、环保、安全生产、劳动和社会保障等部门要结合各自职能，做好“建强”协调、服务、检查、督促等方面工作。

（十）宣传部门要适时组织做好“建强”工作的宣传报道工作。

五、考核要求

（一）考核指标。考核指标分为入列指标和年度考核指标两部分。

1.入列指标：经济强县首次入列指标为2005年底实现年生产总值和财政总收入分别为15亿元和1.5亿元以上。

2.考核指标：经济强县年度考核指标为16项。

3.16项指标为经济强县考核达标指标，满分为160分；1—12项指标每提高一个百分点加0.5分；州“建强”办综合考核加分（信息反馈、资料收集上报等）最高不超过5分。

（二）考核办法。经济强县实行动态管理，一年一次考核，每年年底县“建强”领导小组先行自查评估，具备申报资格即填表上报，申请参加州级经济强县考核。

六、组织领导

全县各级各部门要认真贯彻落实黔党发〔2004〕6号和黔南党发〔2006〕13号文件精神，把“建强”工作纳入重要议事日程，扎实抓好落实。各乡镇、各部门要成立“建强”工作机构，明确人员专抓此项工作，并提供必要的工作条件。各级“建强”办要认真抓好统筹、协调，并对相关职能部门制订的各项政策措施落实情况、“建强”各项指标完成情况进行检查指导与督促落实。

经济强县考核标准

序号	指标名称	考核目标
1	生产总值	年增速在12.5%以上
2	人均生产总值	年增速在11.5%以上
3	财政总收入	年增速在16%以上
4	人均财政收入	年增速在14.5%以上
5	地方财政收入	年增速在15%以上
6	农民人均纯收入	年增速在8%以上
7	招商引资到位资金	年增速在20%以上
8	城镇化率	每年提高1个百分点以上
9	应用技术研究与开发资金占财政预算经常性支出比重	在1%以上
10	“两基”巩固提高	各项主要指标比验收时有所上升（辍学率除外）
11	高中阶段教育毛入学率	每年提高2个百分点以上；建有1所以上独立高中和1所州级以上示范性职业高中（职教中心）
12	生育政策符合率	在91%以上
13	城镇登记失业率	低于全州当年预期目标
14	社会治安综合治理	达到“治安模范县”要求
15	环境保护和建设	达到《环境保护目标责任书》“良好”以上要求
16	安全生产	不发生重、特大安全事故，实现州下达的安全生产控制目标

二、1949—2008年龙里县经济社会发展情况统计表

1949—2008年龙里县人口就业劳资情况统计表

附表1

年份	年末总人口（万人）	平均人口（万人）	年末总户数（万户）	年末总人口（万人）	按农业非农业人口分（万人）		按市镇、乡村分（万人）		按性别分（万人）	
					非农业	农业	市镇	乡村	男	女
1949	9.58		2.59	8.68	0.35	8.33	0.35	8.33	4.41	4.27
1950	9.6	9.59	2.49	8.9	0.36	8.54	0.4	8.5	4.53	4.37
1951	8.93	9.26	2.42	9.16	0.45	8.71	0.54	8.62	4.64	4.52
1952	9.99	9.46	1.9	9.17	0.2	8.97	0.46	8.71	4.64	4.53
1953	9.41	9.7	2.06	9.31	0.36	8.95	0.51	8.8	4.74	4.57
1954	9.47	9.44	2.17	9.45	0.37	9.08	0.53	8.92	4.81	4.64
1955	7.7	8.58	1.66	9.54	0.27	9.27	0.5	9.04	4.88	4.66
1956	7.81	7.75	1.68	9.81	0.31	9.5	0.54	9.27	4.99	4.82
1957	7.97	7.89	1.71	9.65	1.28	8.37	0.59	9.06	4.9	4.75
1958				9.7	1.12	8.58	0.64	9.06	4.9	4.8
1959				9.59	1.3	8.29	0.61	8.98	4.86	4.73
1960				9.66	1.09	8.57	0.62	9.04	4.88	4.78
1961	9.57		2.31	9.78	0.82	8.96	0.57	9.21	4.91	4.87
1962	10.06	9.81	2.35	10.06	0.5	9.56	0.53	9.53	4.97	5.09
1963	10.1	10.08	2.29	10.1	0.59	9.51	0.67	9.43	4.98	5.12
1964	10.36	10.23	2.34	10.36	0.65	9.71	0.61	9.75	5.25	5.11
1965	10.75	10.56	2.36	10.75	0.72	10.03	0.6	10.15	5.46	5.29
1966	11.13	10.61	2.19	11.11	0.81	10.3	0.68	10.43	5.66	5.45
1967	11.55	11.34	2.19	11.44	0.82	10.32	0.83	10.61	5.83	5.61
1968	12.01	11.78	2.19	11.78	0.84	10.64	0.91	10.87	5.81	5.97
1969	12.43	12.22	2.19	12.09	0.85	11.24	1.01	11.08	6.11	5.98
1970	12.81	12.62	2.66	13.24	1.51	11.73	1.21	12.03	6.9	6.34
1971	13.32	11.61	2.19	13.32	1.18	12.14	1.09	12.23	6.74	6.58
1972	14.57	13.94	2.79	14.57	1.87	12.7	1.69	12.88	7.67	6.9
1973	14.88	14.72	2.84	14.88	1.95	12.93	1.76	13.12	7.83	7.05
1974	15.11	15	2.87	15.11	1.73	13.38	1.54	13.57	7.91	7.2
1975	15.1	15.11	2.96	15.1	1.38	13.72	1.18	13.92	7.72	7.38
1976	15.32	12.61	3.04	15.32	1.35	13.97	1.15	14.17	7.86	7.46

续表

年份	年末总人口（万人）	平均人口（万人）	年末总户数（万户）	年末总人口（万人）	按农业非农业人口分（万人）		按市镇、乡村分（万人）		按性别分（万人）	
					非农业	农业	市镇	乡村	男	女
1977	15.57	15.44	3.11	15.57	1.43	14.13	1.25	14.32	7.96	7.61
1978	15.77	15.67	3.13	15.77	1.43	14.34	1.23	14.49	8.09	7.68
1979	15.68	15.73	3.17	15.68	1.17	14.51	1.03	14.65	7.97	7.71
1980	15.88	13.61	3.24	15.88	1.22	14.67	1.05	14.83	8.06	7.82
1981	16.06	15.97	3.25	16.06	1.21	15.05	1.04	15.02	8.19	7.87
1982	16.24	16.15	3.36	16.24	1.24	15	1.05	15.19	8.34	7.9
1983	16.34	16.29	3.39	16.34	1.25	15.2	0.84	15.5	8.38	7.96
1984	16.47	14.61	3.5	16.47	1.3	15.17	4.21	12.26	8.48	7.99
1985	16.64	16.56	3.55	16.61	1.32	15.29	4.31	12.3	8.54	8.08
1986	16.83	16.74	3.62	16.73	1.35	15.38	4.35	12.38	8.61	8.12
1987	17.01	16.92	3.73	16.90	1.37	15.53	4.66	12.24	8.72	8.18
1988	17.11	15.61	3.85	17.2	1.38	15.82	4.76	12.44	8.86	8.34
1989	17.32	17.22	3.94	17.39	1.41	15.98	4.81	12.58	8.98	8.41
1990	17.74	17.53	4.09	17.58	1.43	16.16	4.88	12.7	9.1	8.48
1991	17.91	17.83	4.18	16.67	1.43	16.24	10	7.67	9.13	8.54
1992	18.23	16.61	4.33	17.9	1.53	16.37	10.15	7.76	9.24	8.66
1993	18.63	18.43	4.39	18.21	1.59	16.62	10.32	7.89	9.41	8.8
1994	18.86	18.75	4.46	18.44	1.65	16.79	10.44	8	9.54	8.9
1995	19.19	19.03	4.55	18.7	1.73	16.97	10.63	8.07	9.7	9
1996	19.07	17.61	4.56	18.55	1.62	16.93	10.44	8.11	9.59	8.96
1997	19.17	19.12	4.65	18.58	1.60	16.98	10.42	8.16	9.59	8.99
1998	19.44	19.31	4.7	18.77	1.66	17.11	10.57	8.2	9.7	9.07
1999	19.69	19.57	4.89	18.87	1.79	17.08	10.66	8.21	9.75	9.12
2000	19.97	18.61	4.63	20.3	1.81	18.49	11.44	8.86	10.43	9.87
2001	20.20	20.09	5.17	20.6	1.92	18.68	11.72	8.88	10.58	10.02
2002	20.39	20.3	5.3	20.72	2.02	18.7	11.83	8.89	10.69	10.03
2003	20.54	20.47	5.46	21.04	2.19	18.85	12.14	8.9	10.78	10.26
2004	20.7	19.61	5.59	21	2.69	18.31	12.18	8.82	10.8	10.2
2005	20.85	20.77	5.9	21.26	2.81	18.45	12.47	8.79	10.94	10.32
2006	20.98	20.91	6.07	21.46	2.9	18.56	12.62	8.84	11.06	10.4
2007	21.1	21.04	6.15	21.47	2.92	18.55	12.7	8.77	11.06	10.41
2008	19.5	20.3	6.36	21.6	2.97	18.63	12.82	8.78	11.12	10.48

说明：因新生人口部分未及时登记，以及实施计划生育政策后部分超生人口不能及时登记或为躲避处罚未能及时登记，计生部门统计的人口数一般大于公安部门统计的人口数。但是，无论哪个数据都比实际人数小

1949—2008年龙里县人口就业劳资情况统计表

附表1续A

年份	其中：少数民族人口（万人）	构成（%）							出生率（‰）	死亡率（‰）	自然增长率（‰）
		非农业	农业	市镇	乡村	男	女	少数民族人口			
1949	3.3	4.03	95.97	4.03	95.97	50.81	49.19	38.02	27.54	12.79	14.75
1950	3.38	4.04	95.96	4.49	95.51	50.9	49.1	37.98	29.19	13.23	15.96
1951	3.48	4.91	95.09	5.9	94.1	50.66	49.34	37.99	31.21	14.18	17.03
1952	3.48	2.18	97.82	5.02	94.98	50.6	49.4	37.95	37.6	16.05	21.55
1953	3.54	3.87	96.13	5.48	94.52	50.91	49.09	38.02	36.7	13.6	23.1
1954	3.54	3.92	96.08	5.61	94.39	50.9	49.1	37.46	35.2	12.55	22.65
1955	3.63	2.83	97.17	5.24	94.76	51.15	48.85	38.05	43.5	19.37	24.13
1956	3.63	3.16	96.84	5.5	94.5	50.87	49.13	37	28.3	7.78	20.52
1957	3.67	13.26	86.74	6.11	93.89	50.78	49.22	38.03	34.83	14.53	20.3
1958	3.69	11.55	88.45	6.6	93.4	50.52	49.48	38.04			
1959	3.64	13.56	86.44	6.36	93.64	50.68	49.32	37.96			
1960	3.67	11.28	88.72	6.42	93.58	50.52	49.48	37.99			
1961	3.78	8.38	91.62	5.83	94.17	50.2	49.8	38.65	14.04	31.61	−17.57
1962	3.92	4.97	95.03	5.27	94.73	49.4	50.6	38.97	37.68	9.01	28.67
1963	3.94	5.84	94.16	6.63	93.37	49.31	50.69	39.01	39.25	12.04	27.21
1964	4.04	6.27	93.73	5.89	94.11	50.68	49.32	39	48.35	17.77	30.58
1965	4.19	6.7	93.3	5.58	94.42	50.79	49.21	38.98	52.78	13.2	39.58
1966	4.33	7.29	92.71	6.12	93.88	50.95	49.05	38.97	40.85	11.62	29.23
1967	3.88	7.17	90.21	7.26	92.74	50.96	49.04	33.92	50.41	11.02	39.39
1968	4.01	7.13	90.32	7.72	92.28	49.32	50.68	34.04	41.34	10.7	30.64
1969	4.11	7.03	92.97	8.35	91.65	50.54	49.46	34	35.52	10.43	25.09
1970	4.5	11.4	88.6	9.14	90.86	52.11	47.89	33.99	41.18	9.77	31.41
1971	4.53	8.86	91.14	8.18	91.82	50.6	49.4	34.01	35.7	9.18	26.52
1972	4.95	12.83	87.17	11.6	88.4	52.64	47.36	33.97	39.22	9.65	29.57
1973	5.06	13.1	86.9	11.83	88.17	52.62	47.38	34.01	32.22	7.59	24.62
1974	5.28	11.45	88.55	10.19	89.81	52.35	47.65	34.94	34.14	8.37	25.77
1975	5.44	9.14	90.86	7.81	92.19	51.13	48.87	36.03	33.51	7.39	26.11
1976	5.51	8.81	91.19	7.51	92.49	51.31	48.69	35.97	28.89	8.83	20.06
1977	5.61	9.18	90.75	8.03	91.97	51.12	48.88	36.03	22.04	6.6	15.44
1978	5.67	9.07	90.93	7.8	91.88	51.3	48.7	35.95	18.3	6	12.3
1979	5.64	7.46	92.54	6.57	93.43	50.83	49.17	35.97	14.9	5.9	9
1980	5.81	7.68	92.38	6.61	93.39	50.76	49.24	36.59	15.06	7.34	7.72
1981	5.91	7.53	93.71	6.48	93.52	51	49	36.8	15.88	7.3	8.58
1982	6	7.64	92.36	6.47	93.53	51.35	48.65	36.95	16.41	8.37	8.04
1983	6.02	7.65	93.02	5.14	94.86	51.29	48.71	36.84	14.17	7.9	6.27
1984	6.12	7.89	92.11	25.56	74.44	51.49	48.51	37.16	11.84	7.82	4.02

续表

年份	其中：少数民族人口（万人）	构成（%）							出生率（‰）	死亡率（‰）	自然增长率（‰）
		非农业	农业	市镇	乡村	男	女	少数民族人口			
1985	6.22	7.95	92.05	25.95	74.05	51.41	48.65	37.45	12.26	7.28	4.98
1986	6.32	8.07	91.93	26	74	51.46	48.54	37.78	13.84	7.43	6.41
1987	6.38	8.11	91.89	27.57	72.43	51.6	48.4	37.75	15.02	7.01	8.01
1988	6.44	8.02	91.98	27.67	72.33	51.51	48.49	37.44	14.86	6.98	7.88
1989	6.54	8.11	91.89	27.66	72.34	51.64	48.36	37.61	14.3	6.91	7.39
1990	6.62	8.13	91.92	27.76	72.24	51.76	48.24	37.66	16.52	8.25	8.27
1991	6.76	8.58	97.42	59.99	46.01	54.77	51.23	40.55	14.19	6.78	7.41
1992	6.55	8.55	91.45	56.7	43.35	51.62	48.38	36.59	15.97	6.75	9.22
1993	6.9	8.73	91.27	56.67	43.33	51.67	48.33	37.89	14.09	6.36	7.73
1994	6.99	8.95	91.05	56.62	43.38	51.74	48.26	37.91	15.35	5.51	9.84
1995	7.08	9.25	90.75	56.84	43.16	51.87	48.13	37.86	14.28	5.99	8.29
1996	7.12	8.73	91.27	56.28	43.72	51.7	48.3	38.38	15.38	7	8.38
1997	7.18	8.61	91.39	56.08	43.92	51.61	48.39	38.64	14.42	6.06	8.36
1998	7.29	8.84	91.16	56.31	43.69	51.68	48.32	38.84	15.28	6.99	8.29
1999	7.34	9.49	90.51	56.49	43.51	51.67	48.33	38.9	13.6	5.4	8.2
2000	7.74	8.92	91.08	56.35	43.65	51.38	48.62	38.13	12.51	5.95	6.56
2001	7.73	9.32	90.68	56.89	43.11	51.36	48.64	37.52	13.18	5.87	7.31
2002	7.76	9.75	90.25	57.09	42.91	51.59	48.41	37.45	10.88	5.9	4.98
2003	7.83	10.41	89.59	57.7	42.3	51.24	48.76	37.21	10.49	5.13	5.36
2004	8.12	12.81	87.19	58	42	51.43	48.57	38.67	6.27	5.13	1.14
2005	8.42	13.22	86.78	58.65	41.35	51.46	48.54	39.6	8.87	5.58	3.29
2006	8.48	13.51	86.49	58.81	41.19	51.54	48.46	39.52	10.36	5.29	5.07
2007	8.27	13.62	86.38	59.15	40.85	51.51	48.49	38.52	8.99	5.2	3.79
2008	8.52	13.76	86.24	59.35	40.65	51.48	48.52	39.43	9.66	5.91	3.76

1949—2008年龙里县人口就业劳资情况统计表

附表1续B

年份	全社会从业人员（万人）				单位职工人数（万人）				城镇私营企业和个体从业人员（万人）	乡村从业人员（万人）
	合计	第一产业	第二产业	第三产业	合计	国有	集体	其他		
1949	3.84	3.71	0.07	0.06	0.05	0.05				3.78
1950	3.96	3.82	0.06	0.08	0.06	0.06				3.89
1951	4.12	3.94	0.1	0.08	0.06	0.06				4.05
1952	4.12	3.93	0.1	0.09	0.09	0.09				4.02
1953	4.20	3.95	0.13	0.12	0.13	0.13				4.06
1954	4.35	4.06	0.14	0.15	0.15	0.15				4.19
1955	4.43	4.1	0.17	0.16	0.16	0.16				4.26
1956	4.61	4.21	0.24	0.16	0.18	0.18				4.43

续表

年份	全社会从业人员（万人）				单位职工人数（万人）				城镇私营企业和个体从业人员（万人）	乡村从业人员（万人）
	合计	第一产业	第二产业	第三产业	合计	国有	集体	其他		
1957	4.39	4.06	0.16	0.17	0.2	0.2				4.19
1958	4.41	3.99	0.17	0.25	0.29	0.29				4.12
1959	4.46	3.94	0.3	0.22	0.24	0.24				4.22
1960	4.63	4.1	0.3	0.23	0.26	0.26				4.37
1961	4.75	4.27	0.27	0.21	0.03	0.25				4.5
1962	4.71	4.38	0.17	0.16	0.2	0.2				4.51
1963	4.68	4.3	0.19	0.19	0.22	0.22				4.46
1964	4.69	4.31	0.18	0.2	0.23	0.23				4.46
1965	5.22	4.7	0.2	0.32	0.36	0.36				4.86
1966	5.21	4.67	0.22	0.32	0.36	0.36				4.85
1967	5.35	4.75	0.27	0.33	0.35	0.35				5
1968	5.57	4.99	0.26	0.28	0.33	0.33				5.24
1969	5.48	5.01	0.19	0.23	0.32	0.32				5.16
1970	5.59	5.19	0.17	0.26	0.27	0.27				5.32
1971	5.67	5.23	0.18	0.31	0.29	0.29				5.38
1972	6.26	5.7	0.25	0.31	0.4	0.31	0.09			5.86
1973	6.32	5.75	0.26	0.32	0.4	0.31	0.09			5.92
1974	6.32	5.73	0.27	0.33	0.42	0.33	0.09			5.9
1975	6.59	5.79	0.47	0.33	0.42	0.33	0.09			6.17
1976	6.64	5.92	0.39	0.38	0.43	0.34	0.09			6.21
1977	6.78	6	0.4	0.4	0.57	0.37	0.2			6.21
1978	6.82	6.18	0.26	0.38	0.51	0.41	0.1			6.39
1979	6.35	5.66	0.26	0.38	0.53	0.42	0.11			5.88
1980	6.60	5.75	0.24	0.41	0.53	0.42	0.11			6.06
1981	6.86	5.98	0.24	0.43	0.67	0.57	0.1		0.01	6.19
1982	7.15	6.14	0.25	0.48	0.69	0.59	0.1		0.02	6.45
1983	7.39	6.34	0.27	0.51	0.68	0.59	0.09		0.02	6.7
1984	7.68	6.32	0.38	0.52	0.7	0.58	0.12		0.02	6.82
1985	7.85	6.78	0.41	0.54	0.72	0.62	0.1		0.02	7.3
1986	7.99	6.99	0.43	0.57	0.74	0.63	0.11		0.03	7.42
1987	8.07	7.03	0.36	0.68	0.75	0.64	0.11		0.03	7.48
1988	8.56	7.33	0.45	0.78	0.79	0.66	0.13		0.04	7.84
1989	8.79	7.52	0.47	0.8	0.85	0.72	0.13		0.04	8.11
1990	9.17	7.83	0.54	0.8	0.87	0.76	0.11		0.05	8.34
1991	9.32	7.91	0.54	0.87	0.92	0.8	0.12		0.09	8.5

续表

年份	全社会从业人员（万人）				单位职工人数（万人）				城镇私营企业和个体从业人员（万人）	乡村从业人员（万人）
	合计	第一产业	第二产业	第三产业	合计	国有	集体	其他		
1992	9.53	7.91	0.55	1.07	0.97	0.86	0.11		0.1	8.6
1993	9.79	8.12	0.56	1.11	1.01	0.93	0.08		0.13	8.78
1994	10.22	8.39	0.68	1.15	0.99	0.91	0.08		0.15	9.08
1995	10.48	8.52	0.75	1.21	0.84	0.65	0.14	0.05	0.19	9.6
1996	10.77	8.58	0.91	1.28	0.72	0.65	0.07		0.21	9.84
1997	11.70	8.74	1.65	1.31	0.77	0.68	0.09		0.23	9.63
1998	10.95	9.02	0.9	1.03	0.82	0.66	0.09	0.07	0.28	10.08
1999	11.44	9.37	0.92	1.15	0.81	0.69	0.06	0.06		10.49
2000	11.26	9.15	0.88	1.23	0.86	0.68	0.07	0.11		9.16
2001	11.2	9.11	0.78	1.31	0.87	0.69	0.11	0.07		9.29
2002	11.77	9.44	0.86	1.47	0.87	0.68	0.11	0.08		10.9
2003	11.83	9.41	0.9	1.52	0.99	0.67	0.12	0.2		10.91
2004	12.63	8.6	0.93	3.1	1.04	0.66	0.13	0.25		10.92
2005	12.76	8.35	1.26	3.15	1	0.63	0.09	0.28		11.08
2006	12.68	8.43	1.14	3.11	0.94	0.62	0.09	0.23	0.95	11.09
2007	12.68	8.43	1.13	3.12	0.95	0.59	0.06	0.3	1.05	11.09
2008	12.73	8.38	1.1	3.25	0.81	0.6	0.04	0.17	1.14	11.11

1949—2008年龙里县人口就业劳资情况统计表

附表1续C

年份	职工工资总额（万元）				职工平均工资（元）	其中：按经济性质分类（元）		
	合计	国有经济单位	集体经济	其他		国有经济单位	集体经济	其他
1949	8	8			158			
1950	12	12			203			
1951	14	14			205			
1952	21	21			229			
1953	31	31			241			
1954	43	43			284			
1955	51	51			318			
1956	68	68			378			
1957	77	77			386			
1958	103	103			354			
1959	97	97			405			
1960	101	101			388			
1961	97	97			390			
1962	84	84			418			

续表

年份	职工工资总额（万元）				职工平均工资（元）	其中：按经济性质分类（元）		
	合计	国有经济单位	集体经济	其他		国有经济单位	集体经济	其他
1963	86	86			392			
1964	105	105			457			
1965	160	160			446			
1966	174	174			483			
1967	176	176			504			
1968	163	163			494			
1969	160	164			500			
1970	124	124			459			
1971	132	132			456			
1972	187	162	25		467			
1973	188	163	25		470			
1974	193	169	24		471			
1975	209	170	39		497			
1976	213	177	36		494			
1977	223	176	46		391			
1978	258.3	211.4	46.9					
1979	288.6	222.8	65.8		543			
1980	321	264.4	56.6		494			
1981	453.5	384.9	68.5		687	729	671	
1982	477.6	405.4	72.2		713	706	716	
1983	507.2	434.9	72.3		735	749	760	
1984	570.7	487.3	83.4		827	861	800	
1985	666	583.4	82.6		925	981	867	
1986	827.8	727.9	99.8		1149	1208	945	
1987	907	796.1	110.9		1243	1272	1062	
1988	1137	976.7	160.4		1496	1520	1319	
1989	1307.1	1164.1	142.9		1575	1642	1158	
1990	1449	1312	137		1700	1780	1188	
1991	1675	1518	157		1875	1963	1309	
1992	2103	1914	189		2200	2254	1782	
1993	2376	2196	180		2418	2355	2016	
1994	3687	3529	158		3760	3797	1987	
1995	3917	2299	1618		3803	3779	1178	
1996	4422	2699	1723		4037	4165	2923	
1997	3353.3	3072.4	280.3	0.6	4381	4512	3325	
1998	3705.6	3100.9	243.7	361	4603	4754	2847	5503
1999	4517.6	3638	268.3	611.3	5601	5402	4153	8924

续表

年份	职工工资总额（万元）				职工平均工资（元）	其中：按经济性质分类（元）		
	合计	国有经济单位	集体经济	其他		国有经济单位	集体经济	其他
2000	5930.3	4558.2	273.1	1099	6924	6701	4176	9910
2001	7337.3	5802.3	817.3	717.7	8541	8539	8462	10874
2002	8113.2	6505.8	852.8	754.6	9343	9598	7860	9942
2003	9409.5	7104.4	945.3	1359.8	9462	10506	7648	6988
2004	11356.8	8049.6	1004.4	2302.8	10963	12196	7598	9449
2005	12510.8	8736.8	676.7	3097.3	12327	13658	7664	10796
2006	15073.4	10872.9	699.9	3500.6	15548	17545	7926	13387
2007	16658.4	12432.7	649.5	3576.2	17598	21248	10425	11952
2008	16285.2	13260.2	533.7	2491.3	20495	22324	15034	15090

1949—2008年龙里县国内生产总值（GDP）情况统计表

附表2

年份	生产总值（万元）	按产业分类（万元）			生产总值构成（%）			人均生产总值（元）
		第一产业	第二产业	第三产业	第一产业	第二产业	第三产业	
1949	313	218	29	66	69.65	9.27	21.09	36
1950	338	246	24	68	72.78	7.1	20.12	38
1951	385	285	25	75	74.03	6.49	19.48	42
1952	456	340	23	93	74.56	5.04	20.39	50
1953	504	372	25	107	73.81	4.96	21.23	54
1954	560	403	31	126	71.96	5.54	22.5	59
1955	597	427	32	138	71.52	5.36	23.12	70
1956	677	469	47	161	69.28	6.94	23.78	87
1957	700	480	45	175	68.57	6.43	25	89
1958	805	559	56	190	69.44	6.96	23.6	84
1959	684	439	74	171	64.18	10.82	25	68
1960	525	319	56	150	60.76	10.67	28.57	50
1961	657	398	38	221	60.58	5.78	33.64	67
1962	871	559	30	282	64.18	3.44	32.38	86
1963	966	644	51	271	66.67	5.28	28.05	96
1964	1168	803	53	312	68.75	4.54	26.71	113
1965	1338	950	56	332	71	4.19	24.81	125
1966	1313	911	50	352	69.38	3.81	26.81	120
1967	1361	974	51	336	71.57	3.75	24.69	120
1968	1360	978	44	338	71.91	3.24	24.85	115
1969	1233	840	52	341	68.13	4.22	27.66	104
1970	1665	917	380	368	55.08	22.82	22.1	132
1971	1863	843	609	411	45.25	32.69	22.06	140

续表

年份	生产总值（万元）	按产业分类（万元）			生产总值构成（%）			人均生产总值（元）
		第一产业	第二产业	第三产业	第一产业	第二产业	第三产业	
1972	2076	951	653	472	45.81	31.45	22.74	149
1973	2261	1123	621	517	49.67	27.47	22.87	154
1974	2337	1264	542	531	54.09	23.19	22.72	156
1975	2558	1439	509	610	56.25	19.9	23.85	169
1976	2425	1223	582	620	50.43	24	25.57	159
1977	2776	1452	633	691	52.31	22.8	24.89	180
1978	3169	1536	919	714	48.47	29	22.53	202
1979	3457	1696	1002	759	49.06	28.98	21.96	220
1980	3613	1775	1059	779	49.13	29.31	21.56	228
1981	3798	1866	1112	820	49.13	29.28	21.59	238
1982	4178	2055	1224	899	49.19	29.3	21.52	259
1983	4596	2261	1346	989	49.19	29.29	21.52	280
1984	5286	2598	1548	1140	49.15	29.28	21.57	322
1985	6677	3281	1956	1440	49.14	29.29	21.57	404
1986	7392	3632	2165	1595	49.13	29.29	21.58	443
1987	8501	4177	2490	1834	49.14	29.29	21.57	505
1988	10178	4966	2701	2511	48.79	26.54	24.67	598
1989	12985	6701	3333	2951	51.61	25.67	22.73	751
1990	15298	8740	3617	2941	57.13	23.64	19.22	874
1991	16281	8647	4579	3055	53.11	28.12	18.76	925
1992	17249	8398	5271	3580	48.69	30.56	20.75	969
1993	25120	12623	8176	4321	50.25	32.55	17.2	1388
1994	27899	12159	10497	5243	43.58	37.63	18.79	1525
1995	32034	12646	13322	6066	39.48	41.59	18.94	1722
1996	41937	13805	21104	7028	32.92	50.32	16.76	2231
1997	50495	14495	27861	8139	28.71	55.18	16.12	2722
1998	59567	14944	35260	9363	25.09	59.19	15.72	3085
1999	67424	15166	40987	11271	22.49	60.79	16.72	3445
2000	75054	15625	46700	12729	20.82	62.22	16.96	3785
2001	82816	16075	52629	14112	19.41	63.55	17.04	4122
2002	91483	14773	60341	16369	16.15	65.96	17.89	4507
2003	107485	17675	70892	18918	16.44	65.96	17.60	5251
2004	127908	20151	87990	19767	15.75	68.79	15.45	6203
2005	147668	20024	100675	26969	13.56	68.18	18.26	7107
2006	171176	22676	117124	31376	13.25	68.42	18.33	8874
2007	198496	25170	134124	39202	12.68	67.57	19.75	10248
2008	229768	31988	153273	44507	13.92	66.71	19.37	11819

1949—2008年龙里县国内生产总值（GDP）情况统计表

附表2续

年份	生产总值指数（上年=100）	其中：按产业分类（%）			人均生产总值指数（上年=100）	生产总值指数（1949=100）	其中：按产业分类（%）			人均生产总值指数（1949=100）
		第一产业	第二产业	第三产业			第一产业	第二产业	第三产业	
1949	—	—	—	—	—	100	100	100	100	100
1950	107.2	112	83	103	106	107.2	112	83	103	106
1951	112.1	116	101	109	112	120.2	129.9	83.8	112.3	118.7
1952	117.4	118	99	121	116	141.1	153.3	83	135.8	137.7
1953	109.5	110	103	114	107	154.5	168.6	85.5	154.9	147.4
1954	110.1	106	122	115	107	170.1	178.8	104.3	178.1	157.7
1955	106.6	107	101	107	106	181.3	191.3	105.3	190.6	167.1
1956	112.5	110	148	112	108	204	210.4	155.9	213.4	180.5
1957	103.3	97	97	108	103	210.7	204.1	151.2	230.5	185.9
1958	113.2	116	122	106	110	238.5	236.7	184.5	244.3	204.5
1959	85	79	131	85	85	202.7	187	241.7	207.7	173.8
1960	76	72	76	80	76	154.1	134.7	183.7	166.1	132.1
1961	119.4	121	68	119	113	184	162.9	124.9	197.7	149.3
1962	128.9	136	80	115	122	237.1	221.6	99.9	227.4	182.1
1963	110.9	112	131	94	108	263	248.2	130.9	213.7	196.7
1964	119.9	122	102	110	116	315.3	302.8	133.5	235.1	228.2
1965	114.5	117	104	105	112	361.1	354.3	138.8	246.9	255.6
1966	97	92	90	104	97	350.2	325.9	125	256.7	247.9
1967	103.2	107	101	96	102.2	361.4	348.7	126.2	246.5	253.3
1968	99	100	85	100	99	357.8	348.7	107.3	246.5	250.8
1969	90	83	102	101	90	322	289.4	109.4	248.9	225.7
1970	135	108	651	108	122	434.7	312.6	712.4	268.8	275.4
1971	109.8	83	156	110	110	477.4	259.5	1111.3	295.7	302.9
1972	109.4	110	108	113	107	522.2	285.4	1200.2	334.2	324.1
1973	108	118	94	106	108	564	336.8	1128.2	354.2	350.1
1974	102	112	85	101	102	575.3	377.2	958.9	357.8	357.1
1975	108.4	112	89	113	107	623.6	422.4	853.5	404.3	382.1
1976	95	86	107	101	94	592.4	363.3	913.2	408.3	359.1
1977	109	116	107	107	109	645.7	421.4	977.1	436.9	391.5
1978	112	104	125	103	113	723.2	438.3	1221.4	450	442.3
1979	109	110	109	106	108	788.3	482.1	1331.3	477	477.7
1980	104.5	104	105.6	102.6	104	823.8	501.4	1405.9	489.4	496.8
1981	104.5	106	103.1	97.8	103	860.9	531.5	1449.5	478.6	511.7
1982	107.1	104	109.9	109.7	109	922	552.7	1593	525.1	557.8

续表

年份	生产总值指数（上年=100）	其中：按产业分类（%）			人均生产总值指数（上年=100）	生产总值指数（1949=100）	其中：按产业分类（%）			人均生产总值指数（1949=100）
		第一产业	第二产业	第三产业			第一产业	第二产业	第三产业	
1983	108.1	108	118.1	108.1	107	996.7	597	1881.3	567.6	596.8
1984	118.1	117.7	118.1	118.3	117	1177.1	702.6	2221.8	671.5	698.3
1985	125	120.3	125.2	125.1	120	1471.3	845.3	2781.7	840	838
1986	111	107	112.8	119.1	109	1633.2	904.4	3137.8	1000.4	913.4
1987	115	114	116	115	113	1878.2	1031.1	3639.8	1150.5	1032.1
1988	102	99	99	110	101	1915.7	1020.7	3603.4	1265.6	1042.4
1989	113	110	123	110	112	2164.8	1122.8	4432.2	1392.1	1167.5
1990	104	107	93	112.5	103	2251.4	1201.4	4122	1566.1	1202.6
1991	104	98	120	101	104	2341.4	1177.4	4946.3	1581.8	1250.7
1992	109	102	124	111	108	2552.1	1200.9	6133.5	1755.8	1350.7
1993	122	109	150	117	112	3113.6	1309	9200.2	2054.3	1512.8
1994	103	83	117	124	101	3207	1086.5	10764.2	2547.3	1527.9
1995	112.4	105.2	117.9	114	110.7	3604.7	1143	12691	2903.9	1691.4
1996	118.4	103.7	137.4	103.7	118.4	4267.9	1185.3	17437.5	3011.4	2002.7
1997	114.6	103.8	122.7	110.4	114.8	4891.1	1230.3	21395.8	3324.6	2299
1998	115.1	102.9	120.7	116.6	114.5	5629.6	1266	25824.7	3876.4	2632.4
1999	111.9	101	115.6	114.8	111.3	6297.3	1278.7	29853.4	4450.1	2928.6
2000	110.6	103	112.7	112.9	104.4	6962.3	1317	33632.8	5023.8	3058.3
2001	110.1	102.8	112.6	109.8	108.6	7665.5	1353.9	37870.5	5516.1	3321.6
2002	110.1	91.5	114.4	115.4	109	8441.2	1238.5	43327.7	6364.5	3620.6
2003	113.3	112.1	113.4	113.9	102.3	9563.9	1388.4	49133.6	7249.1	3703.8
2004	115.8	106.7	119.6	109.9	114.9	11075	1481.4	58763.7	7966.8	4257.2
2005	115.2	104.2	117.8	114	113.8	12758.4	1543.6	69223.7	9082.2	4844.7
2006	111	106.8	111.8	111	110.2	14161.8	1648.6	77392.1	10081.2	5338.8
2007	111.6	107.1	110.1	120.4	111	15804.6	1765.7	85208.7	12137.8	5924
2008	109.6	107.4	110	109.4	109.2	17321.8	1896.3	93729.6	13278.7	6469

1949—2008年龙里县固定资产投资情况统计表

附表3　　　　单位：万元

年份	全社会固定资产投资总额（含跨区）	全社会固定资产投资总额（不含跨区）	城镇固定资产投资按管理渠道分				
			合计	基本建设	更新改造	其他投资	房地产开发
1949	3	3	3	3			
1950	4	4	4	4			
1951	5	5	5	5			
1952	10	10	10	10			

续表

年份	全社会固定资产投资总额（含跨区）	全社会固定资产投资总额（不含跨区）	城镇固定资产投资按管理渠道分				
			合计	基本建设	更新改造	其他投资	房地产开发
1953	20	20	20	20			
1954	25	25	25	25			
1955	34	34	34	34			
1956	45	45	45	45			
1957	39	39	39	39			
1958	126	126	126	126			
1959	111	111	111	111			
1960	60	60	60	60			
1961	17	17	17	17			
1962	20	20	20	20			
1963	89	89	89	89			
1964	60	60	60	60			
1965	141	141	113.58	106.85	4.43	2.3	
1966	97	97	59.57		20.83		
1967	104	104	104	104			
1968	38	38	38	38			
1969	56	56	56	56			
1970	32	32	32	32			
1971	102	102	102	2.8	12.75	86.45	
1972	86	86	86	12.2	10.44	63.36	
1973	86	86	86	6.1	20.31	59.59	
1974	72	72	72	4.8	12.37	54.83	
1975	164	164	164	8.13	56.17	99.7	
1976	178	178	178	11.7	66.33	99.93	
1977	173	173	173	7.5	65.9	165.5	
1978	173	173	173	18.85	83.75	154.15	
1979	185	185	185	27.85	57.53	157.15	
1980	205	205	205	27.85	55.9	177.15	
1981	242	242	242	42.4		199.6	
1982	238	238	238	37.7	14.1	200.3	
1983	384	384	384	215.85	6.25	168.15	
1984	392	392	392	192	139	200	
1985	446	446	446	320	46	126	
1986	625	625	625	227	46	398	
1987	693	693	693	293		400	
1988	595	595	595	301	16	294	

续表

年份	全社会固定资产投资总额（含跨区）	全社会固定资产投资总额（不含跨区）	城镇固定资产投资按管理渠道分				
			合计	基本建设	更新改造	其他投资	房地产开发
1989	835	835	835	535		300	
1990	642	642	642	242		400	
1991	619	619	619	257	60	362	
1992	1312	1312	1312	222	260	1091	
1993	1732	1732	1732	381	208	1351	
1994	2616	2616	2616	1166		1450	
1995	4305	4305	4305	965		3340	
1996	7604	7604	5769	4117	120	1532	
1997	16179	16179	15669	8362	218	7089	
1998	16400	16400	12480	5749	6337	394	
1999	16326	16326	14011	4630	9029	352	
2000	11463	11463	8726	4206	4152	368	
2001	21260	21260	18810	4915	13895		
2002	22460	22460	21260	7007	10985	568	2700
2003	28293	28293	24811	4561	18050	100	2100
2004	35911	35911	29616	4556	20860	—	4200
2005	50078	38398	31153	7543	21100	—	2510
2006	74041	57692	52915	10374	41291	—	1250
2007	97217	81317	66702	22847	35355	—	8500
2008	122555	64713	45213	15232	20200	—	9781

1949—2008年龙里县固定资产投资情况统计表

附表3续　　单位：万元

年份	城镇固定资产投资按经济类型分				农村固定资产投资	个人投资
	国有经济	集体经济	城乡个人	其他经济单位		
1949			3			
1950	2		2			
1951	3		2			
1952	7		3			
1953	16		4			
1954	21		4			
1955	29		5			
1956	38		7			
1957	31		8			
1958	79	37	10			
1959	75	24	12			

续表

年份	城镇固定资产投资按经济类型分				农村固定资产投资	个人投资
	国有经济	集体经济	城乡个人	其他经济单位		
1960	46	11	3			
1961	7	8	2			
1962	10	9	1			
1963	78	8	3			
1964	48	7	5			
1965	114	15	12			
1966	60	23	14			
1967	70	22	12			
1968	8	16	14			
1969	26	20	10			
1970	12	9	11			
1971	22	58	22			
1972	23	33	30			
1973	26	31	29			
1974	17	30	25			
1975	64	56	44			
1976	78	61	39			
1977	73	70	30			
1978	103	34	36			
1979	85	37	63			
1980	105	54	46			
1981	42	118	82			
1982	38	135	65			
1983	222	103	58			
1984	192	134	66			
1985	320	84	42			
1986	273	227	125			
1987	293	278	122			
1988	301	199	95			
1989	535	179	121			
1990	242	264	136			
1991	317	151	151			
1992	460	674	178			
1993	682	830	220			
1994	1466	870	280			
1995	965	2940	400			

续表

年份	城镇固定资产投资按经济类型分				农村固定资产投资	个人投资
	国有经济	集体经济	城乡个人	其他经济单位		
1996	2606	1365	470	1328		
1997	4138	4500	510	6521		
1998	3113	3920	524	4923	3920	
1999	5271	1810	1305	5625	1720	
2000	6985	270	1109	362	1628	
2001	5303	9687	1200	2620		
2002	7508	604	1520	11628		
2003	6241	1220	1634	15716	1200	534
2004	3386	4100	2960	19170	4100	980
2005	17161	—	3220	10772	4025	1350
2006	26723	—	—	26192	3397	1380
2007	39376	—	—	27326	11815	2800
2008	6820	—	—	38393	18000	1500

1949—2008年龙里县人民生活情况统计表

附表4

年份	农民人均纯收入（元）	农民人均生活消费支出（元）	其中：食品支出
1949	32	30	18.5
1950	33	30.4	18.4
1951	35	34	17.1
1952	37	32	20.5
1953	42	37	23.4
1954	45	42	26.3
1955	44	40.7	26.2
1956	41	31.3	24.1
1957	48	46.8	30.4
1958	65	63.8	38.4
1959	55	58.3	35.3
1960	40	36.7	26.5
1961	45	39.7	29.7
1962	52	49.5	34.7
1963	54	47.1	35.5
1964	70	59	44.1
1965	80	70	51.2
1966	77	67.3	49.1
1967	82	71.7	52.6

续表

年份	农民人均纯收入（元）	农民人均生活消费支出（元）	其中：食品支出
1968	85	73.6	54.4
1969	77	67.3	48.1
1970	81	71.4	52.7
1971	73	65.9	47.8
1972	66	57.5	45.7
1973	52	47.5	34.5
1974	93	83.1	60.7
1975	106	97.8	73
1976	99	89	66.2
1977	116	98.1	69.6
1978	119	109.4	78.2
1979	136	125	88.7
1980	145	133.4	124
1981	169	158.8	142.1
1982	223	180	163
1983	234	209.7	179
1984	256	194	172
1985	286	200	180
1986	317	215	195
1987	381	339.05	225.4
1988	407	215.15	108.35
1989	468	318	184
1990	506	344	196
1991	545	365	212
1992	558	385	223
1993	636	432	242
1994	736	492	260
1995	832	532	287
1996	1041	667	360
1997	1286	823	436
1998	1379	882	476
1999	1397	890	498
2000	1375	880	512
2001	1427	1086.46	633.73
2002	1478	1228.7	726.16
2003	1698	1086.39	456.98
2004	1856	1187	498

续表

年份	农民人均纯收入（元）	农民人均生活消费支出（元）	其中：食品支出
2005	2028	1320	635
2006	2153	1515	729
2007	2552	1725.83	865.52
2008	3005	1819.5	925.5

1949—2008年龙里县农林牧渔业情况统计表

附表5

年份	乡村从业人员（万人）	其中：农林牧渔业（万人）	常用耕地面积（千公顷）	其中：田（公顷）	其中：土（公顷）	农业机械总动力（万千瓦）	农用化肥施用量（折纯吨）	农村用电量（万千瓦时）
1949	3.78	3.71	9.75	6.13	3.62	—	—	—
1950	3.89	3.82	9.75	6.13	3.62	—	—	—
1951	4.05	3.94	9.97	6.15	3.82	—	—	—
1952	4.02	3.93	10.48	6.19	4.29	—	—	—
1953	4.06	3.95	10.65	6.19	4.46	—	—	—
1954	4.19	4.06	10.68	6.2	4.48	—	—	—
1955	4.26	4.1	11.01	6.25	4.76	—	—	—
1956	4.43	4.21	11.09	6.31	4.78	—	—	—
1957	4.19	4.06	11.2	6.33	4.87	—	—	—
1958	4.12	3.99	11.3	7.07	4.23	—	—	—
1959	4.22	3.94	11.2	6.95	4.25	—	—	—
1960	4.37	4.1	11.9	7.09	4.81	—	116	—
1961	4.5	4.27	11	6.97	4.03	—	43	—
1962	4.51	4.38	10.96	6.69	4.27	—	81	—
1963	4.46	4.3	11.33	6.83	4.5	0.02	83	—
1964	4.46	4.31	11.55	6.85	4.7	0.02	51	—
1965	4.86	4.7	11.83	6.87	4.96	0.02	113	—
1966	4.85	4.67	12.13	6.87	5.26	0.02	477	—
1967	5	4.75	12.12	6.87	5.25	0.07	325	—
1968	5.24	4.99	12.12	6.87	5.25	0.09	286	—
1969	5.16	5.01	12.12	6.88	5.24	0.19	313	—
1970	5.32	5.19	12.12	6.92	5.2	0.18	295	8.2
1971	5.38	5.23	12.19	6.95	5.24	0.18	223	8.6
1972	5.86	5.7	12.18	6.97	5.21	0.22	230	78.9
1973	5.92	5.75	12.15	6.97	5.18	0.33	432	148
1974	5.9	5.73	12.15	6.97	5.18	0.33	282	39
1975	6.17	5.79	12.17	7.01	5.16	0.52	586	77

续表

年份	乡村从业人员（万人）	其中：农林牧渔业（万人）	常用耕地面积（千公顷）	其中：田（公顷）	其中：土（公顷）	农业机械总动力（万千瓦）	农用化肥施用量（折纯吨）	农村用电量（万千瓦时）
1976	6.21	5.92	12.23	6.88	5.35	0.54	489	83
1977	6.21	6	12.23	6.88	5.35	0.83	760	165
1978	6.39	6.18	12.23	6.88	5.35	1.13	563	53
1979	5.81	5.71	12.21	6.88	5.33	1.1	921	86.57
1980	6.06	5.95	12.21	6.88	5.33	1.03	1342.2	342.2
1981	6.19	6.18	12.21	6.79	5.42	1.2	1228	174
1982	6.44	6.42	12.21	6.79	5.42	1.05	956	380.6
1983	6.69	6.61	12.03	6.78	5.25	0.87	1489	133.78
1984	6.88	6.78	12.03	6.78	5.25	1.03	1088	141.76
1985	7.03	6.9	12.03	6.78	5.25	1.15	1286	116.71
1986	7.22	6.99	12.03	6.78	5.25	1.05	1946	130.1
1987	7.14	7.03	12.02	6.77	5.25	0.87	2327	165.6
1988	7.66	7.33	12.02	6.77	5.25	1.48	2346	171
1989	7.89	7.52	12.02	6.77	5.25	1.46	1597	146
1990	8.25	7.83	12.01	6.76	5.25	1.51	1987	320.4
1991	8.35	7.91	12.02	6.78	5.24	1.63	2511	198.53
1992	8.51	7.91	12.02	6.76	5.26	2.69	2234	1752
1993	8.74	8.12	12.01	6.76	5.25	1.89	2106	68
1994	9.16	8.39	12.08	6.81	5.27	2.22	2309	735.23
1995	9.34	8.52	12.05	6.73	5.32	2.25	3073	792
1996	9.43	8.58	12.01	6.76	5.25	2.69	3303	799
1997	9.6	8.74	12.01	6.69	5.32	3	3368	113
1998	9.78	9.02	11.89	6.54	5.35	3.22	4315	933
1999	10.49	9.37	11.87	6.53	5.34	3.57	5564	62
2000	9.16	9.15	11.33	6.52	4.81	4.5	5691	402.11
2001	9.29	9.11	10.86	6.52	4.34	4.99	6346	555.5
2002	10.9	9.44	10.86	6.52	4.34	4.7	5720	600.24
2003	10.91	9.41	10.86	6.62	4.24	4.59	6696	906.83
2004	10.92	8.6	10.86	6.52	4.34	4.6	6333	2622.49
2005	11.08	8.35	10.86	6.62	4.24	5.51	6628	2643
2006	11.09	8.43	10.86	6.62	4.24	7.65	6780	2665.01
2007	11.09	8.43	10.86	6.62	4.24	9.12	6756	2743.12
2008	11.11	8.37	10.86	6.62	4.24	9.65	7112	2789.3

1949—2008年龙里县农林牧渔业情况统计表

附表5续A

年份	粮食作物播种面积（千公顷）	粮食产量（万吨）	#夏粮（万吨）	#稻谷（万吨）	大豆（万吨）	小麦（万吨）	薯类（万吨）	玉米（万吨）
1949	10.71	2.33	0.06	1.98	0.01	0.02	—	0.24
1950	10.84	2.39	0.06	2.04	0.02	0.02	—	0.25
1951	11.04	2.45	0.07	2.09	0.01	0.02	—	0.26
1952	11.06	2.57	0.07	2.2	0.02	0.02	—	0.26
1953	11.06	2.79	0.08	2.42	0.02	0.02	—	0.26
1954	10.79	2.91	0.08	2.56	0.02	0.02	—	0.23
1955	11.12	2.63	0.08	2.24	0.02	0.03	—	0.25
1956	11.93	3.04	0.15	2.55	0.02	0.08	0.02	0.27
1957	12.07	3.2	0.15	2.55	0.03	0.08	0.07	0.38
1958	12.08	3.56	0.18	2.71	0.06	0.11	0.05	0.41
1959	11.44	2.91	0.17	2.3	0.02	0.12	0.06	0.33
1960	14.04	1.94	0.27	1.38	0.03	0.19	0.04	0.17
1961	13.21	2.14	0.14	1.36	0.04	0.07	0.03	0.4
1962	14.68	2.38	0.21	1.63	0.03	0.09	0.01	0.41
1963	13.29	2.4	0.15	1.51	0.04	0.08	0.02	0.62
1964	12.71	3.21	0.21	2.41	0.03	0.15	0.01	0.52
1965	12.92	3.91	0.14	2.95	0.03	0.12	0.01	0.73
1966	14.08	3.68	0.19	2.63	0.07	0.17	0.02	0.73
1967	15.79	4.25	0.54	2.83	0.06	0.47	0.03	0.7
1968	15.71	4.29	0.36	3.07	0.03	0.32	0.03	0.7
1969	15.48	3.79	0.2	2.42	0.06	0.17	0.02	1.01
1970	15.05	4.13	0.34	2.52	0.04	0.31	0.02	0.93
1971	15.86	4.17	0.34	2.67	0.04	0.31	0.03	0.89
1972	17.4	2.56	0.25	1.59	0.05	0.19	0.02	0.62
1973	15.8	4.55	0.42	2.99	0.05	0.26	0.14	1.08
1974	15.8	3.47	0.37	2.08	0.06	0.3	0.12	0.86
1975	15.9	4.15	0.31	2.59	0.06	0.22	0.11	0.87
1976	15.3	4.25	0.44	2.7	0.05	0.35	0.14	0.82
1977	15.2	4.94	0.36	3.28	0.07	0.22	0.12	1.09
1978	15.2	4.23	0.38	2.65	0.08	0.2	0.2	1
1979	14.6	4.75	0.44	3.15	0.04	0.27	0.15	1.05
1980	14.62	4.85	0.45	2.84	0.05	0.01	0.14	1.43
1981	14.32	4.61	0.35	2.87	0.07	0.25	0.12	1.24
1982	13.4	4.74	0.28	3.23	0.05	0.18	0.1	1.1
1983	13.5	5.14	0.32	3.32	0.06	0.21	0.11	1.34

续表

年份	粮食作物播种面积（千公顷）	粮食产量（万吨）	#夏粮（万吨）	#稻谷（万吨）	大豆（万吨）	小麦（万吨）	薯类（万吨）	玉米（万吨）
1984	13.7	5.45	0.36	3.52	0.06	0.23	0.12	1.4
1985	13.1	4.27	0.36	2.96	0.06	0.21	0.12	0.79
1986	14.8	4.72	0.45	2.74	0.11	0.2	0.14	1.28
1987	14.3	3.92	0.36	2.22	0.09	0.16	0.12	1.12
1988	15.2	3.9	0.55	2.5	0.08	0.24	0.18	0.66
1989	16.1	3.61	0.58	2.1	0.09	0.32	0.19	0.74
1990	16.9	5.46	0.91	3.27	0.1	0.56	0.31	1.09
1991	16.2	5.63	0.8	3.27	0.09	0.44	0.32	1.29
1992	15.8	5.1	0.74	3.1	0.09	0.44	0.23	1.08
1993	15.5	5.81	0.77	3.5	0.1	0.43	0.31	1.31
1994	16.5	6.23	0.55	3.61	0.1	0.47	0.37	1.54
1995	17.2	6.4	0.81	3.78	0.09	0.48	0.35	1.58
1996	17.09	6.66	0.81	4.02	0.08	0.48	0.39	1.51
1997	17	6.9	0.85	4.09	0.09	0.52	0.35	1.48
1998	16.9	7.27	0.86	4.31	0.08	0.53	0.39	1.77
1999	16.52	6.88	0.89	3.89	0.06	0.54	0.32	1.92
2000	17.2	7.45	0.92	4.41	0.07	0.56	0.31	1.94
2001	16.6	7.52	0.84	4.59	0.06	0.47	0.32	1.9
2002	15.74	4.37	0.85	1.38	0.06	0.49	0.59	1.77
2003	15.97	7.5	0.89	4.29	0.05	0.49	0.64	1.95
2004	15.68	7.89	0.94	4.4	0.06	0.49	0.62	2.25
2005	15.81	8.18	0.99	4.22	0.05	0.49	0.7	2.66
2006	16.46	8.74	1.05	4.29	0.04	0.5	0.74	3.09
2007	14.78	9.02	1.06	4.4	0.05	0.5	0.74	3.25
2008	16.53	9.15	0.9	4.36	0.05	0.32	0.83	3.51

1949—2008年龙里县农林牧渔业情况统计表

附表5续B

年份	油料（吨）	油菜（吨）	烤烟（吨）	蔬菜（吨）	肉类总产量（吨）	猪牛羊肉产量（吨）	其中：猪肉（吨）	大牲畜存栏头数（头）	猪年末存栏数（头）
1949	342	342	253	7736	300	300	294	22300	10200
1950	342	342	253	7746	300	300	294	22300	10300
1951	361	361	560	7610	300	300	294	22700	11400
1952	371	371	785	7605	300	300	294	23200	13400
1953	384	384	1054	6768	400	400	388	24300	14800
1954	490	490	753	6636	400	400	390	26800	18700

续表

年份	油料（吨）	油菜（吨）	烤烟（吨）	蔬菜（吨）	肉类总产量（吨）	猪牛羊肉产量（吨）	其中：猪肉（吨）	大牲畜存栏头数（头）	猪年末存栏数（头）
1955	626	626	1219	5122	500	500	490	27800	21600
1956	341	333	1574	7723	400	400	370	23900	17600
1957	313	300	1257	3809	600	600	564	25200	26300
1958	552	539	1600	6979	600	600	564	24300	22200
1959	198	193	1105	2052	400	400	380	24200	13000
1960	446	442	400	5915	300	300	288	17300	4800
1961	110	110	250	4022	300	300	288	17200	6400
1962	80	80	425	4018	300	300	288	17600	12700
1963	227	225	600	2752	600	600	570	18900	24600
1964	700	700	930	2774	700	700	663	22900	30100
1965	582	580	1375	2946	700	700	664	24200	39600
1966	349	349	1072	8329	700	700	665	27200	30700
1967	268	268	784	11203	700	700	665	28000	32500
1968	222	220	945	8479	800	800	752	27000	32500
1969	197	193	387	2633	700	700	665	27300	32700
1970	230	225	428	8935	1100	1100	1060	28300	37100
1971	357	345	420	13269	1000	1000	980	31000	33700
1972	232	226	423	11146	1100	1100	1050	29200	33600
1973	345	313	430	11697.7	1500	1500	1410	29100	35500
1974	358	346	421	17730	1700	1700	1564	29600	37500
1975	404	392	854	11241.75	1500	1500	1389	31100	36700
1976	546	497	692	13610.25	1500	1500	1400	32200	33400
1977	186	152	760	11546.15	1500	1500	1410	28200	36800
1978	407	331.8	717.6	9442	1000	1000	1000	30000	42600
1979	506	421	782	5396	2200	2000	1830	31200	46200
1980	920	918	656	8701	2000	2000	1840	32900	46500
1981	2209	2203	1851	8520	1700	1700	1581	33700	46100
1982	2914	2909	2442	8960	2000	2000	1880	34800	52200
1983	2055	2051	2215	9100	2100	2100	1954	37800	54500
1984	2636	2630	3078	10210	2100	2100	1953	41100	57300
1985	2943	2828	3895	19963	3200	3200	2912	42700	66800
1986	4330	4152	1484	24284	3600	3600	3240	47400	64500
1987	4019.7	3891.1	2056.3	17739.2	3300	3300	3053	46600	65600
1988	3720	3658	2883	22567.9	3300	3300	3053	47900	65900
1989	2809	2672	3024	26289	3300	3300	3053	49700	65200
1990	3808	3699	2533	22315	3900	3800	3516	48900	57400
1991	6208	6123	3005	21835	3800	3500	3308	51700	59500

续表

年份	油料（吨）	油菜（吨）	烤烟（吨）	蔬菜（吨）	肉类总产量（吨）	猪牛羊肉产量（吨）	其中：猪肉（吨）	大牲畜存栏头数（头）	猪年末存栏数（头）
1992	4483	4423	2759	22321	4800	4500	4384	52800	60200
1993	4011	3923	3307	26321	4400	4100	3898	52800	63500
1994	4226	4186	1979	35321	4700	4400	4200	57000	68800
1995	4746	4649	2318	36998	4900	4500	4249	57200	75500
1996	4408	4320	2800	40287	5400	5000	4695	57700	77300
1997	4984	4937	4994	40309	5477	5142	4803	58415	77956
1998	4595	4542	2264	50400	5935	5578	5223	59284	79342
1999	5064	5004	2225	55105	5999	5580	5220	59185	79356
2000	5270	5251	2199	60749	6152	5707	5372	59817	80497
2001	4386	4371	2200	63935	6160	5713	5374	59836	80507
2002	4449	4439	2028	65955	6339	5888	5544	59970	80530
2003	4492	4483	1775	74350	7442	6969	6448	62309	94434
2004	4909	4895	1295	78590	8087	7326	6737	63436	104502
2005	5313	5299	1839	103516	9445	8560	7825	63847	107502
2006	3741	3726	1350	104363	7089	6427	6037	48940	74428
2007	3816	3809	1482	116195	6470	5786	5382	50408	73793
2008	2905	2896	1561	128900	6878	6095	5536	53602	78500

1949—2008年龙里县农林牧渔业情况统计表

附表5续C

年份	羊年末存栏数（头）	水产品产量（吨）	农林牧渔业总产值（万元）	农业（万元）	林业（万元）	牧业（万元）	渔业（万元）	农林牧渔业服务业（万元）	农林牧渔业总产值指数（上年=100）
1949	300	—	339	265	29	44	1	—	—
1950	300	—	382	296	39	46	1	—	105
1951	304	—	442	344	42	55	1	—	117
1952	345	—	528	414	45	68	1	—	119
1953	366	—	578	451	51	75	1	—	111
1954	396	—	625	487	51	86	1	—	106
1955	505	—	663	510	52	100	1	—	107
1956	398	3	728	568	46	112	2	—	111
1957	628	4	745	593	53	97	2	—	97
1958	410	5	868	720	56	90	2	—	117
1959	328	6	682	552	62	65	3	—	79
1960	178	6	500	400	62	35	3	—	72
1961	134	8	620	496	65	56	3	—	122
1962	234	10	867	678	73	113	3	—	138

续表

年份	羊年末存栏数（头）	水产品产量（吨）	农林牧渔业总产值（万元）	农业（万元）	林业（万元）	牧业（万元）	渔业（万元）	农林牧渔业服务业（万元）	农林牧渔业总产值指数（上年＝100）
1963	138	5	999	731	89	176	3	—	114
1964	121	6	1245	953	103	185	4	—	128
1965	144	13	1482	1158	126	193	5	—	121
1966	128	5	1402	1094	121	182	5	—	93
1967	120	6	1514	1182	130	197	5	—	109
1968	130	6	1505	1195	109	196	5	—	100
1969	199	6	1293	1052	46	190	5	—	85
1970	281	7	1410	1102	120	184	4	—	110
1971	527	8	1297	955	179	145	18	—	85
1972	490	8	1464	945	299	190	30	—	83
1973	803	4	1732	1173	348	185	26	—	121
1974	687	10	1975	1444	91	436	4	—	113
1975	1317	8	2249	1831	140	277	1	—	114
1976	1138	13	1915	1592	69	251	3	—	85
1977	1563	11	2269	1798	242	228	1	—	119
1978	2713	7	2839	2201	250	383	5	—	102
1979	2813	5	3188	2500	271	416	1	—	108
1980	2460	13	2957	2314	254	386	3	—	93
1981	2381	8	3336.87	2475.02	387.84	471.45	2.56	—	107
1982	1885	12	4020.58	3087.68	365.09	564.36	3.45	—	108
1983	1853	43	3986.06	3145.22	235.72	592.22	12.9	—	104
1984	1789	116	4898.97	3772.94	430.39	660.84	34.8	—	116
1985	1354	236	5575	3869	722	890	94	—	108
1986	2161	233	5677.76	3870.21	603.36	1087.69	116.5	—	101
1987	2382	103	5717	4103	496	1057	61	—	102
1988	2323	138	6888	4822	601	1400	65	—	102
1989	2133	66	8831	6407	533	1845	46	—	103
1990	2678	46	11170.7	7980.7	814	2339.1	36.9	—	105
1991	2211	20	11377	8632	380	2349	16	—	101.31
1992	2227	27	10925	7397	1035	2471	22	—	100
1993	3361	28	16342	12149	969	3186	38	—	108
1994	3278	61	19103	14450	907	3661	85	—	105
1995	5692	75	20462	15626	1018	3713	105	—	105
1996	6929	85	21696	16362	1138	4077	119	—	104.3
1997	9185	501	22187	16647	1163	4256	121	—	104.31
1998	9845	92	23156	17278	758	5028	92	—	104.73

续表

年份	羊年末存栏数（头）	水产品产量（吨）	农林牧渔业总产值（万元）	农业（万元）	林业（万元）	牧业（万元）	渔业（万元）	农林牧渔业服务业（万元）	农林牧渔业总产值指数（上年＝100）
1999	8867	97	23988	17264	609	6018	97	—	101.9
2000	4703	106	26030	18190	671	7063	106	—	105.01
2001	4733	110	28733	20217	1151	7255	110	—	103.84
2002	4851	123	26260	17366	1319	7456	119	—	93.5
2003	6896	140	32474	21470	978	9107	135	784	112.31
2004	8663	175	38196	23731	608	13478	169	210	108.41
2005	9362	217	41546	25450	620	15041	209	226	107.29
2006	6876	237	43767	25537	526	17245	229	230	105.94
2007	7002	240	51081	28125	542	21840	231	343	107.25
2008	9702	253	62987	32255	628	29466	268	370	107.4

1949—2008年龙里县农林牧渔业情况统计表

附表5续D

年份	农业（%）	林业（%）	牧业（%）	渔业（%）	农林牧渔业服务业（%）	农林牧渔业增加值（万元）	农业（万元）	林业（万元）	牧业（万元）	渔业（万元）
1949	—	—	—	—	—	—	—	—	—	—
1950	106	117	101	98	—	—	—	—	—	—
1951	116	106	119	98	—	—	—	—	—	—
1952	120	106	120	97	—	—	—	—	—	—
1953	111	113	110	97	—	—	—	—	—	—
1954	108	99	113	95	—	—	—	—	—	—
1955	104	100	114	95	—	—	—	—	—	—
1956	111	98	112	150	—	—	—	—	—	—
1957	100	102	84	98	—	—	—	—	—	—
1958	120	101	92	98	—	—	—	—	—	—
1959	76	108	68	130	—	—	—	—	—	—
1960	72	101	52	100	—	—	—	—	—	—
1961	118	102	152	100	—	—	—	—	—	—
1962	132	110	195	100	—	—	—	—	—	—
1963	107	119	135	98	—	—	—	—	—	—
1964	129	115	105	122	—	—	—	—	—	—
1965	122	121	104	120	—	—	—	—	—	—
1966	93	95	92	95	—	—	—	—	—	—
1967	110	107	107	96	—	—	—	—	—	—
1968	101	83	98	96	—	—	—	—	—	—

续表

年份	农业（%）	林业（%）	牧业（%）	渔业（%）	农林牧渔业服务业（%）	农林牧渔业增加值（万元）	农业（万元）	林业（万元）	牧业（万元）	渔业（万元）
1969	86	42	95	95	—	—	—	—	—	—
1970	105	240	93	80	—	—	—	—	—	—
1971	84	145	76	350	—	—	—	—	—	—
1972	81.2	114	89	109.7	—	—	—	—	—	—
1973	122.3	133.7	112.3	108	—	—	—	—	—	—
1974	118.9	25	291	14	—	—	—	—	—	—
1975	128.5	143.8	64	22	—	—	—	—	—	—
1976	87.5	49.1	91	378	—	—	—	—	—	—
1977	112.4	355	90.7	28.6	—	—	—	—	—	—
1978	98	102	102	166	—	—	—	—	—	—
1979	114	108	109	20	—	—	—	—	—	—
1980	92	93	93	300	—	—	—	—	—	—
1981	108	101	106	30	—	—	—	—	—	—
1982	107	92	124	150	—	2890.36	2276.26	273.82	336.9	3.38
1983	107	79	107	373	—	2679.3	2094.9	188.58	383.18	12.64
1984	112	182	121	269	—	3454.45	2705.92	344.31	370.12	34.1
1985	96	171	127	204	—	4145.9	2811.3	577.8	664.3	92.5
1986	101	75	121	98	—	4018	2731	482	690	115
1987	107	79	97	46	—	3944	2853	396	634	61
1988	102	104	102	85	—	4727.88	3326.69	451	886.44	63.8
1989	109	62	99	73	—	6470	4825	400	1200	45
1990	106	159	89	70	—	8511.9	6339.22	610.56	1525.94	36.18
1991	104	55	101	60	—	8507.1	5771	929	1782.1	25
1992	93	197	101	138	—	8467.19	5747.53	925.46	1774.43	19.77
1993	109	64	136	100	—	12623	9560	858	2169	36
1994	105	87	108	227	—	12159	9289	806	1983	81
1995	104	115	104	124	—	12646	9835	901	1810	100
1996	104.2	111.5	102.7	112.9	—	12805	9569	1001	2125	110
1997	103.58	101.77	107.24	102.86	—	13125	9730	1025	2256	114
1998	105.91	76.23	108.63	105.56	—	13699	10008	667	2941	83
1999	100.47	79.97	109.88	105.26	—	14593	10094	532	3880	87
2000	104.01	102.52	107.88	110	—	15435	10598	558	4189	90
2001	104.6	113.28	100.78	102.27	—	15930	10938	576	4323	93
2002	88.03	108.68	105.45	113.33	—	14773	9155	1012	4506	100
2003	112.99	84.95	116.58	113.73	—	16514	9868	276	5771	115
2004	105.37	63.17	129.38	124.13	26.6	19705	11873	178	7379	152

续表

年份	农业（%）	林业（%）	牧业（%）	渔业（%）	农林牧渔业服务业（%）	农林牧渔业增加值（万元）	农业（万元）	林业（万元）	牧业（万元）	渔业（万元）
2005	105.01	95.29	111.17	136.11	113	20920	12606	190	7834	156
2006	103.71	88.28	110.21	109.18	101.8	22177	12338	213	9328	169
2007	107.77	105.01	105.54	100.93	149.1	23965	12790	219	10648	165
2008	106.4	105.9	108.6	101.7	107.8	31988	15803	253	15601	177

1949—2008年龙里县农林牧渔业情况统计表

附表5续E

年份	农林牧渔业服务业（万元）	农林牧渔业增加值指数（上年＝100）	农业（%）	林业（%）	牧业（%）	渔业（%）	农林牧渔业服务业（%）
1949							
1950							
1951							
1952							
1953							
1954							
1955							
1956							
1957							
1958							
1959							
1960							
1961							
1962							
1963							
1964							
1965							
1966							
1967							
1968							
1969							
1970							
1971							
1972							
1973							
1974							
1975							

续表

年份	农林牧渔业服务业（万元）	农林牧渔业增加值指数（上年＝100）	农业（%）	林业（%）	牧业（%）	渔业（%）	农林牧渔业服务业（%）
1976							
1977							
1978							
1979							
1980							
1981							
1982							
1983		92.7	92.03	68.87	113.74	373.96	
1984		128.93	129.17	182.58	96.59	269.78	
1985		120.02	103.89	167.81	179.48	271.26	
1986		96.92	97.14	83.42	103.87	124.32	
1987		98.16	104.47	82.16	91.88	53.04	
1988		119.88	116.6	113.89	139.82	104.59	
1989		136.85	145.04	88.69	135.37	70.53	
1990		131.56	131.38	152.64	127.16	80.4	
1991		99.94	91.04	152.16	116.79	69.1	
1992		99.53	99.59	99.62	99.57	79.08	
1993		149.08	166.33	92.71	122.24	182.09	
1994		96.32	97.17	93.94	91.42	225	
1995		104.01	105.88	111.79	91.28	123.46	
1996		101.26	97.3	111.1	117.4	110	
1997		102.5	101.68	102.4	106.16	103.64	
1998		104.37	102.86	65.07	130.36	72.81	
1999		106.53	100.86	79.76	131.93	104.82	
2000		105.77	104.99	104.89	107.96	103.45	
2001		103.21	103.21	103.23	103.2	103.33	
2002		92.74	83.7	175.69	104.23	107.53	
2003	484	111.79	107.79	27.27	128.07	115	
2004	123	119.32	120.32	64.49	127.86	132.17	25.41
2005	134	106.17	106.17	106.74	106.17	102.63	108.94
2006	129	106.01	97.87	112.11	119.07	108.33	96.27
2007	143	108.06	103.66	102.82	114.15	97.63	110.85
2008	154	133.48	123.56	115.53	146.52	107.27	107.69

1949—2008年龙里县乡镇企业总产值情况统计表

附表6

年份	乡镇企业单位数（个）	乡镇企业从业人员（万人）	乡镇企业总产值（万元）	其中：乡镇工业总产值（万元）	乡镇企业总收入（万元）	乡镇企业实际缴纳税金（万元）	乡镇企业税后利润净额（万元）
1949	—	—	—	—	—	—	—
1950	—	—	—	—	—	—	—
1951	—	—	—	—	—	—	—
1952	—	—	—	—	—	—	—
1953	—	—	—	—	—	—	—
1954	—	—	—	—	—	—	—
1955	—	—	—	—	—	—	—
1956	—	—	—	—	—	—	—
1957	—	—	—	—	—	—	—
1958	—	—	—	—	—	—	—
1959	—	—	—	—	—	—	—
1960	—	—	—	—	—	—	—
1961	—	—	—	—	—	—	—
1962	—	—	—	—	—	—	—
1963	—	—	—	—	—	—	—
1964	—	—	—	—	—	—	—
1965	—	—	—	—	—	—	—
1966	—	—	—	—	—	—	—
1967	—	—	—	—	—	—	—
1968	—	—	—	—	—	—	—
1969	—	—	—	—	—	—	—
1970	—	—	—	—	—	—	—
1971	—	—	—	—	—	—	—
1972	—	—	—	—	—	—	—
1973	—	—	—	—	—	—	—
1974	—	—	—	—	—	—	—
1975	—	—	—	—	—	—	—
1976	—	—	—	—	—	—	—
1977	—	—	—	—	—	—	—
1978	218	0.12	135	50	10	7	17
1979	191	0.11	150	36	114	8	30
1980	102	0.07	199	155	84	1	20
1981	104	0.05	132	123	71	5	19
1982	56	0.06	161	153	112	5	39
1983	49	0.1	200	190	143	8	36

续表

年份	乡镇企业单位数（个）	乡镇企业从业人员（万人）	乡镇企业总产值（万元）	其中：乡镇工业总产值（万元）	乡镇企业总收入（万元）	乡镇企业实际缴纳税金（万元）	乡镇企业税后利润净额（万元）
1984	600	0.31	593	330	387	30	103
1985	749	0.34	963	542	871	52	229
1986	667	0.41	1360	1365	1004	30	154
1987	1101	0.53	1826	1529	1668	48	91
1988	1514	0.61	2190	1563	2687	63	275
1989	1966	0.83	2430	3113	3095	73	236
1990	2013	0.78	2748	3530	4418	182	300
1991	1440	0.61	4773	4171	4609	196	322
1992	1620	0.82	8295	5903	7657	187	309
1993	1808	0.81	15966	13557	13132	917	1509
1994	2597	0.95	23410	19905	20102	798	1314
1995	2200	0.82	34935	31254	30148	1256	4151
1996	3211	1.1	52148	47734	47783	1338	6736
1997	4313	1.18	80113	72964	75172	1392	4656
1998	4503	1.85	112214	94229	106203	1773	5013
1999	3518	1.08	145599	118241	128836	2397	13167
2000	3691	1.15	139304	100972	124689	2707	3370
2001	3043	1.29	160369	112454	151009	3419	11872
2002	2856	1.46	183879	124055	173396	4452	16570
2003	2681	1.42	209770	143207	199030	5000	14650
2004	3160	1.49	226958	186405	247098	9145	22947
2005	3011	1.59	238941	192249	233398	10646	12078
2006	2893	1.65	285611	229924	270590	12030	10442
2007	884	1.5	261539	240352	247509	13595	16526
2008	1073	1.49	306807	264505	292241	17381	17074

1949—2008年龙里县工业总产值情况统计表

附表7

年份	工业总产值（万元）	工业总产值指数（上年=100）	工业企业个数（个）	其中：国有（个）	其中：集体（个）	从业人员年平均人数（万人）
1949	82	100				
1950	67	82.82				
1951	66	99.1				
1952	67	98.9				
1953	68	104.2				
1954	80	118.6				

续表

年份	工业总产值（万元）	工业总产值指数（上年=100）	工业企业个数（个）	其中：国有（个）	其中：集体（个）	从业人员年平均人数（万人）
1955	86	108.1				
1956	113	132.4				
1957	108	96				
1958	141	124.9				
1959	278	191.4				
1960	214	75.3				
1961	86	42.1				
1962	64	76.4				
1963	107	153.1				
1964	111	102.4				
1965	110	105.5				
1966	104	91.2				
1967	102	100.1				
1968	84	84.2				
1969	89	103				
1970	131	141.3				
1971	307	228.9	16	16		0.04
1972	464	151	16	16		0.04
1973	406	87.3	11	11		0.03
1974	406	99.3	12	12		0.03
1975	404	99.5	12	12		0.03
1976	447	110.1	12	12		0.03
1977	524	116	13	13		0.03
1978	669	141.1	17	9	8	0.06
1979	745	103.6	17	9	8	0.10
1980	726	92.1	17	8	9	0.15
1981	524	71.2	16	8	8	0.21
1982	726	140.7	55	10	45	0.22
1983	771	126.3	45	9	36	0.21
1984	968	119.7	75	10	65	0.23
1985	1376	133.4	32	12	20	0.22
1986	2211	142.9	28	12	16	0.16
1987	3222	127.4	36	12	24	0.21
1988	4072	113.8	31	11	20	0.26
1989	4834	108.8	23	11	12	0.21
1990	5560	112	25	11	14	0.2
1991	6590	118	23	11	12	0.2

续表

年份	工业总产值（万元）	工业总产值指数（上年=100）	工业企业个数（个）	其中：国有（个）	其中：集体（个）	从业人员年平均人数（万人）
1992	8277	122	99	17	82	0.18
1993	15902	162	23	11	12	0.19
1994	22481	143	23	11	12	0.47
1995	31908	139.7	21	11	10	0.22
1996	50548	150.6	26	11	15	0.38
1997	74527	152.7	50	15	28	0.28
1998	98195	130.6	26	17	5	0.35
1999	121358	116.39	23	16	4	0.26
2000	104596	87.68	20	13	4	0.28
2001	116222	114.57	18	12	4	0.3
2002	126066	126.7	20	12	3	0.32
2003	154888.1	118.9	12	2	2	0.35
2004	191966.5	118.2	16	2	1	0.38
2005	227571	118.5	21	1	1	0.39
2006	256132.7	112.55	19	2	1	0.42
2007	284786.1	111.12	19	2	1	0.41
2008	327166.1	114.88	22	2	—	0.41

1949—2008年龙里县工业总产值情况统计表

附表7续A

年份	工业总产值（万元）	工业总产值指数（上年=100）	其中：国有（%）	指数（上年=100）	其中：集体（%）	指数（上年=100）
1949						
1950						
1951						
1952						
1953						
1954						
1955						
1956						
1957						
1958						
1959						
1960						
1961						
1962						
1963						

续表

年份	工业总产值（万元）	工业总产值指数（上年=100）	其中：国有（%）	指数（上年=100）	其中：集体（%）	指数（上年=100）
1964						
1965						
1966						
1967						
1968						
1969						
1970						
1971	73.89					
1972	140					
1973	147					
1974	185.98					
1975	161.79					
1976	211.51					
1977	208.64					
1978	212	138	329	132.9	276	105.7
1979	189	98.81	331	98.2	294	102.2
1980	173	79.43	317	94.4	218	72.6
1981	208	108.16	311	106.2	202	88.6
1982	424	177.8	373	121.5	233	117
1983	394	101.3	302	96.2	259	101
1984	593	127.6	392	123.7	321	154.2
1985	810	121.8	622	129.8	545	152.2
1986	1102	122.6	802	122.4	770	150.7
1987	2058	159.86	1032	116.6	1604	151
1988	2631	128.1	1304	126.5	2084	112.7
1989	2704	90.3	1192	94.6	2695	114
1990	3195	110.1	1478	107.5	2842	102
1991	3894	114.44	1370	92.2	3629	120.1
1992	4245	103.46	1656	116.9	4848	137.4
1993	4855	103.07	1612	93.2	5838	108.7
1994	22059	471.08	1833	84.2	6344	106.4
1995	27731	117.99	2211	107.6	11195	139.5
1996	31634	118.73	2139	93	6095	54.6
1997	35214	114.42	1583	73.6	22217	413.2
1998	47738	139.6	2800.7	178.8	11562.7	135.7
1999	53792.7	111.12	2315.8	79.74	13004	121.19
2000	63960.4	123.44	2014.3	94.73	20813	147.97

续表

年份	工业总产值（万元）	工业总产值指数（上年=100）	其中：国有（%）	指数（上年=100）	其中：集体（%）	指数（上年=100）
2001	74823.9	118.32	2495.5	130.99	37986.6	202.57
2002	96370.4	132.16	2685.5	87.96	45315.4	118.86
2003	112838.5	117.59	2238.4	83.18	58647.3	131.53
2004	168082.6	126.24	16278.9	763.71	1087.8	2.32
2005	176857.4	123.34	17259.8	110.82	1353.9	118.24
2006	203100.3	114.84	26742.6	159.55	756.2	68.58
2007	249786.1	112.3	27527.4	108.31	801.5	111.24
2008	292166.1	116.97	27168	103.1	—	—

1949—2008年龙里县工业总产值情况统计表

附表7续B

年份	工业增加值（万元）	工业增加值指数（上年＝100）	其中：国有（%）	指数（上年=100）	其中：集体（%）	指数（上年=100）
1949						
1950						
1951						
1952						
1953						
1954						
1955						
1956						
1957						
1958						
1959						
1960						
1961						
1962						
1963						
1964						
1965						
1966						
1967						
1968						
1969						
1970						
1971						
1972						

续表

年份	工业增加值（万元）	工业增加值指数（上年＝100）	其中：国有（%）	指数（上年=100）	其中：集体（%）	指数（上年=100）
1973						
1974						
1975						
1976						
1977						
1978	108					
1979	96	88.89				
1980	90	93.75				
1981	140	155.56				
1982	221	157.86				
1983	280	126.7				
1984	312	111.43				
1985	400	128.21				
1986	538	134.5				
1987	856	159.11				
1988	948	110.75				
1989	886	93.46				
1990	972	109.71				
1991	1052	108.23				
1992	1210	115.02				
1993	1334	110.25	278		1055	
1994	5313	398.28	4487	1614.03	741	70.24
1995	7856	147.86				
1996	9102	115.86				
1997	9553	104.95	−1091.1		1606.8	
1998	20736	217.06	855.7	−78.43	6817.9	424.32
1999	20403.9	98.4	802.9	93.83	5961.5	87.44
2000	20264	99.31	669.5	83.39	5863.1	98.35
2001	28168.9	139.01	836.4	124.93	20833	355.32
2002	42207.1	149.84	1697.8	202.99	26203.8	125.78
2003	47341.3	112.16	713.3	42.01	32183	122.82
2004	57992.2	122.5	6753.3	946.77	345.4	1.07
2005	52423.8	90.4	8084	119.7	253.7	73.45
2006	84599.3	161.38	15387.3	190.34	135	53.21
2007	100500.8	118.8	13865.1	90.11	249	184.44
2008	102624.45	102.11	15126	109.09	—	—

1949—2008年龙里县工业总产值情况统计表

附表7续C

年份	资产合计（万元）	负债合计（万元）	主营业务收入（万元）	税金总额（万元）	利润总额（万元）	原煤（万吨）	发电量（万千瓦时）	化肥（万吨）	水泥（万吨）
1949									
1950									
1951									
1952									
1953									
1954									
1955									
1956									
1957									
1958									
1959									
1960									
1961									
1962									
1963									
1964									
1965									
1966									
1967									
1968									
1969									
1970									
1971						3.14	16.06		
1972						1.81	145		0.01
1973						4.3	75		0.06
1974						3.04	72		0.09
1975						3.72	69.2		0.12
1976						2.38	59		0.13
1977						5.18	34.3		0.18
1978			199	20.06	13.94	3.83	75		0.32
1979			193	19.39	12.61	4.26	91		0.36
1980			170	17.9	10.1	2.4	114		
1981			213	27	15	2.01	34		0.15
1982			339	38.61	46.39	3.37	134		0.42
1983			387	45.46	48.54	4.46	232		0.64

续表

年份	资产合计（万元）	负债合计（万元）	主营业务收入（万元）	税金总额（万元）	利润总额（万元）	原煤（万吨）	发电量（万千瓦时）	化肥（万吨）	水泥（万吨）
1984			585	29.14	94.86	9.64	167		0.89
1985			731	74.51	127.49	11.11	245		1.82
1986			967	78.88	105.12	22.7	190		1.98
1987			1754	117.7	174.3	22.22	174	0.05	1.86
1988			2122	126.9	321.1	23.58	204		2.1
1989			2360	131.1	186.9	26.89	170	0.28	1.85
1990			2859	187.4	106.6	33.31	158	0.68	1.48
1991			3208	149	69	35.71	69	0.53	1.47
1992			4363	405	192	27.38	95		2.56
1993	1861		6123	226	321	31.99	81	0.7	2.72
1994	6609		25370	903	1478	40.25	256	0.07	2.82
1995			26961	3178	1371	35.95	80		2.58
1996			20067	3142	1264	45.31	41		4.56
1997	2903	6561	21247	578	4229.3	71	95	1	5.94
1998	11174.7	10700.25	24398	2614	1529.2	30	40	4.16	7.42
1999	11087.7	12553.65	38202.5	4850.5	−3757.4	19.35	83	0.59	6.21
2000	17600.8	16842.4	56709.4	2363.7	−185.5	15.44	75	1.23	6.78
2001	16248	24419.8		2051.7	1974.8	17.06	38	0.81	8.69
2002	15677.5	38007.61	104522.2	4523.5	3364.2	20	38	2.05	7.67
2003	24610.7	53359	143073.3	4468.1	5706.5	44.2	—	0.81	7.62
2004	30458.6	62537.5	179530	8095.7	25695.9	70	—	3.82	8.22
2005	129266.5	93881.5	140795	8921.5	−2359.5	65	—	2.64	8.11
2006	144166.4	103322.6	131575	6406.2	−3564.9	59	—	2.45	9.28
2007	167881.9	129378.7	175243.8	7363.6	6009.9	34	—	0.11	7.11
2008	228029.9	124597.3	220992.6	12110.1	9301.3	16	—		4.11

1949—2008年龙里县交通情况统计表

附表8

年份	公路里程（公里）	民用车辆拥有量（辆）	货物运输量（万吨）	货物周转量（万吨公里）	旅客发送量（万人）	旅客周转量（万人公里）
1949						
1950						
1951						
1952						
1953						
1954						
1955						

续表

年份	公路里程（公里）	民用车辆拥有量（辆）	货物运输量（万吨）	货物周转量（万吨公里）	旅客发送量（万人）	旅客周转量（万人公里）
1956						
1957						
1958						
1959						
1960						
1961						
1962						
1963						
1964						
1965						
1966						
1967						
1968						
1969						
1970						
1971		8	10.29	64.79		
1972		8	13.84	75.21		
1973		8	13.37	76.31		
1974		9	10.92	58.04		
1975		9	8.1	60.06		
1976		7	5.53	50.24		
1977		22	9.19	81.74		
1978	390	24	11.08	85.64		
1979	390		10.35	183.6		
1980	390	45	9.84	139.49		
1981	390	50				
1982	390	64	12.22	146.95		
1983	390	80	11.06	158.68		
1984	390	111	13.64	228.13		
1985	390	209	14.67	210.75		
1986	390	245	16.52	325.42		
1987	390	246	21.38	426.25		
1988	390	271	23	440	7.1	305.3
1989	456	306	24.17	601.97	8.32	336.45
1990	456	250	23.69	549.27	12.96	110.76
1991	480		29.51	1025.34		
1992	480					

续表

年份	公路里程（公里）	民用车辆拥有量（辆）	货物运输量（万吨）	货物周转量（万吨公里）	旅客发送量（万人）	旅客周转量（万人公里）
1993	480	356	17.39	627.88	14.38	630.38
1994	480	510	18.24	658.43	13.01	552.01
1995	480					
1996	480					
1997	480		115		6.1	
1998	480	608	71	621	77	1921
1999	480	426	22.7	85	61	915
2000	500	502	35	215	41	625
2001	500	768	42	3000	180	4600
2002	550	505	53	5200	165	4400
2003	550	597	55.23	3771.08	136.72	5226.7
2004	550	568	75	4660	217	6610
2005	580	787	81.4	5390	216	7179
2006	704	492	85	5750	215	6450
2007	725	513	98	6850	141	6910
2008	765	596	91	6035	210	7035

1949—2008年龙里县电信情况统计表

附表9

年份	固定电话用户数（户）	小灵通用户数（户）	移动电话用户数（户）	宽带用户数（户）	窄带用户数（户）	业务总量（万元）	业务收入（万元）
1949		—	—	—	—		
1950		—	—	—	—		
1951		—	—	—	—		
1952		—	—	—	—		
1953		—	—	—	—		
1954		—	—	—	—		
1955		—	—	—	—		
1956		—	—	—	—		
1957		—	—	—	—		
1958		—	—	—	—		
1959		—	—	—	—		
1960		—	—	—	—		
1961		—	—	—	—		
1962		—	—	—	—		
1963		—	—	—	—		
1964		—	—	—	—		

续表

年份	固定电话用户数（户）	小灵通用户数（户）	移动电话用户数（户）	宽带用户数（户）	窄带用户数（户）	业务总量（万元）	业务收入（万元）
1965	166	—	—	—	—		
1966	157	—	—	—	—		
1967	163	—	—	—	—		
1968	163	—	—	—	—		
1969	165	—	—	—	—		
1970	171	—	—	—	—		
1971	176	—	—	—	—	8.86	
1972	179	—	—	—	—	9.19	
1973	181	—	—	—	—	13.39	
1974	181	—	—	—	—	13.99	
1975	190	—	—	—	—	12.9	
1976	198	—	—	—	—	11.17	
1977	200	—	—	—	—	10.26	
1978	248	—	—	—	—	11.4	
1979	255	—	—	—	—	10.42	
1980	275	—	—	—	—	11.59	
1981	328	—	—	—	—	14.64	
1982	564	—	—	—	—	14.27	
1983	424	—	—	—	—	15.16	
1984	494	—	—	—	—	16.4	
1985	543	—	—	—	—	18.54	
1986	574	—	—	—	—	19.89	
1987	558	—	—	—	—	21.6	
1988	328	—	—	—	—	23.5	
1989	368	—	—	—	—	29.7	
1990	646	—		—	—	55	
1991	676	—		—	—	65	
1992	1012	—		—	—	81	
1993	1061	—		—	—	123	
1994	1305	—		—	—	132	
1995	1158	—		—	—	180	
1996	2108	—		—	—	353.53	
1997	2912	—		—		431	
1998	3328	—		—		695	
1999	4456	—	1097			1038	
2000	6907		2574			610	

续表

年份	固定电话用户数（户）	小灵通用户数（户）	移动电话用户数（户）	宽带用户数（户）	窄带用户数（户）	业务总量（万元）	业务收入（万元）
2001	9987		6400			1171.9	
2002	13123		8970			1560	
2003	15154		12800			969.4	
2004	15100	3240	15253			1145.5	
2005	15747	2407	20092			1161	
2006	10836	1882	25710			1108	
2007	10259	2014	27360	1586			1219
2008	11297	1881	37100	1866			1317

1949—2008年龙里县财政收支情况统计表

附表10

年份	财政总收入（万元）	地方财政收入（万元）	地方财政支出（万元）	其中：教育事业费支出（万元）
1949	—	—	—	—
1950	32	32	5	—
1951	8	8	9	—
1952	6	6	13	—
1953	31	31	34	—
1954	52	52	42	—
1955	61	61	43	—
1956	45	45	53	—
1957	55	55	52	16
1958	110	110	94	—
1959	—	—	—	—
1960	—	—	—	—
1961	77	77	103	14
1962	115	115	84	15
1963	99	99	134	16
1964	148	148	107	20
1965	169	169	120	24
1966	140	140	138	28
1967	115	115	143	27
1968	137	137	106	26
1969	90	90	135	17
1970	111	111	132	28
1971	135	135	175	38
1972	119	119	191	44

续表

年份	财政总收入（万元）	地方财政收入（万元）	地方财政支出（万元）	其中：教育事业费支出（万元）
1973	163	163	234	43
1974	154	154	235	48
1975	156	156	281	59
1976	151	151	257	60
1977	179	179	325	64
1978	201	201	428	73
1979	177	177	451	94
1980	208	208	432	103
1981	332	332	587	113
1982	379	379	745	135
1983	402	402	743	152
1984	455	455	889	188
1985	560	560	980	224
1986	456	456	1048	239
1987	589	589	934	261
1988	725	725	1153	321
1989	866	866	1410	359
1990	897	897	1432	386
1991	1040	1040	1513	423
1992	1269	1269	1955	541
1993	1928	1928	2764	618
1994	2148	1058	2798	828
1995	2408	1227	3262	926
1996	3130	1809	3802	983
1997	4024	2416	4353	1129
1998	4554	2520	4608	1408
1999	5314	2991	6052	1755
2000	6004	3378	6905	1854
2001	7081	4006	10112	2800
2002	8321	4372	14299	3440
2003	10018	5222	14633	3475
2004	14388	5735	16522	3903
2005	17168	6882	22731	4836
2006	16105	7780	25692	6694
2007	18945	8575	31400	9182
2008	24595	10229	39192	10701

1949—2008年龙里县金融机构存贷款余额情况统计表

附表11

单位：万元

年份	金融机构存款余额	其中：城乡居民存款余额	金融机构贷款余额
1949			
1950			
1951			
1952			
1953			
1954			
1955			
1956			
1957			
1958			
1959			
1960			
1961			
1962			
1963			
1964			
1965		28	
1966		34	
1967		30	
1968		32	
1969		29	
1970		32	
1971	781.3	39.5	
1972	856.1	52.6	
1973	1156	53.2	
1974	752	54.6	
1975	668	56	
1976	792.2	56.6	
1977	841	59.4	
1978	638.9	61.2	
1979	505.2	66.4	
1980	794.4	100	
1981	1186.5	142.8	743.5
1982	1198	206.2	1109.6
1983	1603.9	259.2	1275.6
1984	2634.92	360	1439.1

续表

年份	金融机构存款余额	其中：城乡居民存款余额	金融机构贷款余额
1985	2144.9	518	1362.8
1986	2389.1	685.9	2315.5
1987	2739.5	1206.2	2654.6
1988	3263.7	1352.9	3036.6
1989	4010.7	1563	3532.9
1990	4058.9	2255	3990.2
1991	5744.5	3210	5154.8
1992	7190.2	4008	5833.6
1993	8232.5	4903	7832.2
1994	9749	4791	8856
1995	1487.4	8080.6	9355.4
1996		11392	
1997	19459	12093	14930
1998	21765	14146	16061
1999	24196	15251	18801
2000	26990	17410	16538
2001	31538	20535	18273
2002	36680	22982	20774
2003	44803	27543	23022
2004	55827	33053	24818
2005	70846	41246	29824.92
2006	82358.3	48977.96	37920.61
2007	96642.73	60492.83	48393.43
2008	127339	73247	38052

1949—2008年龙里县商贸情况统计表

附表12　　　　单位：万元

年份	社会消费品零售总额	其中：按级别和按类别分				
		县	县以下	批发零售贸易业	住宿和餐饮业	其他
1949	82					
1950	92					
1951	119					
1952	168					
1953	226					
1954	289					
1955	311					
1956	371					

续表

年份	社会消费品零售总额	其中：按级别和按类别分				
		县	县以下	批发零售贸易业	住宿和餐饮业	其他
1957	434					
1958	487					
1959	420					
1960	350					
1961	474					
1962	535					
1963	505					
1964	582					
1965	673					
1966	772					
1967	748					
1968	749					
1969	655					
1970	790					
1971	977				16.44	
1972	1151				15.67	
1973	1234				15.49	
1974	1064				13.36	
1975	1228				17.86	
1976	1121				17.61	
1977	1200.03	601.36	598.67		14.49	
1978	1318.33	610.16	708.17	1155.21	30.2	132.92
1979	1300.47	596.57	703.9	1148.73	18.13	133.61
1980	1417.61	669.63	747.98	1294.48	34.48	88.65
1981	1687.51	802.27	885.24	1370.73	30.76	286.02
1982	1776.56	864.3	912.26	1534.81	36.76	204.99
1983	1899.23	827.62	1071.61	1551.21	35.60	312.42
1984	2073.15	885.59	1187.56	1842.18	30.69	200.28
1985	2429.16	1085.14	1344.02	1882.86	43.86	502.44
1986	3292.72	1546.38	1746.34	2370.43	57.93	864.36
1987	3649.16	1935.67	1713.49	2706.36	80.99	861.81
1988	4437.22	2203.94	2233.28	3538.31	111.73	787.18
1989	4646.93	2209.68	2437.25	3717.61	107.84	821.48
1990	4701.45	2237.28	1781.39	3799.36	158.65	743.44
1991	4979.54	2417.77	1766.77	3940.74	228.08	810.72
1992	5357.51	2635.5	2721.01	4131.73	255.54	970.73

续表

年份	社会消费品零售总额	其中：按级别和按类别分				
		县	县以下	批发零售贸易业	住宿和餐饮业	其他
1993	5203	2141.4	3061.6	2326.3		2623.8
1994	7907			5504	93	3731
1995	8852			6832	103	1917
1996	8045			4525	45	3475
1997	7958	4200	3758	4856	212	2890
1998	8860	2671	6189	4330	550	3980
1999	11423	4963	6460	5973	1007	4443
2000	11998	4767	7231	6386	998	4614
2001	12859	5915	6944	7607	815	4437
2002	14220	8155	6065	8235	1385	4600
2003	16525	9267	7258	12302	3550	673
2004	18350	10203	8147	14630	3090	630
2005	19021	12109	6912	15991	2566	464
2006	21725	13570	8155	18264	2930	531
2007	25815	15657.8	10157.2	21317.5	3825.5	672
2008	32057.8	19392.3	12665.5	27358.7	4000.1	699

1949—2008年龙里县教育情况统计表

附表13

年份	中等教育学校数（个）	中等教育在校学生数（人）	中等教育专任教师数（人）	普通中学学校数（个）	普通中学在校学生数（人）	普通中学专任教师数（人）	普通小学校数（个）	普通小学在校学生数（人）	普通小学专任教师数（人）	学龄儿童入学率%
1949	—	—	—	1	90	6	14	1270	40	
1950	—	—	—	1	102	9	28	1909	59	
1951	—	—	—	1	139	9	30	3463	115	
1952	—	—	—	1	93	15	54	4532	180	
1953	—	—	—	1	163	15	40	5067	184	
1954	—	—	—	1	148	15	73	5551	213	
1955	—	—	—	1	165	15	70	5886	202	
1956	—	—	—	1	309	22	69	6872	245	
1957	—	—	—	1	334	22	77	8153	238	
1958	—	—	—	1	394	22	103	10226	352	98
1959	—	—	—	1	738	23	53	10348	357	97
1960	—	—	—	1	715	23	53	8726	291	84.33
1961	—	—	—	1	389	23	53	7354	237	67.73
1962	—	—	—	1	275	17	72	5570	278	70.16
1963	—	—	—	1	342	28	108	7544	277	84.58

续表

年份	中等教育学校数（个）	中等教育在校学生数（人）	中等教育专任教师数（人）	普通中学学校数（个）	普通中学在校学生数（人）	普通中学专任教师数（人）	普通小学校数（个）	普通小学在校学生数（人）	普通小学专任教师数（人）	学龄儿童入学率%
1964	—	—	—	1	442	27	166	10830	371	64.21
1965	—	—	—	1	589	33	183	13332	422	74.69
1966	—	—	—	1	589	35	279	17111	460	93.18
1967	—	—	—	1	502	45	266	14260	460	86.95
1968	—	—	—	1	158	53	206	15432	497	87.72
1969	—	—	—	1	329	53	183	10535	541	79.99
1970	—	—	—	1	1874	55	172	13156	369	83.35
1971	—	—	—	1	619	36	181	15459	668	74.83
1972	—	—	—	1	2486	116	207	18813	680	87.15
1973	—	—	—	2	2785	133	215	20069	712	77.77
1974	—	—	—	2	2663	163	241	22599	760	82.53
1975	—	—	—	2	4394	167	229	23136	978	81.16
1976	—	—	—	2	6243	298	308	25048	929	87.67
1977	1	26	9	2	7335	365	277	25115	945	86.79
1978	1	81	9	2	8090	273	247	26012	915	89.08
1979	1	90	9	6	7168	360	247	25029	938	86.41
1980	1	94	9	6	6024	280	219	25625	1013	89.85
1981	1	90	9	6	5264	258	215	25392	1049	89.45
1982	1	103	11	6	4674	264	208	26147	965	79.5
1983	1	153	9	6	4279	244	223	27411	965	88.9
1984	1	108	12	6	4302	224	203	29268	972	93.6
1985	1	83	4	6	4856	260	224	29250	1018	96.27
1986	—	—	—	6	5030	274	155	29036	1020	95.04
1987	—	—	—	6	5407	311	132	28771	1134	95.14
1988	—	—	—	6	5274	289	135	28835	1135	94.87
1989	—	—	—	6	5177	256	126	26048	1207	93.11
1990	—	—	—	6	5661	311	125	23882	1198	94.28
1991	—	—	—	6	5415	308	126	23098	1254	91.84
1992	—	—	—	6	5589	328	126	22914	1272	95.03
1993	—	—	—	7	5404	324	122	22400	1129	95.78
1994	—	—	—	7	5526	340	123	23054	1146	96.64
1995	—	—	—	7	6153	361	116	24150	1150	96.75
1996	—	—	—	7	6960	410	113	24074	1113	94.02
1997	—	—	—	10	6876	410	121	24638	1261	97.76
1998	—	—	—	11	6969	434	115	24828	1147	97.8
1999	—	—	—	11	8033	486	121	26009	1207	98.99

续表

年份	中等教育学校数（个）	中等教育在校学生数（人）	中等教育专任教师数（人）	普通中学学校数（个）	普通中学在校学生数（人）	普通中学专任教师数（人）	普通小学校数（个）	普通小学在校学生数（人）	普通小学专任教师数（人）	学龄儿童入学率%
2000	—	—	—	11	9220	517	101	25438	1232	98.15
2001	—	—	—	15	9982	555	108	24727	1190	99.1
2002	—	—	—	15	10983	606	105	24561	1198	99.3
2003	—	—	—	15	11621	627	114	24552	1229	99.4
2004	—	—	—	15	12128	614	100	24114	1207	99.5
2005	—	—	—	15	12059	647	100	23644	1213	99.1
2006	—	—	—	16	12109	650	96	23969	1183	99.3
2007	—	—	—	16	12085	668	95	22362	1192	99.53
2008	—	—	—	16	12229	703	90	21401	1207	99.56

1949—2008年龙里县科技和广播情况统计表

附表14

年份	国有单位自然科技人员（人）	广播人口覆盖率（%）	电视人口覆盖率（%）	专业技术人员（人）
1949	—			
1950	—			
1951	—			
1952	—			
1953	—			
1954	—			
1955	—			
1956	—			
1957	—			
1958	—			
1959	—			
1960	—			
1961	—			
1962	—			
1963	—			
1964	—			
1965	—			
1966	—			
1967	—			
1968	—			
1969	—			
1970	—			
1971	—			

续表

年份	国有单位自然科技人员（人）	广播人口覆盖率（%）	电视人口覆盖率（%）	专业技术人员（人）
1972	—			
1973	—			
1974	—			
1975	—			
1976	—			
1977	380			
1978	453	95.02	79.52	952
1979	434	95.03	79.46	980
1980	392	95.03	79.72	1012
1981	408	95.02	79.94	1107
1982	446	95.02	80.16	1200
1983	444	94.98	80.29	1325
1984	442	95.08	80.15	1410
1985	528	98.6	80.37	1450
1986	513	98	80.39	1480
1987	572	95	80.44	1505
1988	586	91.72	90.71	1807
1989	563	88.36	90.64	1882
1990	800	97.68	90	1980
1991	715	88.36	65.4	2032
1992	715	88.36	66.34	2116
1993	833	90	69	2210
1994	823	90	69.3	2315
1995	856	90	69.3	2410
1996	624	90	71	2634
1997	753	90	71.3	2750
1998	811	90	97.08	2815
1999		98.2	71.8	2910
2000		98.34	93	2955
2001		93.2	78.6	3050
2002		93.2	78.6	3145
2003		93.4	88.8	3097
2004		98.72	97.92	3130
2005		94.7	90	3086
2006		93.43	80.63	3126
2007		79.17	90.77	2976
2008		78.29	90.74	2856

1949—2008年龙里县医疗卫生情况统计表

附表15

年份	卫生机构数（个）	其中：医院（个）	卫生机构床位数（张）	其中：医院（个）	卫生技术人员数（人）	其中：医生（人）
1949	1	1	—	—	4	2
1950	1	1	5	5	5	3
1951	1	1	10	10	7	3
1952	3	1	20	20	10	5
1953	5	1	20	20	29	11
1954	8	1	25	25	36	14
1955	10	1	28	28	41	23
1956	13	1	30	30	69	38
1957	15	1	38	38	63	35
1958	31	1	42	42	61	33
1959	28	1	42	42	52	28
1960	23	1	45	45	51	28
1961	29	1	45	45	88	49
1962	24	1	35	35	122	49
1963	22	1	35	35	136	59
1964	21	1	45	45	128	56
1965	25	4	65	65	139	59
1966	25	4	65	65	110	59
1967	25	4	65	65	121	59
1968	25	4	65	65	128	59
1969	30	4	72	72	137	70
1970	32	4	74	74	191	107
1971	37	5	98	93	196	88
1972	37	5	116	98	190	109
1973	35	5	100	100	171	57
1974	34	5	107	107	180	65
1975	34	5	141	107	193	71
1976	35	5	150	120	219	88
1977	35	5	185	130	222	90
1978	35	5	209	155	295	84
1979	35	5	165	125	276	81
1980	36	5	165	125	286	79
1981	36	5	167	125	302	83
1982	35	5	141	131	316	94
1983	39	5	192	161	314	80

续表

年份	卫生机构数（个）	其中：医院（个）	卫生机构床位数（张）	其中：医院（个）	卫生技术人员数（人）	其中：医生（人）
1984	39	5	209	178	312	78
1985	39	5	282	244	338	85
1986	43	5	227	171	341	99
1987	46	5	233	189	353	113
1988	45	5	235	193	411	154
1989	47	5	242	201	439	163
1990	43	5	251	203	440	176
1991	44	3	247	237	484	203
1992	23	3	257	235	465	189
1993	27	3	230	220	441	190
1994	26	3	236	226	429	179
1995	27	3	230	215	444	249
1996	20	3	230	195	409	219
1997	21	3	254	232	427	226
1998	22	3	250	230	459	243
1999	19	3	259	152	428	194
2000	22	3	248	139	385	296
2001	19	3	284	139	391	300
2002	19	3	284	139	345	270
2003	20	3	234	103	368	278
2004	20	3	234	103	392	130
2005	20	2	245	120	359	289
2006	19	2	215	120	361	153
2007	21	4	288	160	357	163
2008	21	4	288	160	411	184

三、文献辑存

《长征大事典》龙里资料摘录

一九三五年四月

五日

中央红军在各路敌军奔向贵阳时，为进一步造成敌人的错觉，突然进到开阳县东南部的清水江西岸，派出小股兵力和工兵，分别在水尾、中渡、小河口等地的清水江上架桥，伪装东渡，主力集结待命。此时，在贵阳坐镇的蒋介石判断红军主力可能东进与红二、红六军团会合，于是急调湘军三个师向石阡、余庆堵截；令桂军一部向清水江以东集结，阻止红军东进南出；令到达贵阳及其以北地区的吴奇伟第一纵队、孙渡第三纵队和第五十三师，分三路向东追击；第二纵队周浑元部则位于息烽以北的乌江北岸筑堡，防止红军再次北渡乌江。

中央红军形于东进，意在西进。当各路敌军增援贵阳，特别是滇军孙渡纵队调往贵阳以东，云南境内敌军主力大部调走，出现了毛泽东所预料的“只要能将滇军调出来，就是胜利”的有利局面。

七日

中革军委抓住各路敌军纷纷向贵阳以东集结，云南和黔西南地区兵力空虚的有利时机，致电红一军团军团长林彪、政委聂荣臻：

（一）滇敌有到贵定并向羊场“进剿”讯。

（二）我野战军决从贵阳、龙里之间南进，望立即侦察由老巴乡、刘家庄转至洗马河、喇磅、隔水、高堡、龙里、麻若场及经观音山小路向王关、比孟场、鸡鸣堡的两条道路与其平行路和里程，准备一军团及军委纵队八号向此路前进。

（三）你们派往水尾、独木河、红岩河的警戒部队今七号晚可作准备架桥东渡姿势，并即作侧卫及后卫警戒，随一军团后卫前进。

（四）三军团先头师应准备明日三时出发，并有佯攻龙里之任务。

同日

中革军委就中央红军佯攻贵阳、龙里，从贵阳、龙里间南进的军事部署再次致电红一、三、五军团首长林彪、聂荣臻、彭德怀、杨尚昆、董振堂、李卓然：

甲、估计现敌人吴奇伟纵队、李抱冰师及在贵定之滇军将会攻羊场，如其知我南移，则吴敌将经宋家渡向洗马河追，滇敌后续军队将开贵阳、龙里。

乙、我野战军决以遭遇敌人，佯攻贵阳、龙里姿势，从贵阳、龙里中间向南急进，以便迅速占领定番。

丙、各军团八号行动：

A.第三、五军团为右纵队，三军团应派出两个先遣团，一经贵阳大道，限明十二时占领永乐堡、大关；一经羊角桥南进，限十四时占领黎儿关，均控制洗马河及龙里通贵阳两大道，并前出游击队作佯攻贵阳姿势，以掩护全军南移。三军团主力应明四时出发，进到永乐堡、黎儿关之间宿营，策应两方。五军团应由牛场坝经干坝、毛洞（不经洗马河）到大小谷龙，在三军团后经羊角桥进至黎儿关东北之凉水井宿营，并应留后卫团在主力后两小时后跟进，以阻滞吴敌可能的尾追。

B.一军团及军委为左纵队，由一军团派出先头师（缺一团）经刘家庄、罗邦、新场，以一部佯攻龙里，主力控龙里以西之水桥、东下桥地域，限明十四时到达，以掩护全军南移。军团直属队、军委前梯队及另一个团路该师主力后经高堡转小路，由观音山进至哨官田、王关一带宿营，该军团后卫师及军委后梯队、干部团经洗马河、新庄、元保寨、石头寨到塘房、高菜塘、哨官田地域，以便策应龙里及贵阳两方友军。

C.各军团应准时出动，加强侧卫，严密搜索，遇敌尤其小队应赶快解决之，迅达目的地，免被阻滞，并严密夜间警戒，破坏沿途电线。

八日

中央红军派一部在清水江上架桥，伪装主力东渡；主力分为左、右两个纵队，于九日由贵阳、龙里之间突破敌人防线，越过湘黔公路，以每天一百二十里的速度，分两路经青岩、广顺、鸡场和定番（今惠水）、长顺、紫云等地，向云南方向急进，使蒋介石围歼红军于黔东的计划又一次成为泡影。……

一九三六年一月

二十日

……红二、红六军团开始西进，翌日在龙溪附近突破敌人第二十三师的封锁线。继而南下，二十四日占瓮安。二十六日攻克平越（今福泉），歼敌一个营，并在马场坪击退敌人第九十九师的截击。接着西取洗马河，袭击龙里，前锋威逼贵阳。蒋介石急令第九十九师和第二十三师向贵阳收缩，调郝梦龄纵队向湄潭集中，企图南渡乌江截击红军。三十一日，在离贵阳北六十华里的扎佐镇突破封锁线，挥师西进占领修文县城。进而红军占领贵阳西北的黔西、大定、毕节县城，扩大红军五千多人，并着手创建苏区。

说明：资料来源于《长征大事典》，《长征大事典》编委会编，主编姜思毅，贵州人民出版社1996年9月北京第1版

广济桥记

王　训

龙里为南荒要区，前代未有卫也。我朝受天明命，奄有万国肇置。兹卫既实以兵，而又兼领民事，故卫制为军民指挥使司。而兵屯夷寨，参列其境，旦夕远近，皆入卫奔走职事、贸易货殖。其路当西南隅，有源溪截道而东，厥流奔疾，非偈厉可涉。先是架木为杠，以利行者；会积雨涨溢，辄决杠漂木，葺而复毁，吏民恒病涉焉，虽有急速，弗克济也。

正统壬戌冬，贵州按察司副使济宁李公奉命经理屯田，农务大兴，不三二年，仓廪充实而兵民亦有余赀。丙寅秋，卫指挥使储侯度其力可以给斯役也，乃会集僚属，捐俸禄为倡，复命住持僧昌明劝募金谷以鸠工，未几而足。卜日经始，凿石为梁，冶铁弥缝，明年告成。来者往者，咸乐利济，因命之曰广济焉。

寻谓是桥，非储侯之勤政，而无以举之；非宪副李公则兵食有弗足，而民力不可为用也。苟不纪其所自，久必泯而不彰，无以示劝后来，乃走币求予记。予闻，水有桥梁，民不病涉，亦王政之一端也。昔公孙侨听政于郑，尝以乘舆济人于溱洧间，孟子讥其惠而不知为政。夫以侨有君子之道可称，犹或有遗于此。矧储侯以武臣为卫，乃能举而成之，以惠利于众人，其善政固可书也已。虽然，百役之成，靡不涉于力也。龙里要荒，土利硗薄，而能使其人有余力，至于可以给公家修废举坠之役，则凡仰事俯育之愿，必先有以遂之矣。桥之成是又本于宪副公，而公之善政及民，又岂特作兹一桥一事所可称述而书之也哉！

姑录其实，以纪岁月云尔。

说明：据《（嘉靖）贵州通志》《西南稀见方志文献·贵州图经新志》及贵州省图书馆影写晒印本《（弘治）贵州图经新志》点校

新建莲峰书院记

陈熙晋

黔之有书院也，自明王文成讲学始也。顾仅在会城，他未数见。今圣化覃敷，儒风日启，偏州下邑多设书院为士子观摩地，彬彬乎称盛矣。

龙里自明洪武二十三年始置卫，宣德八年始建学，我国朝康熙十一年始设县。由黔达楚驿凡九，县当其第一驿，轮蹄往来无虚日。地故薄瘠，而有力之家盖寡。官斯土者，则迎送供亿，朝夕不遑，以故书院阙焉未立。

道光九年秋，熙晋来知县事，思创为课士之所而未得其地。越明年，乃度基于县署之前，捐俸购之。爰命芟其榛艿，剔其荆棘，高高下下，削凸平凹。中为讲堂五楹，前庭后寝，翼以横舍，缭垣墉，饰丹粉，不侈不陋，规划备具。龙架山拱其左，马鞍山据其右，溪水回环若带。端若植圭拱揖于前者为印峰，最高者为莲花山，单椒秀蕚，正以书院对，因以名之尔。经始于道光十年冬十一月，逾年而工迄。计费千金有奇。又置田亩百余区，为书院永业，以佐经费。县之人士咸庆亲师乐群之有其地焉。

昔之书院若白鹿洞，若岳麓，皆极一时师友之盛，以收磨砻切磋之益。又广储载籍之富，质疑问难悉有本末可援据，故人才出其中者甚多。若夫边徼荒陬，域于万山之中，家少颛门，市无书肆，弦诵之

声寂寥希阔，士之志于学者倍难，故书院尤亟亟也。夫牛涔无径尺之波，蚁蛭无逾丈之木，鲜有过而问焉者。及至凌万顷之汪洋，睹千仞之崱屴，然后心悸色骇，惝恍而自失。无他，意狎于习之常，志旷于见之大也。是故山钟于岳，水汇于海，学蕲至乎圣人之道。士人际稽古右文之世，藏修息游于斯，讲其德行，习其文艺。处则循孝弟忠信之实，而出则膺天下国家之重，所以仰答圣世作人之雅化者，于是乎在。岂惟盛长通、尹道真之徒擅美于往册哉！

是举也，襄其事者，孝廉戴君崇纬，生员周生占鳌、黄生凤鸣、戴生方升、胡生连开也。例得并书。

说明：摘自《贵阳府志》校注本

游翠微寺记

段兆鳌

光绪癸巳冬，予将入都应试，至岳家踵辞。值日色晴明，偕内兄森甫熊君往游翠微寺。

自山麓至巅，约半里许，蹑登而上，经石门数重，至中层佛殿，见远山环卫、绣壤平铺，广廓数十里，略无扞格，胸臆为之豁然。所谓周顾惬心目者，其殆是欤！绕山径出殿后，得一阁，其下层所见无异，第二层供观音、文昌、达摩象。倚窗而望，万叠云山，悠扬不尽。熊君谓予曰："欲穷千里目，盍更上一层楼乎？"至上层，则巍然座上者，端冕凝流之玉皇象也。前有匾一方，书"惟德动天"四字，为吾乡前辈邓石庵孝廉所献。石庵公因避乱，侨居课读于此，以是年领乡荐。其梁上字迹隐隐可辨，则为乾隆四十三年所建，备书龙邑之县令、学博、营泛官衔，暨五堡八寨首领姓名。夫以区区之阁而所书若此，或前者遭苗匪之乱，各官弁择地聚守于此，故有是欤，则亦斯阁一时之盛矣！

试与熊君凭窗而望：其北则有青龙山，梵宇崇隆，林木深秀，若琅琊之胜境也；其南则有香炉山，屏山列障，蜿蜒数十里，若武夷在目，令人接应不暇也；其东则有文昌阁，挺立平原，朱碧璀璨，上接乙垣之秀气也；其西则为羊场，人家连接，墟里烟明，竹柏松杉，星罗棋布，森然而蔚然，如睹世外之仙源也。其远山之若拱若揖，绵亘于天际；其远水之若襟若带，萦洄于地中者，则自然之图也。

观未既，熊君告予曰："此寺老僧字仁山，颇高致，曷往访之？"乃至禅房访仁山禅师。仁山年六十余，骨瘦而清，神怡而静，见客至，辗然而笑曰："读书人亦乐此乎？"答曰："正惟喜读书，乃耽山水之乐而不疲。"继询仁山之平生，仁山乃言曰："予以幼龄祝发，暮鼓晨钟，行所无事。既壮，值潘逆之乱，远近戒严，乡人以斯山之屹立而敌不能乘也，乃借梵王居为驻防地，各村寨资以保卫，聚烟火至千余家，君所见之后墙，乃即昔日之壁垒也；所见之石堡，即昔日之碉楼也，五更鼓角、四野烽烟，盖十余年始洗甲兵而见天日。虽地险无恙，贼屡攻而败志，可称人寰福地，亦天之爱惜生灵，特生斯山以保障一方耳。"

予因仁山之言而有感矣！且夫，观世不由乱而治，无以知耕凿之安，大异于兵燹之危也；处世不由难而易，无以知饱暖之适，大异于饥馑之迫也。今者，羔羊介寿，民庆丰亨，麟凤炳文，士欣腾达，其服光畴而食旧德者，不将安而忘危欤。然果能弭患于未然，其上减赋而平徭，其民慕礼而好义，浇风悉化，默契天心，永敦婣睦之俗，隐杜争夺之渐，无使斯寺为锋镝之区也，岂不幸甚！

既与仁山言，走笔以志斯境之盛，兼以见天生斯山也，大有关于斯民斯地。

说明：据《龙里文史资料选辑（一）》整理

黔南识略·龙里县

龙里县在府治东五十里。唐宋为罗甸蛮地。元置龙里县，属龙里州。明洪武二十三年改置龙里卫，二十九年升为军民指挥使司。国朝顺治十五年裁指挥，设守备。康熙十一年，裁卫设县。设知县一、教谕一、训导一、典史一。

其境东至贵定县梳妆石界三十里；西至贵筑县黎儿关界二十五里；南至定番州匾街界五十里；北至本府狗场寨界九十里；东南至本府毛箕堡界四十里；西南至本府中曹司界三十里；东北至贵定属新安界三十里；西北至本府虎坠司界五十里。保障会城，噤喉要地。城周围五里三分，计八百四十五丈一尺，高一丈四尺，甃以石，明洪武二十三年建。岁久倾圮，乾隆二十七年重修，门四。

紫虚山今名冠山，石骨嶙峋，曲径盘绕，建紫虚阁其上，山在城内。龙架山在城南一里，壁立千仞，轶云造汉，县之镇山也。下有留云洞，洞下甚深，轩豁爽朗，石乳嵌空，鲜润欲滴。明巡抚郭子章题曰“雕云”。洞左十余丈许有一洞，水从洞出，冬夏恒流，近城田亩以资灌溉，有小沟分引入城，人多汲饮。城西一里有马鞍山。城北二十里有云台山，高五里许，磅礴蜿蜒，横亘数里，顶有寺。城西三十里有长冲山，昔为苗蛮出入之所，成化间置堡哨以守之。城西南五里有莲花山，山腹有洞，深不可测。又有莲泾，鲤鱼石在城西五里，长可五六尺许，鳞甲欲动。

原溪其源出县南二十里朵花山之龙洞，径县西五里有广济桥，俗名水桥，为往来官道，转龙湾水注之，又梅子关水注之。簸箕河源出城东北五里之龙潭，分为二，一由五里桥入于原溪，一由龙关绕城东又折而北，龙架山水、陡坡水并入焉，流至簸箕桥与原溪会，下流汇于瓮城河。加牙河在城东，源出县东南之谷者寨，流入大平伐司之瓮首河。呼应泉在城南五十里，声泉出。龙里废州在城东南五十里。

龙里旧县在城西，龙头营在城东十五里。顾祖禹《方舆纪要》：天启初安邦彦犯会城，抚臣王三善自新添抵龙头营，败贼兵，夺龙里是也。三牌在城东南六十里。《方舆纪要》：天启三年安邦彦再犯会城，使贼党何中尉据龙里，王三善遣副将祁继组等下龙里，破莲花堡，烧上中下三牌贼砦百余，龙里之路始通是也。高寨在城西十五里。《纪要》：王三善克龙里引兵复进，夺高寨七里冲，乘胜进兵毕节铺，遂克会城是也。

学额八名。城内设有义学一所，分经蒙二馆。道光十年始建莲峰书院。

田亩现在成熟者三万二千三百五十四亩。近城平坦处水旱无虞，余皆山高水冷，岁收瘠薄，惟下牌五堡八寨田畴宽广，水泉足资灌溉，称膏腴焉。额征正米二千四百七十八石六斗四升四合六勺。每石加耗一斗五升。除支放兵粮、廪米，余米批解道库。正额条马银一千四十九两五分二厘。征差人丁六百三十丁，每丁征银二钱，共征银一百二十六两。乾隆四十三年奉文将人丁摊入田亩，共征条丁马馆银一千一百七十五两五分二厘，坐扣春夏驿站经费，每两加耗银一钱五分。常平仓额贮谷三万五千七百六十七石七斗，溢额谷七十八石。新建义仓一所，兵粮于秋米内支放不需他处拨运。市斗准仓斗一斗七升。

城乡集场六处：小场、大坝、羊场、比孟场、湾寨场、虎场；以卯、酉、寅、未日为期。树宜松柏杉枫茶蜡之属，近多橡树。境内无铜铅矿厂，亦无税课。

苗有三种，白苗，青苗，仲家苗，久经向化，力田输赋，间有入学者。

辖四土司。大谷龙司，元时宋国以功授宣抚司，传至明嘉靖十三年，改授大谷龙长官司，今承袭有印。小谷龙司，元时宋幕以功授小谷龙安抚司，明嘉靖十一年改授长官司，今承袭无印。羊场司，明洪武二十三年以功授长官司，今承袭有印。龙里司，元为龙里等寨长官司，明洪武五年土酋何有善归附改置，今承袭土舍。通计汉庄一百六十有奇，苗民共计四十余寨。

东关在城东一里。西关在城西一里。又城西五里有永通关。三十里有长冲关，又有黎儿关。龍袶关在城东二十五里，元设咴笲、古平等处长官司，危峰插天，路入云表，亦名云顶关。查慎行诗所谓“极目云生处，到来云满身”也。

设有一汛、九塘、大道五、僻路四。城中驻剳定广协把总一员、外委一员，兵六十六名。龙里驿额设马五十四，站夫一百名，马夫二十五名，每季请领驿费银八百三十九两一钱，遇闰按数加增。腰站在城西二十五里谷脚，下至贵定六十里，上至省城五十里，无渡口。南境历谷冲、甲架、毛箕可达定番、广顺，北境历虎场可达开州、修文。风俗与贵筑同。

说明：据清·爱必达修《黔南识略》及贵州省文史研究馆《贵州古籍集粹·黔南识略》整理

四、前志勘误

《龙里县志》（1995年版）勘误表

附表16

页码	位置	误	正	勘误依据
5	倒数第10行	治所在今县境	治所在今县城	
6	第6行	洪武二十三年（1380）	洪武二十三年（1390）	
7	倒数第14行	宋化　安帮彦	宋万化　安邦彦	
8	第9行	道光四年（1824），龙里知县陈晋熙将其养兼费损建莲峰办书院。	道光十年（1830），龙里知县陈熙晋捐俸倡建莲峰书院。	据《贵阳府志》载陈熙晋《新建莲峰书院记》
8	第15、19行	苗、是军	苗、教军	
9	倒数第5行	寥应旭	廖应旭	
9	倒数第3行	汉光公	汉兴公	
10	第12行	云龙寿	云龙寺	
10	第8行	万鹤仙	方鹤仙	
11	第10行	收得蚕苗80斤	收得蚕茧80斤	
11	第12行	且城西山崩数处	县城山崩数处	
13	第3行	20年（1913）	20年（1931）	
13	倒数第3、4行	定潘（今惠水县）	定番（今惠水县）	
15	倒数第6、7行	33年（1944）36年（1947）	35年（1946）37年（1948）	
30	第16行	委会15人	人民委员会委员15人	
34	第18行	5月　劳务	10日　劳力	
43	第16行	三元镇	三元公社	
43	倒数第10行	城效	城郊	
48	第18行	合并式改变性质	合并或改变性质	
49	第7行	第九届人民代表大会第一次会议	第九届人民代表大会	
50	倒数第7行	基本无盲县	基本无文盲县	
57	第20行	113个保	114个保	
58	第18行	第一区所属的新场村	第二区所属的新场村	
58	倒数第10、11行	格柞乡　水城乡	乐榨乡　水场乡	
62	第6行	全镇辖5个居民委员会，41个村民组	全镇辖5个居民委员会、5个村民委员会，41个村民组	
62	第15、16行	“龙里县负山阻溪，八省咽喉”“欲保贵阳，先夺龙里”	“龙里县：负山阻溪，入省咽喉”“欲保贵阳，先守龙里”	据《（康熙）贵州通志》《读史方舆纪要》
65	第5行	岳阳一带重晶万储量丰富	岳阳堡一带重晶石储量丰富	
76	表内	羊场乡	羊场镇	
77	第14、15行	羔族、么佬族	羌族、仡佬族	

续表

页码	位置	误	正	勘误依据
121	倒数第10行	能分泌奇异芳香物质	能分泌奇异芳香物质	
170	倒数第13行	谷凉布依族苗族乡	谷冰布依族苗族乡	
177	表内倒数第2行	监委主任	监委秘书	
218	第12、15行	大谷龙官司 小谷龙官司	大谷龙长官司 小谷龙长官司	
219	第6行	康熙十一年（1672）改龙里卫为龙里县	康熙十年（1671）改龙里卫为龙里县	改与《龙里县志·大事记》一致
219	第9行	禁率2人	禁卒2人	
221	表内	龚玉铣 1961	龚玉铨 1916	
222	表内	陈镒湖 段国孝	陈鑑湖 殷国孝	
224	倒数第15行	抗敌军人隶属优待委员会	抗敌军人家属优待委员会	
226	第10行	5月7日为临时参议会正式成立	5月1日为临时参议会正式成立	
227	第1行	表克三	袁克三	
227	倒数第12行	朱光基	宋光基	
228	第8行	请改选本县优秀子弟送省功读	请考选本县优秀子弟送省攻读	
229	表内龙从乡、龙坪乡、藕溪乡	社草 原以抓逃兵为名 会锡	柴草 勿以抓逃兵为名 会饬	
236	倒数第2行	英华盛	莫华盛	
238	倒数第14行	谢此庭	谢世庭	
240	第6行	孟明岭	孟昭岭	
243	第6行	11月7日	11月26日	
256	第8、9行	选出县长1名	选出人民委员会委员17名，其中县长1名	
285	倒数第12行	羊场院20人	羊场院（属惠水县）20人	1956年8月至1961年6月羊场区属惠水县管辖
289	倒数第10行	贷币	货币	
303	倒数第11行	边放边打	边防边打	
314	第12行	明洪武二十三年（1389）	明洪武二十三年（1390）	
325	第7行	常务兵	常备兵	
334	倒数第2行	秦明代	明至清代	
336	倒数第12行	流云洞	留云洞	
346	第7行	候进 王骏	侯琎 王骥	据《明实录·贵州资料辑录》等
346	第13行	分兵蔟打把路、摆多等寨	分兵攻打摆路、摆多等寨	
346	倒数第8行	维岳	吴维岳	
348	第7、14、15行	波箕堡 后势 巡至	簸箕堡 兵势 退至	
348	倒数第6行	张文备	张文德	
349	倒数第11行	同治二年（1963）年前	同治二年（1863）前	
350	倒数第12、13行	左路从新巴乡的高坡后。折回向南进入龙里县的高坪、三元桥一带	左路从新巴乡向南进入龙里县的高坪后折回三元桥一带	

续表

页码	位置	误	正	勘误依据
351	倒数第9行	岑伟氏	岑韦氏	
354	第8行	土匪80多人	击毙土匪80多人	
354	第14行	1950年4月	1950年5月24日	
354	倒数第7行	牛参谋长	刘德山参谋长	
354	倒数第14行	炮团一连	炮八团三连	
355	第8行	李怀明	李明怀	
355	倒数第9行	冯永	冯永川	
388	倒数第6、7行	分配	分红	
408	倒数第6行	大楷杷	大枇杷	
408	倒数第13行	军衣一号	军农一号	
422	倒数第5行	青毒杠叶	青杠叶	
430	倒数第13行	陈镒湖	陈鑑湖	
431	第8行	梓、拗、杉、洋槐	梓、白杨、椿、杉、洋槐	
438	第19、20行	草木发芽 忍付一炉	草木发荣 忍付一烬	据碑刻实物原文
454	倒数第8行	洲洪库容	泄洪库容	
456	第15、16行	8付铸管	8吋铸管	
456	第17、18行	甲戒哨河	甲朗哨河	
456	倒数第1行	12万平方公里	12平方公里	
458	第18行	蓑方塘	蓑衣塘	
468	第11行	带洪库容量	泄洪库容量	
468	第15行	扩汇落水洞	扩泄落水洞	
495	第2行	18年（1929）湘黔公路修通，贯通县境东西36公里	18年（1929）黔桂公路龙里县倪儿关至福泉县甘巴哨段修通，贯通龙里县境东西36公里	湘黔公路全线1936年年底正式通车，黔桂公路全线1934年2月正式通车
507	第18、19行	1254万元 1147万元	1.254万元 1.147万元	
531	第3行	大丰收的1967年	大丰收的1957年	
532	倒数第9行	1989年后	1982年后	
533	1955年度	00000	99600	
533	1967年度	151711 2084589	1151711 2084607	
536	1981年度	调入411000元	调入41100元	
543	第3、4行	国盟胜利公债	同盟胜利公债	
547	倒数第3行	学米60石，以10元折价收160元	学米60石，以每石10元折价收600元	
560	第5行	二角	一角、二角	
564	第17行	信号粮有奖储蓄	售粮有奖储蓄	
614	第16行	1851年	1951年	
658	第12、13行	初等教育包括儿童、青年和成人两种重视相应的初等教育的各式学校，一般采取秋季始业	初等教育包括儿童、青年教育和成人教育两种，初等教育的各式学校一般采取秋季始业	

续表

页码	位置	误	正	勘误依据
674	第6行	出大报80版	出大字报80版	
687	表内首件作品	《天下第一词》	《天下第一洞》	
691	第17—20行	民国24年（1935）4月至民国25年（1936）1月，中央红军长征曾二次途径此地。民国24年（1935）4月8日，中央红军一方面军在观音山与国民党滇军孙渡部队激战4小时。民国25年（1936）1月，红二、六军团进入龙里，并在观音山会师	民国24年（1935）4月，中央红军长征途经此地。民国24年（1935）4月8日，中央红一方面军在观音山与国民党滇军孙渡部队激战4小时	据《关于我军决从贵阳龙里间南进给一军团的指示》《朱德急电》
691	倒数第12行	为纪念抗战期间在县境英勇献身的阵亡将士	为纪念抗战期间英勇献身的阵亡将士	
695	倒数第9行	县城南10公里处的麻芝乡龙丛铺	县城东10公里处的麻芝乡龙从街	
703	第4行	下冲	下洞	
715	倒数第11、12行	敌敌畏喷洒138.5平方米	敌敌畏喷洒138.5万平方米	
741	倒数第11行	烧蛋喊鬼	烧蛋喊魂	
742	第12行	铜线“迭十三”	铜钱“迭十三”	
742	倒数第4行	城隆庙　打元斋	城隍庙　打王斋	
743	第2、3行	逢农历初一、十日素食	逢农历初一、十五日素食	
743	第8行	莲花寺、龙岭寺、观音寺	莲花寺、龙吟寺、云台山寺、观音寺	
744	倒数第6、7行	还有江西会馆，建于东门九华宫内；四川会馆，建于南门关帝庙内	还有江西会馆，建于东门九华宫内；四川会馆，建于南门关帝庙内；浙江会馆，建于西门万寿宫内	
755	第7行	从此门架云梯登城墙	从北门架云梯登城墙	
755	第14行	撤回芭芒休整	撤回坝芒休整	
755	倒数第5、6行	汪桂元　唐天估	汪柱元　唐天佑	
756	倒数第9行	民国11年	民国4年	
758	倒数第5行	龙山乡社	龙山分社	
759	第1行	宋监廷	宋鑑廷	
760	倒数第5行	四川垫江	四川綦江	
775	第2行	元保郎	保郎	据《贵州图经新志》
776	第4行	宋松樵	宋述樵	
779	周乐方	周乐方	周乐芳	龙里县档案馆藏《革命军人牺牲证明书》载：周乐芳，龙里县第四区和平乡第八村人，志愿军后方勤务第5分部21大站2营6连战士

说明：据前志主编徐德威提供的勘误资料整理

五、第二轮修志工作人员名录

《龙里县志（1991—2008）》基础资料承编单位及撰稿人员、摄影供图人员、编务人员名录

附表17

编号	承编单位	撰稿人	编号	承编单位	撰稿人
1	县委办	罗泽勇、林玉娟、张正娟	30	县物价局	包吉林、王应东、王桂兰
2	县人大办	林更喜、刘启秋、韦永秀	31	县乡企局	胥昌、梁元敏
3	县政府办	方圣贤、罗顺睦、石绍久、杨　萍 罗华礼、尹　祥、武浩伟	32	县农业局	谭丽娟、裴贵平、杨朝慧、罗明元 杨秀兰、宋聚群、翟顺安、罗显昌
4	县政协办	潘念堂、陆永辉	33	县公安局	李文生
5	县纪委	罗祥金、黄国华	34	县建设局	黄尚发、莫开荣、李齐勇
6	县委宣传部	熊云、冯明娟、罗彩霞	35	县交通局	李茂霞、石绍久、肖正祥
7	县委组织部	朱玉香、宋　婷	36	县林业局	温莉萍、伍青、罗国政
8	县委政法委	杨安荣、许建新、申高芬、罗君魁 刘菲菲、李师娟	37	县统计局	陈泽理、赵太春、苏　梅、陆永辉
9	县直属机关工委	宋致喜	38	县水利局	伍学良、王高良、罗国美
10	县编委办	宋跃东、胡伟谊、方正华	39	县粮食局	韦国根
11	县委离退休干部局	罗西秋、翟晓兰	40	县教育局	罗卫勇、石绍久、陆永辉
12	县法制办	高　云	41	县移民局	陈正林
13	县委保密局	罗章明	42	县卫生局	肖明发、张丽
14	县统战部	刘惠琦、朱朝正	43	县疾控中心	平　波、罗秀华
15	县法院	兰文福、李小燕	44	县医院	张　林、罗茗澜
16	县检察院	黄　惠	45	县残联	唐先林
17	县农办	杨玉海	46	县科协	张国富
18	县发改局	杨旭萍、邓小梅	47	县农技服务中心	罗　林、王云森、张爱巾
19	县财政局	邓明光、叶娟	48	县委党校	岑德和
20	县人劳社保局	岳院卉、艾国祥	49	县老年大学	罗利平
21	县民政局	杨国凯、郑霞霞、曾祥莉、朱朝正	50	县司法局	骆怀明、王元方、邵朝模、肖正祥
22	县民宗局	王恩祥、罗祥莲	51	县人口与计划生育局	陈东昌、周燕
23	县审计局	卢增辉	52	县档案局	霍　琼
24	县信访局	冯　冰、蒙祖珍	53	县旅游局	岑丽萍、罗士朝
25	团县委	陆雪梅	54	县安监局	刘　洪、付　杰、石绍久
26	县信用联社	刘安琼、蔡明菊	55	县供销社	莫开荣
27	县国土资源局	宋　垠	56	县总工会	李　玉
28	县环保局	吴帮艳、覃彩兰	57	县妇联	石明珍、邓朝英
29	县经贸局	吴晓泓、叶国友、周玉祥	58	县工商联	肖正惠

续表

编号	承编单位	撰稿人	编号	承编单位	撰稿人
59	县文体广电局	王连志、罗　燕、罗祥珍、罗华文 杨玉玺、罗华礼	84	县畜牧局	宋庆良、张富友、刘廷坤、邓祖荣 胡明祥、夏永波、邱成祥
60	县科技局	况仕华、杨松祥、刘　松、李桂萍 陈红菊	85	县文联	陈光荣、周贤萍、韦泽秀、罗华礼 罗祥莲
61	龙里住房公积金管理部	唐仕祥、张红萍	86	县物资公司	夏旭红
62	县人武部	梅智勇	87	县铁建办	宋兴文
63	县公安消防大队	王俊杰	88	县自来水公司	尤永安
64	县国税局	杨德辉	89	龙里武警中队	何　旭
65	县地税局	岳安国、冉梦才	90	县妇幼保健院	陈　华
66	县工商局	向增刚	91	龙里铁通公司	文安道
67	县质监局	罗时习	92	省龙里水文站	陈黔堂
68	县药监局	何　洁	93	省龙里林场	黄　倩、毛万勇
69	县烟草局	田景先、冯　薇	94	龙山镇	王　友、罗　兰、徐　梅、杨祖荣 陈　燕、吴兴益、吴　洁、李明婵
70	县气象局	孔　瑜	95	麻芝乡	李　艳
71	龙里供电局	周晓园、刘　军	96	三元镇	韦泽秀、翟晓兰、游玉晏
72	龙里电信公司	黄咏兰、吴建国	97	草原乡	胡伟谊
73	县邮政局	张兴涛、赵亚莉	98	摆省乡	王　焰
74	县人民银行	江常柱	99	湾寨乡	罗华文
75	工商银行龙里支行	黄卫国	100	谷龙乡	熊海燕
76	建设银行龙里支行	张贵龙	101	羊场镇	彭永林
77	农业银行龙里支行	罗发军	102	谷脚镇	杨　蓉、陈艳琼、陈文
78	龙里移动公司	邓德春、李红琴、杨德龙	103	醒狮镇	梁明伦
79	龙里联通公司	李品品、杨　轶	104	水场乡	罗天益
80	龙里财保公司	张孟琼、王正忠	105	洗马镇	张正贵、宋　凯
81	龙里人保公司	包正礼、曹新友	106	巴江乡	江永钊、蔡安菊、代恒翠
82	龙里火车站	冉平林	107	哪嗙乡	罗兴凯、刘彩霞、刘相
83	县资本运营公司	刘必楠			

摄影、提供图片人员

编号	所在单位	姓　名	编号	所在单位	姓　名
1	县民宗局	罗士朝	7	县档案史志局	袁国梅、霍琼、罗华礼、肖正祥
2	县政协	陈光荣、马朝忠	8	县政府办	周明刚、莫开荣
3	县委宣传部	赖　青、王立信、肖　立	9	县科协	张国富
4	虎啸图文工作室	熊安虎	10	草原小学	石绍久
5	县文体广电局	马成钢、罗华文	11	县科技局	王仲一
6	龙里中学	罗宗祥			

续表

编务人员					
编号	所在单位	姓　名	编号	所在单位	姓　名
1	县史志办	肖正祥、岑凌玉、李群芝	2	县档案史志局（馆）	莫伯伦、何惠平、吴春芝、霍　琼 罗心发、张克勤、袁国梅、冉从琼 邓小梅、曾祥军、金祖霞、王　涛 饶昌江、曹礼林、李　锐、宋祖娅

索　引

说　明

一、本索引采用主题分析方法编制。

二、本索引按主题词首字汉语拼音音序（同义词按音调）排列，若首字拼音相同时按第二字音序排列，以此类推，首字为阿拉伯数字或英文字母者，作“非音序”集中排列在本索引末。

A

B

C

D

F

G

H

J

K

L

M

N

P

Q

R

S

T

W

X

Y

Z

非音序